NORDSPANIEN

Thomas Schröder

Text und Recherche: Thomas Schröder
Recherche und Textänderungen für vorliegende Auflage,
sowie **GPS-gestützte Touren**: Dietrich Höllhuber
Lektorat: Anja Keul
Redaktion und Layout: Susanne Beigott
Fotos: Thomas Schröder: außer S. 69, 70, 127, 144,145, 189, 299. 304, 360, 365, 367, 401, 409, 411, 416, 423, 452, 464, 469, 553, und 576 (Dietrich Höllhuber) sowie S. 135 (Spanisches Fremdenverkehrsamt)
Covergestaltung: Karl Serwotka
Coverfotos: oben: Castillo de Javier
unten: Praia das Illas (beide Thomas Schröder)
Karten: Hana Gundel, Judit Ladik, Markus Endres

ISBN 978-3-89953-403-0

6. aktualisierte und erweiterte Auflage 2008

Allgemeines

Reisepraktisches

Navarra

La Rioja

Kastilien-León am Jakobsweg

Baskenland

Kantabrien

Asturien

Galicien

INHALT

Navarra (Nafarroa) 130

Navarras Pyrenäen 136

Am Jakobsweg (Richtung Logroño) 166

La Rioja 173

Der Jakobsweg durch Kastilien-León 192

Auf dem Jakobsweg nach Burgos 197

Auf dem Jakobsweg Richtung León 214

Der Jakobsweg westlich von León 230

Baskenland 239

Provinz Gipuzkoa (Guipúzcoa) 253

Provinz Bizkaia (Vizcaya) 280

Provinz Araba (Álava) 306

Kantabrien 315

Costa de Cantabria (östlich von Santander) 320

Costa de Cantabria (westlich von Santander) 338

Kartenverzeichnis

Wanderungen und Radtouren

Mittels **GPS kartierte Wanderungen**
Waypoint-Dateien zum Downloaden unter:
www.michael-mueller-verlag.de/gps/homepage.html

Zeichenerklärung für die Karten und Pläne

gebührenpflichtige Autobahn
Schnellstraße/ gebührenfreie Autobahn
Asphaltstraße
Piste
Wanderweg
Bahnlinie
Berggipfel
Aussichtspunkt
Kirche, Kapelle
Kloster
Leuchtturm
Gewässer
Grünanlage
Information
Parkplatz
Post
Bushaltestelle
Flughafen
Campingplatz

Alles im Kasten

Es ist ein ganzer Kontinent, der dort hinter den Pyrenäen liegt. Geheimnisvoll, verborgen, unbekannt, ein Gebilde aus Ländern mit jeweils eigener Geschichte, mit eigener Sprache und Tradition. (Cees Nooteboom)

Liebe Leserin, lieber Leser,

Spanien ist in der Tat so vielfältig wie kaum ein anderes europäisches Land. Das gilt erst recht für den wenig bekannten Norden zwischen Navarra und Galicien. Hier treffen sich einsame Hochgebirge, sonnenverbrannte Ebenen und schier endlose Küsten, werden bis heute drei verschiedene Sprachen gesprochen und unzählige lokale Traditionen gepflegt. Eben deshalb, nämlich um den tief verwurzelten Unterschieden zwischen den einzelnen Gebieten auch wirklich Rechnung tragen zu können, ist dieses Reisehandbuch nach Regionen gegliedert.

Feiern Sie mit beim Stiertreiben in Pamplona, folgen Sie dem viele Jahrhunderte alten Jakobsweg, gehen Sie auf Tapa-Tour durch Donostia (San Sebastián), lassen Sie sich von der vielseitigen Küche und den facettenreichen Festen bezaubern. Wildromantische Gebirgsschluchten, menschenleere Strände am „Ende der Welt", grandiose Naturparks und elegante Seebäder, topmoderne Museen und romanische Kirchlein – in Nordspanien gibt es viel zu entdecken.

Dieses Reisehandbuch hilft Ihnen dabei: mit vielen praktischen Tipps und mit Informationen zu Sehenswürdigkeiten, Natur, Alltag und Geschichte. Doch ändert sich gerade in Spanien vieles sehr schnell. Neue Hotels eröffnen, Bahnhöfe werden verlegt, Fernstraßen ausgebaut. Deshalb meine Bitte: Schreiben Sie mir, wenn Sie in Ihrem Nordspanien-Urlaub auf Originelles und Interessantes stoßen oder aktuelle Änderungen feststellen. Ihr Tipp kommt der nächsten Auflage zugute. In diesem Zusammenhang ein herzliches „¡muchas gracias!" an die vielen Leserinnen und Leser, deren Zuschriften zu den ersten fünf Ausgaben nun diese sechste Auflage bereichern.

Viel Spaß in Spanien – Buenas vacaciones en España!

Thomas Schröder

Bitte schreiben Sie an:

Thomas Schröder c/o Michael Müller Verlag, Stichwort: „Nordspanien"

Gerberei 19, 91054 Erlangen

thomas.schroeder@michael-mueller-verlag.de

Herzlichen Dank allen Leserinnen und Lesern, die mit Tipps und Beiträgen bei der Aktualisierung dieser Auflage geholfen haben: Dr. Reinhard Müller-Matthesius, Udo Ament, Jörg Widmann, Gabriele Schermuly, R. Senn und U. Hänggi, Uta Klühe und Hansjörg Haller, Kirstin Froese und Johannes Müller, Meta Lambertz, Annelene und Gerhard Mittring, Erik Groeneveld und Christina Ackermann, Sabine und Björn Eberleh, Rolf F. Klein, Manuela Jetter, Lisa Schweer, Dr. Barnim Heiderich, Peter Wittkow, Andrea Baschang, Olaf Höhne und Petra Zeilinger, Doris Fackler (Dank für viele Tipps!), Wolfgang Fischer, Claudia Reisleiner, Felix Juchler, Christine Leisten, Urs Krüger, Leopold Möstl, Anne Birlauf, Uta Klühe, Arndt Kiehnle, Ursula Bausch, Klaus Steinfatt, Silke Hennemann, Petra Kiefer, Ingke Goeckenjan, Hans Pürner, Renate Franz, Dagmar Jensen, Ulrich Thäsler, Wolfgang Schröder, Roman Horowitz, Stefanie Zahn, Rolf Schäfer, Rabea Weis und Jana Lüdemann, Hans-Werner Franz, Steffen Maier, Georg Schmittmann, Dr. Horst Denzer, Arndt Kihnle, Heinke Behal-Thomsen, Ulrich Schröder, Barbara Kuptz, Elke Schneider, Marianne Sperling, Dr. H. U. Kottich, Carina Artmann, M. und C. Eingartner, Michael Blatt, Alexander Zadow, Diane Göppert und Klaus Böhm, Monika und Heinz Nübel, Irmgard und Günther Reichle, Max Rüsch, Julius Rönnebeck, Pere Grau, Ulrike Bachstein, Heike Hofmann, Martina Frisch, Susanne Gierth und Dieter Jacobi, Michael Heuer, Bettina Bermbach, Sandra Roth, Oliver Lange, Ralf Lehmann, Bernd und Heike Schuler, Wolfgang Schröder, Prof. Dr. Walter Piel, Erik Groeneveld, Sabine Hense, Julia Bethke, Miriam Baier, Regina Binzegger, Duncan und Denise Moore.

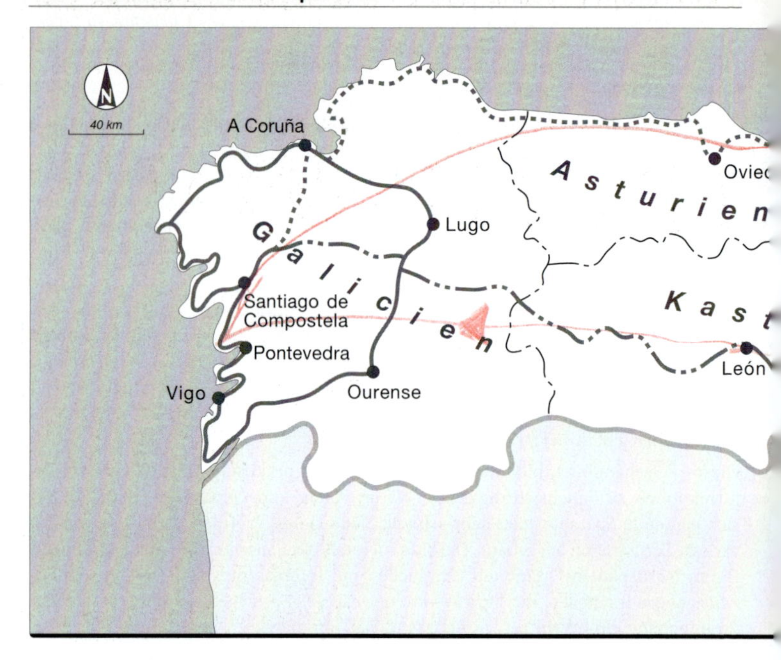

Routen durch Nordspanien

Gleichgültig, ob man mit dem eigenen Fahrzeug, zu Fuß oder mit öffentlichen Verkehrsmitteln unterwegs ist: Zwei Hauptrouten drängen sich für die Reise durch den spanischen Norden förmlich auf.

Beide verlaufen sie in Ost-West-Richtung von der französischen Grenze bis nach Santiago de Compostela, der Hauptstadt Galiciens. Die Kombination beider Routen, eine Strecke für den Hinweg, die andere für die Rückfahrt, erschließt bereits einen großen Teil der Schönheiten des spanischen Nordens. Kleine Abstecher unterwegs und eine Tour durch Galicien runden die umfassende Reise ab.

- **Der Jakobsweg**: Die Inlandsroute folgt den Spuren der Pilger, die seit über einem Jahrtausend zur „Heiligen Stadt" *Santiago de Compostela* ziehen. Auf dem Jakobsweg ist man vor allem der Kultur auf der Spur, entdeckt romanische Kirchlein, gotische Kathedralen und faszinierende Städte wie *Burgos* oder *León,* in denen die Erinnerung an die einstige Größe Spaniens lebendig blieb. Aber auch die Vielfalt der Landschaft beeindruckt: Die Palette reicht von den weltabgeschiedenen Gebirgstälern Navarras über die kargen, grandiosen Weiten der zentralen Meseta bis zu den sanften Hügeln Galiciens.

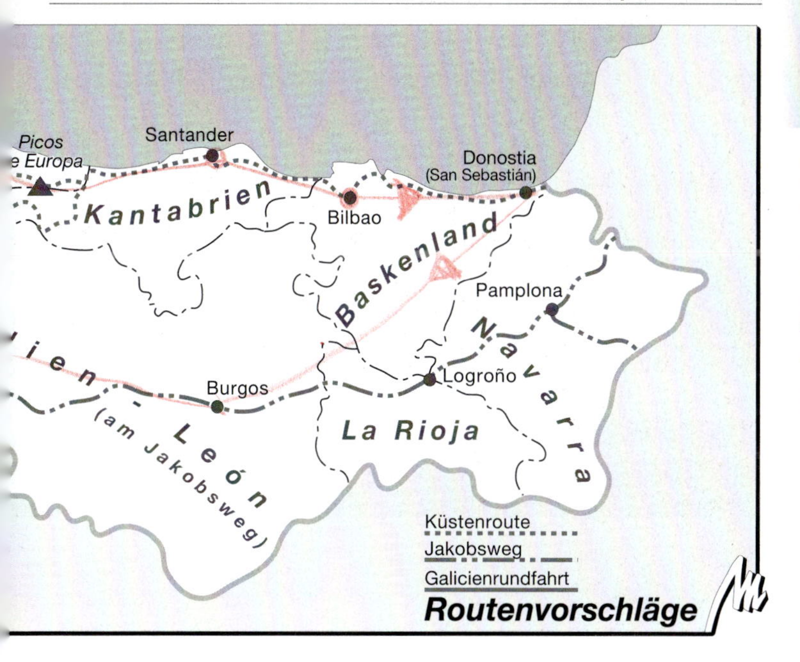

▸ **Die Küstenroute**: Eine Reise entlang der nordspanischen Küsten ist in erster Linie ein landschaftliches Erlebnis. Saftig grüne Hügel reichen bis an die wilden Steilküsten und die schönen, oft einsamen Strände. Unter den großen Küstenstädten locken vor allem die noblen Seebäder *Donostia* (*San Sebastián)* und *Santander,* aber auch die „gläserne Stadt" *A Coruña* mit typischem Ambiente und pulsierendem Alltagsleben. Der wohl reizvollste der vielen möglichen Abstecher von der Küstenroute führt in das Hochgebirge der *Picos de Europa*, eine herrliche Bergwelt nur einen Katzensprung abseits der Küste.

▸ **Durch Galicien**: Die Nordwestecke Spaniens bietet für jeden Geschmack etwas. Romantiker finden ihr Dorado an der windumtosten „Todesküste" *Costa da Morte,* Badelustige ausgedehnte Strände in den weit ins Land reichenden *Rías Bajas,* Kunstfreunde eine ganze Reihe sehenswerter Kirchen und Klöster im Binnenland – eine Galicienrundfahrt nach eigenem Gusto zusammenzustellen, dürfte da nicht schwer fallen.

Diese Routenvorschläge sollen selbstverständlich nicht mehr als ein erster Überblick und eine erste Anregung sein – Spaniens Norden ist verblüffend vielfältig, bietet überall reichlich Raum für Entdeckungen. Blättern Sie, lesen Sie, und wählen Sie sich Ihre ganz persönliche Reiseroute aus ...

Nordspanien erleben

+++ Spaniens Paradies für Individualisten +++ Ein tausendjähriger Pilgerpfad: Der Jakobsweg +++ Vielfältige Feste: Fiestas, Ferias und Romerías +++

Die Gebirge und Küsten Nordspaniens passen nicht in jenes Spanien-Klischee, das auf die Gestade des Mittelmeers abzielt. Keine Sonnengarantie, kein Flamenco – und kaum internationaler Tourismus.

Völlig zu Recht gilt der Norden des Landes als *España Verde,* das „Grüne Spanien". Was für ein Kontrast: Bis ans Meer reichen die saftigen Hügel, auf denen schwarzweiße Kühe weiden. Verantwortlich für die üppige Vegetation ist das atlantische Klima, das auch im Sommer nicht mit Regenschauern, Windböen und Nebel geizt. Man sollte dem launischen Wetter eigentlich sogar dankbar sein, hat es doch Bettenburgen à la Benidorm bislang wirkungsvoll verhindert. Die nördlichen Küsten sind ganz eindeutig eine Domäne der Urlauber aus Zentralspanien, die sich freuen, der Hitze des Binnenlandes entkommen zu können.

Fast unter sich sind die Spanier auch in den ausgedehnten Wäldern, den wilden Schluchten und Hochtälern der Pyrenäen und der Kantabrischen Kordillere, ebenso in den endlosen Weiten der Meseta des nördlichen Kastilien. Je weiter man sich nach Westen bewegt, um so kleiner wird der Anteil ausländischer Touristen. Eine Ausnahme ist der Jakobsweg von den Pyrenäen nach Santiago

di Compostela. Jahr um Jahr zieht er mehr Menschen in seinen Bann, längst hat sich entlang seines Verlaufs eine blühende Tourismusindustrie entwickelt.

Alle, die den Weg nach Nordspanien finden, werden ihren Entschluss nicht bereuen: Statt Folklore finden sie hier echte, seit Jahrhunderten überlieferte Traditionen, statt „Deutschem Filterkaffee“ den lokalen Apfelwein Sidra, statt Rummelplätzen am Meer lebendige Häfen voll bunt bemalter Fischerboote. Die zu Recht berühmteste Küche Spaniens, die einsamsten Strände und viele der ursprünglichsten Feste des Landes erlebt man zwischen Navarra und Galicien, zwischen Kantabrien und Kastilien-León.

Spaniens grüner Norden: Für Individualisten ein wahres Paradies. Und gar so selten scheint die Sonne hier auch wieder nicht...

Die Autonomen Gemeinschaften

Dieses Reisehandbuch stellt Nordspanien nach seinen Autonomen Gemeinschaften (Comunidades Autónomas) gegliedert vor.

Manchem mag dies etwas trocken erscheinen, zumal diese Konstituierung erst auf die Jahre 1976 bis 1983 zurückgeht. Doch wurde diese offizielle Einteilung den einzelnen Gemeinschaften nicht aufgezwungen, sondern war vielmehr eine längst überfällige Antwort des Staates auf die Unabhängigkeitsbestrebungen gleich mehrerer spanischer Regionen.

Tatsächlich bestehen zwischen den einzelnen Autonomen Gemeinschaften, beispielsweise zwischen Navarra und Galicien, ja sogar zwischen den Nachbarn Kantabrien und Asturien, vielfältige Unterschiede. Diese Regionalisierung Spaniens reicht teilweise Jahrtausende zurück und ist auch heute noch augenfällig: Allein im Norden des Landes werden drei verschiedene Sprachen gesprochen, nämlich Baskisch, Galicisch und Kastilisch (das eigentliche „Spanisch"). Die Einteilung in Autonome Gemeinschaften, auch wenn deren Grenzen nicht immer hundertprozentig denen der historischen Regionen folgen, macht also Sinn – für Spanien wie für dieses Handbuch.

- **Navarra** war bis ins 16. Jh. ein eigenständiges Königreich mit weit ausgedehnteren Grenzen, als sie die heutige Gemeinschaft besitzt. Es umfasst einen Teil der vorwiegend baskisch besiedelten nordspanischen Pyrenäen und des weiten, flachen Ebro-Beckens. Seine Hauptstadt ist Pamplona.
- **La Rioja**, westlich an Navarra anschließend und bei uns vor allem als Weinbaugebiet bekannt, zählt historisch zu Kastilien und ging aus der ehemaligen Provinz Logroño hervor; Logroño ist auch die Hauptstadt.
- **Kastilien-León** (Hauptstadt: Valladolid) zieht sich weit nach Süden und zählt geographisch somit hauptsächlich zu Zentralspanien, weshalb hier auch nur der Norden der Gemeinschaft entlang des Jakobsweges beschrieben ist, also etwa die Linie Burgos-León. Die Region besteht aus mehreren Provinzen, von denen Burgos, Palencia und León in diesem Buch besprochen werden.
- Das **Baskenland**, in der baskischen Sprache Euskadi genannt, spanisch País Vasco, erstreckt sich am Atlantik jenseits der französischen Grenze. Die Herkunft seines uralten Volkes konnte bis heute nicht geklärt werden. Hauptstadt des Baskenlands ist Vitoria-Gasteiz in der Provinz Alava, die größten Städte der Provinzen Bizkaia und Gipuzkoa sind Donostia (San Sebastián) und Bilbao.
- **Kantabrien**, westlicher Nachbar des Baskenlandes, bildete als ehemalige Provinz Santander früher den nordspanischen Atlantikzugang Kastiliens und zeigt deshalb in gewisser Weise immer noch kastilischen Charakter. Die Hauptstadt Kantabriens ist Santander.
- **Asturien**, westlich an Kantabrien anschließend, war als mittelalterliches Fürstentum Ausgangspunkt der christlichen Rückeroberung Spaniens von den Mauren und wird deshalb von manchen Historikern als „Geburtsstätte der spanischen Nation" betrachtet. Seine Hauptstadt ist Oviedo.
- **Galicien**, im äußersten Nordwesten Spaniens gelegen, wurde in vorchristlicher Zeit von Kelten, später von Sueben erobert und hat sich bis heute seinen eigenständigen Charakter bewahrt, von dem auch die eigene Sprache Galego zeugt, die dem Portugiesischen näher verwandt ist als dem Spanischen. Hauptstadt ist Santiago de Compostela, das in der Provinz A Coruña liegt, weitere Provinzen sind Lugo, Pontevedra (mit der wesentlich größeren Stadt Vigo) und Ourense.

Landschaft und Geographie

Das charakteristische Landschaftsmerkmal Nordspaniens ist der Zusammenklang von Meer und Bergen. Vormittags baden, am Nachmittag im Hochgebirge wandern? Kein Problem!

Spanien ist nach der Schweiz das am höchsten gelegene Land Europas: Durchschnittshöhe über 650 Meter, mehr als ein Drittel des Landes liegt gar über

Auch das ist Nordspanien: Gebirgslandschaft in den Picos de Europa

800 Meter Höhe. Zwei große Gebirgssysteme sind es auch, die den Norden Spaniens prägen: die Pyrenäen und die Kantabrische Kordillere.

- **Pyrenäen**: Das mächtige, von Ost nach West verlaufende Massiv bildet einen Sperrriegel zu Frankreich und markiert so die natürliche Grenze der Iberischen Halbinsel. Im Norden Spaniens, auf dem Gebiet der Gemeinschaft Navarra, steigen die Pyrenäen nicht so hoch an wie im Zentralmassiv weiter östlich, überschreiten nur knapp die Zweitausender-Marke. Nach Nordwesten zu flachen die Pyrenäen allmählich ab und gehen so ins abgerundete Mittelgebirge des Baskischen Berglandes über, das die Verbindung zur Kantabrischen Kordillere herstellt.
- **Cordillera Cantábrica**: Zwischen dem westlichen Baskenland und dem östlichen Galicien verläuft die Kantabrische Kordillere (Kantabrisches Kettengebirge) zunächst etwa parallel zur Atlantikküste und biegt dann südwestwärts zur portugiesischen Grenze ab. Als ganzes System von Gebirgszügen trennt sie Nordspanien von den Weiten der kastilischen Meseta (Hochebene) und stellt nicht nur eine klimatische, sondern auch eine kulturelle und historische Grenze dar, die nicht einmal die Heere der Mauren überwinden konnten. Ihre größten Höhen erreicht die Kantabrische Kordillere mit über 2600 Metern im Gebirgszug der Picos de Europa, der im Dreiländereck Kantabrien, Asturien und Kastilien-León aufsteigt. Ganz im Westen geht sie schließlich in die Mittelgebirge des Galicischen Berglands über.
- Die **Flüsse** Nordspaniens verlaufen je nach Ursprungsort in verschiedene Richtungen: Die meisten Quellen der Südseite des Kantabrischen Gebirges münden in den *Río Duero*, der die kastilische Meseta durchströmt und in Portugal in den Atlantik fließt. Der größte Fluss Spaniens dagegen, der *Río Ebro*,

entspringt ebenfalls an der Südseite der Kantabrischen Kordillere, schlägt aber fast die entgegengesetzte Richtung ein und mündet, nachdem er noch die Flüsse der Pyrenäensüdseite aufgenommen hat, in Katalonien ins Mittelmeer. Wasserscheide zwischen diesen beiden großen Flusssystemen Nordspaniens ist ein Ausläufer des Iberischen Randgebirges (Sistemo Ibérico), das zwischen Logroño und Burgos fast bis an die Kantabrische Kordillere reicht und bis über zweitausend Meter Höhe ansteigt.

Die Bäche an der Nordseite des Kantabrischen Gebirges erreichen dagegen schon bald das Kantabrische Meer. Einen nur etwas längeren Weg legt der größte Fluss Galiciens zurück, der *Río Miño*, der schließlich an der Grenze zu Portugal in den Atlantik fließt.

- Die **Küsten** des Nordens, die Costa Vasca des Baskenlands, die Costa de Cantabria Kantabriens und die Costa Verde Asturiens, sind ein Wechselspiel kürzerer und längerer Sandstrände, steiler Klippenküste und „ertrunkener" Flussmündungen, der so genannten Rías. Am ausgeprägtesten zeigen sich diese fjordähnlichen Mündungsbuchten in den Rías Altas und Rías Bajas Galiciens; letztere reichen zum Teil Dutzende von Kilometern weit ins Land. Als „Golf von Biskaya" hört man von dieser Region im Wetterbericht, wenn sich wieder mal ein Sturmtief Mitteleuropa nähert.

Natur und Umwelt

Auf den ersten Blick scheint die Natur Nordspaniens, zumindest abseits der großen Industriezentren vor allem des Baskenlandes und Asturiens, noch in bester Ordnung zu sein. Aber auch der Norden hat seine Probleme.

Ganz falsch ist der Eindruck weitgehend heiler Welt sicher nicht – besonders in den Pyrenäen und der Kantabrischen Kordillere gibt es tatsächlich noch ausgedehnte, vom Menschen wenig beeinflusste Landschaften. Zunehmend werden diese Naturräume unter Schutz gestellt. Die Abstufung der Schutzzonen reicht vom schlichten Landschaftsschutzgebiet über das Naturreservat (*Reserva Natural*) zum Naturpark (*Parque Natural*) und schließlich zum Nationalpark (*Parque Nacional*). Ein Schritt in die richtige Richtung war die Ausweisung der gesamten Zentralregion der Picos de Europa als Nationalpark. Obwohl Kompetenzgerangel der verschiedenen Autonomen Gemeinschaften das Projekt eine Weile verschleppt hat, ließ es sich doch nicht mehr aufhalten. Der jüngste Nationalpark der Region ist ein Komplex aus Inseln und Meeresgebiet westlich der Rías Bajas, der Nationalpark Islas Ciés.

Allerdings leidet auch Nordspanien unter ernsten Umweltproblemen. Neben der Luftverschmutzung und der bislang als Kavaliersdelikt gehandelten „wilden" Giftmülllagerung gehört dazu vor allem die Schadstoffeinleitung in Gewässer. Gerade im Norden besitzen viele Städte immer noch keine Kläranlage; zudem nutzt auch die Industrie vielerorts Flüsse als kostenlose Abwässerkanäle. Besorgnis erregend ist auch die hohe Zahl an Waldbränden, die Sommer für Sommer vor allem in Galicien wüten (auf Katastrophenniveau im Jahr 2006). Sehr häufig ist Brandstiftung die Ursache, oft nur deshalb, um schlicht das Geschäft der Wiederaufforstung in Gang zu halten.

Zum ökologischen Desaster erster Ordnung geriet die Tankerkatastrophe der „Prestige“ vor der galicischen Costa da Morte im Herbst 2002. Eine Vorgängerin, nämlich das Tankerunglück vor La Coruña im Dezember 1992, hatte keinerlei politische Folgen (denkbar gewesen wären z.B. das Verbot einwandiger Öltanker wie in den USA oder die Einrichtung einer Schutzzone vor der galicischen Küste). Die Verseuchung der nordspanischen Küsten durch das aus der Prestige ausgetretene Erdöl war die größte ökologische Katastrophe, die Spanien je erleiden musste, entwickelte sich aber auch ökonomisch zum Desaster: Die Gesamtkosten wurden mit mehr als einer Milliarde Euro beziffert.

Schutzbestimmungen in Naturparks

- Offenes Feuer ist verboten, ebenso Camping abseits der ausgewiesenen Freicampingzonen „Areas de Acampada Libre“.
- Das Entfernen von Tieren und und Pflanzen ist verboten.
- In der Regel ebenfalls verboten oder zumindest gar nicht gern gesehen ist das Mitbringen von Hunden.
- Die Wege dürfen nicht verlassen werden. Keine „Abkürzungen“: Das Unterholz ist ein wichtiger Rückzugsraum für viele Jungtiere.
- Fahrzeuge dürfen nur auf den zugelassenen Straßen fahren. Naturparks sind kein Spielgelände für Off-Roader, das gilt auch für Mountainbikes.
- Keine Abfälle zu hinterlassen, sollte wohl selbstverständlich sein.

Ein weiteres Umweltproblem ist die *Erosion*, von der in Nordspanien vor allem Galicien betroffen ist. Hauptursachen sind das Absinken des Grundwasserspiegels, Fehler in der Landwirtschaft und die vielen Waldbrände. Wenn wieder aufgeforstet wird, dann meist mit Kiefern und, noch häufiger und ökologisch verderblicher, mit Eukalyptusplantagen, deren schnelles Wachstum ebenso schnelles Geld verspricht. Als besondere Ironie bleibt in diesem Zusammenhang noch zu sehen, dass die stark ölhaltigen Eukalyptusbäume wie auch die Kiefern besonders anfällig für Waldbrände sind.

Flora und Fauna

Die Vegetation Nordspaniens ist vom Klima und der jeweiligen Höhenlage bestimmt, nicht zuletzt auch vom Einfluss des Menschen. Insgesamt ist die Flora eher mitteleuropäisch als mediterran geprägt.

Unter den Baumarten überwiegen besonders in den Pyrenäen und an der Nordseite des Kantabrischen Gebirges die sommergrünen, Laub abwerfenden Arten; charakteristisch sind Buche und Stieleiche, in den Pyrenäen auch die Tanne. An der Südseite der Kantabrischen Kordillere wachsen Pyrenäeneichen, in geschützten Lagen Steineichen, in Südlagen eher selten (aber etwa im Bereich Potes in Kantabrien) auch Korkeichen. Wo die Wälder gerodet wurden, um der Weidewirtschaft Platz zu machen, gibt es ausgedehnte Heidegebiete, Stechginster und Grasflächen, die leider nur noch in wenigen Randzonen im Frühjahr einem Blumenmeer gleichen, da sie, wie besonders konsequent im Viehzuchtgebiet Galiciens, überdüngt werden. Ein ganz besonderes botanisches Schatzkästlein sind die Höhenlagen der Gebirge mit ihrer subalpinen und alpinen Flora, darunter seltene, teils endemische (nur hier vorkommende) Orchideenarten.

Unter den Nutzpflanzen dominieren Apfel- und andere Obstbäume, Kartoffeln, und, als vorwiegend angebautes Getreide, der Mais. Eukalyptusbäume und Kiefern bilden einen schnell wachsenden Rohstoff, der vor allem der Papierindustrie zugute kommt.

In der *Tierwelt* Nordspaniens fällt die große Zahl andernorts selten gewordener Säugetierarten auf: In den Pyrenäen und der Kantabrischen Kordillere leben noch Wildschweine und Wildkatzen, Gemsen, Rehe und Rotwild, in den Pyrenäen auch der Steinbock. Die stark vom Aussterben bedrohten Braunbären finden in den entlegenen Gebirgsregionen Nordspaniens eines ihrer letzten europäischen Refugien. Wölfe durchstreifen die einsameren Gebiete Galiciens und des Nordens von Kastilien-León. Beide großen Raubtierarten sind jedoch auch in Nordspanien durch die zunehmende Erschließung abgelegener Landstriche, durch Straßenbau und vor allem auch durch Wilderei in ihrem Bestand gefährdet. Eine Besonderheit des spanischen Nordens schließlich sind die halbwilden Pferde *asturcones* in der Sierra del Sueve Asturiens.

Häufiger Anblick: Storchenkolonie auf Kirchturm

Auffälliger als die Vielfalt der schwer zu beobachtenden Säugetiere ist Nordspaniens Reichtum an Großvögeln. In den Pyrenäen wie der Kantabrischen Kordillere kreisen eine ganze Reihe von Adler- und Geierarten: Stein-, Schlangen-, Habichts- und Zwergadler, Gänse-, Bart- und Schmutzgeier. Der Auerhahn fühlt sich vor allem in den Buchenwäldern des Kantabrischen Gebirges wohl. In den Weiten Kastiliens leben noch viele Störche. Ihre Nester, auf Kirchtürme und Hausdächer gesetzt, gehören in Orten wie León fast schon zum Stadtbild; eine besonders große Kolonie lebt im Städtchen Alfaro in der Rioja. Die Flussmündungen und Sumpfgebiete der nördlichen Küsten schließlich sind bedeutende Winterquartiere und wichtige Raststationen für Zugvögel.

Das Artenspektrum von Reptilien und Amphibien ähnelt dem Mitteleuropas. Zu erwähnen sind Kreuzotter und Smaragdeidechse, Salamander- und Molch-

Das Wahrzeichen Galiciens: Hórreos

arten. Unter den Süßwasserfischen der Gebirgsflüsse finden sich vor allem Forelle und Lachs. Der nordspanische Atlantik schließlich hat sich trotz der intensiv betriebenen Fischerei seinen Artenreichtum bislang weitgehend bewahrt, liefert aber nicht mehr die gewaltigen Fangmengen früherer Zeiten – trotzdem ist das galicische Vigo der größte Fischereihafen Europas.

Ländliche Architektur

Traditionelle Architektur ist immer ein Spiegel der örtlichen Ressourcen, der klimatischen Gegebenheiten und der Alltagskultur. Als Ergebnis besitzt jede nordspanische Gemeinschaft ihre eigenen, für sie charakteristischen ländlichen Bauten.

Zwar setzen sich auch in Nordspanien zusehends internationale Bauweisen und Werkstoffe durch, doch finden sich besonders in den landwirtschaftlich strukturierten Gebieten noch viele Beispiele lokaltypischer Architektur. Aus ortsüblichen Baumaterialien errichtet und den Erfordernissen des täglichen Lebens angepasst, gehören sie zur nordspanischen Landschaft wie Maisfelder oder weidende Kühe.

Caserío: Der typische Bau des Baskenlands ähnelt den ländlichen Gebäuden Navarras und ist ein Bauernhaus, das in der Regel alle Generationen einer Familie unter einem Dach aufnimmt; ein frei stehendes, fast immer dreistöckiges Gebäude mit angegliederter Senne und breitem, oft bis zum Boden reichenden Dach. Die Fassade der Caseríos ist nach Süden ausgerichtet, um die bestmögliche Sonneneinstrahlung zu erreichen, und trägt meist zwei oft bunt bemalte Balkone.

Landhäuser Kantabriens und Asturiens: Sie sind ebenfalls nach Süden ausgerichtet, aber zweigeschossig und oft in langen Reihen aneinander gebaut. Früher wurde ihr Erdgeschoss meist als Stall genutzt; nur der erste Stock diente zu Wohnzwecken. Auch heute noch charakteristisch für diese Häuser ist die *solana*, ein vorspringender Sonnenbalkon, der den darunter stehenden Eselskarren, heute natürlich meist das Auto, vor dem Regen schützt.

Pasiegos sind teilweise noch im südlichen Kantabrien und im Norden der kastilischen Provinz Burgos zu sehen. Benannt sind sie nach ihren Eigentümern, wandernden Hirten, die mit ihren Herden von Weide zu Weide ziehen und als Stützpunkte oft eine Reihe solcher Steinhütten besitzen: zweigeschossig, meist ohne Fenster, das untere Geschoss als Viehstall eingerichtet.

Pallozas trifft man nur noch an wenigen Orten an, vor allem im „Dreiländereck" Asturien, Galicien und Kastilien-León. Es handelt sich um einfache, meist ovale Steinhütten mit strohgedecktem Dach, die in ihrer Grundform noch bis auf die Kelten zurückgehen.

Hórreos sind ein Charakteristikum des spanischen Nordens: Getreide-, Obst- und Kartoffelspeicher, die zum Schutz vor Nagetieren auf kleinen Pfählen stehen. Es gibt sie vereinzelt in Navarra (Aezkoa-Tal) und im westlichen Kantabrien (Liébana), vor allem aber in Asturien und Galicien. In den meisten Regionen sind sie aus Holz und bunt angestrichen. Besonders putzig aber sind die Granit-Hórreos Galiciens, die mit ihren Dachkreuzen wie kleine Tempelchen aussehen.

Nordspaniens Feste

Spanien ist das Land der Ferias und Fiestas – der Norden macht da keine Ausnahme. Eine Reise wäre nicht komplett, würde man es versäumen, zumindest einmal bei einem dieser vor Lebensfreude überschäumenden Feste dabei zu sein. Ihre Zahl geht in die Hunderte, feiert doch schon jedes Dorf einmal jährlich seinen Schutzpatron. Je nach Region und Anlass zeigen sie sich völlig unterschiedlich; Wein und Musik fehlen jedoch nie, ebensowenig der Tanz – die Zahl der nordspanischen Tänze ist Legion.

Feste sind auch die beste Gelegenheit, die Traditionen der jeweiligen Region kennenzulernen. Hier wird man ganz sicher noch die *albarca*-Holzschuhe der kantabrischen Hirten sehen, mit etwas Glück die asturische Lokalsprache *bable* hören, vielleicht den baskischen Schwerttanz *ezpatadantza* erleben oder die galicische Spezialität *pulpo a la feria* kosten können.

- **Fiestas** sind meist religiösen Ursprungs, feiern jedoch oft genug auch kulinarische oder sportliche Ereignisse. Gleichgültig, ob religiöser Herkunft oder nicht – immer spielt das weltliche, lustbetonte Element eine mindestens gleichberechtigte Rolle: Spätestens nach der Prozession oder der Messe quellen die Bars über, wird gefeiert bis in den Morgen. Als berühmteste Fiesta Spaniens darf sicher *San Fermín* (6.-14.7.) in Pamplona gelten, doch gibt es daneben eine ganze Reihe mindestens ebenso reizvoller Großereignisse und zahllose weniger bekannte und deshalb zumindest ursprünglichere Festivitäten.
- **Ferias** entwickelten sich aus traditionellen Jahrmärkten zu allgemeinen Volksfesten, die nur teilweise noch einen Bezug zur Vergangenheit haben, aber immer ein erlebenswertes Ereignis sind.

Nordspaniens Hauptfeste

Carnaval (*Karneval, Fasching*), unter Franco wegen antikonservativer Gesinnung der Feiernden verboten, heute wieder bunt und ausgelassen wie eh und je. Schwerpunkte sind das Baskenland und Galicien.

Semana Santa, die *Karwoche* von Palmsonntag bis Ostersonntag, wird in ganz Spanien aufwändig begangen. Bedeutendstes Zentrum im Norden ist Vivero in Galicien, berühmt sind auch die Prozessionen von León (Kastilien-León) und Santiago de Compostela.

Fiestas de Santo Domingo, mehrere Tage um den 12. Mai. Fest des Schutzpatrons von Santo Domingo de la Calzada, einem Städtchen am Jakobsweg durch die Rioja.

Los Curros, überwiegend Mitte Mai bis Anfang Juli, auch als „Rapa das Bestas" bekannt. Eine Reihe von Festen anlässlich des Einfangens und der Brandzeichnung der halbwild lebenden Pferde Galiciens.

Corpus Cristi, Fronleichnam, Prozessionen in vielen Orten. Die wichtigste Feier in Nordspanien findet im galicischen Ponteareas statt.

Fiestas de San Fermín, 6.–14. Juli in Pamplona, Navarra. Massenbesäufnis, Stiertreiben in den Gassen, von Hemingway im Roman „Fiesta" („The sun also rises") gefeiert.

Festival de la Sidra Natural, meist am zweiten Juliwochenende. Großes Fest des Apfelweins in Nava in Asturien.

Día de Santiago, 25. Juli, an vielen Orten Feiern zu Ehren des bei uns Jakobus genannten Apostels. Höhepunkt der großen Fiestas von Santiago de Compostela in Galicien und Santander in Kantabrien.

Fiesta del Vino Albariño, erstes Augustwochenende. Berühmtes Fest des Albariño-Weines in Cambados (Galicien).

Día de Asturias, erster Augustsonntag. „Asturischer Tag" in Gijon.

Descenso Internacional del Sella, am ersten Wochenende im August. Berühmtes Kanurennen zwischen Arriondas und Ribadesella. Das größte Fest Asturiens.

Descenso a nado de la Ría de Navia, 11. August, großer Schwimmwettbewerb im Fluss bei Navia in Asturien.

Aste Nagusia, die „Große Woche", wird um den 15. August in San Sebastián (Donostia), etwa vom 18.–28. August in Bilbao gefeiert, jeweils im Baskenland.

Mariä Himmelfahrt (15. August), wird in ganz Spanien begangen; bedeutendstes Fest des Nordens im asturischen Luarca.

Romería de Nuestra Señora de la Barca, um das zweite Wochenende im September, große Wallfahrt bei Muxia (Galicien).

Día de América en Asturias, 19. September. Fest zu Ehren der Emigranten nach Amerika, in Oviedo.

Fiesta de San Mateo, mehrere Tage ab dem 20./21. September. Fest des Stadtpatrons und gleichzeitig der Weinernte in Logroño, La Rioja.

▶ **Romerías** nennen sich in Spanien die Wallfahrten zu einem oder einer Schutzheiligen. Besonders in Galicien sind teilweise vorchristliche Wurzeln dabei nicht zu übersehen. Trotz des eigentlich ernsten Charakters mangelt es auch den meisten Wallfahrten nicht an Lebensfreude.

Eine Auswahl lokaler Feste – die komplette Aufstellung würde ein Buch für sich ergeben – ist jeweils den Einführungskapiteln der jeweiligen Autonomen Gemeinschaft zu entnehmen. Im Kasten deshalb nur ein erster Überblick, vor allem, um die wichtigsten Feierlichkeiten in die Urlaubsplanung einbeziehen zu können. Es lohnt sich.

Termine: Die angegebenen Daten sind immer nur als Anhaltspunkt zu verstehen, da sie sich bei vielen Festen um einige Tage ändern können. Oft wird ein Namensfest aus praktischen Gründen auf das nächste Wochenende verlegt oder ein offizieller Feiertag zur Verlängerung genutzt.

Wichtig anlässlich großer lokaler Feste, aber auch gesamtspanischer Feiertage: Unterkünfte sind in aller Regel lange vorher ausgebucht. Also entweder rechtzeitig reservieren oder wenigstens schon einige Tage vorher auf die Suche gehen.

▸ **Feste und Tierquälerei**: Gar nicht lustig sind einige wenige spanische Feste für die Tiere, die dort als Objekte bei Geschicklichkeitswettbewerben herhalten müssen. Auch in Spanien selbst, das ja nicht gerade im Ruf übergroßer Tierliebe steht, geraten solche Formen der Volksbelustigung zunehmend unter öffentlichen Druck: Immer wieder geraten Tierschützer und „Folkloristen" handfest aneinander. Dabei kann man sich im 21. Jh., anders als beim Stierkampf vielleicht, wo beide Seiten gewisse Argumente ins Feld führen können, bei solchen Formen von Tierquälerei doch wohl kaum mehr auf Tradition berufen – Folter und öffentliche Hinrichtungen wurden auch jahrhundertelang praktiziert.

Stierkampf

Der Stierkampf ist zwar keine Erfindung des spanischen Nordens, dennoch in vielen Regionen recht populär. Schließlich dreht sich auch Nordspaniens berühmtestes Fest, die Fiestas de San Fermín von Pamplona, nur um den Stier.

Die *corrida de toros* („Lauf der Stiere") ist Gegenstand zahlreicher Diskussionen und auch in Spanien nicht mehr unumstritten, in der Zuschauergunst ohnehin längst vom Fußball überholt worden. Wie man zum Stierkampf steht, muss jeder für sich selbst entscheiden.

Tierschützer – die sich ja hoffentlich auch als Naturschützer verstehen – sollten allerdings wissen, dass die Abschaffung des Stierkampfs für die Zuchtgebiete

Kampfstiere: auch im Norden meist aus andalusischer Zucht

Zentral- und Südspaniens einige negative ökologische Folgen nach sich ziehen würde: „Zum einen handelt es sich beim Kampfstier um eine sehr ursprüngliche Rinderrasse, die ohne Stierkampf schnell aussterben würde, und zum anderen weiden diese Rinder bis zu ihrem Tod mehrere Jahre in ausgedehnten Dehesas und auf Weiden, die auch Lebensraum für seltene Tiere und Pflanzen sind und ihren wirtschaftlichen Wert eben durch diese Kampfstiere erhalten. Ohne diesen würden viele Weideflächen zu intensiven Landwirtschaftskulturen degradiert werden." (Roberto Cabo, Reiseführer Natur).

Das Fleisch der getöteten Stiere – etwa 11.000 sind es in spanischen Arenen pro Jahr – wurde früher natürlich verzehrt, kam auch schon mal Waisenhäusern oder anderen karitativen Einrichtungen zugute. In Zeiten von BSE ist dem nicht mehr so: Mittlerweile verlangt eine EU-Vorschrift, bei der Schlachtung von Rindern das Rückenmark nicht zu verletzen, eine Forderung, die beim Stierkampf naturgemäß nicht eingehalten werden kann. Rund 5000 Tonnen Fleisch pro Jahr müssen deshalb nun vernichtet werden, ungeachtet der Tatsache, dass ausgerechnet die Kampfstiere aufgrund ihrer Herkunft und Aufzucht von allen Rindern wohl am wenigsten gefährdet sind, den Erreger in sich zu tragen.

Die Saison dauert von April bis September, wobei längst nicht in jeder Stadt und an jedem Wochenende Kämpfe stattfinden; oft sind sie mit einer *fiesta* verbunden. Fotografieren wird bei Stierkämpfen meist geduldet, Videoaufnahmen sind aber in der Regel streng verboten – die Veranstalter werden schon wissen, warum... Recht weit ist die Preisspanne bei Eintrittskarten. Ein wichtiges Kriterium unter vielen ist die Frage, inwieweit die Plätze der Sonne ausgesetzt sind. Dies nicht nur der Temperaturen wegen, sondern auch deshalb, weil die Matadore es meist vorziehen, im Schatten zu kämpfen, die schattigen Plätze somit näher am Geschehen liegen. *Sol* (Sonne), *sol y sombra* (teils-teils, nur manchmal angeboten) und *sombra* (Schatten) sind die Kategorien. Die Zuschauerränge nennen sich *gradas*, im Unterschied beispielsweise zu den viel teureren Logen. Wer möglichst preisgünstig davonkommen will, wählt mithin *gradas sol* (je nach Arena und Renommee der Matadore ca. 8–20 €), von wo aus er absolut alles sieht, zumal aus einem gewissen, fürs erste Mal sicher angenehmen Abstand. Am preisgünstigsten sind die *novilladas*, bei denen hoffnungsvolle Nachwuchsmatadore ihr Debüt ableisten. Allerdings können diese Veranstaltungen auch leicht zu einer üblen Schlächterei ausarten, wenn ein noch unerfahrener Matador den Stier beim Todesstoß wieder und wieder nicht richtig trifft. Bei Spitzenmatadoren bleibt man dagegen in aller Regel von solchen Anblicken verschont.

Aficionados nennen sich übrigens die Liebhaber des Stierkampfs (und anderer Sportarten). Wer als Zuschauer einen solchen Kenner neben sich weiß, wird in einer halben Stunde eine ganze Menge über Stierkampf erfahren können.

• *Literatur zum Stierkampf* **Tod am Nachmittag**, Ernest Hemingway (rororo-Taschenbuch). Der „Papa" war begeisterter Liebhaber Spaniens und echter Kenner des Stierkampfs. Seine auch mit Fotografien versehene Stierkampf-Fibel zählt, wie jeder spanische Aficionado bestätigen wird, zum Besten, was jemals über die Corrida geschrieben wurde und ist zudem spannend zu lesen. Ebenso kenntnisreich, wenn auch bezüglich des modernen Stierkampfs deutlich desillusionierter, ist Hemingways Jahrzehnte später geschriebener **Gefährlicher Sommer**, ein aus dem Nachlass veröffentlichter Bericht über die Stierkampfsaison 1959.

Dramaturgie des Stierkampfs

Als ausgesprochenes Ritual verläuft ein Stierkampf immer gleich. Wer zuschaut, sollte zumindest die Grundabläufe kennen.

Paseo: Einmarsch der Teilnehmer, begleitet von einer Musikkapelle. Den beiden voranreitenden Dienern des presidente, der die Oberaufsicht hat, folgen die drei *matadores* („Töter", auch: espadas); sie werden jeder zwei Stiere töten und entsprechen dem, was man sich bei uns unter „Torero" vorstellt. Doch Toreros sind alle, die mit dem Stier arbeiten, also auch die Mannschaft (*cuadrilla*) der Matadore, nämlich die *banderilleros* und die *picadores* zu Pferd, die jenen folgen. Den Schluss des Zuges bilden die Helfer, die mit Maultieren die toten Stiere aus der Arena schleifen. Nachdem der Präsident den Schlüssel für das Stiertor in die Arena geworfen hat, geht es los.

Suerte de varas (auch: Suerte de la pica): Das erste Drittel des Kampfes. Zunächst „testet" der Matador den Stier mit der *capa*, einem schweren Tuch; er will damit Eigenheiten des Stiers und dessen Verfassung kennenlernen. Auf den Matador folgt der Picador auf einem gepanzerten Pferd. Seine Lanze soll den Stier genau in den Nackenmuskel treffen, um diesen zu schwächen und den Stier so dazu zu bringen, den Kopf unten zu halten. Das Gewicht der Pferde spielt eine bedeutende Rolle. 1992 wurde es auf 650 Kilo beschränkt, bis dahin wogen manche Kolosse an die 900 Kilo. Kurz darauf tötete ein kaum geschwächter Stier einen Matador. Oft übertreibt der ja in den Diensten des Matadors stehende Picador deshalb vorsichtshalber seine Aufgabe, obwohl er damit den Unmut des Publikums herausfordert.

Suerte de banderillas: Die Banderilleros sollen dem Stier die zwei *banderillas*, mit Widerhaken versehene kurze Spieße, in den Nackenmuskel stoßen, und zwar so, dass sie dort steckenbleiben.

Suerte de matar: Das „Drittel des Tötens". Erneuter Auftritt des Matadors, diesmal mit dem roten Tuch *muleta*. Verschiedene Manöver mit der Muleta sollen den Stier für den tödlichen Degenstich vorbereiten; ist es soweit, folgt der Todesstoß *estocada*. Dabei versucht der Matador den Kopf des Stieres durch Reizen mit der Muleta zu senken, um den Degen möglichst tief – zwischen die Schulterblätter und nach Möglichkeit bis in die Aorta – zu versenken. Trifft er die richtige Stelle, ist das Tier auf der Stelle tot. Er kann sich aber auch so lächerlich machen, dass es Pfiffe oder gar Sitzkissen hagelt. Ein tödlich verwundeter Stier kann auch mit einem Dolch den Gnadenstoß *descabello* erhalten. Getötet wurde der Stier bis vor einigen Jahren in jedem Fall, denn für die Arena wäre er nicht mehr brauchbar: Gegen einen solchermaßen „erfahrenen" Stier hätte kein Torero eine Chance – er würde den Mann suchen, sich nicht von Capa oder Muleta irritieren lassen. Seit 1992 ist es jedoch auch erlaubt, besonders „tapfere" Stiere zu begnadigen: Der Todesstoß erfolgt dann nur symbolisch, und der Stier darf fortan sein „Gnadengras" auf der Weide seines Züchters fressen. Diese Praxis ist jedoch sehr selten. Häufiger geschieht es, dass der Matador geehrt wird: Je nach seiner Leistung kann der Presidente ihm als Ehrung ein Ohr des Stiers, zwei Ohren oder, höchste Lobpreisung, zwei Ohren und den Schwanz verleihen.

Der Jakobsweg – El Camino de Santiago

Vor über tausend Jahren zogen die ersten Pilger zur hoch verehrten Grabstätte des Apostels Jakobus in Santiago de Compostela. In den folgenden Jahrhunderten entstand an der rund 800 Kilometer langen Route eine Fülle romanischer und gotischer Bauten. Die Reise entlang des Jakobswegs wird so auch zu einem architektonischen Ausflug ins Mittelalter.

Als im Galicien des 9. Jh. ein überirdisches Licht den Weg zum verborgenen Grab des Apostels Jakobus (spanisch: Santiago – es handelt sich um den älteren der beiden Apostel dieses Namens, deshalb auch oft *Jacobus maior*) wies, war ein großer Teil Spaniens in der Hand islamischer Mauren. Ausländische Unterstützung, und war sie nur moralischer Natur, hatte der verbliebene christliche Rest des Landes bitter nötig. Ein Wunder war also durchaus willkommen – da machte es auch nichts aus, dass Jakobus, wohl um das Jahr 43, auf Befehl von Herodes Agrippa in Jerusalem geköpft (und dort wohl auch begraben) worden war. Näheres zur Jakobslegende finden Sie im Kapitel über Santiago de Compostela.

Bald erwies sich der Heilige als durchaus zuverlässig, erschien schon 844 bei der Schlacht von Clavijo in Gestalt eines Ritters und wütete als solcher so fürchterlich unter den gegnerischen Mauren, dass die dankbaren Spanier ihren Schutzheiligen fortan mit dem ehrenvollen Beinamen des „Maurentöters“ (matamoros) schmückten.

Dank dem Apostel Jakobus erstrahlte nun ein neuer religiöser Glanz über der Iberischen Halbinsel. So wuchs bald auch bei der Bevölkerung jenseits der Pyrenäen der Wunsch, das Jakobsgrab gegen die Ungläubigen zu schützen und ihm durch die anstrengende Pilgerfahrt nach Santiago de Compostela ihre Verehrung zu erweisen.

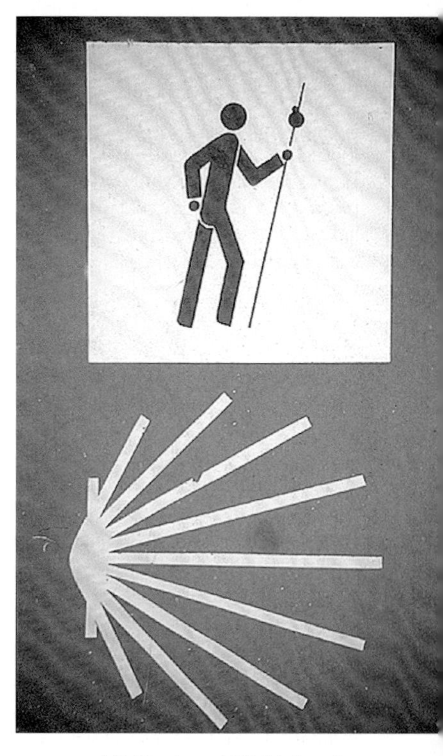

Mit Stock und Kürbisflasche: Schild am Jakobsweg

Zu Beginn waren diese Wallfahrten eine hoch gefährliche Angelegenheit, doch bereits Ende des 11. Jh. war die

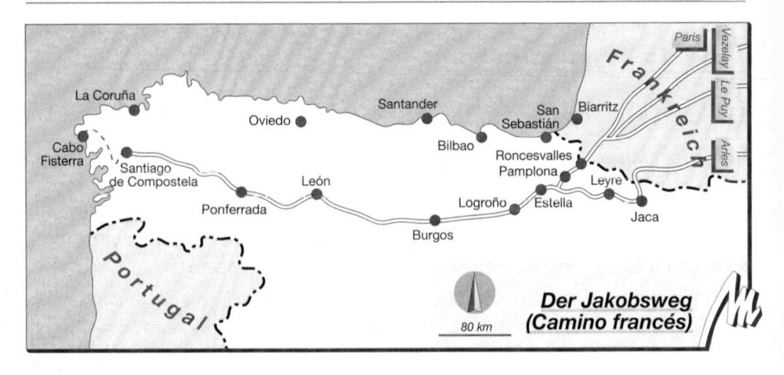

christliche Rückeroberung, die Reconquista, so weit vorgedrungen, dass entlang des Jakobswegs keine Überfälle der Mauren mehr zu befürchten waren. In der Folge erlebte der Pilgerpfad einen wahren Boom. Bald nahm Santiago, hinter Jerusalem und Rom, den dritten Rang der bedeutendsten Wallfahrtsorte der Christenheit ein. Spenden und Stiftungen finanzierten den Bau von Straßen, Brücken, Pilgerherbergen, Krankenhäusern, Kirchen und Klöstern.

Reiseführer des Mittelalters

Den Weg der Pilger ebnete ein mittelalterlicher Reiseführer, der *Codex Calixtinus,* auch Liber Sancti Iacobi („Buch des Heiligen Jakob") genannt. Neben Texten der religiösen Erbauung, einer detaillierten Wegbeschreibung und sogar einem ausführlichen Unterkunftsverzeichnis gab es auch düstere, aber wohl notwendige Kapitel, die den Pilger vor der Geldgier seiner Mitmenschen warnten: So prangerte eines davon „die Verbrechen der bösen Wirte am Weg meines Apostels" an – diesbezüglich also ein echter Vorläufer dieses Handbuchs...

Andere Kapitel befassten sich mit der Frage, wie man durch Vermeiden warmer Bäder und weicher Betten den Verführungen der Fleischeslust entgehen konnte, oder warnten vor den wilden Völkern, durch deren Gebiet die Pilger zwangsläufig ziehen mussten: „Wenn man die Navarresen essen sieht, glaubt man, fressende Hunde oder Schweine vor sich zu haben." Sie sind „schurkisch, falsch, treulos, korrupt, wollüstig, trunksüchtig, gewalttätig" und „pflegen mit ihrem Vieh Unzucht zu treiben". Ähnlich vorurteilsfrei wurden auch die anderen spanischen Volksgruppen beschrieben. Mancher Pilger wird sich nach dieser Lektüre die Reise wohl zweimal überlegt haben ...

Die Pilger

Die Mehrzahl unternahm die Wallfahrt aus religiösen Gründen, etwa um ein Gelübde zu erfüllen, eine Bitte zu bekräftigen oder Buße zu tun. Andere jedoch waren wegen eines Verbrechens dazu verurteilt worden oder reisten als bezahlter „Aushilfspilger" im Auftrag eines anderen, der selbst zu schwach oder krank dafür war. Ab dem 14. Jh. nahm dann der Anteil derjenigen zu, die aus schlichter Abenteuerlust unterwegs waren, oder gar, wie der französische Dichter François Villon (1431–1463) es tat, um Mitpilger ihrer Barschaft zu berauben. Da viele Orden den Pilgern gratis Kost und Logis stellten, fehlte es auch nicht an Schmarotzern, die sich frech als Wallfahrer ausgaben, ohne es zu sein.

Kenntlich waren alle Jakobspilger an ihrer Ausstattung: Überrock, Umhang, Hut, Lederbeutel und Kürbisflasche, schließlich der Stock als Stütze und Waffe. Als Pilgerabzeichen, das auch Einlass in die kirchlichen Herbergen verschaffte, diente die Jakobsmuschel *vieira*. Im „Heiligen Jahr“, wenn der 25. Juli, der Namenstag Jakobs, auf einen Sonntag fällt (zuletzt 2004, dann wieder 2010), schwillt der Pilgerstrom noch heute besonders an: Dann wird nicht wie üblich nur ein Drittel der Sünden vergeben, sondern ein vollständiger Ablass ausgesprochen.

Aussicht auf die Kathedrale: Skulptur in León

Die Route

In seinen Anfangszeiten führte der Jakobsweg an der Atlantikküste entlang und durch die ostgalicischen Berge, da die südlicheren Landesteile von den Mauren besetzt waren, er ist heute als *Camino primitivo* bekannt. Gegen Ende des 11. Jh., als die christlichen Heere die islamischen Besatzer weit genug nach Süden abgedrängt hatten, wurde dann die klassische Route durch Innerspanien angelegt, der „Französische Weg“ *Camino francés*.

Vier Hauptstrecken führten damals durch Frankreich und nahmen unterwegs Pilger aus ganz Europa auf. Kurz vor den Pyrenäen vereinigten sich die drei von Norden kommenden (auf denen auch die deutschen Pilger reisten) und liefen schließlich über den *Pass von Roncesvalles* nach Pamplona: der „navarrische Weg“ Camino de Navarra. Die vierte, aus Südfrankreich kommende Pilgerstrecke führte über den *Pass von Somport* ins aragonische Jaca und weiter nach Sangüesa: der „aragonische Weg“ Camino aragonés.

Beide Routen trafen sich bei Puente la Reina. Über Estella, Logroño und Santo Domingo de la Calzada wurde Burgos erreicht. In der großen Stadt an der

Kreuzung wichtiger Verkehrswege war die Hälfte des innerspanischen Weges zurückgelegt, für die meisten Pilger Anlass, sich eine Erholungspause zu gönnen. Weiter ging es dann über Sahagún, León, Ponferrada und Villafranca del Bierzo, bis schließlich, nach einer allein durch Spanien etwa 800 Kilometer messenden Strecke, endlich Santiago de Compostela in Sicht kam.

Kulturträger Jakobsweg

Der Jakobsweg veränderte und prägte das Leben an seiner Route. Heerscharen von Pilgern ließen alljährlich erkleckliche Summen im Land; Straßen, Kirchen, Klöster, Hospitäler und Herbergen entstanden.

Doch brachten die Wallfahrer nicht nur Wohlstand, sondern auch den Kontakt mit der Kultur jenseits der Pyrenäen. Pilger tauschten Erlebnisse, Kenntnisse und Geschichten aus; auf diese Weise verbreitete sich auch das Rolandslied. Wandernde Künstler zogen auf dem Pilgerpfad von Stadt zu Stadt, trugen so die Stilformen Mitteleuropas bis ins ferne Galicien. Ein bis heute sichtbares Zeugnis der Bedeutung des Jakobsweges für die spanische Kunst bewahrt die Architektur: Außer in Katalonien findet sich nirgends sonst in Spanien eine solche Konzentration romanischer Bauwerke wie entlang des Jakobswegs.

Die Orte, die durch den Jakobsweg entstanden, waren meist nach einheitlichem Muster aufgebaut. Der Pilgerpfad bildete die Hauptstraße, neben der sich Herbergen, Hospitäler, Kirchen und Handwerksbetriebe ansiedelten. Wenn sich diese Straßendörfer im Lauf der Zeit auch ausbreiteten, bleibt der ursprüngliche Grundriss an Orten wie Sangüesa, Puente la Reina und Estella doch noch kenntlich. Die Einwohnerschaft war damals ethnisch bunt gemischt. Viele Pilger siedelten sich nach erfolgter Wallfahrt entlang der Route an, hinzu kamen Kaufleute, Glücksritter und fahrende Spielleute. Ohne Probleme ging das nicht ab – oft igelten sich die einzelnen Gruppen in mauerumstandenen Vierteln ein; drastisches Beispiel ist das mittelalterliche Pamplona, in dem sich die drei Stadtgebiete jahrhundertelang bekämpften.

El Camino de Santiago – heute

Ganz offensichtlich erlebt der Jakobsweg in den letzten Jahren ein mächtiges Revival – in der letzten Dekade verzehnfachte sich die Zahl der Pilger. Weist die Pilgerstatistik für 1990 noch nicht einmal 5000 Ankömmlinge in Santiago aus, so machten sich im Jahr 2000 rund 55.000 Pilger auf den Weg. Geradezu explosionsartig entwickeln sich die Pilgerzahlen in Heiligen Jahren: 1993 waren es fast 100.000, 1999 mehr als 150.000 Pilger, und 2004 hatte sich die Pilgerzahl gegenüber 1999 bereits im Herbst mehr als verdoppelt. 2007 waren bereits zur Jahresmitte mehr Pilger in Santiago angekommen als im ganzen Jahr 2006, davon fast 7000 Deutsche zu Fuß oder mit dem Rad.

Besonders im Sommer sind entlang der Route viele Gruppen oft auch junger Leute zu sehen, die ganz traditionell zu Fuß nach Santiago pilgern. Andere reisen, nicht ganz stilgemäß, aber sicher ebenfalls sehr reizvoll, mit dem Fahrrad. Wer tatsächlich die gesamte Strecke per pedes zurücklegen will, muss sich darüber im Klaren sein, dass heutzutage auf einem Teil des Jakobswegs Dieselgestank und Motorenlärm die Begleiter sind: Vor allem im Umfeld der großen Städte verlaufen die Wege oft parallel zu breiten Fernstraßen, deren Verkehrsaufkommen für Romantik nur wenig Platz lässt. Die Mehrzahl der Streckenabschnitte führt immer noch durch ein ländliches Spanien, das motorisierte Reisende so oft gar nicht kennenlernen.

• *Pilgerherbergen* **Albergue de Peregrinos** nennt sich das standesgemäße Quartier des Jakobspilgers, in aller Regel eine einfache, jugendherbergsähnliche Unterkunft mit Gemeinschaftsschlafsälen. Die Gebühr ist gering, liegt im Durchschnitt bei etwa 2–3 €, manchmal wird stattdessen eine Spende erwartet. In Galicien ist die Benutzung der von der dortigen Regierung (Xunta) verwalteten Pilgerherbergen nach wie vor kostenlos. Entlang dem Weg gibt es ein ganzes Netz dieser oft kirchlich betriebenen Albergues, dennoch kommt es, natürlich auch durch die stetig steigende Pilgerzahl, im Sommer schon mal zu Engpässen. Einige Regeln: Pilgerherbergen sind echten Pilgern mit Pilgerausweis vorbehalten, wie er von den Jakobusgesellschaften ausgegeben wird – sie werden nicht als billiges Quartier für Touristen unterhalten, und sich als Autoreisender hier einzuschleichen, ist gegenüber den wahren Pilgern, gelinde gesagt, eine Unverschämtheit. Fußpilger genießen Vorrang vor Pilgern zu Pferd oder Fahrrad. Freie Plätze werden nach der Reihenfolge des Eintreffens vergeben, Reservierungen sind nicht möglich. Die Unterkunft wird pro Herberge nur für eine Nacht gewährt, Ausnahme: Krankheit. Schließzeit in der Regel 23 Uhr nachts. Bis 10 Uhr, in einigen Fällen auch 8 Uhr morgens muss die Herberge verlassen werden. Privat geführte Herbergen, die 6 € bis 10 € pro Nacht verlangen, bieten meist kaum mehr Komfort, das Lager kann aber in einigen Fällen voraus reserviert werden – im Sommer ein wesentlicher Vorteil.

• *Pilgerausweise* **Credencial** heißt der Pilgerausweis auf Spanisch. Er wird von den Jakobusgesellschaften für Pilger zu Fuß, mit dem Pferd oder mit dem Fahrrad ausgegeben, meist gegen eine geringe Gebühr oder Spende. Auf dem Jakobsweg wird er täglich in den Herbergen oder Kirchen abgestempelt und am Ziel im Pilgerbüro nahe der Kathedrale vorgelegt. Wer als Fußpilger mindestens die letzten hundert Kilometer (Radfahrer: 200 km) vor Santiago hinter sich gebracht hat, erhält dann die begehrte Pilgerurkunde, die **Compostela**.

• *Informationen für Pilger* **Deutsche St.-Jakobus-Gesellschaft**, Harscampstraße 20, 52062 Aachen; ☏ 0241/4790127, ℻ 0241 4790222. www.jakobus-info.de/jakobuspilger/aachen.htm

• *Der Jakobsweg im Internet* Eine erstaunlich große Anzahl an Websites befasst sich mit dem Jakobsweg. Eine kleine Auswahl:

www.xacobeo.es, die offizielle Site des Jakobsweges, auch in deutscher Sprache.

www.ultreia.ch, sehr informative Site aus der Schweiz, zahlreiche Links.

www.caminosantiago.org, touristische Site nicht nur für Pilger, die z.B. den Jakobsweg in 31 Etappen vorstellt. Spanisch und Englisch.

www.jakobs-info.de, private Seite mit sehr gut recherchierten Infos.

www.el-camino-de-santiago.com, eine ebenfalls private, sehr schön gemachte deutsche Site mit guten Fotos und unglaublich vielen Informationen, darunter die Adressen von Jakobusgesellschaften, die Standorte der derzeit neun Webcams am Jakobsweg (weitere sechs stehen in Santiago), Details zu Pilgerausweisen, eine Liste der Albergues am Weg, aktuelle Entwicklungen im Detail, Antwort auf Fragen wie „Was gehört in den Rucksack?" etc.

www.santiago-compostela.net, schöne Bilder vom Jakobsweg.

• *Literatur* „Aktiv Spanischer Jakobsweg", ein Wanderführer im Dumont-Reiseverlag (Autor Dietrich Höllhuber), regelmäßig überarbeitet, eingeteilt in Tagesetappen, die detailliert und mit Karte sowie Profil dargestellt werden. Beide Routen, also sowohl ab Roncesvalles als auch ab dem Somportpass, mit Nächtigungshinweisen. Weitere Führer: z.B. diverse Handbücher im Verlag Conrad Stein, und (vielleicht nicht ganz so empfehlenswert) „Der Jakobsweg. Ein Reiseführer für Pilger", herausgegeben vom spanischen Everest-Verlag.

Dolmen: „Hünengräber“ aus der Bronzezeit sind an vielen Orten im Norden

Geschichte

Mindestens bis zur Vereinigung von Kastilien mit Aragón im späten 15. Jh. war die Geschichte Spaniens immer auch die Geschichte der einzelnen Regionen. Den Einleitungskapiteln zu jenen Autonomen Gemeinschaften, die sich auf historische Wurzeln gründen, ist deshalb auch ein geschichtlicher Überblick angegliedert.

Vor- und Frühgeschichte

Die Ursprünge der spanischen Völker sind bis heute nicht unumstritten, reichen auf jeden Fall sehr weit zurück. Genau genommen weiter als irgendwo anders in Europa, wie die 800.000 Jahre alten Funde des Homo Antecessor („der Mensch, der früher kam“) in Atapuerca bei Burgos bewiesen haben. Zeugnisse wie die Wandmalereien der nordspanischen Höhlen Cuevas de Altamira in Kantabrien belegen die Besiedlung der Pyrenäenhalbinsel durch den modernen Menschen bereits in der Altsteinzeit.

Noch vor den indoeuropäischen Völkerwanderungen der Jungsteinzeit waren Spaniens Mitte und Süden von den *Iberern* besiedelt, vermutlich von Afrika eingewanderte Berberstämme, die an der Mittelmeerküste Kontakt mit Handel treibenden Phöniziern und Griechen bekamen. Etwa auf dem Gebiet, das ihre heutige Autonome Gemeinschaft bildet, lebten bereits damals die *Basken*, deren Herkunft immer noch unklar, auf jeden Fall nicht indoeuropäischen Ursprungs ist.

Ab etwa dem 9. Jh. v. Chr. ist im Norden Spaniens die Existenz der *Kelten* gesichert, die wahrscheinlich von Mitteleuropa aus über die Pyrenäen gekommen waren und auf einem niedrigeren Kulturstand waren als die Iberer. Sie lebten in kleinen Dörfern (*castros*) aus runden Steinhäusern mit strohgedeckten Dächern, die offensichtlich ohne jede Planung entstanden und weder Straßen noch Plätze besaßen; Grundmauern dieser Keltendörfer sind noch in Asturien und Galicien zu sehen. An den Schnittstellen ihrer Siedlungszonen, insbesondere in der Meseta Zentralspaniens, vermischten sich im Lauf der Jahrhunderte Kelten und Iberer zu den *Keltiberern*.

Römische Provinz Spanien

Besonders an der Mittelmeerküste kämpften in der Zwischenzeit fremde, kulturell und militärisch weit besser entwickelte Mächte um die Vorherrschaft: *Rom* und *Karthago*. Im 3. Jh. v. Chr. schließlich hatten die mächtigen Herren vom Tiber sich durchgesetzt – ihr Sieg im Zweiten Punischen Krieg (218–201 v. Chr.) verdrängte die nordafrikanischen Rivalen aus Spanien. Jetzt konnte die Romanisierung der Iberischen Halbinsel beginnen. Sie erfolgte gegen den wütenden, letztlich jedoch nicht erfolgreichen Widerstand der einheimischen Kelten und Keltiberer, der erst nach zweihundert Jahren, kurz vor der Zeitenwende, endgültig gebrochen war.

Kunstvolle Höhlenzeichnung

Die Iberische Halbinsel wurde zunächst in die beiden römischen Provinzen *Hispania citerior* im Nordosten und *Hispania ulterior* im Südwesten geteilt; eine spätere Neugliederung hatte die drei Verwaltungsgebiete *Hispania Tarraconensis* im Norden und Osten, *Hispania Baetica* im Süden und *Hispania Lusitania* im Westen zur Folge. Römische Kultur und Gesetzgebung und die lateinische Sprache prägten schon bald den Großteil Spaniens nachhaltig. Auch die ab Beginn des zweiten Jahrhunderts erfolgte Christianisierung des Landes wurde durch zugereiste Römer eingeleitet.

Hatten die Mitte und der Süden des Landes schnell die römische Kultur angenommen, so zeigten sich die Völker Nordspaniens weit zurückhaltender. Rom, klug genug, sich nicht in Details zu verzetteln, beließ es bei der Installierung einer Führungsschicht, die auch die Rechtsprechung überwachte, beim Ausbau der Straßen und der Erschließung der Bodenschätze. Stammessystem, Sprache und Religion der Kelten interessierten die Römer herzlich wenig, solange die Bergwerke florierten. Auch die Christianisierung kam im Norden nur vergleichsweise langsam voran.

Sweben und Westgoten – Germanen in Spanien

Mit dem allmählichen Verfall des römischen Weltreichs und der einsetzenden Völkerwanderung zog es ab dem frühen 5. Jh. Westgoten, Vandalen, Alanen und Sweben nach Spanien. Die Germanenstämme beschränkten sich zunächst auf blutige Raubzüge und wütende Gemetzel auch untereinander. Zu mehr als einer bloßen geschichtlichen Episode reichte es nur für zwei dieser „Barbarenvölker“: *Sweben* und *Westgoten*.

Während die Sweben Galicien besetzten und zum Stützpunkt räuberischer Überfälle auf die Nachbarn machten, zeigten die Westgoten größeren Ehrgeiz. Zunächst noch als Verbündete der immer schwächer werdenden Römer, übernahmen sie ab 474 in Eigenregie die Herrschaft über fast ganz Spanien. Nach dem Zerfall ihres Reiches jenseits der Pyrenäen in der Schlacht bei Vouillé 507 war die Iberische Halbinsel zur westgotischen Trutzburg geworden, auf die es sich zu konzentrieren galt: 585 beendeten die Westgoten auch die swebische Herrschaft in Galicien.

Nach außen stark, war das Westgotenreich innerlich jedoch tief zerrissen. Die Germanen hatten zwar viele Errungenschaften der Römer übernommen, darunter auch den christlichen Glauben (587 Übertritt zum Katholizismus), und so die Kluft zur heimischen, hispano-romanischen Bevölkerung überbrückt, doch lagen ihre Adelsfamilien in stetem Kampf untereinander. Königsmorde und Nachfolgestreitigkeiten waren eher die Regel als die Ausnahme – und führten schließlich auch zum Untergang des westgotischen Reichs.

Maurische Eroberung – der Islam in Spanien

Zwistigkeiten zwischen westgotischen Provinzfürsten waren es, die die islamische Eroberung Spaniens einleiteten. Von einer der rivalisierenden Parteien zu Hilfe gerufen, setzten arabische und berberische Heere, die so genannten *Mauren* („moros“), im Jahr 711 über die Meerenge von Gibraltar, schlugen den letzten Westgotenkönig Roderich verheerend und eroberten Spanien in kürzester Zeit: In wenigen Jahren überrollten sie fast die gesamte Iberische Halbinsel – die neue Weltreligion des Islam war damals gerade mal ein Jahrhundert alt. Das Zentrum der maurischen Macht bildete Andalusien, der Norden des Landes war den neuen Herren dagegen wohl damals schon suspekt: In die Berge des Baskenlandes, Kantabriens und Asturiens wagten sich die Mauren nur ungern, überließen die rauen, feuchten Gegenden lieber der verbliebenen westgotischen Führungsschicht, die, sich dorthin zurückgezogen hatte.

Reconquista und die Entstehung der Königreiche

Schon bald nach dem Eindringen der Mauren hatte sich der Widerstand formiert. Der Norden und der Osten Spaniens wurden zum Ausgangspunkt der christlichen Rückeroberung, der *Reconquista*. Sie war kein geschlossener und zielgerichteter Vorgang: Zu sehr verwickelten sich die einzelnen Königreiche in Rivalitäten und Erbstreitigkeiten, führten auch untereinander Eroberungskriege. Die gängige Praxis, von den Mauren zurück gewonnene Gebiete dem jeweils siegreichen Königreich zuzuschlagen, förderte die Konkurrenz noch.

Auch deshalb wohl benötigten die christlichen Heere fast ein halbes Jahrtausend, bis die entscheidende Schlacht geschlagen war. Maßgeblich für den endgültigen Sieg war die Idee des „Kreuzzuges gegen die Ungläubigen", die die bestehenden Differenzen überlagerte.

Begründer der Reconquista: Denkmal für Don Pelayo in Cangas de Onís

- **Die Anfänge**: Ausgangspunkt der Reconquista war eine Schlucht in den asturischen Picos de Europa: Man schrieb das Jahr 722, als der westgotische Fürst Don Pelayo mit einer kleinen Schar einen (wohl nur wenig größeren) maurischen Trupp überfiel und vernichtend schlug. *Covadonga*, der Schauplatz des Scharmützels, wurde zum Nationalheiligtum.

In der Folge entwickelte sich Asturien zunächst zu einem eigenständigen Königreich, dem sich im Lauf der Jahrzehnte und zahlreicher Schlachten auch Kantabrien, Galicien und schließlich das Gebiet von León zugesellten. In jenen Zeitraum fällt auch die Entdeckung des Jakobsgrabes in Galicien und die legendäre Schlacht von Clavijo 844, in der der Heilige sich als „Maurentöter" bewährt haben soll und fortan zum Schutzpatron der Reconquista – und später ganz Spaniens – wurde.

- **Das 10. Jahrhundert – Fortschritte, Teilungen und Rückschläge**: *Alfons III.* (866–909) erweiterte das asturische Gebiet bis über den lang umkämpften Río Duero, gewann die Region um Porto im späteren Portugal und machte León zur Hauptstadt des nunmehr als *Asturien-León* bezeichneten Reichs.

Im Osten Spaniens hatten bereits ab 785 fränkische Grafen unter Schirmherrschaft *Karls des Großen* die Mauren aus dem nördlichen Katalonien vertrieben; auch in Navarra und dem Baskenland etablierten sich christliche Grafschaften, die ab 905 zum Königreich Navarra zusammengefasst wurden.

Stand der Reconquista somit Anfang des 10. Jh.: Nordspanien bis in das Gebiet um den Río Duero war zusammen mit der Pyrenäenregion und ihrem Vorland in christlicher Hand, wenn auch auf drei Reiche verteilt – die fränkische *Grafschaft Katalonien* im Osten, das *Königreich Navarra* mit dem Baskenland in der Mitte und das *Königreich Asturien-León* im Westen, zu dem auch in etwa die heutigen Gebiete von Kantabrien und Galicien zählten.

Die folgenden Jahrzehnte jedoch brachten erneute Teilungen, Bruderkriege und Zusammenführungen, sogar Rückschläge der Reconquista, die in der kurzfristigen Rückeroberung Santiago de Compostelas durch die Mauren 997 gipfelten. Immer noch war das christliche Spanien von einer Einigung weit entfernt.

▸ **Das 11. Jahrhundert – Kastiliens Aufschwung**: Im Jahr 1035 hinterließ der große Erobererkönig Sancho III. von Navarra seinen Söhnen fast ganz Nordspanien, das in die Einzelkönigreiche *Navarra, Aragón* und *Kastilien* geteilt wurde. Fernando I. von Kastilien, das vorher nur eine Großgrafschaft gewesen war, nutzte die Gunst der Stunde, eroberte 1037 Asturien-León samt dem gesamten Nordwesten und vereinigte so die beiden Reiche zum *Königreich Kastilien-León.* In den folgenden Jahrzehnten veränderten Erbteilungen und Zusammenführungen erneut die politische Landkarte, doch blieb Kastilien für Zentral- und damit auch für Nordspanien fortan die beherrschende Region.

So war es auch ein König von Kastilien-León, Alfons VI., der sich ein halbes Jahrhundert später über das Kastilische Scheidegebirge wagte und 1085 Neukastilien mit Toledo eroberte. Sein berühmtester Feldherr Rodrigo Díaz, genannt *El Cid,* konnte 1094 Valencia erkämpfen, das jedoch nach seinem Tod wieder von den Mauren genommen wurde. Damit erschöpfte sich die kastilische Reconquista fürs erste, denn die von den bedrängten Mauren aus Afrika zu Hilfe gerufenen, kampferprobten Dynastien zunächst der Almoraviden und später der Almohaden machten den christlichen Heeren das weitere Vordringen nach Süden zunächst unmöglich. Nach dem Tod von Alfons VI. 1109 kam sogar ein herber Rückschlag: Portugal spaltete sich als unabhängige Grafschaft ab und wurde 1139 zum Königreich ausgerufen.

Im Osten war in der Zwischenzeit ein weiteres Großreich im Entstehen begriffen. Die Könige von *Aragón* drangen Zug um Zug Richtung Süden vor, eroberten 1096 Huesca und sicherten sich 1118 mit der Einnahme von Zaragoza die Herrschaft über große Teile des Ebro-Tals. 1137 wurde Aragón durch Heirat mit der Grafschaft Katalonien vereinigt; das neue Reich eroberte sich zunächst die islamisch verbliebenen Regionen Kataloniens zurück und rückte dann langsam gegen Südwesten vor.

▸ **Die Entscheidung**: Es hatte lange gedauert, doch schließlich war es soweit: 1212 konnten sich die christlichen Königreiche Kastilien, Aragón, Navarra und Portugal zu einem militärischen Bündnis durchringen, das seine Wirkung nicht verfehlte. 1212 wurden die Mauren bei *Navas de Tolosa* (Andalusien) durch die vereinigten Heere vernichtend geschlagen, das entscheidende Datum der christlichen Rückeroberung. Wenige Jahre später, 1231/1232, setzte Papst Gregor IX die Inquisition als „geistliches Gericht" zum Aufspüren so genannter „Ketzer" ein.

Nach 1212 ging die Reconquista fast im Eiltempo vonstatten. Bis 1250 eroberte das Heer des später heilig gesprochenen Ferdinand III. von Kastilien die Region Murcia sowie fast ganz Andalusien mit Ausnahme des Königreichs Granada. Jaime I. von Aragón/Katalonien errang die Herrschaft über die Balearen und die Region Valencia. Navarra hatte zum weiteren Verlauf nicht mehr viel beizutragen: Ab 1234 wurde das Königreich mit der Champagne vereint, von Frankreich aus regiert und gewann erst 1441 für einige Jahrzehnte seine Selbständigkeit zurück.

Kurzes Resümee der Reconquista

Während der Jahrhunderte der Rückeroberung Spaniens ergaben sich Veränderungen, die die Zukunft des Landes mitbestimmen sollten. Von Anfang an war den Königen eine adlige Kriegerkaste zur Seite gestanden, die natürlich belohnt werden wollte. Zu Beginn der Reconquista fielen die Landgewinne eher mäßig aus, viel war also nicht zu verteilen. Das änderte sich mit den raschen Fortschritten des 13. Jh., als riesige Gebiete erobert wurden. Die Könige konnten den Hochadel nun mit ausgedehnten Ländereien bedienen: Ursprung der vielfach bis heute bestehenden Großgrundbesitze Zentral- und Südspaniens, die immer noch große soziale Probleme aufwerfen.

In Nordspanien dagegen gab es keine großen Ländereien zu verteilen, da hier die Rückeroberung sehr früh und damit langsam vonstatten ging. Doch ergab die Reconquista für den Norden andere Konsequenzen, nämlich die Machtverschiebung vom Ausgangspunkt Asturien nach Süden, die schließlich in die Jahrhunderte währende und streng genommen immer noch bestehende Dominanz Kastiliens über den Norden mündete.

Die katholische Amtskirche errang in den Jahrhunderten der Reconquista als religiöse Stütze der Kriegszüge einen beherrschenden Einfluss, der bis in das 20. Jahrhundert und – stark eingeschränkt – bis heute reicht, und auch sie bekam ihren reichlichen Anteil an den neuen Ländereien. Fraglich, ob ohne die Reconquista und den damit verbundenen kirchlichen Machtzuwachs die ab 1478 in furchtbarem Ausmaß erneuerte Inquisition überhaupt möglich gewesen wäre.

Spätes Mittelalter: Das 13. bis 15. Jahrhundert

Die nunmehr fast abgeschlossene Rückeroberung hatte zwei Großreiche zur Folge, die fortan für die Geschicke Spaniens bestimmend waren: *Aragón* mit Katalonien und Valencia am Mittelmeer sowie *Kastilien*, das auch über den gesamten Norden herrschte. In beiden sank die Macht der Könige durch Aufstände des Hochadels und des wohlhabenden Bürgertums; in diese Zeit fällt ebenso die zunehmende Bedeutung der Cortes, der Ständeversammlungen. Die Pest, besonders schlimm die Epidemie von 1347, wütete auch in Spanien und dezimierte die Bevölkerung erheblich.

▶ **Los Reyes Católicos – der Aufstieg beginnt**: 1469 heirateten *Isabella I.* von Kastilien und *Ferdinand II.* von Aragón und besiegelten so die Vereinigung der beiden großen Königreiche. Sie trat 1474, er 1479 die Thronfolge an. Das so entstandene Doppelreich war in Wahrheit vor allem durch die Personen der beiden Herrscher verbunden; außer der 1478 wieder eingesetzten Inquisition gab es im innenpolitischen Aufbau keine gemeinsamen Autoritäten. Dennoch konnte von nun an von „Spanien" gesprochen werden. Gewinner der Vereinigung war vor allem Kastilien, das zum absoluten Machtzentrum des Landes aufstieg. Navarra, seit 1441 wieder von den Franzosen unabhängig, stand ohnehin im Schatten des mächtigen Herrscherpaares.

Los Reyes Católicos, die „Katholischen Könige“, wie Isabella und Ferdinand genannt wurden, schlossen die Reconquista endgültig ab und konnten auch nach innen die Machtposition der Königshöfe wieder festigen. *1492* wurde zu einem der entscheidenden Jahre der spanischen Geschichte: Mit Granada fiel nach zehnjährigem Kampf die letzte islamische Bastion in Spanien, und am 12. Oktober 1492 entdeckte ein Genueser in kastilischen Diensten Amerika – Christoph Kolumbus, in Spanien Cristóbal Colón genannt, öffnete dem Land die Tür zu den Schätzen des neuen Kontinents.

Die Verfolgung Andersgläubiger in Spanien: 1492 markierte aber auch den Beginn der systematischen Vertreibung der Juden, die vor die Alternativen Taufe oder Auswanderung gestellt wurden. Die so genannten „Conversos“, die sich für die Taufe entschieden hatten, durften fortan der konzentrierten Aufmerksamkeit der Inquisition sicher sein. Hunderttausende Juden jedoch verließen Spanien. Für das ganze Land, besonders aber für Städte, die wie Oviedo, Ribadavia oder Tudela große jüdische Gemeinden und Judenviertel („Juderías“) besessen hatten, bedeutete dies eine immense Schwächung der wirtschaftlichen Leistungskraft. Und der Krieg gegen die „Ungläubigen“ ging weiter. 1502 wurden die verbliebenen Mauren vor die gleiche Wahl wie vor ihnen die Juden gestellt. Die Mehrheit entschied sich für die Taufe. Als „Moriscos“ (Morisken) boten sie der Inquisition ein weiteres reiches Betätigungsfeld.

Aufstieg und Fall der Weltmacht Spanien

Seit dem Tod Isabellas regierte Ferdinand als Vormund der gemeinsamen Tochter Johanna der Wahnsinnigen auch Kastilien; die Herrschaft deren Gemahls Philipp des Schönen, eines Habsburgers, blieb durch dessen frühen Tod eine Episode. Als Ferdinand 1516 starb (1512 hatte er dem Doppelkönigreich noch Navarra einverleibt), ging die Krone beider Reiche auf Johannas Sohn Karl über – für Spanien begann wieder eine neue Epoche.

Das Reich, in dem die Sonne nicht untergeht: Als der in Gent geborene Karl als *Karl (Carlos) I. von Spanien* 1516 die Thronfolge antrat, war er gerade 16 Jahre alt, nie vorher in Spanien gewesen und Erbe des „Reichs, in dem die Sonne nicht untergeht“. Zusätzlich zu Spanien, dessen gewaltigen Kolonien in Amerika und Besitzungen im Mittelmeer, brachte ihm seine habsburgische Herkunft die Herrschaft über Burgund, die Niederlande und Österreich. 1519 wurde Karl zum deutschen König gewählt, 1530 vom Papst zum Kaiser *Karl V.* gekrönt.

In die Regierungszeit Karls I. (oder V., je nach Sichtweise) fällt die weitere Ausdehnung der überseeischen Kolonien, aus denen sich unvorstellbare Reichtümer über das Land ergossen. Eine unerwünschte Folge war die zunehmende Inflation. Zwar erwies sich die Wirtschaft des Landes noch als kräftig genug, dies aufzufangen – der Grundstein des späteren Niedergangs aber war gelegt. Auf einem ganz anderen Blatt stehen die Grausamkeiten und Morde, die die Konquistadoren, deren offizieller Auftrag ja auch die Missionierung war, begingen: Millionen Menschen aus der amerikanischen Urbevölkerung bezahlten ihre Begegnung mit dem Christentum mit dem Leben.

Die Regierungszeit (1556–1598) von Karls Sohn und Nachfolger *Philipp (Felipe) II.*, eher pflichtbewusster Politikarbeiter als glänzender Staatsmann, sah sowohl den absoluten Höhepunkt als auch den Beginn des rasanten Falls des spanischen Weltreichs. Philipp regierte, anders als sein Vater, das Reich von Spanien aus; unter ihm stieg Madrid endgültig zur Hauptstadt auf.

1580, als Philipp dem Reich auch noch Portugal nebst dessen überseeischen Besitzungen einverleibt hatte, stand Spanien auf der Höhe seiner Macht. Es war eine glänzende, aber unsichtbar bereits im Schwinden begriffene Macht: Schon die Kriege Karls hatten mehr Geld verschlungen, als die Kolonien liefern konnten; unter Philipp stieg die Staatsverschuldung nochmals, gleichzeitig die Inflation. Die Zeche zahlten die Bürger und Bauern in Form stetig hochgetriebener Steuern.

Spaniens Niedergang begann mit dem Verlust der *„Unbesiegbaren Armada"*, jener gewaltigen spanischen Flotte, die 1588 von den wendigeren englischen Schiffen vernichtend geschlagen wurde. Zwei Jahre später versuchte Philipp sein Glück in Frankreich, wo er für eine Tochter Erbansprüche auf den Thron geltend machte; 1598 musste er seinen Einmarsch mit einem schmählichen Friedensschluss beenden. Im selben Jahr noch starb er.

El Siglo de Oro – Das Goldene Jahrhundert

So sehr Spanien auch militärisch, wirtschaftlich und politisch absank, seine kulturelle Blüte dauerte an und erreichte im 16./17. Jh. ihren Höhepunkt. Das „Goldene Jahrhundert" Spaniens wurde geprägt durch Mystiker wie Ignatius von Loyola (Gründer des Jesuitenordens) und Theresa von Avila, durch Literaten wie Miguel de Cervantes („Don Quijote") und den Bühnenautor Calderón de la Barca, durch Maler wie Diego Velázquez und El Greco.

Philipps Nachfolger zeigten sich als Abfolge unfähiger und schwacher Regenten, die die Regierungsgeschäfte Günstlingen überließen. Das 17. Jh. geriet der spanischen Politik zu einer Häufung von Katastrophen, einer schier unendlichen Abfolge verlorener Kriege. Mit dem Tod Karls II. endete schließlich 1700 die habsburgische Linie – und das einst so glanzvolle Spanien lag am Boden.

▶ **Die Bourbonenherrschaft**: Karl II. war kinderlos gestorben, hatte aber den französischen Bourbonen Philipp von Anjou als Nachfolger bestimmt; die österreichische Habsburg-Linie sah das jedoch anders. In der Folge setzte ab 1701 der *Spanische Erbfolgekrieg* ein, in den halb Europa verwickelt war und der sich in Spanien zusätzlich als Bürgerkrieg äußerte: Kastilien samt dem Norden auf Seiten Frankreichs gegen Aragón/Katalonien auf Seiten Österreichs. Erst der Frieden von Utrecht ließ 1713 den Bourbonen als Philipp V. den Thron besteigen; Spanien musste jedoch die italienischen und verbliebenen niederländischen Besitzungen abtreten. Die nächsten Jahrzehnte sahen das Land als Verbündeten Frankreichs und unter reformfreudigen Herrschern, die wie Carlos III. ihre Nähe zum aufgeklärten Absolutismus Frankreichs nicht verleugneten.

Die Französische Revolution jedoch brachte wieder Unruhe, vor allem in den Kolonien. Ab 1788 ließ einer der Nachfolger Philipps, der unfähige Karl IV., Spanien von seinem Günstling Manuel de Godoy regieren, der das Land prompt erneut in verschiedene Kriege manövrierte; der Höhepunkt wurde mit der verheerenden Niederlage in der *Seeschlacht von Trafalgar* (1805) gegen England erreicht.

Wirre Zeiten: Unabhängigkeitskampf und Karlistenkriege

Einen Volksaufstand gegen Godoy nahm 1808 Napoleon I. zum Anlass, in Spanien einzumarschieren und Karl und dessen Sohn und Nachfolger Ferdinand VII. zum Herrschaftsverzicht zu zwingen. Ziel der Übung war die Inthronisierung seines Bruders Joseph Bonaparte und damit die völlige Unterwerfung Spaniens unter Frankreich. Der dem Einmarsch folgende Volksaufstand von Madrid wurde mit Waffengewalt niedergeschlagen. Es war der 2. Mai 1808, ein Datum, das in den vielen Straßennamen *Dos de Mayo* weiterlebt, ebenso in einem eindringlichen Bild von Goya, das die Erschießung von Aufständischen zeigt.

Die Spanier bewiesen – für die Franzosen wohl überraschend – Sinn für nationale Identität: Der Volksaufstand weitete sich zum *Spanischen Unabhängigkeitskrieg* aus, der mangels militärischer Stärke in Guerillamanier geführt wurde. In der Endphase von England unterstützt, konnten sich die Spanier nach sechs Jahren Besatzung durchsetzen. Es half ihnen wenig; die Folgezeit brachte dem Land nur weitere Kriege und innenpolitisches Chaos.

1814 kehrte Ferdinand VII. aus dem Exil auf den Thron zurück. Er zeigte sich nicht sonderlich dankbar für die Unterstützung durch sein Volk und hob die 1812 von den Cortes in Cádiz ausgearbeitete und an die Französische Revolution angelehnte *Verfassung* sofort auf. Ferdinand, zuvor noch „El Deseado" („Der Ersehnte") geheißen, regierte totalitär, unterstützt von der wieder eingesetzten Inquisition und reaktionären Gefolgsleuten. Es folgten Aufstände, die nur mit Hilfe französischer Truppen unterdrückt werden konnten – eine Zeit, die die südamerikanischen Kolonien nutzten, sich unter Simón Bólivar die Unabhängigkeit (1824) zu erstreiten.

Die Nachfolgekämpfe nach Ferdinands Tod brachten Jahrzehnte noch größerer Unruhen. Von 1833 bis 1840 dauerte der *Erste Karlistenkrieg* zwischen den Anhängern von Ferdinands unmündiger Tochter Isabella II. und den konservativen Kräften, die seinen Bruder Don Carlos favorisierten. Er mündete in eine Militärherrschaft unter General Espartero, der sich aber auch nur drei Jahre halten konnte.

Der ab 1843 in jugendlichem Alter als Regentin eingesetzten Isabella war ebenfalls nicht viel mehr Glück beschieden. Sie wurde zum Spielball konservativer wie liberaler Kräfte, mit der kuriosen Folge, dass während ihrer Amtszeit über 30 (!) Regierungen einander abwechselten. Gleichzeitig warf sich Spanien erneut in riskante Kriegsabenteuer. 1868 wurde Isabella gestürzt. Auf eine Interimsregierung folgte 1873/74 die *Erste Republik*, die aber binnen kurzem an innerer Zerrissenheit scheiterte. Der folgende *2. Karlistenkrieg* (1873–75) erschütterte das Land von neuem.

Die Restauration

Als Restauration gilt die Zeit von 1875 bis 1917, wobei der Name etwas irreführend ist: Restauriert, im Sinne der Wiederherstellung staatlicher Einheit und Geschlossenheit, wurde bestenfalls in der Anfangsphase; schon bald darauf häuften sich die politischen Krisen erneut.

Alfons XII., Sohn Isabellas und 1875 zum König ausgerufen, gelang es, die Karlistenkriege zu beenden und Spanien eine relativ ruhige Zeit zu bescheren. Unter ihm und seiner Witwe María Cristina (ab 1885) wechselten sich die konservative und die liberale Partei nach festgelegten Phasen ab. Die Katastrophen des *Kuba-Aufstands* (1895) und des *Amerikanisch-Spanischen Kriegs* (1898) konnten dennoch nicht verhindert werden. Als letzterer beendet war, hatte Spanien nicht nur seine Flotte, sondern auch die Philippinen, Kuba und Puerto Rico verloren und damit den Traum vom Weltreich endgültig eingebüßt – ein Verlust, den die kritische so genannte *Generation von 98* zum Anlass nahm, die Abkehr von alten Leitbildern und den Anschluss Spaniens an modernere, humane Zeiten zu fordern. Ein zunächst vergeblicher Wunsch, wie sich zeigen sollte.

Alfons XIII., der Sohn und Nachfolger María Cristinas, suchte sein Heil in der Expansion und griff Marokko an. Das militärische Abenteuer führte mit der zwangsweisen Rekrutierung von Soldaten 1909 zum Volksaufstand der *Semana Trágica* („Tragische Woche") von Barcelona: Linke Arbeiterverbände revoltierten und zerstörten Kirchen und Klöster; bald darauf formierte sich die anarchistisch gefärbte Gewerkschaft *Confederación Nacional de Trabajo* (CNT), eine radikalere Gegenspielerin der schon 1882 gegründeten sozialistischen UGT.

In Spanien ging es nun drunter und drüber, auch wenn die Neutralität im *Ersten Weltkrieg* einen gewissen wirtschaftlichen Aufschwung ermöglichte. Die Ansiedlung von Industrie (Kohle und Stahl in Asturien und im Baskenland) verlief parallel zu einer Stärkung der Arbeiterbewegungen. Unruhe in den immer noch kastilisch geprägten Zentralstaat brachten auch regionale Unabhängigkeitsbewegungen der Katalanen und Basken; Katalonien erreichte einige Erfolge, das Baskenland nicht.

Soziale Verschärfungen durch die junge Industrie und militärische Misserfolge in Marokko führten 1917 zu einer Staatskrise, die auch eine immer schnellere Abfolge von Kabinetten nicht zu lösen vermochte. Die Rufe konservativer Kreise nach dem „starken Mann" wurden lauter – und sie verhallten nicht ungehört.

1923 putschte General Primo de Rivera mit dem Einverständnis von König Alfons XIII. und errichtete eine Militärdiktatur. Zwar gelang es ihm, den Krieg in Marokko zu beenden, doch stolperte auch er über innenpolitische Schwierigkeiten. Seine zaghaften Reformansätze scheiterten schnell am Widerstand linker wie auch rechter Kreise. Als die Weltwirtschaftskrise die Probleme des Landes nochmals verschärfte, trat er im Januar 1930 freiwillig ab.

Wurzeln des Bürgerkriegs

Die *Zweite Republik*, im April 1931 ausgerufen, versuchte mit einer Politik weit reichender Reformen die Probleme Spaniens zu lösen, scheiterte jedoch am Widerstand konservativer Kreise in Wirtschaft, Militär und Kirche. Gleichzeitig kam es zu antiklerikalen Ausschreitungen der Linken, denen wie schon in der Semana Trágica von Barcelona Kirchen und Klöster zum Opfer fielen. 1933 gründete José Antonio Primo de Rivera, Sohn des Ex-Diktators,

Bald Vergangenheit: Der Name des Diktators soll von Plätzen und Straßen getilgt werden

die *Falange Española*, eine rechtsextreme Partei, deren Programm während und nach dem Bürgerkrieg eine prägende Rolle spielen sollte; gleichzeitig musste sich die Regierung zahlreicher Aufstände anarchistisch gefärbter Gewerkschaften erwehren.

Zwischen 1934 und 1936 schlitterte Spanien von einer politischen Krise in die nächste. Den Rechtsruck nach den Parlamentswahlen vom Oktober '34 quittierten die Gewerkschaften mit Generalstreiks. In Asturien lehnten sich die Bergleute auf, belagerten Oviedo und wurden erst kurz vor dem Einmarsch blutig durch Truppen gestoppt, die gerade vom Bürgerkrieg in Spanisch-Marokko zurückgekehrt waren und deshalb „Moros" genannt wurden. Befehlshaber dieser „Mauren": Francisco Franco Bahamonde.

Auch nach dem Wahlsieg der Volksfront im Mai '36 beruhigte sich die Lage nicht, verschärfte sich sogar noch. Streiks überfluteten das Land, die Rechte antwortete mit Mord, die Linke gab mit gleicher Münze zurück – Spanien im Chaos. Die Ermordung des rechten Abgeordneten Calvo Sotelo am 13. Juli 1936 wurde zum Auslöser eines Militärputsches, der in den Spanischen Bürgerkrieg mündete.

Katastrophen: Bürgerkrieg und Franco-Diktatur

Bis heute ist der *Spanische Bürgerkrieg* (1936–39), dem über eine halbe Million Menschen zum Opfer fielen, ein Trauma für das Land geblieben, zumindest für ältere Menschen. „Bürgerkrieg" ist eigentlich nicht der richtige Ausdruck für diesen dreijährigen Kampf: Auf der einen, der letztlich siegreichen Seite der „Nationalen", stand eine Clique von gut ausgerüsteten, antidemokratischen Militärs, auf der anderen, der der „Republikaner", der Großteil der Bevölkerung.

Ab dem 28. Juli flogen Truppenverbände aus Spanisch-Marokko nach Südspanien ein; den Oberbefehl hatte *General Franco*, die Flugzeuge wurden teilweise aus Hitler-Deutschland ausgeliehen. Italien, Portugal und Deutschland unterstützten den Putsch. Die Republikaner erhielten nur sehr bescheidene Hilfen von Russland, Frankreich und Mexiko.

Der Norden Spaniens stand, mit Ausnahme Navarras, auf Seiten der Republikaner. Unter der militärischen Überlegenheit der faschistischen Allianz ganz besonders zu leiden hatten die Basken: 1937 bombte die deutsche Flugzeugstaffel „Legion Condor" das baskische Städtchen Gernika (Guernica) in Schutt und Asche. Pablo Picasso nahm den feigen Angriff auf Zivilisten zum Anlass für das weltbekannte Monumental-Gemälde „Guernica", das in Madrid ausgestellt ist. Auch nach dem Bürgerkrieg bekamen die „verräterischen" nördlichen Regionen die Rache Francos zu spüren.

Eine der Ursachen für die Niederlage der linken Kräfte war wohl, dass sich ihre Gruppierungen so befehdeten, dass sie nach außen keine gemeinsame Front bilden konnten. Trotzkisten misstrauten den Anarchisten, Sozialisten den Kommunisten. Die Freiwilligen der *Internationalen Brigaden*, junge Männer und Frauen aus dem Ausland, konnten Spanien auch nicht retten – die „Schlacht am Ebro" (25.7.–16.11.1938) markierte den endgültigen Sieg der Nationalisten. Am 26. Januar 1939 schließlich nahmen Francos Truppen Barcelona ein.

Francisco Franco Bahamonde

Geboren am 4. 12. 1892 in Ferrol (Galicien), war der „Caudillo" und „Generalísimo" der spanische Alptraum des 20. Jahrhunderts. Die Grundprinzipien seines diktatorischen Regimes bildeten die Unterstützung durch Militär, Kirche und die Falange, absolute Autorität des Staates und Unterdrückung aller abweichenden Auffassungen. Demokratische Ansätze wurden durch passende Gesetze nur vorgetäuscht, nie verwirklicht; Staatsform war eine „Monarchie ohne König", die allein dem Staatsführer Franco das Recht zugestand, seinen – dann königlichen – Nachfolger zu ernennen.

Während des Zweiten Weltkriegs blieb Spanien neutral; die vorsichtige Annäherung an Hitler-Deutschland wurde durch den wirtschaftlichen Druck der Alliierten erstickt. Nach dem Krieg zunächst politisch isoliert, wurde Spanien im diplomatischen Verkehr bald wieder halbwegs salonfähig; 1959 befürwortete Adenauer (vergeblich) die Aufnahme in die NATO. Innenpolitisch hielt die harte Linie an. Ab den Sechzigern mehrten sich Proteste, Unruhen und Terroranschläge der baskischen Befreiungsbewegung ETA. Am 20. November 1975 starb Franco – und in Spanien knallten die Sektkorken.

Endlich: Die Demokratie

Francos Nachfolger wurde der vom „Caudillo" selbst erwählte König *Juan Carlos I.*, ein Bourbone. Zunächst zaghaft, dann tatkräftig mit Hilfe des von ihm ernannten Ministerpräsidenten Adolfo Suárez González, bereitete Juan Carlos die Demokratie vor. 1977 fanden die ersten demokratischen Wahlen seit über 40 Jahren statt. Die von Suárez geführte und später aufgelöste Mitte-Rechts-Partei UCD ging als Sieger hervor.

Am 23. Februar 1981 hielt Spanien nochmals den Atem an: Ein gewisser Colonel Tejero versuchte im Parlament mit gezogener Pistole einen Militärputsch durchzusetzen. Doch König Juan Carlos verhielt sich mustergültig, lehnte jede Unterstützung ab. Die Armee hörte auf sein Wort – Spaniens junge Demokratie war gerettet.

Blickpunkt 1992: Spanien boomt

1982 wurde Spanien Mitglied der Nato. Im selben Jahr übernahm erstmals die sozialistische, von Felipe González geführte PSOE das parlamentarische Ruder. Anfang 1986 trat Spanien der EG bei, die Parlamentswahlen im Juni sahen erneut die PSOE als strahlenden Sieger. Es waren Jahre der lustvollen Befreiung von Moralvorstellungen, die eine unheilige Allianz von Kirche und Staatsgewalt über mehr als vierzig Jahre hinweg diktiert hatte. Und es waren Jahre des Booms, in denen Spaniens Wirtschaft jährlich um fast fünf Prozent wuchs. Die Aktienkurse erreichten Rekordhöhen, vor allem auch in Hinblick auf 1992, das große Jahr. Unter der Führung des allseits verehrten „Felipe" errichtete die PSOE einen Sozialstaat moderner Prägung mit Arbeitslosenunterstützung und staatlichem Gesundheits- und Rentensystem.

Umsonst waren diese Erfolge nicht zu haben, drastische Einschnitte nötig. Vor allem die Stahlindustrien und die Werften, staatlich geführte Dinosaurier, die nur Verluste produzierten, mussten abgebaut werden. Zehntausende Arbeitsplätze verschwanden, die Arbeitslosigkeit, vom Wirtschaftsboom ohnehin kaum gemildert, stieg weiter. Das Vertrauen in die PSOE sank, doch reichte es bei den Wahlen von 1989 noch einmal knapp zur Mehrheit.

1992 sollte Spaniens großes Jahr werden: Die 500-Jahr-Feier der Entdeckung Amerikas, die Olympischen Spiele in Barcelona, die Weltausstellung Expo in Sevilla, Madrid die Kulturhauptstadt Europas. Die Preise stiegen in schwindelnde Höhen, die Staatsschulden auch. Der großen Feier folgten Ernüchterung und Stagnation. In der Euphorie hatte mancher vergessen, dass die Arbeitslosigkeit mit landesweit fast 21 Prozent den europäischen Spitzenwert darstellte und das Defizit im Staatshaushalt Rekordhöhe erreicht hatte. Als logische Folge der schlechten Grunddaten der Wirtschaft wurde die Peseta nach der teilweisen Freigabe der Wechselkurse gleich mehrfach abgewertet, insgesamt um fast ein Fünftel: Gut für den Export und für den ausländischen Reisenden, miserabel für das internationale Prestige des Landes.

Trotz aller Schwierigkeiten gelang es der PSOE bei den Wahlen von 1993 noch einmal, stärkste Partei zu werden, doch verfügte sie über keine absolute Mehrheit mehr. Unterstützung erhielt Felipe González von der Baskischen Nationalistischen Partei PNV und der konservativen katalanischen Convergencia i Unio (CiU), die ihn als Ministerpräsident mitwählten. Zweitstärkste Macht im Lande wurde die konservative Volkspartei Partido Popular, abgekürzt PP.

Skandale, Skandale ...

Schon bald nach den Wahlen von 1993 erschütterte eine Krise nach der anderen die labile Regierung. Harte Eingriffe ins soziale Netz und das Einfrieren der Löhne der Staatsbediensteten führten Anfang 1994 zu einem Generalstreik. Wesentlich schlimmer noch war die Serie nach und nach ruchbar gewordener Skandale. So hatten weite Teile der PSOE-Regierung die öffentlichen Kassen anscheinend als Selbstbedienungsladen betrachtet. Für die Vergabe von Aufträgen an ausländische Firmen kassierte die Partei horrende Schmiergeldsummen, finanzierte damit ihren Wahlkampf. Am tollsten jedoch trieb es Luis Roldán, der Ex-Chef der Guardia Civil. Er soll beim Bau neuer Kasernen und aus einem Geheimfonds zur Terroristenbekämpfung umgerechnet rund 30 Millionen Euro abgezweigt haben. Anfang 1995 wurde Roldán in Südostasien verhaftet und nach Spanien überführt. Seine Aussagen enthüllten erst das wahre Ausmaß der Korruption: Nicht nur er allein, sondern die gesamte Leitung des Innenministeriums habe sich aus besagtem Geheimfond bedient.

Allzulange wohl hatte Regierungschef González den Machenschaften in seiner Partei wenig Beachtung geschenkt, immer wieder versucht, die Affären herunterzuspielen. Doch sollte es für die Sozialisten noch schlimmer kommen. War bisher nur von Korruption die Rede, erreichten die Skandale nun ganz andere Qualitäten: Die geheimen „Antiterroristischen Befreiungstruppen" (GAL), die während der Achtzigerjahre in der Manier von Todesschwadronen vermeintliche ETA-Mitglieder in Südfrankreich überfielen und ermordeten, sind von höchsten staatlichen Stellen gelenkt worden. Laut Aussagen einiger verhafteter GAL-Mitglieder bildete das Polizeihauptquartier von Bilbao die Kommandozentrale. 1995 schließlich folgte der letzte Schock für die mittlerweile an skandalöse Enthüllungen schon fast gewohnte spanische Bevölkerung: Über Jahre hinweg hatte der Geheimdienst CESID ohne richterliche Verfügung Privatgespräche von Prominenten und Politikern abgehört. Nicht einmal der vom Volk hoch verehrte König Juan Carlos blieb verschont. Die Rücktritte des Verteidigungsministers Vargas und des damaligen Geheimdienstchefs Serra, letzterer auch Stellvertreter von González, konnten die Wogen der Empörung nicht glätten.

Die Ära Aznar

Die vorgezogenen Parlamentswahlen von 1996 brachten der Partido Popular unter ihrem ernsthaften, aber stets etwas blass wirkenden Führer *José María Aznar* nicht den Erdrutschsieg, den so mancher prophezeit hatte. Zwar erreichte die PP mit knapp 39 Prozent der Stimmen die Mehrheit, doch erzielte sie gegenüber der PSOE gerade mal einen Vorsprung von 1,4 Prozent. Aznars Volkspartei, die die Einheit Spaniens auf ihre Fahnen geschrieben hat, war damit auf eine Koalition mit den separatistisch eingestellten Basken und Katalanen angewiesen. Zur Verblüffung vieler politischer Beobachter hielt diese wacklige Konstellation sogar über die gesamte Legislaturperiode hinweg die Stellung. Aznar gelang es auch, die Wirtschaft zu stabilisieren. Neue Gesetze erleichterten es den Betrieben, zeitlich befristete Arbeitsverträge abzuschließen, und in der Folge sank allmählich die horrend hohe Arbeitslosigkeit, auch wenn Spanien diesbezüglich weiterhin trauriger Spitzenreiter in Europa blieb. Die Hürden zur Teilnahme am Euro wurden ohne größere Probleme gemeistert, die Neuverschuldung deutlich gesenkt, die Inflation erheblich gebremst. Insgesamt gesehen konnte Aznar durchaus zu Recht und voller Selbstbewusstsein seinen Lieblingssatz verkünden: „España va bien", Spanien geht es gut. Die Spanier honorierten die Leistung des Premiers und wählten ihn 2000 wieder – diesmal mit absoluter Mehrheit. Dass seine zweite Amtszeit nicht mit einer Wiederwahl endete, hat komplexe Ursachen: das Abflauen des ökonomischen Booms im Rahmen der Weltwirtschaftskrise, die wachsende Arbeitslosigkeit (weiterhin die höchste der EU), gegen die von der Regierung kein Konzept gefunden werden konnte, die persönliche Lebensführung Aznars (der für die Hochzeit seiner Tochter vor allem gekrönte Häupter nach Spanien einfliegen ließ), die Teilnahme am Irak-Krieg als Gehilfe der US-Regierung – und ganz zum Schluss das Al-Quaida-Attentat von Madrid (11. März 2004). Aznar hatte die ETA für zweifelsfrei schuldig erklärt, obwohl noch keinerlei Erkenntnisse vorlagen – dies, um der Oppositionspartei PSOE und seinem Gegenkandidaten José Zapatero noch unmittelbar vor den Parlamentswahlen Stimmen abzujagen. Der Schuss ging nach hinten los: Aznar, der kurz vorher noch recht gute Chancen gehabt hatte, wurde als Wahllügner entlarvt, der den Terror für seine Zwecke zu instrumentalisieren versuchte – ein ETA-Attentat hätte wohl die Sozialisten ins Hintertreffen gebracht, ein Al-Quaida-Attentat jedoch schadete nur Aznar, der das Land in den Irak-Krieg gedrängt hatte. Spanien wählte mit großer Mehrheit Zapatero.

Zapatero, „11M" und ETA-Drohungen

Die Formulierung „Nach dem 11M" kann man immer wieder in spanischen Zeitungen lesen – gemeint ist die Zäsur nach dem Attentat von Madrid am 11. März 2004 mit mehr als 200 Toten und 1500 Verletzten, aber auch nach dem 14. März, dem Tag der Parlamentswahl und dem Sieg der Sozialisten und Zapateros. Diese wenigen Tage im März haben Spanien getroffen und verändert. Die Truppen sind aus dem Irak abgezogen, und die Regierung hat, freilich ohne besonderen Erfolg, ihre Gesprächsbereitschaft mit den baskischen Nationalisten bewiesen. Dennoch bombt die ETA wieder. Der Tourismus ist in der Flaute, da die Deutschen und Briten weniger Geld für den Auslandsurlaub haben und andere Länder billiger geworden sind, Klagen über Geldwertverlust nach der Euro-Einführung häufen sich (wo nicht?), am Horizont droht die Streichung der bisher so wichtigen EU-Subventionen (man beachte, wie viele spanische Autobahnen mit dem EU-Zeichen als von dieser gefördert ausgewiesen sind!), die nach dem Beitritt vieler ehemaliger Ostblockländer in Polen oder Litauen dringlicher benötigt werden. Und die Regionalbewegungen sind keineswegs sanfter geworden, was ihre Forderung nach erweiterter Autonomie angeht. Die Katalanen konnten 2006 zwar mit einem erweiterten „Estatut" fürs erste befriedigt werden, doch im Baskenland, wo seit 2002 trotz der Wahlschlappe der dortigen Nationalistenpartei PNV (2005) der „Plan Ibarretxe" im

Raum steht, strebt man ganz eindeutig nach Unabhängigkeit. Eine gewisse Ablenkung von den Problemen brachte im Mai 2004 die Hochzeit des Thronfolgers Principe de Asturias, Felipe de Borbón y Grecia, mit Doña Letizia Ortiz, einer populären Fernsehjournalistin. Gleichzeitig provozierte die Hochzeit jedoch auch Stimmen (u. a. von Zapatero), die für die Gleichstellung der Geschlechter auch bei der Thronfolge eintreten – weibliche Nachkommen waren bislang davon ausgeschlossen. Beim Thema Gleichstellung und auch beim so lange vernachlässigten Umweltschutz brachte der Regierungswechsel Bewegung; auf beiden Gebieten setzte der Regierungschef, wegen seines sanften Blicks gern „Bambi" genannt, bereits deutliche Akzente. Seit 2006 sind Homosexuelle anderen Paaren praktisch gleichgestellt; gleichgeschlechtliche Paare aus aller Welt kommen seither nach Spanien, um sich trauen zu lassen; die Marcha de Urgullo Gay, der Umzug zum Christopher Street Day in Madrid im Juni 2007, feierte die Gleichstellung auf europäischem Niveau unter dem Motto „Europride 2007". Im selben Jahr wurde ein Gleichstellungsgesetz verabschiedet, das unter anderem die Parteien verpflichtet, auf ihren Wahlenlisten mindestens 40 Prozent Frauen aufzustellen. Aus 2007 stammt auch das umstrittene Gesetz „Ley de Memoria Histórica". Dreißig Jahre nach dem Ende der Franco-Ära wurde mit ihm die gesetzliche Basis für die Anerkennung von durch das Franco-Regime Verfolgten geschaffen, ebenso für die nachträgliche Korrektur von Unrechtsurteilen des Bürgerkriegs und auch für ein Verbot der Verherrlichung des Franco-Faschismus. Letzteres wirkt sich bereits in zahllosen Änderungen von Straßennamen aus, desgleichen im Verschwinden auch der letzten Franco-Reiterdenkmäler von Plätzen und Straßen. In Galicien erinnern immer noch unzählige Straßennamen, Plaketten und Denkmäler an Generäle und andere Machthaber des Faschismus, so in A Coruña z.B. die Straßennamen Los Caídos, General Sanjurjo und General Mola. Auch sie sollen und werden mit der Zeit verschwinden.

Bei der Drucklegung dieser Auflage standen die spanischen (und andalusischen) Parlamentswahlen von 2008 unmittelbar bevor. Ein großes Wahlkampfthema war, neben dem Umgang mit der ETA, die Wirtschaft. Zwar lag die jährliche Wachstumsrate zuletzt deutlich über drei Prozent und damit über dem europäischen Durchschnitt, die Arbeitslosenquote mit kaum über acht Prozent so niedrig wie seit dreißig Jahren nicht mehr; beim Pro-Kopf-Einkommen könnte das Land demnächst sogar an Deutschland vorbeiziehen. Allerdings hat die Inflation angezogen, zudem macht sich insbesondere in der Bauwirtschaft nach Jahren des Booms (und geradezu absurder Steigerungsraten der Immobilienpreise) eine deutliche Ernüchterung breit, die auf andere Branchen und auf die Konsumenten überschwappen könnte. Konfliktstoff zwischen den beiden großen Parteien bergen jedoch noch andere Themen, darunter die Frage der Zuwanderung: 2005 hatte Zapatero in einer Legalisierungsaktion rund 600.000 illegale Immigranten mit Aufenthalts- und Arbeitsgenehmigungen ausstatten lassen, woraufhin ihm die Opposition vorwarf, den Einwanderungsdruck insbesondere aus Richtung Afrika damit nur erhöht zu haben.

Last Minute: Die PSOE hat die Wahlen im März 2008 gewonnen und ihren Vorsprung gegenüber der PP ausgebaut, die absolute Mehrheit jedoch knapp verfehlt. Ob es zu einer Minderheitsregierung unter dem bisherigen Premier Zapatero kommt oder zu einer Koalitionsregierung (mit der katalanischen CiU oder der links-bunten Izquierda Unida) war bei Redaktionsschluss noch nicht bekannt.

Der Stier bleibt!

Seit fünf Jahrzehnten ist er ein vertrauter Anblick, längst schon ein Symbol Spaniens geworden. Knapp hundert der riesigen schwarzen Stiere stehen über das ganze Land verteilt. Aufgestellt wurden sie, wie jeder Spanier auch ohne Firmenschrift weiß, von der renommierten Brandy-Brennerei Osborne. Die ersten Bullen, 1956 von Manuel Prieto konzipiert, waren noch aus Holz, 1961 folgte die metallene Version, die aus 70 einzelnen Blechplatten mit einer Fläche von 90x190 cm zusammengesetzt ist. In den Neunzigern sollten die über 14 Meter hohen und mitsamt der Verankerung 50 Tonnen schweren Kolosse auf den Schrottplatz geschickt werden. Grund war ein Gesetz des Madrider Verkehrsministeriums, das Werbung am Rand von Fernstraßen verbietet. El Toros Ende? Nicht mit den Spaniern. Schnell hatte sich eine breite Front von Stierfreunden formiert. Der beliebte Bulle sei Kunst und nicht Werbung, so ihre Argumentation. Der Fall ging vor Gericht bis in die letzte Instanz. Und dort mussten die Madrider Möchtegern-Matadore eine deftige Niederlage einstecken: Der Stier bleibt, entschied der Oberste Gerichtshof. Die Blechbullen hätten sich „weit über den ursprünglichen Werbezweck hinaus in die Landschaft Spaniens eingefügt“, so die Zeitung El Pais, und würden zudem von der Allgemeinheit „als ästhetisches und kulturelles Gut“ empfunden.

Kunstgeschichte

Aus dem gesamtspanischen Rahmen fallen im Norden insbesondere zwei Kunststile: Präromanik und Romanik. Fast im gesamten Rest des Landes, Ausnahmen sind Katalonien und Aragón, fehlen beide Stile aufgrund der damaligen maurischen Besetzung nahezu völlig.

Vor- und Frühgeschichte

Spanische Steinzeit: Die 14.000 bis 25.000 Jahre alten Höhlenmalereien der Altsteinzeit in Kantabrien und Asturien gelten als die ersten Beispiele künstlerischen Ausdrucks in Spanien. Als Angehörige von Kulturen der Jäger und Sammler stellten die Künstler meist Tiere dar; ob es sich dabei um Beschwörungen des Jagdglücks, Anrufungen von Schutzgeistern oder andere Motivationen handelt, muss in der Regel Spekulation bleiben. Auffällig jedenfalls die Geschicklichkeit, mit der Felsformationen genutzt wurden, um den Eindruck plastischer Tiefe zu erwecken.

Kelten: Anders als die Mittelmeerküste hatte der Norden Spaniens zu jener Zeit keine Verbindungen zu Kulturnationen wie den Griechen, so dass Anregungen von außen nicht wirksam werden konnten. In den keltischen Dörfern in Asturien und Galicien fanden sich in erster Linie kunsthandwerkliche Arbeiten wie Goldschmuck und verzierte Waffen.

Sehenswert

Steinzeit: Die berühmte *Höhle von Altamira* (Kantabrien) kann zwar nur nach langer Voranmeldung besucht werden, kürzlich ist jedoch in unmittelbarer Nachbarschaft unter großem Aufwand eine genaue Kopie der Höhle errichtet worden, die jedem Interessenten offen steht. Die Malereien Altamiras sind übrigens auch in unseren Breiten zu bewundern: Das *Deutsche Museum in München* beherbergt ebenfalls einen absolut exakten Nachbau des Großen Saals der Höhle mit den berühmten Bison-Darstellungen.

Andere Höhlen mit vorgeschichtlichen Zeichnungen sind dagegen (noch) „live" zu erleben, zum Beispiel die *Cuevas de Puente Viesgo* in Kantabrien und die *Cuevas de Tito Bustillo* in Asturien. Weitere Zeugen der Vorgeschichte sind die bronzezeitlichen Steinplattengräber *Dolmen,* die vor allem an der Westküste Galiciens gehäuft anzutreffen sind.

Keltische Relikte: Eine ganze Reihe der aus steinernen Rundhütten bestehenden *Keltendörfer* sind in Asturien und Galicien ausgegraben worden. Einen guten Eindruck vermitteln besonders die Ausgrabungsstätten *Castro de Coaña* in Asturien und *Castro de Baroña* sowie *Castro de Viladonga* und *Monte Santa Trega* in Galicien, die beiden letzteren mit angeschlossenem Museum.

Meist kreisrund: Grundmauern eines Keltendorfs

Römer und Westgoten

Römer: Obwohl sie eine der wichtigsten Kulturen waren, die Spanien bis heute prägen, hat sich im Norden aus ihrer Zeit nur wenig erhalten. Im Rest des Landes gemahnen vor allem Amphitheater, Aquädukte und andere nützliche Bauwerke an ihre Herrschaft. Was an Grabbeigaben auftauchte, ist in der Regel solide Arbeit, aber ohne den ganz großen künstlerischen Wert.

Westgoten: Da kulturell weniger entwickelt, übernahmen die Westgoten vieles von den Römern, auch in der Architektur. Typisch für westgotische Bauten, von denen nur wenige die Zeiten überdauert haben, ist die Verwendung des Hufeisenbogens, den die Mauren vielleicht von den Westgoten adaptierten.

Sehenswert

Römische Relikte: In Nordspanien nur bescheidene Reste, darunter vor allem Nutzbauten wie die Stadtmauern von *Lugo* in Galicien und *Astorga* in Kastilien-León, in den Grundzügen auch der „Turm des Herkules" im galicischen *A Coruña* sowie eine Reihe von Brücken, in *Astorga* auch ein Gebäude des römischen Forum, heute in ein Römermuseum integriert.

Westgotische Bauten: Bedeutendster Bau in Nordspanien ist die kleine Kirche *San Juan Bautista* in Baños de Cerrato bei Palencia (Kastilien-León), südlich des Jakobswegs und damit eigentlich bereits außerhalb unseres Gebietes, als Abstecher dennoch kurz beschrieben.

Filigran: romanische Kapitelle in Santo Domingo de Silos

Präromanik und Romanik

Präromanik: Aus den Anfängen der Reconquista datiert die spezifisch asturische Kunst der Vorromanik, die sich vom späten 8. Jh. bis ins frühe 10. Jh. als Verfeinerung der westgotischen Architektur entwickelte, aber auch Elemente römischer Baukunst aufnahm. Kennzeichen der meist dreischiffigen Kirchen sind der rechteckige Grundriss mit Vorhalle, die Dreiteilung des Chors und die Verwendung von Rundbögen. Als Schmuckelemente dienen geometrische, florale, tierische und sogar menschliche Darstellungen, vor allem jedoch das typische Kordelmuster.

Romanik: Die erste länderübergreifende Kunst des christlichen Europa (11.–12. Jh.) fiel in vielen Teilen Spaniens aufgrund der maurischen Besetzung praktisch aus. Anders im schon früh zurückeroberten Norden: Der Jakobsweg ist gar das Schatzkästlein romanischer Kunst in Spanien schlechthin; deutlich zu erkennen ist an vielen Bauten der französische Einfluss, der auf Baumeister von jenseits der Pyrenäen zurückgeht.

Den Namen hat die Romanik von der Verwendung römischer Formelemente wie Pfeiler, Säule und Rundbogen; weitere Charakteristika des fast ausschließlich in Sakralbauten überlieferten Stils sind der Grundriss des lateinischen Kreuzes und die Gewölbeformen des Kreuzgrat-, Kreuzrippen- oder Tonnengewölbes.

Ihren Höhepunkt jedoch erreichte die romanische Kunst in der Skulptur: Auf Portalen, Kapitellen, Friesen und Altären tummeln sich Fabelwesen, Musikanten, Heilige, Tiere und Teufel von immensem Ausdruck und frappierender Lebendigkeit: ein bunter Bilderbogen des Mittelalters.

Sehenswert

Präromanische Kunst: Alle verbliebenen präromanischen Kirchen liegen im Umkreis der asturischen Königsresidenz und heutigen Hauptstadt Oviedo. Zu den bedeutendsten zählen *Santa María* und *San Miguel de Lillo*, beide auf dem Berg Monte Naranco, und *San Julián de los Prados* (auch Santullano genannt), deren Inneres mit Wandmalereien geschmückt ist, denen teilweise architektonische Motive zugrunde liegen.

Romanik: Unmöglich, an dieser Stelle alle wichtigen romanischen Bauten Nordspaniens aufzuzählen – wer entlang des Jakobswegs reist, stößt ohnehin auf sie. Nördlich des Kantabrischen Gebirges allerdings findet sich nicht mehr allzuviel wirklich Beachtliches. Als absoluter Höhepunkt darf sicher die *Kathedrale von Santiago de Compostela* mit ihrem faszinierenden Skulpturenportal Pórtico de la Gloria gelten, auch wenn die Fassade der Kirche selbst später umgestaltet wurde.

Wer sich für romanische Freskenmalerei begeistern kann, sollte sich die *Basílica de San Isidoro* in León nicht entgehen lassen: Die königliche Grabstätte Panteón de los Reyes wird ihrer fantastischen Ausmalung wegen als „Sixtinische Kapelle der Romanik" bezeichnet.

Mozarabischer Stil und Mudéjar

Zwei Mischformen islamisch-christlicher Kunst entstanden während der Jahrhunderte der maurischen Besetzung. Im früh zurückeroberten spanischen Norden sind sie allerdings weniger häufig anzutreffen als in der Mitte und im Süden des Landes.

Mozarabischer Stil: Er geht auf Christen zurück, die im 10. Jh. mit islamischen Architekturformen in Berührung gekommen waren und diese mit präromanischen Baustilen verbanden. Kennzeichen sind beispielsweise Hufeisenbögen und die Verwendung von Backstein.

Mudéjar-Stil: Die umgekehrte Version – hier übernahmen maurische Baumeister des 12.–14. Jh. nach der Reconquista architektonische Formen der Christen und kombinierten sie mit islamischen Stilelementen. Auftraggeber waren oft christliche Herrscher, die die Vorzüge maurischer Gestaltung wohl erkannten. Charakteristisch für den Mudéjar-Stil sind die Benutzung von Backstein als Baumaterial und von Schmuckelementen aus Gips, Keramik (bunte *azulejo*-Kacheln) und Holz (geschnitzte und bemalte *artesonado*-Decken).

Sehenswert

Mozarabischer Stil: Die Kirche *San Miguel de Escalada* östlich von León gilt als bestes Zeugnis der Eleganz mozarabischer Kunst; ein weiteres Beispiel ist die Klosterkirche des *Monasterio de Suso* bei San Millán de la Cogolla in der Rioja.

Mudéjar-Stil: Das am Jakobsweg gelegene Städtchen *Sahagún* in Kastilien-León bewahrt gleich eine ganze Reihe mudéjarer Backsteinkirchen des 12. und 13. Jahrhunderts.

Gotik

Die **Gotik** (13.–15. Jh.) in Spanien stand im Zeichen des Triumphs und der Dankbarkeit über die Rückeroberung der islamisch besetzten Gebiete, war gleichzeitig sicher auch ein Manifest kirchlicher Macht. Im Gegensatz zu den gedrungenen Formen der Romanik wirken die Kirchen und Kathedralen der Gotik weit schlanker; der elegantere Spitzbogen löste den Rundbogen ab. Die Bauten wuchsen zwar auch in die Breite, vor allem aber in die Höhe. Das Gefühl des Raums wurde verstärkt als Stilmittel eingesetzt.

Isabellinischer Stil/Plateresco: Beide sind spezifisch spanische Stilrichtungen und fallen in die Übergangsphase der Gotik zur Renaissance. Der isabellinische Stil, benannt nach der von 1474 bis 1504 herrschenden „Katholischen Königin" Isabella, ist überreich an Formen und Dekoration. Ganz ähnlich auch der platereske Stil, der sich in Name und Ausdruck an die Kunst der Silberschmiede anlehnt. Plateresk geschmückte Kirchenfassaden sind geprägt von Detailverliebtheit und oft übersteigertem Schmuck.

Himmelhoch:Kathedrale von Burgos

Sehenswert

Gotik: Kathedralen, Kathedralen... Und Kreuzgänge. Wie die Romanik auch, wird die spanische Gotik vorwiegend durch christliche Kunst repräsentiert. Zwei der schönsten und bedeutendsten gotischen Kirchen Spaniens stehen am Jakobsweg durch Kastilien-León: Die Kathedralen von *Burgos* und *León* sind beide deutlich an französische Vorbilder angelehnt.

Isabellinischer Stil/Plateresco: Den Lieblingsstil der „Katholischen Könige" repräsentiert am klarsten das vom Bildhauer Gil de Siloé ausgestattete Kloster *Cartuja de Miraflores* bei Burgos. Schöne Beispiele des Plateresco bilden die Fassaden des ehemaligen Klosters *San Marcos* in León und des *Hospital Real* in Santiago de Compostela, beide heute als Luxushotels eingerichtet.

Renaissance und Barock

Renaissance: Der an antiken Elementen orientierte Stil des 16. Jh. wurde in Spanien von ausländischen Vorbildern besonders aus Italien geprägt und äußerte sich eher im Bau von Palästen als von Kirchen. Reine Renaissancebauten sind in Nordwestspanien kaum vertreten.

Barock: Die schwelgerischen Formen der Barockarchitektur des 17. und 18. Jh. erfuhren in Spanien noch eine Steigerung im Stil des Churriguerismus (*churriguresco*), der vor Dekoration geradezu überquillt. Im Gegensatz dazu steht der in der zweiten Hälfte des 18. Jh. aufgekommene Klassizismus, der sich klarer, einfacher Formen bediente.

Sehenswert

Renaissance wie Barock sind im Norden Spaniens vergleichsweise schwach repräsentiert, was leider auch (bis auf den jüngst erworbenen Apostelzyklus in Oviedo) für die Malerei El Grecos, des „Goldenen Jahrhunderts" und Goyas gilt: Die Zentren der Macht und der Wirtschaft hatten sich zu jener Zeit bereits weit nach Süden verlagert, nämlich nach Madrid und nach Andalusien

Churrigueresco: Als bestes Beispiel churrigueresker Architektur in Nordspanien gilt die Fassade der Kathedrale von *Santiago de Compostela*. Der spröde, schwer zu bearbeitende Granit verhinderte jedoch die überbordende Dekorationslust, die diesem Stil im Süden eigen ist. Ein hervorragendes Beispiel spätbarocker Architektur befindet sich ebenfalls in Galicien: die Kirche La Peregrina in *Pontevedra*.

Modernisme und Funktionalismus

In der Architektur des 19. und frühen 20. Jh. ragt aus dem in ganz Spanien beliebten Mischmasch historisierender Stile einzig die katalanische Variante des Jugendstils heraus, der *modernisme*. Sein bedeutendster Vertreter war der Architekt und Bildhauer *Antoni Gaudí* (1852–1926), der international vor allem durch die Gestaltung der bis heute unvollendeten Kirche Sagrada Familia in Barcelona bekannt wurde.

Sehenswert

Die Mehrzahl der Arbeiten Gaudís entstand in Katalonien, vor allem in Barcelona. Doch sind einige seiner skurrilen Bauwerke auch im Norden zu finden, nämlich die *Casa de Botines* in León, der *Bischofspalast* von Astorga in Kastilien-León und der kleine Palast *El Capricho* im kantabrischen Badeort Comillas, heute ein Restaurant. Der *Club Naútico* in Donostia (San Sebastian) beherbergt heute im Ersten Stock eine populäre Bar/Disco.

Der *Funktionalismus*, oft nach seiner bedeutendsten Schule Bauhaus-Stil genannt, konnte sich in Spanien nicht durchsetzen. Wenige Gebäude dieses Stils existieren, das bedeutendste steht im Norden des Landes, der 1929 errichtete Club Naútico zweier spanischer Architekten in Donostia (San Sebastián).

Zeitgenössische Architektur

Auch die zweite Hälfte des 20. Jh. sah vorwiegend Katalanen als Erneuerer der Architektur. Der weitaus größte Teil spanischer Bauten verleitet dagegen eher zum Wegsehen als zu näherer Betrachtung. Dies gilt für die sterilen Verwaltungsklötze der Städte ebenso wie für die scheußlichen, *urbanizaciones* genannten Feriensiedlungen, die an vielen Küsten wild wuchern. Es gibt jedoch Ausnahmen, die in Nordspanien allerdings meist von ausländischen Architekten stammen. Beispiele dafür sind das Gehry-Hotel „Marqués de Riscal" im Weinberg bei Logroño, die vielen Neubauten in Santiago de Compostela und - neue Museen in Burgos und León.

Sehenswert

Die beiden wohl bedeutendsten Werke zeitgenössischer Architektur in Nordspanien sind Museumsgebäude. Konzipiert wurden sie von ausländischen Star-Architekten: Das hochinteressante Museo Domus im galicischen A Coruña stammt vom Japaner Arata Isozaki und das wahrhaft spektakuläre Guggenheim Museum in Bilbao vom Amerikaner Frank Gehry. Das neue Kongresshaus in Donostia (San Sebastián), der gläserne „Kursaal" von Rafael Moneo und das Centro Galego de Arte Contemporánea von Alvaro Siza Vieira in Santiago de Compostela sind weitere sehenswerte zeitgenössische Bauten. Zwei Beispiele reizvoller Landschaftskunst finden sich im Baskenland: In Donostia (San Sebastián) streicht die Meeresbrise durch den „Kamm der Winde" El Peine de los Vientos des Bildhauers Chillida, bei Gernika fasziniert der „Beseelte Wald" Bosque animado von Agustín Ibarrola.

Massig: Skulptur vor dem Museo Domus (La Coruña)

Spanien aus der Vogelperspektive

Anreise

Von Frankfurt bis zum baskischen Donostia (San Sebastián) sind immerhin fast 1400 Kilometer zurückzulegen – weit genug, um über die Art der Anreise nachzudenken.

Kriterien der Entscheidung sind zum einen Kosten, Bequemlichkeit und Dauer der Anreise, nicht zuletzt aber auch die Frage, inwieweit Mobilität vor Ort gewünscht wird.

- **Mit Auto oder Motorrad**: In der Beweglichkeit am Urlaubsziel liegt die große Stärke des eigenen Fahrzeugs. Man bleibt unabhängig von den Fahrplänen von Bus und Bahn, erreicht auch entlegenere Orte und Strände ohne Schwierigkeiten. Andererseits kann sich das Auto in spanischen Großstädten als wahrer Klotz am Bein erweisen. Wer in erster Linie eine Städtereise plant, tut gut daran, über Alternativen nachzudenken.
- **Mit dem Zug**: Gar nicht so preisgünstig, wie man zunächst glauben möchte, denn die regulären Tarife in Deutschland und Frankreich liegen so hoch, dass eine Anreise mit dem Flugzeug preisgünstiger kommt. Mit Spezialtarifen kann es allerdings sein, dass man trotzdem preiswerter reist. Abseits der rein reisepraktischen Aspekte bietet die Bahn den Vorzug, das umweltfreundlichste Verkehrsmittel zu sein, vom Genuss einer allmählichen Annäherung an das Reiseziel, wie es die Bahnreise bietet, ganz zu schweigen.
- **Mit dem Bus**: Preiswerter als die Normaltarife der Bahn. Oft besteht der Schiene gegenüber auch ein Zeitvorteil, doch hängt dies vom Abfahrtsort ab. Von der Umweltverträglichkeit her rangiert der Bus gleich hinter der Bahn, weit vor dem Flugzeug oder dem Pkw.

- **Mit dem Flugzeug**: An Bequemlichkeit und Schnelligkeit nicht zu überbieten. Angesichts einer Reihe von Sondertarifen ist der Flug im Normalfall die billigste Anreiseform. Manko bei Sparflügen ist jedoch die mangelnde Flexibilität: Hin- und Rückflug müssen in der Regel fest gebucht werden. Besondere Umweltfreundlichkeit kann dem Jet auch nicht nachgesagt werden.

Mit Auto und Motorrad

+++ Beweglich vor Ort, flexibel in der Zeitplanung +++ Hohe Benzinpreise und Autobahngebühren schlagen zu Buche +++ In Großstädten nur Ballast +++

Der Vorteil der Mobilität ist eindeutig. Erkauft wird er mit ziemlich hohen Fahrtkosten. Und, selten einkalkuliert: Parkplätze sind in spanischen Städten eine Rarität, Tiefgaragen saftig teuer.

Rechnet man die Kosten genau durch, bezieht also auch den Verschleiß mit ein, fällt die Anreise per Pkw gar nicht mehr so günstig aus. Autobahngebühren und hohe Benzinpreise belasten das Budget zusätzlich. In Großstädten bringt das Auto, im Gegensatz zum Motorrad, zudem nur Nachteile. Wer Donostia (San Sebastián), Santander oder Santiago de Compostela noch nie besucht hat, kann sich kaum vorstellen, wie schwer es ist, dem Vehikel einen Platz für die Nacht zu sichern. Im Freien – so man tatsächlich einen Parkplatz gefunden hat – ist der Wagen extrem einbruchgefährdet. Parkgaragen nehmen abschreckende Gebühren von bis zu 20 € pro Tag.

Fazit: Wer in erster Linie Städte besuchen, vielleicht noch einige Strandtage an den mit öffentlichen Verkehrsmitteln gut zu erreichenden Küsten plant, sollte sich mit anderen Anreisevarianten anzufreunden versuchen. Bei ausgedehnteren Rundreisen durchs Land jedoch sichert das eigene Fahrzeug ein Maximum an Beweglichkeit. Für Surfer, Taucher, Schlauchbootkapitäne und zeltende Großfamilien bleibt der Pkw ohnehin meist die einzige Wahl.

Vor dem Start

- **Alternative Autoreisezug**: Besonders für Familien mit Kindern eine feine, wenn auch nicht gerade preisgünstige Sache – abends in den Liegewagen, morgens fast am Ziel. Die Züge fahren zwar nur bis zu der südfranzösischen Stadt Narbonne, doch ist von dort bis zur spanischen Grenze nur mehr eine relativ kurze Distanz zurückzulegen. Motorräder können so ebenfalls transportiert werden, die Fahrer dem nördlichen Klima entfliehen.

• *Information* In Deutschland ist bei größeren Bahnhöfen und den Büros des DER die Broschüre „Autoreisezüge" erhältlich, die alle nötigen Daten aufschlüsselt.

Info-Telefon: 0180/5241224

Internet: www.autozug.de

• *Autoreisezüge Deutschland und Österreich-Narbonne* Abfahrten (nur etwa Mitte Mai bis Mitte September) ab folgenden Bahnhöfen: Berlin, Hamburg, Hildesheim, Düsseldorf, Neu-Isenburg bei Frankfurt/Main, München und Salzburg.

Preisbeispiele: Einfache Fahrt ab Neu-Isenburg nach Narbonne pro Pkw je nach Saison etwa 200–325 €, pro Person im Liegewagen etwa 90–150 €, Kinder von 4–15 Jahren die Hälfte. Für die gleichzeitige Buchung von Hin- und Rückfahrt wird ca. 20 % Ermäßigung gewährt.

Ausgemustert: Spaniens Autobestand ist deutlich moderner geworden

- **Fahrzeug-Check/Pannenvorsorge**: Wichtig ist neben einer allgemeinen Kontrolle der wichtigen Fahrzeugteile vor allem die Profiltiefe und der Luftdruck der Reifen.

  An Bord sollten sein: Verbandkasten und Warndreieck, Reserverad (Luftdruck?), Wagenheber, Radkreuz oder Radmutternschlüssel, Starthilfekabel und Abschleppseil, Keilriemen, Satz Glühbirnen/Zündkerzen/evtl. Kontakte; außerdem Bremsflüssigkeit, Motoröl, Behälter mit Kühlwasser zum Nachfüllen, destilliertes Batteriewasser, Kontaktspray, Grundausstattung an Werkzeug.

  Besonders Fahrer *japanischer Autos* sollten an ein Werkstattverzeichnis und die gängigsten Ersatzteile denken: Durch die frühere restriktive Importpolitik der Regierung waren Japan-Autos in Spanien lange Zeit sehr selten. Zwar ändert sich dies jetzt allmählich, das Werkstättennetz ist jedoch immer noch weitmaschig. Dass spanische Mechaniker Meister im Improvisieren sind, hilft bei einer ausgefallenen Zündbox auch nicht weiter. Japanische Motorräder, speziell Enduros, sind dagegen verbreitet.

- **Papiere**: Trotz des Schengener Abkommens (das vor allem die französischen Grenzer ohnehin sehr flexibel sehen) ist im Prinzip weiterhin der *Pass oder Personalausweis* erforderlich, außerdem der nationale *Führerschein* und der *Fahrzeugschein*. Die *Grüne Versicherungskarte* ist nicht mehr Pflicht, wird aber empfohlen und bei Verkehrskontrollen oft verlangt.

- **Zusatzversicherungen**: Wertvolle und neue Fahrzeuge sichert man besser durch eine kurzfristige *Vollkaskoversicherung* ab. Die Vollkaskoversicherung springt auch bei Diebstahl des Fahrzeugs ein; hierfür genügt allerdings auch eine Teilkasko-Police. Ebenfalls überlegenswert ist der Abschluss einer im

Ausland gültigen *Rechtsschutzversicherung*: Wer unschuldig in einen Unfall verwickelt wird, kann in Spanien unter Umständen echte Mühen haben, den Schaden auch erstattet zu bekommen.

Reisegepäckversicherungen sind dagegen eine zwiespältige Angelegenheit. Eine Reihe von Klauseln und Gerichtsurteilen sorgt dafür, dass die Versicherer längst nicht in jedem Fall zahlen müssen; wenn, dann wird oft nur ein Teil des tatsächlichen Wertes (Fotoapparate nur 50 %) erstattet. Wer eine Reisegepäckversicherung abgeschlossen hat und Diebstahlopfer wird: Ohne Polizeiprotokoll mit genauer Auflistung der gestohlenen Gegenstände geht gar nichts.

- **Auslandsschutzbrief**: Sehr ratsam. Zu erhalten ist der Schutzbrief bei den Automobilclubs (preiswert, aber nur für Mitglieder möglich), oder bei Versicherungen. Zu den Serviceleistungen zählen der Heimtransport von Fahrzeug und Besatzung bei Reparaturschwierigkeiten oder Krankheit, Erstattung dadurch nötig gewordener Übernachtungskosten, Ersatzteilversand, Fahrzeugverzollung bei Totalschaden, etc. Details bei den jeweiligen Versicherern.
- **Straßenkarten**: Für die Anreise nach Spanien via Autobahn reicht jeder gebräuchliche Maßstab aus. Gut und in Frankreich sehr preiswert sind die Michelin-Karten 1:1.000.000 Südfrankreich (bis Höhe Genf) und Nordfrankreich. Mitglieder mancher Automobilclubs können sich ein kostenloses Paket mit Übersichtskarten, Gebühreninformationen, etc. zusammenstellen lassen.

Anreiserouten

Je nach Abfahrtsort gibt es eine Fülle an Varianten, die untereinander kombiniert werden können.

Im Folgenden werden drei Hauptrouten zum französisch-spanischen Grenzübergang **Hendaye-Irún** vorgestellt. Welche der drei letztlich am günstigsten ist, hängt neben dem Abfahrtsort auch von den aktuellen Benzinpreisen und Autobahngebühren ab.

Über *Paris* führt die schnellste und direkteste Route ab den Grenzübergängen Aachen und Saarbrücken.

Über *Limoges* besteht die kürzeste und preisgünstigste, aber relativ zeitraubende Verbindung ab dem Grenzübergang Mulhouse.

Über *Clermont-Ferrand* schließlich fahren vor allem Bayern und Österreicher am günstigsten. Diese landschaftlich wohl reizvollste Route führt zunächst durch die Schweiz.

Natürlich existieren neben diesen „Rennstrecken" zahlreiche, landschaftlich teils sehr schöne Alternativrouten, die allerdings zumeist entweder mehr Zeit benötigen oder deutlich länger sind, beispielsweise über die Rhônetalautobahn und dann via Narbonne und Toulouse. Auch *Kombinationen* sind denkbar – einen ganz ordentlichen Kompromiss zwischen kurzer Distanz, geringer Mautgebühr und flüssiger Fahrt bildet beispielsweise die Strecke von Mulhouse über Beaune (Route via Limoges) und weiter über Feurs (Route via Clermont-Ferrand). Nähere Beschreibungen der zahlreichen Varianten und Landstraßenalternativen würden hier jedoch den Rahmen sprengen.

Warum **„durchrasen"?** Ab den deutschen Grenzübergängen ist Spanien mit Fahrerwechsel und unter günstigen Verkehrsbedingungen zwar in einem langgezogenen Fahrtag zu erreichen. Die Insassen sind danach allerdings wirklich urlaubsreif. Einen Übernachtungsstopp sollte man deshalb schon einkalkulieren, will man das Ziel entspannt erreichen.

Mautberechnung: Die französischen Autobahngebühren lassen sich auf der Seite der französischen Autobahnen ganz leicht berechnen, man gibt Quell- und Zielort an und *voilà*: www.autoroutes.fr. Die deutschen Orte können in Deutsch eingegeben werden.

Übernachten in Frankreich

Wer mit dem Zelt, dem Caravan oder dem Wohnmobil unterwegs ist, hat es leicht: Zeltplätze sind in Frankreich zahlreich vorhanden, zählen zudem zu den preiswerteren in Europa. Im folgenden Abschnitt sind einige günstig gelegene Plätze kurz vorgestellt. Hier Hotelvorschläge für Zwischenübernachtungen in Frankreich zu machen, würde dagegen den Rahmen dieses Handbuchs sprengen. Hingewiesen sei deshalb nur auf die weit verbreiteten Ketten „Formule 1" und „Etap", deren Hotels meist in direkter Nähe von Autobahnausfahrten liegen. Dank effektiver Schallschutzfenster sind die Zimmer ruhig.

Hotels Formule 1: Vielleicht sind die standardisierten Zimmer und die unpersönliche Atmosphäre der Hotelkette nicht jedermanns Sache. Ein praktisches und preiswertes Quartier für ein paar Stunden Schlaf auf der Durchreise sind die Hotels allemal: Das Zimmer für 1–3 Personen kostet, mit kleinen Schwankungen je nach Standort und Saison, ab knapp 30 €; es besitzt Waschbecken, TV, ein Doppelbett sowie ein schmales Etagenbett. Toiletten und Duschen liegen auf dem Gang. Restaurants gibt es nicht. Die Rezeptionen sind nur von 6.30–10 Uhr und von 17–22 Uhr besetzt; außerhalb dieser Zeiten kann man mit Kreditkarte (Eurocard, Amex) einchecken. Zimmerschlüssel gibt es nicht, stattdessen einen Nummerncode, den vor allem Einzelreisende beim nächtlichen Gang auf die Toilette besser nicht vergessen. Ein Verzeichnis aller Hotels samt Anfahrtbeschreibungen ist in jedem Haus der Kette erhältlich, Reservierungen in Frankreich sind unter der Telefonnummer 08 36 685685 möglich.

Etap-Hotels: Ganz ähnlich den verwandten Hotels „Formule 1", mit dem Unterschied, dass die Zimmer hier über ein eigenes Bad verfügen und im Schnitt, je nach Standort und manchmal auch nach Personenzahl, ab ca. 35 € kosten. Reservierungs-Nummer in Frankreich: ✆ 08 36 688900.

Ein weiteres preisgünstiges Angebot, ebenfalls von Accor Hotels, sind die **Ibis-Hotels**, von denen sich z. B. vier in Lyon finden. Ähnlich spartanisch wie die Etap-Hotels eingerichtet, bekommt man dort das Doppelzimmer ab ca. 50 €.

Für alle drei Hotelketten gibt es eine Internetadresse: www.accorhotels.com.

Über Paris

Grenze Aachen – Irún (span. Grenze) ca. 1230 km, Mautgebühr rund 67 €.
Grenze Saarbrücken – Irún ca. 1210 km, Mautgebühr rund 75 €.

Die für den Großteil Deutschlands schnellste Verbindung führt, je nach Abfahrtsort, über die *Grenzübergänge Aachen* oder *Saarbrücken* nach Paris, Bordeaux und weiter zum Grenzübergang Hendaye/Irún, 20 Kilometer vor Donostia (San Sebastián). Vom Großraum Düsseldorf und damit auch vom Norden und Osten

Deutschlands ist die Route über Aachen und Belgien zu empfehlen; aus Südwestdeutschland ist die Strecke über den Grenzübergang Saarbrücken schneller.

- **Über Belgien nach Paris**: Grenze Aachen – Paris ca. 420 km, Mautgebühren ca. 12,50 €.

Besonderer Vorteil auf dieser Route: Die belgischen Autobahnen sind, im Gegensatz zu denen Frankreichs, gebührenfrei. Zunächst geht es auf der A 4/A 3 vorbei an *Aachen* und dem belgischen *Liège*, dann auf der A 15 und später A 7 Richtung *Lille*; ab der Autobahngabelung bei *Bousso* Richtung Grenze-*Cambrai*-Paris. Auf der gesamten Strecke meist hohes Verkehrsaufkommen.

- **Über Metz und Reims nach Paris**: Grenze Saarbrücken – Paris ca. 395 km, Mautgebühren etwa 25 €.

Grenzübergang bei *Saarbrücken* (Freyming), dann in meist recht flotter Fahrt auf der A 4 über *Reims* bis Paris. Mautsparende, aber zeitraubende Alternativen sind die immer etwa parallel verlaufenden Landstraßen über *Verdun-sur-Meuse* und *Châlons-sur-Marne.*

Reims: Hauptstadt der Champagne und Zentrum eines der großen Weinbaugebiete Frankreichs. Viele der Kellereien können besichtigt werden. Die gotische Kathedrale von Reims zählt zu den schönsten Frankreichs.

- **Paris-Irún (Spanische Grenze)**: Paris – Irún ca. 810 km; Autobahngebühren ca. 55 €.

Ab Paris durchgehende Autobahn A 10 über Tours bis hinter *Bordeaux*, von dort auf Autobahn bis etwa 30 km vor Bayonne, dann noch etwa 65 km Autobahn A 63 bis zur spanischen Grenze. Die Route ist die gängige Heimatstrecke der in Paris arbeitenden Portugiesen und Marokkaner; Richtung Süden besonders ab Mitte Juli bis in den August hinein häufig lange Staus; in der Gegenrichtung liegen die verkehrsstärksten Zeiten zwischen Ende Juli und Ende August. Besonders staugefährdet sind die Wochenenden ab Freitagnachmittag.

Landstraße: Von der Pariser Ringautobahn auf die N 20 bis Orléans, dann auf der N 152 bis Tours, ab dort durchgängig auf der N 10 bis zur spanischen Grenze. Gut ausgebaut, aber deutlich langsamer als die Autobahn und zur Reisesaison vor allem in den Ortsdurchfahrten besonders staugefährdet.

Stopps in Zentral- und Südwestfrankreich

Je nach Abreiseort wird spätestens hier für manchen ein erster Übernachtungsstopp fällig. Die Millionenstadt Paris sei nur dem empfohlen, der mehr Zeit hat. Für eine Zwischenübernachtung ist z. B. das Loire-Tal günstiger.

- **Paris**: Die Hauptstadt Frankreichs ist natürlich immer einen Aufenthalt wert. Der Louvre, das futuristische Centre Pompidou, vielleicht eine orientierungsschärfende Fahrt auf den Eiffelturm, Bummel im malerischen Quartier Latin oder auf dem Montmartre ...

• *Camping* **Camping du Bois de Boulogne**, ganzjährig geöffnet, im gleichnamigen Park (Ausfahrt von der Ringautobahn: Bois de Boulogne) und am Seineufer. Im Sommer oft schon vormittags belegt; sehr teuer! ✆ 01 45243000, camping-boulogne@stereau.fr.

Camping Huttopia Versailles, der wieder einmal umgetaufte Platz bei Versailles (Schloss!) bietet neben Zeltplätzen schattige Monbilhomes und Chalets zur Miete, jedoch nicht billig. Von der Ringautobahn in

Paris über die A 13 Richtung Le Havre, dann auf die Zubringerstraße A 12. Geöffnet Ostern bis Oktober, deutlich preiswerter als oben. ✆ 01 39512361, www.huttopia.com.

▶ **Loire-Tal**: Autobahn und N 152 führen zwischen Orléans und Tours durch das Tal der Loire, das wegen seiner zahlreichen Schlösser berühmt ist. Am Fluss viele Campingplätze, teils in Schlossparks! Anders als im Großraum Paris sind sie ohne Mühen anzufahren.

Blois: Hübsch mit malerischer Altstadt und engen Gässchen. Direkt im Ort steht das Château de Blois, ältestes Schloss der Loire.

• *Camping* **Camping François 1er**, großer Platz südöstlich des Ortes bei Vineuil/Lac de Loire, auf der anderen Flussseite. Zufahrt über die D 951 Richtung Chateauroux, beschildert; der Platz liegt etwa vier Kilometer vom Zentrum. Schwankende Öffnungszeiten, zuletzt war erst ab Mitte Juni geöffnet; ✆ 02 54788205, www.camping-francois-1er.com.

Amboise: Noch etwas kleiner als Blois, nette Altstadt. Im hiesigen Schloss verbrachte Leonardo da Vinci seinen Lebensabend. Nahebei ist im Herrensitz *Close-Lucé* ein Museum mit zahlreichen nachgebauten Modellen des Allroundgenies untergebracht.

• *Camping* **Camping Municipal l'Ile d'Or**, geöffnet Ostern-Sept. Auf einer Flussinsel gegenüber dem Schloss und damit zentrumsnah gelegen. Öffentliches bad ums Eck, freundlich geführtes Restaurant gegenüber. Preiswert. ✆ 02 47572337, sport-loisirs@ville-amboise.fr.

Einige Vorschläge für Stopps an der französischen Atlantikküste ab Höhe Bordeaux finden Sie am Ende dieses Anreisekapitels.

Verkehrstipps Frankreich

• *Geschwindigkeitsbegrenzungen* Innerorts 50 km/h; auf Landstraßen 90 km/h, bei Nässe 80 km/h; vierspurige Landstraßen mit Mittelstreifen 110 km/h, bei Nässe 100 km/h; Autobahnen 130 km/h, bei Nässe 110 km/h. Wer den Führerschein seit weniger als zwei Jahren besitzt, darf außerorts generell nur 80 km/h fahren, auf Autobahnen nur 110 km/h. Die Geldbußen für Geschwindigkeitsübertretungen liegen bei bis zu 1500 €.

Promillegrenze: 0,5 Promille. Bei Übertretung hohe Geldstrafen!

• *Benzin* Bleifrei mit 95 Oktan („essence sans plomb") und 98 Oktan.

• *Autobahngebühren* Die angegebenen Preise sind Richtwerte und gelten für Pkw, auch mit Anhänger bis 500 Kilo, sowie Kleinbusse bis neun Personen; Motorradfahrer zahlen ca. 40 % weniger. Fahrer von Wohnmobilen und Transportern mit einer Höhe von über 1,30 m, gemessen an der Vorderachse, müssen mit Zuschlägen von 60–90 % rechnen; bei Anhängern über 500 Kilo und Wohn-, Falt-, Boots- und Klappanhängern sind etwa 50 % Aufschlag fällig. Bezahlung der Gebühren mit gängigen Kreditkarten (Eurocard, Visa) ist möglich.

• *Unfall/Panne* **Polizeinotruf** und **Rettungsdienst** ✆ 112; Pannendienst an Autobahnen über die Notrufsäulen.

ADAC-Notruf: ✆ 0825 800 822, Handy 0033 825 800 822.

Über Limoges

Grenze Mulhouse – Irún (spanische Grenze) ca. 1180 km; Autobahngebühren etwa 28 €.

Am Grenzübergang *Mulhouse* beginnt die kürzeste Hauptroute durch Frankreich, die quer durch das Limousin nach Bordeaux und weiter nach Irún führt. Da überwiegend Landstraßen benutzt werden, ist sie allerdings auch die zeitaufwändigste.

In der Regel flott zu befahren ist die Autobahn A 36 vom deutschen *Autobahndreieck Neuenburg* über *Mulhouse* und *Besançon* bis zur A 6 bei *Beaune,* dem Zentrum des burgundischen Weinbaus; dem Rebensaft ist sogar ein eigenes Museum gewidmet. Landstraßenalternative zur A 36: Bis Mulhouse ist die Autobahn gratis. Von hier auf der N 83 über Belfort nach *Besançon* und weiter auf der N 73 via Dôle nach *Chalon-sur-Saône* mit seiner hübschen historischen Altstadt.

Ab Beaune besteht auch *Kombinationsmöglichkeit* mit der Route über Clermont-Ferrand: Auf der A 6 nach Lyon, dann weiter wie im Abschnitt „Von Lyon zur spanischen Grenze", siehe unten.

• *Camping* **Municipal les Cent Vignes**, in Beaune, geöffnet etwa Mitte März bis Oktober. Anfahrt über die N 74 nach Dijon, Abzweigung am nördlichen Ortsrand bei der Kirche, hier Richtung Westen. Gemäßigtes Preisniveau. ✆ 03 80220391.

Sowohl ab Beaune als auch ab Chalon-sur Saône geht es dann über *Montceau-les-Mines* nach *Digoin* an der N 79, weiter nach *Moulins* (auch von hier ist – über die N 9 – der Einstieg in die Route via Clermont-Ferrand möglich) und weiter über die N 145 nach *Montluçon* und *Guéret,* wo die N 940/N141 nach *Limoges* abzweigt, dessen gotische Kathedrale einen Abstecher lohnt.

• *Camping* **Municipal d'Uzurat**, nicht ganz ruhiger Platz nördlich von Limoges, Anfahrt über die Ausfahrten 30 und 31 der A 20,beschildert. Mitte März bis Oktober, ✆ 05 55384943, campinglimoges@wanadoo.fr.

Ab Limoges führt die N 21 nach *Périgueux,* dort auf die recht schnelle N 89 nach Bordeaux und weiter wie im Kapitel „Über Paris", Abschnitt „Paris-Irún".

Einige Vorschläge für Stopps an der französischen Atlantikküste ab Höhe Bordeaux finden Sie am Ende dieses Anreisekapitels.

Über Clermont-Ferrand

Grenze Lindau/Bregenz – Irún (spanische Grenze) ca. 1280 km, Autobahngebühren ca. 78 € plus Schweizer Plakette (40 Sfr.), bei Benutzung der Autobahn in Österreich plus österr. Plakette (10 Tage 7,60 €).

Die für Bayern, Österreicher und Schweizer günstige Route führt über Lindau-Bregenz/Genf/Lyon nach Clermont-Ferrand und weiter nach Bordeaux/Irún. Ein Teil der französischen Strecke muss dabei allerdings immer noch auf Landstraßen zurückgelegt werden. Dadurch ist diese Route zwar nicht die schnellste, aber relativ preisgünstig, zumal die Benzinpreise in der Schweiz niedriger liegen als in Frankreich. Auch die Schweizer Autobahnplakette fällt, da ein Jahr gültig und deshalb für Hin- und Rückfahrt zu benützen, immer noch günstiger aus als die vergleichbare Strecke auf französischen Autobahnen.

Durch die Schweiz nach Lyon

Die ab Bayern übliche Strecke führt bei Lindau/Bregenz durch den Pfändertunnel (Achtung: Vignettenpflicht!) zur Ausfahrt *Dornbirn-Süd;* seit der Einführung der Vignetten für österreichische Autobahnen weichen viele Autofahrer jedoch auf die Landstraßen durch Lindau und Bregenz aus und sorgen dort für Staus. Ab der Schweizer Grenze auf der Autobahn N 1 (vignettenpflichtig) über *Zürich* bis *Bern,* dann auf N 12/N 9 bis *Lausanne*; hier oft Staugefahr bei der Abfahrt zum Genfer See. Schließlich auf die N 1 nach *Genf* und zum Grenzübergang nach Frankreich. Weiter über die französische A 40/42 nach Lyon.

Von Lyon zur spanischen Grenze

Von Lyon führt die entfernungsmäßig kürzeste Strecke über die Landstraßen N 7 und N 89 nach *Feurs* (von Norden kommend Ausfahrt von der A 6 bereits vor Lyon); auf diesem landschaftlich reizvollen Streckenabschnitt kommt man allerdings meist nur langsam voran. Weiter geht es dann über die Autobahn A 72 nach *Clermont-Ferrand.*

Eine reine Autobahnalternative, relativ flott befahrbar, allerdings von der Entfernung her länger und mit höheren Mautgebühren, geht zunächst über die A 7 nach Süden, dann auf der A 72 (gebührenfrei bis *Saint-Etienne*) über Feurs und weiter wie oben nach *Clermont-Ferrand.*

Verkehrstipps Schweiz

(Verkehrstipps Frankreich s. o. im Kapitel „Stopps in Zentral- und Südwestfrankreich")

• *Vignette* Die Plakette, die derzeit 40 Sfr. (umgerechnet etwa 25 €) kostet, ist auf Schweizer Autobahnen und autobahnähnlichen Straßen mit weiß-grüner Beschilderung **Pflicht** – wer ohne sie ertappt wird, riskiert eine Geldstrafe von über 60 €! Erhältlich ist sie bei den meisten Automobilclubs, in vielen Postämtern und an der Schweizer Grenze. Die Vignette gilt für ein Kalenderjahr und muss ans Fenster des Pkw, respektive gut erkennbar ans Motorrad geklebt werden. Für Anhänger sind Extra-Vignetten erforderlich.

• *Geschwindigkeitsbegrenzungen/Vorschriften* Innerorts 50 km/h; auf Landstraßen für Pkw und Motorräder 80 km/h, auf Autobahnen 120 km/h; mit Anhänger 80 km/h. Benutzung von Handys (Ausnahme: Freisprecheinrichtungen) am Steuer verboten. Achtung, die Strafen bei Verkehrsvergehen sind extrem hoch!

• *Unfall/Panne* **Polizeinotruf** und **Rettungsdienst** ✆ 17 oder 117 (Handy 117 oder 112); **Pannendienst** an Autobahnen über die Notrufsäulen, sonst ✆ 140 (Handy 03 18505311).

▸ **Clermont Ferrand**: Zentrum der Auvergne mit ihren skurrilen erloschenen Vulkankegeln. Clermont ist in erster Linie Industriestadt (Michelin-Werke). Das hübsche Altstadtviertel Vieux Clermont allerdings besitzt Charme; viele der Häuser hier sind, wie auch die Kathedrale von Clermont, aus dem schwarzen Lavagestein der Umgebung errichtet, weshalb das Viertel auch „Ville Noire" genannt wird. Interessanter Abstecher: Vom 40 Kilometer südwestlich gelegenen Le Mont-Dore fährt eine Seilbahn auf den 1885 Meter hohen Puy de Sancy, den höchsten Gipfel des Zentralmassivs.

• *Camping* **Camping Indigo Royat**, bei Royat; die Abzweigung im etwa zwei Kilometer entfernten Ort ist beschildert. Pool geplant. Geöffnet etwa Ende März bis Mitte, Ende Oktober, preisgünstig. ✆ 04 73359705, royat@camping-indigo.com.

Weiterfahrt ab Clermont-Ferrand durchgehend auf der gut ausgebauten Landstraße N 89 über Périgueux nach Bordeaux; dort weiter wie im Kapitel „Über Paris", Abschnitt „Paris-Irún".

Stopps an der Französischen Atlantikküste

Als letzter Übernachtungsstopp vor der spanischen Grenze und erste Gelegenheit, Meeresluft zu schnuppern ...

▸ **Bordeaux**, eine Großstadt im Zentrum des bekannten Weinbaugebiets, ist als Zwischenziel von eher gebremster Attraktivität.

▶ **Arcachon**, am Meer südwestlich von Bordeaux und im Sommer ein quirliges, gut besuchtes Seebad, bietet sich da schon eher an. Wenige Kilometer südlich erhebt sich hinter Pyla-sur-Mer die *Dune de Pilat*, mit über 100 Metern Höhe die höchste Düne Europas. Bis zur spanischen Grenze folgen Dünenstrände und zahlreiche Campingplätze.

• *Camping* **Camping Club d'Arcachon**, einer von mehreren Plätzen um Arcachon, ganzjährig geöffnet. Wie alle Plätze hiernicht billig, Bungalows, Mobile Homes, Radverleih, ✆ 05 56832415, info@camping-arcachon.com.

▶ **Bayonne**, kurz vor Biarritz und etwas im Inland gelegen, ist weniger überlaufen und nicht so teuer wie der Nachbar an der Küste. Bayonne ist Zentrum des französischen Baskenlandes und besitzt eine sehr reizvolle Altstadt.

• *Camping* **Camping Airotel La Chêneraie**, geöffnet Ostern bis Mitte Oktober. Gut ausgestatteter, großer Platz; schattig. ÜberAusfahrt 6 der A 63, weiter auf N 117 Richtung Orthez, Abzweig nach ca. vier Kilometern beschildert. Akzeptable Preise, ✆ 05 59550131.

▶ **Biarritz**: Glamouröses Seebad, das französische Gegenstück zu San Sebastián (Donostia). Starker Tourismus, kein billiges Pflaster, neben Belle Epoque auch viel Betonarchitektur.

• *Camping* **Biarritz-Camping**, geöffnet etwa von Mai bis Mitte September, an der Rue d'Harcet, etwa drei Kilometer südwestlich vom Zentrum; Anfahrt über Ausfahrt 4 der A 63. Zum Meer ein knapper Kilometer, Pool vorhanden. Nicht ganz billig. ✆ 05 5923 0012, biarritz.camping@wanadoo.fr.

Mit der Bahn

+++ Die umweltfreundlichste Art der Anreise +++ Verschiedene Hauptlinien +++ Auf Sondertarife achten +++

Wer nicht mit einem der modernen „Talgo"-Züge anreist, muss an der spanischen Grenze wegen der unterschiedlichen Spurweiten den Zug wechseln. Doch auch vorher ist in der Regel schon Umsteigen angesagt.

Direktzüge nach Spanien sind bislang eine Rarität, wenn auch das Angebot schrittweise ausgeweitet werden soll. Bislang jedenfalls ist zwischen Deutschland und der nordspanischen Grenze noch mindestens ein Zugwechsel nötig. Das verlängert auch die ohnehin meist nicht gerade kurzen Reisezeiten, die so manche Bahnfahrt zur Odyssee werden lassen.

Doch hat sich, dies muss man den Bahnen lassen, in letzter Zeit einiges getan: Die kürzeste Verbindung, die wir ab Frankfurt/Main via Paris ausfindig machen konnten, benötigt mit EC und dem Hochgeschwindigkeitszug TGV bis zur spanischen Grenze nur noch etwa 15 Stunden und ist damit, allerdings nicht in Bezug auf den Preis, eine akzeptable Alternative zum Flugzeug – zumal die Bahn, ganz im Gegensatz zum Jet, sich des Vorzugs der Umweltverträglichkeit rühmen kann. Schade deshalb, dass noch nicht alle Verbindungen so flott sind wie die oben genannte: Je nach Abfahrtsort und Routenführung kann die Bahnreise nach Nordspanien auch durchaus schon mal mehr als einen vollen Tag in Anspruch nehmen.

Bahntipps und Spartricks

• *Information* An allen Bahnhöfen. Angenehmer und mit oft freundlicherer Bedienung in den Büros des DER (Deutsches Reisebüro), hier gibt es auch Fahrkarten. Manche Reisebüros verlangen mittlerweile eine Auskunftsgebühr.

Info-Telefon der DB: ✆ 01805/996633
Internet: www.bahn.de

• *Preise/Sondertarife* **25 %- und 50 %-Sparpreise, EURO-Sparpreis und Spar-Night.** Der sehr häufigen Änderungen unterworfene Tarifdschungel der Bahnen im In- und Ausland ist im Rahmen dieses Handbuchs unmöglich darzustellen. Sparangebote gibt es unter anderem für weite Distanzen innerhalb Deutschlands und Frankreichs, für bestimmte Abfahrtstage, für Kinder, Jugendliche unter 26 Jahren, Familien, kleine und größere Gruppen, Senioren etc. Am Bahnschalter werden einem diese Sondertarife nicht unbedingt aufgedrängt, es lohnt sich also sehr, gezielt danach zu fragen.

Transalpino, Twentours: Beide bieten Jugendermäßigung für Reisende unter 26 Jahren, Tickets sind beispielsweise bei DER bzw. ABR erhältlich.

Inter-Rail: Das altgediente „Inter-Rail"-Ticket, das einen Monat freie Fahrt in fast ganz Europa für alle bis einschließlich 25 Jahre bietet, gibt es weiterhin, Preis zuletzt etwa 400 €. Seit 1998 wird Interrail auch für Ältere („26+") angeboten, Preis (ein Monat) etwa 600 € (1. Klasse ca. 810 €). Zusätzlich besteht die Möglichkeit, freie Fahrt in ganz Europa an 5 von 10 Tagen für 160/250 € (1. Wert bis 25 Jahre, 2. Wert ab 26 Jahre), 10 von 22 Tagen für 240/360 € oder an 22 Tagen für 310/470 € zu erwerben. Zusätzlich gibt es Ländertickets, für Deutschland und Frankreich kosten diese neuen „Ein-Land-Pässe" für 3 Tage 125/190 €, für 6 Tage 175/270 €, für Spanien sind für 3 Tage 70/110 € zu berappen, für 6 Tage 125/190 €, für 8 Tage 150/230 €. Die Geltungstage kann man innerhalb eines Monats frei wählen.

Aber: Bei allen Bahnpässen und Netzkarten ist **sehr fraglich, ob sie sich für Nordspanien lohnen** – die gesamte Küstenlinie zwischen dem Baskenland und der galicischen Stadt Ferrol wird nämlich nicht von der spanischen Staatsbahn RENFE, sondern von privaten Schmalspurbahnen bedient (siehe „Unterwegs in Nordspanien"), die bislang keinerlei Bahnpässe oder Netzkarten anerkennen! An der baskischen, kantabrischen und asturischen Küste sind nur die großen Städte wie Santander oder Gijón auf RENFE-Linien zu erreichen, die dort jeweils enden. Verbindungen zwischen diesen Städten sind sehr zeitraubend und führen weit ins zentralspanische Binnenland, wo dann meist Umsteigen nötig ist. Einzig in Galicien stellt sich die Situation etwas besser dar.

Zwar wird über einen Zusammenschluss der Schmalspurbahnen mit der RENFE seit Jahren spekuliert, doch stehen konkrete Entscheidungen bislang aus. Alle Bahnpässe sind beim jetzigen Stand daher höchstens dann interessant, wenn in Spanien wirklich bis nach Galicien gefahren werden soll und unterwegs nur Orte besucht werden, die ans Netz der Staatsbahn angeschlossen sind. Dabei müssen die sehr weiten Umwege zwischen den Küstenstädten in Kauf genommen werden.

• *Schlaf- oder Liegewagen*: Angesichts der teilweise langen Anreise eine feine Sache. Die Zuschläge auf den Fahrpreis halten sich besonders beim Liegewagen in engen Grenzen. Reservierungen, auch für Frankreich und Spanien, bei allen größeren Bahnhöfen.

• *Platzkarten*: Wo nicht ohnehin Pflicht, dringend zu empfehlen; Reservierungen auch für Züge in Frankreich oder der Schweiz sind von jedem größeren Bahnhof in Deutschland problemlos möglich.

• *Fahrradtransport* Schon schade, dass die derzeit wohl am wenigsten komplizierte Form, sein Fahrrad nach Spanien zu transportieren, ausgerechnet der nicht gerade umweltfreundliche Flug ist. Das Rad per Bahn nach Frankreich oder Spanien als Reisegepäck aufzugeben oder direkt bis Spanien mitzunehmen, ist seit einiger Zeit leider nämlich nicht mehr möglich. Einzige Ausnahme ist die wenig praktikable „häppchenweise" Fahrt durch Frankreich, gefolgt vom Grenzübertritt per Rad, eine Alternative die Versendung per Post auf dem Land- oder Luftweg. Aktuelle Informationen dazu sowie zu möglichen aktuellen Änderungen bei der Radfahrer-Hotline der DB oder auf den recht guten Internet-Serviceseiten des Allgemeinen Deutschen Fahrradclubs ADFC.

Radfahrer-Hotline der Deutschen Bahn: ✆ 01805/151415. www.bahn.de/bahnundbike.

ADFC: Hauptgeschäftsstelle Bremen, ✆ 0421/346290, ℻ 0421/3462950, www.adfc.de.

Routen nach Nordspanien

Der nordspanische Grenzbahnhof *Irún* nahe Donostia (San Sebastián) wird ab Deutschland auf zwei Hauptrouten angefahren.

- **Durch die Schweiz**: Die weniger gebräuchliche Alternative. Geringere Frequenzen und, je nach Abfahrtsort, in der Regel auch längere Fahrtzeiten.
- **Via Paris**: Die gängigere und weit schnellere Strecke; nach Irún recht häufige Anschlüsse, der EC Paris-Madrid fährt direkt weiter nach Madrid. Ein Nachteil bei der Anreise via Paris ist aber der dort nötige *Bahnhofswechsel*: Züge aus Deutschland treffen an den Bahnhöfen Gare de l'Est oder Gare du Nord ein, die Züge nach Spanien starten aber an den Bahnhöfen Gare d'Austerlitz oder Montparnasse (dort nur die Hochgeschwindigkeitszüge TGV) – Konsequenz: mit Sack und Pack per Metro oder Taxi quer durch Paris ... Wer aus dem Norden Deutschlands anreist, kann allerdings den Bahnhofswechsel in Paris vermeiden: es gibt einen TGV von Lille über Paris bis zur französisch-spanischen Grenze in Hendaye, der sogar (mit Reservierung und gratis) Fahrräder mitnimmt!

Zum Bahnfahren innerhalb Nordspaniens siehe das Kapitel „Unterwegs in Nordspanien".

Mit dem Bus

+++ Bei Spaniern beliebt +++ Preiswerter als die Normaltarife der Bahn +++ Direktverbindungen nach Nordspanien +++

Rund ums Jahr ist Nordspanien auch per Linienbus zu erreichen. Im Sommer verkehren zusätzlich Busse kleinerer Gesellschaften.

Der Bahn gegenüber kann die Busfahrt den Vorteil ins Feld führen, in der Regel etwas preiswerter zu sein, spezielle Sondertarife der Bahnen einmal ausgenommen. Generell sind die Busse durchaus komfortabel ausgestattet – die reine Erholung ist eine Busfahrt nach Spanien, die je nach Abfahrts- und Zielort ab etwa 18 Stunden aufwärts dauert, natürlich ebensowenig wie die Anfahrt per Bahn oder Auto. Doch hat der Bus offensichtlich seine Vorzüge: Viele in Deutschland tätige Spanier nutzen die Busverbindung zur Anreise in den Heimaturlaub.

- **Linienbusse**: Die Busse der „Europäischen Fernlinienverkehre" (Eurolines, Europabus) verbinden Spanien mit vielen Städten Deutschlands. Ansprechpartner in der Heimat ist meist die *Deutsche Touring*, die mit der spanischen ALSA auf diesem Sektor eng kooperiert. Unmöglich, hier alle Zielorte aufzuführen: Generell ist fast jede größere Stadt Spaniens auf diese Weise zu erreichen.

• *Preisbeispiel* Strecke Frankfurt-San Sebastián je nach Wochentag einfach etwa 115-125 €, hin + zurück 190-205 €. Kinder bis 12 Jahre erhalten je nach Alter 50–80 % Ermäßigung.

• *Modalitäten* Zwei Gepäckstücke sind frei, Übergepäck gegen Aufpreis und nur, falls genug Platz ist.

• *Information, Buchungen* **Service-Center Frankfurt**, Deutsche Touring GmbH, Am Römerhof 17, 60486 Frankfurt/Main. **Service-hotline** ✆ 069 7903501. Büros in vielen Städten, zu finden über die Website **www.touring.de**.

Spanien: Hier ist die Buchung in praktisch jeder größeren Stadt möglich, Büros meist im dortigen Busbahnhof.

- **Restplätze**: Manche Veranstalter organisierter Busreisen verkaufen einige Tage vor Abfahrt die bis dahin nicht gebuchten Plätze auch ohne Hotel zum Sondertarif. Geworben wird für diese Restplätze nicht, man muss sich also bei – am besten auf Busreisen spezialisierten – Reisebüros erkundigen.

Fahrradbusse: Eine Reihe kleinerer Busunternehmen veranstaltet Fahrten nach Südwestfrankreich und Spanien, bei denen fast immer die Mitnahme des Fahrrads möglich ist. Auf diesem Gebiet ist jedoch seit einigen Jahren viel in Bewegung, Fahrten werden eingestellt, neue Unternehmen eröffnen etc. Für Interessenten empfiehlt sich deshalb eine Anfrage beim Allgemeinen Deutschen Fahrradclub (ADFC), der über den aktuellen Stand immer auf dem Laufenden ist. ADFC-Büros gibt es in den meisten größeren Städten, Sitz der Bundesgeschäftsstelle ist Bremen, ✆ 0421/346290, 📠 0421/3462950, www.adfc.de.

Mit dem Flugzeug

+++ Flott und bequem +++ Für die Hochsaison lange Vorausbuchung +++ Mit Spartarifen preisgünstig +++

Angesichts der großen Distanz nach Spanien ist die Anreise per Jet eine Zeit sparende Alternative zum stressigen Landweg.

Die preisgünstigen Tarife der Liniengesellschaften sind aufgrund von Kapazitätsbeschränkungen und hoher Nachfrage für die Hauptsaison schnell ausgebucht – man sollte sich also rechtzeitig um das Ticket bemühen.

Low-Cost-Flüge

Ein Gebiet, auf dem sich in den letzten Jahren viel getan hat. So bedient **Air Berlin** (www.airberlin.com) ab einer ganzen Reihe deutscher Städte, aber auch ab Österreich und der Schweiz, die Airports von Bilbao, Oviedo und Santiago de Compostela (meist Umsteigen in Palma de Mallorca nötig). Auch **Tuifly** (www.tuifly.com) offerierte zuletzt ab einigen deutschen Airports Flüge in die baskische Metropole, **Ryanair** (www.ryanair.com) flog nach Santander und ab England nach Santiago de Compostela. **Clickair** (www.clickair.com) fliegt ab 30 € von München, Berlin, Frankfurt, Basel, Genf und Zürich nach Barcelona, von dort gibt es allerdings keine eigenen Maschinen nach Nordwestspanien, das selbe gilt für **Sky Europe**, die Salzburg mit Barcelona verbindet. **Spanair** (www.spanair.com) bietet Flüge von München nach Bilbao ab 50 € an. Änderungen sind natürlich möglich, doch haben die Billigflieger Nordspanien ganz offensichtlich als Ziel entdeckt; künftig könnte sich das Angebot deshalb noch erweitern. Die Preise liegen bei Low-Cost-Gesellschaften in der Regel deutlich günstiger als bei den etablierten Linien-Carriern, man sollte sich aber der Tatsache bewusst sein, dass es sich meistens um Umsteigeflüge mit deutlich längerer Flugzeit handelt.

Linienflüge

Linienflüge, z.B. von **Lufthansa** (mit u. a. dem Ziel Bilbao), sind zwar im Normaltarif deutlich teurer als Charter- und Lowcost-Flüge. Es existieren aber

Elegant: Santiago Calatravas Flughafengebäude in Bilbao

eine Reihe von Spar-Angeboten, die den Preis auf ein erträgliches Maß senken, teilweise sogar in Preisbereiche, die zu denen der Low-Cost-Carrier durchaus konkurrenzfähig sind. So bietet **Iberia** ihre Flüge häufig zum Schnäppchenpreis an; Direktflüge gibt es jedoch nur ab Frankfurt und nur nach Barcelona und Madrid, dort ist dann Umsteigen nötig.

Die Deregulierung im Flugverkehr ermöglicht es den Airlines, ihre Tarife selbst zu gestalten. Die Palette an Sonderangeboten wird so ständig erweitert – empfehlenswert, im Reisebüro oder bei den Fluggesellschaften gezielt danach zu fragen. Das Sitzplatzangebot dieser Sonderangebote ist allerdings begrenzt, weshalb sich rechtzeitige Buchung sehr empfiehlt. Erhältlich sind Linienflüge über alle IATA-Reisebüros und bei den Airlines (Flughafenschalter oder Stadtbüro) selbst.

Haupt-Zielflughafen in Nordspanien ist *Bilbao*, mit Umsteigen in Barcelona oder Madrid sind aber auch die Flughäfen Santiago de Compostela, Pamplona, Vitoria, Donostia (San Sebastián), Santander, Asturien (Gijón/Oviedo), La Coruña und Vigo zu erreichen, sehr eingeschränkt auch Logroño.

• *Fluggesellschaften* **Lufthansa**: Lufthansa-Büros gibt es in jeder größeren deutschen Stadt und an jedem Verkehrsflughafen. Info-Telefon 01803 803803, im Internet: www.lufthansa.de.

Iberia: Die größte spanische Liniengesellschaft, die sich allmählich zur Billig-Airline entwickelt (und seit 2004 auf fast allen innereuropäischen Flügen Essen und Trinken nur noch gegen Bares herausrückt). Internetadresse: www.iberia.de.

Iberia-Hauptbüro: 60549 Frankfurt/Main, Airport-Terminal 2 D, Info-Telefon 01803 00613.

In A: Wien-Airport, Schwechat 1300, Terminal 2, Info-Telefon 01/79567612.

In CH: 8001 Zürich, Löwenstraße 25, Info-Telefon 0844 845111.

Weitere Gesellschaften: Im Zuge der Deregulierung des Flugverkehrs dürfen jetzt auch „landesfremde" Airlines zwischen

Herkunfts- und Zielland fliegen. Richtung Nordspanien ist das Angebot noch bescheiden, nach Madrid und Barcelona gibt es jedoch sehr günstige Flüge; Der Blick ins Internet und evtl. (oft kostenpflichtige!) Anfragen in spezialisierten Flugreisebüros können sich lohnen

• *Transport von Fahrrädern und Sportgepäck* Prinzipiell bei jeder Airline möglich. Die Bedingungen der einzelnen Gesellschaften sind jedoch unterschiedlich; sehr ratsam deshalb, entsprechende Wünsche schon vor der Buchung anzumelden. Gute Verpackung ist zu empfehlen: ausgediente Fahrradkartons z. B. gibt es oft gratis beim Fahrradhändler; Pedale nach innen, Lenker verdrehen etc. Iberia verlangte zuletzt (wie auch Air Berlin) 50 € für den Radtransport hin/zurück – und rechnet das Gewicht auch noch aufs Freigepäck an, da bleibt dann nicht viel übrig. Aber – nicht weitersagen – tatsächlich wird das Rad meist gar nicht gewogen, nur das Gepäck, das man extra aufgibt. Dennoch: lieber nicht darauf verlassen! Eine Transporttasche für das Rad ist bei Iberia (im Gegensatz zu Air Berlin) nicht vorgeschrieben, jedoch äußerst sinnvoll, zumal man sie evtl. in Spanien beim Bustransport (→ dort) braucht.

• *Rail & Fly* Das Sparangebot der Deutschen Bahn – zu verschiedenen Flughäfen innerhalb Deutschlands zum verbilligten Tarif. Die erste Person zahlt einen Einheitspreis (je nach Entfernung: bis 300 km etwa 55 €/darüber 80 €, jeweils 2. Klasse) jede weitere erwachsene Person dann etwa 35 € unabhängig von der Entfernung; Kinder stark ermäßigt. Eingeschlossen sind Platzkarte sowie Transfer zwischen Bahnhof und Airport mit S-Bahn oder Bus.

• *Preisvergleiche* **www.traveljungle.de** vergleicht die Angebote zahlreicher Airlines, ähnlich z.B. wie die Zeitschriftenwebseite **www.reise-preise.de**.

• *Klimabewusst reisen* Bekanntermaßen trägt jeder Flug zur globalen Klimaerwärmung bei. Es gibt nun eine Website, auf der man mithilfe eines Emissionsrechners die Kohlendioxid-Belastung seines Flugs (z.B. München-Bilbao und zurück: 700 kg) berechnen kann. Gleichzeitig besteht die Möglichkeit, für Klimaschutzprojekte zu spenden, die das durch den Flug verursachte Aufkommen an Treibhausgasen wieder einsparen; nach Rechnung der Organisation wäre dies im genannten Fall durch eine Spende von 17 Euro möglich. Näheres unter www.atmosfair.de.

Süß und fett: „Churros“, hier in León

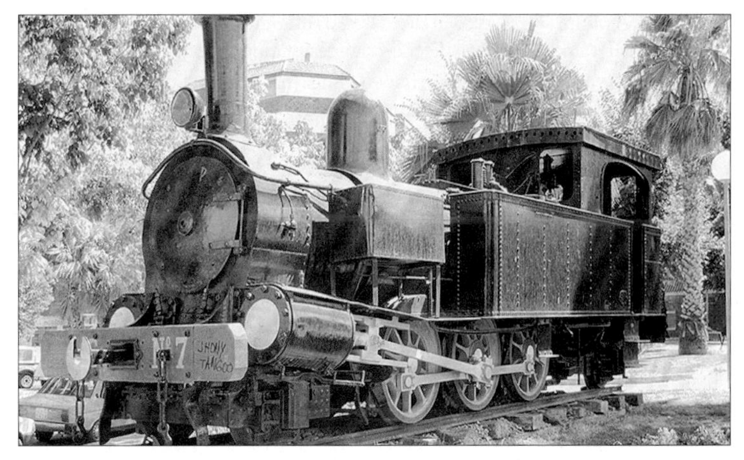

Mittlerweile hat die RENFE modernisiert

Unterwegs in Nordspanien

Um die Jahrtausendwende wurde Spaniens Verkehrsnetz stark verbessert und hat mittlerweile, von sehr entlegenen Gebieten abgesehen, durchaus mitteleuropäisches Niveau erreicht.

Das Straßennetz ist, gemessen an unseren Verhältnissen, in vielen Regionen dennoch recht weitmaschig – man könnte auch sagen, dass Nordspanien erfreulicherweise noch nicht komplett zuasphaltiert ist. Autobahnen sind rar, viele Nationalstraßen dafür autobahnähnlich ausgebaut worden.

Mietwagen sind in Nordspanien nicht ganz so preisgünstig wie zum Beispiel auf den Balearen. Die komfortable Alternative zu Bussen und Bahnen bleibt dennoch durchaus bezahlbar, natürlich besonders dann, wenn sich mehrere Personen den Mietpreis teilen.

Bahn: Der Zug erschließt zwar preisgünstig weite Teile Nordspaniens, doch muss man sich auf verschiedene Bahngesellschaften einstellen: die Staatsbahn RENFE und die privaten Schmalspurbahnen der FEVE.

Mit **Bussen** kommt man in Nordspanien generell bis fast ins kleinste Nest. Oft noch preisgünstiger als die Bahn, glänzen sie zudem durch hohe Zuverlässigkeit und Haltestellen meist direkt im Ort.

Mit Auto oder Motorrad

Die Mobilität des eigenen Fahrzeugs bringt viel: Schnelle Ortswechsel, Unabhängigkeit von Fahrplänen – und das Schlauchboot darf bei Autofahrern auch mit.

Zudem sind mit Bussen und Bahnen zwar fast alle Siedlungen, aber nicht jeder abgelegene Strand zu erreichen. Ebenso klar muss allerdings gesehen werden, dass – wie erwähnt – ein Auto in den Großstädten nur eine Last darstellt, aufbruchgefährdet und ohne realistische Chance auf einen legalen Parkplatz.

- **Unfall** (*accidente*): Bei kleineren Schäden einigt man sich in Spanien gern ohne Polizei und in bar – sehr zu empfehlen, denn das Recht geht hier verschlungene Wege. Bei ernsthaften Beschädigungen Polizei holen, Namen und Anschrift, auch die Versicherungsnummer des Unfallgegners notieren sowie die Adressen etwaiger Zeugen; Fotos der Unfallstelle machen. Unbedingt den ADAC-Notruf konsultieren. Bei größeren Schäden greift das neue europäische Versicherungsrecht: nach diesen Bestimmungen ist die gegnerische (in diesem Fall spanische) Versicherung verpflichtet, einen Schadensregulierer zu benennen, der innerhalb von drei Monaten ein Schadensersatzangebot unterbreiten muss. Den zuständigen Beauftragten erfragt man über den Zentralruf der Autoversicherer ✆ 0180 25026. Mittlerweile darf man als Geschädigter die Versicherung des Unfallgegners übrigens auch im Heimatland verklagen, wenn auch nach dem Recht des Unfall-Landes.

- **Straßennetz**: Größtenteils in sehr gutem Zustand. Im letzten Jahrzehnt wurde viel gebaut und ausgebessert; neue Schnellstraßen entstanden, Ortsumgehungen wurden angelegt. Höchstens in sehr abgelegenen Gebieten und auf kleinen Straßen muss man noch mit Schlaglöchern rechnen.

  Autobahnen (*autopistas*) sind in Spanien überwiegend gebührenpflichtig und gehören, trotz einer zwischenzeitlichen Preissenkung, immer noch zu den teuersten Europas. So schlagen die etwa 140 Kilometer von der französischen Grenze nach Bilbao mit rund 8 € zu Buche. Motorradfahrer dürfen sich doppelt ärgern – sie werden meist mit dem gleichen Tarif zur Kasse gebeten wie Pkw-Fahrer und sogar Wohnmobilisten. Immerhin gibt es in Spaniens Norden auch relativ viele gebührenfreie Autobahnstrecken, beispielsweise von Bilbao bis hinter Santander und im asturischen Städtedreieck Gijón, Oviedo und Avilés.

  Bezahlung der Mautgebühr: In der Regel wird an der Station bei der Einfahrt in die Autobahn nur ein Ticket gezogen, bezahlt erst an der Ausfahrt. Die Bezahlung der Maut mit gängigen Kreditkarten (Visa, Eurocard etc.) ist möglich. Etwas Kleingeld kann vor allem bei hohem Verkehrsaufkommen dennoch nützlich sein: An manchen Stationen bestehen schnellere Extraspuren mit Zahlautomaten, die allerdings mit exakten Beträgen gefüttert werden wollen.

  Schnellstraßen (*autovías*) sind vierspurig ausgebaute, also autobahnähnliche, dabei aber gebührenfreie Nationalstraßen, wie sie hauptsächlich auf die Hauptstadt Madrid zuführen. In den letzten Jahren entstand eine ganze Reihe dieser Autovías, insbesondere in Galicien. Auch die anderen, nur zweispurig ausgebauten Nationalstraßen sind in aller Regel gut in Schuss.

- **Fahrweise**: Man fährt zwar flott, manchmal auch sehr lässig den Verkehrsregeln gegenüber, aber in aller Regel fair. Allerdings gilt Spanien für Autofahrer immer noch als eines der gefährlichsten Länder Europas. Die Unfallraten sind erschreckend hoch. Zurückzuführen ist dies in erster Linie sicher auf den Mangel an Autobahnen, zum anderen wohl auch auf die veraltete Sicherheitstechnik vieler spanischer Autos. Mittlerweile hat die Regierung jedoch durch Abwrackprämien die Verschrottung solcher fahrender Altlasten gefördert, ist der Kraftfahrzeugbestand des Landes im Schnitt deutlich moderner geworden.

Entspannend: Kreuzgang von Sto. Domingo de Silos ▲▲
Entspannt: Galicische Bauern bei der Arbeit ▲

▲▲ Stadt der “Roten Höhlen”: Covarrubias

▲ Gipfel in den Wolken: Picos de Europa

Feiner Sand: Strand in Galicien ▲▲
Weites Land: kastilische Meseta ▲

▲▲ Aufbruch: Pilger auf dem Jakobsweg
▲ Unterwegs: Pilgerstatue in der Rioja

▲ Am Ziel: Luxusherberge in Santiago

Allgemeine Hinweise für Autofahrer in Spanien

• *Notrufnummer*: ✆ **112**, eine einheitliche Rufnummer für Feuerwehr, Ambulanz und Polizei.

• *ADAC-Notrufstationen* **Deutschland** (rund um die Uhr): ✆ 0049 89 767676. **Barcelona**: ✆ 935 082828.

• *Abschleppwagen/Werkstatt* **La Grúa** heißt der Abschleppwagen, die Werkstatt nennt sich **Taller de reparaciones**.

• *Pannenhilfe* **(Auxilio en carretera)**: ✆ 902 300505. Ansprechpartner ist der spanische Automobilclub RACE.

• *Diebstahl* Der Pkw selbst ist nicht gefährdeter als bei uns. Autoaufbrüche dagegen sind eine echte Plage! Deshalb nichts, aber auch gar nichts im Auto lassen: Radio raus, Handschuhfach und, wo vorhanden, die Heckablage öffnen – die Chancen auf eine eingeschlagene Fensterscheibe stehen sonst gut.

• *Diebstahl auf der Autobahn* Seit einigen Jahren in den Schlagzeilen sind Banden, die vor allem auf den Autobahnen in Katalonien (z. T. auch schon in Südfrankreich) Urlauber überfallen. Das System ist immer das gleiche: Durch aufgeregte Handzeichen werden Urlauber auf einen angeblichen Defekt am Fahrzeug aufmerksam gemacht und an den Pannenstreifen gelockt. Steht der Wagen erst einmal, haben die Diebe leichtes Spiel. Seien Sie in solchen Fällen also misstrauisch, halten Sie nicht an und überprüfen Sie Ihr Fahrzeug lieber erst an der nächsten Raststätte.

• *Besonderheiten* An **Fahrzeugpapieren** benötigt man Führer- und Fahrzeugschein; die Grüne Versicherungskarte wird dringend empfohlen.

Kreisverkehre sind in Spanien viel häufiger als bei uns. Der Kreisverkehr hat immer Vorfahrt.

Linksabbiegen von Fernstraßen: Auf Überlandstraßen muss zum Linksabbiegen oft erst nach rechts abgebogen und die gerade verlassene Straße dann hinter einem Stoppschild auf direktem Weg überquert werden.

Linkseinbiegen in Fernstraßen: Ebenso ungewohnt – vielfach gibt es nach dem Linkseinbiegen zunächst eine Beschleunigungsspur, die links (!) von der eigentlichen Fahrspur verläuft. Durchgezogene Linien nicht überfahren!

• *Tanken*: Diesel nennt sich „gasoleo", Bleifrei mit 95 Oktan „gasolina sin plomo" und ist flächendeckend verfügbar.

• *Verkehrsverstöße/Strafen* Die Strafen für Verkehrsvergehen liegen in Spanien weit höher als bei uns. So kostet Halten auf der Fahrbahn außerorts rund 200–400 €, eine Geschwindigkeitsüberschreitung um 20 km/h mindestens 90 € usw. Die Strafen sind sofort zu zahlen, andernfalls wird der Wagen sichergestellt. Achtung zudem, Bußgelder ab 70 € dürfen ab 2009 EU-weit eingetrieben werden, wahrscheinlich sogar rückwirkend. Bei extremen Überschreitungen (z.B. 110 km/h in Ortschaften, mehr als 1,2 Promille) ist auch Haft möglich. Jeder Unfallbeteiligte ist verpflichtet, sich einem Alkohol- und Drogentest zu unterziehen. Das Fahren mit Kopfhörern (Walkman etc.) ist verboten, ebenso die Benutzung von Handys und Headsets während der Fahrt; Ausnahme: fest installierte Freisprechanlagen, die keine elektromagnetischen Störungen verursachen. Beim Tanken müssen Radio und Handy ausgeschaltet sein. Für Kinder unter drei Jahren sind Babysitze vorgeschrieben. Eine Warnweste (anzulegen beim Aussteigen wegen Unfall/Panne außerorts) für den Fahrer ist ebenso Pflicht wie die Sicherung überstehender Ladung durch eine rot-weiß-schraffierte Warntafel. Empfohlen wird die Mitnahme der Grünen Versicherungskarte sowie einer Box mit Reserve-Glühlampen.

Promillegrenze: 0,5; für Berufskraftfahrer und Fahranfänger, die ihren Führerschein noch keine zwei Jahre besitzen, gilt sogar 0,3. Die Kontrollen sind strikt, die Strafen hoch. **Höchstgeschwindigkeiten**: Innerorts 50 km/h, außerorts 90 km/h, auf autobahnähnlichen Straßen 100 km/h, Autobahnen 120 km/h. Mit Anhänger auf Landstraßen 70 km/h, auf autobahnähnlichen Straßen und Autobahnen 80 km/h. Eine spanische Spezialität sind Ampeln in Ortsdurchfahrten, die bei zu hoher Geschwindigkeit automatisch auf Rot springen.

Überholverbot: 100 m vor Kuppen und auf Straßen, die nicht mindestens auf 200 m zu überblicken sind.

Abschleppen durch Privatfahrzeuge ist verboten!

Gurtpflicht/Helmpflicht besteht sowohl inner- wie außerorts.

Reservekanister im Auto sind verboten.

Warndreiecke: Ausländische Fahrzeuge benötigen nur ein Warndreieck, Autos mit einheimischen Kennzeichen jedoch zwei – das gilt auch für Mietwagen!

Schmal: Straße in den Picos de Europa

- **Orientierung in Städten**: Wegen des starken Verkehrs, der vielen Einbahnstraßen und Abbiegeverbote sowie der häufig fehlenden Wegweisung ist die Orientierung in spanischen Städten oft recht schwierig. Ein guter Stadtplan (den die Karten in diesem Handbuch aufgrund ihres Formats zwar ergänzen, aber nicht ersetzen können) leistet da wertvolle Dienste. Die örtlichen Fremdenverkehrsämter haben manchmal auch Pläne anderer Städte vorrätig. Auf der Suche nach einem bestimmten Hotel ist es oft einfacher, das Fahrzeug zunächst in einer Tiefgarage abzustellen und sich erst einmal zu Fuß auf den Weg zu machen oder ein Taxi vorausfahren zu lassen (Taxis sind in Spanien wesentlich billiger als in Mitteleuropa). Der Hotelier oder Portier kennt die günstigste Anfahrt und weiß oft auch über Parkmöglichkeiten in der Umgebung Bescheid.
- **Tanken**: Benzin ist günstiger als in Deutschland oder Frankreich, Diesel ebenfalls. Normalbenzin hat 92 Oktan, Super verbleit 98 Oktan. Diesel nennt sich „Gasoleo A", Bleifrei mit 95 Oktan „Gasolina sin plomo" und ist flächendeckend verfügbar.
- **Parken**: In Großstädten grundsätzlich ein heikles Kapitel. Auch aus Sicherheitsgründen ist es empfehlenswert, Parkhäuser oder bewachte Parkplätze anzusteuern, beide durch weißes „P" auf blauem Grund gekennzeichnet.

Gelb markierte Bordsteine: Parkverbot, alternativ (oder gleichzeitig) auch durch die bei uns üblichen Schilder angezeigt.

Blau markierte Bordsteine: Gebührenpflichtige Parkzone. Meist steht an der nächsten Ecke ein Automat, den man je nach vorgesehener Parkdauer mit Münzen füttert; die Quittung gehört für den Parkwächter gut sichtbar unter die Windschutzscheibe. Auf dem Automaten stehen auch die Zeiten, in denen bezahlt werden muss; gebührenfrei parken in der Regel sonntags, nachts und zur Siesta-Zeit. In manchen Städten wie San Sebastián ist gleich das ganze Zentrum

„blaue" Parkkontrollzone (O.R.A.) mit limitierter maximaler Parkzeit. Wer einen Strafzettel bekommen, seine Parkzeit aber nur kurz (bis zu einer Stunde) überzogen hat, kann die Option „Anulación Denuncia" nutzen: Am Parkautomat den grünen Knopf „AD" drücken, ermäßigte Strafe bezahlen und das erhaltene Ticket samt der Anzeige zusammengefaltet in den Briefschlitz am Automaten werfen – die Sache ist damit erledigt.

La Grúa, der spanienweit gefürchtete Abschleppwagen, kommt schnell im Parkverbot und, bei längerer Überschreitung der Parkzeit, auch in den blauen Zonen. In Touristenorten werden Ausländer bei kleineren Parkvergehen manchmal geschont; in Großstädten nie! Alternative zur Grúa ist die an einem Rad befestigte Parkkralle, die das Fahrzeug lahmlegt; befreit wird es gegen Strafgebühr von der nächsten Polizeistelle. Und die spanischen Tarife sind hoch: Verbotenes Parken kann mehr als 80 € kosten.

„Parkwächter": Vor allem in Großstädten trifft man auf selbsternannte Parkwächter, die mit großen Gesten Autofahrer auf freie Parklücken aufmerksam machen, sie dort einweisen und auf ein Trinkgeld hoffen. Natürlich ist man zur Zahlung nicht verpflichtet. Die Arbeitslosigkeit in Spanien ist jedoch hoch, und auch Einheimische geben in einem solchen Fall meist einen kleinen Obulus (zumal dieser die Chance erhöht, das Fahrzeug unversehrt wiederzufinden...). In manchen Gemeinden, in denen besonders viele Autos aufgebrochen werden, sind auch uniformierte Parkwächter unterwegs, die sich ebenfalls über eine kleine Spende freuen.

Das Auto, ein flotter Revolutionär

Im Automobil-Spanisch gibt es einige Begriffe, die in unseren Ohren ganz schön kurios klingen können. Nehmen wir einmal an, Ihr Wagen besitzt 120 PS, auf spanisch **caballos de vapor**: Dann werkeln wohl ausreichend „Dampfpferde" unter der Haube.

Bei Spitzenleistung gebärden sich diese Dampfpferde ganz schön aufrührerisch, machen sie dann doch etwa 5500 **revoluciónes/min.**, also „Umwälzungen" pro Minute, im Sinne von Umdrehungen.

Wenn Sie Ihren Wagen abstellen wollen, werden Sie gelegentlich das Schild **Solo Turismos** sehen. Parken Sie unbesorgt, aber nur, wenn Sie kein sehr großes Wohnmobil fahren: Gemeint sind nicht etwa Touristenfahrzeuge – „turismo" bedeutet schlicht Pkw. Der Tourist nämlich heißt „turista", egal ob männlich oder weiblich; Klarheit bringt erst der Artikel.

▶ **Diebstahl**: Der Pkw selbst ist nicht gefährdeter als bei uns; Vorsichtige sichern ihn durch eine Zusatzsperre am Lenkrad. Autoaufbrüche dagegen sind in Spanien zur echten Plage geworden. Zwar hat Nordspanien diesbezüglich immer noch einen besseren Ruf als andere Regionen, besonders in Großstädten und Touristenorten sollte man dennoch Vorsicht walten lassen: Nichts, aber auch gar nichts im Auto lassen; Radio raus, Handschuhfach und eventuell die Heckablage offen – die Chancen auf eine eingeschlagene Fensterscheibe stehen sonst gut. Am sichersten, wenn auch wegen der Diebstahlsklauseln bei Voll- oder Teilkasko nicht jedermanns Sache, ist die Methode mancher Spanier, gleich die Seitenscheibe heruntergekurbelt zu lassen und dazu eventuell eine Zusatzsperre am Lenkrad anzubringen. Achtung auch an Ampeln, Spezialisten greifen bei offenem Fenster blitzschnell Wertsachen aus dem Wageninneren. Bei Verlassen des Fahrzeugs immer den Zündschlüssel abziehen! Ein plötzlich platter Reifen in Verbindung mit prompten Hilfsangeboten seitens Fremder sollte misstrauisch stimmen. Es wäre nicht das erste Mal, dass der Plattfuß mit böser Absicht herbeigeführt wurde: Während des Radwechsels räumt dann ein Komplize des „freundlichen Helfers" den Wagen leer. Ähnlich funktioniert der Trick, bei dem ein Fremder auf einem Rastplatz vorgibt, sich den Weg auf der Landkarte zeigen lassen zu wollen. Vorsicht ist auch angebracht bei jedem Versuch, den Fahrer von anderen Autos aus mit Handzeichen zum Anhalten bewegen zu wollen, ihn vom stehenden Fahrzeug wegzulocken oder in seiner Aufmerksamkeit abzulenken.

Bei Parksünden schlägt die „Kralle" ohne Gnade zu

Motorrad

Für Nordspanien eigentlich das optimale Verkehrsmittel, keine Parkprobleme, kurvige Sträßchen durch Gebirgsregionen – wäre da nicht das Wetter... Wer sich durch gelegentliche Schauer nicht abschrecken lässt, wird dennoch genüsslich touren. Empfohlen seien als Fahrkleidung übrigens eher Goretex-Anzüge und andere luftdurchlässige Materialien als Regenkombis: Gerade im Sommer wechselt das Wetter häufig, und bei Sonnenschein gart man in der Plastik-Kombi schnell im eigenen Saft.

In spanischen Großstädten ist ein Biker mit Anzug und Krawatte keine Seltenheit, das Image des Motorradlers mithin recht positiv. Aber: Anders als die meisten Pkw sind Motorräder durchaus diebstahlgefährdet; eine gute Kette in Verbindung mit Teilkasko bringt Sicherheit. Voll bepackt allerdings sollte man das Gefährt in der Großstadt höchstens vor einer Polizeiwache abstellen.

Der Weg ist das Ziel: Fahrräder vor der Kathedrale in Santiago

Mit dem Fahrrad

Es muss nicht gerade der Jakobsweg sein, auf dem Jahr für Jahr mehr Pilger und Touristen (meist in Personalunion) mit dem Rad durch Nordspanien kreuzen. Auch abseits dieser Strecke finden sich genügend Langstrecken, die es sich lohnt, mit dem Rad zu bewältigen – z. B. eine Tour entlang der Küsten Galiciens.

Der Blick auf eine topographische Karte zeigt aber schnell, was den Radler erwartet: Der Großteil Nordspaniens ist hügelig bis gebirgig, weshalb eine gute Schaltung unverzichtbar ist. Ausnahmen sind das flache Ebro-Becken der Ribera im südlichen Navarra, die kastilische Meseta und die Küstenregionen, die aber teilweise unter starkem Verkehr zu leiden haben. Regenfest müssen Radler in Nordspanien schon sein, denn auch im Sommer ist besonders in den Küstenregionen mit häufigen Schauern zu rechnen. In den Inlandsgebieten kann dann jedoch ebenso kochende Hitze herrschen: Früh am Tag aufbrechen! Radwege sind bislang noch eine Seltenheit. Doch finden trotz all dieser Einschränkungen, und auch trotz der restriktiven neuen Straßenverkehrsgesetze, immer mehr Tourenradler den Weg in den spanischen Norden. Die wohl meist gefahrene Route ist der Jakobsweg: Vor der Kathedrale in Santiago parken an manchen Tagen gleich Dutzende von Rädern. Achtung, vor dem Start neue Mäntel aufziehen, Ersatzschläuche einpacken, nicht alle bei uns gängigen Größen sind in Spanien erhältlich.

• *Verkehrsvorschriften* Im November 1999 hat das spanische Parlament ein Gesetz erlassen, das eigentlich nur als der Versuch verstanden werden kann, den Fahrradverkehr im Land möglichst weitgehend einzuschränken und Radtouristen von Spanien fernzuhalten. Die Abschaffung des Vorfahrtsrechts (!) für Radfahrer wurde mittlerweile zwar zurückgenommen, ein ganzes Bündel von teilweise geradezu lächerlichen Vorschriften blieb jedoch bestehen. Ob die Polizei diese auch überall durchsetzt, mag eine andere Frage sein, darauf einstellen jedoch sollte man sich vorsichtshalber.

Helmpflicht besteht grundsätzlich außerhalb geschlossener Ortschaften. Spanien ist damit das einzige Land in der EU, das für Radfahrer den Helm vorschreibt.

Reflektierende Kleidung ist außerhalb geschlossener Ortschaften ebenfalls vorgeschrieben.

Fahrradanhänger sind verboten, auch für den Transport von Kindern. Gestattet ist die Mitnahme von Kindern nur auf einem Kindersitz, der unsinnigerweise am Lenker befestigt sein muss.

Geschwindigkeitslimit für Bergabfahrten: 40 km/h (gilt nicht mehr, wenn wegen Kurven oder Gefälle Seitenstreifen nicht ausreichen und die gesamte Straße genutzt werden muss ...).

Promillegrenze: 0,5 Promille gelten auch für Radfahrer – wie in Mitteleuropa

Autopistas und Autovías: Nachdem 1999 diese Schnellstraßentypen für Radler tabu wurden, dürfen Autovías (autobahnähnliche Schnellstraßen) jetzt wieder auf dem Seitenstreifen befahren werden – im Prinzip, denn immer mehr Autovías werden durch Verordnung für Radfahrer gesperrt und man steht vor einem Verbotsschild. Größte Vorsicht: einige Tunnel (Asturias, Cantabria) haben keinen Seitenstreifen! Autopistas (also Autobahnen) dürfen weiterhin von Radfahrern ausnahmslos nicht befahren werden.

Fahrradverleih: Die Zahl der Verleihstationen ist insgesamt noch gering aber wächst im Bereich der Jakobswege und in den größeren Städten sehr rasch. Gut stehen die Chancen auch in den touristisch ausgerichteten Bergregionen und in manchen Fremdenverkehrsorten der Küsten. Besonderer Beliebtheit erfreut sich auch in Spanien das Mountainbike, „bicicleta todo terreno“ (All-Gelände-Rad) genannt und BTT abgekürzt. Für die teuren Räder sind allerdings auch entsprechende Mietpreise zu bezahlen.

▶ **Fahrradtransport im Land**: Das Fahrrad mit den Zügen der Staatsbahn RENFE zu transportieren, ist mit Regionalzügen überall gestattet und möglich, wenn auch in manchen Situationen nicht ganz leicht zu bewerkstelligen (so sind die Radabteile an der Spitze oder am Ende des Zuges und die Bahnsteige oft kürzer als der Zug, man muss sich also schon mal mit Rad und Gepäck auf die Gleise runterhangeln). Für schnellere Züge sind Fahrradtransporte nicht vorgesehen und mit kleinen Ausnahmen auch nicht möglich. Problemlos funktioniert meist die Mitnahme in den privaten Schmalspurbahnen und im Regionalbus, bei interregionalen Bussen hat man hingegen einige Hürden zu überwinden, bis man locker im Bus sitzt und Radl und Gepäck unter sich im Kofferraum weiß.

RENFE-Züge: Normalerweise kann man das Fahrrad in Regionalzügen mit Radabteil (in den meisten Zügen des Typs Regional Express, aber nicht in den mit RED gekennzeichneten Zügen) oder Gepäckwagen kostenlos mitführen. Hat der Zug zwar Gepäckwagen, aber kein Radabteil, muss man sich frühzeitig am Gepäckschalter („Equipajes“) anmelden, bei einem Radabteil ist keine Anmeldung nötig. Das Radabteil ist in den im Bahnhof ausgehängten Kursangaben wie in D/A/CH mit einem kleinen Radzeichen gekennzeichnet. Die Radmitnahme ist kostenlos.

Wer schneller unterwegs sein will, kann die Nachtzüge nehmen, in denen Radtransport ebenfalls erlaubt ist. Allerdings mit Auflagen: Das Rad hat zerlegt und in einer Radtasche verpackt zu sein, es ist unter dem Sitz (was kaum möglich ist) aufzubewahren, und die Sache funktioniert nur, wenn kein Unbeteiligter im Abteil ist, also nur wenn z. B. zwei Personen mit Rad ein Zweier-Schlafwagenabteil genommen haben. Fazit: ein ziemlich schwieriges Unterfangen.

Das Rad zum Versand aufzugeben, ist mit gültiger Fahrkarte von größeren Bahnhöfen aus möglich, sofern es nicht mehr als 15 kg wiegt; beim Umsteigen muss es neu aufgegeben werden.

Allerdings hat es mit allen Transportvarianten in der Vergangenheit auch schon Probleme gegeben. Hier hängt manches wohl

Statt Verkehr: Ladefläche als Ruheplatz

von der aktuellen Laune der Bahnbediensteten ab; ratsam ist es auf jeden Fall, rechtzeitig vor Ort zu sein, und zwar mindestens 30 Minuten vor Abfahrt.

Schmalspurbahnen: Private spanische Bahnen wie z. B. die FEVE nehmen Fahrräder in allen Regionalzügen mit, und das – wie bei der RENFE – kostenfrei. Bei Interregionalverbindungen keine Fahrradmitnahme.

Busse: Per Bus klappt der Fahrradtransport oft erstaunlich gut und dann oft sogar umsonst, rechtzeitige Anfrage bei den Agenturen vorausgesetzt. In der Regel muss nur das Vorderrad ausgebaut und die Kette abgedeckt, eventuell auch der Lenker verdreht werden. Die Vorschriften allerdings verlangen bei nahezu allen Busgesellschaften Verpackung in eine spezielle Radtransporttasche, worüber die meisten Busfahrer locker hinweg sehen. Freilich nicht alle, wie es der Bearbeiter dieser Auflage auf der Strecke Laredo – Vitoria erlebte (Bus der ALSA); nach 20 Minuten heißer Diskussion (und Überschreitung der Abfahrtszeit um 15 Min.) wurde das Rad dann doch mitgenommen. Interessanter Nebeneffekt: Niemand im Bus regte sich auf, ganz im Gegenteil, amüsiertes Nicken und Winken – was sind schon 15 Minuten für den Spaß, der Diskussion zwischen Fahrer und Radfahrer folgen zu können? Man stelle sich die Reaktion der Mitfahrer in Deutschland vor! Weitere Erfahrungen und die Nachfrage bei ALSA ergaben, dass für *überregionale* Busse die Zerlegung und Verpackung des Rades in einer Radtasche bindend vorgeschrieben ist und viele Chauffeure dieses Unternehmens auch darauf achten. Aber wer hat schon die sperrige Packtasche immer dabei? Abhilfe schaffen zwei große Müllsäcke (die für Baumüll), seitlich aufgeschnitten und mit Klebeband zum provisorischen Radsack verbunden; dies kann man auch noch in den letzten fünf Minuten basteln, wenn der Fahrer schon auf dem Sprung ist.

Fahrradrücktransport per Spedition ab Santiago: Wer den Jakobsweg mit dem Fahrrad bereist, steht am Ziel vielleicht vor dem Problem, das gute Stück wieder zurück zum Ausgangspunkt zu bringen. In Santiago gibt es mehrere Speditionen, die Räder per Lkw z. B. zum Grenzbahnhof Irún transportieren. Die Adressen allerdings wechseln schon mal, das Fremdenverkehrsamt besitzt jedoch eine Liste, die auf dem neuesten Stand ist (siehe auch → Santiago de Compostela).

Weitere Infos: Allgemeiner Deutscher Fahrradclub ADFC, Hauptgeschäftsstelle Bremen, ✆ 0421/346290, 📠 0421/3462950, www.adfc.de.

Radfahrer-Hotline der Deutschen Bahn: ✆ 01805/151415. www.bahn.de/bahnundbike.

Mietwagen

In Verbindung mit der Anreise per Flugzeug die komfortabelste Art, Nordspanien zu bereisen. Allerdings kein ganz billiges Vergnügen.

Zu mehreren wird die Sache jedoch halbwegs erschwinglich. Es muss ja auch nicht immer für den gesamten Urlaub ein Fahrzeug gemietet werden – in den großen Städten hat ein Mietauto fast dieselben Nachteile wie der eigene Wagen, auch wenn es dank des spanischen Nummernschildes etwas weniger einbruchgefährdet ist.

Autovermietungen (*alquiler de automóviles, alquiler de coches*) finden sich an Flughäfen und in Großstädten; für letztere ist eine Auswahl in den jeweiligen Ortskapiteln dieses Handbuchs aufgeführt. Komplette Adressenlisten sind bei den örtlichen Fremdenverkehrsämtern erhältlich – meist lohnt es sich, mehrere Agenturen abzuklappern und die Preise zu vergleichen, denn die Unterschiede sind oft beträchtlich. Ein Problem können bei größeren Unfällen derzeit noch die niedrigen Deckungssummen spanischer Haftpflichtversicherungen darstellen: Wer z. B. einem neuen Mercedes einen Totalschaden verpasst, muss die Differenz aus eigener Tasche begleichen. Zusatzversicherungen sind gegen Aufpreis meist erhältlich.

Internationale Anbieter

Wer schon zuhause weiß, wann genau er den Wagen benötigt, sollte sich überlegen, ab der Heimat zu buchen. Das ist häufig sogar preisgünstiger als die Miete vor Ort, zudem hat man die Garantie, dass auch wirklich das Auto der Wahl verfügbar ist – in der Hochsaison kann es sonst schon mal eng werden. Weitere, im Fall des Falles sehr wichtige Vorzüge: Der Mietvertrag wird auf Deutsch abgefasst, Gerichtsstand eventueller Rechtsstreitigkeiten ist normalerweise nicht Spanien, sondern Deutschland, die Absicherung ist meist vollständig (keine Selbstbeteiligung bei Vollkasko) und eine Kaution muss auch nicht hinterlegt werden.

Mindestalter in der Regel 21 Jahre, Führerschein mindestens 1 Jahr alt; Mindestmietdauer 3 Tage. Die Angebote beinhalten meist unbegrenzte Kilometer und – wichtiger Unterschied zur Anmietung in Spanien – auch alle Steuern. Daran gemessen, können sich die Preise internationaler Vermieter schon sehen lassen: Richtwert für eine Woche kleinste Kategorie zur NS ca. 150–220 €. Vollkaskoversicherung, Insassenversicherung und die Deckungssummen der Haftpflicht werden unterschiedlich gehandhabt: beim Preisvergleich auch darauf achten.

• *Vermittler* **www.billiger-mietwagen.de** vergleicht die Preise von Vermittlern wie www.holidayautos.de, www.cardelmar.com etc. Alle vermitteln sie vorab Mietverträge, die dann mit einem lokalen Vermieter abgeschlossen werden; die Preise liegen dabei in aller Regel deutlich unter denen einer Direktmiete. Beim Vergleich auch auf Details wie Gerichtsstand, Tankregelung (Rückgabe mit vollem Tank ist günstiger als der Ankauf einer Tankfüllung bei Anmietung und Abgabe mit leerem Tank), Selbstbehalt der Vollkaskoversicherung usw. achten.

Zum Vergleich einige weitere Internet-Vermittler: www.spanien-mietwagen.com, www.doyouspain.de, www.carjet.com, alle drei von Lesern empfohlen. Auch viele Reisebüros vermitteln Mietwagen in Spanien; ratsam, auch hier genau auf die Vertragsbedingungen zu achten.

Konditionen bei der Fahrzeugmiete in Spanien

Wichtig, immer auf das Kleingedruckte zu achten. Nur selten werden Endpreise angeboten! Die meisten Prospekte und Verträge werden zweisprachig, in Spanisch und Englisch, abgefasst.

• *Mietwagen* große Auswahl, vom Kleinwagen über den Jeep bis zum 9-Sitzer. Preisgünstigstes Fahrzeug bei lokalen Vermietern ist meist der Seat Arosa (baugleich VW Lupo); für 2 Personen völlig ausreichend, darüber und mit viel Gepäck arg eng. Bei landesweiten oder internationalen Anbietern beginnt die Preisskala bei Ford Fiesta, Opel Corsa,, Renault Clio und anderen Kleinwagen. Sparsam, aber riskant: kleinste Kategorie buchen und darauf hoffen, dass sie nicht verfügbar ist und man einen Wagen höherer Klasse erhält, wie es einer Leserin mit einem Seat Marbella schon zweimal geschehen ist. Reisebüros, z. B. die Kette Halcón, die mit dem landesweiten Vermieter Atesa zusammenarbeitet, bieten teilweise günstigere Konditionen an als die Vermieter selbst.

Mietverträge: Zwei Grundvarianten sowie diverse Rabattformen, darunter der preislich attraktive Wochenendtarif.

Die Miete mit **Kilometergeld** („mas kilómetros") wird nicht mehr so häufig angeboten wie früher. Hier wird ein günstiger Grundpreis angesetzt sowie eine Gebühr für jeden gefahrenen Kilometer fällig. Aber Achtung, 100 Tageskilometer werden meist grundsätzlich berechnet, auch wenn man sie nicht gefahren ist.

Der **Inklusiv-Tarif** („kilometraje ilimitado") ist heute fast die Regel. Bei Miete ab drei Tagen aufwärts gibt es Rabatt. Bei einer Mietdauer unter sieben Tagen wird der Inklusiv-Tarif dagegen manchmal noch auf lokale Benutzung beschränkt, ein schwammiger Begriff, den man mit dem Vermieter besser genau klärt.

Der **Wochenendtarif** („fin semana") gilt Freitag(nach-)mittag bis Montagmorgen und ist oft vergleichsweise preisgünstig.

Achtung: Zu den von den Vermietern genannten Preisen ist fast immer noch die spanische Mehrwertsteuer IVA zu addieren, im Fall Mietwagen 16 %.

Versicherung („seguro"): Im Preis meist enthalten sind Haftpflicht („responsabilidad" – auf Deckungssummen achten), Kautionsgebühren und ein gewisser spanischer Rechtsschutz sowie Diebstahl– und Feuerversicherung. Extra zu zahlen, jedoch nicht obligatorisch, sind Vollkasko („responsabilidad por daños causados al vehículo") und Insassenversicherung („seguro de ocupantes").

Dokumente: „Wir wurden mit unserem Mietwagen eines spanischen Vermieters von der Guardia Civil angehalten. Bei der Kontrolle der Papiere wurde beanstandet, dass Fahrzeugschein und Zulassung nur in Fotokopien vorhanden seien (wurde uns so vom Vermieter mitgegeben). Trotz langen Verhandelns mussten wir eine hohe Strafe bezahlen, da Kopien nicht gültig wären (kein Originalstempel). Erst nach langem Hin und Her wurde uns die Strafe vom Vermieter erstattet. Also: beim Anmieten auf Aushändigung der Originaldokumente achten" (Leserbrief von Andreas Ludwig). Andere Leser freilich hatten selbst bei einem Unfall keine Probleme mit den Fotokopien.

Weitere Bedingungen: Bei Pkw-Vermietung üblicherweise Mindestalter 21 Jahre, Führerschein mind. 1 Jahr alt. Kaution („deposito") in Höhe von mindestens 20 % der Mietsumme. Bei Zahlung mit Kreditkarte ist in der Regel keine Kaution nötig.

Mit der Bahn

Gleich mehrere Bahngesellschaften bedienen den Norden Spaniens: Die Staatsbahn RENFE ist hier überwiegend im Binnenland und auf Strecken von Madrid zur Küste tätig, entlang der Küsten rollen hingegen die Schmalspurbahnen der ET/FV und der FEVE.

Wichtig zu wissen: Die Fahrkarten sind unter den einzelnen Gesellschaften nicht austauschbar. RENFE-Tickets, und damit auch alle internationalen und innerspanischen Bahnpässe und Netzkarten, sind auf den Schmalspurlinien nicht gültig! Allerdings wollen Gerüchte immer mal wieder von einem bevorstehenden Zusammenschluss der Schmalspurbahnen mit der RENFE wissen, so

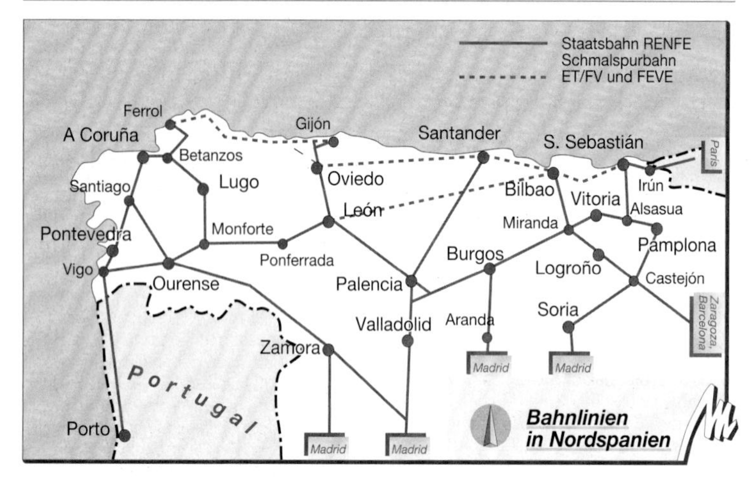

dass sich in Zukunft auf diesem Gebiet eventuell etwas ändern kann – konkrete Beschlüsse stehen bislang jedoch aus. Erfreuliches gibt es dagegen von den Preisen zu vermelden: Bahnfahren in Spanien ist generell weitaus preisgünstiger als in Deutschland, zumindest, solange man einen Zug unterer Kategorie benützt: Mehr als etwa fünf bis sechs Euro auf 100 Kilometer Strecke muss man dann nicht rechnen. Die Preise sind auch nach Entfernung gestaffelt, Kurzstrecken pro Kilometer also teurer als lange Distanzen. Der seit Sommer 2004 für die Bahn geltende freie Markt wird sich wohl in der Umstrukturierungsphase auch deutlich auf die Preise auswirken, und zwar solange, bis der Preiskampf die schwächeren Anbieter aus dem Wettbewerb geworfen hat und die Großen (vor allem RENFE und die Busgesellschaft ALSA mit ihrer Tochter ALSA Rail) den Markt wieder Gewinn bringend unter sich aufteilen können. Das wird aber mit Sicherheit erst in einigen Jahren erfolgen. **Sonn- und feiertags**, teilweise auch samstags, verkehren alle Züge seltener. Unsere Angaben beziehen sich auf Werktage. Das Angebot wird aber nicht so stark eingeschränkt wie bei den Bussen.

Spanische Staatsbahn RENFE

Die Staatsbahn RENFE (Red Nacional de los Ferrocarriles Españoles) ist zur Zeit in einer Phase der Umstrukturierung und Modernisierung. Vieles verändert sich deshalb sehr rasch. Bisheriges Zugmaterial wird ausgemustert, neue Tarifsysteme und Serviceleistungen werden eingeführt. Die „guten alten Zeiten“, in denen man ohne Protest des Schaffners während der Fahrt die Türen öffnen und sich auf die Einstiegsschwellen setzen konnte, sind auch in Spanien vorbei. Damals allerdings konnte man auch noch fast neben den Zügen herlaufen ...

Die RENFE ist zwar auf dem Weg vom Flughafen Madrid oder Barcelona zur Atlantikküste, innerhalb der Rioja, Nordkastiliens und im Binnenland Galiciens die einzige Wahl, im Küstenbereich selbst ist sie jedoch nur auf dem kurzen Stück zwischen San Sebastián (Donostia) und der französischen Grenze sowie an einigen der galicischen Rías Bajas vertreten. Die Küstenstädte Santander, Gijón und A Coruña sind für die spanische Staatsbahn Sackbahnhöfe ohne Querverbindungen. Die Verbindungen dorthin werden zur Zeit noch verbessert, so entsteht eine neue Hochgeschwindigkeitslinie (AVE) von Madrid über León und Ourense nach Vigo, Santiago de Compostela und A Coruña. Als Konsequenz für RENFE-Reisende zwischen den großen Küstenstädten ergeben sich riesige, extrem zeitaufwändige Umwege bis weit ins Binnenland, die zudem fast immer mit Umsteigen verbunden sind – die Ausnahme wird in Zukunft, wie erwähnt, die Verbindung Vigo – A Coruña bilden. Wer nicht den halben Urlaub im Zug verbringen will, wird deshalb entlang der Küste entweder auf die Konkurrenz oder auf den Bus ausweichen müssen.

RENFE-Tipps und -Tricks

- **Zugarten**: RENFE-Züge gibt es in verwirrender Vielfalt. Abgestuft nach Komfort und Geschwindigkeit sind vor allem diese Kategorien anzutreffen:

AVE (Alta Velocidad Española): Eine nordspanische Linie desvollklimatisierten und blitzschnellen Superzugs ist derzeit in Ausbau (siehe oben), relativ neu ist die Verbindung Madrid-Zaragoza.

Talgo/Eurocity (EC) und Intercity (IC) sind auch sehr schnelle Züge, halten nur an den wichtigsten Bahnhöfen und bieten die meisten Annehmlichkeiten. Teilweise nur 1. Klasse und/oder Platzkartenpflicht.

Trenhotel sind Schlafwagenzüge erster Klasse, flott und nicht billig.

Diurno/Estrella (Tag- und Nachtzüge) entsprechen etwa unseren Schnellzügen, wobei das „schnell" relativ zu sehen ist. Estrellas haben Schlaf- und/oder Liegewagenservice.

Exprés stehen eine Stufe tiefer, was sich insbesondere im Komfort, jedoch weniger in der Geschwindigkeit bemerkbar macht.

Regional ist eine im Kurz- und Mittelstreckenverkehr ebenfalls häufig vertretene Zuggattung. Im Unterschied zum Exprés halten sie an fast jedem Bahnhof. Zugmaterial unterschiedlich: von brandneu bis (mittlerweile sehr selten) uralt.

Cercanías fahren im Kurzstreckenverkehr der Ballungsräume, in Nordspanien im Großraum Bilbao und Gijón/Oviedo. Sie halten meist überall, es gibt jedoch auch einige seltene „Schnell-Cercanías", die manche Stationen auslassen.

Kleine Sprachfibel „öffentlich reisen"

Spanisch	Deutsch
diario	täglich
laborables	werktags
sábados	samstags
domingos	sonntags
verano	Sommer
invierno	Winter
horario	Fahrplan
tren	Zug
autobús	Bus
metro	U-Bahn
la estación	Bahnhof
estación autobuses	Busbahnhof
parada	Haltestelle
abierto	geöffnet
cerrado	geschlossen
a qué hora?	wann?
Billete	Fahrkarte
ida y vuelta	hin und zurück
cuánto es	wieviel kostet es?

- **Preise, Fahrkartenkauf etc.**: Die Tarifgestaltung der RENFE ist komplex, ständigen Änderungen unterworfen und deshalb selbst für die Schalterbeamten oft kaum noch durchschaubar. Die Preise variieren nicht nur je nach gewählter Abteilklasse, sondern auch nach der Zugkategorie, z. T. sogar nach der Abfahrtszeit. Klar ist jedoch: je langsamer und unkomfortabler man reist, desto preisgünstiger. Die Frage „Hay otro tren más barato?" („Gibt es einen billigeren Zug?") kann bei Fernstrecken also schon einiges Geld sparen.

- *Sondertarife* existieren so reichhaltig, dass eine komplette Aufzählung den Rahmen sprengen würde. Nachlässe werden unter anderem für Inhaber von ausländischen Familienpässen, Gruppen, Senioren ab 65 ("Tarjeta Dorada") etc. angeboten. Auch für die Buchung von Hin- und Rückfahrt („ida y vuelta") gibt es Rabatte zwischen 10 und 25 Prozent, laut einer Leserzuschrift sogar dann, wenn man die Karten getrennt kauft – beim Erwerb der Rückreisekarte sollte man also die Karte für die Hinfahrt vorlegen.
- *Zuschläge* Früher ein echtes Ärgernis – die „Suplementos" ließen jeden Versuch scheitern, Bahntarife genau zu durchschauen. Das System ist umstrukturiert worden; viele Zuschläge sind weggefallen, manche „Suplementos" jedoch geblieben. Vor allem Interrailer und Besitzer anderer Bahnpässe werden noch gerne zur Kasse gebeten.
- *Platzkarten* sind in fast allen Zügen (außer Cercanías und Regionalzügen) oligatorisch.
- *Fahrkartenkauf* Nicht nur am Bahnhof selbst kann man Tickets erwerben, sondern auch in den RENFE-Stadtbüros größerer Ortschaften sowie in Reisebüros mit entsprechender Lizenz – letztere sind mit Abstand am bequemsten, der Preis ist überall gleich. Im Vorverkauf ist eine Platzkarte obligatorisch, die Gebühr dafür aber gering.
- *Ticket-Stornierung* Bis 15 Minuten vor Abfahrt möglich, 85 Prozent des Reisepreises werden zurückerstattet.
- *Fahrpläne* Hängen in allen Bahnhöfen aus (Llegadas = Ankünfte, Salidas = Abfahrten). Praktisch sind auch die Faltblätter, die es zu verschiedenen Regionen in größeren Bahnhöfen kostenlos gibt. Die wichtigsten spanischen Bahnlinien sind auch im DB-Auslandskursbuch enthalten (am Schalter an allen deutschen Bahnhöfen).
- *RENFE im Internet* www.renfe.es – unter anderem mit einer Suchmaschine, die neben exakten Zugverbindungen auch die zugehörigen Fahrpreise liefert.

Besondere Fahrplankürzel: Bei nicht täglich verkehrenden Zügen oder Bussen steht im Fahrplan der Anfangsbuchstabe der Wochentage, an denen gefahren wird: L für Lunes (Montag), M für Martes (Dienstags), wieder M oder auch ein X für Miércoles (Mittwoch), J für Jueves (Donnerstag), V für Viernes (Freitag), S für Sábado (Samstag), D für Domingo (Sonntag). LJV bedeutet mithin: Abfahrten nur Montag, Donnerstag und Freitag.

Private Schmalspurbahnen (FEVE)

Sie schließen zum großen Teil die unerfreulichen Lücken an den Küsten. Schmalspurbahnen verkehren auf der gesamten Strecke zwischen Donostia (San Sebastián) im Baskenland und Ferrol in Galicien, beides Städte mit RENFE-Anschluss, und erreichen so die Mehrzahl der Küstenorte. Zusammengenommen handelt es sich um die längste Schmalspurlinie Europas! Auf manchen Teilstrecken der Route verläuft die Linie allerdings etwas abseits des Atlantiks im Inland; für die Küste bleibt in diesen Bereichen nur noch der Bus. Eine weitere, landschaftlich sehr reizvolle und touristisch noch kaum bekannte Strecke wird ebenfalls von der FEVE und auf Schmalspur betrieben: einmal täglich kann man quer durch das nördliche Kastilien-León von León nach Bilbao fahren (oder umgekehrt). Dabei bewegt man sich zunächst am Südfuß der Kantabrischen Kette, quert dann das Gebirge östlich von Reinosa und dann vor Bilbao die Täler des baskischen Küstengebirges.

Die **FEVE** (Ferrocarriles Españoles de Vía Estrecha: „Spanische Schmalspurbahnen") im Gebiet zwischen Bilbao und dem galicischen Ferrol ist die Hauptgesellschaft. Ergänzt wird sie durch die baskische **ET/FV** (Eusko Trenbideak/

FEVE-Schmalspurbahn: Schienenmonopol entlang der Küste

Ferrocarriles Vascos, meist Euskotren genannt, „Baskische Eisenbahnen"), die das Baskenland zwischen Irún, San Sebastián und Bilbao bedient. Beiden Gesellschaften gemeinsam sind das eher geruhsame Tempo und die geringen Frequenzen auf den Fernstrecken: Zwischen den großen Städten verkehren nur zwei bis drei Züge täglich; kurze Distanzen in deren Einzugsbereich werden häufiger bedient.

Echte Bahnfans (den anderen seien die effektiveren Busse ans Herz gelegt) werden sich trotz aller Einschränkungen an die Schmalspurlinien halten wollen – und werden belohnt: Landschaftlich sind die Streckenführungen fast immer ein Genuss, ob die Fahrt nun durchs gebirgige Hinterland geht oder das Meer in Sichtweite liegt. Das Wagenmaterial der Schmalspurzüge wurde in den letzten Jahren modernisiert.

• *Internet-Infos* **www.euskotren.es**, die Site der baskischen Bahngesellschaft zwischen Irun, San Sebastián und Bilbao.

www.feve.es, die Site der Feve zwischen Bilbao und Ferrol.

• *El Transcantábrico* Für gut betuchte Liebhaber der Schiene gedacht ist dieser Hotelzug, der im Sommer zwischen San Sebastián und Ferrol pendelt. Jeweils eine Woche dauert die Schmalspur-Fahrt, die mit Bordfesten und Busausflügen gewürzt wird; eingeschlossen in den nicht gerade geringen Preis sind auch Vollpension und Reiseleitung. Von Oktober bis Juni ist der Transcántabrico für Gruppen auch zu chartern. Aktuelle Buchungsadressen erfährt man bei den spanischen Fremdenverkehrsämtern in Deutschland, Österreich und der Schweiz. 8 Tage Bahnfahrt zwischen León, Oviedo und Santiago de Compostela im Doppelabteil mit Vollverpflegung und Besichtigungen gibt es ab ca. 2300 € pro Person, das Einzelabteil ab 3300 €. Infos auf www.transcantabrico.feve.es.

Mit dem Bus

In ganz Spanien ist der Bus, deutlich vor der Bahn, das öffentliche Verkehrsmittel Nummer eins. Er ist meist noch preisgünstiger als die Schiene, bietet zudem oft häufigere Frequenzen und Verbindungen bis in kleinste Orte.

Hundert Buskilometer kosten im Schnitt knapp 10 € (z. B. Santiago – Pontevedra via Autobahn, 46 km für 5 €), auf Langstrecken fährt man z. T. sogar noch günstiger. Kein Wunder, dass der Bus, bei uns im Schattendasein, ein beliebtes Verkehrsmittel nicht nur für Kurzstrecken ist.

Eine nationale oder nordspanische Busgesellschaft gibt es nicht. Viele verschiedene und oft nur lokal operierende Agenturen teilen das Geschäft unter sich auf. Nur selten noch liegen in größeren Städten die Abfahrtstellen der einzelnen Gesellschaften verstreut, stattdessen findet sich dort mittlerweile fast immer ein Busbahnhof. Hier kann man sich oft auch mit Fotokopien von Fahrplänen oder entsprechenden Faltbroschüren eindecken. In kleinen Dörfern dagegen existiert meist nur eine Haltestelle; dort weiß die nächste Bar über Abfahrtszeiten garantiert Bescheid, meist sind sie irgendwo angeschlagen.

Überregionale Verbindungen wurden und werden derzeit noch vor allem von ALSA und Continental Auto durchgeführt, was auf vielen Strecken zu einem für die Passagiere positiven Preiskampf führte. Beide haben 2007 fusioniert (und sind im Besitz der von einer asturischen Familie gelenkten britischen National Express Group). Sie werden bis Frühjahr 2009 ihren Service total integrieren und damit 40 Prozent des spanischen überregionalen Marktes beherrschen. Wie dies die spanischen Bustransporte und vor allem die Preise beeinflussen wird, steht derzeit noch in den Sternen.

Wichtig: An *Sonntagen* und *Feiertagen*, in geringerem Ausmaß auch an Samstagen, ist der Busverkehr stark eingeschränkt. So beginnen die ersten Fahrten dann – sofern überhaupt Busverkehr stattfindet – auch meist zwei bis drei Stunden nach den entsprechenden Zeiten der Werktage, in der Regel also etwa gegen 10 Uhr morgens. Ausflüge in abgelegenere Regionen sollte man dann sein lassen oder nur unternehmen, wenn die Rückfahrtsfrage zweifelsfrei geklärt ist! Unsere Angaben beziehen sich auf Werktage und an den Küsten auf die Sommersaison, die etwa von Juni bis September reicht – im „Winter", was in Spanien den Rest des Jahres meint, kann das Angebot deutlich eingeschränkt sein.

Sind die Verbindungen zu Städten generell und zu Ferienorten meistens sehr gut, so fahren auf dem Land oftmals nur ein bis zwei Busse pro Tag. Wer dort nicht hängenbleiben will, vielleicht noch ohne Übernachtungsmöglichkeit, sollte sich vor der Abfahrt unbedingt nach Terminen der Rückfahrt bzw. Weiterreise erkundigen.

- *Fernstrecken* werden gelegentlich von mehreren Gesellschaften parallel bedient. Die Preise können dann, je nach Fahrtroute und gebotenem Komfort, kräftig schwanken – oft lohnt sich ein Vergleich!
- *Kleine Tücken im Busverkehr* Zwar ist das System insgesamt weniger verworren als das der Staatsbahn, doch läuft auch die Fortbewegung per Bus meist nicht ganz ohne Komplikationen ab. So ist es in den meisten Fällen aussichtslos, sich bei einer Gesellschaft nach Fahrzeiten einer anderen Agentur erkundigen zu wollen. In großen Busbahnhöfen muss man oft eine Weile

suchen, um den richtigen Schalter zu finden; auf den Fahrplänen dort ist manchmal nur die Telefonnummer der Busgesellschaft angegeben. Nicht immer steht das richtige Fahrtziel am Bus angeschrieben; besser, man fragt im Zweifelsfall nochmals nach. Bei Fernbussen, zu denen man unterwegs zusteigt, gibt es Fahrkarten oft erst, wenn der Bus eingetroffen ist und noch Platz hat – falls nicht, bleibt man stehen. Spanier nehmen Verspätungen gelassen hin. Falls Sitzplatznummern ausgegeben werden, sollte man sich auch daran halten (falls es die anderen auch tun, was manchmal und bei vollem Bus fast immer der Fall ist).

Mit dem Flugzeug

Innerhalb Nordspaniens lohnt sich Fliegen nur für besonders eilige Reisende. Entsprechend rar sind die Verbindungen. Ins Kalkül gezogen werden sollte auch, dass das Flugzeug im Kurzstreckenbetrieb eine besonders hohe Umweltbelastung darstellt.

Linienflughäfen gibt es bei Pamplona, San Sebastián, Vitoria, Bilbao, Santander, Avilés/Gijón (Asturien), A Coruña, Santiago de Compostela, Vigo, Logroño und neuerdings León. Spaniens bedeutendste Luftfahrtgesellschaft ist die IBERIA, doch machen ihr andere Anbieter nach dem Fall der Exklusivität die lukrativen Linien streitig, darunter in letzter Zeit zunehmend auch jene nach Bilbao und Santago de Compostela. Es lohnt sich, falls man es eilig hat und schnell einen innerspanischen Flug benötigt, im Internet (eher weniger sinnvoll sind Reisebüros) bei www.clickair.com und www.spanair.com, evtl. auch www.vueling.com nachzuschauen. Spanair etwa verlangt im Sommer zwischen A Coruña, Vigo oder Asturias (Oviedo) nach Barcelona ab 25 €, Vueling nimmt ab 90 € für den Hin- und Rückflug zwischen Bilbao und Barcelona, da sind jeweils Steuern und Gebühren schon drin.

Stadtverkehr

Einmal angekommen, wird man spanische Innenstädte überwiegend zu Fuß erobern. Zur Überbrückung größerer Distanzen, etwa vom außerhalb gelegenen Busbahnhof ins Zentrum, empfehlen sich Bus oder Taxi.

- **Stadtbusse**: Nicht nur in Großstädten anzutreffen – auch mancher Ferienort leistet sich zur Saison oder sogar ganzjährig Linien zu nahen Urbanisationen oder außerhalb gelegenen Stränden. Einzelfahrten kosten in der Regel etwa 0,60–1,20 €. Noch günstiger sind die häufig angebotenen Zehnertickets, meist „Bono-Bus" genannt und am Kiosk oder im Tabakgeschäft („Estanco") zu erstehen.
- **Taxis**: In Städten breit vertreten. Man kann sie während der Fahrt heranwinken (grünes Dachlicht: frei) oder an einem der Taxistände einsteigen. Spanische Taxis besitzen fast immer Taxameter und sind in aller Regel deutlich günstiger als bei uns. Die Preise variieren von Stadt zu Stadt. Höhere Tarife gelten außerorts, nachts von 22–6 Uhr sowie an Samstagen und Sonntagen. Zuschläge werden u. a. für Gepäck, Hunde sowie Fahrten von und zum Bahnhof, Busbahnhof oder Flughafen erhoben, in manchen Fällen (Santiago de Compostela, Oviedo u. a.) gibt es für Fahrten vom und zum Flughafen feste Tarife. Betrug ist selten.

Kleine Pensionen: oft familiär und gemütlich

Übernachten

+++ Paradores, Hotels, Hostals, Pensionen und Campingplätze +++ Turismo rural: Ferien auf dem Bauernhof +++ Engpässe im Juli, August und an „puentes“ +++

Die Angebotsskala reicht von der einfachen Pension bis zum Luxushotel im umgebauten Schloss. Je nach Budget und Ansprüchen finden sich Doppelzimmer zu 30 € ebenso wie solche zu 300 €.

Schwierigkeiten bei der Quartiersuche können sich in erster Linie in den Monaten Juli und August ergeben. Vor allem im August, wenn ganz Spanien in Urlaub ist, sind viele der Hotels an den Küsten und im Gebirge bis aufs letzte Bett belegt. Wer dann Schwierigkeiten hat, eine Unterkunft zu finden, wendet sich am besten an die örtliche Touristeninformation, die am besten weiß, wie und wo sich noch freie Zimmer finden. Ähnliche Probleme können bei den so genannten *puentes* („Brücken“) auftreten: Lange Wochenenden, an denen der Feiertag auf einen Donnerstag/Freitag oder Montag/ Dienstag fällt, werden gerne zu Kurzreisen genutzt.

Außerhalb der Sommersaison ist mit anderen Schwierigkeiten zu rechnen: Viele Küstenhotels der nördlicheren Regionen Spaniens haben ab Ende September, Anfang Oktober bis in den April oder Mai hinein geschlossen. Wir geben bei den Hotelbeschreibungen nach Möglichkeit die Öffnungszeiten mit an; wo diesbezüglich nichts vermerkt ist, etwa in Städten, hält die Unterkunft in der Regel ganzjährig geöffnet.

Hotel-Klassifizierung

Die Klassifizierung der spanischen Unterkünfte wird von den örtlichen Behörden vorgenommen. Die Preise können von den Betrieben jährlich selbst festgelegt werden, sie sind jedoch den Fremdenverkehrsämtern anzuzeigen und müssen dann das ganze Jahr über eingehalten werden – zumindest nach der Theorie. Nach Saison gestaffelte Preise sind vor allem in den Feriengebieten die Regel.

Nicht unbedingt aussagekräftig ist die Zahl der Sterne, die sich hauptsächlich an bestimmten Ausstattungsdetails wie beispielsweise Radio/TV im Zimmer oder dem Vorhandensein eines Lifts orientiert. Ein Einstern-Hotel kann ohne weiteres besser möbliert, geräumiger und moderner sein als der Nachbar in der Dreisterne-Klasse. Ein Versuch, andere Wege zu gehen, ist der vor einigen Jahren angelaufene, freiwillige „Qualitätsplan" Plan Q. Die Hoteliers, die an dem Projekt teilnehmen, verpflichten sich unter anderem, nur qualifiziertes Personal zu beschäftigen und sich einer jährlichen Überprüfung zu unterziehen. Langfristig hoffen die Initiatoren, auf diese Art ein Gütesiegel ähnlich dem der „Blauen Flagge" für Strände zu etablieren.

▶ **Parador**: Paradores sind einer staatlichen Hotelkette angeschlossene Betriebe, die jeweils drei bis vier Sterne aufweisen. Kennzeichnend für die derzeit 91 spanischen Paradores ist ihre schöne Lage und/oder die Unterbringung in klassischen und stilvollen Gemäuern wie umgebauten Klöstern, Burgen etc. Daran und an der sonstigen Ausstattung gemessen, sind Paradores im europäischen Vergleich tatsächlich recht preiswert. Richtig günstig sind sie indessen schon länger nicht mehr, zumal die Preise in den letzten Jahren nochmals angezogen haben: Richtwert 130–160 € fürs Doppelzimmer, je nach Betrieb und Saison, einzelne Paradores auch schon mal geringfügig darunter oder deutlich darüber. Auch wer unterhalb dieser Preisklasse reist, sollte sich öfter mal auf einen Kaffee oder einen Drink in die auch für Nicht-Übernachtungsgäste zugänglichen Cafés oder Bars der Paradores hineinwagen: Zu akzeptablen Preisen bieten sie eine oft sehr schöne Atmosphäre, manchmal auch tolle Aussicht.

• *Rabatte* gibt es in Paradores beispielsweise für über 60-Jährige („Días Dorados "), unter 30-Jährige („Escapada Joven") oder auch beim Kauf eines Pakets von mehreren Nächten (z.B. "Tarjeta 5 Noches"). Sie werden aber nicht immer und nicht in jedem Parador gewährt, was das System etwas kompliziert macht.

• *Reservierungen* Paradores sind vor allem zur Hochsaison und an Wochenenden und "Puentes" häufig ausgebucht, eine rechtzeitige Reservierung empfiehlt sich deshalb sehr. **Internet**: www.parador.es.

• *Information/Reservierung in Deutschland* Beide Firmen offerieren auch andere Hotels, Rundreisen etc. **Olimar**, ✆ 0221-20590490, www.olimar.de. **Ibero Tours**, ✆ 0211 8641520, www.iberotours.de.

▶ **Hotel/Hotel-Residencia (H/HR)**: Diese Kategorie entspricht in etwa unseren Hotels, die Klassifizierungsspanne liegt zwischen einem und fünf Sternen. Hotel-Residencias sind Garni-Hotels, bieten also mangels Restaurant nur Frühstück an, doch ist diese Zusatzbezeichnung anscheinend im Aussterben begriffen: Viele Quartiere, die über kein Restaurant verfügen, nennen sich heute ebenfalls schlicht „Hotel".

▶ **Hostal/Hostal-Residencia (Hs/HsR)**: Vom Komfort her liegen sie in der Regel unter Hotels der Einsternklasse, sind zu vergleichen mit unseren Pensionen oder Gasthöfen. Die Spanne liegt hier zwischen einem und (selten) drei Sternen. Langfristig, so die Planungen, soll die Kategorie „Hostal" durch die der „Pensión" ersetzt werden, in einigen Autonomen Gemeinschaften wurde damit auch schon begonnen. In der Praxis macht dies keinen Unterschied, zumal der Begriff des Hostals sicher noch lange gebräuchlich bleiben wird.

Komfort und Preise – was Sie erwarten dürfen

***** **Hotels**: Obere Luxusklasse, sehr geräumige Zimmer, Spitzenservice; Komfort jeder Art ist ebenso selbstverständlich wie ein Pool, Sportmöglichkeiten etc. Die Preise liegen etwa um 200–500 € pro Doppelzimmer (DZ) bzw. in diesem Fall oft pro Suite.

**** **Hotels**: Luxushotels; Aircondition ist natürlich Standard, Swimmingpool fast immer ebenso. Je nach Standort, Ausstattung und Saison kosten Doppelzimmer zwischen 100 und 250 €, im Schnitt aber um 120–150 €.

*** **Hotels**: obere Mittelklasse, in Komfort und Ausstattung sehr unterschiedlich ausfallend. Schön gelegene Strandhotels, sterile Neubauten an Fernstraßen, ehemalige Grandhotels mit verblichenem Charme – alles möglich. Preislich um 70–110 € pro DZ, mit saisonalen und örtlichen Ausreißern nach oben und unten.

** **Hotels**: Mittelklasse, meist immer noch sehr solide Häuser. Außer in besonders teuren Städten gibt es hier DZ meist für etwa 60–80 €, besonders gut ausgestattete Hotels in Feriengebieten verlangen auch mal etwas mehr. In dieser Klasse fallen die Preise in Küstenhotels außerhalb der Saison z. T. deutlich.

* **Hotels**: Untere Mittelklasse, z. T. schon etwas ältere Quartiere. Es gibt aber auch sehr komfortable Hotels der Einstern-Klasse. Die meisten verlangen 50–70 € pro DZ, nach oben teilweise deutlich mehr, nach unten kaum weniger. Für Singles ist diese Kategorie oft auch preislich eine erwägenswerte Alternative zu den Hostals und Pensionen, die Einzelreisenden auch schon mal den DZ-Preis abknöpfen.

** **Hostals/Pensionen**: Können angenehme Häuser der Mittelklasse sein, teilweise sogar besser als Einsternhotels, aber auch sehr einfache Herbergen, die ihre zwei Sterne irgendeinem unbedeutenden Extra verdanken. Entsprechend groß ist die Preisspanne: DZ ohne Bad ab 35 € bis DZ/Bad für 60 € und in großen Städten (Sevilla!) auch durchaus mal mehr, der Schnitt jedoch liegt bei etwa 40–50 €.

* **Hostals/Pensionen**: In der Regel einfach in der Ausstattung, der Pflegezustand und die Atmosphäre stark abhängig vom Vermieter. Herbergen dieser Klasse sind an der Küste und in den Feriengebieten der Bergregionen meist moderner, besser in Schuss und oft teurer als in den Städten. Preisspanne ähnlich den Zweistern-Pensionen, zwischen 30 € (DZ ohne Bad) und 50 € (DZ/Bad) sind die Regel; Abweichungen nach oben und unten möglich. Als Einstern-Hostal getarnte Luxushotels nehmen natürlich ganz andere Beträge.

Fonda: Wie oben, wobei in den Städten echte „Löcher" häufiger sind als bei den Hostals. Auch bei Fondas an den Küsten meist besseres Angebot und höhere Preise, allerdings dort nur selten zu finden. Andernorts schon mal für 20 €/DZ – allzuviel sollte man sich da aber nicht erwarten.

▶ **Pensión (P)**: Früher fungierten spanische Pensionen als eine Art einfache Dauerunterkünfte beispielsweise für Studenten, in denen auch komplette Verpflegung gereicht wurde. Heute sind die meisten von ihnen jedoch praktisch identisch mit Hostals, eine Verpflichtung zur Abnahme von Mahlzeiten besteht kaum noch. Von Komfort und Ausstattung liegen Pensionen in der Regel unter den Einsternhotels. Es gibt jedoch auch äußerst noble Unterkünfte, die aus steuerlichen Gründen die Klassifizierung als Pensión bzw. Hostal vorziehen – eigentlich gehören diese Häuser dann zur Kategorie der besseren Hotels, was an den geforderten Preisen auch leicht ersichtlich ist.

▸ **Fondas (F)**: Eine aussterbende Kategorie. Es handelt sich um Einfachstunterkünfte auf dem Land oder in Großstädten, dort oft im ersten Stock über einer Bar oder einem Restaurant. In Nordspanien heißen sie gelegentlich auch „Hospedajes".

Ferienhäuser/Apartments

In manchen Küstengebieten sind sie zum Schaden der Landschaft reichlich vertreten, in den letzten Jahren verstärkt auch in einigen Gebirgsregionen.

Insgesamt ist die Miete eines Hauses oder Apartments eine feine Sache; speziell der eigene Herd ist Goldes wert, spart er doch manchen Restaurantbesuch. Die Miete ist allerdings meist nur wochenweise, im Sommer z. T. sogar nur monatlich möglich. Bei der Vermittlung helfen die Tourismusämter und manche Reisebüros; chancenreich ist dies aber nur in der Nebensaison, im Juli und besonders im August wird man vor Ort nur mehr ein bedauerndes Lächeln ernten. Ab der Heimat vorbuchen kann man bei Vermittlungsagenturen, manchen Spanien-Spezialisten unter den Reisebüros oder bei Privat. Potenzielle „Jagdgründe" sind die Kleinanzeigen in den Reisebeilagen überregionaler Zeitungen, der Schwerpunkt der dortigen Angebote liegt allerdings immer noch an den Mittelmeerküsten. Je nach Lage, Saison und Ausstattung muss man für ein Apartment ab 20 € aufwärts pro Person und Tag rechnen, ganze Häuser kommen meist teurer. Echte „Schnäppchen" lassen sich teilweise in der Nebensaison erzielen. Generell gilt: Je mehr Personen sich zur Miete einer Einheit zusammentun, desto billiger kommt die Sache.

• *Zwei Agenturen/Vermittler* **Terraviva Reisen**, Ferienwohnungen und -häuser. Scheffelstr. 4a, 76275 Ettlingen; ✆ 07243/ 30650, ℻ 07243/537677, www.terraviva.de. **Interhome GmbH**, Ferienwohnungen und Häuser, Hoeschplatz 5, 52349 Düren; ✆ 02421/1220, ℻ 02421/122254, www.interhome.de.

„Ferien auf dem Bauernhof"

Mal wieder eine Kuh aus der Nähe sehen, dem Bauern bei der Ernte helfen, ein Schwätzchen mit der Gastfamilie und zwischendurch an den Strand – nicht nur für Kinder eine reizvolle Kombination.

Agroturismo („landwirtschaftlicher" Tourismus), *turismo rural* („ländlicher" Tourismus) und *turismo verde* („grüner" Tourismus) sind auch in Nordspanien stark im Kommen. Navarra und Kantabrien waren die Vorreiter, die anderen Gemeinschaften zogen rasch nach, erkannten sie doch ebenfalls die Vorteile der Förderung strukturschwacher ländlicher Gebiete, die von Arbeitslosigkeit und Abwanderung bedroht sind. Mittlerweile kann der Großteil des spanischen Nordens ein gutes Angebot an Bauernhöfen mit Zimmervermietung präsentieren, in manchen Gebieten erweitert durch Fahrradvermietung, Reitausflüge, geführte Wandertouren und andere Freiluftaktivitäten.

Die oft in traditioneller Bauweise errichteten Häuser der Privatvermieter, die fast immer tatsächlich noch Haupt- oder Nebenerwerbslandwirte sind, liegen naturgemäß in ländlichen Gebieten. Dank der für Nordspanien charakteristischen Nähe von Meer und Bergland findet sich zwischen dem Baskenland und Galicien jedoch eine ganze Reihe von Bauernhöfen mit Zimmervermietung, die jeweils nur einige wenige Kilometer von den Stränden der Küste entfernt sind.

Übernachtungs-Tipps

- Das Unterkunftsverzeichnis **„Guía de Hoteles"** verzeichnet fast alle Herbergen Spaniens ab der Zweistern-Hostal-Kategorie aufwärts, einschließlich Preisangaben; in Spanien ist der dicke Wälzer deutlich preiswerter als bei uns. Leider hat dieser Führer in den unteren Kategorien einige Lücken: Einsternhostals sind nicht aufgeführt, Fondas, die allerdings auch langsam verschwinden, ebensowenig.
- **Kostenlose Unterkunftsverzeichnisse** sind bei den Informationsstellen in Deutschland und vor Ort erhältlich. Mittlerweile geben die meisten Autonomen Gemeinschaften sowie manche Provinzen eigene Gesamtverzeichnisse heraus, die in der Kategorie der Einstern-Hostals vollständiger sind als der gesamtspanische Hotelführer. Zum Teil sind allerdings auch nur Nachdrucke bzw. Auszüge der „Guía de Hoteles" mit deren Vor- und Nachteilen erhältlich. Für die Kategorien der Einstern-Pensionen, Fondas und Casas Huespedes (Privatzimmer) stellen die Fremdenverkehrsämter der Städte manchmal eine Extra-Liste zusammen. Einige Regionen (wie Galicien) geben auch Verzeichnisse der Ferienhäuser und von „Urlaub auf dem Bauernhof" heraus („turismo rural"), die aber sehr wenige Informationen bieten. Die Suche im Internet (unter den Stichworten der Provinz und *turismo rural*) hilft eher weiter, recht gut ist die Suchmaschine www.atraveo.de.
- **Preise**: Sowohl an der Rezeption als auch im Zimmer müssen sie an gut sichtbarer Stelle ausgehängt sein. Mehr als die aufgeführten Preise darf der Wirt nicht verlangen. Die *Mehrwertsteuer* IVA (bislang 7 %, bei 5 Sternen 16 %) ist nur selten inklusive („incluido"), sondern wird oft erst bei Erstellen der Rechnung aufgeschlagen. Die in diesem Handbuch genannten Preise beziehen sich auf die Übernachtung für zwei Personen im Doppelzimmer (DZ) und auf die reguläre Hochsaison (HS) und Nebensaison (NS) inklusive IVA. Bei besonderen Ereignissen und bekannten Festen ist oft mit weit erhöhten Preisen zu rechnen! In der Nebensaison zeigt sich mancher Vermieter dagegen durchaus verhandlungsbereit und geht schon mal unter den offiziellen Tarif.
- **Beschwerden**: Jeder Beherbergungsbetrieb muss Beschwerdeformulare („Hojas de Reclamación") zur Verfügung stellen; meist verhilft schon die Frage danach zur gütlichen Einigung. Falls nicht: Die Beschwerdeformulare dürfen auch auf Deutsch ausgefüllt werden. Der Wirt behält nur den rosa Durchschlag, das weiße Original muss vom Wirt ans Staatssekretariat für Tourismus in Madrid geschickt werden, den grünen Durchschlag behält der Reisende. Die Drohung mit dem Gang zum Fremdenverkehrsamt, z. B. bei überhöhten Preisen, zieht auch fast immer; andernfalls sollte man sich keineswegs scheuen, sie auch auszuführen.
- **Singles** haben es nicht leicht in Spanien: Vor allem in den unteren Kategorien verfügt nicht jeder Beherbergungsbetrieb über Einzelzimmer. Wo vorhanden, muss man mit etwa 70 % des Doppelzimmerpreises rechnen. Ob DZ verbilligt als EZ abgegeben werden, steht im Ermessen des Hoteliers – gelegentlich ist auch der volle Preis zu zahlen.
- **Doppelzimmer**: Meist sogenannte „dobles", worunter man zwei Einzelbetten zu verstehen hat. Pärchen werden „matrimonios" („Ehe-Zimmer") vorziehen, mit Doppelbett oder französischem Bett. Auch in Spanien benötigt man heute keinen Trauschein mehr, um ein Doppelzimmer zu mieten – von sehr seltenen Ausnahmen in völlig abgelegenen Gebieten abgesehen.
- **Zusatzbetten**: Dürfen im Doppelzimmer den Preis um nicht mehr als 35 %, im Einzelzimmer um nicht mehr als 60 % erhöhen.
- **Frühaufsteher**: Wer gewohnt ist, morgens früh aufzustehen, sollte besonders in kleineren Hotels und Pensionen sicher gehen, dass er das auch kann: Meist bleibt die Pforte nämlich bis morgens um 8.30 Uhr verschlossen, auch Früh-

stück gibt es kaum einmal früher. Unbedingt abends absprechen, dass man früh raus will und erfährt, wie man das Haus verlassen kann, ohne die Tür aufzubrechen oder Radau zu schlagen!

- **Ein Rat für Reisende zur Hochsaison**: Überlegen Sie, besonders als Autofahrer, ob Sie sich nicht eine einfache Campingausrüstung für Notfälle (Hotels ausgebucht) mitnehmen – auf Campingplätzen findet sich fast immer noch ein freies Eck. Wer weiß, vielleicht finden Sie ja sogar Gefallen am Leben „open-air" ...

Zu buchen ist wahlweise Übernachtung mit oder ohne Frühstück, oft mit Küchenbenutzung, seltener auch Halb- oder Vollpension; die Preise rangieren etwa zwischen 25 und 45 € fürs Doppelzimmer. Nützlich, aber nicht unerlässlich für die Verständigung mit den Vermietern sind natürlich einige Brocken Spanisch; notfalls tut es auch die Gebärdensprache.

Adressen ländlicher Unterkünfte – Stichworte sind in Navarra *casas rurales,* im Baskenland *caseríos,* in Kantabrien *casas de labranza,* in Asturien *casas de aldea,* in Galicien *casas de labranza, casas de aldea* oder auch *pazos* – finden sich z. T. in den Unterkunftsverzeichnissen der jeweiligen Autonomen Gemeinschaft, doch geben fast alle Gemeinschaften auch eigene Kataloge heraus. Informationen bei den Fremdenverkehrsämtern in Deutschland, bei den Infostellen vor Ort, teilweise auch unter den Sites der einzelnen Gemeinschaften im Internet (siehe Kapitel „A-Z") und unter folgenden Adressen:

Navarra: Oficina de Turismo, Calle Eslava 1, E-31001 Pamplona; oit.pamplona@cfnavarra.es (Katalog „Guía de alojamientos turísticos").

Kastilien-León: Oficina de Turismo, Plaza Alonso Martínez 7, E-09003 Burgos, www.patroturisbur.es (Katalog „Turismo rural").

Baskenland: Asociación Nekazalturismoa, Edifcio Kursaa, Zurriola 1 local 5, E-20002 San Sebastian/Donostia,; (Katalog „Guía Agroturística").

Kantabrien: Asociación de Turismo rural de Cantabria, Apartado de Correos 578, E-39080 Santander; www.turismoruralcantabria.com.

Asturien: Oficina de Turismo, Plaza del Alfonso II. 6, E-33006 Oviedo, www.infoasturias.com (Katalog „Guía Oficial de Alojamientos Rurales"). Ein Verzeichnis findet sich auch unter www.casasdealdea.com.

Galicien: Turgalicia, Ctra. Santiago-Noia, km 3, E-15896 Santiago de Compostela, www.turgalicia.es (mehrsprachiger Katalog „Guía de Turismo Rural").

Achtung: Bei Anfragen nach Spanien sind grundsätzlich lange Postlauf- und Bearbeitungszeiten von sechs Wochen und mehr einzukalkulieren.

Jugendherbergen

Leider stehen längst nicht alle Jugendherbergen Spaniens rund ums Jahr zur Verfügung. Ein Teil ist nur während der Schulferien geöffnet, andere sind fast durchgängig von Gruppen belegt. Es empfiehlt sich also, die Lage rechtzeitig durch einen Anruf zu klären; Telefonnummern und allgemeine Öffnungszeiten sind im Text angegeben.

In der Regel wird der Internationale Jugendherbergsausweis verlangt, einzelne JH verzichten bei geringer Belegung aber auch schon mal darauf. Meistens – jedoch nicht immer und überall – kann man den Ausweis auch vor Ort erwerben. Verpflegung bis hin zur Vollpension ist gegen relativ geringe Aufzahlung fast überall möglich.

Infos Deutsches Jugendherbergswerk, Leonardo-da-Vinci-Weg 1, 32760 Detmold, ✆ 05231/99360, 📠 05231/993666; www.jugendherberge.de. Hier sind auch der IYHF-Ausweis und das JH-Verzeichnis erhältlich.

Privatzimmer

Vermietung von privat ist in Spanien längst nicht so verbreitet wie zum Beispiel in Griechenland. Die Informationsstellen der Fremdenverkehrsämter vermitteln auch keine Privatvermieter.

Casa Huéspedes: „Gästehaus", offizielle Vermieter, die sich meist durch ein blaues Schild „CH" am Eingang ausweisen. Von Komfort und Preisen her etwa mit einfacheren Hostals zu vergleichen. In der Regel mehrere Zimmer, fast immer sehr sauber, da die Besitzer persönlich schrubben.

Habitaciones: „Zimmer", als Schild oder Aufschrift gelegentlich vor allem in Ferienorten zu sehen. Eher halblegal, mit dem Nachteil, sich bei Schwierigkeiten kaum an ein Amt wenden zu können, ansonsten meist auch sehr preiswert und sauber. Ein Schild **Camas** übrigens hält zumindest, was es verspricht: „Betten".

Camping

Wie zu erwarten, konzentriert sich der Großteil der nordspanischen Campingplätze an den Küsten. Ausreichend ist das Angebot aber auch in den Gebirgsregionen und in der Nähe interessanter Städte.

Klassifiziert sind alle spanischen Plätze in folgenden Kategorien: Luxus (sehr selten); 1. Kategorie (meist auch sehr gut ausgestattet); 2. Kat. (Durchschnitt), 3. Kat. (weniger häufig; magere, manchmal aber auch ganz passable Ausstattung). Hinzu kommen die sog. „besonderen Campingformen"; die Bezeichnung "Camping Cortijo" steht beispielsweise für Camping auf dem Bauernhof, in der Regel einfache, aber manchmal mit viel Engagement betriebene Plätze. Alle Plätze müssen ein Depot zur Abgabe von Wertsachen unterhalten.

▶ **Öffnungszeiten**: Ganzjährig geöffnete Plätze sind eher selten, meist wird über den Winter geschlossen. Zwischen Anfang Juni und Mitte, Ende September ist aber praktisch jeder Platz in Betrieb. Offizielle Öffnungszeiten sind im Text angegeben, doch nicht immer verlässlich, denn bei Mangel an Kundschaft wird auch mal früher geschlossen oder später geöffnet. Ärgerlich, dass manche eigentlich grundlegenden Versorgungseinrichtungen, z. B. Bar, Restaurant und Einkaufsmöglichkeit, nur in der Hauptsaison in Betrieb sind. Das gilt erst recht für Extras wie den Swimmingpool. Am engsten wird es auf den spanischen Plätzen, wie in den Hotels auch, ab Mitte Juli bis Ende August, doch riskiert man nur selten, auf das Schild „Completo" (besetzt) zu stoßen.

Problematisch wird die Situation allerdings in den Tagen um das *erste Augustwochenende*. Besonders betroffen sind die Atlantikküste, speziell zwischen Donostia (San Sebastián) und Bilbao, sowie die Hauptrouten Richtung Madrid, also unter anderem die Städte Vitoria/Gasteiz und Burgos: Zu der dann ohnehin schon hohen Urlauberbelegung kommen zahlreiche heimreisende Portugiesen und Marokkaner, die eine Zwischenübernachtung einlegen. Wer in dieser Zeit nicht schon mittags am Platz ist, hat nur mehr wenig Chancen, unterzukommen. Auch bei *überregional bekannten Festen* sind die ortsnächsten Campingplätze schon mal überfüllt bis „completo". Bestes Beispiel ist die Fiesta San Fermín in Pamplona.

▶ **Preise**: Nordspaniens Campingplätze liegen innerhalb Europas im oberen Drittel der Preiskala. Zu zweit und mit Auto ist man auf der Mehrzahl der

In manchen Naturparks sind Flächen für freies Zelten ausgewiesen

Plätze zwischen 15 und 20 € dabei; in der Nebensaison zahlt man auf einfachen Plätzen gelegentlich ein paar Euro weniger, in der Hochsaison und auf sehr guten Anlagen auch mal mehr. Kräftige Ausrutscher nach oben gibt es allerdings auch. Man sollte meinen, dass Warmduschen generell inklusive wären, doch existieren immer noch einige Plätze, die sie extra berechnen; Duschmarken erhält man dann an der Rezeption. Die Preise vieler Plätze besonders der Küsten splitten sich nach Hochsaison (HS) und Nebensaison (NS) auf, die von Camping zu Camping unterschiedliche Zeiten haben können: Wer mehr mit mitteleuropäischer Kundschaft rechnet, setzt die Hochsaison länger an als Plätze mit überwiegend spanischem Publikum. Die meisten Campings berechnen die Preise separat nach Personen, Auto und Zelt. Unsere Preise beziehen sich auf die Hochsaison und auf kleine Zelte; manchmal gibt es aber auch einen Einheitspreis, oder der Verwalter legt den Ausdruck „Tienda individual" („Einzelzelt" – gemeint ist normalerweise ein kleines, im Gegensatz zum Hauszelt „Tienda familiar") allzu buchstabengetreu aus. Manche der höherklassigen Plätze vermieten die Stellflächen pauschal bzw. zu hohem Grundbetrag mit Aufschlag nach Personenzahl: unangenehm für Einzelreisende, oft auch für zwei Personen noch eine Verteuerung gegenüber dem anderen System.

▸ **Ausrüstung**: Die meisten Camper sind erfahren genug, um zu wissen, was sie unterwegs brauchen. Hingewiesen sei hier deshalb nur auf das Klima, das im Norden Spaniens um einiges rauer ist als am sanften Mittelmeer. Die bekannt häufigen Regenfälle machen ein Doppeldachzelt mit wirklich wasserdichtem

Boden oder einer entsprechenden Unterlage erforderlich. Weniger verbreitet ist das Wissen um die fast eisigen Nachttemperaturen, die im Landesinneren auch im Sommerhalbjahr auftreten können, so warm und sonnig der Tag auch gewesen sein mag. Tiefstwerte unter zehn Grad sind angesichts der Höhenlage der Meseta keine Seltenheit; León oder Burgos beispielsweise können noch Ende Juni oder schon Anfang September durchaus mal kühlschrankähnliche fünf Grad melden. Luftmatratze und leichter Sommerschlafsack reichen da nicht mehr aus, ein wirklich warmer Schlafsack und eine gut isolierende Matte sind für komfortable Nachtruhe unabdinglich. An der Küste sind die Temperaturgegensätze zwischen Tag und Nacht weniger stark ausgeprägt.

▸ **Selbstversorger** haben in Spanien keine Schwierigkeiten. Die besten Einkaufsreviere bilden die meist nur bis etwa 14 Uhr geöffneten Märkte bzw. Markthallen: Obst, Gemüse, Käse und Wurstwaren sind von hervorragender Qualität, bei Obst und Gemüse auch noch zu Preisen, von denen Mitteleuropäer nur träumen können. Was es auf dem Markt nicht gibt, findet sich bestimmt im Supermarkt oder einem der meist an Ausfallstraßen gelegenen großen Einkaufszentren, die eine Riesenauswahl bieten, aber nicht unbedingt preisgünstiger sind. Spezieller Tipp für selbst kochende Freunde von Fisch und Meeresgetier: Wer Angst hat, dass ihm die Ware bis abends verdirbt, wende sich an spezialisierte Geschäfte, die ausschließlich sog. „congelados“ vertreiben: Tiefgekühltes aller Art, besonders Fisch, Muscheln, Krabben, aber auch Gemüse oder Fleisch. Für gefrierempfindliche Edelfische wohl nicht unbedingt zu empfehlen; Calamares (Tintenfisch), Gambas (Garnelen) oder Merluza („Seehecht“) z. B. sind jedoch härter im Nehmen.

• *Gaskartuschen und -flaschen* Die gängigen Gaskartuschen sind auf vielen Plätzen, in Einkaufszentren und Eisenwarengeschäften problemlos erhältlich, ebenso die blauen Camping-Gas-Flaschen bis maximal 3 Kilo. Anders sieht es mit den grauen Flaschen von 5 und 11 kg aus, wie sie zum Beispiel in Wohnmobilen verwendet werden: Seit einigen Jahren existiert eine Direktive vom spanischen Staat, solche Flaschen aus „Sicherheitsgründen“ bei ausländischen Touristen weder zu tauschen noch zu füllen – ratsam deshalb, immer mit einer vollen Flasche loszufahren.

▸ **„Wildes Camping“** ist in Spanien bislang prinzipiell noch erlaubt. *Verboten* ist es an Stränden, in der Umgebung von Campingplätzen und archäologischen Stätten, in Ortschaften, Wasserschutzgebieten und Naturparks sowie in trockenen Flussbetten. Im Gegensatz zum Rest des Landes wird in Nordspanien das Verbot des Campens am Strand von den Polizeistreifen der Guardia Civil noch recht großzügig gehandhabt: Wo mehrere Zelte spanischer Familien zu sehen sind, kann man sich, freundliches Fragen vorausgesetzt, meist unbesorgt dazugesellen. Doch nimmt auch im Norden die Toleranz langsam ab. Hauptgrund ist der nachlässige Umgang vieler Wildcamper mit ihrem Abfall, von Fäkalien ganz zu schweigen. Vor allem deshalb haben Wohnmobilisten bei Kontrollen meist etwas bessere Karten.

Frisch auf den Tisch: Ernte von Meeresfrüchten in O Grove (Galicien)

Küche und Keller

+++ Tapas, Raciones und Bocadillos +++ Köstlichkeiten aus dem Meer, regionale Spezialitäten zuhauf +++ Weine aus der Rioja, aus Navarra, Galicien – und aus Äpfeln +++

An kulinarischer Raffinesse besteht in Nordspanien kein Mangel. So gelten die Basken als unumstrittene Landesmeister am Herd, gefolgt von den Galiciern. Und auch in den anderen Regionen kocht man alles andere als einfallslos. Die Küche Nordspaniens wird heute zu den innovativsten überhaupt gerechnet, Dank genialer Köche wie Juan Mari Arzak und Pedro Subijana (beide Donostia).

Von einer allgemein „nordspanischen Küche" zu sprechen, wäre allerdings verkehrt: Bedingt durch die landschaftliche und kulturelle Vielfalt des Gebietes, sind die Teller ganz unterschiedlich gefüllt, je nachdem, in welcher Region sie auf dem Tisch stehen. In diesem Führer werden deshalb bei den Kapiteln über die Autonomen Gemeinschaften auch deren kulinarische Spezialitäten berücksichtigt. So unterschiedlich sie im Detail ausfallen mögen, haben die nordspanischen Regionalküchen doch eine Gemeinsamkeit: Verglichen mit dem Süden fallen die Portionen um einiges größer aus, sind die Gerichte deutlich deftiger – sicher auch eine Anpassung an das rauere Klima des Nordens.

Traditionell, aber etwas vereinfachend, ist die Einteilung Spaniens in sechs gastronomische Zonen. Ihr zufolge bildet Nordspanien die *zona de las salsas,* die Zone der Saucen. Treffender wäre in diesem Fall jedoch, von der Zone der Eintöpfe oder von der Zone der Fisch- und Meeresfrüchtegerichte zu sprechen. Eine Sonderstellung unter den nordspanischen Regionen nimmt Navarra ein, das zusammen mit Aragón und Teilen der Rioja als *zona de los chilindrones* gilt, als Zone der Paprikaschoten: Das vielseitige Gemüse ist ein unersetzlicher Bestandteil der dortigen Fleischgerichte.

Nicht nur der als (Koch-) Künstler zur *documenta 12* in Kassel (2007) eingeladene Starkoch Ferran Mari Adrià, der sein Restaurant „El Bulli" in einer Bucht beim katalanischen Roses betreibt, hat mit seiner „Molekularküche" Spaniens Gourmetniceau in Dreisternhöhen katapultiert. Künstler am Herd wie Juan Mari Arzak („Arzak", Donostia), Pedro Subijana („Akelare", Donostia) und Martín Berasategui („Martín Berasategui", Lasarte-Oria bei Donostia) sind daran nicht minder beteiligt, auch wenn sie im Gegensatz zu Adrià weder mit heißem Eis noch mit Geleefrüchten mit Fleischgeschmack oder ähnlichen, auch schon in Deutschland zu habenden Gastro-Novitäten jonglieren. Sie konzentrieren sich vielmehr auf die Geschmacks- und Geruchsessenz der Nahrungsmittel, ohne deren Aussehen und Struktur wesentlich zu verändern, wobei die Überraschung eher durch interessante und manchmal gewagte Kompositionen und Zusammenstellungen erfolgt.

Der kulinarische Tagesablauf

- **Frühstück**: In Spanien ist man da mit wenig zufrieden – ein Kaffee und ein *croissant* beziehungsweise *brioche* oder auch ein Stück Süßgebäck reicht den meisten Spaniern völlig aus.

  Entsprechend langweilig gestaltet sich manchmal das Hotelfrühstück: zwei Brötchen, Butter, Marmelade, das war's. Da geht man besser in die nächste Bar, obligatorisch ist das Frühstück nämlich fast nie. Eine spanische Frühstücksspezialität für sich sind *tostadas,* geröstetes Weißbrot vom Vortag und viel besser, als man vermuten möchte. Gelegentlich sind auch *churros con chocolate* erhältlich, Fettgebäck mit sehr süßer flüssiger Schokolade: besonders sonntags beliebt, kalorienreich und nichts für schwache Mägen. Wer morgens schon Appetit auf Herzhaftes hat, mag sich stattdessen vielleicht ein Bocadillo (belegtes Sandwich, siehe unten) bestellen.

- **Mittagessen** (*comida*): Auch im Norden Spaniens, wo man oft etwas früher isst als im heißen Süden, beginnt es keinesfalls vor 13 Uhr, meist sogar erst um 14 Uhr. Das bis dahin zwangsläufig auftretende Loch im Magen wird zwischendurch mit den leckeren Kleinigkeiten *tapas* (siehe unten) gestopft. Traditionell besteht bereits das Mittagessen aus mehreren Gängen.

- **Abendessen** (*cena*): Die wichtigste und reichhaltigste Mahlzeit des Tages wird nach Möglichkeit regelrecht zelebriert. Man macht sich schick, nimmt vorher eventuell noch einen Aperitif und lässt sich vor allem viel Zeit. Vor 21 Uhr setzt sich kaum ein Spanier zu Tisch; stattdessen rettet man sich am späten Nachmittag noch mit einem Imbiss (*merienda,* oft Kaffee und Kuchen) oder am frühen Abend mit einer weiteren Portion Tapas über die Runden.

Essen gehen

Spanien als Billigland – das ist vorbei. So teuer wie in Italien beispielsweise fällt ein gutes Mahl allerdings auch nicht aus: Für etwa 20 € findet man vielerorts schon recht erfreuliche Küche. Und wer ganz scharf kalkuliert, sollte werktags zum *menú del día* („Tagesmenü") greifen: Es wird in einfachen bis leicht gehobenen Gaststätten angeboten und bietet zu Preisen zwischen etwa 8 € und 12 € keine kulinarischen Höhenflüge, im Normalfall aber solide Kost inklusive Brot und einem Viertel Wein, meist wird einem aber die volle Flasche auf den Tisch gestellt – auch Einzelpersonen. Den Begriff „Tagesmenü" muss man übrigens nicht überall wörtlich nehmen: Manchmal, das ist von Ort zu Ort und von Restaurant zu Restaurant verschieden, wird das Festpreismenü nämlich auch abends serviert, in einigen Fällen sogar am Sonntag.

Preisangaben: Wo in Texten dieses Reisehandbuchs von „Menü" gesprochen wird, handelt es sich immer um ein Festpreismenü, meist ein „menu del día" (in einigen Fällen auch um Degustationsmenüs), während Essen à la carte als solche oder auch nur kurz als Essen oder komplettes Essen bezeichnet werden, wobei von drei Gängen (wie in Spanien üblich) ausgegangen wird. Die Preisangaben beziehen sich immer auf den Bruttopreis, also inklusive der Mehrwertsteuer (7 %), die besonders in den „besseren" Lokalen oft nicht auf der Karte ausgewiesen ist, ebenso sind eventuelle Zuschläge (Brot und Couvert), die bis zu 4 € ausmachen können, bereits eingerechnet.

Einige Tipps

- **Platz nehmen**: In gehobenen Restaurants wird man vom Kellner platziert. Wichtig zu wissen: In Spanien ist es nicht üblich, sich zu jemand Fremdem an den Tisch zu setzen. Auch wenn das Restaurant knallvoll und ein großer Tisch nur von einer einzelnen Person belegt ist – zu fragen, ob man Platz nehmen kann oder sehnsüchtig auf die freien Stühle zu starren, gilt als ausgesprochen unhöflich. Etwas anderes ist es, wenn der Ober einen zu dem Tisch geleitet oder dessen „Inhaber" seinerseits den Platz anbietet.
- **Zahlen**: Die Rechnung verlangt man mit „La cuenta, por favor", noch höflicher ist „La cuenta, quando pueda". Der Umgang mit der spanischen Mehrwertsteuer IVA wird unterschiedlich gehandhabt. Oft sind die auf der Karte angegebenen Preise inklusive; vor allem in teureren Restaurants werden die bislang sieben Prozent jedoch manchmal auch erst beim Bezahlen auf den Gesamtbetrag aufgeschlagen. In Spanien ist getrenntes Zahlen absolut unüblich; einer am Tisch begleicht die Rechnung und die anderen geben ihm ihren Anteil oder übernehmen die nächste Runde. Wer mit Spaniern in Bars unterwegs ist, wird schnell feststellen, dass er kaum selbst zum Zahlen kommt. Es ist nur ein Zeichen von Stil, wenn man sich im Turnus danach drängt, selbst einmal die Gesamtrechnung zu übernehmen – die neuen Freunde werden sich zunächst dagegen wehren, es aber insgeheim gut und richtig heißen.

• *Trinkgeld* Beim Bezahlen lässt man sich zunächst genau herausgeben und dann, je nach Zufriedenheit mit der Bedienung, einen angemessenen Betrag auf dem Tellerchen liegen. Die übliche Zehn-Prozent-Regelung wird in Spanien nicht so eng gese-

Küche und Keller

hen. Auf der anderen Seite wird ein wenig Trinkgeld auch dann erwartet, wenn man in der Bar nur einen Kaffee oder eine Cola trinkt; in diesem Fall kann man es natürlich erst recht bei einigen Münzen auf dem Tresen oder der Untertasse bewenden lassen.

• Service Ein heikles Kapitel, bei dem wohl jeder unterschiedliche Erfahrungen machen wird. „Im Service herrscht eine Zwei-Klassen-Kultur. Es gibt den spanischen Gast, der gut bedient wird, und es gibt Touristen, die fertigt man ab", so der Brief einer Leserin, die vorwiegend in sehr gehobenen Restaurants speiste. Muffelige Kellner sind allerdings kein rein spanisches Problem ...

Lokale

Bars

Nicht etwa ein schummriger Rotlichttreff o. Ä., sondern die Bezeichnung für die schlichte Kneipe ums Eck. In Spanien ist sie kein Platz, an dem man ganze Abende verbringt. Hinein, etwas getrunken, vielleicht eine Kleinigkeit gegessen – und weiter in die nächste. Chromblitzende Bars mit moderner Ausstattung sind die Regel, mit etwas Suchen findet sich auch Gemütlicheres. *Bodegas* sind urige Weinschänken auf der untersten Stufe der Preisskala, *cervecerías* ihr etwas teureres Pendant, in dem vornehmlich Bier getrunken wird; benannt sind sie manchmal als „Cervecería alemana", also als „Deutsche Bierstube", sozusagen als Qualitätsbezeichnung. *Tascas* und *tabernas* sind weitere Namen für einfache Kneipen, ebenso *sidrerías* und *chigres*, die vor allem in Asturien und im Baskenland den Apfelwein sidra ausschenken. In Küstenorten müssen alle Bezeichnungen gelegentlich für recht touristische Lokalitäten herhalten, abseits der Ferienzentren sind sie dagegen ursprünglich im Charakter.

Spanisch	Deutsch
Tapas	„Häppchen"
Aceitunas	Oliven
Albóndigas	„Fleischbällchen"
Anchoas	Sardellen
Boquerones	„Fischchen"
Callos	Kutteln
Caracoles	Schnecken
Champiñones	Champignons
Ensaladilla rusa	Russischer Salat
Empanadas	gefüllte Teigtaschen
Habas	dicke Bohnen
Patatas bravas	Kartoffeln scharf
Tortilla	Omelettstück
Bocadillos	Sandwichs
Atún	Thunfisch (meist Dose)
Butifarra	Schweinswurst
Chorizo	Dauerwurst
Jamón serrano	Schinken (roh)
Jamón York	Schinken (gekocht)
Lomo	warmer Kochschinken
Queso	Käse
Salchichón	Art Salami

Essen in Bars: Tapas und Bocadillos

▸ **Tapas** sind leckere Kleinigkeiten aller Art; Oliven, ein Häppchen Schinken, frittierte Fischchen, ein Stück Tortilla – die Auswahl ist bestechend. Früher wurden sie oft umsonst zum Getränk serviert. Heute ist dies leider längst nicht überall mehr so, doch kommt die schöne Sitte der Gratis-Tapa in manchen Städten allmählich wieder in Mode. Ein Rundgang durch mehrere Bars mit zwei Tapas hier, einer Tapa dort, ist eine bei Spaniern beliebte und wirklich amüsante Alternative zum kompletten Essen – ganz besonders im Tapas-Himmel Donostia (San Sebastián). Preisgünstiger ist die Tapas-Tour nicht unbedingt: Einfache Tapas wie Oliven oder Kartoffeln mit scharfer Sauce, im Slang „Papas bravas" genannt, kosten ab etwa einem Euro. Wer sich auf Meeresgetier kapriziert, kann jedoch auch schon mal das Fünffache loswerden.

▶ **Bocadillos** sind belegte Weißbrote ohne Butter, etwa in der Art von Baguettes, ideal für den sättigenden Imbiss zwischendurch und nur in den einfacheren Bars zu haben. Die Auswahl ist ähnlich breit wie bei Tapas, reicht von Wurst und Schinken über Käse bis hin zu Sardellen und Tortilla. Von den manchmal standardisierten Werbetafeln sollte man sich nicht abschrecken lassen: Bislang kommen Bocadillos noch nicht aus der Plastikverpackung, sondern werden stets frisch belegt.

Cafeterías

Vor allem in Großstädten und Ferienorten zu finden. Optisch im Schnellimbiss- oder Mensastil, auf dem Teller vielfach die Unsitte der *platos combinados*: Die „kombinierten Teller" sind oft willkürlich erscheinende und fettreiche Zusammenstellungen für anspruchslose Esser, z. B. Wurst mit Spiegelei, Tomate und Pommes. Immerhin sind sie preisgünstig. Die Auswahl an Platos combinados ist zumeist einer Sammlung von Fotokarten an der Wand zu entnehmen.

Restaurantes

Comedor nennt sich der Speisesaal, der in manchen Restaurantes im hinteren Bereich oder im ersten Stock liegt. Ein komplettes Essen besteht mindestens aus Vorspeise, Hauptgericht und Nachspeise; anders als in Italien ist der Wirt jedoch nicht böse, wenn man es beispielsweise bei Salat und Hauptgericht belässt.

Bar-Restaurantes sind ein meist recht preiswertes Mittelding zwischen beiden, als Restaurant oft nicht zu erkennen. Der Comedor versteckt sich dann irgendwo hinter einer Seitentür oder ist gar durch die Küche zu erreichen. Bar-Restaurantes sind der richtige Ort für *raciones*, eine Art „Über-Tapa": eine ganze Portion vom Gleichen, wie z. B. eine Schinkenplatte. Falls man am Tresen essen kann, so fällt das immer etwas preisgünstiger aus als am Tisch.

Marisquerías servieren in erster Linie Meeresfrüchte und Fisch. Dies zwar auch in Nordspanien nicht mehr ganz so günstig wie einst, verglichen mit anderen europäischen Ländern meist aber immer noch recht preiswert, so man sich auf gängigere Ware beschränkt. Rare Köstlichkeiten wie Hummer oder Entenmuscheln haben ihren Preis.

Marisquerías sind zwar das Paradebeispiel, doch gibt es noch andere Esslokale, die sich nach ihrer Spezialität benennen: Eine *pulpería* z. B. ist für Pulpo (Krake) zuständig, in einer *jamonería* kann man sich an Schinkenhäppchen laben. Eine *parrilla* ist ein Grillrestaurant, meist auf Fleisch (seltener Fisch) spezialisiert, „parilladas" sind Grillplatten. In all diesen Lokalen werden jedoch auch häufig andere Gerichte serviert.

Spanische und regionale Gerichte

Auf die kulinarischen Genüsse, die Sie in den einzelnen Autonomen Gemeinschaften erwarten, wird in den jeweiligen Kapiteln näher eingegangen. Hier zunächst ein allgemeiner Überblick.

▸ **Vorspeisen und Salate**: Zu den beliebtesten Vorspeisen zählen in Spanien die *entremeses variados,* eine Art gemischter Teller, unter anderem mit mehreren Wurstsorten. Salate sind im Norden dagegen weniger verbreitet, die Auswahl ist meist recht bescheiden.

Spanisch	Deutsch
entremeses	Vorspeisen
siehe unter „**Tapas**"	
ensalada	Salat
de arroz	Reissalat
mixto	gemischter Salat
de marisco	Meeresfrüchte-salat
del tiempo	nach Saison
verde	grüner Salat

Spanisch	Deutsch
Caldereta	Fischeintopf
Fabada asturiana	Asturischer Bohneneintopf
Menestra	Gemüseeintopf
Potaje de Rebollo	Weißkohleintopf
Sopa de pescado	Fischsuppe
Sopa de verduras	Gemüsesuppe

▸ **Suppen (Sopas) und Eintöpfe (Cocidos, Potajes)**: Von Fischsuppen abgesehen, sind in Nordspanien „leichte", als Vorspeise gedachte Suppen nicht unbedingt üblich. Umso beliebter die üppigen, sättigenden Eintöpfe, die meist als Hauptgericht gegessen werden und je nach Region sehr unterschiedlich ausfallen – Faustregel: im Gebirge mit Fleisch, an der Küste mit Fisch.

▸ **Eiergerichte (Huevos)**: Bei allen regionalen Unterschieden – eine Speise eint die Spanier doch: Die *tortilla,* eine Art Eieromelett und wirklich im ganzen Land angeboten, kann man getrost als das spanische Nationalgericht bezeichnen. Die Variationen sind vielfältig: tortilla mit Garnelen, mit Schinken, Käse, Gemüse... Am häufigsten findet sich die *tortilla de patatas,* bezeichnenderweise auch Tortilla española genannt und nur aus Kartoffeln, Zwiebeln und eben Eiern zubereitet.

▸ **Reis- (Arroces) und Nudelgerichte (Pastas)**: Die weltberühmte *paella* ist natürlich auch in Nordspanien gelegentlich zu bekommen, für die Region aber alles andere als typisch: Spanische Reisgerichte haben ihren Ursprung in der Levante (Valencia, Murcia) und sind sonst nur in Teilen Kataloniens und Andalusiens heimisch. Wenn eine Paella gut sein soll, muss sie frisch zubereitet werden und

Spanisch	Deutsch		
verdura	Gemüse	*garbanzos*	Kichererbsen
alcachofas	Artischocken	*guisantes*	Erbsen
alubias	Weiße Bohnen	*habas*	Saubohnen
berenjenas	Auberginen	*júdias verdes*	Grüne Bohnen
coliflor	Blumenkohl	*lentejas*	Linsen
endibias	Endivien	*patatas*	Kartoffeln
espárragos	Spargel	*pimiento*	Paprika
espinacas	Spinat	*tomates*	Tomaten

benötigt dafür etwa eine halbe Stunde aufwärts – was früher auf dem Tisch steht, hat den Namen nicht verdient. Nudelgerichte besitzen nur in Katalonien gewisse Tradition, sind dort das Erbe einstiger Herrschaft über Teile Italiens.

▶ **Gemüse (Verdura)**: Reine Gemüsegerichte sind im ganzen Land äußerst selten, eine Ausnahme machen nur der berühmte Spargel aus Navarra und die köstlichen Paprikaschoten (pimientos) aus Padrón (Galicien). Fleisch, Schinken, Wurst oder Fisch gehören nach spanischem Verständnis einfach zu einer kompletten Mahlzeit – Vegetarier haben es deshalb auch in Nordspanien nicht gerade leicht. In gehobeneren Restaurants stehen Gemüse immerhin meist als Beilage auf der Speisekarte, können also separat bestellt werden.

▶ **Fleischgerichte (Carnes)**: Der für Nordspanien typische Zusammenklang zwischen Meer und Gebirge färbt auch auf die Küche ab: Im Hinterland der nordspanischen Küste sind Gerichte aus Rind- bzw. Kalbfleisch, Huhn, Lamm und Zicklein typischer als Fisch. Die Bergwälder liefern Wild wie Rebhuhn oder Kaninchen. Das brave Schwein findet sich vornehmlich in zahlreichen, regional verschiedenen, aber immer höchst delikaten Würsten und Schinken wieder und ist gleichzeitig eine beliebte Einlage für Eintöpfe.

Zubereitungsarten für Fleisch und Fisch

a la brasa	v. Grill
a la cazuela	Kasserolle
a la parilla	v. Grill
a la plancha	v. heißem Blech
a la romana	frittiert
al ast	v. Drehspieß
al horno	a. d. Backofen
al vapor	gedämpft
asado	gebraten
cocido	gekocht
estofado	geschmort
frito	frittiert

▶ **Fisch (Pescados) und Meeresfrüchte (Mariscos)**: Mit dem Atlantik vor der Haustür ist die Auswahl an Frischfisch natürlich riesig. Neben den allgegenwärtigen *sardinas* am häufigsten angebotenen wird die Schellfischart *merluza*, meist mit „Seehecht" übersetzt. Für uns ungewöhnlicher, aber besonders für das Baskenland typisch ist *bacalao*, Stockfisch beziehungsweise getrockneter Kabeljau. Im Schaufenster sehen die dünnen, weißen Stücke nicht allzu appetitlich aus. Sie munden jedoch, nach längerem Einweichen in Wasser und in eine der vielen Spezialitäten verwandelt, ausgezeichnet.

Das hervorragende Angebot an Meeresfrüchten ist für manchen Gourmet bereits Grund genug für eine Reise nach Nordspanien. Je nach Sorte können die Preise ziemlich stark variieren – wer also nicht unbedingt Hummer oder Ähnliches auf dem Teller haben muss, braucht gar nicht einmal so viel Geld auszugeben. Auch Scheu vor der nicht immer einfach zu öffnenden „Verpackung" der Köstlichkeiten ist nicht nötig: Jeder spanische Kellner zeigt dem unkundigen Gast gerne, wie man sie knackt.

▶ **Desserts (Postres) und Käse (Queso)**: Art und Zubereitung der nordspanischen Süßspeisen sind stark regional gefärbt. Jedes Gebiet und auch viele Orte haben da ihre eigenen Spezialitäten, wobei viele traditionelle Süßigkeiten besonders an einem bestimmten Festtag gegessen werden. Bekanntestes „gesamtspanisches" Dessert ist der *flan*, eine Art Karamelpudding.

Spanisch	Deutsch
postre	Nachtisch
flan	Karamelpudding
pastel	Gebäck
helado	Eis
sorbete	Sorbet
fruta	Obst
fresas	Erdbeeren
manzana	Apfel
melocotón	Pfirsich
melón	Melone
naranja	Orange
pera	Birne
piña	Ananas
pomelo	Grapefruit
uva	Trauben
zumo de fruta	Fruchtsaft

Schier unüberschaubar ist auch die Fülle nordspanischer Käsesorten. Ob aus Kuh-, Schafs- oder Ziegenmilch, oft auch aus allen dreien gemischt, ob Frisch, Weich-, Hart- oder Schimmelkäse: Nirgends sonst in Spanien wird die Käsetradition so hoch gehalten, ist die Auswahl an regionalen Sorten so groß wie zwischen Navarra und Galicien. Einige nordspanische Käse sind sogar wie Weine durch eine eigene Herkunftsbezeichnung (D.O., Denominación de Origen) gesetzlich geschützt, wie der *queso de Roncal* aus Navarra, der Schimmelkäse *queso cabrales,* der aus dem Gebiet der asturischen Picos de Europa stammt oder der wegen seiner Form so genannte queso Tetilla („Brüstchen, kleine Zitze") aus Galicien.

Spanisch	Deutsch		
carne	Fleisch	*dorada*	Goldbrasse
bistec	Beefsteak	*lenguado*	Seezunge
chuleta	Kotelett	*merluza*	„Seehecht"
escalope	Schnitzel	*mero*	Zackenbarsch
solomillo	Filet	*rape*	Seeteufel
cabrito	Zicklein	*salmón*	Lachs
cerdo	Schwein	*sardinas*	Sardinen
conejo	Kaninchen	*trucha*	Forelle
cordero	Lamm	*mariscos*	Meeresfrüchte
cordoniz	Wachtel	*Almejas*	Venusmuscheln
faisán	Fasan	*berberechos*	Herzmuscheln
hígado	Leber	*bogavante*	Hummer
perdiz	Rebhuhn	*calamares*	Tintenfisch (klein)
pollo	Huhn	*chipirones*	Tintenfisch (noch kleiner)
riñones	Nieren	*cigalas*	kleine Hummerkrabben
ternera	Kalb	*gambas*	Garnelen
vaca	Rind	*langosta*	Languste
pescado	Fisch	*langostinos*	Hummerkrabben
anguila	Jungaal	*mejillones*	Miesmuscheln
atún	Thunfisch	*navajas*	Schwertmuscheln
bacalao	Stockfisch	*ostras*	Austern
besugo	Seebrasse	*percebes*	Entenmuscheln
bonito	kl. Thunfisch	*pulpo*	Krake
dentón	Zahnbrasse	*sepia*	Tintenfisch (groß)

Spanischer Wein: von der Sonne verwöhnt

Getränke

Alkoholisches

Eines vorweg: Spanier sind beim Trinken keine Kinder von Traurigkeit; oft begleitet schon vormittags ein Sherry die Tapas oder ein Brandy den Kaffee. Betrunken zu sein, *borracho*, ist jedoch absolut unwürdig. Für die trunkenen Ausländerhorden in den Ferienzentren des Mittelmeers haben Spanier nur blanke Verachtung.

Nordspanische Weine

Spanien ist nach der Anbaufläche, wenn auch nicht jedoch vom Ausstoß her, der größte Produzent Europas. Dabei geht im Land selbst der Weinkonsum stetig zurück, liegt nur mehr bei 38 Liter pro Kopf und Jahr, deutlich weniger z. B. als der Verbrauch der Schweizer. Qualitativ haben spanische Weine, im Ausland lange unterschätzt, seit Mitte der Achtzigerjahre dennoch einen gewaltigen Sprung nach vorne gemacht. Einen gewissen Qualitätsanspruch bekräftigt die garantierte Herkunftsbezeichnung *Denominación de Origen* (kurz D.O.), durch die rund 40 spanische Weinbaugebiete geschützt sind. Einzig in Kantabrien und Asturien wird aus klimatischen Gründen kein Weinbau betrieben.

La Rioja: Die bekanntesten und gerühmtesten Weine Nordspaniens stammen aus dem als „Denominación de Origen Calificada“ noch strengeren Regelungen unterworfenen Anbaugebiet *D.O.Ca. La Rioja*. Wer sie bestellt, geht nie fehl. Näheres über die edlen Tröpfchen finden Sie im Kapitel über die Autonome Gemeinschaft La Rioja.

Navarra: Aus der *D.O. Navarra* kommt ein sehr vielfältiges und hochklassiges Angebot mit Schwerpunkt auf kräftigen Rot- und Roséweinen, das bei Blindverkostungen immer häufiger Positionen noch vor den teureren und bekannteren Rioja-Weinen erobert. Im feuchten Norden werden jedoch auch vorzügliche Weißweine gekeltert.

Kastilien-León: Die Gemeinschaft ist Heimat der lange unterschätzten, heute aber zu den spanischen Spitzengebieten gezählten *D.O. Ribera del* Duero – was sich leider auch in den Preisen niederschlägt. Einige Bodegas hier machen mit diesen kräftigen, fruchtigen Roten der Rioja mehr und mehr Konkurrenz, können aber mengenmäßig mit dieser Provinz nicht mithalten. Aus der *D.O. Rueda* stammen gute Weißweine. Weitere D.O.-Anbaugebiete in Kastilien-León sind die *D.O. Cigales*, die *D.O. Toro* und die *D.O. Bierzo*, letztere hart an der Grenze zu Galicien.

Baskenland: Nur in relativ geringen Mengen produziert wird der trockene *Txakolí* des Baskenlandes, ein leicht säuerlicher Weißwein, der hervorragend zu vielen Gerichten der baskischen Küche passt. Er wächst in zwei D.O.-Gebieten: *D.O. Geratiako Txakolina* (Chacolí de Guetaria) und *D.O. Bizkaiako Txakolina* (Chacolí de Vizcaya).

Galicien: Im feuchten Galicien dürfen sich gleich fünf Anbaugebiete mit dem D.O.-Etikett schmücken: *D.O. Rías Baixas, D.O. Ribeiro, D.O. Ribeira Sacra, D.O. Monterrei* und *D.O. Valdeorras*. Sie produzieren vorwiegend leichte Weiß- und Rotweine mit milder Säure und niedrigem Alkoholgehalt, die jung getrunken werden müssen. Sehr beliebt ist der weiße Albariño aus dem Gebiet der Rías Baixas.

Auch die einfacheren Weine ohne Qualitätsbezeichnung, genannt „Vino de Mesa", „Vino de la Casa" oder „Vino del País", sind in aller Regel durchaus trinkbar. Spanier verstehen etwas vom Wein, und nur wenige Wirte sind grausam genug, ihren Gästen miserable Ware vorzusetzen. Rotwein bestellt man mit *vino tinto*, Weißwein *vino blanco*, Rosé *vino rosado*. Wer ihn trocken liebt, frage nach *vino seco*.

Andere Alkoholika

Sidra: Ein Apfelwein, der besonders in Asturien, aber auch im Baskenland beliebt ist. Beim Einschenken wird die Flasche möglichst hoch über das Glas gehalten, man verlangt und bekommt übrigens nie ein Glas, immer eine Flasche. Diese Art des Einschenkens ist keine reine Show, sondern dazu gedacht, den Wein zum Schäumen zu bringen. Wer Sidra stilecht trinken will, darf übrigens das Glas nie ganz leeren: Der verbliebene Rest dient zum Spülen, bevor wieder aufgefüllt wird.

Sherry: Zwar ein Produkt Andalusiens, doch auch in Nordspanien beliebt zu Tapas oder als Aperitif. In Spanien bestellt man ihn als *jerez* oder besser gleich die gewünschte Sorte: *fino*, hell und trocken, der gängigste; *amontillado*, nur einen Hauch dunkler und süßer; *oloroso*, noch dunkler und schwerer. *Cream-Sherry* bzw. *dulce* ist arg süß und nur als Dessertwein zu empfehlen.

Bier: *Cerveza* hat in Spanien dem Wein schon seit längerer Zeit den Rang abgelaufen – mit dem „Reinheitsgebot" ist es allerdings nicht weit her. Ein Glas vom Fass heißt *„una caña"*, eine Flasche (Botella) schlicht *„una cerveza"*. In manchen Lokalen kommt Bier krugweise auf den Tisch: *un tanque* (Panzer).

Cava/Champaña: Der spanische Sekt stammt fast ausschließlich aus Katalonien. Die Cavas („Keller") reifen wie Champagner in der Flasche und stehen auch sonst, vom viel günstigeren Preis einmal abgesehen, dem berühmten Vorbild kaum nach.

Brandy: Fälschlicherweise, aber geschmacklich relativ treffend auch als „Coñac" bezeichnet. Ein Weinbrand, dessen beste Sorten aus Andalusien kommen. Dort reifen sie in alten Sherry-Fässern, was ihnen den speziellen Geschmack und die besondere Färbung verleiht.

Aguardientes: „Feuerwässer", Sammelbezeichnung für alle Arten von Schnaps. Gängigste nordspanische Sorte ist der *orujo*, ein Tresterschnaps ähnlich der italienischen Grappa, allerdings etwas rauer und gerne mit Honig getrunken.

Licores: Liköre, die aus den verschiedensten Früchten hergestellt sind, gibt es in großer Vielfalt, allerdings meist von sehr süßem Geschmack. Eine auch im Baskenland beliebte Spezialität Navarras ist der *pacharán*, ein süßer Schlehenlikör.

Sangría: Die angeblich so „typisch spanische" Mischung aus Rotwein, Brandy, Orangen- oder Pfirsichsaft und Zucker wird von Spaniern selbst eher selten getrunken. Sie wissen warum, der Kopfschmerz am nächsten Tag kann fürchterlich sein.

Tinto de Verano („Sommer-Rotwein") ist da schon gebräuchlicher: eine Mischung aus Rotwein und Zitronenlimonade, dem Namen gemäß besonders an heißen Tagen beliebt.

Alkoholfreies

Kaffee: Meint in Spanien immer etwas in der Art von „Espresso". *Café solo* ist schwarz, *café cortado* enthält nur wenig Milch, während ein *café con leche* aus einem Tässchen Espresso mit sehr viel Milch besteht, optimal fürs Frühstück. Ein *carajillo* ist ein Café solo mit „Schuss", wahlweise mit Brandy, Whisky oder anderen Alkoholika.

Tee wird in Spanien nicht besonders oft getrunken. Meist ist er nur als Beuteltee zu erhalten. Teestuben (*teterías*), wie sie vor allem in Andalusien in Mode sind, gibt es in Nordspanien kaum.

Chocolate ist eine unglaublich dicke flüssige Schokolade. Zum Frühstück allein schon fast sättigend, wird sie meist mit dem Fettgebäck *churros* serviert, ein beliebter Imbiss auch am Nachmittag.

Horchata de chufa ist süße Erdmandelmilch und kommt aus der Region Valencia, ist aber in ganz Spanien erhältlich. Gute Horchata muss frisch gemacht sein, Industrieware schmeckt mäßig.

Erfrischungsgetränke sind im üblichen internationalen Angebot verbreitet. Etwas Besonderes sind die *granizados*, eine Art halbflüssiges Wassereis, unter anderem in den Geschmacksrichtungen *café* oder *limón* (Zitrone) erhältlich. *Zumos*, Fruchtsäfte, sind in Cafeterías etc. frisch gepresst zu haben, kommen im Restaurant aber meist aus kleinen Dosen oder aus Tetrapaks. *Cerveza sin alcohol*, alkoholfreies Bier, ist auf dem Vormarsch und fast überall in kleinen Flaschen zu erstehen. Da es eiskalt serviert wird, ist es ganz gut trinkbar.

Wissenswertes von A bis Z

Adressen

In einigen, wenn auch immer wenigeren Orten erinnern noch Namen von Straßen und Plätzen an die unseligen Zeiten des Franco-Regimes. Durch das 2007 erlassene Gesetz „Ley de Memoria Histórica" sollten auch diese verbliebenen Namen künftig ebenso verschwinden wie die letzten Franco-Denkmäler. Die Geschwindigkeit der Umbenennung dürfte sich auch nach dem politischen Standort der Stadtverwaltung richten. Aufmerksamkeit ist unter anderem geboten bei Adressen mit „Generalísimo", „Caudillo", „Primo de Rivera" und so ziemlich jeder Anschrift mit „General ...". In der Bevölkerung bleibt die frühere Bezeichnung aber noch lange bekannt, so dass man sich leicht durchfragen kann. Auch aus dem Trend zur Regionalsprache können Doppelbenennungen entstehen; im Baskenland beispielsweise gibt es oft zwei verschiedene Namen für die selbe Straße.

• *Wichtige Abkürzungen* Av. oder Avda. = Avenida (Allee); C. = Calle (Straße); Crta. = Carretera (Landstraße); Pl. = Plaza (Platz); Po. = Paseo (Promenade); s/n = sin numero (ohne Hausnummer).

• *Klingelschilder an Haustüren* weisen kaum jemals Namen auf, sondern sind entweder mit Buchstaben beschriftet oder, häufiger, mit der Angabe des Stockwerks und der Lage der Wohnungstür. Bei letzterem steht d für derecha, rechts; c für centro, Mitte; i für izquierda, links. Die Adresse Avda. España 23, 1, d ist also unter Hausnummer 23, 1. Stock, rechte Tür zu suchen. Bajo bedeutet Erdgeschoss, 1. piso ist der Erste Stock usw., ático ist das Dachgeschoss.

Aids

Kein Thema für ein Reisehandbuch über Nordspanien? Leider doch. Zusammen mit Portugal steht Spanien an der Spitze der europäischen Aids-Statistik.

Landesweit rechnet man mit über 200.000 Menschen, die sich mit HIV infiziert haben. Zudem sind noch etwa eine bis zwei Millionen Spanier mit dem lebensgefährlichen Hepatitis-Typ C infiziert. Genau wie anderswo gilt deshalb auch in Spanien der dringende Rat, beim Sex unbedingt Kondome („Preservativos") zu verwenden.

Ärztliche Versorgung

Prinzipiell übernehmen die gesetzlichen Krankenkassen die Kosten ärztlicher Behandlungen im EU-Ausland. Erkundigen Sie sich jedoch vorab bei Ihrer Kasse über die aktuelle Verfahrens- und Abrechnungsweise und beantragen Sie rechtzeitig die Europäische Krankenversicherungskarte EHIC (European Health Insurance Card); sie ersetzt den Auslandskrankenschein E 111 und ist oft schon auf der Rückseite der normalen Versicherungskarte vorhanden. Um der Bürokratie aus dem Weg zu gehen und vor unangenehmen Überraschungen sicher zu sein, ist die *Urlaubs-Krankenversicherung*, die z. B. im Gegensatz zu fast allen anderen Versicherungen auch medizinisch notwendige Krankenrücktransporte einschließt, in jedem Fall eine sinnvolle Ergänzung. Zu erhalten ist sie zu sehr günstigen Tarifen bei manchen Automobilclubs und bei fast allen Krankenversicherungen, natürlich auch für Mitglieder gesetzlicher Kassen.

Notruf (Urgencia): ✆ *112*. Diese Notrufnummer für Polizei, Ambulanz und Feuerwehr funktioniert landesweit. Polizeinotruf ✆ *091* (Policia Nacional), Ambulanz ✆ *061*.

Bester Ansprechpartner im akuten Notfall ist die Notaufnahme *Urgencies* eines Krankenhauses (Hospital); sie ist rund um die Uhr geöffnet und behandelt auf die Krankenversicherungskarte kostenlos. Bei niedergelassenen Ärzten muss man in aller Regel bar bezahlen, lässt sich dann unbedingt eine genaue Rechnung mit Diagnose und Aufstellung der ärztlichen Leistungen geben und reicht diese beim Versicherer zur Rückerstattung ein. Gesetzliche Kassen erstatten in diesem Fall nur die heimischen Gebührensätze.

▸ **Apotheken** *(farmacias)* können bei kleineren Wehwehchen oftmals den Arzt ersetzen. Die spanischen Apotheker sind gut ausgebildet und dürfen auch manche Medikamente abgeben, die daheim rezeptpflichtig sind (oder geben sie schon mal trotzdem ab). Nacht- und Sonntagsdienste sind an jeder Apotheke angeschlagen bzw. stehen unter „Servicios" oder „Cartelera" in der Tageszeitung.

Baden

An schönen, nicht überlaufenen Stränden besteht im spanischen Norden fürwahr kein Mangel. Ein Badeparadies ist der Atlantik dennoch nur mit Einschränkungen: Die Wassertemperaturen verlangen hier auch im Hochsommer schon ein etwas dickeres Fell als am Mittelmeer. Lässt es sich an der Küste zwischen dem Baskenland und Asturien von Juli bis September bei etwa 19–20 Grad noch ganz gut aushalten, so sind die Buchten der nordgalicischen Rías Altas mit maximal 17 Grad schon arg kühle Gewässer. Etwas wärmer wird's dann wieder Richtung Portugal: In den geschützteren Rías Bajas des südlichen

Platz satt: An Stränden besteht kein Mangel

Galicien können die Wassertemperaturen im Hochsommer auf recht erträgliche 20 Grad klettern.

Gefahren: Die Gefahren des Atlantiks sollten arglose Schwimmer nicht unterschätzen. Strömungen und der gewaltige Gezeitenwechsel fordern alljährlich ihre Opfer. Unterströmungen beispielsweise können auch bei scheinbar ruhiger See auftreten, auflandige Winde unter Wasser Verwirbelungen hervorrufen. Ablandige Winde wiederum sind, insbesondere für Kinder, gefährlich beim Baden mit Plastikbooten oder Luftmatratzen. Nehmen Sie die Gefahren des Meeres ernst! Schwimmen Sie möglichst nicht allein und vermeiden Sie Alkohol und das Baden mit vollem Magen. Lassen Sie Ihre Kinder am Strand nie auch nur für kurze Zeit unbeaufsichtigt, ebensowenig am Pool des Hotels oder der Feriensiedlung, denn auch dort geschehen alljährlich viele tragische Unfälle.

- *Warnflaggen* An manchen der größeren Strände machen zur Badesaison, die vom 15.6.-15.9 reicht, Signalmasten auf mögliche Gefahren aufmerksam. Rot – Gefahr, Badeverbot! Gelb – Vorsicht, Grün – Baden erlaubt. Bitte beachten Sie zu ihrer eigenen Sicherheit diese Flaggen unbedingt. Leider wird die Beflaggung außerhalb der Hochsaison oft eingestellt.

www.blausand.de liefert weitere Informationen zum Thema Badeunfälle und Strandsicherheit.

Wasserqualität: Auch Spanien ist von der Verschmutzung der Meere betroffen. Zwar sind die Küsten des Atlantiks generell weniger belastet als die des Mittelmeers, doch gibt es auch hier einige üble Schmutzecken, die von industriellen Abwässern verursacht werden. Daten über die Wasserqualität sind nicht überall zu bekommen, könnten an dieser Stelle auch gar nicht aufgelistet werden. Stattdessen zwei Tipps, die schon eine ganz gute Einschätzung der Wasserbelastung ermöglichen.

Mündungen größerer Flüsse und ihre Umgebung möglichst meiden! Zwar fällt dies gerade in Nordspanien oft schwer, liegen doch viele reizvolle Strände im Bereich von Flussmündungen. Aber: In Spanien dienen viele Flüsse immer noch

Durchschnittliche Wassertemperaturen
anhand der Beispiele Santander (Kantabrien) und La Coruña (Galicien); Durchschnittswerte in Grad Celsius.

Monat	Santander	La Coruña
April	12	12
Mai	14	14
Juni	16	15
Juli	19	17
Aug.	20	17
Sept.	19	17
Okt.	17	16

der „Entsorgung“ kommunaler und industrieller Abwässer, d. h., sie führen oft extreme Schmutzmengen mit sich. Tests der Wasserqualität ergaben deshalb um Flussmündungen vielfach wirklich erschreckende Resultate. Aus demselben Grund sollte man auch auf das Baden in Stauseen verzichten, falls sie nicht schon am Oberlauf der dort noch sauberen Flüsse aufgestaut werden.

Die *Blaue Umweltflagge*, auch Blaue Europaflagge genannt, wird jährlich an solche Badeorte verliehen, die bestimmte Kriterien des Umweltschutzes erfüllen: So muss das Badewasser im Vorjahr den gesetzlichen Bestimmungen entsprochen haben, dürfen industrielle und kommunale Abwässer nicht direkt eingeleitet werden. Hundertprozentige Sicherheit gibt das zwar nicht, denn gesetzliche Bestimmungen beziehen sich auf Gesundheitsgefährdung und auch unterhalb dieser Schwelle kann es schon unappetitlich werden. Doch bietet die Auszeichnung immerhin einen Anhaltspunkt. Andererseits kann auch ohne Blaue Umweltflagge das Wasser hundertprozentig in Ordnung sein: Das Umweltzeichen wird nur auf Antrag verliehen und auch dann verwehrt, wenn z. B. keine Erste–Hilfe-Station am Strand besteht. Eine Liste aller Strände, die mit der Blauen Flagge ausgezeichnet wurden, enthält die Broschüre „Spaniens beste Strände“, die bei den Fremdenverkehrsämtern in Deutschland erhältlich ist.

FKK ist in Spanien wenig verbreitet, eine Liste der FKK-Strände bei den Fremdenverkehrsämtern in Deutschland erhältlich. Nur an diesen Stränden darf man dann auch die letzten Hüllen fallen lassen. „Oben ohne“ ist schon eher gebräuchlich. Es gibt jedoch Familienstrände, wo auch barbusiges Baden nicht gern gesehen ist. Im Zweifelsfall sollte man sich an der einheimischen Damenwelt orientieren, schließlich ist man Gast.

Drogen

Spanien zählt zu den europäischen Ländern mit liberalen Drogengesetzen. Der Besitz kleiner Mengen zum Eigenverbrauch ist nicht strafbar. So wurde früher auf Plätzen und in Kneipen „Chocolate“ (Haschisch) geraucht, was das Zeug hielt. Unter dem Druck der öffentlichen Meinung – sozial angesehen sind Kiffer nicht gerade, von Junkies ganz zu schweigen – hat die Regierung jedoch einige Gesetze geändert. Drogenkonsum in der Öffentlichkeit ist, ebenso wie selbstverständlich der Handel, nunmehr strafbar.

Interessenten sei gesagt, dass die Polizei immer Mittel und Wege findet, Ertappte zu bestrafen, und dass die spanischen Gefängnisse nicht gerade zu den komfortableren Europas zählen. Bei der weichen Droge „Chocolate“ mag sich das polizeiliche Interesse je nach Sachlage in Grenzen halten. Verlassen sollte man sich darauf besser nicht. Wer als Ausländer mit harten Drogen erwischt wird, bekommt in jedem Fall gewaltigen Ärger.

Markthallen aus Granit: Mercado de Abastos in Santiago

Einkaufen

▸ **Märkte**: Markthallen und Marktplätze sind die beste Adresse für Selbstverpfleger. Fleisch, Fisch, Brot, Käse, Wurst und Schinken werden in reicher Auswahl angeboten, saisonales Obst und Gemüse zu teilweise fantastisch niedrigen Preisen. Geöffnet sind die meisten Märkte von Montag bis Samstag, im Gegensatz zu anderen Geschäften aber in der Regel nur bis etwa 13.30/14 Uhr. Ausnahmen gibt es in manchen Großstädten, in denen auch schon mal nach der Siesta eine erneute Verkaufsrunde beginnt.

▸ **Kaufhäuser/Einkaufszentren**: Spaniens dominierende, nach dem Aufkauf der Konkurrentin „Galerias Preciados" fast konkurrenzlose Kaufhauskette ist *El Corte Inglés*. Sie bietet gehobene Preise, große Auswahl und meist gute Qualität, verfügt in fast allen Filialen auch über eine Lebensmittelabteilung. Im Umfeld großer Städte finden sich, meist an den Ausfallstraßen, zudem gigantische *Einkaufszentren*, die vom Frischfisch bis zum Wagenheber nahezu alles unter einem Dach anbieten.

▸ **Souvenirs**: In Nordspanien hat sich das Kunsthandwerk bislang noch nicht so stark an den Tourismus angepasst wie in den Mittelmeerregionen. Mit etwas Glück lassen sich durchaus noch schöne Stücke finden. Als typisch für den gesamten Norden gelten Arbeiten aus Holz. Außer Kunsthandwerk empfehlen sich natürlich auch kulinarische Souvenirs: Ein paar Flaschen Rioja, Schlehenlikör oder Apfelwein, eine Auswahl lokaler Käse und Würste wecken sicher angenehmste Urlaubserinnerungen.

Navarra/La Rioja: Gefäße, Geräte und Schuhe aus Holz in ganz Navarra. Lederne Weinflaschen (Botas) in Pamplona, Keramik in Navarrete (La Rioja).

Baskenland: Lederne Weinflaschen in Bilbao und Vitoria-Gasteiz, sonst auch Holz- und Flechtarbeiten wie Körbe und Pelotaschläger.

Kantabrien: Berühmt vor allem für Arbeiten aus Holz – Schuhe, Figuren, auch Möbel, letztere vor allem in Santillana del Mar.

Asturien: Holzschuhe und Lederarbeiten; Taschenmesser aus Taramundi, Flechtarbeiten aus Pravia, schwarze Keramik in Llamas de Mouro, Töpferwaren aus Faro und Miranda.

Galicien: Landwirtschaftliche Werkzeuge und Holzschuhe sind in ganz Galicien zu erstehen, außerdem Körbe aus Weide, Haselnuss und Kastanie. Holzgeschnitzte Heiligenfiguren und Gagatsteinschnitzerei (Azabache) in Santiago de Compostela, Spitzen aus Camariñas, Glas in Vigo.

Estancos

Die Tabakläden, kenntlich an dem braunen Schild mit der orangen Aufschrift „Tabacos", sind immer noch eine Institution in Spanien, obwohl Zigarettenautomaten und auch die Verkäufer von Schmuggelware ihnen arg zu schaffen machen. Doch gibt es in den Estancos nicht nur Zigaretten, Zigarren und Tabak in breiter Auswahl, Feuerzeuge und anderes Raucherzubehör: Hier sind ebenso Briefmarken und Telefonkarten erhältlich, oft auch Zehnerkarten für Stadtbusse.

Feiertage

Näheres zu den Höhepunkten des Festkalenders finden Sie vorne im Kapitel „Nordspanien erleben". Hier nur die überregionalen gesetzlichen Feiertage.

1. Januar, Año Nuevo, Neujahr, wie bei uns.

6. Januar, Reyes Magos, Heilige Drei Könige – in Spanien Tag der Weihnachtsbescherung für die Kinder.

Jueves Santo, **Viernes Santo**, Gründonnerstag (nicht in Kantabrien) und Karfreitag, die Feiertage der Karwoche. Ostermontag ist Arbeitstag, mit Ausnahme von Navarra und des Baskenlands.

1. Mai, Día del Trabajo, Tag der Arbeit, wie bei uns.

Corpus Cristi, beweglicher Termin, entspricht unserem Fronleichnam.

25. Juli, Día de Santiago, Jakobstag und damit Tag des spanischen Nationalheiligen. Feiertag im Baskenland, in Navarra, Kastilien-León und natürlich in Galicien.

15. August, Asunción, Mariä Himmelfahrt. Wohl der wichtigste Feiertag aller katholischen Länder des Südens.

12. Oktober, Día de la Hispanidad, Entdeckung Amerikas, spanischer Nationalfeiertag.

1. November, Todos los Santos, also Allerheiligen.

6. Dezember, Día de la Constitución, Tag der Verfassung (von 1978).

8. Dezember, Inmaculada Concepción, Mariä unbefleckte Empfängnis.

25. Dezember, Navidad, Weihnachten.

28. Dezember, kein Feiertag, aber vorsichtshalber erwähnt: Der „Tag der unschuldigen Kinder" (Día de los Santos Inocentes) entspricht unserem 1. April – also aufgepasst ...

Geld

Auf der Rückseite der spanischen Ein- und Zwei-Euro-Münzen ist König Juan Carlos abgebildet, die Münzen im Wert von 50, 20 und 10 Cent („Céntimo") ziert Miguel de Cervantes, der Schöpfer von Don Quijote. Die Fünf-, Zwei- und Ein-Cent-Münzen zeigen die Kathedrale von Santiago de Compostela.

Geldautomaten („Bancomat"): die bequemste Lösung, die Bedienungsanleitung kann deutschsprachig abgerufen werden. Falls man nicht eine Filiale seiner heimischen Bank findet, kostet ein Abhebevorgang zwischen 3 und 5 € Gebühren. Üblicherweise können bis zu 300 € abgehoben werden, einige Automaten bewilligen allerdings nur 150 €.

Kreditkarten: Die gängigen Karten werden von fast allen größeren Hotels, teureren Restaurants, Tankstellen etc. akzeptiert. Die Auslandsgebühr ist mit 1 % recht günstig. Auch Geldabheben vom Automaten ist möglich, wegen der recht hohen Gebühren

Sperrnummer für Bank- und Kreditkarten: 0049 116116. Diese einheitliche Sperrnummer gilt mittlerweile für die Mehrzahl der deutschen Bankkunden. Aus dem Ausland ist sie zusätzlich unter 0049 30 4050 4050 anwählbar. Die Polizei empfiehlt, auch dann die Karte sofort sperren zu lassen, wenn der Automat sie einbehalten hat, da Bancomaten gelegentlich von Betrügern manipuliert werden. www.sperr-notruf.de.

allerdings teuer. Gängigste Karte ist die Eurocard/Mastercard neben Visa, wogegen American Express selten akzeptiert wird.

Reiseschecks: Beim Kauf von Reiseschecks wird eine Gebühr fällig, in der auch eine Versicherungsprämie enthalten ist. Ärgerlich deshalb, dass in Spanien auch von der einwechselnden Bank noch Gebühren einbehalten werden, die teilweise recht horrend sind – vor dem Einwechseln nach der Höhe der *comisión* fragen!

Postsparbuch: Für Geldabhebung im Ausland muss das Sparbuch bei der heimischen Postbank in die „Postbank Sparcard" umgetauscht werden. Mit dieser kann dann auch am Automaten Geld abgehoben werden, weitere Details in den Filialen der Postbank.

Schnelles Geld: Bei finanziellen Nöten, die sofortige Überweisungen aus der Heimat nötig machen, ist die Geldüberweisung mit Western Union die flotteste Methode. Der zu überweisende Betrag wird auf dem heimischen Postamt eingezahlt und trifft schon Minuten, maximal wenige Stunden später auf der spanischen Post ein. Mit saftigen Gebühren ist bei diesem Verfahren allerdings zu rechnen, deshalb nur für den Notfall geeignet.

Haustiere

Ein ernst gemeinter Rat: Lassen Sie Ihren Hund nach Möglichkeit zu Hause bei Freunden oder einem Tiersitter. Das Reisen mit den vierbeinigen Freunden ist nämlich immer noch großen Beschränkungen unterworfen, und dies, obwohl sich immer mehr Spanier vor allem in den Städten selber „Gesellschaftstiere" (animales de compañía) zulegen. Die Mehrzahl der Hotels und auch manche der Campingplätze akzeptieren keine Hunde. An vielen Türen von Restaurants ist ebenfalls das Schild „Perros No!" zu lesen. Fast alle Strände sind für Hunde gesperrt, ebenso die öffentlichen Verkehrsmittel.

• *Einreisevorschriften für Haustiere:* **EU-Pass**, ein für Hunde, Katzen und Frettchen (Tatsache) obligatorischer „Reisepass" samt implantiertem Mikrochip (alternativ eine spezielle Tätowierung), durch den die Identität des Tiers nachgewiesen und attestiert wird, dass es gegen Tollwut geimpft ist. Über Details informiert der Tierarzt, der auch die Prozedur durchführt.

Hunde

Besonders Radfahrer und Fußgänger machen die leidvolle Erfahrung, dass in (Nord-) Spanien Hunde sehr aggressiv sein können. Hofhunde hängen oft an keiner Kette, wildernde Hunde (die es in manchen Gebieten, vor allem in den innerspanischen Paramos, in großer Zahl gibt!) greifen Passanten ohne Warnung an, in den Berggebieten Asturiens und Kantabriens verteidigen riesige Hirtenhunde, die mit Stachelhalsbändern gegen Wölfe und Bären gerüstet sind, ihre Herden auch gegen Wanderer. Locker weiter gehen, Nichtbeachtung; sich zu bücken und zum Schein nach einem Stein zu greifen, hilft oft nicht. Wer mit Stöcken wandert, hat eine erste Waffe, von Pfeffersprays ist abzuraten (bei ungünstigen Windverhältnissen bekommt man den Pfeffer ins eigene Auge), sehr empfehlenswert ist hingegen ein Gerät namens *Dogdazer*, das mit Ultraschall arbeitet und in Waffenläden zu erhalten ist (Preis derzeit ca. 50 €). Die Hunde schauen verdattert, weichen aus und ziehen sich zurück. Zuletzt vom Schreiber dieser Zeilen in den Picos de Europa erfolgreich bei übereifrigen Hirtenhunden getestet.

Informationen

Spanisches Fremdenverkehrsamt: Informationsstellen der spanischen Tourismusbehörde gibt es in Deutschland, Österreich und der Schweiz. Oft kommt

Ganz genau genommen: Hinweisschild in Comillas

man allerdings nur schlecht durch oder darf seine Wünsche nur einem Anrufbeantworter darlegen. Um die Büros zu entlasten, wurde deshalb für die Bestellung von Prospekten eine separate, für ganz Deutschland zuständige Serviceleitung geschaffen.

• *Deutschland* **Serviceleitung**: ✆ 06123 99134, ℻ 06123 9915134. Die richtige Telefonnummer für die Anforderung von Broschüren, Hotelverzeichnissen, Festkalendern etc.

Fremdenverkehrsämter: 10707 **Berlin**, Kurfürstendamm 63, ✆ 030 8826541, ℻ (030) 8826661. berlin@tourspain.es.

40237 **Düsseldorf**, Grafenberger Allee 100; ✆ (0211) 6803981, ℻ (0211) 6803985. dusseldorf@tourspain.es.

60323 **Frankfurt/Main**, Myliusstraße 14; ✆ (069) 725038, ℻ (069) 725313. frankfurt@tourspain.es.

80051 **München**, Postfach 151940/Schubertstr. 10, ✆ (089) 5307460, ℻ (089) 53074620. munich@tourspain.es.

• *Österreich* 1010 **Wien**, Walfischgasse 8, ✆ (01) 5129580, ℻ (01) 5129581. viena@tourspain.es.

• *Schweiz* 8008 **Zürich**, Seefeldstraße 19; ✆ (01)2536050, ℻ (01) 2526204. zurich@tourspain.es.

Fremdenverkehrsämter vor Ort: Viele nordspanische Städte und Ferienorte verfügen über ein Fremdenverkehrsamt (*Oficina de Turismo*). Oft sind diese Informationsstellen eine wertvolle Hilfe. Nur selten wird man auf mürrisches Personal treffen, das den Kunden lieber gehen als kommen sieht. Deutsch wird allerdings selten gesprochen, und da sich der Tourismus in Nordspanien ganz überwiegend auf nationaler Ebene abspielt, ist es auch mit den Kenntnissen in Englisch oder Französisch nicht immer weit her. Erwarten kann man allgemeine Tipps, Hinweise zu Bussen und Bahnen, aktuelle Öffnungszeiten der Sehenswürdigkeiten, Stadtpläne und ein Unterkunftsverzeichnis, in dem die ganz einfachen Herbergen allerdings meist fehlen. Wo es, wie in vielen kleineren Orten, kein Fremdenverkehrsamt gibt, kann man sich stattdessen ans Rathaus (*ayuntamiento*, meist im Ortszentrum) wenden. Auf Fremdsprachenkenntnisse der Belegschaft sollte man dort allerdings besser gar nicht erst hoffen.

Internet

Auch das Internet bietet gute Möglichkeiten, sich vorab über Nordspanien zu informieren und sogar Quartiere zu buchen, aktuelle Bahnverbindungen abzurufen etc. Im folgenden einige interessante Sites, weitere Adressen finden Sie unter den jeweiligen Themenbereichen, z. B. die Sites zum Jakobsweg weiter vorne im Buch. Und dann gibt es – für aktuelle Infos nach Redaktionsschluss dieser Auflage, aber auch für das schnelle Senden stets gern gesehener Lesertipps – natürlich noch die Seite unseres Verlags...

Wer über das Netz Kontakt mit der Heimat aufnehmen will, findet Cyber-Cafés in einer ganzen Reihe von Orten, einige Adressen jeweils im Text. Dem ständig wachsenden (und wechselnden) Angebot an Internetcafés sind selbst Sites wie **www.worldofinternetcafes.de** oder auch **www.cybercafes.com**, was die Aktualität betrifft, nur bedingt gewachsen. Den PC im Hotel anzuschließen, kann nur Urlaubern mit dicker Brieftasche empfohlen werden. Der W-LAN-Zugang ist an einigen Stellen in Nordspanien (Unis!) kostenlos; wo, verrät (mit Lücken) **www.hotspot-locations.com**.

• *Allgemeine touristische Sites*

www.tourspain.es: Die offizielle Site von Turespaña, dem Spanischen Fremdenverkehrsamt. Breites Infoangebot.

www.red2000.com/spain: „Alles über Spanien". Gut gemacht, viele Infos zu Regionen, Städten, Festen etc.

www.okspain.org: Die Site des Spanischen Fremdenverkehrsamts in den USA. Sehenswert, sehr viele Links.

www.spaintour.com: Site des Fremdenverkehrsamts in Japan, auch englischsprachig. Ebenfalls sehr gut gemacht.

www.sispain.org: Site des Spanischen Außenministeriums, viele Links zu anderen Spanien-Seiten.

• *Sites der einzelnen Autonomen Gemeinschaften* Hier teilweise sehr unterschiedliche Qualität, manche Sites gibt es auch nur in Spanisch.

www.cfnavarra.es/turismonavarra, touristische Site der Comunidad Foral Navarra.

www.larioja.org/turismo, touristische Site der Comunidad La Rioja.

www.turismocastillayleon.com, touristische Site der Comunidad Kastilien-León.

www.euskadi.net, gut gemachte, vielfältige Site des Baskenlands.

www.turismodecantabria.com, die touristische Site der Autonomen Gemeinschaft Kantabrien (www.cantabria.com ist eine nicht uninteressante kommerzielle Seite mit touristischen Werbeeinschaltungen).

www.princast.es, die Site der Autonomen Gemeinschaft Asturien.

www.turgalicia.es, sehr informative touristische Site Galiciens.

www.renfe.es: Site der spanischen Staatsbahn. Unter anderem mit effektiver Suchmaschine für Verbindungen und Preise.

www-feve.es: Site der Schmalspurbahnen der Nordküste. Die baskische Schmalspurbahn ET/FV findet sich unter **www.euskotren.es**.

www.el-camino-de-santiago.com, unser Favorit unter den Seiten zum Jakobsweg, weitere Adressen im entsprechenden Kapitel („Der Jakobsweg durch Kastilien-León").

www.riojawine.com: Site der Erzeugergemeinschaft, für Liebhaber der Rioja-Weine.

www.sanfermin.com: alles über die Fiesta von San Fermín in Pamplona, das größte Fest Nordspaniens.

www.vivirasturias.com, alle Infos über Asturien nach Orten abrufbar, auch Unterkünfte.

www.geocities.com/bastayaonline: Site der Bewegung gegen den Terror der ETA, nur in Spanisch.

www.ecologistasenaccion.org, Site einer sehr bissigen spanischen Umweltorganisation. Alles nur auf Spanisch.

www.michael-mueller-verlag.de: Unsere Site, auch mit aktuellen Informationen zu Nordspanien (siehe dort unter „News & Updates"), die sich erst nach Redaktionsschluss ergeben haben.

Karten

▸ **Straßenkarten**: Hundertprozentig genau ist keine, trotzdem gibt es einige sehr brauchbare Exemplare. Angesichts der zahlreichen Ausbaumaßnahmen und Umbenennungen von Straßen ist das jeweilige Erscheinungsjahr ein sehr wichtiges Kriterium.

Michelin 1: 1.000.000, deckt ganz Spanien und Portugal ab. Sehr zuverlässig, jährlich aktualisiert. Nicht teuer, in Frankreich noch etwas preisgünstiger als in Spanien oder Deutschland.

Michelin 1: 250.000 und 400.000, Regionalkarten mit den gleichen Vorzügen wie die „große" Michelin. Auch als recht preisgünstiger Atlas Spanien-Portugal erhältlich, der allerdings etwas intelligenter gebunden sein dürfte – sonst top.

RV Reise- und Verkehrsverlag, Regionalkarten 1: 300.000, angenehmes Kartenbild. Brauchbar für Rucksackreisende, da Bahnlinien und die Lage der Bahnhöfe gut eingezeichnet sind, in punkto Straßenausbau jedoch nicht immer zuverlässig. Auch erhältlich als Atlas Spanien-Portugal, dann deutlich preiswerter als die Summe der Einzelkarten.

Firestone 1: 200.000, in noch etwas genauerem Maßstab, trotzdem übersichtlich; Sehenswürdigkeiten außerorts (z. B. Kirchen, Klöster) sind leider kaum eingezeichnet. In Spanien überall erhältlich.

▸ **Wanderkarten**: **Editorial Alpina** druckt Wanderkarten von Gebirgsregionen im Maßstab 1: 25.000 und 1: 50.000. Sie sind leider oft nicht allzu genau, dafür in der Regel ohne Probleme vor Ort erhältlich.

Topographische IGN-Karten (Instituto Geográfico Nacional) sind im Maßstab 1: 50.000 oder 1: 25.000 verfügbar, nicht immer die jüngsten und aktuellsten, aber oft mangels Alternativen die besten, Preis ca. 2,50 €. Für bestimmte Gebiete wie z. B. den Jakobsweg gibt es vom IGN auch touristische Karten („Mapas turísticos") unterschiedlicher Maßstäbe, eine ganz Spanien abdeckende Ausgabe für touristische Zwecke ist im Aufbau. In Spanien sind die IGN-Karten gelegentlich im spezialisierten Buchhandel erhältlich, über die komplette Auswahl verfügen jedoch nur die regionalen Hauptvertretungen in den einzelnen Autonomen Gemeinschaften, deren Adressen man in den Fremdenverkehrsämtern der Hauptstädte erfragen kann. In Mitteleuropa sind diese Karten zum Preis von 8 € pro Stück im Buchhandel bestellbar.

Kleidung

„In dieser Hinsicht gibt es in Spanien keine bestimmten Normen", behauptet eine Broschüre des Spanischen Generalsekretariats für Tourismus. So ganz richtig ist das nicht. Der aufmerksame Beobachter wird schnell feststellen, dass sich die Mehrheit der Einheimischen eleganter und modischer kleidet, als wir es aus unseren Breiten gewohnt sind. Ein gepflegtes Äußeres ist deshalb wichtig, wenn man ernst genommen werden will. Zwar stößt man hie und da auch schon auf Spanier, die in Polyestershorts oder Jogginghosen durch die Stadt bummeln; auf die meisten wirkt diese Freizeituniform aber immer noch eher lächerlich. In Kirchen sind Shorts und blanke Schultern verpönt, eine Regel, die für beide Geschlechter gilt, aber allmählich ebenfalls im Aufweichen begriffen ist – als Gast im Land sollte man dennoch Rücksicht nehmen.

Ansonsten mag man sich nach persönlichem Geschmack kleiden, sollte bei der Zusammenstellung des Reisegepäcks jedoch das Klima im Auge behalten.

Ein Fleece-Hemd oder warmer Pullover ist in Spaniens Norden auch im Sommer nützlich, ebenso ein Regenschutz und feste Schuhe. Wer Abstecher in die Berge plant oder im Frühjahr oder Herbst die Meseta bereist, sollte vorsichtshalber sogar noch wärmere Kleidung mitführen, etwa eine Jacke aus Tex-Material.

Klima und Reisezeit

Atlantisches Klima beherrscht Nordspaniens Küstenregion zwischen Pyrenäen und Galicien. Milde Winter, mäßig warme Sommer und ganzjährige Niederschlagsneigung sind die Konsequenzen. Selbst im Hochsommer ist also durchaus mit Schauern zu rechnen; oft reißt es jedoch schnell wieder auf und die Sonne blinzelt zwischen den Wolken hervor. In manchen Jahren erfreuen auch lange sommerliche Schönwetterperioden: Glückssache. Hochsommerliche Temperaturen von mehr als 30 Grad sind übrigens selbst in Galicien nicht so selten, wie mancher vielleicht annimmt – der Hitzerekord im 20. Jahrhundert liegt bei satten 39,6 Grad!

Klimadaten am Beispiel Santander

Durchschnittswerte in Grad Celsius bzw. Tagen

Monat	Lufttemperatur °max.	°min.	Regentage
Jan.	11.8	6.7	16
Feb.	12.1	6.7	14
März	14.3	8.1	13
April	15.4	9.4	13
Mai	16.8	11.3	14
Juni	19.7	14.2	13
Juli	21.5	16.0	11
Aug.	22.2	16.3	14
Sept.	21.2	14.9	14
Okt.	18.3	12.5	14
Nov.	14.9	9.4	15
Dez.	12.5	7.6	18
Jahresmittel	16.7	11.1	14

(Regentage: Tage mit mindestens 0,1 mm Niederschlag)

Alpine Wetterverhältnisse herrschen rund ums Jahr in den Hochlagen der Pyrenäen und der Kantabrischen Kordillere. Nebel ist häufig. Bei Wanderungen ist also Vorsicht geboten, auch im Hochsommer angepasste Ausrüstung angeraten. Bergtouren in Turnschuhen und T-Shirt sind lebensgefährlicher Leichtsinn!

Kontinentalklima ist typisch für Zentralspanien, also für Kastilien-León sowie die südlicheren Regionen Navarras und der Rioja, mithin auch für einen guten Teil des Jakobswegs. Die Sommer sind sehr heiß und trocken, die Winter eiskalt. Aufgrund der Höhenlage kann es jedoch auch in Sommernächten empfindlich frisch werden; bis weit ins Frühjahr und schon im frühen Herbst ist sogar mit Nachtfrost zu rechnen.

Reisezeit: Die günstigste Zeit für eine Reise nach Nordspanien variiert je nach Interessenlage. Ab *Mitte Juli bis Ende August* sind viele urlaubende Spanier am Atlantik zu Gast – im Gegensatz zu manchem mitteleuropäischen Besucher wissen sie nämlich die relative Kühle des spanischen Nordens zu schätzen. Des alljährlichen Andrangs wegen sind Hotels, Campingplätze und Restaurants in dieser Zeit gut ausgelastet bis völlig belegt, so dass die Quartiersuche mitunter zur Tortur werden kann. Andererseits erreichen sowohl Meeres- als auch Lufttemperaturen in dieser Zeit die höchsten Werte.

Der *Juni* bietet in jeder Hinsicht beste Bedingungen für alle, die nicht unbedingt baden, sondern vor allem auf Entdeckungsreise gehen wollen: wenig

Trubel, kaum Unterkunftsprobleme und akzeptable Lufttemperaturen. Der Atlantik allerdings ist mit etwa 15 bis 16 Grad noch arg frisch.

Der *September* besitzt ganz ähnliche Vorzüge für Reisende wie der Juni und ist sogar noch badetauglich: Das Meerwasser kühlt nur langsam ab, ist dann noch fast so warm wie im August.

Mai und *Oktober* können noch beziehungsweise schon wieder recht kühl und feucht sein. Wenn man Glück hat oder einen der Regen nicht stört, sind beides jedoch keine schlechten Reisemonate.

Tipp für Camper, Motorradfahrer und andere Pechvögel, die nach längeren Regengüssen mal wieder richtig durchtrocknen wollen – er gilt an der ganzen atlantischen Küste: Jenseits des Kantabrischen Gebirges, also wenig mehr als eine Stunde Fahrt landeinwärts, kann sich das Wetter ganz anders darstellen als am Meer. Warum also nicht mal einen kurzen Abstecher gen Süden einlegen? Während Donostia (San Sebastián) und Santander im Regen ertrinken, können Pamplona, Logroño, Burgos und León durchaus frohen Sonnenschein melden ...

Konsulate

Sie sind Ansprechpartner im akuten Notfall – zuviel erwarten sollte man sich allerdings nicht. Immerhin gibt es bei Diebstahl oder Verlust aller Geldmittel meist die Bahnfahrkarte nach Hause plus etwas Verpflegungsgeld für unterwegs; selbstverständlich sind alle Auslagen zurückzuzahlen. Außer den hier genannten Botschaften und Konsulaten existieren in einigen Städten auch Honorarkonsulate, deren Adressen man bei den örtlichen Fremdenverkehrsämtern erfragen kann.

• *Deutsche Vertretungen* **Botschaft Madrid**, Embajada de la República Federal de Alemania, Calle Fortuny 8, 28010 Madrid; ✆ 91 5579000, 📠 91 3102104, www.embajada-alemania.es.

Honorarkonsulate gibt es in San Sebastián (Donostia), Bilbo (Bilbao, beide Baskenland), in Muriedas bei Santander (Kantabrien) sowie in Vigo (Galicien), Adressen und Telefonnummern siehe jeweils in den Städtekapiteln.

• *Österreichische Vertretung* **Botschaft Madrid**, Embajada de Austria, Paseo de la Castellana 91, 28037 Madrid; ✆ 91 5565315, 📠 91 5973579.

Honorarkonsulat in Bilbao, Adresse siehe dort.

• *Schweizer Vertretungen* **Botschaft Madrid**, Embajada de Suiza, Calle Nuñez de Balboa 35–7°, Edificio Goya, 28037 Madrid; ✆ 91 4363960, 📠 91 4363980.

Honorarkonsulat in Donostia (San Sebastián), Adresse siehe dort.

Kriminalität

Nordspanien genießt in Sachen Kleinkriminalität einen besseren Ruf als der Rest des Landes. Auf dem Land darf man sich auch wirklich noch sicher fühlen. In den Großstädten dagegen sind auch im Norden Autoaufbrüche und andere Eigentumsdelikte keine Seltenheit mehr. Grassierende Drogensucht, zunehmende Jugendarbeitslosigkeit und mangelnde Zukunftsperspektiven zählen zu den Hauptursachen.

Panik und Misstrauen gegen jedermann sind sicher nicht angebracht, stattdessen Beachtung der üblichen Vorsichtsregeln: Geparktes Auto immer offensichtlich leer lassen (Handschuhfach offen, Radio raus!); Geld und Pass am

Körper verstecken, Fotoapparate lieber im abgewetzten Rucksack als in der schmucken Fototasche transportieren. Ein einfacher Trick gegen Raubzüge vom Motorrad aus ist es, die Handtasche in den Straßen immer zur Hausseite hin zu tragen.

Die finsteren Ecken, die es in manchen Großstädten durchaus gibt, sind während der Siesta, wenn kaum ein Mensch auf der Straße ist, genauso ungemütlich wie in tiefer Nacht! Grundsätzlich gilt: Wem die Angst vor einem Überfall schon im Gesicht geschrieben steht, der hat bessere Chancen, in Schwierigkeiten zu geraten als derjenige, der sich locker und selbstbewusst gibt. Den Helden spielt man im Ernstfall jedoch besser nicht.

Lärm

Lärm ist lästig, kann sogar zu Gesundheitsschäden führen. In Spanien wird mit dem Problem allerdings eher lässig umgegangen. Das gilt im Straßenverkehr, aber auch anderswo. An Baustellen dröhnt der Betonmischer bis in die Nacht, Wasserpumpen rattern rund um die Uhr, Discotheken beschallen benachbarte Hotels und Campingplätze mit ohrenbetäubender Musik. Nach einer landesweiten Erhebung von 2007wird etwa ein Drittel aller spanischen Haushalte durch Lärmprobleme beeinträchtigt. Wer Spanien bereist, wird mit diesem Krach leben müssen – die Einheimischen sind ihm rund ums Jahr ausgesetzt. Um zumindest innerhalb der Wohnungen die Lärmbeeinträchtigung zu mildern, setzte das neue (2008) Lärmschutzgesetz die minimale Isolierung zwischen Schlafräumen und anderen Räumen von 45 auf 50 Dezibel herauf, was nicht nur für Neubauten, sondern auch für Umbauten und Renovierungen gilt. Erfreulicherweise zeigt man im Norden eine zumindest etwas größere Sensibilität als in den südlichen Landesteilen. Doch gehören leider auch hier die großen Städte fast alle zu denjenigen Standorten Spaniens, in denen bis zu 40 % der Wohnungen mit Lärmproblemen zu kämpfen haben. In Asturien etwa sind 20 % aller Haushalte ständig einem Lärm von mehr als 60 Dezibel ausgesetzt – eine ganz klar gesundheitsschädliche Situation.

Ein weiteres Problem sind die „botellones" der Jugendlichen an Wochenenden, wenn auf öffentlichen Straßen und Plätzen bis in den Morgen durchgezecht wird. Viele Städte versuchen, dieses Lärmproblem, das den Anwohnern schlaflose Nächte beschert, durch Sonderverordnungen einzuschränken, etwa das Trinken auf offener Straße zu verbieten (wie in Santiago in Bezug auf die Alameda, auf der in manchen Nächten bis zu 6000 Menschen feiern, oder in A Coruña auf den Plätzen der Ciudad Vieja). Das hat neuerdings dazu geführt, dass sich, wie z.B. in Pontevedra, Gruppen von Jugendlichen heruntergekommene Quartiere mieten und dann auf Privatbesitz die Nacht durchfeiern – keineswegs mit weniger Lärmbelästigung für die Nachbarn. Bei Mieten für solche sanierungsbedürftigen Quartiere ab ca. 150 € pro Monat muss eine Gruppe von 30 Leuten pro Person nur je 5 € hinlegen …

Literatur

Bücher zum Thema Spanien könnten ohne weiteres eine öffentliche Bibliothek füllen. Im Folgenden deshalb nur eine kurze und subjektive Auswahl.

Denkmal für den Dichter: Hemingway-Büste in Pamplona

Belletristik

Verlag Winfried Jenior, neben anderen Schwerpunkten auch auf Spanien spezialisierter Verlag, der neben einem jährlichen Taschenkalender zu Kunst und Kultur („Almanach Spanien") viele interessante Bücher zur Geschichte und Gegenwart Spaniens herausgibt, wobei der Schwerpunkt freilich im Süden des Landes liegt. Lasallestr. 15, 34119 Kassel, ✆ 0561/ 7391621, ℻ 0561/774148; www.jenior.de.

Camilo José Cela: Der in Galicien geborene Literatur-Nobelpreisträger von 1989 ist bekannt für surrealistisch inspirierte Texte und gelegentlich vulgäre Sprache; von ihm stammt auch ein „Wörterbuch der Obszönitäten". Im Verlag Piper erschienen unter anderem „Pasqual Duartes Familie" und „Mazurka für zwei Tote".

Juan Goytisolo, einer der meistübersetzten spanischen Autoren. Bei Suhrkamp unter anderem: „Spanien und die Spanier", eine hoch interessante Auseinandersetzung mit dem Mythos Spanien und der Realität.

Rosalía de Castro: Die galicische Heimatdichterin schlechthin. Im Inselverlag erschienen ist der Gedichtband „An den Ufern des Sar".

Rafael Chirbes, „Der lange Marsch", frisch erschienen. Ein bewegendes Protokoll über das Ende des Francoregimes. Kunstmann Verlag.

Ernest Hemingway, berühmtester aller ausländischen Spanienfans. „Fiesta" (Liebesleid eines Kriegsgeschädigten, Angeln und Trinken anlässlich San Fermín), „Tod am Nachmittag" und „Gefährlicher Sommer" (beide zum Stierkampf), „Wem die Stunde schlägt" (Spanischer Bürgerkrieg). Alle sind sie von tiefer Landeskenntnis und Liebe zu Spanien geprägt und im klaren Papa-Stil geschrieben. Rororo.

Cees Noteboom, von anderer Grundhaltung, aber ebensolcher Liebe zum Land wie Hemingway. Der kunsthistorisch und geschichtlich hoch gebildete Bestsellerautor liefert mit „Der Umweg nach Santiago" eine Sammlung brillanter Essays nicht nur zu Nordspanien. Hervorragend. Suhrkamp Verlag.

Paulo Coelho ist mit seinem Mystiker-Tagebuch des inneren Weges nach Santiago, „Auf dem Jakobsweg", ein internationaler Hit gelungen. Es gibt auch ein Hörbuch, gelesen von Gert Heidenreich (beide Diogenes-Verlag). Was Coelho aus dem Rohmaterial gemacht hat, ist in „Der Alchemist" nachzulesen (ebenfalls Diogenes)..

Literatur zum Jakobsweg

Klaus Herbers: **Jakobus – der Heilige Europas. Geschichte und Kultur der Pilgerfahrten nach Santiago de Compostela.** Düsseldorf 2007. Das neueste Buch des Jakobus-Spezialisten aus Erlangen gibt eine fundierte Kurzfassung der Fakten hinter der Jakobuslegende.

Carmen Rohrbach: **Jakobsweg – wandern auf dem Himmelspfad.** Sehr persönlicher und sehr lesenswerter Bericht über eine Wanderung auf dem Spanischen Jakobsweg, der nicht nur Mystisch-Esoterisches oder Kunstgeschichte referiert, sondern persönliche Beobachtungen vermittelt. Verlag Frederking und Thaler oder in der Taschenbuchreihe der deutschen National Geographic.

Hape Kerkeling: **Ich bin dann mal weg.** Millionen haben den Bericht über seine Pilgerreise schon gelesen. Hoffen wir, dass es ihm nicht alle nachtun wollen. Man will ja auch mal allein sein auf dem Weg.

Elisabeth Ebenberger: **Auf halbem Weg.** Auch dies ein sehr persönlicher, zum Nachdenken anregender Bericht über eine Pilgerreise zum Apostel Jakobus *oder* (Rest des Titels): „Warum Santiago de Compostela warten musste".

Nordwestspanien/Der Jakobsweg, Werner und Susanne Schwanfelder. Das Buch folgt mit Abstechern prinzipiell dem Pilgerweg, ist aber wohl eher für motorisierte Reisende gedacht. Viele Ortspläne. Goldstadt Verlag.

- *Wanderführer* Siehe Kapitel „Nordspanien erleben".
- *Radführer* **Der Jakobsweg von Pamplona nach Santiago de Compostela** von Christina Burger und Alexandra Mayerhofer, verlässlicher Führer, Verlag Stöppel.
- *Kunstführer*: **Der Spanische Jakobsweg** von Dietrich Höllhuber und Werner Schäfke, Dumont Kunstreiseführer, Dumont Reiseverlag.

Diverses

Reiseführer Natur, *Spanien*, Roberto Cabo, BLV-Verlag. Auf Gesamtspanien bezogen, mit Nordspanien befasst sich folglich jeweils nur ein Teil der Texte. Karten, Fotos und viel Hintergrund.

Wege in die Wildnis: *Spanien*, Frederic v. Grunfeld, Westermann-Verlag. Ebenso empfehlenswert, leider nur noch im Antiquariat zu finden.

Spanien: Küche, Land und Menschen, Hausch/Hudgins/Messer, Hädecke Verlag. Opulenter Bildband mit vielen exzellenten Hintergrundinformationen und kochbaren Rezepten. Eine Zierde fürs Buchregal, die ihren Preis hat.

Spanische Fischküche, Johannes Schmid. Detaillierte Beschreibung der verschiedenen Fisch-, Krebs- und Muschelarten samt Illustrationen, natürlich mit Rezepten. Perfekt für Fischfans, die es genau wissen wollen. Verlag Winfried Jenior.

Die Weine Spaniens, David Schwarzwälder, Heyne Verlag. Informatives, schön aufgemachtes Buch, das nach einer allgemeinen Einführung einzelne Regionen, Bodegas und Weine vorstellt und einen besonderen Schwerpunkt auf die Weine des Nordens und Kastiliens legt. Für Liebhaber sicher die Anschaffung wert. Zur Zeit vergriffen.

Lotterien und andere Glücksspiele

Spanier gelten als das spielfreudigste Volk Europas. Gleichgültig ob es sich um Bingo, Fußballwetten, Glücksspielautomaten oder Lotterien handelt – die Kassen klingeln. Besonders begehrt ist der Hauptgewinn der Weihnachtslotterie, „El Gordo" (Der Fette) genannt. Verlost werden dabei Beträge, die unsere Lottogesellschaften vor Neid erblassen ließen.

O.N.C.E.: Im Straßenbild auffällig sind die blinden oder stark sehbehinderten Losverkäufer der Blindenlotterie O.N.C.E., die mit Rufen wie „Tengo el viaje" („Ich habe die Reise") Kunden anzulocken versuchen. Die O.N.C.E., heute mit etwa 30.000 Mitarbeitern der fünftgrößte Konzern Spaniens, wurde nach dem Bürgerkrieg gegründet, um die Sozialhilfe zu entlasten. In den Neunzigern geriet das durchgängig blinde Management unter Beschuss, zum einen durch Vorwürfe verschiedener Organisationen, Blinde würden großzügig unterstützt, während andere Behinderte leer ausgingen. Zum anderen durch den Verdacht der Korruption: Um der Regierung gefällig zu sein, soll der O.N.C.E.-Konzern die kritische Zeitung „Independiente“ aufgekauft haben, um sie bald darauf einzustellen. Trotz dieser (ja auch schon etwas zurückliegenden) negativen Schlagzeilen gilt der Verband aber als weltweit herausragende Selbsthilfeorganisation. Er unterstützt Reha-Zentren, bildet Blindenhunde aus – und sorgt für Arbeitsplätze: Die Arbeitslosenrate der Blinden liegt weit unter dem Landesdurchschnitt.

• *Spielkasinos* Wer selbst sein Glück auf die Probe stellen möchte, findet Kasinos in folgenden Orten: Donostia (San Sebastián), Santander, A Coruña und auf der kleinen Insel A Toxa bei O Grove in Galicien. Die Bekleidungsvorschriften ähneln denen unserer Kasinos, also Jackett und Krawatte, keine Jeans etc.; Ausweis ist Pflicht.

Movida, Marcha und Paseo

Movida („Bewegung“) meinte ursprünglich den Aufbruch in Kunst und Kultur nach dem Tod Francos. Befreit von staatlicher „Fürsorge“, die Kreativität meist im Keim erstickte, machte sich die Avantgarde vor allem Madrids auf zu neuen Ufern. Bald jedoch wurde „Movida“ auch zu einem Begriff für den Wechsel von einer Bar in die nächste und so zu einem Synonym für ausgeprägtes Nachtleben.

Marcha („Marsch“) ist ein eindeutiger Begriff, der sich auf reine Vergnügungsaspekte beschränkt: auf die Piste gehen. Wichtig zu wissen für diejenigen, die am spanischen Nachtleben teilnehmen wollen: In fast allen Städten gibt es je nach Uhrzeit verschiedene „In“-Zonen; so sind beispielsweise zwischen 22 und 24 Uhr die Bars der dann angesagten Straße bis auf den letzten Stehplatz belegt,

Sehr lebendig: die nächtliche Movida

während die Kneipen einer anderen Zone sich erst nach Mitternacht richtig füllen. Wer zur falschen Zeit am falschen Platz ist, kann spanische Städte leicht fälschlich für „tote Hose" halten. Generell beginnt das spanische Nachtleben sehr spät und dauert dann bis in den Morgen; vor ein Uhr morgens ist in kaum einer Disco etwas los.

Paseo („Spaziergang") hängt ebenfalls mit Bewegung zusammen und ist die Entsprechung zur italienischen Passegiata. Nach Dienstschluss, etwa gegen acht, neun Uhr abends werden die Flanierzonen der Städte plötzlich schwarz vor Menschen: Familien, jugendliche Grüppchen, Manager und Sekretärinnen beim Bummel, alle topmodisch gekleidet und mit flinken Augen.

Öffnungszeiten

Nordspanien hat sich da ganz an den Rest des Landes angepasst: Die Nachmittagsruhe *siesta*, die etwa von zwei Uhr bis fünf Uhr dauert, ist in ganz Spanien heilig. Abends ist dafür länger geöffnet, als in unseren Breiten üblich. Wenn Öffnungszeiten saisonal verschieden sind, wird nur nach Sommer und Winter getrennt: Jenseits der Pyrenäen kennt man da nur zwei Jahreszeiten. Was sie genau bedeuten, kann im Einzelfall höchst unterschiedlich sein; lokale Busfahrpläne meinen mit „Sommer" oft die Badesaison, die für Spanier frühestens Mitte Juni beginnt und spätestens Mitte September endet.

Läden: Im allgemeinen Mo–Sa ab 9 Uhr bis 13.30 Uhr geöffnet, nachmittags wieder 17 bis 19.30 Uhr, mit jeweils einer halben Stunde Spielraum. Supermärkte, Kaufhäuser und Lebensmittelläden sind überwiegend am Samstagnachmittag geschlossen. Kleine Lebensmittelgeschäfte hingegen können andererseits in Ferienorten auch bis in die Nacht hinein offen sein.

Museen: Die Regelungen sind hier verschieden. Jeweilige Öffnungszeiten werden im Text angegeben, können sich aber schnell ändern. Es gibt jedoch zwei Faustregeln: Fast überall ist montags geschlossen; wer dagegen dienstags bis freitags vormittags kommt, geht fast nie fehl. **Achtung**: viele Museen sind an den großen Feiertagen wie 1. Mai, 25. Dez., 1. Jan. *geschlossen*, auch solche mit hohem internationalem Bekanntheitsgrad wie das Museum und die Höhlen von Altamira!

Kirchen: Offen sind sie theoretisch meist von etwa 7 bis 12 Uhr, nachmittags von 17 bis 20 Uhr. Dies liegt allerdings völlig im Ermessen des Zuständigen, die besten Chancen bestehen vormittags.

Post

Die einzelnen Schalter des Postamtes (Correos y Telegrafos) halten je nach den angebotenen Diensten unterschiedlich geöffnet. Um Briefmarken (Sellos) zu kaufen, muss man sich aber ohnehin nicht auf die Post bemühen, zu erhalten sind sie auch im Tabakladen Estanco. Die Gebühren für Briefe und Postkarten ändern sich fast jährlich. Lang sind die Laufzeiten bis in die Heimat; Briefe werden schneller befördert als Postkarten – steckt man letztere in einen Umschlag, erreichen sie die Lieben daheim früher. Das gilt übrigens oft auch, wenn man statt „Deutschland" in der Landessprache „Alemania" als Ziel angibt.

Lista de Correos: Die Möglichkeit, sich Briefe aufs spanische Postamt schicken zu lassen. Zu adressieren nach folgendem Muster: Name, Vorname /Lista de Correos/ PLZ, Ort/Spanien

Tipp: Falls der Beamte nicht fündig wird, auch mal unter dem Vornamen nachschauen lassen! Nicht „Herr" oder „Frau" vor den Namen setzen – der Brief wird sonst vielleicht unter „H" oder „F" abgelegt.

Alternativen: In Spanien gibt es eine ganze Reihe von Unternehmen, die in Konkurrenz zur staatlichen Post Briefe und Pakete befördern, u. a. U.P.S. und andere weltweit tätige Unternehmen. Die Liste dieser Dienstleister ist im jeweils zuständigen Telefonbuch (Gelbe Seiten: *Paginas Amarillas*) unter dem Stichwort *correos* nachschlagbar, übrigens auch im Internet: www.paginas-amarillas.es (weiße Seiten: www.paginas.blancas.es).

Der grimmige Löwe frisst nur Drucksachen

Rauchen

Rauchen ist in Spanien seit Ende 2005 in öffentlichen Verkehrsmitteln, öffentlichen Einrichtungen sowie im Prinzip in Gaststätten verboten. Man sollte also annehmen, dass man in Bars und Restaurants auf Nichtraucheroasen trifft. Dem ist leider gar nicht so. Ein einfaches Schild an der Tür, dass dieses Lokal ein Raucherlokal sei, genügt. Ab einer Lokalgröße von mehr als 100 Quadratmetern gelten zwar engere und strengere Bestimmungen, und in Restaurants mit gehobener Küche wird denn auch häufig nicht geraucht, aber das ganz überwiegende Gros aller Gaststätten in Spanien ist nach wie vor Raucherlokal. Die Regierung wird sich etwas Neues ausdenken müssen.

Reisedokumente

Trotz des Schengener Abkommens braucht man weiterhin Personalausweis oder Reisepass, und sei es nur zum Einchecken im Hotel. Autofahrer benötigen zusätzlich Führer- und Fahrzeugschein; die Grüne Versicherungskarte wird dringend empfohlen. In jedem Fall ist es günstig, Pass *und* Personalausweis mitzuführen: Ein Ausweis muss an der Hotel- oder Campingrezeption abgegeben werden, der andere verbleibt z. B. zur Autoanmietung. Anzuraten ist auch, von allen wichtigen Papieren Fotokopien anzufertigen. Dies beschleunigt bei Verlust die Ausstellung von Ersatz erheblich, Ansprechpartner ist dann die örtliche Polizei oder das heimische Konsulat.

Schwule und Lesben

Spanien ist, was Homosexualität betrifft, zumindest an der Oberfläche recht locker: Akzeptiert wird, was man doch nicht ändern kann. In einer großen

Umfrage der Tageszeitung El Pais sprachen sich 61,6 % der spanischen Bevölkerung für die Legalisierung der Ehe unter Homosexuellen aus; dagegen waren gerade mal 18,4 % der PSOE-Wähler (Sozialisten) und überraschenderweise auch nur 53,1 % der Wähler der konservativen PP. Die Regierung Zapatero hat die Homosexuellen bei Erb-, Renten- und vor allem Adoptionsrecht mit heterosexuellen Paaren gleichgestellt und die standesamtliche Eheschließung eingeführt, was ein *instant success* war. Die Europride (europäischer Schwulen- und Lesbentag) 2007 in Madrid brachte Schwule und Lesben aus aller Welt in die spanische Hauptstadt. Doch obwohl Homosexualität heute in Spanien (im Gegensatz zu großen Teilen Mitteleuropas!) nicht mehr als „abnorm" gesehen wird, ist bis zur echten Gleichberechtigung noch ein weiter Weg zurückzulegen.

Eine schwul-lesbische Subkultur abseits von Madrid, Barcelona und den Hochburgen auf den Balearen (Ibiza!) und an der Südküste Spaniens gibt es nur in Ansätzen. Unter den Orten dieses Buches kann lediglich in Bilbao von einer Szene geredet werden.

• *Information* Wer Infos/Adressen möchte, besorgt sich im Lande die kostenlose Broschüre Guía mensual, die im Internet unter www.mensual.com einsehbar ist. Der 2002 bei El Pais Aquilar/Santillana in Madrid erschienene zweisprachige (Spanisch/Englisch) Führer *Guía Gay de España* ist ebenfalls hilfreich (ISBN 8403501404).

Sicherheit

Die Situation im Baskenland ist von außen her nicht immer ganz zu überblicken und kann sich jederzeit schnell ändern. Zur aktuelle Situation siehe deshalb www.auswaertiges-amt.de/diplo/de/Laender/Spanien.html.

Siesta

Zwischen etwa zwei Uhr und fünf Uhr nachmittags hat Spanien geschlossen. Zwar fordern die modernen Zeiten auch hier ihren Tribut, doch wem es möglich ist, hält immer noch daheim im abgedunkelten Zimmer ein Nachmittagsschläfchen oder ruht sich zumindest aus. Die Nächte sind dafür oft lang...

Wichtig zu wissen ist, dass es als ausgesprochen unhöflich gilt, während der Siesta zu stören; das wäre etwa vergleichbar dem Menschen, der bei uns daheim um fünf Uhr morgens vorbeischaut.

Sport

Das breiteste Angebot findet sich natürlich in den Ferienzentren an den Küsten, wo man vom Surfbrett bis zur Segelyacht alles ausleihen kann. Viele Sportanbieter wechseln jedoch von Saison zu Saison, weswegen wir in diesem Führer im Regelfall auch keine Adressen nennen wollen. Aktuelle Listen sind bei den touristischen Informationsstellen vor Ort erhältlich.

Abenteuersportarten wie Parasailing, Drachenfliegen, Bungee-Jumping, Rafting etc. sind auch in Spanien stark im Kommen. Naturgemäß konzentriert sich das Angebot auf die Hoch- und Mittelgebirge, und scheinbar ebenso naturgemäß wechseln auch hier die Anbieter recht schnell. Einzelne Gemeinschaften wie das Baskenland und Galicien haben jetzt damit begonnen, Verzeichnisse (Stichwort: „Turismo Activo") der verschiedenen Veranstalter herauszugeben, ansonsten kann man sich auch an die örtlichen Fremdenverkehrsämter wenden.

Zuschauersport: *Fútbol,* Fußball, ist die bei weitem populärste Sportart Spaniens, wie jeder Barbesucher schnell herausgefunden haben wird. Ein Besuch in einem der großen Stadien ist sicher ein noch beeindruckenderes Erlebnis, zumal die Atmosphäre dort zwar leidenschaftlich, aber nie verbissen ist. Zu den Zuschauern zählen auch erstaunlich viele Frauen. Große Vereine mit Tradition sind im Norden Real Sociedad aus Donostia (San Sebastián), Atletico Bilbao, Sporting Gijón und Deportivo A Coruña.

Angeln im Meer bringt nicht viel ein. Besser im Süßwasser (Stauseen, Forellenflüsse in den Gebirgsregionen), Erlaubnis der Behörden nötig; Informationen über die lokale Lage in den Tourismus-Büros.

Bergsteigen/Wandern: In allen Bergregionen, gute Wandermöglichkeiten oft auch in ihrem Vorfeld. Schutzhütten und markierte Wege sind allerdings nicht gerade im Übermaß vorhanden, die vor Ort erhältlichen Karten mitunter veraltet.

Golf: Kommt auch in Spanien verstärkt in Mode. Bislang ist die Mittelmeerregion allerdings besser mit Plätzen bestückt, in Nordspanien sind es nur einige wenige.

Kanu-, Kajakfahren, Rudersport: Gute Bedingungen in den Flüssen der nordspanischen Gebirgsregionen. Im August findet auf dem Río Sella (Asturien) ein großer internationaler Wettbewerb statt, der sich regelmäßig zu einer Fiesta entwickelt. Populär sind auch die großen Ruderregatten im Atlantik, besonders die von Donostia (San Sebastián).

Pelota: Eine Spezialität des Baskenlands, aber auch in Navarra beliebt. Pelota, ein dem Squash ähnliches Spiel, hat mehrere Abarten, kann mit der Hand oder verschiedenen Schlägern gespielt werden. Näheres im Kapitel zum Baskenland.

Reiten: Möglichkeiten finden sich besonders in Navarra, den Picos de Europa (Kantabrien/Asturien) und in Galicien, wo es sogar noch Wildpferde gibt.

Segeln: An Häfen besteht selbstverständlich kein Mangel. Als besonders anspruchsvolles Revier gilt die Region Santander-Laredo (Kantabrien).

Skifahren: Navarras Pyrenäen besitzen, im Gegensatz zum Nachbarn Aragón, keine Liftanlagen; dafür gilt die Region als Paradies für Langläufer. In den Picos de Europa und sogar in Galicien existieren dagegen einige kleinere Ski-Stationen.

Ein Erlebnis: Küstentour mit Fahrrad

Surfen: Wellenreiten in den schweren Brechern des Atlantiks kommt seit einigen Jahren verstärkt in Mode. Bekannt gute Surfspots sind Zarautz und vor allem Mundaka, beide im Baskenland.

Tauchen: Wen die kühlen Temperaturen nicht schrecken, der findet vor allem in Galiciens Rías gute Tauchgründe.

Tennis: Plätze (auch für Nicht-Gäste) bei Hotels und manchen höherklassigen Campingplätzen der Feriengebiete zu finden.

Windsurfen: Verleihstationen und Schulen finden sich in größeren Urlaubsorten der Küsten, besonders im Baskenland.

Strom

220 Volt Wechselstrom sind Standard, nur in sehr abgelegenen Dörfern können es manchmal noch 125 Volt sein. Fast alle Hotels und Campingplätze verfügen über Euro-Steckdosen. Wer jedoch ganz sicher gehen will, dass sein Stecker überall passt, sollte sich beim Elektro-Fachhandel einen Adapter besorgen.

Telefonieren

Spanien hat die Ortsvorwahlen de facto abgeschafft beziehungsweise den jeweiligen, seitdem neunstelligen Teilnehmernummern zugeschlagen. Fast alle Nummern beginnen mit der 9, nur in wenigen Ausnahmefällen (so z.B. bei einigen Ämtern in Navarra) kann eine 8 an erster Stelle stehen.

Aus dem Ausland wird nach der Landesvorwahl 0034 die komplette neunstellige Teilnehmernummer gewählt. In der Gegenrichtung wurde die früher als Einwahl ins internationale Netz verwendete 07 durch die auch in anderen Ländern übliche 00 ersetzt.

Vorwahlen

Nach **Deutschland** 0049, nach **Österreich** 0043, in die **Schweiz** 0041.
Immer gilt: die Null der Ortsvorwahl weglassen.

Nach Spanien ab Deutschland, Österreich und der Schweiz: Ländervorwahl 0034, dann die komplette Teilnehmernummer.

Gebühren: Von Calling Cards etc. abgesehen, ist es im Normalfall billiger, sich von der Heimat aus anrufen zu lassen – die spanischen Normaltarife für Auslandsgespräche sind höher als bei uns.

Telefongesellschaften: Der Telekommunikationsmarkt ist viel zu schnelllebig, um hier Informationen über die günstigsten Anbieter für Gespräche Richtung Spanien zu geben. Das gilt auch in der Gegenrichtung.

Telefonzellen werden leider immer seltener. Sie akzeptieren nicht nur Münzen, sondern meist auch Telefon- und sogar Kreditkarten.

Telefonkarten: Die „Tarjetas telefónicas", in praktisch jeder Telefonzelle anwendbar, bedeuten bei Ferngesprächen großen Komfortgewinn. Es gibt sie im Tabakgeschäft (Estanco) oder bei der Post.

Calling Cards: Eigentlich nur eine Merkhilfe für eine Netzzugangsnummer, mit der man sich zu einem meist sehr günstigen Tarif bei der jeweiligen Telefongesellschaft einwählt. Abgerechnet wird über das Girokonto oder prepaid, also per Vorauszahlung.

Handys: Die ganz große Abzocke beim „móvil" ist vorbei: Durch eine EU-Verordnung wurden die Minutenpreise bei Auslandsanrufen auf maximal 49 Cent, bei angenommenen Gesprächen auf 24 Cent gedeckelt (jeweils zzgl. Mehrwertsteuer); künftig sollen die Tarife noch etwas weiter sinken. Das ist erheblich weniger als früher. Für Vieltelefonierer geht es aber noch günstiger, beispielsweise durch die Buchung eines speziellen Auslandstarifs oder die Anschaffung einer internationalen oder spanischen Prepaid-Karte (span. Gesellschaften: Movistar, Vodafone und Orange). Letztere gibt es in jedem spanischen Telefonladen, in Einkaufszentren etc. oder bereits vorab z.B. bei www.gsm-webshop.com.

Telefonieren ohne Geld: Der „Deutschland Direkt-Dienst" ist ein Service der Telekom, nützlich z. B., um nach Verlust der Barschaft von zuhause telegrafischen Nachschub (siehe „Geld") anzufordern – die Gebühr zahlt der Angerufene.

Telefonnummer ab Spanien, ohne jede Vorwahl: **900 99 0049**

Eine Zentrale verbindet weiter. Die Tarife - liegen in erträglichem Rahmen: pro Verbindung 2,50 €, zusätzlich pro Minute 0,51 €. Der Service funktioniert nur zu Festnetzanschlüssen, Details im Internet: www.detecardservice.de.

www.teltarif.de/reise: Nützliche Seite mit aktuellen Infos und Tipps zum Thema „Telefonieren im Ausland".

Toiletten

Bezeichnet sind Toiletten meistens mit „Servicios“ oder „Lavabos“, nur selten noch mit dem altertümlichen „Aseos“. Um nicht ins falsche Abteil zu geraten, folgen Herren der Aufschrift „Caballeros“ (oder schlicht „C“), Damen suchen „Señoras“ (oder „S“).

Umsatz-/Mehrwertsteuer

Die Umsatzsteuer IVA beträgt in Spanien für die meisten Transaktionen nur 7 %, so auch für Leistungen der Gastronomie und Hotellerie (letzteres mit Ausnahme der Fünfstern-Luxusklasse). Während die einfacheren Gaststätten auf ihren Menüs die Preise fast immer inklusive Mehrwertsteuer ausweisen, ist das bei „feinen“ Restaurants häufig nicht der Fall – das Kleingedruckte am Ende der Speisekarte gibt Auskunft! Besonders aufzupassen heißt es bei den Unterkünften, denn dort herrscht Chaos: Mal ist die Steuer dabei, mal nicht. Und ob man am Ende des Aufenthalts 200 € oder 214 € zu zahlen hat, macht einen satten Unterschied. Hier im Buch sind alle Preise bereits inklusive der Mehrwertsteuer angegeben.

Zeit

Auch in Spanien gilt die Mitteleuropäische Zeit (MEZ), wie bei uns werden die Uhren auf Sommer- und Winterzeit umgestellt. Da beispielsweise Galicien innerhalb unserer Zeitzone sehr weit westlich liegt, geht die Sonne dort, abhängig von der Jahreszeit, bis zu eineinhalb Stunden später auf und unter.

Zoll

Waren zum eigenen Verbrauch dürfen im privaten Reiseverkehr innerhalb der EU, also auch zwischen Deutschland, Frankreich und Spanien, grundsätzlich ohne Beschränkung mitgeführt werden.

- *Richtmengen zur Unterscheidung zwischen privater und gewerblicher Verwendung* 800 Zigaretten, 400 Zigarillos, 200 Zigarren, 1 kg Rauchtabak. 10 Liter Spirituosen, 20 Liter sogenannte Zwischenerzeugnisse, 90 Liter Wein, davon maximal 60 Liter Sekt, und 110 Liter Bier. Auch die Mitnahme höherer Mengen ist möglich, sofern sie dem eigenen Verbrauch dienen, was bei eventuellen Kontrollen dem Zoll allerdings glaubhaft zu machen wäre.

Anders ist die Regelung weiterhin beim Transit durch das Nicht-EU-Land Schweiz. Hier wurde folgendes vereinbart: Sofern die vierfache Freimenge der jeweiligen Ware nicht überschritten wird, gibt es keine Probleme; Nicht-EU-Freimengen sind unter anderem 200 Zigaretten, 2 Liter Wein, 1 Liter Spirituosen. Bei Mitnahme höherer Mengen muss der Zöllner ungefragt (!) darüber in Kenntnis gesetzt werden. Er entscheidet dann, ob für die Waren eine Transitkaution zu stellen ist, die bei der Ausfuhr wieder erstattet wird. Besonders für Freunde des spanischen Schinkens ist es darüber hinaus wichtig zu wissen, dass beim Transit durch die Schweiz schon kleinere Mengen von Fleisch- und Wurstwaren Ärger bescheren können.

Einst Wohnstatt des Schutzpatrons von Navarra: Castillo de Javier

Navarra (baskisch: Nafarroa)

+++ Encierros – Stiertreiben (nicht nur) in Pamplona +++ Grüne Gebirgstäler und sonnendurchglühte Ebenen +++ Baskischer Einfluss auf Gesellschaft und Kultur +++

Wie die westliche Nachbarin La Rioja wird Navarra von der Mehrzahl der ausländischen Reisenden nur als Durchgangsstation betrachtet, eine Einschätzung, die der vielfältigen Region nicht gerecht wird.

Die *Comunidad Foral de Navarra* zählt zu den kleineren Autonomen Gemeinschaften Spaniens. In ihrer einzigen Provinz lebt etwa eine halbe Million Menschen. Hauptstadt ist Pamplona. Der Lebensstandard ist hoch, nach einer im Jahr 2004 veröffentlichten Studie (Anuario Social de España 2004, bislang letzte erschienene Ausgabe) der höchste Spaniens. Das trifft auch auf das Bruttoregionalprodukt zu, das zusammen mit dem Baskenland an der Spitze der spanischen Regionen steht (13.000–13.700 € pro Einwohner/Jahr, ganz unten steht Extremadura mit 7.000–8.100 € p.E./J).

Navarra grenzt im Nordosten an Frankreich, im Südosten an Aragón, im Südwesten an La Rioja und im Nordwesten an das Baskenland, dem die Region historisch, gesellschaftlich und kulturell stark verbunden ist: Besonders im Norden Navarras verstehen sich viele Einwohner als Basken und sprechen die baskische Sprache, die – mit gewissen Einschränkungen – auch als zweite offizielle

Sprache der Comunidad anerkannt ist. Ebenfalls baskischen Ursprungs sind die meisten Ortsnamen im Norden der Region und viele der dortigen Festgewohnheiten wie auch das heiß geliebte Ballspiel *jai alai* (Pelota). Seine Heimat benennt so mancher Navarrese am liebsten auf baskisch: *Nafarroa*. Den baskischen Separatismus teilen die Einwohner allerdings nicht unbedingt, gelten vielmehr seit jeher als konservativ und (spanisch) nationalbewußt, was sie im Jahr 2007 wieder einmal bewiesen haben, als es große Proteste gegen einen eventuellen Zusammenschluß von Navarra mit dem Baskenland gab. Andererseits erhielt Nafarroa Bai, die baskisch-nationalistische Parteiengruppe, bei den Wahlen 2004 17,9 % der Wählerstimmen, konnte im Mai 2007 gar mit 23,7 % prunken und besetzte damit 12 der 50 Sitze im Regionalparlament.

Während der Karlistenkriege stand Navarra auf der Seite des konservativen Don Carlos, und im Spanischen Bürgerkrieg fand Franco kaum beflissenere Kämpfer als die Navarresen. Er dankte es ihnen, indem er die alten Sonderrechte der Region, die „Fueros“, teilweise wieder in Kraft setzte – die Basken außerhalb Navarras hingegen bezahlten für ihre Unterstützung der Republikaner mit jahrzehntelangen schweren Repressalien.

Die Lieblingsfarbe der Navarresen ist (wie die der Basken auch) ganz eindeutig Rot, ein Relikt der Karlistenkriege, als Rot für die Anhänger von Don Carlos stand. Mit ihren knallroten Autos und Uniformen ist die regionale Polizei Policía Foral auf den ersten Blick leicht mit einer Feuerwehrtruppe zu verwechseln. Rot ist Bestandteil vieler Trachten, und auch zu den berühmten Fiestas von San Fermín trägt der traditionsbewusste Navarrese zum weißen Hemd und der weißen Hose selbstverständlich eine rote Schärpe und die rote Baskenmütze *boina*.

Landschaftlich und klimatisch zeigt sich Navarra sehr vielseitig, ihre schöne Landschaft ist sogar die Hauptattraktion der Region. Der nördliche Bereich Navarras zählt zur Bergzone *Montaña*, in deren Osten der Hauptkamm der Pyrenäen zum Atlantik hin abfällt. Üppig grüne Täler und bewaldete Hänge signalisieren den Einfluss der nahen Küste. Nicht umsonst wird ein Teil dieser Zone „La Navarra Húmeda“ genannt, das „Feuchte Navarra“: Die Höhenzüge fangen einen guten Teil der atlantischen Tiefausläufer ein, weshalb besonders im Frühjahr und Herbst, gelegentlich aber auch im Sommer, mit Nebel und Nieselregen zu rechnen ist. Die Winter der Region sind nass und kalt, in Höhenlagen schneereich.

Ähnlich grün und ähnlich feucht, aber von deutlich geringerer Höhe sind die Mittelgebirge der Sierras im mittleren Bereich der Comunidad, der so genannten *Zona Media*, die den Übergang von den Bergen des Nordens zu den weiten Ebenen des Südens bildet.

Im Süden erstreckt sich im Becken des Flusses Ebro das flache Schwemmland der *Ribera*, deren Charakter schon von den sonnenverbrannten Weiten Zentralspaniens geprägt wird. Oft ist es hier auch dann staubtrocken, wenn gleichzeitig der Norden Navarras fast im Regen ertrinkt. Trotz des Mangels an Niederschlägen ist die Ribera dank der ausgeklügelten Bewässerungsanlagen, die das Ebrowasser auf die Felder verteilen, die ungemein fruchtbare Gemüsekammer Navarras.

Navarra
Karte Seite 132

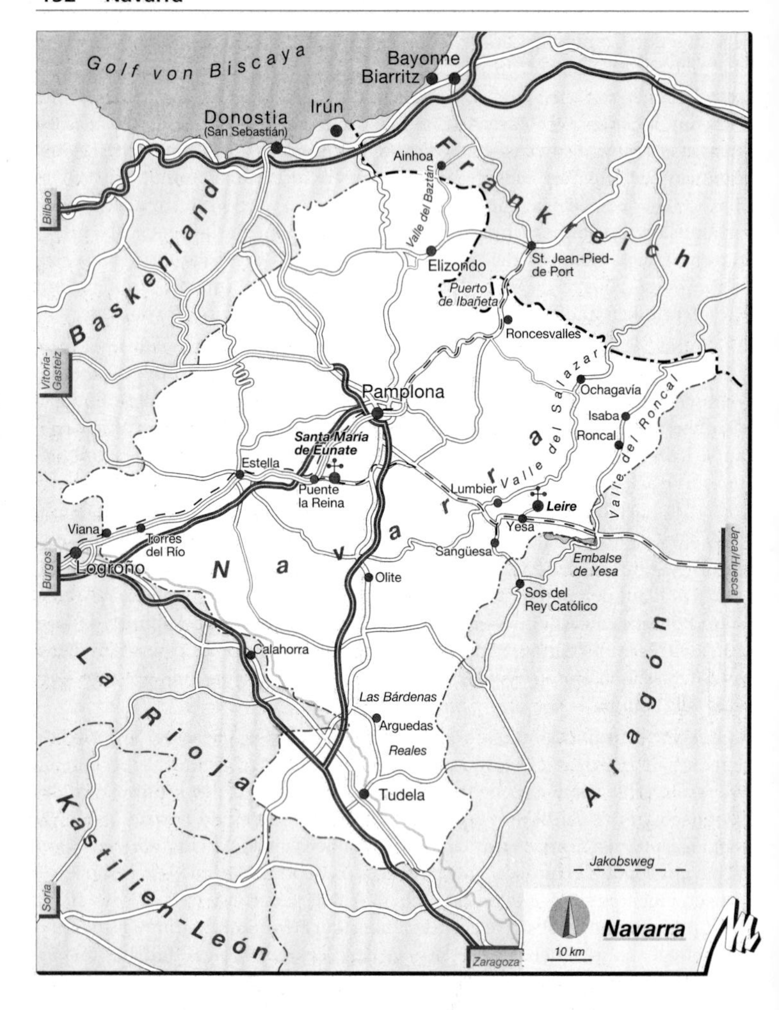

Die **Städte** haben ebenfalls ihre Reize, bewahren vieles an mittelalterlichem Erbe. Dies gilt ganz besonders für jene, die am Pilgerpfad Jakobsweg (Camino de Santiago) liegen: *Pamplona*, die Hauptstadt der Gemeinschaft, ist nicht nur zu den legendären Fiestas de San Fermín im Juli besuchenswert, und auch kleinere Städtchen wie *Puente la Reina* und *Estella* erinnern mit feinen Sakralbauten an ihre große Zeit als Pilgerstationen. Dem Jakobsweg, dessen von Frankreich kommende Hauptrouten sich hier vereinen, verdankt Navarra auch eine Zahl einsamer Klöster wie das sehr schön gelegene *Monasterio de Leire* nahe der Ostgrenze zu Aragón.

Geschichte Navarras

Die Herrschaft der Römer, die im 2. Jh. v. Chr. in Spanien einmarschiert waren, beschränkte sich überwiegend auf den mittleren und südlichen Teil Navarras – die baskische Bevölkerung des gebirgigeren nördlichen Abschnitts wusste ihre Eigenständigkeit recht gut zu verteidigen. 75 v. Chr. gründete Pompeius die Stadt Pamplona.

Nach der maurischen Besetzung des Westgotenreiches in Spanien 711 formierte sich auch in der Region Navarra heftiger Widerstand, der aber zunächst weitgehend erfolglos blieb, weshalb man zwischenzeitlich sogar mit den Arabern paktierte. Mit der Zeit mehrten sich jedoch die militärischen Erfolge der Christen. Ab dem späten 9. Jh. lässt sich dann von einem christlichen Königreich Pamplona sprechen, das unter *Sancho III. dem Großen* (1000–1035) seinen Höhepunkt erreichte, sogar Kastilien und Aragón beherrschte. Im Süden Navarras währte die Präsenz der Mauren allerdings noch länger, reichte in Tudela sogar bis ins Jahr 1119. Nach dem Tod Sanchos wurde sein Großreich unter den drei Söhnen aufgeteilt, *García III.* erbte das Königreich Navarra. Etwa zeitgleich brachte der in Mode gekommene Jakobsweg, dessen Routen sich in Navarra vereinigen, ungeahnten wirtschaftlichen Aufschwung.

Navarra
Karte Seite 132

Der Reichtum weckte natürlich den Neid der militärisch stärkeren Nachbarn, und so kam Navarra fortan immer wieder unter fremde Herrschaft. 1076 teilten sich Aragón und Kastilien das Reich. Ab 1134 folgte noch einmal ein Jahrhundert der Unabhängigkeit. 1234 schließlich brachte eine Heirat die Union mit der Champagne. In der Folge verstärkte sich der französische Einfluss, geriet Navarra gar de facto zur französischen Provinz.

Erst 1441 gewann die Region ihre Selbständigkeit zurück, doch bereits 1512 rief der Einmarsch des „Katholischen Königs" *Ferdinand II.* schon wieder Unruhe hervor, diesmal durch den Anschluss an das vereinigte Königreich Kastilien-Aragón, der mit dem Vertrag von 1515 besiegelt wurde. Navarra war und blieb fortan Teil Spaniens, immerhin einigermaßen zufrieden gestellt durch die von der Krone eingeräumten Sonderrechte (*fueros*), die in Steuergesetzen, Militärdienst und Verwaltungsangelegenheiten gewisse Eigenständigkeit garantierten.

In Kürze: Navarra

Fläche: 10.391 Quadratkilometer

Bevölkerung: 593.000 Einwohner, das entspricht einer Bevölkerungsdichte von 57 Einwohnern pro Quadratkilometer.

Schöne Orte: Estella, Olite, Puente la Reina, die Altstadt von Pamplona; auf ihre rustikale Art auch viele Pyrenäendörfer.

Reizvolle Landschaften: In erster Linie die Täler der Pyrenäenregion.

Keinesfalls versäumen: Die Fiesta de San Fermín in Pamplona (6.-14. Juli), wenn es auch nur irgendwie in den Reiseplan passt.

Internet-Infos: www.turismonavarra.es

Verbindungen

Zug: Navarra besitzt nur eine einzige RENFE-Linie, die in Nord-Süd-Richtung über Pamplona verläuft. Ab Pamplona bestehen relativ seltene Direktverbindungen u. a. nach Vitoria-Gasteiz, Burgos und Donostia (San Sebastián) und weiter nach Irún an der Grenze zu Frankreich. Wichtige Knotenpunkte mit anderen Linien sind Castejón de Ebro im Süden und Altsasu/Alsasua sowie Miranda de Ebro im Norden.

Bus: Für weite Teile Navarras, darunter die Pyrenäen und die Orte am Jakobsweg, sind Busse die einzige Wahl und auch für die Weiterreise in andere Regionen vielleicht vorzuziehen – der Bahnhof von Pamplona liegt ungünstig und wird nicht besonders gut bedient. Busverbindungen in die Pyrenäentäler sind rar, manche Ortschaften nur mit Umsteigen zu erreichen.

Feste

Nicht zuletzt dank der ausführlichen Schilderung in Hemingways bekanntem Roman „Fiesta" sind die *Fiestas de San Fermín* von Pamplona weltberühmt. Doch auch die kleineren Feste Navarras, weniger bekannt und weniger von Fremden besucht, besitzen ihren Reiz.

Feste Navarras – eine Auswahl

Carnaval, Karneval, nicht nur der übliche Maskentrubel: Im Dorf Lantz 22 Kilometer nördlich von Pamplona treten uralte Prototypen wie das gesichtslose Heuwesen ziripot auf (Anfahrt auf der N 121 A nach Irún/Hendaye, kurz vor dem Tunnel des Puerto le Velate rechts abzweigen). Ende Januar fungiert der Maskenlauf beim Zampanzar-Fest zwischen den Dörfern Ituren und Zubieta als archaische Winteraustreibung mit um die Hüften gebundenen Kuhglocken und Kleidung aus Schaffellen, Spitzenröckchen und Spitzhüten.

Semana Santa, die Karwoche; am Karfreitag in Tudela das Passionsspiel „El Volatín".

Fiestas de San Fermín (6.-14. Juli) in Pamplona, eines der wichtigsten Feste ganz Spaniens.

Fiesta de Santa Ana (24.-30. Juli), in Tudela, unter anderem mit Stiertreiben wie bei San Fermín in Pamplona.

Patronatsfeste, teilweise ebenfalls mit „Encierros", unter anderem in Puente la Reina (24.-31.7.), Estella (ab Freitag vor dem ersten Augustsonntag), Sangüesa (ab 11. September) und Olite (14.-18. September). Sehr traditionsreich sind auch die Feste der einzelnen Pyrenäentäler, die überwiegend zwischen Juli und September abgehalten werden.

Küche und Keller

Navarras Küche vereint Einflüsse aus Frankreich, Aragón und dem Baskenland, besitzt aber durchaus eigenständigen Charakter.

Regionale Spezialitäten sind *chuletas de cordero a la navarra*, Lammkoteletts mit einer Sauce aus Zwiebeln, Tomaten und Schinken, *pimientos rellenos*, mit Fleisch oder Stockfisch gefüllte Paprika und die *garbure* (auch: *sopa de potaje de coles*), ein deftiger Eintopf auf Kohl-Gemüse-Basis.

Die Ribera, der fruchtbare Süden Navarras, kann aus einem reichen Gemüseangebot schöpfen. Besonders geschätzt und ähnlich dem Wein sogar durch ei-

Nordspaniens Küste: ein Schlemmerparadies

Navarra
Karte Seite 132

gene Herkunftsbezeichnungen (Denominación de Origen, kurz D.O.) geschützt, sind hier die weißen und grünen Spargel *espárragos*, die im Mai und Juni Saison haben, ebenso die roten Paprika, die als *Piquillos de Lodosa* spanienweiten Ruf genießen und bei kaum einer Mahlzeit fehlen. Exzellent sind die hiesigen Artischocken, besonders die aus Tudela, einem kleinen Städtchen ganz im Süden Navarras, aus dem auch der üppige Gemüseeintopf *menestra* stammt.

Die Pyrenäen bereichern Navarras Küche um die *truchas a la navarra*, mit Schinken gefüllte Forellen. Rebhuhn (*perdiz*) ist ebenfalls beliebt und wird in Navarra meist mit einer dunklen Sauce, die ungewöhnlicherweise auch etwas Schokolade enthält, serviert. Berühmt sind die verschiedenen Schafskäse der Pyrenäentäler, vor allem der *queso de Roncesvalles* und der *queso de Roncal*, letzterer sogar durch eine D.O. herkunftsgeschützt. Schließlich sollte, wer im Herbst die Pyrenäen Navarras bereist, sich keinesfalls die hiesigen Pilze entgehen lassen.

Navarras frische Rot- und Roséweine werden des sonnigen Klimas wegen vorwiegend in der Ribera angebaut und können sich in zunehmendem Maße mit den Erzeugnissen der Rioja messen (leider auch preislich ...). Manche der hiesigen Tröpfchen fallen auch ausgesprochen kräftig aus – Alkoholwerte von über 14 Prozent sind durchaus drin. Einige Nummern stärker noch ist der beliebte Schnaps *pacharán*, der aus Schlehen hergestellt wird und Magen und Nerven beruhigen soll.

Navarras Pyrenäen

Der massive Grenzwall zu Frankreich erreicht in Navarra nicht mehr die Höhen von Aragón oder Katalonien, wo die Pyrenäen bis auf über 3000 Meter ansteigen. Dafür sind die flacheren Gebirgszüge Navarras, die nur im äußersten Osten knapp die 2000-Meter-Marke streifen, um einiges ursprünglicher geblieben. Hier hat der Tourismus längst noch nicht die Alleinherrschaft übernommen.

Völlig weltabgeschieden liegen die wunderbar grünen Täler, die ausgedehnten Wälder und zerklüfteten Felshänge Nordostnavarras jedoch auch wieder nicht. Langsam etabliert sich auch hier ein bescheidener Fremdenverkehr, erfreulicherweise ohne Bettenburgen und Boutiquen. *Turismo verde* heißt das Projekt, das Navarra einen sanften, umweltverträglichen, eben „grünen" Tourismus bescheren soll.

Casas rurales: Übernachtungen in diesen Landhäusern bieten wohl eine der schönsten Möglichkeiten, den Pyrenäentälern Navarras nahe zu kommen. Vermieter sind meist Landwirte, die auf ihren Bauernhöfen jeweils nur wenige Zimmer für Gäste bereitstellen. Schwerpunkte des ländlichen Tourismus liegen in den Tälern von Baztan, Salazar und Roncal, doch finden sich „Casas rurales" auch in anderen Regionen der navarresischen Pyrenäen. Für die Übernachtung im DZ sind in der Regel etwa 30–40 € pro Nacht zu rechnen, ganze Häuser schlagen im Schnitt mit 300–500 € (4-Personen-Haus) pro Woche zu Buche. Fast immer ist auch Frühstück, gelegentlich Voll- oder Halbpension erhältlich. Ausführliche Informationen beim Fremdenverkehrsamt Pamplona, im Sommer auch bei den regionalen Infostellen vor Ort. Wer sich schon vor der Reise schriftlich informieren möchte, kann sich vom Fremdenverkehrsamt Pamplona den jährlich erscheinenden Katalog „Guía Oficial Alojamientos de Navarra" zuschicken lassen, der auch Casas Rurales auflistet (auch als CD und ebenfalls kostenlos erhältlich).

Rafting, Wassersport: Die Agentur nattura.com aus Pamplona bietet verschiedene Rafting- und Kajaktouren sowie Speedboot und „hydrospeed"-Fahrten (auf Plastikbrettern) an: nattura.com, Edif. Iwer A-3-27, Calle Marcelo Zelaieta 75, ✆ 948 131044, ✆ 948 13441. www.nattura.com.

Internet-Verzeichnisse von Casas Rurales: www.casasruralesdenavarra.com, www.turismoruralnavarra,com.

Valle de Baztan

Das nördlichste und damit am stärksten baskisch beeinflusste der hier beschriebenen Pyrenäentäler bildet mit rund 274 Quadratkilometern Fläche und insgesamt 14 Ortschaften die größte Gemeinde Navarras.

Es erstreckt sich etwa zwischen der französischen Grenze bei Ainhoa und dem Örtchen Almándoz nahe der N 121 Pamplona-Irún, sein Hauptort ist *Elizondo (Baztan).* Abseits der großen Verkehrswege gelegen, errangen die Dörfer des ausgedehnten Tals schon im Mittelalter relative Eigenständigkeit und weitgehende Selbstverwaltung, die sich auch auf die Bewirtschaftung des überwiegend gemeinschaftlich genutzten Bodens bezog und bis heute bezieht. Im 15. Jh. ließen sich die offensichtlich sehr selbstbewussten Einwohner vom damaligen König gar allesamt zu Adligen ernennen – Erklärung für die herrschaftlichen Wappen, die an vielen der alten Steinhäuser noch zu erkennen sind. Seiner abgeschiedenen Lage verdankt das Baztan-Tal das Überleben so mancher mittelalterlicher Bräuche und Trachten, ebenso den besonderen Dialekt, der aus dem Baskischen abgeleitet ist.

„Hexen" im Baztan-Tal

Auch der Geisterglaube gedieh in der entlegenen Region des Baztan-Tals. Im Mittelalter galten die Höhlen beim hübschen Dorf *Zugarramurdi,* nahe der französischen Grenze und einige Kilometer westlich der Hauptstraße, als Treffpunkt von Zauberern und Hexen. Für die Einwohnerschaft von Zugarramurdi hatten die Gerüchte verheerende Folgen: 1610 wurden hier nicht weniger als 280 Personen der Hexerei beschuldigt. Zu den Vorwürfen zählten neben Satansanbetung, Vampirismus und Kannibalismus auch das Herbeirufen verheerender Stürme an der nahen Küste. Der verantwortliche Inquisitor Don Juan del Valle Alvarado ließ mehrere Dutzend der armen Teufel zum Tribunal nach Logroño bringen. Während der monatelangen „Untersuchungen" starb eine ganze Reihe der Angeklagten, sieben weitere landeten auf dem Scheiterhaufen. Heute wird die Erinnerung an die Greuel von damals folkloristisch verklärt: Die Grotte, in der sich die Geheimtreffen abgespielt haben sollen, steht gegen Entgelt zur Besichtigung offen, und an Wochenenden tanzen die Dorffrauen vor interessierten Zuschauern schon mal den „Hexentanz"...

Navarra
Karte Seite 132

Wenn nicht gerade Nebel oder Nieselregen die Sicht nimmt, ist das Baztan-Tal ein wahrer Augenschmaus: Saftige Weiden und Terrassenfelder, Buchen-, Eichen- und Kastanienwäldchen, kleine Dörfer und verstreute Einsiedlerhöfe ergeben ein stimmungsvolles Ensemble.

Elizondo (Baztan)

Elizondo bildet das wirtschaftliche und kulturelle Zentrum des Baztan-Tals. Die alte Siedlung erweist sich als ein reizvolles Städtchen mit eleganten, wappengeschmückten Steinhäusern. Hauptplatz ist die *Plaza de los Fueros* mit dem Rathaus.

• *Verbindungen* **Bus**: LA BAZTANESA pendelt 4-mal täglich zwischen Elizondo und Pamplona. Weitere Verbindungen bestehen zwischen Elizondo und dem baskischen San Sebastián (Donostia).

• *Übernachten* *** **Hotel Baztán**, an der Hauptstraße nach Pamplona, etwas außerhalb des Ortes selbst. Komfortabel ausgestattet, u. a. mit Garten und Pool, gutes Restaurant (Menü ca. 20 €). DZ etwa 75–90 €. Geöffnet von Ostern bis Oktober. Ctra. Pamplona-Francia, km 52; ✆ 948 580050, ✆ 948 452323, www.hotelbaztan.com

** **Hostal Rest. Saskaitz**, direkt in Elizondo. Ebenfalls durchaus komfortabel, Organisation verschiedener Outdoor-Aktivitäten, ganzjährig geöffnet. DZ/Bad nach Saison und Ausstattung knapp 65–80 €. Calle María Azpilikueta 10, ✆ 948 580488, ✆ 948 580615, hotelelizondo@biaize.net.

• *Camping* **Baztan** (1. Kat.), bei Erratzu, an der Straße zur französischen Grenze Richtung St. Jean. Mittelgroßer, recht gut ausgestatteter Platz, geöffnet Mitte April bis Oktober. Preis p.P 6,50 €, Parzelle inklusive Auto und Zelt je nach Saison 12–18 €. ✆ 948 453133, ✆ 948 453085, www.campingbaztan.com.

• *Feste* **Fiestas Patronales**, das Patronatsfest von Elizondo am 25. Juli; mit traditioneller Musik und Tänzen.

Weitere Feste im Baztan-Tal: 29./30. Juni in Erratzu, 10.-14. August in Ciga, 24.-27. August in Lecaroz, 24.-28. August in Arizcun.

Lantz

Schon südlich des Puerto le Velate (über den man das Tal von Baztan von Pamplona aus erreicht) liegt Lantz, dessen Dorfkarneval in Spanien mittlerweile Kultstatus hat. Wie auch anderswo in Spanien war der Maskenzug von den Faschisten 1937 verboten worden (wegen der Maskierungen!), um 1964 als erster wieder stattzufinden. Zentralfigur ist die mit Heu ausgestopfte, gesichtslose Puppe des Miel Otxin, eines Räubers, der einst die Gegend unsicher machte und von maskierten *txaxos* (Burschen) begleitet wird. Andere Figuren sind z. B. der ebenfalls aus Heu bestehende, gesichtslose *ziripot* sowie das *zaldiko* (Pferd). Abends Feuerzauber (schließlich müssen ja böse Geister verbrannt werden) und reichlich Böller- und Flintenschüsse, dann wird gefeiert bis zum Morgen.

• *Feste* In ganz Spanien bekannter und entsprechend besuchter Karnevalsumzug

• *Übernachten/Essen&Trinken* **Juan Simón**, Ventas de Arraitz (4 km entfernt), DZ ab ca. 48 €, Mitte Sept. bis Mitte Okt. geschl., ✆ 948 305052; **Posada de Lantz**, Regionalküche, im Karneval spezielles Menü mit Saubohnen, dann besser vorbestellen: ✆ 948 307012.

Ituren und Zubieta

In einem Nebental, zu erreichen von Doneztebe an der N 121 A zwischen Almandoz und der Küste, verstecken sich die beiden Dörfer Ituren und Zubieta, deren schöne Dorfarchitektur (besonders in Ituren) einen Besuch rechtfertigt. An einem der letzten Januartage sind sie Treffpunkt von Folklorefans nicht nur aus Spanien: Dann findet der wohl archaischste Karnevalsumzug des Landes statt, ein Maskenzug zwischen den beiden 3 km auseinander liegenden Dörfern, genannt *Zampanzar* (oder *zanpantzar)*. Die *Yoaldunak*, junge Männer mit spitzen Mützen und bunten Bändern, um die Hüften geschlungenen Schaffellen und großen, ebenfalls um den Leib hängenden Kuhglocken, marschieren in einer feststehenden Choreographie aus den beiden Dörfern aufeinander zu, die vereinigte Gruppe besucht dann beide Dörfer. Die ganze Zeit über – auch beim anschließenden Festessen – lärmen die Kuhglocken. Das Spektakel ist – wie in den Grundzügen jeder Karnevalsbrauch – vorchristlichen Ursprungs und soll den Winter vertreiben.

• *Feste* **Zampanzar**, am Montag und Dienstag nach dem letzten Sonntag im Januar;

• *Übernachten/Essen&Trinken* ** **Hostal rural Plazaenea**, Ituren, Plaza de la Villa 8, schlichte, aber gemütliche Zimmer, DZ mit Bad ca. 55 €, ohne Bad 43 €, ✆/℻ 948 450018; **Asador Altxunea Eretegia**, Ituren, Calle Consejo 27, gutes Lokal, Fleisch und Fisch vom Grill, à la carte 25-45 €, nur an Wochenenden geöffnet.

Orreaga/Roncesvalles

Ein kleines Dorf mit großer Geschichte, auf knapp tausend Meter Höhe südlich des Passes Puerto de Ibañeta gelegen und die erste Station des Jakobswegs in Spanien.

Orreaga/Roncesvalles liegt etwa 50 Kilometer nordöstlich von Pamplona, an der Nebenstraße N 135 unweit der französischen Grenze und inmitten wilder, oft wolkenverhangener Pyrenäenberge.

Die Landschaft um Roncesvalles bildet den Hintergrund für die mythische, gleichwohl auf realem Geschehnis begründete Sage von Roland, einem der zwölf

Paladine Karls des Großen. Doch hatten, anders als im mittelalterlichen *Rolandslied*, nicht Mauren die Nachhut Karls des Großen 778 am Pass von Roncesvalles (heute: Puerto de Ibañeta) angegriffen, war Roland somit auch nicht der todesverachtende Retter des Abendlandes, zu dem ihn die Überlieferung macht. Tatsächlich rächte sich wohl eine Union aus Aragón, Navarra und dem Baskenland am abmarschierenden Frankenheer für dessen Angriff auf Pamplona. Zu spät soll Roland damals in sein Horn „Olifant" geblasen haben, um Hilfe herbeizuholen: Die komplette Nachhut wurde aufgerieben, alle zwölf Paladine starben. Auf der Passhöhe erinnern ein Kirchlein und ein Gedenkstein an die Schlacht.

Als erste Station des Jakobswegs nach der strapaziösen Überquerung der Pyrenäen das heiß ersehnte Etappenziel der mittelalterlichen Pilger, kann sich Roncesvalles auch mancher Sehenswürdigkeit rühmen. Die königliche Stiftskirche *Real Colegiata* (13. Jh.) des Augustinerklosters wurde im Stil französischer Gotik errichtet. Die versilberte Madonna im Inneren ist hoch verehrt und alljährlich ab dem letzten Aprilsonntag Ziel vieler Wallfahrten. Über den schönen Kreuzgang gelangt man zum Kapitelsaal, der das Grabmal des Königs Sancho VII. El Fuerte (1195–1234) birgt. Den Besuch wert ist auch das angeschlossene Museum, das Kunstwerke und andere mittelalterliche Reminiszenzen präsentiert, darunter das angebliche Schachbrett Karls des Großen. Geöffnet ist das Ensemble im Sommer von 10–14, 16–19/20 Uhr, im Winter von 10.30–13.30, 16–18 Uhr; die Eintrittsgebühr beträgt etwa 2,50 €.

Navarra
Karte Seite 132

• *Information* **Oficina de Turismo**, Antiguo Molino, nahe Hostal Casa Sabina; ✆/℡ 948 760301, oit.roncesvalles@navarra.es. Öffnungszeiten: Ostern bis September Mo–Sa 10–14, 15–18 Uhr, So 10–14 Uhr.

• *Verbindungen* **Bus**: LA MONTAÑESA fährt 1-mal täglich von/nach Pamplona (Mo–Fr um ca. 18 Uhr, Sa 16 Uhr, So kein Dienst).

• *Übernachten* ** **Pensión La Posada**, bestes Quartier vor Ort. Untergebracht in einem historischen Gebäude des 17. Jh., gutes Restaurant. DZ/Bad nach Saison etwa 50 €. ✆ 948 760225, ℡ 948 760266, www.laposadaderoncesvalles.com.

* **Hostal Casa Sabina**, nahe Stiftskirche und Infostelle, seit kurzem mit Restaurant. Nur fünf Zimmer, oft belegt; DZ/Bad nach Saison ca. 45 €. Carretera Pamplona-Francia km 48, ✆ 948 760012.

Jugendherberge Albergue Juvenil, in Roncesvalles nahe der Stiftskirche. Viele Gruppen – besser reservieren: ✆ 948 760015.

• *Camping* **Urrobi** (2.Kat.), von Roncesvalles etwa 8 km in Richtung Pamplona, bei Espinal-Aurizberri. Geöffnet April bis November; p.P., Auto, Zelt je etwa 4,50 €. ✆/℡ 948 760200, www.campingurrobi.com.

▸ **Valle de Aézcoa**: Quer zum Hauptkamm der Pyrenäen verläuft dieses Hochtal, das die Täler von Roncesvalles und Salazar verbindet. Wälder aus Buchen, Eichen und Tannen, Viehweiden und kleine Dörfer bestimmen das Bild. In *Abaurrea Alta* erreicht man die mit 1032 Metern höchstgelegene Siedlung Navarras.

Valle del Salazar

Das Tal von Salazar, etwa 40 Kilometer östlich von Pamplona gelegen, erstreckt sich entlang des gleichnamigen Flusses.

Wie die Nachbartäler wird auch das Valle del Salazar, das ziemlich genau in Nord-Süd-Richtung verläuft, von schönen kleinen Dörfern, Viehweiden und Forellenbächen geprägt. Kennzeichnend für das recht feuchte Klima des Tals sind die ausgedehnten Buchenwälder.

Ochagavía

Die freundliche Siedlung am Río Salazar ist der Hauptort des Salazar-Tals, ein hübsches Dorf von gerade mal 700 Einwohnern, mit alten Steinbrücken, gepflasterten Straßen und kleinen Häuschen, deren Schindeldächer zum Schutz vor Regen weit überhängen.

• *Information* **Oficina Municipal de Turismo**, im naturkundlichen „Centro de Interpretación de la Naturaleza", ☎ 948 890641, 📠 948 890679, oit.ochagavia@navarra.es. Geöffnet von Ostern bis Okt. Mo–Sa 10–14, 16.30–19.30 Uhr, So 10–14 Uhr, in den übrigen Monaten nur Sa/So.

• *Verbindungen* **Bus**: Verbindungen mit RIO IRATI auf der Strecke von Pamplona via Lumbier nach Ochagavía und retour Mo–Sa 1-mal täglich.

• *Übernachten* ** **Hostal Auñamendi**, ganzjährig geöffnet. Recht angenehme, vor einigen Jahren renovierte Zimmer, Restaurant. DZ/Bad 65–80 €. Plaza Gúrpide 1, ☎ 948 890189, 📠 948 890262, auniamendi@jet.es.

* **Hostal Ory Alde**, ebenfalls in Ochagavía, mit ordentlichen Zimmern, die ihr Geld wert sind, mit Restaurant. DZ/Bad knapp 55 €. Calle Urrutia 6, ☎/📠 948 890027.

• *Camping* **Osate** (2. Kat.), kleinerer, aber gut ausgestatteter Wiesenplatz am Fluss; Mountainbike-Verleih, ganzjährig geöffnet. Preis p.P., Auto, Zelt jeweils etwa 5 €. ☎/📠 948 890184, www.osate.net.

• *Feste* **Wallfahrten** zum Heiligtum Santa María de Musklida bei Ochagavía Ende April und am 8. September, dann auch Patronatsfest von Ochagavía mit originalen alten Tänzen und Trachten.

Weitere Feste im Salazar-Tal: Erster Junisonntag Wallfahrt bei Izal zur Kapelle von Arburúa; Patronatsfeste 16.-20.7. in Ezcároz, letzter Julisonntag in Igal, erster Augustsonntag in Esparza, 15.-19.8. in Jaurietta.

Schluchten südlich von Ochagavía

▸ **Foz de Arbayún**: Rund 20 Kilometer südlich von Ochagavía hat der Río Salazar die etwa sechs Kilometer lange und fast 400 Meter tiefe Schlucht Foz de Arbayun in den Fels gegraben. Den schönsten (und einzigen) Blick über die Schlucht genießt man vom Parkplatz an der Straße Navascués-Lumbier; oft kann man hier Gänsegeier und sogar Adler beobachten. Die Schlucht selbst ist Naturschutzgebiet und nicht zugänglich.

▸ **Foz de Lumbier**: Schon etwas südlich des Salazar-Tales und nicht allzuweit vom Stausee Embalse de Yesa erstreckt sich diese ebenfalls spektakuläre Schlucht, gegraben vom Río Irati. Sie liegt etwa zwei Kilometer südlich von *Lumbier*, die Zufahrt ist ab dem Ort beschildert und endet an einem gebührenpflichtigen Parkplatz. Hier beginnt ein schöner Spazierweg, der in etwa einer halben Stunde durch die für Kraftfahrzeuge gesperrte Schlucht führt. Über den steilen Felswänden kreisen Geier und andere Greifvögel; im Fluss kann man baden, Vorsicht allerdings vor der streckenweise starken Strömung. Der Weg passiert zwei ehemalige Eisenbahntunnels, bei deren Durchquerung eine Taschenlampe nützlich, aber nicht unabdingbar ist. Am Ende der Schlucht zweigt hinter dem zweiten Tunnel rechter Hand ein schmaler, rutschiger Felspfad zur „Teufelsbrücke" Puente del Diablo ab, einer kühnen Steinbrücke, die früher wohl Teil des Jakobsweges war, im Unabhängigkeitskrieg 1812 aber zerstört wurde.

• *Info-Zentrum* **Centro de Interpretación de las Foces**, Dokumentationzentrum der Schluchten um Lumbier, an der Plaza Mayor von Lumbier; ☎ 948 880874, 📠 948 880875. Öffnungszeiten: Mitte Juni bis Mitte September Di–So 11–20.30, sonst Di–Fr 10–14 Uhr, Sa/So 10–19.30 Uhr; Eintrittsgebühr 1,50 €.

• *Camping* **Iturbero** (2. Kat.), ab der Zufahrt zur Schlucht beschildert. Diverse Sportmöglichkeiten, Einkauf etc. Geöffnet April bis Anfang Dezember, im restlichen Jahr nur an Wochenenden (Anruf ratsam). Preise p.P. Auto und Zelt je ca. 4,50 €. Término de Iturbero, ☎ 948 880405, 📠 948 880414.

Wildromantische Schlucht: Foz de Lumbier

Valle del Roncal

Das südöstlichste der Pyrenäentäler Navarras ähnelt klimatisch schon den Zentralpyrenäen und weist deshalb im Jahresdurchschnitt eine deutlich geringere Niederschlagsmenge auf als die Täler weiter nordwestlich.

▸ **La Reserva de Larra**: Ein Naturreservat, das direkt an der französischen Grenze gelegen ist. Über Jahrmillionen haben hier Wind und Wasser den weichen Kalkstein erodiert und tiefe Schluchten, Überhänge und Höhlen in den Fels gewaschen. Der beste Zugang zu der an seltener Flora und Fauna reichen Region bietet sich beim „Refugio del Belagua", einer ganzjährig geöffneten Schutzhütte mit einfacher Übernachtungsmöglichkeit an der Straße von der Grenze nach Isaba.

Isaba und Roncal

Isaba ist die erste Ortschaft, die man von Pau bw. Oloron-Ste-Marie kommend nach der französischen Grenze am Col de la Pierre St. Martin (1760 m) erreicht, der Ort ist auch von Ochagavía im Valle del Salazar zu erreichen. Umgeben von Wiesen und Wäldern, präsentiert sich Isaba eher als Dorf denn als Städtchen, besitzt dennoch eine Reihe von Übernachtungsmöglichkeiten. *Roncal,* obwohl der zentral gelegene Hauptort des Tals, ist sogar noch eine Ecke kleiner – nicht einmal 400 Menschen wohnen hier. Gleichwohl kennt man Roncal in ganz Spanien. Hier nämlich wurde der in Spanien berühmte Tenor Julián Gayarre geboren, dem das Dorf gleich mehrere Denkmäler gewidmet hat. Auch in kulinarischer Hinsicht besitzt der Name Roncal einen guten Klang: Die hiesigen Schafskäse sind landesweit berühmt.

• *Information* **Centro Interpretación de Naturaleza**, an der Hauptstraße von Roncal, ✆ 948 475256 📠 948 475316. Geöffnet Juli bis September Mo–Sa 10–14, 16.30–19.30 Uhr, So 10–14 Uhr; im Frühjahr und Herbst nur Di–Sa 16.30–19.30 Uhr, So 10–14 Uhr.

• *Verbindungen* **Bus**: LA TAFALLESA fährt von/nach Pamplona via Yesa und Javier Mo–Sa 1-mal täglich (zuletzt 17 Uhr).

• *Übernachten* * **Hostal Lola**, in Isaba, ganzjährig. Recht geräumige renovierte DZ/Bad kosten je nach Saison etwa 50-65 €, Abendessen 16 €. Calle Mendigatxa 17, ✆/📠 948 893012, info@hostal-lola.com.

* **Hostal Zaltua**, in Roncal und ganzjährig geöffnet. DZ/Bad knapp über 40 €. Ein rustikales Restaurant ist angeschlossen. Calle Castillo 23, ✆ 948 475008.

• *Camping* **Asolaze** (2. Kat.), am Río Belagua, sechs Kilometer von Isaba Richtung Grenze. Gut ausgestattet und zumindest offiziell ganzjährig geöffnet. Preise p.P., Auto, Zelt je etwa 4,50 €. ✆/📠 948 893034, www.campingasolaze.com.

• *Feste* **Tributo de las Tres Vacas** („Tribut der drei Kühe"), am 13. Juli in Isaba. Kurioses Fest anlässlich der traditionellen Übergabe dreier Kühe, die aufgrund ebenso traditioneller Streitereien um Weiderechte seit dem Mittelalter von der französischen Nachbargemeinde an Isaba abgetreten werden.

▶ **Foz de Burgui**: Im südlichen Bereich des Roncal-Tals, zwischen Burgui und dem Stausee Embalse de Yesa, hat der Río Esca eine Schlucht gegraben, die nicht ganz so spektakulär ausfällt wie die von Arbayun im Valle del Salazar. Mit etwas Glück lassen sich aber auch hier Bartgeier oder andere Großvögel beobachten.

▶ **Abstecher in die Pyrenäen Aragóns**: Wer den Stausee von Yesa und das Kloster von Leire besuchen möchte und über ein eigenes Fahrzeug verfügt, kann vom Roncal-Tal aus über eine Nebenstraße ins aragonische *Valle de Ansó* wechseln und Stausee und Kloster dann von Osten her ansteuern. Bekannt ist das landschaftlich sehr reizvolle Ansó-Tal durch seinen Reichtum an Greifvögeln wie Steinadler, Gänse- und Schmutzgeier, außerdem durch die altertümliche Tracht, die hier gelegentlich noch getragen wird.

• *Übernachten/Camping* * **Hostal Posada Veral**, eines von mehreren Hostals im Hauptort Ansó, DZ je nach Ausstattung ab ca. 30 €, zur NS auch mal günstiger. Calle Cocorro 6, ✆ 974 370119.

Camping Zuriza (2. Kat.) beim gleichnamigen Dorf, 14 km nördlich von Ansó. Ganzjährig geöffnet; p.P., Auto, Zelt jeweils knapp 4 €. ✆ 974 370196.

Monasterio de Leire (Leyre)/Embalse de Yesa

Bei Yesa, an der N 240 zwischen den Südenden der Täler von Salazar und Roncal gelegen, trifft man auf die zweite, von Frankreich über den aragonischen Somport-Pass kommende Jakobsroute.

Das Kloster **Monasterio de Leire,** in traumhafter Lage vier Kilometer oberhalb des Dorfes Yesa errichtet, bestand schon im 9. Jh. oder gar noch früher, wurde aber von den Mauren zerstört und im 11. Jh., vielleicht noch von König Sancho dem Großen, neu gegründet. Während des 19. und frühen 20. Jh. diente das damals säkularisierte Kloster viele Jahrzehnte lang als Unterschlupf für Hirten und ihre Herden. Erst Mitte der Fünfzigerjahre zogen wieder Benediktinermönche hier ein.

Die heutigen Bauten stammen überwiegend aus jüngerer Zeit, doch bewahren Apsis, Krypta und das sehenswert wild skulpturierte *Westportal* der Kirche noch romanische, das Schiff gotische Züge. In einer Kapelle sind die Grabstätten der Könige Navarras zu sehen. Die *Krypta* (Zugang an der Nordseite) ist der älteste und sicher interessanteste Teil der Kirche. Sie entstand wahrscheinlich schon in der ersten Hälfte des 11. Jh. unter Verwendung noch älterer, von der Vorgängerkirche stammender Bauteile. Wuchtige Steinblöcke, enge Rundbögen und die seltsam kurzen Säulen lassen ihr enormes Alter erahnen und verleihen ihr eine fast mystische, archaische Aura. Früher waren hier die Könige Navarras begraben, doch hat man ihre Grabmäler in eine Seitenkapelle der Kirche verlegt.

Öffnungszeiten Mo–Sa 10.15–14, 15.30–19 Uhr, So 10.15–16, 16–19 Uhr, im Winter jeweils nur bis 18 Uhr; Eintrittsgebühr knapp 2 €.

Der engelsgleiche Gesang der Nachtigall

Eine schöne Legende rankt sich um den Abt Virilio, im Mittelalter einer der Leiter des Klosters Leire: An einer Quelle ruhend, hatte sich der gute Mann einst gefragt, ob denn der Gesang der Engel in alle Ewigkeit ohne Langeweile zu ertragen wäre. Aus solch frevlerischen Grübeleien weckten ihn die süßen Töne einer Nachtigall, der er ein Weilchen verzückt lauschte, bevor er sich auf den Rückweg zum Kloster machte.

Doch dort schien ihn plötzlich kein Mensch zu kennen und auch ihm selbst schienen die Gesichter der Mönche völlig fremd. „Brüder, ich bin doch euer Abt!" Virilios Verblüffung steigerte sich zur Verzweiflung, als ihm die irritierten Mönche anboten, ihren wahren Abt zu holen. Das folgende Rätselraten klärte sich erst, als in einer alten Chronik eine Notiz gefunden wurde, die das mysteriöse Verschwinden des Abtes Virilio vermerkte – vor dreihundert Jahren.

Virilio konnte also beruhigt sein: Wenn schon der Gesang einer Nachtigall drei Jahrhunderte verstreichen ließ wie einen Wimpernschlag, wie zeitlos würde dann erst das immerwährende Jubilieren der himmlischen Engel sein ...

Navarra
Karte Seite 132

▶ **Embalse de Yesa**: Reizvoll macht einen Ausflug zum Kloster auch seine Umgebung. Wenig östlich von Yesa nämlich beginnt der ausgedehnte, großteils zu Aragón gehörige Stausee Embalse de Yesa, an dem es sich sehr schön baden und campen lässt. Seiner Größe wegen wird der künstliche See auch „Mar del Pirineo" genannt, das „Meer der Pyrenäen".

• *Verbindungen* **Bus**: LA TAFALLESA fährt Mo–Sa 1-mal täglich von/nach Pamplona.

• *Übernachten* ** **Hospedería de Leyre**, direkt im Kloster – absolute Ruhe und authentische Atmosphäre für relativ bescheidenes Geld. DZ/Bad oder Du kosten nach Saison etwa 65–80 €. Ein ordentliches Restaurant ist angeschlossen. Geöffnet März bis Mitte Dezember; ✆ 948 884100, ℻ 948 884137, www.monasteriodeleyre.com.

* **Hostal El Jabali**, in Yesa, an der Straße nach Jaca/Huesca; Swimmingpool. DZ/ Bad je nach Saison knapp 40–45 €, ohne Bad etwas günstiger. Nov. bis April geschlossen. Carretera a Jaca; km 49; ✆/℻ 948 884042.

Hostal Rural Arangoiti, in Yesa an der Hauptstraße, komfortabel und oft ausgebucht, alle Zimmer mit Bad, DZ 65 €. Mit Bar/Rest., Menü 10 €. C/ René Petit s/n, ✆ 948 884122, ℻ 948 884076, www.arangoiti.net.

• *Camping* **Municipal Mar del Pirineo** (1. Kat), direkt am Stausee Embalse de Yesa, bereits in der Provinz Zaragoza (Aragón) und zu erreichen über die N 240. Mit Swimmingpool. Geöffnet über Ostern sowie Mai bis September, zur Hochsaison oft belegt. Preis p.P., Auto, Zelt jeweils rund 5 €. N 240, km 337, ✆ 948 398074, ℻ 948 887177.

Castillo de Javier: Vier Kilometer südlich von Yesa, an der Nebenstraße nach Sangüesa, erhebt sich die restaurierte Burg, in der San Francisco Javier aufwuchs, zu deutsch Franz Xaver (1506–1552). Der Schutzpatron Navarras zog später als Missionar gen Fernost, wo er auf der vor China gelegenen Insel Sancian starb; er liegt im indischen Goa begraben.

Die wuchtige Burg, erbaut um einen Wachtturm des 10. Jh., der einst die Grenze zu den maurisch besetzten Gebieten sicherte, kann auf einem Rundgang (19–13, 16–19 Uhr; Info ✆ 948 884000, Spenden erwünscht) besichtigt werden, der auch in das Zimmer des Heiligen führt. Im März ist Javier das Ziel zweier nach Geschlechtern getrennter Wallfahrten, der „Javieradas“: Am Sonntag zwischen dem 4. und dem 12. März findet die „Javierada“ der Männer statt, am folgenden Sonntag die der Frauen.

Sangüesa

Das alte Städtchen, an einem „Ableger“ des Jakobswegs und hart an der Grenze zu Aragón gelegen, glänzt im Ortskern mit einer ganzen Reihe von Palästen des 15. und 16. Jh., unter ihnen auch das heutige Rathaus – von den hässlichen, stinkenden Industriegebieten am Ortsrand sollte man sich also nicht abschrecken lassen. Als Höhepunkt der hiesigen Profanarchitektur gilt der *Palacio de Vallesantoro*, der mit Motiven im Stil präkolumbianischer Ornamente geschmückt ist.

Santa María la Real

Bedeutendstes Bauwerk von Sangüesa jedoch ist die zum Nationaldenkmal erklärte romanische Kirche *Santa María la Real* (11./13. Jh.). Ihr fantastisch figurenreiches Südportal zeigt im Tympanon Szenen des Jüngsten Gerichts, darunter tummeln sich Heilige, monströse Fabelwesen, Arbeiter und Musikanten. Gute Beleuchtung herrscht allerdings nur zur Mittagszeit!

- *Information* **Oficina de Turismo**, Calle Mayor 2, gegenüber Santa María la Real, ✆ 948 871411, oit.sanguesa@navarra.es. Geöffnet täglich 10–14 Uhr, im Sommer Mo–Fr auch 16–19 Uhr.
- *Verbindungen* **Busse** der Gesellschaft LA VELOZ SANGÜESINA verkehren 4-5-mal täglich von/nach Pamplona.
- *Übernachten* *** **Parador de Sos del Rey Católico**, im gleichnamigen (aragonesischen) Nachbarstädtchen (siehe unten), untergebracht in einem an das Stadtbild angepassten, kürzlich komplett renovierten Ge-

Figurengewimmel am Südportal von Santa María la Real

Navarra
Karte Seite 132

bäude mit sehr reizvoller Aussicht; gutes Restaurant. Großzügig bemessene Zimmer mit großen Fenstern, DZ 115-125 €. Calle Arquitecto Sainz de Vicuña 1, ✆/℻ 948 888011, www.parador.es.

** **Hotel Yamaguchi**, Zweckbau in Sangüesa an der Straße nach Javier; Swimmingpool. DZ 60-65 €, Dreibett um die 70 €; Carretera a Javier s/n, ✆ 948 870127, ℻ 948 870700, www.hotel.yamaguchi.com.

** **Pensión las Navas**, zentraler und preiswerter, aber durchaus ansehnlich; allerdings nur sechs Zimmer. Das angeschlossene Restaurant ist gut und offeriert ein günstiges Tagesmenü. DZ/Bad knapp 40 €; Calle Alfonso el Batallador 7, ✆ 948 870077.

• *Essen & Trinken* **Restaurant im Parador de Sos del Rey Católico** s.o), sehr gutes Spezialitätenrestaurant, probieren Sie *borrajas esparragados en cocción extrema* (Borretsch dick eingekocht mit Spargel) oder das zweimal gebratene Kalbfleisch (*ternasco asado en dos cocciones*), Essen ab ca. 35 €.

• *Camping* **Cantolagua** (2. Kat.), in einem Naherholungsgelände (mit Schwimmbad) im südlichen Ortsbereich, ausreichend beschildert. Kleiner, städtischer Platz, freundlich geführt, ein guter Stützpunkt für Touren in die Umgebung. Schatten eher mäßig, Sanitäres in Ordnung. Solide Bar mit Restaurant, im Sommer Organisation diverser Outdoor-Aktivitäten. Geöffnet offiziell Februar bis November; Preise p.P., Auto, Zelt je etwa 3,50–4,50 €. Camino Cantolagua s/n, ✆ 948 430352, ℻ 971 871313.

• *Feste* **Patronatsfest**, vom 11.-17. September, unter anderem mit „Encierros" wie in Pamplona.

Sos del Rey Católico: Ein gutes Dutzend Kilometer sind es von Sangüesa zum mittelalterlichen Denkmalstädtchen Sos, das auf einer Hügelkuppe thront und bereits zur Autonomen Gemeinschaft Aragón zählt. Seinen stolzen Beinamen verdankt der kaum tausend Einwohner zählende, immer noch sehr ländlich wirkende Ort der Tatsache, dass hier 1452 der „Katholische König" Ferdinand (Fernando) II. geboren wurde.

Hübscher Winkel in der Altstadt von Pamplona

Pamplona (Iruña)

(193.000 Einwohner)

Zur Fiestazeit von San Fermín (6.-14.7.) platzt Pamplona aus allen Nähten – entgehen lassen sollte man sich das Spektakel nach Möglichkeit dennoch nicht. Auch in der übrigen Zeit lohnt Pamplona einen Stopp.

Dann nämlich scheinen nur wenige ausländische Besucher den Weg in die auf baskisch *Iruña* oder *Iruñea* genannte Hauptstadt Navarras zu finden. Vielleicht werden sie schon bei der Anreise von den raumgreifenden Industrieanlagen und den hochhausgesäumten Straßenschluchten der ausgedehnten Vorstädte abgeschreckt: Das Umland eingerechnet, verzeichnet Pamplona als absolutes wirtschaftliches Zentrum der Region immerhin etwa eine Viertelmillion Einwohner und damit die Hälfte der gesamten Bevölkerung Navarras.

Doch wer die Stadt nur durchfährt, versäumt so manches. Pamplonas eng begrenzte Altstadt, obwohl nicht direkt eine Schönheit, hat Atmosphäre: winklige Gassen, urige Kneipen und die für die Architektur nordspanischer Städte typischen Balkone aus Schmiedeeisen und Glas ergeben ein stimmiges Bild. In den Altstadtgassen tobt während des Semesters das Studentenleben – den zukünftigen Akademikern merkt man in keiner Weise an, dass ihre Universität als Gründung der berühmt-berüchtigten, stockkonservativen Organisation „Opus Dei“ streng katholisch geprägt ist.

Orientierung: Pamplonas Zentrum erhebt sich auf einem Plateau über dem Fluss Río Arga, der hier eine Schleife beschreibt. Die Altstadt *Casco Antiguo* liegt im Nordosten der Stadt; im Norden und Osten wird sie noch von Mauern eingeschlossen und sonst von Grünanlagen und Promenaden wie dem *Paseo de Sarasate* begrenzt. Ihr Hauptplatz ist die weiträumige *Plaza del Castillo* am südlichen Rand des historischen Viertels.

Geschichte: Der Stadtname, so will es zumindest die Legende, verweist auf den Gründer. Der römische Feldherr Pompeius nämlich soll es gewesen sein, der 75 v. Chr. *Pompaelo* errichten ließ. Gegen die Westgoten des 5. Jh. wehrte sich die Bevölkerung zunächst vehement, aber vergeblich; im 6. Jh. wurde Pamplona Bischofssitz. Im 8. Jh. musste man mehrfach, teils gewaltsam, teils diplomatisch erwirkt, die Mauren in die Mauern lassen; 732 zog hier jenes riesige maurische Heer ein, das bald darauf beim französischen Poitiers von den Franken unter Karl Martell besiegt wurde. 778 zerstörte Karl der Große nach seiner missglückten Belagerung Zaragozas die Befestigungen Pamplonas – hätte er darauf verzichtet, wäre seiner Nachhut vielleicht die Niederlage bei Roncesvalles erspart geblieben.

In späteren Zeiten waren die Schwierigkeiten Pamplonas meist hausgemacht. Politisch-ethnische Zwistigkeiten führten vom 13. bis ins 15. Jh. zwischen den drei „Burgos" genannten Stadtvierteln *Navarrería, San Cernin* und *San Nicolás* zu innerstädtischem Kleinkrieg. Abweichende Herrschaftsverhältnisse und Sonderrechte waren die Ursache, Brandstiftungen und Massenmorde die Folge. Erst 1423 konnte König Carlos III. mit seinem „Privileg der Vereinigung" die zerstrittenen Viertel befrieden.

Navarra Karte Seite 132

Information/Verbindungen

• *Information* **Oficina de Turismo**, Calle Eslava 1, direkt an der Plaza San Francisco, ✆ 848 420420, ℻ 848 424630, oit.pamplona@navarra.es. Öffnungszeiten: Mo–Fr 10-19 Uhr, Sa 10-14, 16-19 Uhr, So 10-14 Uhr (Winter: Mo-Sa 10–14, 16–19 Uhr), So 9.30–14 Uhr (Winter 10-14 Uhr) – die Zeiten werden sich künftig möglicherweise ändern (z.B. Wegfall der Mittagspause im Winter).

• *Verbindungen* **Flug**: Flughafen Aeropuerto de Noain (Info: ✆ 948 168700) sechs Kilometer südlich. Iberia ✆ 902 400250. Keine Busverbindung, ein Taxi kostet ab etwa 8 €. Nur Inlandsverbindungen, keine Flüge nach D, A oder CH.

Zug: Bahnhof (Renfe ✆ 902 240202) unkomfortabel abgelegen im Nordwesten der Stadt, Richtung San Sebastián und jenseits des Río Arga. Stadtbusverbindung mit Bus Nr. 9 von und zum Paseo de Sarasate, nahe Hauptplatz. Sehr mäßige Verbindungen: Züge nach Burgos 1-mal, Vitoria-Gasteiz 4- bis 5-mal, San Sebastián (Donostia) 3-mal täglich; noch relativ gut sind die Verbindungen zum Knotenpunkt Altsasu/Alsasua: 6-mal tgl. Nach Logroño nur über Castejón oder Miranda de Ebro.

Fernbus: Der äußerst enge Busbahnhof liegt an der Avda. Conde Oliveto, südlich der Altstadt unweit des Kastells Ciudadela, und somit zentraler als der Bahnhof. Busse in die Pyrenäentäler und nach Yesa je 1-mal, Sangüesa 4-5-mal täglich, siehe jeweils dort. Weiterhin fahren CONDA nach Tudela 6-mal und Zaragoza 7-mal täglich, CONDA und LA TAFALLESA nach Olite 10-mal, LA ESTELLESA nach Puente la Reina und Estella 10-mal, nach Logroño 5-mal täglich; LA BURUNDESA nach Vitoria-Gasteiz 11-mal, Bilbao 5-mal, Santander im Sommer 2-mal täglich, LA RONCALESA nach San Sebastián (Donostia) 9-mal täglich.

• *Stadtverkehr* Da sich fast alle Sehenswürdigkeiten in und um die Altstadt finden, sind öffentliche Verkehrsmittel für die Besichtigung Pamplonas eigentlich nicht nötig.

Stadtbus: Gutes Stadtbusnetz, ein Linienplan ist bei der Infostelle erhältlich.

Taxi: Funk-Taxis unter ✆ 948 221212.

Mietwagen: Avis, Calle Monasterio de los Oliva 29, ✆ 948 170036, Flughafen ✆ 948 168763; Europcar, Avda. Pio XII 43 (im Hotel Blanca de Navarra), ✆ 948 172523, Flughafen ✆ 948 312798.

Adressen

Post: Paseo de Sarasate 23; Öffnungszeiten: Mo–Fr 9–20, Sa 9–13 Uhr.

Telefon: Ein Telefonbüro findet sich an der Plaza del Castillo 8.

Internet-Zugang: **Kuria Net**, Calle Curia 15; **Multiservicio Mavima**, Plaza Monasterio Azuelo, 3 trasera; **Work Center**, Calle Tajonar 14.

Geld: Achtung – zu San Fermín haben alle Banken eingeschränkte Öffnungszeiten.

Übernachten/Camping

Außerhalb von San Fermín verläuft die Quartiersuche problemlos, wenn auch die Preise relativ hoch liegen. Zur Fiesta allerdings bestehen ohne Reservierung mehrere Monate bis ein Jahr im voraus kaum Chancen. Gleichzeitig erhöhen sich die Übernachtungspreise auf das zwei- bis dreifache der unten genannten Normaltarife. Vermieter von „Casas Particulares" (Privatzimmer) kann man vor der Infostelle treffen, alternativ die Kleinanzeigen der Zeitung „Diario de Navarra" studieren. Wer partout nichts findet (die Mehrzahl ...) schläft in Parks oder auf der Hauptplaza, erlaubt ist dann fast alles. Aber Achtung, die Diebstahlsrate ist hoch, und die Gepäckaufbewahrungen im Busbahnhof und Bahnhof sind zur Fiesta ebenso überfüllt wie die Unterkünfte!

• *Übernachten* *** **Hotel Maisonnave (6)**, komfortabel ausgestatteter Backsteinbau in der Altstadt nahe dem Rathaus. Garage und Parkplätze vorhanden, gutes Restaurant. Oft Gruppen, im Sommer deshalb Reservierung ratsam. Während der ersten Julihälfte Topzuschlag (ca. 300 €), in der übrigen Zeit kostet ein DZ 80–135 €, oft geht es aber auch günstiger. Calle Nueva 20, nahe der Plaza San Francisco, ✆ 948 222600, ℻ 948 220166, www.hotelmaisonnave.es.

*** **Hotel Yoldi (13)**, knapp außerhalb der Altstadt in dennoch sehr zentraler Lage. Kürzlich renoviert, Garage. Während San Fermín der Haupttreffpunkt aller Aficionados, steigt hier doch die Mehrzahl der Toreros ab. DZ im Normalfall rund 75 €, zur Fiesta (ca. 300 €) ohnehin keinerlei Chancen. Avenida San Ignacio 11, ✆ 948 224800, ℻ 948 212045, www.hotelyoldi.com.

*** **Express By Holiday Inn (15),** Businesshotel in Gewerbegebiet am Stadtrand der Neustadt, Zimmer mit allen Annehmlichkeiten, gute Bäder, Frühstücksbüffet im Preis inbegriffen – kein Schnickschnack und daher Value for Money: DZ/FR ab ca. 55 € (Sanfermines 230 €). Mutilva Baja, Valle de Atanguren, ✆ 948 293293, ℻ 948 293294, expresspamplona@terra.es.

** **Hotel Tryp Burlada (1)**, im nordöstlichen Vorort Burlada, 2003 komplett renovierter moderner Bau, 53 Zimmer meist mit Internetanschluss, DZ ca. 60–105 €, zu den Sanfermines 175-240 €. Calle La Fuente 2, ✆ 948 131300, ℻ 948 122346, tryp.burlada@solmelia.com.

** **Hotel Rest. Eslava (4)**, am nordwestlichen Altstadtrand, ein historisches Haus mit teilweise wunderschöner Aussicht. DZ kosten zu normalen Terminen je nach Ausstattung etwa 75–155 €. Plaza Virgen de la O, ✆ 948 222270, ℻ 958 225157, correo@hotel-eslava.com.

Hotel Res. La Perla (3), am Hauptplatz. Der nostalgisch-verstaubte Charme dieses Hotels vom Jahrgang 1881 wurde zuletzt einer Komplett-Renovierung unterzogen, die das Haus künftig zum Fünfstern-Strahler machen soll. Plaza del Castillo 1, ✆ 948 227706, ℻ 948 221519.

* **Hostal Bearán (12)**, in einer typischen Altstadtgasse westlich der Plaza Castillo. Renovierte, angenehme Zimmer mit TV, Telefon, moderne Bäder mit Fön, freundliche Leitung; DZ/Bad 42 €, EZ/Bad 36 €, zu den Sanfermines ab 120 €. Die **Fonda La Aragonesa** auf der anderen Straßenseite, die entgegen dem äußeren Anschein sehr angenehme Zimmer beherbergt, gehört zum Haus; DZ ohne Bad kosten hier ab 30 € (Sanfermines 60 €). Calle San Nicolás 25 bzw. 34, ✆ 948 223428.

* **Pensión Otano (10)**, in der Nähe und etwas einfacher ausgestattet als das „Bearán", dabei jedoch noch durchaus ordentlich. DZ/Bad kosten etwa 45 €. Calle San Nicolás 5, Anfragen im Restaurant im ersten Stock; 2. Julihälfte geschlossen. ✆ 948 225095, ℻ 945 210012. Weitere einfache Pensiónes und Fondas in der Calle San Nicolás und ihrer Verlängerung, der Calle San Gregorio.

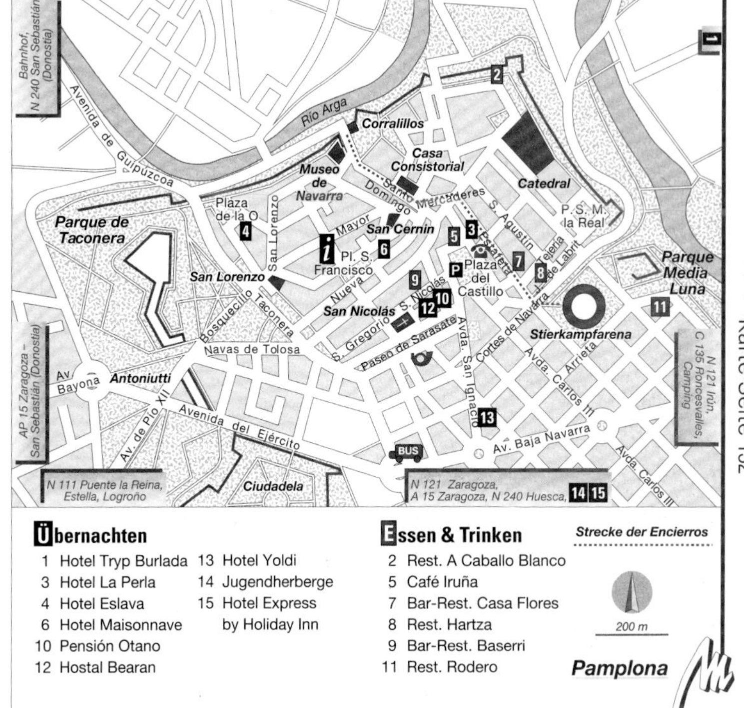

Navarra Karte Seite 132

Jugendherberge Residencia Juvenil Fuerte del Príncipe (14), Calle Goroarabe 36, südlich des Zentrums; ✆ 948 291206. Geöffnet über Ostern sowie Mitte Juli bis Mitte September, jedoch sehr häufig von Gruppen belegt: unbedingt vorher anrufen.

• *Camping* **Ezkaba** (2. Kat.), bei Eusa/Orikaín, etwa 7 km nördlich von Pamplona. Kaum Schatten, dafür ein Swimmingpool. Zu San Fermín gesteckt voll, unbedingt einige Tage vorher da sein, sonst „completo"; eine Alternative ist der ebenfalls ganzjährig geöffnete Platz bei Puente la Reina, siehe dort. Offiziell ganzjährig geöffnet; Preise p.P., Auto, Zelt zu San Fermin je etwa 9 €, sonst ca. 4,50 €. Zufahrt über die N 121 A nach Irún, etwa bei km 7 Abzweig nach Berriosuso; Busse nach Eusa ab Calle Olite, Nähe Stierkampfarena. ✆ 948 330315.

Essen/Nachtleben

Auch auf kulinarischem Gebiet besitzt Pamplona ein etwas höheres Preisniveau als viele andere Städte Spaniens. Bars und Restaurants finden sich vor allem in den Altstadtgassen Calle San Nicolás, San Gregorio und Estafeta.

• *Essen* **Rest. Rodero (11)**, innovative Spitzengastronomie hinter unscheinbarer Front, das ist dem Guide Michelin einen Stern wert. Ein Klassiker sind etwa frittierte Artischocken mit Hummer, gewürzt mit Pfeffer-Olivenöl. Drei Gänge à la carte nicht unter ca. 55 €, Menüs zu 45 € bis 70 €. Calle Arrieta 3, ✆ 948 228035, 948, www.restauranterodero.com.

Rest. Hartza (8), nobel, viel gelobt und sympathisch. Spezialitäten sind marktabhängige Gerichte wie auch Meeresküche, als Paradegericht gilt der Wolfsbarsch „Lubina" (z. B. „en papillote"). Preislich allerdings auch Spitze: Menü 45-70 €. Calle Juan de Labrit 19, stadtwärts nahe der Arena, ✆ 948 224568. Geschlossen Mo, So-Abend, über Weihnachten sowie drei Wochen ab Anfang August.

Rest. Caballo Blanco (2), in der Calle Redín, nahe der Kathedrale auf der Stadtbefestigung. Nur einen Sprung abseits der Sightseeing-Routen sitzt man hier sowohl innen unter altem Gewölbe als auch außen im Garten über der Mauerkrone sehr schön und stilvoll.

Bar-Rest. Baserri (9), in einer der „Fressgassen" der Altstadt. Eine der beliebtesten Theken der Stadt, weithin berühmt für die große Auswahl exquisiter Tapas (Pintxos), die Küche von María Agustina Ortíz ist Kult. Mittags wird für ca. 15 € auch ein solides Menü angeboten, das Probiermenü kommt auf 32 €. Calle San Nicolás 32, nahe Hostal Bearán, www.restaurantebaserri.com.

Café Iruña (5), am Hauptplatz. Lieblingslokal Hemingways und eines der traditionsreichsten Cafés der Stadt, über ein Jahrhundert alt mit typischem Fin-de-siècle-Dekor. Auch preiswertes Mittagsmenü à 12 €. Plaza Castillo 44.

Bar-Rest. Casa Flores (7), schlichtes Lokal mit einfachem und traditionellem Speisenangebot bei guter Qualität, viele Einheimische. 14 Platos combinados ca. 11-7 €, Tagesmenü 13 €. Calle Estafeta 85, ✆ 948 222175.

• *Nachtleben* In der **Altstadt** herrscht in den Gassen Calle San Nicolás, San Gregorio und Estafeta bis etwa 1 Uhr nachts einiger Betrieb, zwischen Arena und Altstadt im Gebiet der Calles Juan de Labrit, Tejería und San Agustín noch etwas länger.

Das **Barrio San Juan** in der Neustadt, westlich des Stadtparks, ist ab etwa Mitternacht die erste Adresse Pamplonas. Geöffnet ist hier bis gegen 4 Uhr morgens. Allein in der winzigen Travesia Bayona, einer Abzweigung der mit Bars ebenfalls gut bestückten Avenida Bayona, findet sich gut ein halbes Dutzend Kneipen.

Markt/Feste

• *Markt* **Mercado Santo Domingo**, doppelstöckig an der gleichnamigen Straße, mitten in der Altstadt. Gutes Angebot, frisches Gemüse und Obst, vor allem aber Gelegenheit, sich mit den köstlichen Schafskäsen Navarras einzudecken.

• *Feste* **Semana Santa**, die Karwoche. Höhepunkte sind die „Procesión del Silencio" („Prozession der Stille") am Samstag vor Palmsonntag und der „Santo Entierro", eine Grabprozession am Karfreitag.

San Fermín, 6.-14. Juli, siehe unten.

San Fermín Chiquito, „Kleiner San Fermín", einige Tage ab dem 25. September mit Prozessionen, Feuerwerk und einem großen Viehmarkt.

Navidad, Weihnachten, mit einem aufwändigen Umzug.

San Fermín – das Fest

„Sonntag mittag, den 6. Juli, brach die Fiesta aus. Es gibt keinen anderen Ausdruck dafür." (Ernest Hemingway, „Fiesta")

Wenn an eben diesem Tag, um zwölf Uhr mittags, die vom Rathaus Casa Consistorial abgeschossene Rakete „Chupinazo" den Beginn der Fiesta von San Fermín verkündet, stürzen sich Hunderttausende in einen Taumel, der erst am 14. Juli mit dem Mitternachtslied „Pobre de mí" (Ich Armer) und einem gewaltigen Kater wieder enden wird. Viele Besucher reisen jedoch schon einige Tage vorher wieder ab und vermeiden so den deprimierenden Beigeschmack, den die berauschte Atmosphäre gegen Ende des Festes annimmt.

Das über 400 Jahre alte, 1591 erstmals begangene Fest soll eigentlich den Stadtpatron Pamplonas ehren. Doch seit Hemingway San Fermín als Hintergrund für seinen Roman „Fiesta" (im Original „The Sun also Rises") wählte und damit weltweit bekannt machte, hat sich einiges geändert. Die Einwohnerzahl Pamplonas verdreifacht sich, der Wein fließt Tag und Nacht in Strömen. Nicht nur Amerikaner torkeln heute auf Papa Hems längst verwehten

Der Augenblick der Wahrheit: Sekunden vor dem Todesstoß

Navarra
Karte Seite 132

Spuren; San Fermín ist in weiten Teilen zur internationalen Promilleparty mutiert. Besucher sollten nicht allzu zart besaitet sein und zumindest damit rechnen, ausführlich mit Wein beschüttet zu werden. Gewarnt sei auch vor der extrem hohen Diebstahlsrate. Dennoch, und trotz aller Misslichkeiten: Wer irgend kann, darf sich das Spektakel nicht entgehen lassen!

Los Encierros: Der Lauf mit den Stieren ist der Angelpunkt der Fiesta. Jeden Morgen um Punkt acht Uhr rasen die Kampfstiere auf einer 825 Meter langen Strecke quer durch die Altstadt. Im Schnitt brauchen sie dazu gerade mal zweieinhalb Minuten – vor ihnen, je nach Temperament, Leichtsinn und Alkoholspiegel mehr oder weniger weit von den lebensgefährlichen Hörnern entfernt, eine aufgepeitschte Menge. Als mutig gilt, wer den Lauf möglichst lange aushält, bevor er sich durch einen Sprung über die Barrieren (Hauseingänge etc. bieten keinen Schutz!) in Sicherheit bringt.

Potenziellen Teilnehmern muss gesagt werden, dass spanische Kampfstiere mit den eher gemütlichen Fleischlieferanten unserer Breiten wenig gemeinsam haben. Sie sind eine eigens für den Kampf gezüchtete Rasse, blitzgefährlich, aus dem Stand schneller als ein Pferd, extrem wendig und können rund eine halbe Tonne wiegen. Jedes Jahr fordern die Encierros Verletzte, manchmal auch Tote, zumeist unter unerfahrenen Ausländern: Viele der Opfer haben die Nacht vor dem Lauf durchgefeiert und sind demzufolge alles andere als nüchtern gewesen. Mindestens 12.000 Bullen werden jährlich in Spanien bei Stierkämpfen zu Tode gehetzt. Nicht alle Spanier sind Fans, die bis zu 3000 Euro für eine Karte zahlen (so im Juni 2007 für das Wiederauftreten des berühmten Toreros José Tomas, der drei Jahre ausgesetzt hatte, in Barcelona). Eine wachsende Bewegung wendet sich gegen Stierkämfe und protestiert lautstark mit dem Satz „Folter ist keine Kultur".

Die Stiere starten ab den „Corralillos“ genannten Stallungen an der nördlichen Stadtmauer und laufen über die Calles Santo Domingo, Mercaderes und Estafeta in die Arena. Der Abschuss einer Rakete signalisiert, dass der erste Stier den Pferch verlassen hat, eine weitere Rakete, dass alle Stiere auf der Strecke sind – im Idealfall folgen beide Raketen kurz aufeinander, denn einzelne, von der Herde getrennte Stiere gelten als besonders gefährlich. Das städtische Flugblatt mit dem hübschen Namen „Trage zu einer sicheren Stierhetze bei“ gibt auf Deutsch Sicherheitsratschläge für diejenigen, die unbedingt glauben, am Lauf teilnehmen zu müssen. So wird dringend davor gewarnt, die Stiere zu berühren oder auf andere Weise zu reizen sowie auf den trügerischen Schutz von Hauseingängen und toten Winkeln zu vertrauen. Außerdem: „Sei Dir bewusst, dass es unmöglich ist, den ganzen Verlauf der Hetze zu rennen. Wähle vorher die Strecke aus. Du darfst nie vor anderen Teilnehmern kreuzen oder anhalten. Vertraue nicht allzusehr auf Deine Fähigkeiten und bringe Dich in Sicherheit, bevor Du in Schwierigkeiten gerätst.“ Und, ebenso wichtig: „Falls Du während der Hetze hinfallen solltest, schütze den Kopf mit den Händen und rühre Dich nicht, bis die Stiere vorbei sind!“ Sehr ratsam scheint auch, sich erst einmal einen Lauf als Zuschauer anzusehen, bevor man selbst teilnimmt. Die gefährlichsten Abschnitte sind der fast rechtwinklige Übergang der Calle Mercaderes zur Calle Estafeta, an dem die Stiere aus dem Tritt geraten, und die letzten Meter vor dem Tor zur Arena, auf denen sich die Läufer stauen. Nach dem Stierlauf dürfen sich Amateure in der Arena an „Kampfkühen“ (Vaquillas) mit umwickelten Hörnern versuchen, ein Spektakel, das man ebenfalls einmal gesehen haben sollte.

Um einen guten Platz zu erhalten, muss man sowohl zum Lauf als auch zu den Spielchen in der Arena rechtzeitig eintreffen, nämlich jeweils ab etwa sechs Uhr morgens. Ab 7.30 Uhr wird die Strecke gesperrt. Die besten Beobachtungsposten sind der Startplatz Santo Domingo – gleichzeitig der einzige Zugang für die Läufer – und der letzte Abschnitt vor der Arena. Nach Möglichkeit stellt man sich an die äußere der beiden Barrieren, denn der Raum zwischen ihnen dient als Sicherheitszone und wird kurz vor dem Lauf von der Polizei geräumt. Traditionelle Kleidung sind weiße Hemden und Hosen mit roten Halstüchern und Schärpen. Ebenso traditionell sollten Frauen nicht aktiv teilnehmen, woran sich manche Ausländerinnen allerdings nicht zu stören scheinen.

Die Zahl der Stiere steht zu jener der mehr oder weniger mutigen Laufteilnehmer in einem abnehmenden Verhältnis. Teilnahmebegrenzungen scheint es nicht zu geben. Im Jahr 2004 war die Laufstrecke beim vierten Encierro so überfüllt (El Pais schrieb von einer „marea humana“, einer Menschenflut), dass sich die Stiere kaum bewegen konnten, zahlreiche Verletzungen von Teilnehmern waren die Folge.

Übrigens: Wer San Fermín aus Termingründen nicht besuchen kann, findet Encierros auch in Tudela (24.–28. Juli), Puente la Reina (25.–31. Juli), Tafalla (15.–20 August), Estella (ab Freitag vor dem erstem Augustsonntag) und Sangüesa (11.–17. September).

Corridas: Die Stierkämpfe finden am Nachmittag statt; Eintrittskarten gibt es im Vorverkauf an der Arena, oft allerdings sind sie nur noch „schwarz“ erhältlich. Doch machen die Stierläufe und die Kämpfe noch längst nicht die ganze

Fiesta aus: Bis in den frühen Morgen spielen Bands auf dem Hauptplatz und um die Avenida Bayona, in der Zitadelle finden ein Jahrmarkt und allabendlich ein Feuerwerk statt, durch die Straßen patrouillieren Umzüge mit den Riesen „Gigantes" und den Großköpfen „Cabezudos". Getrunken und gefeiert wird ohnehin rund um die Uhr. Am Vormittag des 7. Juli kommt auch der Namenspatron San Fermín mit einem eigenen Umzug zu Ehren.

Internet-Tipp Die Seite www.fiestasdesanfermin.com unterrichtet detailliert über Programm, Aktuelles, Wissenswertes und gibt Tipps zur Stadt.

Sehenswertes

Altstadt

Neben den übrigen Sehenswürdigkeiten lohnt sich ein Blick auf die meist barocken Bürgerpaläste, die den wirtschaftlichen Aufschwung Pamplonas im 18. Jh. dokumentieren. Mehrere dieser Paläste finden sich in den Calles Zapatería, Carmen und Mayor, als schönster gilt der *Palacio de Ezpeleta* in der Calle Mayor 65, heute die Schule eines Schwesternordens.

Plaza del Castillo: Am südlichen Rand der Altstadt bildet der von Freiluftcafés gesäumte Platz das Zentrum des Alltagslebens von Pamplona. Bis 1893 fanden hier Stierkämpfe statt. Fast schon ein Wallfahrtsort für Hemingway-Fans ist das schöne Café „Iruña", das des Meisters Stammplatz war.
Der *Palacio de Navarra* (auch: Diputación Foral) besetzt die Südwestecke der Plaza, ein großer klassizistischer Bau des 18. Jh., in dem heute die Regierung der Autonomen Gemeinschaft tagt. Sehr prächtig geschmückt ist der Thronsaal, in dem Szenen aus der Geschichte Navarras wie auch ein Porträt des Königs Fernando VII. von Goya zu sehen sind. Westlich des Palacio verläuft mit dem *Paseo de Sarasate* Pamplonas beliebteste Promenade, an Wochentagen allabendlich ein buntes Menschengewimmel.

Catedral Metropolitana: Im Nordosten der Altstadt. Die im 12. Jh. errichtete romanische Vorgängerin der heutigen Kirche stürzte 1390 ein. Wenig später, 1397, wurde die jetzige, überwiegend gotische Kathedrale begonnen, die unpassend klassizistische Fassade mit den 50 Meter hohen Türmen aber erst im 18. Jh. fertiggestellt.

Von außen wirkt die Kathedrale eher unscheinbar, zu dicht ist sie von Häusern umgeben. Im Inneren des in drei mächtige Schiffe gegliederten Baus ist besonders das Alabastergrabmahl des Königs *Carlos III.* El Noble (1387–1425) und seiner Frau Leonor de Trastámara beachtenswert, das zu den bedeutendsten Skulpturenwerken Navarras zählt. Schön ist auch das aus dem 16. Jh. stammende Chorgestühl.

Der gotische *Kreuzgang* (13.-15. Jh.), zu erreichen durch das rechte Seitenschiff, markiert den Höhepunkt der Kathedrale. Mit den eleganten Spitzbögen und der feinen Dekoration seiner Kapitelle gilt er zu Recht als einer der eindrucksvollsten ganz Spaniens, wurde schon von Romancier *Victor Hugo* in den höchsten Tönen gepriesen: „Alles ist schön an ihm, die Ausmaße und die Proportionen, die Formen und die Farben, das Gesamtbild und die Details, der Schatten und das Licht."

Früher im Niemandsland, heute mitten in der Altstadt: Casa Consistorial

An den Kreuzgang schließt sich das *Museo Diocesano* an, das unter anderen sakralen Kostbarkeiten auch den Kirchenschatz ausstellt. Die riesige ehemalige Klosterküche (27 m hoch!), die Teil des Museums ist, birgt unter anderem einen Reliquienschrein, der einen Splitter vom Kreuz Christi enthalten soll.

Öffnungszeiten Die Kathedrale ist nur gemeinsam mit dem Diözesanmuseum (und von diesem ausgehend) und gegen Bezahlung zu besichtigen. Mo–Fr 10–14, 16–19 Uhr, Sa 10–14 Uhr, Kathedrale So nur zu den Messen geöffnet (keine Besichtigung!); im Hochsommer teilweise erweiterte Öffnungszeiten (u. U. auch So). Eintritt rund 4 €.

Casa Consistorial: Im Zentrum der Altstadt. Das Rathaus wurde 1423 ins „Niemandsland" zwischen den bis dahin verfeindeten Stadtvierteln gesetzt; die interessante Fassade, die heute zu sehen ist, stammt jedoch vom Nachfolger des 18. Jh. Die Säulen der dreigeteilten Front sind nach italienisch-palladianischem Vorbild von unten nach oben in jeweils dorischem, ionischem und korinthischem Stil gehalten; die allegorischen Figuren neben dem Eingang stellen die Gerechtigkeit und die Vorsicht dar.

San Cernín: Nur wenige Schritte westlich der Casa Consistorial. Im Mittelalter war sie die Kirche des gleichnamigen Stadtteils; heute wird der ursprünglich romanische, im 13. Jh. dann gotisch neuerrichtete Bau auch San Saturnino genannt, nach dem Täufer der ersten Christen Pamplonas. Von den Anfängen dieser ältesten Kirche der Stadt blieben nur noch die wehrhaften Türme erhalten. Vor der Kirche markiert eine Steinplatte die Stelle, an der der heilige Saturnino seine Taufen abgehalten haben soll.

Museo de Navarra: Im Norden der Calle San Domingo, fast direkt an der Stadtmauer, präsentiert sich das Museum Navarras als hochwertige Sammlung archäologischer Funde, historischer Architektur wie auch Gemälde. Höhepunkte sind ein maurisches, fast tausend Jahre altes Schmuckkästchen aus Córdoba, Architekturfragmente des ersten, romanischen Kreuzgangs der Kathedrale, und Fresken aus verschiedenen Kirchen Navarras. Goya-Fans sollten sich das Bild des jungen Marqués von San Adrián (1804) genauer ansehen, das als eines der besten Porträts des Meisters gilt.

Öffnungszeiten Di–Sa 9.15–14, 17–19 Uhr, So/Fei 11–14 Uhr; Eintritt 2 €, Studenten mit Ausweis die Hälfte; Sa-Nachmittag und So ist der Eintritt frei.

San Lorenzo: Am Westrand der Altstadt gelegen, wurde die ursprünglich mittelalterliche Kirche im 19. Jh. fast völlig neu errichtet. Bemerkenswert ist nur die *Capilla de San Fermín* (18. Jh.), die Reliquien des Heiligen sowie das bei seiner Prozession getragene Bildnis enthält.

San Nicolás: Im Süden der Altstadt erhebt sich am Paseo de Sarasate die ehemalige Kirche des Viertels San Nicolás. Heute noch sieht man ihr die damals durchaus angebrachte Wehrhaftigkeit an, auch wenn Teile der einstigen Verteidigungsanlagen abgerissen wurden.

Las Murallas: Ein sehr reizvoller Spaziergang führt von den Altstadtplätzen *Virgen de la O* im Nordwesten oder *Santa María la Real* im Südosten entlang der alten Stadtmauern. Abseits städtischer Hektik bieten sich hier schöne Ausblicke ins Tal des Río Arga und auf die Altstadt von Pamplona.

Frontón de Labrit: Gleich südlich der Plaza Santa María liegt dieser Frontón-Platz, auf dem man erste Einblicke in die traditionelle baskische Sportart Pelota gewinnen kann. Hier spielen Amateure, der Eintritt ist frei.

Plaza de Toros: Als Abschluss oder Auftakt, je nach Richtung, lohnt sich auch zu Zeiten außerhalb von San Fermín ein Gang zur Arena von Pamplona. Der Boulevard vor der Arena wurde in Erinnerung an den verdientesten Freund der Stadt „Paseo Hemingway“ getauft; auch ein Denkmal ist dem „Papa“ gewidmet.

Parks außerhalb der Altstadt

Pamplona ist auch eine Stadt der Grünanlagen. Zu normalen Zeiten sind die städtischen Parks ideal für geruhsame Spaziergänge, während der Fiesta tobt hier das Leben.

Parque de Media Luna: Der Park östlich der Arena ist mit seinen alten Straßenlampen und Teichen so romantisch wie sein Name „Park des Halbmonds“; von den Mauern über dem Río Arga bietet sich ein schöner Blick auf die Berge.

La Ciudadela: Die südwestlich der Altstadt gelegene, ehemals fünfeckige Zitadelle entstammt dem 16./17. Jh. Heute geht es innerhalb wie außerhalb ihrer Mauern friedlicher zu: Das gesamte Gebiet ist in einen großen grünen Park verwandelt worden, wie geschaffen für einen faulen Nachmittag. Im Gelände verteilt stehen moderne Skulpturen, in den umgebenden früheren Militärbehausungen finden Kunstausstellungen statt.

Parque de Antoniutti: Eine kleinere Grünanlage zwischen der Zitadelle und dem nördlich gelegenen Taconera-Park. Hier findet sich eine Rollschuhbahn, und zu San Fermín wird bis in den Morgen getanzt.

Parque de Taconera: Schöne alte Bäume kennzeichnen diesen Park, der über Resten der Befestigungsmauern der Zitadelle angelegt wurde. Ganz im Westen steht das alte Stadttor *San Nicolás* aus dem 17. Jh., das ursprünglich bei der Plaza Santa María beheimatet war, im Zuge der Stadterweiterung aber hierher verpflanzt wurde.

Navarra
Karte Seite 132

Südlich von Pamplona

Im Süden der Hauptstadt Navarras wellen sich zunächst noch Hügel. Die *Sierra del Perdón* im Westen und die *Sierra de Alaiz* im Osten der großen Durchgangsstraßen sind sogar echte Mittelgebirge mit Höhen von über 1000 Metern. Bei *Tafalla* wird die Landschaft flach: Hier beginnt die weite Ebene der Ribera, der Gemüse- und Weinregion Navarras.

Olite

Heute ein Nest von dreieinhalbtausend Einwohnern, erlebte Olite, knapp 40 Kilometer südlich von Pamplona gelegen, seine Blütezeit im Mittelalter, war im 15. Jh. gar Sitz der Könige von Navarra.

Die Bauten der damaligen Zeit bestimmen auch heute noch das Ortsbild des Städtchens. Hauptsehenswürdigkeit ist die weitläufig verschachtelte Königsresidenz *Palacio Real* (geöffnet täglich 10–18 Uhr; Eintritt ca. 3 €), die mit zahlreichen Türmen und Wehrmauern eher Burg denn Palast ist. Der zu Anfang des 15. Jh. errichtete Palacio, seinerzeit eine der luxuriösesten Residenzen Europas, wurde 1813 bei einem Feuer teilweise zerstört, 1925 zum Nationalmonument erklärt und seit 1937 restauriert. Heute beherbergt der ausgedehnte Komplex auch einen Parador.

Internet-Tipp www.ctv.es/USERS/sagastibelza/navarra/olite/ ist eine unabhängige Seite, die einen hervorragenden und sehr detaillierten virtuellen Besuch des Palacio Real bietet.

• *Information* Oficina de Turismo, Plaza de los Teobaldos 10; ✆/📠 948 741703, oit.olite@navarra.es. Geöffnet Ostern bis September Mo–Fr 10–14, 16–19 Uhr, Sa/So 10–14 Uhr, im restlichen Jahr täglich 10–14 Uhr.

• *Verbindungen* **Zug**: Station der Linie Pamplona-Castejón nördlich der Altstadt. Verbindungen in beide Richtungen 2-mal täglich – nur Lokalzüge halten!
Bus: Mit CONDA und LA TAFALLESA 12-mal täglich von und nach Pamplona.

• *Übernachten* Was Quartiere betrifft, ist Olite ein teures Pflaster.
*** **Parador Príncipe de Viana**, in einem Teil des Palastes. Insgesamt zwar durchaus stilvoll, für die Preisklasse aber vielleicht etwas rustikal. DZ 115–150 €. Plaza de los Teobaldos 2, ✆ 948 740000, 📠 948 740201, www.parador.es.
** **Hotel Carlos III el Noble**, noch das günstigste Hotel des Städtchens: DZ/Bad etwa 60–70 €. Rua de Medios 1, nicht weit von der Infostelle; ✆ 948 740644, 📠 948 740557.

• *Camping* **Ciudad de Olite** (2. Kat.), außerhalb des Städtchens. Ganzjährig geöffnet, p.P., Auto, Zelt je rund 3 €. Ctra. N 115, km 2,3; ✆ 948 741014.

• *Feste* **Patronatsfest**, etwa in der Zeit vom 14.–18. September.

Ujué: Das sehr reizvolle befestigte Dorf besetzt einen Berg etwa 20 Kilometer östlich von Olite, von dem sich eine weite Aussicht bietet. Die engen, steilen Gassen der auf 800 Meter Höhe gelegenen Siedlung scheinen sich seit dem Mittelalter kaum verändert zu haben. Prunkstück des Dorfes ist die romanisch-gotische Wehrkirche *Iglesia Fortaleza de Santa María*, mit deren Bau bereits Ende des 11. Jh. begonnen wurde. Nach einer Verfügung des Königs Carlos II. wird in der Kirche sein Herz aufbewahrt. Ein guter Grund für einen Besuch im Dorf ist die *Romería de Ujué*, eine Wallfahrt, die am Sonntag nach dem 25. April stattfindet. Die schweigenden Pilger tragen Tunikas; viele gehen barfuß und schleppen schwere Holzkreuze oder Ketten. Und wer schon einmal hier ist, sollte nicht versäumen, sich mit der örtlichen Spezialität einzudecken: *almendras garrapiñadas*, gebrannte Mandeln.

Monasterio de la Oliva: In einsamer Gegend liegt südöstlich von Olite nahe dem Dorf Carcastillo eines der besuchenswertesten Zisterzienserklöster Spaniens, La Oliva genannt. Gegründet von König García IV. Ramírez, an dessen Zeit noch der frühgotische Kapitelsaal erinnert, wurde es im späten 15. und 16. Jahrhundert gewaltig erweitert und im typisch spanischen Übergangsstil zwischen Spätgotik und Renaissance ausgebaut. Wunderschön die feinen Säulchen und das grazile Strebewerk des Kreuzgangs!

Besichtigung Mo–Sa 9–12.30 u. 15.30–20 Uhr, So/Fei 9–11 u.15.30–20 Uhr, im Winter ggf. kürzere Öffnungszeiten; Eintritt 2 €.

Tudela

Kaum mehr als 32.000 Einwohner genügen dem Städtchen Tudela, um die zweitgrößte Siedlung Navarras zu sein. Hier lebt man vom Gemüse, das in der Umgebung gezogen wird: Artischocken, Karden (ebenfalls ein Distelgewächs), Erbsen und vor allem Spargel sind landesweit geschätzt.

Weit im Süden der Region am rechten Ufer des Ebro gelegen, wurde die Hauptstadt der fruchtbaren Ribera-Zone von den Mauren gegründet und auch lange beherrscht. Erst 1119, lange nach der Rückeroberung der anderen Gebiete Navarras, konnte Tudela von den christlichen Heeren eingenommen werden. In den folgenden Jahrhunderten lebten Christen, Mauren und Juden einträchtig zusammen; das Gemeinwesen blühte.

Als Folge dieser glücklichen Periode, die mit dem religiösen Despotismus der „Katholischen Könige" ihr Ende fand, besitzt das Bischofsstädtchen in seinen engen, winkligen Altstadtgassen eine Reihe beachtlicher historischer Bauwerke. Den Übergang von der Altstadt zu den neueren Vierteln und gleichzeitig das Zentrum von Tudela bildet die *Plaza de los Fueros* von 1687 mit dem Uhrenhaus „Casa del Reloj"; an den sie umgebenden Hauswänden erinnern Keramikbilder mit Stierkampfszenen an ihre Vergangenheit als Arena. Bedeutendste Sehenswürdigkeit ist die leider seit längerem in Restaurierung begriffene *Kathedrale,* die im 12./13. Jh. über einer Moschee errichtet wurde. Ihr Westportal zeigt eine Darstellung des Jüngsten Gerichts, beachtenswert sind auch der romanische Kreuzgang und die Seitenkapellen. Nahe dem Ebro steht die kleine *Pfarrkirche Sta. María Magdalena* aus dem 12. Jh., der romanische Tympanon des Hauptportals mit Christus in der Mandorla und Evangelistensymbolen sowie den zwölf Aposteln in der Wölbung darüber kann es in Ausdruck und Ausführung mit den Plastiken der Kathedrale aufnehmen. Besichtigenswert auch die Kapitelle im Inneren (ein Fernglas hilft!) und der Spätrenaissance-Hochaltar.

Tipp: Wer sein Rad dabei hat, sollte sich die „*Via verde del Tarazonica*" nicht entgehen lassen. 29 gemütliche Kilometer auf einer ehemaligen Bahntrasse („Via verde" werden in Spanien Rad- und Fußwege auf aufgelassenen Bahntrassen genannt). Die abwechslungsreiche Strecke führt u. a. durch Tunnel und über alte Brücken nach Tarazona, von wo aus man mit dem Bus nach Tudela zurückkehren kann.

• _Information_ **Oficina de Turismo**, Calle Juicio 4 bei der Kathedrale; ✆/✆ 948 848058, puntoencuentro@tudela.com. Öffnungszeiten: Mo–Fr 9.30–14, 16–20 Uhr, Sa/So 10–14 Uhr, Sa auch 16–20 Uhr. Im Feb./März nur bis 19 Uhr. Hier auch Infos, guter kostenloser

Navarra
Karte Seite 132

Stadtplan und eine brauchbare Karte zu Touren in den Bardenas Reales. Sehr hilfsbereites Personal.

• *Verbindungen* **Zug**: Bahnhof (Info-✆ der Renfe: 902 240202) zentrumsnah südöstlich der Altstadt. Verbindungen nach Pamplona 5-mal täglich, außerdem nach Zaragoza (z. T. weiter nach Barcelona) und Logroño/Bilbao.

Bus: Busstation beim Bahnhof, mit CONDA unter anderem 6-mal täglich von und nach Pamplona, teilweise über Olite.

• *Übernachten* *** **Hotel Tudela Bárdenas**, angenehm und komfortabel, eine der ersten Adressen vor Ort; Parkplätze. DZ etwa 75–105 €. Avda. de Zaragoza 60, südöstlich der Altstadt Nähe Stierkampfarena; ✆ 948 410802, ✆ 948 410972, www.tudelabardenas.com.

*** **Santamaria**, die gute Alternative: Kasten im modernen Stadtzentrum mit komfortablen Zimmern, DZ ca. 90 €. Calle San Marcial 14, ✆ 948 821200, ✆ 948 821204, www.hotelsantamaria.net.

** **Hostal Remigio**, zentral gelegen und mit die preiswerteste Möglichkeit im Städtchen. Durchaus solide, wenn auch recht schlichte Zimmer, leider nicht sehr ruhig gelegen, beliebtes Restaurant angeschlossen. DZ/Bad etwa 45–55 €. Gaztambíde 4, ganz in der Nähe der Plaza de los Fueros; ✆ 948 820850, ✆ 948 824123, www.hostalremigio.com.

Jugendherberge Albergue Juvenil Municipal, im Gebiet südlich des Bahnhofs. Erst vor wenigen Jahren eröffnet, mit 24 Plätzen aber recht klein, unbedingt vorab anrufen. Camino Caritat 17, ✆ 948 848116, ✆ 948 826367.

• *Essen&Trinken* **Bar-Rest Iruña**, kleines Lokal mit schmackhafter und preiswerter Regionalküche der Region Ribera, Menü rund 11 €, Do geschl. Calle Muro 11, ✆ 948 821000.

Restaurant im Hotel **Tudela Bárdenas** mit kreativer navarrischer Küche. Mittagsmenü 15 €, am Wochenende und abends an die 40 €. Avda. de Zaragoza 60. So-Abend u. Mo zu. Im Hotel auch die gut besuchte „schottische" **Cervecería Number Sixty.**

• *Feste* **Semana Santa**, die Karwoche; am Karsamstag das Passionsspiel „El Volatín", das den Tod Judas' darstellt.

Fiesta de Santa Ana, etwa 24.–28. Juli; mit Stiertreiben à la Pamplona, Stierkämpfen, großen Umzügen und traditionellen Tänzen auf der Plaza de los Fueros.

Las Bardenas Reales

Nordöstlich von Tudela erstreckt sich dieses ausgedehnte Naturschutzgebiet, das wahren Wüstencharakter besitzt und ohne weiteres als Westernkulisse dienen könnte.

Rund 415 Quadratkilometer misst das von den zerfurchten Trockentälern der Barrancos durchzogene Areal an der Grenze zu Aragón. Im Süden des Gebiets liegt die vergleichsweise fruchtbare „schwarze" Bardena Negra, den weit überwiegenden Teil jedoch bildet die staubtrockene „weiße" Bardena Blanca, in der man sich in die Wüsten Amerikas versetzt fühlt. Besonders spektakulär wirken die zahlreichen Erosionsformen, die Wind und

Wetter aus dem weichen weißen Gipsgestein gewaschen haben, doch gibt es in der vielfältigen Landschaft auch Steppen, bäuerlich genutzte Flächen und sogar Teiche. Das weitläufige Gebiet ist fast menschenleer, nur selten trifft man auf eine Schafherde und ihren Hirten.

Der Hauptzugang zur weißen Bardena liegt bei *Arguedas* an der NA 134 zwischen Olite und Tudela. Die asphaltierte Zufahrt zweigt knapp einen Kilometer südlich des Ortsrands ab und ist nur spärlich beschildert. Nach elf Kilometern endet das Sträßchen vor einem Militärgelände, weiter geht es nur noch auf Pisten. Hält man sich bei der Militärstation links, trifft man knapp vier Kilometer weiter auf die berühmteste Felsformation der Bardenas, „Castildetierra" (Burg aus Erde) genannt. Zurück geht es auf demselben Weg. Mit einer ent-

Eine wahre Wüste: Las Bardenas Reales

sprechenden Landkarte, wie sie im Fremdenverkehrsamt Tudela erhältlich ist, könnte man aber auch das Militärgebiet im Uhrzeigersinn weiträumig umfahren oder die Bárdena nordwärts Richtung Carcastillo an der NA 124 durchqueren.

Am Nordrand der Bardenas liegt auf einem flachen Plateau der verlassene Ort *Rada* (zu erreichen auf Abzweig von der NA 5500 zwischen der N 121 und dem Kloster La Oliva - es gibt auch ein modernes Dorf gleichen Namens, das sich *nicht* an dieser Stelle befindet!). Die kleine mittelalterliche Stadt – sie war vom 11. bis 15. Jahrhundert bewohnt – wird derzeit ausgegraben. Neben der Kirche, dem einzigen vollständig erhaltenen Bau, kamen eine Festung mit Rundturm, Tore und Wälle der Stadtmauer und zahlreiche Hausgrundrisse samt Ladenzeile zu beiden Seiten der Hauptstraße zum Vorschein. Die Gegend ist sehr einsam, man sieht häufig Geier in der Umgebung.

• *Information* Zuständig ist das Fremdenverkehrsamt Tudela. Achtung, die Bardenas sind Naturschutzgebiet, viele Pisten für Kraftfahrzeuge gesperrt – die im Büro von Tudela erhältliche Karte verzeichnet die freigegebenen Strecken sowie solche, die nur mit dem Fahrrad befahren werden dürfen. Zugänglich ist das Gebiet von acht Uhr morgens bis eine Stunde vor Einbruch der Dunkelheit, Camping sowie das Verlassen der Pisten sind verboten. Rada ist bisher jederzeit zu besuchen, nach Ende der Ausgrabungen und Restaurierungen wird es wohl feste Öffnungszeiten geben.

• *Aktivsportveranstalter* Geführte Radtouren, Trekking u. a. veranstaltet Bardena Activa in Arguedas, Calle Batán 2, ✆ 948 830272, www.bardenaactiva.com.

• *Fahrradverleih* Ciclos Marton, ein Fahrradgeschäft im Zentrum von Arguedas, Calle San Ignacio, ✆ 948 831577, verleiht Mountainbikes – zumindest im Sommer wohl nur etwas für wirklich hartgesottene Biker, die Temperaturen in dem völlig schattenlosen Gelände können mörderisch sein. Unbedingt ausreichend Wasser und Sonnenschutz mitführen!

Abstecher nach Zaragoza

Von Navarras Süden ist es nicht mehr weit zur Hauptstadt der Autonomen Gemeinschaft Aragón. Zaragoza bildet mit mehr als 600.000 Einwohnern die fünftgrößte Stadt Spaniens. Ihr Einzugsbereich reicht weit über die Grenzen der Comunidad hinaus.

Die Bischofs-, Universitäts- und Messestadt, Sitz der EXPO 2008, gibt sich dynamisch und aufstrebend. Als Zentrum von Industrie und Handel ist die Metropole am Ebro mit einigem Wohlstand gesegnet, verzeichnet deshalb seit mehreren Jahrzehnten eine starke Zuwanderung, die die Einwohnerzahl drastisch ansteigen ließ. Zaragoza zeigt ein überwiegend modernes Gesicht, das von breiten, oft schachbrettartig angelegten Straßenzügen bestimmt wird. Die relativ eng begrenzte Altstadt am Ebro glänzt weniger als Gesamtensemble als vielmehr mit einzelnen herausragenden Bauwerken, ist aber insgesamt nicht ohne Reiz.

Orientierung: Die Innenstadt Zaragozas liegt am südlichen Ufer des Ebro. Zentraler Verkehrsknotenpunkt ist die *Plaza de Basilio Paraiso*; flusswärts führt der breite *Paseo Independencia* über die Plaza Aragón direkt auf die Altstadt *Casco Viejo* zu. Er endet an der *Plaza España*, die zusammen mit der Ringstraße El Coso, ihrem westlichen Abschnitt Avda. César Augusto und dem Río Ebro das alte Zentrum begrenzt. Sein Hauptplatz ist die flussnah gelegene, ausgedehnte *Plaza de Nuestra Señora del Pilar*, kurz Plaza del Pilar genannt.

Geschichte

Zaragoza verdankt seinen Namen der Römersiedlung *Caesaraugusta*, die Kaiser Augustus als Ruhesitz verdienter Legionäre gegründet hatte. 714 besetzten die Mauren die fortan *Saraqusta* genannte Stadt. Erst 1118 durch Alfons I. zurückerobert, nahm Zaragoza als Hauptstadt Aragóns raschen Aufschwung. Die Blütezeit reichte bis gegen Ende des 15. Jh., als nach dem Zusammenschluss mit Kastilien Aragón und damit auch Zaragoza viel von ihrer Macht an Zentralspanien verloren. Im Spanischen Befreiungskrieg 1808/09 entbrannte um Zaragoza ein fürchterlicher Kampf: Fast die Hälfte der Einwohnerschaft ließ beim wütenden Widerstand gegen die Franzosen ihr Leben, viele wertvolle Bauten wurden zerstört – den Spaniern ist Zaragoza deshalb ebenso ein Symbol des Unabhängigkeitswillens ihrer Nation wie Sagunt oder Numancia.

Information/Adressen/Verbindungen

• *Information* **Oficina Municipal de Turismo**, Plaza del Pilar; ✆ 976 393537, ✆ 976 200635. Hilfreich und vielsprachig, geöffnet von April bis Oktober täglich 9–21 Uhr, sonst 10-20 Uhr. Hier auch Infos über geführte Stadtrundgänge, den recht preisgünstigen und auch in einer Nacht- und einer Kinderversion verkehrenden „Bus Turístico" sowie die „Zaragoza Card", die viele Vergünstigungen bietet. **Internet**: www.turismozaragoza.com.

Zweigstellen im Torreón de la Zuda, dem historischen Turm an der Pl. Glorieta de Pío XII, ✆ 976 201200, sowie im Bahnhof und im Flughafen, geöffnet jeweils wie oben.

Turismo de Aragón, Büro der Comunidad, zuständig für ganz Aragón; Avda. César Augusto 25, ✆ 976282181. Geöffnet täglich 10-14, 17–20 Uhr. www.turismodearagon.com.

• *Post* Paseo Independencia 33; Öffnungszeiten: Mo–Fr 8.30–20.30 Uhr, Sa 9.30–14 Uhr.

• *Verbindungen* **Flug**: Flughafen Sanjurjo (Info: ✆ 976 712300) etwa zehn Kilometer westlich. Flughafenbus von und zum Paseo Pamplona 19, Abfahrten 7-mal täglich, Preis 2 €.

Zug: Bahnhof Intermodal Zaragoza-Delicias (Info-✆ der Renfe: 902 240202) nordwestlich des Zentrums an der Avda Rioja 33 (nahe Avda. Navarra), in die Innenstadt bis zum Paseo Constitución mit Bus Nr. 51. Züge fahren u. a. nach Huesca 10-mal, Jaca 3-mal und Canfranc 2-mal, nach Teruel und Valencia 2- bis 3-mal täglich; nach Barcelona 12-mal, Madrid 18-mal (viele AVE), nach Logroño 6-mal, Pamplona 4-mal, San Sebastián (Donostia) 2-mal täglich.

Bus: Busbahnhof Intermodal Delicias, mit dem Bahnhof in einem gemeinsamen Gebäude (dem „Intermodal" eben) zusammengefasst. Info-✆ 976 700599, im Netz unter www.estacion-zaragoza.es.

Gute Verbindungen, einige Beispiele: ALOSA fährt nach Huesca etwa stündlich, Jaca 5-mal und Sabiñánigo ebenfalls 5-mal täglich; ABASA nach Alcañiz 4-mal, ALSA nach Barcelona etwa stündlich, nach Bilbao 6-mal, León 3-mal, Santander 4-mal, THERPASAnach Soria 5-mal, Tarazona 4-mal täglich, GRUPO AUTOBUSES JIMÈNEZ nach Teruel 9-mal, Logroño 8-mal, Burgos 4-mal, Valencia 5-mal täglich, AUTOMÓVILES ZARAGOZA nach Calatayud 10-mal, AGREDA nach Daroca 1- bis 2-mal täglich, CONDA nach Tudela 5-mal, Pamplona 7-mal und San Sebastián (Donostia) 4-mal täglich.

Übernachten (siehe Karte Seite 161)

Zaragoza ist Messestadt. Eng wird es vor allem von Februar bis April und erst recht beim Hauptfest Fiesta del Pilar in der Woche um den 12. Oktober. Dann (und ebenso bei anderen Großereignissen wie der Expo) steigen die Preise deutlich.

• *Hotels* *** **Hotel Tibur (7)**, absolut zentral gelegenes und komfortables Quartier direkt bei der Kathedrale; Garage angeschlossen. DZ kosten im Normalfall etwa 85 €, zur Fiesta del Pilar um die 180 €. Plaza de la Seo 2–3, ✆ 976 202000, ℻ 976 202002. www.hoteltibur.com.

** **Hotel Las Torres (2)**, in ebenso perfekter Lage direkt an der Plaza del Pilar. Bei der letzten Recherche gerade in Umbau und Renovierung, die Preise (bis dato: DZ etwa 80 €, zur Fiesta 130 €) könnten deshalb steigen. Plaza del Pilar 11, ✆ 976 394250, ℻ 976 394254, /www.hotellastorres.com.

** **Hotel Sauce (8)**, gleichfalls sehr günstig mitten in der Altstadt gelegen. Sehr freundliches Personal; die hübschen Zimmer fallen in der Größe unterschiedlich aus, sind aber alle gemütlich und stilvoll eingerichtet. Kleine Cafeteria fürs Frühstück; Garage. Anfahrt am besten von Norden über die Flussuferstraße, dann über die Calle San Vicente de Paúl. DZ etwa 65-90 €, zur Fiesta 120 €. Calle Espoz y Mina 33, ✆ 976 205050, ℻ 976 398597, www.hotelsauce.com.

** **Hotel Res. Avenida (6)**, immer noch recht zentral am westlichen Altstadtring gelegen und mit Garage. Komfortable Zimmer mit Lärmschutzfenstern (die auch nötig sind). DZ etwa 65 €, zur Fiesta 115 €. Avenida César Augusto 55, ✆ 976 439300, ℻ 976 439364., www.hotelavenida-zaragoza.com.

* **Hotel Posada de las Almas (1)**, in ruhiger Lage knapp westlich des Altstadtrings; Zufahrt zur Garage von dort durch eine Fußgängerzone. Nostalgisches, traditionsreiches Haus, 1705 gegründet! Allerdings, Stil hin oder her: Die Zimmer könnten allmählich eine Renovierung vertragen. DZ etwa 50 €. Gutes Restaurant. Calle San Pablo 22, eine Seitenstraße der Avda. César Augusto, ✆ 976 439700, ℻ 976 439143.

** **Hostal Plaza (4)**, in prima Lage direkt am Hauptplatz, zwar teilweise etwas hellhörig, insgesamt aber gut in Schuss. Die Bäder sind recht klein, z. T. schon älter, z. T. fast neu. DZ/Dusche kosten hier knapp 50 €, zur Fiesta 70 €. Plaza del Pilar 14, ✆ 976 294830.

* **Hostal Paraíso (13)**, etwas außerhalb der Altstadt, am verkehrsreichen Paseo Pamplona. „Der Komfort eines Hotels zu den Preisen eines Hostals", werben die Eigentümer, und haben Recht, zumindest, was den Komfort betrifft: Zimmer mit TV, Klimaanlage etc.; Garage. DZ/Bad etwa 50–70 €. Paseo Pamplona 23, ✆ 976 217608, ℻ 976 217607.

• *Jugendherberge* **Albergue Juvenil (14)**, Calle Franco y López 4, etwas abgelegen in der Neustadt, Bus Nr. 38 ab Coso und Paseo Independencia. Reservierung sehr ratsam: ✆ 976 306692 und 976 714797.

• *Camping* Zaragozas Camping „Casablanca" wurde leider schon vor Jahren geschlossen, könnte aber eventuell eines Tages wieder öffnen – die Infostellen wissen Bescheid.

Essen und Trinken (siehe Karte Seite 161)

In der Altstadt, speziell im Kneipenviertel El Tubo zwischen der Calle Don Jaime I. und der Calle Alfonso, finden sich jede Menge Tapa-Bars und einfache, preisgünstige Restaurants.

Rest. El Fuelle (12), im südöstlichen Altstadtbereich. Sehr altes Haus, dem man die Jahrhunderte von außen nicht ansieht, urige und gemütliche Räumlichkeiten. Gute aragonische Küche, Spezialität Grill- und Ofengerichte; mittleres Preisniveau. So-Abend geschlossen. Calle Mayor 59, ✆ 976 976 398033.

Rest. Casa Emilio (3), bei der Aljafería und ein sehr guter Platz für ein ausgedehntes Mittagsmahl – traditionelles Gasthaus, solide aragonische Hausmannskost und mehrere, z. T. ausgesprochen günstige Tagesmenüs. Avenida de Madrid 5.

Buffet-Rest. Las Palomas (5), ein schmuckloses Lokal gleich am Hauptplatz, ein Lesertipp von Dr. H.U. Kottich: „Meterlange Tische und Vitrinen voller Speisen, Tapas, Suppen, Gemüse, Salate und und... Hier kann der Einsteiger alles durchprobieren und sich mit der spanischen Küche vertraut machen." Mittags- und abendliches Tapas-

Büffet kommen jeweils auf etwa 11 €. Plaza del Pilar 14-16.

Taberna Dominó (9), ein schönes Beispiel für die ganze Reihe von Tapa-Bars an diesem sehr beliebten Altstadtplatz unweit der Kathedrale. Gemütliches Interieur, zu den Tapa-Spezialitäten zählen insbesondere Schinken- und Wurstwaren, die freilich ihren Preis haben. Plaza Santa Marta s/n. Gegenüber und von Lesern gelobt: **Cervercería Bar Marpy**.

Bar La Nicolasa (11), nicht weit entfernt an einem anderen „Tapa-Platz" der Altstadt. Hübsches Interieur mit alten Fotos, auch Tische im Freien; baskisch inspirierte Tapas mit Schwerpunkt auf Schinken und Wurst. Plaza San Pedro Nolasco 2.

Bar-Café El Prior (10), im Tubo-Viertel. Großes Kellercafé in einem Palast des 17. Jh., nett für einen Imbiss zwischendurch. Angeschlossen eine Bodega, am Wochenende oft Live-Musik. Calle Santa Cruz 7, Ecke Calle Martínez, ab 14 Uhr geöffnet. Tapa-Bars im Umfeld finden sich an der nahen Plaza Santa Cruz.

Nachtleben

Wie so oft in Spanien gibt es auch in Zaragoza bestimmte Night-Zonen, in denen die einzelnen Lokale recht häufig wechseln.

Altstadt-Zone „Casco": Nächtlicher Treffpunkt ist hier das Gebiet um den Mercado Central an der Avda. César Augusto, begrenzt durch die Calles Predicadores, El Olmo, El Temple, Contamina und Manifestación.

Neustadt-Zone „La Zona": Etwa zwischen dem Paseo Sagasta und dem Paseo Constitución gelegen, insbesondere die Straßen León XIII., San Vicente Martir und Francisco Vitoria.

Einkaufen/Feste und Veranstaltungen

• *Einkaufen* **Markt**: Schöne Markthalle „Mercado Central" aus der Zeit der Jahrhundertwende an der Avda. César Augusto; geöffnet Mo–Sa vor- und nachmittags.

Kaufhaus: „El Corte Inglés" an der Plaza Paraíso und dem Paseo Independencia.

• *Feste und Veranstaltungen* Besonders im Frühling und Sommer wird so viel geboten, dass eine komplette Auflistung den Rahmen sprengen würde: Faltblätter bei den Infostellen.

San Valero, 29. Januar, das Fest des Stadtpatrons von Zaragoza.

Cincomarzada, 5. März, zur Erinnerung an die Karlistenkriege; Festprogramm.

Semana Santa, Karwoche. Berühmte Orgelkonzerte. Am Ostersonntag ein traditioneller Stierkampf in der einzigen überdachten Arena ganz Spaniens.

San Jorge, 23. April; das Fest des Schutzpatrons von Aragón.

Mercado Medieval, an wechselnden Terminen im Juni oder Juli, einer der in Spanien immer beliebteren „mittelalterlichen Märkte", im Gebiet um die Kathedrale.

Fiestas del Pilar, in der Woche um den 12. Oktober. Das furiose Hauptfest der Stadt bringt Konzerte aller Art, traditionellen Tanz, Ausstellungen, Sportereignisse, den letzten Höhepunkt der spanischen Stierkampfsaison und vieles mehr.

Sehenswertes

Basílica de Nuestra Señora del Pilar: Unübersehbar erheben sich an der Flussseite der langgestreckten Plaza del Pilar die Türme und Kuppeln der eindrucksvollsten Kirche Zaragozas. Genau hier soll im Jahr 40 dem nach Santiago reisenden Apostel Jakob die auf einer Säule (span.: pilar) stehende Jungfrau Maria erschienen sein. An Stelle verschiedener Vorgängerkirchen entstand ab dem 17. Jh. die heutige dreischiffige Basilika auf rechteckigem Grundriss, gekrönt von vier Ecktürmen, einer zentralen und zehn kleineren Kuppeln. Einer der Türme kann per Aufzug (2 €; Fr geschlossen) „bestiegen" werden und bietet natürlich eine sagenhafte Aussicht. Hauptanziehungspunkt ist jedoch die *Capilla de Nuestra Señora del Pilar*: Hier trägt besagte Säule die kleine Statue der Maria. Ein Stück weiter zeigt ein Stein einen Fußabdruck, der von ihr stammen soll. Die Decke der Kapelle ist mit Fresken von González Velázquez und, in den kleineren Kuppeln, von Goya und Bayeu ausgemalt.

Öffnungszeiten 5.45–21.30 Uhr (im Winter bis 20.30 Uhr), gratis.

La Lonja: Die im 16. Jh. errichtete Börse Zaragozas, von der Basilika durch das Rathaus Ayuntamiento getrennt, ist leider nur zu Ausstellungen geöffnet, dann jeweils Di–Sa 10–14, 17–21 Uhr, So 10–14 Uhr.

Foro Romano Caesaraugusta/Ruta de Caesaraugusta: Direkt vor der Kathedrale sind die römischen Anfänge der Stadt zu bewundern. Die Reste von Bauten und Abwassersystemen stammen aus der Zeit vom 1. Jh. v. Chr. bis zum 1. Jh. n. Chr. und erstrecken sich deutlich unterhalb des heutigen Straßenniveaus. Angeschlossen ist eine lebendige Dia-Show über das römische Zaragoza. Weitere römische Ausgrabungen, mit dem Forum unter dem Begriff „Ruta de Caesaraugusta“ zusammengefasst, sind der ehemalige Hafen *Puerto Fluvial Caesaraugusta* an der Plaza San Bruno flusswärts der Kathedrale, die Thermen *Termas Públicas Caesaraugusta* an der Calle San Juan y San Pedro, einen Block südlich der Calle Mayor, und das einst immerhin 6000 Sitzplätze umfassende Amphitheater *Teatro Caesaraugusta* in der Calle San Jorge 12, unweit der Plaza de San Pedro Nolasco.

Öffnungszeiten Di–Sa 10–14, 17–20 Uhr, So 10–14 Uhr, Eintrittsgebühr jeweils 2 €, Verkauf am Foro. Das Teatro Caesaraugusta ist Di-Sa 10-21 Uhr, So 10-14 Uhr geöffnet, 3 €. Ein Kombi-Ticket für alle vier Stätten kostet 6 €.

La Seo: Die eigentliche Kathedrale von Zaragoza. Der zunächst dreischiffige, seit dem 15. Jh. fünfschiffige Bau entstand ab 1119 an der Stelle einer maurischen Moschee, wurde jedoch erst Ende des 18. Jh. fertig gestellt, was der Kirche auch anzusehen ist: Gotischer Stil dominiert, doch sind auch mudéjare, barocke und platereske Elemente zu entdecken. Meisterstück des Innenraums ist der aus Alabaster gefertigte gotische Hochaltar des Deutschen Juan de Suavia (15. Jh.); auch die vielen Seitenkapellen sind prächtig geschmückt. Zur Kathedrale gehört auch ein Museum: Das *Museo de Tapices* zeigt hochklassige flämische Wandteppiche des 15.-17 Jh.

Öffnungszeiten Di–Fr 10-14, 16-19 Uhr (Winter bis 18 Uhr), Sa 10-13, 16-19 Uhr (Winter bis 18 Uhr), So 10-12, 16-19 Uhr (Winter bis 18 Uhr); Eintrittsgebühr 2,50 €.

Museo Ibercaja Camón Aznar: Etwas versteckt liegt im Bereich südlich des Hauptplatzes am Carrer Espoz y Mina 23 dieses Museum, das von der spanischen Bank Ibercaja geführt wird. Untergebracht im schönen Stadtpalast Palacio de los Pardo (16. Jh.), zeigt es Kunstwerke aus der Stiftung des Humanisten José Camón Aznar, einem der bedeutendsten Fachleute für Goya. Glanzlicht sind die fast kompletten Stichserien des genialen Künstlers, darunter die berühmten „Caprichos“, die düsteren „Desatres de la Guerra“, die Stierkampfillustrationen der „Tauromaquia“ und die rätselhaften „Disparates“.

Öffnungszeiten Zuletzt wegen Renovierung geschlossen, mit Erscheinen dieser Auflage aber wohl bereits wieder geöffnet. Öffnungszeiten bis dato: Di-Fr 9-14.15, 18-21 Uhr, Sa 10-14, 18-21 Uhr, So 11-14 Uhr. Eintritt frei.

Museo Pablo Gagallo: Einem weiteren großen Künstler Aragóns, nämlich dem Bildhauer Pablo Gargallo (1881-1934), widmet sich dieses Museum an der Plaza San Felipe 3. Den würdigen Rahmen der Austellung bildet der repräsentative Palacio de los Condes de Argillo aus dem 16. Jh., errichtet in einer Mischung aus Gotik und Renaissance.

Öffnungszeiten Auch dieses Museum sollte nach seiner Renovierung bald wieder öffnen. Zu besuchen war es bislang Di-Sa 10-14, 17-21 Uhr, So 10-14 Uhr, der Eintritt frei.

Mudéjare Türme: Einige Beispiele der Baukunst der Mauren, die auch nach der Rückeroberung in Zaragoza lebten, blieben der Stadt erhalten, so der Turm der Kirche *La Magdalena* in der östlichen Altstadt und der *Torreón de la Zuda* westlich der Plaza del Pilar, in dessen Umgebung sogar noch einige Reste der römischen Stadtbefestigung zu sehen sind.

Iglesia Santa Engracia: Bereits außerhalb der Altstadt, beim Paseo de la Independencia in der Nähe der Post. Die frühere Klosterkirche des 15./16. Jh. wurde im Befreiungskrieg weitgehend zerstört und Ende des 19. Jh. wieder aufgebaut. Original jedoch und Grund genug für den Besuch ist das reich geschmückte, platereske Alabasterportal.

Museo de Zaragoza: An der Plaza de los Sitios, vom Paseo Independencia über die Calle Costa zu erreichen. Neben einer archäologischen Abteilung verfügt das Museum über eine Keramikausstellung und eine gut bestückte Gemäldegalerie, die unter anderen Werken auch Arbeiten von Goya, Ribera und Bayeu präsentiert.

Öffnungszeiten Di–Sa 10–14, 17–20 Uhr, So 10–14 Uhr; Eintritt frei.

Patio de la Infanta: Eine Überraschung – gleich um die Ecke von der Plaza de Basilio Paraíso birgt an der Calle de San Ignacio Loyola das moderne Verwaltungsgebäude der Bank Intercaja einen kompletten Innenhof der Renaissance. Der Patio hat einen langen Weg hinter sich: Einst zerlegt nach Frankreich verkauft, wurde er dort „wiederentdeckt", von der Ibercaja zurückgekauft, Stein für Stein nach Zaragoza transportiert und wieder zusammengebaut. Der wunderschöne Hof birgt eine permanente Ausstellung von Goya-Gemälden, darunter ein Porträt des Félix de Azara von 1805 und ein Selbstporträt des Künstlers aus der Zeit um 1770. Im selben Gebäude sind noch weitere, teilweise wechselnde Ausstellungen untergebracht.

Öffnungszeiten Zuletzt wegen Renovierung geschlossen, mit Erscheinen dieser Auflage aber wohl bereits wieder geöffnet. Vorgesehene Öffnungszeiten: Mo–Fr 9–14, 18–21 Uhr, Sa 11–14, 18–21 Uhr, So 11–14 Uhr; Eintritt frei.

La Aljafería: Obwohl etwas abseits im Westen der Stadt in der Nähe des Bahnhofs gelegen, ist das ehemalige Schloss der mittelalterlichen maurischen Herrscher den Weg absolut wert. Im 11. Jh. errichtet, diente der mehrfach umgebaute und zuletzt über ein Jahrzehnt lang restaurierte Palast erst als maurisches Lustschloss, später als christliches Kloster, als Königsresidenz und Sitz der Inquisition; heute beherbergt er das Aragonische Parlament. Im Erdgeschoss blieb eine wunderschöne kleine Moschee erhalten; das erste Stockwerk, über eine prachtvolle gotische Treppe zu erreichen, birgt den nicht minder prächtigen Thronsaal (Gran Salón) mit fantastischer Kassettendecke. Der Turm *Torre del Trovador* war einst Gefängnis der Inquisition; hier spielt ein Teil von Verdis „Troubadour".

Öffnungszeiten Mitte April bis Mitte Oktober Mo–Mi sowie Sa/So 10–14, 16.30–20 Uhr, Fr 16.30–20 Uhr; im restlichen Jahr Mo–Mi sowie Sa 10–14, 16–18.30 Uhr, Fr 16–18.30 Uhr, So 10–14 Uhr; Eintritt 3 €.

Gelände der Expo 2008: Noch etwas nordwestlich der Aljafería, im Gebiet von Ranillas und damit schon am Stadtrand, erstreckt sich in einer großen Kurve des Ebro das Gelände der Weltausstellung von 2008 (zentrales Thema: „Wasser und nachhaltige Entwicklung", www.zaragozaexpo2008). Welchem Zweck die einzelnen Installationen, darunter das größte Süßwasseraquarium Europas und ein 73 Meter hoher Wasserturm in Form eines Wassertropfens, nach dem Ende des Großereignisses genau zugeführt werden sollen, blieb bis Redaktionsschluss noch etwas unklar – die Rede war von einem Park mit Kultur-, Freizeit- und Sporteinrichtungen, Kongresszentrum und Hotels, ebenso von Büro- und Gewerbegebieten, eventuell aber auch einer Nightlifezone.

Umgebung von Zaragoza

▸ **Cartuja de Aula Dei**: Etwa zwölf Kilometer nördlich von Zaragoza, zu erreichen über die Nebenstraße nach Peñaflor. Die Kirche des 1564 gegründeten Kartäuserklosters bemalte Goya mit inzwischen restaurierten Szenen aus dem Leben Mariä und Christi. Lange Zeit waren die elf Fresken nur Männern zugänglich, da eine mehr als 900 Jahre alte Regel den Mönchen jeglichen Kontakt mit Frauen verbietet. Nach mehrjährigen Verhandlungen haben sich die Kartäuser vor einiger Zeit nun doch bereit erklärt, den Bau eines separaten Eingangs zu gestatten, so dass jetzt auch weibliche Besucher in den Kunstgenuss kommen können. Theoretisch zumindest: Das Kloster ist nämlich nur an jedem letzten Wochenende (Sa/So) im Monat geöffnet, und auch das nur nach vorheriger Anmeldung: ✆ 976 714934.

▸ **Fuendetodos**: Echte Goya-Fans werden vielleicht seinen Geburtsort an der C 221, etwa 30 Kilometer südlich von Zaragoza, aufsuchen wollen. Ob das restaurierte und in ein Museum (Di–So 11–14, 16–19 Uhr; 3 €) verwandelte Gebäude tatsächlich sein Geburtshaus war, gilt jedoch als strittig. Zudem zählen die ausgestellten Arbeiten des Genies leider nicht zu seinen Meisterwerken.

Am Jakobsweg (Richtung Logroño)

Santa María de Eunate

Ein bescheidenes kleines Kirchlein nur, doch geheimnisumwittert und von hoher Eleganz und Harmonie.

Santa María de Eunate liegt direkt am Jakobsweg, einsam in einer von Feldern und Hügeln geprägten Landschaft etwa 20 Kilometer südwestlich von Pamplona. Im 12. Jh. erbaut, weist das schmucke Kirchlein einen ungewöhnlichen Grundriss in Form eines unregelmäßigen Achtecks mit kleiner Apsis auf. Um die Kirche selbst verläuft eine gleichfalls unregelmäßig achteckige Bogengalerie mit Pfeilern und Doppelsäulen, und um diese wiederum eine ebensolche Umfassungsmauer. Der Sinn der Bogengalerie ist bis heute ungeklärt. War sie eine Art Kreuzgang? Eine Dachverbindung zur Kirche besteht jedenfalls nicht, es existieren auch keine Anzeichen dafür.

So rätselhaft die Form, so unklar ist auch ihre Herkunft. Vermutlich war das Kirchlein eine Friedhofskapelle, wurden doch außerhalb der Umfassungsmauern Gräber mit Jakobsmuscheln gefunden, dem Kennzeichen der Jakobspilger.

Das Symbol des Jakobswegs, häufiger Begleiter am „Camino"

Wahrscheinlich auch, dass hier jenes Hospital des Johanniterordens stand, das eine Urkunde des 13. Jh. für dieses Gebiet erwähnt. Spekulativer ist die Annahme, Santa María de Eunate sei eine Nachbildung des Heiligen Grabes in Jerusalem und als solche eine Stiftung des Templerordens.

• Internet-Tipp www.ctv.es/USERS/sagastibelza/navarra/eunate/eunate.htm ist eine unabhängige Seite, die einen hervorragenden und sehr detaillierten virtuellen Besuch der Kirche bietet. Lesenswert auch die Informationen zu den Templern – leider nur in Spanisch!

• Anfahrt/Öffnungszeiten Von Pamplona auf der N 111 Richtung Logroño; kurz vor Puente la Reina links, noch etwa drei Kilometer, dann rechter Hand. Geöffnet ist von März bis Oktober Di–So 10.30–13.30, 16–19 Uhr bzw. 17–20 Uhr (Juli–September), von November bis Februar Di–So 10.30–14.30 Uhr; Montag und im gesamten Dezember ist geschlossen.

Puente la Reina (Gares)

Knapp 25 km südwestlich von Pamplona vereinigen sich in dem Städtchen am Río Arga die beiden Routen des Jakobswegs.

Wer es noch nicht weiß, der bekommt es spätestens von der Inschrift eines Pilgerdenkmals an der Hauptstraße N 111, zwischen den Hotels Mesón del Peregrino und Jakue, gesagt: *„Und von hier ab werden alle Wege nach Santiago zu einem einzigen."*

Dem uralten Pilgerpfad verdankt das hübsche Städtchen viel: Ohne die namensstiftende Brücke über den Fluss wäre der Ort wohl ein unbekanntes Dorf geblieben. Die Brücke wiederum wurde extra für die Jakobspilger errichtet. Auf den Jakobsweg zurückzuführen ist auch der mittelalterliche Wohlstand der Siedlung, der sich in mehreren großen Kirchen und prächtigen, wappengeschmückten Palästen manifestierte und Puente la Reina bis heute prägt.

• *Information* **Oficina de Turismo**, am Hauptplatz Plaza Julian Mena, ✆ 948 340845. Nur im Sommer geöffnet. Hier unter anderem auch Informationen zu den Besichtigungszeiten der ländlichen Kirchen im Umfeld des Städtchens.

• *Verbindungen* **Bus**: LA ESTELLESA fährt 10-mal täglich von/nach Pamplona und Estella. Seltener gibt es auch Anschlüsse nach Logroño.

• *Übernachten/Essen & Trinken* *** **Hotel Jakue**, knapp außerhalb des Ortes an der N 111 Richtung Pamplona. Moderner Bau, ansprechend und komfortabel; Parkplatz, Schwimmbad, Sauna etc. DZ etwa 80–90 €, während der Fiestas von San Fermín (Pamplona ist nah) ab ca. 120 €. Irunbidea s/n, ✆ 948 341017, ℻ 948 341120, www.jakue.com.

** **Hotel Relais & Château Mesón del Peregrino**, in der Nähe des Hotels Jakue. Nach Umbau eine noch empfehlenswertere, gemütliche und stilvolle wenn auch nicht billige Übernachtungsstation; Parkplätze, Swimmingpool und Garten vorhanden. Gutes Restaurant mit fantasievoller Küche. Nur 14 Zimmer, DZ ab 130 €. Von Weihnachten bis zum Dreikönigstag geschlossen. Crta. Pamplona-Logroño km 23, ✆ 948 340075, ℻ 948 341190.

Hotel Rural Bidean, eine prima Adresse mitten im Ort, nur ein paar Schritte von der Plaza Mena. Hübsch restauriertes altes Steinhaus, komfortable und geschmackvoll-rustikale Zimmer mit Heizung und TV. Neu eingerichtetes Restaurant (nicht billig – Menü 27 €!) DZ/Bad rund 55 €, während San Fermín allerdings bis 90 €. Calle Mayor 20, ✆ 948 340457, ℻ 948 340293, www.bidean.com.

Bar-Rest. Conada, mittags kommen Arbeiter aus dem ganzen Ort, um hier schon ab 13 Uhr das gute und preiswerte (10 €) Menü zu essen. Di und Mi abends geschlossen. Paseo de los Fueros 17 (Südumfahrung der Altstadt), ✆ 948 340052.

• *Camping* **El Molino** (1. Kat.), großer Platz bei Mendigorria, gut sechs Kilometer südlich des Ortes. Ruhige, hübsche Umgebung, jedoch viele Dauercamper. Preis p.P., Zelt und Auto je ca. 5 €. Offiziell ganzjährig geöffnet, ✆ 948 340604, ℻ 948 340082, www.campingelmolino.com

• *Feste* **Patronatsfest** vom 25.-31.7., u. a. mit „Encierros" ähnlich denen von Pamplona.

Ferias, mit Kunsthandwerksausstellungen, an den Wochenenden der zweiten Septemberhälfte.

Sehenswertes

Iglesia del Crucifijo: Im Osten der Stadt. Das romanisch-gotische Gotteshaus wurde im 12. Jh. als Templerkirche errichtet, verfiel aber nach dem Zusammenbruch des Ordens und wurde im 15. Jh. renoviert und erweitert. Ihren Namen hat die Kirche von dem ungewöhnlichen V-förmigen Kruzifix im Inneren, das wahrscheinlich von deutschen Pilgern gestiftet wurde.

Calle Mayor: Die Hauptstraße des Ortes markiert heute noch den Verlauf des mittelalterlichen Pilgerwegs. Gesäumt wird sie von einer Reihe von Adelspalästen, an deren Wänden oftmals alte Wappen oder das Pilgerzeichen der Jakobsmuscheln zu sehen sind. An der Calle Mayor steht auch die mehrfach umgebaute Kirche *Iglesia de Santiago* mit ihrem Renaissance-Turm und einem schönen romanischen Portal. Das gotisch geprägte Innere beherbergt eine Statue des heiligen Bartholomäus und eine Skulptur des heiligen Jakob als Pilger.

Puente la Reina: Die sechsbogige „Brücke der Königin" ist das Wahrzeichen des Städtchens und wurde im 11. Jh. auf Weisung vermutlich der Königin Doña Mayor errichtet, um den Pilgern die Mühe einer Furtdurchquerung zu ersparen – ein feines Stück romanischer Profanarchitektur. Den besten Fotoblick genießt man von der modernen Brücke der Nationalstraße Richtung Estella, die parallel zum mittelalterlichen Bau den Río Arga überspannt.

Die "Schlucht der Geier": Foz de Lumbier-

▲▲ Romanisch: Westportal des Klosters Leyre
▲ Romantisch: Pamplonas Altstadt nahe der Kathedrale

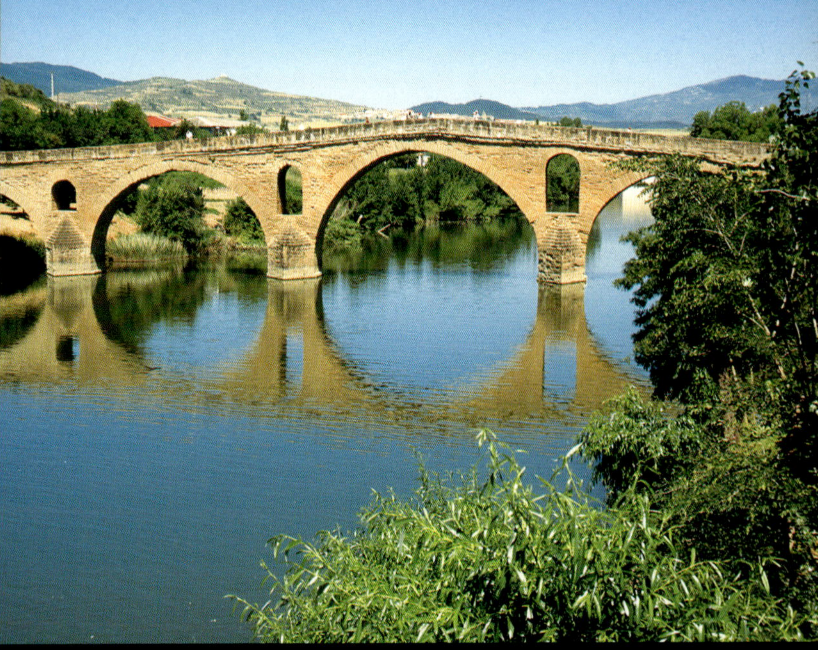

Elegant und harmonisch: Santa María Eunate ▲▲
Die "Brücke der Königin": Puente la Reina ▲

Wahrzeichen der Bardenas Reales: Castildetierra

Estella (Lizarra)

Auch Estella verdankt dem Jakobsweg Wohlstand und sogar den Aufstieg zur wichtigsten und bevölkerungsreichsten (13.700 Ew.) Siedlung zwischen Pamplona und Logroño.

Schon in römischer Zeit bewohnt, ließ 1090 König Sancho V. den zwischenzeitlich verlassenen Ort durch Südfranzosen neu besiedeln. Bis ins 14. Jh. sprach man in Estella deshalb auch provençalisch. Im Laufe der Jahre zogen Juden und Navarreser nach Estella, und ähnlich wie in Pamplona bildeten sich so allmählich voneinander getrennte Viertel für die verschiedenen Bevölkerungsgruppen.

Sein mittelalterliches Ambiente mit Kirchen, Klöstern und Adelspalästen blieb dem auf baskisch Lizarra genannten, recht ausgedehnten Städtchen bis heute weitgehend erhalten und macht Laune auf zumindest einen ausgedehnten Zwischenstopp. Das Zentrum des heutigen Estella ist die *Plaza de los Fueros*, in deren Umfeld sich auch die Mehrzahl der wichtigen Einrichtungen befindet. Die bedeutendsten Sehenswürdigkeiten freilich liegen südlich des malerisch gewundenen Río Ega, im Gebiet um den alten Königspalast *Palacio de los Reyes de Navarra* und die Calle de la Rúa.

Navarra Karte S. 132

• *Information* **Oficina de Turismo**, Calle San Nicolás 1, ✆ 948 556301, ✆ 948 552040, oit.estella@navarra.es. Neben dem Königspalast, engagiert und kompetent. Stark saisonal gestaffelte Öffnungszeiten, im Hochsommer Mo–Fr 9–20 Uhr, Sa/So 10–14 Uhr, im Winter Mo–Sa 10–17 Uhr, So 10–14 Uhr.

• *Verbindungen* **Bus**: Schöner Busbahnhof auf der Zentrumsseite an der Plaza de la Coronación. LA ESTELLESA von/nach Pamplona 10-mal, Logroño 9-mal täglich; 5-mal täglich auch nach San Sebastián (Donostia).

• *Übernachten* ** **Hotel Yerri**, an der NA 120 Richtung San Sebastián, kurz hinter der Arena und somit noch relativ zentral; Parkplätze. Guter Standard, DZ etwa 60–65 €. Avenida Yerri 35, ✆ 948 546034, ✆ 555081.

* **Pensión San Andrés**, relativ große Pension im Zentrum unweit westlich der Plaza de los Fueros. In dieser Preisklasse eine gute Wahl, recht ordentliche Zimmer, DZ/Bad nach Saison 35-38 €, ohne Bad schon um 30 €, Dreibettzimmer mit Bad 45 €. Calle Mayor 1, ✆ 948 554158, ✆ 948 550448.

Fonda Izarra, eine von mehreren einfachen Fondas im Umfeld der Plaza de los Fueros. Passable, saubere Zimmer, DZ ohne Bad rund 24 €. Ein preiswertes Restaurant ist angeschlossen. Calle Calderería, ✆ 948 550678.

• *Camping* **Camping Lizarra** (1. Kat.), etwa 2 km außerhalb des Zentrums. Wenig Schatten, ansonsten ein gut ausgestatteter Platz mit großem Schwimmbad (gratis), Fahrradverleih, Restaurant und Einkauf. Ganzjährig geöffnet; Parzelle inkl. Auto und Zelt knapp 14 € (es gibt auch halbe Parzellen), p.P. zusätzlich 5 €. ✆ 948 551733, Carretera Nacional 111, km 43, www.campinglizarra.com.

• *Essen* **Rest. Navarra**, im Zentrum, gilt als eine der ersten Adressen vor Ort. Angenehmes Ambiente; Hausspezialitäten sind Spanferkel, gefüllte Paprikaschoten und Seehecht. Tagesmenü 19 €, à la carte muss man ab etwa 30 € rechnen. So-Abend und Mo (außer Juli/August) geschlossen; Calle Gustavo de Maeztu 16, ✆ 948 550040.

• *Feste* **Baile de Era**, 25. Mai, Veranstaltung mit traditionellen Regionaltänzen.

Patronatsfest ab dem Freitag vor dem ersten Augustsonntag, komplett mit Dudelsackmusik, Tanz und „Encierros" à la Pamplona.

Sehenswertes

Palacio de los Reyes de Navarra: Aus dem 12. Jh. stammend, ist der Königspalast von Estella einer der wenigen erhalten gebliebenen romanischen Profanbauten, innerhalb Navarras sogar der einzige. Türme und Galerien allerdings sind Zusätze des 16. Jh. An den Säulen der Hauptfassade sind neben einer Darstellung des letzten Kampfes von Paladin Roland (siehe „Roncesvalles") allerlei Fabelgestalten zu entdecken. Das Innere beherbergt ein Museum des baskischen Malers Gustavo Maeztu y Whitney (1887–1947), der hier seine letzten Lebensjahre verbrachte. Das Museum ist geöffnet Di–Sa 11–13, 17–19 Uhr, So 11–13.30 Uhr; Eintritt frei.

San Pedro de la Rúa: Weithin sichtbar dominiert der Turm der im 12./13. Jh. errichteten Kirche das Umfeld des Königspalastes. Neben dem maurisch inspirierten Portal und einer originellen Drachensäule im Inneren interessiert vor allem der teilweise zerstörte, dennoch beeindruckende romanische Kreuzgang mit seinen detaillierten Kapitellen. Originell sind auch die vier ungewöhnlich ineinander verdrehten Säulen. In der Regel ist San Pedro nur auf Führungen zu besichtigen (Anfragen bei der nahen Infostelle); ein Blick auf den Kreuzgang lässt sich jedoch auch von dem Steig aus erhaschen, der etwas südlich der Kirche von der Calle de la Rúa hinauf zur 30 Meter höher gelegenen Hauptstraße führt.

Santo Sepulcro: An der Verlängerung der Calle de la Rúa, der einstigen Hauptstraße von Estella, glänzt die einschiffige Kirche des 12. Jh. mit gotischer Fassade samt schön geschmücktem Portal.

San Miguel Arcángel: Auf der anderen, der Zentrumsseite des Río Ega, macht die nahe der Calle Mayor gelegene Kirche des 12. Jh. die Hauptsehenswürdigkeit aus. Ansonsten eher schlicht, fasziniert ihr Nordportal durch besonders ausgefeilten romanischen Figurenschmuck.

Monasterio de Irache: Etwa zwei Kilometer südwestlich von Estella in Richtung Logroño gelegen, unterhielt dieses Benediktinerkloster bereits im elften Jahrhundert ein Pilgerhospiz, ein Jahrhundert vor dem von Roncesvalles. Zwischen dem 16. und dem 19. Jh. bestand hier auch eine Universität. Sehenswert sind vor allem die romanische Kirche des 12. Jh. und der schöne, platereske Kreuzgang, der aus dem 16. Jh. stammt. In Zukunft soll im Kloster ein Luxushotel eingerichtet werden.

Öffnungszeiten Di 9-13.30 Uhr, Mi-Fr 9–13.30 Uhr, 17–19 Uhr, Sa/So 9–13.30, 16–19 Uhr, der Eintritt ist frei.

Torres del Río

Das unscheinbare Dorf nahe der N 111 lohnt den Stopp wegen einer besonderen Kapelle: San Sepulcro, im 12. Jh. errichtet, ist eine der harmonischsten und gleichzeitig ungewöhnlichsten Kirchen des Jakobsweges.

Das dreigeschossige Gebäude wurde auf achteckigem Grundriss errichtet, mit einer kleinen Apsis im Osten und einem Treppenturm im Westen. Überragt wird die Kapelle von einem ebenfalls achteckigen, „Totenlaterne“ genannten Türmchen. Architektonisch sehr ungewöhnlich und offenkundig vom maurisch geprägten Mudéjar-Stil inspiriert ist die Kuppel der Kapelle, deren Rippen sich nicht im Zentrum treffen, sondern einen achteckigen Stern bilden.

Ähnlich rätselhaft wie in Eunate bleiben Herkunft und Zweck der Kapelle. San Sepulcro bedeutet „Heiliges Grab“. Zwei Kapitelle, die die Kreuzabnahme und die Frauen vor dem leeren Grabe zeigen, weisen auch auf den Orden des Heiligen Grabes hin – vielleicht unterhielt ja der Orden San Sepulcro als Totenkapelle für Jakobspilger. Eine andere Theorie sieht San Sepulcro als Kirche des Templer-

ordens. Die Öffnungszeiten sind nicht genau geregelt (offiziell tgl. 9-13 u.16.30-19 Uhr), aber am Eingang hängt eine Liste der Kustoden und jeder im Ort weiß Bescheid.

Viana

Ein kleiner Ort im äußersten Westen Navarras, nur mehr neun Kilometer von Logroño, der Hauptstadt der Rioja entfernt.

Viana wurde 1219 von Navarras König Sancho VII. dem Starken gegründet, um die Grenze zum damaligen Kastilien zu verstärken. Als Station am Jakobsweg weist das kleine Städtchen (3600 Einwohner), das 1423 sogar zum Fürstentum ausgerufen wurde, in seinem Zentrum eine Reihe prachtvoller, wappengeschmückter Adelspaläste auf.

• *Verbindungen* **Bus**: LA ESTELLESA fährt auf der Linie Pamplona-Logroño 5-mal täglich.

• *Übernachten/Essen&Trinken* *** **Hotel Palacio de Pujadas**, ein spätmittelalterlicher Palast am Westende der Altstadt wurde für dieses Hotel komfortabel und ästhetisch reizvoll umgebaut. Klar: Internetanschluss, Fön und Minibar in den Zimmern – DZ aber nicht unter 160 €, Ausnahme Pilger (mit Credential): 85 €. Ins großzügig proportionierte **Café-Restaurant** im Erdgeschoss kommt neben Businessgästen auch Vianas begüterte Schicht zum Essen (Menü 15 €, à la carte ab ca. 25 €, kein Ruhetag). ✆ 948 646464, ℻ 948 646468, www.palaciodepujadas.com.

** **Pensión Casa Armendariz**, nur sieben Zimmer, im Erdgeschoss gutbürgerliches Restaurant. DZ/Bad etwa 35–40 €. Calle Navarro Villoslada 19, ✆ 948 645078, ℻ 948 446345.

** **Hostal San Pedro**, ähnlich einfach, ähnliche Preise, Calle Medio San Pedro 13, ✆ 948 446221.

• *Feste* **Patronatsfest** am Sonntag nach dem 8. September. Im Programm der Fiesta sind u. a. Corridas mit Jungstieren und Amateurstierkämpfern.

Tod eines Papstsohnes

Erst zweiunddreißigjährig starb bei Viana, in einer Märznacht des Jahres 1507, Césare Borgia, Sohn des Papstes Alexander VI.

Césare Borgia (span.: Borja), 1475 in Rom geboren und Bruder der als ebenso lebenslustig wie gefährlich geltenden Lucrezia Borgia, verkörperte die Person des über Leichen gehenden Machtmenschen schlechthin. Mit siebzehn Jahren bereits Erzbischof von Valencia, mit achtzehn Kardinal, verzichtete er 1498 auf seine geistlichen Würden und heiratete die Schwester des Königs von Navarra. Auf Cesares Konto gehen mehrere Morde, vermutlich auch an seinem Schwager Alfonso d'Aragona, und ein blutiger Eroberungsfeldzug gegen die Romagna, Umbrien und Siena. Der Tod ereilte ihn bei einem nächtlichen Kampf gegen einen Trupp des aufständischen Befehlshabers von Viana. Sein Leichnam wurde zunächst prunkvoll am Hauptaltar der Kirche Santa María bestattet. In späteren Zeiten jedoch verbannte man die Gebeine dieses blutrünstigsten der Borgias lieber vor die Tür der Kirche.

▸ **Iglesia Santa María**: Die ursprünglich gotische Kirche aus dem 13./14. Jh. ist die Hauptsehenswürdigkeit Vianas. Der mittelalterlichen Bedeutung des Städtchens entsprechend, fällt das dreischiffige, mehrfach umgebaute Gotteshaus recht wuchtig aus. Schön ist besonders das Renaissance-Portal, vor dem ein in den Boden eingelassener Grabstein an Césare Borgia erinnert, die sicherlich schillerndste Figur der Stadtgeschichte.

Das Kapital der Region: reifende Rioja-Trauben

La Rioja

+++ Die edelsten Tropfen Spaniens +++ Romantische Klöster am Jakobsweg +++ Stelzentänze und Weinschlachten +++

Zumindest dem Weinliebhaber ist der Name wohlbekannt: Aus der Region La Rioja stammen die berühmtesten Gewächse Spaniens.

Historisch zunächst zu Navarra, bereits ab 1076 jedoch zu Kastilien gehörig, erlangte die ehemalige Provinz Logroño im Zuge der Regionalisierung 1979–1983 den Status einer *Comunidad Autónoma*. Zwischen Kastilien-León im Süden und Westen, dem Baskenland im Norden, Navarra im Osten sowie Aragón im Südosten gelegen, bildet La Rioja mit einer Fläche von gerade mal 5034 Quadratkilometern und einer Bevölkerung von deutlich weniger als 300.000 Einwohnern die kleinste Autonome Gemeinschaft des spanischen Festlands. Unter Gourmets genießt die kleine Comunidad jedoch großen Ruf, ist die Rioja doch nicht nur Heimat feiner Weine, sondern auch einer ausgesprochen guten Küche.

Die **Landschaft** der Rioja gliedert sich in zwei deutlich unterschiedliche Bereiche. Im Süden liegt das Bergland *La Sierra*, das bis über 2000 Meter ansteigt und mit dem 2271 m hohen Berg San Lorenzo sogar über ein Skigebiet verfügt. Im Norden erstreckt sich das Tal des Río Ebro, das wiederum in verschiedene Regionen unterteilt wird: im Osten die flache und trockene *Rioja Baja*, um die Hauptstadt Logroño die *Rioja Logroñesa* und im Nordwesten die hügelige *Rioja Alta*, die schon zur Einflusszone des feuchten Atlantikklimas gehört und deshalb besonders fruchtbar ist.

In Kürze: La Rioja

Fläche: 5034 Quadratkilometer – nach den Balearen die kleinste Autonome Gemeinschaft Spaniens.

Bevölkerung: 301.000 Einwohner, entspricht einer Bevölkerungsdichte von 60 Einwohnern pro Quadratkilometer.

Schöne Orte: Vor allem die Städtchen am Jakobsweg, wie Navarrete, Nájera, Santo Domingo de la Calzada, mit Abstrichen auch der Ortskern der Hauptstadt Logroño.

Internet-Infos: www.lariojaturismo.com

Unter den **Städten** ist *Logroño* die einzige, die den Namen Großstadt auch nur annähernd verdient. Reizvoller als die in erster Linie von Industrie geprägte Hauptstadt zeigt sich manch kleinerer Ort. Direkt am Jakobsweg liegt *Santo Domingo de la Calzada* mit seinem sehenswerten Kloster. Von hier stammt auch der Name der Rioja: Das Städtchen liegt am Río Oja, über den heute noch eine einst sehr wichtige Brücke führt, die der Heilige Domingo im 11. Jh. für die Jakobspilger errichten ließ.

Verbindungen

Zug: Innerhalb der Rioja ist mit der RENFE nur das Ebro-Tal erreichbar. Ab Logroño bieten sich dafür passable Anschlüsse in die umliegenden Gemeinschaften. Größte Umsteigestation mit häufigen Verbindungen besonders zur Atlantikküste ist Miranda de Ebro, bereits in Kastilien-León gelegen und von Logroño aus gut zu erreichen.

Bus: Zwischen den größeren Ortschaften besteht ein dichtes Netz mit relativ häufigen Verbindungen, zur Atlantikküste gibt es gute Direktverbindungen ab

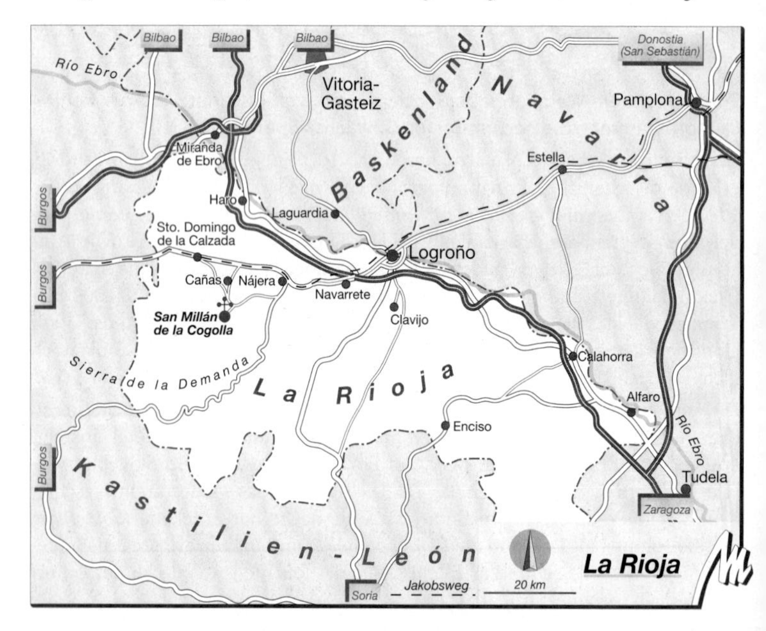

Logroño. Nur schwach bedient werden die Sierras im Süden, doch bleibt hier der Bus dennoch die einzige Wahl.

Feste

Viele Feste der Rioja kreisen, wie könnte es anders sein, um das Thema „Wein". Zur Erntezeit in der zweiten Septemberhälfte feiert fast jedes Dorf sein eigenes Weinfest. Doch auch sonst ist der Festkalender mit originellen und meist sehr traditionsreichen Ereignissen gut bestückt.

Feste der Rioja – eine Auswahl

Semana Santa, die Karwoche. An Gründonnerstag und Karfreitag in San Vicente de la Sonsierra Selbstgeißelungen der „Picaos", die anonym in Kostümen ähnlich dem Ku-Klux-Klan gewandet sind.

Día de Santo Domingo, mehrere Tage um den 12. Mai, Fest des Schutzpatrons von Santo Domingo de la Calzada.

Romería de la Virgen de Hermedaña, 3. Maisonntag, interessante Wallfahrt bei Sorzano (Clavíjo).

Fiesta de San Bernabé, 11. Juni, das Fest des Schutzpatrons von Logroño.

La Romería de San Millán, 15. Juni, in San Millán de la Cogolla, eine Wallfahrt, an der nur Männer teilnehmen dürfen.

Festividad de San Pedro, am 29. Juni in Haro. Dort lässt man es im Rahmen der berühmten Weinschlacht „Batalla del Vino" besonders feucht-fröhlich abgehen: ältere, unempfindliche Kleidung dringend empfohlen!

Romería de la Caridad Grande, erster Julisonntag, eine große Wallfahrt zur Einsiedelei Lomos de Orios bei Villoslada de Cameros, südliche Sierra de Cameros, westlich der N 111.

Festividad de Santa María Magdalena, etwa ab dem 20. Juli in Anguiano (südlich von Nájera), u. a. mit dem kuriosen Stelzentanz „Danza de los Zancos".

Fiesta de San Mateo, mehrere Tage ab dem 20./21. September in Logroño. Stierlauf wie in Pamplona, gleichzeitig Fiestas de la Vendimia, das Fest der Weinernte.

Andere typische Feste u. a. in Nájera (San Juan, 24. Juni), Alfaro (15.-18. August, Verbrennen der Puppen „Judas" und „Judesa"), Calahorra (Patronatsfeste in der letzten Augustwoche) und Arnedo (ab 27. September).

La Rioja
Karte Seite 174

Küche der Rioja

Wie die Landschaft, teilt sich die Küche der Region in zwei Gebiete.

In den winterkalten **Sierras im Süden** kommt reichhaltige Kost in Form von Geräuchertem und deftigen Eintöpfen auf den Teller. Berühmt sind die Würste: *chorizo riojano*, lang, dünn und kräftig in Farbe wie Geschmack, *chorizo de domingo* („Sonntagswurst") aus Schweinelende und ihr nicht ganz so edler Ableger *chorizo de sábado* („Samstagswurst"), weiterhin verschiedene Arten von Blutwürsten, *morcillas*. Ein bekannter Eintopf ist die in mehreren Gängen servierte *olla podrida*, ein echtes Festmahl, das aber leider nur selten in Restaurants angeboten wird.

Entlang des Ebro darf es etwas leichter und eleganter sein. Hier vor allem ist die hohe Kochkunst *a la riojana* zuhause, die in Spanien besten Ruf genießt. Sie profitiert von den exzellenten Produkten der blühenden Landwirtschaft, zu denen neben Spargel, Bohnen, Tomaten, Lauch und Kartoffeln vor allem Paprikaschoten zählen, die bei keinem Mahl fehlen. *Pimientos rellenos,* in der Regel mit Fleisch gefüllte Paprika, sind denn auch geradezu das Nationalgericht. Zu den weiteren Spezialitäten der Rioja zählen *chuletas al sarmiento,* über Rebenholz gegrillte Lammkoteletts; *pochas,* Kartoffeln mit Wurst, und *truchas,* Forellen.

Legendär sind die Süßspeisen der Rioja, insbesondere das feine Mandelgebäck *fardelejo.* In der Region werden die hiesigen Leckereien als Sammelbegriff nach einem alten arabischen Wortstamm *golmajería* genannt.

Weine aus der Rioja

Geschützt durch die Gebirge Kantabriens im Norden und die Sierra de la Demanda im Süden, besitzt die Rioja ein ideales Klima und eine dementsprechend lange Tradition im Weinbau.

Die ältesten Urkunden, die den Weinanbau in der Rioja belegen, stammen zwar erst aus dem 12. Jahrhundert, doch haben sicher schon die Römer hier manch edlen Tropfen gekeltert. Viele Jahrhunderte lang blieb die Verarbeitung auf kleine Familienbetriebe beschränkt. Erst ab etwa 1860 gründeten sich die ersten großen Weinkellereien, viele auf Initiative französischer Winzer, die vor der in der Heimat wütenden Reblaus nach Spanien geflohen waren. Heute gehört die Weinproduktion zu den wirtschaftlichen Grundpfeilern der Rioja, sie stellt ein Drittel des Bruttoregionalprodukts. Die Region zählt über 550 Bodegas (Weinkellereien) und eine Fläche von etwa 57.000 Hektar Rebland (inkl. Rioja Alavesa). Sie stellt etwa ein Drittel aller spanischen Weinproduzenten, weit vor der Nummer zwei La Mancha. Rund 250 Millionen Liter werden im Durchschnitt pro Jahr hergestellt, 85 % davon Rotwein. Die gesetzlichen Vorschriften zur Weinproduktion sind in der Rioja noch strenger als in anderen Qualitätsweinbaugebieten, weshalb sich die hiesigen Gewächse seit 1991 mit dem Sonderstatus einer *Denominación de Origen Calificada* (D.O.Ca.) schmücken dürfen.

Auch in unseren Breiten wird der spanische Rebensaft, der bei hoher Qualität vergleichsweise preisgünstig ist, immer beliebter: Seit einigen Jahren ist Deutschland Hauptimporteur der Rioja-Weine. Neben Rotweinen, den „Tintos“, werden in letzter Zeit verstärkt auch goldfarbene, trockene Weißweine („Blancos“) und leichte, jung zu trinkende Roséweine („Claretes“ oder „Rosados“) angebaut.

Traubensorten und Lagerung

Die wichtigsten Traubensorten der Rioja sind Garnacha (Grenache), Graciano, Mazuelo und Tempranillo. Letztere gilt als feinste und charakteristischste Rebe der Rioja-Region. Meist werden die verschiedenen Sorten miteinander verschnitten – wer dies für einen Qualitätsmangel hält, irrt. Seit einigen Jahren werden jedoch auch verstärkt sortenreine, fruchtige Tempranillos produziert.

Neben dem Mikroklima und den besonderen Böden verdanken besonders die Rotweine der Rioja ihren edlen Geschmack und das feine Bouquet der jahrelangen Lagerung. Sie erfolgt in 225-Liter-Fässern aus amerikanischer oder französischer Eiche, von denen es in der Region an die 700.000 Stück geben soll. Die Dauer der Reife bildet auch den Maßstab der Klassifikation, der bis auf kleine Details für alle spanischen D.O.-Weine gilt. Bei Rotweinen liegen die vorgeschriebenen Lagerzeiten höher als bei Weiß- und Roséweinen. In jedem Fall sind Rioja-Weine, wie alle spanischen Gewächse, beim Verkauf trinkfertig.

Regionale Herkunft

Innerhalb der Rioja-Region wird noch nach drei verschiedenen Herkunftsgebieten unterschieden, die jeweils verschiedenen Klimaeinflüssen unterliegen. Auch diese Herkunftsgebiete können als Maßstab für die Bewertung der Qualität der einzelnen Weine herangezogen werden:

- Die *DOC Rioja Baja* produziert hauptsächlich eher einfache, schwere und alkoholreiche Rotweine.
- Die *DOC Rioja Alavesa* (baskische Rioja, www.riojaalavesa.com) ist die Heimat recht kräftiger, fruchtig-säuerlicher Weine, die jung getrunken werden.
- Die *DOC Rioja Alta* schließlich ist für die Mehrzahl der besten Reservas und Gran Reservas zuständig.

Buchtipp: Der „Guía para visitar las bodegas de Rioja/Visitor's Guide to the Bodegas of Rioja" stellt ca. 150 Kellereien der Rioja vor. Er ist im Buchhandel und in den Touristeninformationsbüros der Region zu erhalten (ca. 6 €). Gratis bekommt man dort das jährlich erscheinende Faltblatt „Wine tourism tips la Rioja" mit Adressen und Öffnungszeiten von Weingütern.

Internet: www.riojawine.com

La Rioja
Karte Seite 174

Klassifikation der Rioja-Weine

- *Joven* sind junge, ein- bis zweijährige Weine. Auf eine Reife im Holzfass wird hier meist verzichtet.
- *Crianza* wurde als Rotwein hingegen mindestens ein Jahr im Fass sowie mehrere Monate in der Flasche gereift. Für Weiß- und Roséweine gilt eine Lagerzeit im Fass von mindestens sechs Monaten.
- *Reserva* sind ausgewählte Weine, die als Rotweine von ihrer mindestens dreijährigen Lagerung ein Jahr im Fass verbracht haben. Bei Weiß- und Roséweinen gilt eine Lagerzeit von mindestens zwei Jahren, davon sechs Monate im Fass.
- *Gran Reserva* schließlich, das Spitzenprodukt aus den besten Jahrgängen, muss als Rotwein mindestens fünf Jahre lagern, davon zwei Jahre im Fass. Für Weiß- und Roséweine ist eine Reifezeit von mindestens vier Jahren vorgeschrieben, davon sechs Monate im Fass.

Calahorra

Die Bischofsstadt ist Hauptort der Rioja Baja, der südöstlichen Rioja-Region, und geht in ihren Anfängen auf eine Römersiedlung zurück.

Calahorra ist von ausgedehnten Anbauflächen umgeben, deren Produkte gleich vor Ort eingedost werden und die Basis des hiesigen Wohlstands bilden. Obwohl nach Logroño die bedeutendste Siedlung der gesamten Autonomen Gemeinschaft, leben in dem Städtchen nur 18.000 Seelen. Die Altstadt um die *Plaza del Raso* zeigt sich einigermaßen ansehnlich, aber nicht unbedingt hinreißend.

Unter den eher bescheidenen Sehenswürdigkeiten des Städtchens fällt die *Kathedrale* noch am ehesten auf. Im 12. Jh. in gotischem Stil errichtet, wurde sie 1485 umgebaut und erhielt im 18./19. Jh. eine neoklassizistische Fassade nebst Vorhalle. Im Inneren ein schönes Chorgestühl; das angeschlossene Diözesanmuseum (geöffnet So/Fei nach der Messe) zeigt neben Gemälden von Zubarán, Ribera und Tizian vor allem Sakrales in Gold und Silber, darunter eine wertvolle, „El Cipres" genannte Monstranz.

• *Verbindungen* **Zug**: Bahnstation der häufig bedienten Linie Zaragoza-Logroño.
Bus: Verbindungen von und nach Logroño bestehen 6-mal täglich.

• *Information* ✆ 941 146398, calahorra@lariojaturismo.com.

• *Übernachten/Essen* *** **Parador Marco Fabiano Quintiliano**, neueres Gebäude, in ruhiger Lage östlich etwas außerhalb der Stadt. DZ 115-125 €. Parque Era Alta s/n, ✆ 941 130358, ℻ 941 135139, www.parador.es.

** **Hotel Chef Nino**, im Zentrum, dem guten Restaurant gleichen Namens angeschlossen; mit Garage. DZ etwa 60 €. Calle Padre Lucas 2, ✆ 941 133504, ℻ 941 133516.

* **Hostal Teresa**, ebenfalls zentral gelegen. Einfache, brauchbare Zimmer, DZ ohne Bad 30 €. Calle Santo Domingo 2, ✆/℻ 941 130332.

La Taberna de la Cuarta Esquina, erste Adresse unter den Restaurants des Städtchens. Feine Rioja-Küche, gute Weinauswahl, dabei nicht einmal besonders teuer – ein komplettes Menü à la carte gibt es ab etwa 35 €. Cuatro Esquinas 16, Di sowie während der letzten drei Juliwochen geschlossen. Abends besser reservieren: ✆ 941 134355.

Rest. Mercadel 21, Paseo Mercadel 21, modernes Lokal mit solider regionaler Küche, 3 Gänge ab ca. 25 €, ✆ 941 147108.

• *Feste* **Patronatsfest** in der letzten Augustwoche, zu Ehren der aus Calahorra stammenden Märtyrer San Celedonio und San Emeterio, unter anderem mit bedeutenden Stierkämpfen.

Die alte Kannibalin

Obwohl es dem Städtchen heute kaum mehr anzusehen ist, blickt Calahorra auf eine zweitausendjährige Vergangenheit zurück. An der römischen Heeresstraße von Tarragona nach Astorga gelegen, war die Siedlung im Altertum häufig heftig umkämpft. Mehrfach, zunächst bei einer Belagerung durch die Karthager, dann erneut 71 v. Chr. durch die Truppen von Pompeius, waren die Bewohner gezwungen, „die Schwächsten unter der Bevölkerung zu opfern, um Nahrungsmittel zu erhalten", wie es ein Prospekt vorsichtig beschreibt. Aus der Zeit der Belagerung durch Pompeius stammt die Legende einer alten Frau, die jede Nacht Feuer in den Straßen der Stadt unterhielt, um den Feind über die Anzahl der verbliebenen Bewohner zu täuschen. Als die gegnerischen Soldaten schließlich in Calahorra einrückten, fanden sie nur mehr die alte Frau – beim Braten eines menschlichen Arms... 1878 wurde ihrem verzweifelten Durchhaltewillen ein Denkmal gesetzt. Es steht am Paseo de Mercadal.

Enciso und die Ruta de los Dinosaurios

In der Kreidezeit vor ca. 115 Mio. Jahren waren die Berge der unteren Rioja im Gebiet südwestlich des heutigen Calahorra eine schlammige Seeuferzone, über die u. a. zahlreiche Saurierarten liefen. An insgesamt 18 Stellen haben sich

Fußspuren von Sauriern im feuchten Material erhalten, das nach Abtrocknung durch Feinsand konserviert wurde. So erkennt man in Los Cayos die bis zu 30 cm langen Fußspuren von Dinosaurieren, in Peñaportillo am Cicados-Fluss ist neben Fußspuren der Abdruck eines Pterosaurierschwanzes zu sehen, in Igea im Tal des Alhama-Linares liegt Era del Peladillo mit den Spuren der nur hier bestimmten Saurierart Hadrosaurichnoide Igeenis.

Die einzelnen Fundstätten sind auf einer ausgeschilderten Route zu besuchen, der „Vía Cretácica" oder populärer der „Ruta Dinosaurios". Trotz der Popularität von Sauriern, („Jurassic Park") – die Route taugt nur für eingefleischte Dinosaurierfreaks, an einem heißen Sommertag mit dem Auto von undeutlicher Spur zu undeutlicher Spur zu sausen, ist nicht nur für die meisten Kinder kein Vergnügen. Bevor man sie besucht, sollte man auf jeden Fall im modern gestylten Paläonthologischen Museum (Centro Paleontológico) in Enciso gewesen sein, wo es nicht nur Abgüsse, Reproduktionen und Schaubilder zu den Sauriern gibt, sondern auch Infos über die Route.

• *Öffnungszeiten/Lage* Juni bis Mitte Sept. Di–Fr 11–14 Uhr, Sa/So/Fei 17–20 Uhr, während des restlichen Jahres Sa/So/Fei 11–14 Uhr; ✆ 941 396093, dinosaurios@lariojaturismo.com). Das Dorf Enciso liegt an der LR 115 34 km südwestlich von Calahorra, man nimmt zunächst die LR 134 nach Arnedo (Schilder zur A 68!), dann die LR 134. Am besten fährt man dann die einzelnen Orte der Route in umgekehrter Richtung auf Calahorra zu zurück. Im *Internet* bietet www.lariojaturismo.com unter den Stichworten Viajar por la Rioja/Rutas turisticas/ Ruta (de los) Dinosaurios detaillierte Infos über Route und Fundstätten.

La Rioja
Karte Seite 174

Alfaro

Ein besonderes Kuriosum lockt vor allem Vogelfreunde in das Zehntausend-Einwohner-Städtchen, das südöstlich von Calahorra und hart an der Grenze zu Navarra liegt – die hiesige Kirche San Miguel Arcángel scheint auf Störche eine ganz eigene Faszination auszuüben. Zwischen März und August besiedeln rund hundert Storchenpaare jeden denkbaren Platz auf dem im 16. Jh. errichteten Backsteinbau. Zusammen mit dem hier geschlüpften Nachwuchs erreicht die Population bis zu 400 Tiere. Dabei ist der Grund für die Anziehungskraft gerade dieses Gebäudes auch Experten nicht klar. Besonders schön zu beobachten sind die Vögel am späten Nachmittag, wenn sie von ihren Jagdgründen auf den umliegenden Feldern zurückkehren.

Logroño

(143.00 Einwohner)

Am Ufer des hier schon recht breiten Río Ebro gelegen, wird die Hauptstadt der Rioja überwiegend von der Moderne geprägt, hat sich aber auch ein hübsches kleines Altstadtviertel bewahrt.

In der Umgebung sprießen Industriegebiete, die Mehrzahl der Viertel ist im Schachbrettmuster errichtet und mit Hochhäusern bebaut. Nicht ohne Charme ist die kleine Altstadt um die Kathedrale. Gerade hier zeigt sich allerdings ein scharfer Kontrast: Sind die Straßenzüge nahe dem Hauptplatz noch voller Leben, so ändert sich das Bild zum Fluss hin deutlich – in den engen Gassen ist der erbärmliche Verfall vieler Häuser nicht mehr zu übersehen. Immerhin haben in den letzten Jahren Restaurierungsarbeiten, die künftig fortgesetzt werden sollen, die Situation etwas verbessert. An Sehenswürdigkeiten ist zwar nicht besonders viel geboten, doch darf sich die Universitätsstadt durchaus eines regen Nachtlebens und vor allem einer guten Gastronomie rühmen – die Ernennung zur „Spanischen Handelsstadt Nummer eins" (Primera Ciudad Comercial Española) des Jahres 1998 hingegen dürfte den Reisenden eher gleichgültig lassen. In jedem Fall liegt Logroño so günstig an gleich mehreren Verkehrswegen platziert, dass man auf vielen Routen ohnehin hier vorbeikommt.

Orientierung: Das Zentrum Logroños liegt südlich des Río Ebro. Die Altstadt beginnt direkt am Fluss und reicht bis zum Hauptplatz *Paseo del Espolón*, offiziell Paseo del Principe de Vergara genannt. Nach Süden markieren die elegante *Gran Via* und ihre Verlängerung *Avda. de Jorge Vigón* die Grenze der Innenstadt.

Information/Verbindungen

• *Information* **Oficina de Turismo**, ein verglaster Neubau direkt auf dem Hauptplatz Paseo del Espolón; ✆ 941 291260, ℻ 941 291640. Öffnungszeiten ganzjährig Mo–Sa 10–14, 17–20 Uhr, So/Fei 10–14 Uhr.

• *Post* Plaza San Agustín, praktisch an der Calle Portales, nordwestlich des Paseo Espolón. Öffnungszeiten: Mo–Fr 8–20.30 Uhr, Sa 9–14 Uhr.

• *Internet-Zugang* Café Bretón, Calle de Bretón de los Herreros 32

• *Verbindungen* **Flughafen**: Der Flughafen Logroño-Agoncillo wird durch Iberia Regional (Air Nostrum) bedient und verbindet die Rioja 2-mal tgl. mit Madrid, Verbindungen mit Barcelona 1-mal tgl. Der Flughafen liegt an der N 232 (in Richtung Zaragoza) beim Ort Agoncillo, ✆ 941 277485.

Zug: Bahnhof (Info-✆ der Renfe: 902 240202) an der Plaza de Europa, etwa 800 Meter südlich des Zentrums. Züge u. a. nach Zaragoza 8-mal, Bilbao 2-mal, Vigo/La Coruña direkt 1-mal, zur Umsteigestation Miranda de Ebro (Pamplona, Vitoria-Gasteiz, San Sebastián/Donostia etc.) 5-mal täglich.

Bus: Busstation (Info: ✆ 941 235983) an der Avda. de España, etwa auf halbem Weg vom Bahnhof ins Zentrum. Verbindungen u. a. nach Santo Domingo de la Calzada 9-mal, Haro 5-mal, Zaragoza 6-mal, Soria 5-mal, Burgos 5-mal, Santander 2-mal, Bilbao 6-mal, Vitoria-Gasteiz 7-mal, Pamplona 6-mal täglich, sonntags meist 1 Kurs weniger, freitags 1 Kurs mehr.

Mietwagen: Avis, Bahnhof, ✆ 941 202354.

Übernachten/Camping

Einfache und preiswerte Fondas finden sich im Gebiet der Kathedrale, speziell um die Calle de Portales, nördlich des Paseo del Espolón. Zu den Fiesta-Zeiten kann es schwer werden, ein Zimmer zu finden.

**** **Hotel Carlton Rioja (11)**, großes, vor einigen Jahren renoviertes Hotel in zentraler Lage an der Hauptstraße der Stadt. Gut ausgestattete, geräumige Zimmer, Garage. DZ 65-135 €. Gran Vía 5, ✆ 941 242100, ℻ 941 243502, www.pretur.es.

*** **Hotel Murrieta (6)**, einigermaßen komfortable Mittelklasse in ruhiger Lage westlich nahe der Altstadt; Garage. DZ/Bad ca. 60-85 €. Calle Marqués de Murrieta 1, die Verlängerung der Calle Portales; ✆ 941 224150, ℻ 941 223213, www.pretur.es.

*** **Hotel Res. Marqués de Vallejo (7)**, hübsches Haus mit verglasten Balkonen, nur einen Katzensprung vom Hauptplatz und mitten in der Kneipenzone. Die Preise des Hotels liegen um die 115 € fürs DZ. Calle Marqués de Vallejo 8, ✆ 941 248333, ℻ 941 240288, www.hotelmarquesdevallejo.com.

*** **Hostal Res. La Numantina (3)**, ebenfalls sehr zentral gelegen, ein recht luftiges Haus mit passablem Mobiliar. DZ ohne Bad ab etwa 30 €, mit Bad und TV 55 €. Calle Sagasta 4, eine Seitenstraße der Nordwestecke des Paseo Espolón; ✆/℻ 941 251411.

* **Pensión Sebastián (5)**, in der Altstadt. Zimmer und Gemeinschaftsbäder gerade noch brauchbar (Leserin R. Roth: „grau-

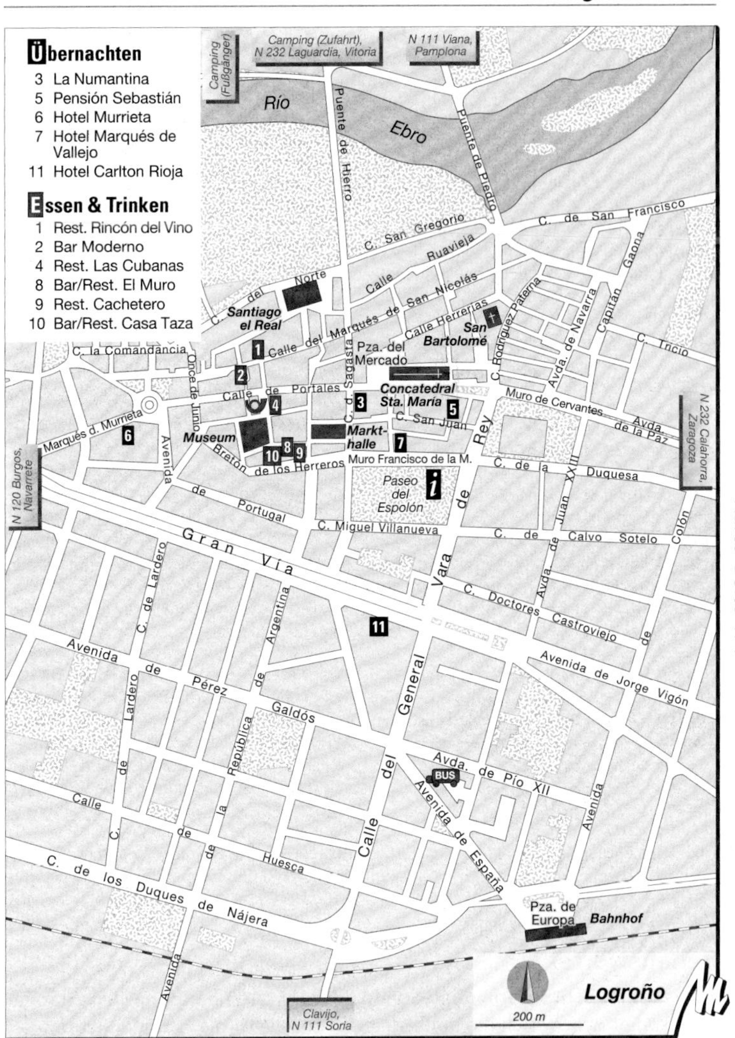

La Rioja Karte Seite 174

sig"), für den Gegenwert allerdings teuer: DZ, nur ohne Bad, 25-55 €. Calle San Juan 21, ✆ 941 242800.

• *Camping* **De la Playa** (1. Kat.), an dem der Altstadt gegenüberliegenden Ufer des Río Ebro, bei einem Sportgelände. In der Nähe eine Fußgängerbrücke zur Stadt, Autozufahrt Richtung „Vitoria por Laguardia". Schattig, die Sanitäranlagen renoviert und gepflegt. Öffentliches Schwimmbad nebenan, für Camper gratis. Ganzjährig geöffnet, zur Fiesta oft überfüllt – Alternativen in Navarrete und Nájera. Sattes Preisniveau: p.P., Auto, je knapp 4,50 €, Zelt 4–5 €, Bungalow (2 Pers.) 50-70 €. ✆ 941 252253, 📠 941 258661, www.campinglaplaya.com.

Essen/Einkaufen/Nachtleben/Feste (siehe Karte Seite 181)

Ein Fläschchen Rioja-Wein sollte schon dabei sein... Restaurantgebiet Nr. 1 ist die Altstadt und hier wiederum die Calles Laurel, Peso und San Agustín sowie die Travesia Laurel, im Gebiet um die Markthalle. Viele der dortigen Bars verstecken einen von außen nicht erkennbaren Speisesaal im Hinterzimmer.

• *Essen* **Rest. Cachetero (9)**, eines der Spitzenlokale der Stadt – langjährige Tradition, viel gelobte Regionalküche. Allerdings hat das Vergnügen seinen Preis: Ab 35 € aufwärts muss man schon rechnen. So, Mi-Abend und in der ersten Augusthälfte geschlossen. Calle Laurel 3, ✆ 941 228463.

Rest. El Rincón del Vino (1), eine alte Bodega, in der neben guter lokaler Küche auch Grillgerichte serviert werden. „Der Besitzer ist ein studierter Weinkenner und die Küche typisch riojanisch" (Leserbrief von Heike Hermanns). Preislich einen Tick günstiger als oben. Calle Marqués de San Nicolás 136 an der Ecke Calle de la Merced, So-Abend, Mo und in der ersten Augusthälfte geschlossen.

Rest. Las Cubanas (4), ebenfalls in der Altstadt. Solide, marktabhängige Küche à la riojana. Außer am Freitag nur mittags geöffnet. Sehr gut besucht, auch Krawattenpublikum, besser, etwas vor den üblichen Essenszeiten da zu sein. À la carte ab ca. 25 €. Calle San Agustín 17, So sowie in der zweiten Juli- und der zweiten Septemberhälfte geschlossen.

Bar-Rest. Casa Taza (10), direkt neben dem noblen Restaurant „Cachetero". Hier geht es einfacher zu, die ordentliche Hausmannskost kann sich jedoch durchaus schmecken lassen. Tagesmenü 11 €, Wein geht extra, à la carte nicht zu teuer. Calle Laurel 5.

Rest.-Bar El Muro (8), rustikales Restaurant mit cocina riojana, dazu nicht nur Rioja-Weine, sondern auch gehobene Bierauswahl. Menüs ca. 12 €. Calle Laurel Ecke Calle de Albornoz.

Bar Moderno (2), Kaffehausambiente der 1920er an einem kleinen Platz in der verkehrsfreien Altstadt, lokales Publikum (meist reine Männerwelt), alte Fotos an den Wänden, Bahnhofsuhr an der Decke und gute Pinchos. Calle de Francisco Martínez Zaporta 5.

• *Einkaufen* Schöne **Markthalle** an der Calle del Peso, im Kneipengebiet gleich nordwestlich des Paseo del Espolón.

Weinhandlungen: „La Catedral del Vino", Calle Portales 25, und „Licores Espinosa", Calle San Agustín 13, liegen zentral in der Altstadt und bieten beide eine gute Auswahl an Rioja-Weinen. Gut ist auch „Vinos El Peso", Calle Gallarza 3/Calle Laurel.

• *Nachtleben* In den **Altstadtgassen** Calle Laurel und Calle de Peso findet sich eine Reihe von Bars, die jeden Abend bestens besucht sind, ebenso in der auch als „Calle Mayor" bekannten Calle Marqués de San Nicolás. Eine beliebte Zone mit vielen Cafés ist auch die an den Espolón grenzende **Calle de Bretón de los Herreros**. Das ganz junge Publikum versammelt sich dagegen jenseits der Gran Vía in der **Calle Ciudad de Vitoria** samt Seitenstraßen.

• *Feste* **Fiesta de San Bernabé** (11. Juni), zu Ehren des Stadtpatrons, der erfolgreich im Kampf gegen die Franzosen half. Verteilung von Fisch, Brot und Wein.

Fiesta de San Mateo, mehrere Tage ab dem 20./21. September, Fest der Weinernte; Stierlauf „Encierro" à la Pamplona.

Sehenswertes

Concatedral Santa María de Redonda: Nur etwa 150 Meter nördlich des Paseo Espolón erhebt sich die Konkathedrale Logroños (die Hauptkathedrale der Diözese steht in Calahorra). Im 15. Jh. errichtet und im 18. Jh. umgebaut, erinnert heute nur noch ihr Name an den einst runden Grundriss. Bemerkenswert sind einzig die Westfassade mit ihrem schönen Portal, das Chorgestühl der Renaissance und einige Kapellen, darunter die Capilla de Nuestra Señora de la Paz mit dem Grabmal von Diego Ponce de León.

Öffnungszeiten Mo–Sa 8–13, 18–20.45 Uhr, So 9–14, 18.30–20.45 Uhr.

Iglesia de San Bartolomé: Nur ein paar Schritte östlich der Kathedrale zeichnet sich die romanische Kirche des 12. Jh. besonders durch ihr schönes Portal aus, das jedoch leider arge Zerstörungen aufweist.

Museo de la Rioja: An der Plaza San Agustín. Das Regionalmuseum ist in einem klassizistischen Palast untergebracht, dem aus dem 18. Jh. stammenden Palacio de Espartero. Es präsentiert in zeitlicher Ordnung archäologische Funde sowie kirchliche und profane Kunst der Rioja-Region, daneben auch wechselnde Sonderausstellungen. Zu den Glanzstücken zählen die romanische Figur des *Cristo de San Millán de la Cogolla* (12. Jh.) aus dem Kloster Suso, die gotischen Gemälde der *Tablas de San Millán* (14. Jh., ebenfalls aus Suso) und des *Retablo de Torremuña* (15. Jh.) sowie die großen Skulpturen des *Retablo mayor* (16. Jh.), die aus dem Kloster La Estrella stammen.

Öffnungszeiten Das Museum wurde 2007 noch umgebaut, soll 2008 wieder eröffnet werden. Vor Umbaubeginn war geöffnet Di–Sa 10–14, 16–21 Uhr, So 11.30–14 Uhr; Eintritt gratis.

▸ **Iglesia de Santiago el Real**: Am Nordrand der Altstadt, direkt am Jakobsweg durch Logroño. Den Heiligen Jakob, dem die Kirche des 16. Jh. geweiht ist, zeigt eine barocke Darstellung am Portal hoch zu Pferd als *matamoros* („Maurentöter"), zu seinen Füßen die Häupter erschlagener Mauren. Der Brunnen neben der Kirche wird bis heute „Pilgerbrunnen" genannt.

Am Jakobsweg: Santiago el Real

Weiterreise ab Logroño: Wer hier den Jakobsweg Richtung Baskenland und Vitoria-Gasteiz verlässt, hat zwei Alternativen: Entweder über Haro (siehe weiter unten) oder, landschaftlich mindestens ebenso reizvoll, über das Städtchen Laguardia durch die Rioja Alavesa – Näheres im Kapitel über das Baskenland.

Umgebung von Logroño

Clavijo: etwa 15 Kilometer südlich der Hauptstadt gelegen. Unweit einer die Landschaft beherrschenden Burgruine des 10. Jh. begann hier die Legende vom Heiligen Jakob als „matamoros", als Maurentöter: Bei einer Schlacht zwischen den Mannen des asturischen Königs Ramiro I. und dem Heer des Omaijadenherrschers Abd ar-Rahman II. aus Córdoba soll Santiago hier im Jahr 844 höchstpersönlich auf einem weißen Pferd erschienen sein. Seine Anwesenheit sicherte den christlichen Sieg. Entbrannt war der Kampf, so will es die Überlieferung wissen, als der tapfere Ramiro sich weigerte, den verlangten Tribut von hundert Jungfrauen zu entrichten. Dumm nur, dass heutige Historiker von einer Schlacht im Jahr 844 nichts wissen wollen – aber wen kümmert die Erbsenzählerei angesichts einer so kraftvollen und folgenreichen Legende ...

Feste **Romería de la Virgen de Hermedaña**, am dritten Sonntag im Mai beim nahen Sorzano. Die Wallfahrt weiß gewandeter junger Frauen soll an den verweigerten Tribut des rechtschaffenen Ramiro erinnern.

La Rioja
Karte Seite 174

Zur Rioja Alavesa (Elciego, Laguardia), dem baskischen Anteil an der Rioja, siehe den entsprechenden Abschnitt im Kapitel zum Baskenland, Provinz Araba.

Weiter auf dem Jakobsweg

▶ **Navarrete**: Elf Kilometer westlich von Logroño gelegen, war das uralte, bis auf keltiberische Zeiten zurückgehende Städtchen eine wichtige Station am Jakobsweg. Seine ehemals wuchtige Festung haben die „Katholischen Könige" Isabella und Ferdinand schleifen lassen, doch erinnern noch alte Adelshäuser und die spätgotische Pfarrkirche (16. Jh.) an die einstige Bedeutung des denkmalgeschützten Ortes.

• *Camping* **Navarrete** (1. Kat.), etwa zwei Kilometer außerhalb des Ortes in Richtung Entrena. Zur Fiesta-Zeit erweist sich der Platz als eine gute Alternative zum dann oft überfüllten Camping in Logroño. Großes Gelände mit 600 Stellplätzen, gut ausgestattet, unter anderem mit Swimmingpool. Geöffnet von etwa Mitte Januar bis Anfang Dezember; p.P., Auto, Zelt je etwa 5 €. ✆ 941 440169, 📠 941 440169, 📠 941 440639, www.campingnavarrete.es.

Nájera

Wie Navarrete besaß auch dieses Städtchen am Jakobsweg und der N 120, knapp 30 Kilometer westlich von Logroño (Busverbindung), im Mittelalter eine weit größere Bedeutung als heute.

923 von den christlichen Heeren aus der maurischen Besetzung zurückerobert, wurde Nájera im 10./11. Jh. Residenz der Könige von Navarra und Hauptstadt der Rioja. Aus dieser Zeit stammt auch die Hauptattraktion des ruhigen Städtchens, das Kloster *Santa María la Real.*

• *Übernachten* ** **Hotel San Fernando**, zentral im Ort, mit Parkplatz und gutem, relativ preiswerten Restaurant. DZ etwa 55-110 (!) €. Paseo Martín Gameroi 1, ✆ 941 363700, 📠 941 363399, www.sanmillan.com.

* **Hostal Hispano**, freundliches Quartier, für Kategorie und Preis recht gut ausgestattet; Restaurant angeschlossen. DZ/Bad etwa 45-65 €. Calle La Cepa 2, ✆ 941 362975.

• *Camping* **El Ruedo** (3. Kat.), zu erreichen von der N 120 nach Burgos. Zur Fiesta-Zeit von Logroño eine Alternative zum dortigen Platz. Geöffnet April bis September; p.P., Auto, Zelt je etwa 4,50 €. ✆ 941 360102.

• *Feste* **Fiesta de San Juan**, 24. Juni. Lokale Besonderheit des in ganz Spanien gefeierten Johannistages sind die „Vueltas", eine Art Tänze im Kreis, die den ganzen Tag dauern.

Monasterio de Santa María la Real: König García Sanchez von Navarra gründete das Kloster im Jahr 1052 der Legende zufolge an der Stelle, an der er bei der Jagd eine Grotte mit einer darin versteckten Marienstatue fand. Die *Klosterkirche*, so wie sie heute zu sehen ist, entstammt allerdings einer späteren Epoche und wurde ab 1422 in gotischem Stil errichtet; das schöne Chorgestühl stammt vom Ende des 15. Jh. Am Hochaltar ist die sagenumwobene Madonna zu sehen, in der westlich an die Kirche angrenzenden Grotte eine Kopie.

Der *Panteón Real* birgt eine Reihe von Grabstätten der Könige Navarras und Leóns. Beachtenswert sind besonders die Darstellungen auf dem detailreich geschmückten romanischen Sarkophag der Doña Blanca de Navarra, Frau von König Sancho III. von Kastilien, die 1156 im Kindbett starb: Engel nehmen ihre Seele in Empfang, der trauernde König wird gestützt. Auf der anderen Seite das Gleichnis der klugen und der törichten Jungfrauen, die Heiligen Drei Könige und der Kindermord von Bethlehem.

Der bildschöne *Kreuzgang* des Klosters, im 15./16. Jh. erbaut, besticht in seiner reizvollen Mischung aus gotischer Architektur und platereskem Schmuck. Im Juli finden hier historische Theateraufführungen statt.

Öffnungszeiten des Klosters: Di–Sa 10–13, 16–17.30 (Hochsaison 19) Uhr, So/Fei 10–13 und 16–18 Uhr; Eintrittsgebühr 2 €.

Umgebung von Nájera

Monasterio de Santa María del Salvador: Das Dörfchen *Cañas*, südlich der N 120 von Nájera nach Santo Domingo und an einer Nebenstraße nach San Millán gelegen, ist Sitz eines bereits 1169 gegründeten Klosters der Zisterzienserinnen. Sehr reizvoll zeigt sich die gotisch-strenge, im 12. Jh. errichtete Klosterkirche, durch deren zahlreiche Fenster das Licht flutet. Ausgesprochen sehenswert sind auch der schön geschmückte Kapitelsaal mit den üppig skulpturierten Gräbern der Äbtissinnen und der Kreuzgang, dessen Bauzeit vom 12. bis ins 18. Jh. reichte und der deshalb eine Reihe ganz unterschiedlicher Stile aufweist. Ein Museum kirchlicher Kunst ist angeschlossen.

Öffnungszeiten April–Oktober Di–Sa 10–13.30, 16–19 Uhr, So 11–13.30, 16–19 Uhr; im restlichen Jahr Di–Sa 10–13, 16–18 Uhr, So 11–13.30, 16–18 Uhr. An Montagen, die Feiertage sind, ist geöffnet, am folgenden Tag dafür geschlossen. Eintritt 3 €.

• *Übernachten/Essen&Trinken* **Hostal Casona de Cañas**, 2001 renoviert, ein Tipp von Leser Leopold Möstl: „kleines, sehr sauberes und preiswertes Hotel mit Restaurant, das nur zu empfehlen ist. Sehr ruhig, sehr freundliche Besitzer und gute, wenn auch einfache Küche, einfaches Menü (von der Besitzerin frisch gekocht) 10 € inkl. Wein". DZ mit Bad ca. 45-55 €, Carretera San Millán 13, ✆/℻ 941 379150, info@casonadecanas.com.

La Rioja
Karte Seite 174

San Millán de la Cogolla

Im Umkreis des Pilgerdorfs, das etwa 20 Kilometer südwestlich von Nájera am Rand der Sierra de la Millán liegt, ziehen gleich zwei Klöster kulturinteressierte Besucher an. Beide wurden 1997 von der UNESCO als Weltkulturerbe deklariert.

Ihre Existenz verdanken sie dem heiligen Millán, der als Einsiedler hier wirkte, schon zu Lebzeiten Wunder vollbracht haben soll und 574 im gesegneten Alter von 101 Jahren starb. Nachdem der Heilige, Jahrhunderte später bei mehreren Schlachten um Hilfe gerufen, sich dann wie Santiago auch noch als „matamoros", als „Maurentöter", erwiesen hatte, wurde seine Grabstätte zum beliebten Abstecher der Jakobspilger. San Millán de la Cogolla ist jedoch noch aus einem anderen Grund berühmt: Im 11. Jh. versah ein Mönch hier lateinische Texte mit Randbemerkungen in Castellano – diese „Glosas Emilianenses" gelten heute als älteste Dokumente der kastilischen Sprache, San Millán somit als Wiege des Spanischen.

Monasterio de Suso: Das ältere der beiden Klöster erhebt sich am Berg an der Stelle der Einsiedelei des heiligen Millán. Nicht umsonst wurde das Kloster 1997 von der Unesco als Weltkulturerbe anerkannt: Die bemerkenswerte mozarabische Kirche, so weiß man es aus einer Urkunde, geht bis auf das Jahr 984 zurück. Von Süden gelangt man durch eine Vorhalle mit Gräbern und Sarkophagen in das eigentliche Kirchlein, das durch Hufeisenbögen zweigeteilt wird; links des Eingangs ein westgotisches Kapitell, das auf eine noch viel ältere Anlage verweist. Im Inneren erkennt man in der Felswand drei Höhlen, von denen eine das ehemalige Grab des heiligen Millán birgt. Eine Platte im romanischen Stil des 12. Jh., die ausdrucksstark den Toten, wachende Mönche und Pilger zeigt, bedeckt den Sarkophag.

Öffnungszeiten Di–So 10–13.30, 16–18 Uhr, für Besichtigung Anfahrt mit Mikrobus ab Kloster Yuso verpflichtend.

Monasterio de Yuso: Das architekturgeschichtlich weniger bemerkenswerte Kloster unten im Tal, heute noch von Augustinermönchen bewohnt, entstand ab dem 11. Jh. und beherbergt seitdem die Reliquien des heiligen Millán. Die jetzigen Gebäude im strengen Herrera-Stil jedoch wurden allesamt erst ab dem 16. Jh. erbaut. Künstlerische Hauptattraktion des hiesigen Museums sind die aus der Gründungszeit des Klosters datierenden Schreine des heiligen Millán und seines Lehrers, des Hl. Felice, die leider 1809 von Soldaten Napoleons ihres Gold- und Juwelenschmucks und eines Teils ihrer Elfenbeintafeln beraubt wurden; die verbliebenen, mit großer Meisterschaft geschnitzten Tafeln zeigen vor allem Wunder des heiligen Millán und Szenen aus dem Neuen Testament. Berühmt ist auch die Bibliothek des Klosters, in der früher die „Glosas Emilianenses" aufbewahrt wurden.

• *Öffnungszeiten* Geöffnet Okt.-April Di–So 10–13, 16–18 Uhr; Mai-Sept. Di-So 10.30-13.30, 16-18.30 Uhr, Eintrittsgebühr 3 €; ✆ 941 373049.

• *Verbindungen* **Busse** ab Logroño 1- bis 2-mal täglich. Ratsam, sich vorher über die Rückfahrzeiten zu informieren.

• *Übernachten* **** **Hostería del Monasterio de San Millán**, recht nobles Quartier mit komfortablen Zimmern in einem Seitenflügel des Klosters Yuso. Das zugehörige Restaurant ist montags geschlossen. DZ etwa 110 -130 €. Monasterio de Yuso s/n, ✆ 941 373277, Fax 941 373266, www.sanmillan.com.

• *Camping* **Berceo** (1. Kat.), im Tal beim gleichnamigen Ort, nicht weit von San Millán. Freundlich geführter Platz, sehr gute Sanitärs, Bar-Restaurant und Einkauf, im Sommer Schwimmbad. Schatten ist eher rar. Ganzjährig geöffnet, p.P., Auto je etwa 5 €, Zelt 4 €. ✆ 941 373227, Fax 941 373201, camping.berceo@fer.es.

• *Veranstaltungen* **La Romería de San Millán**, 15. Juni, eine Wallfahrt nur für Männer.

Berceo: Auch das kleine Dorf nördlich nahe San Millán de Cogolla hat seinen festen Platz in der Geschichte der spanischen Sprache. Hier wurde um 1200 der Priester und Dichter *Gonzalo de Berceo* geboren, zu dessen Werken auch eine Abhandlung über San Millán zählt. Gonzalo de Berceo ist der erste namentlich bekannte Dichter Kastiliens, weshalb sich das Dörfchen auch als „Wiege der spanischen Dichtung" bezeichnen darf.

Santo Domingo de la Calzada

Wie schon der Name nahelegt, verdankt auch dieses an der Hauptstraße Logroño-Burgos gelegene Städtchen seine Entstehung und mittelalterliche Bedeutung dem Jakobsweg.

Als eine der wichtigsten Stationen auf dem alten Pilgerpfad schmückt sich Santo Domingo gern mit dem Beinamen „Compostela der Rioja" – der Vergleich mit dem an Baudenkmälern fast überreichen Ziel des Jakobswegs scheint allerdings doch etwas gewagt. Seinen Namen trägt Santo Domingo nach einem tatkräftigen Heiligen.

Santo Domingo de Viloria (1019–1109) lebte zunächst als frommer Eremit, bevor er die tätige Hilfe für Jakobspilger zu seinem Lebensinhalt machte. Bereits zu Lebzeiten hoch verehrt und legendenumwoben, sogar vom Königshof durch

Spenden unterstützt, erleichterte er den frommen Wanderern ihren nicht ungefährlichen Weg durch den Bau von Fußwegen („calzadas") und der heute noch existierenden Brücke mit ihren 24 Bögen, errichtete außerdem eine Kirche und eine Pilgerherberge.

• *Information* **Oficina de Turismo**, Calle Mayor 70, nicht weit von der zentralen Plaza del Santo; ✆ 941 341230, santodomingo@lariojaturismo.com. Öffnungszeiten: Juli bis Mitte Oktober Mo–Sa 10–14, 16–19 Uhr, So 10–14 Uhr; im restlichen Jahr etwas eingeschränkt.

• *Verbindungen* **Bus**: Verbindungen von/nach Logroño 9-mal, nach Burgos 5-mal täglich.

• *Übernachten* **** **Parador de Santo Domingo de la Calzada**, in der ehemaligen Pilgerherberge des Heiligen Domingo am Kathedralplatz, die wiederum auf eine frühere Königsresidenz zurückgeht. Ein Schmuckstück im Herzen der Stadt. DZ 135-145 €. Plaza del Santo 3, ✆ 941 340300, ℻ 941 340325, stodomingo@parador.es.

*** **Parador de Santo Domingo Bernardo de Fresneda**, im früheren Franziskanerkloster (mit Kirche und Grab des Gründers, des Beichtvaters Philipps II.) wurde Santo Domingos zweiter Parador eingerichtet, sehr stimmungsvoll mit gotischen Gewölben und einigen Zimmern mit Himmelbett. DZ 130-140 €. Plaza de San Francisco 1, ✆ 941 341150, ℻ 941 349606, bernardofresneda@parador.es.

*** **Hotel El Corregidor**, die einzige Alternative in dieser Klasse, ebenfalls sehr zentral gelegen. DZ 105 € DM. Calle Mayor 14–15, ✆ 941 342128, ℻ 941 342115.

** **Hostal Hospedería Santa Teresita**, das komfortabelste unter den hiesigen Hostals, kirchlich geführt. DZ/Bad knapp 40 €. Calle Pinar 2, im südöstlichen Altstadtbereich, ✆ 941 340700, ℻ 941 343304.

* **Hostal Rey Pedro I**, Calle San Roque 9, recht neues Haus (2005) in der Altstadt mit mehr Komfort, als der eine Stern erwarten lässt (alle Zimmer mit Internetanschluss), DZ um die 55 €; ✆ 941 341160, www.hostalpedroprimero.es.

* **Pensión Río**, ein einfaches, aber freundliches Quartier, dem ein preiswertes Restaurant angeschlossen ist. DZ, nur ohne Bad, ab etwa 25 €. Calle Alberto Etchegoyen 2, im Gebiet südlich der Plaza del Santo; ✆ 941 340277.

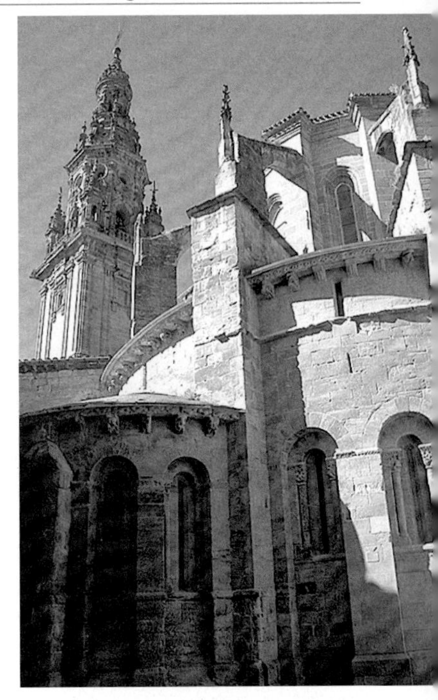

Kirche mit Hühnerkäfig: Santo Domingo de la Calzada

• *Camping* **Bañares** (1. Kat.), großer Platz etwa 6 km nordöstlich beim gleichnamigen Ort; Schwimmbad. Offiziell ganzjährig geöffnet; p.P., Auto, Zelt je etwa 6,50 €. ✆ 941 342804, ℻ 941 342131.

• *Essen* **Mesón El Peregrino**, in der Altstadt neben dem Hotel El Corregidor. Gute Rioja-Küche, das Tagesmenü kommt auf gut 12 €, à la carte wird es wohl deutlich mehr. Calle Mayor 18, im Winter Mo Ruhetag.

• *Nachtleben* Die Bars der **Calle Madrid**, südlich knapp außerhalb der Altstadt gelegen, sind der beliebteste Treffpunkt in Santo Domingo. Echter Betrieb herrscht allerdings nur am Wochenende.

• *Feste* **Día de Santo Domingo**, 12. Mai. Mit Tänzen, Prozessionen und der Verteilung von Brot und Fleisch der zentrale Tag des farbenprächtigen, jahrhundertealten Patronatsfestes der Stadt, das schon einige Tage vorher beginnt.

Ein quicklebendiges Abendessen

Das Federvieh in der Kathedrale erinnert natürlich an eine alte Legende: Im Mittelalter hatte ein mit seinen Eltern pilgernder deutscher Jüngling das Herz einer Wirtstochter entflammt, sie aber abgewiesen. Darob erzürnt, bezichtigte sie ihn fälschlicherweise, aber erfolgreich des Diebstahls eines Silberbechers.

Das harte, für damalige Zeiten freilich nicht ungewöhnliche Urteil lautete auf Tod durch den Strang. Betrübt setzten die Eltern des Unglücklichen ihre Wallfahrt fort. Doch wie groß waren ihr Erstaunen und ihre Freude, als sie bei ihrer Rückkehr den geliebten Sohn immer noch lebendig am Galgen hängend fanden – der Heilige Domingo hatte eingegriffen und das unschuldige Opfer gehalten. Eilig liefen die Eltern zum Richter, auf dass dieser den jungen Mann abschneide. Der jedoch, ungläubig und nicht gewillt, sich bei seinem Abendessen, einem guten Teller Geflügel, stören zu lassen, mochte das Wunder nicht glauben: „Er lebt ebensowenig, wie dieses Huhn und dieser Hahn hier wieder lebendig werden." Und siehe, das Federvieh stand auf, gackerte, krähte und flog aus dem Fenster ... Seit jener Zeit zitiert man im Städtchen folgenden Spruch: *Santo Domingo de la Calzada, que cantó la gallina después de asada* – „Santo Domingo de la Calzada, wo das Huhn nach dem Braten krähte".

Erinnerung an ein Wunder: Hühnerkäfig in der Kathedrale

Bis heute steht in der Kathedrale von Santo Domingo ein Hühnerkäfig mit einer weißen Henne und einem weißen Hahn; bei der Auswahl von letzterem achtet man darauf, dass er besonders laut und oft zu krähen pflegt. Die Tiere werden übrigens etwa alle drei Wochen ausgetauscht.

Catedral de Santo Domingo: Sie wurde zu Anfang des 12. Jh. an jener Stelle errichtet, an der zuvor die Kirche des heiligen Domingo stand; der Glockenturm und das Portal sind späte Zutaten des Barock. Im Inneren des Gotteshauses ist das hoch verehrte Grabmal des Heiligen zu bewundern, ebenso der berühmte Hochaltar von 1537, der sich lange in Restauration befand. Kuriosestes Stück ist jedoch der besagte Hühnerkäfig, der von einem Huhn samt Hahn bewohnt wird.

• *Öffnungszeiten von Kathedrale, Kreuzgang und Museum* Mo–Sa von 10–13.30 und 16–18.30 Uhr; Eingang in der Calle del Cristo, Eintrittsgebühr etwa 2 €. Das Grabmal ist auch vom Südeingang aus (kostenlos) zugänglich, von dort eingeschränkter Blick auf das Kirchenschiff. Sonntags ist die Kathedrale nur zum Gottesdienst geöffnet.

Sierra de la Demanda

Im Süden der Rioja erheben sich die Gipfel der Sierra de la Demanda mit dem Urbión bis auf 2229 m. Diese natürliche Grenzzone zwischen La Rioja und Kastilien ist z. T. Nationalreservat. Weite Gebiete des einsamen Berglandes bestehen aus lockerem Bergwald über verkarstetem Kalkgestein.

50 km Luftlinie südlich von Santo Domingo de la Calzada erhebt sich der Urbión – an schönen Tagen kann man ihn deutlich erkennen, zumal er oft bis in den Sommer hinein an seiner Nordseite ein Schneekleid trägt. Die Sierra de la Demanda, die er überragt, ist wild und einsam, plattiges Kalkgestein überzieht auf weiten Strecken den Boden. Die oft stark gedrehten Stämme des Spanischen Wacholder wachsen aus Nischen und Karren, die das Wasser in den rasch verkarstenden Kalk gewaschen hat. Diese knorrigen, dunklen Bäume bilden einen der größten zusammenhängenden Bestände dieser Baumart in Südeuropa, die sonst nur noch in Algerien, Tunesien, Korsika und ein paar Stellen der Südalpen vorkommt. Die Tierwelt ist reich, am ehesten sieht man Rehe, Hirsche und die zahlreichen Raubvögel. Gänsegeier sind häufig, auch Schmutzgeier und Mönchsgeier, Bartgeier und Zwergadler sind zu beobachten.

La Rioja
Karte Seite 174

Weißes Spanien: Ende März in der Sierra de la Demanda

In den noch recht ursprünglichen Dörfern gibt es nicht nur Volksarchitektur zu betrachten, eine Reihe von Kirchen verdient auch in den Augen von Kunstliebhabern einen Blick. Die interessanteste ist wohl die Iglesia de San Cristobal in Canales de la Sierra, ein spätromanischer Bau (12./13. Jh.) mit offener Bogenvorhalle.

Für weitere Infos zur Sierra de la Demanda siehe das Kapitel *Der Jakobsweg durch Kastilien-León.*

• *Verbindungen* Busnetz schwach bis nicht existent, für Touristen zu vergessen. Mit PKW ab Nájera auf der CR 113 durch das Tal der Najerilla bis Canales de la Sierra, wo man mitten im Gebirgszug ist.

• *Übernachten* ** **Hotel Villa de Neila**, in der kastilischen Provinz Burgos, DZ/Bad etwa 45–55 €. Campo de Santa María s/n, Neila, ✆ 947 396242.

Richtung Vitoria-Gasteiz: Haro

Das Weinbauzentrum der Rioja Alta: In Haro, an der N 124 knapp 40 Kilometer von Logroño entfernt, verarbeiten fast einhundert Bodegas den edlen Rebensaft.

Viele der Kellereien liegen im Gebiet um den Bahnhof und können besichtigt werden. August bis Mitte September sind allerdings meist Betriebsferien, auch nachmittags wird man oft auf verschlossene Türen stoßen. Das Städtchen selbst, von Hochhäusern und Gewerbegebieten fast umzingelt, ist insgesamt nicht unbedingt eine Schönheit. Attraktiv zeigt sich jedoch die ruhige, auf dem Stadthügel gelegene Altstadt oberhalb der zentralen *Plaza de la Paz.* Ganz besonders lohnt sich ein Besuch in Haro Ende Juni, wenn es bei der Weinschlacht „Batalla del Vino" wirklich äußerst feucht-fröhlich zugeht.

• *Information* **Centro de Iniciativas Turísticas**, Plaza Monseñor Florentino Rodriguez, ✆ 941 303366, haro@lariojaturismo.com. Öffnungszeiten von Juni bis Mitte Oktober Mo–Sa 10–14, 16–19 Uhr, So 10–14 Uhr; sonst nur Di–So vormittags. Hier auch Informationen über Kellerei-Besichtigungen.

• *Verbindungen* **Zug**: Bahnhof (Info-✆ der Renfe: 902 240202) etwa eine halbe Stunde Fußweg nördlich des Zentrums, jenseits des Río Tirón. Züge u. a. nach Logroño und zur Umsteigestation Miranda de Ebro 5-mal täglich.

Bus: Busbahnhof an der Calle Ventilla, Verbindungen von/nach Logroño 5-mal täglich.

• *Übernachten* Wenig Auswahl.

**** **Hotel Res. Los Agustinos**, angenehmer Komfort in einem Kloster des Spätmittelalters, der Preis dementsprechend auf Parador-Niveau, 2006 komplett renoviert: DZ/Bad ca. 105-130 €. Plaza San Agustin, ✆ 941 311308, ✆ 941 303148, www.hotellosagustinos.com.

* **Pensión La Peña**, dem gleichnamigen, recht preiswerten Restaurant angeschlossen. Ordentliche DZ ohne Bad kosten etwa 25 €, DZ/Bad (wenige) etwas mehr. Plaza de la Paz 17 bzw. Calle Vega 1, ✆ 941 310022.

• *Camping* **Camping de Haro** (2. Kat.), beim Río Tirón, in der Nähe des Bahnhofs. Ganz gut ausgestattet, unter anderem mit Swimmingpool (gratis). Offiziell ganzjährig geöffnet; p.P., Auto, Zelt je etwa 4,50 €. ✆ 941 312737, 941 312068, www.campingdeharo. com.

• *Essen* **Mesón Atamauri**, angenehmes Lokal mit feiner Regionalküche und guter Weinauswahl. Das Tagesmenü kostet einigermaßen preiswerte 15 €, à la carte sollte man mindestens mit 35 € rechnen. Plaza Juan García Gato 1, So abends u. Mo Ruhetag.

• *Feste* **Festividad de San Pedro**, 24.-29. Juni. Am letzten Tag findet einige Kilometer außerhalb die berühmt-berüchtigte Weinschlacht „Batalla del Vino" statt: Die Teilnehmer bespritzen sich über und über mit Wein, etwa 100.000 Liter werden dabei zu Ehren des Heiligen San Felice wortwörtlich „unters Volk gebracht". Freunde edlen Rebensaftes mögen unbesorgt bleiben – man wählt mit Bedacht mindere Qualität. Die Weinschlacht beginnt um zehn Uhr morgens im Gebiet Riscos de Bilibio, in der Umgebung der Einsiedelei des Heiligen.

• *Einkaufen* Eine **Weinhandlung** mit guter Auswahl ist „Mi Bodega", Calle Santo Tomás 13.

• *Bodega-Besichtigungen* Telefonische Voranmeldung ist ratsam, manchmal geht es aber auch ohne. Führungen finden in der Regel vormittags und meist nur auf Spanisch statt. Einige interessante Kellereien, die alle im Bahnhofsviertel liegen:

Compañia Vinicola del Norte de España (CVNE), mehr als 125 Jahre Tradition, der Rioja-Klassiker, mehrere Kellereien, darunter Viña Real in Laguardia selbst. Die Kellerei (geöffnet tgl. 11-14, 16-19 Uhr) ist in einem interessanten neuen Gebäude des französischen Architekten Phillippe Mazières in Form eines Bottichs (oder Weinzubers) von 56 m Durchmesser und 16 m Höhe untergebracht. Die technologischen Einrichtungen zur automatischen Steuerung der Weinverarbeitung sind spektakulär. Essensmöglichkeit (Menü mit Wein ca. 35 €, mindestens zwei Tage vorher anmelden). Barrio de la Estación s/n, ✆ 941 304800, 📠 941 304815, www.cvne.com,

Bodegas Akutain, La Manzanera s/n, Haro, offen Sa/So 10–13 Uhr, Führung auch in Deutsch möglich, ✆ 941 302651, bodega_akutain@hotmail.com.

Bodegas La Rioja Alta, auch englischsprachige Führungen, ✆ 941 310346, 📠 941 312854, riojalta@jet.es.

Bodegas López de Herredia Viña Tondonia, ✆ 941 310244, 📠 941 310788, www.lopezdeheredia.com, ein Lesertipp von Dirk Becker: „Gegründet 1877, die Weine noch immer auf höchst traditionelle Weise hergestellt – riesige Gärbottiche aus Eiche und Tausende von 'Barricas', den Eichenfässern zur Lagerung. Man meint, die Zeit sei stehen geblieben, und reist zurück ins 19. Jh. Eindrucksvoll ist auch der Tunnel, der vom Ebroufer über 100 Meter in den Berg bis in 15 Meter Tiefe gegraben wurde. Die der Besichtigung zugehörige kleine Weinprobe findet im 'Cementerio' (Friedhof) statt, in dem aus jedem Jahrgang des letzten Jahrhunderts noch viele Flaschen lagern."

Sehenswertes

Iglesia Santo Tomás: Die zum Nationaldenkmal erklärte Kirche ist die architektonische Hauptsehenswürdigkeit der Stadt. Zwischen dem späten 15. und dem frühen 17. Jh. errichtet, zeigt sie verschiedene Baustile von der Gotik bis zum Barock. Besonders hübsch ausgefallen ist das platereske Portal.

Museo del Vino de la Rioja: Einen Besuch wert ist dieses auch optisch ansprechende Weinmuseum in der etwas außerhalb des Ortes gelegenen Estación Enológica, das auf mehreren Stockwerken eine Fülle an Wissenswertem präsentiert. Dargestellt werden Traditionen rund um den Rebensaft, vor allem aber Kellereiverfahren, klimatische Anforderungen beim Anbau etc.

Öffnungszeiten Mo–So 10–14 Uhr, Mo-Sa 16-19 Uhr; Eintritt 2 €, Mi gratis.

Museo de la Cultura del Vino Dinastía Vivanco: Dieses Weinmuseum der Winzerfamilie Haro in Briones (8 km östl. Haro in Richtung Logroño) ist vom Avantgarde-Architekten Jesús Marino Pascual entworfen worden und besticht durch seine klaren geometrischen Formen und die Logik der innen durch Rampen verbundenen Baukörper. Man wandert durch die dem Weinbau gewidmeten Säle und den Weinkeller, geführt von Weinbergsarbeitern, die ihr Metier von Grund auf beherrschen. Den Höhepunkt bildet die 3000 Jahre und alle Kulturkreise umfassende Kunstsammlung zum Thema Wein, die von der Familie Vivanco in 30 Jahren zusammen getragen wurde.

Öffnungszeiten Tgl. außer Mo 10–14 Uhr; Eintritt 6 €, während der spanischen Sommerferien, in der Karwoche und an Wochenenden besser reservieren: ✆ 902 320001, www.dinastiavivanco.com.

La Rioja Karte Seite 174

Surreale Landschaft: Antikes Goldbergbaugebiet Las Médulas

Der Jakobsweg durch Kastilien-León

+++ Kastilien – prägend für Spaniens Geschichte +++ Harsches Klima: „Drei Monate Winter, neun Monate Hölle" +++ Das Land der Burgen und Kathedralen +++

Das Herz Spaniens: Seit dem Mittelalter bestimmte Kastilien die Geschichte des Landes wie keine andere Region. Castellano, die kastilische Sprache, wurde zum eigentlichen Spanisch.

Die *Comunidad Autónoma Castilla-León* ist mit einer Gesamtfläche von 94.147 Quadratkilometern die größte aller Autonomen Gemeinschaften Spaniens. Sie reicht im Süden bis zum Kastilischen Scheidegebirge, also etwa bis zur Höhe von Madrid. Obwohl politisch eine Einheit, umfasst die Gemeinschaft zwei verschiedene historische Regionen: *Altkastilien*, zu dem geschichtlich auch Kantabrien und der Westen der Rioja zählen, und das weiter westlich gelegene Gebiet von *León* mit den heutigen Provinzen León, Zamora und Salamanca. Beide waren im Mittelalter lange Zeit eigenständig: manchmal verbündet, dann wieder im Zwist.

Dieses Handbuch befasst sich nur mit dem nördlichen Teil von Kastilien-León, nämlich dem Gebiet um den Jakobsweg. Doch auch hier bewegt man sich bereits in den Weiten des zentralen, des „eigentlichen" Spanien, zumindest, wie es die Klischees sehen. Das betrifft auch die Mentalität der Menschen: Die Bewohner Kastiliens gelten seit jeher als sehr selbstbewusst, um nicht zu sagen hochmütig – die Redensart „stolz wie ein Spanier" bezieht sich eigentlich auf den Kastilier.

Die **Landschaft** Kastiliens wird von der Hochfläche der *Meseta* geprägt, einer Abfolge schier endlos scheinender Ebenen und sanft geschwungener Hügel. Die Abstände zwischen den einzelnen Siedlungen sind enorm, bis zum Horizont erstrecken sich die riesigen Getreide- und Sonnenblumenfelder. Eine oft monoton wirkende Szenerie, die aber auch ihre großartigen Seiten hat: So sind kastilische Sonnenuntergänge in Farben von zartgelb bis tiefblau ein Fest fürs Auge. An vielen Stellen krönen Burgen die Hügel und erinnern an die kriegerische Vergangenheit, als hier die Grenzlinie zwischen Christen und Mauren verlief. Diesen mal besser, mal weniger gut erhaltenen Festungen (castillo = Schloss, Burg, Festung) verdankt Kastilien auch seinen Namen, der nichts anderes bedeutet als „Land der Burgen".

Ein grandioses, aber hartes Land. Hart zeigt sich auch das Klima: „Drei Monate Winter, neun Monate Hölle" sagt ein gängiges Sprichwort über das kastilische Wetter. Die Temperaturgegensätze sind in der Tat gewaltig, ein ausgeprägtes Kontinentalklima quält die Region mit heißen Sommern und eiskalten Wintern.

Als Gegenpol zu den kargen Weiten der zentralen Meseta präsentiert sich der äußerste Norden von Kastilien-León. Hier reicht die Autonome Gemeinschaft bis ins Kantabrische Gebirge hinein und umfasst dessen wildeste und am dünnsten besiedelte Gebiete. Eine reizvolle Rundfahrt durch den kastilischen Teil der Picos de Europa ist aufgrund des geographischen Zusammenhangs im Kapitel über Kantabrien beschrieben.

Die alten **Städte** Kastilien-Leóns, Oasen in der Weite der Landschaft, bewahren das Erbe ihrer langen Geschichte. Die beiden größten, *Burgos* und *León*, liegen am Jakobsweg und gehören zu den klassischen Zielen jeder Spanienfahrt. Hier stehen mit die bedeutendsten und elegantesten Kathedralen des Landes, gigantische Manifeste des Glaubens wie auch der Macht der Kirche. Überhaupt ist der Norden Kastiliens, gerade entlang des Jakobsweges, ein Fest für Liebhaber christlicher Architektur: An westgotischen und im Mudéjar-Stil errichteten Kirchlein, an romanischen Klöstern und romantischen Kreuzgängen besteht kein Mangel.

Kastilien-León
Karte Seite 194/195

Geschichte

Die Region um León, im frühen 8. Jh. wie fast ganz Spanien von den Mauren besetzt, kam ab 750 im Zuge der Reconquista zum damaligen Königreich Asturien, das fortan auch als *Königreich Asturien-León* bezeichnet wird. Unter Alfons III. (866–909) wurde León zur Hauptstadt.

Etwa zeitgleich tauchte für das Gebiet um Burgos erstmals der Begriff „Kastilien" auf, benannt nach den vielen Burgen (*castillos*), die die Grenzlinien zu den maurisch besetzten Gebieten im Süden schützten. 930 entstand dort aus mehreren kleineren Grafschaften die *Großgrafschaft Kastilien*, die ab dem Jahr 1000 zum ausgedehnten Königreich Sanchos III. von Navarra kam. Nach dem

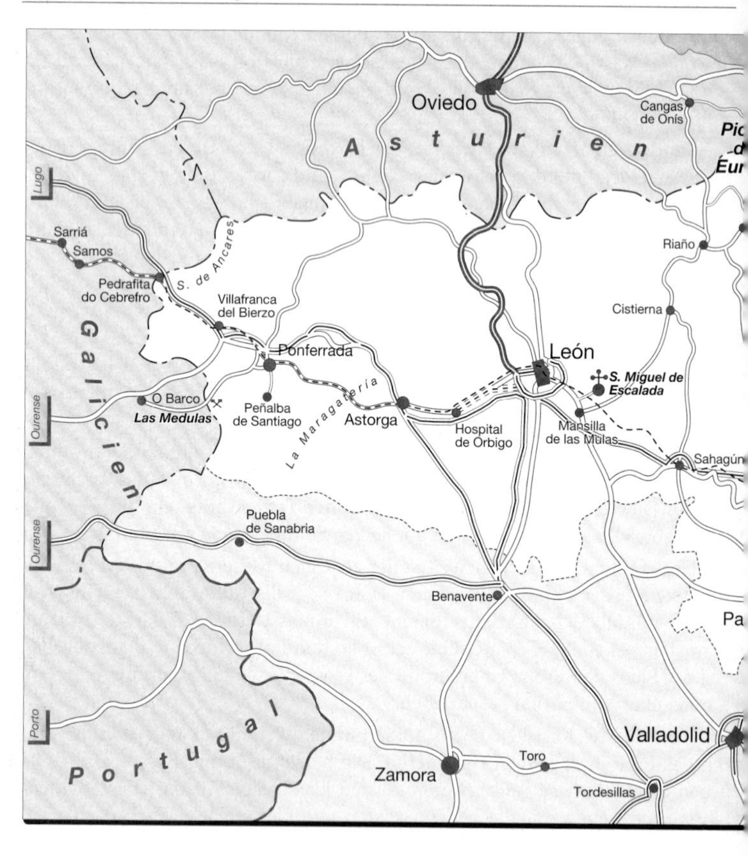

Tod Sanchos wurde dessen Großreich unter den drei Nachfolgern aufgeteilt. Sein Sohn Ferdinand I. rief 1035 das *Königreich Kastilien* aus und eroberte 1037 das Gebiet von Asturien-León; die Hauptstadtwürde ging vorübergehend auf Burgos über.

Das neue Großreich, dem auch das heutige Kantabrien und die westliche Rioja angehörten, dehnte sich allmählich nach Süden aus. 1085 konnte sein König Alfons VI. sogar Toledo einnehmen und zur neuen Hauptstadt erklären – ein Erfolg, der einen der Wendepunkte der Reconquista von symbolischer Bedeutung markierte, denn Toledo war vor der Eroberung durch die Araber die Hauptstadt des christlichen Westgotenreiches gewesen, an dessen Tradition man nun bewusst anknüpfte. Wieder einige Jahrzehnte später spaltete eine Erbfolge das Reich noch einmal in Kastilien und León. 1230 erfolgte schließlich die endgültige Vereinigung Altkastiliens mit León. Der Mittelpunkt des Reiches hatte sich längst weit nach Süden geschoben, zuerst nach Toledo, dann in die neu eroberten Gebiete des Südens Spaniens, schließlich nach Madrid. Kastilien und León fielen zu Provinzen zweiten Ranges zurück – das hat sich bis heute kaum geändert.

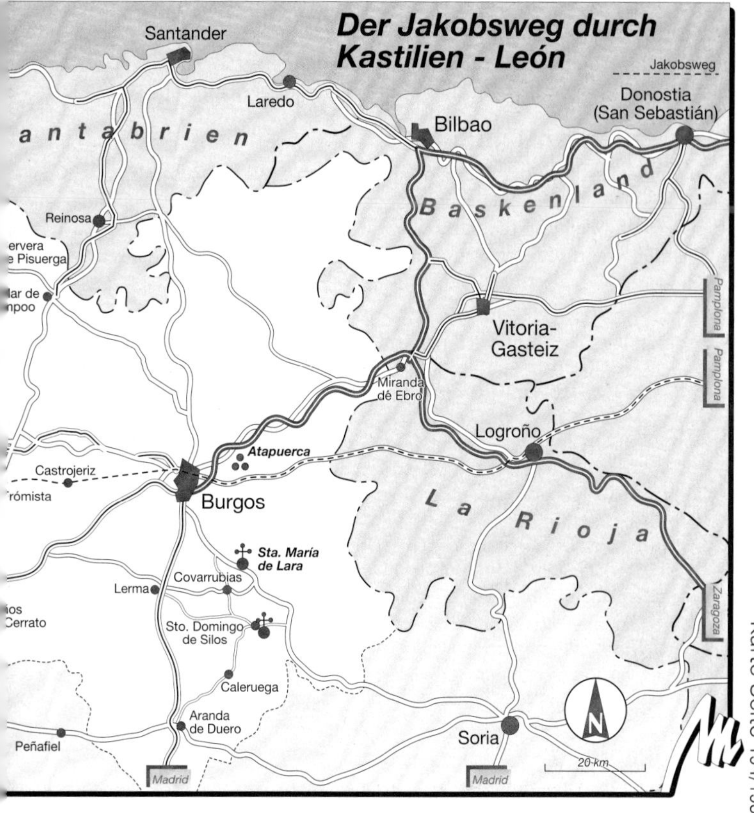

Kastilien-León
Karte Seite 194/195

In Kürze: Kastilien-León am Jakobsweg

Fläche (Provinzen Burgos, Palencia, León): 37.925 Quadratkilometer.

Einwohner: 1.030.000, das entspricht einer Bevölkerungsdichte von 27 Einwohnern pro Quadratkilometer – die geringste Siedlungsdichte Nordspaniens.

Schöne Orte: Die Altstadtkerne von Burgos und León, viele der Dörfer am Jakobsweg, wie Castrojeriz und Castrillo de los Polvazares, die etwas abseits gelegenen Siedlungen Covarrubias und Peñalba de Santiago.

Reizvolle Landschaften: Die Region Maragatería und das alte Bergbaugebiet Las Meédulas im Westen, der kastilische Teil der Picos de Europa samt Umgebung im Norden, auf ihre eigene Art aber auch die monotone Meseta.

Internet-Infos: www.turismocastillayleon-com.

Verbindungen

Zug: Die größeren Städte sind ans Schienennetz der RENFE angeschlossen. Zwar laufen die meisten Linien auf Madrid zu, doch bestehen auch ausreichende Direktverbindungen in Ost-West-Richtung. Wichtige Umsteigepunkte sind Miranda de Ebro im Osten und Palencia.

Bus: Weniger günstige Verbindungen zwischen den Städten als sonst in Spanien, da die Mehrzahl der Buslinien auf Madrid ausgerichtet ist.

Feste und Veranstaltungen

Zwar ist der Festkalender in den dünn besiedelten Weiten Zentralspaniens naturgemäß weniger dicht gedrängt. Wenn aber gefeiert wird, dann mindestens ebenso traditionell und temperamentvoll wie weiter nördlich. Der 23. April ist in Kastilien-León ein Feiertag (Día de la Comunidad), Busse fahren wie an Sonntagen!

Feste in Kastilien-León – Eine Auswahl

Semana Santa, die Karwoche; vielerorts mit der Verbrennung eines „Judas" aus Stroh. Die bekannteste Prozession im Norden der Region findet von Gründonnerstag auf Karfreitag in León statt.

Pentecostés, Pfingsten, ausgelassene einwöchige „Feria Chica" („Kleines Fest") in der Provinzhauptstadt Palencia.

Corpus Cristi, Fronleichnam; in Castrillo de Murcia (Provinz Burgos) springt der Teufel „El Golacho" über eine große Matratze voller Kinder.

Justas medievales, am ersten oder zweiten Wochenende im Juni. Mittelalterliches Fest im „Ritterort" Hospital de Órbigo.

Día de San Juan de Sahagún, 12. Juni, in Sahagún (Provinz León).

Día de San Juan, Nacht des 23./24. Juni und 24. Juni tagsüber, überall gefeiert. In León Beginn der großen Fiesta der Stadt.

Día de San Pedro, 29. Juni, an vielen Orten. Gleichzeitig Beginn der langen Fiesta von Burgos, die bis über den 8. Juli hinaus dauert.

Küche und Keller

Auf kulinarischem Gebiet ist die unterschiedliche Vergangenheit der Gebiete Altkastilien und León noch teilweise spürbar.

Altkastilien ist die Region der Braten, vorzugsweise Spanferkel (*cochinillo, tostón*) und Milchlamm (*cordero lechal*). Bei richtiger Zubereitung wird das Fleisch so zart, dass es sich mit einer Tellerkante zerteilen lässt. Charakteristisch für Altkastilien sind auch die deftigen Eintöpfe (*cocidos*), oft mit Kichererbsen (*garbanzos*) oder anderen Hülsenfrüchten.

In **León** ist die Küche regional sehr unterschiedlich gefärbt. So macht sich im Westteil der Provinz bereits der Einfluss des nahen Galicien bemerkbar; hier gehören gepökelte Schweineschulter mit Steckrübenblättern (*lacón con grelos*) und Krake (*pulpo*) zu den Favoriten. Forellen schließlich, *truchas*, sind in ganz León auf vielen Speisekarten zu finden.

Unter den **Weinen** der Comunidad verdienen besonders die Rotweine der *D.O. Ribera del Duero* Beachtung. Die kräftigen Gewächse der erst 1982 als „Denominación de Origen" klassifizierten Region erinnern vielfach an Bordeaux-Weine. Als Spitzenerzeuger gelten Bodegas Pequera (Alejandro Fernández) und die fast schon legendären Bodegas Vega Sicilia. Sowohl was Zuwachs an

Fläche als auch die Produktion anbelangt, hat der Ribera de Duero in den letzten Jahren alle anderen spanischen Weinregionen überflügelt, wobei allein von 2001 bis 2006 die Anzahl der Betriebe von 120 auf knapp unter 250 stieg. Wer Weißwein bevorzugt, ist mit den Erzeugnissen aus *Rueda* ausgezeichnet bedient.

Auf dem Jakobsweg nach Burgos

Nur ein kleines Stück westlich von Santo Domingo de la Calzada erreicht der Jakobsweg die Grenze zu Kastilien. Kurz darauf überqueren der alte Pilgerpfad wie auch die neuzeitliche Fernstraße N 120 die Bergregion *Montes de Oca*. Das dicht bewaldete, recht ursprünglich gebliebene Gebiet ist ein Ausläufer der weiter südlich gelegenen Sierra de la Demanda (dazu → auch das Kapitel über La Rioja).

▶ **Villafranca-Montes de Oca** an der N 120 ist die „Hauptstadt" der Montes de Oca, ein sehr alter Ort und ehemaliger Bischofssitz. Etwa zwei Kilometer südlich liegt am Rand einer Schlucht die Kapelle *Ermita de Oca*, die alljährlich am 11. Juni Ziel einer Wallfahrt ist.

Übernachten * **Hostal El Pájaro**, einfach, aber sauber, Etagentoiletten und -duschen, im Erdgeschoss ein auch bei Fernfahrern beliebtes Restaurant. DZ ca. 32 €. ✆ 947 582001.

▶ **Via verde de la Sierra de la Demanda.** Die alte, aufgelassene Bahnstrecke (Werksbahn eines Bergwerkes) von Bezares bei Monterrubio de la Demanda nach Arkanzón wurde im Jahr 2004 als *„Via verde"* wiederbelebt. Der sehr attraktive Radweg überwindet auf 52 km mit streckenweise 5 % einigermaßen gemütlich den Höhenunterschied von 975 m auf 1415 m, ist jedoch bei Umfahren der früheren Tunnels mit bis über 25 % nur für „ambitionierte Bergziegen" geeignet, wie es Leser Oliver Lange ausdrückte . Der Fluss, in dessen Nähe ein Streckenteil des Radweges verläuft, ist der Arlanzón, dem wir in Burgos wieder begegnen werden.

Internet-Tipp www.sierradelademanda.com.

▶ **San Juan de Ortega** ist ein Kloster, das man auf dem Jakobsweg erreicht, wenn man von Villafranca aus das zusammenhängende Waldgebiet der Montes de Oca überwunden hat. Es wurde in wilder Einsamkeit von Juan de Ortega (1080–1163) gegründet, einem der Mitstreiter des hl. Domingo de la Calzada. Wie sein zwei Generationen älterer Lehrer ließ Juan de Ortega für die Pilger auf dem Jakobsweg Brücken errichten (Logroño, Nájera) und Herbergen bauen, wofür er, wie auch sein Lehrer, heilig gesprochen wurde. Die Klostergründung auf den Montes de Oca, die später seinen Namen erhielt, war ebenfalls für die Pilger gedacht, die dort nach der mühsamen Bergstrecke in einer Herberge Unterschlupf fanden – wie auch heute noch.

Der Leichnam des Heiligen wurde in der Krypta der von ihm errichteten romanischen Klosterkirche beigesetzt. Später wurde ein steinerner, fein skulptierter Baldachin darüber errichtet, in dem eine steinerne Figur des Heiligen liegt.

• *Verbindungen* Kein Bus, zu Fuß auf dem Jakobsweg von Villafranca nach Montes de Oca oder von der N 120 (Schild/Hinweis bei der Ermita de Valdefuentes am Pass Puerto de la Pedraja) oder mit dem Pkw auf der bei der Abzweigung nach Atapuerca (25 km weiter westlich) beginnenden Nebenstraße.

• *Öffnungszeiten* Keine festen Zeiten. Tagsüber meist offen, falls verschlossen, in der Pilgerherberge nachfragen (links der Kirche). War 2007 wegen Restaurierungsarbeiten gesperrt.

Kastilien-León
Karte Seite 194/195

Atapuerca

Das unscheinbare Dorf am Fuß der gleichnamigen Sierra soll interessant sein? Doch, das ist es: An mehreren Strecken der Sierra wurden Reste menschlicher Skelette gefunden, die – nach den georgischen von Dmanisi – ältesten in Europa. Die Fundstätten können besichtigt, ein rekonstruiertes Dorf besucht wer den. Der Standort wurde im Jahr 2000 zum UNESCO-Welterbe erklärt.

Verbindungen Ibeas de Juarros wird mindestens 2 x tgl. von den Bussen von Continental-Auto auf der Linie Burgos-Logroño bedient, Atapuerca ist nicht an das öffentliche Verkehrsnetz angeschlossen.

Sehenswertes

Dem Bau der stillgelegten Werksbahn, die in einem tiefen Einschnitt die Sierra de Atapuerca zu queren hatte, um den Bahnhof Villafría zu erreichen, verdanken wir die Entdeckung der Skelette des heute „homo antecessor" genannten Hominiden, des – wahrscheinlich – direkten Vorfahren des Neanderthalers, aber auch des heutigen Menschen. Im Bahneinschnitt (*Trinchera del Ferrocarril*) fand ein Grabungsteam 800.000 Jahre alte Knochenreste. Der Fund bestand aus mindestens sechs menschlichen Skeletten, mit Sicherheit Reste einer Mahlzeit von Menschenfressern der eigenen Rasse. In einer kleinen Höhle, die der Anschnitt aufdeckte, fanden sich bis zu 1,25 Mio. Jahre alte Funde. Aufsehenerregend auch die Große Höhle (*Gran Dolino*), in der 1994 neben Resten des Homo antecessor auch dessen primitive Steinwerkzeuge gefunden wurden (interessanterweise wurde noch kein Hinweis auf einen auch nur vorübergehenden Wohnstandort entdeckt, etwa ein Feuerrest). In der 13 m tiefen *Sima de los Huesos*, einem senkrechten Karstschlund, deckten die Archäologen etwa 400.000 Jahre alte Skelette auf. Sie gehörten zu mindestens 28 Individuen, waren aber so klein zerbrochen und mit Bärenknochen (von mindestens 170 Exemplaren der Art Ursus deningeri) vermischt, dass man die Zahl nicht sicher angeben kann. Mysteriös ...

Grabungen und Funde können besichtigt werden, Anmeldungen zu den Führungen durch das Ausgrabungsgelände am besten Wochen vorher, die Führungen starten in Ibeas de Juarros oder Atapuerca und dauern jeweils ca. 2 1/2 Stunden. In Ibeas de Juarros, 15 km südlich an der N 120, gibt es ein kleines Museum, das sich (nach einem der Ausgräber) „Aula Emiliano Aguirre" nennt, und beim Dorf Atapuerca lockt ein Archäologischer Park, in dessen Freigelände und den ziemlich fantasievoll „rekonstruierten" Hütten man eine Menge über das Leben des paläolithischen Menschen erfährt.

Zona Arqueológica (Ausgrabungsgelände): Wer das Glück hat, während der sommerlichen Ausgrabungsphase einen Besichtigungstermin zu ergattern, bekommt archäologische Arbeit direkt vorgeführt, die Studenten und Dozenten aus Madrid (Universidad Complutense), Burgos und Tarragona durchführen; eine einzige Universität würde die ausgedehnten Grabungen kaum allein bewältigen können. Große Teile des Grabungsgeländes sind unter einem auf Metallstangen ruhenden Dach vor Regen geschützt.

• *Besichtigung* Im August und September häufige Termine, im Winter nur am Wochenende, meist ab Atapuerca 10 und 12 Uhr, ab Ibeas de Juarros 11 und 15.30 Uhr. Infos und Anmeldungen auf www.paleorama bzw. über informacion@paleorama.es (Ibeas de Juarre) oder auf www.atapuerca.net bzw. über info@

atapuerca.net (Atapuerca). Oder persönlich in der Aula Emiliano Aguirre in Iberas de Juarros, ✆ 947 421462, ✆ 947 421005 und in der Oficina de Información „Paleorama" in Atapuerca (s. u.). Für Buchungen mit der BurgosCard (s. S. 202) gibt es Preisrabatt.

Aula Emiliano Aguirre: Das Museum mit allgemein verständlichen Infos zu den Grabungen und der Frage des Vormenschen existiert seit 1993. Es liegt im Ort Ibeas de Juarros nahe der N 120 und ist entsprechend gut besucht. Originalobjekte aus den Funden, Rekonstruktionen, Zusatzinformationen.

Besichtigung Im Sommer Mi–So 10–14, 16–20 Uhr, letztes Wochenende des Monats geschlossen. Im Winter Sa, So, Fei 11–14 Uhr.

Parque Arqueológico (Archäologischer Park): Der 2001 eröffnete Archäologische Park am Ortsrand des Dorfes Atapuerca ist die wohl populärste Attraktion der Zone. Auf ca. 1 Hektar wurde ein archäologischer Themenpark errichtet, der zwar mit Atapuerca und dem Homo antecessor thematisch nur lose verbunden ist, aber gute Infos über das Leben des Vor- und Frühmenschen gibt. Einige eher spekulative Rekonstruktionen von Hütten, Arbeitsstätten, Feuer- und Abschlagplätzen dienen als Hintergrund für die Darstellung des Lebens vor Homo sapiens sapiens. Reservierung unbedingt nötig!

• *Besichtigung* Im Sommer Mi-So ganztägig geöffnet (ca. 10–20 Uhr), jedoch nur für Gäste mit Reservierung, im Winter nur Sa, So+Fei 10-14 Uhr. Am letzten Wochenende des Monats ist immer geschlossen. Wer nicht reserviert hat, kann für nicht erschienene Gäste einspringen, was recht häufig vorkommen soll. Reservierungstelefon ✆/✆ 947 930473.

Burgos

(168.000 Einwohner)

Kastilien pur. Im Mittelalter Jahrhunderte lang die Kapitale der Region, glänzt die Stadt am Jakobsweg mit einer Reihe beachtlicher Bauten. Herausragend ist die riesige Kathedrale, eine der eindrucksvollsten Kirchen Spaniens.

Kastilische Strenge und noble Eleganz schließen sich in Burgos nicht aus. Dominieren in der historischen Altstadt graue Granit- und weißliche Kalksteintöne, so zeigt sich das Nordufer des Río Arlanzón von einer ganz anderen Seite: Entlang des erfreulich unbegradigten Flussbettes erstreckt sich eine platanengesäumte Promenade, die zum Flanieren einlädt. Besonders stolz sind die Einheimischen übrigens auf ihre Sprache – hier, so heißt es, werde das reinste Kastilisch gesprochen.

Doch ist auch in Burgos nicht alles eitel Sonnenschein. Die Heimat des spanischen Nationalhelden *El Cid* gilt als sehr konservativ, war im Bürgerkrieg Hauptstadt der Frankisten und beherbergt eine große Militärgarnison. Am Stadtrand macht sich die Neuzeit durch weiträumige Industrieansiedlung bemerkbar. Und das Klima ist geradezu berüchtigt: In fast 900 Meter Höhe kann es im Sommer zwar schon mal sehr heiß, nur einen Tag später jedoch auch ganz unangenehm frisch werden. Dennoch – Burgos ist den Besuch allemal wert.

Orientierung: Die relativ eng begrenzte Altstadt liegt unterhalb des Burgberges auf der Nordseite des Río Arlanzón. Ihr Hauptplatz ist die *Plaza José Antonio*, auch Plaza Mayor genannt. Nur ein kleines Stück westlich steht die Kathedrale; flusswärts verwandelt sich der *Paseo del Espolón* allabendlich in die Flanierzone der Stadt. Südlich des Río Arlanzón bildet die *Plaza de Vega* einen

Kastilien-León
Karte Seite 194/195

Orientierungspunkt innerhalb der neueren Viertel, in denen sich die Mehrzahl der öffentlichen Einrichtungen befindet, darunter Bahnhof und Busbahnhof.

El Cid, Nationalheld Spaniens

Rodrigo Díaz war eine der schillerndsten Figuren in der Geschichte Spaniens. Als Feldherr, genannt El Campeador („Der Kämpfer"), verdiente er sich unter zwei kastilischen Königen große Kampfesmeriten, was ihn nicht davon abhielt, nach einem Nachfolgestreit mit König Alfons flink auf die maurische Seite zu wechseln. Militärische Erfolge gegen die Christen – gegen die Heere des Königs selbst kämpfte er ehrenhalber nicht – brachten ihm den Beinamen *El Cid* („Der Herr") ein, abgeleitet vom arabischen Sayyid.

Kämpfer hoch zu Ross: El Cid

König Alfons, klug genug, auf einen solchen Mann nicht zu verzichten, reichte ihm die Hand der Versöhnung. El Cid, ganz wendiger Taktiker, schlug ein. 1094 eroberte er Valencia von seinen einstigen Freunden und hielt die Stadt trotz wütender Angriffe bis zu seinem Ende 1099. Noch als Toter soll er siegreich einen Ausfall angeführt haben: Der Anblick seines auf ein Pferd gebundenen Leichnams habe die Mauren so verschreckt, dass sie entsetzt das Weite gesucht hätten – so berichtet zumindest die Sage.

Die Abenteuer, die El Cid mit seinem Pferd Babieca und seinem Schwert Tizona bestand, sind Thema des ältesten in Spanien überlieferten Heldenepos, des *Cantar de mio Cid*, das etwa aus dem 13./14. Jahrhundert stammt.

Geschichte

Burgos wurde 884 im Zuge der Reconquista als befestigter Stützpunkt gegen die Mauren gegründet und stieg schon bald zur Hauptstadt auf, zunächst der Grafschaft Kastilien, ab 1037 dann des vereinigten Königreichs Kastilien-León. 1043 erblickte im nahen Dorf Vivar ein gewisser Rodrigo Díaz das Licht der Welt – als *El Cid* erlangte der abenteuerlustige Kämpfer, der mal gegen, mal im Bund mit den Mauren stritt, landesweiten Ruhm. Etwa zu jener Zeit entwickelte sich Burgos auch zur wichtigsten Pilgerstation am Jakobsweg, gefolgt von einem entsprechenden Aufschwung der Wirtschaft.

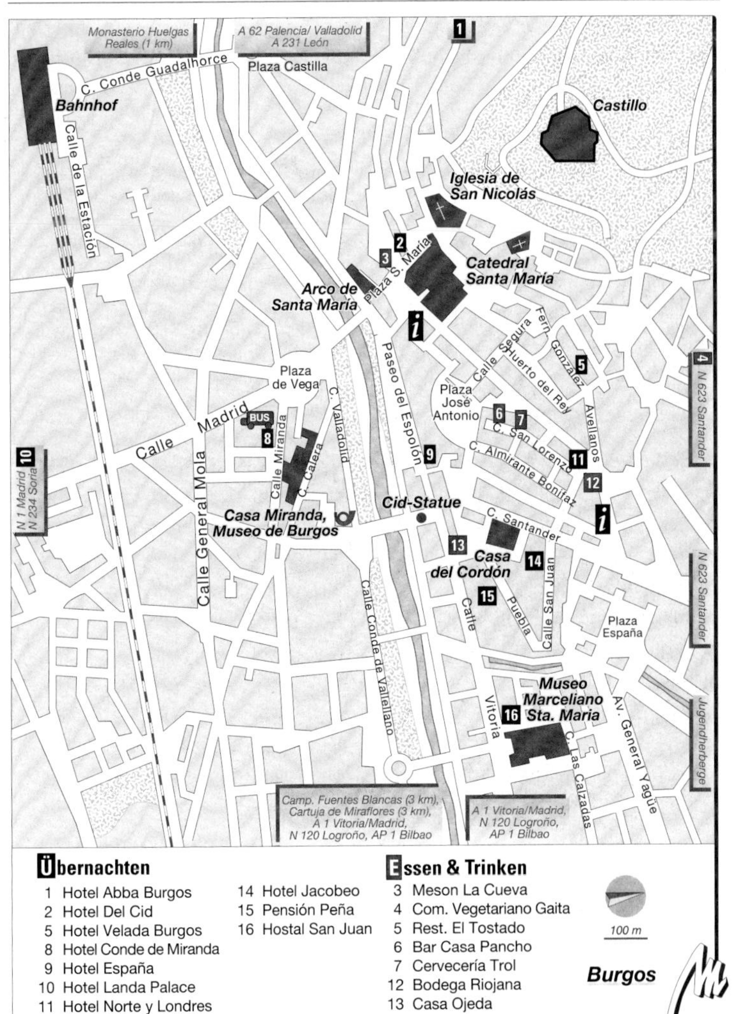

Kastilien-León
Karte Seite 194/195

Lange Jahrhunderte blieb Burgos der Wohlstand erhalten, nicht zuletzt dank der Lage an einer bedeutenden Handelsroute für Merinowolle. Die *Mesta*, eine mit königlichen Privilegien ausgestattete Vereinigung der Schafzüchter, leitete praktisch die Geschicke der Stadt. Gegen Ende des 16. Jh. setzte dann mit der Verlagerung der Handelswege zu den Atlantikküsten und nach Übersee ein wirtschaftlicher Niedergang ein, der erst in den Sechzigerjahren des letzten Jahrhunderts durch staatliche Industrieförderung gebremst wurde.

Im Spanischen Bürgerkrieg hatte Burgos von 1936 bis 1939 die zweifelhafte Ehre, Regierungssitz von Francos Nationalisten zu sein. 1970 fielen hier die höchst umstrittenen Todesurteile gegen mutmaßliche Aktivisten der ETA, die erst nach weltweiten Protesten zu Haftstrafen gemildert wurden. Wohl auch wegen solcher Ereignisse steht Burgos nicht gerade im Ruf besonderer Liberalität.

Information/Adressen/Verbindungen

• *Information* **Oficina de Turismo de la Junta**, Plaza Alonso Martínez 7, ✆ 947 203125, 📠 947 276529, oficinadeturismodeburgos@jcyl.es. Im nordöstlichen Altstadtbereich, das Büro der Comunidad, zuständig für Stadt und Umland. Öffnungszeiten Mo–Fr 9–14, 17–19 Uhr, Sa/So 10–14, 17–20 Uhr.

Oficina Municipal de Turismo, Plaza Rey San Fernando 2, gegenüber dem Südportal der Kathedrale, ✆ 947 288874, 📠 947 288862, www.aytoburgos.es, Di-Sa 10-14, 17-20 Uhr, im Sommer auch So 10-14 Uhr. Die frühere Oficina Municipal de Turismo im Teatro Principal unweit der Cid-Statue, ist bis auf weiteres geschlossen.

• *BurgosCard* Die mit 13 € für 24 Stunden nicht ganz billige BurgosCard, die freien Eintritt zu den Museen gewährt, lohnt sich nur, wenn man die relativ teure Festung besucht und den Tren Turistico benutzt, sowie mit der Card die Besichtigung von Atapuerca bucht. Die Karte gibt es in den Touristeninformationen und in der Kathedrale. www.burgoscard.com.

• *Post* Plaza Conde de Castro, südlich des Flusses; Öffnungszeiten: Mo–Fr 8.30–20.30 Uhr, Sa 9.30–14 Uhr.

• *Telefon* Locutorio an der Plaza Alonso Martínez, nahe der Infostelle der Comunidad, täglich geöffnet.

• *Internet-Zugang* Ciber Café Cabaret, Calle Puebla 21–23, unweit der Casa del Cordón, ✆ 947 202722, cabaret_1@redestb.es.

• *Verbindungen* **Zug**: Bahnhof (Info-✆ der Renfe: 902 240202) an der Plaza de la Estación, jenseits des Río Arlanzón. Für die fernere Zukunft ist eine Verlegung nach außerhalb geplant. Burgos liegt an den Hauptlinien von der Grenzstadt Irún nach Madrid und Lissabon. Anschlüsse unter anderem nach Zaragoza 4-mal, Palencia 9-mal, León 4-mal, Vigo 2- bis 3-mal, La Coruña 2- bis 3-mal, Bilbao 5-mal, San Sebastian/Irún (via Vitoria, z. T. mit Umsteigen) 10-mal, Logroño 3-mal, Pamplona 1-mal täglich. Fahrkarten kauft man am besten im RENFE-Stadtbüro in der Calle Moneda 21, Altstadt, nahe Plaza San Antonio, ✆ 947 203560.

Bus: Busbahnhof (Info: ✆ 947 288855) an Calle Miranda/Plaza de Vega. Der jahrelang ziemlich vernachlässigte Bau wird derzeit (2007/8) umgebaut. Nach Madrid 9-10-mal, Palencia 2-3-mal, León 1-mal, Santander 4-mal, Bilbao 7-mal, San Sebastián (via Vitoria) 6-mal, Logroño 6-mal, Pamplona 1-mal täglich; je 1-mal täglich nach La Coruña, Lugo und Santiago, nach Oviedo/Gijón 2-mal täglich

Mietwagen: Avis, Calle Maestro Justo Del Río 2, ✆ 948 220606; Europcar, Calle Severo Ochoa 23, ✆ 947 273734.

Übernachten/Camping (siehe Karte Seite 201)

Recht hohes Preisniveau auch bei einfachen Pensionen. Zur Fiesta Ende Juni, Anfang Juli herrscht starke Nachfrage. Ebenso im August: Burgos ist nicht nur beliebtes Besichtigungsziel, sondern auch Zwischenstation vieler Portugal- und Marokkoreisender.

**** **Hotel Abba Burgos (1)**, das moderne Hotel auf dem Burgberg über der Stadt liegt direkt am Jakobsweg. Schicke Innenarchitektur, mit der man ein älteres Gebäude in einen Luxusschuppen verwandelte. Sehr freundlich-kompetentes Personal, Hallenbad, Sauna, Fitnessraum, 99 makellose Zimmer in gut abgestimmten Farbtönen, einige mit kleinem Gartenanteil. DZ 120-160 €. Calle Fernán Gonzalez 72, ✆ 947 001100, 📠 947 001101, www.abbahoteles.com.

**** **Hotel Velada Burgos (5)**, sehr komfortabler Viersterner in einem Stadtpalais der Grafen von Berberana aus dem 17. Jh., einige der Zimmer mit alten Gebäudeteilen, alle mit getrennten Schlaf- und Wohnräumen (mit jeweils einem Plasma-Fernseher). DZ 150-200 €, als EZ schon mal zum halben Preis. Calle de Fernán González 6-10, ✆ 947 257680, 📠 947 257681, reservas.burgos@veladahoteles.com.

*** **Hotel Mesón del Cid (2)**, in Toplage gegenüber der Kathedrale. Sehr stilvoll und hübsch dekoriert. Eigene Garage, gutes Restaurant. DZ 110-140 €. Plaza Santa María 8, ✆ 947 208715, 📠 947 269460, www.mesondelcid.es.

** **Hotel España (9)**, schon etwas ältere Mittelklasse direkt an der Flaniermeile von Burgos, also sehr zentral, dabei relativ ruhig gelegen. DZ ab 60-80 €. Paseo del Espolón 32, ✆ 947 206340, ℻ 947 201330, www.hotelespana.net.

** **Hotel Res. Norte y Londres (11)**, recht großes Mittelklassehotel nahe der Infostelle, renovierte Zimmer. Zum Service und zum kargen Frühstück gab es einige Leserkritik. DZ nach Saison 55–95 €. Plaza Alonso Martínez 10, ✆ 947 264125, ℻ 941 277375, www.hotelnorteylondres.com.

** **Hotel Res. Conde de Miranda (8)**, kleineres, nicht unkomfortables Hotel direkt im Busbahnhof. Für Spätankömmlinge eine Überlegung wert. DZ/Bad nach Saison 55-70 €. Calle de Miranda 4, ✆ 947 265267, ℻ 941 2207770.

* **Hotel Jacobeo (14)**, in günstiger Lage nahe der Casa del Cordón. Die Fassade macht zwar nicht viel her, das Ambiente ist jedoch angenehm und die Zimmer sind für die Kategorie ausgesprochen solide eingerichtet. Preis pro DZ je nach Saison zwischen 50 und 80 €. Calle San Juan 24, ✆ 941 260102, ℻ 947 260100, hoteljacobeo@todoburgos.com.

** **Hostal Res. San Juan (16)**, beim Monasterio de San Juan, also schon knapp außerhalb des engeren Zentrums. Zimmer schlicht, Bäder und Betten jedoch gut in Schuss. Gut geführt. Leider etwas hohe Preise: DZ/Bad gut 35 €, ab etwa Mitte/Ende Juni bis Ende Juli knapp 45 €, im August 60 €. Calle Bernabé Pérez Ortiz 1, ✆/℻ 947 205134.

Pensión Peña (15), nahe der Casa del Cordón, ein Lesertipp von Anja Scholl: „Zimmer renoviert, mit Waschbecken und drei Badezimmern auf dem Gang. Auch die Leute waren total nett." DZ ohne Bad kosten 24-26 €. Calle La Puebla 18, ✆ 947 206323.

Jugendherberge Albergue Juvenil, Avda. General Vigón, gut einen Kilometer nordöstlich des Zentrums. Prima Ausstattung, jedoch nur Juli bis Mitte August geöffnet, sonst von Studenten belegt. ✆ 947 220362.

Außerhalb: ***** **Hotel Landa Palace (10)**, einige Kilometer außerhalb des Zentrums an der Straße nach Madrid. Exzentrisches Traumquartier im Stil eines gotischen Palastes, Antiquitäten überall, üppig möblierte Zimmer, fantastischer Swimmingpool. Auch das Restaurant genießt besten Ruf. Allerdings: DZ 160-20 €. Carretera N-I, km 235, ✆ 947 2577777, ℻ 947 264676, www.landapalace.es.

• *Camping* Zur Fiestazeit Ende Juni, Anfang Juli ist es sehr ratsam, früh am Tag einzutreffen, ebenso im August, wenn abends die Plätze oft von Durchreisenden voll belegt sind.

Fuentes Blancas (1. Kat.), in einem Naherholungsgelände vier Kilometer östlich des Zentrums, in Flussnähe und etwa einen Kilometer vom Kloster Cartuja de Miraflores entfernt. Tagsüber etwa stündlich Busse ab der El-Cid-Statue, letzter gegen 21 Uhr. Ebener, gut ausgestatteter Platz mit Restaurant und Einkauf, Schatten eher mäßig. Geöffnet April–September; p.P. und Auto je knapp 4 €, kleines Zelt 3,50 €, Parzelle 11,50 €. ✆/℻ 947 486016.

Rio Vena (2. Kat.), etwa sieben Kilometer außerhalb bei Villafría (N I Richtung Vitoria), zwei Kilometer von der Autobahnausfahrt. Geöffnet April–Oktober; p.P., Auto, Zelt je etwa 3 €; ✆ 947 484120. Dieser Platz war letzthin aus nicht bekannt gegebenen Gründen geschlossen.

Kastilien-Leon
Karte Seite 194/195

Essen/Nachtleben (siehe Karte Seite 201)

• *Essen* Besondere Leckerbissen der Region Burgos sind unter anderem Lammbraten, Flusskrebse, die Blutwürste Morcillas und der Fleisch-Gemüse-Eintopf „Olla podrida". Sehr beliebt sind auch die örtlichen Tapa-Spezialitäten „Cojonudos" und „Cojonudas": Wachteleier mit Chorizo bzw. mit Morcilla und Paprika. Eine Leckerei ist Burgos-Käse mit Honig. Gute Auswahl an Restaurants im Gebiet um die Kathedrale, allerdings touristisch überteuert. Ein preisgünstigeres Revier ist die bei Einheimischen als „Fressgasse" sehr beliebte Calle San Lorenzo, die zwischen den Plazas José Antonio und Alonso Martínez liegt.

Rest. El Tostado (5), im Hotel Velada Burgos, diskreter, leicht unterkühlter Schick, intelligente Jahreszeitenküche mit stark französischen Zügen, Degustationsmenüs ab ca. 45 €, Calle de Fernán González 6-10.

Rest. Casa Ojeda (13), für Liebhaber kastilischer Braten eine der ersten Adressen der Stadt. Holzofen! Allerdings nicht ganz billig, ab 25 € aufwärts muss man fürs Essen (kein Menü!) mindestens hinlegen. Angenehm die Cafetería im Erdgeschoss mit Platos Combinados (ca. 12 €). Ein Luxus-Feinkostladen ist angeschlossen. Calle de Vitoria 5 gegenüber Casa del Cordón. ✆ 947 209052. So-Abend geschlossen.

Rest. Meson La Cueva (3), zentral gegenüber der Kathedrale gelegen, fast direkt neben dem Hotel El Cid. Keine Touristenfalle, sondern ein gutes Restaurant mit gehobener Küche. Für ein Menü à la carte ist mit etwa 30 € aufwärts zu rechnen (schlichte Morcilla de Burgos 8 €!). Das recht einfache Tagesmenü ist mit ca. 17 € keineswegs preiswert. Plaza Santa María 7, So-Abend geschlossen, im Februar Betriebsferien.

Comedor Vegetariano Gaita (4), vegetarisches Restaurant in einer Neubaugegend etwas außerhalb des Zentrums, jedoch nicht sehr weit von der Infostelle der Comunidad. Das Tagesmenü kostet hier nur etwa 8 €. Nur mittags geöffnet, So geschlossen. Calle San Francisco 31.

Bodega Riojana (12), Kleine Tapa-Bar schräg gegenüber dem Hotel Norte y Londres, preiswerte und gute Pinchos ca. 1,50 €, Raciones ab 3 €, sehr gute Tortillas. Calle San Juan 1, Eingang von der Plaza Alonso Martínez.

Bar Casa Pancho (6), stets gut besuchte Tapa-Bar, bekannt besonders für ihre „Cojonudos" und „Cojonudas"; gleichzeitig Restaurant (1. Stock). Bestechende Weinauswahl. Calle San Lorenzo 13/15.

Cervecería-Rest. Trol (7), nur ein paar Schritte weiter. Ebenfalls eine beliebte, vor allem vom Ambiente und von der Stimmung her sehr ansprechende Bar. Im Restaurant kommt das Tagesmenü auf etwa 12,50 €. Calle San Lorenzo 25.

• *Nachtleben* Bevorzugter Treffpunkt sind am frühen Abend die Bars der Altstadtgassen Calle San Lorenzo, Laín Calvo und Sombrerería sowie die nahe der Casa del Cordón gelegenen Straßen Puebla und San Juan. Gegen 22 Uhr wechselt man ins Gebiet „Las Llanas" um die Calles Llanas de Afuera und Llanas de Adentro, direkt nördlich der Kathedrale. Wer bis zum frühen Morgen durchhalten will, findet Discobars und Clubs in der Calle Las Calzadas; sie beginnt bei der Calle San Lesmes, östlich der Altstadt.

Markt/Feste

• *Markt* Gute Auswahl am „Mercado del Norte" an der Plaza España, weiterer Markt in der Calle Miranda, Nähe Busbahnhof. Betrieb jeweils Mo–Sa bis gegen 14.30 Uhr.

• *Feste* **Fiestas de San Pedro y San Pablo**, 29. Juni bis 8. Juli, je nach Wochentag auch darüber hinaus. Das Hauptfest der Stadt; am 8. Juli Wagenprozession und Picknick in Fuentes Blancas (Bereich Campingplatz), Wahl der „Miss Fiesta" etc.

El Curpillos, am Tag nach Corpus Christi (Fronleichnam), Wallfahrt zum Kloster Las Huegas.

Sehenswertes

Auffallend die Fülle baulicher Details in der Altstadt: An schier jeder Ecke ziehen Torbogen, Friese, Säulen und Rosetten den Blick auf sich.

Catedral Santa María

Eine der schönsten Kirchen Spaniens, von der Unesco zum Kulturerbe der Menschheit erklärt. Schon von weitem ist sie zu erkennen, doch macht erst ein Rundgang die gewaltigen Ausmaße richtig sichtbar – und öffnet den Blick auf einen überwältigenden Reichtum an steinernem Schmuckwerk.

Die Kathedrale von Burgos ist die drittgrößte Spaniens, nach denen von Sevilla und Toledo. 1221 wurde mit dem Bau begonnen, zunächst unter einheimischen Baumeistern. Wenige Jahrzehnte später waren die drei Schiffe samt Portalen errichtet, doch zogen sich die weiteren Arbeiten noch über Jahrhunderte hin. Als im 15. Jh. die Türme hinzukamen, waren verschiedene mitteleuropäische Architekten maßgebend. Erst 1567 konnte die Fertigstellung der Kirche gefeiert werden, einige Änderungen reichen sogar bis ins 19. Jahrhundert. Heute leuchtet die Kathedrale nach langjähriger, im Außenbereich mittlerweile fast abgeschlossener Restaurierung wieder in strahlendem Weiß, innen wird allerdings noch gearbeitet.

Die lange Bauzeit hat sich gelohnt: Kathedrale von Burgos

Hauptfassade: Die Hauptfassade Richtung Westen beherrschen die beiden 84 Meter hohen Türme, deren filigrane Helme von dem Kölner Baumeister Hans geschaffen wurden. Der in Burgos sesshaft gewordene Architekt wurde auf spanisch Juan de Colonia genannt; noch sein Sohn und sogar sein Enkel arbeiteten hier als Baumeister und Bildhauer. Das Hauptportal wurde im 18. Jh. umgebaut, die kunstvolle Rosette und darüber die acht Statuen kastilischer Könige des 11.-13. Jh. sind noch original. Zwei prächtig geschmückte Portale lohnen den Weg an die Nordseite der Kathedrale: Die gotische *Puerta de la Coronería* am Querschiff war der Zugang der Könige; um die Ecke ist die platereske *Puerta de la Pellejería* das Werk eines weiteren Kölners, des Francisco (Franz) de Colonia.

Innenraum: Das Kircheninnere betritt man durch die gotische *Puerta del Sarmental* an der Südseite der Kathedrale, von der Plaza del Rey Fernando aus. Die *Vierung* ist der erste Höhepunkt der Besichtigung. An der Kreuzung von Mittel- und Querschiff tragen vier Pfeiler das 59 Meter hohe, von reichem Platereskschmuck gezierte Kuppelgewölbe aus dem 16. Jh. Am Boden unter der Kuppel liegt seit 1921 Spaniens Nationalheld *El Cid* neben seiner Gattin *Jimena* begraben. Letztere war offensichtlich eine tapfere und kriegserfahrene Frau, leitete sie doch nach dem Tod ihres Mannes 1099 noch jahrelang die Verteidigung des belagerten Valencia. Geht man, vom Eingang kommend, weiter geradeaus, trifft man an der Nordseite des Querschiffs auf die „goldene Treppe" *Escalera Dorada*, ein platereskes Meisterstück von Diego de Siloé. Der *Chor* (15./16. Jh.) im Mittelschiff westlich der Vierung besitzt ein detailliert geschnitztes Nussbaumgestühl; eine mit Kupfer bezogene Liegefigur bewacht das Grab des Bischofs Mauricio, Gründer der Kathedrale. In der *Capilla Mayor* östlich der Vierung fällt besonders der reich verzierte Hochaltar ins Auge.

Die Vielzahl der aufwendig ausgeschmückten *Kapellen* zu beschreiben, würde den Rahmen dieses Buches sprengen. Keinesfalls versäumen sollte man jedoch die fantastische *Capilla del Condestable* hinter der Capilla Mayor in der Verlängerung des Mittelschiffs. Ab 1482 von Simon von Köln, einem Sohn des Hans von Köln, im Platereskstil errichtet, besitzt sie als einzige aller Kapellen noch ihre originalen Buntglasfenster. Besondere Beachtung verdienen die wunderbare Kuppel und die marmornen Grabmäler in der Mitte der Kapelle. Die hervorragend gearbeiteten Liegefiguren zeigen den Condestable (so hieß jeweils der oberste Feldherr Kastiliens) Pedro Fernández de Velasco und seine Gattin, gestorben 1492 und 1500. Leider nur für Betende zugänglich (keine Besichtigung!) ist die *Capilla de Santísimo Cristo* in der Südwestecke der Kathedrale. Sie beherbergt ein hoch verehrtes Kruzifix, dessen Christus aus den ungewöhnlichen Materialien Büffelhaut und Menschenhaar gefertigt ist. In der Nähe erwartet man unter der Uhr an der Innenseite der Hauptfassade zu jeder vollen Stunde das Erscheinen des *Papamosca*: Der kuriose „Fliegenschnapper" reißt zu jedem Glockenschlag weit den Mund auf, und macht damit einem gängigen Scherz zufolge nur seine Zuschauer nach – auch er, wie der gesamte westliche Eingangsbereich, ist im Prinzip nur noch für Gläubige zugänglich, die zum Beten gekommen sind.

Kreuzgang und Kathedralmuseum: Der gotische Kreuzgang mit seinen zahlreichen Gräbern wurde früher durch das eindrucksvolle Portal des Gil de Siloé (15. Jh.) erreicht, das sich neben der Puerta del Sarmental öffnet. Es ist heute verschlossen, man betritt den Kreuzgang und das in ihm und den Nebenräumen eingerichtete Kathedralmuseum vom Chor aus durch die Sakristei. Im Museum beachte man vor allem die große Kapelle der hl. Katharina, deren besonders schöner Eingangsbogen mit figurenreichem Tympanon kaum zu übersehen ist.

• Öffnungszeiten Tgl. 9.30–13, 16–19 Uhr, Juli–Sept. nachmittags 13.30–19.30 Uhr, im Winter tgl. 10-13, 16-18.45 Uhr. Eintritt für Kathedrale und das Museum knapp 4 € (Pilger 1 €), man erwirbt die Eintrittskarte in einem unterhalb der Kathedrale an der Plaza de San Fernando eingerichteten Raum, zu dem man nach der Besichtigung über Treppen und Gänge zurück geführt wird.

Weitere Sehenswürdigkeiten im Zentrum

Iglesia de San Nicolás: Die spätgotische Kirche des 15. Jh. ist von der Plaza Santa María, dem Vorplatz der Kathedrale, über Treppen zu erreichen. Ihr Prunkstück ist ein grandioser Altaraufsatz aus Alabaster, den Franz von Köln, ein Enkel des Hans, zu Anfang des 16. Jh. schuf: 465 Figuren stellen biblische Motive dar.

Öffnungszeiten Juli–September Mo–Sa 9–14, 16–20 Uhr, sonst Di–Fr 18.30–19.30 Uhr, Sa 9.30–14, 17–19 Uhr, So 9–14, 17–18 Uhr; Eintritt 1€, Mo gratis. Die Kirche war 2007 wegen Restaurierungsarbeiten geschlossen.

Castillo: Die über der Altstadt gelegene Burg der Grafen von Kastilien wurde im 18. Jh. weitgehend ein Raub der Flammen, bietet aber auf jeden Fall eine schöne Aussicht auf Burgos.

Öffnungszeiten Okt.-März Sa, So/Fei 11-14 Uhr, April-Juni Sa, So/Fei 11-14, 16-19 Uhr, Juli/Aug. 11-19 Uhr, Eintritt 3,20 €.

Wuchtiges Stadttor: Arco de Santa María

Iglesia de San Esteban und Museo del Retablo (Museum der Altarwände): Das wegen seiner großen Sammlung von Altarwänden des Spätmittelalters und der Renaissance äußerst besuchenswerte Museum ist seit 2004 geschlossen. Über die Gründe dafür wird nur gemunkelt, eine Wiedereröffnung ist derzeit nicht im Gespräch.

Centro de Arte Caja de Burgos: Gäbe es nur die Aussicht von der Terrasse auf Burgos, würde sich bereits der Besuch dieser baulich interessanten zeitgenössischen Galerie lohnen. Drei Baublöcke mit fünf Stockwerken, mit Holz verkleidete Wände, riesige Glasfronten. Die drei Blöcke sind fächerförmig aufgestellt, was an die Außenansicht eines romanischen oder gotischen Chors erinnert – bewußte Parallele zum Chor der Kirche San Esteban, die etwas höher steht. Wechselausstellungen, die wie der gesamte Bau von der Bank Caja de Burgos gesponsert werden.

Öffnungszeiten Juli–September Mo–Sa 9–14, 16–20 Uhr, sonst Di–Fr 18.30–19.30 Uhr, Sa 9.30–14, 17–19 Uhr, So 9–14, 17–18 Uhr; Eintritt frei.

Paseo del Espolón: Die Flanierzone der Stadt besteht aus zwei Bereichen. Flusswärts erstreckt sich eine aufgelockerte Parkanlage, parallel dazu verläuft in Richtung Altstadt die eigentliche Einkaufs- und Caféstraße. Das Westende des Paseo markiert der wuchtige Arco de Santa María, im Osten endet der Paseo an der Plaza del General Primo de Rivera, die mit einer *Reiterstatue des Cid* an den berühmtesten Sohn der Stadt erinnert.

Arco de Santa María: Der wehrhafte Rest der einstigen Stadtbefestigung von Burgos entstand im 14. Jh. und erhielt seine heutige Form durch einen Umbau des 16. Jh. Seit einigen Jahren beherbergt das Stadttor im ehemaligen Sitzungssaal des Consejo de Burgos wechselnden Ausstellungen und ein Kulturzentrum.

Öffnungszeiten Di–Sa 11–14, 17–21 Uhr, So 11–14 Uhr. Eintritt frei.

Casa del Cordón: Der Palast an der Plaza de Calvo Sotelo, unweit nördlich der Cid-Statue, gehörte im 15. Jh. dem in der Kathedrale begrabenen Condestable Pedro Fernández de Velasco. Einst empfingen die „Katholischen Könige“ Christoph Columbus in der Casa del Cordón, ein Jahrzehnt später starb hier ihr Schwiegersohn Philipp der Schöne an den Folgen eines „Sportunfalls“: Er hatte sich beim Pelotaspiel eine Erkältung eingefangen.

Museo de Pintura „Marceliano Santa María“: Der renovierte Kreuzgang des ehemaligen Klosters San Juan beherbergt heute ein Gemäldemuseum. In stimmungsvollem Rahmen werden Landschaftsbilder und Porträts des aus Burgos stammenden Malers Marceliano Santa María (1866–1953) präsentiert, daneben auch wechselnde Ausstellungen.

Öffnungszeiten Di–Sa 10–13.50, 17–20.50 Uhr, So 11–13.50 Uhr; Eintritt frei.

Museo de Burgos: Die *Casa de Miranda*, ein Herrenhaus des 16. Jh., steht auf der südlichen Flussseite an der Calle Miranda, unweit des Busbahnhofs; der Eingang befindet sich in der Calle Calera 25. In dem schönen Renaissancebau ist ein gut bestücktes archäologisches Museum untergebracht, das vor allem prähistorische und römische Funde aus der Provinz Burgos zeigt. In der anschließenden *Casa de Angulo* wurde eine Abteilung für schöne Künste eröffnet, deren zeitlicher Rahmen von der mozarabischen Periode bis in unsere Tage reicht. Zu sehen sind hier unter anderem auch Gold- und Silberschmiedearbeiten sowie das Grabmal von Juan de Padilla.

Öffnungszeiten Di–Sa 10–14, 16–19 Uhr, So 10–14 Uhr, Juni–Sept. Di–Fr abends 17 bis 20 Uhr. Eintrittsgebühr etwa 1,20 €, Studenten/Senioren gratis; Sa/So Eintritt frei.

Klöster bei Burgos

Kunstinteressierte sollten sich die drei etwas außerhalb liegenden, schön ausgestatteten Klöster nicht entgehen lassen.

▸ **Monasterio de las Huelgas Reales**: Etwa 1,5 Kilometer westlich des Zentrums, Busse ab der Plaza General Primo de Rivera (Cid-Statue). Im 11. Jh. ein Lustschloss der Könige, ab 1187 Zisterzienserinnenkloster mit ausgedehnten Ländereien, dem nur Damen aus bestem Hause beitreten durften. Die hiesigen Äbtissinnen besaßen immense kirchliche und weltliche Macht, sprachen Gericht bis hin zur Todesstrafe. Erst im 19. Jh. schritt der Papst ein und beschnitt ihre Privilegien. Die *Klosterkirche* aus dem 12. und 13. Jh. beherbergt eine ganze Reihe von Gräbern kastilischer Könige und Adliger, der gotische *Kreuzgang* des 13. bis 15. Jh. glänzt mit Deckenstuck im Mudéjar-Stil. Besonders beeindruckend ist das Textilmuseum *Museo de Telas*, das prunkvolle Gewänder des Mittelalters ausstellt.

• *Öffnungszeiten* Di–Sa 10–13, 15.45–17.30 Uhr, So 10.30–14 Uhr. An manchen Feiertagen ist geschlossen. Besuch nur mit spanischsprachiger Führung möglich, Gebühr 5 €, Studenten die Hälfte; Mi gratis (für EU-Bürger).

▸ **Cartuja de Miraflores**: Etwa 3,5 Kilometer östlich des Zentrums, Busse Richtung Campingplatz, siehe dort. Sehenswert ist das aus dem 15. Jh. stammende Kartäuserkloster vor allem seiner Innenausstattung wegen. Der berühmte Baumeister und Bildhauer Gil de Siloé schuf hier drei seiner Meisterwerke: den vergoldeten Hochaltar, das Grab des Infanten Alfonso, vor allem aber die

fantastischen *Grabmäler von Juan II. und Isabella von Portugal*, die gegen Ende des 15. Jh. entstanden und an Detailreichtum kaum zu überbieten sind.
Öffnungszeiten Mo–Sa 10.15–15, 16–18 Uhr, So 11–15, 16–18 Uhr; gratis.

▸ **Monasterio de San Pedro Cardeña**: Das etwa zehn Kilometer östlich von Burgos gelegene Kloster stammt wahrscheinlich aus dem 9. Jh., wurde aber mehrfach umgebaut. Die hiesigen Mönche nahmen die Familie El Cids auf, als der Kämpfer Kastilien verlassen musste. Bis ins 19. Jh. lagen er und seine Frau Jimena hier beigesetzt; in einer Kapelle ist ihre ehemalige Grabstätte noch zu sehen.
Öffnungszeiten April bis Okt. Mo–Sa 10–13, 16–18 Uhr, So/Fei 12–13.30, 16.15–18 Uhr; Rest des Jahres Mo–Sa 10–13.30, 15.30–17.30 Uhr, So 12–13.30, 15.30–17.30 Uhr; Eintritt 1,50 €.

Abstecher nach Süden

Wie einst ein guter Teil der Jakobspilger, unternehmen heute viele Landschafts- und Kunstliebhaber den Abstecher zum Kloster Santo Domingo de Silos. Den Weg würzen eine westgotische Basilika, das hübsche Museumsstädtchen Covarrubias und das Dinosauriermusum Salas de los Infantes.

Quintanilla de las Viñas: Santa María de Lara

Das kleine, bis auf westgotische Zeiten zurückgehende Kirchlein Santa María de Lara steht etwas abseits der Hauptstrecke, etwa 35 Kilometer südöstlich von Burgos und 500 Meter vom Dorf *Quintanilla de las Viñas*. Zu erreichen ist es über die N 234 nach Soria.

Von der Ende des 7. Jh. errichteten Basilika ist nur noch der östliche Teil erhalten. Reizvoll an ihm sind besonders die kunstvollen, byzantinisch beeinflussten Reliefs an der Außenwand, die Tier- und Pflanzenmotive aufweisen. Die Bedeutung der hier versteckten Monogramme wie auch der Inschrift im Inneren ist bis jetzt nicht genau geklärt. Klarer ist die Herkunft der in Sichtweite gelegenen Burgruine: Hier war der Geburtsort von *Fernán González* (923–970), des ersten Grafen Kastiliens und kriegerischen Streiters für die Reconquista.
Öffnungszeiten der Kirche April–November Mi–So 10–14, 16–19.30 Uhr, sonst Mi–So 10–17 Uhr; am letzten Wochenende im Monat jeweils geschlossen.

Covarrubias

Der Ortsname ist wohl abgeleitet von den in die rote Erde gegrabenen Lagerhöhlen, den „cuevas rojas", wie sie in dieser Gegend häufig zu sehen sind.

Das Städtchen spielte während der Reconquista eine bedeutende Rolle und war Wohnsitz des ersten Grafen von Kastilien. Covarrubias lange Geschichte ist ihm noch gut anzumerken. Der mauerumgürtete Ortskern erfreut mit historischen Fachwerkhäusern und heimeligen kleinen Plätzen. Ebenfalls sehenswert ist die Stiftskirche *Colegiata* nebst einem sehr gut ausgestatteten Museum.

• Information www.aytocovarrubias.org, www.ecovarrubias.com.

• Verbindungen **Busse** der Gesellschaft ARCEREDILLO ab Burgos nur Mo, Mi + Fr, zurück Mo, Fr, Sa + So je 1 x; Übernachtung nötig!

• Übernachten *** **Hotel Rey Chindasvinto**, noch recht junges Hotel, gut ausgestattet und eine empfehlenswerte Adresse, DZ 66-72 €. Plaza del Rey Chindasvinto 5, ✆ 947 406560.

** **Hotel Doña Sancha,** angenehmes Hotel etwas außerhalb des alten Ortes, höherer

Standard, als die zwei Sterne vermuten lassen, Sat-TV, Fön, DZ ca. 40-50 €, Avda. Victor Barbadillo 31, ✆ 947 406400, www.hoteldonasancha.com

* **Pensión Casa Galín**, einem guten, preiswerten Restaurant angeschlossen. Nur wenige Zimmer, Reservierung ratsam. DZ je nach Ausstattung (mit/ohne Bad) etwa 30–36 €. Plaza Doña Urraca 4, ✆/℻ 947 406552.

• *Camping* **Covarrubias** (1. Kat.), mittelgroßer, recht gut ausgestatteter Platz, im Sommer mit Pool. Zumindest offiziell ganzjährig geöffnet, p.P. knapp 4 €, Auto/Zelt jeweils etwa 3 €, großes Zelt 4 €. Carretera Hortigüela, ✆ 947 406417 (Sommer) bzw. 983 295841, www.proatur.com.

• *Feste* **Patronatsfest** am 26. September.

Sehenswertes

Colegiata: Die dreischiffige Stiftskirche, die über eine berühmte Orgel verfügt, entstand bereits im 10. Jh. an der Stelle eines wohl noch weit älteren Vorgängerbaus, wurde aber in späterer Zeit mehrfach umgestaltet. Im Inneren sind die Sarkophage des ersten kastilischen Grafen, *Fernán González* (923–970), und seiner Frau *Doña Sancha* zu sehen. Der Graf, zu Lebzeiten ein wilder Streiter der Reconquista, ließ sich anscheinend auch nach seinem Tod noch vom Schlachtengetümmel anstecken: Noch Jahrhunderte später, so heißt es hier, hätte man während wichtiger Kämpfe gegen die Mauren lautes Knochenklappern aus dem Sarg gehört. Weitere, friedlichere Gräber liegen im Kreuzgang des 16. Jh., darunter auch das der Prinzessin Christina von Norwegen, im 13. Jh. Frau des Infanten Philipp von Kastilien.

Das sehr gut ausgestattete *Museum* der Stiftskirche ist auf mehrere Räume verteilt. Es birgt unter anderem Plastiken und Gemälde von der Romanik bis zum Barock, Keramik und Goldschmiedearbeiten; Höhepunkt ist ein Dreikönigsaltar von Gil de Siloé aus dem 15. Jahrhundert.

Öffnungszeiten 10.30–14 Uhr, 16–19 Uhr (Sommer) bzw. 18.30 Uhr (Winter); So und Di generell geschlossen. Eintrittsgebühr 1,50 €.

Torreón de Fernan González, auch Torreón de Doña Urraca genannt – ob nun der große Graf oder die weniger bekannte Dame hier lebten, ist nicht genau geklärt. Auf jeden Fall reicht die Geschichte des festungsartigen Wohnturms lange zurück, vermutlich bis ins 10. Jahrhundert.

Monasterio de Santo Domingo de Silos

Für Liebhaber romanischer Kreuzgänge geradezu Pflicht, für Freunde gregorianischer Choräle ein Hochgenuss.

Das Benediktinerkloster Santo Domingo de Silos, etwa 15 Kilometer südöstlich von Covarrubias am Rand des gleichnamigen Dorfes gelegen, geht wahrscheinlich schon auf eine westgotische Abtei des 6. Jh. zurück und wurde nach Zerstörungen der Maurenzeit im 11. Jh. neu gegründet. Benannt ist es nach dem später heiliggesprochenen Abt Dominikus, der das Kloster bis 1073 führte und zahlreiche Wunder bewirkt haben soll. Schon zu seinen Lebzeiten unternahmen viele Jakobspilger einen Abstecher nach Santo Domingo, später war der Umweg über die Abtei fast ein „Muss“ für die gläubigen Wanderer.

Hauptsehenswürdigkeit des Klosters ist der grandiose doppelstöckige *Kreuzgang* des 11./12. Jh., der zu den schönsten Spaniens zählt. Völlig zu Recht heißt es in dem an der Kasse erhältlichen Gratisführer: „Der Kreuzgang von

Augenweide: der doppelstöckige Kreuzgang von Santo Domingo

Berühmt: der „Gang nach Emmaus" an einer der Ecksäulen

Kastilien-León
Karte Seite 194/195

Silos enttäuscht niemals und niemanden." Harmonischer Gesamteindruck und feine Ausfertigung der Details gehen in Santo Domingo de Silos eine glückliche Verbindung ein.

An den vier Ecksäulen sind Reliefs mit Motiven des Neuen Testaments zu sehen. Berühmt ist besonders der „Gang nach Emmaus" im Nordwesten: Christus ist hier als Jakobspilger gewandet. Die maurisch beeinflussten Kapitelle der restlichen Säulen zieren neben christlichen Szenen auch Fabelwesen, Tiere und pflanzliche Ornamente. Als kunsthistorisch besonders herausragend gelten die Arbeiten des Nord- und Ostflügels, die fast alle aus der Hand desselben Meisters stammen. Eine wunderbare Arbeit ist auch die Deckentäfelung des Gangs im Mudéjar-Stil des 14. Jh.; die meisten der auf Fichtenholz gemalten Motive sind noch im Originalzustand erhalten geblieben.

Ferner unbedingt sehenswert sind das *Grab des Heiligen Domingo* im Nordflügel, das sehr reich bestückte *Museum* und die aus dem 18. Jh. stammende *Klosterapotheke.*

Öffnungszeiten Mo–Sa 10–13, 16.30–18 Uhr, So/Fei 16.30–18 Uhr; Eintritt 3 €.

Santo Domingo de Silos: Das Dorf selbst ist zumindest einen kleinen Spaziergang wert. Mit seinen alten Pflastergassen und den schönen, teilweise von Holzbalken gestützten Häusern erinnert es noch stark an seine Ursprünge. Gäbe es keine Autos, wären nicht da und dort die Schilder von Restaurants und Hotels zu sehen, könnte man sich wirklich ins Mittelalter zurückversetzt fühlen.

Padres als Popstars?
Die Gregorianischen Choräle von Santo Domingo de Silos

Die frommen Benediktiner von Santo Domingo de Silos hätten es sich wohl nie träumen lassen, dass eines Tages wahre Hundertschaften von Fotografen und Fernsehreportern ihr Kloster heimsuchen würden. Auslöser war eine Sammlung von 32 Chorälen, die bereits 1973 in der Abtei aufgenommen worden war. Zwei volle Jahrzehnte später kurz vor Weihnachten als Doppel-CD „Las Mejores Obras del Canto Gregoriano" erneut auf den Markt gebracht, stürmten die spirituellen Gesänge in kurzer Zeit nicht nur die spanischen, sondern auch deutsche und internationale Pop-Charts. Binnen eines halben Jahres wurden weltweit rund 1,5 Millionen Alben abgesetzt. In der Folge zog es nicht nur Scharen von Journalisten in die Abtei. Auch der Tourismus boomte, die Gastzellen, die das Kloster für männliche Besucher zur Verfügung stellt, waren über ein Jahr lang ausgebucht. Mittlerweile hat sich die Aufregung wieder gelegt, durchaus im Sinn der Padres, die seinerzeit über den Andrang nicht so ganz glücklich waren: „Wir sind doch keine Popstars."

Mit Techno, Rap oder Funk haben Gregorianische Gesänge in der Tat wenig gemein. Die einstimmigen, ohne jede Instrumentalbegleitung von einer Schola oder einem Solisten auf Latein gesungenen Choräle sind eine Art „vertonte Bibel", sollen Sänger wie Zuhörer zur stillen Meditation über das Geheimnis Gottes führen. In den Ursprüngen gehen sie auf Psalmen des frühen Christentums zurück. Um 600 ließ Papst Gregor der Große die liturgischen Gesänge der römischen Kirche sammeln und neu ordnen. Ihren Höhepunkt hatten die Gregorianischen Gesänge zwischen dem 7. und 9. Jahrhundert. Musik in Noten niederzulegen, war damals noch unbekannt. Die Weitergabe der Melodien erfolgte deshalb mündlich aus dem Gedächtnis, die Komponisten der Werke blieben anonym. In späterer Zeit wurden die Gregorianischen Gesänge allmählich durch mehrstimmige Musik zurückgedrängt, gerieten viele Melodien in Vergessenheit. Erst Mitte des 19. Jh. erlebten die Choräle eine Renaissance, ein Verdienst vor allem der unermüdlichen Arbeit der französischen Benediktiner von Solesmes, die in Klöstern und Bibliotheken von ganz Europa nach dem alten Liedgut forschten.

Gregorianische Gesänge sind in Santo Domingo de Silos morgens oder mittags (Messen Mo–Sa 9 Uhr, So 12 Uhr) und abends (Vesper 19 Uhr, an Donnerstagen im Sommer 20 Uhr; Completas täglich 21.30 Uhr) zu hören.

• *Verbindungen* **Busse** der Gesellschaft ARCEREDILLO ab Burgos nur Mo, Do, Fr + Sa, zurück Mo-Sa ab 7.30 Uhr, je 1 x. Wer das Kloster besichtigen will, muss wegen der Abfahrts- bzw. Ankunftszeiten mindestens zwei Übernachtungen einplanen.

• *Übernachten* Gute Auswahl an Unterkünften in schönen, alten Häusern.

*** **Hotel Santo Domingo de Silos II,** außergewöhnlich komfortables Quartier gegenüber dem Klostereingang, große Zimmer, sehr gutes Restaurant (Milchlamm im Tontopf für zwei Personen 27 €). DZ kosten ca. 55 €. ✆ 947 390053, ℻ 947 390052, www.hotelsantodomingodesilos.com.

*** **Hotel Tres Coronas**, an der Plaza Mayor des Dorfs, untergebracht in einem schönen

Haus des 18. Jh.; DZ nach Saison rund 60-80 €. Plaza Mayor 6, ✆ 947 390047, 📠 947 390065, www.hoteltrescoronasdesilos.com.

** **Hotel Tres Coronas Dos**, eine nahe Dependance, ist ein ganzes Stück preisgünstiger, aber sicher genau so gut: DZ etwa 55-60 €. Plaza Mayor 9, ✆ 941 390125, 📠 941 390124, www.trescoronasdos.com.

** **Hotel Arco de San Juan**, in reizvoller Lage unweit des Klosters und etwas abseits des Ortskerns. DZ um die 50 €. Pradera de San Juan 1, ✆/📠 947 390074.

* **Hostal Res. Cruces**, an der Plaza Mayor 2. Gepflegtes Quartier, von mehreren Lesern gelobt, dabei eine der preisgünstigeren Möglichkeiten vor Ort: DZ/Bad 45 €, ✆ 947 390064.

• *Feste* **Patronatsfest** am 2. Juni.

▸ **Garganta de la Yecla**: Für Wanderer, die Einsamkeit und spektakuläre Landschaften zu schätzen wissen, empfiehlt sich ein Abstecher von Santo Domingo in die 3 km entfernte Schlucht Garganta de la Yecla, auch „Desfiladero de la Yecla" genannt, die man auf einem ausgeschilderten Pfad erwandern kann. Zu erreichen ist die Schlucht, die auch Heimat großer Kolonien von Greifvögeln ist, über die Nebenstraße, die gleich westlich des Ortes Richtung Süden abzweigt und nach Caleruega und Aranda de Duero führt.

Salas de los Infantes

An der N 234 ca. 20 km östlich von Santo Domingo de Silos liegt der Ort Salas de los Infantes, den man auf der neuen Umfahrung einfach umgehen würde, wäre dort nicht das Dinosauriermuseum der Region Castilla y León, das **Museo de Dinosaurios.** Wie in der östlich benachbarten Rioja rund um Enciso (siehe Kap. Rioja) sind die während des Jura und der Kreidezeit abgelagerten Gesteine der südlichen Sierra de la Demanda und ihrer Ausläufer bis zum Ebro eine wahre Fundgrube von Dinosaurierresten. In der Provinz Burgos und der südlich angrenzenden Provinz Soria wurden bis Ende 2006 130 Fundorte gezählt, wobei an einigen von ihnen (wie in La Pedraja) Reste von zahlreichen Tieren und diversen Arten gefunden wurden. In Rosaca entdeckte man ein Dinosauriernest mit Eiern. Da es sich um einen der bedeutendsten Fundbereiche Europas handelt und einige Gattungen (wie die Driosauriden) hier besonders gut vertreten sind, entstand 2001 das Museum in Salas de los Infantes, das die Funde museumspädagogisch modern und anregend präsentiert.

Öffnungszeiten Di-Fr 10-14, 16.30-19.30 Uhr, Sa 10.30-14.30, 17-20 Uhr, So/Fei 10.30-14.30 Uhr; www.fundaciondinosaurioscyl.com/es/museo.

Lerma

Die Kleinstadt sollte man auf dem Weg von Covarrubias und Santo Domingo de Silos nach Burgos auf jeden Fall „mitnehmen". Der Ort am Río Arlanza hat seine wichtigsten Gebäude im 17. Jahrhundert erhalten, genauer 1598 bis 1618, als der erste Herzog von Lerma hier residierte. Dieser Don Francisco Gómez de Sandoval y Rojas, Favorit König Philipps III., ließ sich einen prächtigen *Herzogspalast* im Herrera-Stil wie der Escorial errichten (Architekt: Francisco de Mora). Es entstanden Kirchen wie die *Colegiata de San Pedro* und Klöster wie das *Karmeliterkloster Santa Teresa*, und für die **Stadtbefestigung** war auch noch etwas übrig. Wieviel Geld geflossen sein muss, sieht man an allen Ecken, ein Gang durch die *Calle Mayor* mit ihren Adelspalästen sollte diesbezüglich recht aufschlussreich sein.

• *Übernachten/Essen* **** **Parador de Lerma**, 2003 eröffneter Parador im prachtvollen Herzogspalast (Palacio Ducal) aus der Zeit des ersten Herzogs von Lerma, elegant ausgestattet, auch Hallenbad, Sauna und Fitnessraum. DZ ca. 145–155 €; ✆ 947 17 7110, 📠 947 170685, lerma@parador.es.

Posada de Eufrasio, eine Empfehlung von Maria und Peter Panomarow: „Die Posada befindet sich in unmittelbarer Nachbarschaft zum Parador, ist jedoch unvergleichbar preiswerter und sehr charmant. Sowohl die Zimmer, der Aufenthaltsraum mit Bibliothek, Kamin und einem schönen Panoramaausblick wie auch das Restaurant sind sehr stil- und geschmackvoll eingerichtet." DZ ca. 75 €. Calle Vista Alegre 9, ✆/📠 947 170257, www.posadadeeufrasio.com.

Asador Vista Alegre, das Restaurant des Hotels nebenan in der Calle Vista Alegre 9, ist auf Grillspeisen spezialisiert, z. B. Milchkalb vom Holzkohlengrill, à la carte ab ca. 30 €. Ein weiteres gutes Restaurant mit Grillspezialitäten ist das rustikal ausgestattete **Mesón Pajares**, Preise wie oben. Calle El Barco 5.

Der Camino del Cid

Zum 800. Geburtstag des „Cantar de Mio Cid", des 1207 (in Abschrift) dokumentierten Epos über Spaniens berühmtesten Helden des Mittelalters, entschlossen sich die Tourismusbehörden im Jahr 2007, zwischen Burgos, Valencia und Orihuela bei Alicante eine Reiseroute auf seinen Spuren anzulegen; sie wird auch weiterhin noch beschildert und dokumentiert sein. El Cid Campeador war ein Sohn des Ortes Vivar bei Burgos, wie schon sein korrekter Name sagt: Rodrigo Díaz de Vivar. Er liegt mit seiner Gattin Ximena in Burgos begraben. In Valencia trotzte er Jahrzehnte lang den maurischen Eroberern, häufig in Verbindung mit maurischen Stammesfürsten. In Alcocer bei Ateca (Zaragoza) eroberte er die (vor kurzem wieder ausgegrabene) Burg, über Albarracin, den Sitz einer maurischen Taifa, wurden die Infanten von Carrión mit den Töchtern des Cid nach schweren Niederlagen des Cid in die Gefangenschaft gebracht, und in der Burg von Berlanga de Duero blieb El Cid, wie dort dokumentiert ist, einige Tage lang – nun sind diese und viele andere Orte, die mit den Taten des Cid verknüpft sind, durch eine fast 2000 km lange Route verbunden.

Internettipp www.caminodelcid.org.

Auf dem Jakobsweg Richtung León

Westlich von Burgos führt der Jakobsweg durch die Tierra de Campos, eine offene Landschaft kahler, fast baumloser Hügel und Ebenen, überzogen vom Flickenteppich ausgedehnter Getreidefelder. Hier und da markiert ein Kirchturm die um ihn gescharte Häusergruppe. Die großen Fernstraßen verlaufen weitab, und die bescheidenen kleinen Dörfer scheinen sich seit Jahrhunderten kaum verändert zu haben.

Castrojeriz

Fast schon ein Städtchen ist dieses große Dorf, das bereits seit den Zeiten der Westgoten besteht. Nach dem Niedergang während der Maurenüberfälle brachte der Pilgerweg ab dem späten 11. Jh. gewissen Wohlstand, der sich auch im Bau mehrerer Kirchen manifestierte. Heute verleihen die ehrwürdigen alten Gebäude dem Dorf einen Anflug von Romantik, der von der westgotischen Kastellruine auf dem Burgberg noch unterstrichen wird.

• *Übernachten/Camping* ** **Hotel La Cachava**, schön eingerichtetes kleines Hotel mit nur sieben Zimmern in einem reizvollen, denkmalgeschützten alten Anwesen mit hübscher Gartenterrasse und Restaurant. Nur sieben Zimmer, Reservierung ratsam. DZ nach Lage und Ausstattung etwa 50–65 €. Calle Real 93–95, ✆ 947 378547, ✆ 947 377601, www.inicia.es/de/cachava.

** **Hostal Mesón de Castrojeriz**, mit gutem Restaurant, hübscher Einrichtung, aber ebenfalls nur sieben Zimmern – auch hier ist Reservierung ratsam. DZ/Bad ca. 40 €, als EZ 33 €. Calle Cordón 1, ✆ 947 377400.

Camping Camino de Santiago (2. Kat.), recht gut ausgestattet, u. a. mit Waschmaschinen, Tennisplatz, Radverleih. Offiziell nur von Mai bis September geöffnet; Preise p.P. etwa 4 €, Auto 3 €, kleines Zelt 3,50 €. Calle Camarasa s/n, ✆ 947 377255.

Colegiata Santa María del Manzano: Die romanische Stiftskirche „Heilige Maria vom Apfelbaum" am Ortseingang datiert vom Beginn des 13. Jh. und ist trotz einiger späterer Umbauten das kunsthistorisch bedeutendste Gotteshaus des Dorfes. Hoch verehrt wird die Skulptur der Gottesmutter im Inneren, die ebenfalls auf das 13. Jh. zurückgeht. Zwei weitere Kirchen, *Santo Domingo* (17. Jh., mit Museum) und *San Juan* (12./14. Jh.; schöner Kreuzgang), stehen an der Hauptstraße von Castrojeriz.

Öffnungszeiten Die Kirche San Juan wird wohl noch im Jahr 2008 wegen Restaurierungsarbeiten geschlossen bleiben.

Sasamón

Der Landflecken Sasamón (17 km nordöstlich von Castrojeríz) ist eines modernen Kunstwerks wegen besuchenswert: Der Künstler Carlos Salazar Gutierrez schuf dort in den 1970ern in seinem Wohnhaus-Atelier-Museum **„Salaguti"** ein eigenwilliges Gesamtkunstwerk. Mit Naturstein, Betonblöcken, Gips und Stuck gestaltete er ein eigenwillig bizarres Haus mit Garten, das manchmal an Gaudí und dann wieder an Hundertwasser erinnert, aber insgesamt ein in sich geschlossenes Werk ist. Wunderbar die Wirkung des Tageslichteinfalls durch eine zentrale Deckenöffnung (man denkt unwillkürlich an das Panteon in Rom). Der Meister, dessen Skulpturen und Bilder manchmal Zügen an Dalí erinnern, hat seine eigenen Gesichtszüge in einer 4 m hohen, in die Betonblockwand eingelassenen Skulptur verewigt.

Öffnungszeiten Di-So 10-14, 17-19 Uhr.

Frómista

An der N 611 und bereits in der Provinz Palencia gelegen, glänzt das Städtchen zwar nicht gerade mit ansprechendem Ortsbild, weist aber eine ganze Reihe historischer Reminiszenzen auf.

Im Mittelalter errang Frómista Bedeutung am Schnittpunkt des Jakobswegs mit der Fernstraße von Palencia nach Santander, einem uralten Verkehrsweg, der heute noch von Straße und Schiene nachvollzogen wird. Aus jener Zeit stammt die *Iglesia San Martín,* eine der interessantesten und eine der ersten frühromanischen Kirchen des Landes. Gut ein Jahrhundert später wurde in Frómista der Heilige Telmo geboren (um 1190–1245), Schutzpatron der Seeleute und Namensgeber des Sankt-Elms-Feuers, das bei hoher Luftelektrizität an den Mastspitzen der Schiffe erglüht. Ins 18. und frühe 19. Jh. schließlich fällt der Bau des großen, insgesamt über 200 Kilometer langen Kanals *Canal de Castilla* östlich des Ortes, mit seinen 49 Schleusen zu jener Zeit eine beachtliche technische Leistung. Damals als Transportweg für Getreide konzipiert, wird er heute nur noch zur Bewässerung genutzt.

• *Information* **Oficina Municipal de Turismo**, Paseo Central s/n, ✆ 979 810180; im Ortskern. Geöffnet Ostern bis etwa Mitte Oktober, dann täglich 10–14, 16.30–20 Uhr.

• *Übernachten/Essen* * **Hotel San Martín**, nahe der gleichnamigen Kirche, erst vor wenigen Jahren eröffnet und sein Geld wert: DZ etwa 45 €. Plaza San Martín 7, ✆/℻ 979 810000.

* **Pensión Marisa**, nicht weit vom Hotel San Martín. Einfaches, aber sauberes und gut geführtes Quartier mit angeschlossenem, preiswerten Restaurant. DZ, nur ohne Bad, etwa 30 €. Plaza Obispo Almaraz 2, ✆ 979 810023.

Restaurant Hostería de los Palmeros, in einer ehemaligen Pilgerherberge. Sehr reizvolles Ambiente, gute kastilische Küche. Menü à la carte ab etwa 25 €, das Tagesmenü kommt etwas günstiger auf den Tisch. Plaza San Telmo 4, Di Ruhetag.

Iglesia San Martín: Um 1066 von Navarras Königin Doña Mayor, der Witwe des großen Sancho III. gestiftet, ähnelt die ehemalige Klosterkirche den nur wenig älteren frühromanischen Bauten der Kathedrale von Jaca in Aragón und San Isidoro in León. San Martín beeindruckt vor allem durch die Leichtigkeit und Harmonie ihrer Formen. Zwei Rundtürme bewachen das Portal, ein achteckiger Zentralturm die Vierung; das Querschiff beschränkt sich auf die Breite der Seitenschiffe. Die 315 Dachkonsolen, eine den Besuch des Ortes lohnende Besonderheit dieser Kirche, sind alle unterschiedlich skulpturiert. Wie der gesamte Bau wurden sie Anfang des 20. Jh. restauriert, vielleicht etwas zu perfekt. Diejenigen, die komplett ersetzt wurden, sind an einem R kenntlich.

Öffnungszeiten Im Sommer täglich 10–14, 16.30–20 Uhr, im Winter 10–14, 15.30–18.30 Uhr; Eintritt frei.

Abstecher nach Süden: Palencia (80.000 Einwohner)

Eine ruhige, ländlich wirkende Provinzhauptstadt, um die sich die weiten Kornfelder der Tierra de Campos erstrecken.

Wer mit der Bahn unterwegs ist, wird in Palencia eventuell den Zug wechseln müssen. Für kunstinteressierte Reisende entlang des Jakobswegs kann das Städtchen vor allem als Ausgangspunkt zum Besuch der westgotischen Kirche San Juan Bautista im nahen Dörfchen Baños de Cerrato interessant sein.

Von Keltiberern gegründet, ist Palencia uralt, wurde von Römern, Westgoten und Mauren aber immer wieder zerstört. Nach der Reconquista errichteten die Christen im 11. Jh. die Stadt neu. Später zeitweilig sogar Königsresidenz, lehrte hier ab dem 13. Jh. die erste Universität Spaniens. Trotz großer Vergangenheit sind Sehenswürdigkeiten heute allerdings eher rar in Palencia. Eine Ausnahme macht die große Kathedrale der Stadt. Recht ansehnlich ist auch der Hauptplatz *Plaza Mayor* mit seinen Arkadengängen und der gotischen Kirche San Francisco. Und an Rio lässt der riesige segnende „Cristo del Otero“ denken, der nordwestlich der Stadt auf einem Hügel steht

Catedral San Antolín: Sie ist ohne Einschränkungen die bedeutendste Sehenswürdigkeit der Stadt. Die große gotische Kathedrale aus dem 14. und 15. Jh. wurde auf einem westgotischen, später romanisierten Vorgängerbau errichtet, der heute die Krypta bildet. Bemerkenswert die gotischen Portale im Süden

In grüner Landschaft: Monasterio de Yuso ▲▲
Tierische Wohngemeinschaft: Störche in Kastilien ▲

Frisch renoviert: Kathedrale von Burgos

Rote Erde: Sonnenblumenfeld in der Meseta ▲▲
Trutzige Mauern: Templerburg von Ponferrada ▲

Verspielt: Gaudís Bischofspalast in Astorga

und Norden, vor allem aber auch die kostbare Ausstattung des Inneren – so wurde der Trascoro (die Außenwand des Mönchschores im Mittelschiff) von so bedeutenden Meistern wie Simon von Köln (dessen Arbeiten am Dom von Burgos bekannter sind), Gil de Siloé und Juan de Flandes gestaltet. Der Kreuzgang ist ein Werk des Juan Gil de Hontañon, der besser für seine Arbeit an den Kathedralen in Segovia (die er maßgeblich geplant hat), Salamanca und Sevilla bekannt ist. Angeschlossen ist ein Museum, in dem unter anderem ein „San Sebastian" von El Greco und eine großartige hl. Katharina Francisco Zurbaráns zu sehen sind.

• *Öffnungszeiten* (Museum und Krypta): Mo–Sa 9.30–13.30, 16–18.30 Uhr. Man wendet sich an den Küster.

• *Information* **Oficina Municipal de Turismo**, Calle Mayor 105, am südöstlichen Ende der Hauptstraße der Altstadt; ✆ 979 740068. Öffnungszeiten: Mo–Fr 9–14, 17–19 Uhr, Sa/So 10–14, 17–20 Uhr.

• *Verbindungen* **Zug**: Bahnhof (Info-✆ der Renfe: 902 240202) am Park Jardinillos, nahe dem der Infostelle entgegengesetzten, nordwestlichen Ende der Calle Mayor. Ein wichtiger Knotenpunkt: León 15-mal, Santander 6-mal täglich, nach Burgos 9-mal täglich. **Bus**: Busbahnhof (Info: ✆ 979 743222) um die Ecke vom Bahnhof; u. a. nach Valladolid 9-mal, Burgos 2-mal, Madrid 6-mal täglich.

• *Übernachten* *** **Hotel Res. Castilla Vieja**, auf der dem Zentrum gegenüberliegenden Flussseite, jedoch nicht weit von der Altstadt (Höhe Infostelle). Renovierte und gut ausgestattete Zimmer, Garage und Pool. DZ etwa 50–90 €. Avda. Casado del Alisal 26, ✆ 979 749044, ℻ 979 747577, h_castillavieja@mundivia.es.

** **Hotel Res. Monclús**, solides Haus in zentraler Lage unweit der Kathedrale und der Calle Mayor; Garage vorhanden. DZ kosten 57 €. Calle Menendéz Pelayo 3, ✆ 979 744300, ℻ 979 744490.

* **Pensión El Hotelito**, ebenfalls nicht weit von der Calle Mayor. Schlichte, aber solide und saubere Zimmer; DZ je nach Ausstattung (ohne/mit) Bad etwa 28–33 €. Calle General Amor 5, ✆ 979 746913, hotelito@yahoo.com.

▸ **Baños de Cerrato**: Etwa zehn Kilometer Richtung Valladolid und circa zwei Kilometer östlich des an der N 620 gelegenen Industriestädtchens *Venta de Baños*. Die kleine, dreischiffige Basilika *San Juan Bautista* am Ortsrand von Baños de Cerrato ist eine der ältesten Kirchen Spaniens. Sie wurde bereits 661 von Westgotenkönig Recesvinth gegründet, der so seinen Dank für die Heilung in der hiesigen Quelle bezeugte.

Offizielle Besuchszeiten Di–So 10.30–13.30, 16-18 Uhr, im Sommer Di-So 10-13.30, 17–20 Uhr, mittwochs gratis, der Kustode wohnt gegenüber, Eintritt 1 €.

Weiter am Jakobsweg

▸ **Villalcázar de Sirga**: Das kleine Dörfchen am Jakobsweg, ein gutes Dutzend Kilometer nordwestlich von Frómista, war im Mittelalter mehr als nur ein Etappenziel der Pilger – die hiesige Muttergottes der mittlerweile schon etwas in ihrer Statik beeinträchtigten Kirche *Santa María la Blanca* (13. Jh.) stand in allerbestem Ruf, was wundertätige Heilungen betraf.

Im Inneren der Kirche sind drei aufwändig verzierte Sarkorphage zu sehen, von denen einer die Gebeine Philipps von Kastilien birgt. Philipps Leben verlief tragisch: Als jüngerer Bruder des Königs Alfons des Weisen sollte der auf spanisch Felipe genannte Infant eigentlich eine kirchliche Laufbahn einschlagen, verliebte sich dann jedoch in die als Braut seines Bruders vorgesehene Christina von Norwegen und heiratete sie – Anlass zu lebenslangem Bruderzwist. Christina jedoch starb früh und ist in Covarrubias beigesetzt; im Sarkophag an

Felipes Seite ruht seine zweite Frau Doña de Castro. Die dritte Grabstätte wird einem Ritter des Santiago-Ordens zugeordnet. Offizelle Besuchszeiten (nur im Sommer) 10.30-12.30, 16.30–19 Uhr, Eintritt 1,50 €.

• *Übernachten* * **Hostal Las Cántigas**, ein Lesertipp von Eberhard Polenz: „In einem neu gebauten Haus gegenüber der Kirche, sehr sauber, mit gemütlichem Aufenthaltsraum. Bar und Restaurant sind unten im Haus." Nur fünf Zimmer, DZ/Bad kosten ab 45 €. Calle Condes de Toreno 7, ✆ 979 888015, www.lascantigas.com.

Carrión de los Condes

Nur sieben Kilometer von Villalcázar entfernt, besaß auch Carrión de los Condes zur hohen Zeit des Jakobsweges eine weit größere Bedeutung als heute.

In unseren Tagen erinnern nur noch wenige Bauten des auf einem Hügel über dem Río Carrión gelegenen Städtchens an die einstige Größe. Einen gewissen gemütlichen Reiz hat sich Carrión dennoch bewahrt, gibt deshalb auch einen ganz guten Übernachtungsstopp ab.

• *Übernachten/Camping* *** **Hotel Real Monasterio de San Zoilo**, im ehemaligen Benediktinerkloster San Zoilo: ausgesprochen schöne Dekoration und zeitgemäßer Komfort innerhalb alter Mauern, von Lesern sehr gelobt. Wer möchte, kann hier sogar Hochzeit feiern, die Trauung wird dann in der Klosterkirche vorgenommen. Da das viele Spanier tun, ist vor allem am Wochenende Reservierung ratsam. Auch das angeschlossene Restaurant „Las Vigas" beeindruckt durch sein Ambiente (Menü ab ca. 25 €). DZ/Bad etwa 80 €. Obispo Souto s/n, ✆ 979 880049, 📠 979 881090, www.sanzoilo.com.

* **Hostal La Corte**, gut geführtes Hostal direkt gegenüber der Kirche Santa María. Von außen unscheinbar, innen aber sehr modern, komfortabel und superb gepflegt. Ruhige Lage, manche Zimmer etwas hellhörig – der einzige Nachteil. Angeschlossen ist ein preisgünstiges und gutes Restaurant (Tagesmenü ca. 8 €). DZ nach Ausstattung und Saison 40–55 €. Calle Santa María 34, ✆/📠 979 880138.

Camping El Edén (2. Kat.), recht gut ausgestatteter, tlw. schattiger Platz am Fluss unweit des Ortes; Swimmingpool gratis. Ganzjährig geöffnet; p.P., Auto je ca. 3,50 €, kleines Zelt 2,50 €. ✆ 989 881152.

Sehenswertes

Wichtigste architektonische Attraktion von Carrión ist die romanische *Iglesia de Santiago* nahe der kleinen Plaza Mayor. Zwar ist von der um 1160 errichteten Kirche nur noch die Fassade erhalten, doch wird diese von einer sehr eindringlichen Darstellung geschmückt. Sie stellt Christus als Weltenherrscher in der Mandorla dar, er ist umgeben von den Evangelistensymbolen und den Aposteln zu beiden Seiten. In der Wölbung (den Archivolten) spielen die 24 Ältesten der Apokalypse auf den zur Zeit der Entstehung üblichen Instrumenten; dargestellt sind nicht alte Herren wie anderswo (Ourense, Santiago de Compostela ...), sondern junge Männer! Die Leichtigkeit und Eleganz der Darstellung – man beachte den Faltenwurf der Kleidung Christi! – weist auf einen ganz großen Künstler als Schöpfer dieses Werks hin, sein Name ist nicht bekannt. Ebenfalls interessant ist das Portal der Kirche *Santa María* aus dem 12. Jh., die am östlichen Rand des Zentrums steht. Im Klarissinnen-Kloster *Convento de Santa Clara* ist ein kurioses kleines Museum untergebracht, das täglich außer Montag geöffnet ist.

San Zoilo: Das ehemalige Kloster *San Zoilo*, jenseits des Río Carrión gelegen, birgt die Gräber der schändlichen Grafen von Carrión, die offensichtlich we-

Romanisches Kleinod: Portal der Jakobskirche in Carrión de los Condes

der mit gutem Charakter noch mit hoher Intelligenz gesegnet waren. In der Hoffnung auf reiche Mitgift nämlich hatten sie ausgerechnet die Töchter El Cids gefreit, sie aber schon auf dem Rückweg von der Hochzeit verprügelt und mitten in der Einsamkeit zurückgelassen. Keine gute Idee: Klar, dass die unwürdigen Adeligen der Strafe ihres kämpferischen Schwiegervaters nicht entgingen.

Öffnungszeiten Di–Do 11–14, 16–18.30 Uhr, Zugang zur Klosterkirche von der Straße durch das Centro de Informaciones Jacobeas.

Römische Villen in Quintanilla de la Cueza und La Olmeda

Bei Calzadilla de la Cueza ist man auf dem Jakobsweg nur wenige (ca. 4) Kilometer von Quintanilla de la Cueza entfernt, wo seit 1970 eine römische Villa mit – bisher – 32 Räumen und vielen Bodenmosaiken ausgegraben wird. Die Mosaiken der **Villa romana „Tejada"** von Quintanilla de la Cueza sind spätantik (3./4. Jh.) und zum Teil, besonders bei menschlichen Figuren, recht provinziell, aber von großer Qualität bei den geometrischen Mustern. Flechtwerk, abstrakte Motive, an Fliesen angelehnte Muster und dekorative Randstreifen sind in mehreren Räumen zu bewundern. Ebenfalls gut erhalten sind die Hippokausten der Fußbodenheizung, die großzügig dimensioniert war – wer die Winter der kastilischen Hochebene kennt, der weiß, wie wichtig das war.

Öffnungszeiten April bis Mitte Okt. Di-So 10-13.30, 16.30-20 Uhr, Mitte Okt. bis 22. Dez. und Feb. bis März Di-So 10-13.30, 16.30-18 Uhr, Eintritt 3 €, Mi nachmittags gratis.

Etwa 18 km nördlich des Jakobswegs wurde in Pedrosa de la Vega eine weitere römische Villa, genannt **La Olmeda**, ausgegraben. Ihre Mosaiken sind älter und künstlerisch qualitätsvoller als jene der Tejada; die meisten können heute im Museo de la Olmeda im noch einmal 3 km weiter nördlich liegenden Saldaña bewundert werden.

• *Öffnungszeiten* Die Villa La Olmeda ist wegen Grabungsarbeiten oft für die ganze Saison geschlossen, man erkundige sich bei der zentralen Information in León. Museo Villa Romana La Olmeda in Saldaña: gleiche Öffnungszeiten wie La Tejada, Eintritt in der Karte für La Tejada enthalten.

Sahagún

An der N 120 bereits im Gebiet der Provinz León gelegen, ist Sahagún vor allem Ziel kunstinteressierter Reisender, die sich für Mudéjar-Kirchen begeistern können.

Im Ort und seiner Umgebung stehen nämlich gleich mehrere dieser Gotteshäuser, die nach der christlichen Rückeroberung von Baumeistern errichtet wurden, die mit der maurischen Architektur vertraut waren. Sonst ist in dem überwiegend von modernen Bauten geprägten Städtchen, das an der Bahnlinie von Palencia-León liegt, nicht mehr viel zu sehen: Das einst berühmte Kloster San Benito ist nur noch eine Ruine.

Die *Iglesia de San Lorenzo* aus dem 12. und 13. Jh. (Öffnungszeiten: Di–Sa 10.30–13.30, 16.30–18 Uhr, So 10.30–12.15 Uhr, Eintritt frei) am Ortsrand und die im 12. Jh. erbaute *Iglesia de San Tirso* (gleiche Öffnungszeiten) im Zentrum nahe den Klosterruinen sind die herausragenden unter den Mudéjar-Kirchen Sahagúns. Beide tragen sie einen hohen Vierungsturm mit schönen Arkaden, und beide sind dem maurischen Einfluss, aber auch den natürlichen Gegebenheiten der an Naturstein armen Region entsprechend aus Backstein errichtet – einem Material, das auch die elegante Gliederung ermöglicht, wie sie besonders gut an den Apsiden zu sehen ist. Unweit von San Tirso beherbergt ein Frauenkloster das kleine *Museo de las Benedictinas* (Führungen Di–So/Fei um 10, 11, 12 Uhr, Di–Sa auch 16, 17 und 18 Uhr; gratis, Spenden willkommen), in dem neben den Gräbern des kastilischen Königs Alfonso VI. und seiner maurischen Frau Zaida auch eine üppige Monstranz des Goldschmieds Enrique de Arfe zu sehen ist.

• *Übernachten* Bislang ausschließlich Häuser der unteren Kategorien.

*** **Hotel Puerta de Sahagún**, etwas außerhalb, aber modern und komfortabel, wenn auch etwas dröge ausgestattet. Das Haus hat Pool, Sauna, Fitnessraum, zwei Restaurants, Cafeteria. Zimmer nach hinten verlangen (Empf. Leser Dr. Barnim Heiderich), DZ ab ca. 55 €, in der Hochsaison bis 70 €, „Junior Suite" bis 100 €. ✆ 987 781880, 📠 987 781881, www.hotelpuertadesahagun.com.

** **Hostal La Codorniz**, ein recht komfortables, fast hotelähnliches Hostal mit Restaurant. DZ/Bad kosten rund 45–50 €. Arco s/n, ✆ 987 7870276, 📠 987 780186.

** **Hostal Alfonso VI.**, die ebenfalls durchaus akzeptable Alternative. DZ/Bad etwa 40–45 €. Calle Antonio Nicolás 6, ✆ 987 781144, 📠 987 781258.

* **Pensión La Asturiana**, unweit der Kirche San Tirso. Das DZ, nur ohne Bad, kostet hier noch unter 20 € – allzuviel Komfort sollte man sich nicht erwarten. Plaza de Lesmes Franco 2, ✆ 987 780073.

• *Camping* **Pedro Ponce** (2. Kat.), recht gut ausgestatteter städtischer Platz, Gratiszugang zum nahen Sportgelände, Pool. Ganzjährig geöffnet; p.P. 3 €, Auto und Zelt ca. 2,50 €. Ctra. N 120, km 2; ✆/📠 987 781112

San Miguel de la Escalada

Knapp 25 Kilometer vor León sollten motorisierte Liebhaber ungewöhnlicher Architektur noch einen Abstecher einplanen. Ziel ist eine kleine, erst vor we-

Abgelegen, aber den Weg wert: San Miguel de Escalada

nigen Jahren komplett renovierte Klosterkirche etwas abseits der Hauptrouten. Zu erreichen ist das Schmuckstück über einen Abzweig der N 601 knapp nördlich von *Mansilla de las Mulas* (einem Ort mit komplett erhaltener mittelalterlicher Mauer!), dann noch etwa zwölf Kilometer auf einer schmalen Nebenstraße durch ein ausgesprochen ländlich geprägtes Gebiet, in dem schon mal eine Kuhherde für eine Weile den Weg versperren kann.

Doch die Fahrt lohnt sich: San Miguel de la Escalada gilt unter Kunsthistorikern als schönster mozarabischer Bau zumindest Nordspaniens, wenn nicht des ganzen Landes. 913 wurde das Kloster von Benediktinermönchen aus dem andalusischen Córdoba gegründet; erhalten blieb nur die Kirche, der in romanischer Zeit ein etwas unpassend erscheinender Wehrturm angegliedert wurde. Prunkstück des Baus ist die südliche Bogengalerie mit ihren Hufeisenbögen und zurückhaltend verzierten Kapitellen. Im Westen öffnet sich der typische *ajimez*, ein Fenster mit „schlüssellochförmigem" Doppelbogen und Mittelsäule. Ebenso augenfällig wird der Einfluss der eleganten islamischen Architektur an den Hufeisenbögen im Inneren, die auch den Grundriss der drei Apsiden hinter dem Querschiff bilden. Bei genauer Betrachtung erkennt man, dass die Säulen unterschiedliche Höhen besitzen, also von anderen Bauten stammen und damit noch älter sind als die Kirche selbst. Ihre Kapitelle, ebenso die Chorschranken, zieren maurische und westgotische Motive.

Öffnungszeiten Di–Sa 10.15–14, 16.30–20 Uhr (Oktober–April 15–17.50 Uhr), So 10.15–14 Uhr (Oktober–April 10.40–14 Uhr), an Fei geschlossen; Eintritt gratis.

Treffpunkt der Jakobspilger: natürlich die Kathedrale

León

(130.000 Einwohner)

„Und inmitten all dieses Niederen und Kleinen die Kathedrale, ganz ruhig und still, eine Erinnerung." (Cees Nooteboom)

Ihre bedeutenden romanischen und frühgotischen Baudenkmäler machen die Provinzhauptstadt zu einem beliebten Besichtigungsziel. Doch auch spanischer Alltag ist gegenwärtig in León.

León liegt im Nordwesten der kastilischen Hochebene, am Zusammenfluss des Río Bernesga und des Río Torío. Hat man erst einmal die neuen Wohnviertel hinter sich gelassen, erweist sich Leóns Zentrum als lebhaft und attraktiv. Die Altstadt besitzt Charme, der allerdings an manchen Stellen langsam brüchig wird; die Plaza Mayor und einige umgebende Straßenzüge zeigen deutliche Spuren des Verfalls. Genau hier jedoch findet der lebendige Alltag Leóns statt: „Ländlich, so wirkt es, bäuerlich, nicht mondän, Männer mit harten Schädeln und Frauen mit Umschlagtüchern, die aus dem Umland gekommen sind, um zu kaufen und zu verkaufen", wie es Cees Nooteboom in „Der Umweg nach Santiago" beschreibt. Bliebe hinzuzufügen, dass Léon ähnlich wie Burgos im Ruf steht, sehr konservativ zu sein – bezeichnenderweise war die Hauptstraße der Altstadt noch bis Ende der 90er-Jahre nach General Franco benannt.

Den Gegenpol zum rustikalen Ambiente der Altstadt bilden die feinen baulichen Relikte einer Zeit, in der León zu den leuchtendsten Städten Spaniens zählte. Höhepunkte jeder Besichtigungstour sind die wunderschöne, lichtdurchflutete Kathedrale und das Pantheon der Basilika San Isidoro mit seinen berühmten Fresken.

Orientierung: Vom Río Bernesga direkt ins Herz von León führt die *Avda. de Ordoño II.* Ihre Verlängerung, die *Calle Ancha*, trennt die Altstadt in zwei unterschiedliche Teile. Das Gebiet nördlich der Calle Ancha entspricht in seiner rechteckigen Anlage den römischen Ursprüngen Leóns; teilweise blieben die römischen Stadtmauern auch noch erhalten. Hier sind neben der *Kathedrale* mit ihren weithin sichtbaren Türmen auch die meisten anderen Sehenswürdigkeiten der Stadt zu entdecken. Das Viertel südlich der Straße ist ärmer an Monumenten, besitzt aber eine ganze Reihe uriger Tapa-Bars. Hiesiges Zentrum ist die *Plaza Mayor.*

Geschichte: León wurde 68 n. Chr. als Lager der römischen VII. Legion gegründet, doch ob der Name der Stadt auf diese Legion oder ihr Wappentier, den Löwen (spanisch: león) zurückgeht, ist umstritten. Vom 10. bis ins 12. Jh. erlebte León als Hauptstadt des gleichnamigen Königreichs seine Blütezeit. 988 durch maurische Truppen verwüstet, wurde die neu aufgebaute Stadt auch zu einem der wichtigsten Stützpunkte der Reconquista. Die Vereinigung der Königreiche Kastilien und León 1230 beendete den Status als Königsresidenz, doch blieb die Stadt dank der Lage am Jakobsweg das ganze Mittelalter hindurch ein bedeutendes Handels- und Verkehrszentrum.

Information/Verbindungen

- *Information* **Oficina de Turismo**, Plaza de Regla 4, ✆ 987 237082, ✆ 987 273391. Direkt gegenüber der Kathedrale, oft starker Andrang. Öffnungszeiten: Mo–Fr 9–14, 17–19 Uhr, Sa/So 10–14, 17–20 Uhr.
- *Post* Plaza de San Francisco, am Ende der Avda. de la Independencia. Öffnungszeiten: Mo–Fr 8.30–20.30 Uhr, Sa 9–14 Uhr.
- *Internet-Zugang* Café Hadock, Calle Santiesteban y Osorio 9, eine nördliche Seitenstraße der Avenida de Lancia (Flussnähe), ✆ 987 209256, www.hadock.com.
- *Verbindungen* **Flugzeug**: Flughafen in La Virgen del Camino, 7 km westl., nur Regionallinien: Serviberia/Air Nostrum ✆ 902 400500, Lagun Air ✆ 902 340300, tgl. Verbindungen mit Madrid, Barcelona, Valencia und den Balearen.

Zug: RENFE-Bahnhof (Info-✆ der Renfe: 902 240202, www.renfe.es) an der Avenida de Astorga, auf der westlichen, dem Zentrum gegenüberliegenden Flussseite. Nach Burgos 4-mal, Logroño 2-mal, Madrid via Valladolid und Ávila 7-mal, Oviedo/ Gijon 7-mal, Lugo/La Coruña 2- bis 3-mal, Vigo 3-mal, Santiago de Compostela 1-mal täglich. FEVE-Bahnhof (www.feve.es) zwischen San Isidoro und San Marcos, Regionalzüge nach Guardo, 1 x tgl. weiter nach Bilbao.

Bus: Busbahnhof (Info: ✆ 987 211000) am Paseo del Ingeniero Saenz de Miera, der Uferstraße auf der westlichen Flussseite. Busse unter anderem nach Astorga etwa stündlich, Burgos 1-3-mal, Bilbao 1-mal, Santander 2-mal, Potes (Picos de Europa) 1-mal, Villafranca del Bierzo 3-mal, Lugo/ A Coruña 3-mal, Oviedo/Gijón 9-12-mal, Madrid 7-10-mal, Valladolid 8-mal, Salamanca 4-mal täglich.

Taxi: Funktaxi ✆ 987 261415..

Mietwagen: Avis, Bahnhof RENFE ✆ 987 270075; Europcar, Bahnhof ✆ 987 250251, Atesa, Plaza San Marcos (im Hotel San Marcos) ✆ 987 233297-589.

PKW: Die Altstadt um Kathedrale und Calle Ancha ist Fußgängerzone, Parken ist unmöglich und Restaurants und Hotels können (mit Ausnahme des Taxis und das nur im Schritttempo) nur zu Fuß erreicht werden. Die Tiefgaragen an der Plaza Santo Domingo (am Beginn der Avenida de Ordoño II.) und in der Calle General Lafuente (erreichbar über die Avenida de la Independencia) sind zwei der wenigen Möglichkeiten, altstadtnah zu parken.

Kastilien-León
Karte Seite 194/195

Übernachten/Camping

Eine Reihe preiswerter Hostals und Fondas findet sich im Umfeld des ehemaligen Busbahnhofs, nämlich rund um die Avda. de Roma, die in Flussnähe von der Avda. de Ordoño II. abzweigt. Zur Fiesta-Zeit Ende Juni kommt es zu Engpässen.

• *Übernachten* ***** **Parador Hostal San Marcos (16)**, siehe auch „Sehenswertes". Stilvoller kann man wohl kaum logieren – edle Pracht mit Tradition. Angesichts des fantastischen Ambientes sind die Preise nicht einmal überzogen: DZ etwa 180–235 €. Plaza San Marcos 7, in Flussnähe am Nordwestrand des Zentrums; ✆ 987 237300, ℻ 987 233458, leon@parador.es.

*** **Hotel La Posada Regia (8)**, sehr hübsches Quartier in einem Stadthaus des 14. Jh. 20 Zimmer, alle unterschiedlich, aber alle komfortabel und mit Stil eingerichtet. Am Wochenende leider ziemlich laut, meint Leser Leopold Möstl (stimmt). Gutes Restaurant („Bodega Regia", siehe unten) angeschlossen. DZ etwa 90-110 €. Calle Regidores 9–11, Nähe Calle Ancha; ✆ 987 213173, ℻ 987 213031, www.si-santamonica.es/regialeon.

*** **Hotel Res. Paris (7)**, zentral im Herzen der Altstadt gelegenes Haus, vor einigen Jahren zum Dreisterner hochrenoviert. Funktional-freundliche, gut ausgestattete Zimmer, kompetente Rezeption; DZ etwa 70–75 €. Calle Ancha 18, ✆ 987 238600, ℻ 987 271572., www.hotelparis.lesein.es.

Hospedería Fernando I (1), kleineres Hotel direkt unterhalb der römischen Mauern, fünf Gehminuten von der Kathedrale. Einfach, aber ausreichend möblierte, wenn auch nicht besonders geräumige Zimmer, die nach hinten sind besonders ruhig. Im Haus gutes Restaurant (siehe „Essen & Trinken"). DZ 55-65 €. Avenida de los Cubos 32, ✆/℻ 987 220601, info@hospederia fernandoi.com.

** **Hostal Orejas (14)**, komfortables und recht großes Hostal in einer Seitenstraße der Avenida de Ordoño II., kürzlich renoviert, Zimmer zur Avenida de la República Argentina leider sehr laut. DZ/Bad etwas über 50 €, es gibt auch noch einige günstigere Zimmer ohne Bad zu 36 €. Calle Villafranca 8, ✆/℻ 987 252909.

* **Hostal Res. Londres (10)**, ähnlich angenehm, in Bezug auf Preis und Ausstattung etwas tiefer eingestuft. Gute Zimmer mit TV und Telefon, anständige Bäder; Personal radlerfreundlich und (laut Leserzuschrift) „supernett". DZ/Bad 40 €. Avenida Roma 1, ✆ 987 222274, www.hostallondres.com.

* **Hostal Bayon (11)**, im selben Gebiet. Älteres, gepflegtes Haus, freundlich und relativ ruhig. Nur sechs geräumige Zimmer mit schönen Holzfußböden; DZ ohne Bad 28 €, mit Bad 35 €. Calle Alcázar de Toledo 6, ✆ 987 231446.

* **Hostal Oviedo (15)**, einfaches und preisgünstiges Quartier in Flussnähe, dabei nicht ungepflegt. DZ kosten hier 30-35 €. Avenida Roma 26, ✆ 987 222236.

B&B Pensión Blanca (13), neu, modern und praktisch, ein Tipp von Nicole Kriegbaum.

„Die sympathische junge Vermieterin bemüht sich sehr um ihre (meist eher jungen) Gäste. Die Atmosphäre ist locker und ungezwungen – wir haben uns gleich wie daheim gefühlt". Zimmer ohne Bad inkl. Frühstück DZ 30 €. Calle Villafranca 2/2a, ✆ 987 251991.

* **Pensión Melany (18)**, hundert Meter vom Bahnhof Richtung Stadt. Einfach, aber freundlich; DZ ohne Bad unter 20 € (!). Avenida de Palencia 4, ✆ 987 241075.

Jugendherberge (12) Residencia Juvenil Infanta Doña Sancha. Nur im Juli und August geöffnet und auch dann nur wenige Plätze – unbedingt vorher anrufen. Calle La Corredera 2, in einer Wohnanlage der Universität beim Park Jardin San Francisco, vom Zentrum über die Avda. Independencia zu erreichen; ✆ 987 203414.

Jugendherberge (17) Consejo de Europa, ebenfalls nur im Juli und August geöffnet. Auch hier nur wenige Plätze und nicht billig: 14 € p. P.! Paseo del Parque 2, im Gebiet hinter der Stierkampfarena; ✆ 987 200206.

• *Camping* Die Stadt plant, allerdings schon seit Jahren ohne konkretes Ergebnis, einen zentral gelegenen Platz einzurichten.

Ciudad de León (2. Kat.), 1995 eröffneter Platz mit Einkauf, Bar und Cafeteria. Er liegt an der N 601 Richtung Valladolid bei Alto del Portillo (Golpejar de Sobarriba), gut 5 Kilometer außerhalb der Stadt; keine direkte Busverbindung. Preise p.P., Auto, Zelt um die 4 €. Die Öffnungszeiten (zuletzt: Juni bis

Kastilien-León
Karte Seite 194/195

Mitte/Ende September) schwankten in den letzten Jahren häufiger mal, deshalb besser anrufen: ✆ 987 680233, www.vivaleon.com/campingleon.htm

Don Suero de Quiñones, bei Hospital de Órbigo (siehe dort) gut 30 km südwestlich von León, aber immerhin in der Nähe des Jakobsweges und der N 120.

Essen (siehe Karte Seite 224/225)

Eine gute Auswahl an Restaurants und Tapa-Bars findet sich um die Altstadt-Plätze Plaza San Martín und Plaza Don Gutierre, flusswärts nahe der Plaza Mayor.

Rest. Vivaldi (3), mitten im Rummel um die Altstadt-Plätze vertritt dieses Restaurant gehobene Gastronomie, was dem Guide Michelin einen Stern wert ist (probieren Sie das Spanferkel-Confit mit Kastanien aus dem Bierzo und Trüffeln zu ca. 30 €!) Menüs zu ca. 50 und 70 €, à la carte ca. 45-65 €. Platerías 4, ✆ 987 260760. Im August am Sonntag, das übrige Jahr Sonntag nachmittags und montags Ruhetag.

Rest. Bodega Regia (8), im Hotel La Posada Regia. Freundliches, hübsch eingerichtetes Restaurant mit guter lokaler Küche, das längere Tradition besitzt als das Hotel selbst, Gastgarten auf dem kleinen, ruhigen Platz vor der Tür. Mit mindestens 45 € muss man fürs komplette Essen rechnen. Ausgezeichnet das geschmorte Täubchen (ca. 18 €), super die Merluza aus dem Ofen für zwei (ca. 50 €). Calle Regidores 9–11, So sowie jeweils in der zweiten Januar- und der ersten Septemberhälfte geschlossen.

Rest. Canobadillo (2), um die Ecke von der Plaza Mayor. Eine alte Bodega mit schönem Innenhof, zum Restaurant umgebaut, sehr stilvolle Atmosphäre. Menü à la carte ab etwa 25 €, auch günstige Tagesmenüs. Caño Badillo 2, So-Abend und Di geschlossen.

Hospedería Fernando I (1), populäres Familienrestaurant des gleichnamigen Hotels mit ausgezeichneter Regionalküche in großen Portionen, Menü abends 16 € (aber ohne Wein), à la carte ab ca. 25 €. Avenida de los Cubos 32, ✆/℻ 987 220601. Eines der wenigen guten Lokale, die Sonntag abends geöffnet haben.

Rest. Nuevo Racimo de Oro (6), am hübschen Restaurantplatz San Martín. Ebenfalls ein beliebtes, uriges und gemütliches Lokal, einen Tick teurer als oben (3 Gänge ab ca. 35 €). „Keinesfalls die Morcilla und die Gambas al ajillo verpassen", rät Leser Thomas Becker. Eine der Spezialitäten sind Forellen: truchas racimo. Plaza San Martín 8; im Sommer So, sonst Mi geschlossen.

Taverna El Liav (4), ein weiteres Beispiel für die zahlreichen Lokale an der Plaza San Martín, Leoneser Küche mit guten Fleischgerichte, Desserts allerdings belanglos. Drei Gänge ab ca. 20 €, auch 5 Salate 5-9 €. Plaza San Martín 9, So abends zu.

Rest. Palacio Jabalquinto (5), zwei Schritte von der Plaza San Martín, ein Lesertipp von Peter-Paul Hafner: „Ausgezeichnete kastilische Küche, angenehmes Ambiente in einem historischen Gebäude, gute Auswahl an Weinen der Region... Einen Besuch wert. Calle Juan de Arfe 2."

Rest. Principal (9), Menüs zu 12 € und 18 €, auch Platos Combinados ab 8 €, bürgerlicher Nachbarschaftstreff, gute Gratis-Pinchos zum Getränk. Plaza San Marcelo 16

Kneipen/Nachtleben/Markt/Feste

• *Kneipen/Nachtleben* Das **Barrio Húmedo** im Gebiet um die Plaza Mayor und die Plaza San Martín trägt seinen Namen „Feuchtes Viertel" zu Recht. Wohl nirgends in León ist die Konzentration an Bars höher als hier.

Das **Barrio Romántico**, ungefähr begrenzt durch die römischen Mauern, die Kathedrale und den Palacio de los Guzmanes, ist ebenfalls eine beliebte Kneipenzone.

• *Markt* **Markthalle**, bis etwa gegen 14 Uhr geöffnet, an der Plaza Conde de Luna, westlich nahe der Plaza Mayor.

• *Feste* **Semana Santa**, die Osterwoche. Besonders berühmt ist die „Procesión de los pasos", die in der Nacht von Gründonnerstag auf Karfreitag stattfindet.

Fiestas de San Juan y San Pedro, die beiden größten Festtage der Stadt, am 24. und am 29. Juni. An den Tagen dazwischen wird selbstredend auch gefeiert, je nach Kalenderlage auch schon mal über den 29. Juni hinaus.

San Froilán, 5. Oktober, unter anderem mit berühmten Stierkämpfen.

Sehenswertes

Catedral Santa María La Regla

Mit den beiden 63 und 68 Meter hohen Glockentürmen ist der Treffpunkt aller Jakobs-Pilger schon von weitem zu erkennen. Die im 13. Jh. begonnene, jedoch erst mehrere Jahrhunderte später fertiggestellte und kürzlich restaurierte Kathedrale gilt als schönster frühgotischer Bau Spaniens, gleichzeitig als „französischste" Kirche des Landes: Der französische Baumeister Enrique, der die Arbeiten zunächst leitete, hatte sich an den Kathedralen von Reims, Chartres und Amiens orientiert.

Westfassade: Sie wurde besonders prächtig ausgearbeitet. Von den drei reich mit Reliefs geschmückten Portalen in der Vorhalle verdient besonders das Mittelportal mit seiner Darstellung des Jüngsten Gerichts Beachtung. Die freundliche Madonna Santa María la Blanca („die Weiße") an der Mittelsäule darunter ist allerdings eine Kopie, das Original steht im Inneren der Kirche. Sehenswert sind auch die aus dem 13. Jh. stammenden drei Portale des südlichen Querschiffs.

Inneres: Von vollendeter Eleganz – Formen, Farben und Lichteffekte in herrlichem Zusammenspiel. Am schönsten zeigt sich das Innere bei Sonnenschein: Nur dann lassen sich die zu Recht berühmten, fantastischen *Buntglasfenster*, vergleichbar einzig mit denen der Kathedrale von Reims, in voller Farbenpracht bewundern. Sie stammen aus dem 13. bis 20. Jh. und bedecken eine Fläche von über 1800 Quadratmetern – es heißt, die Kathedrale habe mehr Glas als Stein ... Wer sich an der Fülle flutenden Lichts satt gesehen hat, sollte auch dem geschnitzten Chorgestühl und den zahlreichen Kapellen einen Blick gönnen.

Der platereske *Kreuzgang* ist über das Nordportal zu erreichen; er stammt aus dem 14. Jh. und wurde im 16. Jh. umgebaut. Das *Museum* der Kathedrale (Diözesanmuseum) zeigt kirchliche Kunst und uralte Handschriften, die bis auf das 6. Jh. zurückgehen.

• *Öffnungszeiten* Kathedrale von Juli bis September Mo–Sa 8.30–13.30, 16–20 Uhr, So/Fei 8.30–14.30, 17–20 Uhr, im Winter Mo–Sa 8.30–13.30, 16–19 Uhr, So/Fei 8.30–14.30, 17–19 Uhr; Eintritt gratis. Diözesanmuseum und Kreuzgang Mo–Sa 9.30–13.30, Mo-Fr 16–19.30 (Winter 19) Uhr; Eintritt für Museum und Kreuzgang 3,50 €, nur Museum/Kreuzgang 2 € bzw. 1 €.

Real Basílica de San Isidoro

Die Königliche Stiftskirche San Isidoro, einige hundert Meter nordwestlich der Kathedrale an die alten Stadtmauern gelehnt, zählt zu den bedeutendsten Werken der spanischen Frühromanik. Dieser Ruf gründet sich weniger auf das Kirchengebäude selbst, als vielmehr auf das angeschlossene Pantheon der Könige, die Begräbnisstätte der frühen Herrscher von Kastilien und León. König Ferdinand I., der 1037 die beiden Reiche einte, ließ den Komplex an der Stelle eines von den Mauren zerstörten Klosters errichten. Geweiht wurde er dem westgotischen Heiligen, Kirchenvater und Gelehrten *Isidor von Sevilla*, der im

6./7. Jh. erster Bischof von Sevilla war und hier seine letzte Ruhe fand: 1063 ließ Ferdinand die Gebeine des hoch verehrten Heiligen in Sevilla erwerben (diese Stadt war damals noch maurisch!) und in die hiesige Grabstätte überführen. Die dreischiffige *Kirche* stammt in ihrer heutigen Form hauptsächlich aus dem 12. Jh., der große Chor wurde jedoch erst im 16. Jh. eingefügt. Beachtenswert sind besonders die beiden Portale am südlichen Querschiff und an der Südfassade. Linker Hand von letzterem Portal ist eine Skulptur des heiligen Isidor von Sevilla zu sehen.

Panteón: Das Pantheon im Westen der Kirche, zwischen 1054 und 1063 als Grabstätte für Könige, Königinnen und Adelige erbaut, bildet den ältesten und bedeutendsten Bauteil des Komplexes. Ihren Beinamen „Sixtinische Kapelle der Romanik" verdankt die niedrige, archaisch wirkende Säulenhalle den wunderbaren bunten Fresken des Gewölbes. Die in der zweiten Hälfte des 12. Jh. entstandenen und außergewöhnlich gut erhaltenen Gemälde zeigen Alltagsszenen und biblische Motive, darunter Christus als Weltenherrscher. Kunsthistorisch ähnlich bedeutsam sind die verschiedenen Kapitelle der Säulen und Wandpfeiler: Erstmals in der spanischen Romanik treten neben pflanzlichen Darstellungen auch Menschen- und Tierfiguren auf.

Die Schatzkammer der Kirche birgt unter anderem den Reliquienschrein des Heiligen Isidoro. Das Prunkstück der Bibliothek ist eine über tausend Jahre alte Bibel.

Öffnungszeiten Winter (Sept.–Juni) Mo–Sa 10–13.30, 16–18.30, So/Fei 10–13.30 Uhr, Sommer Mo–Sa 9–20, So/Fei 9–14 Uhr. Eintritt inklusive Führung 4 €, Do-Nachmittag frei.

Plaza San Marcelo: Am Übergang der Avenida de Ordoño II. in die Calle Ancha. Neben der namensgebenden Kirche des 16. und 17. Jh., dem Rathaus und dem *Palacio de los Guzmanes* aus dem 16. Jh. steht hier ein Gebäude, wie man es in Kastilien wohl nicht erwarten würde: Die neogotische *Casa de Botines* von 1884, heute Sitz einer Bank, ist ein Werk des genialen katalanischen Architekten Antoni Gaudí. Nach jahrelanger Restaurierung gibt sie dem westwärts Reisenden jetzt wieder einen kleinen Vorgeschmack auf den kuriosen Anblick, der ihn im nahen Astorga erwartet.

Plaza Mayor: Der im 17. Jh. angelegte, arkadenumgrenzte Hauptplatz der Altstadt hat sich trotz der z. T. etwas baufälligen Umgebung viel Charme bewahrt. Das Gebiet in Richtung der Plätze Plaza San Martín und Plaza Don Gutierre ist die Kneipenzone der Stadt. Früher lag hier das Reich der Händler und Handwerker, wie viele Straßennamen heute noch bezeugen, z. B. die Calle Zapatería, die „Straße der Schuhgeschäfte". Noch weiter südlich ist der Verfall vieler Gebäude nicht mehr zu übersehen; dies gilt leider auch für die *Plaza Santa María del Camino*, einen eigentlich bezaubernden Platz.

San Marcos: In Flussnähe am nordwestlichen Zentrumsrand, gegenüber des gleichnamigen Platzes. Schon im 12. Jh. stand hier das Stammhaus des Ordens von Santiago, gleichzeitig Pilgerherberge. So wie das später an gleicher Stelle errichtete Kloster und jetzige Luxushotel heute zu sehen ist, entstammt es dem 16.-18. Jh. Die wundervolle, gut 100 Meter lange Fassade ist in ihrer reichen Dekoration ein wahres Meisterstück des plateresken Stils. Die zugehörige Kirche *Iglesia de San Marcos*, im 16. Jh. errichtet, besitzt eine mit steiner-

Romantisch, aber restaurierungsbedürftig: Plaza Santa María del Camino

nen Jakobsmuscheln geschmückte Fassade und ein schön geschnitztes Chorgestühl von 1541. Angeschlossen ist das *Museo de León,* das in erster Linie prähistorische Funde aus der Provinz sowie sakrale Kunst präsentiert. Glanzstücke der Ausstellung sind das mozarabische Kreuz von Santiago de Peñalba und vor allem ein „Christus von Carrizo", der im 11. Jh. in einer Leoneser Werkstatt aus Elfenbein gefertigt wurde.

• Öffnungszeiten Museum ganzjährig Di-So/Fei 10-14 Uhr, Okt.-Juni auch Di-Sa 16-19 Uhr, Juli-Sept. auch 17-20 Uhr; Eintritt 1,20 €, an Sa/So/Fei frei. Der Zugang zum Hotel beziehungsweise zu dessen Bar ist normalerweise frei möglich. Kirche San Marcos gleiche Zeiten, Eintritt 0,60 €.

Kastilien-León
Karte Seite 194/195

MUSAC (Museo de Arte Contemporanea de Castilla y León): 2005 wurde das „Kunstmuseum des 21. Jahrhunderts" eröffnet. Das Museum ist ein konstruktivistischer Bau aus mehreren Quadern mit einer Fassade, in die 3351 Stück Buntglas eingelassen sind, 2719 davon lichtdurchlässig – Zitat des Buntglases der Kathedrale von León. Die fünf Säle des MUSAC werden als Ausstellungsstätte genutzt. Das von innen wie außen spektakuläre Gebäude des Architektenteams Emilio Tuñón und Luis Mansilla (beide Schüler Rafael Moneos, dessen „Kursaal" in Donostia und vor allem dessen Erweiterungsbau für den Prado Furore machten) wurde 2007 mit dem Mies-van-der-Rohe-Preis ausgezeichnet. Der Hamburger „Spiegel" bezeichnete das Museum als „coolstes Gebäude der ganzen EU". Daran gibt's nichts auszusetzen.

Öffnungszeiten Di-So 10-15, 16-21 Uhr, Eintritt frei; www.musac.es

Abstecher nach Norden: Die Cueva de Valporquero

Bereits in der Kantabrischen Kordillere liegt im Tal des Río Torio in der eindrucksvollen Schlucht der Hoces de Vega Cervera die Schauhöhle Cueva de

Valporquero, eine von vielen Höhlen dieses Teils der Kordillere, die vor allem aus Kalk besteht. Wirklich spektakuläre Stalaktitengebilde, u. a. feine Schleiervorhänge und die komplett gleich breiten und parallel angeordneten Stalaktiten der „Orgel" (El Organo) machen den Besuch der gut beleuchteten Höhle zu einem Fest für die Augen. Ein auffälliger Teil des Höhlensystems ist die „Gran Vía", eine 200 m lange, gerade verlaufende und bis zu 30 m hohe Kluft im Gestein, an deren Decke sich an vielen Stellen Stalaktiten gebildet haben. Für den Besuch wurden 1 km Höhlengänge präpariert, weitere 2 km im unteren Stockwerk werden von einem Fluss gequert – er tritt beim Höhleneingang an die Oberfläche – und sind nicht zu besuchen.

• *Öffnungszeiten* Sehr variable Öffnungszeiten, in der Hochsaison (Juli bis September) jedoch täglich und fast immer ganztägig geöffnet (bisher keine „offiziellen" Öffnungszeiten). Besser vorher Infos einholen, etwa unter www.cuevasturisticas.com, über die Touristeninformation in León oder unter ✆ 987 576482.

Der Jakobsweg westlich von León

Hinter León bleibt die Landschaft zunächst wie gehabt, nämlich weitgehend flach und etwas eintönig. Erst kurz vor Astorga ändert sich das Bild: Die Montes de León (Berge von León) kündigen sich an.

Hospital de Órbigo

Hospital de Órbigo liegt etwas abseits der Fernstraße N 120, gut 30 Kilometer westlich von León. In dem ruhigen kleinen Städtchen am Río Órbigo überspannt eine steinerne Brücke des 13. Jh. in zwanzig Bögen den für seine vielen

Minnedienst mal anders

Im Heiligen Jahr 1434 – gegen die Mauren gab es zu jener Zeit kaum noch Lorbeer zu ernten und die Arbeitslosigkeit unter Rittern war bedrückend – sann der Adelige Suero de Quiñones nach Möglichkeiten, einer angebeteten, aber zögerlichen Dame zu imponieren. Und so tat er weithin seine Absicht kund, während eines bestimmten Zeitraums zusammen mit einigen Getreuen alle die Brücke überquerenden Ritter zum ehrenvollen Zweikampf, zum *paso honroso*, zu fordern. In jenen Zeiten waren solche Duelle eine Prestigefrage, und es fanden sich genug andere gelangweilte Edle, die auch nichts Besseres zu tun hatten. Wieviele Ritter sich Don Suero und den Seinen letztlich geschlagen geben mussten, darüber schwanken die Zahlen, reichen aber immerhin bis zu dreihundert Mann. Nach getanem Heldentum jedenfalls nahm Suero sich die Halsschelle ab, die er als Zeichen der einseitigen Liebesbande trug, pilgerte nach Santiago und stiftete das eiserne Band dem Heiligen Jakob.

Ob die solchermaßen geehrte Dame Don Suero schließlich ihre Gunst erwies, ist nicht bekannt, wohl aber das Ende des Ritters: Einer der schmählich im Duell unterlegenen Kontrahenten, rachedurstig, aber offensichtlich mit Geduld und einem langen Gedächtnis gesegnet, tötete den Adeligen – mehr als zwanzig Jahre später ...

Forellen berühmten Fluss. Sie erinnert an eine skurrile Begebenheit des späten Mittelalters, den langen Kampf des Don Suero. Die seltsame, tragikomische Episode aus den wechselvollen Zeiten der Ritterdämmerung soll Cervantes eineinhalb Jahrhunderte später zu seinem „Don Quijote“ inspiriert haben. Heute erinnert ein jährliches Fest an die mittelalterlichen Ereignisse.

• *Übernachten* ** **Hostal Don Suero de Quiñones**, moderner Bau direkt westlich der Brücke, wesentlich ruhiger gelegen als die kaum preisgünstigeren Quartiere an der Fernstraße; Restaurant angeschlossen. DZ/Bad 55 €. Calle Alvarez Vega 1, ✆ 987 388238, ✆ 388952.

• *Camping* **Don Suero de Quiñones** (2. Kat.), wie auch anders... Gemeindeeigener Wiesenplatz, nördlich nahe der Brücke. Einkauf und Cafeteria nur zur Saison, das Ortszentrum liegt jedoch kaum fünf Fußminuten entfernt. Offiziell neuerdings ganzjährig geöffnet, p.P. 3,50 €, Zelt und Auto je ca. 3 €. ✆ 987 361018, camping@hospitaldeorbigo.com.

• *Essen* Spezialität des Städtchens sind Forellen (Truchas) aus dem Río Órbigo: Forellensuppe, Forellentortilla, Forelle in Essig, Forelle mit Schinken ...

Cafeteria-Restaurant Los Ángeles, gute Auswahl, preiswerte Menüs (mittags 8 €, abends 12 €) und nach hinten Terrasse. Kleine Speisen (Spiegeleier mit Pommes) ab ca. 3 €. Nach der Brücke erste Gasse links. Di-Abend zu.

• *Feste* **Justas medievales**, am ersten oder zweiten Wochenende im Juni. Mittelalterliches Fest mit Marktständen und einem Ritterturnier auf der Brücke. Fast der ganze Ort schlüpft während dieses Wochenendes in alte Kostüme.

Astorga

Das sehenswerte Städtchen, etwa 45 Kilometer westlich von León, lag zur Römerzeit als „Asturica Augusta“ an der Kreuzung großer Heer- und Handelsstraßen, war in späterer Zeit eine wichtige Pilgerstation am Jakobsweg.

Von der einstigen Bedeutung zeugt eine Reihe beachtlicher Bauwerke wie die gut erhaltenen, teilweise noch römischen Stadtmauern und die aus dem 15. Jh. stammende Kathedrale Santa María. Das Diözesanmuseum beherbergt einen prachtvollen Kirchenschatz, und der nahe Bischofspalast von 1893 ist ein Werk des Katalanen Antoni Gaudí. Wie schon in León wählte der vielseitige Architekt den neogotischen Stil und verlieh dem Gebäude so den Charakter einer etwas skurrilen Burg. Kathedrale und Bischofspalast stehen in der nordwestlichen Ecke der mauerumgürteten Altstadt. Genau entgegengesetzt erstreckt sich um das barocke Rathaus das eigentliche Ortszentrum des Städtchens.

Obwohl Astorga gar nicht direkt in diesem Gebiet liegt, gilt es doch als Hauptstadt der *Maragatería*, einer kargen, bergigen Region im Westen, die wegen der nicht völlig geklärten Herkunft ihrer Bewohner bis heute von einem Hauch von Geheimnis umwoben ist – unter anderem wird spekuliert, dass die Maragatos, die jahrhundertelang nur unter sich heirateten, von Berberstämmen abstammen könnten, die mit der ersten maurischen Eroberungswelle schon im 8. Jh. nach Spanien kamen.

• *Information* **Oficina Municipal de Turismo**, Plaza de Eduardo de Castro 5, gegenüber dem Bischofspalast neben dem Hotel Gaudí, ✆ 987 618222. Geöffnet Mo–Sa 10–14, 16–19 Uhr, So 10–14 Uhr.

• *Verbindungen* **Zug**: Bahnhof (Info-✆ der Renfe: 902 240202) der Hauptlinie León-Galicien am nordöstlichen Ortsrand, ein ganzes Stück vom Zentrum. Züge in beide Richtungen 7-mal täglich.

Bus: Busbahnhof an Avda. Murallas, nördlich unweit von Kathedrale und Bischofspalast, wesentlich günstiger gelegen als der Bahnhof. ALSA-FERNANDEZ-Busse von/nach León etwa stündlich, nach Ponferrada 7-mal täglich.

• *Übernachten/Essen* Preisgünstige Hostals sind im Zentrum leider ziemlich rar.

Der **Cocido maragato** ist die weithin gerühmte Spezialität Astorgas und der Maragatería: ein Eintopf mit Kichererbsen (Garbanzos) und reichlich Fleisch und Wurst, der in drei Gängen verzehrt wird. Zuerst kommt die üppige Fleischeinlage auf den Teller, dann Kraut und Kichererbsen, am Schluss die Brühe. Das mehr als sättigende Mahl hat allerdings seinen Preis.

*** **Hotel Asturplaza**, komfortable Adresse im Zentrum, 1998 eröffnet. Im Haus die beliebte, nicht ganz billige Cervecería Los Hornos mit großem Schankbereich. DZ etwa 90-100 €. Plaza Mayor, ✆ 987 618900, ℻ 987 618949, www.asturplaza.com.

*** **Hotel Res. Gaudí**, die alteingesessene Konkurrenz, direkt beim Bischofspalast. DZ nach Saison etwa 60–70 €, auch größere DZ mit Salon zu 90 €, für ausgewiesene Pilger gibt es ca. 25 % Rabatt (dem Bearbeiter dieser Auflage, der nach einem Regentag in verschmutzter Radkleidung aufkreuzte, wurden sie unaufgefordert angeboten – und er bekam ein großes Zimmer zum Kathedralplatz). Das angeschlossene, durchaus gehobene Restaurant serviert auch ein günstiges Tagesmenü. Calle Eduardo de Castro 6, ✆ 987 615654, ℻ 615040.

** **Hostal Res. La Peseta**, Nähe Rathaus. Solides, gut ausgestattetes Hostal, angeschlossen ein Restaurant mit bekannt feiner Küche. DZ/Bad gut 50 €, Essen à la carte ab etwa 20 €. Plaza San Bartolomé 3, ✆ 987 617275, ℻ 987 615300.

* **Hostal Casa Sacerdotal**, im Besitz der Kirche und relativ schlicht, aber picobello gepflegt. DZ/Bad etwas über 40 €. Calle Hermanos La Salle 6, beim Seminario südlich unweit des Bischofspalastes; ✆ 987 615600.

* **Pensión Casa García**, kleine, bei Pilgern beliebte Pension mit nur vier Zimmern; DZ ohne Bad knapp 35 €. Das preiswerte Restaurant bietet gute Hausmannskost. Bajada Postigo 3, im Gebiet südlich des Rathauses, ✆ 987 616046.

Rest. Las Termas, auf Cocido maragato spezialisiertes Restaurant, etwas betulich rustikal eingerichtet, aber hervorragender Cocido zu gutem Preis (16 € inkl. Qualitäts-Rotwein). Calle Santiago 1 Ecke Calle Santiago Crespo.

Sehenswertes

Die wichtigsten Sehenswürdigkeiten Astorgas, nämlich die Kathedrale, Gaudís Bischofspalast und die römischen Mauern, liegen alle in unmittelbarer Nachbarschaft zueinander.

Catedral Santa María: 1471 an Stelle zweier Vorgängerinnen begonnen, zog sich der Bau über mehrere Jahrhunderte hin und weist deshalb ganz unterschiedliche Stilformen auf. So zeigt sich die Fassade in üppigem Barock, während an drei Portalen plateresker Schmuck prunkt. Das Innere ist noch von der Spätgotik bestimmt. Beachtenswert sind vor allem der prächtige Hauptaltar und das Chorgestühl, das der aus Burgos bekannte Kölner Juan de Colonia schuf. Das angeschlossene *Diözesanmuseum* besitzt Kostbarkeiten von der Romanik bis zum Barock, darunter einen von Alfons III. gestifteten Reliquienschrein des 10. Jh. und den „Kristallkelch des Toribius" aus dem 11. Jahrhundert.

Öffnungszeiten Kathedrale tgl. 9–12, 17–18.30 Uhr, im Winter 9.30-12, 16.30-18 Uhr. Kathedralmuseum Sommer tgl. 10–14, 16–20, Winter 11–14, 15.30–18.30 Uhr, Eintritt 2,50 €, Museo de los Caminos 4 €.

Palacio Episcopal: Der verspielte Bischofspalast neben der Kathedrale steht in amüsantem Kontrast zum ernsthaften Kirchenbau. *Antoni Gaudí*, der Ausnahmearchitekt des Modernisme, schuf ihn ab 1889, also noch vor der hohen Zeit dieses katalanischen Jugendstils. Fertiggestellt wurde er nach Differenzen Gaudís mit der Kirche erst 1913 von Ricardo Guereta. Die Handschrift des Meisters ist dem neogotischen Bau, der eher einer mittelalterlichen Burg denn einem Palast ähnelt, dennoch sofort anzusehen. Der Palast wird heute als *Mu-*

seo de los Caminos genutzt, es zeigt Kirchliches und Volkskundliches zur Geschichte des Jakobsweges. Der Besuch lohnt sich jedoch allein schon wegen der Gestaltung der Innenräume.

Öffnungszeiten Sommer Di–So 10–14, Di–Sa 16–20 Uhr. Winter Di-So 11-14, Di-Sa 15.30–18.30 Uhr. Eintritt 2,50 €. Wer beide Museen besucht, fährt mit der kombinierten Eintrittskarte (4 €) etwas günstiger.

Murallas Romanas: Die römischen Mauern hinter dem Bischofspalast gehen in ihren Ursprüngen zwar noch auf das 3. Jh. zurück, wurden aber bis zum 13. Jh. mehrfach ausgebessert und auch erweitert. Weitere römische Reste, die vorbildlich restauriert und mit einem Schutzdach versehen wurden, befinden sich jederzeit zugänglich in der Calle Padres Redentoristas (von der Plaza Mayor abwärts in Richtung Puerta Sol – gegen die Richtungszeichen des Camino de Santiago auf dem Straßenpflaster). Es handelt sich um ein römisches Stadttor. Die Führung „Ruta Romana“, auf der die zahlreichen anderen, teilweise unter der Erdoberfläche liegenden Relikte der Römerzeit besucht werden, ist zusammen mit dem Museo Romano für alle an Geschichte Interessierten ein „Muss“.

Führungen Führungen mittags und spätnachmittags (wechselnde Zeiten), Anmeldung nötig: ✆ 987 618222, Kosten 1,50 €.

Museo Romano (Römerzeitmuseum): Das noch recht neue Museum wurde am und über einem gut erhaltenen römischen Bauwerk eingerichtet, der sog. „Ergástula“. Diese große römische Halle war wohl Teil eines großen Bauwerkes am Forum (mit der Nordwestseite grenzt sie an die Plaza Mayor, die ihrerseits den Bereich des römischen Forums markiert). Ihren Namen hat sie von der Bezeichnung für einen Sklavenarbeitsraum (das römische *ergastulum* war eine Art Zucht- und Arbeitshaus für Sklaven und Schuldner). Im Raum nebenan gibt es einen interessanten Videofilm samt Computeranimationen zum römischen Astorga, in den beiden Stockwerken darüber werden Funde aus der Römerzeit gezeigt.

Öffnungszeiten Ganzjährig Di-So 10-13.30 Uhr, Okt.-Juni auch Di-Sa 16-18 Uhr, Juli-Sept. Di-Sa 16.30-19 Uhr. Eintritt 2 €, gemeinsames Ticket mit Museo del Chocolate 3 €.

Museo del Chocolate: Ein weiteres „Muss“ und zwar für Süßmäuler. In früheren Zeiten war Astorga berühmt für die hier hergestellte Schokolade, die meisten Fabriken wurden allerdings mittlerweile geschlossen. Einige arbeiten jedoch heute noch, darunter auch diejenige, der das Schokoladenmuseum angeschlossen ist. Zu sehen sind unter anderem alte Gerätschaften zur Herstellung, und natürlich wird die süße Ware hier auch direkt verkauft.

Lage und Öffnungszeiten Calle José María Goy, eine Querstraße etwa auf halbem Weg zwischen Bischofspalast und Rathaus. Geöffnet ist Di–Sa 10.30–14, 16.30–18, im Juli/Aug. 19 Uhr, So/Fei 11–14 Uhr; 2 € Eintrittsgebühr, mit Museo Romano 3 €.

Von Astorga nach Ponferrada

Westlich von Astorga bestehen zwei Möglichkeiten der Weiterreise mit dem eigenen Fahrzeug: flott und landschaftlich durchaus eindrucksvoll auf der vierspurig ausgebauten A 6 über den Pass *Puerto del Manzanal* (1230 m) oder aber auf der abgelegenen Nebenstraße LE 142 durch die Maragatería und über den 1504 Meter hohen *Pass von Rabanal del Camino.*

Wintervorrat: Weite Teile Kastiliens sind landwirtschaftlich geprägt

Durch die Maragatería

Die Strecke über den Rabanal-Pass ist für Fußpilger die gängige Route, entspricht sie doch dem historischen Jakobsweg, mit dem Auto zeitaufwändiger, aber reizvoller als die schnelle A 6. An der Strecke liegt eine Reihe kleiner Dörfer, deren Anlage durch den Jakobsweg geprägt wurde. Die meisten von ihnen sind heute durch Abwanderung gezeichnet. Die Maragatería gehört zu den letzten Gebieten, in denen vereinzelt noch die steinernen Strohdachhütten *pallozas* zu sehen sind, die in ihrer Grundform bis auf die Keltenzeit zurückgehen.

▸ **Castrillo de los Polvazares** ist die wohl schönste dieser Siedlungen und zu Recht denkmalgeschützt: schiefergepflasterte Gassen und traditionelle Steinhäuser mit bunten Fensterläden. Allmählich regt sich in dem kaum einhundert Einwohner zählenden Dörfchen der Fremdenverkehr, wenn auch in bislang noch bescheidenem Umfang.

Von Castrillo de los Polvazares führt der Weg weiter über El Ganso und Rabanal del Camino, ein einfaches Dorf in rauer, karger Landschaft, das den Jakobsweg noch im Namen trägt. Die nächste Siedlung Foncebadón, ein verfallener Weiler kurz vor dem Pass, war bis vor kurzem praktisch menschenleer, wird aber jetzt wieder – u. a. aus Pilger-Spendengeldern – teilweise aufgebaut, die Kirche ist schon fertig.

• Übernachten/Essen&Trinken ** **Hostal Cuca la Vaina**, in Castrillo de los Polvazares, ein angenehmes und reizvolles Quartier mit allerdings nur sieben Zimmern. DZ/Bad etwa 55–75 €. Restaurant angeschlossen. Mo Ruhetag. Calle Jardín s/n, ✆/℻ 987 691078, www.cucalavaina.com.

Rest. la Pelegrina, in Castrillo de los Polvazares, rustikales Restaurant in einem alten Haus, sehr gut der Cocido Maragato, hervorragende Würste, am Wochenende reservieren: ✆ 987 691102.

* **Hostal Hostería El Refugio**, in Rabanal del Camino. DZ/Bad nach Ausstattung etwa 50-65 €. Calle Real s/n gegenüber der Kirche, ✆ 987 691274.

▶ **Cruz de Ferro**: Die Passhöhe liegt auf 1504 Meter und bietet eine weite Aussicht. Das schlichte Kreuz erhebt sich aus einem großen Haufen Steine, von denen jeder einzelne von einem Pilger heraufgeschleppt wurde: sicher auch ein Symbol „abgelegter" Sünden. Erwähnt ist der heute noch übliche Brauch bereits im Codex Calixtinus, dem Pilgerführer des 12. Jahrhunderts.

Jenseits der Passhöhe geht es über die kleine Siedlung Manjarín in das Dorf Acebo. Von hier lässt sich ein Abstecher zum 5 Kilometer entfernten Compludo einlegen, in dem noch eine uralte, vielleicht auf westgotische Zeiten zurückgehende Schmiede zu sehen ist. Der Jakobsweg dagegen führt über Riego de Ambrós nach Molinaseca im Tal des Río Meruelo, der hier zu einem Schwimmbad aufgestaut ist.

Öffnungszeiten Compludo Di–Sa 10.15–14, 16.30–20 Uhr (Oktober–April 15–17.50 Uhr), So 10.15–14 Uhr (Oktober–April 10.40–14 Uhr), an Fei geschlossen.

Ponferrada

Ponferrada ist die Hauptstadt des Gebietes El Bierzo, eines fruchtbaren, von einem Kranz hoher Berge umgebenen Talbeckens.

El Bierzo zählt zwar politisch noch zu Kastilien-León, zeigt jedoch nicht nur auf kulinarischem Gebiet bereits Anklänge an das nahe Galicien. So sieht das auch die kleine Autonomiebewegung, deren Graffiti da und dort ein „Freies Bierzo" fordern ... Besonders ernst werden die Grüppchen von den kastilischen Politikern jedoch nicht genommen.

Ponferrada selbst, an der Mündung des Río Boeza in den größeren Río Sil gelegen, lebt in erster Linie vom Erzabbau und der entsprechenden Industrie, und das ist dem lebendigen, kaum von Touristen besuchten Städtchen auch anzusehen, zumindest in der Neustadt. Durchaus reizvoll ist die östlich des Río Sil gelegene Altstadt, die auch die Hauptsehenswürdigkeit Ponferradas beherbergt, nämlich das *Castillo de los Templarios* (Di–Sa 10.30–14, 17–ca. 21 Uhr So/Fei 11–14 Uhr, im Winter nachmittags 16–ca. 18 Uhr; die Schließzeit ändert sich mit dem Sonnenstand. Eintritt knapp 3 €). Die Templerburg und ihre Umgebung wurden 2007 neuerlich größeren Restaurierungsarbeiten unterzogen, deren Abschluß für 2008 noch nicht sicher war. Von außen sieht die Burg fast aus wie ein Disney-Schloss, ist jedoch ein interessantes Beispiel spanischer Militärarchitektur des Mittelalters. Sie wurde ab 1178 errichtet, um den Jakobsweg abzusichern.

Etwas außerhalb der Stadt liegt im gleichnamigen Vorort die mozarabische Kirche *San Tomás de las Ollas*. Der kleine Bau ist ein schlichtes, einschiffiges Gotteshaus mit den charakteristischen Hufeisenbögen. Den Schlüssel gibt es nebenan im Haus Nr. 7.

• *Information* **Oficina de Turismo**, Plaza del Ayuntamiento s/n (evtl. nur vorübergehend bis Wiedereröffnung des Büros unter der Templerburg), ✆ 987 424236. Geöffnet Mo–Sa 10–14, 17–19 Uhr, So nur vormittags.

• *Verbindungen* **Zug**: Bahnhof (Info-✆ der Renfe: 902 240202) im westlichen Neustadtbereich; Züge Richtung Galicien 3- bis 4-mal, nach León 7-mal täglich.

Bus: Busbahnhof (✆ 987 401065) abgelegen in der nordwestlichen Neustadt. Neben Verbindungen nach León auch Busse Richtung Galicien, u. a. Lugo 6-mal und Santiago 5-mal täglich.

Taxi: Taxistände Calle Ancha (✆ 987 416262) und Avda. de España

• *Übernachten* **** **Hotel Res. Del Temple**, ein großer, komfortabler Bau in der Neustadt mit stilistischen Anklängen ans Mittelalter, Garage. DZ nach Ausstattung ab 100 €. Avda. de Portugal 2, im südwestlichen Stadtbereich, ✆ 987 410058, ℻ 987 423525, ponferrada@templehoteles.com.

*** **Hotel Bierzo Plaza**, ein Lesertipp von Prof. Dr. Klaus Hasemann: „Ein gutes Hotel in einer erschwinglichen Preisklasse und in sehr ansprechender Lage, mit eigenem Restaurant im urigen Keller." DZ 60-85 €. Plaza del Ayuntamiento 4, ✆ 987 409001, ℻ 987 409013, www.hotelbierzoplaza.com.

** **Hotel Madrid**, relativ preisgünstige und dabei sehr ordentliche Mittelklasse an der Durchgangsstraße der Neustadt. DZ knapp 65 €. Avenida de la Puebla 44, ✆ 987 411550, ℻ 987 411861.

* **Hostal Res. San Miguel**, in der Neustadt unweit des Bahnhofs, stadtwärts der Schienen. Gute Lage in einer lebendigen Marktgegend, angenehme Zimmer, angeschlossen ein einfaches, preiswertes Restaurant. DZ/Bad zu 45 €. Calle Luciana Fernández 2, ✆ 987 411047.

• *Camping* **El Bierzo** (2. Kat.), etwa zwölf Kilometer westlich beim Dörfchen Villamartín de la Abadia, südlich der N 120. Angenehmer, ruhiger Übernachtungsplatz an einem Flüsschen, an dem man auch baden kann; freundliches Bar-Restaurant, Radverleih. Meist nur Juni bis September geöffnet; p.P, Auto je ca. 4 €, Zelt etwa 4,50 €; ✆/℻ 987 562515, www.asecal.net.

▸ **Peñalba de Santiago**: Das denkmalgeschützte Bergdorf liegt am Ende einer Stichstraße knapp zwanzig Kilometer südlich von Ponferrada, zu erreichen über die Dörfer San Lorenzo und San Estebán de Valdueza. Die herrlich abgeschiedene Lage und die urtümliche Architektur bescheren dem Dörfchen bescheidenen Tourismus. Ein weiterer Anziehungspunkt ist die *Iglesia del Santiago* (So-Nachmittag und Mo geschlossen), eine nahezu original erhaltene mozarabische Klosterkirche aus dem Jahr 937. In der Umgebung bietet sich Gelegenheit zu schönen Wanderungen.

Öffnungszeiten Mai-Sept. Di–Sa 10–14, 16.30–20 Uhr, So 10–14 Uhr, Winter Mi–Sa 10.40–14, 15–17.50 Uhr, So/Fei 10.40–14 Uhr.

Richtung Ourense: Las Médulas de Carucedo

Rund ein Dutzend Kilometer westlich von Ponferrada teilen sich die Fernstraßen nach Galicien. Während die teilweise vierspurig ausgebaute N VI/A 6 zunächst in nordwestlicher Richtung dem Verlauf des Jakobswegs folgt und später Lugo erreicht, führt die N 120 westwärts nach Ourense und weiter nach Vigo. Wer mit dem eigenen Fahrzeug dieser Route folgen will, sollte jedoch den kleinen Umweg über die N 536 nicht auslassen. Ziel ist das uralte Bergbaugebiet von Las Médulas, etwa zwanzig Kilometer südwestlich von Ponferrada, das zu den bizarrsten Landschaften Spaniens zählt und zu interessanten Wanderungen einlädt.

▸ **Las Médulas** ist ein kleines Dorf etwa vier Kilometer südlich des Ortes Carucedo. Der Name steht jedoch auch für ein nahe gelegenes, ausgedehntes Minengebiet, in dem schon in vorrömischer Zeit Gold gewonnen wurde. Unter den Römern, die vom ersten bis zum dritten nachchristlichen Jahrhundert die Abbautechnik perfektionierten, dürfte Las Médulas die größte Mine des ganzen Reichs gewesen sein: Bis zu 100.000 Sklaven sollen in dem mehrere Quadratkilometer großen Areal gearbeitet haben. Um an das Edelmetall der tieferen Schichten zu gelangen, wurden ganze Systeme aus Minen und Schächten in das weiche, orangefarben leuchtende Gestein gegraben und dann geflutet, bis das darüber liegende Gelände einbrach. Die dafür nötigen großen Wassermengen verschafften sich die Römer durch ein Netz von Kanälen, das bis zum fast 30 Kilometer entfernten Río Cabrera reichte. Resultat dieser gigantischen Anstrengungen ist eine von Menschenhand geschaffene, fast surrealistisch zerklüftete Landschaft, die von der Unesco zum Weltkulturerbe erklärt wurde. Vom Dorf Las Médulas führt ein mit Infotafeln versehener Wanderweg ins Herz des Gebiets und zur „verzauberten Höhle" *Cueva de la Encantada.* Bei Besichtigungen sollte man Helm und Lampe ausleihen (1,50 €) um einen antiken Minengang explorieren zu können, bis dort hin 15 Min. Fußweg. Auch ein etwa fünfstündiger Rundweg über den Aussichtspunkt Mirador und das Dorf Orellán ist möglich.

Aula Arqueológica: Das Museum am Ortsrand von Las Médulas befasst sich nicht nur mit den Minen selbst, sondern auch mit den Lebensbedingungen der vorrömischen Einwohner und ihren befestigten Siedlungen, den sogenannten „Castros", deren Grundmauern noch an mehreren Stellen der Umgebung erhalten blieben. Erhältlich ist eine Broschüre in Englisch, in der auch die Wanderwege im Gebiet aufgeführt sind. Die Erläuterungen im Museum selbst sind leider nur auf Spanisch abgefasst.

Öffnungszeiten April–Sept. tgl. 10–13.30, 16–20 Uhr, März und Okt. Sa 10–14, 15.30–18, So 10–13,30 Uhr; Eintrittsgebühr knapp 1,50 €, Führungen 15 € (1 1/2 Std.) und 30 € (3 Std.). Die Zeiten wechseln oft, besser vorab anrufen: ✆ 987 422848; www.fundacionlasmedulas.com.

Orellán: Das abgeschiedene, winzige Dörfchen Orellán ist über ein Sträßchen zu erreichen, das von der Verbindungsstraße Carucedo-Las Médulas linker Hand abzweigt. Von der kleinen Siedlung führt eine rund 1,5 Kilometer lange, Straße hinauf zum *Mirador*, von dem sich ein fantastischer Ausblick auf die

Kastilien-León
Karte Seite 194/195

Schafzucht: Auch sie ist noch immer ein wirtschaftlicher Faktor in Kastilien

schroffen Felswände und spitzen Kegel des Minengebiets bietet. Die Parkmöglichkeiten in Orellán selbst sind rar.

• *Übernachten* **Centro Turismo Rural O Palleiro Do Pe Do Forno**, an der „Hauptstraße" von Orellán und Vorreiter unter den allmählich an Zahl zunehmenden Quartieren im Umfeld der Minen. Sechs hübsche Zimmer mit rustikalem Touch, gutes Restaurant im alten Haus nebenan angeschlossen. Angenehme, persönliche Atmosphäre, gute Tipps für Touren – mehrere Leser waren sehr zufrieden. Ganzjährig geöffnet, DZ/Bad ab 45 €. Orellán, Calle San Pablo s/n, ✆ 987 695395/649 711439.

Von Carucedo führt die N 536 weiter nach Westen und trifft beim galicischen O Barco wieder auf die N 120. Für Liebhaber wildromantischer Landschaften lohnt sich wenige Kilometer weiter, kurz hinter A Rúa, dann erneut ein Umweg, diesmal über Puebla de Trives und durch die Schlucht Cañón do Sil – Details im Kapitel zu Galicien.

Weiter auf dem Jakobsweg: Villafranca del Bierzo

Etwa zwanzig Kilometer nordwestlich von Ponferrada, nahe der N VI/A 6 nach Lugo, bildet Villafranca die nächste Etappe am Jakobsweg. Mit alten Adelshäusern und Kirchen, wuchtiger Burg und einer charmanten Plaza Mayor ist das mittelalterliche Pilgerstädtchen durchaus erfreulich anzusehen. Ersehntes Ziel geschwächter Pilger früherer Jahrhunderte war die Kirche *Iglesia de Santiago* (12. Jh.) mit ihrer Puerta del Perdón: Wer aufgrund körperlicher Gebrechen die Reise nach Santiago nicht fortführen konnte, erhielt bereits hier am „Tor der Vergebung" Absolution aller Sünden.

• *Übernachten* *** **Parador Villafranca del Bierzo**, vor fast drei Jahrzehnten errichtetes Gebäude im höher gelegenen Teil des Städtchens, das endlich die dringend benötigte Renovierung erhalten hat. DZ etwa 95–120 €. Avda. Calvo Sotelo s/n, ✆ 987 540175, ℻ 987 540010, villafranca@parador.es.

* **Hotel Res. San Francisco**, einziges Mittelklassehotel vor Ort, Zimmer ordentlich. In der Bar im Erdgeschoss kann es laut werden. DZ nach Saison etwa 50–60 €. Plaza Mayor 6, ✆ 987 540465, ℻ 987 540544, www.hotelsanfrancisco.org.

* **Hostal Comercio**, einfache Pension mit geräumigen Zimmern in einem schönen alten Haus. DZ, nur ohne Bad, bescheidene 21 €. Puente Nuevo 2, ✆ 987 540008.

Nordwestlich von Villafranca del Bierzo markiert der Pass Porto de Pedrafita (1109 m) die Grenze zu Galicien, einer Region mit ganz eigenständigem Charakter. Der letzte Abschnitt des Jakobsweges ist deshalb im Kapitel „Galicien" beschrieben.

▶ **Parque Natural Sierra de Ancares**: Im Gebiet des „Dreiländerecks" Kastilien-León, Galicien und Asturien bewahrt der bis zu Höhen von fast 2000 Meter ansteigende Gebirgszug viel unberührte Natur. In dem seit einigen Jahren als Naturpark unter Schutz gestellten, von Laubwäldern geprägten Landstrich leben Auerhühner, Wölfe und Wildschweine, sind mancherorts noch die strohgedeckten Steinhütten *pallozas* erhalten.

• *Übernachten* ** **Hostal La Cuesta**, in Vega de Espinareda, nur ein paar Kilometer südöstlich des Parks. Eines von mehreren Quatieren im Ort, guter Stützpunkt für Exkursionen. Restaurant angeschlossen. DZ/Bad nach Saison knapp 40 €. Avenida Ancares 50, ✆ 987 564714, ℻ 987 566709, nara@picos.com.

Weiter auf dem Jakobsweg in Galicien: Siehe Seite 470.

Hausstrand eines eleganten Seebades: San Sebastiáns Playa de la Concha

Baskenland

+++ Uraltes Volk, uralte Sprache, uralter Nationalismus +++ Grüne Hügel, graue Industriegebiete +++ Holzhacken, Tauziehen, Steinheben und andere Vergnügungen +++

Ein selbstbewusstes Volk, das vehement und nachdrücklich auf seine Unabhängigkeit pocht – so kennt man die Basken aus den Nachrichten. Weniger bekannt sind die köstliche baskische Küche und die alten Traditionen der Region.

Das Baskenland, auf baskisch *Euskadi*, auf spanisch *País Vasco* genannt, wird im Osten von Frankreich, im Süden von Navarra und der Rioja sowie im Westen von Kastilien-León und Kantabrien begrenzt. Gemeinsam mit Katalonien erhielt die Region als erste der spanischen Gemeinschaften bereits 1979 eine (eingeschränkte) Autonomie zugestanden. Der Status einer Comunidad Autónoma geht extremeren Basken allerdings längst nicht weit genug, sie fordern völlige Souveränität.

Offiziell teilt sich das Baskenland in drei Provinzen. *Gipuzkoa,* auf Spanisch Guipúzcoa genannt, liegt mit seiner Hauptstadt Donosti (San Sebastián) an der Atlantikküste, ebenso weiter westlich Bizkaia (Vizcaya) mit der Hauptstadt Bilbo beziehungsweise Bilbao. Die Provinz *Araba* (Álava) mit ihrer Hauptstadt Vitoria-Gasteiz besitzt hingegen keinen Anteil an der Küste. Soweit die politische Gliederung, doch zählen historisch wie kulturell auch der Norden Navarras sowie drei französische Provinzen zum Baskenland.

In Bezug auf die Bevölkerungsdichte gehört das kleine Baskenland zu den spanischen Spitzenreitern, wird nur noch von der Comunidad Madrid übertroffen. Vor allem die industrialisierten Küstenprovinzen – fast jeder zweite Baske arbeitet in der Industrie – sind es, die den Durchschnittswert hochschrauben. Der Großraum Bilbao zählt zu den am dichtesten besiedelten Gebieten Europas, während in der eher landwirtschaftlich strukturierten Südprovinz Araba vergleichsweise wenige Menschen leben.

Die **Landschaft** des Baskenlandes besteht größtenteils aus sanften, dank der reichen Niederschläge üppig grünen und bis an die Küste reichenden Gebirgszügen, im Osten Ausläufer der Pyrenäen, im Westen solche des Kantabrischen Gebirges. In der von Wäldern, Feldern, üppigen Weiden und den einzeln stehenden Bauernhöfen geprägten Landschaft wird sich mancher, wie schon im 19. Jh. der französische Schriftsteller Théophile Gautier, an die Schweiz erinnert fühlen. Reine Romantik sollte man jedoch nicht erwarten: Wie bereits anhand der Landkarte erkennbar, ist das Baskenland vor allem eine Industrieregion mit sehr dicht ausgebautem Verkehrsnetz. Besonders in der Provinz Bizkaia gehören hässliche Industriebauten zum Bild, ist die nächste Autobahn nie weit entfernt.

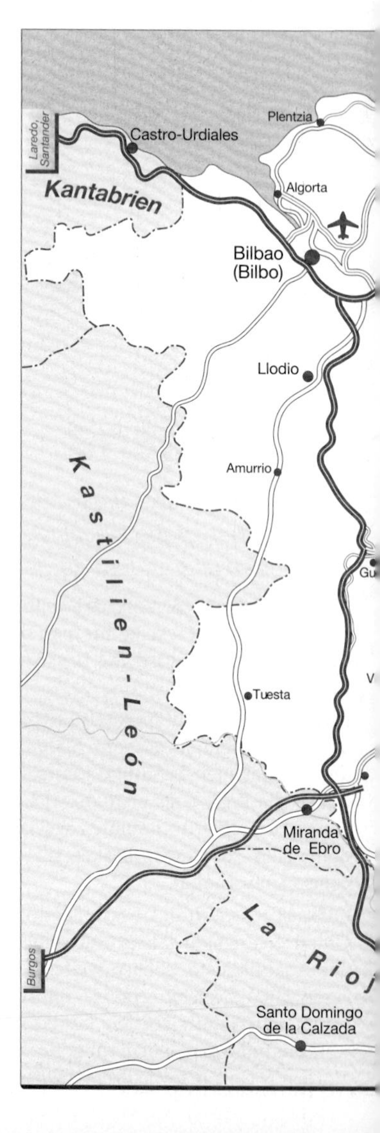

Deutlich trockener und flacher als die nördlichen Mittelgebirge, gleichzeitig stärker landwirtschaftlich orientiert, präsentiert sich der Süden mit der Provinz Alava, die an die Rioja grenzt. Hier macht sich schon der Einfluss der Weiten Zentralspaniens bemerkbar.

Die baskischen **Städte** besitzen, z. T. abhängig von der Region, in der sie liegen, sehr unterschiedlichen Charakter. Schon die Hauptstädte der drei Provinzen machen dies deutlich: *San Sebastián*, baskisch *Donostia* (dies die offizielle Version des Ortsnamens!) ist das elegante Seebad mit nostalgischem Stil und langer Tradition. *Bilbao* bildet die vitale Industriemetropole, die sich dank des fantastischen Guggenheim-Museums und einer groß angelegten architektonischen Erneuerung jedoch auch zunehmender Beliebtheit als Reiseziel erfreut. *Vitoria-Gasteiz* schließlich träumt – trotz seines sehenswerten historischen Zentrums – abseits der Hauptrouten immer noch ein wenig vor sich hin. So manches Kleinod findet sich unter den Fischerstädtchen der Küste: *Hondarribia* (spanisch: Fuenterrabía), *Orio, Getaria* und *Mutriku* in Gipuzkoa, *Ondárroa* und *Bermeo* in Bizkaia haben sich alle ihren alten Ortskern bewahrt.

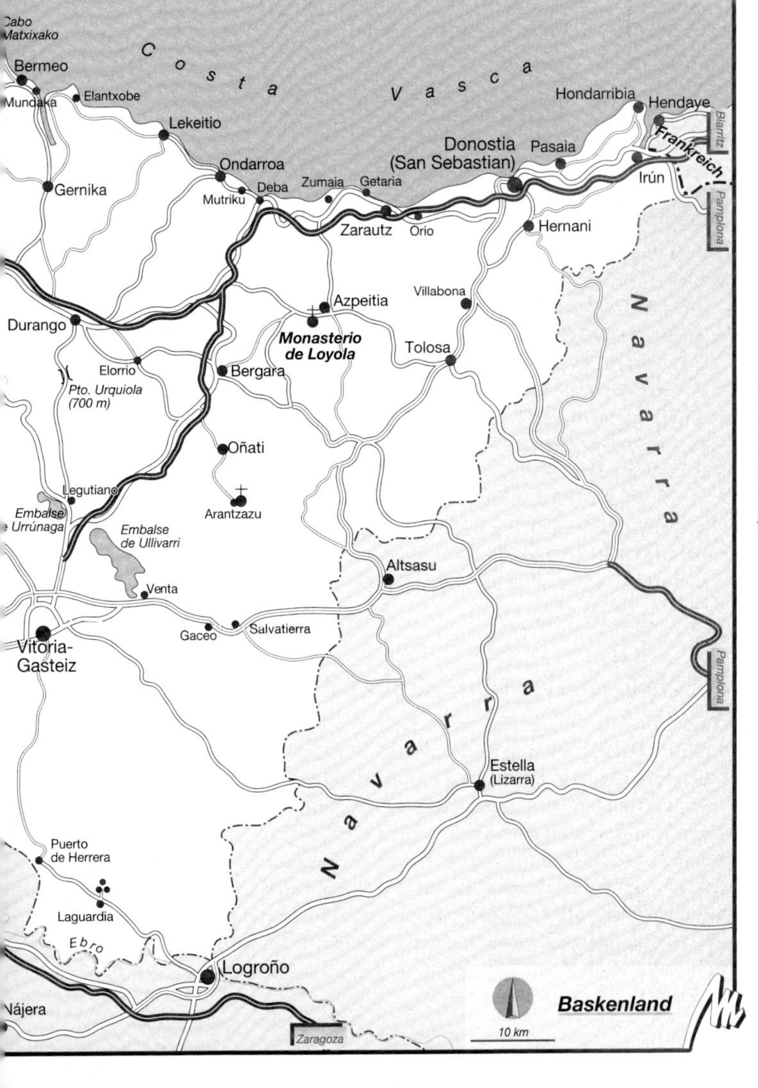

Reizvolle **Badeplätze** finden sich an den Küsten des Baskenlandes zwar durchaus, doch sind dichte Besiedelung und Industrialisierung nicht zu übersehen. Wer es leerer liebt, muss eben weiter nach Westen ziehen. Schöne Strände hat die Region gleichwohl aufzuweisen, die längsten besitzen Donostia (San Sebastián) und das nahe Surfermekka Zarautz. Darüber hinaus lassen sich bei einer Fahrt entlang der 197 Kilometer langen, überwiegend felsigen Küste immer wieder kleine, aber schöne Buchten entdecken. Leider leidet die Wasserqualität vielerorts unter der Einleitung von Industrieabwässern. So ist das Baden insbesondere in der Bucht von Bilbao und im Gebiet der Pasajes bei Donostia (San Sebastián) nicht zu empfehlen.

Jai-Alai, der baskische Volkssport

Jai-Alai, auch als Pelota bekannt, ist ein jahrhundertealtes Ballspiel, das ursprünglich von Kindern gegen Kirchenmauern gespielt worden sein soll, heute aber Profis bestens ernährt. Im Prinzip geht es darum, auf dem lang gestreckten, *frontón* genannten Platz einen Ball ähnlich wie beim Squash abwechselnd gegen eine bestimmte Zone einer Wand zu spielen. Es gibt jedoch über ein Dutzend verschiedene Varianten dieses Sports, nicht nur im Baskenland, sondern auch in Übersee. So haben schon zu Anfang des 20. Jh. emigrierte Basken ihre Passion nach Florida importiert. Auch in Argentinien kennt man eine eigene Form des Jai-Alai. Gespielt werden kann von Einzelakteuren oder ganzen Mannschaften, mit der bloßen Hand oder dem aus Schilfrohr gefertigten Schleuderkorb *txistera,* auch Cesta genannt. Vor allem mit diesem Spielgerät werden wahnwitzige Ballgeschwindigkeiten erreicht, die im Extremfall bis zu 300 Stundenkilometer betragen können. Da die kleinen Bälle mit ihrem Lederbezug und dem speziellen Gummikern äußerst hart sind, ist die Sportart nicht ganz ungefährlich, weshalb die Spieler auch Helme tragen. Jede baskische Stadt besitzt ihren Frontón, und wer die Gelegenheit hat, ein Spiel zu beobachten, sollte sie nicht versäumen.

Zur Schreibweise von Orts- und Straßennamen

Schilder im Baskenland sind meist zweisprachig, oft wurde aber die spanische (kastilische) Bezeichnung entfernt oder übermalt. Da Karten, Pläne, Unterkunftsverzeichnisse etc. sich voll auf die baskischen Bezeichnungen eingestellt haben, verwenden wir diese auch. Bei Ortschaften werden die spanischen Namen in Klammern ergänzt. Eine Ausnahme bildet nur Bilbo, das ganz überwiegend in der spanischen Schreibweise Bilbao bekannt ist und auch so beworben wird. Straßennamen sind ein Problem für sich, lauten beispielsweise im Hotelführer oft auch innerhalb einer Stadt mal auf baskisch, dann wieder auf spanisch – eine gewisse Mischung lässt sich da nicht vermeiden, was übrigens auch für die Namen von Festen gilt.

Geschichte des Baskenlandes

Wie die Wurzeln seiner Sprache ist auch die Herkunft des baskischen Volkes unklar und Anlass zu allerlei Vermutungen. So halten einige Forscher die Basken für die eigentliche iberische Urbevölkerung. Andere Experten glauben wegen der sprachlichen Ähnlichkeiten an eine Einwanderung aus dem Kaukasus.

Schon seit dem Altertum wussten die Basken sich mit auswärtigen Eroberern auseinanderzusetzen. Die Römer nahmen vor allem auf die südlicheren Teile des Baskenlands Einfluss, auf das Gebiet von Pamplona und auf Araba. Dort scheint man sich mit ihnen einigermaßen arrangiert zu haben, Berichte von Kämpfen sind jedenfalls nicht überliefert. Mit den ab dem 5. Jh. herandrängenden Westgoten und auch mit den ihnen folgenden Franken und Mauren schlugen sich die Basken jedoch nach Kräften, ließen notfalls das flache Land im Stich und zogen sich in die Gebirgsregionen zurück, wo man das wehrhafte Volk gerne in Ruhe ließ.

In Kürze: Das Baskenland

Fläche: 7261 Quadratkilometer

Bevölkerung: 2.125.000 Einwohner, das entspricht einer Bevölkerungsdichte von 292 Einwohnern pro Quadratkilometer. Dies ist der höchste Wert Nordspaniens, etwa sechsmal so hoch wie in Navarra und der Rioja.

Schöne Orte: Donostia (San Sebastián), die kleinen Küstenstädtchen Hondarribia (Fuenterrabia), Getaria (Guetaria), Mutriku (Motrico), Ondárroa und Bermeo, die Altstadt von Vitoria/Gasteiz.

Reizvolle Landschaften: Die Naturschutzgebiete Urdaibai und Urkiola in Bizkaia beziehungsweise der Grenzregion von Bizkaia zu Araba; wunderschön liegt das Heiligtum Aranzazu in Gipuzkoa. Landschaftliche Schätze birgt auch die dünn besiedelte Südprovinz Araba (Álava).

Baden: Drei große Strände allein in San Sebastián. Im Großraum Bilbao ist das Baden wegen starker Wasserverschmutzung nicht ratsam.

Nicht versäumen: Einen Tapa-Bummel durch die Altstadt von Donostia (San Sebastián) zu machen und das Guggenheim-Museum in Bilbao zu besuchen.

Internet-Infos: www.euskadi.net, www.baskenlandtourismus.net

Seit dem 10. Jh. tagte im Baskenland alle zwei Jahre ein Ältestenrat, traditionell unter einer Eiche beim heutigen *Gernika* (Guernica), das zur „heiligen Stadt der Basken" wurde; der Stumpf des Baumes ist heute noch zu sehen. Mit dem Erstarken der Königreiche von Navarra und Kastilien kam das Baskenland unter deren Oberhoheit. Setzte sich zunächst Navarra durch, so gewann ab dem 12./13. Jh. Kastilien an Boden. Immer jedoch waren die fremden Könige klug genug, den Basken Sonderrechte (*fueros*) zu gewähren, zu denen Steuererleichterungen und die Garantie auf eigene Sprache und Verwaltung zählten. Diese Sonderrechte und im Gegenzug das Versprechen der Basken, den König anzuerkennen, wurden Jahrhunderte lang immer wieder feierlich unter der Eiche von Gernika erneuert.

Der Bruch dieser Vereinbarung erfolgte erst im 19. Jh. mit den Karlistenkriegen. Wie Katalonien und Aragón hatten auch die Basken auf Don Carlos gesetzt, in der Hoffnung, dieser würde den Regionen ihre Privilegien erhalten. Carlos verlor, die Sonderrechte wurden gestrichen. Etwa gleichzeitig, gegen Mitte des 19. Jh., begann in den Provinzen Gipuzkoa und Bizkaia die Industrialisierung mit Schwerpunkt auf Metallverarbeitung und Schiffsbau. Während des Ersten Weltkriegs, Spanien war neutral geblieben, erlebte das Baskenland einen enormen wirtschaftlichen Aufschwung, der auch der erstarkten Nationalismus-Bewegung weiteren Auftrieb gab.

Nationalsymbol: Stumpf der uralten Eiche von Gernika

Im *Spanischen Bürgerkrieg* (1936–39) stand das Baskenland auf Seiten der Republikaner. Die mörderische Bombardierung der „heiligen Stadt" *Gernika* am 16. 4. 1937, ein von der deutschen „Legion Condor" verbrochener Angriff auf ein rein ziviles Ziel, war natürlich symbolisch gemeint und wurde von den Basken auch so verstanden.

Das Franco-Regime brachte der Region, wie nicht anders zu erwarten, brutale Repressionen. Die baskische Sprache war verboten, regiert wurde mit Knüppel, Schusswaffe und dem eleganteren Mittel skandalöser Gerichtsurteile; ein Umfeld, das die Geburt und den fragwürdigen Aufstieg der ETA (Euskadi ta Askatasuna: „Baskenland und Freiheit") zur Terrororganisation nicht unverständlich erscheinen lässt.

Mit Francos Tod, der Einführung der Demokratie und besonders der Inkraftsetzung einer weitgehenden Autonomie ist eine Normalisierung eingetreten. Eine eigene Polizeitruppe, die Ertzainza – sie trägt, natürlich, die boina genannten roten Baskenmützen – wurde installiert, die baskische Sprache ist nicht nur wieder zugelassen, sondern wird an allen Schulen gelehrt (auch an allen Privatschulen), von zahlreichen Gebäuden weht die baskische Flagge *Ikurriña*. Einzigartig ist die Position des baskischen Regionalparlaments, das als einziges in Spanien selbst Steuern einziehen darf.

Ein erheblicher Teil der Basken ist mit dieser teilweisen Autonomie auch zufrieden, den vielen aus „Restspanien" zugewanderten Werktätigen, die in den Industrieregionen etwa 40 % der Einwohner ausmachen, ist sie wohl mehr oder weniger gleichgültig. Bleibt ein gewisser Bevölkerungsanteil, der nach wie vor völlige Selbständigkeit und die Vereinigung mit den baskischen Gebieten Navarras und Frankreichs zu einem eigenständigen Staat fordert, und der geringe Prozentsatz derjenigen, die zur Erreichung dieses Ziels auch Gewalt für ein akzeptables Mittel halten – ein Riss, der quer durch die baskische Gesellschaft geht.

Das baskische Regionalparlament: Der Querschnitt der politischen Meinungen der Basken spiegelt sich auch in der Zusammensetzung des Regionalparlaments. Die stärkste Kraft sind die baskischen Nationalisten der katholisch-konservativen PNV, einer Partei mit über hundertjähriger Tradition, die seit 1980 in der Regierung sitzt und für die Loslösung vom spanischen Staat eintritt. Zusammen mit ihrem kleineren Bündnispartner EA war sie 2001 von mehr als 42 Prozent der Bürger gewählt worden; beide Parteien hatten fast unmittelbar nach den Wahlen ein Bündnis gegen Gewalt unterzeichnet. Anders die linksextreme Vereinigung der „Baskischen Bürger" Euskal Herritarok (EH), die als Nachfolgeorganisation der verbotenen Herri Batasuna (HB, siehe unten) praktisch den politischen Arm der ETA bildet und bis 2005 10 % der Sitze hielt, bevor sie sich als Aukera Guztiak neu formierte, um gleich wieder verboten zu werden. Rechnet man allerdings PNV/EA und (die verbotene) EH zusammen, so stellen die nationalistischen Vertreter insgesamt die Mehrheit; die großen gesamtspanischen Parteien, nämlich die konservative Partei PP und die Sozialisten von der PSE (dem baskischen Zweig der PSOE), sind mit etwa 40 % in der Minderheit.

Bei den baskischen Regionalwahlen im April 2005 kam es zu einer Pattsituation. Die baskischen Nationalisten der PNV/EA verloren vier Sitze und kamen auf 29 Parlamentssitze – damit konnte Präsident Ibarretxe nicht von einem klaren Votum für seinen „Plan Ibarretxe" reden, der einen eigenen baskischen Staat vorsieht. Dies auch, weil die Koalition der Vereinten Linken (IU) ebenfalls verlor, sodass die PNV/EA zwar die stärkste Partei blieb, aber die Mehrheitsfähigkeit verlor, was Ibarretxe nicht hinderte, eine Minderheitsregierung zu bilden. Die größten Zuwächse bekam ausgerechnet die Regierungspartei PS(O)E, nämlich fünf Plätze mehr auf 18, während die Volkspartei (PP) vier Plätze verlor und auf 15 landete. Die Baskischen Kommunisten EHAK (oder PCTV) bekamen dagegen auf Anhieb neun Abgeordnetensitze – die kurz vorher auch in Form einer Nachfolgerpartei wieder verbotene Batasuna hatte zur Wahl dieser Partei aufgerufen, nachdem man sich auf ein gemeinsames Minimalprogramm geeinigt hatte.

Karte Seite 240/241

Euskadi – Spaniens Unruheherd

Während Katalonien, das in Bezug auf eigene Sprache und Kultur vieles mit den Basken gemeinsam hat, seine Autonomiebestrebungen maßvoll und weitgehend friedlich verficht, machen es die Basken dem spanischen Staat weniger leicht – wohl nicht umsonst sagt man ihnen ein ausgeprägtes Selbstbewusstsein bis hin zur Dickschädeligkeit nach. Zumindest teilweise verständlich wird der Wunsch nach Eigenständigkeit durch die Erfahrungen, die das baskische Volk besonders während des Franco-Regimes machen musste. Dadurch nicht zu entschuldigen sind jedoch die Methoden der „Freiheitsbewegung" ETA.

Die Anfänge: Die ETA formierte sich in den späten 50er-Jahren als zunächst rein politische und gesellschaftliche Linksalternative zu der bestehenden konservativen Nationalbewegung. Zehn Jahre später, 1968, erfolgte mit dem ersten Attentat der Einstieg in den „militärischen Kampf“. Zunächst blieben die Anschläge noch auf hochrangige Vertreter des verhassten Franco-Regimes beschränkt. Nach der Spaltung in die ETA político-militar und die ETA militar 1974 lernten jedoch nicht nur Angehörige der spanischen Politik, Streitkräfte und Polizei, sondern auch Zivilisten den sich stetig steigernden Terror fürchten. Die Sympathie, die die ETA zunächst bei der Linken auch außerhalb des Baskenlandes besaß, hatte sie sich mit immer blindwütigeren Anschlägen bald verspielt. Bombenanschläge, Entführungen und Erpressung von „Revolutionssteuern“ waren und sind die Mittel des blutigen „Befreiungskampfes“, der bislang weit über 800 Tote forderte.

Der GAL-Skandal: Schuldig an der Eskalation war allerdings auch die andere Seite, insbesondere die paramilitärische Polizeitruppe Guardia Civil, die sich häufig ebenfalls brutaler und ungesetzlicher Mittel bis hin zum Mord bediente. Schlagzeilen machten in diesem Zusammenhang die sogenannten „Antiterroristischen Befreiungstruppen GAL“, die in den 80er-Jahren unter Einsatz ausländischer Krimineller Anschläge auf nach Frankreich geflohene ETA-Angehörige verüben ließen. Mindestens 27 vermeintliche Mitglieder wurden dabei ermordet. Wie sich später herausstellte, waren hohe Angehörige der spanischen Regierung bis hin zum damaligen Innenminister José Barrionuevo tief in die Vorgänge verstrickt, sollen sogar Auftraggeber der Morde gewesen sein.

„Jetzt reicht es“: Im Frühjahr 1992 hatte die Festnahme der damaligen Führungsspitze der ETA militar in Südfrankreich noch Hoffnung auf ein Ende der Spirale der Gewalt keimen lassen. Der Optimismus jedoch war verfrüht. Zwar sank die Zahl der Anschläge zunächst tatsächlich, doch stieg sie nach wenigen Jahren umso steiler wieder an. Landesweites Entsetzen löste im Juli 1997 die Ermordung des Kommunalpolitikers Miguel Angel Blanco Garrido aus. Mit der Geiselnahme des 29-Jährigen hatte die ETA versucht, die Zusammenlegung ihrer Häftlinge in Gefängnisse des Baskenlands zu erpressen. Eine Stunde nach Ablauf des Ultimatums wurde der PP-Stadtrat erschossen. Die Spanier, auch die weit überwiegende Mehrheit der Basken, reagierten mit Trauer und ohnmächtiger Wut. *Basta ya*, „jetzt reicht es“ – sechs Millionen drängten sich auf den landesweiten Demonstrationen gegen den Terror, allein in Bilbao 500.000 Menschen. Ganz offensichtlich hatte die ETA mit der Ermordung des jungen Mannes, der mit der hohen Politik nun gar nichts zu tun hatte, eine Grenze überschritten. Ungerührt zeigte sich einzig der politische Arm der ETA, die extrem linke Partei HB (Herri Batasuna, „Vereintes Volk“), die in einem zynischen Kommentar der spanischen Regierung die Schuld an dem Mord gab. Durch einen umstrittenen Prozess verschärfte sich die Situation noch. 1997 musste sich die gesamte Führungsspitze der HB vor dem Obersten Gerichtshof Spaniens verantworten – das erste Verfahren gegen eine legale Partei seit Einführung der Demokratie in Spanien. Den Vorstandsmitgliedern wurde vorgeworfen, nicht nur ETA-Morde öffentlich gerechtfertigt, sondern auch ein Wahlvideo in Auftrag gegeben zu haben, in dem maskierte und bewaffnete ETA-Mitglieder für ihre Organisation warben. Alle 23 Politiker wurden zu jeweils sieben Jahren Haft verurteilt, die HB war praktisch „enthauptet". Die ETA reagierte auf ihre Weise. Hunderte von Politikern und Journalisten erhielten Briefe mit Morddrohungen, die Terroranschläge auf Politiker der regierenden Volkspartei PP häuften sich.

Der kurze Traum vom Frieden: Im September 1998 durfte erstmals an ein Ende des Terrors geglaubt werden. Damals hatte das „Irische Forum", ein Bündnis von Parteien, Bürgerrechtsgruppen und Gewerkschaften des Baskenlands, in seiner „Erklärung von Lizarra" zu einem Friedensprozess nach dem Vorbild Nordirlands aufgerufen. Schon einige Tage später verkündete die ETA eine einseitige, bedingungslose und unbefristete Waffenruhe. Die spanischen Parteien beurteilten den unerwarteten Schritt teils verhalten optimistisch, teils zurückhaltend. Skeptisch zeigte sich Umfragen zufolge auch das spanische Volk.

Die Angst kehrt zurück: Im November 1999 erklärte die ETA den Waffenstillstand, mit einer Dauer von 14 Monaten immerhin der längste in ihrer Geschichte, für beendet. Das Entsetzen in Spanien war groß. Die „Etarras" freilich hatten die Zeit gut genutzt, ihre angeschlagene Organisation neu formiert, Nachwuchs aus der extremistischen Jugendbewegung „Haika" rekrutiert, bei Fabrikeinbrüchen tonnenweise Sprengstoff erbeutet und sich im Ausland mit frischen Waffen eingedeckt. Wenige Wochen nach Beendigung der Waffenruhe explodierte der Terror erneut. ETA-Kommandos ermordeten Polizisten, Militärangehörige, Richter, Unternehmer und Politiker, legten Bomben in Madrid und an den Urlauberküsten des spanischen Mittelmeers

Das Verbot von Batasuna: Im August 2002 verbot das spanische Parlament im Rahmen eines neuen Parteiengesetzes die nationalistische HB; eine umstrittene Maßnahme, die aber wenige Wochen später vom Obersten Gerichtshof bestätigt wurde. Begleitet von blutigen Demonstrationen, schlossen Nationalpolizei und die baskische Polizei Ertzaintza die Büros von Herri Batasuna im Baskenland und in Navarra. Das Verbot der einzig verbliebenen rein baskischen Zeitung Egunkaria trug ebenfalls dazu bei, die Gemüter zu erregen.

Der Plan Ibarretxe: Der nächste Zug im Schach zwischen Basken und spanischer Regierung kam dann wieder von der gemäßigten PNV und nennt sich Plan Ibarretxe. Im Herbst 2002 veröffentlichte der Lehendakari (Präsident des baskischen Regionalparlaments) Juan José Ibarretxe ein Papier, in dem für Ende 2005 der Status des Baskenlandes als „estado libre asociado" angestrebt wurde – de facto also eine Unabhängigkeitserklärung. Denn, so hieß es, die Basken seien ein eigenes Volk mit eigener Identität. Madrid und die EU wiesen die Ziele der Erklärung umgehend zurück, die baskische Regierungskoalition distanzierte sich jedoch in keiner Weise vom Plan Ibarretxe. In Teilen des Volks selbst wächst allerdings der Unmut gegen den „obligatorischen Nationalismus": Bei einer Demonstration in Donostia gingen im Herbst 2002 mehr als 100.000 Prostestierende mit dem Ruf „¡Basta Ya!" auf die Straße, im März 2007 protestierten 75.000 Menschen in Pamplona mit dem Slogan „Vive Navarra Española" nachdem am Tag zuvor Batasuna zur Vereinigung von Navarra und Baskenland aufgerufen hatte. Schließlich ist das Baskenland keineswegs rein baskisch bewohnt (im Gegenteil dominieren in den großen Städten

Baskenland
Karte Seite 240/241

Castellano-sprachige, nicht-baskische Spanier, im „baskischen" Navarra sind sie sogar insgesamt in der Mehrheit), und auch unter den Basken ist die Ansicht über den Plan stark geteilt. Klärung über die generelle Meinung zum Plan Ibarretxe, der ja keineswegs von allen baskischen Parteien getragen wird, sollten die Regionalwahlen 2005 bringen, was sich dann als vergebliche Hoffnung herausstellte.

Klimawechsel und neuer Terror: Die frisch gewählte spanische Regierung unter Zapatero versprach einen neuen Stil im Umgang mit dem Baskenland, und tatsächlich verbesserte sich das Klima, Kommunikation schien möglich geworden zu sein. Die terroristischen Gruppierungen um die ETA allerdings machten weiterhin kein Hehl daraus, dass sie von Verhandlungen nichts halten. Im Sommer 2004 begann eine neue Terrorwelle der ETA, diesmal vor allem gegen den Tourismus an den Mittelmeerstränden gerichtet. Sie zielte eher auf Sachschäden und Presseecho, als auf wirklich substantielle Zerstörungen oder gar Personenschäden und sollte wohl in erster Linie Handlungsfähigkeit demonstrieren. Denn die ETA steht gleich in mehrfacher Hinsicht unter Druck. Zum einen hat nach dem verheerenden Attentat von Madrid im Frühjahr 2004 in der baskischen Bevölkerung ein Meinungsumschwung eingesetzt, der bis weit ins nationalistische Lager reicht: Der Versuch, politische Ziele mit Gewalt zu erreichen, scheint derzeit auch dort kaum mehr salonfähig. Zum anderen dürfte der ETA allmählich das Führungspersonal ausgehen. Im Herbst 2004 gelang nämlich der französischen und spanischen Polizei ein wirklich großer Coup: In einer gemeinsam vorbereiteten Aktion wurden zuerst in den französischen Pyrenäen und ein paar Tage später im spanischen Baskenland führende Köpfe der ETA festgenommen, darunter ihr vermutlich maßgeblicher Bandenchef (wie er in der spanischen Presse korrekt bezeichnet wird) Mikel Albizu alias „Antza". Im März 2005 wurden dann bei den Regionalwahlen Ibarretxe hochfliegende Pläne für ein unabhängiges Baskenland zerschlagen, er musste Verluste einstecken, während die verbotene Batasuna über eine baskisch-nationalkommunistische Partei ihre Parlamentssitze behielt und die PSOE sogar noch zulegte.

„Permanenter Waffenstillstand" und neue Attentate: Nach der Explosion einer Autobombe in Madrid im Sommer 2005 hatte niemand mit einer einseitigen Erklärung der ETA gerechnet, die im März 2006 die Schlagzeilen stellte – die ETA verkündete einen „Permanenten Waffenstillstand". Während die Regierung Zapatero darauf einging und sogar (im Juni) mit direkten Kontakten zu ETA-Leuten begann, ging die konservative PP auf Frontalkurs zu irgendwelchen Gespräche mit Terroristen. Organisierte Straßenunruhen der Extremisten, *kale borroka*, förderten die Ruhe im Lande auch nicht gerade. Der „permanente Waffenstillstand" hielt bis Ende des Jahres, dann war mit dem Attentat am Madrider Flughafen Barajas (30.12.2006) die Schonzeit wieder vorbei. Zapatero brach die Gespräche ab, und Rajoy triumphierte. Bald hatte er noch einmal Gelegenheit dazu: Im März 2007 ließ Zapatero den zu 3000 Jahren Zuchthaus verurteilten ETA-Mann Iñaki de Juana aus dem Zuchthaus Madrid in seine Heimatstadt Donostia in häusliche Pflege verlegen, aus „piedad", wie der Premier betonte, denn de Juana stand nach einem Hungerstreik knapp vor dem Tod. Auch dies brachte wieder einige Hunderttausend aus Protest auf die Straße, wobei jedoch die Mehrheit der Nation mit Zapatero übereinstimmte (Ex-Premier González meinte, er hätte es genau so gemacht).

Neue Allianzen und das Beispiel Katalonien: Im Sommer 2007 kündigte ETA neue Attentate an. Zuvor hatte schon eine Befragung der baskischen Bevölkerung gezeigt, dass die oft beschworene Friedwilligkeit im Baskenland doch nicht so verbreitet ist: 53 % der Befragten sprachen sich für eine Legalisierung von Batasuna aus, dem, wie es heißt, politischen Arm der ETA. Und Batasuna ließ sich auch prompt (im März) als neue Partei ASB /Abertzale Sozialisten Batasuna) für die Wahlen zum Parlament in Madrid aufstellen. Dagegen hatte die baskisch-nationalistische PNV sowohl den Sozialisten als auch der Volkspartei einen Anti-Terror-Pakt gegen ETA angeboten.

Viel diskutiert wurde und wird das neue „Estatut", das die Madrider Zentralregierung bereits im Sommer 2006 Katalonien gewährt hat, Nicht nur behält diese Autonome Region in Zukunft im Schnitt mehr als 50 % aller Steuereinnahmen, die Katalanen durften sich in der Präambel ausdrücklich als „Nation" bezeichnen – das teuerste Zugeständnis, das Spanien einer seiner Regionen machen kann. Dummerweise funktioniert das aber beim Baskenland nicht: Ein Drittel aller Basken lebt im Nachbarland Frankreich, und vom reicheren Nachbarn möchte man sich ungern auf die Hühneraugen treten lassen (die Katalanen in Südfrankreich sind wegen ihrer im Vergleich zu Spanien geringen Zahl dagegen kein Streitobjekt). Und dass die „Grande nation" einer ihrer Sprachgruppen niemals die Bezeichnung „Nation" gönnen würde, versteht sich doch von selbst, nicht wahr?

Batasuna-Verhaftungen und *kale borroka*: Anfang Oktober 2007 wurde praktisch die gesamte Spitze der verbotenen Partei Batasuna verhaftet; die Begründung war „Begünstigung der terroristischen ETA". Am nächsten Tag begannen in verschiedenen baskischen Städten Straßenkämpfe (*kale borroka*), die Mitte des Monats in Donostia/San Sebastián ihren Höhepunkt fanden. Ende des Monats hatte sich die Situation wieder beruhigt. Man wird sehen, was der Beginn der Prozesse gegen die Batasuna-Leitung bringt.

Baskenland
Karte Seite 240/241

Rätselhafte Sprache Euskara

Vom Kastilisch sprechenden Spanien wird das baskische „Euskara" oder „Euskera" gern als „Sprache des Teufels" verspottet, doch kann offensichtlich selbst der Satan wenig damit anfangen.

Einer alten Legende zufolge soll nämlich sogar Luzifer persönlich nach immerhin sieben Jahren Aufenthalt im Baskenland nicht mehr als die Worte „ja" und „nein" beherrscht haben.

Legende wie spöttische Charakterisierung verweisen darauf, wie ungewohnt Euskara in den Ohren klingt. Wer an der Anzeigetafel im Busbahnhof das Schild *Irteerak* (Abfahrt) entdeckt oder sich in einem *Jatetxea* (Restaurant) ein *Garagardoa* (Bier) genehmigt, wird keine Ähnlichkeit zu irgendeiner der bekannten Sprachen feststellen können. Während alle anderen westeuropäischen Sprachen aus dem Indogermanischen entstanden, ist Baskisch noch älter als diese Ursprache. Seine Herkunft ist bis heute nicht geklärt. Untersuchungen ergaben entfernte Ähnlichkeiten mit kaukasischen und hamitisch-semitischen (afroasiatischen) Sprachen. Interessant ist die Übereinstimmung vieler Wörter mit dem Sardischen, speziell im Licht genetischer Verwandschaft beider Völker: Basken wie Sarden besitzen jeweils einen ungewöhnlich hohen Bevölkerungsanteil mit negativem Rhesusfaktor, Indiz für eine nicht-indoeuropäische Abstammung. Das Verdikt des großen Sprachwissenschaftlers Frederick Bodmer bleibt dennoch bestehen: „Baskisch ... hat keine deutliche Ähnlichkeit mit irgendeiner Sprache der Welt."

Vierzehn Worte Baskisch

Natürlich wird im Baskenland überall Spanisch verstanden und gesprochen, doch freut sich jeder echte Baske über ein paar Wörter in seiner Heimatsprache.

Guten Morgen (bis Mittag)	*Egun on*	Bitte (als Aufforderung)	*Mesedez*
		Danke	*Eskerrik asko*
Guten Tag (bis zum Abend)	*Arratsalde on*	Bitte (als Antwort auf Danke)	*Ez horregatik*
Gute Nacht	*Gabon*	Ja	*Bai*
Hallo!	*Kaixo!*	Nein	*Ez*
Wie gehts?	*Zer moduz?*	Entschuldigung!	*Barkatu*
Sehr gut, und Dir?	*Ni oso ondo, eta zu?*	Tschüss!	*Agur!!*
		Bis später!	*Gero arte*

Verbindungen

Zug: Keine Verbindung entlang der Küste mit der Staatsbahn RENFE. Deren baskische Hauptlinie führt, von Madrid über Burgos oder Zaragoza kommend, zum Knotenpunkt Altsasu (Alsasuna) und weiter nach Donostia (San Sebastián) und Irún an der Grenze zu Frankreich. Bilbao ist auf einer Nebenlinie über den Knotenpunkt Miranda de Ebro zu erreichen.

Schmalspurbahnen (Oberbegriff FEVE: Ferrocarriles Españoles de Vía Estrecha), die entlang der gesamten nördlichen Atlantikküste praktisch das Monopol besitzen, sind hier die Alternative zur Staatsbahn. Im Baskenland wichtig ist besonders die Linie Hendaye (Endpunkt der französischen Bahn)-Irún-Donostia (San Sebastián)-Bilbao der Gesellschaft Euskotren (Ferrocariles Vascos (ET/FV). Schnell sind die Züge nicht gerade: Der Bus braucht für die Strecke Donostia (San Sebastián)-Bilbao eine Stunde, der Zug zweieinhalb. Dennoch, oder vielleicht gerade deswegen, macht die Reise Spaß. Ab Bilbao ist dann die Weiterfahrt mit FEVE über Santander und Oviedo bis ins galicische Ferrol möglich und eine weitere Linie führt (1 x tgl.) über das Kantabrische Gebirge und durch den Norden der Provinz León nach Léon, von wo es RENFE-Züge nach Vigo, A Coruña und nach Süden in Richtung Madrid gibt.. Interrail- und andere Bahnpässe sind bisher auf diesen Linien nicht gültig. Eines Tages könnte sich das ändern – falls der Anschluss der Schmalspurbahnen an die RENFE, über den immer wieder mal Spekulationen auftauchen, wirklich Realität werden sollte.

Bus: Da die Euskotren-Bahnlinie von Donostia (San Sebastián) nach Bilbao nur selten in Meeresnähe verläuft, bleibt der Bus für die meisten Küstenorte die einzige Wahl. Trostpflaster für eingefleischte Bahnfans: Das Netz ist engmaschig und effektiv, auch kleinere Ortschaften werden meist mehrmals täglich angefahren.

Feste

Die Basken, gemeinhin als freundlich, anständig, religiös und schweigsam charakterisiert (Hemingway nannte sie „die großen Kinder Spaniens"), wissen zu feiern, lieben Musik und ihre mehr als hundert oft uralten Tänze.

Ihrem Brauchtum sind sie sehr verbunden, ebenso ihren für Spanien ungewöhnlichen Sportarten, die bei kaum einem Fest fehlen und meist auf traditionellen Arbeiten beruhen: Höchst beliebt sind Wettkämpfe der Holzhacker *(aizkolaris)*

Baskische Feste – eine Auswahl

La Tamborrada, am 20./21. Januar zu Ehren des Stadtpatrons, in Donostia (San Sebastián) und Azpeitia, beide in der Provinz Gipuzkoa.

Fiesta de San Blas, 3. Februar; baskische Tänze in Idiazábal (Gipuzkoa).

Iñauteriak, Karneval bzw. Fasching, teils uralte Kostüme aus der Zeit vor der Christianisierung, in Tolosa und Amezketa (Gipuzkoa) sowie in Zalduendo und Salcedo (Araba). Auch Donostia (San Sebastián) feiert kräftig.

Fiesta de San Juan, 24. Juni, in vielen Orten. Besonders traditionell verlaufen die Feiern in Laguardia (Araba).

Fiesta de San Pedro, vom 28. bis 30. Juni in Zumaia (Zumaya/Gipuzkoa).

Fiesta de San Marcial, 30. Juni, das Hauptfest der Grenzstadt Irún.

Internationales Jazzfestival, in der zweiten Julihälfte, in Donostia (San Sebastián).

Fiesta de la Magdalena, um den 21./22. Juli in Bermeo (Bizkaia), unter anderem mit nächtlicher Fischerfahrt.

Dia de San Ignacio de Loyola, 31. Juli, ein Festtag in ganz Gipuzkoa.

Fiestas de la Virgen Blanca, 4.-9. August, in Vitoria-Gasteiz. Die sonst eher ruhige Stadt explodiert förmlich.

Aste Nagusia (span.: Semana Grande), die „Große Woche", um den 15. August in San Sebastían mit Riesenprogramm. Bilbao feiert die Aste Nagusia ab dem Samstag nach dem 15. August.

San Roke (span.: San Roque), am 14.8. in Deba (Deva/Gipuzkoa), vom 15. bis 18. August in Gernika (Guernica/Bizkaia).

Virgen de Guadalupe, mehrere Tage um den 8. September in Hondarribia (Fuenterabia/Gipuzkoa).

Käsefest der Region Idiazábal, mit Wettbewerb und Versteigerung der berühmten Käse, am ersten oder zweiten Mittwoch im September (wechselnd) in Ordizia (Gipuzkoa, südwestlich Tolosa).

Fiestas de San Antolín, 1.-8. September in Lekeitio (Lequeitio/Bizkaia).

Ruderregatten an den ersten beiden Septembersonntagen in Donostia (San Sebastián).

Internationales Filmfestival, zweite Septemberhälfte in Donostia (San Sebastián).

Feria de Gernika, jeweils am ersten und letzten Montag im Oktober in Gernika (Guernica/ Bizkaia).

Santo Tomás, am 21. Dezember, in Donostia (San Sebastián).

Karte Seite 240/241

und Steinheber (*harrijasotzales*), außerdem Wettbewerbe im Grasmähen, Tauziehen und ähnlich rustikalen Männeraktivitäten. Auch die Nutztiere werden für solche Spiele eingespannt – Ochsen müssen Steinblöcke ziehen (*ididema*), Schäferhunde ihre Hütekunst beweisen. Berühmt sind die baskischen Ruderregatten und das traditionelle Ballspiel Jai-Alai, auch als Pelota bekannt.

Doch auch Poesie ist im Spiel: Beliebte Protagonisten der Feste sind die hoch angesehenen Tänzer (*dantzaris*), oft auch Stegreifdichter (*bertsolaris*), die sich in gesungenen Reimen zu übertreffen versuchen.

Küche und Keller

Die baskische Küche gilt zu Recht als die beste Spaniens – von den etwa 90 spanischen Restaurants, die sich mit einem Michelinstern schmücken dürfen, liegen allein acht in Donostia (San Sebastián) und Umgebung, davon zwei der nur vier Dreistern-Restaurants des Landes. Baskische Restaurants finden sich denn auch in jeder Großstadt Spaniens. Gekocht wird dabei nicht nur raffiniert, sondern auch reichlich.

Hungrige Esser dürfen sich deshalb auf große Portionen freuen. Ihre Spezialitäten entnimmt die baskische Küche natürlich überwiegend dem Atlantik. Fisch und Meeresgetier bestimmen den Speisezettel. Die Auswahl ist immens – hier nur ein Überblick über die bekannteren Gerichte. *Kokotxas* sind etwas ganz Besonderes und stehen auch preislich an der Spitze: Für sie wird nur das Fleisch aus der Kinnpartie des sonst preisgünstigen Seehechts (*merluza*) verwendet. *Besugo* (Seebrasse), *sardinas* (Sardinen) und *atún/bonito* (Thunfisch) zählen zu den beliebtesten Fischarten, ebenso *angulas*, winzige Glasaale, von denen erst etwa fünfzig eine Portion ergeben. Alle Fischgerichte werden entweder schlicht und köstlich gegrillt oder kommen mit verschieden Saucen auf den Tisch: *à la vizcaina*, eine rote Sauce mit Zwiebeln und Paprikaschoten, *al pil-pil*, eine weiße Sauce, entstanden durch langsames Braten des Fisches in Öl, mit Knoblauch und Pfefferschoten, und *salsa verde*, eine grüne Sauce aus Spargel, Erbsen und Petersilie. Solcherart behandeln die Basken auch den Stockfisch *bacalao*, der vorzüglich mundet, ungeachtet seines Aussehens. Optisch ebenfalls gewöhnungsbedürftig sind die vorzüglichen *chipirones en su tinta*, kleine Tintenfische in einer Sauce, die ihre Tinte schwarz gefärbt hat. Rustikaler und sehr sättigend ist der Thunfisch-Kartoffel-Eintopf *marmitako*; Fleischfans werden die großen Koteletts *chuletón* schätzen.

Als Abschluss darf es gern ein Stück vom kräftigen Schafskäse aus *Idiazábal* sein, der, ähnlich wie Wein, durch eine eigene Herkunftsbezeichnung (D.O., Denominación de Origen) geschützt ist. Manche Sorten werden kurz vor dem Verkauf mit Buchen- oder Eichenholz geräuchert, die besten Qualitäten mit dem Holz von Weißdorn und Kirsche. Auch an Süßigkeiten gibt es im Baskenland eine reichhaltige Auswahl, Süßschnäbel werden sicher von der Feria de repostería begeistert sein, dem Fest der Süßigkeiten, das jährlich Ende März in Tolosa stattfindet und jedes Mal eine neue Dessertkreation vorstellt.

Unter den Weinen ist der in den Küstenstreifen von Gipuzkoa und Bizkaia angebaute, spritzig-säuerliche Weißwein *Txakolí* (sprich: Tschakoli) zu nennen. Nicht zu vergessen die hervorragenden Riojas aus der *Rioja alavesa*, der südlichsten Ecke des Baskenlands, siehe Kapitel „La Rioja". Doch zählt nicht nur Wein zu den gängigen Getränken des Baskenlands: Wie in Asturien wird auch hier viel Apfelwein *sidra* getrunken. *Sidrerías* nennen sich die hierauf spezialisierten, urigen Kneipen.

Provinz Gipuzkoa (Guipúzcoa)

Mit dem königlichen Seebad Donostia (San Sebastián) hält Gipuzkoa den höchsten touristischen Trumpf des Baskenlandes in der Hand. Doch auch manch anderes, kleineres Küstenstädtchen kann sich sehen lassen.

Irún

(59.000 Ew.)

Die Grenzstadt Irún zählt nicht zu den besonderen Schönheiten des Baskenlands, besitzt aber um die Kirche N. S. del Juncal und das neue Römermuseum Oiasso ein nicht unattraktives Zentrum.

Irún ist ein wichtiger Industriestandort mit wenig attraktiven Vororten und praktisch ohne Fremdenverkehr, es gibt keine wirklich guten Nächtigungsmöglichkeiten (aber dafür eine ganze Latte im nahen Hondarribia, siehe unten). Bei später Ankunft aus Frankreich mag eine Übernachtung dennoch erwägenswert sein, denn von Juli bis September wird die Quartiersuche in Donostia (San Sebastián) spätestens ab dem Nachmittag praktisch aussichtslos. Günstige Hostals und Fondas finden sich im Gebiet um die Bahnhöfe der RENFE und Euskotren, speziell in und um die Calle Estación beim Bahnhof der Staatsbahn. Nur am 30. Juni kommen zahlreiche Fremde in die Stadt, dann findet nämlich das örtliche Hauptfest *Fiesta de San Marcial* statt.

Irún ist das römische Oiasso (oder Easo), das ein so wichtiger Hafenort war (der damalige Hafen ist längst versandet), dass es in der Tabula Peutingeriana aufscheint. Erst jüngste Ausgrabungen haben die römischen Wurzeln der Stadt freigelegt und ihre Bedeutung geklärt: In Oiasso wurde Zinn aus Cornwall und später Eisen aus Wales vom Schiff ausgeladen, um dann über Land zu den Häfen des heutigen Katalonien transportiert und von dort wieder per Schiff zu den Verarbeitungsstätten rund ums Mittelmeer (z. B. nach Zypern) gebracht zu werden. Damit vermied man die stürmische Biskaya und den langen Umweg um die Iberische Halbinsel. Das 2006 eröffnete Museo Oiasso zeigt im großzügigen räumlichen Rahmen des städtischen Warenspeichers von 1790 Funde aus der römischen Vorgängerin von Irún, informative Videos und zwei sehr eindrucksvolle computergenerierte Filme über das Leben in Oiasso. Die etwas unterhalb des Museums gelegene Kirche Nuestra Señora de Juncal ist für Kunstinteressierte ebenfalls einen Besuch wert.

Die reizvolle Berglandschaft des Naturparks Aiako Herria (span.: Peñas de Haya) wenige Kilometer südlich von Irún ermöglicht einen hübschen Halb- oder Ganztagesausflug mit dem Auto oder – sehr beliebt aber wegen einiger steiler Strecken nicht ganz einfach – mit dem Rad. Die Bergstraße beginnt in Irún, verläuft über den ca. 700 m hohen Rücken des Berglandes, über dem bis 1300 m hohe Felsenriffe aufragen, und endet in Oiatzun westlich Irún).

Karte Seite 240/241

• *Öffnungszeiten* Museo Oiasso/Erromatar Museoa Okt.-Mai Di-So 10-14/16-19 Uhr, Juni-Sept. sowie Karwoche/Ostern Di-So 10-14/16-20 Uhr; Eintritt frei; www.oiasso.com.

• *Information* **Info-Kiosk** an der Brücke über den Bidasoafluss, Ostumfahrung Hendaye, Endarlaza hiribiada s/n, kein Stadtbüro (Infos in Hondarribia, s. unten); www.bidasoaturismo.com.

• *Verbindungen* **Zug**: Der Bahnhof Irún hat als alter Grenzbahnhof nach wie vor Bedeutung, da die Spurbreiten der spanischen und französischen Bahn unterschiedlich sind. Euskotren fährt nach Hendaye (Frankreich) zu den SNCF-Zügen (dort Mini-Bahnhof neben dem SNCF-Bahnhof) und nach Bilbao über Donostia.

Flug: Flughafen (5 km) siehe Donostia.

Hondarribia (Fuenterrabia)

Kaum vier Kilometer nördlich von Irún zeigt sich das Baskenland schon von einer viel hübscheren Seite. Das kleine Städtchen Hondarribia besteht aus zwei Ortsteilen, die beide ihren Reiz besitzen.

Das mauerbewehrte alte Zentrum von Hondarribia besetzt mit seinen engen Pflastergassen und den repräsentativen Bauten der Renaissance und des Barocks einen Hügel oberhalb der Küste. Hier geht es eher ruhig zu, ist die Atmosphäre gelassen und beschaulich.

Mehr Trubel herrscht im etwas jüngeren Viertel, das sich unterhalb um den Fischereihafen an der Mündung des Río Bidasoa etabliert hat. Mit bunt bemalten Häusern und Balkonen und mit viel Blumenschmuck ist es aufs Netteste herausgeputzt. Das freut die vielen Besucher, denn Hondarribia ist natürlich schon längst „entdeckt“. Dennoch macht es viel Spaß, durch die Gässchen zu bummeln, einen Blick in die Antiquitätengeschäfte zu werfen oder vom Stadthügel die Aussicht zu genießen. Der an sich sehr breite Strand des Ortes allerdings ist im Sommer mehr als gut besetzt. Als Alternative für Fahrzeugbesitzer bieten sich die zahlreichen kleinen Felsstrände der Halbinsel an, die auf Wanderwegen von der Höhenstraße aus zu erreichen sind.

• *Information* **Bidasoa Turismo**, Jabier Ugarte Kalea 6, beim brunnengeschmückten Kreisverkehr an der Hauptzufahrt unterhalb der Altstadt im „Polvorin“ (ehem. Pulvermagazin); ✆ 943 645458, 📠 943 645466, www.bidasoaturismo.com. Geöffnet ist Mo–Fr 9–13.30, 16–18.30 Uhr, Sa 10–14 Uhr; von Juli bis Mitte September erweiterte Öffnungszeiten. Interessante audiovisuelle Einführung in die Stadtentwicklung. Hier auch Infos über Wanderrouten in der Umgebung.

• *Verbindungen* **Bus**: Mehrere Haltestellen, unter anderem an der Zuloaga Kalea im unteren Viertel. Busse fahren mehrmals stündl. von/nach Irún und San Sebastián.

Schiff: Vom zentralen Anleger Embarcadero verkehren ganzjährig Schiffe zum französischen Hendaye auf der anderen Seite der Bucht; Fahrpreis etwa 1,50 €.

Mietwagen: Avis, Flughafen Donostia-San Sebastián, ✆ 943 668548.

• *Übernachten* Hoher Standard, hohes Preisniveau; einfache, günstige Quartiere sind selten. Wer mit niedrigem Budget unterwegs ist und nicht campt oder in der Jugendherberge nächtigt, wird es im Sommer vielleicht bei einem Tagesausflug belassen müssen. Im Juli und vor allem im August kann es der relativ niedrigen Bettenzahl wegen sehr schwer werden, Platz zu finden. Eine Alternative für längeren Aufenthalt sind Agroturismo-Betriebe, eine Liste gibt es bei der Infostelle.

**** **Parador El Emperador**, das jüngst renovierte und aufgemöbelte Hotel liegt auf dem höchsten Punkt der Altstadt. Sitz ist eine restaurierte, wuchtige Burg, die in ihren Ursprüngen auf das 10. Jh. zurückgeht und in ihrer heutigen Form aus dem 17. Jh. stammt. Zur Saison Reservierung ratsam. DZ etwa 200 €. Plaza de Armas 14, ✆ 943 645500, 📠 943 642153, www.parador.es.

*** **Hotel Pampinot,** charmantes kleines Hotel in einem Palast des 17. Jahrhunderts. Ruhige Lage hinter dicken Mauern, nur acht Zimmer – zur Saison Reservierung wohl unumgänglich. DZ nach Saison und Ausstattung etwa 105–150 €. Kale Nagusia 5, ✆ 943 640600, ✆ 943 645128, www.hotelpampinot.com.

*** **Hotel Río Bidasoa**, angenehmes bürgerliches Hotel unterhalb der Altstadt zwischen Hauptstraße und Küste mit großem Garten, sehr ruhig, zum Strand500 Meter. Etwas abgeblättertes Mobiliar aber gute Bäder, mit Restaurant. DZ ca. 90-130 €. Nafarroa Behera 1, ✆ 943 645408, ✆ 943 645170, www.hotelriobidasoa.com.

** **Hotel Res. San Nikolas**, kleines Hotel in einem historischen Gebäude der Altstadt unweit des Paradors. Eine empfehlenswerte Adresse mit gutem Preis-Leistungs-Verhältnis, Leser waren zufrieden. Angenehme Atmosphäre, gemütliche DZ nach Saison 45-90 €. Plaza de Armas 6, ✆ 943 644278, ✆ 943 646217.

** **Hostal Res. Alvarez Quintero**, beim Kreisverkehr nahe der Infostelle. In einem großen Wohnblock und trotzdem ein spanisches Hostal vom alten Schlag. Freundlich geführt. Manche Zimmer sind etwas dunkel und nicht ganz leise, insgesamt aber solide. DZ nach Lage, Ausstattung (ohne/mit Bad) und Saison knapp 35–55 €. Beñat Etxepare 2, ✆ 943 642299.

Casa Huespedes Txoko Goxua, in einem hübschen Häuschen am südlichen Rand der Altstadt. Ordentliches Quartier, allerdings nur sechs Zimmer, das DZ nach Saison knapp 50–60 €. Murrua 22, Apdo. 189, ✆ 943 644658.

Jugendherberge Albergue Juvenil „Juan Sebastián Elcano" (IYHF), Crta. Faro s/n, etwas außerhalb Richtung Leuchtturm; Busse „Playa". Oft belegt, zeitweise geschlossen, besser vorher anrufen: ✆ 943 641550, ✆ 943 640028.

• *Camping* **Jaizkibel** (3. Kat.), im Grünen etwa einen Kilometer westlich des Zentrums, relativ schattig, mit guten Sanitärblocks und Bar/Restaurant. Für mobile Camper wegen der einigermaßen moderaten Preise durchaus eine Alternative zu den Plätzen bei San Sebastián. Für Caravans, Wohnmobile und große Familienzelte ist allerdings zur Hochsaison auch hier die Miete einer teuren Parzelle obligatorisch. Ganzjährig geöffnet; p.P., Auto, knapp über 4 €, Zelt nach Größe 4,50-6 €. Crta. Guadalupe, km 22, ✆ 943 641679, ✆ 943 642653.

Faro de Higuer (3. Kat.), am Kap im Norden, Nähe Leuchtturm in hübscher Lage am Kap, mit Bar-Restaurant. Etwas größer und einen Tick preisgünstiger als die Konkurrenz; vom Ortskern allerdings deutlich weiter entfernt. Paseo del faro, ✆ 943 641008, ✆ 943 640150.

• *Essen* Die **San Pedro Kalea,** beliebteste „Fressgasse" Hondarribias, birst geradezu vor Tapa-Bars und Restaurants. Zwei preiswerte, bei den Einwohnern beliebte Self-Services finden sich in hübscher Lage an der Uferpromenade.

Rest. Ramón Roteta, das Nobellokal von Hondarribia, im Sommer stets gut besuchter Treffpunkt der urlaubenden Promis: Reservierung ratsam. Klar, dass das reizvolle Ambiente und die fantasievolle Küche ihren Preis haben; das Menü kommt auf rund 40 €. Irún Kalea 1, im südlichen Ortsbereich, meerwärts der Altstadt; ✆ 943 641693. Außerhalb der Saison So-Abend und Di geschlossen.

Rest. Alameda, der Aufsteiger des Ortes und *die* Konkurrenz zu Ramón Roteta – mit einem Michelinstern geschmückt, Menüs ca. 43 € und 60 €. Minasoroeta 1, südlich der Altstadt; So-Abend und Mo geschlossen; ✆ 943 642789.

• *Feste* **Virgen de Guadalupe**, mehrere Tage um den 8. September, das Patronatsfest der Stadt. Am Tag der Heiligen Wallfahrt zur Kapelle Nuestra Señora de Guadalupe an den Hängen des Jaizkibel.

▸ **Auf den Jaizkibel**: Wer etwas Abstand zum sommerlichen Betrieb von Hondarribia sucht, für den empfiehlt sich eine Exkursion auf den Berg Jaizkibel. Von der großen Kreuzung in Hondarribia führt die Straße, vorbei am Camping „Jaizkibel", zunächst zur fünf Kilometer entfernten Wallfahrtskapelle *Nuestra Señora de Guadalupe*. Schon hier bietet sich eine fantastische Aussicht; in der Nähe liegen die Reste des verfallenen Forts Fuerte de Guadalupe. Von der Kapelle sind es noch mal rund vier Kilometer bis unterhalb der 545 Meter hoch gelegenen Gipfelregion, von der aus der Blick bis Donostia (San Sebastián) und weit nach Frankreich hinein reicht. Statt hier umzukehren, kann man der Straße auch weiter Richtung Westen folgen, erreicht nach etwa zehn Kilometern

Baskenland Karte Seite 240/241

dann *Pasaia de San Juan*. Es gibt auch einen markierten Wanderweg zwischen Hondarribia und Donostia, der über den Jaizkibel führt, dieser ist identisch mit dem Jakobsweg entlang der Küste.

• *Gratis-Infobroschüre* In den baskischen Touristeninformationen gibt es gratis die ausführliche Broschüre „Zwei Wege nach Santiago", die den Küstenweg zwischen Irún/Hondarribia und Bilbao/Balmaseda und den Weg durch das Landesinnere über Vitoria-Gasteiz bis zur Grenze mit der Provinz Burgos beschreibt.

▸ **Pasaia (Pasajes)**: Schon etwas näher an San Sebastián als an Hondarribia liegt in einem tiefen Meereseinschnitt der Handelshafen der Provinz Gipuzkoa. Drei Ortschaften verteilen sich auf die Bucht. Während *Pasaia Ancho* den wenig attraktiven eigentlichen Handelshafen besitzt und in *Pasaia de San Pedro* die Fischereiflotte liegt, hat sich *Pasaia de San Juan* noch am ehesten den typischen Charakter bewahrt: ein charmantes Dörfchen mit hübschen Häusern, bunt bemalten Balkonen und guten Fischrestaurants. Regelmäßige Bootsverbindung zwischen den Ortsteilen.

Feste **Encierros**, Stierläufe, wechselnde Termine um den 7. Juli. Ebenso gefährlich wie die von Pamplona: 1993 wurde ein Spanier vom Stier aufgespießt und starb.

Donostia (San Sebastián)

(180.000 Einwohner)

+++ Belle Epoque und blaues Blut ++++ Buntes Sommerprogramm ++++ Zur Saison Quartiersuche schwierig ++++

Schon im 19. Jh. war San Sebastián, baskisch Donostia genannt, die inoffizielle Sommerresidenz des Königshofs. Elegantes Flair zeichnet die Stadt auch heute noch aus.

In Traumlage schmiegt sich die Provinzhauptstadt in ihre halbkreisförmige Strandbucht *La Concha*, „die Muschel". Oft mit Biarritz verglichen, bewahrt das viel besuchte Seebad wie sein französisches Pendant noch jenen Anflug von Nostalgie, der an die goldenen Zwanzigerjahre erinnert. Doch ist Donostias touristische Geschichte älter, reicht zurück bis 1845, als der spanische Königshof hier erstmals seine Ferien verbrachte. Bis über den Ersten Weltkrieg hinaus war die Stadt die heimliche Sommerhauptstadt Spaniens, blieb auch zur Franco-Zeit bevorzugte Sommerfrische der Aristokratie.

Mittlerweile gibt sich Donostia (San Sebastián) weniger elitär. Das Publikum an der Hauptpromenade *Paseo de la Concha* reicht von der kauzigen Engländerin, die ihre Windhunde spazieren führt, über spanische Familien bis zum Freak mit dem Schlafsack unterm Arm, nicht zu vergessen die zahlreichen Jogger, die hier jeden Abend ihr Training mit Meerblick absolvieren. Entsprechend bunt und lebendig gestaltet sich das sommerliche Treiben auf den Flanierwegen und an den schönen, vor den atlantischen Wogen weitgehend geschützten Stränden. Die Stadtverwaltung tut ihr Bestes, die unterschiedlichen Besuchergruppen zufriedenzustellen – kein anderer Ort am spanischen Atlantik, mit Ausnahme vielleicht noch von Santander, hat einen so dichten und vielfältigen Veranstaltungskalender vorzuweisen wie Donostia.

Orientierung: Vom unschönen Anblick der die Provinzhauptstadt umgebenden Industriezonen und Neubaugebiete sollte man sich von einem Besuch

Das „spanische Biarritz": schmucke Fassaden in San Sebastián

wirklich nicht abhalten lassen. Trotz einer Bevölkerungszahl von immerhin etwa 180.000 Einwohnern bleibt die Stadt leicht überschaubar, liegt alles Wichtige eng beisammen.

Das engere Zentrum von Donostia (San Sebastián) erstreckt sich zwischen dem *Río Urumea* im Osten und der Bucht *Bahia de la Concha* im Westen. Der Hafen und die schachbrettartige *Altstadt,* mit zahlreichen Gaststätten Treffpunkt der Kneipenbesucher und Feinschmecker, liegen unterhalb des weit ins Meer vorgeschobenen Stadthügels *Monte Urgull.* Landeinwärts bildet die *Alameda del Boulevard* die Grenze zu den ebenfalls rechtwinklig aufgebauten jüngeren Vierteln, die mit Boulevards, Promenaden und vielen schönen Häusern des Fin de siècle ihren eigenen Charme besitzen.

Baskenland
Karte Seite 240/241

Geschichte

Die Geschichte Donostias verlief wenig spektakulär, eine Tatsache, die auch für andere große Küstenstädte des Nordens gilt – die frühen Königshäuser residierten lieber im Landesinneren als an der Küste. In späteren Zeiten verlagerte sich die Macht noch weiter südwärts nach Zentralspanien.

Eine kleine Siedlung des 10. Jh., die um 1014 erstmals urkundlich erwähnt wurde, ist wahrscheinlich die älteste permanente Niederlassung im Raum von Donostia, doch zeigen jüngste römische Funde am Fuß des Monte Urgull, daß auch in der Antike hier bereits Menschen lebten. Unter den Königen von Navarra und später von Kastilien entwickelte sich der Ort zu einem blühenden Handels- und Fischereihafen; bis nach Neufundland reichte der Aktionsradius der hiesigen Walfangflotte. Dank ihrer starken, 1863 fast völlig zerstörten Stadtmauern, überstand die Siedlung im 15. und 16. Jh. mehrere Belagerungen durch die Franzosen, musste allerdings 1709 die Engländer einziehen lassen.

1808 wurde das Schicksalsjahr für Donostia (San Sebastián): Im Spanischen Unabhängigkeitskrieg schossen die vereinten britischen, portugiesischen und spanischen Streitkräfte die von den Franzosen gehaltene Stadtfestung in Brand. Nur 35 der damals über 600 Häuser überstanden das Bombardement und das folgende verheerende Feuer, Erklärung für den Mangel an historischer Bausubstanz. Wenige Jahrzehnte später setzte der touristische Aufschwung zum mondänsten Seebad Nordspaniens ein.

Information

• *Information* **Oficina Municipal de Información**, Centro de Atracción y Turismo, nahe der Zurriola-Brücke über den Fluss; Calle Reina Regente 8, ✆ 943 481166, 📠 943 481172, www.sansebastianturismo.com. Geöffnet Juni–Sept. Mo–Sa 8–20 Uhr, So 10–14 Uhr; sonst Mo–Sa 9–13.30, 15.30–19 Uhr, So 10–14 Uhr.

Oficina de Turismo del Gobierno Vasco, das Büro der Comunidad am Paseo de los Fueros 1, ist seit längerer Zeit geschlossen, Wiedereröffnung fraglich.

Verbindungen

• *Flug* Flughafen (Info: ✆ 943 668500) etwa 20 Kilometer östlich bei Hondarribia (Fuenterrabia); Busverbindung via Hondarribia, siehe unten. Inlandsflüge nach Madrid und Barcelona und Verbindungen mit Low-Cost-Carriern nach Mitteleuropa.

• *Zug* Donostia (San Sebastián) besitzt zwei Bahnhöfe.

Staatsbahn RENFE (Info-✆ der Renfe: 902 240202) ab Bahnhof Estación Norte am Paseo de Francia; auf der anderen Flussseite zwischen den Brücken Puente Santa Catalina und Puente María Cristina. Nach Irún mehrmals stündlich; Vitoria-Gasteiz 10-mal, Burgos 7-mal, Vigo und La Coruña je 1-mal, Pamplona/Zaragoza 3-mal täglich.

Euskotren (Ferrocarriles Vascos) ab Estación Amara, im Süden des Zentrums an der Calle de Easo. Die Küstenlinie nach Westen, nach Bilbao tagsüber stündlich, Fahrzeit dorthin etwa dreieinhalb Stunden; die Teilstrecke bis Zumaia wird noch etwas häufiger bedient. Außerdem halbstündliche Verbindungen nach Irún und zur französischen Grenzstadt Hendaye mit dem „Maulwurf" El Topo, so benannt wegen der vielen Tunnels der Strecke.

• *Bus* Hauptbusbahnhof an der Plaza de Pío XII, südlich des Zentrums in Flussnähe. Keine Info, kein gemeinsames Büro, die Busgesellschaften haben ihre Büros in der angrenzenden, ins Zentrum führenden Avenida de Sancho el Sabio. Ein neuer Busbahnhof, der diesen Namen verdient, ist seit Jahren angedacht, er soll sich im ebenfalls erst zu bebauenden Viertel Rivera de Loyola (zwischen Autobahnzubringer und Küstenautobahn) befinden. Von der Plaza de Pío XII starten unter anderem PESA sowie die Busse der Bahngesellschaft EUSKO TREN nach Zarautz (halbstündlich bis stündlich), über Deba und die Küste nach Lekeitio (6-mal täglich), Bilbao (halbstündlich bis stündlich), Vitoria-Gasteiz (2-mal), LA GIPUZKOANA nach Loyola (12-mal), LA BURUNDESA und CONTINENTAL nach Vitoria-Gasteiz (bis 10-mal). Weitere Anschlüsse bestehen nach Santander (10-mal), Logroño (2- bis 4-mal), Burgos (7-mal), Gijón (5-mal), León (1-mal), Pamplona (8-mal), Zaragoza (3-mal) und Madrid (10-mal).

INTERURBANOS-Busse zum Flughafen sowie nach Hondarribia/Irún ab Plaza Guipúzcoa, gleich nördlich der Avda. Libertad; Abfahrten tagsüber etwa viertelstündlich.

TSST-Busse von/nach Tolosa ab der Plaza Guipúzcoa, Abfahrten tagsüber etwa alle halbstündlich.

• *Auto* Donostia ist in punkto Parken echtes Notstandsgebiet. Die gesamte Innenstadt zwischen Concha-Bucht und Fluss, nach Süden bis über den Euskotren-Bahnhof hinaus, ist wie das Gebiet der Playa de la Zurriola von Mo–Sa 9–13.30, 15.30–20 Uhr **Parkkontrollzone** (Zona Aparcamiento Controlado). Parkscheine gibt es an Automaten, die maximale Parkdauer ist auf 1,5 Stunden limitiert; Abschleppwagen/Parkkralle! Teure **Tiefgaragen** (ab 18 € pro Tag) finden sich z. B. bei der Oficina Municipal de Información, an der Plaza Cervantes/Avda. Libertad (Concha-Seite) und bei der Kathedrale. Relativ günstig ist noch die Garage beim Euskotren-Bahnhof. Chancen auf unreglementierte, freie Parkplätze bieten sich am ehesten am Paseo del Urumea, anderes Flussufer, Nähe María-Cristina-Brücke.

• *Stadtbusse* Im Zentrumsbereich nicht unbedingt nötig; Plan bei den Infostellen.

• *Taxi:* Funktaxen unter ✆ 943 464646 (Taxi Donostia), 943 404040 (Taxi Vallina) und 943 310111 (Taxi Santa Clara).

• *Mietwagen* ATESA, Calle Gregorio Ordoñez 10, ✆ 943 463013; AVIS, Calle Triunfo 2 (Seitenstr. C. San Martín), ✆ 943 461556, Flughafen ✆ 943 668548; BUDGET, Avda. Alcalde José Elósegui 112, ✆ 943 392945; EUROPCAR, im Renfe-Bahnhof, ✆ 943 322304, Flughafen ✆ 943 668530; HERTZ, Calle Garbera 1 (Einkaufszentrum), ✆ 943 392229, Flughafen ✆ 943 668560.

• *Fahrradverleih* BICI RENT, Avda. Zurriola 22, ✆ 943 290854, nimmt ca. 30 € pro Tag und veranstaltet auch geführte Touren.

• *Ausflugsschiff* Die „Ciudad de San Sebastián" startet im Frühjahr und Sommer ab dem Fischerhafen Puerto Pesquero zu Ausflugsfahrten durch die Bucht und die Umgebung der Stadt, Preis p.P. etwa 8 €. Ticketkiosk am Paseo del Muelle. Infos unter ✆ 943 281488. Kürzer sind die Fahrten zur Insel Santa Clara, siehe unter „Sehenswertes".

Adressen

Deutsches Honorarkonsulat: Calle Fuenterrabia 15, eine Seitenstraße der Avenida Libertad, ✆ 943 421010, hksssn@pabloschroeder.com.

Post: Paseo de Francia s/n, Neustadt, südlich unweit der Kathedrale. Öffnungszeiten: Mo–Fr 8.30–20.30 Uhr, Sa 9.30–14 Uhr.

Internet-Zugang: Vascobrasil, Calle Reina Regente neben Touristen-Info; Donosti-Net, mit zwei Büros in der Altstadt: Calle Embeltrán 2 und Calle San Jerónimo 8; ✆ 943 429497, donostinet@hotmail.com; Zarranet, Calle San Lorenzo 6, Mo–Sa 10–22, So 16–22 Uhr.; Cafeteria Frudisk (siehe auch „Essen"), Calle Miracruz 6, www.frudisk.com.

Waschsalon: Wash´n dry, Calle Iparaguire 6, um die Ecke von der Cafeteria Frudisc.

Baskenland Karte Seite 240/241

Übernachten/Camping (siehe Karte Seite 260/261)

Die Preise aller Unterkünfte liegen, auch für baskische Verhältnisse, sehr hoch. Zur Sommersaison, etwa von Juni bis September, verschärft im Juli und August, platzt Donostia (San Sebastián) aus allen Nähten – wer dann nicht reserviert hat, sollte unbedingt schon am frühen Vormittag auf Quartiersuche gehen. Bei den Informationsstellen ist eine Liste einfacher Fondas und Casas Huespedes erhältlich. Die Hotelreservierung für Donostia im Internet gibt nur eine (bezahlte) Auswahl: www.sansebastianreservas.com, auch ✆ 902 443442. In Donostia (San Sebastián) befindet sich der Sitz der für das gesamte spanische Baskenland zuständigen Agroturismo-Vereinigung, die Ferien auf dem Bauernhof vermittelt, ländliche Unterkünfte, die „casas rurales": Büro im Palacio Kursaal, geöffnet Mo–Fr 10–20, Sa 10–14 Uhr, kostenlose Broschüre.

• *Neustadt* Relativ nahe zu den Bahnhöfen und zum Busbahnhof gelegen, dennoch nicht weit von den Stränden entfernt. Breites Angebot an Quartieren, vom Luxushotel bis zur preiswerten Pension.

**** **ABBA Hotel de Londres y de Inglaterra (28)**, ein echter Klassiker direkt an der Concha-Bucht, mit toller Aussicht und der Atmosphäre der Belle Epoque. Garage. DZ etwa 155–235 €. Calle Zubieta 2, ✆ 943 440770, ℻ 943 440491, www.hlondres.com.

*** **Hotel Niza (31)**, einige Schritte weiter, also auch sehr zentral und günstig gelegen. Ebenfalls ein Gebäude aus der goldenen Zeit der Stadt, dabei jedoch etwas preisgünstiger: DZ 115–135 €. Garage vorhanden. Calle Zubieta 56, ✆ 943 426663, ℻ 943 441251, www.hotelniza.com.

*** **Hotel Avenida (4)**, auf einem Hügel nahe Playa de Ondarreta mit Traumblick und Schwimmbad. Gute Zimmer mit TV und Minibar. Eine Empfehlung von Leserin Erna Pfeiffer: „innerhalb San Sebastiáns in dieser Kategorie äußerst günstig". DZ 85–125 €. Paseo de Igueldo 55, ✆ 943 212022, ℻ 943 212887, www.hotelavenida.net.

** **Hotel Ezeiza (3)**, wunderbar gelegenes, relativ neues Hotel, von der Playa de Ondarreta nur durch Straße und Park getrennt, alle Zimmer sehr hell mit Sat-TV.

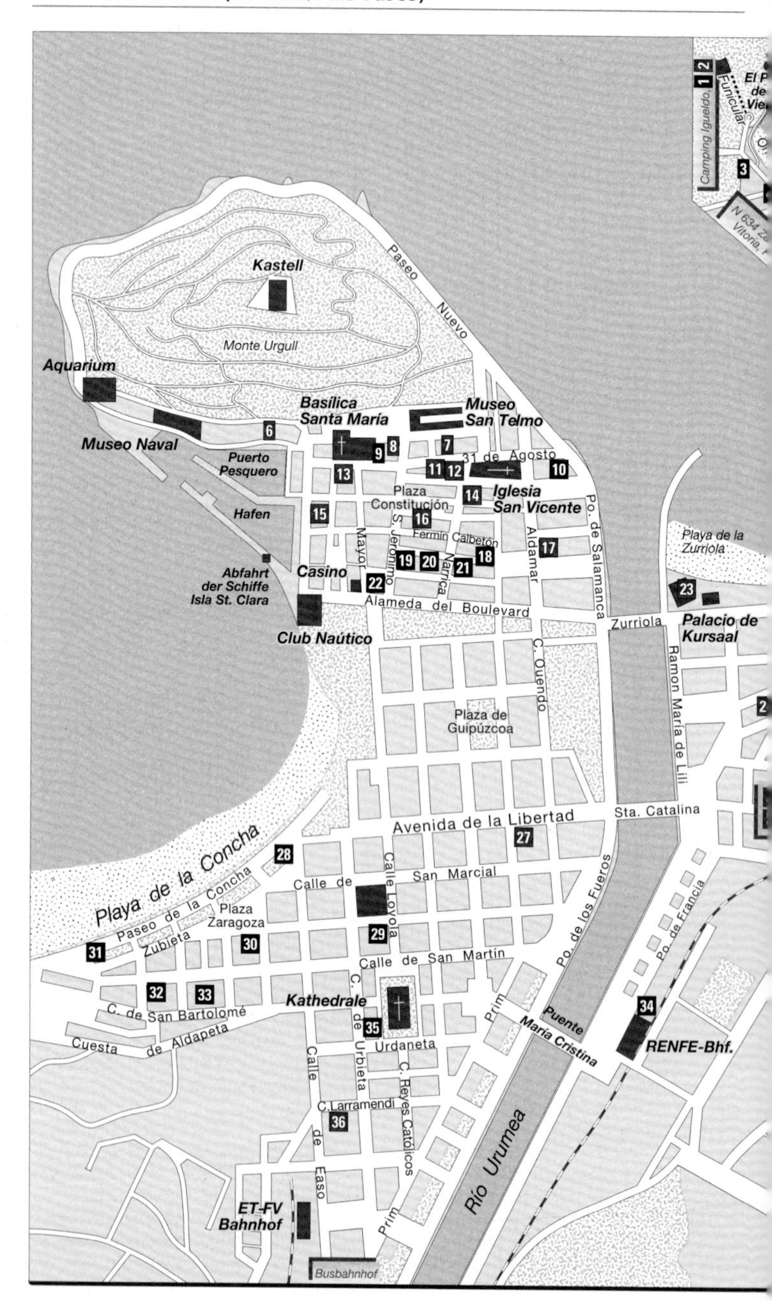

Kastell
Monte Urgull
Paseo Nuevo
Aquarium
Museo Naval
Basílica Santa María
Museo San Telmo
Puerto Pesquero
Hafen
31 de Agosto
Plaza Constitución
Iglesia San Vicente
Fermín Calbetón
Mayor
S. Jerónimo
Narrica
Aldamar
Po. de Salamanca
Abfahrt der Schiffe Isla St. Clara
Casino
Club Naútico
Alameda del Boulevard
Zurriola
Playa de la Zurriola
Palacio de Kursaal
C. Ouendo
Plaza de Guipúzcoa
Ramon María de Lili
Avenida de la Libertad
Sta. Catalina
Playa de la Concha
Paseo de la Concha
Calle de San Marcial
Calle Loyola
Plaza Zaragoza
Zubieta
Po. de los Fueros
Po. de Francia
Calle de San Martín
Kathedrale
C. de San Bartolomé
Cuesta de Aldapeta
C. de Urbieta
Urdaneta
Prim
Puente María Cristina
RENFE-Bhf.
Calle de Easo
C. Larramendi
C. Reyes Católicos
Río Urumea
ET-FV Bahnhof
Busbahnhof
Camping Igueldo
Funicular

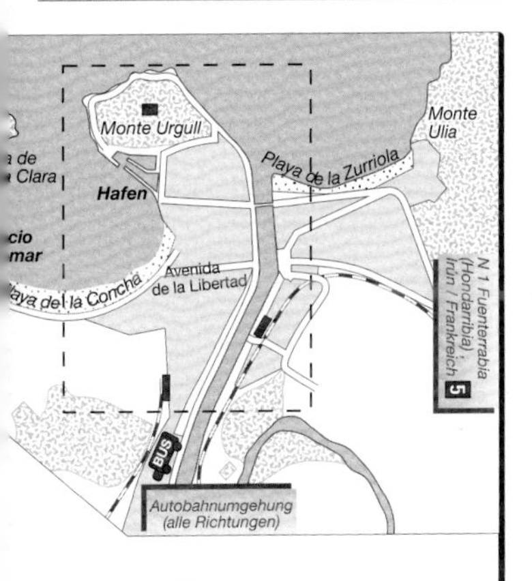

Übernachten
1 Jugendherberge La Sirena
3 Hotel Ezaiza
4 Hotel Avenida
9 Pensión Amaiur
10 Hotel Res. Parma
18 Pensión San Lorenzo
19 Pensión Anne
20 Pensión Arsuaga
21 Pensión Loinaz
22 Pensión Boulevard
28 Hotel de Londres y de Inglaterra
29 Pensión La Perla
30 Hotel Zaragoza Plaza
31 Hotel Niza
32 Pensión Alemana
33 Hostal Res. Easo
34 Hotel Terminus
35 Pensión Urkia

Essen & Trinken
2 Rest. Akelare
5 Rest. Arzak
6 Rest. Itzalian
7 Bar Ormazabal Etxea
8 Rest. La Cueva
11 Rest Casa Urbano
12 Bar La Cepa
13 Bar Casa Alcade
14 Bar Txepetxa
15 Rest. Arrai Txiki
16 Bar Etxanitz
17 Rest. Casa Nicolasa
23 Rest.-Café Kursaal
24 Rest. La Zurri
25 Bar Bergara
26 Bar Aloña-Berri
27 Bar Antonio
36 Rest. La Barranquesa

Donostia (San Sebastián)

Der gehobene Preis lohnt sich vor allem bei Zimmern zur Meerseite. DZ 85–110 €. Avda. Satrustegui 13, ☎ 943 214311, 📠 943 214768, www.hotelezeiza.com.

** **Hotel Terminus (34)**, kleineres, recht gutes Haus der Mittelklasse direkt beim RENFE-Bahnhof; noch halbwegs zentral und doch mit passablen Chancen auf einen Parkplatz außerhalb des Parkkontrollgebietes. Von Lesern empfohlen. DZ rund 55–85 €. Avda. de Francia 21, ☎ 943 291900, 📠 943 291999, www.hotelterminus.org.

* **Hotel Zaragoza Plaza (30)**, in günstiger Lage am gleichnamigen Platz hinter der Playa de la Concha. Im Jahr 2000 eröffnet, nur 19 Zimmer, komfortabel ausgestattet. DZ ca. 120 €. Parkgaragen in der Nähe. Plaza Zaragoza 3, ☎ 943 452103, 📠 943 446502, www.hotelzaragozaplaza.com.

** **Pensión Alemana (32)**, im Gebiet hinter dem Hotel Niza und mithin nicht weit vom Strand Playa de la Concha. Gut geführtes Quartier mit langer Tradition, geräumige Zimmer (einige auf den dunklen Lichtschacht) und hotelähnlicher Komfort zu allerdings auch durchaus hotelähnlichen Preisen: DZ/Bad 70–95 €. Calle San Martín 53, ☎ 943 462544, 📠 943 461771, www.hostalalemana.com.

** **Pensión La Perla (29)**, nördlich nahe der Kathedrale. Ein Tipp in dieser Klasse: Solide Einrichtung, die meisten Zimmer erfreulich geräumig; patente, freundliche Wirtin, familiäre Atmosphäre, erträgliche Preise: DZ/Du/WC je nach Saison etwa 35 bis 55 €. Calle Loyola 10, ☎ 943 428123, www.pensionlaperla.com.

** **Pensión Urkia (35)**, ebenfalls in der Nähe der Kathedrale und im Besitz derselben Familie wie das „La Perla". Auch hier sind die Zimmer sehr gut ausgestattet und gepflegt. Preise wie oben. Calle Urbieta 12, ☎ 943 424436, www.pension urkia.com.

* **Pensión Easo (33)**, in der Nähe der Pensión Alemana. Große, ganz ordentliche Zimmer, die unterschiedlich ausfallen – vorher ansehen. Günstig für Autofahrer: Parkgarage nebenan, falls voll, ist es zur Tiefgarage am Euskotren-Bahnhof auch nicht weit. Im Sommer allerdings überteuert: DZ/Bad etwa 45–70 €, ohne Bad ca. 35–50 €; Calle San Bartolomé 24, ☎/📠 943 453912, www.pensioneaso.com.

• *Altstadt* Hier finden sich vor allem preiswerte Quartiere unterer Kategorien, darunter einige sehr erfreuliche Adressen.

Baskenland Karte Seite 240/241

Ansprechend: Pensión Amaiur

Ein ideales Gebiet für den Abend, denn die Pintxo-Bars liegen direkt vor der Tür. Zu den Stränden ist es von der Altstadt aus nicht weit, die Bahnhöfe und der Busbahnhof sind dagegen eine ganze Ecke entfernt.

** **Hotel Res. Parma (10)**, am östlichen Rand der Altstadt, einziges Hotel in diesem Gebiet. Gute Lage, komfortable Zimmer, breite Preisspanne: DZ nach Saison und Ausstattung knapp 90–130 €. Calle General Jaúregui 11, ✆ 943 428893, ✆ 943 424082, www.hotelparma.com.

* **Pensión San Lorenzo (18)**, eine sehr gute Adresse in dieser Klasse. Komfortable, kürzlich frisch renovierte Zimmer mit TV, Radio und Mini-Bar. Internet-Anschluss. DZ/Bad 45-55 €. Allerdings: nur fünf Zimmer, oft belegt. Calle San Lorenzo 21, ✆/✆ 943 425516, www.infonegocio.com/ pensionsanlorenzo.

* **Pensión Amaiur (9)**, ausgesprochen nette und freundlich geführte kleine Pension neben der Kirche Santa María. Sieben lauschige Zimmer, darunter auch Dreibettzimmer, zwei kleine Terrassen. DZ ohne Bad nach Lage und Saison etwa 35–52 €. Calle 31 de Agosto 44, ✆ 943 429654.

* **Pensión Loinaz (21)**, nahe Shoppingcenter La Bretxa. Freundlicher, englischsprachiger Besitzer, internationale Atmosphäre, einwandfreie Zimmer mit schönen Holzböden. Sehr gute Gemeinschaftsbäder, Wäscheservice. DZ ohne Bad etwa 35–50 €. Calle San Lorenzo 17, ✆ 943 426714, www.pensionloinaz.com.

* **Pensión Arsuaga (20)**, ein paar Schritte weiter. Altmodischer Touch, passable Zimmer; davon vier im Hauptgebäude, fünf an der kleinen Plaza gegenüber. Preisgünstige Mahlzeiten im Restaurant im dritten Stock. DZ ohne Bad satte 40–55 €. Calle Narrica 3, ✆ 943 420681.

* **Pensión Boulevard (22)**, in zentraler Position am Eingang zur Altstadt. Angenehme Zimmer, DZ mit Bad 45–75 (!) €. Wohl auch aufgrund der auffälligen Lage oft voll belegt. Alameda del Boulevard, Ecke Calle San Jerónimo; ✆ 943 421687.

* **Pensión Anne (19)**, angenehme kleine Pension. Sechs moderne Zimmer mit Holzfußböden, gute Gemeinschaftsbäder. DZ ohne Bad von Oktober bis März etwa 35 €, im Juli/August knapp 60 €, in der übrigen Zeit um die 40 €. Das einzige Zimmer mit Bad kostet 50-70 €. Calle Esterlines 15, ✆ 943 421438, www.pensionanne.com.

Jugendherberge: Albergue Juvenil La Sirena **(1)**, komfortabler, hübscher Bau am Monte Igueldo, nicht weit vom Ondarreta-Strand. Stadtbus Nr. 16 ab der Alameda hält vor dem Haus, Bus Nr. 24 fährt ab den Bahnhöfen. Oft voll belegt, zwischen 10 und 15 Uhr geschlossen. Übernachtung mit gutem Frühstück je nach Alter und Saison stolze 15–18 €. Paseo de Igueldo 25, ✆ 943 310268. Die Jugendherberge „Albergue Juvenil Ulia-Mendi“ am Monte Ulia steht nur für Gruppen zur Verfügung.

• *Camping* **Igueldo** (1. Kat.), gut sechs Kilometer westlich des Zentrums am Monte Igueldo; Stadtbus Nr. 16 ab Alameda del Boulevard, Abzweig für Autofahrer ein Stück hinter dem Tunnel am Concha-Strand. Guter Platz mit feiner Ausstattung, u. a. Waschmaschinen. Einzelreisende mit Auto können in der Saison (16.6.-15.9.) hier allerdings den Preisschock ihres Lebens erfahren: Mit Pkw ist grundsätzlich eine Parzelle obligatorisch, die je nach Ausstattung und inklusive zwei Personen etwa 26–30 € kostet! Für Motorradfahrer und Rucksackler gibt es kleinere Parzellen à circa 15-17 €, inkl. zwei Personen. Außerhalb der Saison akzeptable Preise. Zur Bewachung schreibt Leser Carsten Gentner: „Reisenden mit einem ausgeprägten Sicherheitsgefühl sei der Platz empfohlen. Ansonsten ist die selbstgefällige Art des Sicherheitspersonals nicht jedermanns Sache." Oft belegt, im Sommer unbedingt bis mittags eintreffen; ganzjährig geöffnet, ✆ 943 214502, www.campingigueldo.com. Alternativen bei Hondarribia, Orio und Zarautz, siehe jeweils dort.

Oliden (2. Kat.), Ausweichplatz landeinwärts der N I San Sebastián-Irún bei km 476, gut zehn Kilometer außerhalb, etwa auf Höhe des Ortes Oyarzun. Preislich etwas günstiger als Igueldo: Zwei Personen, Auto, Zelt 15-16 €, ohne Auto ab 11,50 €. Mit Swimmingpool, jedoch unschöne, laute Lage. Dennoch ebenfalls oft belegt; ganzjährig geöffnet, ✆ 943 490728.

Essen (siehe Karte Seite 260/261)

San Sebastián ist die nordspanische Hauptstadt der Tapas, hier *pinchos* bzw. baskisch *pintxos* genannt, gesprochen jeweils „Pintschos". Alljährlich stellen sich die hiesigen Bars einem Wettbewerb um den Titel des besten Produzenten der leckeren Häppchen. Die gesamte Altstadt ist voller Lokale, die mittags und abends Pinchos anbieten. Im Baskenland fallen sie, wohl aus klimatischen Gründen, sättigender aus als in Zentral- und Südspanien; Mayonnaise und Eier sind beliebte Zutaten. Als Begleitung empfiehlt sich ein Gläschen Wein (*txikito*), der Weißwein Txakolí aus dem nahen Gebiet von Zarautz und Getaria oder ein frisch gezapftes Bier – das kleinste Glas heißt hier *zurito*. Das Preisniveau allerdings liegt je nach Lokalität unterschiedlich hoch – Richtwert für einen Pintxo und ein kleines Bier in einer Bar mittlerer Preislage etwa zwei bis drei Euro. Restaurants sind generell nicht billig, doch bieten einige Bar-Restaurants immerhin relativ günstige Mittagsmenüs an.

• *Restaurants*: **Rest. Arzak (5)**, bestes Restaurant der Stadt und eines der angesehensten Spaniens, eines der nur vier Restaurants, die der Guide Michelin in Spanien mit drei Sternen auszeichnet. Küchenchef Juan Mari Arzak war Wegbereiter der baskischen Nouvelle Cuisine und ist für seinen Einfallsreichtum ebenso bekannt wie für seinen behutsamen Umgang mit Traditionellem. Essen à la carte ab etwa 100 €. So-Abend, Mo, Mitte Juni bis Anfang Juli und im November geschlossen. Alto de Miracruz 21, östlich gut zwei Kilometer außerhalb des Zentrums; ✆ 943 272753.

Rest. Akelare (2), eines der besten Restaurants der Stadt (und Spaniens). Chef Pedro Subijana hat wie Arzak die Küche des Landes enorm beeinflusst und (seit 2007) ebenfalls drei Michelin-Sterne aufzuweisen. À la carte ab ca. 80 €, Menü 120 €. Paseo del Padre Orcolaga 56 (am Hang des Monte Igueldo), ✆ 943 212052, restaurante@akelarre.net, geschlossen Februar, erste Oktoberhälfte, Dienstag (nur Jan. – Juni), So abends und Mo außer an Feiertagen.

Rest. und Café Kursaal (23), elegant-minimalistisches Café-Restaurant im schicken „Kursaal", ein Favorit von Donostias *upper crust*. Im Café Tagesmenüs ab ca. 18 €, im Restaurant Essen ab ca. 50 €. Ganz ungewöhnlich frühe Schließzeiten: 22 Uhr fürs Café, 22.30 Uhr für das Restaurant. Zuriola pasealekua 1, ✆ 943 003162, So abends, Mo und Di abends geschlossen sowie 3 Wochen zw. Weihnachten und Mitte Januar.

Rest. Casa Nicolasa (17), einer der Spitzenreiter im Zentrum. Traditionelle baskische und französische Küche, zu den Spezialitäten zählen „kokotxas", Kehlstücke – und nur die! – vom Seehecht. Probiermenü etwa 60 €, à la carte ab ca. 50 €. So, Mo und drei Wochen im Januar/Februar geschlossen. Calle Aldamar 4, Altstadt nahe Alameda, ✆ 943 421762, www.ondojan.com.

Rest. Casa Urbano (11), ebenfalls in der Altstadt. Nett und freundlich dekoriert; solide, marktabhängige Küche mit Schwerpunkt auf Grillspezialitäten, vor allem Fisch. Tagesmenü etwa 25 €, à la carte ab ca. 35 €. Mi-Abend, So und in der zweiten Junihälfte geschlossen. Calle 31 de Agosto 17, ✆ 943 420434.

Rest. Itzalian (6), stellvertretend für die zahlreichen, meist nicht ganz billigen Fischrestaurants am Hafen. Holzstühle im Freien, Essen ab etwa 20 €. Paseo del Muelle 11, hinterer Hafenbereich, auf dem Weg zum Aquarium.

Rest. La Cueva (8), eine der raren Möglichkeiten, in der Altstadt im Freien ein komplettes Mahl zu sich zu nehmen. Freundlicher Familienbetrieb, festes Menü etwa 15 €, à la carte ab ca. 25 €. Plaza Trinitate, ein kleiner Platz oberhalb der Calle 31 De Agosto.

Rest. Arrai Txiki (15), kleines Restaurant, das Biokost anbietet; auch Kaffee, Brot und Wein sind hier biologische Produkte. Einfache, schmackhafte Küche (Vollwertnudeln mit Saitan-Soße, Bio-Plumcake), Menü ab 15 € und jeden Cent wert. Calle Campanario 3, geöffnet ab 13 Uhr, Di zu, www.arraitxiki.com.

Rest. La Zurri (24), in der Neustadt, ein Tipp fürs preiswerte Mittagessen. Schlichter Comedor, von den Angestellten der Umgebung meist bestens besucht; umfangreiche Auswahl an soliden Tagesmenüs für jeweils knapp 7 €. Nur mittags geöffnet. Calle Zabaleta 9, jenseits des Flusses.

Rest. La Barranquesa (36), ein weiterer Preistipp in der Neustadt. Groß, nüchtern, aber nicht ungemütlich, Tagesmenüs noch eine Kleinigkeit günstiger als oben. Calle Larramendi 21, eine Seitenstraße der Calle del Urbieta, drei Parallelstraßen südlich der Kathedrale, im Untergeschoss.

• *Pintxo-Bars* **Bar Bergara (25)**, etwas abgelegen nahe der Markthalle des östlichen Viertels Gros, aber noch in Fußentfernung vom Zentrum. Für Liebhaber den Weg wert: mehrfacher Preisträger des jährlichen Pintxo-Wettbewerbs, der Pintxo wird als ästhetisch-kulinarisches Schauspiel zelebriert. Lob auch von der Zeitung El País: „Eine der nahrhaftesten und einladendsten Theken der Stadt." Gehobenes Preisniveau. Täglich geöffnet; Calle General Artetxe 8, www.pinchosbergara.com

Bar Aloña-Berri (26), in der Nähe und einer der ernsthaftesten Konkurrenten der Bar Bergara, allerdings auch preislich, von Lesern dennoch sehr gelobt. Wer einen der raren Tische ergattert, kann sich ein „Probiermenü aus Pintxos" zusammenstellen lassen. Gute Auswahl an Weinen aus Txakolí und der Rioja. Calle Bermingham 24, So-Abend und Mo geschlossen.

Pintxo-Bar in der Altstadt

Bar Antonio (27), kleine Bar im Zentrum. Ebenfalls ein mehrfacher Sieger des Pintxo-Wettbewerbs; unter den Gästen viele Mitglieder der örtlichen High-Society. Calle Bergara 3, So teilweise geschlossen.

Bar Txepetxa (14), Spezialität sind Anchovis wie z. B. „anchoa con crema de centollo" (also mit einer Creme aus Meerspinnenfleisch). Alle, die in Spanien Rang und Namen haben, waren schon da. Pescaderia 5.

Bar La Cepa (12), in der Altstadt. Winziger, traditioneller Speiseraum, die Decke voller Schinken. Hier gibt es auch größere Portionen (Raciones), z. B. Fleischklößchen, Champignons oder Meeresgetier. Calle 31 de Agosto 7, Mi geschlossen.

Bar Ormazabal Etxea (7), gleich gegenüber. Große Auswahl leckerer Pintxos zu ausgesprochen günstigen Preisen; mittags wie abends proppenvoll, dass es keine Sitzgelegenheiten gibt, stört niemand. Calle 31 de Agosto 22.

Bar Etxanitz (16), eine weitere, winzige Altstadt-Bar mit preiswerten und dabei sehr üppigen Pintxos, die auch hungrige Besucher zufriedenstellen sollten (zuletzt standen mittags mehr als 40 Pintxos auf dem Tresen). Calle Fermín Kalbetón 24, eine Altstadtgasse, in der noch zahlreiche andere Bars liegen.

Bar Casa Alcalde (13), ganz oben in der Altstadt bei der Kirche Santa María. Eine der berühmtesten Bars der Stadt – Tradition seit 1919! Angeschlossen ein Restaurant gehobenen Preisniveaus (Menü ab 25 €). Calle Mayor 19, täglich geöffnet.

• *Cafeterias etc.* **Cafeteria Frudisk**, in einem Plattengeschäft an der Calle Miracruz 6, gleich jenseits der Brücke Santa Catalina. Junges Publikum, recht preiswerte Bocadillos und Platos combinados, auch gut fürs Frühstück; Internetzugang.

Mariscos, Meeresfrüchte gekocht und nach Gewicht zum Mitnehmen verkauft, sind noch halbwegs preisgünstig erhältlich, z.B bei „Mariscos Angulas", Calle Puerto (Altstadt, Hafennähe) oder „Mariscos El Puerto" im hinteren Hafenbereich Richtung Aquarium. Dort werden an Ständen auch gekochte Garnelen, Krabben und Meeresschnecken angeboten.

Nachtleben

Bis etwa gegen zwei Uhr morgens ist die *Altstadt* mit ihren Restaurants und Tapa-Bars der Favorit; eine Alternative in der Neustadt ist das Viertel *Reyes Católicos* mit der gleichnamigen Straße südlich der Kathedrale, das jedoch nicht mehr ganz so beliebt ist wie früher. Dann gehen die Jüngeren je nach Jahreszeit an die Strände, wo immer was los ist, oder in die Diskos und Musik-Bars der Neustadt, vor allem im Viertel Gros im Osten.

Gran Casino, darf in einem so eleganten und traditionsreichen Ferienort natürlich nicht fehlen. Calle Mayor 1, Altstadt.

Etxekalte Club & Pub, in der Altstadt, ein Music-Pub mit Schwerpunkt auf Jazz. Calle Campanario, in einer Parallelstraße zum Hafen. Life-Jazz gibt es auch ab und zu in der **Be Bop Bar**, Calle Alde Zaharra.

Altxerri, nahe der städtischen Infostelle, ist ebenfalls auf Jazz abonniert und gleichzeitig eine Kunstgalerie mit wechselnden Ausstellungen. Do ist Jazzabend life, Mo zu. Zu suchen am Paseo Reina Regente 2.

Soho, schickes Ambiente und gestyltes Publikum im Bar/Pub in der San Martín 49.

Argia, laut Leserin Birgit Brachat „die derzeit angesagteste Bar in San Sebastián. Sie befindet sich am südöstlichen Zugang zur Plaza Constitución".

Etxebe Pub, Iñigo 8 (Altstadt), sehr populär, Disco zum Volldröhnen, So im Winter zu.

Kabutzia, am Hafen im oberen Stockwerk des Club Náutico, ist eine Art Mischung aus Pub und Disco, Spezialität Salsa. Moderate Türsteher.

La Rotonda, eine recht beliebte Disco am Paseo de la Concha, gleich hinter dem gleichnamigen Strand.

Ku, am Paseo Igueldo, der Disco-Dauerbrenner außerhalb des Zentrums, in der Nähe des Camping Igueldo.

Markt/Einkaufen/Feste

• *Markt* Der frühere Mercado San Martín in der Neustadt nahe der Kathedrale, der einen ganzen Baublock umfasste, musste einem Einkaufzentrum gleichen Namens weichen. Die ehemalige, traditionsreiche Markthalle „La Bretxa" an der Alameda del Boulevard beherbergt ebenfalls bereits ein Allerwelts-Shoppingcenter. Der einzig verbliebene gedeckte Markt liegt in der Altstadt nahe der Touristeninfo, zwischen den Straßen San Juan und Aldamar.

• *Feste/Veranstaltungen* San Sebastián versteht sich als Kulturstadt und bietet folgerichtig ein reiches Sommerprogramm. Nähere Informationen zu den einzelnen Veranstaltungen bei der Infostelle.

Tamborrada, am 20. Januar, zu Ehren des Stadtpatrons San Sebastián. Am Vorabend kochen die gastronomischen Gesellschaften auf, ab Mitternacht werden für exakt 24 Stunden überall die Trommeln geschlagen.

Iñauteriak, Karneval beziehungsweise Fasching. Bunte Umzüge, heiße Kostüme; als Vorspiel am ersten Samstag im Februar das „Fest der Kesselschmiede".

Maiatza Danza, wie der Name sagt: Tanzfest an wechselnden Terminen im Mai, zuletzt aus Geldmangel nicht mehr abgehalten; abwarten, was die Zukunft bringt.

Fiesta de San Juan, großes Mittsommernachtsfest mit Feuerwerk, in der Nacht des 23. auf den 24. Juni.

Internationales Jazzfestival, in der zweiten Julihälfte. Neben Jazz gibt es sonntags jeweils Pferderennen.

Aste Nagusia (Semana Grande), die „Große Woche", um den 15. August. Riesenprogramm, baskische Tänze und Kraftspiele, jeden Abend Feuerwerker-Wettstreit. Am 14. August findet das Fest der Stadtheiligen Nuestra Señora de la Asunción statt.

Ruderregatten um den Cup „La Bandera de la Concha" an den ersten beiden Sonntagen im September. Die Endausscheidung sieht die acht besten Teams der kantabrischen Küste.

Internationales Filmfestival, eines der bedeutendsten der Welt, in der zweiten Septemberhälfte. Zentrum der Aktivitäten ist das Teatro Victoria Eugenia nahe der Zurriola-Brücke. Infos: ✆ 943 481212.

Santo Tomás, 21. Dezember, mit Ausstellungswettbewerb landwirtschaftlicher Produkte und Zuchttieren der Region. Ein traditioneller Imbiss an diesem Tag sind Brötchen mit der Wurst „Txistorra".

Baskenland
Karte Seite 240/241

Baden

Donostia (San Sebastián) besitzt gleich drei Strände, die sich in der Bucht und jenseits des Flusses erstrecken, alle sehr gepflegt und gut ausgestattet.

Playa de la Concha: Der größte der drei Strände. Gemischtes Publikum mit Tendenz zur spanischen Urlaubsfamilie, viele Einheimische. In der Saison wird die Playa de la Concha sehr voll, bei hoher Flut ist der Strand fast verschwunden. Gut dagegen die Infrastruktur mit Rotkreuzstation, Duschen, Verleih von Sonnenschirmen, hübschen Strandbars etc.

Playa de Ondarreta: So heißt die Fortsetzung der Playa de la Concha westlich der felsigen Landzunge. Dieser kleinste Strand von San Sebastián gilt ein bisschen als Nobelstrand der besseren Gesellschaft.

Playa Zurriola: Dieser Strand, auch Playa del Gros genannt, liegt auf der anderen Seite des Río Urumea. Durch Sandaufschüttung wurde der einst kleine Sandstreifen wesentlich vergrößert. Er ist den atlantischen Wellen viel stärker ausgesetzt als die anderen Strände und deshalb auch Treff der Surfer. Die Atmosphäre ist hier lockerer als an den anderen beiden Stränden, eine Kuriosität der Kontrast zu den riesigen Glasflächen des Kongresszentrums.

Sehenswertes

Im klassischen Sinn recht wenig, da die Stadt mehrfach, zuletzt im Spanischen Unabhängigkeitskrieg 1813, komplett zerstört wurde. Doch hat Donostia (San Sebastián) historische Monumente gar nicht nötig, um erlebenswert zu sein ...

Altstadt und Hafengebiet

Monte Urgull: Der steile „Haushügel" der Altstadt bietet anstrengende, aber schöne Spazierwege mit toller Aussicht auf die tagsüber wie auch im nächtlichen Lichterglanz reizvolle Concha-Bucht, schattige Plätzchen zum Ausruhen und, am Aufstieg vom Aquarium zur Christusstatue, eine schön gelegene Bar mit Erfrischungen. Komplett umrunden lässt sich der Berg auf dem Spazierweg *Paseo Nuevo*. Unterhalb der monumentalen Christusstatue auf dem Gipfel liegen die Reste der Festung *Castillo de Santa Cruz de la Mota*, die in ihren Anfängen auf das 12. Jh. zurückgeht, in ihrer heutigen Form aber aus dem 17./18. Jh. stammt. Sie beherbergen ein Museum, das sich vorrangig mit Militaria beschäftigt.

Club Naútico: Der 1929 nach Plänen von José Manuel Aizpurua und Joaquín Labayen errichtete Bau erinnert in seiner Architektur an einen Schiffsrumpf. Damals war er eine Sensation, entstand er doch noch vor den heute berühmteren Bauten der Architekten Frank Lloyd Wright, Le Corbusier und Mies van der Rohe. Heute könnte er einen Neuanstrich vertragen, viele Passanten bemerken ihn gar nicht – die Architekturwelle, deren Vorreiter er war, ist Alltag geworden. Im ersten Stock macht eine Disco gute Geschäfte.

Museo San Telmo: An der Plaza del Zuloaga, direkt unterhalb des Monte Urgull. Das sehr sehenswerte Museum ist in einem ehemaligen Dominikanerkloster des 16. Jh. untergebracht, das seit dem 19. Jh. profanerweise als Kaser-

Gut bewacht: Blick vom Sporthafen zum Monte Igueldo

Baskenland
Karte Seite 240/241

ne diente. Die Ausstellung umfasst neben archäologischen Funden, unter denen besonders die alten baskischen Grabplatten beachtenswert sind, auch völkerkundliche Stücke wie Möbel, Trachten, Arbeitsgeräte, Hausrat etc. sowie eine umfangreiche Gemäldesammlung. Sie reicht von der Renaissance (darunter drei El Greco!) über den Barock (Ribera, Cano, Valdés Leal, Rubens) zur Kunst des 19. und 20. Jh., darunter Werke von Zuloaga, Sorolla, Arteta, Zubiaurre und Ortiz-Echegüi.

Öffnungszeiten Di–Sa 10.30–13.30, 16–19.30 Uhr, So/Fei 10.30–14 Uhr, Juli/Aug. Di–Sa 10.30–20.30, So/Fei 10.30–14 Uhr; Eintritt frei.

Basílica Santa María: Am Ende der Altstadtgasse Calle Mayor und an deren Kreuzung mit der Calle 31 de Agosto, die als einzige Straße der Stadt den Flächenbrand von 1813 überstanden hat. Santa María geht auf eine romanische Kirche des 11. Jh. zurück, der heutige Bau stammt aber unübersehbar aus dem Barock der Mitte des 18. Jh. Von der ziemlich überladenen Fassade aus erkennt man, dass die ansonsten wenig bemerkenswerte Kathedrale in der Neustadt direkt in einer Flucht mit dieser Kirche erbaut wurde.

Iglesia de San Vicente: In der gleichnamigen Altstadtgasse erhebt sich die älteste noch bestehende Kirche der Stadt. Im gotischen Stil Anfang des 16. Jh. erbaut, gibt sich ihr Äußeres wehrhaft, das Innere, das gute Schnitzarbeiten vor allem am Altar beherbergt, ziemlich düster.

Plaza de la Constitución: Der recht kleine Hauptplatz der Altstadt diente einst als Stierkampfarena – die dreistöckig umlaufenden, großen Nummern an den Wohnungen sollen an diese Zeit erinnern. Heute ist der Platz allabendlich ein recht belebter Treffpunkt wie auch gelegentlicher Aufmarschort politischer Kundgebungen.

Museo Naval: Im hinteren Hafenbereich, untergebracht in einem Gebäude des 18. Jh., präsentiert das Schiffsmuseum eine interessante Sammlung rund um die Seefahrt. Zu den Exponaten zählen Schiffe, Instrumente und Geräte etc.; auch Videos sind zu sehen.

Öffnungszeiten Di–Sa 10–13.30, 16–19.30 Uhr, So/Fei 11–14 Uhr. Eintritt knapp 1,50 €, am Donnerstag gratis. Das Museum war zuletzt im Umbau, für die Zukunft ist eine ständige Ausstellung „Donostia maritima" geplant.

Aquarium/Palacio del Mar: Das 1928 gegründete Aquarium wurde 1998 in großem Stil umgebaut und erweitert. In mehreren Dutzend Becken sind nun über 200 Arten und insgesamt mehr als 5000 Fische zu sehen, außerdem auch Exponate zur Geschichte der Schifffahrt und zum Walfang, darunter ein Walskelett; schade, dass die Erläuterungen nicht wenigstens auch in englischer Sprache gehalten sind. Höhepunkt ist ein Riesenbecken von 40 Meter Länge, 15 Meter Breite und bis zu acht Meter Tiefe, das die Besucher in einem gläsernen Tunnel durchqueren und den Haien und Rochen so quasi Auge in Auge gegenüberstehen können. Durchaus ein Erlebnis also, wenn auch keine ernsthafte Konkurrenz für das fantastische „Aquarium Finisterrae" von La Coruña.

Öffnungszeiten Mo–Fr 10–19, Sa/So/Fei 11–20 Uhr, Mitte Juli bis Mitte September 10–21 Uhr; Einlass bis 45 Min. vor Schluss. Eintritt etwa 8 €, Kinder ermäßigt. www.aquariumss.com.

Isla de Santa Clara: Mal eine Abwechslung, lustig auch für Kinder, ist ein Schiffsausflug zur kleinen Insel in der Concha-Bucht. Fährbetrieb nur im Sommer; halbstündliche Abfahrten am Hafen bis gegen 20 Uhr, Erwachsene etwa 3 €, Kinder ermäßigt.

Die Gastronomischen Gesellschaften

Mit ursächlich für das hohe Ansehen der Kochkunst im Baskenland sind sicher die Gastronomischen Gesellschaften. Im 19. Jh. zuerst in San Sebastián gegründet, zählen sie heute in die Hunderte, sind in fast jedem Dorf anzutreffen. Ihre Mitglieder – bislang noch fast ausschließlich Männer, Frauen werden nur allmählich zugelassen – treffen sich regelmäßig in küchentechnisch perfekt eingerichteten Klubs, bekochen sich dort reihum und tauschen Rezepte aus: ein permanenter fröhlicher Wettstreit um den Titel des örtlichen Meisters am Herd.

Außerhalb der Altstadt

Palacio de Congresos Kursaal: Ein neues Wahrzeichen der Stadt ist das 1999 eröffnete Kongresszentrum am Zurriola-Strand, das auch als Rahmen für die großen Musikfestivals und Konzerte aller Art dient. Der spektakuläre Bau soll laut Prospekt „gestrandete Felsen" symbolisieren und besteht aus zwei voneinander getrennten, durchsichtigen und leicht angeschrägten Glaswürfeln. Der „Spiegel" bemerkte über den tagsüber wenig aufregenden Klotz: „Nachts leuchtet der Glasfelsen wie ein Raumschiff, das an der Küste gelandet ist".

Entworfen wurde er vom spanischen Architekten Rafael Moneo, der unter anderem auch für den Bahnhof Atocha in Madrid, den Flughafen von Sevilla, die Fundación Miró bei Palma de Mallorca und den Umbau des Prado in Madrid verantwortlich zeichnete.

Puente María Cristina: Die 1905 entstandene, nach der spanischen Königin María Cristina benannte Brücke ist ein Musterbeispiel des üppigsten Spät-Historismus, schwülstig und geschmacklos, Stile mischend und vor keinem stilistischen Nebeneinander zurückschreckend – also mittlerweile schon wieder ein interessantes Bauwerk (schöner ist es nicht geworden). Das Vorbild für den Riesen-Klunker war die Brücke Alexandre III in Paris, auch sie ein ziemlich grausiges, aber als Zeitdokument des Fin de siècle faszinierendes Bauwerk des späten Eklektizismus.

Palacio Miramar: Auf der Felszunge zwischen den Stränden La Concha und Ondarreta. 1893 für Königin María Cristina im englischen Cottage-Stil fertiggestellt (der leitende Architekt war Engländer), wurde der Palast in den folgenden Jahrzehnten zur sommerlichen Bühne politischer Ereignisse, Intrigen und Techtelmechtel. Auch Bismarck war hier schon zu Gast. Nach dem Tod der Königin ging es mit dem Palast und seinen wunderschönen Gartenanlagen zunächst bergab, bis die Stadt 1971 das Anwesen kaufte. Das Gebäude selbst dient nun gelegentlich offiziellen Empfängen und ist normalerweise nicht zugänglich. Die schönen Parks aber, von denen sich eine feine Aussicht auf die Bucht bietet, können tagsüber besucht werden.

El Peine de los Vientos: An der Küste unterhalb des Monte Igueldo, vom Ondarreta-Strand über den Paseo Peine de los Vientos zu erreichen. Wuchtige gekrümmte Arme aus schwerem Metall, die aus dem dunklen Gestein zu wachsen scheinen, verklammern Felsküste und Himmel über dem Horizont des Meeres. Ein Ort für Schlechtwetter, wenn das Kunstwerk von der Brandung erreicht wird und die Farben von Felsen, Metall und Meer sich zu vermischen beginnen. Der „Kamm der Winde" ist ein Gemeinschaftswerk des Architekten Luis Peña Ganchegui und des Bildhauers Eduardo Chillida (1924–2002), der in Hernani lebte und dort in der Nähe sein eigenes Museum der Nation vermachte (siehe „Umgebung").

Monte Igueldo: Eindrucksvoller noch als der Blick vom Monte Urgull oder vom Palacio Miramar ist die klassische Ansicht der Concha-Bucht vom Berg Igueldo aus, der sich an ihrem Westende erhebt. Tagsüber öffnet ein kleiner Vergnügungspark mit Restaurant, nachts ist die Aussicht umsonst. Vom alten Wachtturm ganz oben wurde früher das Auftauchen von Walen und feindlichen Schiffen gemeldet, heute dient er als Aussichtsturm. Zu erreichen ist der Monte Igueldo mit Bus Nummer 16 ab der Alameda oder mit der klassischen, aus dem Jahr 1912 stammenden Seilbahn (Sommer bis 22 Uhr, sonst bis 20 Uhr; 1,50 €), die oberhalb des Ondarreta-Strands hinter den Tennisplätzen startet.

Monte Ulia: Das östliche Gegenstück zum Monte Urgull war bis zur Eröffnung des Vergnügungsparks auf dem Igueldo das beliebteste Ausflugsziel der Bewohner Donostias. Auch heute noch finden sich hier ein Lokal mit schöner Aussicht, viele Picknickplätze, Grün- und Sportanlagen, darunter eine Anlage zum Tontaubenschießen.

Umgebung von Donostia (San Sebastián)

Erst kürzlich eröffneten im Süden der Stadt zwei in ihrer Art sehr unterschiedliche, aber jeweils ausgesprochen besuchenswerte Museen, die leider etwas abseits liegen. Doch der Weg lohnt sich.

Miramón

Das interaktive Museum der Naturwissenschaften, mit vollem Namen „Kutxa Espacio de la Ciencia" genannt, will Naturkräfte und ihre technische Anwendung anschaulich, aber auch spielerisch erklären – und das gelingt der Einrichtung auch bestens. „Se puede tocar", Anfassen erlaubt: An insgesamt 160 so genannten „Modulen" lassen sich eigenhändig Experimente aller Art nachvollziehen. Beantwortet werden dabei auch Fragen wie „Warum entleert sich ein Wasserstrudel in der nördlichen Hemisphäre mit Rechtsdrall, in der südlichen dagegen mit Linksdrall?" Angeschlossen sind ein 36 Meter hohes astronomisches Observatorium, das an das „Hubble"-Weltraumteleskop angeschlossen ist, ein digitales Planetarium, ein Saal mit Filmvorführung, ein „Theater der Wissenschaften", eine eigene Abteilung für 4- bis 9-jährige Kinder etc. Dankenswerterweise gibt es die Erklärungen auch in Englisch und Französisch.

• *Lage/Öffnungszeiten* Mikeletegi Pasealekua 43, etwas komplizierte Anfahrt vom Zentrum über die Calle Prim, ab der Plaza Pio XII den Hinweisen zu den Hospitälern (Ciudad Sanitaria) folgen, dann beschildert; wesentlich einfacher mit Bus Nr. 28, Abfahrten etwa stündlich ab Alameda de Boulevard. Geöffnet Di–Sa 10–19 Uhr, So/Fei 11–19 Uhr, von Juni bis September jeweils bis 20 Uhr; Eintrittsgebühr gut 4 €, temporäre Ausstellungen und Planetarium (2 €) gehen extra. Internet-Infos: www.miramon.org.

„Anfassen erlaubt": im Museum Miramón

Chillida Leku (Museo Chillida)

Spätestens durch die Aufstellung seiner rund sechs Meter hohen Eisenskulptur „Berlin“ vor dem Kanzleramt wurde der baskische Bildhauer Eduardo Chillida, Jahrgang 1924 und in seiner Jugend Profi-Torhüter in Donostia (San Sebastián), auch in Deutschland einem breiten Publikum bekannt. Als im September 2000 in Chillidas Heimatgemeinde Hernani sein Privatmuseum eröffnet wurde, war neben dem spanischen Königspaar und Regierungschef Aznar auch Gerhard Schröder eingeladen – und entging nur knapp einem gerade noch rechtzeitig vereitelten Granatenanschlag der ETA, die in Hernani eine ihrer Hochburgen besitzt. Eduardo Chillida starb im Herbst 2002.

Mit seinem Museum, einem Querschnitt durch die künstlerische Arbeit von fünf Jahrzehnten, erfüllte sich Chillida einen Lebenstraum. Mittelpunkt ist der „Caserío Zabalaga“, ein Bauernhaus des 16. Jh., das bis auf die tragenden Eichenbalken komplett entkernt wurde und rund 110 kleinere Arbeiten des Künstlers beherbergt. In der umgebenden, zwölf Hektar großen Parkanlage stehen weitere rund 40 Skulpturen, diesmal im bekannten Großformat Chillidas und aus seinen bevorzugten Materialien Eisen und Granit gefertigt.

• *Lage/Öffnungszeiten* Das Museum liegt an der GI 2132 nach Hernani, einer Abzweigung der N I nach Vitoria-Gasteiz, und nur wenige Kilometer von Miramón; Bus G 2 fährt etwa halbstündlich ab der Calle Oquendo in San Sebastián. Geöffnet ganzjährig So 10.30–15 Uhr, Juli/Aug Mo–Sa 10.30-20 Uhr, Rest des Jahres Mo, Mi-Sa sowie Fei 10.30-15 Uhr. Eintrittsgebühr rund 6 €; Studenten ermäßigt. Internet-Infos gibt es unter www.museochillidaleku.com und www.eduardo-chillida.com.

Ekain: Die Ekain-Höhle ist noch nicht für die Öffentlichkeit geöffnet, es gibt jedoch bereits die Möglichkeit eines virtuellen Besuchs unter der ellenlangen Adresse www.kultura.ejgv.euskadi.net/r46-7672/de/contenidos/informacion/ekain_aurkikuntza/de_14030/hasiera.html.

Baskenland
Karte Seite 240/241

Costa Vasca (Provinz Gipuzkoa)

Westlich von Donostia (San Sebastián) erstreckt sich eine Folge kleiner Ferien- und Fischerstädtchen mit unterschiedlich stark ausgeprägtem Tourismus. Im Sommer herrscht hier aber überall viel Betrieb.

Das Massiv des Monte Igueldo wirkt wie ein Sperrriegel, den Straße und Schiene landeinwärts umgehen müssen. Erst bei Zarautz kommt wieder das Meer in Sicht. Die Schmalspurbahn Euskotren fährt bis Deba die meisten Küstenorte an und biegt dann ins Landesinnere ab; z. T. liegen die Bahnhöfe allerdings ein ganzes Stück außerhalb der Orte. Günstiger sind oft die Busse, die wirklich jedes Küstennest bedienen.

Orio

Das Donostia (San Sebastián) am nächsten gelegene Küstenstädtchen, fast schon ein Vorort der Provinzhauptstadt, wurde bereits um 1150 erstmals urkundlich erwähnt. Im historischen Ortskern um die Kirche *Iglesia de San Nicolás de Bari*, besonders in der nahen Straße Kale Nagusia, hat sich Orio mit einer ganzen Reihe von Palästen ein Stück Mittelalter bewahrt; hübsch ist auch der kleine Hafen mit seinen bunten Booten. Der Strand von Orio liegt etwas außerhalb, am Ende der Flussmündung.

- *Camping* **Playa de Orio** (1. Kat.), exquisit ausgestatteter Platz beim Strand, Schwimmbad, März-Okt. geöffnet. Allerdings sehr teuer, das Parzellensystem wie in San Sebastián schlägt für zwei Personen mit rund 20–30 € zu Buche. ☎ 943 834801, 📠 943 133433, www.oriora.com.
- *Feste* **Fiesta de San Pedro**, Patronatsfest des Ortsheiligen am 29. Juni.

Zarautz (Zarauz)

Etwa 15 Kilometer westlich von Donostia (San Sebastián) gelegen, glänzt Zarautz durch seinen langen und breiten Sandstrand, der dem alten Städtchen reichlich Besucher beschert.

1234 gegründet, verdiente Zarautz sein Geld lange Jahrhunderte mit dem Fang und der Verarbeitung von Walen, mit Werften und Eisenhütten. Heute dagegen ist der Tourismus die Haupteinnahmequelle. Zwischen Durchgangsstraße und Strand erstrecken sich Hochhäuser und Apartmentanlagen, die im Sommer wahren Hundertschaften vorwiegend spanischer Familien als Ferienquartier dienen: Im Winter von 22.000 Seelen bewohnt, verdreifacht Zarautz während der relativ langen Saison seine Einwohnerzahl. Beliebt ist der Ort auch bei Surfern, die besonders günstige Bedingungen vorfinden; bereits mehrfach wurden hier Weltmeisterschaften ausgetragen.

Dennoch ist Zarautz kein reines Ferienghetto. Abseits der Strandzone zeigt sich das Städtchen nämlich von einer ganz anderen Seite: Der gemütliche alte Ortskern mit seinen Pflastergassen besitzt Stil und Atmosphäre, der Hauptplatz rund um den Musikpavillon wirkt auch außerhalb der Saison durchaus lebendig. Dank der guten Verkehrsverbindungen mag Zarautz deshalb als Übernachtungsalternative zu San Sebastián eine Überlegung wert sein. Gestresste Autofahrer finden hier sicher leichter einen Parkplatz als in der turbulenten Provinzhauptstadt. In der Hochsaison allerdings werden nicht nur die Parkplätze rar, sondern auch die Unterkünfte.

Information/Verbindungen

- *Information* **Oficina de Turismo**, Avenida de Navarra s/n, ☎ 943 830990, 📠 943 835628; an der Strandseite der Durchgangsstraße, bei der kleinen Campsa-Tankstelle unweit der zentralen Kreuzung. Öffnungszeiten: Sommer Mo–Sa 9–20.30 Uhr, Winter Mo–Fr 9.30–13, 15.30–19.30 Uhr, Sa 10–14 Uhr; So ganzjährig 10–14 Uhr.
- *Verbindungen* **Zug**: Euskotren-Bahnhof am östlichen Rand des Zentrums; nach Donostia und Zumaia etwa halbstündlich bis stündlich, nach Bilbao stündlich.

Bus: Verschiedene Haltestellen an der Durchgangsstraße, je nach Ziel und Gesellschaft. Mit PESA/Euskotren häufige Anschlüsse nach Donostia sowie Richtung Getaria und Zumaia. ALSA/ TURYTRANS fährt mindestens 2-mal täglich nach Bilbao und Santander.
- *Post:* Herrikobarra Kalea 10, am südlichen Zentrumsrand; geöffnet Mo–Sa 8–14 Uhr.

Übernachten/Camping

- *Übernachten* Eine Liste mit Apartments und Privatzimmern gibt es bei der Infostelle, ebenso Adressen von „Agroturismo"-Vermietern, die Urlaub auf dem Bauernhof offerieren.

**** **Hotel Karlos Arguiñano**, in einem repräsentativen historischen Steinbau direkt am Strand, benannt nach seinem Besitzer, dem populären Fernsehkoch und Kochbuchautor. Gediegene, vielleicht etwas pompöse Ausstattung, besonders am Wochenende ganzjährig oft voll gebucht. DZ 125-195 €, Mendilauta 13, ✆ 943 130000, ℻ 943 133450, kahotel@karlosnet.com.

*** **Hotel Zarauz**, komfortabler Dreisterner an der Durchgangsstraße, großer Privatparkplatz. Ganzjährig geöffnet mit Ausnahme der Zeit zwischen Weihnachten und Heilige Drei Könige. Gutes Restaurant angeschlossen (Menü knapp 11 €). DZ etwa 80–105 €. Nafarroa Kalea 26, ✆ 943 830200, ℻ 943 830193, www.hotelzarauz.com.

** **Hotel Alameda**, postmoderner Bau, der lokale Tradition zitiert, zentrums- und strandnah landeinwärts der Durchgangsstraße; mit Garage. DZ/Bad nach Saison knapp 70–100 €. Seitximineta Kalea 2, ✆ 943 830143, ℻ 943 132474, www.hotelalameda.net.

** **Pensión Txiki Polit**, am Hauptplatz der Altstadt. Die recht große, propere und saubere Pension besteht aus zwei Gebäuden, einem modernen neuen Teil und einem Altbau, die zueinander über Eck liegen; gute Bar und Restaurant (Menü 10 €) angeschlossen. Ganzjährig geöffnet,, DZ/Bad ca. 50-60 €, ohne Bad ca. 40-50 €. Musika Plaza, ✆ 943 835357, ℻ 943 833731, www.txikipolit.com.

Jugendherberge Albergue Juvenil „Albertia", südwestlich unweit des Zentrums an der San Inazio Kalea s/n. Ganzjährig geöffnet, im September allerdings gelegentlich wegen Ferien geschlossen. Oft Gruppen, besser reservieren: ✆ 943 132910, ℻ 943 130006, www.gipuzkoa.net/albergues.

• *Camping* Beide Plätze nicht am Meer.

Gran Camping Zarauz (2. Kat.), etwa drei Kilometer außerhalb Richtung San Sebastián. Angenehmer Platz, hübsch und mit teilweise weiter Aussicht auf einem Hügel gelegen; recht großes Bar-Restaurant. Ganzjährig geöffnet; p.P., Auto, je 4,50 €, Zelt 4,50–5 €. ✆ 943 831238, ℻ 943 132486, www.grancampingzarautz.com.

Wild: Küste bei Zarautz

Talai-Mendi (2. Kat.), am Ortsrand Richtung San Sebastián, auch zum Strand näher als der Gran Camping. Kleiner Platz, nur über Ostern und von Ende Juni bis etwa 10. September geöffnet; p.P., Auto, je 4 €, Zelt 4,50-5 €. ✆/℻ 943 830042.

Essen/Feste

• *Essen* In Zarautz gehört ein Glas Txakolí einfach dazu, ist man hier doch mitten im Anbaugebiet dieses frischen Weißweins.

Rest. Karlos Arguiñano, wenn ein populärer Fernsehkoch ein Restaurant aufmacht (das wie das Hotel seinen Namen trägt), erwartet man gehobene Fernsehküche ohne Dreistern-Appeal, und genau das bekommt man. Die Gäste sind zufrieden, zumal die Terrasse direkt über dem breiten Sandstrand einen tollen Meerblick bietet. Menü ca. 30 € (ohne Wein), à la carte mehr. Mendilauta 13, ✆ 943 130000.

Rest. Aiten Etxe, in schöner Lage knapp außerhalb des Ortes Richtung Getaria, mit Blick aufs Meer und den Ort. Trotz starker Konkurrenz vielleicht das beste Restaurant des Städtchens. Zu den Spezialitäten zählen Fisch und Meeresfrüchte sowie Grillgerichte. Menü à la carte ab etwa 30 €. Getaria Bidea 3, So-Abend sowie Di geschlossen, ✆ 943 831825.

Rest. Zazpi, in der Hauptgasse von Zarautz. Gemütliches Lokal mit schönen Deckenbalken, recht günstige Tagesmenüs ab 12 €, sehr gut. Es gibt aber auch platos combinados (Tellergerichte) für ca. 3–10 €, à la carte ab 15 €. Kalea Nagusia 21, ✆ 943 132319.

• *Feste* **Fiesta de San Pelayo**, drei Tage ab dem 26. Juni, Fest des Patrons der Kirche Iñurritza, die an der Hauptstraße Richtung San Sebastián liegt.

Fiestas de la Virgen, mehrere Tage ab dem 15. August, mit Konzerten, Pelota-Spielen, Regatten, Feuerwerk und vielem mehr.

Euskal Jaiak, mehrere Tage um den 9. September. Baskisches Fest mit farbenprächtigen Umzügen, Kostümen und Tänzen, Volkstheater und anderen Attraktionen.

▸ **Sehenswertes**: Eine ganze Reihe historischer Gebäude erinnert an die lange, wechselvolle Vergangenheit des Städtchens, so der wehrhafte gotische Turm *Torre Luzea* (15. Jh.), der am Meer gelegene *Palacio de Marqueses de Narros* (16. Jh.) und die schönen, wappengeschmückten Häuser der Calle Trinidad.

Fotomuseum: Am südwestlichen Rand des Ortskerns ist in der Villa Manuela ein Museum rund um die Fotografie eingerichtet. Neben wechselnden Ausstellungen sind unter anderem Fotoapparate verschiedener Epochen zu sehen, außerdem Daguerreotypien und andere alte Aufnahmen, die das Baskenland vergangener Zeiten zeigen.

Öffnungszeiten Di–So 10–13, 16–20 Uhr; Eintritt knapp 1,50 €.

Getaria (Guetaria)

Nur wenige Kilometer westlich von Zarautz gelegen, präsentiert sich Getaria wesentlich kleiner und ruhiger. Der bescheidene Hafen unterhalb der sehenswerten gotischen Kirche *San Salvador* liegt hübsch auf einer Landzunge, die wegen ihrer Form „Ratón“ (Maus) genannt wird und der eine Felsinsel vorgelagert ist; die schöne Playa de Malkorbe lockt zum Badestopp. Getaria ist neben Zarautz das Anbauzentrum des lokalen Weißweins *txakolí*, der in hiesigen Weinhandlungen auch erstanden werden kann. Außerdem besitzt das kleine Städtchen einen berühmten Sohn: In der Hauptstraße erinnert ein Denkmal an den ersten Weltumsegler Juan Sebastián Elcano (1487–1526), den einzigen Kapitän aus Magellans Flotte, der sein Schiff, die Victoria, heil nach Hause brachte.

Das seit längerem angekündigte Museum für den hier geborenen Modeschöpfer Cristobál Balenciaga war bei Abschluss der Recherchen noch nicht eröffnet.

Erster Weltumsegler: Juan Sebastián Elcano

• *Information* **Oficina Municipal de Turismo**, Parque Aldamar 2, an der Hauptstraße im Zentrumsbereich, ✆ 943 140957. Nur im Sommer und auch dann nur unregelmäßig geöffnet.

• *Übernachten* ** **Pensión Guetariano**, einfache Pension in zentraler Lage unweit des Fremdenverkehrsamts. DZ/Bad kostet 50 €. Errerieta Kalea 3, ✆ 943 140567.

** **Hostal San Prudencio**, in sehr ruhiger Lage im gleichnamigen Ortsteil, etwa zwei Kilometer südwestlich. Restaurant angeschlossen. Geöffnet März bis Oktober. Einfache DZ, nur ohne Bad, knapp 50 €. San Prudencio s/n, ✆ 943 140411.

• *Essen* **Rest. Astillero**, ein Lesertipp von Dr. Müller-Matthesius: „Schöner Blick, wenn man frühzeitig kommt und in der Fensterreihe sitzt, es gibt viele Reservierungen. Ausgezeichnetes Essen; das Restaurant ist einer Fischhandlung angeschlossen und bietet deshalb Garantie auf wirklich frischen Fisch." Puerto 6 (mittlerer Teil des Hafens), ✆ 943 140412.

• *Feste* **Día del Txakolí**, am ersten Sonntag im Januar. Fest des lokalen Weins, natürlich mit Verkostung.

Fiesta de San Salvador, mehrere Tage um den 6. August. Patronatsfest, unter anderem mit einem Reiterumzug zur Erinnerung an den großen Weltumsegler Juan Sebastián Elcano. In diesem Zeitraum auch **Desembarco d'Elcano**, jedoch nur alle vier Jahre (2011). Mit historischen Kostümen wird Elcanos Landung nach seiner Weltumsegelung nachgestellt, fünf Frauen auf einer Karosse symbolisieren die fünf Erdteile.

Zumaia (Zumaya)

Wieder eine ganze Ecke größer als Getaria ist Zumaia, dem eine tiefe Flussmündung Schutz vor den atlantischen Wogen bietet.

Zeigt sich das Hafenstädtchen am Río Urola in seinen ausgedehnten Außenbezirken noch ziemlich unansehnlich, so erweist sich das Zentrum um die festungsartige Kirche *San Pedro* als durchaus malerisch. Unterkünfte sind zwar eher rar in Zumaia, doch verbessert sich die Situation allmählich. Den beiden Museen des Städtchens sollten auch Durchreisende Beachtung schenken. In der Nähe des Zuloaga-Museums findet sich ein ganz brauchbarer Strand, die weit schönere Playa de Itzurun liegt auf der anderen Seite des Städtchens, hinter dem Hügel: die Bucht mit ihrem feinem Sandstrand ist von senkrechten Felsen umgeben. Eindrucksvoll die Strandplattform auf der Nordseite, sie schiebt sich fast flach ins Meer hinaus, die unterschiedlich harten und verschieden gefärbten Gesteinsschichten sind zu einem Muster paralleler Kämme abgeschliffen worden. Begeisterte Wanderer werden in dieser Bucht die Zeichen der G.R. 121 entdecken. Dieser aussichtsreiche und leicht zu gehende Wanderweg führt über 14 km zuerst zur Landzunge Punta Marianton mit der Einsiedelei San Telmo und dann durch schwach besiedeltes Bauernland bis auf 230 m Höhe über dem Meer, im zweiten Teil verläuft er direkt über dem Steilufer bis nach Deba, wo man in den Zug zurück steigen kann (Dauer ca. 4 Std.).

• *Information* **Oficina de Turismo**, im Zentrum nahe der Durchgangsstraße, bei der Tankstelle. Mo–Sa 10–14, Mo–Fr 16–19 Uhr, Juli/Aug. tgl. 10–19 Uhr. Hier auch Informationen über Führungen zu den Museen und in die Umgebung von Zumaia. Plaza Zuloaga 1, ✆ 943 143396.

• *Übernachten* * **Hotel Talasoterapia Zelai**, neueres Hotel (seit 2000) in Traumlage über dem Itzurun-Strand, Meeresblick vom Zimmer und vom Speisesaal. DZ satte 85–115 €. Larretxo 16, Playa de Itzurun, ✆ 943 865100, ℻ 943 865178, www.talasozelai.com

Hotel Zumaia, in einer Neubaugegend Nähe Bahnhof. Erst vor wenigen Jahren eröffnet. Geräumige, sehr komfortable, aber recht hellhörige Zimmer, DZ/Bad/F etwa 60–70 €. Alai 13, ✆ 943 143441, ℻ 943 860764.

• *Feste* **Fiesta de San Pedro**, 28.-30. Juni, Hauptfest des Städtchens.

Sehenswertes

Museo Zuloaga: Ebenfalls am östlichen Ortsrand, nicht weit vom Museo Laia, jedoch rechter Hand der Straße von Zarautz. Nahe einem alten Kloster präsentiert das im schönen Haus des Künstlers untergebrachte Museum nicht nur Werke des berühmten baskischen Malers Zuloaga (1870–1945), sondern auch Gemälde und Skulpturen der Familiensammlung, darunter Bilder von El Greco, Zurbarán und Goya. Zu besichtigen ist auch eine Kapelle des Heiligen Jakob, die daran erinnert, dass es neben der Hauptroute des Jakobswegs durchs Binnenland auch eine Variante entlang der Küste gab.

Öffnungszeiten Nur Ostern bis September, Mi–So 16–20 Uhr; Eintritt rund 3 €, www.ignaciozuloaga.com.

Deba (Deva)

Das Seebad an der Mündung des gleichnamigen Flusses besitzt zwei recht schöne Strände. Der vom Meer durch die Bahnlinie getrennte Ort selbst wirkt allerdings weniger reizvoll als seine Nachbarn. Kunstfreunde werden vielleicht einen Blick auf die hübsche Kirche *Nuestra Señora de la Asunción* (14./17. Jh.) mit ihrem schönen Portal werfen wollen.

• *Übernachten/Essen* ** **Pensión Zumardi**, erst vor wenigen Jahren eröffnet und derzeit die erste Adresse im Ort. Nur neun Zimmer, DZ/Bad nach Saison knapp 45–60 €. Calle Marinel 12, ✆/✉ 943 192368.

Rest. Urgain, am Ortsanfang Nähe Bahnhof, gegenüber die offene Markthalle des Ortes. Spezialität Meeresgetier, Küche gut, aber nicht billig: Essen à la carte ab etwa 35 €, Tagesmenü 8,50 €. Calle Arenal 5, außerhalb der Saison Di-Abend geschlossen.

• *Feste* **Fiesta de San Roke** (San Roque), Patronatsfest am 14. August.

Sehenswertes

Nuestra Señora de la Asunción: Die Pfarrkirche ist eine dreischiffige spätgotische Hallenkirche. Sie besitzt ein großes, sehr eindrucksvolles Doppelportal mit großfigurigen Skulpturen (einige davon 19. Jh.) und einem besonders qualitätvollen Tympanon. Staunenswert das Netzgewölbe im Inneren!

Mutriku (Motrico)

Kurz vor der Grenze zur Provinz Vizcaya lohnt Mutriku zumindest für Camper vielleicht noch einen Aufenthalt: Insgesamt vier Plätze liegen im Umfeld des Fischerortes, dessen historischer Kern im Gebiet rund um den Hafen gut bewahrt blieb. Vergnüglich nicht nur für Kinder ist ein Bad in dem natürlichen, vom Meerwasser gespeisten „Swimmingpool" hinter der Hafenanlage.

• *Essen & Trinken/Camping* **Rest. Jarri-Toki**, in einer Gründerzeitvilla über dem Ort (Ortsanfang aus Richtung Deba). Meeresfrüchte, delikate Fischzubereitungen, Menü à la carte ab ca. 30 €.

Aritzeta (3. Kat.), guter Platz in sehr schöner Lage über dem Ort. Terrassiertes Gelände, von fast allen Stellplätzen tolle Aussicht, zum Strand etwa einen Kilometer. Ganzjährig geöffnet, p.P., Auto, Zelt je 4 €, 2 Nächte Minimumaufenthalt! Zufahrt östlich des Zentrums, beschildert, aber für Caravans schwierig. ✆ 943 603356.

Santa Elena (3. Kat.), ganzjährig geöffneter Platz mit viel Grün und kleinem Laden, p.P., Auto, Zelt je 4 €. Ctra. Deba-Gernika km 5, ✆ 943 602982.

▸ **Weiterreise**: Es folgt zunächst ein Abstecher ins Binnenland. Weiter an der Küste geht es im Kapitel „Costa Vasca/Provinz Bizkaia".

Binnenland/Provinz Gipuzkoa

Eine Reise durch grüne Hügel und fruchtbare Täler, zu schönen alten Städtchen und ungewöhnlichen Klöstern ...

Tolosa

Die Kleinstadt an der N I von Donostia (San Sebastián) nach Vitoria-Gasteiz war im 19. Jh. eine Zeitlang die Hauptstadt Gipuzkoas und ist heute in erster Linie für die hier ansässige Papierindustrie bekannt. Im Ortskern hat sich die Stadt am Río Oria jedoch einige kunsthistorisch bedeutsame Bauten bewahrt, darunter die große, barock umgeformte und ausgestattete dreischiffige Kirche *Santa María* mit gotischem Gewölbe, deren seltsamer Glockenturm von einer freistehenden Mauer gebildet wird.

Eine Kuriosität für Schleckermäuler ist das von einem Konditor eingerichtete *Süßwarenmuseum*, das altertümliche Utensilien zur Herstellung von Süßigkeiten aller Art ausstellt. Die ältesten Gerätschaften reichen bis ins 15. Jahrhundert zurück. Zu suchen in der Calle Lechuga 3, neben dem Rathaus.

• *Öffnungszeiten* Mo-Fr 9.30-13.30, 16-19 Uhr, Sa 9.30-13.30 Uhr, www.museodelchocolate.com, Eintritt frei.

• *Verbindungen* **Zug**: RENFE-Bahnhof an der Linie vom Knotenpunkt Altsasu nach Donostia/Irún. Recht häufige Anschlüsse in beide Richtungen.

Bus: Verbindungen von und nach Donostia tagsüber etwa jede halbe Stunde.

• *Feste* **„Tolosa goxua"**, die *feria de reposteria*, das Fest der Süßigkeiten an einem Sonntag Ende März. Als Leistungsbeweis der lokalen Konditoren wird jeweils eine neue Dessertkreation vorgestellt.

• *Übernachten* * **Hotel Oria**, 1997 eröffneter, funktionaler Neubau im Ort, der hauptsächlich von Geschäftsreisenden besucht wird. 34 für diese Kategorie sehr ordentliche Zimmer. Das kühl-funktionelle (Grill)-Restaurant wurde von Lesern gelobt. Garage. Komfortable Räume auch in der Dependance, einer Gründerzeitvilla in der Nähe. DZ/Bad ca. 70-80 €. Calle Oria 2, ☎ 943 654688, ℻ 943 653612, www.hoteloria.com.

Monasterio de San Ignacio de Loyola

Im Hinterland der Küste zwischen Zarautz und Deba, nah genug, um auf einem schnellen Abstecher besucht zu werden, erinnert ein großes Kloster an den Gründer des Jesuitenordens.

Monumental: Monasterio de San Ignacio de Loyola

Vom Militär zum Mönch, oder: Gottgefällig ist der Schmerz

Ignatius von Loyola (span.: Don Iñigo de Loyola, 1491–1556) war bis zum Alter von 26 Jahren zunächst Offizier am Hof von Navarra, eitel und tapfer, Genussmensch und Frauenheld. Eine schwere Verwundung bei der Belagerung durch die Franzosen und die sich anschließende monatelange Krankheit bringen einen Sinneswandel. Mit demselben Fanatismus, den er zuvor im Kampf bewiesen hatte, wirft sich Ignatius nun auf die Religion. Auch im Winter meist barfuß gehend, oft krank, bettelt er sich ohne Mantel und ohne einen Pfennig Geld durch halb Europa und bis nach Jerusalem – eine unerhörte Leistung, die einen starken Drang nach Selbstkasteiung vermuten lässt. Nach seiner Rückkehr studiert er zehn Jahre lang Theologie, predigt in den Straßen, fällt mehrfach in die Hände der Inquisition, die ihn immer wieder laufen lässt, bis er schließlich nach Frankreich auswandert. Mit anderen Theologiestudenten gründet er 1534 in Paris den Jesuitenorden, der 1540 vom Papst anerkannt wird. 1622 wird Ignatius heiliggesprochen.

Der Bau des Klosters von Loyola, etwa zwei Kilometer südwestlich des Städtchens *Azpeitia* gelegen, dauerte vom 17. bis ins 19. Jh. fast zweihundert Jahre. Die riesige Barockkuppel der im Inneren prächtig geschmückten Basilika stammt von Joaquín Churriguera. Ein Seitenflügel umfasst das Geburtshaus des Heiligen, die „Santa Casa“, in der auch sein ehemaliges Krankenzimmer zu sehen ist.

Verbindungen Busse von und nach Donostia (San Sebastián) jeweils 12-mal, von und nach Zarautz je 6-mal täglich.

Oñati und Arantzazu

Ein interessanter Kontrast: Oñati, das alte Universitätsstädtchen und Arantzazu, eine modern gestaltete Klosteranlage. Beide sind sie von wunderschöner Landschaft umgeben.

Oñati (Oñate)

Einige Kilometer östlich der GI 627 von Deba nach Vitoria-Gasteiz gelegen, wird Oñati manchmal als „baskisches Toledo“ bezeichnet. Eine kräftige Übertreibung, gewiss, doch hat das bereits im 12. Jh. urkundlich erwähnte Städtchen tatsächlich seinen eigenen Reiz. Er gründet sich zum einen auf die schöne Lage in einem von Bergen umgebenen Tal (Oñati bedeutet „reich an Hügeln“), zum anderen auf die zahlreichen historischen Monumente und Bürgerpaläste des kleinen Städtchens.

• *Information* **Oñatiko Turismo Bulegoa**, San Juan Kalea 5 (bei der Pfarrkirche), ✆ 943 718808, www.oniati.org. Öffnungszeiten: April-Sept. Mo–Fr 10–14, 15.30–19.30 Uhr, Sa/So 10-14 Uhr, Sa auch 16.30-18.30 Uhr. Okt.-März Mo-Fr 10-13, 16-19 Uhr, Sa/So 11-14 Uhr.

• *Verbindungen* **Busse** von und nach Donostia (San Sebastián) 2-mal, Bilbao und Vitoria-Gasteiz 1-mal täglich.

• *Übernachten* Etwas außerhalb liegt der **Agriturismo Arregi**, Zimmer mit Frühstück in altem baskischem Steinbau, DZ/F ca. 50 €, auch Abendessen möglich (ca. 13 €). Garagaltza 19, Oñati, ✆/℻ 943 780824.

Weitere Möglichkeiten in Arantzazu, siehe unten.

• *Feste* Die **Fronleichamsprozession** des Ortes ist besonders aufwändig und sehenswert.

Musikaste, zwei Wochen Musik an wechselnden Terminen im Mai.

Wettbewerb der Schäferhunde, im September, ohne festes Datum. Die Infostellen auch in Donostia (San Sebastián) und Zarautz sollten über den aktuellen Termin Bescheid wissen.

Fiesta de San Miguel, Hauptfest zu Ehren des Schutzpatrons, am 29. September.

Sehenswertes

Universität: 1542 von Bischof Zuazola gegründet, war sie jahrhundertelang die einzige Hochschule des Baskenlands. Bestechend ist besonders ihre Fassade in überreichem Platereskschmuck, auf der es von Wappen, Säulen und allegorischen Figuren geradezu wimmelt.

Iglesia San Miguel: Die Pfarrkirche gegenüber der Universität entstand in der zweiten Hälfte des 15. Jh. im Stil der Gotik. Den originellen (im 16. Jh. entstandenen) Kreuzgang durchfließt ein Bach; im reich geschmückten Inneren der Kirche findet sich im nördlichen Schiff das Grabmal des Bischofs Zuazola, das dem Bildhauer Diego de Siloé zugeschrieben wird.

Ayuntamiento: Das Rathaus am Hauptplatz ist im Barock des 18. Jh. gehalten; nebenan erheben sich ein Turm des 15. Jahrhunderts und ein Palast des 18. Jahrhunderts. Weitere Sehenswürdigkeiten Oñatis sind die Klöster Santa Ana im Barockstil und Bidaurreta im plateresken Gewand.

Arantzazu

Das Heiligtum der Madonna von Arantzazu (span.: Aranzazu), in den Bergen neun Kilometer oberhalb Oñatis gelegen, geht auf das Jahr 1469 zurück. In der landschaftlich äußerst reizvollen Region soll damals ein Schäfer die Statue der Jungfrau neben einem Weißdorn (baskisch: arantzazu) gefunden haben. Zunächst nur eine kleine Einsiedelei, ließen sich in Arantzazu bald Franziskaner und Dominikaner nieder. Heute ist die Madonna die offizielle Schutzheilige der Provinz Gipuzkoa, gilt aber als die Patronin aller Basken.

Da die Gebäude des Heiligtums mehrfach abgebrannt waren und zudem die Pilgerscharen kaum mehr fassen konnten, entschlossen sich die Franziskaner 1950 zum Bau einer neuen Basilika, deren Mittelpunkt natürlich die Madonnenstatue nebst Weißdorn ist. Das damals avantgardistische Gebäude, von dem selbst ein regionaler Fremdenverkehrsprospekt zugibt, dass es „schrill aussieht“, war seinerzeit höchst umstritten. Wie man auch zu der wirklich etwas gewöhnungsbedürftigen Architektur stehen mag: Die Aussicht von hier oben ist in jedem Fall grandios, und die Umgebung bietet gute Wandermöglichkeiten.

• *Übernachten* * **Hotel Síndica**, brauchbare Mittelklasse mit Swimmingpool, ganzjährig geöffnet. DZ kosten rund 50 €. Arantzazu 11, ✆ 943 781303.

* **Hotel Hospedería de Aranzazu**, große, etwas einfachere Herberge des Franziskanerordens bei der Kirche. Geöffnet Februar bis Dezember; DZ 40-50 €. Arantzazu 29, ✆ 943 781313, ℻ 943 781314, www.arantzazu.org.

▶ **Weiterreise**: Wer Geschmack an den baskischen Bergen gefunden hat und mit dem eigenen Fahrzeug unterwegs ist, kann die Route in westlicher Richtung über die Städtchen Elorrio und Durango ausdehnen; Näheres im Kapitel „Binnenland der Provinz Bizkaia“.

Baskenland Karte Seite 240/241

Kühn geschwungen: Brücke am Hafen von Ondarroa

Provinz Bizkaia (Vizcaya)

Das Ruhrgebiet des Baskenlandes – der Großraum Bilbao weist die dichteste Industriekonzentration Nordspaniens auf.

Ein Tourismusprospekt bemerkt ehrlich, schlicht und treffend: „Die Aneinanderreihung von Stränden, Hügeln und Fabrikschornsteinen ist in gewisser Weise der Inbegriff der Landschaft des heutigen Vizcaya." Doch sieht es zum Glück nicht überall so aus. Einen Kontrast zu den qualmenden Schloten bilden die liebenswerten Fischerstädtchen der Küste. Etwas landeinwärts erinnert *Gernika* (Guernica) an baskische Traditionen und leider auch an deutsche Verbrechen.

Internet www.bizkaiacostavasca.org.

Costa Vasca/Provinz Bizkaia

In der Provinz Bizkaia erstreckt sich die baskische Küste abseits aller Fernstraßen, zeigt sich wilder und ursprünglicher als in ihrem östlichen Teil. Je näher allerdings Bilbao rückt, desto höher steigt die Belastung des Meerwassers. Mit der Bahn werden, über eine Nebenlinie der ET/FV, nur Gernika und Bermeo angefahren, die Busverbindungen entlang der Küste sind jedoch ausreichend.

Ondarroa

Auf den ersten Blick ein eher modernes, geschäftiges Städtchen, das wie fast alle anderen Küstensiedlungen am Atlantik an einer Flussmündung liegt. Der zweite Blick erfasst erfreut eine alte römische Steinbrücke, die bunt bemalten Balkone mancher Häuser und die wehrhafte Kirche Santa María (15. Jh.). Trotz zweier hübscher Strände spielt der Tourismus in Ondarroa kaum eine Rolle, denn der große Hafen ernährt den Ort auch so ganz gut. Klar, dass die dortigen Bars Spezialisten in der Zubereitung aller Arten von Meeresgetier sind. Sehenswert ist die elegante Brücke von Santiago Calatrava, die den Durchgangsverkehr aus dem Ortszentrum umgeleitet hat; die Verkehrsregelung der Zufahrt ist allerdings sieben Jahre nach Beendigung des Brückenbaus nach wie vor provisorisch.

Lekeitio (Lequeitio)

Lekeitio hat sich im Tourismus schon stärker engagiert als Ondarroa, was dem Ort aber gar nicht schlecht zu bekommen scheint.

Von grünen Hügeln umgeben, liegt das Fischerstädtchen an einer weiten Bucht, aus der die bewaldete Felsinsel San Nikolás mit den Ruinen eines alten Klosters ragt; bei Ebbe ist das Inselchen zu Fuß erreichbar. Der große Hafen ist voller Schiffe, früher waren es in dem ehemaligen Walfanghafen – der Wal steht auch im Ortswappen – sicher nicht mehr. Die ausgesprochen hübsche Altstadt erweist sich mit ihren engen Gassen und vielen Musikbars als angenehmes Revier zum Flanieren. Tagsüber lässt es sich an einem der gleich zwei Strände wohlsein. Auch Kunstliebhaber kommen auf ihre Kosten: Die spätgotische Kirche *Santa Maria de la Asunción* (15./16. Jh.) am Hafen gilt mit ihren filigranen Strebepfeilern und ihrem reizvollen Portal als eine der schönsten der Küste. Im Inneren erwarten den Besucher ein prunkvoller vergoldeter Hauptaltar mit 45 Abteilungen, sicher der prächtigste des Baskenlands und einer der schönsten ganz Spaniens, sowie eine Reihe von aufwändig geschmückten Seitenkapellen.

Baskenland
Karte Seite 240/241

• *Information* **Oficina de Turismo**, Gamarra Kalea 1, gegenüber der Kirche am Hafen; ✆ 94 6844017, www.lekeitio.com. Geöffnet im Winter Mo–Fr 10.30–13.30, 16–19 Uhr, Sa/So 10.30–13.30 Uhr, im Sommer tgl. 10-14, 16-20 Uhr.

• *Verbindungen* **Busse** von und nach Gernika und Bilbao etwa stündlich, von und nach Donostia via Ondarroa, Mutriku und Deba 4-mal täglich.

• *Übernachten* Preiswerte Hostals oder Pensionen gibt es bislang leider nicht. Eine Liste mit Agroturismo-Anbietern ist bei der Informationsstelle erhältlich; Richtpreis pro Doppelzimmer etwa 35–45 €.

*** **Hotel Emperatriz Zita**, sehr angenehmes, erst vor wenigen Jahren eröffnetes Hotel unweit des Hafens und des Ortsstrands. Geräumige Zimmer, z. T. mit schöner Aussicht. DZ etwa 70-115 €. Santa Elena s/n, ✆ 946 842655, ℻ 946 243500, ezita@aisiahoteles.com.

*** **Hotel Apartamentos Zubieta**, ebenfalls eine Empfehlung, wenn auch nicht ganz so zentral gelegen. Stilvolles Quartier, umgeben von Grünanlagen, tagsüber leider laut (nahes Sägewerk). Hübsche Zimmer mit Blick 75–90 €. Portal de Atea s/n, zu erreichen über die Straße Richtung Durango, ✆ 946 843030, ℻ 946 841099, www.hotelzubieta.com.

* **Hotel Piñupe**, an der Durchgangsstraße gelegen, ansonsten durchaus brauchbar. DZ nach Saison knapp 45-55 € . Avda. Pascual Abaroa 10, ✆ 946 842984, ℻ 946 840772.

• *Camping* **Leagi** (2. Kat.), landeinwärts bei Mendexa (Mendieta), offiziell ganzjährig geöffnet. Zwei Personen, Auto u. Zelt ab etwa 20 €, es gibt auch Bungalows (vier Personen ca. 60-95 €); ✆ 946 842352, ℻ 946 243420, www.campingleagi.com.

Endai (3. Kat.), kleiner Platz etwa drei Kilometer östlich in Richtung Ondarroa, oberhalb der Straße. Geöffnet Mitte Juni bis Mitte September; die Besitzer vermieten auch einige Pensionszimmer; p.P., Zelt 4 €., Auto 3 €, ✆ 946 842469.

• *Essen* An der Hafenpromenade breite Auswahl an Fischrestaurants.

Bar-Rest. Batzoki, hübsches altes Haus, innen ein schlichter Speisesaal, in dem für

14 € (abends 20 €) eher schlichte Tagesmenüs serviert werden. Sabino Arana 4, hundert Meter vom Hauptplatz Richtung Bilbao rechter Hand.

• *Feste/Veranstaltungen* Reicher Sommerkalender, das Programm ist bei der Infostelle erhältlich.

Euskal Zinema, Kino- und Videofestival an wechselnden Terminen, meist Ende Juni.

Fiesta de San Pedro, 28. Juni bis 1. Juli. Bei diesem Fest sieht man den kuriosen „Kaxarranka"-Tanz, der auf einer von Fischern getragenen Holztruhe getanzt wird.

Festival de Teatro de Calle, ein Festival des Straßentheaters, an wechselnden Terminen, meist Mitte Juli.

Itxas Soinua, ein Musikfestival, das über die gesamte erste Augusthälfte reicht.

Fiestas de San Antolín, vom 1. bis 8. September, das Hauptfest der Stadt. Wichtigster Tag ist der 5. September.

Hübsches Hafenstädtchen: Lekeitio

Baden: Die *Playa de Isuntza*, der eigentliche Ortsstrand, verfügt über eher ruhiges Wasser. Schöner und wohl auch etwas sauberer badet es sich jedoch an der *Playa de Karraspia* jenseits des kleinen Felskaps, einem rund 500 Meter langen und gut ausgestatteten Strand, an dem allerdings auch schon mal höhere Wellen heranbranden können.

▸ **Weiterreise**: Hinter Lekeitio führt die Straße nach Gernika schmal und höchst kurvig durch bewaldetes Hügelland; für die 22 Kilometer bis Gernika rechnen Ortsansässige mit einer Dreiviertelstunde Fahrt. Ein Umweg über die Dörfchen Ea und Ibarrangelu bringt einen nach *Elantxobe*, einem winzigen Dorf abseits der Hauptstraße, das sich malerisch um einen ebenso kleinen Hafen drängt. Wenige Kilometer westlich, von Lekeitio ebenfalls über Ea und Ibarrangelu zu erreichen, liegt die *Playa de Laga*, ein ausgesprochen hübscher Strand, der wegen des oft starken Wellengangs bei Surfern sehr beliebt ist. Das Gleiche gilt für die noch etwas weiter westlich gelegene *Playa de Laida*, die sich bereits an der Mündung des Río Oca erstreckt.

Gernika (Guernica)

Die „Heilige Stadt der Basken" liegt etwas landeinwärts der Küste, doch folgt die Hauptstraße dem Bogen ohnehin und umgeht so die tiefe Flussmündung des Río Oca.

Seit dem 10. Jh. war Gernika (auch: Gernika-Lumo) Sitz des baskischen Ältestenrats, vor dem sogar die Könige von Navarra und Kastilien zu erscheinen hatten, wollten sie es sich mit den Basken nicht verderben. Diese uralte Tradition war es wohl auch, die den deutschen Generalstab in Berlin bewog, von der deutschen Fliegerstaffel „Legion Condor" am 26. April 1937 als Unterstützung für Franco ausgerechnet das friedliche Städtchen Gernika in Grund und Boden bomben zu lassen. Der erste direkte Luftangriff auf eine zivile Siedlung überhaupt forderte mehr als tausend Opfer und ebenso viele Verletzte; über 80 Prozent aller Gebäude wurden zerstört. Pablo Picasso nahm das Massaker zum Anlass seines weltbekannten Monumentalgemäldes „Guernica", das nach dem Willen des Meisters erst nach Francos Tod in Spanien ausgestellt werden durfte und mittlerweile im Centro de Arte Reina Sofia in Madrid zu sehen ist. Auf eine deutsche Entschuldigung für das Verbrechen musste man in Gernika übrigens lange warten. Noch 1997 lehnte die damalige Regierungskoalition eine Debatte anlässlich des 60. Jahrestages des Bombardements ab. Es blieb Bundespräsident Roman Herzog vorbehalten, kurz darauf erstmals die deutsche Schuld zu bekennen.

Heute nennt sich Gernika auch „Bakearen Hiria" (Stadt des Friedens) und ist ein eher ruhiges Städtchen, das nur zu Marktzeiten in Bewegung gerät. Die berühmteste Sehenswürdigkeit bildet der Stumpf der uralten Eiche, unter der einst der Ältestenrat tagte. Er steht direkt beim ehemaligen baskischen Parlament und ist das wichtigste Nationalsymbol der Basken.

• *Information* **Oficina de Turismo**, Artekale 8, an der Arkadenstraße im Zentrum, Eingang um die Ecke; ✆ 94 6255892, www.gernika-lumo.net. Fußgänger sollten besser nicht der Beschilderung folgen, die für Autofahrer gedacht ist und deshalb in großem Bogen ums Zentrum führt. Öffnungszeiten von Juli bis September täglich 10–19 Uhr, sonst Mo–Fr 10–13, 16–19 Uhr, Sa 11–13.30 Uhr.

• *Verbindungen* **Zug**: Euskotren-Bahnhof am östlichen Zentrumsrand. Züge von und nach Bilbao und Bermeo verkehren tagsüber etwa halbstündlich.

Bus: Haltestelle hundert Meter vom Bahnhof, den Schienen in südlicher Richtung folgen (vom Ausgang links). Halbstündliche Verbindungen nach Bilbao und Bermeo, nach Lekeitio etwa stündlich.

• *Übernachten* Eine Liste mit günstigen Fondas, Privatzimmern und Agroturismo-Anbietern gibt es bei der Infostelle.

*** **Hotel Res. Gernika**, unweit vom Zentrum an der Straße nach Bermeo. Gut ausgestattet, mit Garten und Parkplatz, komfortable Zimmer. DZ ca. 80 €. Carlos Cangoiti 17, ✆ 946 254948, ✆ 946 255874, www.hotel-gernika.com.

* **Hotel Boliña**, ebenfalls ein angenehmes, zudem sehr zentral gelegenes Quartier. Ein gutes Restaurant ist angeschlossen. DZ knapp 40 €. Barrenkalea 3, nicht weit von der Infostelle; ✆/✆ 94 6250300.

Pensión Iratxe, zentrumsnah südwestlich der Bushaltestelle. Ordentliche Zimmer, DZ je nach Ausstattung etwa 35-40 €. Industria Kalea 6, eine Parallelstraße der Hauptstraße nach Bilbao, die Verlängerung der Pablo Picasso Kalea; **Die Bar Frontón** auf Nr. 2 ist an die Pensión angeschlossen, sie ist eine von mehreren Kneipen, Bars und Restaurants der nahen Umgebung, ✆ 94 6256463.

• *Feste* **Fiestas de San Roke** (San Roque), Patronatsfest vom 15. bis 18. August.

Feria de Gernika, am ersten und letzten Montag im Oktober. Am ersten Montag Viehmarkt, am letzten großer Handwerksmarkt, Kraftspiele, Pelota.

Sehenswertes

Gernika Museoa: Das „Friedensmuseum" an der Foru Plaza 1, unweit der Infostelle, befasst sich mit der Vergangenheit der Stadt, insbesondere mit der Bombardierung Gernikas, und zieht Parallelen zu früheren Angriffen auf Brüssel.
Öffnungszeiten Di–Sa 10–14, 16–19 Uhr, So 10–14 Uhr; Eintrittsgebühr rund 2 €, www.bakearenmuseoa

Palacio/Museo de Euskal Herria: Nahe dem früheren baskischen Parlament Batzarretxea. Vom Zentrum geht es über die bergauf führende Urioste Kalea, bei der Kirche dann links ab. Das Museum reflektiert die Geschichte der Basken in drei Themengruppen, die über verschiedene Stockwerke verteilt sind: Umgebung und Vorgeschichte, Territorien und Recht, schließlich die baskischen Menschen.
Öffnungszeiten Di–Sa 10–14, 16–19 Uhr, So 11–15 Uhr; Fei 11-14.30, 16-20 Uhr, Eintritt frei.

Europako Herrien Parkea: Der „Park der Völker Europas" erstreckt sich im Gebiet hinter dem Museum. Ein Teil des Parks bildet vier unterschiedliche Ökosysteme des Baskenlands nach: Buchenwald, Eichenwald, Steineichenwald und die Vegetation der Flussufer. Zu sehen sind auch je eine Skulptur von Eduardo Chillida („Das Haus unseres Vaters") und Henry Moore („Große Figur in einem Schutzraum"). Der Park ist tagsüber durchgehend geöffnet (Sommer 10-21, Winter 10-19 Uhr).

Batzarretxea (Casa de Juntas): Unweit des Museums Euskal Herria erweist sich das ehemals baskische Parlament *Casa de Juntas*, heute Sitz des Landtags von Bizkaia, als ein von der Architektur her belangloses Gebäude des 19. Jahrhunderts. Dennoch zieht es zahlreiche Schulklassen an: Ihr Ziel ist der *Arbola Zaharra* (Arbol Viejo), der Stumpf der tausendjährigen Eiche, der in einem kleinen Tempelchen steht – ein wahrhaft geschichtsträchtiger Ort. Der „Sohn" des Baums, im 19. Jh. aus einem Schößling gezogen, wächst innerhalb einer Umzäunung beim Parlament, freilich weit überragt von einem riesigen Eukalyptus im Nachbargrundstück. Doch sind ja nicht die beiden Eichen an sich von Bedeutung, sondern das Symbol der baskischen Unabhängigkeit, das sie darstellen.
Öffnungszeiten Sommer tgl. 10–14, 16–19 Uhr, Winter tgl. 10-14, 16-18 Uhr, Eintritt frei.

Umgebung von Gernika

▸ **Cueva de Santimamiñe**: Eine Höhle mit prähistorischen Felszeichnungen, etwa fünf Kilometer nordöstlich von Gernika bei Kortezubi. Die Tropfsteinhöhle (nicht die Felszeichnungen), einst zufällig von spielenden Kindern entdeckt, kann besichtigt werden; es besteht Zugangsbeschränkung auf 15 Personen pro Führung, zur Hochsaison ist es deshalb ratsam, schon rund eine Stun de vor Beginn der ersten Führung anwesend zu sein. Der „Saal der Malereien" (Sala de Pinturas) mit in Stil und Qualität an Altamira erinnernder Darstellung von Bisons ist leider auf Dauer geschlossen, da die Zeichnungen durch die feuchte Atemluft der Besucher geschädigt wurden.

• *Anfahrt* Beschilderte Abzweigung etwa drei Kilometer nördlich von Gernika an der Straße Richtung Lekeitio, kurz hinter dem Weiler Idokiliz; noch etwa 2,5 Kilometer. Mit dem Bus: „Richtung Lekeitio alle zwei Stunden, Aussteigen an der Haltestelle Kortezubi, noch etwa 2,5 Kilometer zu laufen. Noch nä her soll die Haltestelle Gautegiz de Arteaga

liegen" (Leserbrief von Familie Rußig). Von Gernika dauert der Fußweg eine gute Stunde.
• *Führungen* Mo–Fr 10, 11.15, 12.30, 16.30, 18 Uhr; gratis. Sie erfolgen jedoch nur in spanischer Sprache. Für Wartezeiten empfiehlt sich das von Lesern gelobte Ausflugslokal „Lezika", bei dem es auch einen großen Kinderspielplatz gibt.

▸ **El bosque animado de Oma**: Ein wirklich lohnender Ausflug. Vom Restaurant nahe der Höhle führt ein rund 40minütiger Weg ins Tal von Oma, das etwa drei Kilometer südöstlich liegt; die Anfahrt mit dem Auto ist bei trockenem Wetter möglich, aber wegen der schlechten Piste und des Mangels an Parkplätzen wenig ratsam. Das Tal birgt ein Kunstwerk besonderer Art, 1987 vom baskischen Künstler Agustín Ibarrola geschaffen: Der viel besuchte „Beseelte Wald von Oma", auch „Bosque pintado" (bemalter Wald) genannt, besteht aus verschiedenen Gruppen einfarbig oder bunt bemalter Bäume, insgesamt rund fünfhundert Stämme. Die im Laufe der Zeit etwas verblassten Farben wurden 1998 neu aufgetragen. Um die einzelnen Kompositionen, die Namen wie „Einladung zum Kuss" tragen, richtig würdigen zu können, ist jeweils ein bestimmter, genau markierter Standort nötig. Mit den entsprechenden Pausen dauert der schöne Rundweg durch den steil abfallenden Wald etwa eine knappe Stunde. „Eine neue Beziehung zwischen Kunst und Natur" schaffen wollte Ibarrola – das ist ihm in der Tat bestens gelungen. Leider wurden im Mai 2000 Teile des Kunstwerks von Vandalen zerstört, im November 2001 erneut hundert Stämme mit weißer und grauer Farbe überschmiert. Als Täter gelten in beiden Fällen fanatische ETA-Anhänger, die an Ibarrolas Werben für eine Versöhnung aller Basken Anstoß genommen haben sollen. Trotz dieser „politischen" Aktionen lohnt sich der Weg jedoch weiterhin, die Farben wurden tlw. aufgefrischt, aber das Landschaftskunstwerk bleibt weiterhin gefährdet.

Irritierend: der bemalte Wald im Tal von Oma

Baskenland
Karte Seite 240/241

▸ **Reserva de la Biosfera Urdaibai**: Meerwärts von Gernika verbreitert sich der Río Oca zur Flussmündung, in der sich Salz- und Süßwasser mischen. Aus dieser rund zwölf Kilometer langen Ría erheben sich bei Ebbe ausgedehnte Sandbänke, die da und dort von kleinen Kanälen durchflossen werden. Die traumhafte Landschaft bildet das wichtigste Feuchtgebiet des Baskenlands und wurde deshalb schon 1984 von der Unesco zum Biosphärenreservat erklärt. Bedeutung besitzt die Ría insbesondere als idealer Rastplatz für Zugvögel auf dem Weg nach Afrika, dient einigen Arten auch als Winterquartier. Zeitweise oder ständig leben hier unter anderem Meergänse, Eiderenten, Große

Brachvögel, Fischreiher und Kormorane. Auch die Landzonen beiderseits der Ría sind ökologisch immens wertvoll. Abseits der landwirtschaftlich genutzten oder mit Nadelbäumen aufgeforsteten Flächen wachsen hier dichte Bestände immergrüner kantabrischer Steineichen. Zusammen mit Erdbeerbäumen und Stachelgewächsen bilden sie ein Dickicht, in dem Ginsterkatze, Fuchs und Steinmarder ein geschütztes Versteck finden.

Mundaka (Mundaca)

Ein sympathischer kleiner Ort, hübsch gelegen an der weiten Mündung des Río Oca und dank einer Umgehungsstraße vom Verkehr weitgehend verschont. Besonders beliebt ist Mundaka bei Wellenreitern.

Bei der Anfahrt von Gernika fällt schon von weitem die Kirche Santa María ins Auge, die, ebenso wie weiter im Hintergrund die Kapelle Santa Katalina, trutzig über dem Meer thront. Der pittoreske kleine Hafen mit der „Bar del Puerto" wird abends zum Treffpunkt der Einheimischen wie auch der Urlauber, unter denen sich viele *surfistas* befinden: Mundaka gilt als einer der besten Surfspots der nordspanischen Küste. Im Sommer ist hier sogar eine Surfschule in Betrieb. Der Ort selbst besitzt nur kleinere Strände. Je nach Wetterlage verbindet jedoch von etwa Juni bis September eine Fähre das Dorf mit dem Strand *Playa de Laida* auf der anderen Seite der Flussmündung, der mit dem eigenen Fahrzeug nur auf einem weiten Umweg via Gernika zu erreichen ist

• *Information* **Oficina de Turismo**, Kepa Deuna Kalea, nahe dem Hafen; ✆ 946 177201, www.mundaka.org. Häufig wechselnde Öffnungszeiten; im Sommer täglich geöffnet, außerhalb der Saison nur Di–So und dann nur vormittags bis 13.30 Uhr.

• *Verbindungen* **Zug**: Bahnhof der Euskotren-Nebenlinie, Züge von/nach Bilbao via Gernika etwa halbstündlich.

Bus: Halbstündliche Verbindungen nach Gernika; dort Anschluss in alle Richtungen.

• *Übernachten* ** **Hotel Atalaya**, Nähe Kirche und Meer. Das liebenswürdige Quartier in einem schönen Haus aus den Anfängen des 20. Jh. ist ein echter Tipp. Gut ausgestattete und freundlich möblierte Zimmer, tlw. mit verglastem Balkon; sehr aufmerksamer Ser vice. Parkplatz. Nur 15 Zimmer, DZ etwa 80–95 €. Itxaropen Kalea 1, ✆ 946 177000, 946 876899, www.hotel-atalaya-mundaka.com.

* **Hotel Kurutziaga Jauregia**, ein Lesertipp von Meike Wiggers: „In zentraler Lage in einem für die Gegend typischen Haus, geführt von sehr netten, teilweise englischsprachigen Leuten". Zimmer sehr verschiedener Austattung zwischen 34 € und 68 €. Kurtzio Kalea 1, ✆ 946 876925, 946 177012, www.kurutziagajauregia.com.

* **Hotel El Puerto**, direkt am Hafen. Hübsches kleines Hotel mit schöner Aussicht, aber nur 11 Zimmern, zur Hochsaison wohl aussichtslos, hier Platz zu finden. Ganzjährig geöffnet; DZ 55-75 €; Portu Kalea 1, ✆ 946 876725, 946 876726, www.hotelelpuerto.com.

* **Hotel Mundaka**, an der zum Hafen führen den Hauptstraße des Ortes. Ordentlich aus gestattete, geräumige Zimmer, für örtliche Verhältnisse zu relativ günstigem Preis: DZ etwa 50–75 €. Florentino Larrinaga Kalea 9, ✆ 946 876780, 946 876158, www.hotelmundaka.com.

• *Camping* **Portuondo** (1. Kat.), etwa einen Kilometer außerhalb von Mundaka, Richtung Gernika. Schöne Lage mit tollem Blick auf einem Vorgebirge über dem Meer, unterhalb ein kleiner Felsstrand. Exzellente Sanitärs; das terrassenartig gestufte, steile Gelände dürfte Wohnmobilen und Caravans allerdings Schwierigkeiten bereiten. Rustikaler Self-Service mit Grill, der auch bei Einheimischen beliebt ist. Viele Surfer. Ganzjährig geöffnet, p.P. zur HS ca. 5,50 €, Stellplatz 10-18 €; zur NS oder ohne Auto geht´s auch günstiger. Auch Bungalows: bis 4 Pers. ca. 60-95 €. ✆/ 946 877701, www.campingportuondo.com.

Surfen Surfschule **Mundaka Surf Taldea**, Joseba Denna 2, ✆946 876841.

• *Feste* **Fiesta de San Pedro**, in der Woche um den 29. Juni, Hauptfest am Samstag.

Nuestra Señora de la Asunción, Patronatsfest am 15. August.

Größter Fischereihafen der Bizkaia-Küste: Bermeo

Bermeo

Bermeo trägt den Wal als Wahrzeichen: Hier ist der größte Fischereihafen der Küste beheimatet, früher einer der wichtigsten Häfen der baskischen Walfangflotte. Touristen sieht man in dem lebendigen Städtchen eher selten, dies wohl deshalb, weil die Strände der Umgebung nicht unbedingt zu den aufregendsten zählen. Umso unverfälschter präsentiert sich das nette Hafenviertel, in dem an feinen Fischrestaurants selbstverständlich keinerlei Mangel herrscht. Tüpfelchen auf dem „i“: Im Hafen dümpelt die Aita Guria, ein nachgebautes historisches Walfangboot, das heute als Museum der Geschichte des Walfangs fungiert.

• *Information* **Oficina de Turismo**, Askatasun bidea 2, hafennah direkt an der großen Kreuzung; ✆ 946 179154, ℻ 946 179159, www.bermeo.org. Im Sommer täglich 9.30–20 Uhr geöffnet, sonst Mo–Sa 10–13.30, 16.30–19.30 Uhr, So 10–13.30 Uhr.

• *Verbindungen* **Zug**: Euskotren-Züge von/nach Bilbao (Bahnhof Atxuri) via Gernika etwa halbstündlich, Preis einfach ca. 2,70 €. Fahrräder werden – wie bei Euskotren allgemein – kostenlos mitgenommen.

Bus: Halbstündlich nach Gernika; dort Anschluss in alle Richtungen.

• *Übernachten* Was Hotels betrifft, wohnt man im kleineren Mundaka schöner. Die Infostelle hat eine Liste von Agroturismo-Betrieben der Umgebung.

** **Hotel Txaraka**, in einem Wohngebiet westlich des Zentrums. Gut ausgestattetes Quartier, auf ein Restaurant im Haus muss man allerdings verzichten können. DZ nach Saison etwa 60–75 €. Almike Auzoa 5, ✆ 946 885558, ℻ 946 885164.

** **Hostal Gure Ametza**, im Gebiet oberhalb des Hafens. Zur Hochsaison wenig Chancen auf ein Zimmer. DZ/Bad etwa 30 €; Nardiz Taron Kalea 44, eine Seitenstraße des Platzes Arana Sabiñen nahe der Pfarrkirche; ✆ 94 6880085.

• *Essken & Trinken* Von den Bars am Altstadthafen wird die Bar Nemes am meisten empfohlen

• *Feste* **Las Madalenas,** 22. Juli, eine Art Wallfahrt zu Wasser im Gebiet um Bermeo, Mundaka, Elantxobe und die Insel Izaro.

Fischerfest, das größte Fest von Bermeo, etwa in der zweiten Septemberwoche.

▸ **Museums-Walfangboot „Aita Buria"**: Im modernen Hafen von Bermeo liegt gleich am Ortsanfang am Kai Artza de Bermeo die „Aita Buria", ein nach alten Plänen nachgebautes Walfangschiff des 18. Jahrhunderts. Ganz so sauber und aufgeräumt, wie es das Schiff zeigt, u. a. mit lebensgroßen Puppen, kann es wohl vor 250 Jahren bei Ozeanüberquerungen kaum zugegangen sein, das hindert jedoch nicht den Spaß an der Erforschung des 2006 eröffneten Schiffmuseums. Höhepunkt sind die historischen Navigationsinstrumente, in deren Nutzung man bei Führungen eingewiesen wird.

• *Öffnungszeiten* Di-Sa 10.30-14, 16.30-19 Uhr, So/Fei 11-14 Uhr; Eintritt 5 €; Es wird empfohlen, sich vor dem Besuch des Museumsbootes der Öffnungszeiten zu vergewissern, da wegen Schlechtwetter manchmal der Besuch nicht möglich ist: ✆ 946 179154, ℻ 946 179152, www.aitaguria.bermeo.org.

▸ **Museo del Pescador**: Das gut eingerichtete Fischereimuseum bei der kleineren Hafenbucht östlich des Hauptplatzes, untergebracht im mittelalterlichen Turm Torre Ercilla (Di–Sa 10–13.30,16–19.30 Uhr, So 10–13.30; gratis), widmet sich der harten Arbeit der baskischen Fischer, der *arrantzales*. Die Ausstellung zeigt auf drei Etagen allerlei Maritimes um Boot und Fisch, darunter auch Amulette, die Glück beim Fang bringen sollten.

▸ **Umgebung**: Hinter Bermeo wird die Küste mit Felsabstürzen, Brandungshöhlen, grünen Kaps und so einsamen wie unerreichbaren Stränden besonders reizvoll. Westlich des Kaps Matxixako (Cabo Machichaco) lohnt sich ein Abstecher zur kleinen Kapelle *Ermita San Juan de Gaztelugatxe*, die verwegen auf einem winzigen Inselchen vor der Küstenfelsen thront und nur über einen schmalen Treppenweg über 241 Studen zu erreichen ist.

Erst kurz vor Arteta macht sich dann mit der Bauruine eines Atomkraftwerkes, das nach mehreren Anschlägen nicht mehr fertiggestellt wurde, erstmals der Einfluss Bilbaos bemerkbar. Je näher man der Hauptstadt der Bizkaia kommt, desto höher die Siedlungsdichte und die Verschmutzung.

Bilbao (Bilbo)

(355.000 Einwohner)

Eine Stadt erfand sich neu: Bilbao, jahrzehntelang ein Symbol für dampfende Schlote und graue Industriegebiete, hat sich fein gemacht. Gewagte Architektur und hochkarätige Kunst sorgen für ein modernes Image. Prunkstück ist das Guggenheim-Museum von Stararchitekt Frank Gehry.

Über fast 20 Kilometer Länge, von Autobahnen eingeschnürt, erstreckt sich beiderseits des Río Nervión und bis zu dessen Mündung der Großraum Bilbao, der inklusive aller Vorstädte gut eine Million Einwohner zählt. Der wichtigste Hafen des gesamten Landes, Eisenhütten, chemische und petrochemische Industrie versorgten die Region bis in die 1990-er mit einer Konzentration an Schadstoffen, die nicht nur in Spanien ihresgleichen suchte. Schließungen der größten Verschmutzer, Einbau moderner Filteranlagen und Verschiebungen von der Industrie in Richtung der Wirtschaftssektoren Service und Kommunikation sowie die Verlegung des Hafens nach weiter abwärts in der Ría haben Bilbaos Luft spürbar gereinigt.

Die größte Stadt Nordspaniens zeigt heute vor allem ihre erfreulichen Seiten, die einen Besuch überaus interessant erscheinen lassen. Zum einen ist Bilbao

Nobles Seebad: San Sebastián (baskisch: Donostia) ▲▲
Nostalgisch: Karussell auf San Sebastiáns Strandpromenade ▲

▲▲ Eiserne Kunst: Museo Chillida
▲ Bunter Wald: "El bosque animado de Oma"

Morgenlicht: Blick auf die Reserva Urdaibai ▲▲
Abendstimmung: Bermeos Hafen leuchtet ▲

"Kalkuliertes Chaos aus Winkeln und Wogen":
Guggenheim-Museum Bilbao

Das Herz der Stadt im Morgenlicht: Plaza Nueva

ein wichtiger Knotenpunkt öffentlicher Verkehrsmittel und für Bahnreisende entlang der Atlantikküste ohnehin ein obligatorischer Umsteigepunkt. Zum anderen ist das Zentrum Bilbaos alles andere als unattraktiv. In den Gassen der kleinen, aber feinen Altstadt findet sich eine Vielzahl höchst lebendiger Bars und guter, teilweise recht preiswerter Restaurants. Das Museum der Schönen Künste ist eines der besten Spaniens. Damit nicht genug: Bereits mit der Eröffnung des hypermodernen *Guggenheim Museums* 1997 katapultierte sich Bilbao in den Rang einer europäischen Kunstkapitale.

Das silbern glänzende Supermuseum ist nur eines einer ganzen Reihe von Projekten, die im Lauf weniger Jahre das Bild Bilbaos völlig verändert haben. Die Stadtverwaltung hat sich zum Ziel gesetzt, den Ruf einer hart arbeitenden, aber nicht unbedingt übermäßig originellen Kommune abzustreifen und zur Avantgarde unter Spaniens Großstädten aufzuschließen: *„Sevilla, Barcelona und jetzt... Bilbao“* heißt das offizielle Motto und es hat geklappt: besonders Barcelona und Bilbao werden heute gerne in einem Atemzug genannt. Freilich sollte sich der mehrere Milliarden Euro teure Einsatz langfristig auch finanziell lohnen. An erster Stelle stand deshalb der Ausbau der Infrastruktur – mit Stil, versteht sich. Direkt am Río Nervión, unweit des Guggenheim Museums und des Museums der Schönen Künste, steht das Flaggschiff der Stadterneuerung: das rund 350.000 Quadratmeter große Zentrum *Abandoibarra*, mittlerweile ganz kurz vor der Fertigstellung. Konzipiert vom amerikanischen Architekten Cesar Pelli, umfasst es neben Wohnungen und Büros das riesige postmoderne Einkaufszentrum *Zubiarte*, große Parkanlagen und ein Luxushotel der Sheraton-Kette. Seit 2002 ist das Viertel durch eine neue Straßenbahn mit der Altstadt und dem Bahnhof der FEVE verbunden, deren Streckenführung teilweise unter die Erde verlegt wurde. Gleich nebenan entstand aus ehemaligen Docks das Kongress- und Opernhaus *Palacio Euskalduna,* eine ehemalige Werft wurde in das neue Meeresmuseum (*Museo marítimo*) integriert. Die Fußgängerbrücke *Zubizuri* („Weiße Brücke") des berühmten Architekten Santiago Calatrava überspannt seit einigen Jahren den Nervión, die elegante *Euskalduna-Brücke* des auf Brücken spezialisierten Architekten Javier Manterola ist schon seit 1996 in Funktion. Das mächtige gründerzeitliche *Alhóndiga*-Gebäude im Herzen der Neustadt verwandelt sich in ein Kultur- und Sportzentrum. Auch die Verkehrsverbindungen profitieren vom Stadtumbau. Der Flughafen wurde (ebenfalls durch Calatrava) umgebaut, das Netz der futuristisch gestylten Metro erweitert. Künftig soll auch das chronische Chaos aus diversen Bahnhöfen rund um den heutigen Bahnhof Abando durch ein sogenanntes *Intermodal* abgelöst werden, das alle Bahnlinien und vielleicht irgendwann auch Busgesellschaften unter einem Dach vereint. Auf den Flächen, die durch den Gleisabbau frei werden, entsteht ein völlig neuer Wohnbezirk. Vorbildcharakter für Spanien hat Bilbaos Förderung des Rad- und Fußverkehrs: Ein stetig wachsendes Netz getrennter Rad- und Fußwege durchzieht Bilbao, am Tag des Rades sind alle Motorfahrzeuge aus der Innenstadt verbannt, die Wagen des Euskotren nehmen kostenlos Fahrräder mit. Weniger von touristischem Interesse für die Stadt, aber ein außerordentlicher Gewinn für ihre Bürger, ist die Umwidmung ganzer Industrieviertel in gepflegte Wohngebiete, wie es die dafür mit dem Pritzker-Preis ausgezeichnete Stararchitektin Zaha Hadid flussabwärts auf der Halbinsel Zorrozaurre und im Viertel Olabeaga zelebriert.

Die meisten Projekte sind schon verwirklicht oder stehen kurz vor ihrer Vollendung, wie das neue Stadtviertel Abandoibarra. Bei anderen, wie beim Intermodal, dürften bis zur Fertigstellung noch einige Jahre ins Land gehen. Bereits jetzt spürbar ist jedoch die stärkere Anziehungskraft des „neuen" Bilbao. Die Zahl der Besucher hat sich deutlich erhöht, und an Wochenenden wird es eng in den Hotels der Provinzhauptstadt.

Orientierung

Trotz der Größe liegen die interessanten Sehenswürdigkeiten und die Mehrzahl der wichtigen Einrichtungen nahe beieinander. Der Río Nervión teilt die Innenstadt Bilbaos in zwei Hälften von jeweils sehr eigenständigem Charakter.

Ensanche: Die ausgedehnte Neustadt, im wesentlichen ein Kind des 19. Jahrhunderts, erstreckt sich mit meist schnurgeraden Straßenzügen auf seiner westlichen Seite. Ihre Hauptstraße ist die *Gran Vía de Don Diego López de Haro,* meist kurz als Gran Vía bezeichnet. Sie verläuft ungefähr in West-Ost-Richtung und endet kurz vor dem Fluss an der *Plaza Circular.* Der frühere Name Plaza de España ist nicht mehr so gebräuchlich.

Casco Viejo: Die kleine Altstadt liegt am östlichen Ufer des Río Nervión, mit der Plaza Circular verbunden durch die Brücke *Puente Arenal.* Etwa in der Mitte der Altstadt erhebt sich die Kathedrale; nach Süden verlaufen bis zum Flussufer die „Sieben Straßen" *Siete Calles,* der älteste Kern Bilbaos und eine der beliebtesten Kneipenzonen der Stadt.

Information

• *Information* **Bilbao Turismo**, Plaza Ensanche 11; ✆ 944 795760, ✆ 944 795761, www.bilbao.net/bilbaoturismo. Hauptbüro mit der größten Auswahl an Broschüren, bestens informiertes und freundliches Personal. Öffnungszeiten: Mo–Fr 9–14, 16–19.30 Uhr.

Zweigstelle im Teatro Arriaga, geöffnet Mo–Fr 11-14, 17-19.30 Uhr, Sa 9.30–14, 17–19.30 Uhr, So/Fei 9.30–14 Uhr, im Sommer Mo-Sa 9.30-14, 16-19.30, So/Fei 9.30-14, 16-19 Uhr.

Zweigstelle Guggenheim, Abandoibarra etorbidea 2, neben dem Museum. Geöffnet Juli/Aug. Mo–Sa 10–19 Uhr, So/Fei 10–15 Uhr, Rest des Jahres Di–Fr 11–18 Uhr, Sa 11–19 Uhr, So/Fei 11–14 Uhr.

In allen Zweigstellen gibt es die **Bilbao Card** (1 Tag 6 €, 2 Tage 10 €, 3 Tage 12 €), die free Fahrt auf allen öffentlichen Verkehrsmitteln und Ermäßigungen in Museen, Geschäften und Restaurants gewährt. Auch online erhältlich auf www.bilbao.net/bilbaoturismo.

Zweigstelle Flughafen, Abflugbereich (!), ✆ 944 710301; geöffnet Mo–Fr 7.30–23 Uhr, Sa/So 8.30–23 Uhr.

In allen Filialen Imagebroschüre, monatlich wechselnde Broschüre zu den Veranstaltungen, Stadtplan u. a.

Verbindungen

• *Flug* **Aeropuerto Sondica** (auch Bilbao-Loin genannt; ✆ 94 4869300), etwa neun Kilometer nördlich, Busverbindung mit BIZKAI BUS alle 30 min. von und zur Plaza Federico Moyúa und zum Termibus (1,20 €). Gute Inlandsverbindungen, aber auch Direktflüge nach Frankfurt, Düsseldorf und Zürich sowie weitere Umsteigeverbindungen in den deutschen Sprachraum mit Iberia und Air Berlin. IBERIA-Büro in der Calle Ercilla 20, ✆ 94 4241094. Taxi in die Stadt ca. 25 €.

• *Zug* Derzeit noch ein halbes Dutzend Bahnhöfe. Für den Reisenden sind in erster Linie die folgenden drei von Bedeutung, die alle nicht weit vom Fluss entfernt liegen.

RENFE-Bahnhof: Estación de Abando (Info-✆ der Renfe: 902 240202), auch Estación del Norte genannt. Zentral an der Südseite der Plaza Circular, nahe der Brücke Puente Arenal gelegen. Züge über Burgos nach Madrid oder La Coruña, sowie über Logroño nach Zaragoza und Barcelona, weitere Verbindungen ab Knotenpunkt Miranda de Ebro. Hier auch die Station der Vorortzüge Cercanías.

FEVE-Bahnhof an der Calle Bailen 2, Info: ✆ 944 250615, www.feve.es. Gleich östlich des RENFE-Bahnhofs, vom Fluss nur durch das Gebäude der RENFE-Cercanías (Vorortzüge) getrennt. Architektonisch ein Modernismo-Traum. Für die Schmalspurbahnen nach Santander, Fahrtdauer etwa 2,5 Std., Abfahrten 3-mal täglich sowie nach León, 1-mal täglich.

Euskotren-Bahnhof (ET/FV–Eusko Tren/Ferrocarriles Vascos): Estación Atxuri, Achuri 6, ✆ 902 543210, www.euskotren.es. Auf der Altstadtseite, von der Altstadt selbst etwa zehn Minuten südwärts am Ufer entang. Schmalspurbahn nach Gernika/Bermeo etwa halbstündlich, Donostia (San Sebastián) stündlich.

• *Bus* **Busbahnhof Termibus** an der Calle Luis Briñas, am westlichen Rand der Neustadt Ensanche, Metro-Haltestelle San Mamés; ✆ 944 395077. Hier starten mittlerweile alle großen Busgesellschaften, darunter ALSA nach Santander (halbstündlich), Oviedo, Santiago de Compostela (6-mal tgl.!) und Zaragoza, ANSA nach Madrid, Burgos, León und Teilen Galiciens, LA BURUNDESA/LA UNION nach Vitoria-Gasteiz, Pamplona, Logroño und Santo Domingo, PESA Richtung Durango und Donostia/San Sebastián, CONTINENTAL AUTO nach Madrid, Barcelona, VIBASA nach Burgos, Vitoria-Gasteiz und Ourense.

BIZKAI BUS (✆ 902 222265) ist für den Flughafen sowie Gernika und Lekeitio zuständig; Abfahrt am Termibus mit Halt Plaza Moyúa.

• *Stadtverkehr* Prinzipiell liegt alles Wichtige in Fußentfernung. Ein Metrofahrplan sowie eine Liste der Stadtbusse BILBOBUS (✆ 944 484080) sind bei der Infostelle erhältlich. Tagesticket für alle Linien und Verkehrsmittel 3 €, günstig sind Wertkarten (ab 5 €) bei denen Einzelfahrten (0,60 €) abgebucht werden, beide am Automaten.

Metro: Die optisch beeindruckende Metro (www.metrobilbao.net), die die Altstadt mit der Neustadt und den Vororten verbindet, vom britischen Architekten Norman Foster konzipiert und um Nebenlinien erweitert wurde, nützt aufgrund ihrer Linienführung eher den Einwohnern als den Touristen. Die wichtigen Stationen der Innenstadt liegen so nahe zueinander, dass man die Strecken auch laufen kann: **Casco Viejo** (Altstadt, Zugang an Plaza Unamuno), **Abando** (Plaza Circular/Bahnhöfe der Renfe und Feve) und **Moyúa** (Museen Bellas Artes und Guggenheim). Am nützlichsten ist die Metro als Zubringer zum Busbahnhof nahe der Station **San Mamés**.

Straßenbahn: Seit 2002 verbindet die Straßenbahn Euskotran mit eingegrüntem Gleiskörper oder – wo möglich – seitlichem Grün die Altstadt mit dem Guggenheim-Museum und dem Abandoibarra-Zentrum (www.euskotran.es).

Taxis unter ✆ 944 448888, ✆ 944 800909 oder ✆ 944 102121.

• *Funicular de Artxanda* Ein besonderes Verkehrsmittel ist die 1915 in Dienst gestellte und 1983 renovierte Standseilbahn auf den Monte Artxanda. Das kurz „Funi" genannte Bähnchen, das in drei Minuten eine 770 Meter lange Strecke zurücklegt und dabei eine maximale Steigung von fast 45 Prozent hinter sich bringt, startet viertelstündlich im Gebiet hinter der Zubizuri-Brücke. Die preiswerte Fahrt lohnt sich auch wegen der schönen Aussicht. Infos ✆ 944 454966.

• *Parken* Während die Altstadt überwiegend Fußgängerzone ist und Parken generell unmöglich ist, gibt es in der Neustadt neben den für Anwohnern reservierten Parkstreifen mehrere Parkhäuser und Parkplätze. Von den acht größeren bietet „Ensanche" 15 Min. für 1,55 €, 24 Std. für 24 € an und selbst im preisgünstigsten („Plaza Nueva" aber weit oberhalb der Altstadt) sind noch 12,65 € für 24 Std. zu berappen. Fazit: Möglichst weit draußen an einer Metro-Station parken und mit der Metro ins Zentrum fahren.

• *Mietwagen* AVIS, Alameda Doctor Areilza 34, eine Seitenstraße der Gran Vía nahe Plaza Molúa, ✆ 944 275760, am Flughafen ✆ 944 869649; EUROPCAR, im Renfe-Bahnhof, ✆ 944 239390, am Flughafen ✆ 902 105055; HERTZ, Plaza Pio X (am Puente Deusto) s/n, ✆ 944 153677, Flughafen ✆ 944 530931; NATIONAL/ATESA, am Flughafen ✆ 944 533340.

Adressen/Sport

Deutsches Honorarkonsulat: Done Bikendi (Calle San Vicente) 8, im Gebiet nördlich der Plaza Circular, ✆ 942 38585, boogen@boogen.com.

Östereichisches Honorarkonsulat: Calle Club 8, ✆ 944 640763, cons.austria.bilbao@corzac.com.

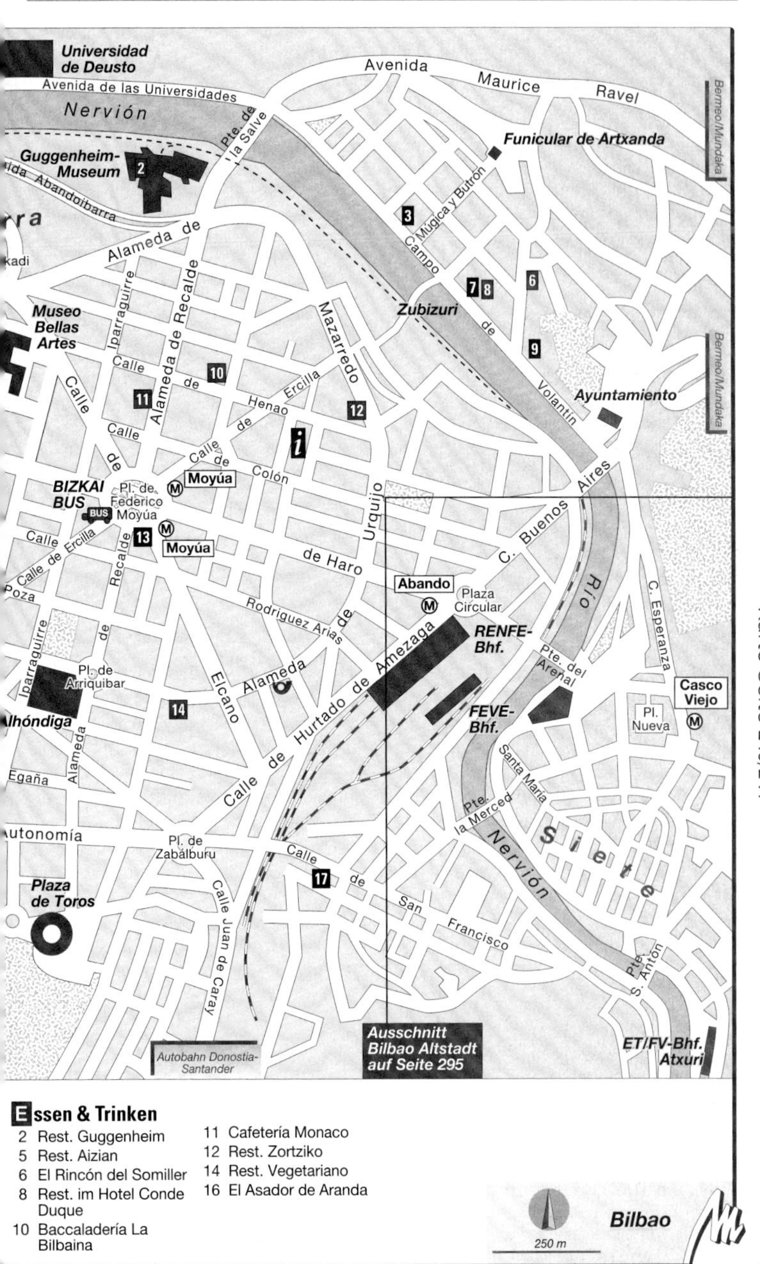

Essen & Trinken

2 Rest. Guggenheim
5 Rest. Aizian
6 El Rincón del Somiller
8 Rest. im Hotel Conde Duque
10 Baccaladería La Bilbaina
11 Cafetería Monaco
12 Rest. Zortziko
14 Rest. Vegetariano
16 El Asador de Aranda

Reisetiming und Aste Nagusia

In der ersten Augusthälfte ist in Bilbao – wie in vielen Orten Spaniens – nicht viel los. Die halbe Stadt ist im Urlaub, die Cafés und Bars schließen früher oder machen erst gar nicht auf – erst nach dem 15. August füllt sich die Stadt wieder und zwar mit Aplomb. In der zweiten Augusthälfte nämlich feiert Bilbao Aste Nagusia, die „Große Woche" und dann ist jedes Hotel besetzt, jedes Lokal von (spanischen) Touristen überschwemmt. Erst im September nimmt die Stadt wieder ihren normalen Rhythmus an.**Post**: Alameda Urquijo 19, Neustadt, eine Seitenstraße der Gran Vía, Nähe Bahnhof Estación de Abando. Öffnungszeiten: Mo–Fr 8.30–20.30 Uhr, Sa 9.30–14 Uhr.

Konsulat der Schweiz, Calle de Telésforo Aranzadi 3, ✆ 944 704360, markus.schaub@es.rhenus.com.

Internet-Zugang: Internetzugang gibt's gratis zum Drink im Nash Café, Calle Simon Bolívar 11, auch nachts; Cyber Café Antxi, Calle Luis Briñas 13, Ecke Alameda de Urquijo (Nähe Busbahnhof); ✆ 94 4410448, www.cybercafe-antxi.com. El Señor de la Red, Calle Rodriguez Arias 69 (Nähe Calle María Díaz de Haro), ✆ 944 277773, www.elsenordelared.com. W-Lan-Zugang gratis in den meisten größeren Hotels.

Pelota: Den Baskensport kann man an Sa, So und Mo entweder im Frontón Club Deportivo, Avda. Recalde 28 oder Frontón Jai-Alai, Calle Carlos Gaugoito 14 erleben, Ernanbilbao ✆ 944 234941 weiß, wann und wo.

Übernachten (siehe auch Karte Seite 292/293 und295)

Bilbao hat neben den Hotels Carlton und Sheraton (s. unten) drei weitere Fünf sternhotels, Domine (www.granhoteldomine,com), López de Haro (www.lopezdeharo.com) und das Boutique-Hotel Míro (www.mirohotelbilbao.com). Alle fünf haben keineswegs Mühe, ihre Zimmer zu füllen, so stark ist mittlerweile das Tourismusaufkommen in Bilbao. An Wochenenden („Fin de Semana") offerieren viele der gehobenen Hotels (nicht die Fünfsterner!) verbilligte Spezialtarife. Mittlerweile ist Bilbao jedoch auch dann gut besucht, deshalb besser reservieren oder zumindest sehr früh auf die Suche gehen. Zur Fiesta-Zeit Mitte August übersteigt die Nachfrage das Angebot bei weitem, ansonsten gilt der August in vielen Hotels als Nebensaison. Preiswerte Pensionen finden sich besonders in der Altstadt, eine Liste gibt es bei der Infostelle.

Die von der Tourismusbehörde Bilbao Turismo beworbene Seite www.bilbaoreservas.com, die Unterkünfte vermittelt und gastronomische Tipps gibt, ist keine freie Seite, sondern basiert auf „Empfehlungen", also bezahlten Inseraten.

***** **Hotel Carlton (13)**, luxuriöses Quartier in einem traditionsreichen, zentral gelegenen Gebäude der Neustadt, das mit seinem Stil der Belle Epoque zu den Wahrzeichen Bilbaos zählt. Vor einigen Jahren komplett renoviert; Garage. DZ 70-275 €. Plaza Federico Moyúa 2, ✆ 944 162200, 📠 944 164628, www.hotelcarlton.es.

***** **Hotel Sheraton (4)**, Ende 2003 eröffneter schicker neuer Hotelbau des Architekten Ricardo Legorrere im Viertel Abandoibarra, Architektur und Inneneinrichtung in fashionabel-funktionalem Understatement – kühl, aber äußerst komfortabel bis hin zu den „Senator sweet-sleeper"-Betten. Nicht *nur* für Krösusse (Presidential Suite ab 2500 € pro Nacht ...): DZ ab ca. 105-255 €. Avenida Lehendakari Leizaola 29, ✆ 944 2800 00, 📠 944 280001, www.sheraton.com/bilbao

**** **Hotel Silken Indautxu (15)**, das nach dem Stadtviertel benannte Hotel verbindet geschickt eine gründerzeitliche Villa, in der sich u. a. das Restaurant befindet, mit einem postmodernen Bettentrakt. Das Innere ist so intelligent gestaltet wie möbliert: Mix aus Stilmöbeln und modernem Komfort mit funktionellen Formen. DZ 95-190 €, Wochenende ca. 100 €. Plaza Bombero Etxanitz s/n, ✆ 944 44 0004, 📠 944 221331, www.hotelindautxu.com.

*** **Hotel Barceló Nervión (9)**, in guter Lage am Fluss nahe der Altstadt. Großes Hotel mit fast 350 komfortabel ausgestatteten Zimmern, vor wenigen Jahren von oben bis unten renoviert. Business-Center mit Netz-

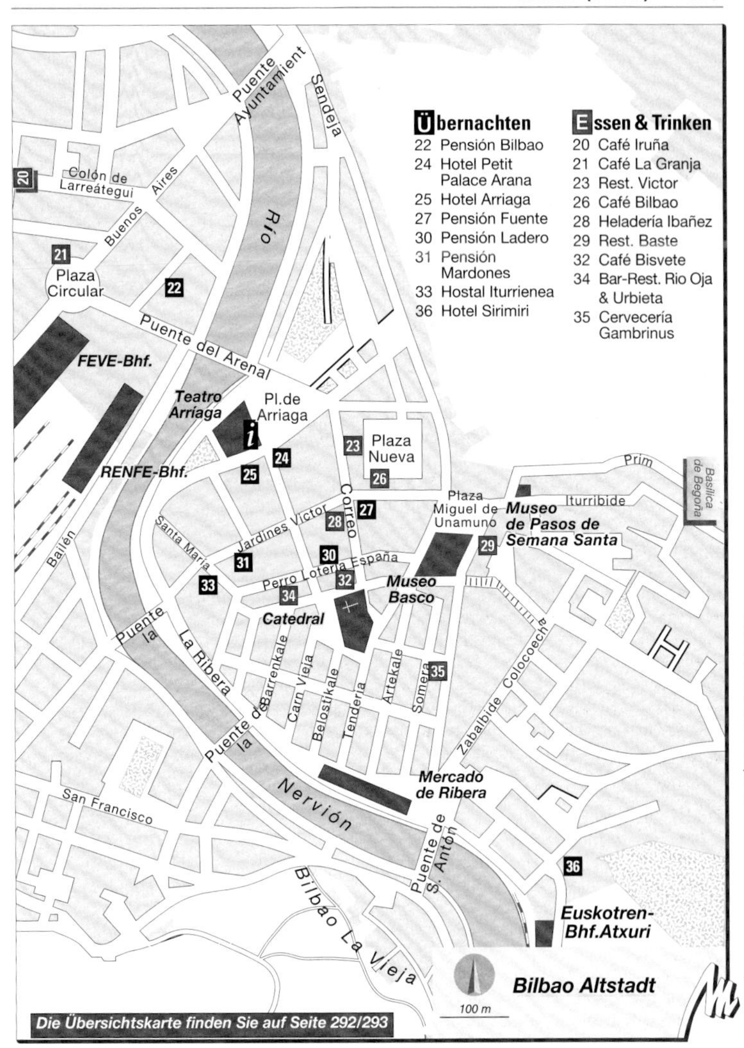

Baskenland
Karte Seite 240/241

anschluss, Garage, Fahrradverleih. DZ etwa 70–170 €. Paseo Campo Volantín 11, die östliche Uferstraße, unweit Rathaus Ayuntamiento; ✆ 944 454700, 📠 944 455608, www.bchoteles.com.

Hotel Hespería Bilbao (3), schickes Hotel in unmittelbarer Nähe des Guggenheim-Museums, 2005 eröffnet, 150 Zimmer zu 90-175 €, Campo Volantín 28, ✆ 944 051100, 📠 944 051110, www.hesperia-bilbao.com.

*** **Hotel Conde Duque (7)**, ein kleines Stück weiter, zum Guggenheim-Museum nur ein Katzensprung, dabei noch in leichter Fußentfernung von der Altstadt. Von außen ist dieses Best-Western-Hotel keine Schönheit, die Zimmer sind jedoch geräumig und gut ausgestattet, alle mit Internetanschluss. Garage. DZ 60–175 €. Paseo Campo Volantín 22, ✆ 944 456000, 📠 944 456066, www.hotelcondeduque.com.

* **Hotel Petit Palace Arana (24)**, 64 ganz moderne Zimmer, alle mit Internetzugang, in einem um 1905 errichteten Stadthaus, das erst kürzlich zum komfortablen Hotel der High-Tech-Hotelkette umgebaut wurde. Das Personal ist bemüht, aber nicht sprachenbegabt. Günstige, doch nicht ganz ruhige Altstadtlage beim Teatro Arriaga. DZ 55–290 (!) €. Calle Bidebarrieta 2, ✆ 944 156411, ℻ 944 161205, www.hthotels.com

** **Hotel Ibis (19)**, 10 km außerhalb liegendes Hotel der bekannten Kette, preisgünstig, bequem und komfortabel, ideal für Autofahrer (Parken im Zimmerpreis inbegriffen). DZ ca. 60 €. Barrio de Kareaga Norte (an der N 634 in Richtung Santander), Barakaldo, ✆ 944 180160, ℻ 966 6532, h33166@accor.com, www.ibishotel.com.

** **Hotel Sirimiri (36)**, gutes Hotel am Altstadtrand in Richtung Bahnhof Atxuri (Euskotren), eine Empfehlung von Michael Heuer; DZ 80–100 €, Plaza Encarnación 3, ✆ 944 330759, ℻ 944 330875, www.hotelsirimiri.com.

* **Hotel Arriaga (25)**, freundliches und angenehmes kleines Hotel in ebenfalls sehr zentraler Lage auf der Altstadtseite. Gut ausgestattete Zimmer; ein zusätzliches Plus ist die eigene Garage. Leider recht laut, Schallschutzfenster könnten Abhilfe schaffen ... DZ 82 €. Calle Ribera 3, ✆ 944 790001, ℻ 944 790516.

** **Hostal Iturrienea Ostatua (33)**, ausgesprochen hübsches Quartier in der Altstadt. Holz, Naturstein, Antiquitäten und die Werke lokaler Künstler prägen das Interieur, die Zimmer sind liebevoll dekoriert, die Bäder gut eingerichtet (die Leser A. und G. Mittring monieren aber zu Recht, dass durch die zahlreichen Objekte zu viel Platz vollgestellt ist). DZ/Bad kosten allerdings auch etwa 60–65 €, das Frühstück ist mit 8 € extrem überzahlt. Calle Santa María 14, an der blaugelben Fassade leicht zu erkennen, ✆ 94 4161500, ℻ 94 4158929, info@iturrieneaostatua.com.

** **Pensión Bilbao (22),** trotz zentraler Lage nahe der Plaza Circular ruhige Pension guter Qualität (jährlich komplett neuer Anstrich, schöne Dielenböden) und freundlicher Leitung, DZ ca. 45 €, Calle Amistad 2, ✆ 944 246943, www.pensionbilbao.com.

Pensión Mardones (31), etwas verbrauchte Pension in der Altstadt. Schöne Holzfußböden, ordentliche, wenn auch etwas enge Bäder, leider recht durchgelegene Betten. Weite Preisspanne; am besten kommen Pärchen weg, die sich eines der großen Betten teilen. DZ mit Bad 35-60 €, ohne Bad 35-45 €. Calle Jardines 4, ✆ 944 153105.

Pensión de la Fuente (27), schon ältere, aber ganz ordentliche und dabei preiswerte Adresse in der Altstadt. DZ/Bad etwa 45 €, ohne Bad knapp 30 €. Calle Sombrerería 2, südlich der großen Plaza Nueva, eine Seitenstraße der Calle Correo. ✆ 944 169989.

* **Pensión Ladero (30)**, erstaunlich große Altstadtpension nicht weit von der Kathedrale. 21 gut möblierte Zimmer im 4. Stock, überwiegend sogar mit TV ausgestattet. Auch die Gemeinschaftsbäder sind recht ordentlich. DZ ohne Bad knapp 35 €. Calle Lotería 1, ✆ 944 150932, www.pensionladero.com.

** **Pensión Maite (1)**, einfache, aber saubere Pension in neuerem (etwas hellhörigem) Haus im Vorort Barakaldo, Zimmer schlicht, aber gute Betten und sogar TV, DZ 32 €. Calle Nafarroa 1, Barakaldo, ✆ 944 387445, hostalmaite@yahoo.es.

Residencia Blas de Otero (17), 2004 eröffnete (studentische), allgemein gelobte Herberge in Bahnhofsnähe im Arbeiterviertel San Francisco, einfach eingerichtete EZ und DZ mit Bad, TV, Küche (!), im Haus Fitnessraum, DZ 53 €, EZ 36 €; Calle de las Cortes 38.

Jugendherberge Albergue Aterpetxea (18), hypermoderne, saubere und für den Komfort preiswerte Jugendherberge in der Nähe des Busbahnhofs, aber direkt an der Schnellstraße und laut. Stolz weist man darauf hin, die ISO-Norm 9002 zu erfüllen; Internetanschluss. Der Luxus kostet pro Person ab 13 €, im Einzelzimmer bis zu ca. 19 €, einfaches Frühstück jeweils inklusive. Bus Nr. 58 ab Puente del Arenal hält direkt vor der Tür. Carretera Basurto-Kastrexana 70, ✆ 94 4270054, http://albergue.bilbao.net.

Essen/Nachtleben/Feste (siehe Karten Seite 292/293 und 295)

• *Essen* Bestes Jagdrevier für preiswerte Tapa-Bars und Restaurants ist die Altstadt, besonders die Straßen Barrenkale Barrena und Somera, beide im Gebiet der „Siete Calles". Luxuriösere Lokalitäten finden sich in der Neustadt um und an der Gran Vía. Einen Besuch wert sind die vielen schönen alten Cafés der Stadt. Infos über Bilbaos Cafés in www.cafesdebilbao.net.

Rest. Zortziko (12), eines der besten Restaurants der Stadt, nicht umsonst mit einem Michelinstern ausgezeichnet. Ambiente in

Ältestes der schönen Jugendstilcafés von Bilbao: Café Boulevard

pink und crême (etwas tuntig, aber gediegen). Kreative Küche (berühmtestes Gericht ist *pato azulon*, „Blaue Ente" – die einzelnen Teile wie Brust und Schenkel werden unterschiedlich zubereitet), feines Ambiente, entsprechende Preise: 55 € aufwärts muss man à la carte schon hinlegen, das Probiermenü kommt auf 75 €. 600 sämtlich nicht ganz billige Weine zur Auswahl. Alameda de Mazorredo 17, ✆ 94 4239743. Sonntags, Mo-Abend sowie von Mitte August bis Mitte September geschlossen.

Rest. Aizian (5), das Renommée-Restaurant des Sheraton profitiert vom Chef Roberto Asúa, dessen Kochkünste dem Restaurant Andra Mari im nahen Galdakao (in Richtung San Sebastián) einen Michelinstern eingebracht haben. Kleine, aber kreative Karte, große Weinauswahl, drei Gänge 60-70 €. Avenida Lehendakari Leizaola 29, ✆ 94 4280039. Sonntags zu.

Rest. Guggenheim (2), Restaurant, Cafetería, Bar, Außenbereich und Innenbereich (der letztere nur für Museumsbesucher) – das Guggenheim ist eine Gastrolandschaft. Besonders preisgünstig ist der Speisesaal der Cafetería, wo man ein vorzügliches Menú del día für um die 15 € bekommt (an Wochenenden 20-25 €). Im Restaurant à la carte ab ca. 60 €. Avda. de Abandoibarra 2, ✆ 944 239333.

Rest. Victor (23), gehobene Klasse in der Altstadt direkt an der Plaza Nueva. Erster Stock, edles Interieur, eher traditionelle und marktabhängige baskische Küche. Tagesmenü etwa 35 €, à la carte gibt man mindestens das Gleiche aus. Stilvolle Bar Victor im Erdgeschoss. Plaza Nueva 2, ✆ 94 4151678. Sonntags sowie von Mitte Juli bis Anfang August geschlossen, in der ersten Septemberwoche ebenfalls.

El Asador de Aranda (16), lokaler Stellvertreter der bekannten Restaurantkette; Spezialität gegrilltes Lamm. Üppig dekoriert, Essen ab etwa 25 €, Do ist Spanferkeltag (ca. 20 €). Neustadt, Calle Egaña 27; So-Abend und im August für zwei Wochen geschlossen.

Rest. Baste (29), in der Altstadt. Speiseraum im hinteren Bereich des Lokals, gute baskische Küche, Spezialität gefüllte Muscheln (Mejillones rellenos). Essen ab etwa 20 €. So-Abend sowie etwa vom 10. Juli bis 10. August geschlossen. Calle María Muñoz 6, an der Rückseite des Archäologischen Museums.

Rest. Vegetariano (14), wie der Name schon sagt. Gemütlich eingerichtet, nicht teuer und in Fußentfernung zur Estación de Abando. Leider nur Mo–Sa 13–16 Uhr geöffnet, preisgünstiges Tagesmenü (4 Gänge ca. 10 €). Alameda de Urquijo 33, zwei Querstraßen von der Post.

Bar-Rest. Río Oja (34), in der Altstadt. Bereits 1959 gegründetes, sehr beliebtes Lokal, in dem hauptsächlich „Cazuelitas" serviert werden: Das sind kleine Kasserollen, die etwa 6–8 € kosten – zwei braucht man schon, um satt zu werden (es sei denn, man nimmt die „pimientos rellenos" zu 7 €, gefüllte und panierte Spitzpaprika, dazu gibt es Pommes). Ein Essen (3 Gänge) ist ab ca. 20 € zu haben. Calle Perro 4. Ganz ähnlich und nur eine Kleinigkeit teurer ist das benachbarte **Bar-Rest. Urbieta**.

Rest. im Hotel Conde Duque (8), sehr preiswertes Hotelrestaurant, z. B. dreigängiges Mittagsmenü inkl. Wein zu 12 € – für Bilbao ein Schnäppchen!

El Rincón del Somiller (6), Restaurant mit großer Karte, Tagesmenü 10 €, à la carte ca. 25 €, vor allem aber beliebte Bar mit 1a-Pintxos und einem Dutzend offenen Weinen ab ca. 1 €, einige besonders gute Weine stehen nicht auf der Karte. Tivoli 8 (nahe Campo Volantín), ✆ 94 445 3083.

Bacaladería La Bilbaina (10), Bacalao-Spezialist, Fertiggerichte für den Straßenverkauf und kleines Restaurant, sehr gute Küche. Tolles Meeresmenü zu drei Gängen mit Bacalao nach der Art von Bilbao und dazu Riojawein, ab 2 Personen pro Person 25 €, à la carte ab 30 €. Leser Ronald Neuhäuser gab diesen guten Tipp, Lob spendete er auch dem Rincón del Somiller. Henao 30, ✆ 944 230707.

Cervecería Gambrinus (35), die Bierkneipe in der Altstadt bietet zwar eine für mitteleuropäische Verhältnisse enttäuschende Auswahl an Bieren (ca. ein Dutzend), aber einen reizvollen, über zwei Stockwerke reichenden Raum, der an einen Bierkeller erinnern soll und vor allem eine hervorragende rustikale Küche, die sich nicht nur in Pintxos und belegten Brötchen erschöpft (ab ca. 3,50 €), sondern auch schmackhafte Tellergerichte (ca. 8 €) umfasst (Speiseraum im hinteren, höheren Raumteil). Calle Somera 18, Zugang auch von der Calle Ronda.

Café Iruña (20), mit „maurischem" Dekor, eines der schönsten und zugleich traditionsreichsten unter den zahlreichen Cafés Bilbaos, 1903 gegründet – nicht versäumen! „Personal sehr unfreundlich" (Leser Doris Fackler). Jardines de Albia 5, auf der Neustadtseite gegenüber dem gleichnamigen Park, bis Mitternacht, am Wochenende länger.

Café La Granja (21), ein weiterer Vertreter der reizvollen Kaffeehauskultur der vorletzten Jahrhundertwende, schön altmodischer Kellnerservice und hervorragende Pintxos zu ca. 2 €. Sehr zentrale Lage an der Plaza de Circular 3.

Heladería-Turronería Ibañez (28), eine Empfehlung von Leserin Doris Fackler, wirklich ausgezeichnetes Eis und hausgemachter Turrón (eine Art Türkischer Honig), auch Turrón-Eis und andere ungewöhnliche Eiskreationen; Calle Correo 23 (nahe Kathedrale).

Cafés mit schönen Plätzen im Freien finden sich an der nahen **Plaza Nueva,** so das **Café Bilbao (26)**, eine Cafeteria von 1911 unter den Lauben der Plaza Nueva, behutsam renoviert, stimmungsvoll mit guten Raciones und Pintxos, besonders lecker diejenigen mit Champigons von Grill und die gefüllten *chipirones* (kleine Tintenfische). Allerdings kein Geheimtipp – meist knallvoll, viele Ausländer. Plaza Nueva 6.

Cafetería Monaco (11), gepflegte klimatisierte Café-Bar um die Ecke von der Plaza Moyúa, Alameda de Recalde 32.

Café Bisvete (32), das unauffällige Cafe auf dem Platz vor der Kathedrale hat ein treues Stammpublikum. Mittags große Auswahl an ausgezeichneten Pintxos, weiters Platos combinados (meist ca. 7 €), bereits ab 8 Uhr gibt es Frühstück. Leider nur bis 21 Uhr geöffnet. Plaza Santiago 6.

• *Nachtleben* Die **Calle Licenciado Poza** bildet die bestbesuchte Kneipenzone der Neustadt, besonders im Gebiet der Kreuzung mit der Calle Gregorio de la Revilla. Die **„Siete Calles"** (besonders Barrenkale Barrena) und die angrenzenden Straßen der Altstadt wie die Calle Jardines und die Calle Santa María zählen ebenfalls zu den beliebtesten Schauplätzen des nächtlichen „Poteo", des Herumstreifens von Bar zu Bar.

Mehrere Nachtkneipen sind auf Rockmusik und Blues spezialisiert, so Rock and Roll, Calle Blas de Otero 3 und Rock Star, Gran Via 87.

• *Schwule und Lesben* Zahlreiche Bars für Schwule und Lesben, meist jedoch gemischtes Publikum (in Bilbao herrscht eine ausgesprochen weltoffene Atmosphäre), rein schwul sind z. B. Bar Gay Septimo Cielo, Calle Pelota 4 und die Sauna ego bilbao, Calle Nicolás Acorta 3 (nahe Plaza Zabalburu), www.saunaegobilbao.com. Beliebt ist u. a. auch Enigma, Calle Luis Iruarrizaga 7.

• *Feste* **Semana Santa**, die Karwoche mit Umzügen der Skulpturengruppen „Pasos", die in einem eigenen Museum (siehe „Sehenswertes") betrachtet werden können.

Aste Nagusia (spanisch: Semana Grande), die „Große Woche". Das turbulente Hauptfest Bilbaos beginnt am Samstag nach dem 15. August und dauert acht Tage. Stierkämpfe, internationaler Feuerwerkwettbewerb, Rockkonzerte, Theater etc.

Sehenswertes

Vollendete Gotik: Kathedrale

Plaza Nueva: Am nördlichen Rand der Altstadt bildet das Häusergeviert den in sich geschlossenen Hauptplatz des alten Bilbao. In den Arkadengängen lässt es sich bei einem der nicht seltenen Regenfälle trefflich wandeln, und am frühen Abend sitzt man sehr angenehm auf den Freiplätzen der hiesigen Cafés.

Museo Vasco/Euskal Museoa: An der Plaza del Miguel Unamuno 4, südöstlich nahe der Plaza Nueva, belegt das Baskische Museum für Archäologie, Volkskunde und Geschichte ein ehemaliges Jesuitenkloster. Leider erscheinen die Stücke manchmal etwas durcheinander gewürfelt und die Erklärungen dürftig. Auslassen sollte man die vielseitige Ausstellung dennoch nicht. Die archäologische Abteilung im schönen Kreuzgang und im Erdgeschoss präsentiert überwiegend vorgeschichtliche Funde; die völkerkundliche Abteilung befasst sich unter anderem mit traditionellem Webhandwerk, der Fischerei, Sport und, natürlich, der Eisenverhüttung. In der Abteilung für Geschichte sind religiöse Kunstwerke, Waffen und die Einrichtung des „Consulado" zu sehen, eines Handelsgerichts des 16.-19. Jh., das die Schifffahrt und den Handel in der Flussmündung regelte.

Öffnungszeiten Di–Sa 11–17 Uhr, So 11–14 Uhr. Eintritt 3 €, Studenten 1,50 €; donnerstags sowie für Kinder bis 10 Jahre und Rentner gratis; www.euskal-museoa.org.

Museo de Pasos de Semana Santa: Das Museum in der Calle Iturribide 3, unweit des Museo Basco, beherbergt die „Pasos" genannten Skulpturengruppen, die bei den Umzügen der Karwoche durch die Stadt getragen werden, zeigt daneben auch andere Werke religiöser Kunst und erklärt die Geschichte und Bedeutung der einzelnen Bruderschaften, die an den Umzügen teilnehmen. Erklärungen auch in Englisch.

Öffnungszeiten Di–Fr 11–13.30, 17–19.30 Uhr, Sa 11–14, 17–20 Uhr, So 11–14 Uhr; in den Wochen um Ostern ist geschlossen. Eintritt 2 €, Studenten 1 €, Kinder bis 12 J. und Rentner gratis.

Catedral de Santiago und Umgebung: Im Herzen der Altstadt, ursprünglich im gotischen Stil des 15. Jh. erbaut, wurde die Kathedrale nach einem Brand im 16. Jh. erneuert. Ihre Fassade und der Glockenturm sind jedoch späte neogotische Zutaten des 19. Jh. Südlich der Kathedrale erstreckt sich das älteste Viertel *Siete Calles*, die Kneipenzone der Altstadt, bis hinunter zum Fluss, wo die riesige und eindrucksvolle Markthalle *Mercado de la Ribera* steht.

Diözesanmuseum: Im Kloster der Dominikanerinnen, an der Plaza Encarnación 9b, 1515 von diesen gegründet, befindet sich eine interessante Sammlung kirchlich-religiöser Objekte, unter denen vor allem das vorwiegend aus Amerika importierte Silber hervorsticht.

Öffnungszeiten Di–Sa 10.30–13.30, 16–19 Uhr, So 10.30–13.30 Uhr, Eintritt 2 €, Stud., Kinder (bis 18J.!) und Sen. 1 €, am Do freier Eintritt.

Bilbao La Vieja: Südöstlich des Museo Vasko liegt das alte Viertel Bilbao la Vieja. Im Laufe der Zeit etwas marode geworden, soll es im Rahmen der Stadtmodernisierung in den kommenden Jahren renoviert werden, Grünflächen sowie Sport- und Kultureinrichtungen erhalten. Bisher allerdings ist in dem Gebiet noch erhöhte Vorsicht geboten, befindet sich hier doch das ungemütliche Zentrum der harten Drogenszene Bilbaos.

Basílica de Begoña: Die hoch über der Altstadt gelegene Wallfahrtskirche der „Amatxu“ de Begoña aus dem 16. Jahrhundert bietet einen guten Blick über Bilbao. Die Patronin von Bilbao und der gesamten Bizkaia wird heute noch sehr verehrt, was sich u. a. an Blumen, Kerzen und Votivgaben ablesen lässt (Fest am 11.10. mit großem Txikiteo). Zu erreichen ist sie über Treppen ab der Plaza del Miguel Unamuno oder über einen Aufzug (Ascensor) bei der Kirche San Nicolás nördlich der Plaza Nueva, Aufzug auch direkt aus der U-Bahnstation Casco Viejo.

Guggenheim-Museum Moderner und Zeitgenössischer Kunst

Die spektakulärste Sehenswürdigkeit der Stadt, ein Meisterwerk des amerikanischen Star-Architekten Frank Gehry.

Seit Oktober 1997 besitzt die Stadt nun Zugriff auf die riesige, fast zehntausend Werke umfassende Sammlung der Stiftung, die 1937 vom amerikanischen Unternehmer Solomon Guggenheim gegründet wurde. Unter den Kunstwerken dieser größten Privatsammlung der Welt sind Arbeiten von Chagall, Delaunay, Klee, Léger, Matisse, Modigliani, Mondrian, natürlich auch Dalí, Gris, Miró, Picasso und und und... Nahezu alle bedeutenden Künstler des 20. Jahrhunderts sind in diesem Fundus vertreten. Bislang allerdings wird dieser Schatz kaum genutzt, widmet sich das Museum vielmehr vor allem wechselnden Ausstellungen.

Befürchtungen, die faszinierende Architektur des futuristischen Baus am Río Nervión könne seinen Inhalt in den Schatten stellen, sind ohnehin gerechtfertigt. Der dynamische Entwurf des amerikanischen Architekten Frank Owen Gehry ist tatsächlich ein Traum. „Ein kalkuliertes Chaos aus Winkeln und Wogen“ nannte die „Welt am Sonntag“ das je nach Lichteinfall mal silbrig, mal golden, dann wieder eisblau schimmernde Riesenschiff aus Titanium, dessen Errichtung mehr als 130 Millionen Euro verschlang. Kern dieser Kathedrale der Kunst ist ein 50 Meter hohes Atrium, durch dessen gigantisches Glasdach das Sonnenlicht flutet. Rampen und gläserne Lifte führen zu den 19 Galerien, die sich über drei Etagen erstrecken. Die Form der Räume zeichnet das zer-

Spektakuläre Kathedrale der Kunst: Guggenheim-Museum

Baskenland
Karte Seite 240/241

klüftete Äußere exakt nach – auch im Inneren findet sich kaum ein rechter Winkel. 11.000 Quadratmeter Ausstellungsfläche besitzt das Museum, wobei die größte der Galerien, wegen ihrer Form *pez* (Fisch) genannt, mit einer Länge von 130 Metern und einer Breite von 30 Metern einem einzigen Kunstwerk Platz bietet, der 2006/7 aufgestellten, permanenten Installation „The Matter of Time" des Amerikaners Richard Serra. Gewicht? 1208 Tonnen... Dem für seine geschwungenen (künstlich rostigen) Stahlplattenkonstruktionen berühmten Künstler hat das New Yorker Museum of Modern Art im selben Zeitraum eine monumentale Werkschau gewidmet, in der ebenfalls blanke Zahlen genannt wurden: Das dortige – gegenüber der Guggenheim-Installation eher bescheidene – Metallobjekt „Band" wiegt schlappe 200 Tonnen (vergl. www.moma.org). Daneben verfügt das Museum, das auch schon einem Bond-Film als Kulisse dienen durfte, über einen Souvenirshop sowie über ein ausgesprochen gutes, wenn auch nicht gerade billiges Restaurant, dessen Stühle von Gehry persönlich gestaltet wurden. Den faszinierendsten Anblick auf das Museum hat man übrigens am Abend von der Promenade an der Ría, dann leuchten die Metallkörper dieses komplexen Bauwerks in der sinkenden Sonne rötlich auf und die riesige Bronzespinne „Maman" (von Louise Bourgeois, 1999) glitzert mit blitzenden Reflexen.

So unumstritten die Bedeutung der Architektur und des Imagegewinns für Bilbao sind, über die Frage der Wirtschaftlichkeit des neuen Museums gehen die Meinungen auseinander. Kritiker bemängelten zudem, das Supermuseum verurteile das traditionsreiche und sehr gut bestückte Museum der Schönen

Künste praktisch zur Bedeutungslosigkeit – dem half die großzügige Erweiterung dieses Museums durch einen modernen Trakt und die Schaffung einer Sammlung zeitgenössischer Kunst zumindest teilweise ab. An mangelndem Besucherinteresse dürfte der Betrieb des Guggenheim-Museums allerdings nicht scheitern. Mit über 7000 verkauften Eintrittskarten pro Tag brach die Ausstellung kurz nach ihrer Eröffnung den spanischen Besucherrekord, der bis dato vom Dalí-Museum im katalanischen Figueres gehalten wurde. Und der Andrang blieb bislang immens. Zumindest an Wochenenden sollten sich Besucher auf lange Warteschlangen einstellen.

• *Lage/Anfahrt* Das sehr ausgedehnte Museumsgelände erstreckt sich am südlichen Flussufer im Norden der Neustadt Ensanche. Autofahrer finden einen großen Parkplatz (Sa/So sogar gratis) direkt westlich des Museums; Anfahrt am besten von der Plaza Moyúa über die Calle Elcano und dann auf die Brücke Puente de Deusto (Richtung Deusto), noch vor dem Fluss selbst jedoch wieder rechts ab. Durch den groß angelegten Umbau des Gebiets von Abandoibarra könnte sich die Parksituation im Lauf der nächsten Jahre allerdings ändern.

• *Öffnungszeiten* Di–So 10–20 Uhr, im Juli und August täglich. Die Eintrittsgebühr variiert je nach den gerade stattfindenden Sonderausstellungen; Richtwert etwa 10,50-12,50 €, Pensionisten/Kinder über 12 J./Stud. 6.50-7,50 €. Weiters gibt es ein Kombiticket („Bono Artean") zu ca. 12 €, das auch zum Besuch des Museo de Bellas Artes berechtigt. Am Eingang erhältlich ist auch eine deutsch- oder englischsprachige Broschüre mit dem Ausstellungsprogramm.

• *Internet* www.guggenheim-bilbao.org.

Museo de Bellas Artes: Am Rand von Abandoibarra gelegen, stand die Ausstellung mittlerweile etwas im Schatten des Guggenheim-Museums. Doch ein Besuch lohnt sich: Das Museum für schöne Künste gilt als eines der besten im Land und hat sich nach Generalüberholung und mit einem großen, modernen Anbau auch für die Zukunft gerüstet.

Die Galerie umfasst in den historischen Sälen spanische Gemälde und Skulpturen des 12. bis 17. Jahrhunderts, darunter Meister wie Velazquez, Murillo, Ribera, Ribalta, El Greco und Zurbáran. In weiteren Räumen sind niederländische, italienische und französische Künstler zu sehen. Unter den Gemälden des 18. und 19. Jahrhunderts stechen drei hervorragende Porträts von Goya hervor, die des Meisters übliche Deutlichkeit besitzen. Mehrere Säle sind baskischen Künstlern wie Aurelio Arteta, Zubiaurre, Echevarría und Zuloaga gewidmet, dessen Ganzfigurenportrait der schönen Condesa Mathieu de Noailles von 1913 einen Ehrenplatz einnimmt.

Der moderne Anbau präsentiert im Obergeschoss in großzügiger Aufstellung spanische und ausländische Kunst des 20. Jh., darunter Werke von Picasso, Tàpies, Kokoschka und Vasarely.

• *Lage und Öffnungszeiten* Plaza del Museo 2, am Parque de Doña Casilda de Iturriza; von der Gran Vía und der großen Plaza Federico Moyúa über die Calle Elcano zu erreichen. Geöffnet Di–Sa 10–20 Uhr, So 10–14 Uhr; Eintritt rund 5 €, Stud./Sen. 3,50 €, Mi gratis. Hier gibt es ebenfalls das Kombiticket „Bono Artean", das auch zum Besuch des Guggenheim-Museums berechtigt.

• *Internet* www.museobilbao.com.

Palacio Euskalduna (Kongress- und Musikpalast): Der in Form und Außenhaut an ein futuristisches Schiff erinnernde Bau an der Ria ist nach der Werft benannt, die sich hier ehemals befand. Die Werft wird durch die metallisch glänzende, undurchsichtige Außenhaut wie durch die von den Architekten

Federico Soriana und Dolores Palacios eingesetzte Schiffbautechnologie zitiert. Ein – künstlicher – Kohlehaufen vor der Tür samt Förderkran und die Lichtinstallation auf dem eng geschnittenen Grundstück verstärken noch den Eindruck eines an der Ría angelandeten Schiffes. Die 5000 m² Fläche im Inneren werden für Veranstaltungen vom Kongress bis zum Symphonie- oder Popkonzert und zur Opernaufführung genutzt.

Museo Marítimo Ría de Bilbao (Meeresmuseum Ría de Bilbao): Das (derzeit) neueste Museum Bilbaos wurde unter teilweiser Verwendung der ehemaligen Euskalduna-Werft eingerichtet. Elf Boote, darunter die 38 m lange Bark *Portu* von 1902 und ein historischer Kran sind auf dem früheren Trockendock zu besichtigen, das eigentliche, mehrstöckige Museum mit seinen 7000 m² Ausstellungsfläche wurde geschickt in das linke Widerlager der Euskaldunabrücke integriert. Durchbrochene schräge Trennwände suggerieren in den beiden oberen Stockwerken unaufdringlich ein Schiffsinneres. Zu Beginn der Besichtigung unbedingt den Film im Erdgeschoss ansehen (auch in Englisch), er bringt u. a. eine interessante Computersimulation der Entwicklungsphasen Bilbaos. Viele Schiffsmodelle, viele Originalgemälde, die Erklärungen leider nur auf Baskisch und Castellano (Spanisch).

• *Lage und Öffnungszeiten* Muelle Ramón de la Sota 1, Stiegenabgang vom Puente Euskalduna. Geöffnet Di-Fr. u. So 10-18.30 Uhr, Sa 10–20 Uhr, Juli/Aug. Di-So 10-20 Uhr; Eintritt rund 5 €, erm. 3,50 €.

• *Internet* www.museomaritimobilbao.org

Umgebung von Bilbao

▸ **Areeta und Puente colgante**: Der Vorort Areeta liegt etwas nördlich von Bilbao in Richtung Atlantik auf der Ostseite. Der in seiner Urform 1893 errichtete *Puente transbordador* (auch *Puente colgante* genannt) ist ein Brückenunikum: an Glasfiberseilen (seit der Erneuerung 1989), die von einem den Río Nervión überspannenden Stahlrahmen herabführen, hängt eine Kabine, die in geringer Höhe vom einen Ufer (Areeta auf der Ostseite) zum anderen (Portugalete auf der Westseite) geschaukelt wird. Zwischen den per Panoramalift zugänglichen Masten, an denen diese Konstruktion hängt, verläuft in 50 m Höhe ein Steg, von dem man einen Prachtblick hat. Der in seiner Art einmalige Puente Colgante ist seit 2006 UNESCO-Weltkulturerbe. Areeta (Las Arenas) ist Station der U-Bahn nach Plentzia, der Puente liegt 500 m von der Station entfernt. Drüben in Portugalete kommt man ganz nahe der RENFE-Bahnstation Portugalete an (Bahnlinie nach Santurtzi ab RENFE-Bahnhof Abando).

Öffnungszeiten/Information Panoramalift und Kabine täglich in Betrieb 10 Uhr bis Sonnenuntergang, Lift ca. 4 €, Fährticket 0,25 €; Infos ✆ 944 801012 /944 638854 und www.puente-colgante.com.

▸ **Algorta**: Der Nobelvorort Bilbaos liegt noch ein Stück weiter nördlich an der Mündung des Río Nervión und ist ebenfalls per Metro (L 1 nach Plentzia) an die Stadt angeschlossen. Im Kern besteht er aus einem ehemaligen, pittoresken Fischerörtchen mit alten Hafenanlagen, dessen Bars und Restaurants am Wochenende ein beliebtes Ausflugsziel sind. Über die Carretera a La Galea erreicht man die Landspitze Punta Galea mit dem Fort La Galea aus dem 18. Jahrhundert, dem einzigen aus dieser Zeit, das sich an der Bizkaya-Küste erhalten hat.

Baskenland
Karte Seite 240/241

Baskische Tracht

• *Information/Übernachten* Areeta und Algorta gehören zur Gemeinde *Getxo*, die unter diesem Namen wirbt: **Oficina de Turismo de Getxo**, Playa de Ereaga s/n, direkt am Hauptstrand von Algorta, nächste Metrostation Neguri, ✆ 94 4910800, ✆ 94 4911299, www.getxo.net, Nebenstelle in Algorta, Algortako Etorbidea 98, nur Mitte Juli bis Mitte September

* **Pensión Areeta**, angenehme Pension Nähe Promenade Las Arenas, eine Empfehlung von Leser A. Rädecke; DZ/Bad ca. 50 €; Calle Mayor 13, Getxo-las Arenas, ✆ 944 638136.

▸ **Plentzia**: Einige Kilometer nordöstlich von Algorta (Schnellstraße und Metro ab Bilbao) schmiegt sich die Altstadt von Plentzia ans Ende einer tief eingeschnittenen Meeresbucht. Im Sommer sind die Strände in der Umgebung des Fischerhafens, trotz der zumindest zweifelhaften Wasserqualität, besonders an Wochenenden gut besucht.

▸ **Castillo de Butron**: Etwa sieben Kilometer südlich von Plentzia steht diese von einem weiträumigen Park umgebene Burg, die ursprünglich aus dem 13. und 14. Jh. stammt. Im Laufe der Zeiten verfallen, wurde sie Ende des 19. Jh. wiederaufgebaut, allerdings wohl kaum originalgetreu: Mit ihren zahlreichen Türmen erinnert die Burg verdächtig an gewisse Märchenschlösser des Bayernkönigs Ludwig II. Heute ist auch ein Hauch Disneyland mit von der Partie – dank der Installation moderner Technik (Video, Toneffekte etc.) sollen Besucher sich ins Mittelalter zurückversetzt fühlen.

Öffnungszeiten Im Sommer täglich 10.30–20 Uhr, im Winter Mi–Fr 10.30–17.30, Sa/So 11–18 Uhr. Der Eintritt beträgt etwa 5 bis 6 €, je nach Umfang der Visite.

▸ **Weiterreise**: Im Folgenden ein Abstecher ins Binnenland. Weiter an der Küste geht es im Kapitel „Kantabrien". Frohe Botschaft für Fahrzeuglenker, die Richtung Santander wollen: Die Autobahn Bilbao-Santander ist gebührenfrei!

Binnenland der Provinz Bizkaia

Trotz dichter Besiedelung und Industrialisierung weist auch das Binnenland der Bizkaia einige reizvolle Fleckchen auf.

▸ **Elorrio**: Elorrio, an der Straße von Bergara (Provinz Gipuzkoa) nach Durango, also in der Südostecke der Bizkaia zu suchen, ist einer davon. Das alte Städtchen hat sich aus seiner Blütezeit im 17. und 18. Jh. zahlreiche wappengeschmückte Adelspaläste und Bürgerhäuser bewahrt und wurde im Ortskern komplett unter Denkmalschutz gestellt.

Ungewöhnlich sind die über das alte Zentrum verteilten, ungefähr drei Meter hohen *Betsäulen*, deren Skulpturen Motive der Passion darstellen und die allesamt aus dem 15. und 16. Jh. stammen. Zu den weiteren Sehenswürdigkeiten zählen die Kirche *Nuestra Señora de la Concepción* (15. Jh.), die mehrere Barockaltäre beherbergt, und die nahe, etwa eine halbe Stunde Fußweg entfernte *Nekropole Arguiñeta* mit Grabmälern des 9. Jahrhunderts.

• *Übernachten* *** **Hotel Villa de Elorrio**, einziges Hotel vor Ort. Ruhig gelegenes Quartier etwas außerhalb von Elorrio selbst; Parkplätze und Garten. DZ etwa 65-90 €. Von Weihnachten bis zum 6. Januar geschlossen. Barrio San Agustín s/n, ✆ 946 231555, ✆ 946 231663, info@hotelelorrio.com.

Durango

Am Knotenpunkt wichtiger Verkehrswege des Mittelalters und heute nahe der Autobahn und der N 634 San Sebastián-Bilbao gelegen, war Durango schon im 13. Jh. ein wichtiges Handelszentrum.

Den damaligen Wohlstand sieht man der Siedlung, die dank der Industrialisierung auch in unserer Zeit keinen ärmlichen Eindruck macht, noch immer an. Durango ist zwar vom Stadtbild her wirklich keine Schönheit, im Ortskern blieb jedoch noch eine ganze Reihe jener Paläste erhalten, die sich einst reiche Adelsherren errichten ließen. In einem der Prunkbauten lebte der Gründer von Montevideo, Bruno Mauricio de Zabala. Auch die verbliebenen Tore der ehemaligen Stadtbefestigung künden von Reichtum. Im Ort erhebt sich die große Kirche Santa María de Iribarri, errichtet vom 15. bis ins 17. Jahrhundert. Südwestlich etwas außerhalb steht *San Pedro de Tavira*, auf das 9. Jh. zurückgehend und damit eine der ältesten baskischen Kirchen, allerdings im 15. und 16. Jh. weitgehend umgebaut.

• *Information* **Oficina de Información Turistica**, Calle B. M. Zabala 2, ✆ 946 03003.

• *Übernachten* *** **Hotel Kurutziaga**, untergebracht in einem historischen Gebäude; Restaurant angeschlossen. DZ etwa 75–95 €. Kurutziaga Kalea 52, ✆ 946 200864, ✆ 946 201409.

** **Pensión Errota Ostatua**, recht komfortable Pension mit eigener Garage, TV und anständigen Bädern in den nur neun Zimmern, DZ ca. 50 €, Intxaurrondo kalea 54, ✆ 946 216021, ✆ 946 218242, errotagana@kusibur.com.

Baskenland
Karte Seite 240/241

▶ **Parque Natural de Urkiola**: Südlich von Durango führt eine Nebenstraße über den 700 Meter hohen Pass von Urkiola (spanisch: Urquiola) hinüber in die Provinz Araba und nach Vitoria. Ein Stopp lässt sich bei dem Heiligtum *Santuario de San Antonio* einlegen, das kurz vor der Passhöhe liegt. Hier ist man fast genau in der Mitte des Naturparks von Urkiola, einer grandiosen Landschaft dichter Buchenwälder, aus denen kahle Kalkberge ragen. Früher dienten diese Wälder, Lebensraum von Füchsen, Siebenschläfern, Steinmardern und zahlreichen seltenen Vogelarten, dem Holzschlag und der Gewinnung von Holzkohle; viele Stämme zeigen noch Spuren menschlicher Eingriffe. Mittlerweile ist das urwüchsige Gebiet zum Dorado für Wanderer und Radfahrer geworden. Einige der vielen Höhlen des Naturparks waren einst als Treffpunkt von Hexen, baskisch Damiak genannt, verschrien. Heute bieten die insgesamt fast 400 Kalkhöhlen ein reiches Betätigungsfeld für Hobby-Höhlenforscher.

Noch schläft die Stadt: Fiesta-Nachmittag an der Plaza de la Virgen

Provinz Araba (Álava)

Die Inlandsprovinz des Baskenlandes ist überwiegend gebirgiger Natur. Eine Ausnahme bildet einzig das weite, flache Becken um die Hauptstadt Vitoria-Gasteiz.

Ein in Spanien häufiger anzutreffendes politisches Kuriosum stellt eine Exklave der Provinz Burgos dar, die sich etwas südlich von Vitoria erstreckt, auf allen Seiten von der Provinz Araba umringt. Noch weiter südlich beginnt die Region der *Rioja Alavesa*, der baskische Anteil des berühmten Weinbaugebietes, der ebenfalls hervorragende Tröpfchen produziert.

Vitoria-Gasteiz (221.000 Einwohner)

Obwohl an der Kreuzung wichtiger Verkehrswege gelegen, wird die Provinzhauptstadt, die gleichzeitig Hauptstadt des gesamten Baskenlands ist, eher selten besucht.

Eine der Ursachen ist wohl das langweilige, einförmige Bild, das die wuchernden Industrieanlagen und Mietskasernen der Außenbezirke abgeben: Durch Zuzug vom Land hat sich die Einwohnerzahl Vitorias in den letzten Jahrzehnten um ein Mehrfaches erhöht. Und obwohl die Bodenpreise schon Rekordniveau erreicht haben, expandiert Vitoria weiter. Die Industrialisierung – Mercedes beispielsweise unterhält hier ein Lastwagenwerk – zeigt auch ihre Schattenseiten.

Im Zentrum präsentiert sich die Universitätsstadt jedoch ganz anders. Zwar zeigt sich auch der Großteil der Innenstadt mit den üblichen Fußgängerzonen noch gesamteuropäisch nichtssagend. Im historischen Kern allerdings, oberhalb der zwei nebeneinander liegenden Hauptplätze *Plaza Virgen de la Blanca* und *Plaza de España*, beweisen enge Gassen und eine ganze Reihe gotischer Bauten das tatsächliche, ehrwürdige Alter der Stadt: Über 800 Jahre ist es her, seit 1181 Navarras König Sancho „Der Weise" Vitoria gründete. Heute gilt die Siedlung, der lange ein sehr konservativer Ruf anhaftete, als eine der fortschrittlichsten und Minderheiten gegenüber aufgeschlossensten Städte des ganzen Landes.

Information/Verbindungen

• *Information* **Oficina de Turismo**, Plaza General Loma s/n, gegenüber dem baskischen Parlament an der Calle de la Florida, ✆ 945 161598, ✆ 945 161105. Geöffnet Mo–Sa 10–19, So/Fei 11–14 Uhr. Infos im Internet: www.vitoria-gasteiz.org/turismo.

• *Verbindungen* **Flug**: Aeropuerto Vitoria-Foronda (Info: ✆ 945 163591, www.aena.es) etwa acht Kilometer nordwestlich, keine Busverbindung. Nur Inlandsflüge, u. a. nach Madrid und Santiago de Compostela.

Zug: Bahnhof (Info-✆ der Renfe: 902 240202) zehn Fußminuten südlich der Altstadt, ins Zentrum über die Calle Eduardo Dato. Züge nach Burgos 7-mal, San Sebastián (Donostia) 10-mal, Pamplona 3- bis 4-mal, La Coruña 1- bis 2-mal täglich.

Bus: Busbahnhof (✆ 945 258400), Calle Los Herrán 50. Verbindungen u. a. mit CONTINENTAL nach Burgos 8-mal, San Sebastián 8-mal (auch andere Gesellschaften), Santiago de Compostela 1-mal tgl. (im Aug. 2-mal); LA BURUNDESA nach Pamplona 10-mal, nach San Sebastián 7-mal; PINEDO nach Estella 2-mal, nach Haro/Logroño 2-mal; TURYTRANS nach Santander 5-mal; UNION nach Bilbao etwa stündlich.

• *Post* Calle de Postas 9, in einer Fußgängerzone, die von der Plaza Virgen Blanca östlich verläuft; Öffnungszeiten: Mo–Fr 8.30–20.30 Uhr, Sa 9.30–14 Uhr.

Baskenland
Karte Seite 240/241

Übernachten/Camping (siehe Karte Seite 308)

• *Übernachten* Prinzipiell problemlose Suche, zur Fiestazeit jedoch könnte es eng werden. Liste mit Privatzimmern (Casas huespedes) bei der Infostelle.

*** **Hotel Silken Ciudad de Vitoria (8)**, erst wenige Jahre altes, jedoch im reizvoll nostalgischen Stil des 19. Jh. gehaltenes Haus nahe der neuen Kathedrale/Parque de la Florida. Komfortable Zimmer; Garage. DZ bis 170 €. Portal de Castilla 8, ✆ 945 141100, ✆ 945 143616, www.hoteles-silken.com.

*** **Parador de Argomañiz (6)**, etwa 14 Kilometer außerhalb, zu erreichen über die Straße nach Donostia. Ruhige Lage und historisches Ambiente in einem Palast der Renaissance; DZ ab etwa 115 €. Carretera N 1, km 363; ✆ 945 293200, ✆ 945 293287, www.parador.es.

** **Hotel Dato 28 (10)**, ein angenehmes kleines Hotel in einer Fußgängerzone, auf dem Weg vom Bahnhof zur Altstadt. Freundliche Dekoration, anständige Zimmer, ruhig, Garage. Gutes Preis-Leistungsverhältnis: DZ 50-60 €. Calle Eduardo Dato 28, ✆ 945 147230, ✆ 945 232320, www.hoteldato.com.

* **Hotel La Bilbaína (2)**, günstig über einer Fußgängerzone mit Blick auf das neue Kunstmuseum gelegenes Hotel, kleine, aber gepflegte Zimmer, Sat-TV, Schallschutzfenster, aber leider insgesamt hellhörig. DZ ca. 60 €. Calle Prudencio Varástegui 2, ✆ 945 254400, ✆ 945 279757.

* **Hostal Res. Nuvilla (9)**, in einem geschäftigen Gebiet der Neustadt, nicht weit vom Zentrum. Saubere, angenehme Zimmer, DZ ohne Bad rund 40 €. Calle de los Fueros 29, ✆ 945 259151.

* **Pensión Zurine (11)**, Nähe Bahnhof; Zimmer und Bäder für die Kategorie recht ordentlich ausgestattet. Preise ähnlich wie oben. Calle de la Florida 29, ✆ 945 233887. In derselben Straße noch weitere Quartiere, z. B. die ** Pensión „Araba 2" auf Nummer 25, ✆ 945 232588.

• *Camping* **Ibaya** (1. Kat.), etwa fünf Kilometer außerhalb an der Ausfallstraße nach Burgos. Am Beginn der Calle Portal de Castilla (Südwestende Parque de la Florida) starten Busse nach Armentia, von dort noch 2,5 Kilometer zu Fuß. Recht guter

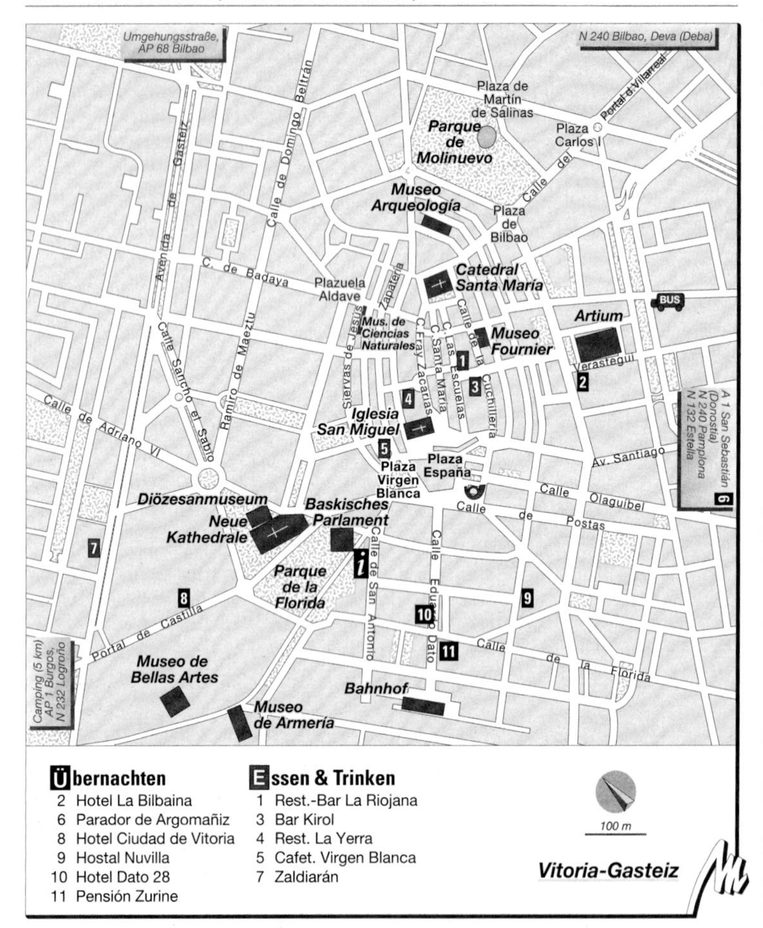

Platz, Cafeteria und Einkaufsmöglichkeit. Zur Fiesta-Zeit bis spätestens Mittag eintreffen, sonst belegt! Ganzjährig geöffnet; p.P., Auto, Zelt je etwa 4 €. Carretera N 102 in Zuarzo de Vitoria, ✆ 945 147620.

Essen/Feste

• *Essen* Zu den Spezialitäten der Region Vitoria zählen die kleinen Pilze „Perretxikos" und Schnecken (Caracoles). Berühmt sind auch Nachspeisen wie „Goxua", eine Art Pudding, und „Bizcocho" aus Mandeln.

Günstige Bars und Restaurants finden sich besonders in der Altstadtgasse Calle Cuchillería, kurz „Cuchi" genannt. Im Parque Florida gibt es hübsche Freiluftcafés.

Zaldiarán (7), elegantes Restaurant mit der besten baskischen Küche der Stadt und einer der besten der Region, nicht billig, Avda. Gasteiz 21, ✆ 945 134822.

Rest. La Yerra (4), mitten in der Altstadt. Argentinisches Restaurant, das dementsprechend vorwiegend Fleischgerichte serviert. Tagesmenü etwa 13 €, Essen à la carte ab etwa 20 €. Calle Correría 46.

Rest.-Bar La Riojana (1), offener Riojawein, am Tresen gute Auswahl an Pintxos zu günstigem Preis, lockere Atmosphäre, zu den Mahlzeiten Küche nach Art der Rioja. Calle de la Cuchillería 34.

Bar Kirol (3), Beispiel für die vielen stimmungsvollen Kneipen in der Altstadt: dunkler Raum, lange Theke, rustikal eingerichtet und meist knallvoll. Im Angebot vor allem preisgünstige Bocadillos und Raciones. Calle Cuchillería 31, Nähe Spielkartenmuseum.

Cafetería Virgen Blanca (5), die beliebte Cafetería ist meist gut besetzt, weitere Cafés ebenfalls am Platz und in dessen unmittelbarer Nähe.

• *Feste* **Festival de Jazz**, dritte Juliwoche, ausführliches Programm unter www.jazzvitoria.com.

Fiesta de la Virgen Blanca, 4.-9. August. Das große, auch in Spanien noch nicht sehr bekannte Fest beginnt am 4.8. um 18 Uhr auf der Plaza Virgen Blanca mit dem Schuss „Chupinazo" und dem Herablassen der an einem Regenschirm hängenden „Celedón"-Puppe von der Kirche San Miguel; dazu gönnt sich jeder Besucher Schampus und Zigarre. Bis zum 9.8. wird dann täglich durchgefeiert bis zum Morgen, mit Stierkampf, Laternenprozession „Procesión de la faroles", Bands in den traditionellen blauen Hemden etc ... Ausführliches Programm bei der Infostelle.

Sehenswertes

Vitoria lockt weniger mit hochrangigen Einzelmonumenten als mit dem gesamten Ensemble der mittelalterlichen Altstadt zwischen der Plaza España und der alten Kathedrale.

Plaza de la Virgen Blanca: In ungewöhnlicher Dreiecksform leicht ansteigend, zeigt der westliche der beiden Hauptplätze eine Mischung aus alt und neu. Besonders auffallend sind die vielen verglasten Balkone, die vor der im Winter oft rauen Witterung schützen.

Plaza España: Direkt neben der Plaza Virgen Blanca, im späten 18. Jh. errichtet und dem wunderschönen Hauptplatz von Salamanca nachempfunden. In sich geschlossen und von einheitlich neoklassizistischen Bauten umgeben, ist die Plaza España das große Wohnzimmer der Stadt.

Iglesia San Miguel Arcángel: Nördlich oberhalb der beiden Plätze, im 14. und 15. Jh. errichtet und im 16. Jh. erweitert. Zwischen den Bögen der Vorhalle steht das Bildnis der Schutzheiligen „Weiße Jungfrau", dahinter ein schönes gotisches Portal. Im Inneren lohnt sich ein Blick auf den aufwändigen Hauptaltar des 17. Jahrhunderts. An der Ostseite der Kirche mit der gemütlichen *Plaza del Machete* erinnert eine heute leere Nische an eine seltsame Zeremonie: Alljährlich hatte der Bevollmächtigte des Königs dem Bürgermeister auf die Stadtrechte zu schwören. Bei Missachtung drohte ihm, „dass euch der Kopf mit diesem Säbel abgeschlagen wird".

▸ **El Campillo**: Zwischen San Miguel und der alten Kathedrale erstreckt sich der sogenannte Campillo. Der älteste Teil Vitorias ist ein architektonisches Schatzkästlein voller mittelalterlicher Paläste und Adelshäuser.

Museo Fournier de Naipes: Im Zentrum der Altstadt beherbergt der 1525 errichtete Palacio Bendaña (Öffnungszeiten siehe unten) ein ungewöhnliches Museum – hier dreht sich alles um Spielkarten. Die Sammlung, die Don Félix Alfaro Fournier, einst Eigentümer einer örtlichen Spielkartenfabrik, seit 1916 zusammengetragen hat, ist heute im Besitz der Stadt. Sie enthält nicht nur jahrhundertealte Karten aus aller Welt, sondern auch Maschinen zu deren Produktion.

Karte Seite 240/241

Museo de Ciencias Naturales: Das Museum der Naturwissenschaften (Öffnungszeiten siehe unten) liegt an der Calle Siervas de Jesús, untergebracht im wehrhaften Turm Torre de Doña Ochada, der aus dem 15. Jh. stammt. Möglicherweise sind hier bald auch die in Bernstein eingeschlossenen Insekten, Molusken und sogar Flügelteile von Flugdinosauriern ausgestellt, die Mitarbeiter des Museums bei Peñacerrada entdeckt haben. Die Bernsteinlager nahe der Direktroute in die Rioja Alavesa stammen aus der Kreidezeit und zählen möglicherweise zu den reichsten der Welt. Ihr Alter wird auf über 100 Millionen Jahre geschätzt.

Catedral Santa María (Catedral Viejo): Die alte Kathedrale (sie soll übrigens Ken Follett zu seinem Buch „Die Tore der Welt" inspiriert haben) bildet den nördlichen Abschluss des Campillo. Im 14. Jh. in gotischem Stil errichtet, besitzt sie in der Vorhalle ausgesprochen fein gearbeitete Portale, deren mittlerer Bogen der Jungfrau gewidmet ist. Im Inneren zu bewundern sind zahlreiche gotische Gräber und eine ganze Reihe von Kapellen, die teilweise mit hochrangigen Gemälden ausgestattet waren, die seit 1999 im Diözesanmuseum zu sehen sind.

• *Öffnungszeiten* Die Kathedrale wird derzeit noch restauriert und archäologisch erschlossen, sie ist für den normalen Publikumsverkehr geschlossen. Dennoch kann man sie besuchen: Für 3 € finden Führungen statt, die vor allem auch die interessanten Ausgrabungen der Vorgängerbauten zeigen (die z. T. später wieder unter dem Boden verschwinden werden), Termine und Anmeldung unter ✆ 945 255135 oder www.catedralvitoria.com bzw. in der Touristeninformation.

Diözesanmuseum: In der neuen Kathedrale, Calle Cadena y Eleta 2, ist seit 1999 das Diözesanmuseum untergebracht, das eine Reihe von Gemälden aus der alten Kathedrale und aus anderen Sammlungen zeigt. U.a. sieht man Werke von El Greco, Ribera, Luca Giordano, Carreño de Miranda, Alonso Caro und anderen, flämische Triptychen der Renaissance und andere Kunstschätze.

Öffnungszeiten Di–Fr 10–14, 16–18.30 Uhr, Sa 10–14 Uhr, So/Fei 11–14 Uhr.

Museo Provincial de Arqueología: Das archäologische Museum (Öffnungszeiten siehe unten) in der Calle Correría 116, unweit nördlich der alten Kathedrale, zeigt Fundstücke aus Stadtgebiet und Provinz, von Ausgrabungen aus den vielen Dolmen der Provinz Araba über die prähistorische Siedlung La Hoya (→ Laguardia) bis zu römischen Inschriften. Interessant ist auch das Haus selbst, das mit seinem Materialmix aus Naturstein, Holz und Ziegel einen guten Eindruck von der ortstypischen Bauweise des 16./17. Jh. vermittelt.

Artium: 2003 eröffnetes Museum zeitgenössischer Kunst in der Calle Francia 24, etwas von der Straße zurückgesetzt, um für das moderne Gebäude einen gebührenden städtischen Freiraum zu schaffen, der allerdings architektonisch nicht gestaltet wurde – eine verpasste Chance.

Öffnungszeiten Di–So 11–20 Uhr, Eintritt 3,50 €, Kinder und Sen. 1,80 €, am Mittwoch „tu decides", ab einem Minimum von 1 Cent kann man den Eintrittspreis selbst bestimmen!

Weitere Museen: In der Neustadt kann man am Paseo de Fray Francisco de Vitoria einen weiteren Museumskomplex besuchen. Auf auf Nr. 3 warten ein

Stimmungsvoll: Altstadtwinkel bei Vitorias Kirche San Miguel

Waffenmuseum (Museo de Armería) und auf Nr. 8, im Palacio de Augusti, das der *Münzen* und das Museum der schönen Künste Bellas Artes.

Museo de Bellas Artes: Das Museum der Schönen Künste, eingerichtet in einem herrschaftlichen Palais der Zeit vor 1914 mit eigener (neugotischer, aber mit gotischen und Renaissance-Originalen ausgestatteten) Hauskapelle ist vor allem wegen seiner Sammlung baskischer Meisterwerke des späten 19. und frühen 20. Jahrhunderts sehenswert. Sie umfasst qualitätvolle Arbeiten von Zubiaurre, de Echeverría, Maeztu y Whitney, Arteta und Zuloaga. Besonders eindrucksvoll Aurelio Artetas „Familie" von 1913, ein Werk von 102x200 cm mit den zehn Personen (s)einer Familie, die er in auffallenden, fast kitschig-künstlichen Farben malte. Außerdem zeigt das Museum „gesamtspanische" Kunst des 18. und 19. Jh.

Öffnungszeiten aller Museen Vitorias: Di–Fr 10–14, 16–18.30, Sa 10–14, 17–20, So/Fei 11–14 Uhr, Eintritt frei.

Umgebung von Vitoria-Gasteiz

Embalse de Ullivarri

Nur etwa 10 Kilometer nordöstlich von Vitoria erstreckt sich der große Stausee von Ullivarri. In Ermangelung einer echten Küste bildet er gewissermaßen das „Meer von Araba", an dem sich eine ganze Reihe von nautischen Clubs niedergelassen hat. Im Sommer veranstalten Stadt und Region hier Segelkurse; Auskunft bei der Infostelle Vitoria. Campingplätze fehlen leider bislang, Wohnmobilisten müssten aber zumindest für eine Zwischenübernachtung ein Plätzchen finden können. Weitere Stauseen, der *Embalse de Albina* und der *Embalse de Urrúnaga*, liegen nördlich von Vitoria, in Richtung Durango und Bilbao.

Richtung Pamplona und Donostia (San Sebastián)

Entlang der Hauptstraße N I (evtl. inzwischen in A I umbenannt) ergeben sich gleich mehrfach Möglichkeiten zu kurzen, dabei jedoch durchaus lohnenden Stopps.

- **Gazeo** (Gaceo), an der N I/A I etwa 25 Kilometer östlich von Vitoria gelegen, bewahrt in seiner aus dem 13. Jh. stammenden Pfarrkirche ausgezeichnete romanische Wandmalereien.
- **Salvatierra**, nur wenige Kilometer weiter, ist ein altes, auf das 13. Jh. zurückgehendes Städtchen mit schönen, wappengeschmückten Adelshäusern und zwei gotischen Kirchen.
- **Dolmen de Aizkomendi**: Ebenfalls direkt an der N I/A I, etwa 32 Kilometer östlich von Vitoria, liegt dieses vorgeschichtliche Steingrab, das größte seiner Art im Baskenland. Es wurde um 2200 v. Chr. an einer Route errichtet, die Hirten mit ihren Schafherden benutzten. Leider wird es trotz sorgfältiger Umgrenzung von Banausen als Toilette missbraucht.

La Rioja Alavesa

Ganz im Süden der Region Araba, von der Hauptstadt durch Gebirgsmassive und eine Exklave der Provinz Burgos getrennt, erstreckt sich das Gebiet der baskischen Rioja. Es ist eine sehr fruchtbare Region, die außer Wein auch Korn und Gemüse produziert.

Landschaftlich mindestens ebenso reizvoll wie die Anfahrt von Vitoria über die N I/A I und die N 124 ist die Nebenstrecke A 2124 via Peñacerrada und den 1100 Meter hohen Pass Puerto de Herrera, an der auch einige vorgeschichtliche Dolmen (Steingräber) liegen.

▸ **Balcón de la Rioja**: Kurz hinter dem Pass trägt dieser Aussichtspunkt seinen Namen wirklich zu Recht – über Weingärten und Kornfelder, Hügel und kleine Dörfer, das Netz der Straßen und Wege reicht der Blick bis zum Horizont. Fast glaubt man, bis zum Mittelmeer sehen zu können...

Laguardia

Die größte Siedlung der Rioja Alavesa geht auf das 10. Jh. zurück und gehörte damals zum Königreich Navarra. Grenzstreitigkeiten mit Kastilien und jahrhundertelange Kämpfe (1461 wurde Laguardia auch tatsächlich kastilisch) haben das Städtchen mit seinem hübschen mittelalterlichen Kern geprägt. Schon der Name Laguardia, „Die Wache", verweist auf die Funktion als Grenzfestung. Wehrhaft zeigen sich die großteils noch erhaltenen Stadtmauern, wehrhaft auch die beiden romanisch-gotischen Kirchen *Santa María de los Reyes* mit ihrem prachtvollen gotischen Portal mit originaler mehrfarbiger Bemalung und *San Juan Bautista*, deren beider Bausubstanz überwiegend aus dem 12. bis 14. Jh. stammt.

• *Verbindungen* **Busse** der Continental verkehren 3- bis 4-mal täglich von und nach Vitoria, Anschlüsse auch nach Logroño.

Information **Officina de Turismo**, Plaza de San Juan s/n, ✆/℻ 945 600845, www.laguardia-alava.com.

• *Übernachten* ** **Hotel Antigua Bodega de Don Cosme Palacio**, ein langer Name für dieses charmante kleine Hotel in einem historischen Gebäude. Nur zehn gemütliche, jeweils nach einer Traubensorte benannte Zimmer; Restaurant angeschlossen. DZ etwa 80-90 €. Geschlossen zwischen Weihnachten und ca. 25. Januar. Carretera Elciego s/n, ✆ 941 621195, ℻ 941 600210, antiguabodega@cosmepalacio.com.

* **Hotel Res. Pachico Martínez**, mit 24 Zimmern die größte Herberge vor Ort; mit Garage und gutem Restaurant. DZ/Bad um die 55-60 €. Calle Sancho Abarca 20, ✆ 941 600009, ℻ 941 600005, www.pachico.com.

• *Feste* **Fiesta de San Juan**, 23.-25. Juni, Hauptfest des Ortes. Es beginnt am 23. mit dem Abschuss einer Rakete, um 17 Uhr dann Umzug mit Dudelsack- und Schalmeienspielern, Tänzern und dem bunt bekleideten „Cachimorro" zur Kirche San Juan, wo der Jungfrau und dem Schutzpatron die Stadtflagge präsentiert wird. Am 25. dieselbe Zeremonie. Dazwischen wird natürlich auch gefeiert.

▸ **Bodegas Ysios**: Die Kellergebäude der Bodegas Ysios (Teil des Weltkonzerns Domeq) in der Nähe von Laguardia sind mit ihrer wellenförmigen Dachform ein besonders interessantes Werk zeitgenössischer Architektur. Sie wurden vom Spanier Santiago Calatrava (* Valencia 1951) entworfen, einem der Stars

Baskenland
Karte Seite 240/241

der Szene, der sich u. a. mit der SBB-Station in Luzern, der Zubizuri-Brücke in Bilbao und zuletzt mit der Überdachung des Olympiastadions in Athen einen Namen gemacht hat. Der Wiener „Standard“ bezeichnete Calatravas Kellereigebäude als eine „Kathedrale für den Wein“.

▸ **Elciego**: Im nahen *Elciego* wurde im Herbst 2006 das Werk eines weiteren Star-Architekten, Frank Gehry (→ Bilbao/Guggenheim Museum) eröffnet, ein Hotel mit exklusiven Suiten, das zur „Luxury Collection“ der nordamerikanischen Hotelkette Starwood gehört. Es liegt auf dem Gelände der Bodegas Marqués de Riscal, dem ältesten Weingut der Rioja, das neben dem Hotel die Kellerei, ein Besucherzentrum, Laden und Weinmuseum umfasst. Das neue Hotel wirkt mit seinen lockig geschwungen Dächern aus Titanium, die in Silber, Gold und (tja, Rosé?) Zartrosa eingefärbt sind, wie eine riesige Weintraube oder ein zertrümmertes Raumschiff – Gehry lässt uns wieder mal raten. Die Ortsansässigen nennen den Hotelglitzer übrigens cool „la cosa“, „Das Ding“.

• *Übernachten/Essen&Trinken* ***** **Hotel Marqués de Riscal,** für uns alle, die wir zu viel Geld in der Tasche haben und nicht wissen, wie wir's ausgeben sollen, ist dieser neue Luxusschuppen im Gehry-Look das gefundene Fressen. Genau genommen gar nicht mal sooo teuer: die Nacht im DZ (ohne Frühstück natürlich) ab 500 € (plus Mehrwertsteuer), es gibt aber immer wieder spezielle Angebote (auf der Internetseite nachschauen!), die bei bis zu 2 Nächten für zwei mit Frühstück und 50 € „Spa-Guthaben“ (der Wellnessbereich ist nämlich nicht drin im Normalpreis!!!) ab 390 € kosten. Zimmer (nur 43) und Suiten mit Bad und Dusche separat, Telefon an der Wanne, klar: CD-Player und W-Lan-Anschluss, das TV-Gerät ist von Bang&Olufsen. Calle Torrea 1, 01340 Elciego, ✆ 945 180880, www.starwoodhotels.com

• *Internet-Tipp* www.elciego.com/elciego/gehry_riscal.htm

▸ **La Hoya**: Die vorgeschichtliche Siedlung der Keltiberer liegt knapp zwei Kilometer nördlich von Laguardia und ist über eine Stichstraße zu erreichen. Interessanter als das Ausgrabungsgelände selbst, dessen Grundmauern dem Laien wenig Anschauliches bieten, dürfte für die meisten wohl das moderne *Museum* sein, das mit Fotos, Fundstücken und der Rekonstruktion eines Wohnhauses die Lebensbedingungen der hier einst ansässigen Menschen dokumentiert.

Öffnungszeiten Vom 1. Mai bis zum 15. Oktober Di–Fr 11–14 Uhr, 16–20 Uhr, Sa 11–15 Uhr, So/Fei 10–14 Uhr; Rest des Jahres Di–Sa 11–15 Uhr, So/Fei 10–14 Uhr. Eintritt gratis, Info-✆ 945 621122.

Was haben Sie entdeckt?

Haben Sie die Bar mit wundervollen Tapas gefunden, das freundliche Hostal, den reizvollen Campingplatz, einen schönen Wanderweg? Und welcher Tipp war nicht mehr so toll?

Wenn Sie neue Informationen, Ergänzungen oder Verbesserungen zum Nordspanienbuch haben, lassen Sie es mich bitte wissen.

Ich freue mich über jeden Brief!

Thomas Schröder
– Nordspanien –
c/o Michael Müller Verlag
Gerberei 19/91054 Erlangen
E-Mail: thomas.schroeder@michael-mueller-verlag.de

Viehmarkt in den Picos de Europa: Kantabriens Rinder sind landesweit berühmt

Kantabrien

+++ Von der Küste ins Hochgebirge – ein Katzensprung +++ Santander, elegante Hauptstadt und viel besuchtes Seebad +++ Vorgeschichtliche Felszeichnungen und perfekt erhaltene Museumsstädtchen +++

Meer und Hochgebirge, eine ungewöhnliche, reizvolle Kombination. Mit Ausnahme des benachbarten Asturien liegen in keiner anderen Region Nordspaniens diese vermeintlichen Gegensätze so nah beieinander wie in Kantabrien.

Historisch betrachtet zählt Kantabrien, „das grüne, zivilisierte Kantabrien" (Camilo José Cela), zu Altkastilien, bildete über viele Jahrhunderte dessen einzigen Zugang zum Meer. Erst der Regionalisierung von 1979–83 verdankt die ehemalige Provinz Santander ihre Selbstständigkeit durch den heutigen Status als Autonome Gemeinschaft. Sie ist nach der Rioja die kleinste des spanischen Festlands.

Die *Comunidad Autónoma Cantabria* (Autonome Gemeinschaft Kantabrien) besteht aus einer einzigen Provinz gleichen Namens. Ihre Nachbarn sind im Osten das Baskenland, im Süden Kastilien-León und im Westen Asturien. Hauptstadt der Comunidad ist das noble Seebad Santander.

Die **Landschaft** Kantabriens vereint auf faszinierende Weise Meer und Gebirge. Hier die Küste mit ihrer Mischung aus sanft geschwungenen Strandbuchten und harschen Felsklippen; wenige Kilometer landeinwärts Hügel und Berge,

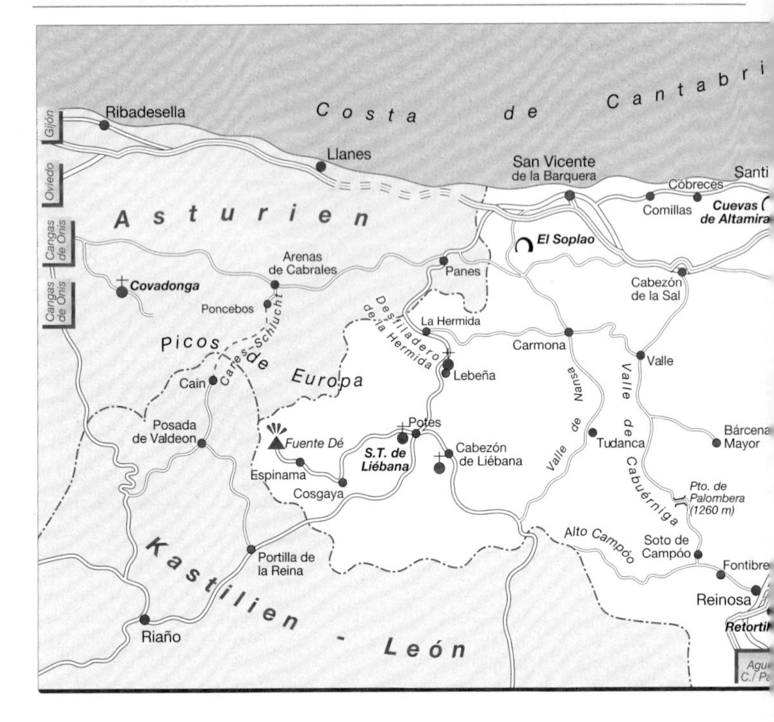

Flusstäler und Almen, Wälder, Wiesen, Schaf- und Rinderherden. Im Westen der Region schwingen sich die Kantabrischen Kordilleren zu ihren höchsten Höhen auf: Weit über zweieinhalbtausend Meter erreichen die Gipfel der *Picos de Europa*, die sich Kantabrien mit Asturien und Kastilien-León teilt. Weniger bekannt und von ausländischen Gästen nur selten besucht sind das ebenfalls hochalpine Gebiet des *Alto Campóo* westlich von Reinosa und die nicht minder reizvollen, etwas näher zur westlichen Küste Kantabriens gelegenen Täler *Valle de Nansa* und *Valle de Cabuérniga*.

Die **Städte** Kantabriens sind, den Großraum von *Santander* und das wenig reizvolle Industriezentrum Torrelavega einmal ausgenommen, von eher bescheidenen Dimensionen. An der Küste liegen sie oft im Bereich der Flussmündungen *rías*, die weit ins Land reichen. Östlich der Hauptstadt konnte sich *Castro-Urdiales*, nahe der Grenze zum Baskenland, viel Lokalkolorit bewahren. *Laredo* hingegen ist zur größten Urlaubersiedlung der Küste Kantabriens aufgestiegen und dementsprechend verbaut worden. Westlich von Santander gibt es wieder Erfreulicheres zu vermelden: *Comillas*, auf einer Anhöhe gelegen, besitzt ein sehr hübsches Zentrum, *Santillana del Mar* schließlich ist mit seinen uralten Häusern und Palästen *das* kantabrische Museumsstädtchen schlechthin. Ganz in der Nähe verweisen die weltberühmten, 14.000 Jahre alten Felszeichnungen der *Höhlen von Altamira* auf die vorgeschichtliche Besiedelung Kantabriens, sind jedoch für Normalsterbliche kaum zu besuchen. Eine

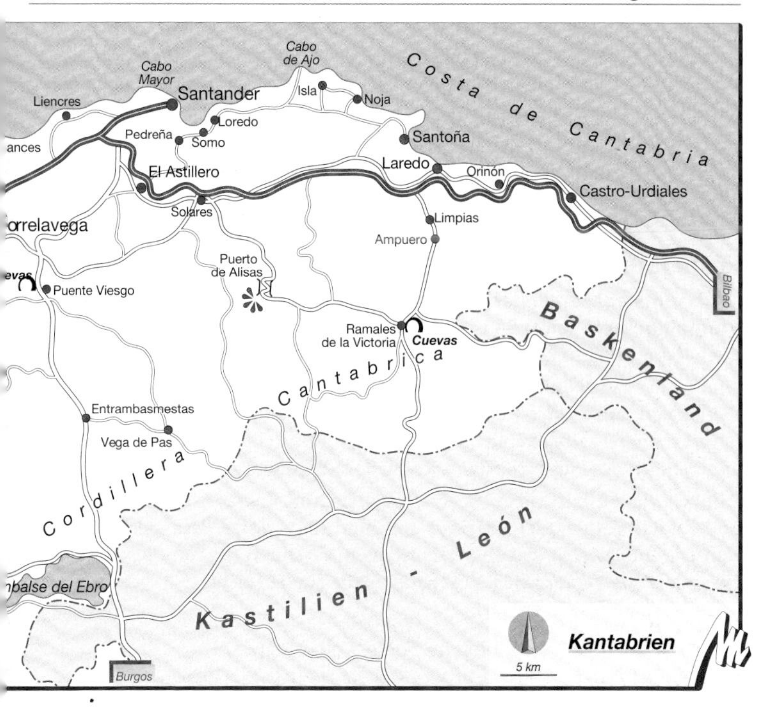

Alternative bietet die jüngst neben dem Original installierte Kopie der Höhle, eine andere die weniger bekannten Höhlen bei *Puente Viesgo.*

Baden lässt es sich in Kantabrien an vielen Stellen trefflich. Schöne Strände finden sich, von Ost nach West, beispielsweise bei *Laredo,* im Gebiet nordwestlich von *Santoña,* auch in und um die Hauptstadt *Santander* selbst. Weiter westlich liegen reizvolle Strände bei *Comillas* und *San Vicente de la Barquera.*

Kantabrien
Karte Seite 316/317

Verbindungen

Zug: Mit der Staatsbahn RENFE ist von den hier beschriebenen Orten nur die Hauptstadt als Endpunkt der Linie Madrid-Palencia-Santander zu erreichen.

Die FEVE, eine private Schmalspurbahn, auf der Interrailpässe und andere Netzkarten bislang nicht gültig sind, bedient die Linie von Bilbao über Santander nach Oviedo (Asturien) und führt von dort weiter nach Galicien. Sie ist langsam und ihre – recht komfortablen – Züge verkehren nur spärlich, doch die Routenführung wurde landschaftlich teilweise wirklich spektakulär gestaltet. Im Bereich Kantabriens führt die Strecke allerdings fast ausschließlich durchs Binnenland, also abseits der Küste.

Bus: Entlang der Küste und für die Gebirge ist der Bus die einzige Wahl. Richtung Baskenland und Asturien wiederum bieten die Busgesellschaften deutlich häufigere und schnellere Verbindungen als die geruhsame FEVE.

Auto: Eine angenehme Nachricht gibt es für Auto- und Motorradfahrer zu vermelden – anders als die meisten anderen spanischen Autobahnen ist die Autopista von Bilbao über Santander bis zur Grenze mit Asturien bei Unquera gebührenfrei befahrbar. Der weitere Ausbau in Richtung Westen schreitet zügig voran, bald wird wohl die gesamte Strecke zwischen Santander und Gijón beziehungsweise Oviedo vierspurig befahrbar sein. Zuletzt fehlte nur noch das kurze Stück zwischen Unquera und Llanes (ca. 15 km), das aber als N 634 großzügig ausgebaut ist.

Feste und Veranstaltungen

Die Hauptstadt Santander besitzt das mit Abstand am breitesten angelegte Programm, steht selbst San Sebastián nicht nach. Außerdem feiert natürlich auch jedes noch so kleine Dorf mindestens einmal jährlich sein Fest.

Und wie in ganz Nordspanien ist auch in Kantabrien kein Fest komplett ohne die lokalen Tänze. Ihre Zahl ist immens. Am bekanntesten sind wohl die aus dem 11. oder 12. Jh. stammenden *picayos*, Tänze religiösen Inhalts, die unter anderem bei der Fiesta von San Vicente de la Barquera zu sehen sind.

Ähnlich wie im Baskenland schätzt man auch in Kantabrien Kraftsportarten und Ruderregatten, hier *traineras* genannt. Eine hiesige Besonderheit ist die Vorliebe fürs Kegeln, das in verschiedenen Varianten (*pasiego, pasabolo* und besonders *bolo palma*) viele Zuschauer in die Stadien zieht.

Kantabrische Feste – eine Auswahl

Fiesta del Reyes, in der Nacht zum Tag der Heiligen Drei Könige, also vom 5. auf den 6. Januar, Festspiele in Santillana del Mar.

Carnaval, Karneval/Fasching, besonders bunt gefeiert in Santoña.

La Folía, am ersten oder zweiten Sonntag nach Ostern in San Vicente de la Barquera, mit Meeresprozession, Tanz etc.

Fiestas del Coso Blanco, am ersten Freitag im Juli, in Castro Urdiales.

Fiestas de Comillas, mehrere Tage um den 15. Juli in Comillas.

Ferias de Santiago, in der Woche um den 25. Juli in Santander. Stierkämpfe etc., am 24. Juli großes Feuerwerk.

Festival de Jazz, Jazzfestival Ende Juli in Santander.

Día de la Montaña, wechselnde Termine, in der Regel am zweiten Sonntag im August in Cabezón del Sal. Volkstümliche Wettkämpfe, Musik und Tänze, ein Potpourri kantabrischer Tradition.

Festival Internacional, in Santander, den gesamten August hindurch.

Batalla de las Flores, die „Blumenschlacht", am Sonntag, der dem 15. August am nächsten liegt, in Torrelavega. Ein ähnliches Fest findet am letzten Freitag im August in Laredo statt.

Romería de San Miguel, am 29. September, eine Wallfahrt in Puente Viesgo.

Día del Campóo, am letzten Septembersonntag in Reinosa.

Kantabriens Küche

Kantabrische Küchenchefs können aus dem Vollen schöpfen – Meer wie Gebirge liefern hervorragende Grundprodukte. „Nationalgerichte" wie in anderen

In Santander erste Adresse für Fischgerichte: Barrio Pesquero

Regionen gibt es kaum, stattdessen teilen sich die Nachbarn Kastilien, Asturien und Baskenland den Einfluss auf die hiesige Kochkunst.

An der Küste beherrschen natürlich Fisch und Meeresfrüchte in tausendundeiner Variation die Speisekarte. Sehr beliebt sind der nahrhafte Thunfischeintopf *marmita de bonito* und die *rabas*, in Mehl gewendete und gebratene Stückchen vom Tintenfisch. Ebenfalls zu den Standardgerichten zählen Sardinen (*sardinas*), die entweder überbacken, in einer Tonschale oder mit einer gelben Sauce serviert werden.

Fischreich sind auch die Flüsse der Gebirgsregionen, in denen sich vor allem Forelle (*trucha*) und Lachs (*salmón*) tummeln. Dennoch ernährt man sich dort eher von Fleisch, etwa dem äußerst üppigen *cocido montañes*, einem engen Verwandten ähnlich deftiger Eintöpfe in Asturien, León und Galicien. Typischer noch für das Binnenland sind die hier produzierten Käse, die als *queso de cantábria* sogar durch eine eigene Herkunftsbezeichnung („D. O.") geschützt sind. Meist werden die kantabrischen Käse aus Kuhmilch hergestellt: Kantabrien ist Spaniens Haupterzeuger von Milchprodukten. Mischungen mit Schafs- und Ziegenmilch sind jedoch ebenfalls zu finden. Am weitesten verbreitet sind nur kurz reifende Sahnekäse, die es in vielen lokalen Varianten gibt, zusammengefasst unter dem Oberbegriff *quesucos*, der berühmteste ist jener von Liébana, von wo auch ein hervorragender Blauschimmelkäse aus Kuh-, Schaf- und Ziegenmilch kommt.

Guten Ruf genießen die Nachspeisen Kantabriens, besonders der aus Käse, Honig und Butter hergestellte Kuchen *quesada*, die Crèmespeisen *natillas*, das Butter-Eier-Gebäck *sobaos pasiegos* und der gebratene Pudding *leche frita*.

Kantabrien
Karte Seite 316/317

In Kürze: Kantabrien

Fläche: 5321 Quadratkilometer

Einwohner: 562.000, das entspricht einer Bevölkerungsdichte von 105 Einwohnern pro Quadratkilometer, deutlich geringer als beim Nachbarn Baskenland.

Schöne Orte: die Küstenstädtchen Castro Urdiales, Comillas, Santillana del Mar; die Hauptstadt Santander. Im Binnenland Bárcena Mayor (nahe Valle de Cabuérniga) und Potes in den Picos de Europa.

Reizvolle Landschaften: Fast das gesamte Hinterland, namentlich das Hochgebirge der Picos de Europa und die Täler Pas, Nansa, Cabuérniga und Alto Campóo; die Dünenstrände bei Liencres westlich von Santander.

Baden: Zahlreiche Strände in Santander. Lange Sandstrände bei Laredo und Santoña, östlich von Santander. Reizvoll auch die Strände Oyambre und Merón, zwischen Comillas und San Vicente westlich von Santander.

Internet-Infos: www.cantabria.org, www.turismodecantabria.com

Costa de Cantabria (östlich von Santander)

Über 200 Kilometer lang ist die kantabrische Küstenlinie. Davon sind mehr als 30 Kilometer Sandstrand. Der Rest besteht aus Steilküste, schroffen Felsklippen und den lauschigen, tief eingeschnittenen Flussmündungen Rías. Es gibt also einiges zu entdecken.

Castro Urdiales

Gleich die erste Stadt hinter der Grenze zum Baskenland lockt zu einem Stopp. Castro Urdiales ist die wohl älteste noch bestehende Siedlung der kantabrischen Küste und geht bis auf die Römerzeit zurück.

Zwar empfangen auch hier die Außenbezirke mit unschönen Neubauten, der historische Ortskern um den natürlichen Hafen jedoch bewahrt malerischen Reiz. Das Ensemble aus bunten Fischerbooten, der festungsartigen gotischen Kirche und der leider etwas überrestaurierten früheren Templerburg, die heute einen Leuchtturm und ein Panoramarestaurant mit aussichtsreicher Terrasse beherbergt, zieht viele Hobbykünstler an und wäre allein den Abstecher wert. Hinter dem Hafen laden arkadengesäumte Gassen mit alten Steinhäusern zum Bummel. Tourismus findet in dem 25.000-Einwohner-Städtchen natürlich statt, ist aber noch nicht so absolut prägend wie im nahen Laredo. In den letzten Jahren wurde zwar auch in Castro Urdiales vieles umgebaut und erneuert, dennoch sind außerhalb der spanischen Feriensaison nur wenige Urlauber zu sehen. Dann hat man auch die beiden Ortsstrände, auf denen es im August schon arg eng wird, fast für sich: die kleine, etwas östlich gelegene *Playa de Brazomar* oder die etwas größere, dunkelsandige und mit der „Blauen Flagge“ prämierte *Playa Ostende* am westlichen Ortsrand. Vor allem letztere ist leider ziemlich verbaut. Ein Sporthafenprojekt für den östlichen Strand sorgt für erregte Proteste der Bevölkerung, man kann nur hoffen, dass es nicht durchgeführt wird.

Die wehrhafte Kirche *Nuestra Señora de la Asunción* stammt aus dem 14. Jh. und gilt als das bedeutendste gotische Bauwerk im gesamten Bereich der Küste. Im Inneren beachtenswert ist vor allem eine „Kreuzigung“, die dem asketischen

Beliebtes Motiv von Hobbymalern: Hafenansicht von Castro Urdiales

Farbenzauberer *Zurbarán* zugeschrieben wird. Die Burg *Castillo Faro de Santa Ana,* bisher nur eine romantische Ruine, hat sich nach der Restaurierung gemausert und ist vor lauter Ersatz kaum wiederzuerkennen, dafür kann man jetzt dort mit Aussicht auf der Terrasse speisen.

Information/Verbindungen

• *Information* **Oficina de Turismo**, Avenida de la Constitución 1, beim Hauptplatz am Hafen; ✆ 942 871337, ℻ 942 871337, turismo castro@cantabria.org. Freundliches, hilfsbereites Personal; geöffnet täglich 9.30-13.30, 16–19, im Sommer 9.30–21 Uhr.

• *Verbindungen* **Bus**: Neuer Busbahnhof in der Calle Leonardo Rucabado s/n in der Nähe der Autobahnabfahrt Süd, leider recht weit (1,5 km) von der Altstadt und am Samstag geschlossen (!), ein Stadtplan ist nicht angeschlagen. Einige Busse halten auch in der Stadt, falls nicht (ab Santander!) zur Stadt am besten hinunter zum Strand und auf der Uferpromenade nach links. ENCARTACIONES fährt halbstündlich von/nach Bilbao. Verbindungen von und nach Santander mit TURYTRANS 10-mal täglich.

Kantabrien
Karte Seite 316/317

Übernachten/Essen/Feste

• *Übernachten/Essen* Mehrere gute, allerdings nicht ganz billige Restaurants finden sich am Hafen, preisgünstigere Lokale in den Parallelstraßen landeinwärts.

*** **Hotel Miramar**, noch relativ altstadtnah gelegen und direkt am Strand Playa de Brazomar. Geöffnet etwa von März bis Oktober, DZ knapp 70–100 €. Avenida de la Playa 1, ✆ 942 860204, ℻ 942 870942.

** **Pension La Sota**, zentral beim Hauptplatz am Hafen. Angenehme Zimmer und hotelähnlicher Komfort, aber auch hotelähnliches Preisniveau: DZ/Bad kosten je nach Saison etwa 45–55 €. La Correría 1, ✆ 942 871188, ℻ 942 871284.

* **Pensión La Marina**, eine der preisgünstigsten Pensionen des Städtchens. Große und kleine, meist brauchbare wenn auch nicht gerade ruhige Zimmer, die Bäder könnten sauberer sein. Ganzjährig geöffnet mit Ausnahme der Weihnachtszeit; DZ ohne Bad knapp 30 €, im August nur mit Halbpension,

pro Kopf rund 25 €. Auch als Restaurant empfehlenswert, Tische im Freien, preisgünstiges Tagesmenü für knapp 10 €, à la carte allerdings deutlich mehr. La Plazuela 16, direkt am Hafenplatz, ✆ 942 861345.

Residencia El Parque, gegenüber Club Náutico und direkt am Meer, ein Tipp von Leserin Erna Pfeiffer: „Frühstück ... wird von der Dame des Hauses auf einer unvergleichlichen, sonnigen Terrasse vor dem Haus im Garten serviert – ein Genuss! Ausgesprochen freundlich und hilfsbereit, ideal für größere Familien, da im 1. Stock 2 riesengroße freundliche Zimmer...". DZ/F ca. 75-95 €. Calle Ocharan Mazas 4, ✆ 942 868207.

Rest. El Segoviano, am Rathausplatz und damit ebenfalls in Hafennähe. Restaurant mit gehobenem Qualitäts- wie Preisniveau, das neben Fisch und Meeresfrüchten auch eine gute Auswahl an Fleischgerichten vom Grill offeriert. Tagesmenü etwa 30 €, à la carte 3 Gänge Minimum 45 €, aber eher ab ca. 50–60 €. La Correría 19.

Rest. La Goleta, rechts neben dem El Segoviano, ähnliches Angebot, aber preiswerter (die Hautevolée von Castro Urdiales zieht aus einem nicht erkennbaren Grund das El Segoviano vor); Tagesmenü 15 €, sehr guter Fisch, Calle de San Juan 1.

• *Camping* **El Castro** (2. Kat.), oberhalb des westlichen Ortsrands, etwa 1,5 Kilometer vom Zentrum, sehr enge Zufahrt ab der Stierkampfarena. Erst vor wenigen Jahren eröffnet, dann geschlossen, nun wieder in Betrieb – bleibt abzuwarten, was die Zukunft bringt. Gut ausgestattet, unter anderem mit Pool, allerdings kaum Schatten. Autobahn je nach Windrichtung in Hörweite. Geöffnet etwa Mitte Juni bis Anfang September, p.P. etwa 5 €, Zelt 6 €, Auto 2,50 €. ✆ 942 867423, 942 630725, losmolinos@ceoecant.es.

Playa Arenillas (2. Kat.), Ausweichplatz auf einem großen Wiesengelände hinter Islares, etwa acht Kilometer Richtung Santander und unterhalb der N 634. Strandbucht mit Restaurant in der Nähe. Geöffnet April–September; Parzelle 12 €, p.P. 4,50 €. ✆/ 942 863152.

• *Feste* **San Juan**, in der Nacht des 23. auf den 24. Juni, ein Sommernachtsfest mit karnevalsähnlichen Umzügen.

Fiestas del Coso Blanco, am ersten Freitag im Juli. Berühmtes und sehr farbenfrohes Fest mit nächtlichem Umzug im Parque Amestoy, Feuerwerk, Prozession etc.

Fiesta del Carmen, 16. Juli. Das Fest der Schutzheiligen der Fischer – die Meeresprozession der bunt mit Blumen geschmückten Boote bildet deshalb auch den Höhepunkt.

▸ **Westwärts von Castro Urdiales:** Von der N 634 besteht zwischen Castro Urdiales und Laredo mehrfach Abzweigmöglichkeit zu schönen Stränden, z. B. zur kleinen, nur fünf Kilometer entfernten *Playa de Dícido* oder zur größeren *Playa de Oriñon,* die 13 Kilometer westlich liegt und auch über einen Campingplatz verfügt. An der Steilküste bei der *Playa de Sonabia,* westlich der Playa Oriñon, leben Gänsegeier. Das Baden ist dort wegen der starken Strömung allerdings sehr gefährlich! Ein besonders schöner Strand ist die *Playa de San Julián,* die man von Liendo (7 km vor Laredo) aus erreicht, zunächst auf ausgeschilderter Zufahrt, dann auf steilem Fußweg.

Laredo

Ein alter Ortskern, die Hotelsiedlung auf einer kilometerlangen sandigen Halbinsel, die sich gegen das steile Vorgebirge hin erstreckt: Dieses Bild bietet sich dem, der etwa auf der Autobahn von Castro Urdiales kommend, den Badeort Laredo erreicht. Toll dieses Bild, weniger toll der Ort selbst.

An die eng gedrängte Altstadt, gekrönt von der Kirche, schließen sich nach Westen schier endlose Reihen einförmiger Apartmentblocks an. Sechs- bis achtstöckig erstrecken sie sich entlang des schönen, weit geschwungenen Strandes, der wohl die Ursache für solch bauliche Schandtaten ist. Die gerne angestellten Vergleiche mit Benidorm oder Torremolinos übertreiben zwar, bergen aber einen wahren Kern – im Sommer verzehnfacht sich die Einwohnerschaft des Städtchens, quellen die Restaurants und Discobars fast über. In der Nebensaison mag Laredo auch für Freunde ruhigerer Gangart anziehend sein. Abseits der Urlauberghettos hat die Altstadt nämlich durchaus Charme.

• *Information* **Oficina Municipal de Turismo**, Alameda de Miramar s/n; ✆ 942 611096, laredo@cantabria.org. In der Neustadt, ganzjährig tgl. 9.30-13.30, 16–19 Uhr geöffnet.

• *Verbindungen* **Busstation** südwestlich unweit der Altstadt; ALSA-Busse von und nach Santander und Castro Urdiales 8-mal täglich, zur HS noch häufiger (Santander bis 20-mal).

• *Übernachten* Trotz des hohen Preisniveaus ist es im Sommer nicht leicht, ein Bett zu finden. Einige einfache Casas Huespedes liegen am Westrand der Altstadt in der Calle Menéndez Pelayo, beispielsweise das „Cantabria" auf Nr. 7, ✆ 942 605073.

*** **Hotel El Ancla**, schönes Hotel mit Garten, in einer Art kleinem Palast, der mit vielerlei maritimen Erinnerungsstücken dekoriert ist. Ruhige Lage nahe Strand Playa de la Salve; Parkplätze. Ganzjährig geöffnet, DZ/Bad nach Saison und Ausstattung etwa 75–125 €. Calle González Gallego 10, ✆ 942 605500, ℻ 942 611602, www.hotelelancla.com.

*** **Hotel Cosmopol**, nicht mehr ganz taufrisches, aber anständig eingerichtetes und gut geführtes Hotel an der Strandpromenade, als eines der wenigen des Ortes ganzjährig geöffnet. DZ mit großem Bad, Fön ca. 75–115 €, in der NS deutlich ermäßigt. Avda. de la Victoria s/n, ✆/℻ 942 605400, hotelrestaurantecosmopol@yahoo.es.

• *Camping* Insgesamt vier Plätze bei Laredo, alle im Westen der Stadt gelegen.

Carlos V. (2. Kat.), in noch halbwegs orts- und strandnaher Lage. Offiziell ganzjährig geöffnet; p.P. 5,50 €, Zelt etwa 5 €, Auto 6 €. ✆ 942 605593.

Laredo (2. Kat.), etwas landeinwärts der Apartmentzone, also nicht direkt am Meer, dafür mit Pool. Geöffnet über Ostern sowie Juni bis Mitte September; Parzelle 12 €, p.P. etwa 6 €, Auto 4,50 €, Zelt ab 6 €. ✆ 942 605035.

• *Feste* **Batalla de las Flores**, die „Blumenschlacht" am letzten Freitag im August.

Entlang des Río Asón

Eine landschaftlich sehr reizvolle Rundfahrt ins Binnenland führt von Laredo über die Hafenstadt Colindres in das Tal des Río Asón.

Limpias: Einst ein wichtiger Flusshafen im Handelsverkehr mit England, Flandern und Amerika, ist die Bedeutung des Ortes heute zurückgegangen. Aus Limpias stammten im 17. und 18. Jh. zahlreiche Kunsthandwerker, deren Arbeiten in den vielen Adelspalästen und Wallfahrtskirchen des Ortes und der Umgebung zu sehen sind.

• *Übernachten* **** **Parador de Limpias**, eine ausgedehnte Finca mit noch ausgedehnterem Park wurde 2005 zum Parador ausgebaut, dem 92. der Kette. Neo-aristokratisches Ambiente im palastartigen Wohntrakt des 19. Jahrhunderts, zeitgenössische Hotelkultur im Neubautrakt. Auch der Kleidung der Besucher nach zu urteilen kein typischer Traveller-Treff. Ab 135 € fürs DZ sind Sie dabei, das Frühstück kommt noch mal auf 14 € (pro Person). Fuente del Amor, ✆ 942 628900, www.parador.es.

Ampuero, nur wenige Kilometer von Limpias, gilt als eines der Zentren für die Lachsfischerei und gleichzeitig als die „Hauptstadt" des Río Asón. In Wahrheit handelt es sich eher um ein hübsches Dorf, das einige interessante Gebäude des 19. Jh. besitzt, deren Errichtung auf die nach Amerika ausgewanderten so genannten „Indianos" zurückzuführen ist. Ab dem 8./9. September feiert Ampuero für eine Woche ein großes Fest mit wilden „Encierros" (Stierläufen) ähnlich denen von Pamplona – nicht umsonst heißt das Fest auch „San Fermín Chico", der „Kleine San Fermín". Die Encierros von 2004 entwickelten sich allerdings zu einem Blutbad: Zwei Teilnehmer kamen ums Leben, als sie

Kantabrien Karte Seite 316/317

von Stieren aufgespießt wurden, weitere zwölf wurden z. T. schwer verletzt. Die Bürgermeisterin verbot weitere Festlichkeiten – auch für die Zukunft? Wen trifft die Schuld? Originalton der *alcaldesa*: „Manche (Läufer bei den Encierros) glauben, sie haben es mit Milchkühen zu tun."

• *Übernachten* **Albergue Rural La Tejedora**, beim abgeschiedenen Dörfchen Ojebar, östlich der Straße Ampuero-Ramales. Ein Lesertipp von Anke Bengen: „Sehr gemütliche, erst im Mai 2001 eröffnete Herberge in den kantabrischen Hügeln. Himmlische Ruhe. Das Bett (insgesamt 40) im Achtbett-Zimmer kostet mit leckerem Frühstück etwa 18 €, mit einem von Yolanda gekochten, dreigängigen Bio-Menü 25 €. Die sanitären Anlagen sind ausgezeichnet." Bettenpreis derzeit um 22 €; Ojebar, Barrio Casavieja 6, ✆ 646 149105 oder ✆ 616 994395, www.latejedora.com.

Ramales de la Victoria: Seinen Beinamen verdankt Ramales einem Sieg, den die Liberalen im Kampf gegen die Karlisten hier 1839 davontrugen. Bekannter ist das Dorf jedoch als Tipp für Höhlenfans – in der Umgebung wurden mehrere Höhlen mit prähistorischen Felszeichnungen entdeckt, die in einer Art Punktmalerei (tampón) hergestellt sind. Die *Cuevas de Covalanas* liegen etwa drei Kilometer vom Ort entfernt. Einlass in Gruppen von maximal sechs Personen, gleichzeitig besteht Zugangsbeschränkung auf 60 Personen täglich. Geöffnet ist im Sommer Mi–So 10–12, 16–18 Uhr, im Winter noch etwas spärlicher, der Eintritt für EU-Bürger ist frei. Vorherige Anmeldung im Fremdenverkehrsamt sehr ratsam. Weitere Höhlen kann man auf bis zu 7 Stunden dauernden Führungen entdecken, nur auf Anfrage, z. B. die Cueva de Cofiar (6 Std.), die Cueva Fresca (5 Std.) und die Cueva Coventosa (4 Std.); eine leichte Tour (1 Std.) bietet die Cueva de Cullalvera ganz nahe bei Ramales. Infos und Anmeldung ✆ 942 646504, www.altoason.com.

• *Übernachten* ** **Hostal Río Asón**, dem renommierten, aber nicht gerade billigen Restaurant gleichen Namens angeschlossen. Nur neun Zimmer, DZ/Bad nach Saison 45–50 €. Calle Barón de Adzaneta 17, ✆ 942 646157, ℻ 942 678360, www.hostalrioason.com.

Valle de Soba: Kurz hinter Ramales gelangt man über eine Abzweigung nach rechts ins waldreiche Tal von Soba, dessen verstreute kleine Dörfer oft erstaunliche architektonische Schatzkästlein sind. Die Rück- beziehungsweise Weiterfahrt erfolgt am schönsten über den Pass Puerto de Asón mit der Quelle des Gándara und durch die Schlucht Desfiladero de Asón zur Emigrantenstadt Arredondo. Dann entweder entlang des Río Asón zurück nach Ramales oder mit sehr reizvoller Aussicht über den Pass Puerto de Alisas nach Santander.

Santoña

Direkt gegenüber der Landzunge von Laredo liegt dieses Fischerstädtchen und ist doch touristisch weniger brutal erschlossen.

Vielleicht verdient der Ort ja genug mit seinen zahlreichen Konservenfabriken, in denen die Meeresbeute eingedost wird. In der Umgebung von Santoña warten zwei Strände: Playa de San Martín und, empfehlenswerter, die große Playa de Berría, letztere etwa drei Kilometer nördlich und mit der „Blauen Umweltflagge" ausgezeichnet.

Wanderung rund um den Monte Bucerio: Der Aussichtspunkt Faro del Caballo überblickt vom östlich der Stadt gelegenen Monte Buciero die ganze Bucht von Santoña, die ihrer früheren strategischen Bedeutung wegen mit gleich mehreren Befestigungsanlagen versehen wurde. Ein reizvoller, aber anstrengender Abstecher: 760 etwas ausgesetzte Stufen führen vom Wanderweg hinunter – und wieder hinauf – zum Leuchtturm. Die Rundwanderung ist 10 km lang, hat Höhenunterschiede von 250 m (mit Leuchtturm 650 m!) und dauert etwa 3 ½ Stunden.

• *Verbindungen* **Busse** von und nach Santander verkehren mehrmals täglich.

• *Camping* **Playa de Berria** (2. Kat.), außerhalb direkt am gleichnamigen Strand gelegen. Geöffnet über Ostern und von Juni bis Mitte September; p.P., Zelt 5 €, Auto rund 4,50 €. ✆ 942 662248.

• *Feste* **Carnaval**, der Karneval beziehungsweise Fasching, wird in Santoña besonders intensiv gefeiert.

▸ **Las Marismas de Santoña**: Die sumpfige, mäandernde Mündungsbucht des Río Asón und weiterer kleinerer Flüsse ist für seltene Vogelarten das wichtigste Rückzugsgebiet der spanischen Nordküste. In den Wintermonaten rasten hier Brachvögel, Strandläufer, verschiedene Entenarten und vor allem große Kolonien der stark bedrohten Löffler. Beste Beobachtungszeiten sind das Frühjahr bis in den Mai und der Herbst ab September, dann jeweils wiederum die Zeit der Flut, wenn sich die Vögel auf die höher gelegenen Sandbänke zurückziehen. Leider ist das Areal, vom Europa-Rat als „von internationalem Interesse" deklariert, durch Siedlungsprojekte, Straßenbau und Umweltverschmutzung stark bedroht.

Cabo de Ajo

Nordwestlich von Santoña erstreckt sich ein Gebiet fruchtbaren, hügeligen Weidelands und kleiner Dörfer. Sobald man sich jedoch den oft sehr schönen Stränden nähert, ändert sich das Bild, machen sich die zahlreichen Ferienvillen, Hotels und Campingplätze bemerkbar: Im Einzugsbereich von Santander gelegen, ist die Region mittlerweile mehr als nur gut erschlossen.

Noja ist das beste Beispiel. Die Siedlung, die im Winter gerade mal zwölfhundert Einwohner zählt, besitzt mehr Hotels als Laredo, was etwas heißen will. Insgesamt fünf Campingplätze liegen um den Ort, die Mehrzahl bei den ausgezeichneten Stränden *Playa de Tregandín* und *Playa de Ris*. An Sommerwochenenden, wenn zu den Urlaubern noch der Strom der Naherholer aus Santander kommt, ist der Rummel natürlich immens.

• *Camping* **Playa Joyel (1. Kat.)**, ein Lesertipp von Britta Hering und Detlef Jahn: „Von den ortsansässigen mit Abstand der Beste. Sanitär sehr gut, Platzangebot (Größe der Parzellen) auch; Laden, Friseur, Bar, Rest., Pool etc. Direkter Strandzugang, nachts geschlossen. Lediglich die Größe (inkl. der Mietwagencontainer 900 Plätze) könnte auf manche abschreckend wirken; aber alles schön eingewachsen und unter hohen Bäumen." Geöffnet ist offiziell ganzjährig, p.P., Zelt je etwa 3,50 €, Auto 5 €. ✆ 942 630081, ℻ 942 631294.

Isla, wie die anderen Orte der Umgebung mit Herrenhäusern und Palästen wohl versehen, besitzt ebenfalls zahlreiche Hotels, ist aber noch nicht ganz so überlaufen wie Noja. Im Ort gute Fischrestaurants, in der Nähe kleine Strandbuchten und die beiden Campingplätze „Playa de Isla" und „Playa de Arena", geöffnet jeweils Ostern bis September.

Im Westen der Halbinsel sind *Loredo*, *Somo*, das sich immer mehr zu einem Surfer-Spot entwickelt, und *Pedreña* fast schon „Badevorstädte" von Santander.

Kantabrien
Karte Seite 316/317

Hier finden sich ausgedehnte Sandstrände und zahlreiche Campingplätze. Ab Somo und Pedreña besteht Bootsverbindung nach Santander. Wer die tägliche Bootsfahrt nicht scheut, kann z. B. Somo durchaus als Ausweichquartier für Santander in Erwägung ziehen.

• *Übernachten/Surfen* **Hotel Torres de Somo**, Somo, Calle Arna, recht ruhig gelegenes Haus mit hübschen Zimmern, großer Garten mit Pool, viele Surfer, DZ ab ca. 70 €, ✆ 942 510052, www.hoteltorresdesomo.com. **Posada La Ilosa**, Somo, restauriertes und reizvoll gestaltetes Bauernhaus, eigenes kleines Restaurant, ein Tipp von Marianne Sperling. **Surfschule Escuela Cantabra de Surf** in Somo, Playa de Somo, Wochenkurs inkl. Ausrüstungsverleih ca. 120 €, ✆ 942 510615, www.escuelacantabradesurf.com.

Santander

(147.000 Einwohner)

Ein elegantes Seebad in schöner Lage, das mit hervorragenden Stränden und einem reichen Sommerprogramm glänzt. Historische Monumente allerdings gibt es kaum, da 1941 ein Großbrand fast die gesamte Altstadt in Schutt und Asche legte. Dennoch – Santander ist absolut erlebenswert.

Der Gemeinsamkeiten mit Donostia (San Sebastián) sind noch mehr: Auch Santanders touristischer Aufstieg begann mit Ferienaufenthalten des Königshofs, vor allem Königin Isabels II., und auch hier glaubt man gelegentlich einen Hauch von Nizza oder Biarritz zu spüren. So überwiegend auf Fremdenverkehr ausgelegt wie Donostia ist Kantabriens Hauptstadt freilich nicht, denn der große, bereits seit römischen Zeiten bestehende Hafen ist am Wohlstand Santanders mindestens ebenso stark beteiligt.

Der Hafen ist es auch, der sich bei der Anreise mit Werften und Industriegebieten zuerst bemerkbar macht. Erst im Zentrum gewahrt man die noblen Geschäfte, breiten Boulevards und das kosmopolitische Flair, das die Internationale Universität *Menendéz Pelayo* und das reichhaltige Kulturprogramm der Stadt im Sommer verleihen. Ein Stück weiter sind großzügige Gartenanlagen zu entdecken und der vielleicht größte Pluspunkt Santanders, die schönen Strände aus feinstem Sand.

Orientierung: Langgezogen und schmal erstreckt sich Santander auf der zur Bucht gewandten Seite seiner Landzunge. Nach Norden und zum offenen Meer hin ist die Bebauung aufgelockerter. Mittelpunkt des Zentrums ist die in Meeresnähe gelegene *Avenida Alfonso XIII.* (Tiefgarage), die eher Platz denn Allee ist. An ihrer dem Ufer abgewandten Seite verläuft die *Avda. Calvo Sotelo*, die Hauptstraße der Stadt, die weiter östlich in den *Paseo de Pereda* übergeht. Im äußersten Osten der Landzunge erhebt sich die Halbinsel *La Magdalena*. Nördlich von ihr erstreckt sich das von Belle-Epoque-Villen und Parkanlagen geprägte Freizeitviertel Santanders, wie der anliegende Strand *El Sardinero* genannt.

Information/Verbindungen/Adressen

• *Information* **Oficina Municipal de Turismo**, an den Jardines de Pereda, der Grünanlage bei der Avda. Alfonso XIII. Zuständig für die Stadt; ✆ 942 203000, ℻ 942 362078. Öffnungszeiten im Sommer täglich 9–14, 16–21 Uhr, im Winter täglich 9.30–13.30, 16–19 Uhr. **Zweigstelle** im Bezirk Sardinero, Avenida de la Victoria, ✆ 942 740414. Nur etwa von Osern bis Anfang Oktober in Betrieb, außerhalb der Hochsaison auch dann nur am

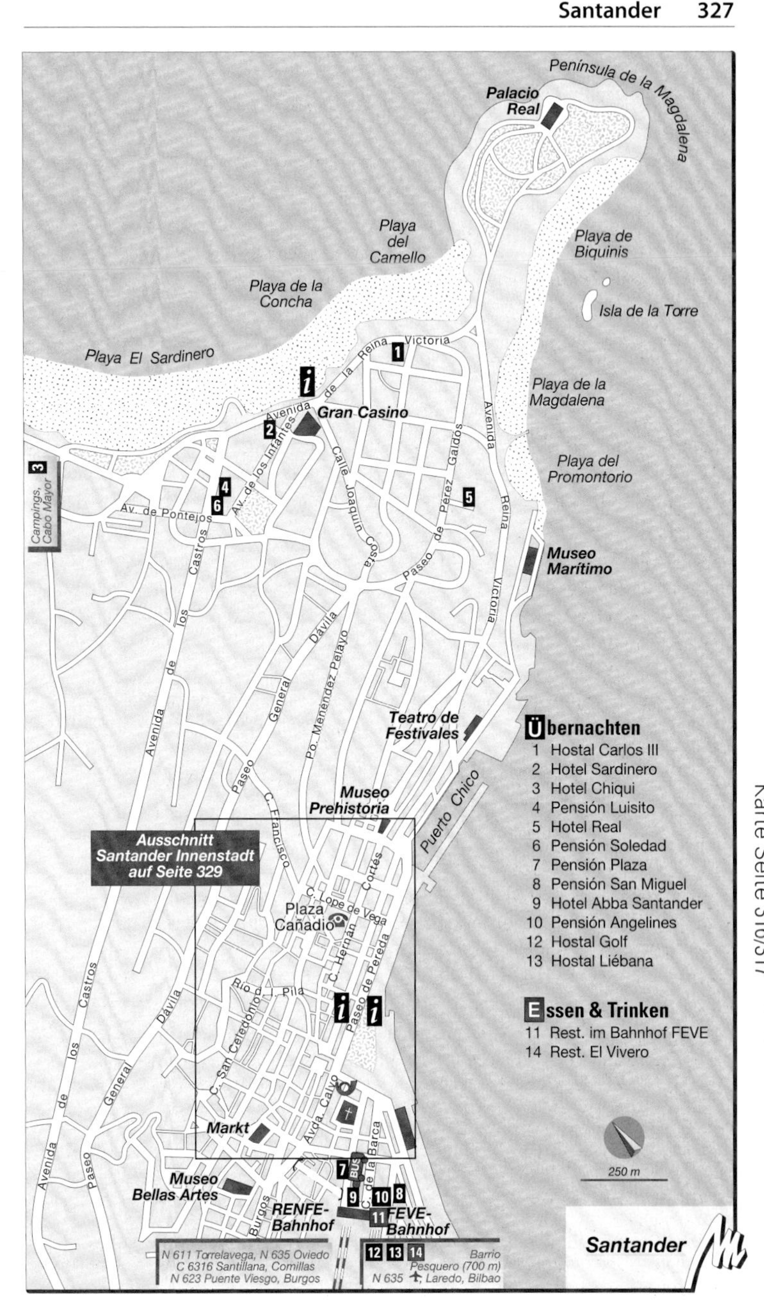

Kantabrien Karte Seite 316/317

Wochenende. Weitere Zweigstellen am Flughafen (tgl, 8-21 Uhr) und an der Estación Maritima (Mo und Do zu den Fährzeiten).

Oficina Regional de Turismo, Mercado del Este, kleines Büro im neuen Marktgebäude, ✆ 942 310708, ✆ 942 313248, ofitur@cantabria.org. Zuständig für Stadt und Region, geöffnet täglich 9.30–13.30, 16–19 Uhr. Das Servicetelefon 901 111112 ist täglich bis 21 Uhr besetzt.

• *Verbindungen* **Flug**: Aeropuerto Santander-Parayas (Info: ✆ 942 202100), fünf Kilometer südlich des Zentrums. Inlandsflüge unter anderem nach Madrid und Barcelona (IBERIA-Büro am Paseo de Pereda 18, ✆ 942 229700), zuletzt flog Ryanair u. a. von/nach Frankfurt-Hahn. Linienbus-Shuttle (halbstündlich) zwischen Flughafen und Busbahnhof in Santander (1,60 €), es gibt auch einen direkten Bus nach Bilbao.

Zug: RENFE-Bahnhof (Info-✆ der Renfe: 902 240202) an der Plaza Estaciones, nur etwa 300 Meter südwestlich der Avda. Alfonso XIII. Züge nach Palencia und Valladolid 5- bis 6-mal, nach Madrid 3-mal täglich.

FEVE-Bahnhof (Info: ✆ 942 211687, www.feve.es) meerwärts direkt daneben. Nach Bilbao 3-mal täglich, etwa 2,5 Stunden Fahrt; in Bilbao umsteigen nach San Sebastián. Nach Oviedo 2-mal täglich, etwa 5 Stunden Fahrt, in Oviedo umsteigen nach Ferrol/Galicien.

Bus: Großer Busbahnhof (Info: ✆ 942 21199-5, www.santandereabus.com) unterirdisch gegenüber den beiden Bahnhöfen. LA CANTABRICA fährt 4- bis 7-mal täglich nach Santillana, Comillas und San Vicente, PALOMERA 2- bis 3-mal nach Potes, Turytrans bzw. ALSA-Enatcar nach Laredo bis 20-mal, Castro Urdiales 10-mal täglich, nach San Vicente de la Barquera 8-mal, Llanes 6-mal, Oviedo/Gijon 7-mal, Bilbao etwa stündlich, San Sebastián 10-mal, Vitoria 5-mal, Pamplona 2-mal und Zaragoza 5-mal täglich. Weiterhin mit ALSA nach La Coruña, Vigo und Santiago de Compostela, SALBUS nach León, Palencia, Valladolid und Salamanca, CONTINENTAL nach Puente Viesgo, Burgos und Madrid.

Leihwagen: ATESA, beim RENFE-Bahnhof, ✆ 942 222926-870 am Flughafen ✆ 942 251155; AVIS, im RENFE-Bahnhof, ✆ 942 227025, am Flughafen ✆ 942 251014; EUROPCAR, beim Renfe-Bahnhof, ✆ 942 217817, am Flughafen ✆ 942 262546; HERTZ, Calle Alday s/n (Einkaufszentrum), ✆ 942 362821, am Flughafen ✆ 942 254144.

• *Stadtverkehr* **Busse** zwischen Zentrum und El Sardinero: Nr. 1, 3, 4, 5 7 und 9; im Sommer gibt es auch Nachtbusse, den sogenannten „Servicio Nocturno".

Taxis: Funktaxi unter ✆ 942 333333 und ✆ 942 369191.

• *Adressen* **Post**: Avda. Alfonso XIII., Ecke Avda. Calvo Sotelo, bei der Kathedrale; Öffnungszeiten: Mo–Fr 8.30–20.30 Uhr, Sa 9.30–14 Uhr.

Internet: CiberLope, Calle Lope de Vega 14.

Übernachten (siehe auch Karte Seite 327)

Im Juli und August empfiehlt es sich sehr, möglichst früh am Tag auf die Suche zu gehen – Santander ist trotz der dann ausgesprochen hohen Preise im Sommer schnell ausgebucht. Außer im Zentrum finden sich eine ganze Reihe von Hostals, wie auch die meisten höherklassigen Hotels, im Strandbezirk El Sardinero, besonders in der langen Avenida de los Castros.

• *Zentrum* *** **Hotel NH Ciudad de Santander (16)**, eine der ersten Adressen im Bereich des Stadtzentrums in allerdings wenig attraktiver Lage. Moderner Betonbau, komfortabel ausgestattete Zimmer; Garage und Parkplätze; gutes Restaurant angeschlossen. DZ nach Saison etwa 120–195 €. Paseo Menéndez Pelayo 13–15, am nordöstlichen Zentrumsrand, einige Blocks landeinwärts der Dársena Puerto Chico; ✆ 942 319900, ✆ 942 217303, www.nh-hotels.com.

*** **Hotel Central (27)**, in der Tat nur einen Katzensprung von der zentralen Plaza Porticada. Restauriertes Gebäude des 19. Jh., das auch schon Königsfamilien als Feriendomizil gedient haben soll. An der Fassade und im liebevoll dekorierten Inneren spielt die Farbe Blau eine große Rolle. DZ nach Saison etwa 85–125 €, zur NS an Wochenenden (Fr–So) oft günstige Spezialangebote. Calle General Mola 5, ✆ 942 222400, ✆ 942 363829, www.elcentral.com.

*** **Hotel Abba Santander (9)**, angenehme gehobene Mittelklasse mit langer Tradition, gegründet 1923. Geschmackvolle, erst kürzlich renovierte und vergrößerte Zimmer mit sehr guten Bädern, DZ nach Saison und Ausstattung etwa 100–180 €. Calle Calderón de la Barca 3, Nähe Bahnhöfe und Busbahnhof; ✆ 942 212450, ✆ 942 229238, www.abbasantanderhotel.com.

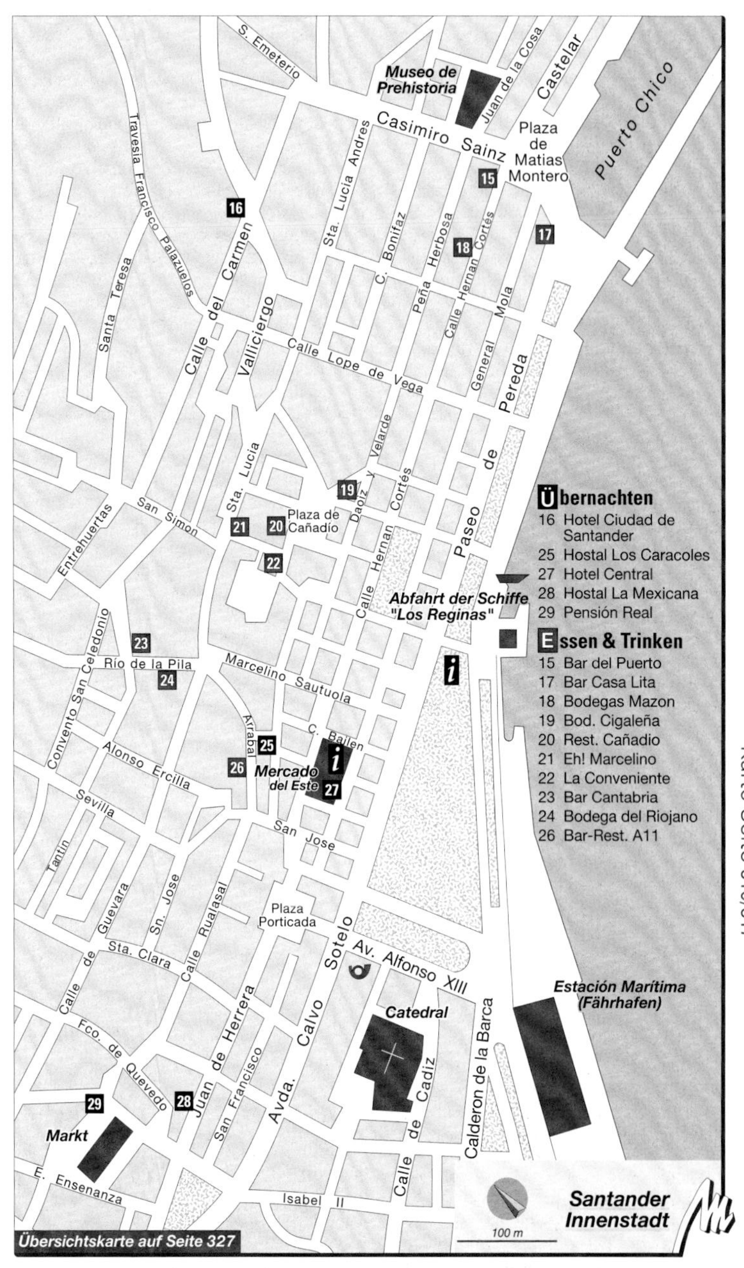

Kantabrien
Karte Seite 316/317

** **Pensión Plaza (7)**, praktisch direkt beim Busbahnhof. Für eine Pensión ausgesprochen komfortabel, sehr gut eingerichtete Zimmer mit TV, moderne Bäder. Das DZ/Bad schlägt je nach Saison allerdings auch mit etwa 45–60 € zu Buche. Calle Cádiz 13, ✆ 942 212967, www.pensionplaza.com.

** **Hostal Res. Liébana (13)**, meerwärts nahe den beiden Bahnhöfen. Mobiliar z. T. nicht mehr das jüngste, aber sauber, freundlich und gut geführt; Garage vorhanden. Große Preissprünge je nach Saison und Zimmerausstattung: DZ/Bad 40–60 €. Calle Nicolás Salmerón 9, ✆ 942 223250, 📠 942 229910, www.hliebana.arrakis.es.

** **Hostal La Mexicana (28)**, insgesamt etwas altmodisch wirkendes, aber gut geführtes und solides wie gepflegtes Quartier im offiziell 3. (tatsächlich 5.) Stock eines noch immer recht repräsentativen Gründerzeithauses in zentraler Lage; kleines Restaurant (nur für Gruppen auf Vorbestellung) angeschlossen. Nicht zu kleine Zimmer mit Bad, DZ/Bad nach Saison und Ausstattung rund 35–55 €, für Santander ein Schnäppchen. Calle Juan de Herrera 3, ✆ 942 222350, www.hostalmexicana.com.

** **Pensión Real (29)**, praktisch um die Ecke, beim städtischen Markt in einer leider auch nachts stark befahrenen Straße. Ordentliche, geräumige Zimmer, freundliche Eigentümer, „nett und hilfsbereit" (G. Schermuly). Im Erdgeschoss Restaurant-Bar „Silverio" mit Blick auf den Markt. DZ ohne Bad etwa 25 €, im Juli/August und über Ostern mit knapp 35 €, mit Bad 40-55 € jedoch ziemlich überteuert. Plaza de la Esperanza 1, ✆ 942 225787.

* **Pensión San Miguel (8)**, eine von mehreren passablen und relativ preisgünstigen Pensionen im selben Hochhaus, nahe den beiden Bahnhöfen. DZ ohne Bad, aber mit TV, nach Saison gut 30-40 €. Die Leser Oesterle fanden die Pensión abgewohnt, sanitär nicht einwandfrei und teuer, inzwischen hat sich das Niveau wieder verbessert (wie z. B. Leserin Ulla Bachsetin berichtet). Calle Rodríguez 9, ✆ 942 220363, 📠 942 220702.

* **Pensión Angelines (10)**, gute Pensión, die Zimmer mit Parkett, TV, sehr sauber, doppelt verglaste Fenster, ausreichend Bäder im Gang; DZ ohne Bad 25-40 €. Calle Atilano Rodríguez 9, ✆/📠 942 312584, www.pensionangelines.com. Für Sprach-Gourmets ein kleiner Auszug aus der deutschen Übersetzung des Web-Auftritts der Pension: „Sich setzen in Verbindung mit realízanos wir und irgendeine Beratung das Wunsch auf unserer Pension Services oder Position". Na denn.

* **Hostal Los Caracoles (25)**, einfach, jedoch für Santander extrem preisgünstig, dabei relativ große Zimmer. DZ ohne Bad rund 25–35 €. Calle Marina 1, landeinwärts der Jardines de Pereda, von der Avenida Calvo Sotelo über die Calle Marineros Voluntarios zu erreichen; ✆ 942 212697.

• *Bezirk Sardinero/Avda. de los Castros*

***** **Husa Hotel Real (5)**, traditionsreiche Belle-Epoque unweit des Gebiets Sardinero. Ein prachtvoller, komplett renovierter Bau, erstes Haus am Platz und Mitglied der „Leading Hotels of the World". DZ nach Saison rund 190–300 €. Paseo de Pérez Galdós 28, ✆ 942 272550, 📠 942 274573, www.hotelreal.es.

*** **Hotel Sardinero (2)**, eine Nummer preiswerter, aber ebenfalls mit durchaus nostalgischem Stil, vor wenigen Jahren renoviert. In der Nähe des Kasinos. DZ nach Saison etwa 90–125 €. Plaza de Italia 1, ✆ 942 271100, 📠 942 271698, www.gruposardinero.com.

*** **Hotel Chiqui (3)**, großes Hotel in ausgezeichneter Lage fast am Ende des Sardinero-Strandes, gute Zimmer, doch (außer im Restaurant) keine Klimaanlage „Auch von der Atmosphäre her ein ganz reizendes Hotel mit schicker, farbenfroher Einrichtung", so Leserin Erna Pfeiffer. Für die Lage nach spanischen Maßstäben fast zum Schnäppchenpreis zu haben. In der Nebensaison viele Gruppenreisende: DZ ca. 105–150 €. Avda. García Lago 9, 942 282700 942 273032, www.hotelchiqui.com.

** **Hostal Carlos III (1)**, ein einladendes Haus der Gründerzeit in Strandnähe. Gute, gepflegte Zimmer, DZ mit Bad ab ca. 50-70 €, kleines Zimmer 35-55 €. Avda. de Reina Victoria 135, ✆/📠 0942 271616.

* **Pensión Luisito (4)**, in der „Hostal-Avenida". Große Zimmer, teilweise mit Balkon. DZ nur ohne Bad, knapp 45 €. Nur August und September geöffnet, Reservierung ratsam. Avenida de los Castros 11, ✆ 942 271971.

* **Pensión La Soledad (6)**, zwei Schritte weiter, in Ausstattung und Preis ganz ähnlich und ebenfalls August und September geöffnet. Auch hier ist Reservierung zu empfehlen. Avenida de los Castros 17, ✆ 942 270936

• *In Flughafennähe* * **Hostal Golf (12)**, Hostal mit Traveller-Atmosphäre, alle Zimmer mit Bad, TV, gratis Internet, Waschmaschine, Bett p. P. ab 19 €, im EZ ab 27 €. Die sehr laute Lage nahe Autobahn und Industrie vermag nicht zu begeistern. Polígono la Cerrade 32, ✆ 942 252667.

Camping

Cabo Mayor (2. Kat.), großer und gut ausgestatteter, aber lieblos geführter und nicht sehr sauberer Platz fünf Kilometer nordöstlich des Zentrums Richtung Leuchtturm Faro und Cabo Mayor. Recht hübsche, bei den Einwohnern von Santander als Ausflugsziel beliebte Umgebung, die zu Spaziergängen einlädt; die Entfernung zum nächsten Strand beträgt ungefähr 500 Meter. Die Anfahrt mit dem Auto erfolgt vom Zentrum zunächst immer am Meer entlang, dann rechts am Stadion vorbei, ab hier beschildert. Per Stadtbus direkt bis vor den Platz gelangt man mit Bus Nr. 1 oder 9, selten und nur im Sommer (und nur nachmittags) fährt Bus 15 ab beiden Bahnhöfen zum Campingplatz; alternativ kann man auch einen der zahlreichen Busse nach Sardinero (Halbstundentakt) bis zur Haltestelle am Eingang zum Golfplatz nehmen, von dort ist es noch ungefähr ein halber Kilometer zu Fuß. Geöffnet ist Ostern bis Mitte Oktober, Preis p. P. und Zelt jeweils etwa 5,50 €, Auto 5 €. ✆/℻ 942 391542. www.cabomayor.com.

Essen (siehe Karten Seite 327 und 329)

Für Liebhaber von Fisch und Meeresfrüchten besitzt Santander eine Top-Adresse: Das Fischerviertel *Barrio Pesquero* (auch: Poblado de Pesquadores) birgt auf engem Raum etwa ein Dutzend rustikaler, recht preisgünstiger Restaurants. Vor den Türen glühen Kohlegrills; innen schlemmen, vorzugsweise am Wochenende, ganze Großfamilien. Eines der Standardgerichte ist der üppige Thunfisch-Kartoffel-Eintopf „Marmitako de Bonito". Das Gebiet liegt etwa 1,5 Kilometer südwestlich des Zentrums, von der Meerseite des FEVE-Bahnhofs über die Calle Castilla, nach etwa 800 Metern dann links in die Calle Heróes de Armada und über die Schienen in den Hafenbereich, am Ende der Straße rechts – eine nachts etwas düstere Lagerhallengegend (Vorsichtige nehmen besser ein Taxi), doch der Weg lohnt sich. Weitere Restaurantzonen sind das Zentrum, der Mercado del Este und El Sardinero.

Bar del Puerto (15), im Zentrum, nahe dem kleinen Hafen Puerto Chico. Dieses Restaurant „Bar" zu nennen, ist echtes Understatement – eine der feinsten Adressen der Stadt. Vor allem Fisch-, aber auch Fleischliebhaber kommen hier auf ihre Kosten. Teuer: Meeresgetier wird nach Kilo berechnet, kantabrische Languste z.B. 150 €. Menü ab etwa 55 € aufwärts; Calle Hernán Cortes 63 und Calle General Mola 22, ✆ 942 213001, täglich geöffnet.

Bodega Cigaleña (19), noch eine „Lokalberühmtheit". Dunkel mit viel Atmosphäre, riesige Weinflaschensammlung – die Ritterrüstungen allerdings scheinen etwas übertrieben folkloristisch. Renoviert, die bekannt gute Küche ist rustikal, deftig in großzügigen Portionen, Essen à la carte ab etwa 30 €. Raciones an der Bar sind relativ preisgünstig. Calle Daoiz y Velarde 19, oberhalb der Calle Hernán Cortés; So Ruhetag.

Rest. Cañadío (20), ebenfalls in diesem Gebiet. Gehobenes, weithin bekanntes Restaurant mit feiner Küche und einem leicht gehobenen Preisniveau (ab ca. 35 €). Die Tagesmenüs für etwa 15 € fallen dagegen vergleichsweise günstig aus, und auch die Tapas und Raciones an der Bar sind nicht überteuert (8-16 €). Plaza Cañadío, So Ruhetag.

Bodega del Riojano (24), ein sehr gemütliches, traditionsreiches Lokal. Schon am Eingang würziger Schinkenduft; an der Decke große Holzbalken, gewaltige Fässer als Raumteiler. Küche à la riojana, Tagesmenü ca. 20 €, drei Gänge à la carte ab etwa 30 €. Am Anfang der Calle Río de la Pila 5, einer Querstraße zur Calle San Celedonio. Außerhalb der Sommersaison So-Abend und Mo geschlossen.

Bar Cantabria (23), schräg gegenüber dem Riojano. Eher einfache Einrichtung, die Decke voller Schinken. Gute Auswahl an Fleisch- und Fischgerichten, feiner Hauswein, dabei ausgesprochen preiswert: Tagesmenü etwa 7 €, üppiges Essen à la carte ab etwa 20 €. Calle Río de la Pila 10, Mo geschlossen.

Bodegas Mazon (18), herrlich altertümliches Lokal: ein großer Saal, Kronleuchter, eine lange Bar und Riesenfässer bilden die rustikale, aber nicht bemühte Einrichtung. Im Angebot solide „Comida casera" (Hausmannskost), die neuen Besitzer bieten ein Tagesmenü zu 20 € an, à la carte etwa gleicher Preis. Calle Hernán Cortés 59.

Kantabrien
Karte Seite 316/317

Nostalgisch: Dekoration der Bar Eh! Marcelino

Bodegas La Conveniente (22), von außen unscheinbar, innen eine absolut urwüchsige Bodega, deren Einrichtung sich wohl seit über 50 Jahren kaum verändert hat – sehenswert. Als Musikbegleitung spielt ein Pianist, der auf einer Empore über den Essern sitzt. Sehr beliebt, Raciones kosten etwa 6 €; Nichtraucherlokal! Calle Gomez Oreña, im Gebiet nahe der Plaza Cañadío, oberhalb der Calle Daoiz y Velarde, erst ab 19 Uhr geöffnet, So zu.

Eh! Marcelino (21), praktisch um die Ecke und ideal für einen schnellen Imbiss ist dieses hübsche, mit Kachelbildern im alten Stil dekorierte kleine Lokal, laut Eigenwerbung Spezialist für „Brot, Schinken, Käse, Wurst und Wein", das Haus wird in Kürze den Besitzer wechseln ... Calle Santa Lucía, Ecke Calle Pizarro.

Bar Casa Lita (17) am Beginn des Paseo de Pereda beim Puerto Chico, eine Bodega mit Speisenangebot, Lesertipp von Ursi Urech und Albert Stolz: „hervorragend". Nicht ganz billig aber gut, Tagesgerichte wie Bacalao mit Beilagen ca. 7 €.

Rest. El Vivero (14), eines der besten Restaurants in besagtem Barrio Pesquero. Etwas nüchterner Speisesaal, der sich besonders an Wochenenden ab etwa 21 Uhr füllt. Gute Auswahl an Fischgerichten, preiswerte Tagesmenüs, abends à la carte ab etwa 15 €. Calle Marqués de la Enseñada, Mo geschlossen.

Bar-Rest. A 11 (26), gute und preiswerte Tapas und Raciones, Hauptgerichte ca. 14 €, beliebt und oft knallvoll; Calle Arrabal 11, ✆ 942 074362.

FEVE-Cafeteria (11), gutes und preiswertes Essen im Bahnhof, gibt's das? Im FEVE-Bahnhof Santander sehr wohl, der Leser-Empfehlung von Familie Oesterle kann nur voll zugestimmt werden: große Portionen, gutes Essen, mäßige Preise – zweigängiges Menü ca. 8 €, platos combinados ca. 6 €. Allerdings keine Augenweide. Auch die RENFE-Station hat eine gute Cafetería mit Selbstbedienung.

• *Nachtleben* Die **Plaza Cañadío** und ihre Umgebung, einige Blocks landeinwärts des Paseo de Pereda, einer der beliebtesten Treffpunkte der Altstadt. An Sommerwochenenden herrscht in den vielen Bars und Disco-Pubs bis gegen vier, fünf Uhr morgens reger Betrieb. Ein Klassiker mit sehr ausgedehnten Öffnungszeiten ist die Bar „Cairo" an der Calle Moctezuma 1, nur zwei Schritte von der Plaza.

Die **Calle Río de la Pila**, gerade mal ein paar hundert Meter westlich, bildet mit ihren ebenfalls zahlreichen Bars eine weitere gern besuchte Nachtzone.

Das Gebiet **El Sardinero** ist derzeit nicht mehr so aktuell, bedient Vergnügungssuchende aber immerhin mit dem Casino an der Plaza Italia. Mit Eintrittsgebühr und der Pflicht zu Ausweis und entsprechender Kleidung ist zu rechnen.

• *Markt* **Mercado** im Zentrum an der Plaza de la Esperanza. Mo–Fr auch nachmittags geöffnet, Sa nur bis gegen 14 Uhr.

Hübsch und als Einkaufsquelle frischer Lebensmittel deutlich billiger als die meisten Läden ist der in der Calle Casimiro Sainz gelegene, überdeckte **Mercado Municipal de Puerto Chico** unter einem blauen klassizistischen Tempelchen. Diese Straße ist übrigens voll von Bars und Restaurants – ein Phänomen, das man in Spanien immer wieder in der Nähe der Märkte beobachten kann.

Feste/Veranstaltungen

Santander verfügt insbesondere im Sommer über ein dicht gedrängtes Veranstaltungsprogramm, das in Einzelheiten hier gar nicht näher beschrieben werden kann – Details und genaue Termine zu den einzelnen Veranstaltungen bei den Infostellen.

Semana Santa, großes Programm mit Veranstaltungen im Palacio de Festivales de Cantabria. Wie auch für die anderen Veranstaltungen in diesem großen Gebäude Infos über www.palaciofestivales.com.

Internationale Sommeruniversität Menéndez Pelayo, traditionsreiche Sommervorlesungen, die seit 1932 stattfinden und auch Ausländern zugänglich sind. Das Themenspektrum ist bunt gemischt, die Dozenten (berühmte Wissenschaftler, Schriftsteller, Regisseure etc.) sind echte Kapazitäten. Vorlesungen von Juli bis September, meist im edlen Rahmen des Palacio de la Magdalena. Angeboten werden auch Sprachkurse auf dem Campus der regulären Uni. Information: Universidad Internaciónal Menéndez y Pelayo, ✆ 942 298800.

Ferias de Santiago, großes Fest im Sardinero-Bezirk, in der Woche um den 25. Juli. Es gibt Stierkämpfe, am 24. Juli großes Feuerwerk, Sardinenessen und Sangríatrinken am Sardinero-Strand.

Festival de Jazz, Ende Juli und in gewisser Weise der Auftakt zum noch bekannteren Festival Internacional.

Festival Internacional, seit über vierzig Jahren eines der größten Festivals Spaniens, das während des gesamten Monats August klassische Musik, Ballett, Opern, Theater und einen berühmten Klavierwettbewerb in das 1991 eigens dafür errichtete Festivaltheater „Teatro de Festivales" bringt. Im Beiprogramm: Fiesta de San Roque am 16. August, Feuerwerk am 29. August zu Ehren des Stadtpatrons Emeritius, Konzerte aller Art in der Stierkampfarena, Pferderennen auf La Magdalena, Pilgerzug „Romería Montañesa del Faro" zum Cabo Mayor und vieles mehr.

Baden

Santander besitzt eine wirklich reiche Auswahl an schönen, in aller Regel sehr gut gepflegten Stränden.

Playa del Promontorio, Playa de la Magdalena, Playa de Biquinis: Diese Strände liegen an der zur Bucht gewandten Seite der Halbinsel, die nach Norden durch die Halbinsel (Promontorio) de la Magdalena vor den Stürmen geschützt ist. Das Meer ist hier ruhiger und eventuell auch etwas wärmer als an den anderen Stränden. Schon in den 1990ern hat die Stadt aufwändige Maßnahmen zur Verbesserung der Wasserqualität der Bucht in die Wege geleitet, seit einigen Jahren weht die blaue Flagge.

Playa del Camello, Playa de la Concha, Playa El Sardinero: Nördlich der Halbinsel La Magdalena gelegen, gehören sie alle zur Sardinero-Zone und sind mit entsprechendem Wellengang dem offenen Atlantik zugewandt. Die Playa El Sardinero, wie die Playa de la Magdalena mit der „Blauen Umweltflagge" ausgezeichnet, wird offiziell noch einmal in zwei Bereiche unterteilt: La Primera, unterhalb des Casinos, gilt als der exklusivere und als Surfer-Treff; La Segunda, der längste aller Strände, hat ein wenig das Image des „Touristen-Strands".

Playa las Mataleñas: Dieser Strand liegt Richtung Leuchtturm (Faro) und in der Nähe der Campingplätze, ist nur über einen steilen Abstieg zu erreichen und wird deshalb auch nicht ganz so voll wie die anderen Strände.

Schiffsverkehr innerhalb der Bucht von Santander: Die Gesellschaft „Los Reginas" (✆ 942 216753) fährt zu den riesigen Stränden von *Puntal*, *Somo* und *Pedreña* auf der östlichen Seite der Bahía de Santander. Die gleiche Agentur veranstaltet auch Schiffsrundfahrten unterschiedlicher Dauer durch die ausgedehnte Bucht, in die gleich mehrere Rías münden.

Weite Sandstrände sind Santanders großes Kapital

• *Abfahrt* ab dem Embarcadero Lanchas bei den Jardines de Pereda, für Wartezeiten gibt es ein Café. Schiffe nach Pedreña und Somo verkehren ganzjährig, zum Strand von Puntal etwa von Juli bis Anfang September. Abfahrten im Sommer zwischen 8 und 21 Uhr mehrmals stündlich, Fahrpreise hin und zurück etwa 7 €. Rundfahrten finden etwa von Mitte Juni bis Mitte Oktober statt, Preis ebenfalls rund 7 €, im Sommer werden die Strände von Somo wie etwa die Playa del Puntal angesteuert, meist ab 10 Uhr, hin/zurück ca. 3,50 €. Infos ✆ 942 216753.

Sehenswertes

An historischer Architektur ist nicht mehr besonders viel geboten: Angefacht durch starken Südwind, vernichtete in der Nacht vom 15. auf den 16. Februar 1941 ein Großfeuer fast die gesamte Altstadt, die danach neu aufgebaut werden musste.

Der besondere Reiz Santanders liegt denn auch weniger in einzelnen Monumenten als in der bevorzugten, landschaftlich abwechslungsreichen Lage am Meer, den vielen öffentlichen Parks und der weltoffenen Atmosphäre. Der Slogan des Fremdenverkehrsamts, das Santander als „vorbildliche Stadt" (Ciudad ideal) rühmt, ist damit gar nicht einmal besonders übertrieben.

Catedral: Die Kathedrale im Herzen der Stadt konnte nach dem Großbrand restauriert werden, ist aber nur in geringen Teilen noch original erhalten. In gotischem Stil zu Beginn des 13. Jh. auf einem romanischen Vorgängerbau errichtet und im 17. Jh. umgebaut, bewahrt sie in der Krypta *Capilla del Cristo* die Grabstätten der Märtyrer Emeritius und Celedonius. Im Kreuzgang ruht der kantabrische Schriftsteller und Gelehrte Menéndez y Pelayo (1856–1912).

Museo Municipal de Bellas Artes: In der Calle Rubio 6, westlich unweit des Marktes, präsentiert das Museum der Schönen Künste auf mehreren Stockwerken einen etwas gewöhnunsbedürftigen Rundumschlag zum Thema Stadt aber auch wechselnde Ausstellungen zeitgenössischer und lokaler Künstler, Zu sehen sind weiters Meister des 17. und 18. Jahrhunderts, darunter Goyas „Porträt Fernandos VII", das allerdings nicht immer ausgestellt wird. Im selben Gebäude wie das Museum ist die *Biblioteca Menéndez Pelayo* untergebracht, die Bibliothek des großen Sohns der Stadt. In der Nähe ist auch sein Wohnhaus zu besichtigen, die „Casa Museo", die zuletzt allerdings wegen Restaurierungsarbeiten geschlossen war.

Öffnungszeiten Museum Winter Mo–Fr 10.15–13, 17.30–21 Uhr, Sa 10–13 Uhr, Sommer Mo-Fr 10.45-13, 18-21 Uhr, Sa 10.30-13 Uhr, an Feiertagen geschlossen. Der Eintritt ist frei.

Museo Regional de Prehistoría y Arqueológia: in der Calle Casimiro Sainz 4, etwas landeinwärts des kleinen Hafens Puerto Chico. Eines der bedeutendsten prähistorischen Museen in Spaniens Norden. Moderne Präsentation der Vorgeschichte von den Anfängen bis ins Frühmittelalter, eindrucksvoll die drei großen Radsteine aus der Zeit der Kantabrer vor der römischen Eroberung. Besonders eindrucksvoll die digitale Rekonstruktion einer römischen Villa nahe der Stadt Julióbriga bei Reinosa.

Öffnungszeiten Di–Sa 9–13, 16–19 Uhr, So/Fei 11–14 Uhr. Der Eintritt ist gratis.

Museo Marítimo del Cantábrico: An der Calle San Martín de Bajamar, etwa zwischen Zentrum und Halbinsel La Magdalena; vom kleinen Hafen Puerto Chico immer in Ufernähe halten. Das in jahrelanger Arbeit erweiterte und modernisierte Museum stellt auf vier Stockwerken das Kantabrische Meer vor. Neben einem großen Aquarium besitzt das Museum gut präsentierte Exponate zu Meeresbiologie, Marinegeschichte mit interessanten Schiffsmodellen und zum traditionellen Fischfang, darunter das 24 Meter lange Skelett eines Wals. Die audiovisuelle Einführung sollte man nicht versäumen.

Öffnungszeiten Di–So 10–21 Uhr, Winter 10–18/19 Uhr. Eintritt 6 €.

Península de la Magdalena: Die Halbinsel La Magdalena liegt im Osten der Landzunge von Santander und bildet den größten der insgesamt über dreißig öffentlichen Parks der Stadt. Mit vielen Spazierwegen, Tennisplätzen, einem Polofeld, dem kleinen „Mini-Zoo", reichlich schöner Aussicht und den umliegenden Stränden zählt sie zum sommerlichen Standardrepertoire Santanders. Innerhalb des Geländes liegt auch der *Palacio Real*, ein um die Jahrhundertwende erbauter, an englischen Vorbildern orientierter Palast von Alfons XIII., der heute zur Internationalen Sommeruniversität Menéndez Pelayo gehört.

Cabo Mayor: Ein weiter Ausblick über die Küstenlinie bietet sich vom Kap und dem Leuchtturm (Faro) im Nordosten der Landzunge von Santander. Auch hier gibt es eine Reihe von Spazierwegen, außerdem Sommerbars und eine schön gelegene Kneipe direkt vor dem Leuchtturm.

Karte Seite 316/317

Umgebung von Santander

Im Umkreis weniger Kilometer von Santander finden sich eine Reihe ganz unterschiedlicher Ausflugsziele, die natürlich auch in An- oder Weiterreise eingebaut werden können. Unsere Beschreibung stellt sie, etwa im Halbkreis, von Südost nach West vor.

Peña Cabarga

Der 570 Meter hohe Karstberg, etwa zwölf Straßenkilometer südöstlich von Santander gelegen, bietet das perfekte Panorama über die Stadt, ihre Bucht und Strände. Bei entsprechendem Wetter reicht der Blick sogar bis hin zu den Gebirgsriesen der Picos de Europa. Im Transmitter- und Aussichtsturm auf dem Gipfel ist eine Camera Obscura untergebracht, mit der man z. B. Santander sieht. Die Zufahrt erfolgt von der N 635 in Richtung Bilbao; etwa in der Mitte zwischen El Astillero und Solares, ungefähr fünf Kilometer von beiden Orten entfernt, geht es rechts ab auf das steile, kurvige Sträßchen.

Infos zu den Öffnungszeiten der Camera Obscura: ✆ 942 274962.

Parque de Cabárceno

In einem früheren Minengelände zwischen Santander und Sarón (N 634), etwa 15 Kilometer südlich der Hauptstadt, wurde 1989 ein sehr ausgedehnter Wildpark eingerichtet. Das 800 Hektar umfassende Gebiet, in dem schon zu Zeiten der Römer Eisen abgebaut wurde, ist Teil des größeren Naturparks Peña Cabarga, in dem sich die spektakulärsten Karstformationen Kantabriens finden. Auf einer Straßenlänge von immerhin 17 Kilometern kann der Naturpark auch mit dem Auto befahren werden. Spazierwege führen von den Parkplätzen zu großen, eingezäunten Gehegen, in denen eine Vielfalt exotischer Tierarten lebt, darunter Elefanten, Tiger, Löwen, Nashörner, Giraffen, Zebras, Antilopen und Känguruhs. Ein eigenes Areal mit Bären, Wölfen, Wildschweinen etc. ist der iberischen Tierwelt gewidmet. Mancher Einwohner der Umgebung zeigte sich in der Vergangenheit weniger erfreut über den Park, kam es vor einigen Jahren doch zu mehreren Zwischenfällen. So wurden einige Besucher wortwörtlich „vom wilden Affen gebissen“, und einmal rückte gar eine Löwin aus, die erst nach mehreren Stunden wieder eingefangen werden konnte. Nachdem die Anlage von Sicherheitsspezialisten überprüft wurde, haben derartige Vorkommnisse jedoch ein Ende gefunden.

• *Anfahrt/Öffnungszeiten* Von Santander über die N 635 (Richtung Bilbao), vorbei an El Astillero bis San Salvador; dort Richtung Sarón (N 634). Die Einfahrt liegt beim Dorf Obregón; Ausfahrten auch Richtung Sobarzo und Cabárceno. Geöffnet ist täglich 9.30–20 Uhr (Sommer) bzw. 9.30–18 Uhr (Winter), ✆ 942 563736; Eintrittsgebühr Erwachsene rund 15 €, Kinder von 5–12 Jahren ca. 9 €; www.parquedecabarceno.com.

Muriedas

Das kleine Städtchen von knapp 8000 Einwohnern liegt nur wenige Kilometer südwestlich von Santander an der N 623. Den Abstecher hierher lohnt insbesondere das *Ethnographische Museum* (Führungen Di–Sa 10–13, 16–19 Uhr, im Winter bis 18 Uhr, So 11–14 Uhr; gratis), das im Geburtshaus von Pedro Velarde untergebracht ist, eines Widerstandskämpfers beim Volksaufstand gegen die französischen Besatzer am 2. Mai 1808. In dem hübschen Landhaus des 18. Jh. sind Originalmöbel jener Zeit zu sehen, aber auch ländliche Gerätschaften sowie eine komplett eingerichtete Küche.

Cuevas de Puente Viesgo

Weniger bekannt und weniger rigoros zugangsbeschränkt als die von Altamira sind die Höhlen etwas außerhalb des kleinen Kurbads Puente Viesgo (Busse ab

Busbahnhof Santander), etwa 25 Kilometer südwestlich in Richtung Burgos gelegen. Besonders sehenswert sind die bereits vor mehr als hundert Jahren entdeckte *Cueva de Castillo* und die *Cueva de las Monedas*, doch bergen auch die anderen beiden Höhlen ca. 14.000 bis 15.000 Jahre alte Felszeichnungen und -ritzungen; Menschen sind bereits vor etwa 40.000 Jahren in den Höhlen (Castillo) nachweisbar. Die künstlerische Bedeutung der Schöpfungen von Altamira erreichen die hiesigen Malereien zwar nicht, wohl aber die kunsthistorische – der Besuch lohnt sich sehr. Im gut ausgestatteten *Museo de Prehistoria de Puente Viesgo* im ehemaligen Bahnhof oder im Interpretationszentrum in der Höhle El Castillo sind auch Erlaubnisscheine für den Besuch (nur donnerstags) der erst 1995 für die Allgemeinheit geöffneten Höhlen *Cuevas de Hornos de la Peña* bei San Felices de Buelna erhältlich. Castillo, Las Monedas und einige andere Höhlen sind nur im Turnus und nicht etwa gleichzeitig geöffnet.

• *Öffnungszeiten* Die Höhlen von Puente Viesgo, vor allem Castillo und Las Monedas, sind im Turnus geöffnet, also nie alle gleichzeitig. Zugangsbeschränkung auf 380 Personen täglich, deshalb besser morgens eintreffen. Das moderne „Centro de interpretación" für alle Höhlen befindet sich bei der Höhle El Castillo. Geöffnet sind Interpretationszentrum und Höhlen Mai bis September Mo–Sa 10–14, 16–20 Uhr, in den übrigen Monaten Mi–So 9.30–16.30 Uhr. Die Führungen kosten etwa 3 €.

Ins Valle de Pas

Puente Viesgo liegt bereits im Tal des Río Pas, das besonders am abseits der Hauptstraße gelegenen Oberlauf des Flusses von beeindruckender Schönheit ist. Eine attraktive Tour führt über die N 623 bis Entrambasmestas, dann links ab Richtung Vega de Pas.

Hier, im hübschen Hauptort des Tals, ist man im Zentrum des oberen Pas-Gebietes. Die entlegene Berglandschaft war lange fast völlig von der Welt abgeschieden, weshalb sich hier viele uralte Traditionen bis in die Gegenwart erhalten haben. Die *pasiegos* genannten Einwohner lebten vom Schmuggel und als Wanderhirten, die mit ihrem Vieh von Berghütte zu Berghütte zogen. Die niedrigen, aber dennoch zweigeschossigen Steinhütten – jede Familie besaß rund ein halbes Dutzend dieser *cabañas pasiegos*, die sowohl als Unterkunft als auch als Stall dienten – sind heute noch ein Wahrzeichen des Tals. Das kleine, leider nur selten geöffnete „Museo etnográfico de Las Villas Pasiegas" (offiziell Sommer Di–So 16.30–19 Uhr, Winter So/Fei 16.30–19 Uhr, Eintritt 1 €) erinnert an die Gebräuche, Werkzeuge und Lebensbedingungen der Wanderhirten. Nicht entgehen lassen sollte man sich bei diesem Ausflug die kulinarischen Spezialitäten des Pas, die in ganz Spanien besten Ruf genießen und deren Herstellung einem guten Teil der heutigen Bevölkerung Arbeit gibt: den Käse, die Käsekuchen „Quesadas" und besonders die „Sobaos pasiegos", ein Gebäck mit Butter und Eiern.

Torrelavega

Die Industriestadt südwestlich von Santander ist an sich ohne Reiz. Vielleicht interessiert sich mancher jedoch für den größten Viehmarkt Europas, der jeden Mittwoch im dortigen *Mercado Nacional* stattfindet: Hunderte von Rindern, Pferden, Schafen und Gänsen wechseln in der riesigen Halle dabei den Besitzer. Ein Besuch lohnt sich auch zur großen „Blumenschlacht" *Batalla de las Flores* am Sonntag, der dem 15. August am nächsten liegt.

Kantabrien Karte Seite 316/317

Parque Natural Dunas de Liencres

Kaum acht Kilometer westlich des Zentrums von Santander erstreckt sich beim Dorf Liencres eines der ökologisch wertvollsten Dünensysteme Nordspaniens, das erst vor wenigen Jahren unter Naturschutz gestellt wurde. An der Küste und auf den vorgelagerten Inselchen leben zahlreiche Vogelarten, darunter verschiedene Greifvögel und Kormorane. An den Stränden von Liencres, z. B. an der ausgedehnten *Playa de Valdearenas*, lässt es sich auch prima baden.

• *Übernachten* *** **Hotel María José**, ein Lesertipp von Roland Günther: „In Liencres sehr günstig an der Straße von Santander und gar nicht weit von den Dunas de Liencres gelegen. Anscheinend recht neu, absolut sauber und ordentlich geführt; für den Notfall als Alternative zu Santander (wo wegen eines Festes alles belegt war) eine absolut empfehlenswerte Unterkunft“. DZ kosten je nach Saison etwa 50–75 €. Carretera Santander-Liencres, ✆ 942 579595, 📠 942 578825, hotelmjose@ceoecant.es.

* **Pensión Del Jardin Hotel rural**, Avda. Marqués de Valdecilla 40 A im Nachbarort Soto de Marina, „schöne Pension mit sechs sehr großzügig und komfortabel eingerichteten Zimmern“, eine Empfehlung von Simone Giottmann-Eberleh und Björn Eberleh, DZ 60 €, ✆ 942 578638.

Costa de Cantabria (westlich von Santander)

Westlich der Hauptstadt ist die Küste weniger stark bebaut als im östlichen Bereich, die Natur deshalb intakter.

Die Strände um Suances, beiderseits der Mündung des Río Besaya, bilden die unrühmliche Ausnahme. Auf seinem Weg durch das Industriezentrum um Torrelavega wird der Fluss durch Abwässereinleitung stark belastet, weshalb die Strände an seiner Mündung in der Vergangenheit mehrfach gesperrt werden mussten.

Santillana del Mar

Ein rein mittelalterliches, bereits im 5. Jahrhundert gegründetes Städtchen. Pflastergassen, Fachwerk, wappengeschmückte Portale, Paläste und Kirchen – verständlich, dass Santillana bereits seit 1943 komplett unter Denkmalschutz steht.

Der Namenszusatz „del Mar“ führt zunächst einmal in die Irre. Santillana liegt überhaupt nicht am Meer, sondern einige Kilometer landeinwärts an der C 6316 nach Comillas und in unmittelbarer Nachbarschaft der berühmten Höhlen von Altamira. Tatsächlich ist der Name eine Verballhornung von Santa Juliana de Nikomedia, dem Namen der Heiligen, deren Gebeine in der Colegiata aufbewahrt werden.

Ein bildhübsches Städtchen ist Santillana jedoch allemal, galt Jean Paul Sartre sogar als „die schönste Stadt Spaniens“. Freilich hat sich der mittelalterliche Ort für seine vielen Besucher – im Sommer strömen die Belegschaften der Reisebusse zuhauf durch die Gassen – entsprechend herausgeputzt. Manche der Holzbalkone an den Steinhäusern scheinen unter ihrer Blumenlast fast zusammenzubrechen. Da wundert es auch nicht, dass sich in vielen der historischen Adelshäuser Souvenirshops und Kunstgalerien etabliert haben. Sogar die Bank besetzt ein uraltes Gemäuer. Wer außerhalb der Saison kommt oder über Nacht bleibt, wird jedoch entdecken, dass Santillana alles andere als museal

Viel besuchtes Denkmalstädtchen: Santillana del Mar

ist. Die etwa tausend Einwohner des alten Bezirks leben neben dem Tourismus immer noch von der Landwirtschaft, besonders von der Rinderhaltung: Santillana produziert guten, wenn auch nicht billigen Käse.

Information/Verbindungen

• *Information* **Oficina de Turismo**, Calle Jesús Otero 20, ✆ 942 818251. Neubau am städtischen Parkplatz Aparcamiento Municipal, ortseinwärts der Durchgangsstraße. Kompetentes und mehrsprachiges Personal, Öffnungszeiten: Tgl. 9.30–13.30, 16–19 Uhr.

• *Verbindungen* **Auto**: Der Ortskern ist Fußgängerzone, die Zufahrt zu den Quartieren jedoch frei. Gebührenpflichtige, aber relativ preiswerte Parkplätze finden sich am Rand des Zentrums, zu erreichen unter anderem neben der Durchgangsstraße Comillas-Santander.

Zug: FEVE-Bahnhof etwa vier Kilometer südlich bei Puente San Miguel. Züge von/nach Santander fahren etwa stündlich, von/nach Oviedo 2-mal täglich.

Bus: Auch die Busse stoppen am Rand des Städtchens, nahe dem Hauptzugang zum Ort. LA CANTABRICA fährt 5-mal täglich von und nach Santander sowie 4-mal von und nach Comillas und San Vicente. Im Juli und August häufigere Verbindungen.

Übernachten/Camping

• *Übernachten* Reizvolle Quartiere in historischen Häusern, einfachere Hotels und Hostals außerhalb an der Durchgangsstraße. Hohe Preise, starke Saisonschwankungen. Im Ortskern machen manche Vermieter von Privatzimmern mit Schildern („Habitaciones", „Casa particular") auf sich aufmerksam; auch die Infostelle kennt günstige Privatvermieter.

***** **Hotel Casa del Marqués**, kleines Nobelhotel im Ortskern. Untergebracht im Palast des ersten Marqués von Santillana, einem gotischen Bau des 15. Jh. Insgesamt nur 13 unterschiedlich, aber immer geschmackvoll eingerichtete Zimmer mit allen Annehmlichkeiten, Parkplatz. DZ nach Saison etwa 125–210 €. Reservierung empfohlen. Calle Cantón 26, ✆/℡ 942 818888, casa_marques@telefonica.net, im Jan. u. Feb. geschlossen.

Kantabrien Karte Seite 316/317

**** **Parador Gil Blas**, ebenfalls in einem alten Palast, der aus dem 15./16. Jh. stammt, gegenüber der neuere *** **Parador Nacional Santillana** (der mit dem „Gil Blas" die Gemeinschaftseinrichtungen teilt). Am schönsten liegen die Zimmer zum Garten. Reservierung ist ratsam; DZ kosten nach Saison etwa 155–165 €, im Parador Nacional Santillana 140–155 €. Plaza Ramón Pelayo 8, ✆ 942 028028, ℻ 942 818391, www.parador.es.

*** **Hotel Altamira**, ebenfalls ein historisches Haus, jedoch mit günstigeren Preisen als der Parador, mit Restaurant (gutes Tagesmenü ca. 25 €). Die Leser Andrea Reischl und Klaus J. Rusch waren alles andere als zufrieden: „Nur sporadisch besetzte Rezeption, durchhängende Betten; eine finstere Kammer mit Ausblick auf das Küchendach samt dazu gehörigem Fettgeruch". DZ je nach Saison etwa 65–110 €. Calle Cantón 1, im Ortskern, ✆ 942 818025, ℻ 942 840136, www.hotelaltamira.com.

Posada La Solana, ein Quartier des ländlichen Fremdenverkehrs, kaum zweihundert Meter vom Hauptplatz Plaza Mayor, toller Blick auf Colegiata und Ort. Eine echte Empfehlung: typisches, rustikales Steinhaus, Parkplätze, Restaurant. Zehn gut eingerichtete Zimmer mit TV, relativ moderates Preisniveau: DZ/Bad nach Saison etwa 45–70 €. Auch Drei- und Vierbettzimmer. Von November bis März geschlossen. Calle Los Hornos 12, ✆ 942 818106, ℻ 942 818185, www.posadalasolana.com.

Hospedaje Angélica, einfaches, aber solides Quartier fast um die Ecke von der Plaza Mayor. Nur drei recht hübsche Zimmer mit Holzböden, von den DZ eines mit Bad ca. 35 €, ohne Bad ca. 30 €. Calle Hornos; falls geschlossen, im zugehörigen Souvenirgeschäft fragen; ✆ 942 818238.

Posada Herrán, „sehr nette Inhaber, ein altes, künstlerisch ausgestattetes Haus mit Natursteinwänden, preiswert, morgens ein üppiges Frühstück in einer warmen, gemütlichen Küche", so die (auch von anderen Lesern bestätigte) Empfehlung von Irmgard und Rudolf Petersen. DZ ca. 35–60 €; Barrio Herrán 32, etwas außerhalb des Ortes in Richtung Altamira, ✆ 942 818112.

• *Übernachten außerhalb* **Posada de Peredo y Villa**, im Nachbarort Queveda, der einige Kilometer in Richtung Torrelavega liegt. Eine Leserempfehlung von N. Köllmann: „Ein wirklich schönes Hotel. Wir hatten ein wunderbares Zimmer mit Bad und wurden mit einem für spanische Verhältnisse üppigen Frühstück überrascht." DZ 35-55 €, im August evtl. noch teurer. Barrio El Cantón, Queveda; ✆ 942 891832.

• *Camping* **Santillana** (1.Kat.), rund einen halben Kilometer außerhalb des Zentrums in Richtung Comillas gelegen, zu Fuß vom Hauptplatz über die Calle Hornos sogar nur etwa 300 Meter entfernt. Geneigtes Wiesengelände oberhalb der Straße, wenig Schatten. Recht gute Ausstattung, Sportmöglichkeiten, Swimmingpool. Ganzjährig geöffnet; Preis p.P. und Auto je gut 5,50-6 € je nach Saison, kl. Zelt gut 4,50-5 €. ✆ 942 818250, ℻ 942 840183.

El Helguero (2. Kat.), im Gemeindegebiet von Ruiloba, rund zwölf Kilometer in Richtung Comillas, südlich der Verbindungsstraße. Ein Lesertipp von Ulla Seebode und Thorsten Vetter: „Sehr netter und im Sommer sehr belebter Platz. Bis in die Nacht war viel spanisches Leben angesagt, am Wochenende auch Musik und Tanz. Mit unserem Nur-Zelt waren wir zwar die Ausnahme, doch gab es auch für uns ein nettes Plätzchen." Geöffnet April–September; p.P., Auto, Zelt je etwa 5 €. ✆ 942 722124, ℻ 942 721020, www.campinghelguero.com.

Essen/Feste

• *Essen* Die angesichts des starken Besucherstroms zu erwartenden hohen Preise, Küchenwunder werden dafür meist nicht vollbracht. Einen guten Ruf genießt das Restaurant des Hotels Altamira.

Rest. Casa Cossío, in einem historischen Gebäude nahe der Stiftskirche Colegiata. Mit um die 11 € gibt es ein für Santillana preisgünstiges Tagesmenü (sehr schlichtes Touristenmenü zu ca. 9,50 €), à la carte liegen die Preise deutlich höher. Plaza Abad Francisco Navarro.

Bodega Los Nobles, eine solide Kneipe, gut für Bocadillos oder Raciones. Es gibt auch relativ günstige Menüs. Calle Carrera 6, die Verlängerung der Calle Cantón in Richtung der Durchgangsstraße

Casa Uzquiza, neueres Restaurant mit guten Fischzubereitungen, Hauptgerichte ca. 12-15 €, Calle Jesús Otero 5, ✆ 942 840356..

• *Fest* **Cabalgata de los Reyes Magos**, am 6. Januar; Festspiele der Heiligen Drei Könige mit Laiendarstellern.

Sehenswertes

Ganz Santillana ist sehenswert, bis hin zu den kleinsten Details.

Die wichtigsten Bauwerke der Stadt reihen sich entlang der ehemaligen „Rúa del Rey" (Königsstraße), die im 13. Jh. entstand und direkt von der Stiftskirche ausging, sowie um den Hauptplatz Plaza Mayor, dessen Umfeld ab dem 14. Jh. bebaut wurde. Neben den genannten Hauptsehenswürdigkeiten gibt es noch mehrere (meist private) Museen, darunter ein „Museum der Inquisition" nahe der Colegiata sowie ein „Museum klassischer Motorräder" an der Hauptstraße Calle Cantón.

Casa Aguila/Casa Parra und Torre Don Borja: Das „Haus des Adlers" und das „Haus der Weinrebe", letzteres Stätte wechselnder Ausstellungen, stehen einander benachbart am Hauptplatz des Städtchens. Beide sind typische Bauten des lokalen Stils und lohnen auch von innen einen Blick. Das gleiche gilt für den Turm Torre Don Borja, der sich schräg gegenüber der beiden Häuser erhebt.

La Colegiata: Das herausragende Gebäude Santillanas ist die Kirche des Benediktiner- und späteren Augustinerklosters ganz hinten im Ort. Gegründet wurde das Kloster im frühen Mittelalter, um die Reliquien der Heiligen Juliana aus Nikomedia zu bewahren, einer Märtyrerin aus der Zeit Diokletians, die als Santa Illana Namenspatronin des Städtchens ist. Die große, dreischiffige Klosterkirche, im 12. Jh. an der Stelle einer weit älteren Vorgängerin errichtet, gilt als bedeutendster romanischer Bau Kantabriens. Im düsteren Inneren beachtenswert sind besonders die allerdings meist unter einer silbernen Verkleidung verborgenen Reliefs der vier Apostel am Hauptaltar, der auch den Schrein mit den Reliquien der Heiligen birgt, weiterhin eine Reihe von Sarkophagen. Der *Kreuzgang*, ein wahres Kleinod romanischer Bildhauerkunst, bildet das Glanzstück der Kirche. Seine Kapitelle sind mit biblischen Motiven, Legenden, Alltags- und Kampfszenen geschmückt, doch gibt es, wie auch in der Kirche selbst, ebenso „Szenen eher obszöner Art" (Prospekt des Fremdenverkehrsamtes) zu entdecken. Angeschlossen ist ein Diözesan-Museum.

Öffnungszeiten Di–So 10–13.30, 16–19.30 Uhr (Winter 18.30); Eintritt ca. 3 €.

Museo Regina Coeli: Das Museum religiöser Kunst ist im Klarissinnenkloster untergebracht, das am anderen Ortsende knapp außerhalb des historischen Bereichs steht. Der Bau des 17. Jh. beherbergt neben sakralen Kunstwerken auch wechselnde Ausstellungen zeitgenössischer Künstler, die im Kreuzgang zu sehen sind.

Gleiche *Öffnungszeiten* wie Colegiata, Eintritt ebenfalls ca. 3 €.

Zoo: Südlich etwas außerhalb des Ortes selbst liegt der Ende der Siebzigerjahre gegründete Zoo von Santillana, in dem rund zwei Dutzend verschiedene Säugetierarten, darunter Orang-Utans, Königstiger und Panter, sowie zahlreiche Vögel und Reptilien leben.

Öffnungszeiten Täglich 9.30–19 Uhr, im Sommer bis Sonnenuntergang Uhr; Eintritt rund 14 €, ermäßigt 8 €; www.zoosantillanadelmar.com.

Kantabrien
Karte Seite 316/317

Cuevas de Altamira

Die weltberühmten Höhlenmalereien von Altamira sind schon seit geraumer Zeit nur noch Spezialisten zugänglich. Im Jahr 2001 wurde jedoch ganz in der Nähe eine exakte Kopie der Höhle eröffnet.

Die Höhlen von Altamira liegen etwa zwei Kilometer südlich von Santillana. Durch einen Jäger entdeckt worden waren die 270 Meter langen Grotten bereits 1868. Erst 1879 jedoch erkannte der Gutsbesitzer Marcelino Sáinz de Sautuola, von seiner achtjährigen Tochter María auf die plastischen Deckengemälde aufmerksam gemacht, welch historische Bedeutung sich in den Höhlen verbarg. Die meisten Wissenschaftler, unter ihnen auch der bekannte französische Forscher Cartailhac, glaubten seinerzeit noch an eine Fälschung, hielten sie es doch für unmöglich, dass derart kunstvolle Darstellungen auf Jäger des Paläolithikums zurückgehen sollten. Seine Meinung änderte Cartailhac erst Jahrzehnte später, als 1901 in Höhlen in Südfrankreich ähnliche Malereien entdeckt wurden. Sáinz de Sautuola erlebte die Anerkennung des Franzosen nicht mehr, denn er war ebenso wie sein wissenschaftlicher Förderer, der Madrider Professor Vilanova, in der Zwischenzeit gestorben. Heute weiß man, dass der Eingangsbereich der Höhle von Altamira ab dem Zeitraum vor etwa 18.500 Jahren bewohnt war und die Gemälde selbst vor rund 14.000 Jahren entstanden. Später stürzte ein Teil des Gewölbes ein und verschloss den Höhleneingang über Jahrtausende hinweg.

Die kunsthistorische Sensation war perfekt. Alle Vorstellungen über den kulturellen Stand der Menschen des Paläolithikums mussten völlig revidiert werden. Bald sprach man von Altamira als einer „Sixtinischen Kapelle vorgeschichtlicher Kunst". Der lebendige Ausdruck, den die Bisons, Pferde, Wildschweine und Hirsche zeigen, ist in der Tat frappierend. Kleine Unebenheiten im Gestein, geschickt ins Bild einbezogen, dienten dazu, den Werken räumliche Tiefe zu verleihen. Manche Umrisse und Details wurden in den Fels geritzt, die am häufigsten verwendeten Farben sind Schwarz, Rot, Ocker und Braun. Die schönsten Gemälde finden sich an der Decke der sogenannten „Sala de Polícromos", eines seitlichen Höhlenarms nur 30 Meter hinter dem Eingang. Über die Bedeutung der Werke kann heute nur spekuliert werden – ob die Bilder magischen oder religiösen Charakter hatten, ist nicht bekannt. Ihr künstlerischer Wert ist jedoch unumstritten: „Keiner von uns ist in der Lage, so zu malen", soll Großmeister Picasso über die Gemälde gesagt haben. 1924 wurde Altamira zum Nationalmonument erklärt, 1985 ins Weltkulturerbe aufgenommen.

In den 70er-Jahren musste der freie Zugang zu den Höhlen von Altamira eingeschränkt werden. Ähnlich den ägyptischen Grabmalereien hatten die Gemälde stark unter der erhöhten Luftfeuchtigkeit gelitten, die die vielen Besucher mit sich brachten. Die Farben begannen zu verblassen. Heute darf nur mehr eine Handvoll auserwählter Spezialisten die lebendigen Tierzeichnungen im Original begutachten.

Anträge auf Besichtigung der Höhlen **Centro de Investigación de Altamira**, 39330 Santillana del Mar, Cantabria, Spanien. Eine tägliche Zulassungsquote gibt es nicht mehr, ohne wissenschaftliche Begründung ist ein Antrag absolut aussichtslos.

Replika der Höhle und Nationales Museum Altamira: Einen angemessenen Ersatz für das Original bietet die „Neocueva" nur wenige hundert Meter von der Höhle selbst, der ein Museum angeschlossen ist – die rund 20 Millionen Euro teure Anlage wurde im Juli 2001 durch das spanische Königspaar eröffnet.

Kopien von Teilen der Höhle gibt es bereits seit 1962 im Deutschen Museum München, seit 1964 im Archäologischen Nationalmuseum von Madrid und seit 1994 im japanischen Themenpark Ise-Shima. Die Replika von Altamira jedoch übertrifft all ihre Vorgänger. Mehr als drei Jahre lang arbeiteten die beiden Kunstprofessoren Pedro Saura und Matilde Múzquiz an der millimetergenauen Kopie. Um sich dem Original so weit wie möglich zu nähern, verwendeten sie vergleichbare Malwerkzeuge und Farbstoffe, wie sie vor vielen Jahrtausenden auch die Künstler von Altamira benutzten. Natürlich mangelt es der Replika in punkto Temperatur und Luftfeuchtigkeit an der echten Höhlenatmosphäre, dennoch stellt sie zweifellos die Hauptattraktion des Komplexes dar. Das angegliederte Museum beherbergt eine gut und anschaulich gemachte, auch für Kinder geeignete Dokumentation der spanischen Vorgeschichte mit Texten in Englisch und Spanisch, außerdem Räume für wechselnde Ausstellungen, Filmsäle, eine Bibliothek, ein Restaurant, ein Souvenirgeschäft etc. Auch die nahe Tropfsteinhöhle *Cueva de las Estalactitas* dürfte mit Erscheinen dieser Auflage wieder zugänglich sein.

• Öffnungszeiten Juni bis September Di–Sa 9.30–19.30 Uhr, Winter Di-Sa 9.30-17 Uhr, ganzjährig So 9.30–17 Uhr, geschlossen 1.-6. Jan., 1. Mai., 24., 15. und 31. Dez. Wegen des sehr starken Andrangs werden Marken mit der Uhrzeit für den Einlass vergeben. Die Wartezeit kann durchaus mehrere Stunden betragen, an manchen Tagen ist zudem schon gegen Mittag das tägliche Besucherkontingent voll ausgeschöpft. Zumindest zur Saison empfiehlt es sich deshalb dringend, zu reservieren oder bereits früh am Tag zu erscheinen. Eintrittsgebühr rund 2,50 €, Studenten die Hälfte; Personen unter 18 und über 65 Jahren gratis, an den Samstagen ab 14.30 Uhr, am 12.10., 6.12. und 18.5. ist der Eintritt für alle frei.

• Kartenreservierung ✆ 902 112211. Ein Tipp von den Lesern Britta Hering und Detlef Jahn: „Karten für die Neocueva kann man bei allen Filialen der Banco de Santander kaufen (ca. zwei Tage im Voraus sollte man allerdings planen). Diese werden dann vor Ort an der Theke noch mit zwei Extra-Zugangskarten ergänzt."

Cóbreces

Das kleine Dorf an der Straße zwischen Santillana und Comillas ist Sitz der Zisterzienser-Abtei *Monasterio Cisterciense de Santa María de Viaceli*, bekannt vor allem durch ihre ungewöhnliche, um die Wende des 19. Jh. zum 20. Jh. in neogotischem Stil errichtete Kirche. Die hiesigen Mönche produzieren zudem einen sehr guten, wenn auch etwas streng riechenden Käse Quedo de la Trapa, den sie wie den eigenen Honig direkt an der Durchgangsstraße in einem eigenen Klosterladen verkaufen.

Der Strand von Cóbreces liegt etwa einen Kilometer von der Durchgangsstraße entfernt. Die sehr hübsche Bucht glänzt mit klarem Wasser, feinem Sand, großem Parkplatz und einem von Lesern gelobten Strandrestaurant. Schade, dass der hiesige Campingplatz auf Anordnung des Küstenministeriums demnächst seine Pforten schließen muss.

Karte Seite 316/317

Katalanischer Kontrast in Kantabrien: Gaudís „El Capricho"

Comillas

Ein historisches, fast à la Santillana proper herausgeputztes Ortszentrum auf einem Hügel, dazu ein hübscher Strand – Comillas hat beides zu bieten und zählt deshalb zu den beliebten Treffpunkten der studentischen Jugend wie auch der „besseren Gesellschaft" von Santander.

Letzteres hat Tradition: Wie an den zahlreichen Villen ersichtlich, war das zwischen sanfte Hänge und das Meer gebettete Städtchen schon zur Jahrhundertwende eine beliebte Sommerfrische. Auffällig ist der Einschlag katalanischen Modernisme-Stils (vergleichbar unserem Jugendstil) in der Architektur des Ortes. Er rührt aus den guten Beziehungen, die der Marqués von Comillas, der durch eine transatlantische Schifffahrtsgesellschaft zu viel Geld gekommene Antonio López y López, zur Aristokratie Barcelonas unterhielt. Als für eine seiner Töchter ein Haus gebaut werden sollte, ließ der adlige Herr sogar keinen Geringeren als den jungen Antoni Gaudí anreisen: Der kleine Palast „El Capricho", den der geniale Architekt im Park des Palacio de Marqués 1885 errichtete, fungiert heute als feudales Restaurant.

Unweit des Gaudí-Gebäudes, jedoch über eine Abzweigung der Straße nach San Vicente zu erreichen, stehen der neogotische *Palacio de Sobrellano* (häufig wechselnde Öffnungszeiten, Mo geschlossen, zur NS auch Di; 2 €), für den Marqués selbst gestaltet von den Modernisme-Architekten Martorell und Domenèch i Muntaner, sowie das *Panteón* des Marqués in Form einer miniaturisierten Kathedrale. Auf einem Hügel gegenüber diesem Ensemble thront in ganz ähnlichem Stil die mächtige frühere päpstliche Universität *Seminario*

Pontifíca (sie ist nach Rom umgezogen), ebenfalls von Domenèch i Muntaner mitgestaltet und finanziert von Antonio López y López. Der riesige Komplex ist jetzt Sitz des Centro Internacional de Estudios del Español, wird 2008 offiziell eröffnet und wird nach einem kompletten Umbau Seminare, Kongresse und internationale Kulturprogramme zur spanischen Sprache anbieten. Einen Abstecher lohnt hingegen der Ortsfriedhof nördlich des Zentrums, der in den Ruinen einer gotischen Kirche untergebracht ist.

Die Preise in Comillas liegen vor allem zur Sommersaison ziemlich hoch. Wen das nicht abschreckt, der kann sich in dem dann sehr lebendigen Städtchen durchaus wohlfühlen. Comillas besitzt Atmosphäre, und neben dem Ortsstrand finden sich in der Umgebung noch weitere schöne Bademöglichkeiten.

Information/Verbindungen

• *Information* **Centro de Iniciativas y Turismo**, Calle María de Piélago, im höher gelegenen Teil des Zentrums, nahe Hauptplatz; ✆ 942 722591, oficinadeturismo@comillas.es. Öffnungszeiten: Mo–Sa 10.30–13.30, 16.30–19.30 Uhr, So 10.30–13.30 Uhr.

• *Verbindungen* **Bus**: Bushaltestelle westlich unweit des Zentrums, Richtung San Vicente. LA CANTABRICA fährt 4-mal täglich von/nach Santillana, Santander und San Vicente de la Barquera, im Sommer häufiger.

Übernachten/Camping

• *Übernachten* Im Sommer ist Comillas oft mal ausgebucht, deshalb möglichst früh am Tag auf die Suche gehen.

**** **Hotel Comillas**, am Ortsrand Richtung San Vicente, etwa 500 Meter vom Zentrum entfernt unterhalb des Seminario. Erst wenige Jahre junges Quartier mit sehr gut ausgestatteten Zimmern und Pool. DZ etwa 65–135 €. Paseo de Solatorre 1, ✆ 942 722300, ℻ 942 722339, www.shotenor.com.

*** **Hotel Casal de Castro**, ebenfalls etwas außerhalb und ruhig gelegen. Untergebracht in einem hübsch eingerichteten Palast des 17. Jh. samt Anbau, mit Parkplätzen und Garten. DZ etwa 70–100 €. San Jerónimo s/n, ✆ 942 720036, ℻ 942 7200061, hccastro@infonegocio.com.

* **Hotel Solatorre**, in der Nähe des Hotels Comillas, etwa 700 Meter vom Zentrum entfernt. Solide, komfortable Zimmer; Parkplatz. DZ etwa 45–70 €. Barrio de Solatorre s/n, ✆ 942 722480, ℻ 942 722218.

** **Hostal Esmeralda**, am östlichen Rand des Zentrums. Eher Hotel als Hostal; freundliche und familiäre Atmosphäre, angenehme Zimmer mit allerdings nur papierdünnen Wänden. DZ/Bad nach Saison etwa 45–75 €. Calle Antonio López 7, ✆ 942 720097, ℻ 942 722258.

* **Pensión Bolingas**, hübsches altes Häuschen im südlichen Zentrumsbereich, nicht weit vom Hauptplatz. Einfach, aber sauber und sympathisch, zudem preisgünstig: DZ ohne Bad ab etwa 25 €. Calle Gonzalo de la Torre de Trassierra, nahe Paseo Primo de Rivera; ✆ 942 720841.

• *Camping* **Comillas** (2. Kat.), durch eine Straße zweigeteilter Platz. Vom schattenlosen unteren Teil ist eine kleine Badebucht zu erreichen, der Ortsstrand aber auch nicht weit. Geöffnet Juni bis September; nicht ganz billig: Parzelle (inkl. Auto, Zelt) etwa 12 €, p.P. 5 €. ✆/℻ 942 720074, www.campingcomillas.com.

Essen/Feste

• *Essen* Restaurantgebiet Nummer eins ist der Paseo de José Antonio Primo de Rivera an der Rückseite der Hauptkirche. Viele Freiluftrestaurants.

Rest. El Capricho del Gaudí, Speisen im Gaudí-Palast! Das Vergnügen hat natürlich seinen Preis: Schon das feste Menü (inkl. Wein) kommt auf rund 25 €, à la carte sollte man mit etwa 30 € rechnen, das Küchenniveau ist eher mittelmäßig. Dennoch und Dank zuvorkommendem Service gut besucht, Reservierung ratsam. Vom Zentrum

Karte Seite 316/317

den Schildern nach Cabezón folgen, beim Hostal Fuente Real dann rechts und durchs Eisentor. So-Abend geschlossen, außerhalb der Saison auch montags. Calle Sobrellano, ✆ 942 720365.

Restaurant Gurea, hinter dem Hostal Esmeralda im östlichen, oberen Ortsteil, schöne Holz- und Glasfront. Baskische Küche und Spezialitäten der Gebirgsregionen, preiswerte Tagesmenüs für etwa 15 €, à la carte ab etwa 25 € aufwärts. So abds: zu (außer Juli/ Aug.). Calle Ignacio Fernandéz de Castro 11.

Bar-Rest. Filipinas, ein Tipp im Zentrum. Altes Steinhaus mit einfach eingerichtetem Speisesaal, aber gutem Essen und gutem Wein. Günstige Mittagsmenüs für etwa 11 €, dann oft bis auf den letzten Platz belegt. Calle de Arzobispos 12, am Hauptplatz gegenüber der Information.

• *Feste* **Fiestas de Comillas**, mehrere Tage um den 15. Juli, das Hauptfest des Städtchens.

Baden: Der Ortsstrand *Playa de Comillas* ist hübsch, feinsandig, gut ausgestattet und mit der „Blauen Umweltflagge“ prämiert, wird aber zur Saison sehr voll. Alternativen bietet der Naturpark von Oyambre mit den schönen Stränden Playa de Oyambre und Playa Merón.

Parque Natural de Oyambre

Seit 1988 ist das gesamte Küstengebiet westlich von Comillas mit seinen Rías, Dünen, Steilküsten, bewaldeten Bergkuppen und Sümpfen voller Wasservögel als Naturpark ausgewiesen. Die geschützte Zone reicht bis über San Vicente de Barquera hinaus und umfasst auch die beiden ausgedehnten Sandstrände beiderseits des Kaps zwischen den beiden Orten.

Ungewöhnlich: Friedhof in gotischer Kirchenruine

Der Dünenstrand *Playa de Oyambre*, in manchen Karten als Playa de Jerra aufgeführt, liegt mit Bar und Campingplätzen östlich des Kaps, die *Playa de Merón* westlich davon. Das kleine Sträßchen, das beide Strände verbindet und letztlich nach San Vicente de la Barquera führt, ist in den meisten Karten nicht oder nur fehlerhaft eingezeichnet – es ist mittlerweile asphaltiert. Achtung: An einigen Stellen der Playa de Oyambre gibt es gefährliche Strömungen – ratsam, die entsprechenden Hinweisschilder zu beachten.

• *Übernachten* ** **Hotel Dunas de Oyambre**, in ruhiger Lage wenige Kilometer westlich von Comillas, mit Blick zum Strand. Komfortable Zimmer, 202,203 und 204 mit schönem Ausblick, DZ nach Saison etwa 60–80 €. Geöffnet Mitte März bis Mitte Dezember. Trasvía, Barrio La Cotera, ✆ 942 722400, 📠 942 722401, www.dunasdeoyambre.com.

Restaurant Mirador de Oyambre im Ortsteil Trasvía, gut und preiswert, toller Blick, eine Empfehlung von Leser Carsten Schöning.

• *Camping* **Playa de Oyambre** (1. Kat.), etwa in der Mitte zwischen Comillas und San Vicente, die Zufahrt ist Dank mehrerer Schilder kaum zu übersehen. Gut ausgestatteter Platz, u. a. mit Schwimmbad, allerdings kein Schatten; zum Strand etwa 500 m. Geöffnet ab Ostern bis Ende September; Parzelle (inkl. Auto, Zelt) etwa 8,50 €, p.P. 4,20 €. ✆ 942 711461, ✆ 942 711530, www.oyambre.com

La Playa (2. Kat.), fast direkt an der Playa de Oyambre, nur einen Katzensprung vom Meer. Ebenfalls nur saisonal geöffnet, etwas teurer als obiger Platz. ✆ 942 720165.

San Vicente de la Barquera

Die Stadt ist ein bedeutender Fischerhafen an der Mündung des Río Escudo, der von einer langen Brücke überspannt wird, ihre 32 steinernen Arkaden wurden schon im 15. Jh. errichtet. Eng drängt sich die Altstadt um einen Hügel zwischen Flussmündung und Meeresbucht, der von der wehrhaften Kirche *Santa María de los Angeles* (13./16. Jh.) überragt wird. Enge Gassen erinnern an die mittelalterliche Glanzzeit des Städtchens.

Information/Verbindungen

• *Information* **Oficina de Turismo**, Calle Generalísimo 20, an der Hauptstraße Richtung Llanes, ganzjährig Mo–Fr 10–13, 16–19 Uhr, Sa 11–13.30, 16.30–18.30 Uhr, So 11–14 Uhr. ✆ 942 710797, www.vicentedelabarquera.org.

• *Verbindungen* **Zug**: FEVE-Bahnhof ungünstig gelegen, nämlich gut drei Kilometer südlich des Zentrums.

Bus: Günstiger als die Bahn; Busbahnhof am Parque del Telleno, unweit der großen Brücke. TURYTRANS nach Oviedo/Gijon 6-mal, Llanes 6-mal, San Sebastián 4-mal; LA CANTABRICA nach Comillas/Santillana und Santander 4-mal täglich, im Sommer häufiger; Anschlüsse nach Potes und Arenas de Cabrales via Panes je nach Saison 2- bis 3-mal täglich.

Übernachten/Camping

• *Übernachten* *** **Hotel Miramar**, kleineres Hotel etwas außerhalb über der Flussmündung und in der Nähe des Leuchtturms; toller Blick und gutes Restaurant. Geöffnet März bis Mitte Dezember; DZ nach Saison knapp 65–75 €. Paseo de la Barquera s/n, ✆/✆ 942 710075, miramarhoteles@arakis.es.

** **Hotel Luzón**, ein hübscher, traditioneller Steinbau am Hauptplatz Plaza José Antonio, an der Durchgangsstraße. Mit Garten, manche Zimmer allerdings etwas altertümlich, vorher zeigen lassen. Aber „besondere Atmosphäre" und „liebenswert" (Leser O. Höhn und P. Zeilinger). DZ etwa 45–65 €. Avda. Miramar 1, ✆/✆ 942 710050.

* **Hotel Don Pablo**, etwa zehn Kilometer westlich im Gebiet von Pechón, ein Lesertipp von Silke von Freyberg: „Ideal für ein paar Tage zum Ausspannen am Meer, man kann von dort aus schnell in die Berge fahren und viele andere Ausflüge machen." Weniger begeistert war Leser Carsten Schöning: „Zimmer recht dunkel, Service holprig". Nur zwölf Zimmer, DZ nach Saison etwa 55–70 €. Pechón, ✆/✆ 942 719500.

* **Pensión Hostería La Paz**, direkt hinter dem Hotel Luzón. Traditionsreiches Quartier, das schon im 19. Jh. bestand; Zimmer mit alten Holzböden, gute Betten. DZ ohne Bad nach Saison etwa 30–35 €, auch einige etwas teurere Zimmer mit Dusche. Die sparsamen Besitzer heizen auch bei niedrigen Außentemperaturen nur ungern (so im März bei 8° Außentemperatur). Calle del Mercado 2, ✆ 942 710180.

* **Pensión Liébana**, zu erreichen über die Treppen gegenüber dem Eingang zum Hostal La Paz. Empfehlenswertes, gut geführtes Haus. Alle Zimmer mit TV, DZ/Bad nach Saison etwa 25–35 €. Calle Ronda 2, ✆ 942 710211, pensionliebana@ya.com.

In Unquera (12 km westl. an der asturischen Grenze): ** **Hotel Canal**, etwas von der Straße zurückgesetztes Hotel gegenüber dem Bahnhof mit komfortablen großen Zimmern. Umfeld nicht toll, das Haus aber angenehm, große Cafeteria, ideal für

Kantabrien
Karte Seite 316/317

einen Stopover auf der Reise und preiswert: DZ ca. 35–50 €. Plaza de la Estación, Unquera, ✆/℻ 942 717070.

• *Camping* **El Rosal** (2. Kat.), gut ausgestattet und schattig, toller Blick auf das Meer und den Ort. Geöffnet von Ostern bis Mitte Oktober; p. P. 5 €, Parzelle (Auto, Zelt) ca. 14 €. Zufahrt bei Kilometer 63 der Straße Santander-Oviedo, bei der großen Brücke, ✆ 942 710165, ℻ 942 710011, www.campingelrosal.com.

Essen/Feste

• *Essen* San Vicente ist für seine Fisch- und Meeresfrüchterestaurants bekannt, die allerdings nicht billig sind.

Rest. Maruja, von mehreren Lesern getestetes, leider gar nicht billiges Traditionslokal, das sich der neuen Küche jedoch nicht verschließt. Spezialität sind Fisch und Meeresfrüchte. Tagesmenü rund 20 €, à la carte ab etwa 25 € weit aufwärts. „Marinada" (Meeresfrüchteplatte) für zwei zu 50 € und – mit wirklich allem, was das Meer zu bieten hat, inkl. *percebes* – ca. 90 €. Mittwoch geschl. Avda. Generalísimo s/n, nahe der Infostelle.

Rest. Dulcinea, gute Meeresfrüchte, etwas preiswerter (Mariscada für zwei zu 45/65 €), Tagesmenü 12 €, hübsch gedeckte Tische an der Meerespromenade in Richtung Comillas, Avda. Miramar 16.

La Ostrería, frische Austern sind die Spezialität dieses kleinen Lokals mit Terrasse. Paseo de la Barquera in der Gasse hinter dem Fischerhafen.

• *Feste* **La Folía**, am Sonntag nach Ostern. Meeresprozession, die uralten „Picayo"-Tänze und das übliche Festprogramm mit Musik etc.

Baden lässt es sich auch in San Vicente. Der mit der „Blauen Umweltflagge" ausgezeichnete Stadtstrand *Playa de Rosal* (auch: Playa El Tostadero) ist allerdings oft überfüllt. Weit mehr Platz hat die ausgedehnte *Playa de Merón*, siehe oben. Ein wunderschöner Strand in einer versunkenen Flussmündung ist die *Playa de Berellín*, man erreicht ihn über den kleinen Ort Prellezo 6 km westlich von San Vicente.

▸ **Weiterreise**: Weiter an der Küste geht es im Abschnitt „Costa Verde" im Kapitel über Asturien.

Hinterland der westlichen Küste

Streng genommen würden auch die kantabrischen Picos de Europa unter diese Überschrift fallen, doch ist das Hochgebirge im Dreiländereck zu Asturien und Kastilien-León ein eigenes Kapitel wert.

Der folgende Abschnitt bezieht sich deshalb nur auf die Region zwischen der westlichen Costa de Cantabria und der Stadt Reinosa an der N 611 von Santander nach Palencia. Ein bislang von ausländischen Besuchern wenig entdecktes Gebiet, das sich Naturschönheiten ebenso bewahrt hat wie seine alten Traditionen – hier trifft man tatsächlich noch auf Hirten in ihren handgeschnitzten, vorne nach oben gebogenen Holzschuhen, den *albarcas*.

Valle de Nansa und Valle de Cabuérniga

Die beiden landschaftlich sehr reizvollen Täler im Hinterland der Küste zwischen Santillana und San Vicente erstrecken sich in Nord-Süd-Richtung etwa parallel zueinander. Zufahrten gibt es über Puentenansa oder über Cabezón de la Sal an der N 634, Übernachtungsmöglichkeiten sind rar, weshalb man einen Besuch besser als Tagesausflug einplant.

▶ **Cabezón de la Sal** (Bahn- und Busverbindung ab Santander) verdankt seinen Beinamen „des Salzes" den bereits von den Römern genutzten Salzgärten. Hier war der Ausgangspunkt der kantabrischen „Foramontanos", die nach der christlichen Rückeroberung die vorher maurischen Regionen des Campóo-Gebietes und Kastiliens neu besiedelten. Im August, meistens am zweiten Sonntag des Monats, feiert Cabezón *El Dia de la Montaña*: Der „Tag des Berges" wird mit traditionellen Wettkämpfen, Musik auf den dreisaitigen Hirtengeigen, Gesang und Tanz begangen. Ein Besuch lohnt sich auch zum spanischen Nationalfeiertag am *12. Oktober*, wenn der Almabtrieb der hiesigen Rinder regelrecht zelebriert wird.

Carmona liegt an der C 6314, der Verbindungsstraße zwischen dem Städtchen Valle de Cabuérniga und Puentenansa und damit zwischen den beiden Flusstälern. Das kleine, sehr ländlich wirkende Dorf hat sich sein Ortsbild mit den alten, ziegelgedeckten Steinhäusern gut bewahren können.

• *Übernachten* ** **Hotel Venta de carmona**, hübsches Hotel in einem restaurierten Adelspalast des 17. Jh. Nur acht komfortable Zimmer; DZ kosten je nach Saison etwa 45–60 €, ein angesichts des Ambientes durchaus günstiger Preis. Parkplätze und ein Restaurant sind vorhanden. Barrio del Palacio, ✆/℻ 942 728057, ℻ 942 323058.

Valle de Nansa

Das westliche der beiden Täler, durchflossen vom mehrfach aufgestauten Río Nansa, ist reich an Buchen- und Eichenwäldern. Die Nebenstraße, die das Tal durchquert, trifft an dessen Südende auf den Pass Puerta de Piedrasluengas an der C 627 und ermöglicht so die Weiterreise nach Potes und zu den Picos de Europa.

Cueva El Soplao in der Ortschaft Los Tánagos bei Rábago. Seit dem Abbau der benachbarten Mine El Florida im 19. Jahrhundert kennt man die Höhle, aber erst im letzten Jahrzehnt hat man sie erforscht und 2005 für Besucher geöffnet: 14 km Länge, davon 3 km touristisch erschlossen, Tropfsteinformationen, große, mit dem Höhlenmineral Aragonit bedeckte Flächen, nadelförmige und gebogene Konkretionen, sowie rundgeschliffene Tropfsteinkugeln in langsam fließenden Höhlengewässern. Bei der Normalführung sieht man davon 1,5 km, Eintritt 9 €, ermäßigt 7/5 €. Für den „Turismo aventura", wobei man 3 km in die Höhle vorstößt, werden 30 € fällig (Dauer 2 ½ Std., Naturboden, gewachsener Fels, keine Leitschienen, kein Licht; Ausrüstung wird zur Verfügung gestellt).

Öffnungszeiten Mo-Fr 8-22 Uhr, Sa 10-22 Uhr, So 9-15 Uhr, Reservierungen ✆ 902 820282, www.elsoplao.es.

Tudanca, etwas abseits der Talstraße gelegen, verdankt einen gewissen Bekanntheitsgrad dem Dichter José María de Cossío, der die hiesige *Casona de Tudanca* in einem seiner Romane verewigte. Es handelt sich um ein Herrenhaus des 18. Jh., das mit typischer Einrichtung und der von Cossío hinterlassenen Bibliothek von über 25.000 Büchern heute als Museum (Führungen Mi–Sa 10–13, 16–18.15 Uhr, So 11–13.15, 16–17.30 Uhr) zugänglich ist. Den meisten Spaniern bekannter ist Tudanca allerdings durch die kantabrische Rinderrasse, die nach diesem Ort benannt wurde.

Karte Seite 316/317

Valle de Cabuérniga

Das östliche, vom Río Saja gegrabene Tal bildet das Herz eines großen Jagdreservats und ist z. T. als Naturpark ausgewiesen.

Die schönen Buchen- und Eichenwälder des Valle de Cabuérniga stehen im *Parque Natural Saja-Besaya* seit 1988 unter besonderem Schutz. Umgeben ist der Park von der weit ausgedehnteren Reserva Nacional de Saja, einem Jagdschutzgebiet, in dem noch Wildkatzen und Wildschweine leben und in dem sich gelegentlich sogar einige Exemplare der aus Kantabrien fast verschwundenen Wölfe blicken lassen. Im Süden erreicht man über den 1260 Meter hohen Pass Puerto de Palombera das Gebiet des Tals von Campóo.

Bárcena Mayor liegt am Fuß der gleichnamigen Sierra, in einem östlichen Seitental des Valle de Cabuérniga und im Mittelpunkt des Naturparks. Das Dorf ist ein wahres Glanzstück komplett erhaltener ländlicher Bauweise und seit 1979 unter Denkmalschutz gestellt. Eine Art Santillana des Gebirges gewissermaßen – und langsam meldet sich auch schon der Tourismus à la Santillana: Die Zufahrtsstraße wurde verbreitert, vor dem Dorf ein großer Parkplatz angelegt, um den Ortskern als Fußgängerzone ausweisen zu können, und auch die ersten Andenkenläden haben schon eröffnet... Wegen der interessanten bäuerlichen Architektur und des heimeligen Gesamtcharakters lohnt sich der Weg aber durchaus. Beliebte Spezialität der urigen, oft „Mesones" genannten Restaurants von Bárcena Mayor ist der „Gebirgseintopf" Cocido montañés.

• Übernachten/Camping ** **Hostal Reserva del Saja**, an der Zufahrtsstraße bei Renedo. Die Einstufung untertreibt, denn dieses Hostal besitzt eher Hotelcharakter. Gute Ausstattung, unter anderem Swimmingpool, Garten, Tennisplatz. DZ/Bad ab ca. 20 €. Carretera Nacional, ✆ 942 706190, ℻ 942 706108, www.reservadelsaja.com.

Camping El Molino de Cabuérniga (2. Kat.), ein Lesertipp von Margret Graf: „Urlaubern, die Lust auf Natur, Ruhe und Abgeschiedenheit haben, kann ich den angenehmen, weitläufigen Campingplatz in Sopeña sehr empfehlen." Gute Ausstattung, saubere und ausreichende Sanitäranlagen, Fahrradverleih, diverse Sportmöglichkeiten; Apartments für 2–4 Personen gibt es auch. Preise p.P. 4,50 €, Auto, Zelt je etwa 5,50 €. Offiziell ganzjährig geöffnet, zur NS aber besser vorher anrufen: ✆/℻ 942 706259, www.campingcabuerniga.com. Sopeña de Cabuérniga, Carretera C 625, km 42.

Alto Campóo

Geprägt von grünen Almwiesen und vereinzelten Wäldern aus Rotbuchen und Eichen, bildet das Tal von Alto Campóo vor allem ein Ziel für Freunde des Wintersports.

Das eigentliche Hochtal von Campóo, dichter besiedelt als die Täler von Nansa und Cabuérniga, erstreckt sich zwischen der Sierra del Cordel im Norden und der Sierra de Peña Labra im Süden. Die historische Region Campóo ist jedoch viel größer, reicht im Süden bis hinein nach Kastilien-León. Überragt wird Alto Campóo vom 2175 m hohen *Pico de Tres Mares*: Der „Gipfel der drei Meere" hat seinen Namen von den Flüssen, die hier entspringen und, je nach Fließrichtung, entweder im Kantabrischen Meer, im Mittelmeer, oder als Nebenflüsse des Duero beziehungsweise Duoro bei Lissabon in den Atlantik münden.

Der Tourismus hat Alto Campóo in erster Linie als Wintersportziel entdeckt. Bei Brañavieja liegt das einzige Skigebiet Kantabriens; die hiesigen Aufstiegshilfen, insgesamt fünf Lifte, fallen für mitteleuropäische Verhältnisse allerdings ziemlich bescheiden aus. Mit einer Reihe von Berghütten (Info: Fremdenverkehrsamt Santander) ist das Gebiet auch für sommerliche Wanderungen gerüstet.

▶ **Fontibre** ist eines der Hauptziele des Ausflugsverkehrs ins Alto Campóo. In der Nähe des Dorfes liegt, durch mehrere Wanderwege erschlossen, die Quelle des Flusses Ebro, *El Nacimiento del Ebro* – an sich wenig bemerkenswert, doch in schöner, waldreicher Umgebung gelegen.

• *Übernachten* *** **Hotel La Corza Blanca** mitten im Wintersportgebiet weit im Westen des Tals, auf über 1600 Metern Höhe. Gute Ausstattung, unter anderem mit Parkplätzen, Sauna und Schwimmbad. DZ kosten je nach Saison etwa 50–100 €. Carretera Reinosa-Tres Mares, Kilometer 24, ✆/℻ 942 779250, hcorzablanca@altocampoo.com.

Reinosa und der Ebro-Stausee

▶ **Reinosa**, die Hauptstadt der Campóo-Region und an der Bahnlinie Palencia-Santander gelegen, lebt in erster Linie von der Industrie, was man ihren Außenbezirken auch deutlich ansieht. Reizvoller gibt sich da schon der alte Ortskern Reinosas, ebenso die weitere Umgebung der Stadt.

• *Übernachten* *** **Hotel Vejo**, großes, funktionelles und modernes Quartier im Ort, mit Garage, Pool und gutem Restaurant (Menú del día 12 €). DZ nach Saison gut 55–75 €. Avenida Cantabria 83, ✆ 942 751700, ℻ 942 754763, hvejo@infonegocio.com.

* **Hotel Rubén**, einfacher ausgestattet, aber freundlich und durchaus brauchbar. DZ/Bad nach Saison knapp 30–35 €. Calle Abrego 12, ✆/℻ 942 754914.

• *Feste* **Día del Campóo**, „Tag des Campóo", am letzten Septembersonntag; traditionelle Wettbewerbe, Musik und Tanz.

Umgebung von Reinosa

Embalse del Ebro: Der große Stausee östlich von Reinosa, gut 20 Kilometer lang und mit einer Fläche von etwa 70 Quadratkilometern, bildet das größte Süßwasserreservoir Kantabriens und eines der größten des gesamten Landes. Bei seiner Flutung 1945 verschluckte der See rund ein Dutzend Dörfer und Weiler. An manchen Stellen sieht man noch eine Brücke oder einen Kirchturm wie den des Dörfchens Villanueva de las Rozas aus dem Wasser ragen. Wassersportler finden gute Möglichkeiten, und auch zum Baden ist man trotz einer Höhenlage von über 800 Metern im Sommer hier nicht falsch.

Julióbriga: Beim Dorf Retortilla, in Seenähe nur etwa zwei Kilometer südöstlich von Reinosa, liegen die Ruinen der einstigen römischen Hauptstadt der Region. Außer Grundmauern und Säulenstümpfen ist allerdings nur mehr wenig zu sehen, doch bietet das Museo Domus auf dem Gelände, die Rekonstruktion eines römischen Landhauses, eine informative Schau des Lebens in den Bergen Nordspaniens während der Römerzeit. Die hiesigen Funde sind hingegen zum Großteil ins Archäologische Museum von Santander gewandert, wo man auch die digitale Rekonstruktion der Villa rustica von Camesa bewundern kann, die man hier ausgegraben hat. Hübsch ist das romanische Kirchlein, das über Zwischenstadien Nachfolger der römischen Villa rustica wurde.

• *Öffnungszeiten/Übernachten* Villa rustica Camesa und Museo Domus Juli-Sept. tgl. 10-13.30, 16-19.30 Uhr geöffnet, im Winter Museo Domus und Villa rustica an Wochenenden zu diesen Zeiten; Eintritt 3 €, erm. 1.50 €; Infos ✆ 626 325932, www.culturadecantabria.com.

Kantabrien
Karte Seite 316/317

Leser Reinhard Adler empfiehlt das **Hotel Posada Villa Rosa** in Retortilla, eine komfortabel mit alten und modernen Möbeln eingerichtete Villa im Stil der späten Gründerzeit, DZ 55-90 €, Calle Héroes de la Guardia Civil 4, ✆ 942 754747, 📠 942 754405, www.villarosa.com.

Colegiata de Cervatos: Die romanische Klosterkirche des 12. Jh., etwa sechs Kilometer südlich von Reinosa gelegen, besitzt besonders am Portal reichen figuralen und ornamentalen Schmuck.

Picos de Europa (kantabrischer Bereich)

Schon wenige Fahrtminuten hinter der Küste ragen die Berge auf, kurz danach ist man umringt von Zweitausendern: Die Picos de Europa machen es möglich.

Der spektakuläre Bergzug, der ein Gebiet von ungefähr 40 Kilometer Länge und rund 20 Kilometer Breite einnimmt, stellt die höchste Erhebung des lang gezogenen *Kantabrischen Gebirges* (Cordillera Cantábrica) dar, das sich in Ost-West-Richtung vom Baskenland bis nach Galicien erstreckt.

Die Picos de Europa liegen im Grenzbereich der drei Autonomen Gemeinschaften León, Kantabrien und Asturien. Gegenüber des Hauptzugs des Kantabrischen Gebirges sind sie etwas gen Norden, also zur Küste hin, verschoben, und auch im Aufbau unterscheiden sich ihre Kalksteinberge deutlich vom Rest der Cordillera Cantábrica, der aus Schiefer oder Granit besteht. Karstphänomene wie unterirdische Flussläufe oder sogenannte Dolinen, trichterförmige Vertiefungen, die aus eingestürzten Höhlen entstanden, sind in den Picos deshalb häufig, und vom Sickerwasser ausgewaschene Höhlen werden gern als Reifekeller für Käse genutzt.

Zusammengesetzt sind die Picos de Europa aus insgesamt drei Massiven, die durch die Flussläufe des Río Duje und des Río Cares voneinander getrennt werden. Das *Macizo Oriental* (auch: Macizo de Ándara) im Osten ist das niedrigste der drei, steigt jedoch immer noch bis in Höhen von deutlich über 2400 Meter an und bildet so einen deutlichen Kontrast zur sanften Landschaft der Liébana in seinem Südosten. Das *Macizo Central* (Macizo de Urriello) in der Mitte des Gebietes besitzt das steilste Relief und die höchsten Gipfel der Picos, erreicht in der Torre Cerredo 2648 Meter. Zwischen diesem Massiv und seinem westlichen Nachbarn verläuft die faszinierende Schlucht Garganta de Cares, ein tiefer Canyon, der vom Río Cares gegraben wurde und durch einen Wanderweg bestens erschlossen ist – Näheres im Kapitel zu Asturien. Das *Macizo Occidental* oder Macizo de Cornión im Westen ist das ausgedehnteste der drei Massive und ragt in der Peña Santa de Castilla fast noch 2600 Meter hoch auf, fällt dabei jedoch gen Norden weniger schroff ab als das mittlere Massiv.

Die vielfältige Vegetation der Picos spiegelt zwar überwiegend den feuchten und milden atlantischen Einfluss, doch finden sich ebenso Zonen mit alpiner und, insbesondere im Südosten, mediterraner Flora. In den unteren Lagen wachsen Wälder aus Bergahorn, Eschen, Stieleichen, Kastanien und Linden, in trockeneren Gebieten wie dem Liébana-Tal auch Erdbeerbäume, Lorbeer und Steineichen. Oberhalb von etwa 800 Metern bestimmen vorwiegend Buchen das Bild, vereinzelt auch Eiben und Birken. In den subalpinen und alpinen Zonen gedeihen nur mehr widerstandsfähige Arten wie der Stechginster. Groß ist die Zahl der Blumen, insbesondere der Orchideen, von denen über 40 Spezies gezählt wurden. Leider wird heute, insbesondere im nördlichen Bereich des Gebirges, manche Weide nicht mehr bewirtschaftet und deshalb allmählich von Sträuchern und Heidekraut überwuchert. Auffälligste Vertreter der Tierwelt sind sicher die zahlreichen Greifvögel wie Gänsegeier und Steinadler, daneben die Gemsen, deren Bestand auf 8000 Tiere geschätzt wird. Die Picos sind auch reich an Schmetterlingen, darunter viele endemische, also nur hier vorkommende Arten. Wölfe leben zwar vereinzelt noch in den Wäldern, zu Gesicht bekommen wird man sie aber wohl nicht, einen Hirsch oder ein Wildschwein dagegen schon eher.

In diesem Abschnitt wird der Hauptzugang von der kantabrischen Seite über *Potes* beschrieben, ergänzt durch eine Südumfahrung des Gebirges, die bis hinüber in die Gemeinschaft León führt. Das kantabrische Gebiet ist touristisch relativ stark erschlossen, was neben den bekannten Nachteilen für die Natur und einem großen saisonalen Andrang auch seine Vorzüge hat: Die Auswahl an Unterkünften ist größer, und die besseren Verbindungen ermöglichen Ausflüge ins Hochgebirge, bei denen man nicht auf Übernachtung in Berghütten oder aufs Campen angewiesen bleibt. Spektakulärer und mit besseren Wandermöglichkeiten ausgestattet ist jedoch der Teil der Picos, der von Asturien her zu erreichen ist. Informationen zu Ausgangspunkten im Norden und im Westen finden Sie im Kapitel zu Asturien.

Nationalpark Picos de Europa: Auch um den Naturschutz war es in Asturien lange Zeit besser bestellt. Dort hatte man einen Teil der Bergregion schon 1918 als Nationalpark geschützt. Erst 1995 in Angriff genommen wurde dagegen das Projekt des grenzüberschreitenden, also auch Kantabrien und Kastilien-León einbeziehenden *Parque Nacional Picos de Europa*, der mit 64.660 Hektar der größte Europas ist. Schwierigkeiten bereiteten dabei nicht nur die örtlichen Landwirte, die um ihre Felder und Weiden fürchteten. Auch die Zusammenarbeit der einzelnen Regierungen gestaltete sich kompliziert. Kurioserweise hatte sogar die katalanische CiU Einspruch gegen den entsprechenden Gesetzentwurf eingelegt: Die traditionell sehr auf Eigenständigkeit der Regionen bedachte Partei sah die Kompetenzen der Autonomen Gemeinschaften gefährdet ... Aufhalten konnte jedoch auch sie das Projekt zum Glück nicht mehr.

- *Reiseplanung/Verbindungen* Die Busrouten orientieren sich stark an den Grenzen der Autonomen Gemeinschaften. Von der kantabrischen auf die asturische Seite und umgekehrt zu gelangen ist mit Umsteigen verbunden, die Anschlüsse sind sehr spärlich. Noch schlechter sieht es mit Verbindungen in die südliche, zu León zählende Zone aus. Wer mit Bussen unterwegs ist, entscheidet sich deshalb besser frühzeitig für die kantabrische oder asturische Seite. Autofahrer haben es da besser, können die drei Massive wahlweise im Norden (siehe Kapitel Asturien) oder Süden (siehe unten) umfahren.
- *Übernachtung* Zwar ist die Auswahl an Unterkünften groß, die sommerliche Nachfrage jedoch auch. Im Juli und August sowie an Wochenenden empfiehlt es sich sehr, zu reservieren oder zumindest möglichst früh am Tag auf die Suche zu gehen.
- *Wildes Zelten* Wildes Zelten ist im Nationalpark erlaubt, jedoch nur in Höhen über 1600 m und mit ein paar zusätzlichen Bedingungen: Zeltaufbau frühestens eine Stunde vor Sonnenuntergang, Abbau spätestens eine Stunde nach Sonnenaufgang, kein offenes Feuer, keine Fahnen, Wimpel o. Ä., keine Verwendung von Wasch- oder Desinfektionsmitteln.
- *Wandern* Für Touren in den Picos sind richtige Ausrüstung und Erfahrung unverzichtbar, schließlich bewegt man sich in einem

echten Hochgebirge. Bereits am frühen Nachmittag wird es auch bei gutem Wetter frisch. Eine besondere Gefahr bildet der Nebel, der binnen Minuten die Sicht auf wenige Meter reduzieren kann. Da generell stets die Gefahr schneller Wetterumschwünge besteht, ist es zudem ratsam, sich vor der Tour beim Hotelbesitzer oder Hüttenwirt nach den Wetterprognosen zu erkundigen und vor allem die geplante Route anzugeben. Eine Infrastruktur wie in den Alpen sollte man sich besser nicht erwarten. Die hiesigen Berghütten sind deutlich einfacher ausgestattet, besitzen beispielsweise oft keine Toiletten. Wegmarkierungen fehlen häufig; falls ein Weg gekennzeichnet ist, dann meist mit Steinmännchen, in den letzten Jahren verstärkt mit Farbe. Aufgrund der Geländebeschaffenheit können auch normale Wanderrouten da und dort unvorhergesehene Steilstücke mit ausgesetzten Stellen (Schwindelfreiheit!) beinhalten. Bezugsmöglichkeiten für Karten sind jeweils im Text angegeben; als Überblick und für leichte Spaziergänge mag der Maßstab 1:85.000 ausreichen, für längere Exkursionen empfiehlt sich jedoch der Maßstab 1:25.000 (mehrere Verlage, sehr brauchbar die Karten und Führer von Miguel Angel Adrados).

Desfiladero de la Hermida/Santa María de Lebeña

Zwei Leckerbissen landschaftlicher und kunstgeschichtlicher Natur, die bereits die Anreise in die Picos de Europa würzen.

Desfiladero de la Hermida: Die imposante, vom Río Deva ausgewaschene Schlucht, die von der N 621 auf dem Weg von der Küste nach Potes durchquert wird, ist insgesamt gut 15 Kilometer lang und nahezu eben, obwohl sie tief ins Gebirge führt. Etwa in ihrer Mitte bildet das Dorf *Hermida* den Treffpunkt vieler Angler, die im forellen- und lachs(!)reichen Fluss gute Fischgründe finden. Die Wände der Schlucht sind hier so eng, dass das unglückliche Dorf den Winter ohne jeden Sonnenstrahl überstehen muss.

Santa María de Lebeña: Am südlichen Ausgang der Schlucht liegt, in lieblicher Landschaft etwas östlich der Hauptstraße, das Dorf Lebeña. Das hiesige, trotz seiner geringen Größe dreischiffige Kirchlein Santa María stammt großteils aus den Jahren um 925, als die Baumeister noch von der maurischen Architektur beeinflusst waren. Trotz einiger späterer An- und Umbauten wie dem Glockenturm und dem Südportal gilt es als ein hervorragendes Beispiel dieses mozarabischen Stils. Besonders typisch sind die Hufeisenbögen im Inneren und die Balkenköpfe der Dachtraufen, die Säulen tragen korinthische Kapitelle.

Potes

Potes, erst auf knapp 300 Meter Höhe gelegen, ist der Hauptort der südlich angehauchten Landschaft Liébana, die abseits des atlantischen Einflusses ein deutlich trockeneres Klima besitzt als der Rest Kantabriens oder Asturiens: Stein- und Korkeiche zeugen von mediterranen Temperaturen.

Das offiziell gerade mal 1500 Einwohner zählende Städtchen, außerhalb des Nationalparks selbst gelegen, bietet einen guten Ausgangspunkt für Exkursionen und Touren im Deva-Tal und in den höheren Regionen des östlichen und des zentralen Massivs. Letzteres ist auch über eine Seilbahn ab *Fuente Dé* zu erreichen, einer Siedlung am Abschluss des Tals.

In seinem alten Zentrum um die Brücke über den Río Quiviesa bewahrt Potes noch weitgehend den traditionellen Baustil. Kleinere Häuser aus Naturstein herrschen vor, architektonische Auswüchse sind bislang selten. Dass der Ort

Ländlich geblieben: Potes

heute vor allem vom Fremdenverkehr lebt, ist im Sommer dennoch nicht zu übersehen – im Juli und vor allem im August ist Potes mehr als gut besucht, um nicht zu sagen überlaufen. Ein Problem ist der Durchgangsverkehr, er fließt zäh und lautstark durch den Ort – derzeit wird wieder einmal über einen Tunnel gemunkelt, der die Liébana mit Alto Campóo verbinden soll, was bereits Mitte der 90er als viel zu teuer verworfen worden war.

Information/Verbindungen

• *Information* **Oficina Municipal de Turismo**, Plaza Jesús de Monasterio, nach der Brücke am Busparkplatz; ✆ 942 730787. Öffnungszeiten tgl. 10–14, 16–20 Uhr, im Winter evtl. kürzer. **Officina de Información de Potes**, Information des Nationalparks an der Straße in Richtung Fuente Dé ca. 1 km außerhalb, Überblickskarte, Liste der Wanderwege, eher bescheiden, jedoch gute Beratung. Hier auch Tipps zu Berghütten (Refugios), die allerdings fast ausnahmslos nur im Sommer geöffnet sind.

• *Verbindungen* **Bus**: Haltestelle vor der Kirche. PALOMERA-Busse (✆ 942 880611) von/nach Fuente Dé fahren nur über Ostern und von Mitte Juli bis Mitte September, dann 2- bis 3-mal täglich; Bus bis Espinama ganzjährig. Busse von und nach Santander via Unquera und San Vicente de la Barquera verkehren je nach Saison 2- bis 3-mal täglich. Die Busse stoppen auch in Panes; ab dort 2-mal täglich Anschluss in die asturische Picos-Region (Arenas de Cabrales, Cangas de Onís). Busse nach León 1-mal täglich.

Kantabrien Karte Seite 316/317

Übernachten/Essen

Gute Auswahl, im Juli und August jedoch starker Andrang. Auch einige Bars vermieten Zimmer. Alternativen zu den Unterkünften in Potes bieten die Dörfer an der Talstraße nach Fuente Dé, besonders Cosgaya und Espinama (siehe unten).

** **Hotel Picos de Valdecoro**, angenehmes, gut ausgestattetes Haus am Ortseingang aus Richtung Panes, vor einigen Jahren renoviert, mit Parkplatz und Garten. Das gute, nicht zu teure Restaurant „Paco Wences" mit herzhafter Regionalküche (Tagesmenü 15 €) ist angeschlossen. DZ je nach Saison etwa 50–65 €. Calle Roscabado 5, ✆ 942 730025, ℻ 942 730315.

* **Hotel Casa Cayo**, nahe der Brücke, ordentlich und gut geführt, vor einiger Zeit re-

noviert. Hübsche, geräumige und rustikal eingerichtete Zimmer. Einziges Manko ist die Lage einiger Räume direkt über der sehr lebhaften und nicht zu überhörenden Bar – wer im zweiten Stock wohnt, hat damit keine Probleme. DZ/Bad knapp 50 €. Das sehr beliebte Restaurant glänzt mit guter Küche, Essen à la carte ab etwa 20 €, Tagesmenü ca. 15 €. Calle Cántabra 6, ✆ 942 730150, 📠 942 730119. In der selben Gasse noch weitere Restaurants und Bars.

** **Hotel Dolnar**, relativ neuer Bau im Ortszentrum noch vor der Brücke und etwas oberhalb gelegen (also recht ruhig). Für seine Kategorie komfortabel mit TV, die Zimmer mit großem Ehebett haben eine Sitzecke. DZ ca. 45–55 €. Calle Amapola s/n, ✆ 942 731054, www.dolnar.com.

** **Hostería Picos de Europa**, komfortabel und mit freundlicher Leitung, der Inhaber spricht sogar ein wenig Deutsch. Im Haus ist die Freizeitagentur „Euro Picos", man wird also kompetent beraten. Zimmer zur Straße mit schönem Blick auf die Picos, jedoch nicht ganz leise. DZ/Bad nach Saison knapp 50–65 €; Mitte Dez. bis Mitte März geschlossen. Calle San Roque 6, an der Abzweigung der Straße nach Riaño noch vor dem Ortszentrum, ✆ 942 730005, 📠 942 732 061, www.hotelpicosdeeuropa.net.

** **Pensión/Restaurant El Fogón de Cus**, gutes Restaurant mit angeschlossener Pension. Freundlicher, gesprächiger Chef, der selbst in der Küche steht; einfache, aber ansprechende Zimmer. DZ ohne Bad nach Saison etwa 30-40 €; interessantes Tagesmenü 9 €, das Degustationsmenü für 2 Pers. zu 50 € lohnt den Preis. Calle Capitán Palacios 2, an der Hauptstraße, ✆ 942 730060.

Cafetería Cantón (kein „Chinese"!), noch vor der Brücke links am Beginn eines steilen Sträßchens, beliebt wegen seines guten Tagesmenüs, das auch am Sonntag für 8 € zu haben ist, für diesen Preis darf's zum Hauptgang auch Forelle sein. Calle Doctor Relea s/n, ✆ 942 730930.

Rest. Refugio, im östlichen Ortsbereich, vor der Brücke. Gemütlicher Speiseraum, Gebirgsküche von Forelle bis Lamm. Prima Preis-Leistungs-Verhältnis, die soliden Portionen des üppigen Tagesmenüs sind die bescheidenen 8 € allemal wert. Hauptgerichte à la carte liegen noch darunter und sind schmackhaft zubereitet. Calle Obispo 6, von der Hauptstraße beim Restaurant „Cantón" bergauf.

• *In Turieno* (2,5 km in Richtung Fuente Dé) **Apartments Traldega**, im obersten Teil des Ortes, schöne Aussicht, Pool, Apts. auf 2 Stockwerken, Küche voll ausgestattet inkl. Mikrowelle und Waschmaschine; Apt. f. 2 Pers. ab 40 €, ✆ 942 732039.

• *In Lon (Camaleño)* 6 km Richtung Fuente Dé, dann rechts auf das Sträßchen bis zum Ort, die **Posada Siglo XXI** steht am Straßenende rechts. Hübsches Haus, sehr bemüht geführt, ein Landhotel mit Charme. DZ ca. 45–70 €, ✆ 942 733226, www.cantabria.com/posadasigloXXI.

• *Camping* **La Viorna** (1. Kat.), ortsnächster Platz, von Lesern gelobt. Terrassiertes Hanggelände mit schöner Aussicht auf die Picos, junge Bäume, Swimmingpool. Der Platz liegt etwa 1,5 km oberhalb des Ortes an der Straße zum Kloster Toribio; vom Zentrum Richtung Espinama, dann bald links. Geöffnet ist April–Oktober, p.P., Auto, Zelt je etwa 4 €. ✆ 942 732101, 📠 942 732021.

San Pelayo (2. Kat.), etwa vier Kilometer in Richtung Fuente Dé. Obstbäume bieten etwas Schatten, lauschiges Bar-Restaurant am Flüsschen; Infos zu Reittouren. Geöffnet Karwoche und April–Oktober, Preise etwas günstiger als oben; ✆/📠 942 733087, www.campingsanpelayo.com.

Sport/Touren

Potes bietet viele Möglichkeiten: Vom Veranstalter für Reitausflüge, Mountainbiketouren oder geführte Wanderungen bis zur Schule fürs Gleitschirmfliegen haben in den letzten Jahren eine Reihe Spezialbüros eröffnet, die aber manchmal ebenso schnell wieder verschwinden. Im Folgenden deshalb nur drei Adressen, die sich bereits seit Jahren etabliert haben; über weitere Agenturen informiert das Fremdenverkehrsamt. Besonders beliebt sind seit einigen Jahren ATV-Ausflüge mit den vierrädrigen Quads.

Picos Awentura, Calle Cervantes 3; ✆ 942 732 161, www.cantabria.com/picosawentura. Breites Angebot: Reit- und Geländewagenausflüge, „Quads", Gleitschirmfliegen, Canyoning (Schluchtdurchquerungen – jedoch nicht im Nationalpark), auch Unterkunftsvermittlung.

Europicos, große Agentur im Gebäude des Hostals Picos de Europa, Calle San Roque 6, 942 730724, ähnliches Angebot-.

Mountainbikes gibt es bei den genannten Agenturen sowie bei anderen Anbietern zu mieten. Die Preise beginnen bei etwa 13 € pro Tag, ein Vergleich kann sich lohnen.

Einkaufen/Feste

• *Einkaufen* **Wanderkarten** verkaufen Foto Bustamante und die Buchhandlung Librería Vela, beide direkt an der Hauptstraße gelegen.

Markt ist jeden Montag. Potes bildet das Marktzentrum der Umgebung. Auf dem Markt selbst wie auch in vielen Geschäften des Städtchens empfiehlt sich besonders der lokale Käse „Queso de Liébana", in der Regel aus einer Mischung aus Kuh-, Schafs- und Ziegenmilch hergestellt, einer von dreien mit Herkunftsbezeichnung, die in den kantabrischen Picos de Europa produziert werden. Weitere Spezialitäten der Region sind der gebrannte „Orujo", ein Schnaps aus Traubentrester ähnlich dem Grappa, der gerne auch mit Honig serviert wird, sowie der Süßwein „Tostaniego" (oder Tostadillo). Betriebsbesichtigung mit Kostproben von Oruja und Tostaniego bietet die Destillerie El Coterón an der Straße nach Fuente Dé, ca. 2 km nach Potes (www.elcoteron.com).

• *Feste* **Romería de la Nuestra Señora de la Luz**, 2. Mai, Wallfahrt zur gleichnamigen Kapelle in der Sierra Peña Sagra, zu erreichen über Aniezo, etwa neun Kilometer östlich von Potes.

Fiesta de la Virgen de Valmayor, Patronatsfest am 15. August.

Fiesta de la Sanctísima Cruz, mehrere Tage um den 14. September, das Hauptfest des Städtchens.

Sehenswertes

Torre del Infantado: Unter den historischen Gebäuden des Ortskerns ragt dieser Turm mit seiner markanten Form besonders heraus. Im 15. Jh. nicht als Festung, sondern erstaunlicherweise als Palast erbaut, beherbergt er heute das Rathaus (Ayuntamiento).

Tierische Missionsarbeit: der Ochse und der Bär

Beim Versuch, die einheimische Bevölkerung zu christianisieren, soll Toribio zunächst wenig erfolgreich gewesen sein. Daraufhin, so die Legende, zog er sich enttäuscht in die Berge zur Meditation zurück. Dort beobachtete er einen Ochsen und einen Bären, die auf Leben und Tod miteinander kämpften. Durch gutes Zureden konnte Toribio die beiden trennen und sie von den Vorteilen friedlichen Zusammenlebens überzeugen. Aus Dankbarkeit ließen sich die beiden Tiere gemeinsam unter ein Joch spannen und halfen Toribio, den Grundstein seines Klosters zu legen. Dieses Wunder gab auch den rauen Gesellen der Umgebung zu denken, und so traten sie einer nach dem anderen dem Christentum bei. Der Ochse und der Bär aber wurden in den Kapitellen der Hauptapsis der Klosterkirche verewigt.

Kantabrien
Karte Seite 316/317

Monasterio de Santo Toribio de Liébana: Das uralte Kloster liegt an einem Hang etwa drei Kilometer südwestlich oberhalb von Potes und ist über eine Fahrstraße zu erreichen. Gegründet wurde das Kloster bereits im 6. Jh. durch Toribio, den Bischof von Palencia.

Das Kloster besitzt ein seltenes Privileg: Immer wenn der 16. April, der Geburtstag des Heiligen Toribio, auf einen Sonntag fällt, wird ein „Heiliges Jahr" gefeiert, das sogenannte *Jubileo* (oder Año Santo Lebaniego), das bis zum 16. April des nächsten Jahres dauert. Nur während Heiliger Jahre wird die Pforte der Vergebung geöffnet, die romanische Puerta del Perdón, deren Durchschreiten von allen begangenen Sünden reinigt. Der Strom der Wallfahrer schwillt dann gewaltig an wie beim letzten Jubileo, das am 16. April des Jahres 2006 begann und bis zum 22. April 2007 dauerte.

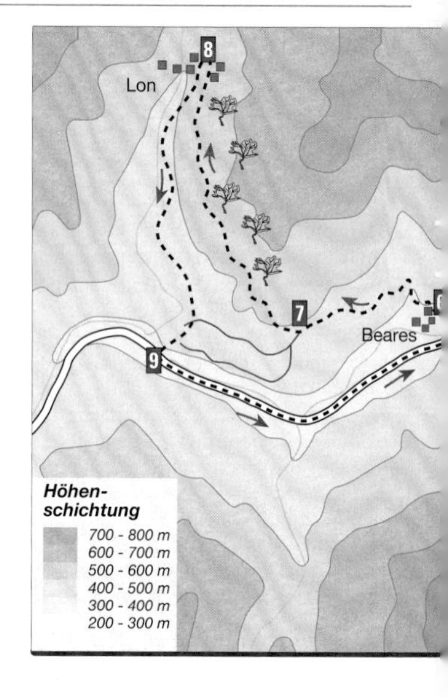

Berühmt wurde das Kloster durch den Besitz eines großen Holzstückes, des „Lignum Crucis", das vom Kreuz Christi stammen soll. Kunsthistorikern ist Santo Toribio dagegen vor allem durch den um 775 hier entstandenen illustrierten „Kommentar zur Apokalypse" bekannt. Die Originale dieses Werks des hiesigen Mönches Beatus sind leider verschollen, frühe Abschriften aber beispielsweise im Kathedralenmuseum von Girona in Katalonien zu sehen. Im Kreuzgang von Santo Toribio hängen nur einige Kopien.

Die dreischiffige Klosterkirche wurde im 13. Jh. errichtet, von der etwa ein Jahrhundert älteren Vorgängerin sind nur mehr zwei Portale erhalten. Eine nahe Kapelle des 17./18. Jh. birgt die kreuzförmige Holzreliquie, übrigens die größte ihrer Art. Sie wurde von Astorga hierher geschafft; der dortige Bischof soll sie im 5. Jh. bei einer Wallfahrt nach Jerusalem erhalten haben.

Tour 1: Radtour vom Kloster Liébana nach Lon^{GPS}

Tourinfos: Kurze Radtour, im Mittelteil Schiebestellen. Vom Kloster Santo Toribio de Liébana, das man von Potes aus auf guter Straße erreicht, geht es zuerst zu einem herrlichen Aussichtpunkt auf die Picos de Europa, dann auf gutem Fahrweg ins Tal. Jenseits auf einem Pfad etwas anstrengend bergauf und an den Fuß der Picos zum Dorf Lon. Auf der Zufahrtsstraße zurück ins Tal und evtl. auf gleichem Weg wieder hinauf zum Kloster (wenn man z. B. sein Auto dort stehen hat) oder auf der Straße zurück nach Potes. Diese Radtour ist auch gut als Wanderung zu machen, in diesem Fall geht man auf jeden Fall zum Kloster zurück, die Straße von und nach Potes ist für eine Fußtour nicht geeignet. *Dauer*: Beschriebener Weg ca. 1 ¼–2 Std., mit Anfahrt/Rückfahrt Potes ca. 1¾–2½ Std.; *Länge* ohne An-/Abfahrt ca. 11 km, mit An- und Abfahrt von/nach Potes ca. 16,5 km, mit Rückfahrt zum Kloster Liébana ca. 11,3 km; *Höhenunterschied*: 220 m, bei Rückkehr zum Kloster 380 m, ab und nach Potes 430 m; *Karte* IGN 1:50.000 16–6 (81) Potes; *Radtyp*: Mountainbike. In Lon Brunnen mit gutem Wasser, evtl. Getränke/Imbiss im Hotel Posada Siglo XXI.

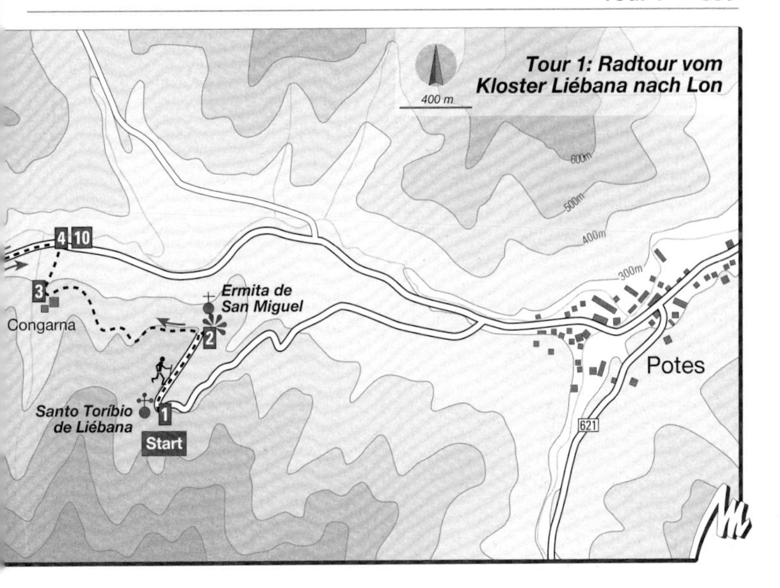

Vom Vorplatz des Klosters **Santo Toribio de Liébana (1)**, das man auf der üblichen Zufahrtsstraße erreicht hat (gut beschilderte Abzweigung von der Straße zwischen Potes und Fuente Dé), folgt man der asphaltierten Straße bis zu ihrem Ende an einem Aussichtspunkt **(2)**, der **Ermita de San Miguel**. Toller Blick auf das Tal und Potes, vor allem aber auf die gegenüber liegenden Picos de Europa. 50 m zurück zu einem nach Westen abzweigenden, hier betonierten Fahrweg (Schild „PR S7 S8 Camaleño 5 km 2 Uhr"). Flott runter zum Weiler **Congarna (3)**, wo man sich rechts wendet und hinunter zur Straße Potes – Fuente Dé kommt **(4)** (der in Congarna geradeaus weiter führende Fußweg, den man auch mit dem Mountainbike benutzen kann, war zum Zeitpunkt der Tour gesperrt und nicht begehbar). Nach links auf dieser Straße weiter, bis nach ca. 600 m auf der rechten Seite das Schild **„Beares"** auftaucht **(5)**, hier biegt man nach rechts in diesen Weiler ab. Rechts halten, von der Dorfmitte **(6)** am äußersten rechten Haus vorbei auf einen Fußweg, der hinter dem Haus nach links und dann holprig und steinig (großteils Schiebestrecke) den Hang hinauf führt. Alter Weg durch einen Korkeichenhain, immer wieder schöne Ausblicke auf die Südseite des Tales. Bei einer Gabelung, an der von links ein etwas größerer Weg heraufkommt, rechts halten **(7)** und nun auf mehr oder weniger gleicher Höhe etwas holprig, aber durchwegs fahrbar hinüber nach Lon, über dem man bereits die gewaltigen Felsmassen des Südabsturzes der Picos de Europa sich aufbäumen sah. In **Lon (8)**, einem bescheidenen Bergdorf, bietet sich Erfrischungspause bei einem Brunnen mit herrlich kühlem Wasser an, rechts ein Landhotel, aber keine Bar oder Kneipe.

Kantabrien Karte Seite 316/317

Panorama auf Tour 1: knapp vor Lon

Zurück auf der (schlecht) asphaltierten Zufahrtsstraße bis zur Talstraße **(9)**, dort nach links bis zu der Stelle, an der man vom Kloster kommend diese Straße erreichte **(10/4)**. Nun entweder wieder zum Kloster hinauf (wenn oben der Wagen steht, gibt es sowieso keine andere Option) oder einfach weiter, man ist Minuten später in **Potes**.

Santa María de Piasca: Etwa acht Kilometer südöstlich von Potes, zu erreichen über Cabezón de Liébana, liegt etwas abseits der Hauptstraße das 857 gegründete Kloster Santa María. Zwar sind die damaligen Gebäude restlos verloren, doch bewahrt die ab 1174 errichtete und 1439 fertiggestellte Klosterkirche kunsthistorisch bedeutsamere Details als ihr Gegenstück in Santo Toribio. Schön in romanischem Stil skulpturiert sind besonders das Hauptportal, die Seitenfiguren des Glockenturms und einige Kapitelle des „El Cuerno" genannten Südportals. Innen überwiegt gotischer Stil.

Von Potes nach Fuente Dé

Das Sträßchen von Potes nach Fuente Dé windet sich am Río Deva entlang und gewinnt dabei erst langsam, dann steiler an Höhe, überwindet auf 21 Kilometer Länge immerhin 800 Meter Höhenunterschied. Autofahrer sollten auf Pferde und Kühe achten, die, am liebsten hinter unübersichtlichen Kurven, unvermittelt die Straße überqueren oder auch gemütlich auf ihr entlangwandern. An der Strecke oder etwas abseits im Tal liegen kleine Dörfer, in denen die Vielzahl an Adelshäusern auffällt, kenntlich an den zahlreichen steinernen Wappenschildern der Fassaden.

▸ **Cosgaya**, etwa zehn Kilometer von Potes entfernt, hat sich wie viele Orte der Gegend in den letzten Jahren verstärkt dem Tourismus zugewandt. Geschadet hat es dem Dörfchen bisher wenig, zumal die meisten Neubauten sich der traditionellen Architektur angepasst haben.

• *Übernachten/Essen* *** **Hotel del Oso Pardo**, „Hotel zum Braunbären", zwei Bauten zu beiden Seiten des Río Deva, optisch angenehm aus Natursteinen errichtet, gut ausgestattet, mit Swimmingpool. Hervorragendes, dabei nicht einmal besonders teures Restaurant mit guter Weinauswahl und typischer Küche, bekannt für Eintopf „Cocido lebaniego" und Forelle, Tagesmenü 17 €. DZ/Bad nach Ausstattung und Saison etwa 60-70 €. Mitte Januar bis Mitte Februar geschlossen; ✆ 942 733018, 📠 942 733036, www.hoteldeloso.com.

Apartamentos rurales Rio Cubo, sehr gemütlich eingerichtete Ferienwohnungen auf zwei Stockwerken, freundliches Besitzerehepaar, eine Empfehlung von Leser Allan M. Schmid. Apartment für zwei Personen nach Saison ca. 50-60 €; auch Vierer-Apartments. ✆ 942 239390, www.riocubo.com.

Albergue Valdebaró, Camaleño (auf halbem Weg nach Cosgaya), „sehr schönes, sauberes Haus – Holz und Stein, freundl. Wirtsleute und leckeres Essen", schrieben Uta Klühe und Hansjörg Haller, DZ/F ab ca. 35 €, DZ/HP ab ca. 50 €, ✆/📠 942 733092, www.valdebaro.com.

▶ **Espinama**: Etwa 16 Kilometer hinter Potes, gibt sich das Dörfchen noch eine Spur ländlicher als Cosgaya – Holzbrücken, ein plätschernder Bach, gemächliche Kühe... Von Espinama kann man auf einem bei trockenem Wetter leicht begehbaren Jeep- und Mountainbike-Fahrweg, der zwischen Ost- und Zentralmassiv hindurchführt, in etwa fünf Stunden zum asturischen Sotres laufen. Umgekehrt landet man in Espinama, wenn man den einzig unschwierigen Weg nimmt, der an der Bergstation oberhalb von Fuente Dé über die Picos führt (siehe Tour 2).

• *Übernachten* * **Hostal Puente Deva**, eines von insgesamt drei Quartieren der Einstern-Kategorie. Ein gemütliches Restaurant ist angeschlossen. DZ/Bad kosten je nach Saison etwa 35–45 €, das übliche Preisniveau vor Ort. Carretera Fuente Dé, ✆ 942 736658, 📠 942 731043.

Fuente Dé

Etwa vier Kilometer hinter Espinama auf 1078 Metern Höhe gelegen und praktisch nur aus einer Talstation samt Busparkplatz, einigen Hotels und einem Campingplatz bestehend. Im Sommer herrscht kräftiger Andrang, werden Reitausflüge und Paragliding-Flüge angeboten. In der Nähe des Campings finden dann mehrmals täglich auch Dressurvorführungen von Adlern und anderen Greifvögeln statt.

Von Fuente Dé erklimmt die Seilbahn *Teleférico* in spektakulärer Weise die fast 800 Höhenmeter zur Bergstation „El Cable" auf 1834 Metern. Oben führt ein Weg durch karge Felslandschaft in etwa einer Stunde zum modernen *Hotel-Refugio Aliva*, das auch Übernachtungsplätze bietet. Statt mit der Seilbahn zurückzufahren, kann man auch auf einer Jeep- und Mountainbike-Trasse nach Espinama absteigen. Für die etwa elf Kilometer lange Strecke, die einen Höhenunterschied von über tausend Metern überbrückt, sollte man zu Fuß mit etwa vier Wegstunden rechnen. Besonders beliebt ist der Weg bei Mountainbikern, die aber über erhebliches Können verfügen müssen, um sturzfrei nach unten zu gelangen – viele steile, steinige Passagen, das Trekkingbike reicht *nicht*!

Wer gut ausgerüstet (!) ist, wird sich bei entsprechendem Wetter stattdessen vielleicht an der Besteigung der 2618 Meter hohen *Peña Vieja* versuchen wollen, eines der drei höchsten Gipfel der Picos de Europa (überragt nur noch von

Kantabrien
Karte Seite 316/317

Llambrión, 2642 m und Torrecerredo, 2648 m). Hin und zurück sind ebenfalls vier Stunden Weg zu rechnen, oben belohnt schöne Fernsicht die Mühe.

• *Betriebszeiten* der Seilbahn im Sommer täglich 9–20 Uhr, im Winter 10–18 Uhr. Die einfache Fahrt kostet etwa 6 €, Berg- und Talfahrt 10 €, Mitglieder alpiner Vereine (DAV, ÖAV, AVS, SAC etc.) erhalten ca. 20 % Ermäßigung. Zur Saison gibt es oft sehr lange Wartezeiten; dann sollte man am besten bereits vor der ersten Fahrt eintreffen. In den ersten Gondeln werden – wenn Platz ist – Fahrräder mitgenommen, dann sogar kostenlos, später (ab ca. 10.30 Uhr) keine Chance! ✆ 942 736610, www.cantur.com.

• *Übernachten/Camping* *** **Parador Río Deva**, großer Bau der Sechzigerjahre, nahe der Talstation. November bis Februar geschlossen. DZ nach Saison etwa 110 €. ✆ 942 736651, ℻ 942 736654, www.parador.es.

** **Hotel El Rebeco**, ebenfalls in der Nähe der Seilbahnstation, eine angenehme und preisgünstigere Alternative zum Parador. DZ knapp 55–65 €. ✆ 942 736601, ℻ 942 736 600, hotelrebeco@mundivia.es.

** **Hotel-Refugio Aliva**, etwa eine Stunde Fußweg von der Bergstation und nur von etwa Mitte Juni bis Mitte Oktober geöffnet, abhängig von den Wetterbedingungen. Oft ausgebucht, man kann sich aber schon an der Talstation über den Belegungsstand informieren. DZ kosten ab ca. 65 €, die Vollpension (keine anderen Verpflegungsmöglichkeiten!) kostet noch mal ca. 25 € p.P. ✆ 942 730999, ℻ 942 736610.

Camping/Refugio El Redondo (2. Kat.), im Gebiet oberhalb der Seilbahn. Landschaftlich schön gelegener Platz, die Nächte fallen der Höhenlage entsprechend mitunter allerdings recht frisch aus. Anfahrt für Wohnmobile und Caravans schwierig. Ein preiswertes Refugio mit Matratzenlager und ein kleines „Volkskundemuseum" sind angeschlossen. Geöffnet Juni bis September sowie über Ostern; Stellplatz etwa 11 €, p.P. etwa 5,50 €. ✆ 942 736699.

Tour 2: Mountainbiketour (oder Wanderung) von der Seilbahn-Bergstation Fuente Dé nach Espinama[GPS]

Tourinfo: Vielbefahrene Mountainbikestrecke von der Bergstation der Seilbahn ab Fuente Dé über die Berghütte Refugio de Aliva hinunter nach Espinama – einiges Können ist Voraussetzung, nichts für Anfänger, da streckenweise sehr steinig und holprig. Ebenfalls sehr schön als Wandertour, dann aber – wie die Radler auch – auf jeden Fall mit der ersten Bahn hinauffahren, da die Strecke ab den Mittagsstunden als 4WD-Spazierfahrt missbraucht wird. Im oberen Teil bewegt man sich über die gestuften Hochflächen der Picos de Europa, erreicht allmählich die Almenregion und geht dann ab der Engstelle „Portillas de Aliva" steil hinunter und zurück ins Tal bei Espinama. Den Ausgangspunkt Fuente Dé erreicht man von dort auf der Straße oder im ersten Stück auf einem Wanderweg über das Dorf Pido, evtl. auch mit dem Bus. Wer sich nicht an ein Auto gebunden hat und entweder mit dem Bus ankam oder bereits ab Potes die Straße hinauf radelte, hat eine rasante Rückfahrt nach Potes vor sich (eine Durchschnittsgeschwindigkeit von ca. 40 km/h ist gut drin).

Dauer mit dem Rad ca. 1 Std., zurück bis Fuente Dé ca. 1¼ Std., als Wanderung ca. 2½–3 Std., zurück nach Fuente Dé über Pido ca. 3½–4 Std.; *Länge*: 11,6 km, dazu kommt die Rückfahrt Espinama – Fuente Dé mit ca. 3,2 km, also insgesamt 14,8 km; *Höhenunterschied*: 100 m Aufstieg, 1050 m Abstieg; *Karten* IGN 1:50.000 Blätter 16–6 (81) Potes und 16–5 (56) Carreña-Cabrales; *Radtyp*: Mountainbike. Verpflegung und Getränke an der Bergstation „Cable" und im Refugio de Aliva (Cafetería) erhältlich, Wasser auch an einer Stelle zwischen Bergstation und Refugio. Bars, Restaurants etc. in Espinama.

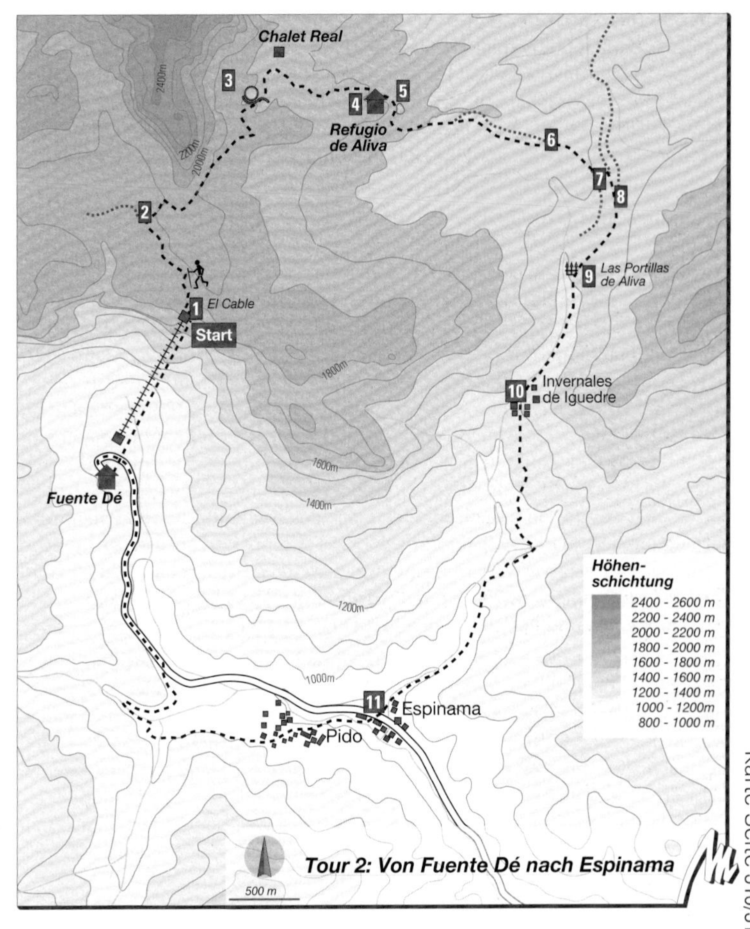

Tour 2: Von Fuente Dé nach Espinama

Kantabrien
Karte Seite 316/317

Radfahrer: Unbedingt die erste Seilbahn nehmen, dann ist der Radtransport nicht nur (nahezu) garantiert, sondern auch kostenlos, später am Tag möglicherweise kein Transport!

An der 1840 m hoch gelegenen **Bergstation der Seilbahn (1)** nimmt man den dort beginnenden Allrad-Fahrweg, vorausgesetzt, man kann sich vom spektakulären Tiefblick losreißen, den man von der Terrasse aus hat und ebenfalls vorausgesetzt, es herrscht nicht wieder mal einer jener üblen dichten Nebel, bei denen man bis gegen Mittag vergessen kann, etwas zu unternehmen (ab 11/12 Uhr wird es dann häufig traumhaft schön). Der Weg steigt leicht an, insgesamt sind etwa 100 Höhenmeter im Aufstieg zu bewältigen. Bei einer Abzweigung nach links **(2)** könnte man zu den Horcados Rojas und weiter über den zentralen Kamm der Picos wandern – wir bleiben jedoch auf dem Fahrweg. Ein schmales Joch wird erreicht, jenseits geht es auf ziemlich steilem Hang zunächst fast flach, dann in Kehren und recht steil weiter. Eine gefasste **Quelle (3)** lässt ihr Wasser locker über den Weg laufen. Das Stichsträßchen zum königlichen Chalet mit seiner Signalfarbe wird passiert (links). In einem Bergsturzgebiet – große Felsbrocken liegen über die hier nur noch mäßig gewellten Weiden verstreut – erreicht man dann das **Refugio de Aliva (4)**, das hotelmäßig ausgebaut wurde und außer in der Cafetería auch Hotelpreise verlangt.

Nach einer Erfrischung (wer kann schon widerstehen, hier eine vielleicht auch nur kurze Rast zu machen?) geht es weiter, entweder gleich am Haus vorbei und beim ein paar Meter weiter erreichten Fahrweg rechts, oder weiterhin auf dem Fahrweg, wo man sich 100 m weiter bei der Einmündung in einen weiteren Fahrweg für links (in Richtung Sotres) oder rechts (in Richtung Espinama mit Schild „GR 203 PR PN PE 24 Espinama“) entscheiden kann. Der Weg nach Sotres ist übrigens auch gut fahrbar. Also rechts weiter und über Weiden weiterhin mäßig bergab. Ein größerer Teich **(5)** bleibt links liegen, Abzweigungen nach links werden dreimal in Folge nicht beachtet (an den Punkten **6**, **7** und **8**). An einer durch ein Tor markierten Engstelle, den **Portillas de Aliva (9)**, geht es dann endgültig bergab, der Blick öffnet sich auf die Berge jenseits des Tales des Nevandi-Flusses. Knapp unterhalb passiert man das recht gut erhaltene Almdorf **Invernales de Iguedre (10)**. Der Fahrweg verläuft in Serpentinen weiter, tritt in den Wald ein und mündet schließlich im Dörfchen **Espinama**, wo man die Hauptstraße zwischen Potes und Fuente Dé erreicht **(11)**.

Rückfahrt: Die Straße nach Fuente Dé ist die schnellste Variante, wer dazu keine Lust hat oder zu Fuß unterwegs ist, nimmt den auf der anderen Straßenseite beginnenden, ein paar Dutzend Meter nach rechts versetzten Wanderweg in Richtung **Pido**. Über ein Brückchen gelangt man auf einen Waldweg, der nach Pido führt, von dort aus führt von den am Hang höchstgelegenen Häusern eine wenig befahrene Straße etwas weiter talaufwärts, sie mündet etwa 1,5 km unterhalb von **Fuente Dé**, den Rest des Weges muss man dann doch auf der Hauptstraße fahren oder gehen. Alternativ: Bus nach Fuente Dé, vorher in Potes erkundigen (in der Hauptsaison drei Busse pro Tag).

Südumfahrung der Picos de Europa

Eine Alternative zur nördlichen Umfahrung über Arenas de Cabrales, die im Kapitel Asturien beschrieben wird. Die landschaftlich besonders reizvolle Umfahrung im Süden führt teilweise durch die Autonome Gemeinschaft Kastilien-León und streift dabei einsame, abgelegene Gebiete.

Natürlich lassen sich beide Routen auch zu einer Rundreise kombinieren. Bei dieser kompletten Umrundung der Picos de Europa, die von Potes auf der Südroute nach Cangas de Onís und auf der nördlichen Umfahrung wieder zurück nach Potes führt (oder umgekehrt), legt man auf recht gut befahrbaren Straßen etwa 200 Kilometer zurück. Fahrern von Wohnwagengespannen und Wohnmobilen kann die Strecke aufgrund der starken Steigungen und der oft geringen Straßenbreiten allerdings nicht empfohlen werden.

Auf dem Puerto de San Glorio: Rückblick auf die Picos de Europa

Hinter Potes verläuft die schmale, kurvige N 621 zunächst im fruchtbaren Liébana-Tal nach Süden, wendet sich dann jedoch westwärts und steigt in vielen Kehren an. Unterwegs bieten sich häufig schöne Ausblicke.

Puerto de San Glorio: Der 1609 Meter hohe Pass bildet die Grenze zwischen Kantabrien und Kastilien-León. Von der Passhöhe lohnt sich ein Abstecher zum *Mirador de Llesba*, einem Aussichtspunkt, der einen wirklich fantastischen Blick nach Norden auf das Deva-Tal und die Picos ermöglicht. Er liegt am Ende einer rund zwei Kilometer langen, mit „Collado de Llesba" beschilderten Piste, die im Sommer meist befahrbar ist. Zumindest das letzte Stück allerdings geht man besser zu Fuß.

Richtung Posada de Valdeón: Jenseits der Passhöhe wirkt die Landschaft wilder als das liebliche Liébana-Tal. An vielen Stellen überziehen gelbe und bunte Flechten einzelne Felsen und sogar ganze Berghänge. Hinter dem kleinen Örtchen Llánaves de la Reina durchquert die Straße eine imposante Felsschlucht. Wenige Kilometer weiter geht es bei Portilla de la Reina dann rechts auf eine schmale Straße, die durch einsame Landschaften nordwärts führt. Am 1562 Meter hohen Pass Puerto de Pandetrave bietet sich erneut ein wunderbarer Blick auf die Picos, bevor sich die Straße zunächst in gut ausgebauten Windungen hinab in den stillen, traditionellen Weiler Santa Marina de Valdeón senkt und dann steiler und nunmehr als schmales, oft holpriges Sträßchen hinunter nach Posada de Valdeón.

• *Übernachten* ** **Hotel San Glorio**, an der Durchgangsstraße von Llánaves de la Reina, mit Restaurant. DZ knapp 50 €, im August rund 65 €. ✆ 987 740418, ✆ 987 740461. Weitere Übernachtungsmöglichkeiten an der Strecke gibt es in einer sehr schlichten Pension in Portilla de la Reina, die breiteste Auswahl in weitem Umkreis bietet jedoch Posada de Valdeón.

Posada de Valdeón

Das hübsche Bergdörfchen liegt fantastisch zu Füßen des mittleren und des westlichen Massivs, deren wild gezackte Felsgipfel ein wenig an die Dolomiten erinnern. Mit seinen 500 Einwohnern bildet der Ort eine Art lokales Versorgungszentrum im Süden der Picos de Europa. Im Hochsommer und an Wochenenden finden schon recht viele spanische Touristen den Weg nach Posada de Valdeón, außerhalb der Saison geht es dagegen deutlich ruhiger zu. Hauptattraktion des Dorfes ist seine Lage in der Nähe des Weilers Caín, der den südlichen Ausgang der berühmten Schlucht *Garganta de Cares* markiert. Wer den Canyon ab dem asturischen Poncebos (Details siehe dort) durchquert hat, findet in Caín und vor allem in Posada – beide gehören zur Provinz Kastilien-León – eine recht gute Auswahl an Übernachtungsmöglichkeiten. Für Reisende, die mit öffentlichen Verkehrsmitteln unterwegs sind, bietet sich dank einer sommerlichen, extra auf diese Wanderung zugeschnittenen Busverbindung die Durchquerung in der Gegenrichtung (von Caín aus) an. Mancher Ausflügler läuft aber auch nur ein Stück in die Schlucht hinein, die sich hier spektakulärer zeigt als an ihrem nördlichen Ende.

• *Information* **Oficina Administrativa y de Información del Parque Nacional**, die Verwaltungs- und Infostelle des Nationalparks für Kastilien-León. Im Sommer geöffnet Mo–Sa 9–14, 16–18.30, So/Fei 9–15 Uhr, im Winter kürzer und nur Mo–Sa. Das Büro bietet neben Informationen zu den Picos eine Videovorführung sowie geführte Touren. Travesía de los Llanos s/n, nahe der Straße Richtung Caín etwas oberhalb, ✆ 987 740549.

• *Verbindungen* **Bus**: Die Gesellschaft EASA bedient mit ihrer „Ruta del Cares" von etwa Ende Juni bis in den September auch Posada de Valdeón, die genauen Daten ändern sich leider jedoch immer wieder. In der Vergangenheit fuhren die Busse in manchen Jahren täglich, in anderen nur am Wochenende – erkundigen Sie sich bitte vor Ort. Zusteigemöglichkeiten zu der Linie bestehen u. a. ab den asturischen Ortschaften Oviedo, Arriondas, Cangas de Onís, Arenas de Cabrales, Llanes und Ribadesella; von Posada weiter nach Caín geht es dann zu Fuß oder per Kleinbus. Diese Verbindung ermöglicht die Durchquerung der Cares-Schlucht als Tageswanderung; abends Rückfahrt ab Poncebos am anderen Ende der Schlucht. Eine weitere Busverbindung ab Posada führt 1-mal täglich von/nach León.

• *Übernachten/Essen* * **Hotel Cumbres de Valdeón**, Neubau am westlichen Siedlungsrand, die erste Adresse vor Ort. Restaurant angeschlossen. DZ kosten knapp 40–45 €. Mitte Dez. bis Anf. Feb. geschl.; Carretera Soto de Valdeón, km 14; ✆ 987 742701, ℻ 987 742740.

** **Hostal Corona**, neuerer Bau unterhalb der Straße in Richtung Caín, für seine Kategorie anständig (kein TV), gute Bäder, die meisten Zimmer mit Balkon. DZ/Bad ca. 40–50 €. ✆ 987 740578, ℻ 740595.

** **Hostal Res. Campo**, nahe der Pensión Begoña, die praktisch das Ortszentrum markiert. Ordentliches Quartier, DZ/Bad nach Saison etwa 35–45 €. Carretera Cordiñanes s/n, ✆/℻ 987 740502.

* **Pensión Begoña**, wenige Schritte entfernt und im Besitz derselben Familie. Einfache, aber gepflegte und gemütliche DZ ohne Bad ab ca. 40 €, zu günstigerem Preis auch Einzel- als Doppelzimmer möglich. Duschen geht extra. Ein Tipp ist das zugehörige Restaurant, das zu passablen Preisen gute Menüs mit mehr als üppigen Portionen serviert. ✆ 987 740516.

• *Camping* **Camping El Cares** (2. Kat.), bei Santa Marina de Valdeón, von Posada de Valdeón rund vier Kilometer Richtung Potes. Geöffnet Juni bis September, p. P., Auto, Zelt je etwa 4,50 €. ✆ 987 270476, www.elcares.com.

Caín

Der Weiler liegt knapp zehn Kilometer nördlich von Posada am Ende eines zwar asphaltierten, aber sehr schmalen und kurvigen, teils auch steil abfallenden Sträßchens, das zudem kurz vor dem Örtchen noch einige zum Fluss hin ungesicherte Engstellen passiert – Autofahrer, die ihre Nerven schonen wollen, könnten ihr Gefährt auch schon hier parken. Die sehr reizvoll gelegene Siedlung selbst, eigentlich nur eine Handvoll Häuser am Rand der Zivilisation, ist Ausgangs- oder Endpunkt einer Tour durch die Schlucht Garganta del Cares, die im Abschnitt zu den asturischen Picos de Europa näher beschrieben ist. Wer nur einige Kilometer in die problemlos zu begehende Schlucht „hineinschnuppern" möchte, sollte sich mit festem Schuhwerk wappnen. In einigen feuchten, dunklen Tunnels leistet eine Taschenlampe wertvolle Dienste.

• *Übernachten/Camping/Essen&Trinken* Beide Hostals sind ordentliche, in den Neunzigerjahren eröffnete Quartiere, denen jeweils ein Restaurant angeschlossen ist. Beide sind von Mitte Oktober bis Mitte März geschlossen.

* **Hostal La Ruta**, der Schlucht am nächsten gelegen. DZ/Bad knapp 50 €, auch günstigere Zimmer ohne Bad. Travesía del Cares 15, ✆/📠 987 742702.

* **Hostal La Posada del Montañero**, fast direkt nebenan, nur sechs Zimmer. DZ/Bad kosten hier etwa 65–80 €; es gibt auch Drei- und Vierbettzimmer. ✆ 987 742711.

„Halbwilde" Campingmöglichkeit besteht gegen geringe Gebühr auf einer Wiese bei den Hostals. Ein offizieller Platz existiert nicht.

Im Ort gibt es mehrere Häuser die das Schild „Bar" oder „Restaurante" führen, sie bieten nur im Sommer sehr schlichte Kost zu weniger schlichten Preisen.

Weiter auf der Südumfahrung/Puerto de Panderruedas: Von Posada de Valdeón folgt die Straße zunächst dem Tal des Flüsschens Cares, steigt jedoch bald wieder stärker an und erreicht dann den 1450 Meter hohen Pass Puerto de Panderruedas. Von der Passhöhe, auf der einige Tische zum Picknick einladen, führt ein Wanderweg nach Norden in den Wald hinauf und erreicht nach wenigen Minuten (an einer Gabelung rechts halten) einen Aussichtspunkt mit Denkmal, der einen wunderbaren Blick auf das Cares-Tal und die Picos bietet. Auch längere Rundwege sind möglich.

Wenige Kilometer hinter der Passhöhe trifft die Straße auf die N 625 von Riaño nach Cangas de Onís. Etwas breiter als die bisherigen Sträßchen, aber immer noch sehr kurvig, führt sie durch schöne Landschaften nach Norden, passiert dabei den Aussichtspunkt Mirador de Piedrafitas, den 1280 Meter hohen Pass Puerto del Pontón und die lange, vom Río Sella tief in den Fels gegrabene Schlucht Desfiladero de los Beyos. Knapp 50 Kilometer hinter der Kreuzung ist Cangas de Onís erreicht, die „Hauptstadt" der asturischen Picos de Europa.

Wilde Osterglocken (bei Pares)

Asturische Variante: Haus mit Hórreo auf dem Dach

Asturien

+++ Covadonga, Ausgangspunkt der Reconquista +++ Keltisches Erbe, Dudelsäcke und Hórreos +++ Bohneneintopf und schäumender Apfelwein +++

Unter den Gemeinschaften der spanischen Nordküste nimmt Asturien eine Sonderstellung ein: Hier begann im 8. Jh. die christliche Rückeroberung, die Reconquista. Vielen Historikern gilt Asturien heute deshalb als „Wiege der spanischen Nation".

Die *Comunidad Autónoma Asturias* (Autonome Gemeinschaft Asturien) besteht aus einer einzigen Provinz gleichen Namens, die etwa doppelt so groß ist wie der östliche Nachbar Kantabrien. Nach Westen grenzt Asturien an Galicien, im Süden an Kastilien-León. Hauptstadt ist Oviedo.

Die **Landschaft** Asturiens wird vom reizvollen Kontrast zwischen Meer und Gebirge geprägt – bis auf das Becken um Oviedo ist praktisch ganz Asturien Bergland. Höhepunkt in jeder Hinsicht sind die *Picos de Europa* im Grenzgebiet zu Kastilien-León und Kantabrien, auf asturischer Seite bereits seit 1918 als Nationalpark ausgewiesen. Nicht ganz so bekannt wie die Picos, aber dennoch von großer landschaftlicher Schönheit sind die küstennahe *Cordillera del Sueve* zwischen Ribadesella und Villaviciosa, Heimat der halbwilden Pferde „Asturcones", und der Naturpark *Parque Natural de Somiedo* weit im Süden Asturiens an der Grenze zur Gemeinschaft Kastilien-León.

Trotz der Industrialisierung mancher Bereiche ist Asturien überwiegend landwirtschaftlich strukturiert geblieben, sind Viehhaltung, Obst- und Maisanbau noch wirtschaftliche Stützen. Oder waren es, denn Asturien ist die einzige spanische Region, deren Bevölkerung ständig abnimmt, sowohl durch Abwanderung als auch Überalterung. Wer von Osten kommt, wird hier wahrscheinlich erstmals auf die *hórreos* stoßen, oft jahrhundertealte Obst- und Getreidespeicher, die zum Schutz vor Nässe und Schädlingen auf Pfeiler gestellt sind. Anders als im benachbarten Galicien sind sie in Asturien meist aus Holz und bunt bemalt.

Größere **Städte** zählt Asturien nur wenige. Die Hauptstadt *Oviedo* wie auch *Gijón* und *Avilés*, die mit ihren Autobahnverbindungen ein „Y" formen, sind von eingeschränktem Reiz, bilden sie doch die Industrieregion Asturiens: Kohle, Eisen, Maschinenbau, die Altstädte sind jedoch durchaus besuchenswert. Schöner anzusehen sind die kleineren Städtchen der Küste wie *Llanes* und *Ribadesella*, in dessen unmittelbarer Umgebung die Tropfsteinhöhle *Cueva Tito Bustillo* eine besondere Attraktion darstellt: Sie birgt prähistorische Felszeichnungen, die noch älter sind als die von Altamira, vor allem aber ist sie im Gegensatz zu den weltberühmten kantabrischen Höhlen für die Öffentlichkeit zugänglich. Weitere hübsche Küstenstädtchen sind das winzige *Cudillero* und *Luarca*, das besonders reizvoll an einer Flussmündung liegt.

Badeplätze finden sich an der treffend „Grüne Küste" genannten *Costa Verde* reichlich. Rund 350 Kilometer Länge misst die asturische Küstenlinie. Steile Felsabstürze und Sandstrände wechseln sich ab. Wie generell in Nordspanien, sind allerdings auch in Asturien die Badefreuden stark dem Klima unterworfen. Genussvoll ist der Sprung in die Fluten bei Temperaturen um die 20 Grad nur von Juli bis in den September. Aufgrund hoher Abwasserbelastung ist das Baden im Großraum Gijón/Avilés mit Vorsicht zu genießen.

In Kürze: Asturien

Fläche: 10.604 Quadratkilometer
Einwohner: 1.076.000, das entspricht einer Bevölkerungsdichte von 101,5 Einwohnern pro Quadratkilometer.
Schöne Orte: Llanes, Ribadesella, Cudillero, Luarca, die Altstadt von Oviedo; mit Abstrichen auch die Altstadt von Gijón.
Reizvolle Landschaften: Die Gebirgsregionen des Binnenlandes, ganz besonders die Picos de Europa, der Naturpark Somiedo, die Costa Verde.
Internet-Infos: www.infoasturias.com

Geschichte

Anders als der östliche Nachbar Kantabrien, der ja historisch zu Altkastilien zählt, kann Asturien eigene geschichtliche Wurzeln für sich reklamieren – hier begann die spanische Reconquista.

Ursprünglich von Kelten abstammend, war die Bevölkerung Asturiens schon immer freiheitsliebend und setzte fremden Eroberern hart zu, was Römer und auch Westgoten zu spüren bekamen. Als ab 711 mächtige maurische Heere in weniger als einem Jahrzehnt fast ganz Spanien überrollten, konnte sich Asturien, wie auch die Bergregionen Galiciens und des Baskenlandes, weitgehend die Unabhängigkeit bewahren. Zu wütend war die Verteidigung der westgotischen asturischen Fürsten, zu gering allerdings wohl auch das maurische Interesse an der schwer zugänglichen Gebirgswelt.

Asturien
Karte Seite 370/371

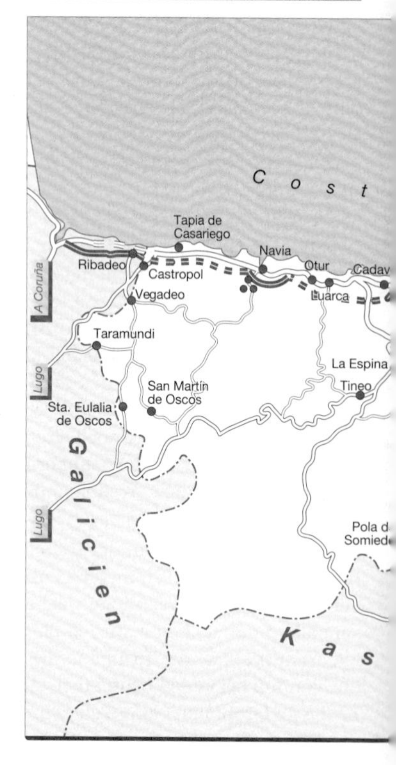

Vielleicht ein Fehler, denn genau dort formierte sich nun der christliche Widerstand. Die *Schlacht von Covadonga* 722, in der ein asturisches Heer unter dem Fürsten Don Pelayo erstmals eine maurische Truppe besiegte, war wohl eher ein kleines Scharmützel, gilt aber als Beginn der christlichen Rückeroberung. Im gleichen Jahr noch wurde das Königreich Asturien ausgerufen. Um 750 gelang es König Alfons I., seinen Herrschaftsbereich um Kantabrien, Galicien und Teile Altkastiliens zu vergrößern. Die neue Ausdehnung machte es unter Alfons III. (866–910) nötig, den Hof weiter nach Süden zu verlegen. León löste Oviedo als Hauptstadt des nunmehr Asturien-León genannten Königreichs ab.

Der frühen Rückeroberung des Gebietes von den Mauren zu einer Zeit, da fast ganz Spanien noch von ihnen besetzt war, ist ein ganz eigener Baustil zu verdanken: Die *asturische Präromanik*, ein Nachfolger der westgotischen Architektur, entwickelte sich vom späten 8. bis ins frühe 10 Jh. praktisch ohne Berührung mit anderen frühen Bauformen der Christenheit. Besonders um die Hauptstadt Oviedo sind einige der charakteristischen kleinen Steinkirchen erhalten geblieben.

Im 11. und 12. Jh. ging Asturien-León mehrmals und nicht immer freiwillig eine Union mit der jungen Krone Kastiliens ein, die 1230 endgültig die Oberhoheit übernahm. Ein Trostpflaster ließ man den Asturiern: Ab dem 14. Jh. schmückten sich Kastiliens Regenten mit dem Titel „Prinz von Asturien". Heute noch ist Asturien in gewisser Weise ein Fürstentum: *Principado de Asturias* darf sich die Autonome Gemeinschaft auch offiziell nennen.

In den wirren Jahren der Zweiten Republik waren vor allem die in den Tälern der Flüsse Nalón und Caudal gelegenen Minengebiete Asturiens ein Hort der Sozialisten. Den Rechtsruck nach den Wahlen vom Oktober 1934 beantworteten die Gewerkschaften mit dem Ausrufen von Generalstreiks, die von der neuen Regierung mit Waffengewalt unterdrückt wurden. Traurige Bilanz der Gefechte, in denen die von Franco befehligten Regierungstruppen wahre Blutbäder anrichteten, waren 3000 Tote und über 7000 Verletzte. Nach dem Spanischen Bürgerkrieg (1936–39), der auch in Asturien viele Opfer forderte, wurden Teile der unzugänglichen Bergregionen zur Zuflucht antifrankistischer Guerillakämpfer.

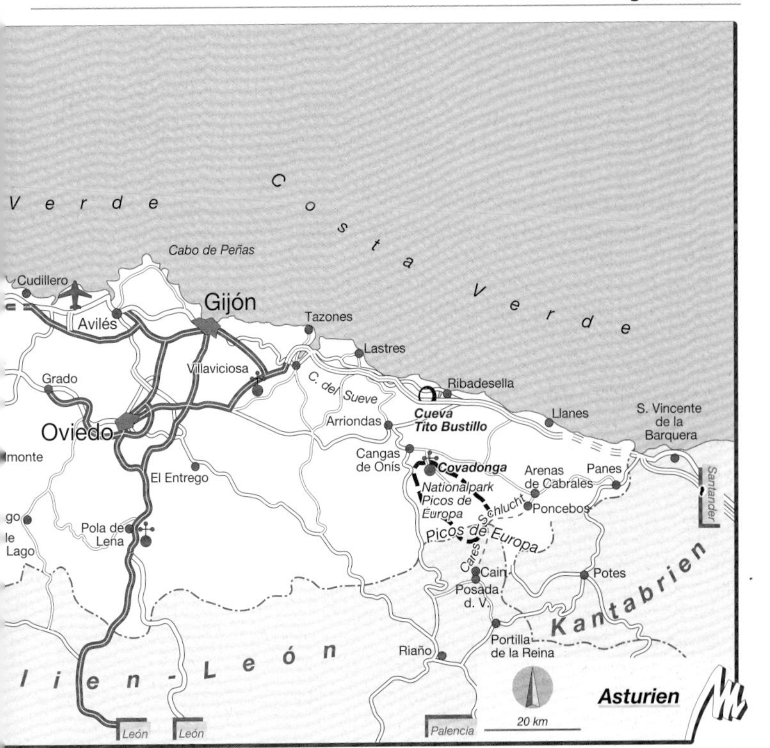

Verbindungen

Zug: Die Staatsbahn RENFE bedient auf einer einzigen Linie von Madrid via León nur den Raum Oviedo, Gijón und Avilés. Die Strecke allerdings hat es in sich: zwischen León und Oviedo liegen rund 90 Tunnels und tolle Fernblicke. Eine schnelle AVE-Verbindung über León nach Madrid ist in Planung, der Basistunnel steht kurz vor Arbeitsbeginn.

Die Schmalspur FEVE verläuft, aus Richtung Bilbao kommend, im Osten küstennah, biegt aber bei Ribadesella landeinwärts nach Oviedo ab. Dort beginnt eine weitere FEVE-Linie ins galicische Ferrol, die ab Cudillero wieder parallel zur Küste läuft; Anschlüsse zu dieser Linie bestehen auch ab Gijón. Generell sind die Frequenzen auf Langstrecken gering. Die Züge fahren nur 2–3x täglich, Kurzstrecken werden häufiger bedient.

Bus: Die asturischen Busse bieten schnellere und häufigere Verbindungen als die Bahn. Hauptagentur innerhalb Asturiens ist ALSA, in der zahlreiche Untergesellschaften aufgegangen sind, darunter EASA, die für den Osten der Region samt Picos de Europa zuständig ist.

Autobahnen: An der Küsten-Autovía wird derzeit noch gebaut, bis Ende 2008/Frühjahr 2009 dürften auch die letzten Teilstücke fertiggestellt sein.

Asturien
Karte Seite 370/371

Feste

Wie überall in Nordspanien bewahren auch die asturischen Feste viel traditionelles Erbe. Dudelsäcke und manche Tänze erinnern an die keltischen Wurzeln, und mit etwas Glück hört man noch die Lokalsprache Bable.

Asturische Feste – eine Auswahl

Fiesta del Bollú, Ostersonntag und Ostermontag in Avilés. Traditionell werden die Butterkuchen „Bollú" gegessen, dazu gibt es Weißwein.

Fiesta de los Huevos Pintos, „Fest der bemalten Eier", am Dienstag nach Ostern in Pola de Siero, im Gebiet östlich unweit von Oviedo.

Fiesta de San Pedro, am 29. Juni, im Küstendorf Cudillero.

Festival de la Sidra Natural, am zweiten Samstag im Juli, großes Apfelweinfest in Nava, östlich von Oviedo an der N 634.

Fiesta del Pastor, 25. Juli, großes „Schäferfest" im Nationalpark Covadonga.

La Vaqueirada, letzter Sonntag im Juli; Fest der Wanderschäfer bei Luarca.

Jira al Embalse de Trasona, bedeutende Wallfahrt zum Stausee Trasona südöstlich von Avilés. Wechselnde Termine im Sommer, oft mehr als 30.000 Teilnehmer.

Descenso Internacional del Sella (Fiesta de las Piraguas), Kanurennen zwischen Arriondas und Ribadesella, Fiestas in beiden Städten: das bedeutendste Fest Asturiens. Es findet in der Regel am ersten oder zweiten Samstag im August statt.

Día de Asturias, am ersten Augustsonntag in Gijón. Der „Tag Asturiens" wird mit Wagenprozession, Tänzen etc. begangen.

Descenso a nado de la Ría de Navia, wechselnde Termine um den 12. August, ein Schwimmwettbewerb im Fluss bei Navia.

Nuestra Señora del Rosario, am 15. August in Luarca, unter anderem mit einer Meeresprozession.

Fiestas de San Roque, um den 15./16. August in Llanes, ein Fest, bei dem viele überlieferte Tänze zu sehen sind.

La Regalina, am letzten Augustsonntag in Cadavedo bei Luarca, ein sehr traditionsbewusstes Fest.

Toros en el Mar, am 14. September in Candás, nordwestlich von Gijón, mit großem Stiertreiben am Strand.

Fiesta de San Mateo, am 21. September, der wichtigste Tag der Fiesta von Oviedo, die schon eine Woche vorher beginnt, ein weiterer Höhepunkt ist der 19. September, wenn Oviedo seinen Día de América feiert.

Romería de los Santos Mártires de Valdecuna, am 27. September, bei Mieres, südlich von Oviedo. Eine der ältesten Wallfahrten Asturiens.

Fiesta de los Humanitarios, am 11. November, Moreda-Aller. Mit deftigem Fabada-Essen und einer Messe im asturischen Dialekt „Bable".

Küche und Keller

Die asturische Küche spiegelt die Nähe von Meer und Gebirge. Ihr Paradegericht, die spanienweit berühmte *fabada asturiana*, kommt aus dem Hinterland: ein deftiger Eintopf aus dicken weißen Bohnen, Würsten und Schweinefleisch. Den Bergregionen verdankt Asturien auch seine nicht minder gerühmten Käsesorten, allen voran den *queso de Cabrales*, ein köstlicher, durch eine Denominación de Origen herkunftsgeschützter Blauschimmelkäse ähnlich dem Roquefort. Er stammt aus dem Gebiet von Arenas de Cabrales in den Picos de Europa, wird oft aus einer Mischung von Kuh-, Schafs- und Ziegenmilch hergestellt und gern zum Kochen verwendet. Weitere berühmte Käse sind der *queso de Gamonedo* und der *queso de Peñamellera*, doch existieren neben den bekannten Namen noch zahllose lokale Sorten. In den Bergen zuhause sind auch Fleischgerichte wie *callos* (Kutteln) und Würste wie *chorizo* (gewürzt mit Paprika, Knoblauch und Majoran) und die variantenreiche *morcilla* mit Zwiebeln und Paprika. Beide sind unverzichtbarer Bestandteil jeder Fabada. Weitere hochgeschätzte Wurstspezialitäten Asturiens sind die *choscos*, eine Wurst aus Lenden- und Zungenstücken und die großen *botillos*, ähnlich den Chorizo-Würsten, aber stärker gewürzt.

Hoch die Flaschen: Sidra, der asturische Apfelwein

Asturien und Kantabrien sind die einzigen spanischen Regionen, die keinen Wein produzieren. Im feuchten Norden rühmt man sich dafür eines ganz eigenen Getränks: Apfelwein, Sidra, ist der charakteristische Durstlöscher Asturiens. Getrunken wird er vornehmlich in den darauf spezialisierten Kneipen, *sidrerías* oder auch *chigres* genannt. Dort lässt sich auch die komplizierte Einschenkprozedur gut beobachten, bei der es gilt, die Flasche möglichst hoch über den Kopf und das Glas ganz tief zu halten, damit der Sidra schön schäumt. Der fast artistische Vorgang ist ein Fall für Spezialisten und wird meist vom Kellner ausgeführt; bei manchen Festen lassen sich sogar regelrechte Wettbewerbe im Sidra-Einschenken beobachten. Serviert (und dann in einem Schluck getrunken) wird jeweils nur eine geringe Menge, da das Getränk sonst schnell schal wird. Völlig geleert wird das Glas nie – der verbleibende kleine Rest dient zum Spülen, bevor wieder aufgefüllt wird. Übertreiben sollte man den Genuss nicht: Sidra ist mit einem Alkoholgehalt von ungefähr sieben Prozent zwar leichter als Wein, aber stärker als Bier. Übrigens hat das Regionalgetränk auch in der Küche seinen Platz: „Merluza a la sidra", Seehecht in Apfelweinsauce, ist auf vielen Speisekarten zu finden. Wer noch tiefer in die Materie eintauchen will, findet sogar ein spezialisiertes Museum: Im „Museo de la Sidra" (Mo geschlossen) in Nava, etwa 30 Kilometer östlich von Oviedo, dreht sich alles um den Apfelwein.

Die Küste liefert reichlich Fisch wie den hier *pixín* genannten Seeteufel, außerdem eine Fülle an Meeresfrüchten. Besonders deutlich wird deren Vielfalt im Meereseintopf *caldereta asturiana*, einer Mischung aus Fisch, Meeresfrüchten, Zwiebeln, Paprika und Tomaten, gewürzt mit Weißwein, Petersilie und Muskatnuss. Vereint sind Meer und Gebirge schließlich in den *fabes con almejas*, der ungewöhnlichen Kombination weißer Bohnen mit Venusmuscheln.

Beliebteste Nachspeise der asturischen Küche ist der süße Reis *arroz con leche*; andere Spezialitäten für Leckermäuler sind die Nusstaschen *casadielles*, die Crêpe-ähnlichen *frisuelos*, die likörgetränkten, „betrunkenen" *borrachínes* und verschiedene Apfel-, Walnuss- und Mandelkuchen.

Asturien
Karte Seite 370/371

Heile Bergwelt: See in den Picos de Europa

Picos de Europa (asturischer Bereich)

Der zu Asturien zählende Bereich der Picos de Europa ist das wohl interessanteste Gebiet dieses Hochgebirges, das sich die Region Asturien mit Kastilien-León und Kantabrien teilt.

Die Picos de Europa bilden den höchsten Abschnitt des Kantabrischen Gebirges. Zusammengesetzt sind sie aus drei Massiven: dem östlichen *Macizo* Oriental, auch Macizo de Andara genannt, dem mittleren *Macizo Central* (auch: Macizo de Urrielo) und dem westlichen *Macizo Occidental* oder Macizo de Cornión.

In diesem Abschnitt werden die Zugänge von der asturischen Seite beschrieben, die von *Cangas de Onís* und *Arenas de Cabrales* aus vor allem das westliche und das mittlere Massiv erschließen. Einen landschaftlichen Höhepunkt bildet das Gebiet um die Gebirgsseen Lago Enol und Lago Ercina. Weiter östlich führt eine der schönsten Wanderungen der Picos durch die spektakuläre Schlucht *Garganta del Cares*, die das westliche und das mittlere Massiv voneinander trennt.

- **Allgemeine Informationen zu den Picos de Europa**, zu dem erst 1995 ausgewiesenen, die Grenzen der einzelnen Comunidades übergreifenden Nationalpark sowie Details über den kantabrischen Bereich und über eine Südumfahrung des Gebirges finden Sie weiter vorne im Kapitel „Picos de Europa (kantabrischer Bereich)".
- **Organisierte Touren, Freizeitsport:** Die Anbieter organisierter Touren und organisierten Freizeitsports in der Region sind zusammengefasst in der Asociación

de Empresarios de la Comarca Asturiana de Picos de Europa, **INCATUR**, Plaza de Ayuntamiento 1, Cangas de Onis, ✆ 985 947309, ℻ 947112, www.picosde europa.com.

Arriondas (Parres)

Das kleine, auch unter dem offiziellen Gemeindenamen Parres bekannte Städtchen an der N 634 liegt noch etwas außerhalb der Gebirgsregion selbst. Von touristischer Bedeutung ist Arriondas vor allem als Verkehrsknotenpunkt und als Ausgangsort von Kanufahrten auf dem Río Sella, die von mehreren Firmen angeboten werden und auch Anfänger vor keine unüberwindlichen Probleme stellen sollten; die Befahrung ab Cangas de Onís hingegen bleibt den Könnern vorbehalten. Mit dem feuchten Sport verbunden ist auch das bedeutendste Fest Asturiens, ein großes Kanurennen, das alljährlich im August zwischen Arriondas und Ribadesella stattfindet.

• *Verbindungen* **Zug**: Mit der FEVE nach Oviedo 4x täglich, Ribadesella/Llanes 4x, Santander 2x täglich.

Bus: Busstation unweit des Bahnhofs. ALSA von/nach Oviedo etwa stündlich, Ribadesella/Llanes 10x, Cangas de Onís ebenfalls 10x, Covadonga 4–5x, Arenas de Cabrales 4x täglich.

• *Übernachten/Camping* *** **Hotel Posada del Valle**, gemütliches kleines Hotel in ländlicher Lage knapp drei Kilometer nördlich des Ortes, guter Standort für Abstecher in die Picos und in die nahe Cordillera del Sueve. Ein Lesertipp von Imke und Dieter Desel: „Das Haus von 1890 wurde vom englischen Ehepaar Nigel und Joan Burch liebevoll renoviert und wird sehr persönlich geführt. Joan, eine gelernte Köchin, bietet auch preisgünstige Abendessen an, Nigel gibt interessante Vorschläge für Wanderungen und Autotouren." DZ/Bad nach Saison rund 65–75 €. November bis März geschlossen. Beim Dorf Collía, von Arriondas über die A 260 nach Norden, dann rechts ab; ✆ 985 841157, ℻ 985 841559, www.posadadelvalle.com.

** **Hostal María Isabel**, anständiges Hostal mit Restaurant (Menü ca. 9 €), offen April bis Mitte Okt. DZ ca. 50–60 €. Calle Argüelles 41, ✆/℻ 985 840143.

Jugendherberge Albergue Juvenil Arriondas, mit angeschlossener Kanuschule. Calle El Barco 12, ab den Bahnhöfen beschildert; ✆ 985 841282, www.piraguismo.com.

Camping Sella (2. Kat.), nahe beim Ort gelegen, offiziell ganzjährig geöffnet. Preis p.P. 5,50 €, Zelt 5 €, Auto knapp 5 €. Carretera Santianes s/n, ✆ 985 840968, ℻ 985 840132, www.campingsella.com.

• *Essen* **Rest. Casa Marcial**, etwa vier Kilometer nördlich von Arriondas, nicht weit vom Hotel Posada del Valle. Nobles Lokal, dessen neue asturische Küche mit einem Michelinstern geschmückt ist. Drei Gänge à la carte ab etwa 35 €. Von Ostern bis Okt. So-Abend und Mo geschlossen, im restlichen Jahr nur mittags geöffnet, außer Fr/Sa. La Salgar 10, ✆ 985 840991. Ebenfalls einen Michelinstern hat das **Rest. El Corral del Indianu**, Avda. de Europa 14, ✆ 985 841072 bei höherem Preisniveau (3 Gänge ab ca. 50 €), So-Abend, Mi-Abend und Do geschl. (außer im August).

• *Sport* **Kanutouren** (Verleih und Transport) werden von diversen Anbietern offeriert, zum Beispiel "Jaire" in der Calle Juan Carlos I. 14 unweit des Busbahnhofs und in der Avda. Covadonga 14 in Cangas de Onís, Info und Buchung für beide ✆ 985 841464, Mobil-✆ 617 624571, www.jairecanoas.com. Die Tour bis Ribadesella, für die weder besondere Vorkenntnisse noch eigene Ausrüstung nötig sind, dauert etwa vier bis fünf Stunden, Richtpreis p.P. etwa 23 €. Kanufahrten, Canyoning (ab 36 €) und begleitete Berg- und Klettertouren bietet Montañas del Norte, Plaza del Cañón 8, El Muelle, ✆ 985 8431035, www.montanasdelnorte.com. Beide bieten auch Höhlenerkundung an (ab ca. 22 €).

• *Feste* **Descenso Internacional del Sella**, auch „Fiesta de las Piraguas" genannt, am ersten oder zweiten Samstag im August. Das Kanurennen auf dem Río Sella führt von Arriondas bis zur Mündung in Ribadesella. In beiden Städten finden große Fiestas statt, Zuschauer können das Rennen per Zug auf der parallel zum Fluss verlaufenden FEVE-Linie begleiten.

Asturien
Karte Seite 370/371

Cangas de Onís

Die „Hauptstadt" der asturischen Picos de Europa zählt zwar kaum über 6000 Einwohner, bildet aber den besten Ausgangspunkt für Touren im westlichen Massiv.

Nach dem Sieg über die Mauren beim nahen Covadonga 722 wurde Cangas de Onís für einige Jahrzehnte zur ersten echten Hauptstadt Asturiens. Heute ist das Städtchen immerhin noch die größte Siedlung der asturischen Picos, gleichzeitig das lebendige und im August sogar überlaufene touristische Zentrum der Region. Es besitzt die besten Verkehrsanschlüsse der Umgebung und eine relativ gute Auswahl an Übernachtungs- und Einkaufsmöglichkeiten. Das Stadtbild von Cangas de Onís allerdings präsentiert sich zwiespältig. Der Ort wirkt durchaus gemütlich, eine Schönheit aber ist er nicht mehr unbedingt, da sich in den letzten Jahrzehnten doch allzuviele mehrstöckige Apartmentblocks zwischen die traditionellen alten Häuser gezwängt haben.

Information/Adressen/Verbindungen

• *Information* **Oficina de Turismo**, ✆ 985 848005. Beim Rathaus am Hauptplatz Plaza de Ayuntamiento nahe der Hauptstraße, geöffnet Di–Sa 10–14, 17–19.30 Uhr; im Juli und August täglich 10–22 Uhr.

Centro de Interpretación Casa Dago, eine Informationsstelle der Nationalparkverwaltung, an der Hauptstraße in Richtung Covadonga, Avda. Covadonga 43, ✆ 985 848614, www.cangasdeonis.com. Mit kleiner Ausstellung, Videovorführung und Verkauf von Wanderkarten. Geöffnet täglich 9–14, 16–18.30 Uhr, im Dez./Jan. leicht gekürzt.

• *Wanderkarten* **Wanderkarten** außer bei der Nationalparkverwaltung auch in Tabakgeschäften und bei Librería Imagen, Avda. Covadonga 19, nahe der Infostelle. Hier ist auch der **Wanderführer** „50 Excursiones selectas de la Montaña Asturiana" von Somoano/Perez erhältlich, der nicht nur Touren in den Picos, sondern auch in anderen Gebirgsregionen Asturiens vorstellt. Den spanischsprachigen Routenbeschreibungen ist jeweils eine handgezeichnete Karte beigefügt, weshalb der Führer auch für Sprachunkundige eine gewisse Hilfe darstellen mag.

• *Post* In der zum Kirchlein Capilla Santa Cruz führenden Avda. Constantino Glez, Abzweigung von der Hauptstraße beim kleinen Stadtpark.

• *Verbindungen* **Bus**: Haltestelle gegenüber dem Rathaus und der Oficina de Turismo. ALSA fährt alle 1–2 Stunden nach Oviedo; 4x täglich nach Arenas de Cabrales, davon 2x weiter nach Panes, dort Umsteigemöglichkeit auf die Busse von Santander nach Potes in den kantabrischen Picos. Ebenfalls mit ALSA auf der „Ruta del Cares" von etwa Mitte Juli bis in den September – zuletzt nur bis Ende August – nach Posada de Valdeón in Kastilien-León; ob diese Fahrt täglich oder nur am Wochenende stattfindet, entscheidet die Gesellschaft alljährlich neu – erkundigen Sie sich bitte vor Ort. Von Posada geht es weiter zu Fuß oder mit einem recht teuren Kleinbus nach Caín am Ausgang der Cares-Schlucht und nach der Wanderung durch die Schlucht am Abend ab Poncebos zurück. Weitere, zum Teil ebenfalls nur saisonale ALSA-Verbindungen führen 4x täglich nach Arenas (in manchen Jahren auch mit Weiterfahrt nach Poncebos am Südende der Cares-Schlucht), 1x nach Llanes und Ribadesella sowie 4–5x (HS mehr) nach Covadonga, ab Mitte Juli (4 x tgl.) und im August bzw. bis in den September (halbstündlich) auch weiter zu den Seen im Nationalpark.

Organisierte Touren mit Kleinbus sind die zweite Möglichkeit und außerhalb der kurzen Hochsommersaison die einzige, die Cares-Wanderung an *einem* Tag zu machen. Zwischen Mitte Juni und Ende September meist täglich fährt Senda de Cares, Infos unter ✆ 985 947192, ✆ 659 488823 oder in einem der zahlreichen Reisebüros an der Hauptstraße in Cangas de Onís. Ein weiterer Veranstalter, Vive Picos de Europa, fährt die Route mit Allradfahrzeug ganzjährig an Samstagen, im Juli, August und September täglich, für die Durchwanderung der Schlucht hat man genügend Zeit. Die Touren beginnen und enden in Cangas de Onís. Der Preis liegt bei ca. 30 €. ✆ 609 187074, www.vivepicos.com. Zu Kanufahrten und Canyoning → Arriondas.

Übernachten/Camping

• *Übernachten* Hohes Preisniveau, fast nur Hotels, wenig Hostals oder Pensionen. Im Juli und August herrscht starker Andrang, dann ist es sehr geraten, bereits morgens auf die Suche zu gehen.

***** **Parador de Cangas de Onís**, Im Ortsteil Villanueva, einige Kilometer von Cangas selbst an der von Arriondas kommenden Straße, direkt am Fluss. Erst wenige Jahre junger Parador, untergebracht in einem alten Kloster mit modernem Anbau. DZ etwa 135–155 €. Villanueva s/n, ✆ 985 849402, ℻ 985 849520, www.parador.es.

** **Hotel Puente Romano**, gehobene Mittelklasse an der Römerbrücke, DZ 35-70 €, ✆ 985 849339, ℻ 985 947284, reservaspuenteromano@hotelimperion.com

** **Hotel Los Lagos**, solide Mittelklasse direkt am Hauptplatz schräg hinter der Infostelle. Ein gutes Restaurant ist angeschlossen. Einige Zimmer zur Hauptstraße! Starke Saisonschwankungen im Preis: DZ etwa 40–80 €. Etwa 10. Dez. bis März geschlossen; Jardines del Ayuntamiento 3, ✆ 988 49277, ℻ 988 48405, www.loslagos.es.

** **Pensión-Hotel Acebos Susierra**, gut ausgestattetes, relativ ruhig etwa zwei Kilometer außerhalb in Richtung Covadonga gelegenes Quartier mit Restaurant, Parkplatz und Garten. DZ knapp 35–75 €.Calle Susierra s/n, ✆/℻ 985 843700, www.hotelesacebos.com.

* **Hotel Apartamentos Los Robles**, am kleinen „Hauptplätzchen" im alten Ortskern von Cangas, das Personal könnte netter sein. Recht komfortable Zimmer, DZ nach Saison knapp 40–70 €. Calle San Pelayo 8, ✆ 985 947052, ℻ 985 947165.

* **Hotel Piloña**, gegenüber Los Robles, recht gute Zimmer mit (kleinem) Bad/WC und TV, z.T. Balkon, starke Saisonschwankungen beim Preis: DZ ca. 35–100 €, günstig ist die HP (im EZ im Sept. für 35 €!). Calle San Pelayo 19, ✆ 985 848088, ✆ 947376.

* **Hotel Plaza**, in der Nähe der Kirche, etwa 200 Meter von der Infostelle entfernt. Gut geführt und nicht überteuert, allerdings nur fünf Zimmer. DZ nach Saison etwa 30–55 €. La Plaza 7, ✆/℻ 985 848308, www.cangashotelplaza.com.

* **Hotel Monteverde**, anständiges Familienhotel mit ebenso anständigen Preisen, Zimmer mit TV, sehr gutes Frühstück; vom Hotel werden auch Wanderungen sowie MB- und Kanutouren veranstaltet. DZ ca. 35–65 €, Calle Sargento Provisional 5, ✆ 985 84 8079, ℻ 848370, www.hotel-monteverde.net.

Casa de Aldea El Caserón, von Leserin Kerstin Fischer sehr gelobt. Im Ortsteil Soto de Cangas, rund fünf Kilometer in Richtung Covadonga. Fünf komfortable Zimmer, DZ/Bad ab etwa 45 €, zur HS allerdings rund 80 €. Soto de Cangas s/n, ✆ 985 940207, ℻ 940095 www.picosdeeuropa.com/incatur/elcaseron.

* **Pensión Principado**, eine von mehreren kleinen Pensionen in diesem Gebiet. Einfach, aber saubere Zimmer, freundliche und familiäre Atmosphäre. Das DZ ohne Bad kostet je nach Saison ab etwa 35 €, im August bis 60 €. An der Hauptstraße Avenida Covadonga 6, ✆ 985 848350.

Pensión Labra, fast um die Ecke. Kleine Pension mit nur drei Zimmern und zwei guten Gemeinschaftsbädern, preislich noch günstiger als das „Principado" (DZ ca. 30–50 €). Avda. Castilla 1-1b, eine Seitenstraße am Anfang der Avda. Covadonga, von außen nur an einem Pensionsschild zu erkennen. Zugang über die hintere Treppe, ✆ 985 849047.

• *Camping* **Covadonga** (3. Kat.), im Ortsteil Soto de Cangas, etwa fünf Kilometer außerhalb, direkt nach der Abzweigung Covadonga, zu erreichen mit den ALSA/EASA-Bussen Richtung Covadonga. Angenehmer Grasplatz am Flüsschen; Bar/Imbiss, Mountainbikeverleih, im Sommer ein Infostand. Geöffnet in der Osterwoche sowie Mitte Juni bis Ende September. Preise p.P. rund 5 €, Auto und kleines Zelt jeweils ca. 4 €. ✆/℻ 985 940097, www.camping-covadonga.com.

Asturien Karte Seite 370/371

Essen/Markt/Sport und Touren

• *Essen* **Rest. Los Arcos**, dem Hotel Los Lagos angeschlossen und eine der ersten Adressen des Städtchens. Drei Gänge à la carte ab etwa 45 €. Avenida de Covadonga 17, in der zweiten Januarhälfte geschlossen.

Rest. La Cabaña, etwa drei Kilometer außerhalb Richtung Covadonga. Typisches, ansprechend dekoriertes Steinhaus, die Spezialitäten kommen aus dem Holzofen: Zicklein (Cabrito) und Spanferkel (Cochinillo);

auch Meeresfrüchte. Menü ab etwa 18 € aufwärts; Do und im Februar geschlossen.

Sidrería El Molín de la Pedrera, stilvolle Sidrería, in der auch Essen in üppigen Portionen serviert wird. Komplettes Menü ab etwa 25 €, Hauptgerichte die Hälfte. Calle Río Güeña 2, nicht weit von der Infostelle; ✆ 985 849109, Di abends/Mi geschlossen.

Sidrería El Polesu, gute rustikale Sidrería im Mostkeller zwischen alten Riesenfässern. Calle Angel Tiarano 3.

Rest. Meson El Puente Romano, sehr hübsch gelegenes Restaurant bei der romanischen Brücke am Ortsanfang, beson ders aufmerksames Personal; Tische im Freien unter Platanen. Solides Tagesmenü mit generösen Portionen knapp 9 €, Hauptgerichte ebenfalls recht preiswert.

• *Markt* **Markttag** ist jeden Sonntag; große Auswahl an asturischen Käsen, Sidra und anderen ländlichen Produkten.

• *Sport/Touren* **Cangas Aventura** ist einer von mehreren Anbietern des „Turismo activo", die Reitausflüge, Kanutouren, Mountainbikes etc. offerieren. Avda. de Covadonga s/n, ✆ 985 849261 oder 985 848576. Siehe auch Einleitung zu „Picos de Europa" (asturischer Bereich).

Sehenswertes

Puente Romano: Die charakteristische „römische" Brücke, die am Ortseingang den Río Sella überspannt, ist das Wahrzeichen des Städtchens. Ihrem Namen zum Trotz ist sie nicht römisch, aber immerhin romanisch, ein Bau des 12./13. Jh., dessen Vorgänger wohl tatsächlich eine römische Brücke war. Das Kreuz, das vom einzigen Bogen hängt, soll an das mythische Kreuz Pelayos erinnern, das er im Kampf gegen die Mauren beim nahen Covadonga trug und das sowohl in das Wappen der Stadt als auch in das Asturiens übernommen wurde.

Capilla Santa Cruz: Die kleine Kapelle soll ursprünglich im 8. Jh. von König Pelayos Sohn Favila errichtet worden sein, doch wurde sie im Bürgerkrieg zerstört und danach völlig neu aufgebaut. Sie steht über einer steinzeitlichen Grabstätte (Dolmen), die im Inneren zu sehen ist – falls geöffnet, denn meist ist das

Romanisch, nicht römisch: Puente Romano

Kirchlein geschlossen. Zu erreichen von der romanischen Brücke auf der Haupt straße Richtung Ortszentrum, drittes Sträßchen links, über eine kleine Brücke.

Cueva del Buxu: Fünf Kilometer nordöstlich der Stadt. In der prähistorischen Höhle sind Felszeichnungen von Tieren und geometrischen Mustern zu sehen, allerdings nur, falls man früh genug eintrifft: Es besteht Zugangsbeschränkung auf 25 Personen täglich, die Besucher werden stündlich in Fünfergruppen eingelassen.

• *Zufahrt und Öffnungszeiten* Zunächst Richtung Covadonga, nach drei Kilometern Abzweigung nach links, noch zwei Kilometer. Öffnungszeiten (Mo/Di geschlossen) wechseln häufig, besser bei der Infostelle in Cangas erfragen. Wegen der Zugangsbeschränkung ist rechtzeitige Anmeldung und Reservierung unbedingt erforderlich (über Infostelle). Eintritt 3 €.

Covadonga und die Bergseen

Das Gebiet südöstlich von Cangas de Onís zählt zu den schönsten, allerdings auch meistbesuchten Bereichen des Nationalparks Picos de Europa.

Bereits 1918 wurde diese Region der asturischen Picos de Europa zum Nationalpark Covadonga erklärt, der heute im weit größeren Nationalpark Picos de Europa aufgegangen ist. Ein Grund für den sommerlichen Andrang ist sicher die historische Bedeutung der Wallfahrtsstätte Covadonga, ein anderer die leichte Erreichbarkeit der beiden oberhalb des Heiligtums gelegenen Bergseen Lago Enol und Lago Ercina. Der Rummel konzentriert sich jedoch um die Stellen, die mit dem Auto angefahren werden können; nur ein kleines Stück abseits wird es bereits viel ruhiger.

Covadonga

Die Wallfahrtsstätte, fantastisch in einem engen Felstal gelegen, gilt offiziell als Ursprung der Reconquista und der Idee vom spanischen Staat an sich. Ob der westgotische Fürst Pelayo wirklich solch hochfliegende Pläne hatte, als er 722 hier einen kleinen maurischen Trupp schlug, mag dahingestellt bleiben – den Spaniern sind Covadonga und die „Jungfrau der Schlachten“ (Virgen de las Batallas), die die Pfeile der Mauren wieder zu diesen zurückgesandt haben soll, jedenfalls Objekte fast kultischer Verehrung. Wer Covadonga zur Saison in Ruhe erleben will, muss morgens oder abends kommen.

Cueva Santa: Die Grotte bildet den Mittelpunkt des Wallfahrtbetriebs – genau hierhin, in die in einer Felswand gelegene „Heilige Höhle“, soll sich Pelayo mit den Seinen zurückgezogen haben. Die Innenausstattung des uralten Marienheiligtums (das wohl bereits vor der Zeit Pelayos besucht war, vielleicht sogar eine ursprünglich vorgeschichtliche Kultstätte darstellt) wurde mehrfach, zuletzt im Bürgerkrieg zerstört und ist deshalb großteils jünger, als es ihr Aussehen vermuten lässt. An der Felswand rechts zu sehen ist das Grab Pelayos, seiner Frau und seiner Schwester, links das Grab Alfons I. Noch weiter links steht der moderne Marienaltar mit der hoch verehrten Figur der „Santina“, die im Bürgerkrieg verschwand und unter dubiosen Umständen und etwas zweifelhafter Authentizität wieder auftauchte.

Asturien
Karte Seite 370/371

Um die sagenumwobene Höhle ist im Laufe der Zeit ein wahrer Wallfahrtskomplex gewachsen, komplett mit recht interessantem Museum (*Museo de Covadonga*, Exponate u. a. zur Wallfahrt, zur spanischen Geschichte und zur asturischen Auswanderung nach Amerika), einem halben Dutzend Souvenirshops, der 1891 errichteten Basilika, einem Postgebäude etc. Unterhalb der Höhle sprudelt ein Wasserfall in einen kleinen Teich, auf dessen Boden silberne Geldstücke schimmern: Es gilt als Glück bringend, hier eine Münze hineinzuwerfen.

Ausgangspunkt der Reconquista: Cueva Santa

• *Öffnungszeiten* **Wallfahrtskirche** offiziell tgl. 7–19 Uhr, wegen zahlreicher Messen Besuch oft eingeschränkt. **Museum** tgl. 10.30–14, 16–19.30 Uhr, Eintritt 2 €.

• *Verbindungen* **Busse** der ALSA/EASA ab Cangas de Onís 4–5x täglich, im Juli/August noch häufiger und dann z.T. mit Weiterfahrt zum Gletschersee Lago de Enol. Sommerverbindungen, jeweils 1x täglich, bestehen ab Llanes, Ribadesella und Arenas de Cabrales.

• *Übernachten* Wer es gern ruhig hat, ist über Nacht hier richtig.

**** **Gran Hotel Pelayo**, direkt im Wallfahrtskomplex, mit dem kürzlich verliehenen vierten Stern kam das „Gran" zum Hotel. Gute Ausstattung mit gediegenem Mobiliar, gehobenes Preisniveau; DZ etwa 65–140 €; ✆ 985 846061, 📠 985 856054, www.granhotelpelayo.com.

Hospedaje del Peregrino, einfaches Gasthaus an der Straße unterhalb des Ortes, kurz vor dem Abzweig zu den Bergseen. Im Januar oder Februar für einen Monat geschlossen. DZ ohne Bad etwa 25–45 €; ✆ 985 846047, 📠 985 846051.

• *Feste* **Día de la Santína**, viel besuchte Wallfahrt zur Heiligen am 8. September.

Die Bergseen Lago Enol und Lago de la Ercina

Die beiden hübschen Gletscherseen sind auf einer zwölf Kilometer langen, schmalen, kurvigen und steilen Straße ab Covadonga zu erreichen. Obwohl auch von Linienbussen bedient, ist die Strecke für größere Wohnmobile wenig empfehlenswert.

Auch wenn an Wochenenden und im Sommer viel Betrieb herrscht, lohnt sich der Weg hier hinauf. Aussichtspunkte bieten weite Blicke über die auf deutlich über tausend Meter Höhe gelegenen Seen und ihre Berglandschaft, über grüne Wiesen, aus denen Karstfelsen blitzen, bei gutem Wetter sogar bis zum Meer. Zudem eröffnen sich im Umkreis der Seen sehr schöne Wandermöglichkeiten.

• *Information* **Centro de Visitantes Pedro Pidal**, nicht weit vom großen Parkplatz am Ende der Hauptstraße; Besucherzentrum mit Ausstellungen, Videovorführung, Geschäft etc. Täglich geöffnet von 10–18 Uhr, ab Mitte Dezember bis zum Beginn der Karwoche geschlossen.

• *Verbindungen* Mit dem eigenen PKW ist die Auffahrt nur bis 10 Uhr morgens gestattet (Rückfahrt nach 20 Uhr), oben parken 3 €, danach Pendelbus hin/zurück 8 €, Parken kurz nach Cangas am Großparkplatz (3 €). Bustickets nicht im Bus erhältlich, nur am Busbahnhof in Cangas de Onís und im Kiosk am Großparkplatz nach Cangas.

• *Übernachten/Essen&Trinken/Wandern* Mehrere Schutzhütten (Refugios), die nicht nur Betten, Speis und Trank anbieten, sondern auch ein gutes Ziel für Wanderungen abgeben. Einige Beispiele im Umfeld der Seen:

Refugio de Enol, in der Nähe des gleichnamigen Sees, bisher nur sehr bescheiden ausgestattet, zuletzt aber in Umbau. Ganzjährig geöffnet.

Refugio de Vegarredonda, auch Vega Redonda genannt, etwa 1,5 Stunden südlich des Lago Enol; ✆ 985 922952. Besser ausgestattet, mehr Platz, ganzjährig geöffnet. Das Refugio ist Ziel eines beliebten und sehr schönen Wanderwegs, der zunächst als Fahrstraße vorbei an der Westseite des Sees führt; über eine Abzweigung rechter Hand nach etwa einer halben Stunde gelangt man zum Aussichtspunkt „Mirador del Rey". Vom Refugio selbst ist in etwa einer Stunde der Aufstieg zum Aussichtspunkt „Mirador de Ordiales" möglich.

Refugio Pidal Vega de Ario, auf 1582 Meter Höhe, etwa drei Wegstunden südöstlich des Lago de la Ercina; mittlerer Schwierigkeitsgrad. Der Weg beginnt am Ende der Zufahrtstraße zum See und führt etwas oberhalb seiner Ostseite in südöstliche Richtung. Keine Verpflegung. Geöffnet 15.5.–15.10; Reservierungen unter Handy 639 812069.

Am Lago de la Ercina gibt es direkt am Parkplatz ein im Sommer geöffnetes **Bar-Restaurante Maria Rosa**, das bei spanischen Tagesgästen sehr beliebt ist. Etwas oberhalb liegt die Hütte **El Casín** mit ausgezeichneter rustikaler Küche und überwältigendem Ausblick.

• *Camping* Camping und Übernachtung in Wohnmobilen und Wohnwagen ist im Gebiet um die Seen nicht gestattet. Aktuelle Auskünfte in der Infostelle Cangas de Onís.

• *Feste* **Fiesta del Pastor**, 25. Juli; Fest der Schäfer der Region. Messe, Reiten ohne Sattel, Baumklettern und andere Wettbewerbe, Ausstellung handwerklicher Erzeugnisse etc.

Tour 3: Wanderung vom Lago de la Ercina zur Vega de Ario und auf die Cabeza Julagua[GPS]

Tourinfo: Recht lange und deshalb anstrengende Tour ab dem Straßenende am Lago de la Ercina bis zur Hütte auf der Vega de Ario und auf den Aussichtsberg Cabeza Julagua. Karstlandschaft im Kalk, scheinbar ebene Streckenabschnitte entpuppen sich in der Realität als ein stetiges leichtes Auf und Ab. Ein für spanische Verhältnisse viel begangener Wanderweg, im letzten Teil großartige Nah-Einblicke in die Picos und schließlich auf dem Aussichtsberg Cabeza Julagua, einen Katzensprung oberhalb der Hütte, fantastische Blicke hinunter in die Schlucht der Garganta de Cares. Nichts für das Mountainbike (es sei denn, man möchte vor allem schieben)! *Dauer*: Gesamtweg ca. 7 ½ Std., bis zur Hütte 3,45 Std., von der Hütte auf den Berg und zurück ca. 45 Min., Rückweg ab Hütte ca. 3 Std.; *Länge*: 16,5 km; *Höhenunterschied*: 600 m; *Karte*: IGN 1:50.000 15-5 (55) Beleño. Verpflegung und Wasser mitnehmen; keine Verpflegungsmöglichkeiten, gutes Wasser an der Alm Majada de Boblas. An-/Abreise mit PKW oder Bus (im Hochsommer mehrmals täglich ab Cangas de Onís bzw. Covadonga) oder mit dem Rad – bei ca. 1150 m Höhenunterschied zusammen mit der Wanderung für Nicht-Profis deutlich an der Leistungsgrenze.

Am **Lago de la Ercina** beginnt man die Wanderung am großen Parkplatz, der das Straßenende markiert **(1)**, rechts eine Bar-Restaurante, die am Spätnachmittag und an Wochenenden von Ausflüglern umlagert ist. Ein Trampelpfad quert die feuchte Wiese am See zu dessen Ostufer, man nimmt besser den vom

Parkplatzende weiterführenden Weg. Wer noch ca. 20 Minuten erübrigen kann und für einen kurzen Abstecher links über Treppen und einen teilweise betonierten Weg abbiegt, betritt eine Wildwest-Kulisse unwirklich steiler Karst-Felsspitzen. Aber dann geradeaus vom Parkplatzende weiter, kleiner Damm, jenseits steigt der Weg an, man folgt ihm, bis man deutlich über der Höhe der feuchten Wiesen am See ist (**2**) und biegt dann weglos über Weiden nach rechts ab, dabei keine Höhe verlierend. Ziel ist das steile Gelände am Ende des Sees, wo man dann auf den „offiziellen" Weg stößt und auf ein Schild, das auf den Nationalpark aufmerksam macht. Schöne Blicke hinunter auf den See, Almgebäude, dann ein steiler Anstieg. Wenn man ein höheres flaches Niveau erreicht hat sieht man wieder die Bergspitzen der Picos vor sich (**3**). Relativ flach weiter, das Gebiet ist jetzt schwächer beweidet, Erika und Ginster bestimmen die Zwergsträucher dieser Almenlandschaft, zwei Enzianarten dazwischen, eine davon im Herbst blühend. Über einen kleinen Pass hinweg erreicht man eine langgezogene Vertiefung ohne oberirdischen Abfluss, eine typische Form des Karstes, deren Gattungsbezeichnung „Uvala" nicht zufällig aus dem slowenisch-kroatischen Karst Istriens kommt. Wer *den* kennt, wird genug Ähnlichkeiten mit dieser Landschaft der Picos de Europa erkennen, nicht nur solche in der Natur, sondern auch in der Form der traditionellen Anpassung des Menschen an deren Bedingungen. In der Mulde liegt die Alm **Majadas Las Boblas** (**4**) (1.35 Std.). Ca. 150 m weiter liegt der Brunnen der Alm, der aus einer Quelle mit wunderbar kaltem Wasser gespeist wird. Man kann ihn leicht übersehen, da er an einem Felsblock links des kürzesten Weges über die Almböden liegt und auf der vom Weg abgewandten Seite angelegt ist!

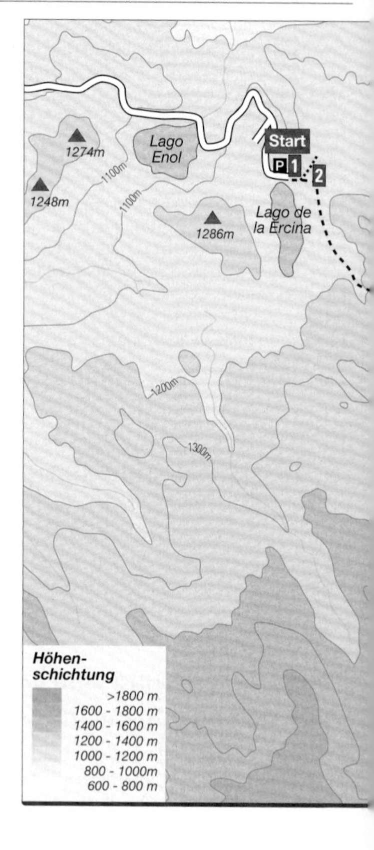

Weiter durch faszinierende Karstlandschaft, ein kleines Bachtal, das ein rechts liegendes Kar entwässert, wird gequert (**5**), unmittelbar darauf geht es steil bergauf (steilste Passage der Tour). Ab dem Ende dieser Steilstufe (**6**) geht es sanfter, aber stetig steigend weiter bergan durch Buckelwiesen mit einzelnen Felsen und großen Karrenfeldern im blanken Kalkgestein, besonders auf der rechten Seite. Ein nochmaliger etwas steilerer Anstieg führt zu einer weiteren Verflachung (**7**). Man hat hier einen schönen Blick in ein sich öffnendes Hoch-

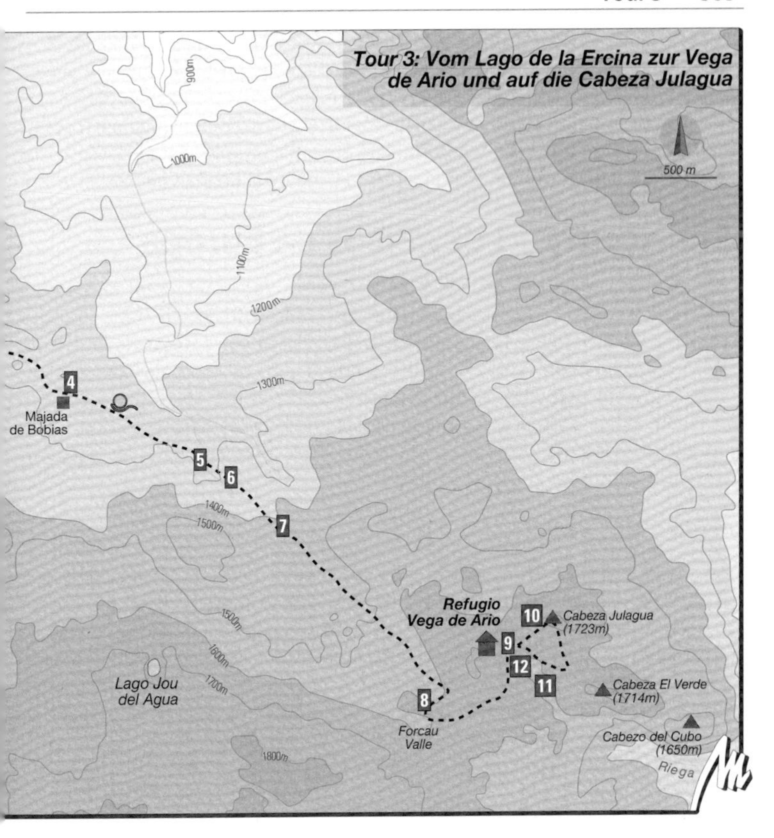

tal, das wir in der Fortsetzung zur Gänze durchmessen werden. Die Vegetation ist nur noch spärlich, die Karrenfelder rechts sind praktisch pflanzenlos.

Wenn ein Sattel erreicht ist **(8)**, **Forcau Valle** (3.25 Std.) genannt, sind wir endlich im Hochgebirge angelangt. Rechts stoßen die Gipfel des Westmassivs der Picos de Europa steil in den Himmel, nicht zufällig werden die meisten „Torre" genannt, Turm. Der höchste Gipfel, den man sieht, ist weniger auffällig, es ist die leider ein wenig verdeckte Peña Santa, mit 2596 m die höchste Erhebung dieser Gruppe.

Nun nur noch ein kurzes Stück in gleicher Richtung weiter und dann (mit Schild) nach links, wo man bald auf Almengelände stößt und die **Schutzhütte Vega de Ario** erreicht hat **(9)** (3.45 Std.) Von hier aus gehen die meisten Wanderer zurück, dabei ist ein kurzer Abstecher auf eine der Kuppen, die sich hinter der Hütte erheben, mehr als lohnend. Die **Cabeza Julagua (10)** (4.05 Std.), immerhin 1723 m hoch, erreicht man wild und auf direkter Route in 20–25 Minuten. Und hat einen atemberaubenden Ausblick, denn man sieht nicht nur die oben genannten Gipfel noch besser, sondern blickt auch über das Cares-Tal auf die Ostgruppe der Picos de Europa und direkt hinein in den Nord-

Asturien Karte Seite 370/371

teil der Cares-Schlucht! Der Blick wird noch besser, wenn man dem Rücken nach Süden folgt, noch vor der tiefsten Einsenkung hat man großartige Panoramen hinunter in die Schlucht. Dort kann man dann vom kleinen Sattel **(11)** zuerst in der Falllinie und dann einem (dem zweiten) Trampelpfad nach rechts **(12)** wieder zur Hütte zurück folgen (4.30 Std.). Bleibt noch der Rückweg – viel zu rasch ist man wieder am Parkplatz beim **Lago de la Ercina** (7.30 Std.)

Am Nordrand der Picos de Europa

Zwischen den Massiven der Picos de Europa im Süden und dem Gebirgszug der Sierra de Cuera im Norden verläuft die landschaftlich sehr reizvolle, teilweise jedoch ziemlich schmale Nebenstraße AS 114 von Cangas de Onís zum Ort Panes, in dem die Straße in die kantabrischen Picos abzweigt. Etwa auf halbem Weg lohnt sich im Käsedorf Arenas de Cabrales ein Abstecher zum wohl spektakulärsten Wanderweg der Picos, der durch die Schlucht des Río Cares führenden Garganta del Cares. Nicht umsonst wird sie auch *La garganta divina* genannt: „Die göttliche Schlucht“.

Arenas de Cabrales

Das ziemlich kleine Dorf, knapp 30 Kilometer östlich von Cangas de Onís, macht bei der Durchfahrt einen eher reizlosen Eindruck. Erst abseits der Hauptstraße entdeckt man den sehr ländlich geprägten Ortskern. Arenas de Cabrales ist in erster Linie als Ausgangspunkt zur Wanderung durch die Cares-Schlucht von Bedeutung. So etwas zieht Kreise: In den letzten Jahren haben hier gleich mehrere Agenturen eröffnet, die einem zahlungskräftigen Publikum Landrovertouren und ähnliche Outdoor-Abenteuer offerieren.

Ein Fall für sich: Queso de Cabrales

Schon seit jeher gilt Cabrales als das „Käsedorf“ der Picos schlechthin. Eine ganze Reihe von Geschäften verkauft den zylindrisch geformten, blaugrün geäderten Cabrales-Käse, der aus einer Mischung von Kuh-, Schafs- und Ziegenmilch hergestellt wird. Typisch für diese Sorte ist die Reifung in natürlichen Felshöhlen, die bei Temperaturen um die zehn Grad und einer Luftfeuchtigkeit von 90 Prozent drei bis sechs Monate dauert. Ähnliche Blauschimmelkäse werden zwar auch in den Nachbardörfern hergestellt, den prestigeträchtigen, durch die Herkuftsbezeichnung Denominación de Origen geschützten Beinamen „de Cabrales“ dürfen aber nur diejenigen tragen, die auch wirklich aus der Gemeinde Cabrales selbst stammen. Hier gibt es immerhin 54 Käsereien und 32 Reifehöhlen, die jährliche Produktion lag zuletzt bei 400 Tonnen.

• *Information* **Oficina de Turismo**, eine Art Kiosk an der Hauptstraße Carretera General; ✆ 985 846484. Öffnungszeiten etwa Juli bis Mitte September, dann Di–So 10–14, 16–20 Uhr. Außerhalb dieser Monate ist nur über Ostern und an langen Wochenenden, den „Puentes“, geöffnet.

• *Verbindungen* **Busse** der ALSA von und nach Cangas de Onís und Oviedo 4–6x, Panes (umsteigen nach Potes in den kantabri-

▲▲ Hoch hinaus: Kabinenbahn von Fuente Dé

▲ Nah dran: Kühe auf der Bergstraße

Bergbewohner: halbwilde Pferde in den Picos ▲▲
Bergidylle: Dorf bei Posada de Valdéon ▲

▲▲ Im Gebirge: tierische Skulptur hinter Potes
▲ Im Tal: Denkmal und Kreuz vor Caín
▲▲ In der Stadt: bronzener Reisender in Oviedo

Ländliches Panorama bei Arenas de Cabrales

schen Picos) 2x, Llanes 3x täglich. Zur Hochsaison fahren die Busse manchmal weiter nach Poncebos am Rand der Cares-Schlucht.

• *Übernachten/Camping* Mehrere einfache Pensionen nahe der Infostelle.

*** **Hotel Picos de Europa**, an der Hauptstraße. Komfortable Ausstattung, Swimmingpool und Garten, ganz ordentliches Restaurant mit relativ preiswertem Tagesmenü. DZ nach Saison etwa 60–100 €. Nov. bis März geschl. Calle Mayor s/n, ✆ 985 846 491, ✆ 985 846545, www.hotelpicosdeeuropa.com.

** **Hotel El Naranjo del Bulnes**, an der Hauptstraße, beim Ortsrand Richtung Cangas de Onís. Vor einigen Jahren nach einer Renovierung vom Hostal zum Hotel hochgestuft. Gute Tipps für Ausflüge und Touren. DZ/Bad nach Saison etwa 45–95 €. Carretera General s/n, ✆ 985 846519, ✆ 985 846520, www.hotelnaranjodebulnes.com.

Hotel Rural El Torrejón, eine Empfehlung von Leserin Sabine Stauss: „Äußerst geschmackvoll und individuell eingerichtete Zimmer ... und ein toller Blick auf die Berge". DZ 40-60 €; Barrio El Torrejón, ✆ 985 846411, www.eltorrejon.com.

* **Pensión Covadonga**, unweit des Infokiosks. Recht große Pension mit mehreren Stockwerken, die Zimmer sind gemütlich und für Kategorie und Preis durchaus ordentlich ausgestattet. DZ/Bad etwa 25–35 €. Ganzjährig geöffnet, ✆ 985 846566.

** **Pensión Castañeu**, liegt direkt hinter der Pensión Covadonga und ist in Ausstattung und Preis sehr ähnlich (DZ ca. 25–35 €). ✆ 985 846573.

Camping Naranjo del Bulnes (2. Kat.), angenehmer Platz beiderseits der Hauptstraße, etwa einen Kilometer östlich des Ortes. Von Lesern sehr gelobt. Mountainbikeverleih, Wanderschule, preisgünstiges Cafetería-Restaurant; im Sommer Berginfos. Geöffnet ist März bis Oktober; Preis p.P. 6 €, Auto und kleines Zelt je etwa 5 €. Las Vegas s/n, ✆/✆ 985 846578, campingnaranjodebulnes@yahoo.es.

• *Essen* **Restaurant Cares**, ein Lesertipp von Aike Jan Klein: „Wurde uns von mehreren Einheimischen wärmstens empfohlen. Typische Speisen – man sollte nicht nur den Queso de Cabrales probieren, sondern auch Chorizo de Ciervo/Javali, Wurst von Hirsch/Wildschwein. Liegt direkt an der Abzweigung im Ort, die nach Poncebos führt, ✆ 985 846628". Leserin Sabine Stauss sieht das ganz anders: „Wir waren eher irritiert ... Mini-Portionen mit zierlicher Soßen-Deko. Für Fans der einfachen, deftigen, aber oft so leckeren spanischen Küche ist das eher nichts."

Asturien
Karte Seite 370/371

Garganta de Cares

Die spektakuläre Schlucht des Río Cares trennt mit ihren Hunderte von Metern hoch aufragenden Felswänden das zentrale vom westlichen Massiv der Picos de Europa.

Erschlossen wird sie durch einen etwa zwölf Kilometer langen, weitgehend ebenen und problemlos begehbaren Wanderweg, der über abenteuerliche Brücken zum bereits in Kastilien-León gelegenen Weiler Caín führt, wo sich die meisten landschaftlichen Highlights befinden. In jeder Richtung zwölf Kilometer wohlgemerkt, denn am Ziel bestehen kaum öffentliche Verkehrsmittel (siehe aber unten), so dass auch der Rückweg normalerweise wieder durch die Schlucht führen muss. Wer sich abholen lassen will, mache seinen Fahrer auf eine Gewalttour gefasst: Zwischen Poncebos und Caín liegen fast hundert Straßenkilometer! Im Juli und August und an Wochenenden ist der Andrang immens, auch wenn viele Besucher nicht die volle Distanz laufen. Besser, man startet dann schon früh am Morgen. Auf keinen Fall sollte man sich durch den sommerlichen Massenauftrieb von dieser großartigen Wanderung abbringen lassen!

Felsriese über der Cares-Schlucht

Der Eingang zur Schlucht liegt beim Weiler *Poncebos*, etwa sechs Kilometer südlich von Arenas, und ist teils mit „Senda del Cares“, teils auch mit „Desfiladero del Cares“ beschildert. Im Sommer pendeln Landrover-Taxis auf der Strecke zwischen Arenas und Poncebos, eine komfortable Transportvariante, die ihren Preis hat. In Poncebos geht es hinter der Brücke rechts, noch etwa einen Kilometer auf einer beschilderten Straße entlang, dann rechts aufwärts. Wer die schlecht ausgeschilderte Abzweigung nach rechts verpasst und geradeaus weitergeht, findet später noch eine weitere Möglichkeit zum Aufstieg, die allerdings in steilen Serpentinen nach oben führt und teilweise etwas rutschig ist.

Der etwa zwei Meter breite Weg selbst ist trotz einiger Höhenunterschiede leicht begehbar, doch sind die Abstürze zur Schlucht ungesichert. Nicht Schwindelfreie sollten sich deshalb mehr zur Bergseite hin halten,

Kinder sollte man wohl besser an der Hand führen. Vorsicht ist auch nach oben geboten: Gelegentlich kommt es zu Steinschlag. Nützlich sind natürlich feste Schuhe, und vor allem Wasser sollte man nicht vergessen, denn Quellen gibt es unterwegs keine und das Wasser des schnell fließenden Kanals, der an einigen Stellen zutage tritt, ist nicht trinkbar. Schließlich empfiehlt es sich, etwaige besondere Bedürfnisse vor Antritt der Wanderung zu erledigen: Mit Toiletten ist der zumindest im Sommer sehr belebte Weg bislang nicht ausgestattet.

• *Verbindungen* **Busse** sind leider häufigen Änderungen ausgesetzt – die ALSA entscheidet erst vor Saisonbeginn über den aktuellen Fahrplan und wechselt dabei immer wieder die Frequenzen. In der Vergangenheit fuhren zumindest im Sommer manche der von Oviedo/Cangas und Llanes kommenden Busse mit Ziel Arenas weiter nach Poncebos – erkundigen Sie sich bitte vor Ort. Ähnliches gilt für die ALSA- Busse auf der „Ruta de Cares", die von etwa Ende Juni bis in den September (in manchen Jahren täglich, in anderen nur am Wochenende) morgens den kastilischen Ort Posada de Valdeón anfahren und so die Durchquerung der Schlucht in nur einer Richtung ermöglichen; Zusteigemöglichkeiten zu dieser Linie bestehen u.a. in Oviedo, Arriondas, Cangas de Onís, Llanes, Ribadesella und auch in Arenas. Von Posada de Valdeón geht es zu Fuß oder mit einem nicht ganz billigen Kleinbus weiter nach Caín am südlichen Schluchteingang, dann durch die Schlucht und abends ab Poncebos zurück. In der Gegenrichtung war diese Kombination bisher nicht möglich.

Organisierte Touren mit Kleinbus sind die zweite Möglichkeit und außerhalb der kurzen Hochsommersaison die einzige, die Cares-Wanderung an *einem* Tag zu machen. Sie starten meist in Cangas de Onis, man kann aber auch in Arenas zusteigen, wird aber auf der Rückfahrt nur bis Cangas gebracht (von wo aber meist noch Busverbindung nach Arenas besteht – vorher informieren!). Details siehe Cangas de Onís.

• *Übernachten* In Poncebos, fast direkt am Schluchteingang, gibt es mehrere Unterkünfte mit Restaurant, ebenso am anderen Ende in Caín (siehe das Kapitel zu Kantabrien, Abschnitt „Südumfahrung der Picos de Europa"). In Caín besteht auch die Möglichkeit, gegen geringe Gebühr „halbwild" auf einer Wiese zu zelten.

** **Hotel Mirador de Cabrales**, einziges echtes Hotel vor Ort. Geöffnet etwa Ende März bis Mitte Oktober, DZ kosten je nach Saison ca. 40–90 €, Poncebos s/n, ✆ 98 985 846673, ✆ 985 846685, www.hotelmirador.com.

* **Hostal Poncebos**, rechter Hand kurz vor dem Örtchen selbst. Vor wenigen Jahren renovierte DZ/Bad etwa 45–65 €, DZ ohne Bad etwa 30–45 €. Poncebos s/n, ✆ 985 846447.

* **Hotel Garganta del Cares**, gleich neben dem Hotel Mirador de Cabrales. Zimmer einfach möbliert, aber sauber; DZ/Bad etwa 45–65 €. Camarmeña s/n, ✆ 985 846463.

Weitere Touren ab Poncebos

▸ **Mirador Camareña**: Eine Alternative oder Ergänzung zur Schluchtwanderung ist der steile, aber kurze Aufstieg zu diesem Aussichtspunkt oberhalb von Poncebos. Hier bietet sich der beste Blick auf den 2519 Meter hohen, offiziell eigentlich Pico Uriello genannten *Naranjo del Bulnes*, den zuckerhutförmigen Symbolberg der Picos de Europa.

▸ **Nach Bulnes**: Schon kurz hinter Poncebos zweigt vom Weg zur Cares-Schlucht linker Hand ein Fußpfad ab, der in etwa eineinhalb Stunden durch die Schlucht des Riega del Tejo hinauf nach Bulnes führt (Schwindelfreiheit Voraussetzung!). Mittlerweile ist der kleine Weiler von Poncebos aus auch mit einem *Schrägaufzug* zu erreichen, der durch einen 2 km langen Tunnel geführt wird. Bei einem Höhenunterschied von 300 m und 18 % Steigung beträgt die Fahrzeit 7 Minuten, Fahrpreis hin/retour ca. 25 € (Infos über ✆ 985 846800).

Asturien
Karte Seite 370/371

Bulnes und der östlich gelegene, 1212 Meter hohe Pass Pandébano sind Ausgangspunkte für den Aufstieg zum Plateau der Vega de Urriello, dem mit einer Schutzhütte versehenen Basislager zur Besteigung des Naranjo de Bulnes. Solcherlei Touren, von der Besteigung nicht zu reden, sollten jedoch erfahrenen und entsprechend ausgerüsteten Bergsteigern vorbehalten bleiben.

Übernachten **La Casa del Chiflón**, schönes altes Haus im Dorf Bulnes, DZ ca. 40–55 €, ✆ 985 845943, www.casadelchiflon.com.

▸ **Sotres**: Das nicht besonders ansehnliche Bergdorf ist durch eine steile, etwa zwölf Kilometer lange Straße mit Poncebos verbunden; es verfügt über Einkaufsmöglichkeiten und einige bescheidene Unterkünfte, die zur Saison jedoch oft belegt sind. Von hier aus führt ein auch für Allradfahrzeuge und Mountainbikes geeigneter Fahrweg in etwa fünf Wanderstunden hinüber nach *Espinama* in den kantabrischen Picos de Europa. Eine andere, rund siebenstündige Tour in ungefähr nordöstlicher Richtung erreicht über den Weiler Tresviso und die Schlucht von Urdón den *Desfiladero de la Hermida*, ebenfalls in Kantabrien und an der N 621 gelegen.

Von Arenas de Cabrales an die Costa Verde

Die AS 114 bolzt von Arenas de Cabrales, die recht eindrucksvolle Schlucht gleich unterhalb des Ortes querend, hinunter zur Küste, die sie beim bereits kantabrischen Grenzort Unquera erreicht. Eine reizvollere Variante für den ersten Teil der Strecke bietet die AS 345 über Peñamenera Alta mit einer Fülle von großartigen Ausblicken auf die nördlichen Gipfel der Picos de Europa. Sie beginnt direkt im Ort Arenas und schraubt sich rasch nach Arangas empor, um dann über mehrere Dörfer in großer Höhe über der Deva-Schlucht zu führen. Bei der Fahrt bergab fällt immer wieder ein Matterhorn-ähnlicher Berg ins Auge, er gehört zur schmalen Siera Jana zwischen dem Deva-Tal und der Hochfläche der Dörfer.

Costa Verde (östlicher Bereich)

Der hier beschriebene östliche Abschnitt der „Grünen Küste“ reicht von der kantabrischen Grenze bis zum Cabo de Peñas hinter Gijón, der größten Stadt Asturiens.

Die Hauptstraße, mittlerweile durch die in etwa parallel verlaufende Autobahn A 64 (auf alten Karten A 8) entlastet, verläuft in diesem Gebiet immer etwas abseits der Küste. Wer sich auf Stichstraßen Richtung Meer begibt, sichtet mit Glück einen schönen Strand, oft genug jedoch endet die Fahrt auch an unzugänglicher Steilküste. Besondere Höhepunkte dieser östlichen Costa Verde sind die Städtchen *Llanes* und *Ribadesella* mit der Tropfsteinhöhle *Cueva de Tito Bustillo*.

▸ **Colombres**: Colombres ist der Hauptort der Gemeinde *Ribadedeva*. Die kleine Siedlung, kurz hinter der Grenze zu Kantabrien und etwas landeinwärts der Nationalstraße gelegen, beherbergt in der *Villa Quinta Guadalupe* das *Archivo de Indianos – Museo de Emigración*, das sich mit der Geschichte der Emigranten nach Lateinamerika und ihrem zumeist blutigen Verhältnis zu den Ureinwohnern befasst. „Indianos" wurden die Rückkehrer genannt, die sich als reiche Männer wieder in der spanischen Heimat ansiedelten und oft prächtige Villen und Paläste bauten. Das Archivo de Indianos ist in der Villa des hier 1853 geborenen Iñigo Noriega Loso untergebracht, die er ab 1906 errichten ließ. Imposant vor allem der keinen Luxus scheuende Speisesaal!

Öffnungszeiten Okt.–Mai Di–Sa 10–14, 16–19, So 10–14 Uhr, Juni–Sept. Di–So 11–14, 17–20 Uhr, besser vorher anrufen: ✆ 985 412005.

▶ **Die Cueva del Pindal**: 3 km nördlich von Colombres liegt bei der Ortschaft Pimiango in großartiger Position über dem Meer die wegen ihrer altsteinzeitlichen Malereien berühmte Höhle Pindal. Steile Felsküste, eine fast 300 m lange Höhle in Tunnelform – Zugang und Besuch sind anstrengend und das macht das Besondere dieser Höhle aus, ganz zu schweigen von Pferd und Bison, die vor 15.000 Jahren an den Wänden angebracht wurden. Ungewöhnlich die Darstellung eines Fisches und auch der Mammut ist – große Ausnahme Altamira! – selten dargestellt. Viele abstrakte Zeichen, Striche und Punktserien, niemand weiß, was und ob sie etwas bedeuten.

Öffnungszeiten Mi-So 10-14, 15.30-16.30 Uhr; Eintritt ca. 1,50 €, Mi frei. Die Höhle hat eine Besucherzahl von 200 Personen pro Tag, auf ein Sommer-Wochenende sollte man den Besuch lieber nicht legen.

▶ **Die „Bufones de Santiuste" und der Cobijerú-Complex bei Buelna:** Auf dem Weiterweg sollte man zwischen Buelna und La Franca zu den *„bufones"* abzweigen. Man quert unter einer Eisenbahnbrücke durch zum Complejo de Cobijerú, einem geschützten Küstenbereich. Bufones sind Einsturzlöcher über Brandungshöhlen, aus denen das Meerwasser bei starkem Seegang bis zu 40 m hoch (!) aufschwappt, was wie der Ausbruch eines Geysirs aussieht. Der Überraschungseffekt dieser Meereslöcher mitten im flachen Strandplateau ist erlebenswert. Im selben Bereich liegt in einem größeren Einsturzloch der Strand Las Arcacias, er ist durch zwei untermeerische Gänge mit dem Ozean verbunden und erhält Süßwasser durch einen direkt in den Strand mündenden Bach. Auch dieses Phänomen eines Meeresstrandes abseits des Meeres ist ein Phänomen, das man unbedingt besuchen sollte! Ein weiteres interessantes Naturdenkmal in diesem Bereich ist die Cobijero-Höhle, die sich aus einer Brandungshöhle entwickelt hat.

• *Camping* **Las Hortensias** (1. Kat.), schön in einer Meeresbucht mit Strand gelegener Campingplatz im Ortsteil La Franca, alle Schikanen, Juni-Sept. geöffnet, PKW/kl. Zelt/Erwachsener je ca. 5 €. Playa de la Franca, ✆ 985 412442, 📠 412153, www.campinglashortensias.com.

▶ **Idolo de Peña Tu und Bufones de Arenillas**: Etwa sechs Kilometer vor Llanes führt kurz hinter dem Dörfchen Puertas de Vidiago eine Abzweigung landeinwärts zu diesem Menhir, der frühe Felszeichnungen und Reliefs aufweist, die vermutlich aus der Bronzezeit stammen. Zu erreichen ist er nur auf einem etwa eineinhalb Kilometer langen Fußweg. Am Strand von Puertas findet man die Bufones de Arenillas, die wie jene von Santiuste bei Sturm wie spektakuläre Geysire wirken.

• *Essen* **Sidrería Los Bufones**, rustikales Sidra-Restaurant an der Straße, trotzdem nicht zu laut, Raciones, Tagesgerichte, alles regionale Küche, preiswert – ein Tipp von Leserin Elke Schneider. Puertas de Vidiago, 33507 Llanes.

Asturien
Karte Seite 370/371

Ansichts-Sache: Blick vom Paseo San Pedro auf Llanes

Llanes

Ein hübsches, für seine köstlichen Langusten weithin gerühmtes Fischer- und Ferienstädtchen mit reizvoller Altstadt und belebtem Hafen.

Etwas abseits der Hauptstraße gelegen, teilt sich Llanes in zwei klar definierte Bereiche: hier die jüngere, neuzeitliche Siedlung, in der in den letzten Jahren viel gebaut wurde, dort die enge Altstadt, deren in Resten erhaltene Stadtmauer aus dem 13. Jh. stammt. Der historische Ortskern ist das Vorzeigeviertel von Llanes und wurde mit seinen Kirchen und zahlreichen Adelspalästen der Gotik und des Barock unter Denkmalschutz gestellt. In ungewöhnlicher Weise mitten in den Ort platziert ist der Hafen, der durch einen Kanal mit dem offenen Meer verbunden ist und vor einigen Jahren in großem Stil erweitert wurde. Die Strände von Llanes fallen dagegen eher klein aus; am meisten Platz bietet noch die *Playa de Toró* östlich der Siedlung. In der Umgebung, besonders nach Westen hin, bietet sich dafür eine breite Auswahl an Stränden.

Die Hauptsehenswürdigkeit von Llanes ist die frühgotische Kirche *Santa María* (12./17. Jh.), deren Altar mit flämischen Malereien geschmückt ist. Nicht versäumen sollte man auch einen Bummel auf dem romantischen Aussichtsweg *Paseo de San Pedro*, von dem man einen guten Blick auf die Küste, über die Altstadt und die Ruinen des Kastells genießt, leider auch auf die architektonischen Schandtaten der Neuzeit. Im Hintergrund erhebt sich die auf immerhin bis über 1300 Meter ansteigende Sierra de Cuera, die sich zwischen Llanes und die Picos de Europa schiebt.

Amüsant ist die Landspitze an der Westseite des Außenhafens, deren noch ein Stück ins offene Meer stechende Mole von einem Mini-Leuchtturm gekrönt wird. Am Fuß der Mole liegen zu beiden Seiten riesige bunte Quader, die aussehen, als ob ein Riesenkind hier seinen Baukasten verloren hätte. Sieht hüsch aus und ist ein Kunstwerk von Agustín Ibarrola, das sich *Los Cubos de la Memoria* nennt, die Würfel der Erinnerung . Zwar kann man von der Altstadt bis zur Mole und damit direkt oberhalb des Ensembles laufen, den besseren Blick hat man jedoch von der östlichen Hafenpromenade, an deren Spitze ebenfalls ein Leuchtturm steht und eine Aussichtsplattform (Mirador de Los Cubos de la Memoria) zum Bestaunen auffordert.

Trotz des mächtigen Trennriegels der Sierra de Cuera ist Llanes kein schlechter Ausgangspunkt für einen Abstecher in die Picos de Europa. Wer nicht auf eigene Faust losziehen will, kann sich auch an die diversen Anbieter von Allradtouren und Abenteuersportarten wenden, die sich in den letzten Jahren in Llanes niedergelassen haben. Seit einiger Zeit gibt es einen Küstenweg nach Pendueles mit Fortsetzung nach Buelna an der asturischen Grenze (bei Colombres), den E-9 „Senda de la Costa". Für Mountainbiker und Wanderer eine einmalige Art, diesen Küstenabschnitt mit seiner zerklüfteten Felsenküste mit ihren „bufones", kleinen Sandbuchten, der Küstencordillere und immer wieder neuen Ausblicken aufs Meer kennenzulernen (siehe unten Radtour/Wanderung 4 Llanes-Pendueles).

Information/Verbindungen

• *Information* **Oficina Municipal de Turismo**, Calle Alfonso IX im Turm „La Torre" oberhalb der Durchgangsstraße, fast direkt hinter dem imposanten Gebäude des Casinos; ✆ 985 400164, 📠 985 401999, turismo@ayuntamientodellanes.com. Öffnungszeiten von Juli bis September Mo–Sa 10–14, 17–21 Uhr, So 10–15 Uhr; während des restlichen Jahres Mo–Sa 10–14, 16–18.30 Uhr, So 10.30–13.30 Uhr.

• *Verbindungen* **Zug**: Hübscher FEVE-Bahnhof im südwestlichen Ortsbereich an der Calle Alonso Vega; Züge nach Santander 2x, nach Oviedo 3x, Ribadesella 5x täglich.

Bus: Busstation an der Calle La Bolera im südöstlichen Ortsbereich (✆ 985 402322). ALSA/EASA-Busse in die Picos de Europa: 3x täglich nach Arenas de Cabrales, im Sommer 1x täglich nach Cangas de Onis. Von etwa Ende Juni bis in den September (meist nur erste Septemberwoche) bestehen auch Verbindungen („Ruta del Cares") nach Posada de Valdeón bei Caín an der Südseite der Cares-Schlucht. ALSA/TURYTRANS fährt 10x täglich nach Oviedo, nach Santander 12x, Bilbao 7x und San Sebastián 3x täglich.

Autovermietung bei Europcar, am Bahnhof, Avenida La Paz 5, ✆ 985 401007.

Übernachten/Camping

• *Übernachten* *** **Hotel Don Paco**, teilweise in einem Palast des 17. Jh. untergebracht, gutes Restaurant mit tollem Ambiente angeschlossen. Manche Zimmer könnten dagegen eine Renovierung vertragen (vorher zeigen lassen), sind aber immerhin ruhig. Geöffnet nur Juni-September; DZ etwa 60–125 €. Parque de Posada Herrera, an der Hauptstraße Richtung Ribadeo, etwa 200 Meter westlich der Infostelle. ✆ 985 400150, 📠 985 402681, www.hotelesmontemar.com.

*** **Hotel la Posada del Rey**, hübsches und gepflegtes kleines Hotel in einem alten Stadthaus, Fliesenböden, teilweise Holzdecken, gemütliche Zimmer mit einigen alten Gründerzeitmöbeln, DZ 60-110 €; Calle Mayor 11, ✆ 985 401332, 📠 985 403288, www.laposadadelrey.iespana.es.

*** **Hotel Las Rocas**, solides Quartier in absolut zentraler und aussichtsreicher Lage an der östlichen Hafenseite, Parkplatz vorhanden. Geöffnet Ostern bis September, DZ nach Saison etwa 55–125 €. Calle Marqués de Canillejas 3, ✆ 985 402431, 📠 985 402434, www.hotelasrocas.com.

** **Pensión La Guía**, zentral am Hauptplatz. Altes Haus, vor einigen Jahren komplett

Karte Seite 370/371

renoviert. Hübsche Zimmer, besonders reizvoll die Nummern 7 bis 10, die direkt unter dem Dach liegen. Ganzjährig geöffnet, DZ/Bad je nach Ausstattung und Saison 40–70 €. Plaza Parres Sobrino, ☎ 985 402577, www.pensionlaguia.com.

* **Pensión Hospedaje Casa del Río**, in einer Art Villa nicht weit vom FEVE–Bahnhof. Freundlich-zurückhaltende Vermieter, Mobiliar nicht das jüngste, die Zimmer jedoch gepflegt und sauber, mit Holzfußböden und teilweise sogar schmalen Balkonen. DZ mit Waschbecken, aber ohne Bad knapp 30–40 €, in der NS auch mal preiswerter. Avenida San Pedro 3, neben dem Hotel Don Paco, ☎ 985 401191.

Jugendherberge Albergue Juvenil, Calle Celso Amiera, vom Zentrum westwärts Richtung Ribadeo, nach der Abzweigung zum FEVE-Bhf. dann rechts. Im September geschlossen, ☎ 985 400770.

• *Übernachten außerhalb* *** **Hotel La Posada de Babel**, im bäuerlichen Hinterland von Llanes. In ganz eigenem, modernem Stil eingerichteter Neubau in ruhiger Lage, umgeben von einem großen Garten; Reitmöglichkeit und Fahrradverleih werden angeboten. Nur elf Zimmer und Suiten, DZ nach Saison etwa 80–105 €. Im November geschlossen. La Pereda s/n, etwa drei Kilometer südlich der Stadt; ☎ 985 402525, ℻ 985 402622, www.laposadadebabel.com.

*** **Hotel Quintamar**, in der Strandsiedlung Playa de Barro, etwa sechs Kilometer westlich von Llanes und ebenfalls eine besondere Adresse. Schönes Haus, geschmackvoll dekorierte Räumlichkeiten und gute Ausstattung. Nur zehn Zimmer, DZ/Bad nach Saison etwa 55–120 €. Playa de Barro s/n, ☎ 985 400152, ℻ 985 402639, www.hotelquintamar.es.

*** **Hotel Kaype**, ebenfalls an der Playa de Barro. Zimmer mit geräumigem Balkon, Blick auf die feinsandige Bucht, eine Empfehlung der Leser A. und G. Mittring. DZ 55-160 €, Playa de Barro s/n; ☎ 985 400900, ℻ 985 400904, www.hotelkaype.com.

Casas de Aldea: In der ländlichen Umgebung von Llanes vermieten mehrere Bauernhöfe Privatzimmer; Richtwert 40 €/DZ, zur Nebensaison auch schon mal etwas darunter, im Hochsommer bis zu 160 €. Liste bei der Infostelle.

• *Camping* Im Gemeindebereich von Llanes, insbesondere in Richtung Westen, liegt eine ganze Reihe von Plätzen.

Camping La Paz (1. Kat.), bei Vidiago, zehn Kilometer östlich an der Senda de la Costa. Wiesenplatz auf einem Hügel in ausgesprochen schöner Lage über dem Meer. Geöffnet etwa Ostern bis Mitte November, p.P., Auto, Zelt jeweils etwa 5 €. ☎/℻ 985 411235, www.campinglapaz.com.

Las Bárcenas (2. Kat.), recht zentrumsnaher, hübsch gelegener und gut ausgestatteter Platz südöstlich des Ortskerns; zu erreichen über die N 634 aus Richtung Santander, von Lesern gelobt. Geöffnet Juni–September; Tarife zuletzt p.P. und Auto jeweils knapp 4,50 €, Zelt 5 €. ☎ 985 402887, ℻ 985 400175, www.campingsonline.com/barcenas.

Entreplayas (3. Kat.), eher einfach ausgestattet, aber in guter und noch ziemlich zentrumsnaher Lage östlich der Stadt, auf einer Landzunge zwischen den Stränden Playa Puerto Chico und Playa El Toró. Geöffnet über Ostern und Juni bis September; p.P., Auto, Zelt jeweils etwa knapp 4,50 €. ☎ 985 400888.

Essen/Einkaufen/Feste

• *Essen* Restaurantgassen sind die Calle Manuel Cué, eine schmale Straße, die westlich des Flüsschens parallel zur Hauptstraße durch die Altstadt führt, und die sie im oberen Teil querende Calle Mayor.

Rest. La Marina, am Hafen. Kurioser Bau, der innen wie außen an ein Schiff erinnert, komplett mit Schornstein und Rettungsboot. Klar, dass die Spezialitäten hier maritimer Art sind. Mittleres bis gehobenes Preisniveau.

Rest. Casa Canene, in der Calle Manuel Cué. Sehr empfehlenswerter, solider Familienbetrieb mit einer Tradition, die über drei Generationen zurückreicht. Zwei lange, schmale Räume, Preise und Portionen sehr ordentlich, festes Menü (auch abends) für etwa 10 €, feines Spezialmenü 45 €.

Rest. Casa del Mar, das Lokal am Hafen gehört der Cofradía de los Pescadores, was die großen Portionen sehr frischen Fischs zu zivilen Preisen (als Raciones ca. 7 €) und die schlichte Ausstattung, aber auch die langen Warteschlangen zu den Essenszeiten erklärt (ein Tipp von Doris Fackler). Nicht wenige Touristen: viersprachige Speisekarte. Palza Cimadevilla s/n.

Bar-Café Puerto de Llanes, das auch „Café Colón" genannte Lokal bei der Brücke, ein

Lesertipp von Carsten Gentner: „Zu empfehlen nicht nur wegen des vorzüglichen Café con leche, sondern auch wegen der guten Sicht auf das quirlige Treiben auf der Hauptstraße und an den Hafenbecken. Im Inneren der Bar herrscht Neonlichtromantik.“ Etwas gehobene Preise. Paseo del Muelle s/n am Fuß der Calle Manuel Cué.

Sidrería El Almacén, beliebte, einfache und rustikale Bar-Sidrería beim Turm der Touristen-Information, Küche deftig, Raciónes ab ca. 6 €; Plaza de Cristo Rei s/n.

Sidrería La Casona, reiche Auswahl an Raciones in dieser vielleicht beliebtesten Sideria des Ortes am Platz de la Magdalena an der Calle Mayor, die Fässer und Biergartengarnituren auf dem Platz kaum zu übersehen.

Heladería-Café Revuelta, vorzüglicher Eissalon direkt an der Brücke, bei Sonnenuntergang voll besetzt, Calle Las Barqueras 1, ✆ 985 401153.

• *Einkaufen* **Wochenmarkt** jeden Dienstag am Vormittag.

• *Feste* **Fiesta de la Magdalena**, am 21./22. Juli. Am Abend des 21. wird der Baum „La Hoguera“ (Scheiterhaufen) zur Plaza Magdalena gebracht, dort zerhackt und verbrannt.

Fiesta de San Roque, um den 16. August. Dabei führen Gruppen aus der Region ihre traditionellen Tänze vor, mehrere malerische Prozessionen.

Fiesta de la Guía, am 8. September, das dritte große Fest von Llanes.

Tour 4: Radtour/Wanderung auf dem Küstenweg E-9 „Senda de la Costa“ zwischen Llanes und Pendueles[GPS]

Tourinfo: Großartige Küstentour mit immer wieder neuen Ausblicken, sowohl als Radtour als auch als Wanderung eindrucksvoll und abwechslungsreich. Höhepunkt: die Bufones de las Arenillas, bei starkem Seegang aus Felsspalten der Küstenplattform emporschießende Brandungs-„Geysire“. Man macht die Tour am einfachsten von einem Ort aus, der von der FEVE-Bahn bedient wird, also z.B. von Llanes selbst, von Ribadesella oder (in Kantabrien) San Vicente de la Barquera – die Regionalzüge nehmen Fahrräder ohne Aufpreis mit. Llanes erreicht man von anderswo her am besten mit dem Zug, wer kein Rad hat, kann es sich fast direkt am Bahnhof ausleihen. Führt man die Tour wie oben beschrieben durch, endet sie an der unbesetzten Haltestelle von Pendueles, am besten Fahrkarte von dort aus schon vorher kaufen (nur am selben Tag!).

Der markierte Weg wurde inzwischen nach Westen um ca. 11 km bis San Antolín verlängert, die Markierungen sind ausreichend.

Dauer: Mit dem Rad ca. 2 Std., zu Fuß ca. 6 Std.; *Länge*: ca. 20 km (einfach); *Höhenunterschied*: 150 m absolut, kumuliert ca. 300 m; *Karte*: IGN 1:50.000 16-4 (32) Llanes; *Radtyp*: Mountainbike. Verpflegung und Wasser erhältlich im Kiosk an der Playa de Andrín und am Campingplatz am Puerto de Vidiago; *Radverleih*: Llanes Sport, Avenida Alonso Vega B-2 (beim FEVE-Bahnhof an der Ecke Bahnhofszufahrt/in den Ort führende Straße), dort auch Bergausrüstung! *Infos*: Bei der Touristen-Information Llanes und an mehreren Infopoints am Wege gibt es Broschüren zur Senda de la Costa mit Wegbeschreibungen und Bahnverbindungen.

Die Radtour beginnt an der alten Brücke in **Llanes (1)**; man erreicht sie vom Bahnhof, wenn man die paar Meter vorfährt zur Durchgangsstraße und sich dann rechts hält. Von der Brücke weiter auf der ortsauswärts führenden Straße, wo sie nach rechts abbiegt **(2)** (und zur N 2 führt), fährt man geradeaus weiter auf einer asphaltierten Nebenstraße. Unter einem Hügel endet die asphaltierte Strecke **(3)**; links und rechts gehen Fahrwege weiter, die wir nicht

Asturien
Karte Seite 370/371

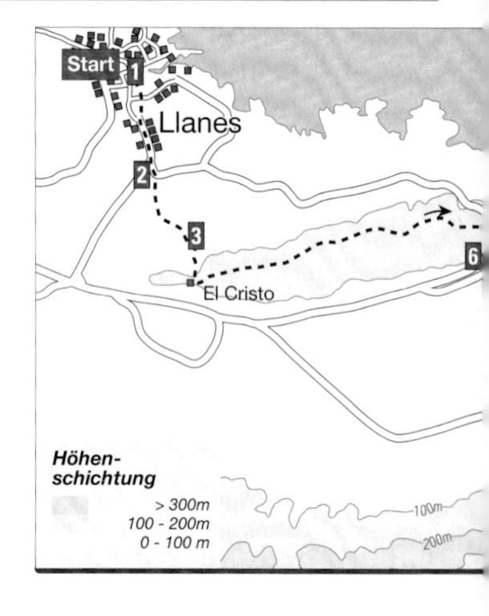

beachten, um stattdessen einen Weg geradeaus den Hang hinauf zu fahren (das Hinweisschild auf den Küstenweg „Senda de la Costa“ weist fälschlicherweise nach rechts). Bei einer offenen Kapelle („**El Cristo**“) scharf nach links auf einen Grashang, von dem aus schöne Blicke auf Llanes und die Küste möglich sind. Dieser Hang ist ein Teil der hier flachen Küstenkordillere, der man nun auf erst jüngst gebauter Schotterpiste in ständigem Auf und Ab folgt. Eine Asphaltstraße wird gequert **(4)**, jenseits neben der Straße ein gebahnter Weg, der zu einem Parkplatz führt **(5)**. Hier im Prinzip Querung des Parkplatzes und auf der anderen Seite weiter und den Hang neben der Asphaltstraße hinunter, aber ein Abstecher zum Aussichtspunkt „**Ballota**“ sollte schon drin sein (5 Min.). Nach dem Abstecher also jenseits runter, bis links eine Erdstraße abzweigt **(6)**. Sie kürzt eine Kurve der Asphaltstraße ab, die wir bald wieder erreichen **(7)**, um ihr in den Ort **Andrín** zu folgen. Dort an einem Straßenstern **(8)** nach links und zur schönen Badebucht **Playa de Andrín** mit Bar-Kiosk **(9)** (7,2 km, mit Rad 40 Min./zu Fuß 2 Std.).

Zurück zum Straßenstern **(8)** und nunmehr nach links und auf einem Fuhrweg über nur leicht gewelltes Gelände bis zu einer Gabelung **(10)**. Nach links, ganz leicht abwärts, man nähert sich dem Fluss **Río Purón** und quert ihn auf einer ziemlich neuen Holzbrücke **(11)**, die extra für den Küstenwanderweg errichtet wurde. Dass er eigentlich ein Wanderweg ist, merkt man sofort danach: Treppenstufen überwinden die anschließende Steilstelle (die einzige Tragestelle der Tour, die evtl. noch die eine oder andere kurze Schiebestelle aufweist). Oben angelangt ein Aussichtspunkt auf die Flussenge vor der Mündung und Hinweisschilder: im Fluss gibt es u. a. Neunauge und Lachs. Weiter mit geringen Höhenunterschieden vorwiegend durch Eukalyptuswald, bei der Einmündung in eine querende Forststraße **(12)** hält man sich links.

Nun beginnt der interessanteste Teil der Strecke, die Region der „**Bufones de las Arenillas**“, einer vom Karst durchlöcherten, aus Kalkgestein bestehenden Strandplattform, aus deren Spalten nur bei starkem Seegang Meereswasser wie bei einem Geysir meterhoch aufspritzt. Auf die einzelnen Bufones in einem 1200 m langen Küstenabschnitt wird mit Schildern hingewiesen, am spannendsten ist aber eine private Entdeckungsfahrt. Einige der unterirdisch durch Meerwasser versorgten Löcher in der Brandungsplattform sind so groß, dass sie eigene Strände haben. Eine dieser „playas interiores“ ist die **Playa Gulpiyuri**, ein echtes Naturwunder und Traum-Sandstrand. Wenn man rechts von sich den einsam gelegenen Friedhof von Vidiago **(13)** (13,7 km, mit Rad 1,20 Std./zu Fuß 4 Std.) sieht, ist diese Zone leider schon wieder zu Ende.

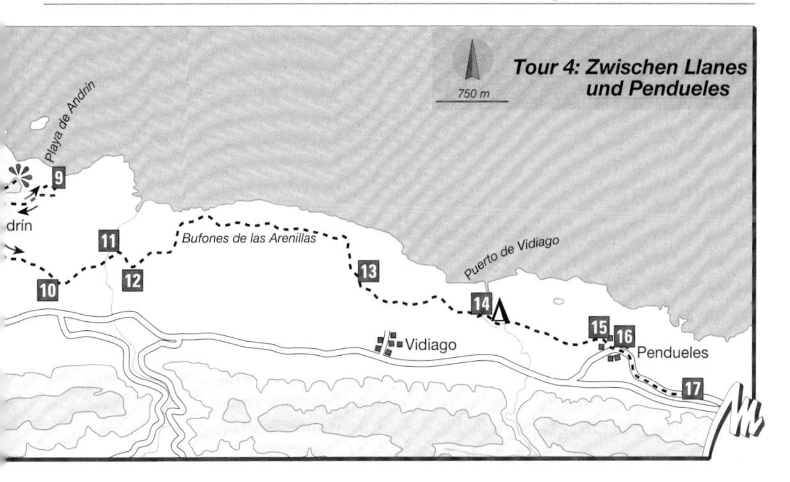

Beim Friedhof an der Gabelung links halten, bald wendet sich der schmal gewordene Weg kurz steil hinunter zu einer asphaltierten Straße, sie führt nach links in die Bucht **Puerto de Vidiago (14)** mit dem Verwaltungsbau des hier angelegten Campingplatzes. Man erreicht den Campingplatz, wenn man sich nach dem Brückchen knapp vor dem Strand rechts hält, er liegt versteckt hinter der ersten, ganz niedrigen Kette der Küstenkordillere. Der Weiterweg führt rechts an ihm vorbei und über landwirtschaftlich genutztes Gebiet an den Ortsrand von **Pendueles (15)**. In den Ort hinein, am Hauptplatz ein großes Schild mit einem Überblick der Senda de la Costa **(16)**. Geradeaus weiter auf der Ortsstraße und aus dem Ort hinaus, die Haltestelle Pendueles der FEVE liegt etwas außerhalb **(17)** (20 km, mit dem Rad 2 Std./zu Fuß 6 Std.). Jetzt heißt es nur noch, auf den nächsten Zug zu warten (das knallgelb gestrichene Bahnhofsgebäude ist verschlossen, keine Tickets, nur eine Bank zum Ausruhen!)

Tipp: Der Küstenweg führt von Pendueles weiter bis ins nahe Colombres und ist durchgehend sowohl als Wanderweg als auch als Radweg benutzbar, der letzte Teil, der südlich der Nationalstraße über die Sierra Plana de la Borbolla und auf ca. 220 m Höhe führt, ist etwas anstrengend zu fahren. Wer Interesse hat, lässt sich in Llanes in der Touristeninformation beraten, es gibt jedoch keinen detaillierten Führer.

Richtung Ribadesella

Westlich von Llanes findet sich eine ganze Reihe schöner Strandbuchten, wie beispielsweise die Playa de Poo, die Playa de Celorio, die Playa de San Antolín (bis hierher „Ruta de la Costa“ → Llanes) und die Playa de Barro, zu erreichen über kleine Seitensträßchen der Hauptstraße.

Playa de Cuevas del Mar: Dieser besonders schöne, von Felsen umrahmte Sandstrand liegt schon etwas näher an Ribadesella als an Llanes. Die Zufahrt dorthin zweigt auf Höhe des Inlandortes Nueva ab.

Asturien
Karte Seite 370/371

• *Camping* **Palacio de Garaña** (1. Kat.), einige Kilometer westlich der Playa Cuevas de Mar, beim Örtchen Garaña de Pría. Der sehr komfortable Platz mit Swimmingpool liegt auf dem Gelände eines historischen Sommerpalastes, umfriedet von einer drei Meter hohen Mauer; zum nächsten Strand etwa ein Kilometer. Geöffnet über Ostern sowie Mitte Juni bis Mitte September; p.P., Zelt und Auto je 5,50 €. ✆ 985 410075, ℻ 985 410298, www.campingpalacio.com.

Ribadesella

Der schöne Strand des Fischerstädtchens zieht im Sommer zahlreiche Badegäste an. Interessant auch für Durchreisende ist die Tropfsteinhöhle Cueva del Tito Bustillo.

Wie schon der Name nahelegt, liegt Ribadesella an der Mündung des Flusses Sella. Die breite, vom offenen Meer durch ein kleines Vorgebirge getrennte Ría teilt den Ort in zwei Hälften: An der Ostseite liegen die denkmalgeschützte Altstadt um die hübsche *Plaza Nueva* und der Hafen, an der Westseite das zur Saison sehr belebte Strandviertel um die hufeisenförmig ausgedehnte *Playa de Santamarina*. Verbunden sind beide Stadtteile durch eine 300 Meter lange Brücke, die bei ihrer Fertigstellung 1890 die längste ganz Spaniens war.

Ribadesella gibt einen ganz guten Ausgangspunkt für Abstecher nach Cangas de Onis und Covadonga in den westlichen Picos de Europa ab. Neben Baden und Stadtbummel lohnt sich hier außerdem ein Besuch der Tropfsteinhöhle *Cueva de Tito Bustillo*, in der vorgeschichtliche Felszeichnungen ähnlich derer von Altamira zu sehen sind. Zur Saison empfiehlt es sich wegen der Zugangsbeschränkungen allerdings dringend, sie bereits vormittags zu besuchen.

• *Information* **Oficina Municipal de Turismo**, in einem kleinen Pavillon auf der Altstadtseite des Orts, rechter Hand der Brücke; ✆ 985 860038, www.ribadesella.com. Öffnungszeiten Mo–Sa 10–14, 17–20 Uhr, So/Fei 11–14 Uhr, Juli/Aug. tgl. 10–20 Uhr.

• *Verbindungen* **Zug**: FEVE-Bahnhof südlich oberhalb der Altstadt, Abfahrten nach Santander 2x, Llanes 5x, Oviedo 3x täglich.

Bus: Busbahnhof an der Ausfahrtsstraße in Richtung Süden; ALSA nach Gijón 8x, Oviedo und Llanes je 10x täglich, daneben auch Anschlüsse nach Santander, Bilbao und Donostia (San Sebastián). Im Sommer bestehen außerdem, teilweise mit Umsteigen in Arriondas, einige ALSA/EASA-Verbindungen in die westlichen und südlichen Picos de Europa, ähnlich denen ab Llanes; die Tagestour durch die Cares-Schlucht ab Posada de Valdeón/Caín beispielsweise ist auch von hier aus möglich.

• *Übernachten* Ribadesella ist einer der „vornehmeren" Badeorte Asturiens. Vielleicht gibt es deshalb vorwiegend Hotels höherer Kategorien, die sich zur Mehrzahl im Strandviertel finden.

**** **Hotel Villa Rosario**, in der üppig dekorierten Villa eines „Indiano" am Strand überwiegen Blautöne, die Zimmer sind modern und komfortabel, DZ ab ca. 75-180 €, Calle Dionisio Ruizsánchez 6, ✆ 985 860090, ℻ 985 5860200, www.hotelvillarosario.com.

*** **Hotel Ribadesella Playa**, hübsche Villa im Strandviertel, gemütlich eingerichtete Zimmer, zum Teil mit Balkon und Meerblick; Parkplätze. DZ nach Saison knapp 55–110 €. Calle Ricardo Cangas 3, ✆ 985 860715, ℻ 985 860220, www.ribadesellaplaya.com.

** **Hotel El Carmen**, bildhübsches ländliches Hotel im gleichnamigen Örtchen einige Kilometer außerhalb, freundliche und familiäre Atmosphäre, leider nahe an der neuen Autobahn; DZ 60–75 €. El Carmen s/n, von der Altstadt westwärts über die Brücke, nach knapp einem Kilometer links ab; ✆ 985 861289, ℻ 985 861248, www.hotelelcarmen.com.

** **Hotel Marina**, eine der raren Möglichkeiten im Zentrum, direkt an der dortigen Hauptstraße gelegen. Solides Quartier, ein schönes Gründerzeithaus, gut in Schuss, die Zimmer hübsch bis puppig, aber immer individuell eingerichtet. Preise wie im Hotel El Carmen. Gran Vía 36, ✆/℻ 985 860157.

* **Hotel Boston**, ein Lesertipp von Thomas Becker: „Sehr sauber, gepflegt und in gutem

Zustand". Es liegt im Strandviertel praktisch direkt an der Hauptstraße, von der Altstadt kommend kurz hinter der Abzweigung zur Höhle Tito Bustillo. DZ/Bad knapp 35–45 €, El Pico 7, ✆ 985 860966.

* **Piccolo Hotel**, nur zehn Zimmer, sauber und ruhig einen Steinwurf hinter der Strandpromenade, der Hotelname weist auf den Besitzer hin, einen Italiener. DZ ab ca. 45 €, Calle Ricardo Cangas 26, ✆ 985 857826, www.elpiccolohotel.net.

Jugendherberge Albergue Juvenil, ein freundliches und gemütliches Quartier im Strandviertel an der Westseite der Bucht. Bett ab ca. 18 €; Calle Ricardo Cangas, unweit des Hotels Ribadesella Playa, ✆ 985 861380.

• *Camping* **Ribadesella** (1. Kat.), im Inland etwa 2,5 Kilometer südwestlich des Ortes. Terrassierter Wiesenplatz, bislang noch wenig Schatten. Sonst jedoch gut ausgestattet, mit Pool, nicht überall sauber, grenzt an ein lautes Neubaugebiet. Geöffnet etwa von April bis Mitte oder Ende September, p.P., Auto und Zelt je ca. 4,50-5 €, teure Bungalows, überteuerter Laden. Sebreño s/n, Zufahrt linker Hand etwa einen Kilometer westlich der Brücke, ✆/℻ 985 858293, www.camping-ribadesella.com.

Los Sauces (2. Kat.), ebener Wiesenplatz etwa zwei Kilometer westlich der Brücke, zwischen dem Meer und dem Örtchen San Pedro, auch dieser Platz grenzt an ein potenziell lautes Neubaugebiet. Geöffnet über Ostern sowie Mitte Juni bis in den September; p.P. 4,50 €, Auto, Zelt je etwa 4 €. ✆ 985 861312.

Playa de Vega (3. Kat.), noch weiter westlich und ruhiger, am Strand von La Vega. Geöffnet Juli bis Mitte September; p.P., Auto, Zelt je gut 3,50 €. ✆/ 985 860406 ℻ 985 857662, www.campingplayadevega.com.

• *Essen* Bars, Restaurants und Sidrerías finden sich auf der Altstadtseite vor allem in der Hauptstraße Gran Vía und in der Calle Caso de la Vila, die an deren Ende rechtwinklig abzweigt.

Rest. del Marisco, Fisch und Meeresfrüchte sind – der Name verrät's – Spezialität dieses Restaurants, die Parillada de Mariscos für zwei, eine üppig bestückte Meeresfrüchteplatte, gibt es zu 60 €, fürs Menü muss man ab ca 35 € rechnen. Beliebt bei den Gästen ist auch die Paella mit Meeresfrüchten. Calle de Palacio Valdéz 5, an der Uferstraße gegenüber dem Marktgebäude.

Rest. Mesón El Labrador, einfache, schmackhafte Kost zu konkurrenzlos niedrigen Preisen: Tapas 4-9 €. Gran Vía 55.

Sidrería Casa Gaspar, urige Sidrería am stimmungsvollen Platz, draußen Tische und Fässer. Sehr gutes Tagesmenü 10 €, Tapas mit Fisch und Meeresfrüchten 9-17 €; Calle de José Lopez Muñiz 8 (am Platz Villar y Valle).

• *Einkaufen* **Wochenmarkt** jeden Mittwochvormittag, im Angebot Käse und andere landwirtschaftliche Produkte der Region etc. Die **Confitería La Veguina** in der Calle de Segundo (zwischen Gran Vía und Pfarrkirche) bietet nationale und regionale Konditorspezialitäten, Backwerk und eigene Schokoladenprodukte sowie Marzipanfrüchte vom Feinsten – ein Naschkatzen-Dorado.

• *Feste* **Descenso Internacional del Sella**, am ersten oder zweiten Samstag im August. Großes Kanurennen „Fiesta de las Piraguas", zwischen Arriondas und Ribadesella. Zuschauer begleiten die Aktiven zu Fuß, die FEVE schickt einen Zug, der im Kanutempo nebenher fährt, Fiestas in beiden Städten, bei Llovio gigantisches Mittagspicknick – das bedeutendste Fest Asturiens.

• *Sport* Wie nicht anders zu erwarten, ist Kanusport in Ribadesella populär. Bootsverleih und Veranstaltung von Kanufahrten z. B. bei **Oriente**, Calle Palacio Valdéz 14, ✆ 985 860922 oder **Escuela Asturiana de Piragüismo**, Calle Marqueses de Argüelles s/n, ✆ 985 858147.

Cueva de Tito Bustillo

Die nahe Ribadesella gelegene Tropfsteinhöhle wurde erst 1968 entdeckt. Wohl noch in der Steinzeit hatte ein Erdrutsch ihre Eingänge verschüttet. Abgeschottet von äußeren Einflüssen blieben die Tierzeichnungen in einem der Säle so über die Jahrtausende nahezu unversehrt.

Die Bilder, deren gedeckte Farben aus Eisenoxiden, Lehm, Holzkohle, Blut und Fetten gemischt sind, zeigen verschiedene Jagdtiere wie Hirsche, Ziegen, Auerochsen, Rehe, vor allem aber Pferde. Mit einem Alter von bis zu 25.000

Asturien
Karte Seite 370/371

Jahren sind die hiesigen Zeichnungen wesentlich älter als die von Altamira; die künstlerische Bedeutung der dortigen Malereien erreichen sie jedoch nicht ganz. Dennoch lohnt sich eine Besichtigung – solange sie noch möglich ist – auf jeden Fall, zumal die Höhle immer noch Überraschungen zu bergen scheint: Erst kürzlich wurden hier mehrere Dutzend Gemälde neu entdeckt, sie gehören zu den ältesten bekannten paläolithischen Felszeichnungen überhaupt.

Vor der Höhle befindet sich ein Informationszentrum, die Aula Didáctica, deren Besuch – möglichst vor der Höhlenführung – sehr empfehlenswert ist.

• *Lage und Öffnungszeiten* Die Höhle liegt auf der westlichen Seite des Río Sella; von der Altstadt kommend nach links abzweigen. Geöffnet ist Ende März (bzw. Karwoche, falls früher) bis Anf. oder Mitte September Mi–So 10–16.30 Uhr, Eintrittsgebühr 3 €, am Mi gratis. Öffnungszeiten der Aula Didáctica ganzjährig Mi–So, Okt. bis Mai 10–16.15 Uhr, Juni bis Sept. 10–17 Uhr, Info- ✆ 985 861120. Es empfiehlt sich dringend, den Höhlenbesuch Wochen im voraus zu reservieren, denn das Besucherlimit von 320 Personen/Tag ist vor allem zur Saison schnell ausgeschöpft und wird ab 2008 wohl auf 240 gesenkt werden (2007 kamen fast 25.000 Besucher!). Reservierung unter ✆ 902 190508, Internet: http://tematico.princast.es/cultura/yacimientos/titobustillo.html.

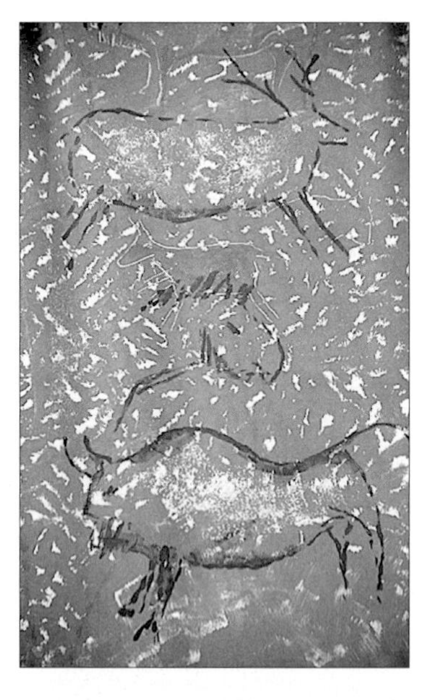

Eine Kopie der Höhle ist seit kurzem bei Teverga (Valles del Oso, siehe dort) in der Nähe von Oviedo zu sehen.

• *La Cuevona* Eine weitere Höhle schräg oberhalb der Cueva de Tito Bustillo. Sie wird von Leser J. Gonzalez quasi als „Trostpflaster" für den Fall empfohlen, dass für die Cueva de Tito Bustillo partout kein Ticket zu erhalten ist: „In der Cuevona hat es zwar keine Höhlenmalereien (mehr), aber sie entschädigt doch für den verpassten Besuch in der Haupthöhle. Der Eintritt ist frei und erfolgt mehrmals täglich in Gruppen von maximal 30 Personen."

Richtung Villaviciosa/Gijón

Westwärts von Ribadesella verläuft die Straße abseits der Küste, nur zwischen den kleinen Orten Leces und Berbes nähert sie sich der Küste – ein kleiner Fluss bricht dort in einem spektakulären Canyon, den man von der Straße aus gut sieht, durch die niedrige Kalkkette, die ihn von der Küste trennt. Stichstraßen führen zu Strandsiedlungen wie La Vega oder La Isla. Das Zentrum dieser Gemeinde bildet die landeinwärts gelegene, relativ große Siedlung Colunga.

▸ **Lastres**, der kleine (verwaltungsmäßig zum größeren Ort Colunga gehörende) Fischerhafen ist eines der reizvollsten Dörfer in diesem Bereich der Küste. Dies gilt besonders für den an den steilen Hang über dem Fischerhafen angeklammerten historischen Ortskern, der komplett unter Denkmalschutz gestellt wurde. Beim Strand der Siedlung in der Baya de la Griega wurden vor einiger Zeit die versteinerten Fußabdrücke von drei verschiedenen Dinosaurierarten entdeckt, was 2004 Anlass für die Errichtung eines geologischen Museums gab, es liegt etwas oberhalb.

• *Übernachten/Essen/Camping* ** **Hotel Bahía**, solides und gemütliches, sehr gelobtes kleines Hotel am Strand von La Isla. Freundliches Management. DZ nach Saison etwa 50–70 €, Abendessen 10 €. Avda. de la Playa 200, ✆/📠 985 852032.

Bar Supermán in der Bucht La Vega: „gigantische Portionen und alles ist super… Preise zivil, die Küche so gut, dass Einheimische aus Ribadesella dort abends zum Essen hinfahren" – eine Empfehlung von Leserin Angelika Fischer-Krischik. Es gibt auch Zimmer, DZ ca. 60 €; ✆985 928003.

Rest.-Sidrería El Puerto, Fisch und Meeresfrüchte satt ab ca. 6 € (!) direkt am Hafen.

Camping Costa Verde (2. Kat.), etwa zwei Kilometer südlich von Lastres, direkt am weitläufigen, schönen Strand La Griega. Geöffnet über Ostern sowie Juni bis September, p.P. 5,50 €, Auto, Zelt jeweils um 4 €. ✆/📠 985 856373.

Museum MUJA (Museo del Jurásico da Asturias): Das noch ziemlich neue Sauriermuseum in Rasa de San Telmo, San Juan de Duz, Colunga, stellt den geologischen Komplex des Jura (eben der Saurierzeit) in Asturien dar. Weil der Fund von Saurier-Fußabdrücken der Auslöser war, entstand das Museum auf dem Grundriss eines solchen Abdrucks, der in etwa einem dreiblättrigen Kleeblatt ähnelt. Auf drei Stockwerken erfahren Interessierte alles über die Welt der Dinosaurier, moderne multimediale Museumstechnik kommt großzügig zum Einsatz. In Grenzen auch für Kinder interessant.

• *Öffnungszeiten* Geöffnet Karwoche, Mai, ca. 20. Juni bis Ende Okt. und Brückentage Mo 10.30-14.30 Uhr, Mi–So 10.30–14, 16–19 Uhr, in der HS tgl. bis 20 Uhr. Eintritt ca. 5,50 €. Es empfiehlt sich, die Öffnungszeiten vor dem Besuch zu überprüfen: ✆ 902 306600, 📠 985 850044, www.museojurasicoasturias.com.

Cordillera del Sueve

Keine zehn Kilometer abseits der Küste, etwa im Dreieck Ribadesella, Arriondas und Colunga, steigen die Berge der Cordillera del Sueve bis auf über 1100 Meter Höhe an. Den als Nationalreservat geschützten Gebirgsstock durchstreifen noch mehrere Herden halbwilder, *asturcones* genannter Pferde.

Asturcones in der Cordillera del Sueve

Die recht kleinen, nur 1,20 bis 1,30 Meter hohen, dabei aber sehr kräftigen Pferde waren schon bei den Römern als Reit- und Lasttiere beliebt. Kennzeichen der Asturcones-Rasse, deren Urform mehr als 20.000 Jahre alt sein soll, sind die lange Mähne, der stämmige Hals und das tiefschwarze Fell. Heute tragen nicht mehr alle der frei umherziehenden Pferde der Cordillera die typischen Merkmale, haben sie sich doch teilweise mit anderen Rassen vermischt.

Jeweils am letzten Augustwochenende werden die Pferde bei Borines am westlichen Fuß der Cordillera zusammengetrieben, um die Jungtiere mit Brandzeichen zu versehen; für Pferdefreunde eine gute Gelegenheit, einmal echte Asturcones in Augenschein zu nehmen.

Wer die Tiere in freier Wildbahn aufspüren will, muss dagegen Glück haben. Ein möglicher Ausgangspunkt für einen Streifzug durch die Sierra ist der Mirador del Fito an der Straße von Colunga nach Arriondas. Wer keine Pferde entdeckt, wird immerhin durch die herrliche Gebirgslandschaft und den wunderschönen Blick über die Küste entschädigt, der bei gutem Wetter auch zu den Picos de Europa reicht.

Lesertipp: „Vom Mirador del Fito kann man in etwa 2,5 Stunden auf guten Wegen zum Gipfel La Cruz wandern. Auf dem Weg drei Quellen mit sehr gutem Wasser und zwei Almen, auch mit schwarzen Pferden. Von oben prima Blick." (Kirsten Tollknäpper).

Villaviciosa

Etwas landeinwärts am Beginn seiner großen Ría gelegen und von ausgedehnten Apfelgärten umgeben, gilt Villaviciosa als Hauptstadt des Apfelweins Sidra. Entsprechend viele der passenden, Chigres oder Sidrerías genannten Kneipen liegen in der gut erhaltenen Altstadt um die Plaza Mayor. Mit Bademöglichkeiten sieht es in Villaviciosa dagegen schlecht aus. Ein sehr schöner Strand, die *Playa de Rodiles*, findet sich jedoch an der Ostseite der Flussmündung; es gibt dort auch eine Reihe von Campingplätzen, die jedoch größtenteils von Dauercampern belegt und auch sonst wenig anheimelnd sind.

• *Information* **Oficina Municipal de Turismo**, im Parque Vallina, Telefon 985 891759. Nur im Sommer geöffnet, Di–Sa 10–14, 17–20 Uhr.

• *Verbindungen* **Bus**: Gute Anschlüsse unter anderem nach Oviedo, Gijón, Lastres und Ribadesella.

• *Übernachten* ** **Hotel Casa España**, reizvoller Stadtpalast direkt im Zentrum, 1995 eröffnet. Gemütliche, geräumige Zimmer, DZ/Bad etwa 50–70 €. Plaza Carlos I 3, ✆ 985 892030, ℻ 985 892682, www.hcasaespana.com.

****Hotel Carlos I**, gleich gegenüber, ebenfalls in einem historischen Gebäude und recht hübsch meist mit alten Möbeln eingerichtet. DZ etwa 40 bis knapp 60 €. Plaza Carlos I. 3, ✆ 985890121, ℻ 890051, www.vivirasturias.com/hotelcarlos1.

Pensión Sol, einfach ausgestattet, aber mit angenehmer Atmosphäre und eines der preisgünstigsten Quartiere Villaviciosas. Nur wenige Zimmer, DZ ohne Bad etwa 20–30 €. Calle Sol 27, ✆ 985 891130.

• *Camping* ** **Playa España**, Platz direkt am Meer mit Charme, auch interessant für Surfer, p. P. und Zelt knapp 5 €, Auto 4 €. ✆ 985 894273, www.campingplayaespana.es.

Umgebung von Villaviciosa

Westlich von Villaviciosa finden sich entlang der Küste in Richtung Gijón zwar noch mehrere Strände, doch macht sich langsam der Einfluss der Industriegebiete der größten Stadt Asturiens bemerkbar. Fraglich, ob das Wasser wirklich so sauber ist, wie es optisch wirkt.

▶ **Tazones**: Auf der westlichen Seite der Ría, etwa zehn Kilometer von Villaviciosa entfernt, ist das kleine Fischerdorf mit seinen hübschen Häusern ein beliebtes Ausflugsziel insbesondere kulinarischer Art: Die hiesigen Restaurants sind bekannt für ihre exquisiten Meeresfrüchte.

▶ **San Salvador de Valdedíos**: Ungefähr sechs Kilometer südwestlich von Villaviciosa, etwas abseits der Straße nach Oviedo. Die kleine Kirche, die in friedlicher Landschaft neben einem verlassenen Zisterzienserkloster steht, ist ein schönes Beispiel asturischer Präromanik und von der Unesco zum „Kulturerbe der Menschheit" erklärt worden. 893 geweiht und wohl im Auftrag des Königs Alfons III. errichtet, weist das Kirchlein drei Schiffe auf, deren mittleres im Verhältnis zur geringen Breite ungewöhnlich hoch erscheint. Das Kloster mit seinem schönen Kreuzgang wurde vor einigen Jahren aufwändig renoviert.

Öffnungszeiten Apr.-Sept. Di-So 11-13, 16.30-18.30 Uhr, Okt.-März Di-Fr 11.15-13, Sa/So 16-17.30 Uhr; Eintritt knapp 1,50 €.

Strand und Altstadt in Gijón

Gijón (Xixón)

Mit einer Bevölkerung von rund 260.000 Einwohnern ist Gijón noch vor Oviedo die größte Stadt Asturiens, gleichzeitig der bedeutendste Hafen weit und breit, ein dicht besiedelter Großraum mit erdrückendem Verkehr, aber einem sich immer mehr in Schale werfenden Zentrum.

Auf der Habenseite mag man der im spanischen Bürgerkrieg weitgehend zerstörten Stadt, die im lokalen Asturisch (das viele Asturianer zur eigenen Sprache erklärt wissen wollen) „Xixón" geschrieben wird, ihr quirliges Alltagsleben zugutehalten. Daneben besitzt Gijón auch einen kilometerlangen Strand, dessen Wasserqualität angesichts der Umgebung zumindest angezweifelt werden darf. Wichtigste Sehenswürdigkeiten sind einige Museen, darunter ein für Fans der Schiene sehr interessantes Eisenbahnmuseum, ein vor allem dem Golf von Bizcaya gewidmetes Aquarium und der Botanische Garten des Atlantiks etwas außerhalb der Stadt.

Orientierung: Gijóns kleine Altstadt *Cimadevilla* („Gipfel der Stadt") besetzt die Landzunge zwischen dem Hafengebiet im Westen und dem langen, hochhausgesäumten Strand *Playa de San Lorenzo* im Osten. Das heutige Zentrum liegt weiter landeinwärts um die *Plaza Seis de Agosto*.

Karte Seite 370/371

Information/Verbindungen

• *Information* **Oficina de Turismo**, Puerto Deportivo, Espigón Central de Fomento s/n, ✆ 985 341771, ℻ 985 356357, www.gijon.info, www.visitigijon.com, großer Info-Kiosk auf dem mittleren Pier des Sporthafens, gut ausgerüstet und sehr hilfsbereit. Viele Broschüren, u.a „Ruta del Modernisme" zu Jugendstilhäusern in der

Stadt; Öffnungszeiten täglich 8/9-20 Uhr, im Sommer auch länger. Daneben besteht eine Reihe von Infostellen der Stadt („Info-Gijón", z.T. nur im Sommer geöffnet), zum Beispiel am Strand San Lorenzo.

• *Verbindungen* **Flug**: Der Flughafen Aeropuerto de Asturias liegt östlich von Avilés, etwa 40 km entfernt, Busverbindung mit ALSA ab Busbahnhof (5,60 €). Flüge nach D, A, CH nur über Madrid (Iberia) oder Palma de Mallorca (Air Berlin).

Zug: Gijón besitzt gleich zwei Bahnhöfe. Bahnhof der RENFE-Cercanías (für Kurzstrecken, aber auch einen Teil der Fernzüge) und der FEVE in zentraler Lage an der Calle Alvarez Garaya, östlich der Plaza Seis del Agosto. FEVE-Verbindungen bestehen nach Pravia (umsteigen nach Galicien) und El Berrón (umsteigen nach Kantabrien), im Sommer zusätzliche Badezüge nach Llanes „En tren a la playa".

Die RENFE-Estación Jovellanos liegt etwa 500 m weiter westlich. Hier halten viele der Züge erneut, die die Cercanías-Station verlassen; gleichzeitig starten hier die Fernzüge nach León, Madrid und Barcelona. Verbindungen nach Oviedo halbstündlich, nach León 7x, Madrid 3x täglich.

Bus: Geplant ist der Bau eines städtischen Busbahnhofs, der ALSA-Busbahnhof wurde jedoch gerade umgebaut und erweitert, also bleibt's wohl doch beim alten. Bisher sind die Abfahrtsstellen der kleineren Gesellschaften nochüber die Stadt verstreut, im Zweifel die Infostelle konsultieren. ALSA ist für die meisten Ziele zuständig, die Busse starten vom eigenen zentralen Busbahnhof an der Calle Magnus Blikstad 1, etwa 200 m südlich des Doppelbahnhofs von FEVE und RENFE-Cercanías. Die meisten Zielen innerhalb Asturiens werden angefahren, u.a. Oviedo laufend, Ribadesella 7x, Cudillero 6x, Luarca 4x. Weitere Verbindungen bestehen nach Kastilien (z.B. León, Madrid je 6-8x) und Galicien (z.B. La Coruña und Santiago je 3x), mit ALSA/TURYTRANS auch nach Kantabrien und ins Baskenland, z.B. Santander 8x, Bilbao 6x, San Sebastián 5x täglich. Im Sommer zwischen den drei großen Städten Asturiens auch Nachtbusse.

Mietwagen: AVIS, Plaza Pinole 3, ✆ 985 354208; Europcar, Bahnhof, ✆ 985 165126.

• *Internet-Zugang* **Telecentro Gijón**, Calle Ernesto Winter 7, La Camocha, ✆ 985 092136; **El Coto**, Plaza de la República s/n, ✆ 985 181733; **La Calzada**, Calle Ateneo Obrero 1, ✆ 985 181411.

• *Diplomatische Vertretungen* **Deutsches Honorarkonsulat**: Calle Capua 29, ✆ 985 347786, konsulatgijon@web.de.

Übernachten/Camping

• *Übernachten* Das Preisniveau liegt in Gijón generell ziemlich hoch.

**** **Parador Molino Viejo**, stilvolle und noble Herberge, untergebracht in einer alten Mühle am Parque Isabel la Católica, nur wenig landeinwärts des östlichen Endes der Playa San Lorenzo. DZ etwa 140–150 €. Parque Isabel la Católica s/n, ✆ 985 370511, ℻ 985 370233, www.parador.es

*** **Hotel Casona de Jovellanos**, eine Alternative im Herzen der Altstadt Cimadevilla, untergebracht in einem schönen mittelalterlichen Palast, der Casa del Fornu, der wiederum an die römische Stadtmauer gebaut wurde. DZ kosten je nach Saison ca. 70–100 €. Plaza Jovellanos 1, ✆ 985 342024, ℻ 985 356151, www.lacasonadejovellanos.com.

*** **Hotel Asturias**, das gründerzeitliche Hotel (1911) weist zum Teil noch den Dekor seiner Entstehungszeit auf, allerdings nicht in den relativ großen und eher kühl, aber mit Sitzecke und Teppichen eingerichteten Zimmern. Betulich-altmodisches Café mit ausgesprochen langsamer Bedienung. DZ ca. 65–85 €. Plaza Mayor 11, ✆ 985 350600, ℻ 985 346872, www.hotelasturiasgijon.com.

** **Hotel Castilla**, solide Mittelklasse im südlichen Zentrumsbereich. DZ/Bad ca. 50—80 €. Calle Corrida 50/Plaza 6 de Agosto, ✆ 985 346200, ℻ 985 346364, www.hotel-castilla.net.

** **Hostal Covadonga**, familiäre, saubere und gepflegte Pension im 3. Stock, ruhig und doch zentral gelegen, eine Empfehlung von Leserin Doris Fackler. DZ/Bad (es gibt auch Zimmer ohne Bad zu 35 €) maximal 55 €, Calle la Libertad 10 (Nähe Busbahnhof und Haupteinkaufsstraße Calle Corrida), ✆/℻ 985 341685, www.hostalpensioncovadonga.com.

** **Hostal Res. Manjón**, in guter und zentraler Lage am unteren westlichen Altstadtrand, nicht weit von der Infostelle. Vor einigen Jahren renoviert, ordentliche DZ/Bad rund 30–50 €, DZ nur mit Dusche etwas günstiger. Plaza del Marqués 1, ✆ 985 352378.

** **Hostal Plaza**, im südlichen Zentrumsbereich, günstig zu den Bahnhöfen gelegen.

Durchaus brauchbare DZ/Bad ca. 35–55 €. Calle Prendes Pando 2, von der Crta. de la Costa ein kurzes Stück südwärts über den Paseo de la Infancia; ✆/📠 985 346562.

Jugendherberge San Andrés de Canellana, 132 Betten in Zweier- bis Zehnerzimmern, viele mit Bad, Camino de los Caleros s/n, Barrio de Contrueces, ✆/📠 985 160673, www.alberguegijon.com.

Übernachten in Cabueña (ca. 8 km östlich an der alten N 638): *** **Hotel Quinta Duro**, vom Familien-Ansitz zum kleinen Hotel im Grünen mit riesigem Garten; idyllische Lage nahe dem Botanischen Garten, perfekte komfortable Einrichtung, DZ ab ca. 90 €. Camino de las Quintas 384, ✆ 985 330443, www.hotelquintaduro.com.

Übernachten in Deba (ca. 9 km östlich, 2 km südlich der N 638): **Hotel rural La Ermita de Deba**, aus einer alten Einsiedelei im Grünen haben Mutter und Tochter vor ein paar Jahren ein Juwel von einem Landhotel gemacht. Großzügige Zimmer mit großen Bädern (Wanne und Dusche), Balkon, Blick ins Grüne, TV und DVD-Player mit kleiner DVD-Auswahl, der Service so persönlich wie effizient und ein Frühstück, wie es sonst in Spanien kaum zu bekommen ist (die Gänge – warm und kalt – werden einzeln aufgetragen). Kein Restaurant, aber im Ort Deba gibt es mehrere Speisemöglichkeiten. DZ/F 100-140 €. Deva (von der N 638 zur Autovía-Auffahrt nach Villaviciosa abbiegen, aber darunter durch, anschließend Beschilderung rechts und links. ✆ 985 333422, 📠 985 333482, www.ermitadeva.com.

• *Camping* **Deva-Gijón** (1. Kat.), sehr ausgedehnter (1500 Plätze) und gut ausgestatteter Platz in grüner Umgebung bei Deva, südlich der N 632 Richtung Villaviciosa und etwa sechs Kilometer östlich von Gijón. Offiziell ganzjährig geöffnet, Preise p.P., Auto, Zelt jeweils etwa 5,50 €. ✆ 985 133848, 📠 985 133889, www.campingdeva-gijon.com.

Gijón (2. Kat.), im Gebiet Las Caserías, etwa drei Kilometer östlich des Zentrums. Anfahrt über die Straße am Strand entlang, nach der Brücke links, dann beschildert. Geöffnet über Ostern sowie Juni bis September; p.P., kleines Zelt je 4 €, Auto knapp 3 €, in der Hochsaison Stellplatz bis ca. 20 €. ✆ 985 365755.

Essen&Trinken/Abends/Markt/Feste

• *Essen&Trinken* **Sidrería Parilla El Retiro**, traditionelles Haus im Zentrum, das seit 1935 besteht. Die Karte umfasst Fisch-, Wild- und andere Fleischgerichte sowie Eintöpfe und Dutzende Pinchos; gutes Weinangebot. Drei Gänge à la carte ab etwa 30 €. Paseo Begoña 28, eine Seitenstraße der Calle Jovellanos; in der zweiten Septemberhälfte geschlossen

Rest-Sidrería La Galana, was wie eine Billig-Sidrería aussieht ist ein veritables Restaurant mit gehobener Qualität; da kann ein (im übrigen ständig wechselndes) Tagesmenü für 16 € aus *fabas con centolla, confit de pato* und Dessertauswahl bestehen, ein Schnäppchen für diesen Preis. An der Bar Raciones für unter 5 € (Dank an Doris Fackler, die uns auf das Lokal hingewiesen hat). Tische auch draußen auf dem Rathausplatz, ✆ 985 358466.

Rest. Casa Zabala, ein Klassiker, 1923 gegründet. Spezialisiert auf Fischgerichte und Meeresfrüchte, Preisniveau hoch – Essen à la carte kaum unter 40 € (Hauptgerichte ca. 15-25 €),.In der Altstadt, Calle Vizconde Campogrande 2, Nebenstraße der Plaza Jovellanos. Abends erst ab 21 Uhr geöffnet, Mo und im Februar geschlossen.

• *Abends* Gijons Altstadt Cimadevilla ist das Zentrum des Nachtlebens, das erst beginnt, wenn die letzten Restaurants ihre Gäste entlassen, also lange nach Mitternacht. In manchen Gassen um die Plaza Arturo Arias oder die Plaza Jovellanos reihen sich Bars und Pubs so eng aneinander, dass es zwischen Mitternacht und fünf Uhr früh an schönen Sommerwochenenden kaum möglich ist zu unterscheiden, wo das eine endet und das andere beginnt. Hier einige Tipps für Bars/Pubs: *Babilonia*, Calle Rosario 42; *Buddha*, Calle Marqués de San Esteban 23, *Cubanísimo*, Calle Rodiguez Sempiedro 35, *Pícaro*, Calle Marqués de San Esteban 12 (nur Mitternacht bis 5.30 Uhr geöffnet).

• *Markt* **Bauern- und Ökomarkt** auf der Plaza Mayor, Sa und So ab 11 Uhr bis abends, Gemüse, Obst, Brot, Wurst und Schinken, Honig, Marmeladen ...

• *Feste* **Concurso de Tonada y de la Gaita**, Ende Juli und Anf. August Konzerte mit traditioneller Volksmusik, vor allem mit der Gaita. **Día de Asturias**, erster Augustsonntag; traditionelle Wagenprozession mit Musikbegleitung, Tanzgruppen etc. **Semana Grande**, in der ersten Augusthälfte,

Asturien Karte Seite 370/371

die Stadt feiert den Sommer auf allen Plätzen und Stränden, Feuerwerke am 14. August mit Tanz bis in den Morgen. **Fiesta de la Sidra Natural,** letztes Augustwochenende, alles dreht sich an diesem Wochenende um die Sidra, am Sonntag nachmittags Gratis.-Verkostung! An allen drei Festtagen Markt mit Sidra, Äpfeln und allerlei apfel-bezogenem Kunsthandwerk.

Gijóns historische Seite: die Altstadt Cimadevilla

Sehenswertes

Auf den ersten Blick bietet Gijón nicht allzu viel – nur zu gründlich wurde die Stadt bei Arbeiteraufständen und im folgenden Spanischen Bürgerkrieg zerstört. Bei näherer Betrachtung entdeckt man eine hervorragend restaurierte, kleine Altstadt, zahlreiche Stadthäuser im Modernismo-Stil und viel zeitgenössische Kunst und Architektur. Ein Tipp für Fans der Schiene ist sicher das recht neue Eisenbahnmuseum, das größte seiner Art in Spanien.

Cimadevilla: Die auf einer Landzunge gelegene Altstadt ist zum geschichtlich-künstlerischen Denkmal erklärt worden, was ihr auch zu der dringend notwendigen Renovierung verholfen hat. Die Grenze zu den neueren Vierteln bildet einerseits der imposante Renaissancepalast *Palacio de Revillagigedo* (nur bei den seltenen Ausstellungen zu besichtigen), andererseits die arkadenbestandene *Plaza Mayor*, die auch das Zentrum einer abends recht lebendigen Kneipenkultur darstellt. Tagsüber ist die Altstadt praktisch ausgestorben, erst abends lebt sie auf – und nachts herrscht in den Bars und Kneipen Highlife bei erheblichem Geräuschpegel auch auf den Straßen.

Die *Plazuela* de *Jovellanos*, einige Schritte oberhalb der Plaza Mayor gelegen, ist nach dem größten Sohn der Stadt benannt. Gasbar Melchor Jovellanos (1744–1811) war Schriftsteller und einer der Anführer der Spanischen Unabhängigkeitsbewegung gegen Napoleon. Sein Geburtshaus an der Plaza wurde in ein Museum verwandelt, das vornehmlich moderne Kunst und Exponate zur Industriegeschichte präsentiert.

Öffnungszeiten des Museums: Di–Sa 10–13, 17–20 Uhr, So/Fei 11–14, 17–19 Uhr; im Juli und August geringfügig erweiterte Zeiten (u. a. abends 1 Stunde länger). Eintritt frei.

Cerro Santa Catalina: Auf dem parkähnlichen Hügel oberhalb des Cimadevilla-Viertels sind noch Reste früherer Verteidigungsanlagen zu sehen. Interessanter ist, zumindest bei gutem Wetter, jedoch die weite Aussicht auf Stadt und Küstenlinie, die sich von hier bietet. Den Blick aufs Meer und in die Ferne umrahmt die große Skulptur *Elogio del Horizonte* (Lob des Horizonts) des baskischen Künstlers Eduardo Chillida.

Römische Mauern und Bäder: Am Südrand der römischen Siedlung Giga, wo die Alt- und Neustadt verbindende Landzunge am engsten ist, wurden bedeutende Reste der römischen Vorgängerstadt ausgegraben. Einer der Tortürme des römischen Landturmes wurde modern aufgestockt und intelligent in den restaurierten mittelalterlichen Bau des Torre de Reloj (heute Stadtarchiv) integriert. Teile der Stadtmauer etwas unterhalb der Plazuela de Jovellanos und hinter dem Palacio de Revillagigedo sind jederzeit zugänglich. Am interessantesten sind jedoch die Reste einer römischen Thermenanlage, die an der Straße Campo Valdés ausgegraben und der Öffentlichkeit zugänglich gemacht wurden (östlicher Teil der Landenge, nahe Plaza Mayor und Plazuela de Jovellanos). Über den Ruinen der Thermen, deren erhaltene Reste u.a. die Fußbodenheizung umfassen, entstand ein kleines Museum, audiovisuelle Hilfen geben zusätzliche Informationen.

Öffnungszeiten Juli/Aug. Di–Sa 11–13.30, 17–21, So/Fei 11–14, 17–20 Uhr, Rest des Jahres Di–Sa 10–13, 17–19 (März–Juni und Sept. 20) Uhr, So/Fei 11–14, 17–19 Uhr. Eintritt ca. 2,50 €, So frei.

Museo Juan Barjola: Nahe dem Fremdenverkehrsamt beherbergt der renovierte Palacio Trinidad ein Gemäldemuseum, das dem zeitgenössischen Künstler Juan Barjola gewidmet ist. Barjola, 1919 in der Extremadura geboren, heiratete in den Vierzigerjahren eine Asturierin. 1987 wurde er zum „Adoptivsohn Asturiens“ ernannt, unter anderem wohl auch wegen der großzügigen Geste, dem Museum über hundert seiner Werke zur Verfügung gestellt zu haben.

Lage und Öffnungszeiten Calle Trinidad 17, auf dem Weg von der Infostelle zur Altstadt. Geöffnet ist Di–Sa 11.30–13.30, 17–20 Uhr, So/Fei 12–14 Uhr; Eintritt frei.

Museo del Ferrocarril de Asturias: Untergebracht ist das Eisenbahnmuseum von Gijón, das eine Fläche von 14.000 Quadratmetern einnimmt, auf dem Gelände des ehemaligen Nordbahnhofs Estación del Norte, dessen 1873 errichtete Halle noch erhalten blieb. Das Areal ist Teil eines Sanierungsgebiets, das nördlich des Schienenstrangs etwa zwischen den beiden heutigen Bahnhöfen liegt.

Mit rund tausend Exponaten ist die Ausstellung die größte und reichhaltigste ihrer Art im ganzen Land. Zu sehen sind Lokomotiven, Personen- und Güterwaggons verschiedener Bahngesellschaften, Gleisstücke, alte Fahrkarten, Signale etc. An Samstagen können Besucher das Gelände auf einer 500 Meter langen Schmalspurstrecke sogar abfahren. Schade, dass die Erklärungen zu den Schaustücken wieder einmal nur in spanischer Sprache erfolgen.

Asturien
Karte Seite 370/371

Fest für Fans der Schiene: das Eisenbahnmuseum

Angeschlossen ist ein Souvenirgeschäft sowie ein Dokumentations- und Forschungszentrum zur Geschichte der asturischen Industrie und Eisenbahn.
Öffnungszeiten Di–Sa 10–14, 16–20 Uhr, So/Fei 11–14, 16–20 Uhr; im Juli/August Di–Sa 10–14, 17–21 Uhr, So/Fei 11–14, 17–21 Uhr. Eintrittsgebühr etwa 2,50 €, So gratis.

Acquario: An der Playa de Poniente westlich von altem und neuem Stadtzentrum und nahe dem Bahnmuseum steht das neue Meeresaquarium von Gijón. Das mehrstöckige Gebäude gibt Auskunft über das Leben im Meer vor der Küste Gijóns und in den asturischen Flüssen (Fischotter!) und Seen (beide im Ersten Stock), informiert aber auch stichprobenhaft über die anderen Meere der Welt von der Antarktis (mit Magellan-Pinguinen) bis zum Großen Barriereriff (Hai-Bassin).
Öffnungszeiten Juli/Aug tgl. 10-24 Uhr, Juni+Sept. tgl. 10-22 Uhr, Okt.+März So-Fr 10-19, Sa 10-22 Uhr, April/Mai So-Do 10-20, Fr/Sa 10-22 Uhr; Eintritt 10 €, erm. 8/5 €, ✆ 985 185220, www.acquariodegijon.com.

Museú Etnografiu del Pueblu d'Asturies: Im ethnologischen Museum „Dorf von Asturien" sind volkstümliche Geräte und Werkzeuge ausgestellt, Beispiele der Getreidespeicher „Hórreos" und alter Bauernhäuser, außerdem ein Dudelsackmuseum (Museo de la Gaita), dem auch eine Werkstatt angeschlossen ist. Hier steht auch der architektonisch beeindruckende Pavillon, mit dem Asturien auf der Expo in Sevilla vertreten war. Das sehr sehenswerte Museum liegt leider ein ganzes Stück östlich des Zentrums, auf der anderen Seite der Flussmündung und hinter dem Messegelände. Am angenehmsten zu erreichen ist es auf einem Spaziergang entlang des Strandes San Lorenzo, jenseits des Flusses dann landeinwärts abbiegen.
Öffnungszeiten Di–Sa 10–13, 17–20 Uhr, So 11–14, 17–19 Uhr, im Juli/August geringfügig erweiterte Zeiten. Eintritt ca. 2.50 €; Bus 1, 10..

Jardín Botánico Atlántico: Auf dem Weg nach Osten passiert man nicht nur den auffälligen Baukomplex der Universidad Laboral (→ unten) sondern auch auf gleicher Höhe einen sehr interessanten Botanischen Garten. Der „Botanische Garten des Atlantiks" widmet sich auf einem riesigen Areal den Pflanzengesellschaften an der Atlantikküste Nordspaniens. Wenn man das üppig grüne, langgestreckte Gelände auf dem „Itinerario Atlántico" durchwandert, erfährt man alles Wesentliche über die Pflanzenwelt des Grünen Spaniens.

Öffnungszeiten/Verbindungen Di-So im Sommer 10-21 Uhr, im Winter 10-18 Uhr, Eintritt ca. 5,50 €, erm. ca. 2,50 €; ✆ 985 130713, www.botanicoatlantico.com; Busse der EMTUSA 1, 2, 4, 18 und 26 vom/zum Zentrum.

Universidad Laboral: Gegenüber dem Botanischen Garten erhebt sich in erhöhter Position der langgestreckte Bau der Universidad Laboral, einer in der Francozeit errichteten, ehemaligen Jesuitenuniversität. Dass man 1948 einen Bau errichtete, der wie eine Kreuzung aus Escorial und Kirche des Hl. Ignatius in Loyola aussieht, mag uns heute verwundern, im Franco-Spanien wurde alles als normal angesehen, was nicht modern-funktionalistisch war. Der riesige Gebäudekomplex ist heute im Besitz der Universität Oviedo, die ihn als Teil ihres Campus verwaltet. Interessant is der Besuch vor allem wegen des Medienzentrums *Laboral – Centro de Arte y Creación Industrial*, eingerichtet in den ehemaligen Werkstätten, und durch die herrliche Aussicht über Berge, Stadt und Meer, die sich vom 120 m hohen Turm der Anlage (Fahrstuhl, 1,50 €) eröffnet.

Öffnungszeiten/Infos Der Turm ist tgl. 12-14, 15.30-20 Uhr geöffnet, im Winter evtl. nur bis 18 Uhr, Eintritt Medienzentrum 5 €, erm. 2 €, Mittwoch gratis; ✆ 902 306600, www.laboralciudaddelacultura.com, *Verbindungen* wie Botanischer Garten.

Von Gijón entlang der Küste nach Avilés

Die gebührenfreie Autobahn nach Oviedo, aber auch weiter nach Avilés und West-Asturien, führt weit von der Küste weg ins Binnenland. Die Bahn macht da keine Ausnahme, mit dem Ergebnis, dass fast jeder aus- und inländische Gast diesen Landzipfel, der mit dem Cabo de Peñas weit nach Nordens in die Biskaya sticht, links liegen lässt. Nicht einmal eine Landstraße gibt es entlang der abwechslungs- und buchtenreichen Küste. Zahlreiche winzige Inselchen und Klippen liegen vorgelagert, zwischen Felsbarrikaden finden sich kleine Sandstrände, oft unerreichbar von oben. Peñascos nennt man diese Klippen, das Kap an der Nordspitze der Halbinsel hat seinen Namen davon. Wieviele Schiffe an diesen Klippen kenterten, weiß man nicht, den Relikten in Luanco und am Kap selbst nach zu schließen, müssen es viele gewesen sein.

Luanco: Im Museo Maritimo de Asturias werden seit 1948 Erinnerungen an die Schifffahrts- und Fischfanggeschichte der Küste gezeigt. Von dieser Phase seiner Geschichte sind heute in Luanco der immer noch recht betriebsame Hafen und eine kleine Altstadt übrig geblieben, ringsum wuchert ein Ferienwohnungsgebiet. Dass in diesem Hafen einmal eine der größten Fischereiflotten Spaniens stationiert war, kann man kaum glauben, ebenso wenig wie die Tatsache, dass der Kubahandel des Landes vor allem über Luanco abgewickelt wurde – was 1898 mit der Abtretung Kubas durch Spanien zu einem Niedergang des Ortes führte.

Asturien Karte Seite 370/371

In dem kleinen Seebad mit schönem Sandstrand, der besonders von der Bevölkerung der großen Städte Asturiens geschätzt wird, ist vor allem das oben schon erwähnte Museum von Interesse. Modelle verschiedener Schiffstypen aus unterschiedlichen Zeiten und Regionen sind zu sehen, See- und Landkarten, darunter eine der ersten echten Seekarten aus dem 14. Jahrhundert (vorher gab es nur Portolane, Richtungsweisungen von Hafen zu Hafen), außerdem eine hervorragend eingerichtete Bibliothek (nicht nur in Spanisch). Auch die Kirche des Ortes, Santa María, lohnt mit ihren barocken Retablos und einer Kreuzigungsgruppe einen Blick (Beleuchtung 1 €).

• *Verbindungen/Öffnungszeiten/Camping* Häufige Busverbindung ab Gijón, mindestens stündlich, auch Bahnverbindung (FEVE) mit Gijón und Avilés; Museo Marítimo de Asturias, geöffnet (Winter) Di-So/Fei 11-13, 16-18 Uhr, Sommer Di-So/Fei 11-13, 17-19 Uhr, 985 880101.

Camping Buenavista, herrlich über zwei Sandstränden gelegener Platz im Ortsteil Dormón, auch Bungalows, kleiner Shop und Cafetería. Nur Feb. bis Nov., p. P., kleines Zelt und PKW je 4 €, Parzelle 21 €; Dormón, 33491 Perlora, ✆/📠 985 871793, www.campingbuenavista.com.

▸ **Cabo de Peñas**: Das Kap an der Landzunge hinter Gijón trennt die Costa Verde in ihren östlichen und ihren westlichen Teil. Bei gutem Wetter wird der Weg zum 1852 erstmals errichteten Leuchtturm (der heutige stammt von 1929) mit einer weiten Aussicht über die Küste belohnt. Seit 2005 beherbergt der Leuchttum, heute längst automatisiert, ein interessantes *Centro de Interpretación Marina de Cabo de Peñas,* das den Besucher mit multimedialen Mitteln über die Biodiversität des Meeres ringsum informiert. Ein anderer Teil des Besucherzentrums gilt den vielen Schiffbrüchen an diesem sturmumtosten Kap. Die Landspitze ist auf ca. 20 km² Naturschutzgebiet.

Verbindungen/Infos zu Öffnungszeiten Im Sommer etwa alle 2 Stunden Bus (Roces) von Avilés und Luanco zum Cabo Peñas, ✆ 985 882644, www.ayto-gozon.org.

Avilés

(80.000 Ew.)

Wer durch die tristen, zum Großteil stillgelegten, aber nicht abgebauten Industriezonen und durch möglicherweise noch drögere Hochhaus-Wohngebiete ins Zentrum von Avilés fährt, wird auf den Autor dieses Textes nicht gut zu sprechen sein. Zeitverschwendung, ganz klar. Industriestadt. Abhaken. Bis er in der Altstadt gelandet ist. Die ist nämlich ein Schmuckstück. Lange Straßenzüge, die nach Renaissance riechen und Klassizismus, links und rechts Arkaden, man will ja nicht bei Regen shoppen. In der Calle Galiana, 250 m lang, bestimmen Stadthäuser des Modernismo das Bild; außerdem verlaufen in dieser Gasse sogar zwei parallele Arkaden, die einen für die Menschen, die anderen für die Tiere (oder die Waren, die sie transportierten, denn Avilés war ein bedeutender Marktort).

Obwohl der Abbau von Schwerindustrie, der für die traurigen Ruinen rund um die Stadt verantwortlich ist, vielen Menschen das Brot genommen hat, lassen sich die Bewohner von Avilés nicht kleinkriegen. Der Ort ist für seinen überschäumenden Karneval „Antroxu“ bekannt, seine Semana Santa und für die Üppigkeit und den Frohsinn der vielen anderen Feste – von der Fiesta del

Lieblingsplatz: Plaza del Carbayo

Carmen bis zum „Festival Intercélticu" mit vielen Gästen aus Irland, Schottland, Wales und Dudelsackmusik fürs ganze Jahr. Quirliges Zentrum der Stadt ist die Plaza de las Aceñas, die das Fischerviertel Sambugo und die Altstadt verbindet, gewonnen 1873 durch Aufschüttung der Ría, die damals noch die beiden Zentren trennte.

Noch Zukunftsmusik ist das Centro Cultural, das 2009 zwischen der Altstadt und der Ría von Avilés eröffnet werden soll. Kein Geringerer als der 1907 geborene Architekt Oscar Niemeyer, bekannt als Schöpfer der Architektur von Brasilia, hat für Avilés einen Museums-, Ausstellungs- und Konzertpalast in vier großen Gebäuden entworfen, die den „größten Platz der Welt" umschließen und durch ihre Anlage das alte Avilés wieder mit dem Meer verbinden sollen – durch die Versandung des Hafens war das Meer gewissermaßen aus dem Blick der Stadt geraten. Ein Saal für 1300 Zuschauer und ein Aussichtsturm mit Restaurant sind Teil des Projekts. Dass die vorgesehenen 25 Millionen Euro die Kosten decken werden, darf man bezweifeln, zumal erst im Herbst 2007 die ersten Gelder flossen, die den Baubeginn überhaut erst ermöglichen sollten.

• *Information* **Oficina de Turismo**, Calle Ruizgómez 21, Mo-Fr 9-14, 16.30-18.30, Sa/So/Fei 10-14 Uhr, ✆ 985 544325.

• *Übernachten* ***** **NH Palacio de Ferrera**, standesgemäße Unterkunft in einem barocken Palast im Stadtzentrum, DZ ca. 100-215 €. Plaza de España 9, ✆ 985 129080, ✆ 985 510684.

*** **El Magistral de Avilés**, solides Mittelklassehotel nahe Infostelle in einem Stadthaus mit Glasbalkonfront, funktional und komfortabel. DZ ca. 80-110 €. Llano Ponte 4, ✆ 985 561100, ✆ 985 545873, aviles@magistralhoteles.com.

** **Pensión El Norte**, schlichte Pension im nordwestlichen Sabugo-Viertel in Bahn

Asturien
Karte Seite 370/371

hofsnähe, nicht ganz leise, DZ ca. 18-30 €, ✆ 985 564803.

• *Essen&Trinken* Sidrerien, Kneipen und Bars konzentrieren sich auf das alte Fischerviertel Sabugo und die Altstadtgassen, vor allem auf die Calle Galiana und die lange Calle Herrería, beide Fußgängerzone. Neben dem Rathaus ist die Sidrería Alvarín ein populärer Platz, um die Abendrunde durch die Kneipen der Innenstadt zu beginnen.

Sidrería La Cuenxa, einen idyllischeren städtischen Standort als den Altstadtplatz vor der Kirche Sabugo kann man sich kaum vorstellen. Wenn's schön ist und die Tische draußen von Sidra-Trinkern und Tapa-Essern frequentiert werden, kann es schon mal spät werden und vor allem sehr laut. Plaza del Carbayo 16.

• *Feste* **Festival Intercelticu**, Ende Juli finden an verschiedenen Standorten der Stadt Konzerte von Gruppen aus allen keltischen Ländern von Wales und Irland über Schottland und Neufundland bis Asturien statt.

Sehenswertes

Santo Tomás, die romanische Kirche im ehemaligen Hafenviertel Sambugo, stammt aus dem 12. Jahrhundert, schöner Eingang an der stimmungsvollen Plaza. Auch die Pfarrkirche *San Nicolás* ist ein Bau, dessen Wurzeln noch auf das 12. Jahrhundert zurückgehen; das beweisen z. B. das romanische Portal, einige Kapitelle aus der ersten Bauphase und das schöne romische Kapitell, das heute das Taufbecken trägt. In der Kirche befindet sich das Grabmal des Conquistadór Pedro Menéndez. Die ehemalige Klosterkirche *San Francisco*, die heute dem Seeleute-Heiligen San Nicolás de Bari geweiht ist, versammelt alle Stile der Zeiten, in denen Avilés Bedeutung hatte: Romanik, Gotik und Renaissance, die letztere in einem stimmungsvollen Kreuzgang.

Noch interessanter ist in Avilés die Zivilarchitektur, insbesondere die Stadtpaläste. Unter ihnen sticht der *Palacio Camposagrado* hervor, ein Gebäude des späten 17. Jahrhunderts, das aber noch ganz der Renaissance verbunden ist. Fenster- und Türrahmen sowie alle Baukanten der Süd-Fassade sind mit Rustika-Steinmetzarbeiten verziert, und am rechten der beiden Seitentürme prangt das Wappen der ehemaligen Besitzerfamilie der Marqués de Camposagrado.

Oviedo

(180.000 Einwohner)

Die asturische Hauptstadt zeigt sich dank ihrer zahlreichen Studenten sehr lebhaft. Im 9. und 10. Jahrhundert Residenz der Könige von Asturien, hat sich Oviedo nur wenige, aber höchst kostbare Zeugen seiner großen Vergangenheit bewahrt.

Oviedo liegt auf einem Hügel etwa 30 Kilometer südwestlich von Gijon, umgeben von einem Kranz von Bergen. Bei den blutigen Arbeiteraufständen 1934 und während langer Kämpfe im Spanischen Bürgerkrieg schwer zerstört, wirkt die Universitätsstadt heute sehr lebendig und geschäftig. In den Außenbezirken bestimmt Gewerbe das Bild, ein Gürtel der üblichen gesichts- und phantasielosen Neubauten umgibt die Altstadt. Künftig dürfte sich der moderne Charakter noch verstärken: Mit dem „Plan General", einem groß angelegten Um- und Ausbau der Stadt, will sich Oviedo für das 21. Jahrhundert fit machen.

Weit über Oviedo hinaus ist der Premio Principe de Asturias bekannt, der wie der Nobelpreis für verschiedene Gattungen von Wissenschaft und Kunst vergeben und oft als „Spanischer Nobelpreis" bezeichnet wird. Er wird vom Principe de Asturias überreicht (das ist der Titel des spanischen Thronfolgers), der zu diesem Anlass persönlich im Teatro Campoamor, dem Opernhaus der Stadt erscheint. Vor ein paar Jahren wurde u. a. der amerikanische Filmregisseur Woody Allen ausgezeichnet (in der nahen Straße ist er als Bronzestatue zu sehen), 2007 waren es Al Gore, Bob Dylan, Amos Oz und Ralf Dahrendorf, denen für ihre Leistungen der Preis verliehen wurde (für resp. Internationale Zusammenarbeit, Kunst, Literatur und Sozialwissenschaften).

Damen vor Kathedrale

Historische Reminiszenzen weist das ausgesprochen reizvolle, denkmalgeschützte Altstadtviertel auf, das in den letzten Jahren auf Hochglanz gebracht worden ist. Hauptsehenswürdigkeit ist die große Kathedrale mit der uralten „Heiligen Kammer" Cámara Santa, letztere kürzlich mit allen anderen präromanischen Monumenten Asturiens zusammen zum „Kulturerbe der Menschheit" erklärt. Zwei weitere dieser Schätze des Weltkulturerbes, sakrale Kostbarkeiten, warten am Hang des nahen Monte Narranco auf den Kunstfreund: Die beiden Kirchen Santa María und San Miguel stammen aus dem 9. Jh. und zählen zu den schönsten Beispielen der asturischen Präromanik überhaupt.

Orientierung: Das Zentrum der von einer Ringstraße umgebenen Innenstadt markieren der große Park *Parque de San Francisco* und die an ihm entlang verlaufende *Calle Uría*. Weiter östlich erstreckt sich um die Kathedrale und den Hauptplatz *Plaza de la Constitución* die Altstadt.

Asturien
Karte Seite 370/371

Information/Verbindungen/Adressen

• *Information* **Oficina de Turismo de Asturias,** Calle Cimadevilla, beim Durchgang zur Plaza de la Constitución, Info der Region Asturien, ✆ 985 213385, 📠 985 228459, www.info asturias.com. Öffnungszeiten täglich 10-19 Uhr.

Oficina Municipal de Turismo, an der Plaza de la Constitución gegenüber dem Rathaus. Geöffnet tgl. Okt.-Juni 10-14, 16.30-19 Uhr, Juli-Sept. tgl. 9.30-14, 16.30-19 Uhr.

Zweigstelle des städtischen Büros in einem Steinhäuschen am Rand des Campo San Francisco; Calle Marqués de Santa Cruz 1, ✆ 985 227586. Geöffnet tgl. 10.30–14, 16.30–19.30 Uhr.

• *Verbindungen* **Flug**: Der Flughafen „Aeropuerto de Asturias" (auf Tickets erscheint jedoch Oviedo) liegt küstennah westlich von Avilés in 47 km Entfernung; Verbindungen nach D, A, CH über Madrid oder Barcelona. Busverbindung ab der Bus-/Bahnstation Estación del Norte.

Zug: Moderner, großzügiger RENFE-Bahnhof Estación del Norte (Info-Tel. der Renfe: 902 240202, 24 Std.) am nordwestlichen Ende der Calle Uría. Züge nach Gijón und Avilés mindestens halbstündlich, nach León 7x, weiter nach Madrid 3x; nach Burgos 2x, Vitoria-Gasteiz, Logroño und Pamplona je 1x täglich.

FEVE (✆ 985 297656) ist ebenfalls in der Estación del Norte untergebracht (Übergang in den hinteren Bahnhofsteil). Züge nach Osten Richtung Santander verkehren 2x, der Frühzug fährt weiter nach Bilbao; Bis Llanes 4x täglich, Richtung Westen bis Luarca und Navia 3x, weiter nach Ferrol 2x täglich.

Bus: Der neue Busbahnhof (seit 2003) liegt in nächster Nähe des Bahnhofs von RENFE und FEVE und bedient alle Busanbieter, sodass das bisher lästige Suchen nach den Abfahrtsstellen der einzelnen Buskompanien entfällt. ALSA fährt zu den meisten Zielen in Asturien, im Sommer zwischen den drei großen Städten Asturiens auch Nachtbusse. Nach Gijón laufend, Ribadesella 15x, Llanes 12x, Cudillero über Avilés 2x, Luarca und Ribadeo 6x täglich. Verbindungen auch nach Kastilien (León 8x) und Galicien (La Coruña 6x, Santiago 5x). In den Osten Asturiens, nach Kantabrien und in das Baskenland gute Verbindungen: Llanes 10x, Santander 8x, San Sebastián 6x täglich. ALSA bedient auch die Picos de Europa und teilweise die zugehörige Küste, unter anderem mit einer Linie von Llanes nach Arenas de Cabrales. Nach Cangas de Onis etwa stündlich (directo = Schnellbus, nur im Hochsommer; ruta = hält überall!), mit Umsteigen nach Covadonga (4x) und Arenas de Cabrales (3x). Nur im Sommer Direktbus zu den Seen über Cangas de Onís und Covadonga (ab Oviedo 8.15 Uhr, zurück ab 20.15 Uhr).

Von etwa Ende Juni bis (manchmal!) in den September ist auf der „Ruta del Cares" genannten Linie ein Tagesausflug mit Wanderung durch die Schlucht Garganta de Cares möglich, Details siehe dort und unter Posada de Valdeón.

Autoverleih: Mehrere Vermieter am Flughafen. In der Stadt: ATESA, Calle Alcalde García Conde 4, ✆ 985 229940; AVIS, im Bahnhof,

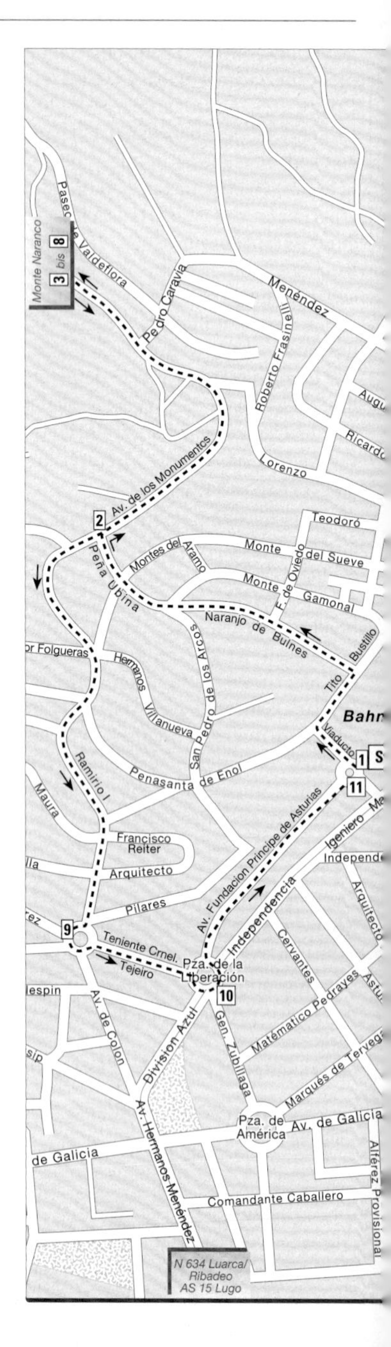

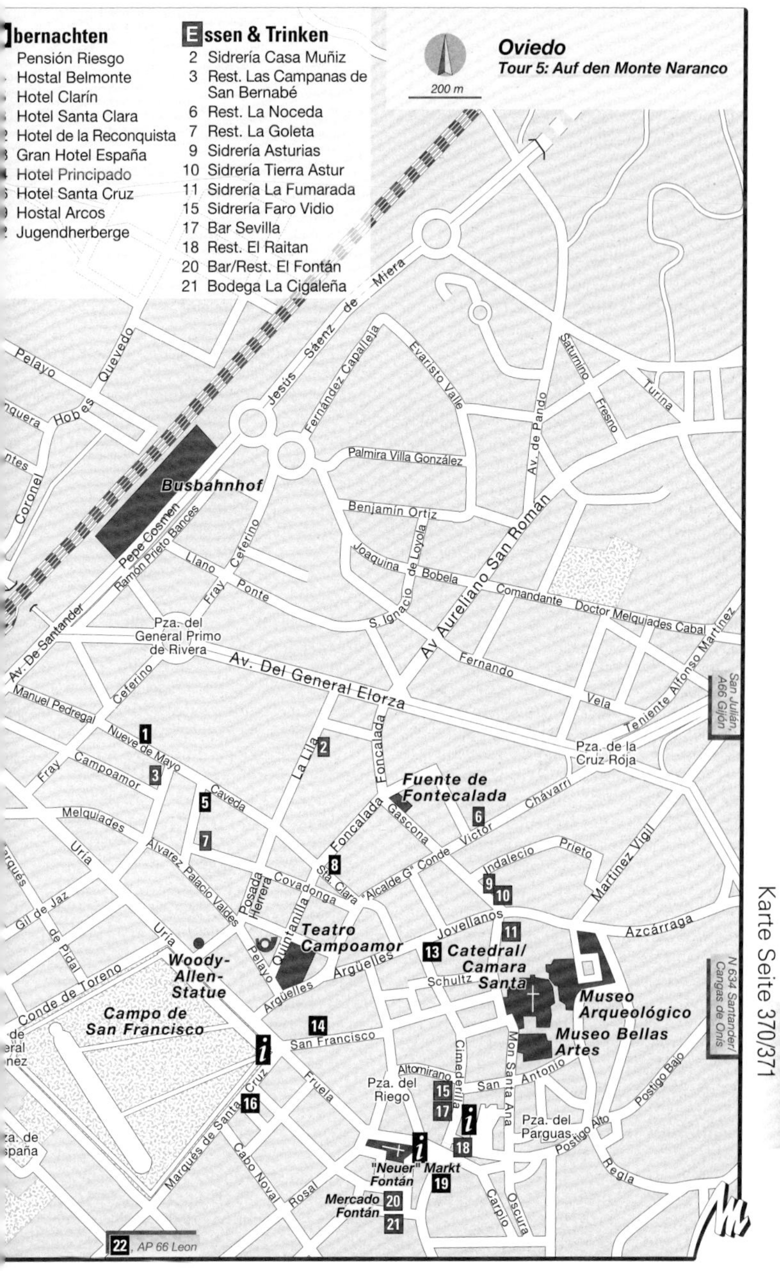

Asturien
Karte Seite 370/371

✆ 985 241383; EUROPCAR, im Bahnhof, ✆ 985 245712; HERTZ, Calle Ventura Rodríguez 4, ✆ 985 270824.

• *Taxi* ✆ 985 250000, ✆ 985 252500.y

• *Post* Calle Alonso Quintanilla 1, nördlich nahe der Plaza Escandalera. Öffnungszeiten: Mo–Fr 8.30–20.30 Uhr, Sa 9.30–14 Uhr.

• *Internet-Zugang* **Laser Internet Center**, Calle San Francisco 9, Nähe Hotel Principado; ✆ 985 200066. Kostenloser Internetzugang in der **Stadtbibliothek** am Mercado Fontán. Internetbüro im Übergang zwischen RENFE- und FEVE-Teil des **Bahnhofs**; Im **Café La Lila** nach Anmeldung tgl. ½ Std. gratis.

Übernachten (siehe Karte Seite 412/413)

Das Preisniveau liegt in Oviedo generell recht hoch. Vergleichsweise günstige Pensionen und Casas Huespedes finden sich besonders in der Calle Uría und der Einkaufsstraße Calle Nueve de Mayo.

***** **Hotel de la Reconquista (12)**, das Tophotel der Stadt, im Gebiet nordwestlich des Parks Campo de San Francisco. Untergebracht in einem reizvollen Hospiz des 18. Jh., die Kapelle dient als Restaurant. Feinstes Ambiente und Luxus pur für rund 220 € pro DZ, in der Nebensaison ab 175 €. Calle Gil de Jaz 16, ✆ 985 241100, ℻ 985 246011, www.hoteldelareconquista.com.

**** **Gran Hotel España (13)**, komfortable und stilvolle Herberge mit über hundertjähriger Tradition. Beste Lage am nördlichen Rand der Altstadt, der Klasse entsprechendes Preisniveau: DZ um 70–165 €. Calle Jovellanos 2, ✆ 985 220596, ℻ 985 222140., www.hotelestrebol.com.

*** **Hotel NH Principado (14),** funktionales Kettenhotel in ebenfalls guter Lage zwischen Park und Kathedrale, Parkmöglichkeit in der Tiefgarage an der Plaza Escandalera. DZ etwa 85–155 €. Calle San Francisco 2, ✆ 985 217792, ℻ 985 213946, www.nh-hotels.com.

*** **Hotel Clarín (5),** sehr angenehmes Mittelklassehotel in der Einkaufszone, die Zimmer zum Lichthof mit Aircondition, gute Bäder, Minibar, solides Mobiliar, Cafetería im Haus. DZ ca. 70–120 €. Calle Caveda 23, ✆ 985 227272, ℻ 228018, www.hotelclarin.es.

** **Hotel Santa Clara (8)**, kleineres, zentral am Rand der Einkaufszone gelegenes Hotel. Modern möblierte, nicht ganz ruhige Zimmer, Parkgarage in der Nähe. DZ/Bad 60–80 €, am Wochenende gelegentlich Spezialangebote. Calle Santa Clara 1, ✆ 985 2227 27, ℻ 985 228737, santaclara@hotelesenoviedo.com.

* **Hotel Santa Cruz (16)**, sauberes, zentral gelegenes Hotel nahe Parque de San Francisco, eine Empfehlung von Leserin Erna Pfeiffer: „Sogar ein Fön war da, eigentlich Komfort wie bei drei Sternen, das Personal freundlich und hilfsbereit." DZ 55–80; Calle Marqués de Santa Cruz 6, ✆ 985 223711, santacruz@oviedocomercial.com.

** **Hostal Arcos (19)**, freundliches Quartier, mitten im Herzen der Altstadt gelegen. Beliebt und oft belegt, zur Saison deshalb Reservierung ratsam. DZ/Bad rund 35 bis 50 €. Calle Magdalena 3, gleich bei der Plaza de la Constitución; ✆ 985 214773.

* **Hostal Belmonte (4)**, in nicht ganz leiser Umgebung an der Hauptstraße zum Renfe-Bahnhof. Das Haus ist eines der schönsten spät-eklektizistischen Häuser dieser an solchen Großbürgerbauten nicht armen Straße. Geräumige, gut möblierte Zimmer, im Sommer jedoch etwas überteuert: DZ/Bad nach Saison knapp 40–60 €, ohne Bad etwa 35-40 €. Calle Uría 31, ✆ 985 241020.

* **Pensión Riesgo (1)**, preiswerte, angenehme und saubere Pension mit allerdings etwas kleinen Zimmern. Gute Lage in der Haupteinkaufsstraße Oviedos. DZ ohne Bad etwa 30–45 €, es gibt auch einige etwas teurere Zimmer mit nachträglich eingebauter Dusche. Calle Nueve de Mayo 16, ✆ 985 218945.

Jugendherberge (22) Residencia Juvenil, recht komfortabel, aber etwas abgelegen im Barrio del Cristo, gut zwei Kilometer südöstlich des Zentrums, Bus Nr. 2 ab Calle Uría. Zur Saison oft belegt, dann besser reservieren. Calle Julián Clavería 14, ✆ 985 232054.

Essen/Nachtleben (siehe Karte Seite 412/413)

• *Essen* Einfache, preisgünstige Lokale sind vor allem im Gebiet der Bahnhöfe und des Busbahnhofs zu finden.

Rest. Marisquería La Goleta (7), in der Einkaufszone nördlich des Parks San Francisco, Mini-Eingang. Eines der Spitzenrestaurants von Oviedo, Schwergewicht auf Fischspezialitäten. Essen à la carte von etwa 35 € aufwärts.

Calle Covadonga 32, ✆ 985 213847, www.lagoleta.com; So und im Juli geschlossen.

Rest. El Raitan (18), ein Hort asturischer Tradition im Herzen der Altstadt. Gekocht wird ausschließlich nach überlieferten asturischen Rezepten. Auswahl unter einem halben Dutzend fester Menüs zu Preisen zwischen etwa 12 und 32 € (asturisches Degustationsmenü). So-Abend geschlossen. Plaza Trascorrales 6, unweit der Plaza Mayor, ✆ 985 214218, www.elraitan.com. Empfehlenswert auch das „**El Chingre**" im selben Haus mit vorzüglichen Tapas.

Bar/Rest. El Fontán (20), ein helles, luftiges Lokal mitten in der Altstadt, untergebracht im gleichnamigen städtischen Markt (nicht im alten Marktkomplex, sondern in der Halle der Gründerzeit, die heute noch als Markt verwendet wird). Regionalgerichte ca. 9-13 €, etwa Fabada (10 €) und Pote asturiano (9 €), gute Reisgerichte.

Rest. Las Campanas de San Bernabé (3), in derselben Gegend wie das La Goleta. Rustikales Haus, traditionelle asturische Küche, Essen à la carte ab etwa 25 €. Calle San Bernabé 7, eine Seitenstraße der Calle Nueve de Mayo. So und im August geschlossen. Nebenan die urige **Sidrería Burladero.**

Bodega La Cigaleña (21), Tapas und Bier vom Fass, kuriose Flaschensammlung, ein Tipp von Ralf Lehmann, Calle de Daoiz y Velarde 19, Marcado Fontán.

Bar Sevilla (17), Bar & Restaurant in der sehr touristischen Calle Cimadevilla, jedoch selbst fest in lokaler Hand – ob an der Bar oder den Tischchen im Lokal und draußen, wo es u. a. (auch abends) ein gutes Tagesmenü zu 10 € gibt, und das in einer Gegend, wo schlichteste Raciones mit 8,90 € beginnen. Zum Dessert sollte man den hausgemachten Arroz con leche wählen. Calle Cimadevilla s/n, gegenüber der Info der Region Asturias.

• *Sidrerías* Sidra bekommt man in speziellen Lokalen, wo der Apfelwein auf typische Art ausgeschenkt wird. Absolutes Zentrum des spritzigen Genusses ist die Calle del Aquila und deren Fortsetzung Calle de Gascona nahe der Kathedrale. Damit man dieses Sidra-Zentrum nicht übersieht, macht ein riesiges, quer über die Gasse gespanntes Transparent darauf aufmerksam. Sehr stimmungsvoll sind auch die beiden Sidrerías im und am Mercado Fontán (besonders Las Forgaxes und die oben erwähnte Bodega La Cigaleña).

Sidrería La Fumarada (11), große, sehr beliebte und entsprechend gut besuchte Sidrería mit langer Theke, Atmosphäre ein wenig wie in einer Braugaststätte. Die meisten Gäste kommen auf ein/zwei/drei Glas Sidra und einen Happen noch vor dem Abendessen, also zwischen 20 und 22 Uhr. Große Auswahl an raciones, Spezialität sind Meeresfrüchte. Nicht billig: die Ración Meeresfrüchte (min. 2 Pers.) kostet ca. 40 €/ Person, auf der Terrasse nochmals 10 % Aufschlag. Calle del Aquila 4.

Sidrería Faro Vidio (15), in der Altstadt, ein Lesertipp von Ute Kalter und Roland von Glasow: „Das Einschenkritual ist obligatorisch. Der Versuch, sich selbst nachzuschenken, bleibt auf jeden Fall erfolglos". Nicht ganz billig, Fischgerichte ab 20 €, das gute Tagesmenü zu nur 12 €. Calle Cimadevilla 19, zwischen Plaza Mayor und Plaza Alfonso II.

Sidrería Tierra Astur (10), ein Lesertipp von Regina Roth: „Von der Plaza Mayor kommend am Mercado vorbei stehen rechts etwas versteckt in einem wunderschönen Innenhof kleine Tische und Stühle im Freien. Super Stimmung, die Sidra floss reichlich. Zu essen gibt es eine riesige Auswahl an kalten und warmen asturischen Spezialitäten. Die Preise erschienen uns im Vergleich zu anderen Lokalen in Oviedo eher gemäßigt." Calle Gascona 1, ✆ 985 203411, Menü 9 €. Diesen Tipp gab auch kürzlich (in der Zeitung El País) der aus Oviedo stammende Gaitero José Angel Hevia, der auch das Asturias in der selben Gasse schätzt: **Sidrería Asturias (9)**, Calle Gascona 9, maritim gestyltes Ambiente, bekannt für gute Mariscos, Tapas 3,50-10 €; ✆ 985 211752, www.sidreriaasturias.es.

La Noceda (6), Calle Victor Chavari 3, bietet gehobene asturische Küche. Leser Manuela Jetter lobt das mit Serrano-Schinken gefüllte Fischfilet, ✆ 985 225959.

Sidrería Casa Muñiz (2), nördlich der Einkaufszone in einer etwas langweiligen Gegend. Urig und solide, Tagesmenü schon unter 7 €. Calle La Lila 16.

• *Nachtleben* Zur Semesterzeit herrscht abends reichlich Betrieb in der Altstadt, besonders in den Gassen und auf den Plätzen zwischen Kathedrale und Plaza Mayor: Calle Mon, La Rua, Plaza Riego und Plaza Trascorrales.

Asturien
Karte Seite 370/371

Einkaufen/Feste

• *Einkaufen* **Markt** Mercado Fontán, eine wunderschöne Markthalle südlich der Plaza Mayor. Gute Auswahl an asturischen Käsen und Würsten, an Sidra etc.
Flohmarkt sonntags und donnerstags beim Mercado Fontán.

• *Feste* **Fiesta de San Mateo**, um den 21. September. Längere Fiesta, die schon etwa eine Woche vorher beginnt, ihr erster Höhepunkt ist der Tag Amerikas („Día de América") am 19. 9., nämlich das Fest der Auswanderer nach Lateinamerika. Open Air Konzerte an vielen Standorten in der Stadt, die wichtigsten am Kathedralvorplatz

Sehenswertes

Catedral: Im Herzen der Altstadt, umgeben von einer Reihe weiterer historischer Gebäude. Die spätgotische Kirche, vom 14. bis 16. Jh. an Stelle einer weit älteren Vorgängerin errichtet, verwundert durch die asymmetrische Fassade mit drei verschiedenen Portalen und dem an die Südecke platzierten, 82 Meter hohen Turm. Im Inneren bewahrt die *Capilla Mayor* einen prächtigen Altaraufsatz (1531) von ungewöhnlicher Größe und herausragender Qualität; seine detaillierten Schnitzereien stellen Szenen aus dem Leben Christi dar.

Am „neuen" Markt Fontán

• *Öffnungszeiten* Die Kathedrale ist rund ums Jahr meist Mo-Sa 10-13 und 16-19 (Sa 18) Uhr geöffnet, dies trifft auch auf Camara Santa, Diözesanmuseum und Kapitelsaal zu. Im Winter tendenziell kaum Zusatzstunden, im Sommer evtl. länger und ohne Mittagspause (stark wechselnde Zeiten!). Infos ✆ 985 221033.

Cámara Santa: Die Hauptsehenswürdigkeit Oviedos, nach schweren Beschädigungen im Bürgerkrieg restauriert, ist über das südliche Querschiff der Kathedrale zugänglich. Zunächst gelangt man in eine Vorhalle mit hervorragend gestalteten romanischen Apostelstatuen des 12. Jh., dann in einen kleineren Raum, der bereits im frühen 9. Jh. errichtet wurde. Er gehörte ursprünglich zum Palast von Alfonso II. und beherbergt eine kostbare Truhe voll sagenhafter Reliquien und uralter Schätze, die aber wegen einer Absperrung meist nicht genauer betrachtet werden können. Der schöne *Kreuzgang* im Flamboyant-Stil (1. Hälfte des 15. Jh.) glänzt besonders mit dem filigranen Schmuck seiner Spitzbögen.

Öffnungszeiten Wie die Kathedrale. Eintritt nur für die Cámara Santa 1,50 €, Kombinationskarte mit Kreuzgang, Kapitelsaal und kleinem Diözesanmuseum etwa 3 €, Do-Nachmittag freier Eintritt.

Museo Arqueológico: An der Calle San Vicente 3, im Gebiet hinter der Kathedrale, ist im Kreuzgang eines ehemaligen Klosters das archäologische Museum

Oviedos untergebracht, eines der bedeutendsten Nordspaniens. Die Palette der Exponate reicht von Funden der Vorgeschichte über Kelten- und Römerzeit bis zur Gotik; ausgestellt sind auch präromanische und romanische Architekturfragmente. Weitere Abteilungen befassen sich mit Volkskunde, Wappen und Münzen.

Das Museum ist derzeit noch wegen Restaurierungsarbeiten geschlossen.

Museo de Bellas Artes: Nur ein kleines Stück südöstlich der Kathedrale, in der Calle Santa Ana 1, birgt der im 18. Jh. errichtete *Palacio de Velarde* ein Museum der Schönen Künste, das Gemälde der Renaissance, des Barock und Rokoko (z.B. Murillo, Luis Melendez, Zurbarán) und des 19. Jh. ausstellt. Ein Glanzstück ist Goyas berühmtes Porträt des Ministers Jovellanos (um 1782). Beachtenswert unter den Werken klassisch-moderner (Zubiarre, Joaquín Sorolla, Picasso) und zeitgenössischer asturischer Künstler sind besonders die satirisch gefärbten Arbeiten von Evaristo Valle in Saal VIII (z. B. La Romería/Die Wallfahrt, von 1909) und jene von Nicanor Piñole in Saal IX. Vor einigen Jahren hat das Museum seinen wohl größten Schatz erworben, der in einem eigenem Saal im Erdgeschoss zu sehen ist, einen kompletten Apostelzyklus von El Greco, bestehend aus zwölf Gemälden. Weitere Sammlungen umfassen Skulpturen, Glas und Porzellan, z.B. Stadtansichten auf Tellern der ehemals staatlichen Manufaktur in Sargadelos, Galicien (→ dort), die letztere liegt im an die Rúa grenzenden Teil des Museums, der ursprünglich nicht zum Palacio Velarde gehörte und mit diesem nur durch einen Übergang im 2. Stock verbunden ist.

• *Öffnungszeiten* Juli/Aug. Di-Sa 11-14.30 Uhr, 17-21 Uhr, So/Fei 11-14.30 Uhr, Rest des Jahres Di-Fr 10.30-14 Uhr, 16.30-20.30 Uhr, Sa 11.30-14 Uhr, 17-20 Uhr, So/Fei 11.30-14.30 Uhr; Eintritt frei. Das Museum kann auch von der Rúa aus betreten werden, in diesem Fall hat man zuerst die Sargadelos-Ausstellung vor sich und kommt zuletzt in den El-Greco-Saal.

Fuente de Foncalada: Keineswegs spektakulär, aber ein überraschender Einblick in Oviedos frühe Geschichte ist der gedeckte Brunnen in der (oder eigentlich unter der) Calle del Aquila. Der Brunnen wurde unter dem asturischen König Alfonso III el Magno gegraben und mit einem Brunnenhaus versehen. Er liegt heute nach seiner erst kürzlichen Aufdeckung und Restaurierung weit unter Straßenniveau. Da er im 9. Jh. errichtet wurde, ist er das älteste Objekt des mittelalterlichen Oviedo und einer der ganz wenigen nicht kirchlichen Bauten, die aus dieser Zeit überdauert haben.

Plaza de la Constitución und Umgebung: Wirkt der Kathedralenvorplatz Plaza del Alfonso II. ebenso nobel wie nüchtern, so markiert die Plaza de la Constitución das Herz des volkstümlichen Oviedo. Hier wie an den umliegenden, auf ihre Art allesamt reizenden Straßen und Plätzen Plaza de Trascorrales, Calle Fontán und Plaza Daoiz y Velarde findet das Alltagsleben statt, trifft man sich, kauft ein, hält ein Schwätzchen oder nimmt ein paar Tapas in einer Bar.

Spätgründerzeit, Jugendstil und Art Deco in der Neustadt: Von den ungezählten Stadthäusern, die im spätgründerzeitlichen (vor 1914) und Zwischenkriegszeit-Oviedo entstanden, sind wohl jene in der zum Bahnhof führenden Calle Uría am eindrucksvollsten. Nr. 31 (mit dem Hostal Belmonte → Übernachten) schmückt sich mit opulentem spät-eklektizistischem Dekor, Nr. 27

und 29 besitzt eine extravagant proportionierte Fassade, deren Dekor vor keiner Stilmischung zurückschreckt, Nr. 25 trägt deutliche Jugendstilzüge und Nr. 19 prunkt mit einem keck aufgesetzten Art-Deco-Turm.

Wer in der Neustadtstraße Milicias Nacionales im Einkaufsviertel spazieren geht (einer Querstraße der Calle Uría am Campo de San Francisco), wird vielleicht einem anderen, in diesem Fall bronzenen Spaziergänger begegnen – Woody Allen. Der Preisträger des Premio Principe de Asturias hat in Interviews seine Begeisterung über Oviedo und Asturien bekannt gegeben, da musste man ihm doch ein Denkmal setzen.

San Julián de los Prados: Etwa einen Kilometer nordöstlich außerhalb des Zentrums, zwischen der Autobahn A 66 (und leider ganz nahe an dieser) und der AS 18 nach Gijón und Avilés, steht die größte präromanische Kirche Asturiens. San Julián, auch *Santullano* genannt, entstand in der ersten Hälfte des 9. Jahrhunderts, während der Regierungszeit von Alfonso II., und ist als „Kulturerbe der Menschheit" ausgewiesen. Ihre Hauptattraktion sind die bedeutenden Wandmalereien, die in schwarzen, gelben und purpurnen Farbtönen die Innenwände bedecken und architektonische, florale und christliche Motive zeigen, darunter mehrfach das edelsteingeschmückte Kreuz. Man vermutet, dass Alfonso mit solcher Prachtentfaltung, die heute nur mehr andeutungsweise nachzuvollziehen ist, an die goldene westgotische Zeit Toledos anknüpfen wollte.

Öffnungszeiten Von Mai bis September Mo 10–12.30 Uhr, Di–Fr 10–12.30, 16–17.30 Uhr,; Oktober bis April Mo 10–12,30 Uhr, Di–Sa 9.30–11.30 Uhr; Eintritt mit Führung (alle ½ Std.) knapp 1,50 €; Mo ohne Führung gratis.

Umgebung von Oviedo

Monte Naranco: Am Hang des Naranco-Berges, etwa drei Kilometer nordwestlich des Zentrums, stehen zwei uralte kleine Kirchlein. Beide sind bedeutende Beispiele der asturischen Präromanik. Ein Interpretationszentrum macht mit diesem besonderen Stil bekannt.

• *Anfahrt und Öffnungszeiten* Südwestlich vom RENFE-Bahnhof über das Viadukt Ingeniero Marquina, dann rechts ab (beschildert: „Monumentos Preromanicos"); Bus 3 ab Calle Uría. April–Sept. Di–Sa 9.30–13.30, 15.30–19.30 Uhr, So/Mo 10–13 Uhr; Rest des Jahres Mo, Di-Sa 10–13.30, 15–17 Uhr, So/Mo 10–13 Uhr; Eintritt frei. Eintritt mit Führung (fakultativ, Beginn in Santa María) etwa 3 €.

Santa María del Naranco, die untere der beiden, war im 9. Jh. ursprünglich die Haupthalle des Sommerpalasts von Königs Ramiro I. (842–850), wurde erst später als Gotteshaus geweiht. Zweigeschossig angelegt, besitzt sie an den Stirnseiten offene kleine Vorhallen. An den Längsseiten wie im Inneren sind Säulen mit dem typisch asturischen Kordelmuster zu sehen, beachtenswert auch die vielen Medaillons unterschiedlicher Darstellungen.

San Miguel de Lillo: Zweihundert Meter oberhalb von Santa María. San Miguel war die Kapelle von Ramiros Sommerpalast; dass nur noch ein Drittel der originalen Konstruktion erhalten blieb, sieht man ihr nicht an. Im Verhältnis zur geringen Grundfläche wirkt der kleine, ebenfalls mit dem Kordelmuster geschmückte Bau erstaunlich hoch. Schön gestaltet sind die steinernen Fenstergitter. Am Westeingang sind zwei Reliefs zu sehen, die jeweils einen hohen Herren und zwei Begleiter bei der Beobachtung von Zirkusspielen zeigen.

Asturische Präromanik, über tausend Jahre alt: Santa María

Tour 5: Radtour auf den Monte Naranco^GPS (Karte siehe S. 412/413)

Tourinfo: Radtour von Oviedo auf den Aussichtsberg Monte Naranco und zur Christusstatue auf der Sierra del Naranco. Im Aufstieg etwas anstrengende Tour auf asphaltierten Straßen mit einer kurzen Strecke auf einem alten Verbindungsweg, heute Fußgängerzugang zu den präromanischen Kirchen Santa María de Naranco und San Miguel de Lillo.

Dauer: Ca. 1,5 Std.; *Länge*: 14,7 km; *Höhenunterschied*: 400 m; *Radtyp*: Trekkingbike. Verpflegung/Wasser: Asador „de Buenos Aires" oberhalb der Kirche von Naranco, Merendero beim Militärgelände auf dem Monte Naranco.

In Oviedo beginnt man diese Tour auf dem Rondell der **Plaza de los Ferroviarios (1)** am von der Stadt aus gesehen jenseitigen Ende der Brücke Viaducto Marquina über das Bahnhofsgelände links vom Bahnhof (man erreicht sie auf der Calle Marqués de Pidal, einer Parallelstraße der Calle Uría). Einen Steinwurf weit stadtauswärts und bei der Einmündung in eine links wie rechts ansteigende Straße nach rechts hinauf, die Calle Tito Bustillo. Gleich bei der ersten Einmündung links (Calle Naranjo de Bulnes) und beim folgenden Straßenstern in die mittlere Straße (Calle Peña Ubiña), sie führt zur **Avenida de Los Monumentos**. Dort **(2)** nach rechts und aufwärts in Richtung des von Oviedo aus gut zu sehenden Naranco-Berges. Beim großen Parkplatz der Kirchen von Naranco **(3)** über diesen hinweg zum Fußgängerweg, der zu den Kirchen hinaufführt, ein Stückchen sehr steil. Besuch von **Santa María de Naranco**, dann auf der Straße oberhalb **(4)** nach links in Richtung der Kirche **San Miguel de Lillo (5)**, die von einer engen Straßenkurve aus sichtbar und zu erreichen ist. Nach der zweiten Besichtigung weiter auf der Asphaltstraße, die auf den Monte Naranco führt. Zuerst Wald, dann rechts der aussichtsreiche **Asador**

de Buenos Aires (6), ein beliebtes Ausflugsziel der Ovetenser. Die Straße führt rechtsbündig um den Berg herum und erreicht einen ersten Gipfel **(7)**, der leider durch Militäranlagen und Relais verbaut ist, nebenan ein kleiner Merendero mit schönem Garten und Ausblick auf Oviedo. Nochmals auf die Straße, etwas bergab, ein großer Parkplatz bleibt links und nun recht steil hinauf, dann bei Abzweigung ein kurzes Stückchen zur riesigen Christusstatue **(8)** „Monumento al Sagrado Corazón de Jesus", sie ist dem Heiligsten Herzen Jesu geweiht.

Auf dem selben Weg zurück mit Ausnahme des Wegschlenkers bei den Kirchen und dem ersten Teilstück des Anstieges bis Punkt **B**. Stattdessen weiter auf der Avenida de los Monumentos, die in die Calle Ramiro I übergeht und in ein großes Straßenrondell mündet **(9)**. Nach links versetzt weiter auf der Calle Teniente Cnel. Tejeiro zur Plaza de la Liberación **(10)**, wo man fast einen kompletten Kreis beschreibt und dann die links abzweigende Avenida Fundación Príncipe Asturias einschlägt, eine Fußgängerallee mit begleitender Straße, die zum Ausgangspunkt zurückführt, dem Rondell an der **Plaza de los Ferroviarios (11)**.

▶ **Santa Cristina de Lena**: Schon etwas weiter weg muss sich bemühen, wer die ebenfalls präromanische Kirche Santa Cristina besichtigen will. Sie steht in der Umgebung von *Pola de Lena*, etwa 35 Kilometer südlich der Hauptstadt. Das einschiffige Kirchlein, das mit seinen Anbauten die Form eines Kreuzes bildet, wurde 1934 schwer zerstört und danach neu aufgebaut. Von außen ähnelt es den Bauten am Monte Narranco, datiert auch aus der Zeit Ramiros oder seines Nachfolgers Ordoño I. (850–866). Zwischen den mittleren der vier Säulen, die zum erhöhten Altarraum führen, trägt eine Platte Reliefs von Trauben und Rosetten; sie stammt vielleicht aus der Zeit von Alfonso III., der mozarabische Künstler an den Hof holte.

• *Verbindungen/Öffnungszeiten/Essen & Trinken* Santa Cristina de Lena (geöffnet Apr.-Okt. Di-So 11-13, 16.30-18.30 Uhr) erreicht man auf der N 630, wobei man kurz nach Pola de Lena nach links entweder zum Bahnhof Columbiello (mit Centro de Interpretación der präromanischen Architektur) oder etwas weiter ebenfalls nach links nach Las Campas und Felgueras abbiegt (Columbiello erreicht man auch auf der nach Fierros reichenden S-Bahnlinie ab Oviedo). Von Columbiello führt der alte, steile geflasterte Maultierpafd zum Kirchlein, auf der Straße in Richtung Felgueras zweigt nach ca. 2 km links ein Fuhrweg ab, den man ebenfalls nur zu Fuß begehen kann, er ist jedoch jedoch weniger steil und wesentlich leichter zu gehen. Die **Bar Casa María** am Straßenende in Felgueras serviert deftige asturische Küche, das Zickleingulasch (*guisado de capreto*) ist einsame Spitze (Pincho Chorizo, Suppe, Gulasch, Dessert, 1 Fl. Wein 15 €).

▶ **Nava und die Sidra**: Der Ort *Nava*, ca. 25 km östlich von Oviedo, ist das Zentrum der asturischen – und damit der spanischen – Sidra-Produktion. Der Ort selbst ist nicht so wahnsinnig interessant, aber ins *Sidra-Museum* sollte man gehen, wenn man an diesem in vielen Teilen Europas bekannten Getränk Interesse hat, schließlich sind Somerset in England (cider), die Normandie (cidre) und Südhessen (Äpplwoi) sowie das ober- und niederösterreichische Alpenvorland (Most) weitere bekannte Produktionsgebiete des vergorenen Apfelsaftes. Amüsant: In Infiesto, 14 km östlich von Nava, macht am Straßenrand eine wie ein überdimensionierter asturischer Horreo gebaute Sidrería darauf aufmerksam, dass wir uns immer noch in der Sidra-Zone befinden.

Öffnungszeiten Winter Di–Fr 11–14, 16–19 Uhr, Sa 11–15, 16.30–20 Uhr, Juni bis Sept. Di–Sa 12–14, 16–20 Uhr, So 12–14, 18–20 Uhr; Eintritt ca. 2.50 €, Di frei.

▶ **Museo de la Minería y de la Industria**: Etwa 25 Kilometer südöstlich von Oviedo liegt bei der kleinen Siedlung El Entrego ein hochinteressantes Museum. Auf einem ehemaligen Minengelände befasst es sich mit allen Aspekten des Bergbaus, der in Asturien ja lange Tradition hat. Zur Ausstellung gehört auch der unterirdische Nachbau eines Stollens (dessen Besichtigung einem Leserbrief zufolge recht zeitaufwändig ausfällt) und ein Freigelände mit alten Bergwerksloks und Loren. Ein Museum rund um die Arbeit unter Tage also, die übrigens mittlerweile auch wieder Frauen offen steht: Im Januar 1996 fuhren erstmals nach über 50 Jahren wieder vier Spanierinnen als Knappen in einen asturischen Stollen der staatlichen Kohlegesellschaft Hunosa ein. Das Recht dazu hatten sie sich in einem langen Prozess erstreiten müssen. Erst das Verfassungsgericht räumte ein, dass das Verbot der Frauenarbeit unter Tage den Grundsatz der Gleichberechtigung der Geschlechter verletze.

• *Anfahrt/Öffnungszeiten* El Entrego liegt an der AS 17 Richtung Riaño kurz hinter dem Ort Sama und ist Endpunkt der RENFE-Cercanías-Linie C 2, von Gijón auch über die FEVE-Cercanías-Linie nach Laviana zu erreichen. Öffnungszeiten Di–Sa 10–14, 16–19 Uhr, So 10–14 Uhr, im Sommer Di–Sa 10–20, So 10–14 Uhr; Eintritt rund 2,50 €. www.mumi.es.

▶ **Salas**: Etwa 50 Kilometer nordwestlich von Oviedo, an der N 634 zur Küste bei Luarca, lohnt sich ein Stopp in diesem kleinen Städtchen, das mit einer hübschen Altstadt glänzt. Die Stiftskirche *Santa María* (16. Jh.) birgt einen sehenswerten Hauptaltar und das prächtige Marmorgrab des Bischofs und Großinquisitors Fernando de Valdés Salas, ebenfalls aus dem 16. Jh.

• *Übernachten* ** **Hotel Castillo de Valdés Salas**, ein echter Übernachtungstipp, bestätigt u.a. von Leser Allan M. Schmid. Das Hotel ist in der aus dem 16. Jh. stammenden Burg des Städtchens untergebracht – stilvolles Ambiente, stolzer Preis: DZ etwa 55 bis knapp 80 €, „nur das Frühstück ist etwas lieblos". Nur zwölf kleine, im Sommer sehr heiße Zimmer, zur Saison besser reservieren. Plaza del Castillo s/n, ✆ 985 830173, ℻ 985 830183, www.castillodevaldessalas.com.

*** **Hotel Casona del Busto**, eine mögliche Alternative im Ort Pravia, an der AS 16, die von der N 634 meerwärts abzweigt. Schön restaurierter Palast des 16. Jh., edles Mobiliar und angenehme Zimmer. DZ kosten knapp 60–95 €. Plaza Rey Don Silo 1, ✆ 985 822771, ℻ 985 822772.

Valles del Oso

Unweit von Oviedo, aber dennoch eine Welt entfernt, liegen die „Täler des Bären". Der Río Trubia und seine Quellflüsse, der Río Teverga und Río Quirós, fressen sich in spektakulären Schluchten durch das Kalkgebirge, dessen höchste Gipfel fast 2500 m erreichen.

Nicht ganz so einsam wie der Naturpark Somiedo, an den es grenzt, ist das Gebiet der Valles del Oso durch die besonders an Wochenenden sehr beliebte Via Verde de la Senda del Oso, einen Fuß- und Radweg, zumindest im Talbereich touristisch einigermaßen erschlossen. Doch wer die Talstraße verlässt, findet sich bald in einer sehr ursprünglichen Landschaft, in der es noch ausgedehnte Wälder gibt, urtümliche Almen mit strohgedeckten Almhütten und menschenloses Hochgebirge. Ganz neu ist ein Achäologischer Themenpark in Teverga, dort wird im Dörfchen *San Salvador de Alesga* ein Überblick der prähistorischen Höhlenmalerei Asturiens gegeben, komplett mit einer Kopie der Höhle von Tito Bustillo.

Asturien
Karte Seite 370/371

• *Information* **Touristeninformation** in Teverga, kleiner Bau nahe der Abzweigung zum Puerto de San Lorenzo, ✆ 985 764293, www.aytoteverga.com, nur im Sommer.

• *Verbindungen* **Busse** zwischen Oviedo und Teverga 4x tgl., an Sa/So 3x, Infos gibt die Busfirma Álvarez González, ✆ 985 783152. Häufige FEVE-**Bahn**verbindung ab Oviedo nach Trúbia am Ausgang des Teverga-Tales.

• *Übernachten* ** **Hotel Balcón de Aguera**, modernes Haus, rustikal-schöne Zimmer mit TV, Cafeteria. DZ 45-65 €; Calle la Favorita 7, San Martín (Teverga), ✆ 985 764319, ℻ 764364, www.balcondeaguera.com.

▶ **Colegiata de San Pedro, La Plaza (Teverga):** Die aus dem 11. Jh. stammende frühromanische Kirche mit angrenzendem Kreuzgang ist ein rares Beispiel romanischer Kunst in Asturien, das eher für seine prä-romanischen Bauten berühmt ist. Die dreischiffige Kirche zieren auf den Kapitellen naive Reliefs von Tieren und Menschen, vor allem aber von Fabelwesen wie einem Menschen mit zwei Körpern und einem Bärenkopf. Tierköpfe haben den lokalen Meister besonders fasziniert: der skulptierte Fries unter dem Dachvorsprung besteht vor allem aus Tierköpfen, darunter dem einer Gämse. – La Plaza erreicht man von Teverga auf der Straße in Richtung Puerto de San Lorenzo, die Kirche liegt nach ca. 1 km auf einem Straßenabzweig links.

Öffnungszeiten Ganzjährig tgl. 10–14, 16–18 Uhr, werden leider nicht immer eingehalten; Eintritt 2 €.

▶ **Via Verde de la Senda del Oso**: 10 km westlich von Oviedo beginnt das Tal des Río Trubia, durch dessen mittleren Teil der Fuß- und Radweg La Senda del Oso verläuft. Zwischen Tuñón und Entrago führt er auf 22 km auf einer aufgegebenen Bahntrasse, die 1874 als Schmalspur-Werksbahn eines Kohlebergwerkes errichtet worden war. Tunnel und Brücken überwinden Geländestufen, man passiert Dörfer mit noch ursprünglicher Architektur, eine Nebenstrecke führt auf 4 km von Caranga zum Stausee von Valdemurio mit dem Bergland der Sierra del Aramó im Hintergrund. Der schönste Abschnitt ist die Talenge Desfiladero del Teverga kurz vor dem Ende der Senda. Wer um 12 Uhr dort ist, kann bei Villanueva (erster Abschnitt) die Fütterung zweier Bärinnen in einem Kral beobachten. Die beiden Tiere wurden von Wilderern verwundet, man hat ihnen hier eine einigermaßen tiergerechte Umgebung geschaffen.

• *Information/Radverleih* **Information** in der Oficina de Turismo, Caranga de Abajo, Tuñón, ✆ 985 761616, nur im Sommer; www.viasverdes.com. **Radverleih** in Tuñón am Picknickplatz.

• *Übernachten/Essen* ** **Hotel Torrepalacio**, modernes Haus, DZ ab 40 €, Plaza de la Abbadía, Proaza, ✆ 985 7619, ℻ 985 761157. **Rest. Casa Laureano**, rustikales Restaurant mit guter Regionalküche, San Martín, ✆ 985 764213.

Tour 6: Wanderung (oder Radtour) auf der Senda del Oso^GPS

Tourinfo: Beliebte, sehr reizvolle Wanderung oder Radtour auf einer ehemaligen Bahntrasse. Der „Bärenweg" führt mit geringen Steigungen durch Waldtal, Schlucht und enge Canyons mit zum Teil äußerst eindrucksvollen Ausblicken, außerdem viele Tunnel – ein wenig anstrengendes Vergnügen, an dem (ob zu Fuß oder per Rad) die ganze Familie teilnehmen kann. Wer als Wanderer mit dem PKW kommt, fährt bis zum Picknickplatz vor dem Ort Tuñón und beginnt dort mit der Wanderung, nach Beendigung nimmt man den Bus zurück nach Tuñón; wer mit öffentlichen Verkehrsmitteln anreist, nimmt entweder den Bus bis zu dieser Stelle oder geht entlang des beschriebenen Weges, der aber bis zum Picknickplatz der asphaltierten Talstraße entspricht. Ein Wanderweg auf der ehemaligen Bahntrasse von Trubia zum Beginn der Senda del Oso am Picknickplatz Tuñón existiert bereits, ist aber weniger spannend.

Die Wanderung: *Dauer*: Zu Fuß bei Beginn am Picknickplatz Tuñón ca. 7 Std., bei Beginn ab Bahnhof Trubia ca. 8 ½ Std.; *Länge*: Ab Picknickplatz 24 km, ab Bahnhof Trubia 30 km (einfach); Höhenunterschied: ab Picknickplatz 330 m, ab Bahnhof Trubia 390 m; *Verpflegung/Wasser*: Tuñón, Villanueva, Proaza, Entrago und vor allem am Endpunkt in San Martín, kurze Abstecher vom beschriebenen Weg nötig; *Licht*: Taschenlampe mitnehmen!

Auf der Senda del Oso

Die Radtour: *Dauer*: 2 Std.; *Länge*: 30 km; *Höhenunterschied*: 390 m; *Radtyp*: Trekkingbike oder Mountainbike, wer die Senda del Oso mit Tour 7 (unten) kombiniert, sollte ein Trekkingbike wählen. *Verpflegung*: siehe Wanderung; Besonders für Radfahrer wichtig: die Tunnel sind nicht oder schwach beleuchtet, Licht nötig (die von Lesern erwähnte elektronisch gesteuerte Beleuchtung hat bei der Begehung für diese Auflage nicht funktioniert)!

Zu den GPS-Daten: Obwohl es – wie erwähnt – eine Verlängerung der Senda de Oso ab Trubia gibt, sind die GPS-Daten auf die frühere Situation bezogen. Wer also ab Trubia unterwegs ist, verwende sie erst ab WP 3. Der neue, noch nicht auf GPS aufgenommene Weg beginnt in Trubia knapp vor der Brückenquerung und mündet in Truñon jenseits der erwähnten Brücke in den durch das GPS-Datenmaterial abgedeckten Senda de Oso.

Karten: IGN 1:50.000 Blätter 12-4 (28) Grado und 12-5 (52) Proaza.

Der Weg zwischen Bahnhof Trubia und dem Beginn der eigentlichen Senda del Oso am Picknickplatz vor Tuñón verläuft vom Bahnhofsvorplatz **Trubia (1)** nach links und bei der Einmündung in eine Querstraße nach rechts zur Hauptstraße des Ortes. Brückenquerung und links weiter zur Durchgangsstraße **(2)**, der man nach links folgt. Der Verkehr hält sich in Grenzen, das Tal ist nach praktischen Gesichtspunkten eine Sackgasse. Nach 6 km und beim Ortsschild **Tuñón** rechts großer Picknick- und Parkplatz **(3)**, hier beginnt die Senda del Oso: Schild mit Übersichtsplan und Erläuterungen.

Karte Seite 370/371

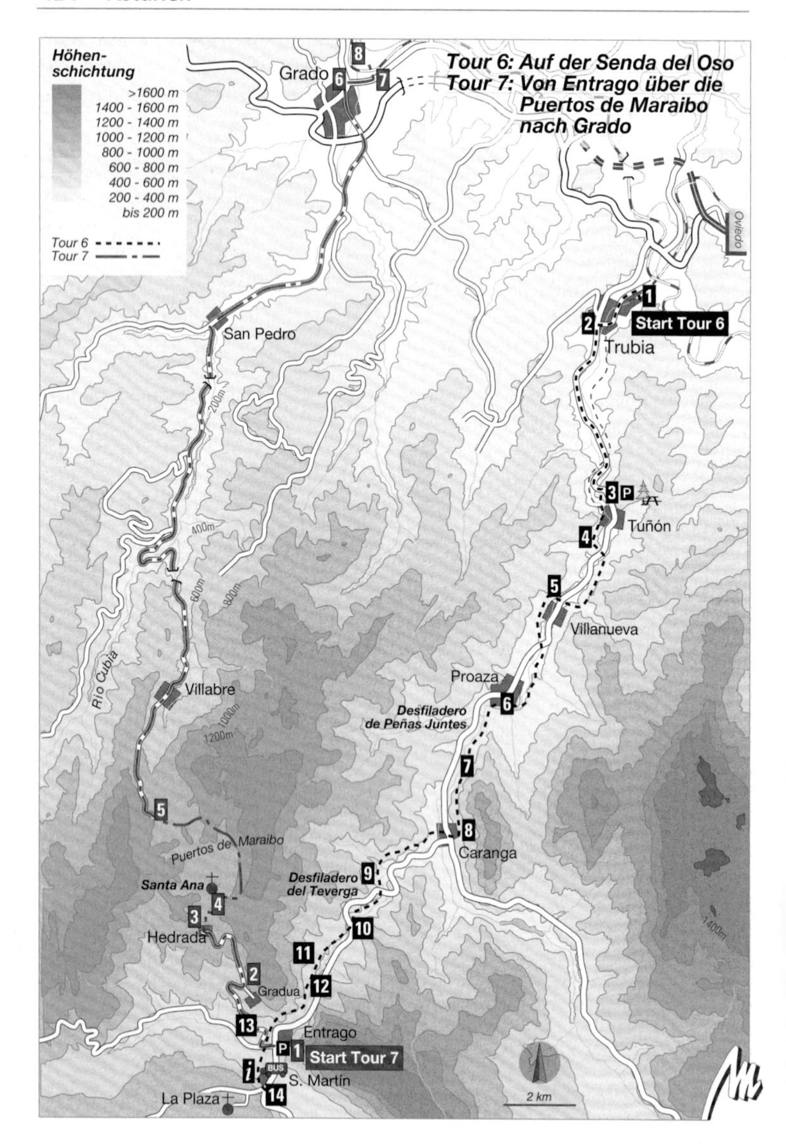

Eine Brücke führt über den Fluss, drüben geht es links weiter auf dem ehemaligen Bahndamm (rechts in Zukunft Wegverbindung nach Trubia). Eine weitere Brücke **(4)**, der Puente del Salto, führt auf die andere Flussseite zurück, es wird nicht die letzte Brücke sein. Beim nächsten Ort, dem Dorf **Villanueva,** führt eine mittelalterliche Brücke **(5)** schon wieder zurück zur linken Flussseite, man fährt etwas oberhalb des Örtchens weiter und wird dann über eine höhere (ehemalige) Eisenbahnbrücke über Fluss und Straße zur rechten Talseite geführt. Es folgt ein längeres Teilstück, das durch eine Talverbreiterung führt, an seinem Ende liegt **Proaza**, wo der Weg einen Knick nach rechts macht und den Ort für eine kurze Strecke tangiert **(6)**. Hinter dem Ort betritt (oder befährt) man dann die erste Schluchtstrecke der Senda del Oso, den **Desfiladero de Peñas Juntas**, also die Klamm der verbundenen Wände – und tatsächlich hat man an einer Stelle den Eindruck, es könne keinen Weg zwischen den lotrechten Felswänden geben, die so eng zusammenrücken, dass man glatt Klaustrophobie bekommen könnte. Probleme mit dem GPS-Gerät, steile Schlucht und dann auch noch Tunnel - da ist man nicht überall ganz sicher, wo man sich gerade genau befindet (aber vom Weg kann man gerade hier nur äußerst schwer abkommen).

Nach zwei langen Tunneln – der erste misst 324 m und ist völlig unbeleuchtet – gabelt sich der Weg **(7)**: Links führt ein Abstecher hinauf nach Quiños, rechts (geradeaus) geht´s weiter auf dem Hauptweg, wir bleiben darauf. Kurz darauf eine Talgabelung, von links kommt der Río Trubia, von rechts der Río Teverga, dessen Tal wir ab sofort folgen werden, scharfer Linksknick des Weges **(8)** – hier auch Abzweigung zur Talsperre von Valdemurrios, einer Variante der Senda del Oso (für Wanderer wegen der ohnehin schon langen Gehzeit keine Option, für Radler durchaus drin, landschaftlich reizvoll).

Das Tal des Teverga verengt sich allmählich, quert dann (Vorsicht!) die Straße **(9)**, eine Fußgängerbrücke führt über den Fluss, eine Serie von kürzeren Tunneln beginnt. Nach einer weiteren Straßenquerung und Fußgängerbrücke **(10)** wird das Ende dieses zweiten engen und besonders spektakulären Schluchtabschnitts **Desfiladero del Teverga** erreicht, wieder eine Flussbrücke **(11)**. Nachdem uns eine weitere Flussbrücke **(12)** auf die linke Talseite zurückgebracht hat, haben wir bald den Parkplatz von **Entrago** erreicht **(13)**, das Ende der Senda del Oso (der Ort Entrago liegt links). Von Entrago gibt es einen direkten Bus nach Oviedo (der vielleicht sogar das Fahrrad mitnimmt ...).

Wer noch kann, geht ein Stückchen weiter bis San Martín, dem größten Ort des Tales mit mehreren Bars und Restaurants, Supermarkt, Touristeninformation und ebenfalls Startpunkt der Busse für die Rückfahrt. Dafür geht/fährt man am Parkplatz von Entrago in gleicher Richtung weiter, bis nach ca. 150 m und nach Querung einer größeren Asphaltstraße eine schmale Straße bergan führt; sie ist mit „**Camino viejo/camín viechu**" gekennzeichnet. Es handelt sich um den alten Weg zwischen den beiden Orten, heute ein Kulturlehrpfad mit Hinweisschildern (in Spanisch), gleichzeitig ein Teil des alten Camino Real de Teverga, der Oviedo mit dem Gebirgspass Puerto de Ventana verband, einem der Übergänge nach León. Kurz rauf und wieder runter, jenseits der Anhöhe liegt **San Martín**, das man an einem Brunnenplatz erreicht **N**. Nach links zur modernen Ortsmitte mit Info, gegenüber halblinks aufwärts zu Kirche und Supermarkt, nach rechts ca 1 km zur unbedingt sehenswerten Kirche San Pedro in La Plaza (→ oben).

Puertos de Marabio: Das Naturschutzgebiet liegt in 1000 bis 1200 m Höhe und ist ein interessantes Karstphänomen. Ein Hochplateau im Kalk wurde durch Dolinen, Einsturzlöcher über unterirdischen Höhlungen, durch Schlucklöcher, Schlunde und Rutschungen in ein kaum begehbares Durcheinander von Senken, Steilhängen und kleineren flachen Bereichen verwandelt. Nächste Verwandte dieses Karsttyps („Uvala") finden sich erst wieder im

Asturien Karte Seite 370/371

slowenisch-kroatischen Karst. Die Puertos de Marabio werden fast überall von einer grünen Grasdecke verhüllt, auf der Rinder und halbwilde Pferde weiden. Ein gut markierter Wanderweg, die Ruta Marabio, führt in vier Stunden rund um das ungefähr kreisförmige Gebiet, Beginn bei der kleinen Kapelle Santa Ana, die man von Entrago auf einer guten, wenn auch schmalen Asphaltstraße erreicht (siehe auch Tour 7).

Tour 7: Radtour von Entrago über die Puertos de Marabio nach Grado^{GPS}

Tourinfo: Im Anstieg etwas anstrengende Tour auf guten bis mäßigen, kaum befahrenen Asphaltstraßen, landschaftlich äußerst reizvoll: Blick auf die Zentralkette und die nahen Gipfel der Sierra de Buanga, Weiden und Wiesen mit Pferden und Rindern, Karstlandschaft auf den Puertos de Marabio und eine rasante Abfahrt nach Grado. Sinnvoll zu verbinden mit Tour 6 (oben) auf der Senda del Oso, wobei dann die An- und Abreise (z.B. von/nach Oviedo) per Bahn erfolgt. Wer im Auto anreist, kann von den Puertas de Marabio den Anstiegsweg zurückfahren oder – viel schöner – den Wagen beim Bahnhof in Trubia parken, die Touren 6 und 7 machen, in Grado den Zug besteigen und zurück zum Ausgangspunkt bzw. zum Wagen fahren.

Dauer: Ca. 2–2 ½ Std. per Rad (mit Senda del Oso ca. 4–4 ½ Std.); *Länge*: 40,5 km (einfach), zusammen mit Senda del Oso 70,5 km, also eine hübsche Tagestour; *Höhenunterschied*: 610 m im Aufstieg, 1015 m im Abstieg, zusammen mit Senda del Oso ca. 1000 m im Aufstieg, 1015 m im Abstieg; Karten: IGN 1:50.000 Blätter 12-4 (28) Grado und 12-5 (52) Proaza; *Radtyp*: Rennrad (nur diese Tour) oder Trekkingbike (in Kombination mit Senda del Oso); Verpflegung und Wasser nur am Ausgangs- und Endpunkt!

In **Entrago** nimmt man vom Parkplatz am Ende der Senda del Oso **(1)** die dort bergan führende, schmale und nicht mit Hinweischildern versehene Asphaltstraße (nicht die breitere Straße auf der anderen Talseite!). Einige Serpentinen entschärfen die Steigung, eine Stichstraße zum Dorf **Gradura (2)** bleibt rechts. Im Dorf **Hedrada** eine Straßengabelung **(3)**, dort scharf nach rechts und momentan etwas steiler bergan. Die Steigung hält nicht lange an, dann erreicht man eine gewellte Hochfläche, rechts steht ganz einsam in Panoramaposition die **Kapelle Santa Ana (4)**.

Diese Hochfläche, **Puertos de Marabio** genannt, ist ein durch Dolinen, Schlucklöcher und andere Karstformen kleinräumig zerlegtes Kalkplateau, das auf der rechten Seite umfahren wird. Nur schwach ansteigend erreicht man die Wasserscheide **(5)** zum nördlich beginnenden Cubia-Tal, wobei man nicht ganz die tiefste Stelle erreicht, sondern etwas links davon an den Hang geführt wird. Der Rest ist rasante Abfahrt, kurze geringe Gegensteigungen, zwei kurze Tunnel. Man rollt praktisch bis **Grado**, wo man sich rechts hält, sowie man die Hauptstraße erreicht hat **(6)**. Nach Querung einer Brücke biegt man in Sichtweite des Bahnhofs nach links dorthin ab **(7)** und erreicht unmittelbar darauf den **Bahnhof Grado** der FEVE **(8)**.

Parque Natural de Somiedo

Im Südwesten Oviedos, an der Grenze zu Kastilien-León, erheben sich verwitterte, mehr als zweitausend Meter hohe Felsberge über grünen, fruchtbaren Tälern und Hängen, ausgedehnten Wäldern, Almen und Gebirgsseen.

Eine sehr abgelegene Landschaft, in der es nur wenige Unterkünfte gibt und in der den gängigen Straßenkarten nicht ganz zu trauen ist – eine gewisse Portion Entdeckergeist sollten Besucher des Parks also schon mitbringen. Im Naturpark von Somiedo leben noch Auerhühner, Wildschweine, Rehe, Hirsche und Gemsen. Vor allem aber bildet er eines der letzten Refugien des Braunbären in Spanien.

Braunbären in Nordspanien

Das Gebiet von Somiedo ist die Heimat der größten Bärenpopulation Spaniens: Mehrere Dutzend Exemplare der rund zwei Meter langen und um die zweihundert Kilogramm schweren Tiere sollen hier noch leben. Ein weiterer, kleinerer Bestand durchstreift die Sierras um die Reserva Nacional de Saja (Kantabrien). Beiden Populationen werden bei entsprechenden Schutzmaßnahmen durchaus Überlebenschancen eingeräumt, im Gegensatz zu den Braunbären der Pyrenäen, deren ein bis zwei Dutzend verbliebene Tiere sich anscheinend nicht mehr fortpflanzen und deshalb wohl aussterben werden.

Doch auch die Bestände der kantabrischen Kordillere sind stark bedroht, vor allem durch Wilderei. Zudem zerstückelt der Bau von Straßen und Siedlungen die ausgedehnten Buchen- und Eichenwälder, den bevorzugten Lebensraum der Braunbären, die sich nur in großflächigen Territorien mit entsprechendem Nahrungsangebot fortpflanzen. Angestrebtes Ziel der Naturschutzverbände ist es deshalb, durch Aufforstungsmaßnahmen eine Art natürlichen Korridor zwischen den beiden Populationskernen herzustellen. Ein schwieriges Projekt, das aber zusammen mit wirksamerer Bekämpfung der Wilderei die einzige Chance zum Erhalt der letzten Braunbärenbestände Spaniens darstellt.

Auch wenn man mit hoher Sicherheit keinen der menschenscheuen Bären zu Gesicht bekommen wird, ist die herrliche Landschaft des Naturparks von Somiedo den Abstecher wert. Wohl selbstverständlich, dass man sich in diesem wertvollen Gebiet besonders rücksichtsvoll verhält und die Hauptwege nicht verlässt.

Information im Infocenter des Naturparks Somiedo, Calle Narciso H. Vaquero, Pola de Somiedo, ✆ 985 763758, www.somiedo.es.

Pola de Somiedo

Die kleine Siedlung (karge Busverbindung ab Oviedo), an der AS 227 von Belmonte de Miranda und etwa zwölf Kilometer vor dem Pass Puerto de Somiedo gelegen, ist der Hauptort der Region und bietet auch die beste Auswahl an Unterkünften, von der Casa de Aldea („Urlaub auf dem Bauernhof") bis zum Hotel.

Karte Seite 370/371

• _Übernachten/Camping_ ** **Hotel Casa Miño**, gute Adresse mit angeschlossenem Restaurant, nur 15 Zimmer. DZ/Bad nach Saison 50–65 €. Calle Rafael Rey López s/n, ✆ 985 763730, ℻ 985 763750, www.hotelcasamino.com.

** **Pensión El Urogallo**, eher ein Restaurant, das auch vier Zimmer vermietet. DZ/Bad zur NS um die 30 €, im Sommer allerdings fast 40 €. La Plaza s/n, ✆ 985 763744.

Camping La Pomerada de Somiedo, relativ kleiner Platz am Ortsrand mit Cafeteria und kleinem Shop, Mitte März bis Mitte Januar geöffnet, p. P., kleines Zelt je 4 €, PKW 3,50 €, ✆ 985 763404.

▶ **Valle del Lago**: Von Pola de Somiedo führt eine schmale, kurvige Straße in etwa südöstlicher Richtung durch einige kleine Weiler in den lang gestreckten Ort Valle de Lago. Zwar nur ein kleines Dorf, verfügt es doch über einige Unterkünfte und ist gleichzeitig Ausgangspunkt für sehr schöne Wanderungen.

Zum See _Lago de Valle_ gelangt man von hier in rund zwei Stunden. Der gut begehbare Weg führt den größten Teil der Strecke am Flüsschen Río del Valle entlang, das im See entspringt; an einer Gabelung etwa zwei Kilometer vor dem See muss man sich rechts halten. Unterwegs durchquert man Weidegebiete, in denen die typischen Hütten „Teitos" der Wanderschäfer zu sehen sind: kleine, mit Reisig gedeckte Steinbauten.

Ein weiteres mögliches Wanderziel ab Valle de Lago ist die rund drei bis vier Wegstunden entfernte Seengruppe _Lagos de Saliencia_ nordöstlich des Lago del Valle. Rund 200 Meter höher gelegen als letzterer, besteht sie aus insgesamt drei Bergseen: Lago de Cerveriz, Lago de la Cueva und Lago Negra, dem größten der drei, der auch Lago de Calabazosa genannt wird. Die Tour nimmt zunächst denselben Weg wie die Wanderung zum Lago del Valle; an der oben angesprochenen Gabelung geht es dann linker Hand weiter.

• _Anreisealternative zu den Seen_ „Eine sehr interessante Anreise ist auch von Südosten über den Pass Puerto Ventana möglich, von dort ins Seitental westlich über Torrestio und über eine kleine, pistenartige Straße bis zum Lago Cueva (Parkplatz). Hier beginnt der gut beschilderte und schöne Wanderweg zum Lago del Valle (4 Std.), vorbei an Almen und Seen" (Lesertipp von Ernst Herold).

• _Übernachten/Camping_ ** **Hotel Valle del Lago**, erst wenige Jahre altes, freundlich eingerichtetes Hotel in einem hübschen Steinhaus, gutes Restaurant angeschlossen. Nur zehn Zimmer, DZ/Bad etwa 50-70 €. Valle del Lago s/n, ✆ 985 763969 ℻ 763979.

Camping Lagos de Somiedo (2. Kat.), noch recht neuer Platz und die einzige Campmöglichkeit vor Ort – wildes Zelten ist im Park verboten. Preise p.P., Zelt und Auto je etwa 5 €. Offiziell von April bis Mitte Oktober geöffnet, zur NS aber unbedingt vorher anrufen: ✆ 985 763776, ℻ 763413, www.campinglagosdesomiedo.com.

Costa Verde (westlicher Bereich)

Westlich von Avilés, der dritten großen Industriestadt Asturiens, zeigt sich die asturische Küste ihrem Namen gemäß wieder schön grün.

Cudillero (Cuideiru)

Cudillero ist nur der offizielle Name des Fischerstädtchens: Im hiesigen Dialekt „Pixueto", der schon Anklänge an die galicische Sprache zeigt, wird der kleine Ort _Cuideiru_ genannt. So steht es auch auf den Straßenschildern, zumindest auf denjenigen, die von einem der vielen eifrigen Lokalpatrioten gerade mal wieder übermalt worden sind.

Dicht an dicht klettern hinter dem winzigen Hafen die Häuser von Cuideiru einen fast schluchtartigen Taleinschnitt hoch: fürwahr ein pittoreskes Bild, das an Wochenenden auch außerhalb der Saison interessierte Betrachter findet. Der stimmungsvolle Fischerort hat sich zum Ausflugsziel entwickelt. Dafür, dass der Rummel nicht zu groß wird, sorgt das Fehlen von Stränden in der unmittelbaren Umgebung. Badelustige müssen sich schon etwas weiter weg bemühen: nach Osten zur drei Kilometer entfernten *Playa de Aguilar* oder besser gleich nach Westen, wo sich eine ganze Reihe von Stränden erstreckt, am schönsten vielleicht die weite Bucht der vier Kilometer entfernten *Playa de la Concha de Artedo.* Zu erreichen sind beide Strände über Stichstraßen von der Fernstraße N 632.

Cudillero hat keinen Platz zu verschenken

Information/Verbindungen

• *Information* **Oficina de Turismo**, Info-Glaspalast direkt am Hafen, schon jenseits des alten Hafens, geöffnet Mo–Fr 10–14, 16.30–19 Uhr, Sa/So 11–14 Uhr, Sa auch 16.30–19 Uhr, Juli bis Sept. tgl. 10–21 Uhr. Puerto del Oeste, ✆ 985 591377, www.cudillero.org.

Cudillero Turismo, Kiosk der Hoteliersvereinigung am Hafen, im Sommer täglich von 11.30–13.30 und 17.30–22.30 Uhr geöffnet. ✆ 985 591452.

• *Verbindungen* **Zug**: FEVE-Bahnhof relativ ungünstig einige Kilometer südlich außerhalb des Ortes gelegen, Züge Richtung Avilés/Gijon bis 14x, Oviedo 3x, Luarca/Navia 3x, weiter nach Ferrol 2x täglich.

Bus: Mit ALSA von/nach Gijón 6x, über Avilés nach Oviedo 2x täglich; Haltestelle etwa 500 Meter hügelwärts des Hafens.

Übernachten/Camping

• *Übernachten* In den letzten Jahren haben einige neue Quartiere eröffnet, vor allem im Gebiet um den Campingplatz L´Amuravela. Die Mehrzahl der Unterkünfte im Gemeindebereich liegt jedoch immer noch außerhalb des Ortes selbst.

** **Hotel La Casona de Pío**, nur ein paar Schritte vom Hafen, hinter der Fischauktionshalle Lonja. 1997 eröffneter, schön restaurierter alter Steinbau; geschmackvolle Zimmer mit rustikalem Touch. DZ/Bad nach Saison etwa 55-85 €. Riofrío 3, ✆ 985 591512, ✆ 985 591519, casonadepio@arrakis.es.

** **Hotel Mariño**, in guter Lage oberhalb der Strandbucht von Artedo, knapp fünf Kilometer westlich des Ortes. Kleines Hotel mit nur zehn Zimmern, umso größer das angeschlossene, gute, aber nicht eben billige Restaurant. DZ/Bad knapp 40–55 €; Concha Artedo s/n, ✆/✆ 985 590186, www.concha-artedo.com.

** **Hotel Isabel**, an der Hauptstraße etwas oberhalb des Hafens, 14 Zimmer, renoviert. Kein Restaurant, im Umfeld aber genug Möglichkeiten. DZ/Bad nach Saison knapp 50–80 €. Calle Suárez Inclán 36–38, ✆ 985 59 1155, ✆ 591706, www.cudillero.org/hoteles/isabel.htm.

Asturien
Karte Seite 370/371

** **Pensión El Camarote**, im höher gelegenen Ortsbereich von Cudillero, vom Hafen etwa 300 Meter die Hauptstraße hoch. Ordentliches Quartier, jedoch nur von April bis September geöffnet. DZ/Bad nach Saison knapp 40–55 €. Calle García de la Concha, ✆ 985 590525.

** **Pensión Álver**, in einem restaurierten Haus nebenan und ebenfalls ganz brauchbar. Öffnungszeiten wie oben, Preisniveau etwas niedriger. Calle García de la Concha 8, ✆ 985 590005.

*** **Hotel Casona de la Paca**, schöne „Indianos"-Villa im Ortsteil El Pito, in dem sich auch der Campingplatz befindet. 20 Zimmer mit TV, gute Bäder, eine Empfehlung von Leser Sebastian Klemm; DZ 70–100 €, es gibt auch Apartments, z.B. f. 2 Pers. 55–75 €. Dez./Jan. geschl. ✆ 985 591303, Fax 985 591316, www.casonadelapaca.com,

Casas Particulares, Privatvermieter finden sich im oberen Ortsbereich, einfach in den dortigen Geschäften nachfragen. Ungefährer Preisbereich für DZ 20–30 €, je nach Saison und Ausstattung.

• *Übernachten in Soto de Luiña*, 10 km in Richtung Luarca an der kaum noch befahrenen alten Nationalstraße: ** **Hotel Casa Vieja del Sastre**, sehr freundliches Haus mit individuell eingerichteten Zimmern, TV, schöne Bäder mit Fön, Dielenböden, Aufenthaltsraum mit kleiner Bibliothek. Frühstück im Bar-Restaurant im Gelände hinter dem Haus. DZ/F ca. 60–100 €. Soto de Luiña, ✆ 985 5961 90, Fax 596328, www.casaviejadelsastre.com.

• *Camping* Mehrere Plätze um den Strand Playa de Artedo, einige Kilometer westlich, zu erreichen über eine Stichstraße von der N 632. **L'Amuravela** (2. Kat.), der ortsnächste Platz. In El Pito, Wiesengelände auf einem Hügel oberhalb von Cudillero, gerade noch in gestreckter Fußentfernung. Kaum Schatten, jedoch gute Sanitärs, Swimmingpool. Geöffnet Karwoche bis November; Preise p.P., Auto, Zelt je 4,50 €. Beste Anfahrt, besonders für Wohnmobile, von der N 632 östlich von Cudillero – die Ortsdurchfahrt ist nämlich arg eng. ✆/Fax 985 590995, www.lamuravela.com.

Essen

• *Essen* Besonders schön sitzt man natürlich am Hafen, zahlt in den dortigen Restaurants allerdings oft „Ortszuschlag".

Taberna del Puerto, das dem Wasser am nächsten liegende der Hafenrestaurants; Tische im Freien, Speisesaal im 1. Stock. Gute Fischgerichte, Spezialität Cazuelas, Menü ca. 9 €, à la carte ab etwa 18 €.

Rest. Acapulco, eher feines Restaurant mit „bonito en rollo" oder „fabas con almejas", sehr gut die mit Sidra geschmorte Merluza; 2 Gänge ab ca. 20 €. Calle Suárez Inclán 37, ✆ 985 590335.

Rest. Dimas in der Hauptstraße, Tapas und Meeresfrüchte, Fischplatte, 2 Gänge ab ca. 20 €, große Terrasse. Fuente de Abajo 4.

• *Feste* **Fiesta de San Pedro**, am 29. Juni. Hauptattraktion ist „L´Amuravela", eine launige Rede, bei der im lokalen Dialekt Personen und Ereignisse des vergangenen Jahres veralbert werden.

Westlich von Cudillero wurde die N 632 in den letzten Jahren ausgebaut. Eine breite Fernstraße mit großen Viadukten, die ganze Täler überspannen, hat die alte, sehr kurvige Straße durch Wälder und Bauernland abgelöst. Jenseits des *Cabo Vidio* (Abzweigung beschildert: Oviñana), das durch weite Aussicht glänzt, liegt bis zum *Cabo Busto* viel Steilküste. Der schönste Bereich ist wohl jener der *Playa Gueirúa* bei Santa Marina, noch östlich von Ballota. Dort wird ein ca. 200 m langer feiner Strand von bis zu 80 m hohen Quarzfelsen umrahmt, und da nur ein Fußweg hinführt, ist er nie überfüllt (Wagen in Santa Marina lassen, gekennzeichneter Fußweg ca. 20 Min.). Auch bei Cadavedo finden sich hübsche, allerdings weniger spektakuläre Strände. Ebenfalls sehr einladend wirkt die felsgerahmte *Playa de Cueva* kurz hinter dem Cabo Busto.

▸ **Cadavedo** liegt etwa in der Mitte zwischen den beiden Kaps. Es ist eine hübsche kleine Siedlung oberhalb der Steilküste, von der man zu den felsgerahmten Stränden *Playa de Cadavedo* im Osten und *Playa de Campiello* im Westen absteigen kann.

• *Camping* **La Regalina** (1. Kat.), gut ausgestatteter Platz etwa einen Kilometer vom Meer mit eigenem Schwimmbad. Offiziell ist zwar ganzjährig geöffnet, zur NS sollte man aber vielleicht besser vorher anrufen. Preise p.P., Zelt und Auto je 4,50 €. ✆ 902 145614, ℻ 985 645014, www.laregalina.com.

• *Feste* **La Regalina**, am letzten Sonntag im August; ein vielbesuchtes Freiluftfest, das in toller Lage über dem Meer stattfindet.

Luarca

Abseits der Durchgangsstraße, die den Ortskern nur streift, erweist sich Luarca als eine der reizvollsten Siedlungen der Costa Verde.

Quer durch das sympathische Städtchen, das seine Blütezeit um die vorletzte Jahrhundertwende erlebte, schlängelt sich der „schwarze Fluss" Río Negro zu seiner Mündung ins Meer, hat dabei ein fast schluchtartiges Tal zwischen die Hügel gegraben. Die Altstadt liegt mit ihren engen Pflastergassen zwischen dem großen Hafen und einer Schleife des Flusses, an dessen Ufern noble Häuser das Auge erfreuen, und auch die neueren Bauten, die sich ringsum die Hänge hochziehen, bieten dank angepasster Architektur keinen störenden Anblick – ein Städtchen zum genüsslichen Bummel also. Alles bleibt leicht überschaubar. Dabei bildet Luarca immerhin die bedeutendste Siedlung des Concejo de Valdés, einer ausgedehnten Gemeinde, die von der Fläche her die viertgrößte Asturiens ist.

Auch Baden lässt es sich ganz gut in Luarca: Westlich der Flussmündung erstrecken sich die beiden größeren der insgesamt drei Strände des Städtchens an einer weit geschwungenen, durch einen Felsabsturz zweigeteilten Bucht.

Die ansehnliche *Plaza Alfonso X El Sabio*, gegenüber der Altstadt und mit dieser durch Brücken verbunden, bildet den Hauptplatz von Luarca. Benannt ist sie nach dem Gründer des Ortes, dem seiner Toleranz und Gelehrsamkeit wegen „Der Weise" genannten kastilischen Herrscher, der übrigens von 1257 bis 1282 auch deutscher König war.

Information/Verbindungen

• *Information* **Oficina de Turismo**, Calle Cáleros 11 am Hauptplatz Alfonso X el Sabio, ✆ 985 640083. Freundlich und kompetent; Öffnungszeiten Juli/Aug. Mo-Sa 10.30-14, 16.30-20 Uhr, So 11-14, 17-19 Uhr, Rest des Jahres Mo-Fr 10-14, 16.30-19.30 Uhr, Sa/So 11-14, 17-19 Uhr.

• *Verbindungen* **Zug**: FEVE-Bahnhof der Linie Oviedo-Ferrol etwa zwei Kilometer westlich oberhalb der Stadt; Züge Richtung Oviedo 3x, Navia 3x, weiter nach Ferrol 2x täglich.

Bus: Zentrale Haltestelle in Flussnähe am Paseo de Gómez; mit ALSA nach Oviedo 6x, Gijón 4x, Ribadeo 6x, nach A Coruña und Santiago je 2x täglich.

Übernachten/Camping

• *Übernachten* Allgemein recht hohe Preise. Eine Unterkunftsliste gibt es bei der Infostelle, ebenso Auskünfte über Casas de Aldea (Urlaub auf dem Bauernhof) um Luarca.

*** **Hotel Villa La Argentina**, auf einem Hügel etwa 15 Fußminuten östlich des Zentrums in einer „Indiano-Villa", ein Lesertipp von Emanuel Fivian: „In einer sehr gut restaurierten Villa von 1899, umgeben von einem großen, parkartigen Garten. Ruhige Lage; Parkplätze vorhanden. Die geräumigen Zimmer verfügen über allen wünschbaren Komfort. Der Fußweg ins Städtchen gibt einen einmaligen Blick auf den Hafen frei." In der Tat eine feine Adresse, nur zwölf Zimmer; Tennisplatz und kleiner Pool. DZ nach Saison und Ausstattung 65–115 €. Villar de Luarca, ✆ 985 640102, ℻ 985 640973, www.villalaargentina.com.

Asturien
Karte Seite 370/371

Romantisch: Bummel in Luarca

* **Hotel Rico**, wiederum in zentraler Lage am Hauptplatz, vor einigen Jahren renoviert und deshalb recht gut in Schuss, mit Cafetería. Für Luarca liegt das Preisniveau hier recht günstig: DZ/Bad kosten nach Saison knapp 35–60 €. Plaza Alfonso X 6, ✆ 985 470559.

** **Hotel Baltico,** eher einfache Zimmer, einige mit schönem Blick zum Hafen, Restaurant (→ Essen & Trinken), DZ ca. 40–60 €. Paseo del Muelle 11, ✆ 985 640991.

** **Hostal Oria**, in einer Seitenstraße der Flussuferstraße, auf der Neustadtseite. Etwas arg hohe Preise: DZ/Bad gut 50 €, ohne Bad 40 € – in der Nebensaison sollte da ein kräftiger Nachlass drin sein. Calle Crucero 7, ✆ 985 640385.

In Almuña (2,5 km südlich) * **Hotel Casa Manoli**, hübsche Villa im Park etwas außerhalb, schöne Lounge. Gute, wenn auch in einigen Fällen recht kleine Zimmer, DZ ca. 30-65 €, Ctra. de Peredes s/n, ✆ 985 470703, www.hotelluarcarural.com.

• *Camping* Beide Plätze sind für Fußgänger über kleine Wege deutlich schneller zu erreichen als über die Hauptstraßen; das freundliche Personal der Infostelle zeichnet die Routen gern in eine Karte ein.

Los Cantiles (2. Kat.), bei Villar de Luarca, etwa 3,5 km östlich des Zentrums. In traumhafter Lage über der Steilküste, schön gestaltetes Gelände – „selbst ein Umweg zu diesem Platz lohnt sich", fand Leser Aike Jan Klein. Deutschsprachige Leitung. Ganzjährig geöffnet; p.P., Auto, Zelt jeweils etwa 4 €. Schnellste Zufahrt über eine Abzweigung der N 634 bei einer Tankstelle etwa drei Kilometer östlich von Luarca, hier meerwärts, nochmals gut drei Kilometer. ✆/℻ 985 640938. www.campingloscantiles.com.

Playa de Taurán, ländlicher Camping ebenfalls an einer Steilküste, knapp drei Kilometer westlich von Luarca; in der Nähe ein kleiner, geschützter Strand. Info über Reitausflüge und Radtouren; Fahrradverleih. Geöffnet in der Osterwoche sowie Mai bis September; Preise wie oben. Beste Zufahrt von der N 634 westlich von Luarca; ✆/℻ 985 641272, www.campingtauran.com.

Essen/Markt/Feste

• *Essen* **Rest. El Sport**, eine der nobleren Adressen Luarcas, bekannt für Fisch und Meeresfrüchte. Degustationsmenü ca. 30 €, à la carte ab etwa 20 € aufwärts. Fantastisch die Meeresfrüchteplatte mit allen möglichen Krustentieren inkl. seltenen und teuren Percebes (Markt-Tagespreis, teuer). Calle del Rivero 8, an der Hafenseite der Altstadt, außerhalb der Saison Do-Abend geschlossen.

Restaurant im Hotel **Báltico** nahe Hafen,

einfach eingerichtet, gutes Fisch- und Meeresfrüchtelokal, sehr gutes Tagemenü zu 11 € (z.B. Fabada asturiana, dann Kabeljaufilet mit Beilage, Dessert, Wein), Meeresfrüchte sehr preiswert (Meerspinne/Centolla 600g 12 €); Paseo del Muelle 11 am Ende der Calle del Párroco Camino auf einem kleinen Platz.

Sidrería Ancla, ein Lesertipp von Stephen Domas: „Im hinteren Bereich der Hafenstraße. Absolut authentisch, quasi nur Einheimische. Preise sensationell. Pulpo Gallego lecker, Queso Picón ebenfalls". Große Portionen, Fisch/Meeresfrüchte ca. 8-13 €, Fleisch 10-16 €. Paseo del Muelle 15.

• *Markt* Mittwochs Markt in der schmalen Calle del Párroco Camino.

• *Feste* Vor allem im Sommer reiches Programm in Stadt und Umgebung.

Semana Santa, die Osterwoche, mit großen Lichterprozessionen am Gründonnerstag, Karfreitag und Ostersamstag.

El Carmen, 16. Juli, Patronatsfest in Luarca und im östlich gelegenen Örtchen Barcia.

La Vaqueirada, Schäferfest am letzten Sonntag im Juli in La Braña de Aristébano, in den Bergen etwa 15 km südlich. Althergebrachte Gesänge und Tänze – eines der farbenprächtigsten Feste Asturiens.

El Rosario, 15.8. und **San Timoteo**, 22.8., beide in Luarca. Zwischen den beiden Stichtagen permanente Fiesta. Am 15.8. findet eine bunte Meeresprozession der gesamten Fischereiflotte statt.

Santa Catalina, 25. November in Luarca, mit einer Viehmesse und dem Verspeisen von „Callos", Kutteln.

▶ **Otur**: Die etwa sieben Kilometer westlich von Luarca weit verstreut liegende Siedlung ist an sich wenig interessant. Umso mehr locken jedoch die nahen Strände *Playa de Otur* und *Playa de Sabugo*, die sich durch ein Felskap getrennt unterhalb von Otur in die Steilküste schmiegen.

• *Übernachten/Camping* *** **Hotel Río Mayor**, an der Hauptstraße, jedoch etwas zurückgesetzt. Modernes Hotel, das wegen einem an die Straße gesetzten Schiff kaum zu übersehen ist. Gute Zimmer, DZ ca. 55 €, daneben ein sich rustikal gebender Asador und Restaurant in Holz und Glas, die Bar in einem nachgebauten Hórreo; N 634 km 512, Río Mayor, Otur, ✆ 985 640152, ✆ 985 641672, www.hotelriomayor.com.

Camping Playa de Otur (2. Kat.), etwa 800 m vom gleichnamigen Strand. Günstig gelegen auch für „öffentlich" Reisende: FEVE-Bahnhof und Bushaltestelle liegen nicht mehr als einen Kilometer entfernt; Einkaufsmöglichkeit und Cafeteria am Platz. Geöffnet von April bis September; p.P., Zelt jeweils um die 4 €, Auto 3,50 €. ✆/✆ 985 640117, www.inicia.es/de/cotur.

• *Feste* **Romería de Santa Rita**, Wallfahrt am 22. Mai.

Navia

Das Fischerstädtchen (FEVE-Bhf.) liegt etwas abseits der Küste am breiten Fluss gleichen Namens. Navia erfreut mit einigen hübschen Häusern der Jahrhundertwende und erschreckt mit einem großen Industriekomplex etwas flussaufwärts, der das Baden am Strand neben der Mündung wenig ratsam erscheinen lässt. Dennoch ist die Flussmündung alljährlich am 11. August Schauplatz eines beliebten Schwimmwettbewerbs, des „Descenso a nado de la Ría de Navia". Folgt man der Talstraße weiter den Río Navia entlang, breitet sich bald friedvolle grüne Landschaft aus. Auch im weiteren Verlauf ist die AS 12, die als AS 28/C 630 später über den Pass *Alto de Acebo* zur galicischen Provinzhauptstadt Lugo führt, ein optischer Genuss.

• *Übernachten/Essen* ** **Hotel Casona Naviega**, sehr empfohlen u. a. von Leserin Sabine Hense. Im typischen Blau-Weiß der Indiano-Villen gehaltenes Hotel mit geschmackvoll eingerichteten Zimmern (TV, DVD-Player, Internetanschluss). Holzfußböden, für spanische Verhältnisse äußerst üppiges Frühstücksbüffet, freundliches Lesezimmer (ebenfalls DVD-Bibliothek), leider aber in etwas vom Durchgangsverkehr beeinträchtiger Lage. Der Empfehlung kann nur zugestimmt werden. DZ ab ca. 50-110 € (Höchstpreis nur erste 3 Wochen im August). Avda. Los Emigrantes 37, ✆ 985 474880, ✆ 985 474881, www.casonanaviega.com.

Parilla-Bar K, von außen unscheinbare Bar, drinnen Restaurant mit zwei Speisesälen, der hintere mit verglaster Terrasse. Gutes

Asturien
Karte Seite 370/371

Tagesmenü zu 8 €, das argentinische Gaucho-Dekormotiv des Lokals lässt sich am Grill-Angebot nur beschränkt nachvollziehen. Calle El Muelle 15, an der Hafenpromenade.
Confitería-Café Santa María, „Salon de te", eine Café-Konditorei oberhalb der Durchgangsstraße. Hier gibt es den für Navia typischen Kuchen „venero" und süße Stückchen „canastillas de Navia". Sehr lecker! Calle Mariano Luiña 18.

▸ **Poblado Celtico/Castro de Coaña**: Die Ausgrabungen des Keltendorfes liegen einige Kilometer landeinwärts von Navia, Zufahrt ab dort hinter der Flussbrücke beschildert. Sehr gut erhalten sind noch die meist runden Grundmauern der fast hundert Steinhäuser, die etwa aus dem 1. Jh. nach Christus stammen. Eng muss es damals zugegangen sein: oft beträgt der Abstand zwischen den einzelnen Behausungen gerade einen halben Meter. Die kreisrunden Vertiefungen – in manchen Steinen gibt es gleich mehrere davon – erklären die Wärter vor Ort übrigens als Mörser zum Zerstoßen von Getreide. In der zugehörigen „Aula Didáctica" werden archäologische Funde gezeigt.
Öffnungszeiten Von April bis September Di–So 11–14, 16–19 Uhr, sonst Di–Fr 11–15 Uhr, Sa/So 11–13.30, 16–17 Uhr; Eintritt etwa 1,50 €, Mi gratis.

Tapia de Casariego

Ein ruhiges, recht hübsch anzusehendes Hafenstädtchen mit zahlreichen Fischrestaurants und mehreren, auch bei Surfern beliebten Stränden, die allerdings zur Saison mehr als gut besucht werden. Tapia teilt sich in zwei Ortsteile: Im höher gelegenen Zentrum um den Kirchplatz Plaza Iglesia findet sich die Mehrzahl der wichtigen Einrichtungen; das unterhalb gelegene Hafenviertel besteht nur aus Wohnhäusern und einigen Bars. Entlang der stark gegliederten Küste führen Spazierwege, von denen sich schöne Ausblicke bieten.

In Reih und Glied: Schiffe im Hafen von Tapia de Casariego

• *Information* **Oficina de Turismo**, Parque s/n, Kiosk im Zentrum nahe der Plaza Iglesia, ✆ 985 472968. Nur während der kurzen Sommersaison geöffnet.

• *Verbindungen* **Bus**: Haltestelle im Zentrum beim Hotel La Ruta. ALSA fährt je 6x täglich nach Ribadeo und Oviedo.

• *Übernachten/Essen* ** **Hotel San Antón**, ein für seine zwei Sterne recht komfortables Quartier im oberen (modernen) Ortsteil mit gutem Restaurant, sehr freundlicher Service, ruhig, DZ ab ca. 35 €; Plaza de San Blas 2, ✆ 985 628000, ✆ 985 628001, www.hrsananton.com.

* **Hotel La Ruta**, ein eher einfaches, aber insgesamt recht solides Quartier an der Hauptstraße; ein Bar-Restaurant ist angeschlossen. DZ kosten hier je nach Saison etwa 35–65 €. Carretera General s/n, ✆/✆ 985 628138.

Empfohlen wurde das am Hafen gelegene **Restaurant Marina**, „in dem wir vorzüglich und zu fairen Preisen sowohl Fisch als auch Fleisch speisten. Sprachliche Probleme mit der reichhaltigen Speisekarte löste der sehr zuvorkommende Kellner mit einem Fischbilderbuch." Tagesmenü ca. 11 € (an Sa/So/Fei kein Tagesmenü). Soweit die Leser Ulla Seebode und Thorsten Vetter.

Sidrería Rest. Mesón el Puerto, Restaurant am Weg zum Hafen im Edificio El Pilon, Fischgerichte ca. 15–20 €, Tagesmenü Mo-Fr 9 €, Sa/So/Fei 14 €. Modern-gesichtsloses Ambiente – aber man kommt ja nicht wegen der Architektur.

• *Camping* **Camping Playa de Tapia** (2. Kat.), einige Kilometer westlich, Zufahrt von der Nationalstraße Richtung Ribadeo. Nur von Juni bis Mitte September geöffnet; p.P., Zelt je etwa 4,50 €, Auto 4 €. La Reburdia s/n, ✆ 985 472721.

Weiter Richtung Galicien

Jenseits der breiten Ría von Ribadeo beginnt das Gebiet der Autonomen Gemeinschaft Galicien. Auf der asturischen Seite der Brücke ist linker Hand ein Parkplatz eingerichtet, von dem aus sich ein schöner Blick über die Flussmündung bietet.

▶ **Figueras**, ein kleinerer, wenig vom Fremdenverkehr geprägter Ort, liegt unweit von Castropol etwas abseits der Hauptstraße an den Hängen, die zum Río Eo hinabführen. Die tief eingeschnittene Bucht des Flusses schützt Hafen und Werften des Städtchens.

• *Übernachten* *** **Hotel Palacete de Peñalba**, ein Tipp für Architekturfans – das Hotel wurde 1912 von einem Schüler des katalanischen Baumeisters Gaudí gestaltet, was man dem kleinen, denkmalgeschützten und frisch renovierten Palast auch sofort ansieht. Sehr gutes Restaurant mit asturischen Spezialitäten angeschlossen (3 Gänge ab ca. 55 €). DZ und Suiten nach Saison 95–140 €. Zur Saison reservieren. El Cotarelo-Figueras, ✆ 985 636125, ✆ 985 636247.

▶ **Castropol** hat seit dem Bau der großen Brücke über die Ría seine frühere Bedeutung als Durchgangsstation nach Galicien verloren. Gleichwohl ist es ein ansprechendes Städtchen in hübscher Lage über dem Fluss; ein Bummel durch die engen, von Adelshäusern gesäumten Sträßchen macht Spaß.

Karte Seite 370/371

Taramundi

Das kleine Dorf an der Grenze zu Galicien ist Pilotprojekt und Renommierobjekt des ländlichen Tourismus in Asturien zugleich.

Das gerade mal dreihundert Seelen zählende Dorf, gut 15 Kilometer südlich von Vegadeo gelegen, wurde wohl auch wegen seiner handwerklichen Tradition als Vorreiter ausgeguckt: Taramundi war und ist bekannt als Zentrum der Schmiedekunst. Besonders schön sind die hier hergestellten Taschenmesser mit ihren bunten Holzgriffen.

Mittelpunkt des „Turismo rural" von Taramundi ist ein zum Hotel umgebautes Pfarrhaus des 18. Jh., das jedoch von seiner Klientel einen gut gefüllten Geldbeutel verlangt. Auch die Privatvermieter der Umgebung lassen sich den guten Namen des Ortes in klingender Münze honorieren. Einen Abstecher bleibt Taramundi dennoch wert, auch wegen der wald- und hügelreichen, sanft melancholisch wirkenden Landschaft.

In der Umgebung des Dorfs sind mehrere Spazierwege ausgeschildert, von denen einer zum fünf Kilometer entfernten Weiler *Teixois* führt, einer Art volkskundlichem Freiluftmuseum, in dem eine Reihe alter, hydraulisch angetriebener Werkmaschinen zu sehen ist.

• *Information* **Oficina Municipal de Turismo**, Avenida de la Galicia s/n, ✆ 985 646877, turismo@taramundi.net. Hier gibt es auch Infos über Reit- und Fahrradausflüge, Wanderungen etc.

• *Übernachten* Zur Saison ist rechtzeitige Reservierung sehr ratsam.

**** **Hotel La Rectoral**, sehr reizvolles Quartier mit Komfort, Tradition und Stil. Insgesamt 18 geräumige Zimmer mit schöner Aussicht, DZ/Bad nach Saison 110–140 €. Es gibt auch Apartments in einer Dependance. Wunderschöner Ausblick von der Terrasse auf den Ort unterhalb und die Berge. Ganzjährig geöffnet, La Villa, ✆ 985 646767, ℻ 985 646777, hotel@larectoral.net.

Casas de Aldea: Die Infostelle vermittelt etwa 25 Privatzimmer in Bauernhäusern. Die Preise scheinen allerdings teilweise etwas übertrieben (DZ ca. 45–120 €).

Los Oscos

Südöstlich von Taramundi erstreckt sich die Hügel- und Berglandschaft der Oscos, eine abgelegene, herrlich grüne und wasserreiche Region. Viele Dörfer hier sind fast oder völlig aufgegeben worden, in anderen haben sich traditionelle Lebensweisen und Gebräuche bis heute nahezu unverändert erhalten: ein sehr ursprüngliches Gebiet, in dem sich noch Entdeckungen machen lassen.

▸ **San Martín de Oscos** ist das lokale Zentrum und ein guter Ausgangspunkt für Exkursionen. Neben der Kirche steht hier ein ungemein altertümlich wirkender Hórreo. Sein Dach ist mit Stroh und Schieferplatten gedeckt, eine Bauweise, die bis auf römische Zeiten zurückreichen soll.

▸ **La Bobia:** Vom 1202 m hohen höchsten Gipfel der Montes de Oscos hat man an schönen Tagen eine besonders weite Aussicht und oft die Chance, Wildpferde zu beobachten, die sich dort herumtreiben. Bis etwa eine halbe Gehstunde unterhalb des Gipfels führen Straßen, etwa ab Vegadeo im Süden der Ría von Ribadeo. Auf dem Fußweg zum Gipfel quert man eines der wenigen verbliebenen autochthonen Waldgebiete der Kantabrischen Kordillere, also nicht den obligaten Eukalyptusforst.

• *Übernachten/Essen&Trinken* Unterkünfte sind im gesamten Gebiet bislang noch sehr selten.

** **Hotel La Marquesita**, in San Martín de los Oscos. Ein freundlich geführtes kleines Hotel im ortstypischen Baustil, das nur sechs rustikal eingerichtete Zimmer beherbergt; ein ausgezeichnetes Restaurant ist angeschlossen (3 Gänge ab ca. 35 €). DZ knapp 50–60 €. Carretera principal, ✆/℻ 985 626002, lamarquesita@terra.es. Hotel und Rest. sind von Dez. bis Feb. geschlossen.

* **Hotel Casa Pedro**, in Santa Eulalia de los Oscos. Neubau in angepasster Architektur, schöne Aussicht und angenehme Zimmer; preiswertes Restaurant angeschlossen (im Winter So abds. zu). Nur acht Zimmer, DZ/Bad etwa 40–50 €. ✆/℻ 985 626097.

* **Hotel Casa Diego**, ebenfalls in Santa Eulalia, mit Restaurant. Nur sieben Zimmer, DZ/Bad um die 30–40 €. ✆ 985 626117, ℻ 985 626067

Rest. La Cerca in La Villa, Santa Eulalia de los Oscos, rustikal mit deftigen Gerichten, ✆ 985 626041.

Schöne Landschaft, kühles Wasser: Strand an den Rías Altas

Galicien

+++ 1200 Kilometer Küste, 275 Kilometer Strand +++ Keltendörfer, Hexen und wilde Pferde +++ Die Heilige Stadt: Santiago de Compostela +++

Im äußersten Nordwesten der Iberischen Halbinsel gelegen, bewahrt Galicien seinen ganz ureigenen Charakter, unterscheidet sich auf vielen Gebieten deutlich vom Rest Spaniens.

Die *Comunidad Autónoma Galicia*, von ihrer Fläche her fast so groß wie Belgien, teilt sich in die vier Provinzen Lugo, Ourense, A Coruña und Pontevedra; ihre Hauptstadt ist Santiago de Compostela. Die östlichen Nachbargemeinschaften Galiciens sind Asturien und Kastilien-León. Nach Süden grenzt *Galiza*, wie die Galicier ihre Heimat nennen, an Portugal.

Die Eigenständigkeit Galiciens erklärt sich zum einen aus der abgeschiedenen Lage der Region, die einst als Ende der Welt angesehen wurde und durch hohe Bergketten von ihren östlichen Nachbarn getrennt ist, zum anderen auch aus der Vergangenheit: Galicien war während der maurischen Besetzung eines der letzten christlichen Refugien, spielte aber in der gesamtspanischen Geschichte – von Santiago als Wallfahrtsort abgesehen – nie eine bedeutende Rolle. Erst im 15. Jh. errang Kastilien die völlige Oberhoheit über das bis dahin mit teilautonomen Rechten versehene Gebiet.

Fast enger als mit Spanien sind die kulturellen Bande mit Portugal. So ist die galicische Sprache *Gallego*, die von fast 90 % der Bevölkerung gesprochen und

Karte Seite 439

verstanden wird, eng mit dem Portugiesischen verwandt und nur wie jede andere romanische Sprache auch mit dem kastilischen Spanisch, das aber natürlich jedem Galicier geläufig ist. Die Verwandtschaft zu Portugal scheint sich sogar auf Seelenzustände zu erstrecken: Die galicische *morriña*, eine Art melancholische Grundstimmung, die jeden Galicier dann und wann überkommen soll, lässt doch sehr an die viel beschriebene *saudade* Portugals denken.

In Galicien ist die **offizielle Sprache** Galicisch, so sind alle amtlichen, von der „Xunta" (dem Organ der Selbstverwaltung der Region) herausgegebenen Dokumente sowie Ortsangaben und Hinweisschilder in dieser Sprache gehalten und nicht in etwa in der Staatssprache Castellano (Spanisch). Selbst an überregionalen Einrichtungen wie Bahnhöfen dominiert das Gallego, das bei den wenigen zweisprachigen Beschilderungen immer an erster Stelle steht. In diesem Führer werden deshalb immer die galicischen Ortsnamen verwendet, spanische nur dort erwähnt, wo sie noch immer geläufiger sind, wie etwa in A Coruña, das immer noch häufig mit dem spanischen „La" als La Coruña benannt wird. Nach einer repräsentativen Umfrage verstehen 99,16 % der galicischen Bevölkerung das Gallego, 91,05 % sprechen es auch oder können es sprechen, 56,85 % sprechen ausschließlich Gallego. Das Problem des Gallego ist die Jugend: die niedrigsten Werte für den Prozentsatz der Nur-Gallego-Sprecher ergaben sich bei den Jugendlichen.

Die **Landschaft** Galiciens wird an der zwölfhundert Kilometer Länge messenden Küste durch die fjordähnlichen, tief eingeschnittenen Flussmündungen *Rías* bestimmt. Entstanden sind sie der Legende zufolge dadurch, dass Gott sich bei Erschaffung der Welt ausruhte und dabei mit den Händen aufstützte – die Rías als Fingerabdrücke Gottes. Nüchterner geographisch betrachtet, gliedert sich die galicische Küste in drei Bereiche: Die *Rías Altas* im Norden zwischen Ribadeo und A Coruña, die *Costa da Morte* bis zum Cabo Fisterra (Spanisch: Cabo Finisterra) und die weit ins Land reichenden *Rías Bajas*, die sich bis zur portugiesischen Grenze erstrecken.

Das Binnenland wird von Flüssen und Wäldern, von Hügeln und Mittelgebirgen geprägt. Im äußersten Südosten, an der Grenze zu Kastilien-León, steigen die Berge sogar auf über zweitausend Meter Höhe an.

Ganz Galicien ist eine Symphonie in Grün. Das ausgesprochen atlantische Klima sorgt für rasches Wachstum auch eigentlich ortsfremder Pflanzen. Dies nicht immer zum Nutzen der Natur: So ersetzen heute leider in vielen Gebieten Monokulturen von Pinien, Kiefern und vor allem Eukalyptus die alten Eichenwälder. Ein drängendes Problem Galiciens, die alljährlich aufflackernden Waldbrände, wird dadurch eher gefördert; besonders die stark ölhaltigen Eukalyptusbäume fangen sehr schnell Feuer.

Fast auch schon ein Landschaftsmerkmal und sowohl im Inland wie an der Küste anzutreffen sind die spätestens seit dem 13. Jh. gebräuchlichen Getreidespeicher *hórreos*, die zur Trocknung und Lagerung vor allem von Hirse und Mais dienen. Anders als in Asturien sind sie hier aus Granit und meist viel kleiner als in der Nachbarregion. Mit ihren Kreuzen und Dachverzierungen, wohl auch ein Ausdruck der Verehrung der Nahrungsmittel, erinnern sie häufig an kleine Tempelchen – ein Charakteristikum Galiciens, wie es auch die steinernen, ebenfalls mindestens bis ins 13. Jh. zurückgehenden Wegkreuze *cruceiros* sind.

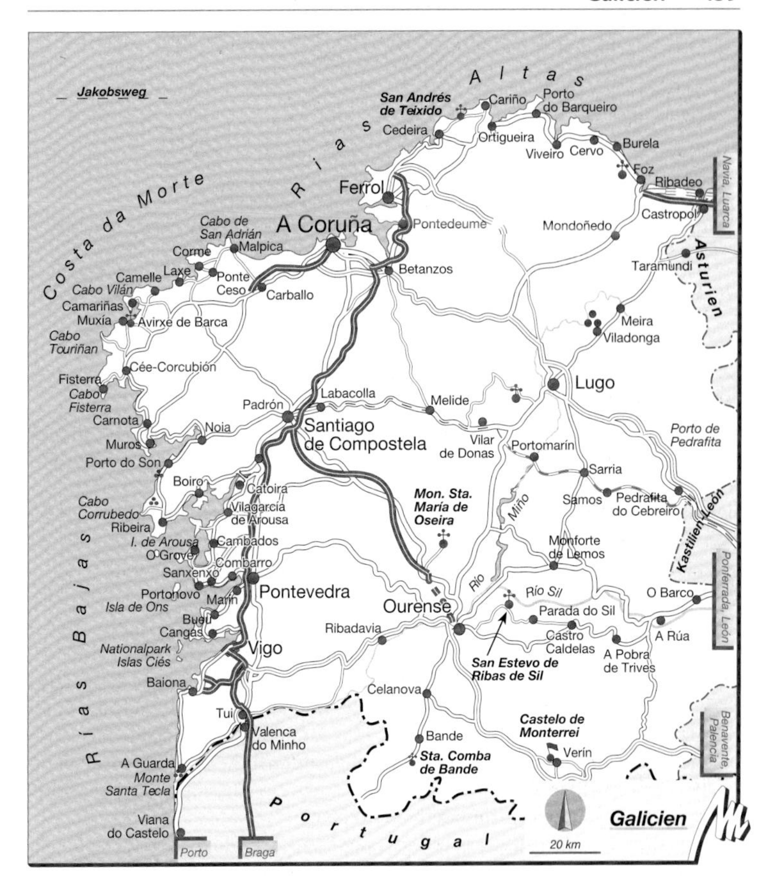

Unter den galicischen **Städten** ist sicher das Pilgerziel *Santiago de Compostela* herausragend, doch auch *A Coruña, Pontevedra* und *Lugo* begeistern mit historischen Gebäuden oder spanischer Lebenslust. Selbst *Vigo,* obwohl in erster Linie Industrie- und Hafenstadt, mag mit seiner Vitalität Bewunderer finden. *Ourense* wirkt abseits seiner kleinen Altstadt dagegen ziemlich nüchtern. Das von Industrie, Werften und Militärpräsenz geprägte *Ferrol* kann sich trotz eines lebendigen Hafenviertels und einiger interessanter Bauten mit den anderen Städten nicht messen.

Baden lässt es sich an insgesamt 275 Kilometer Strand, in Galicien *praia* genannt, doch sind die Wassertemperaturen nicht jedermanns Sache. An den Küstenbereichen der Rías Altas, die dem offenen Atlantik ausgesetzt sind, erreichen sie selbst im Sommer kaum 18 Grad. Besser sieht es in den geschützteren Fjorden der Rías Bajas aus, wo die Wassertemperatur bis knapp über 20 Grad klettern kann.

Galicien
Karte Seite 439

In Kürze: Galicien

Fläche: 29.575 Quadratkilometer

Einwohner: etwas über 2,7 Millionen, das entspricht einer Bevölkerungsdichte von 93 Einwohnern pro Quadratkilometer.

Schöne Orte: Die Altstadtkerne von Santiago de Compostela, Pontevedra, A Coruña, Lugo; außerdem eine ganze Reihe kleinerer Siedlungen wie Viveiro, Mondoñedo, Betanzos ...

Reizvolle Landschaften: Ein Großteil Galiciens – die Küsten der Rías Altas und Bajas, die Costa da Morte; das hügelige bis bergige Binnenland, die tiefen Schluchten des Río Sil.

Nicht versäumen: Sich zumindest einmal eine Platte Meeresfrüchte samt einem Fläschchen Albariño zu gönnen.

Internet-Infos: www.turgalicia.es, www.turismogalicia.info, www.galiciadigital.info.

Geschichte

Als ihre Urväter gelten den Galiciern die Kelten, die etwa ab dem 10. Jh. vor Christus eingewandert waren. Sie lebten in kleinen Dörfern aus steinernen Rundhütten, wie sie als so genannte „Castros" noch an einigen Orten zu sehen sind, und nährten sich von Jagd, Fischfang, Viehzucht und bescheidenem Ackerbau.

Als die *Römer*, nach der Festigung ihrer Herrschaft im Süden, sich im 2. Jh. v. Chr. auch an die Unterwerfung des Nordens machten, hatten sie es nicht leicht mit den Kelten: Es brauchte mehr als ein Jahrhundert und eine Reihe von Schlachten, um die kriegerischen Stämme von der militärischen Überlegenheit des römischen Weltreichs zu überzeugen. Auch nachdem die Kräfteverhältnisse klargestellt waren, hielt sich die Romanisierung in Grenzen, denn die Herren vom Tiber waren in erster Linie darauf aus, wirtschaftlichen Nutzen aus Galicien zu ziehen, ohne den Kelten ihren Lebensstil aufzwingen zu wollen. Eine gewisse Annäherung, zu der auch die Christianisierung zählte, brachten die folgenden Jahrhunderte dann doch.

Im frühen 5. Jh. sah sich die keltisch-romanische Bevölkerung dann plötzlich unsanft mit einem Germanenvolk konfrontiert, das von Zivilisation noch wenig gehört hatte: Die *Sweben* setzten sich in Galicien fest. Zunächst beschränkten sich die wilden Krieger auf Raubzüge, wurden mit der Zeit jedoch ebenfalls sesshaft, gründeten ein Königreich und nahmen den christlichen Glauben an. Eineinhalb Jahrhunderte nach ihrem Einmarsch, nämlich im Jahr 585, mussten sie anderen Germanen weichen: Die *Westgoten*, die bereits das restliche Spanien beherrschten, eroberten auch Galicien. Obwohl ihr Reich nach geschichtlichen Maßstäben nur eine Episode war, hinterließen die Sweben doch ihre Spuren: Der für Spanien ungewöhnlich hohe galicische Bevölkerungsanteil an blonden und blauäugigen Menschen wird auf sie zurückgeführt.

Als die *Mauren* ab 711 in wenigen Jahren fast ganz Spanien eroberten, blieb auch Galicien nicht verschont. Die islamische Präsenz beschränkte sich jedoch auf gelegentliche Raubzüge, wohl auch mangels echtem Interesse der Mauren an dem abgelegenen, unwirtlichen Hügelland. Wie fast der gesamte Norden Spaniens wurde auch Galicien deshalb zum Rückzugsgebiet der christlichen westgotischen Bevölkerung und gelangte schon Mitte des 8. Jh., zusammen

Der größte Hórreo Galiciens: Getreidespeicher in Carnota

mit Kantabrien und dem Gebiet von León, zum jungen Königreich Asturien. Als der Reconquista sehr förderlich erwies sich die Entdeckung des Jakobsgrabes Anfang des 9. Jh. in Santiago de Compostela und die damit verbundene „moralische Aufrüstung" der christlichen Rückeroberer.

Unter Alfons VI. (1072–1109) wurden Galicien und Portugal zu Grafschaften, die teilautonome Rechte besaßen, die so genannten *fueros*. Anders als beim südlichen Nachbarland Portugal, das 1139 zum Königreich ausgerufen wurde, beschränkte sich die Unabhängigkeit Galiciens jedoch auf den kurzen Zeitraum eines Nachfolgestreits Anfang des 12. Jh. Später folgte Galicien wie schon zuvor den Geschicken des Königreichs Asturien-León. Damals entwickelte sich Galicisch zur Sprache der Edlen und der Lyrik, geschätzt vor allem am Hof von Alfons X. dem Weisen (1252–1284), der *gallego* in seinen Liedern verwendete.

Zu jener Zeit war Galicien als Teil Asturien-Leóns erneut dem Königreich Kastilien angegliedert worden, dem es fortan zugeordnet blieb. Im kastilischen Reich mit seinen weit nach Süden gerückten Grenzen geriet Galicien endgültig in die geographische Randlage, die der fast völligen Bedeutungslosigkeit gleichkam. Eine der Konsequenzen war die Unterdrückung der galicischen Sprache durch die kastilischen Herrscher, insbesondere die „Katholischen Könige" Ferdinand und Isabella. Erst im 19. Jh. erlebte *gallego* durch Lyriker und Literaten wie Eduardo Pondal, Rosalía de Castro und Manuel Curros Henríquez seine Renaissance.

Während der Franco-Zeit wurde die Unterdrückung des Gallego wieder aufgenommen. Obwohl selbst aus Galicien stammend, hatte der in Ferrol bei A Coruña geborene Diktator neben dem Gebrauch des Baskischen und des Katalanischen

Galicien
Karte Seite 439

auch die Verwendung dieser Regionalsprache verbieten lassen. Die Aufhebung der Repressionen erfolgte erst mit dem Tod des „Caudillo" und der Demokratisierung des Landes. Heute verfügt Galicien, neben dem Baskenland und Katalonien, über die am weitesten gehenden autonomen Rechte innerhalb Spaniens. Obwohl traditionell konservativ eingestellt, gibt es in der Region doch eine starke nationalistische Bewegung. Ein kämpferischer Separatismus mit dem Ziel der Loslösung vom spanischen Staat wie im Baskenland oder in Katalonien ist der Mehrzahl der Galicier – nicht allen – dennoch eher fremd.

Emigrantenland Galicien

Galicien gehört zu den ärmeren Gebieten Spaniens. Jahrhundertelange Erbteilung ließ den Landbesitz der einzelnen Familien auf kleine, oft genug auch noch verstreute Parzellen schrumpfen, die kaum das Existenzminimum hervorbringen.

Industrie (Schiffsbau, Aluminium, Papier) ist rar und auch der Fischfang bringt nicht mehr die großen Gewinne von einst. Reich war die Region ohnehin nie. Seit der Mitte des 19. Jh. mussten zahlreiche Galicier ihr Glück deshalb in der Emigration suchen. Die Zahl der Auswanderer seit jener Zeit soll in etwa der der gesamten heutigen Bevölkerung Galiciens entsprechen. Es waren und sind immer noch so viele, dass in manchen Ländern Lateinamerikas jeder Spanier „Gallego" genannt wird – in Argentinien gelangte Mitte der Neunzigerjahre sogar ein Buch mit den „intelligentesten Galicier-Witzen" auf die Bestsellerlisten. Die Überweisungen der Auswanderer sind eine wichtige Stütze der galicischen Wirtschaft, ebenso die erfolgreichen Heimkehrer, von denen viele das im Ausland verdiente Geld ins Gastgewerbe investieren. Oft

Mehr als nur Regenschirme: Galicien, Hochburg spanischer Mode

Wenigstens eine Branche boomt im armen Emigrantenland Galicien: In den 90er-Jahren wuchs die Textil verarbeitende Industrie der Region um das Zehnfache. Aus Galicien stammen nicht nur viele berühmte spanische Modedesigner wie Adolfo Domínguez und Roberto Verino, die Region ist auch Sitz des nach Gap und H&M drittgrößten Kleidungsherstellers der Welt: Inditex heißt der Textilriese aus Arteixo bei A Coruña, ein aus rund sechzig verschiedenen Firmen bestehendes Unternehmen, das seinen Gründer Amancio Ortega zu einem der reichsten Männer Spaniens machte, Mitgründerin Rosalía Mera (mit der er in erster Ehe verheiratet war) ist heute die zweitreichste Frau des Landes. Zu den bekannten Labels von Inditex zählen Berska, Massimo Duti und Pull & Bear. Das Flaggschiff der Firmengruppe ist jedoch die Kette Zara, deren trendige und dabei ausgesprochen preisgünstige Mode in eigenen Läden verkauft wird – nicht nur in Spanien, wo fast jede Stadt ihren Zara-Shop besitzt, sondern in mehreren Dutzend Ländern rund um den Globus, sehr erfolgreich auch in Deutschland.

verweisen schon die Namen darauf, wo ihre Besitzer das nötige Kapital erwirtschaftet haben: „Hotel Brasilia", „Bar Venezuela", „Pensión Acapulco"... Heutzutage sind nicht nur Süd- und Mittelamerika gefragte Ziele der Emigranten. Auch in Mittel- und Nordeuropa und in den Wirtschaftszentren Spaniens, vor allem in Barcelona und Madrid, gibt es große galicische Kolonien. Wer im traditionellen Urlaubsmonat August nach Galicien kommt, wird viele schwere Limousinen mit fremdländischen Nummernschildern entdecken. Die Fahrer sind meist keine Touristen, sondern Emigranten auf Heimaturlaub.

Auf die Emigration und die dadurch verursachte Abwesenheit der Männer wird auch die Selbständigkeit der galicischen Frauen zurückgeführt, die für ein Land wie Spanien auch heute noch eher ungewöhnlich ist: Schon immer mussten die Galicierinnen nicht nur den Haushalt führen und Kinder großziehen, sondern sich auch um den Grundbesitz kümmern, Land bestellen und Verträge abschließen.

Verbindungen

Zug: Die RENFE-Linien via León oder Zamora erreichen alle Provinzhauptstädte, verlaufen jedoch meist abseits der Küste. Die noch im Bau befindliche direkte Bahn-Hochgeschwindigkeitsverbindung AVE (bis 300 km/h) zwischen A Coruña, Santiago, Vigo und Ourense mit Anschluss nach Madrid – 978 brandneue Bahnkilometer innerhalb Galiciens – wird in Zukunft (für 2009 ist die Fertigstellung geplant) die innerspanischen Verbindungen mit Galicien wesentlich verbessern, für die internen Verbindungen Galiciens ist sie weniger von Belang.

Die landschaftlich sehr reizvolle, aber langsame Schmalspurbahn FEVE bedient mit mäßigen Frequenzen die nördlichen Rías Altas zwischen Asturien und dem Endpunkt Ferrol. In Ferrol besteht Anschluss an das RENFE-Netz.

Bus: Entlang der Küste oft die einzige Möglichkeit oder die schnellere Alternative zum Zug. Mancher entlegene Ort etwa der Costa da Morte ist allerdings selbst per Bus nur einmal am Tag zu erreichen, am Wochenende teilweise überhaupt nicht. Der laufende Kampf um die Linien, der – wie in Ourense – in manchen Städten von bis zu 14 Busgesellschaften geführt wird, hat zu einer Verbesserung des Angebots geführt. Ob diese bestehen bleiben wird, wer wo und wann letztendlich die einzelnen Strecken bedient, ist noch nicht auszumachen.

Feste

Die galicischen Feste sind ein Kapitel für sich. In einer Region, in der bis ins 20. Jahrhundert der Glaube an die Hexen *meigas* verbreitet war (und es in manchen Gebieten immer noch sein soll), tat die katholische Kirche gut daran, uralten „heidnischen" Traditionen ihr christliches Mäntelchen überzustülpen: *Romerías*, Wallfahrten mit oft starker Betonung des Todes, sind deshalb weit verbreitet. Wichtiger Bestandteil vieler Feste ist Musik aus den Dudelsäcken *gaitas*, die ein keltisches Erbe darstellen. Als Begleitung dienen oft Tamburins.

Unter den weltlichen Festen sind besonders die *Curros* hervorzuheben, auch *A Rapa das Bestas* genannt. Von Ende Mai bis zum Juli werden dabei in den

Galicien Karte Seite 439

Gebirgsregionen besonders der Provinzen Pontevedra und A Coruña die dort frei lebenden Pferde eingefangen und zum Stutzen der Mähnen und Schweife in die Pferche „*curros*" geführt – nach diesen wird das Fest meist Curro genannt. Ein archaisches, ungemein lebhaftes Schauspiel, gleichzeitig Anlass für ausgelassene Feste.

Im Kasten nur ein Auszug aus dem reichen Festprogramm. Ein kompletter Terminkalender der Veranstaltungen und Feste ist bei den meisten Fremdenverkehrsämtern erhältlich.

Hinweis: Der „Tag des Galicischen Buches" am 17. Mai ist in Galicien ein Feiertag!

Galicische Feste – eine Auswahl

Carnaval, Karneval (Fasching), unter anderem in allen Provinzhauptstädten.

Semana Santa, die Osterwoche, in allen Orten; herausragend in Viveiro (Lugo), interessant auch in Fisterra und Padrón (beide Provinz A Coruña).

Feria de Exaltación del Vino Ribeiro, Weinfest der Ribeiro-Region in Ribadavia (Ourense); wechselnde Termine Ende April, Anfang Mai.

Maios, Maifeste, um den 1.-3. Mai, besonders farbenprächtig und vielfältig in Betanzos (A Coruña) und Pontevedra.

Curros oder **A Rapa das Bestas**: Im *Mai*: zweiter Sonntag bei La Valga.
Im *Juni*: am ersten Sonntag bei Torroña, am zweiten So bei Mougás, am dritten So bei Morgadanes-Gondomar, alle im Hinterland südlich und östlich von Bayona (Provinz Pontevedra), am letzten So bei Cedeira (A Coruña) und Pastoriza-Mondoñego (Lugo).
Im *Juli*: am ersten Wochenende (Sa–Mo) bei San Lorenzo de Sabucedo-La Estrada (Pontevedra), der bedeutendste von allen. Am ersten Sonntag bei San Andrés de Boimente-Viveiro (Lugo), am zweiten So bei Amil-Moraña (Pontevedra) und Monte Castelo/Cotobado (Pontevedra).
Im *August*: am vierten Sonntag bei Lundea/A Cañiza (Pontevedra).

Corpus Cristi, Fronleichnam; Blumenteppiche unter anderem in Puenteareas, Redondela und Gondomar (Pontevedra), Padrón, Ribeira (Santa Eugenia; Provinz A Coruña) und Lugo.

Nuestra Señora del Carmen, um den 16. Juli, wichtiges Fest zu Ehren der Schutzheiligen der Seefahrer und Fischer. In vielen Hafenstädten, darunter A Coruña, Corcubión, Muros (A Coruña), Ribadeo (Lugo), O Grove, Marín, Vigo (Pontevedra).

Santiago, 25. Juli, in ganz Galicien Feiern zu Ehren des Schutzheiligen, in Santiago de Compostela Höhepunkt der „Fiestas del Apóstol", vom 16.-31. Juli.

Romería Santa Marta Ribarteme, 29. Juli, in Las Nieves (Pontevedra). Eine der makaber todesverbundenen galicischen Wallfahrten: Wer im letzten Jahr einen Unfall oder ein Unglück knapp überlebt hat, lässt sich im offenen Sarg tragen.

Fiesta del Vino Albariño, am ersten Augustsonntag, ein großes Fest des Albariño-Weins in Cambados (Pontevedra).

Xira de Santa Cruz/Día da Gaita Galega, erster Augustsonntag auf dem Hügel Santa Cruz nahe Ribadeo (Lugo): Wallfahrt und Fest des galicischen Dudelsacks.

Romería Vikinga, erster Augustsonntag in Catoira (bei Padrón, Pontevedra). Nachgespielte Wikingerinvasion, Dudelsackmusik, Muschelessen.

San Roque, um den 16. August. Große Feste in Viveiro (Lugo), Betanzos (A Coruña) und Vilagarcía de Arousa (Pontevedra).

Festa da Istoria, an einem Samstag Ende August oder Anfang September; Mittelalter-Fest mit entsprechenden Kostümen in Ribadavia (Ourense).

Romería de Naseiro, mehrere Tage um den vierten Sonntag im August, eine viel besuchte Wallfahrt bei Viveiro (Lugo).

Romerías de San Andrés de Teixido, ab Mitte September bis zum Abschlussfest am 30. November. Berühmte Wallfahrten zur Kirche San Andrés bei Cedeira (A Coruña).

A Virxe da Barca, in der Regel um das zweite Septemberwochenende, von Freitag bis Montag bei Muxia (A Coruña).

Festa do Marisco, zweites Oktoberwochenende in O Grove, Provinz Pontevedra: Fest der Meeresfrüchte, für Gourmets ein Hochgenuss.

Os Magostos, in der ersten Novemberhälfte. Dann finden in vielen Orten Galiciens die Feste des Kastanienröstens statt. Das berühmteste feiert Ourense am ersten Sonntag im November, wobei an Lagerfeuern um die Stadt, im Park Alameda do Concello und am Rand der Kastanienwälder ringsum nicht nur Kastanien geröstet werden, sondern auch Chorizo, andere Würste und Koteletts. Natürlich wird dabei auch der neue Wein probiert.

Küche und Keller

Die rustikale Küche der Gemeinschaft ist den anderen Spaniern durch die weite Verbreitung galicischer Restaurants wohlbekannt.

Empanadas (empanadillas) stellen einen der kulinarischen Klassiker Galiciens dar. Es handelt sich um mit Fleisch, Fisch oder Gemüse gefüllte Teigtaschen, die einen hervorragenden Imbiss abgeben, aber ebenso gerne als Hauptmahlzeit gegessen werden. Erhältlich sind sie auch in den meisten Bäckereien. Gleichfalls berühmt sind die köstlichen *pementos* (spanisch: Pimientos) aus der Stadt Padrón: kleine, gebratene und kräftig gesalzene Paprikaschoten, eine beliebte Ración. Aber aufgepasst – manchmal versteckt sich ein besonders scharfes Exemplar unter den ansonsten milden Schoten.

An der Küste überwältigt der Reichtum an Fisch und Meeresfrüchten jeder denkbaren Sorte. Galicien ist Spaniens Paradies für Liebhaber der Meeresküche, und die Zahl der Zubereitungsarten ist Legion. Bekanntestes Gericht ist *pulpo á feira*, gekochter Krake mit Öl und Paprikapulver; für manchen vielleicht von etwas gewöhnungsbedürftiger Konsistenz. *Caldeirada* dagegen, ein üppiger Eintopf aus Fisch und Meeresfrüchten, kommt wohl bei jedem gut an. Den Weg in die Küche findet auch das Symbol der Jakobspilger: *vieiras*, Jakobsmuscheln, werden bevorzugt überbacken in einer Schalenhälfte serviert – so man davon satt werden will, ein nicht ganz billiges Vergnügen. Das gilt erst recht für die raren Entenmuscheln *percebes*, für die Genießer hohe Preise zahlen.

Aus dem galicischen Binnenland stammen deftige, sättigende Gerichte wie *lacón con grelos*, Schweineschulter mit Steckrübenblättern. Auch der kräftige Eintopf *caldo gallego* mit Kohl, Kartoffeln, Bohnen und Fleisch- oder Wursteinlage zählt zu den nahrhaften Spezialitäten Innergaliciens.

Unter den Desserts ist der süße Milchreis *arroz con leche* weit verbreitet, ebenso die Pfannkuchen *filloas* und der mit Apfelmus servierte *flan de manzanas*.

Galicien
Karte Seite 439

Außerdem besitzen viele Städte und Regionen ihre eigenen Spezialitäten wie z. B. Santiago de Compostela die Kuchen *tartas de Santiago*. Bekanntester Käse Galiciens ist der milde, seiner Form wegen so genannte *tetilla* („Brüstchen" oder „Nuckel").

Die galicischen **Weine** kommen aus den südlichen Regionen. Die *D.O. Ribeiro*, das bekannteste Weinbaugebiet Galiciens, produziert kräftige Rot- wie Weißweine. Als Weißer passt der Ribeiro ebensogut zu Fisch und Meeresfrüchten wie der elegantere *Albariño* aus der Anbauregion *D.O. Rías Baixas*. Beide werden, wie alle galicischen Weine, jung getrunken, oft aus flachen Porzellanschalen statt aus Gläsern. Weitere galicische D.O.-Regionen sind *Ribeira Sacra*, die ausgedehnteste von allen, *Monterrei* und *Valdeorras*. Tresterschnäpse (trendy als Grappa bezeichnet) gibt es in vielen Gebieten Europas, in Galicien war das Brennen des hier *Orujo* genannten Getränks lange illegal. Heute sind die hochprozentigen Orujos (bis 50 %!) Kult, feine Langhalsflaschen werden in Spezialläden in Santiago zu Phantasiepreisen verkauft. Seit 1993 gibt es eine Herkunftsbezeichnung: *Denominación Específica de Orujo de Galicia*. Jährlich werden 4,5 Mio Liter produziert. Bleibt noch eine besondere alkoholische Spezialität Galiciens zu erwähnen: die *queimada*, eine flambierte Mischung aus Tresterschnaps, Zucker und Zitrone. Meist werden auch einige Kaffeebohnen beigegeben, sehr zum Missfallen der Puristen.

Rías Altas

Die Küste zwischen Ribadeo und A Coruña ist, von einigen Städtchen abgesehen, touristisch wenig erschlossen – was leider auch bedeutet, dass Unterkünfte nicht allzu zahlreich und öffentliche Verkehrsmittel spärlich vorhanden sind.

Ribadeo

Der Grenzort zu Asturien, mit der östlichen Nachbargemeinschaft durch eine große Brücke verbunden, liegt etwas landeinwärts der Küste an der Westseite der Mündung des Río Eo. Früher ein bedeutender Hafen im Handel mit dem Baltikum, ist das zur Provinz Lugo zählende Städtchen jetzt von eher müdem, abblätterndem Charme. Die lebendige Altstadt und der heute etwas ins Abseits gerückte Hauptplatz Praza España mit seinen opulenten Spätgründerzeit- und noch üppigeren Jugendstil-Häusern besetzen eine Anhöhe, von der sich die Häuser bis hinunter zur Ría ziehen. Dort erstreckt sich der kleine Hafen Ribadeos, der zwar über einer viel älteren Anlage errichtet wurde, die eventuell sogar bis in die Römerzeit zurückgeht, mittlerweile jedoch nur mehr geringe wirtschaftliche Bedeutung besitzt und vornehmlich von Yachten und Fischerbooten genutzt wird.

In der Umgebung des Städtchens liegt der Hügel *Santa Cruz* mit einer gleichnamigen Kapelle und dem Denkmal eines Dudelsackspielers, das am ersten Augustsonntag die Kulisse für eine Wallfahrt und den „Tag des Dudelsacks" abgibt. Ein halbwegs brauchbarer Strand findet sich beim drei Kilometer entfernten Leuchtturm Faro, doch hat die Umgebung diesbezüglich Besseres zu bieten.

Ribadeo: Blick von der Brücke zwischen Asturien und Galicien

• *Information* **Oficina Municipal de Turismo**, Praza de España s/n, ✆ 982 128689. Geöffnet von Juni bis Mitte September Mo 16–19 Uhr, Di–So 9.30–13.30, 16–19 Uhr; im restlichen Jahr deutlich reduzierte Öffnungszeiten (meist ab 10.30 Uhr) oder ganz geschlossen.

• *Verbindungen* **Zug**: FEVE-Bahnhof etwa 2,5 km südwestlich des Zentrums; Züge nach Ferrol 4-mal, Oviedo 2-mal täglich.

Bus: Busbahnhof am nördlichen Stadtrand Richtung Nationalstraße. Verbindungen mit ARRIVA und ALSA unter anderem nach A Coruña und Santiago je 2-4-mal, Lugo 5-mal, Viveiro 5-mal, Oviedo 6-mal täglich. Info ✆ 902 277482.

• *Übernachten/Essem & Trinken* *** **Parador de Ribadeo**, am südlichen Stadtrand über der Ría. Neuerer Bau, vor einigen Jahren völlig renoviert, schöner Blick von den verglasten Balkonen der zur Ría liegenden Zimmer, teures Restaurant. DZ knapp 115–145 €. Rúa Amador Fernández 7, ✆ 982 128825, 📠 982 128346, www.parador.es.

* **Hotel Oviedo**, knallrot die oberen Stockwerke mit den – guten – Zimmern, im Erdgeschoss ein anständiges Restaurant, Tagesmenü ca. 8 €. DZ ca. 40-60 €. Rúa Armando Pérez 5, ✆ 982 128131.

* **Hotel Mediante**, solide, gute Mittelklasse am Hauptplatz, angenehme Zimmer, nach hinten ganz ruhig (nach vorne abends/nachts evtl. Jugendlichentreff auf dem Hauptplatz!). Mit angeschlossenem, relativ preiswertem Restaurant. DZ nach Saison knapp 35-60 €. Praza España 8, ✆ 982 130453, 📠 982 130758.

* **Pensión Res. Linares**, gleich nebenan. Unterschiedliche, von konventionell bis modern eingerichtete Zimmer mit Bad und TV, unten gute Cafetería (halb Ribadeo trift sich hier zur Merienda). DZ ab 35 €, Praza España 6, ✆/📠 982 129633.

** **Hostal Res. Ros-Mary**, Nähe Hauptplatz. Architektonisch keine Schönheit und nicht mehr taufrisch, Zimmer und Bäder jedoch sauber und ganz gut in Schuss. DZ/Bad nach Saison knapp 45–70 €, auch Dreibettzimmer. Das Restaurant des Hostals bietet vor allem Platos combinados zu 7–9 € und günstige Raciones zu 3–7 €. Rúa San Francisco 3, ✆/📠 982 128678.

* **Hostal Galicia**, einfach, aber immerhin preisgünstig und zentral gelegen. DZ, nur ohne Bad, nach Saison etwa 25–40 €. Rúa Virgen del Camino 1, ✆ 982 128777

• *Feste* **Nuestra Señora do Carme**, 16. Juli, ein Fest zu Ehren der Schutzheiligen der Seefahrer und Fischer.

Xira de Santa Cruz, am ersten Augustsonntag. Wallfahrt, gleichzeitig „Tag des galicischen Dudelsacks" (Día da Gaita Galega) mit vielen Volksmusikgruppen.

Karte Seite 439

„Strand der Inseln": Praia das Illas

Westlich von Ribadeo

Hinter Ribadeo zeigt sich die Küste zunächst von der felsigen Seite, bald jedoch gefolgt von einer Kette reizvoller Strände.

Etwa acht bis zehn Kilometer westlich der Flussbrücke von Ribadeo führen mehrere Abzweigungen zu einer Reihe landschaftlich sehr schöner und (außer zur Hochsaison) relativ wenig besuchter Sandstrände, die durch ein parallel zur Küste laufendes Sträßchen erschlossen sind. Drei Bahnstationen der FEVE (Os Castros, Esteiro, Reinante) liegen nicht weit entfernt. Beim Baden ist wegen gefährlicher Strömungen jedoch Vorsicht geboten!

Praia dos Castros: Der östlichste Strand der Kette erstreckt sich unterhalb steiler, pittoresk geformter Felsabstürze. Benannt ist er nach den Resten einer nahen Keltensiedlung, von der allerdings nur mehr eine Verteidigungsmauer erhalten blieb.

Praia das Illas: Der „Strand der Inseln" liegt nur ein paar hundert Meter westlich der Praia dos Castros und macht mit mehreren vorgelagerten Inselchen seinem Namen alle Ehre. Ein kurzes Stück weiter findet sich die allerdings winzige Praia de Esteiro.

Praia As Catedrais: Der wohl bekannteste und spektakulärste Strand der Kette. Den Namen „Kathedralenstrand" verdankt er den bizarren, tief ausgehöhlten Felsformationen mit Brandungshöhlen und gewaltigen Überhängen. Zu besichtigen ist das Naturmonument jedoch nur bei besonders tiefer Ebbe; bei Flut liegt die Praia völlig unter Wasser. Westlich setzt sich die Kette von Stränden fort und reicht fast ununterbrochen bis zur Industriestadt Foz. Fast an allen Stränden dieser Küste weht die blaue Flagge, so auch hier.

• *Camping* **A Gaivota** (3. Kat.), freundlicher kleiner Platz an der Praia de Benquerencia, wenige Kilometer westlich der Praia As Catedrais und ein feiner Stützpunkt für Exkursionen in diesem Gebiet. Sehr nettes Personal, gute Tourentipps. Hübsch angelegt mit vielen Pflanzen, Grillstellen sowie überdachten Tischen und Bänken. Cafeteria, Bungalowvermietung. Geöffnet Mitte Juni bis Mitte September, p. P., Auto, Zelt je etwa 5 €, Bungalows 75-90 €. ✆ 982 124451.

Foz: An der Westseite der gleichnamigen Ría gelegen, ist Foz vor allem ein Industriestädtchen mit großem Hafen und wenig ansehnlichem Stadtbild. Es wird viel gebaut. Angezogen von den weiten Sandstränden kommen jedoch auch – überwiegend inländische – Touristen hierher.

▶ **San Martín de Mondoñedo**: Vier Kilometer landeinwärts von Foz, an der Durchgangsstraße mit „Iglesia romanica San Martín" ausgeschildert. Der Legende zufolge wurde San Martín bereits im 6. Jh. durch den Erzbischof Martin von Braga gegründet, urkundlich belegt ist ein großes Kloster des 8. Jahrhunderts. Die Zeiten überstanden hat allerdings nur die wehrhafte romanische Klosterkirche, die in ihrer heutigen Form noch auf das 11. Jh. zurückgeht. Am Portal wie auch an den Kapitellen im Inneren sind schöne Skulpturen zu sehen. Zur Kirche gehört auch ein kleines Museum.

Zwischen Foz und Viveiro

Westlich von Foz verlaufen die N 642 und die FEVE-Linie zunächst küstennah mit der Möglichkeit zu schnellen Strandabstechern.

Bei **Burela**, einem Fischerstädtchen mit mehreren Konservenfabriken, biegen Straße und Bahnlinie dann landeinwärts ab. Der Umweg über San Ciprián lohnt vielleicht des hübschen Ortsbilds wegen, Baden ist in der Nähe des dortigen großen Industriekomplexes allerdings wohl weniger ratsam.

Sargadelos, etwa zwei Kilometer landeinwärts der N 642 bei Cervo gelegen, ist vor allem durch seine große Keramikwerkstatt „Fabrica de Cerámica de Sargadelos" bekannt, deren Anfänge bis zum Ende des 18. Jh. zurückreichen. Ein Museum für zeitgenössische Gebrauchskunst, das vor allem Werke jener Künstler zeigt, die für den Keramikproduzenten arbeiten, und eine Verkaufsausstellung sind dem Werk angeschlossen. Das Museum ist recht attraktiv wie ein buntes, aus Spielzeugklötzen zusammengesetztes Haus gestaltet. Die interessantesten alten Keramiken aus Sargadelos, etwa Städteansichten des 19. Jahrhunderts auf Service-Tellern, finden sich jedoch nicht hier, sondern z. B. in Madrider Museen und – unbedingt sehenswert – im Museo de Bellas Artes in Oviedo sowie im Museo de Bellas Artes in A Coruña.

Öffnungszeiten Mo-Sa 10-14, 16-19 Uhr, Eintritt frei, ✆ 981 620200.

Mondoñedo

Ab Foz führt ein 20 Kilometer langer Inlandsabstecher zu dem hübschen Städtchen an der Route nach A Coruña. Mondoñedo war im Mittelalter Bischofs- und Provinzhauptstadt und hat sein reizvolles Erscheinungsbild aus dieser Zeit bewahrt – von der Kleinindustrie am Ortsrand sollte man sich also nicht täuschen lassen. Autofahrern sei geraten, sich besser nicht in das Gassenlabyrinth des historischen Kerns zu wagen, sondern das Fahrzeug lieber an dessen Rand abzustellen. Zentrum von Mondoñedo ist die *Praza España* mit der Kathedrale, die eine ungewöhnliche Mischung verschiedener Stile darstellt.

Galicien
Karte Seite 439

• *Information* **Oficina Municipal de Turismo**, Praza España 17, ✆ 992 507177. Bei der Kathedrale, geöffnet Di–Sa 11–13.30, 16.30–20 Uhr.

• *Verbindungen* **Busse** von und nach Lugo, Ribadeo und Viveiro je 1- bis 2-mal täglich.

• *Übernachten/Essen&Trinken* * **Hotel Mirador de Mondoñedo**, einige Kilometer südlich des Ortes an der N 634 bei Kilometer 592,5; mit Swimmingpool und Restaurant. Tolle Lage mit Blick, an der hier steil ansteigenden Straße könnten nächtliche Lkw allerdings für gelegentliche Störungen sorgen. DZ kosten je nach Saison etwa 30–50 €; ✆ 982 521400, ✆ 982 521409.

Seminario Santa Catalina, Zimmer im Kloster, Mönche machen den Service – eine Empfehlung von Heike Hofmann, DZ mit/ohne Bad 40/30 €, Praza do Seminario 1, ✆ 982 527000.

Kurz vor Mondoñedo liegt an der Durchgangsstraße ein **Bar-Restaurant** der am Ort beheimateten Kette **„O Rei das Tartas"**, der „König der Kuchen", die für ihre – na was wohl? – bekannt ist. Großer Parkplatz, viele Gäste.

Catedral Santa María de la Asunción: Die Hauptsehenswürdigkeit des Städtchens. Im frühen 13. Jh. begonnen, wurde die Kathedrale nach einem Brand über mehrere Jahrhunderte hinweg restauriert und weist deshalb ein wirklich wunderliches Stilgemisch auf: das Portal ist romanisch, Fensterrose und Mauerwerk sind gotisch, Türme und Oberbau barock. Im Inneren eine barocke Orgel und einige amüsante Fresken des 14. Jh.; angeschlossen ist ein kurioses kleines Kathedralmuseum (wegen Umbau bis auf weiteres geschlossen).

▸ **Weiterreise**: In Richtung Santiago lohnt Lugo auf jeden Fall zumindest einen Zwischenstopp – Details zu dieser Provinzhauptstadt finden Sie hinten im Kapitel „Galicisches Binnenland".

Viveiro

Viveiro, ein etwa 15.000 Einwohner zählendes Küstenstädtchen, ist einer der sympathischsten und angenehmsten Flecken der Rías Altas.

Zwar sprießen auch hier in den Außenbezirken bereits Hochhäuser und zahlreiche Ferienvillen, doch hat sich der alte Kern viel Charme bewahrt. Die hügelwärts ansteigende Altstadt liegt auf der östlichen Seite der gleichnamigen Ría und ist teilweise noch von der mittelalterlichen Stadtmauer umgeben, in die manche der Häuser hineingebaut sind – ein wirklich lauschiges Revier für abendliche Streifzüge. Ein hübscher Spaziergang lässt sich auch auf der Uferpromenade unternehmen, die von Häusern mit den typischen Glasbalkonen Galiciens flankiert wird.

Strände finden sich um Viveiro ebenfalls genug. Etwa drei Kilometer nördlich des Städtchens liegt die *Praia de Area*. Auf der westlichen Seite der Flussmündung, durch eine Brücke mit Viveiro verbunden, erstreckt sich entlang der gleichnamigen Strandsiedlung die mit der Blauen Umweltflagge ausgezeichnete *Praia de Covas*. Die kurze Fahrt auf den Mirador San Roque belohnt mnit einer schönen Aussicht auf Ría und Ort.

• *Information* **Oficina de Turismo**, in einem Holzkiosk schräg gegenüber der Busstation, ✆ 982 560879. Geöffnet über Ostern sowie Mitte Juni bis Mitte September, dann täglich 10–14, 17.30–20.30 Uhr.

• *Verbindungen* **Zug**: FEVE-Bahnhof südlich des Zentrums. Züge bis Ribadeo verkehren 4-mal, weiter nach Oviedo 2-mal, nach Ferrol 4-mal täglich.

Bus: Busstation an der Straße Richtung Foz, etwa 300 Meter nördlich der Brücke. ARRIVA-Busse nach A Coruña 4- bis 6-mal, Lugo 6-mal, Ribadeo 2-mal täglich.

• *Übernachten* Die Hotels höherer Klassen liegen alle außerhalb des Zentrums.

*** **Hotel Ego**, oberhalb der Praia de Area. Komfortables, hübsch dekoriertes Hotel mit angenehmen Zimmern und schöner Aus-

Alle Köstlichkeiten Galiciens: Markt in Viveiro

sicht. DZ etwa 80 €, im Juli/August 150 €. Playa de Área s/n, ☏ 982 560987, 📠 982 561762.

*** **Hotel Res. Orfeo**, in zentraler Lage etwa 300 Meter südlich der Flussbrücke. Keine Schönheit, die Zimmer jedoch in Ordnung und teilweise mit Balkon zur Ría. Für diese Kategorie Mini-Rezeption, aber dafür besonders freundlicher Service. Das zugehörige Kino könnte in den Räumen zur Straßenseite eventuell für Lärmbelästigung sorgen. DZ etwa 50–80 €. Rúa J. García Navia 2, ☏ 982 562101, 📠 982 560453.

** **Hotel Vila**, in einem Wohnblock mitten im Ort. Geräumige Zimmer mit Sat-TV, moderne Bäder. Mehrere Leser fühlten sich sehr freundlich aufgenommen. DZ/Bad zur NS kaum über 25 €, im Sommer 50 €. Rúa Nicolás Montenegro 57, ☏/📠 982 561331. Von Ribadeo kommend, schon vor der Brücke hoch in die Avenida Cervantes, vorbei an der Kirche, zweite rechts.

* **Hostal Res. La Terraza**, in der Strandsiedlung Covas auf der anderen Flussseite, rund eineinhalb Kilometer vom Zentrum. Einfache, aber saubere Unterkunft, nur im Sommer geöffnet; DZ/Bad etwa 45 €, ohne Bad 35 €. Carretera de A Coruña 16, ☏ 982 560606.

Camping Viveiro (2. Kat.), ebenfalls in der Strandsiedlung jenseits der Brücke am Paseo maritimo. Einfacher Platz, guter Schatten, Strand und Stadt in Fußentfernung. Geöffnet Juni–September; p.P., Auto, Zelt je unter 4 €. ☏ 982 560004.

• *Essen* **Restaurant O Asador**, gute Küche zu vernünftigen Preisen, 2 Gänge ab ca. 15 €, leider nicht ganz verlässlich, Parillada de Mariscos für zwei zu ca. 36 €. Rúa Melion Cortinas.

Restaurant Serra, ebenfalls recht preiswertes Restaurant am nördlichen Zentrumsrand. Tagesmenü knapp 7,50 €, auch sonst gemäßigtes Preisniveau. Rúa Antonio Bás 2, zu erreichen wie das Hostal Vila, nach der Kirche links.

Bar-Restaurante-Pizzería Milano da Giuseppe, Lokal in der Kurve zwischen Playa de Área und Viveiro. Echt italienische Pizza, Giuseppe ist Mailänder und spricht auch Deutsch.

• *Feste* **Semana Santa**, die Karwoche, in der aufwändige Prozessionen stattfinden.

Curro, das Einfangen der Wildpferde, in San Andrés de Boimente, am ersten Sonntag im Juli.

Fiesta de San Roque, mehrere Tage ab dem 16. August auf dem Hügel Monte San Roque. Mit Wallfahrt, Folklore etc.

Romería de Naseiro, um den 25. August; große Wallfahrt und Festessen von Pulpo, Empanadas und Sardinen.

Galicien
Karte Seite 439

Ría de Barqueiro

Westlich von Viveiro finden sich landschaftlich reizvolle Strände besonders an der tief eingeschnittenen Ría de Barqueiro, die auch die Provinzgrenze zu A Coruña markiert.

- **Praia San Román**: Zwischen Vicedo und Folgueiro, ca. 8 km westlich von Viveiro, weisen Schilder in die Bucht von San Román, im Osten der Bucht Autozufahrt bei km 77 der LU 862, im Westen kurzer Fußweg zu einem Mirador (Aussichtspunkt). In das Meer geworfene Felsen, feiner Traum-Sandstrand, meist starke Brandung. Fotomotive satt.
- **Estaca de Bares**: Das Kap an der westlichen Seite der Ría ist über eine Nebenstraße vom hübschen kleinen Fischerhafen *Porto do Barqueiro* aus zu erreichen. Windumtost und einsam bildet es den nördlichsten Punkt der Iberischen Halbinsel, ein besonders zum Sonnenuntergang wildromantisches Plätzchen.
- **Porto de Bares**: Das Fischerdörfchen liegt wenige Kilometer vor dem Kap, östlich ein wenig abseits der Zufahrtstraße. Hiesige Hauptattraktion ist der geschützte, zu einem wunderschönen Halbrund geschwungene Sandstrand, der auch im Hochsommer nur wenig besucht wird.
- **Porto de Espasante**: Auf kurzer Stichstraße erreicht man diesen freundlichen Fischerort, der ebenfalls mit einer kleinen Sandbucht aufwarten kann, der vom Wind abgewandten Playa de San Antonio. Großes Plus: ein angenehmes Hotel direkt am Meer.

• _Übernachten/Essen&Trinken_ ** **Hotel Orillamar**, etwas oberhalb der San-Antonio-Bucht, die Zimmer nach hinten blicken aufs Meer. Das Hotel besitzt eine nicht nur bei Hotelgästen beliebte Marisquería (Meeresfrüchterestaurant), die von ihren eigenen Fischern versorgt wird, darunter auch Percebeiros, die keine Gefahren scheuenden Sammler der sehr geschätzten – und sehr teuren – Percebes (Entenmuscheln). Am Wochenende in Restaurant wie Hotel voranmelden! Das Haus wurde nicht von allen Lesern ge schätzt, an der Zimmergröße und Sauberkeit, aber auch am Restaurant wurde Kritik geübt. DZ ca. 50–70 €; Porto de Espasante (Ortigueira), ✆ 981 408014, ℻ 981 426033.

Lecker: Taschenkrebse

Ortigueira

Abseits der Durchgangsstraße präsentiert sich das kleine, für seine Meeresfrüchte viel gerühmte Städtchen (FEVE-Bhf.) als ein gepflegter, ruhiger und etwas verträumter Ort ohne besondere Sehenswürdigkeiten. Ideal für heimwehkranke Galicier aus der Metropole: die Familie Ignacios aus Pedro Almodóvars preisgekrönem Film „Mala Educación“ wohnt in Ortigueira.

Einen Abstecher wert sind die ausgedehnten Dünenstrände, die sich auf der bewaldeten Halbinsel im Norden des Städtchens erstrecken, etwa zwei Kilometer von Ortigueira selbst. Dort gibt es Grill- und Picknickplätze, Schatten und Platz satt, selbst an Wochenenden, wenn die Halbinsel ein beliebtes Ausflugsziel ist. Die Feuchtzonen der Ría von Ortigueira sind RAMSAR-Vogelschutzgebiet mit einer großen Anzahl hier brütender Vogelarten und noch mehr Zugvogelgästen im Frühjahr und Herbst.

Serra da A Capelada

Die gebirgige Halbinsel westlich von Ortigueira lockt mit toller Landschaft aus spektakulären Steilküsten, Wäldern und Weidezonen, auf denen wilde Pferde leben. Strandfans können es sich an der Praia de Forno wohl sein lassen, zu erreichen über die Straße nach Cariño.

Cedeira

Das Städtchen an der Westseite der Halbinsel ist mit etwa 8000 Einwohnern deren größte Siedlung. Durch seinen Sandstrand im Ortsbereich wurde Cedeira zu einem beliebten Ferienort der Spanier und ist im August dementsprechend gut besucht.

• *Übernachten/Essen&Trinken* ** **Hotel Avenida**, noch junges Hotel an der Hauptstraße des Ortes, nachts ist es – außer am Wochenende – einigermaßen ruhig, da kein Durchgangsverkehr. DZ mit Bad, Fön, TV und Minibar (!) ca. 50-70 €. Rúa Cuatro Caminos 66, ✆/℻ 981 492112.

* **Hostal Res. Chelsea**, strandnah gelegen in einem hellhörigen Wohnblock, DZ mit Bad etwa 40-45, mit Dusche 35-40 €. Praza Sagrado Corazón 15, ✆ 981 482340.

Restaurant A Revolta, Restaurant und eher bürgerliches Kellerlokal, eine Empfehlung von Leser Stefan Nehling („sehr freundliche Bedienung ... aufs Haus bekamen wir noch selbstgemachte Liköre zur Auswahl auf den Tisch gestellt"), der man sich nur anschließen kann: gutes Tagesmenü 10 €, à la carte ab ca. 20 €. Rúa Iribama, Strandstraße hinter den Dünen.

• *Feste* **Curro de la Capelada**, am letzten Sonntag im Juni; Einfangen der Wildpferde an einem etwas außerhalb gelegenen Hang der Peña Toxosa.

▸ **San Andrés de Teixido**: Schon seit dem Mittelalter einer der berühmtesten Wallfahrtsorte Galiciens, von Mitte September bis Ende November Ziel zahlreicher Pilger. Die Kirche von San Andrés steht etwa zwischen Cedeira und Cariño in traumhafter Lage oberhalb der wild zerklüfteten Steilküste. Der Weg lohnt sich auch sonst, denn, so ein galicisches Sprichwort, „A San Andrés de Teixido, vai de morto quen non foi de vivo" – wer nicht als Lebender zum Heiligen Andrés kommt, muss als Toter hingehen, und zwar in Gestalt eines Tieres. Und wer will das schon...

Bei der Kirche kann man von den *Santeras* genannten Verkäuferinnen putzige bunte Heiligenbilder und andere wundertätige Symbole aus geformtem Weißbrot erstehen, mit etwas Glück auch weniger christliche Zaubermittelchen wie ein „Liebeskraut" oder „Binsenrohr für schmerzlose Geburten" – wir sind ja schließlich in Galicien.

▸ **Südlich von Cedeira** reicht eine Kette langer Strände bis Ferrol. Allerdings sind sie den Gewalten des Atlantiks völlig ungeschützt ausgeliefert; dementsprechend kalt ist das Wasser und die Strömungen können gefährlich werden. Landschaftlich ist die Strecke eine Wucht: grünes Hügelland mit kleinen Dörfern, Maisfeldern, Eukalyptusplantagen und immer wieder schönen Ausblicken auf die bizarr gezackte Küstenlinie.

Galicien Karte Seite 439

Ferrol

(77.000 Einwohner)

Der spanische Militärhafen hat eine jüngere Vergangenheit, die man nicht unbedingt an die große Glocke hängt: Ferrol ist die Geburtsstadt Francos. Gleichzeitig ist Ferrol nicht nur der größte Militärhafen der spanischen Atlantikküste, auch als Handelshafen hat die Stadt große Bedeutung – gegen jeden Trend entsteht hier ein neuer Außenhafen, der der größte Galiciens und der zweitgrößte Spaniens sein wird.

Ferrol, wegen der zweifelhaften Ehre, Geburtsort Francos zu sein, früher mit dem Namenszusatz „del Caudillo" versehen, verleugnet den Diktator nicht: Bis vor kurzem stand sein Reiterstandbild auf der Praza de España, sein Geburtshaus beherbergt ein Museum. Franco hat ein halbes Jahrhundert spanischer Geschichte geprägt, die Erinnerung an ihn löschen zu wollen, würde Geschichtsklitterung bedeuten. Seine Reiterstatue wurde zwischenzeitlich ins Marinemuseum gebracht, wo sie wohl bleiben wird. Die Praza de España wird seit Jahren durch einen Tiefgaragenbau beeinträchtigt, der, obwohl bereits in Funktion, immer noch keine Platzgestaltung erlaubt – kein Ziel für Touristen, die eher an einem Bummel durch die großzügige Stadtanlage des 18. und 19. Jahrhunderts und an einer copa in einer der Bars um den Sporthafen interessiert sind. Ferrol hat keine Schokoladenseite, keine touristischen „Muss"-Attraktionen. Das heißt nicht, dass diese Stadt ohne Interesse für den Reisenden wäre, er muss sie nur nehmen, wie sie ist. Aber ist das nicht der Sinn des Reisens, die Dinge zu nehmen, wie sie sind, anstatt sie – streng nach Sternen sortiert – zu konsumieren?

• *Information* **Oficina de Información de Turismo**, Rúa Magdalena 12, hundert Meter südwestlich der Praza de España; ✆ 981 311179. Öffnungszeiten: Mo–Fr 10–14, 16–18.30 Uhr, Sa 10.30–13 Uhr. Nur im Sommer Info-Kiosk an der Porta Nova, dem ersten Platz, den man, von A Coruña kommend, in Ferrol erreicht.

• *Verbindungen* **Zug**: Ferrol ist der Endpunkt der landschaftlich reizvollen FEVE-Linie von Oviedo, Züge auf der Gesamtstrecke verkehren 2-mal täglich, Teilstrecken häufiger. FEVE- und der allerdings nur spärlich bediente RENFE-Bahnhof liegen zentrumsnah im selben Gebäude.

Bus: Großer Busbahnhof neben den Bahnhöfen. Gute Verbindungen, unter anderem bis 21 Uhr stündlich nach A Coruña; nach Santiago, Pontevedra und Vigo 4-mal täglich.

Mietwagen: ATESA, Bahnhof, ✆ 981 312868.

• *Übernachten* *** **Parador de Ferrol**, in regionaltypischem Stil, zentrumsnah gelegen, beschildert ab der Praza de España. DZ nach Saison etwa 105–145 €. Almirante Vierna s/n, ✆/℻ 981 356720, www.parador.es.

** **Hostal Valencia**, neues Hostal mit gutem Standard, Garage, DZ 40-60 €, im August und in der Karwoche auch höher; Avda. de Catabis 390, an der Straße nach Cedeira im Nordosten der Stadt, ✆ 981 370352, 318011

• *Feste* **Semana Santa**, die Prozessionen der Karwoche werden von sieben Cofradías organisiert und als Veranstaltungen von nationalem Interesse eingestuft. Hauptspektakel ist der Karfreitag mit Prozessionen aller Cofradías. Infos gibt die Coórdinadora de cofradías, Rúa María 6, ✆ 981 373061.

Sehenswertes

Typisch für Ferrol ist die großzügige Stadtanlage des 18./19. Jahrhunderts, die aber die Fußgängergeduld zwischen Porta Nova im Osten und Darsena Cruxeiras (Kreuzfahrtschiffshafen) im Westen schon arg beansprucht. Eigentliche Sehenswürdigkeiten gibt es nicht viel, sieht man vom späten Barock und Klassizismus der *Concatedral de San Xiao* (18. Jh.), dem *Marinemuseum* und der

Die Zukunft der Werften

Die Industrie von Ferrol, stark auf Werften, Schwerindustrie und Rohstoffe basierend, hat mit den üblichen europäischen Standortproblemen zu kämpfen: zu teuer im Weltmaßstab, im Vergleich zu hohe Löhne und zu kurze Arbeitszeiten. Die Radikallösung wie der Plan im Herbst 2004, Werften und Turbinenwerke in Ferrol und Fene (ebenfalls in der Ría von Ferrol), zu schließen oder durch Zusammenschluss der beiden Anlagen und Teilabbau zu sanieren, konnte nur die Sparpolitiker überzeugen. Kein Wunder, dass die Menschen auf die Straße gingen – 25.000 Werftarbeiter (40.000, glaubt man den Veranstaltern) und andere Betroffene nahmen in Ferrol am Protestmarsch gegen die Stilllegungs- und Abbaupläne teil. Für den Ort wären Schließung oder auch nur Personalabbau eine Katastrophe, alternative Arbeitsplätze gibt es nicht. Nachdem in den 80er-Jahren ein regelrechter Schiffbauboom und die Erzeugung von Off-shore-Bohrinseln (in Fene) die Ría von Ferrol mit ihren ca. 200.000 Menschen zu einem bedeutenden Werftindustriezentrum gemacht hatte, soll jetzt Schluss sein? Die steigende Konkurrenz des globalen Markts wirkt sich jedoch von Jahr zu Jahr dramatischer aus (auch wenn die Verluste pro Jahr geringer wurden), seit Jahren ist die Produktion rückläufig, die ursprünglich fieberhaft angesiedelte private Auxiliarindustrie ist zusammengebrochen, die letzte Bohrplattform wurde im Jahr 2003 fertiggestellt. Erst 2007 gab es wieder einen Großauftrag (für Australien). Seit 1990 hat Südkorea aufgrund seiner geringen Standortkosten 43 % der Welt-Werftindustrie auf sich konzentrieren können (ausgehend von 14 %), der Anteil europäischer Werften ist von 22 % auf 7 % zurückgegangen. Die seit „Solidarnosz" berühmte Danziger Werft hatte Ende 2007 von erstmals 17.000 gerade noch 3000 Beschäftigte und wurde für wenig Geld an den ukrainischen Konzern Donbass verscherbelt. In Spanien entspricht die Nachfrage für Produkte der spanischen Werften nur 32 % der möglichen Produktion, mithin müssen 68 % auf dem Weltmarkt verscherbelt werden. Die Frage ist nur, wer kauft die spanischen Boote und Schiffe, Turbinen und Bohrinseln, wenn Korea anscheinend Gleichwertiges billiger anbietet? Andere vom selben Problem betroffene Staaten mit bedeutender Werftindustrie haben sich spezialisiert (wie Italien, Finnland, Frankreich und Deutschland auf den Bau großer Kreuzfahrtschiffe), um den Druck abzufangen, Spanien hat das bisher versäumt. Welche Zukunft hat Ferrol mit einer kranken Werftindustrie?

Festung San Felipe ab, die die Einfahrt in die Bucht von Ferrol schützt und bis in die Mitte der 1990er militärisch genutzt wurde (über eventuelle Besuchsmöglichkeiten gibt die Touristeninformation Auskunft). Die über Jahrhunderte gewachsene und in dieser Form ab ca. 1700 (Beginn des Spanischen Erbfolgekrieges) ausgebaute Festung ist einer der spanischen Kandidaten für die Aufnahme in die Liste des Kulturellen Welterbes der UNESCO. Auch die Stadt Ferrol selbst strebt diesen Titel an, schließlich ist der Ort eine Art offenes

Galicien Karte Seite 439

Geschichtsbuch für die Entwicklung eines militärisch genutzten Hafens während der letzten Jahrhunderte.

Öffnungszeiten Castello de San Felipe, tgl. 11-21 Uhr

Museo Naval (Marinemuseum): Wer sich für die Geschichte der Schifffahrt und speziell für spanische Marine- (und Militär-) Geschichte interessiert, ist hier gut bedient. Der Standort hat ebenfalls Geschichte: Das Museum ist im Militärarsenal von Ferrol in der Avenida dos Irmandiños untergebracht.

Öffnungszeiten Di–So/Fei 10.30–13.30 Uhr, Eintritt frei.

Südlich von Ferrol beginnt allmählich die Naherholungszone von A Coruña mit entsprechend großem Angebot an Restaurants, Campingplätzen und Strandbars, im Hochsommer natürlich auch mit dementsprechendem Gedrängel.

▶ **Pontedeume** verdankt seinen Namen der mittelalterlichen Brücke, die hier den breiten Río Eume überspannt. Errichtet wurde sie im 14. Jh. im Auftrag der Familie Andrade, eines Adelsgeschlechts aus Betanzos, an das auch der Turm *Torre de Andrade* erinnert. Samstags findet hier ein sehr traditioneller Markt statt.

Betanzos

Heute etwas landeinwärts der gleichnamigen Ría gelegen, war Betanzos von der Römerzeit bis weit ins Mittelalter ein wichtiger Hafen, ab dem 15. Jh. sogar Provinzhauptstadt.

In späteren Jahrhunderten versandete der Hafen, und der ehemals reiche Ort, Sitz der mächtigen Adelsdynastie *Andrade*, verlor an Bedeutung. A Coruña lief Betanzos den Rang ab. Geblieben sind die steinernen Zeugen der großen Vergangenheit, als Betanzos zu Recht den Beinamen „de los Caballeros“ trug. Geblieben ist auch das Flair eines gemütlichen Landstädtchens, in dem die Bauersfrauen der Umgebung ihre Erzeugnisse feilbieten. Adelspaläste und Kirchen schmücken die atemberaubend vom ruhigen Flussufer ansteigenden Gassen der teils noch mauerumgürteten Altstadt, die sich um die *Praza de la Constitución* auf der Kuppe des Hügels erstreckt. Der eigentliche Hauptplatz des vom Tourismus wenig berührten Städtchens ist die *Praza Hermanos García*, südlich des alten Ortskerns und von den typischen Glasgaleriehäusern umgeben.

• *Information* **Oficina de Turismo**, Praza de Galicia 1, im Rathaus; ✆ 981 776666, www.betanzos.es. Geöffnet Mo–Fr 10–14, 16–19 oder 20 Uhr, Sa 10.30–13 Uhr.

• *Verbindungen* **Zug**: Zentraler Bahnhof Betanzos-Cidade (Ciudad) nordwestlich nahe der Altstadt (der Bahnhof war 2007 noch im Umbau) und hinter einem Park. Bessere Verbindungen nach A Coruña ab Betanzos-Infesta.

Bus: Zentraler Busstopp an der Praza Hermanos García, Verbindungen unter anderem mit ARRIVA nach A Coruña halbstündlich bis stündlich, nach Santiago mit CASTROMIL/MONBUS 3- bis 4-mal täglich.

• *Übernachten/Essen* ** **Hotel Res. Garelos Betanzos**, leicht überpreistes, aber komfortables Hotel (Zimmer mit Fön, Internetanschluss), DZ mit Dusche 70-80, mit Bad 100-150 €, Rúa Alfonso IX 8, ✆ 981 775922, www.hotelgarelos.com

***Pensión Estación Norte,** einfache Pension nahe dem Kopfbahnhof Betanzos-Infesta, nur 4 Zimmer, DZ 25–40 €, ✆ 981 770002.

Rest. Casa Farrucco, in der Rúa Alfoli am Fluss nordwestlich unterhalb der Altstadt, nahe der alten Brücke Ponte Vella, von Leser Prof. Dr. Ludwig Meyer wegen der hübschen Lage und des guten und recht preiswerten Essens empfohlen.

• *Einkaufen/Feste* **Markttage** sind Di, Do und Sa, außer an den Tagen vor und nach Fiestas und Ferias. Ein gutes Angebot an Käse, Schinken, Wein etc. gibt es an den Ferias, die jeweils am 1. und 16. jeden Monats stattfinden.

Lebendig: Betanzos ist das Marktzentrum der Umgebung

Maios, 1.-3. Mai, Frühlingsfest mit Gesang, Tänzen und Blumenschmuck.

Feria Franca Medieval, am ersten Wochenende im Juli, eines der in Spanien immer beliebteren „mittelalterlichen" Feste mit Kostümen etc.

San Roque, um den 16. August, jeweils einige Tage vor- und nachher. Am 16. Aufstieg des Riesenballons „El Globo", an zwei weiteren Tagen berühmte Fahrten mit geschmückten Booten „Os Caneiros" auf dem Río Mandeo.

Sehenswertes

Ein Streifzug durch die Altstadt lohnt sich vor allem des Ensembles wegen, das sich aus wuchtigen Mauern und Stadttoren, Adelspalästen und gotischen Kirchen zusammensetzt. Nicht zu vergessen sind jedoch auch die urigen Kneipen von Betanzos.

Iglesia San Francisco: Im Gebiet nördlich der Praza de la Constitución erhebt sich die gotische, aus dem 14. Jh. stammende Klosterkirche mit schönen Portalen und Apsidenfenstern. In ihrem ebenfalls reich geschmückten Inneren sollte man sich einen Blick auf den prächtigen Sarkophag (1387) des Grafen Pérez de Andrade nicht entgehen lassen: Er ruht auf den Steinfiguren eines Ebers und eines Bären, der Wappentiere des Betanzos beherrschenden Adelsgeschlechts.

Museo das Mariñas: Nur ein paar Schritte südlich der Praza Hermanos García präsentiert dieses noch recht junge Museum eine bunt gemischte, dabei sehr interessante Ausstellung zur Geschichte der Stadt und ihrer „As Mariñas" genannten Umgebung. Zu sehen sind unter anderem alte Grabplatten, traditionelle Trachten sowie nostalgische Fotos des Festes San Roque samt der berühmten „Globo"-Riesenballons.

Öffnungszeiten Mo–Fr 10–14, 16–19 Uhr, Sa 10–13 Uhr, Eintritt knapp 1,50 €.

Galicien
Karte Seite 439

Parque El Pasatiempo: Unweit der N VI nach A Coruña, südwestlich außerhalb des Stadtkerns und jenseits des Flusses, erstreckt sich dieser „Park des Zeitvertreibs", den ein wohlhabender Emigrant nach seiner Rückkehr Ende des 19. Jh. einrichten ließ. Lange Jahrzehnte verkam die phantasievoll gestaltete Gartenanlage aus Grotten, Brunnen und herrlich kitschigen Darstellungen. Erst in den 1990ern begannen die Restaurierungsarbeiten, ausgeführt von einer Fachschule für Handwerker.

• *Anfahrt und Öffnungszeiten* Vom Zentrum Richtung A Coruña, einige hundert Meter hinter der Brücke links, nochmals mehrere hundert Meter; bei der Fußgängerbrücke und dem neuen Park Pasatiempo. Geöffnet ist nur Sa/So 16–20 Uhr, im Sommer manchmal auch unter der Woche, vorheriger Anruf jedoch ratsam: ✆ 981 773698.

Zwischen Betanzos und A Coruña bildet die Halbinsel in der Mitte der beiden Rías eine Art Strandvorstadt von A Coruña, bestens ausgerüstet mit meist proppevollen Stränden, Bars, Discos, Dauercampingplätzen und sommerlichen Staus.

A Coruña (La Coruña)

(243.000 Einwohner)

Vigo arbeitet, Pontevedra schläft, Santiago betet, heißt es in einem galicischen Sprichwort. Und A Coruña? A Coruña tanzt ...

Mit gut einer Viertelmillion Einwohnern ist A Coruña (Spanisch: La Coruña) nach Vigo die zweitgrößte Stadt Galiciens, besitzt auch einen der größten Häfen der Region. Erschrecken den Besucher zunächst noch ausgedehnte Vorstädte und die Anlagen der Fischkonservenindustrie, so entpuppt sich das Zentrum als überraschend elegant. Die Altstadt zeigt sich von der malerischen Seite. Berühmt ist A Coruña zum einen für sein reges Nachtleben, auf das schon das eingangs zitierte Sprichwort verweist, zum anderen für die verglasten Balkone *galerías* oder *miradores*. Wenn die Häuserfronten im Sonnenschein blitzen und spiegeln, versteht man den Beinamen *Ciudad de Cristal*: „Stadt aus Glas".

Seit einiger Zeit geben sich die Stadtväter alle Mühe, die Attraktivität A Coruñas noch zu steigern. Die Ergebnisse können sich sehen lassen. So gönnte man sich einen Ausbau der Uferstraße zur fußgängerfreundlichen Promenade *Paseo Marítimo*, die vom Hafen rund um die gesamte Halbinsel bis zu den Stränden im Osten führt. Außerdem eröffnete die Stadt eines der ungewöhnlichsten Museen Spaniens: Im interaktiven *Museo Domus* dreht sich alles um den Menschen, seinen Körper, seine Sinne und Fähigkeiten. Eine weitere hochinteressante Sehenswürdigkeit ist das raffiniert konzipierte Meeresmuseum und Aquarium *Casa de los Peces*, das „Haus der Fische". An zeitgenössischer Architektur Interessierte werden die Ausstellungshallen der Fundación Caixa de Galicia, das neue Museum für Moderne Kunst MACUF besuchen und den schicken Glaspalast des „Palexio"-Kongresszentrums am Hafen bewundern wollen.

Von diesen Neuerungen abgesehen, ist A Coruña geblieben, was es immer schon war: ein springlebendiges Zentrum spanischer und galicischer Alltagskultur, das sich am schönsten bei einem ausgiebigen Kneipenbummel erleben lässt.

Orientierung: Die Altstadt *Ciudad Vieja* liegt im östlichen Bereich der Halbinsel von A Coruña. Das heutige Zentrum, aus einer Fischersiedlung hervorgegangen und deshalb *La Pescadería* genannt, erstreckt sich auf der dorthin führenden Landenge. Seine Hauptstraßen sind der hafennahe *Paseo de los Cantones* und dessen Verlängerung *Avenida de la Marina*. Den Übergang der neueren Stadtteile in die charmante Altstadt markiert die reizvolle *Praza de María Pita*.

Geschichte

Der geschützte Hafen von A Coruña wurde bereits von Phöniziern, Kelten und später als *Ardobicum Corunium* von den Römern genutzt, an die noch der Herkulesturm im Norden der Stadt erinnert. Im Swebenreich war A Coruña, damals *Coronium*, zeitweise Hauptstadt.

Tankerunglücke vor A Coruña – Warten auf die nächste Ölpest?

... so hieß die Überschrift dieses Features in der Auflage von 2002. Inzwischen müsste sie eigentlich geändert werden, denn kurz nach deren Erscheinen geschah am 19. November 2002 nicht unerwartet das ganz große Desaster: Vor der Costa da Morte, ein paar Dutzend Seemeilen westlich von A Coruña, sank der Tanker „Prestige“ (siehe Costa da Morte) und löste eine ökologischen Katastrophe ungeahnten Ausmaßes aus.

Weiter mit dem Originaltext der vierten Auflage dieses Buches: Anfang Dezember 1992 rammte in der Bucht von A Coruña der Großtanker „Aegean Sea“ ein Riff und ging in Flammen auf. Der Kapitän hatte bei Windstärke neun und schwerer See versucht, den Hafen ohne Lotsen anzufahren. Es war das bis dahin dritte große Tankerunglück vor der galicischen Küste: 1976 explodierte ein mit zweitausend Giftfässern beladener Chemiefrachter vor dem Kap Fisterra, 23 Besatzungsmitglieder starben. Elf Jahre später zerbrach, fast an der gleichen Stelle wie später die Aegean Sea, ein anderer Tanker. 100.000 Liter Öl flossen ins Meer.

Auch die Aegean Sea, von deren neun Tanks acht geborsten waren, verlor den Großteil ihrer Ölladung. Der brennende Ölteppich trieb auf die Stadt zu, die teilweise evakuiert werden musste. Vier Tage lang standen giftige Qualmwolken über A Coruña, nur ein Wechsel der Windrichtung rettete die Stadt. Die Strände hatte man schnell von den gröbsten Ölflecken gereinigt. Entlang der gesamten Küste zwischen A Coruña und dem Cabo Prior, deren Fauna sich gerade erst halbwegs von der vorhergehenden Katastrophe erholt hatte, starben jedoch erneut Tausende von Seevögeln und unzählige andere Meerestiere. Der unter Seeleuten als sehr gefährlich geltende Hafen von A Coruña wird übrigens weiterhin von großen Tankern angelaufen – im Schnitt von einem täglich ...

Nach der Reconquista ist erstmals in einer Urkunde des 12. Jh. vom heutigen Namen die Rede. Ihre Blütezeit erlebte die Stadt im 14. und 15. Jh., als A Coruña zum Zielhafen englischer Jakobspilger wurde. Zwei Jahrhunderte später brachte der Hafen erstmals Unglück statt des gewohnten Reichtums: 1588

Galicien
Karte Seite 439

startete hier die „Unbesiegbare Armada" gen England; als Reaktion der Briten sandten 1589 die Schiffskanonen des früheren Piraten *Sir Francis Drake* Tod und Feuer über A Coruña, das dennoch nicht eingenommen werden konnte. Entscheidenden Anteil an der erfolgreichen Verteidigung, so die Überlieferung, hatte die Bürgerin *María Pita*, nach der heute der Hauptplatz der Stadt benannt ist.

Information/Verbindungen

• *Information* **Turismo de Coruña**, Praza de María Pita s/n, Büro der Stadtinfo in einem Glaspavillon; ✆/℻ 981 221822. Öffnungszeiten Mo–Fr 9–14.30, 16–20.30 Uhr, Sa 10-14, 16-20 Uhr, So/Fei 10–15 Uhr, www.turismocoruna.com. Ein weiteres Infobüro im Flughafen Alvedro öffnet Mo–Fr 8–14, 16–22 Uhr, Sa 10–13.30, 17–21.30 Uhr, So 10–13.30, 16.30–21 Uhr. **Oficina de Turismo**, Dársena de la Marina s/n, Ende Avenida Marina, geöffnet Mo–Fr 10–14, 16–19 Uhr, Sa 10–14, 17-19 Uhr, So/Fei 11-14 Uhr, ein Infobüro der Xunta, also der Regionalregierung Galiciens, ✆ 981 221822.

• *Verbindungen* A Coruña ist Ausgangspunkt sowohl für die Rías Altas als auch für die Costa da Morte. Die Homepage der Stadt www.lacoruna.es enthält gut aufgebaut das gesamte städtische Verkehrsnetz mit allen Verbindungen. Infos zu Stadtbussen unter ✆ 981 250100.

Flug: Flughafen Alvedro (Info: ✆ 981 187200) etwa zehn Kilometer südlich. Vorwiegend Inlandsflüge, aber auch nach West- und Südeuropa (Clickair, Easyjet, Spanair). Busse (Asicasa) ab Puerta Real jede halbe Stunde (an Wochenenden stündlich) zum Flughafen, Info ✆ 981 231234.

Zug: Bahnhof San Cristóbal (Info-✆ der Renfe: 902 240202) weit in der Neustadt. Die Busse Nr. 5 sowie Nr. 1/1a fahren ins Zentrum, die Linien scheinen allerdings gelegentlich zu wechseln. Verbindungen nach Santiago 16-mal, Pontevedra und Vigo 12-mal, Lugo 4-mal, Madrid 2-mal, León und Burgos 2- bis 3-mal, Bilbao und San Sebastián je 1-mal täglich.

Bus: Busbahnhof (✆ 981 184335) etwa 400 Meter östlich des Bahnhofs, jenseits der breiten Avda. Alfonso Molina; Busse ins Zentrum unter anderem ab der Rúa Caballeros (Südwestseite, Bus Nr. 1 und 1a). Verbindungen mit ALSA nach Gijón 3-mal, Oviedo 6-mal täglich; CASTROMIL nach Santiago stündlich, Pontevedra/Vigo 9-mal, ARRIVA zu den Rías Altas (unter anderem Viveiro) 3-4-mal täglich, nach Muros 8-mal, nach Lugo 6-mal, ARRIVA und FINISTERRE sowie VAZQUEZ zur Costa da Morte, nach Cee und Fisterra bis zu 8-mal,.

Straßenbahn: Die Tranvía ist ein rein touristische Angelegenheit, zur Erkundung der langen Meerespromenade aber perfekt geeignet. Im Sommer 12-21 Uhr ständig, sonst an Wochenenden stündllich, 1 €.

Taxi: Radiotaxi ✆ 981 243377 oder ✆ 981 243333, Teletaxi ✆ 981 287777.

Autoverleih: Recht gute Auswahl. Einige Adressen: AVIS, Federico Tapia 42, ✆ 981 121201; Don Rent, gegenüber Estación Renfe (Ronda de Oteiro 12), ✆ 981 153702; EUROPCAR, Avenida de Arteixo 21, ✆ 981 143536, HERTZ am Flughafen ✆ 981 663990 und im Bahnhof RENFE, ✆ 981 234012.

Bootsrundfahrten: „Cruceros" verschiedener Agenturen führen vom Hafen in die Bucht von A Coruña; eine gute Gelegenheit, die Stadt einmal aus einer anderen Perspektive zu sehen. Abfahrten (Preis p.P. ab ca. 6 €) etwa auf Höhe der Praza María Pita; im Sommer regelmäßig, sonst nur sporadisch an Wochenenden. Neben den Rundfahrten besteht auch ein Pendeldienst zum Strand Santa Cristina.

• *Post* Rúa del Alcalde, zwischen der Avda. de la Marina und dem Hafen. Öffnungszeiten: Mo–Fr 8.30–20.30 Uhr, Sa 9.30–14 Uhr.

Übernachten/Camping (siehe Karte Seite 462/463)

• *Übernachten* Gute Auswahl an Pensionen im zentralen Viertel hinter der Avenida Marina, insbesondere in den Straßen Rúa Real, deren Verlängerung Rúa Riego de Agua und an der Rúa Nueva, einem kurzen Seitengässchen der Rúa Estrella. Ein weiterer Schwerpunkt liegt am Paseo del Ronda, nahe dem Strand Riazor. Die Infostelle liefert Listen der Fondas und Privatzimmer, aber keine Preise.

***** **Hotel Hesperia Finisterre (20)**, jüngst renoviertes Luxushotel in fantastischer Aussichtslage am Rand der Altstadt, aller Komfort inklusive kostenlosem Zugang zu den Sportanlagen und Swimmingpools des Freizeitgeländes „La Solana" (siehe unten); Parkplätze und Garage. DZ nach Saison etwa 120–235 €. Paseo do Parrote 2, ✆ 981 2054 00, ✆ 981 208462, www.hesperia-finisterre.com.

**** **Hotel Eurostars Ciudad de La Coruña (1)**, sehr schön auf einer Landzunge bei der Torre de Hercules gelegenes, gutes, aber nicht luxuriöses Hotel, von den oberen Etagen schöner Blick auf Stadt und Meer, DZ 180-200 € (im Internet z.T. ab 60 €!), Juan Sebastián Elcano 13, ✆ 981 211100, ✆ 981 2246 10, www.eurostarsciudaddelacoruna.com.

*** **Hotel Riazor (3)**, großes Mittelklassehotel in noch relativ zentraler Lage am gleichnamigen Strand an der Nordwestseite der Landenge. Vor einigen Jahren renoviert aber schon wieder etwas abgewetzt, viele Zimmer mit Meerblick, Garage. Leserempfehlung: Balkon im 11. Stock mit Meerblick. DZ nach Saison und Ausstattung etwa 90–120 €. Avda. Barrié de la Maza 29, ✆ 981 253400, ✆ 981 253404, www.riazorhotel.com.

** **Hostal Res. Mará (5)**, in einer nördlichen, besonders nachts nicht ganz leisen Parallelstraße zur Rúa Real, von Ausstattung und Komfort her fast schon ein Hotel. Gute Zimmer mit Fernseher; DZ/Bad nach Saison knapp 45-60 €. Rúa La Galera 49, ✆ 981 221802.

** **Hostal Res. Alborán (16)**, recht ordentliches, wenn auch nicht immer peinlich sauberes Haus in der Altstadt, einen Katzensprung von der Praza María Pita entfernt. Ebenfalls mit Hotelcharakter, angenehme, aber kleine Zimmer mit TV, moderne Bäder. Für das Gebotene preiswert: EZ ab 23 € (sehr klein), DZ/Bad knapp 40 €, im August rund 50 €. Rúa Riego de Agua 14, ✆ 981 2265 79, ✆ 981 222562, r.alboran@gmail.com.

** **Hostal Res. La Provinciana (10)**, mit ordentlichen Zimmern und Bädern. Familiäre Atmosphäre, Fernsehzimmer; insgesamt vielleicht etwas angekitscht dekoriert, aber gemütlich. DZ/Bad nach Saison knapp 40–50 €. Rúa Nueva 5, Eingang im Hinterhof, insgesamt recht ruhig; ✆/✆ 981 220400.

****Pensión Centro Gallego (4),** nette und saubere Pension mit preiswerter Cafetería (Tagesmenü 9 €), DZ mit Bad ca. 35-55€, Estrella 2, ✆ 981 222236.

** **Hostal Santa Catalina (12)**, ein weiteres Zweistern-Hostal mit ordentlichem Standard, etwas versteckt unweit der Rúa San Andrés. DZ/Bad kosten hier je nach Saison etwa 35–50 €. Travesía Santa Catalina 1, ✆ 981 226609, ✆ 981 228509.

** **Hostal Carbonara (9)**, ein Lesertipp von Aike Jan Klein: „Noch ein Hostal mit gutem Preis-Leistungsverhältnis. Zimmer hotelähnlich, zentral und trotzdem nicht zu laut gelegen." DZ/Bad ca. 35-50 €, mit Dusche ca. 32–50 € Rúa Nueva 16, nahe Hostal La Provinciana, ✆/✆ 981 225251.

* **Hostal Roma (15)**, ebenfalls in der selben Straße wie das Hostal La Provinciana. Im 4. Stock eines der Beton-Glaspaläste, jüngst aufgefrischt mit z. T. neuen (kleinen) Bädern, zur Saison oft belegt. DZ/Bad 45–60 €. Rúa Nueva 3, ✆ 981 228075, ✆ 981 210219.

* **Hostal La Alianza (14)**, Traveller-Hostel nahe dem Stadtzentrum an der Praza Maria

Lichter Schutz vor Wind und Wetter: „Galerías" in A Coruña

Pita; klein und familiär, sauber, wenn auch sehr spartanisch eingerichtet. Winzige Zimmer, keine Küche, keine Lounge! Bett p. P. ab 17 €; Riego de Agua 8, ✆ 981 228114.

• *Camping* **Los Manzanos** (1. Kat.), zehn Kilometer östlich Richtung Santa Cruz in Oleiros. Wiesengelände, gute Ausstattung, in Fußentfernung ein Strand. Geöffnet Palmsonntag bis Ende September; p.P., Auto, Zelt jeweils etwas unter 6 €. Zu erreichen über einen Abzweig der N VI bzw. mit Bussen „Santa Cruz" ab Busbahnhof. ✆ 981 614825, www.camping-losmanzanos.com.

Bastiagueiro (3. Kat.), in derselben Richtung, aber nur sieben Kilometer von der Stadt entfernt, Busse ab Busbahnhof nach Bastiagueiro. Kleiner Platz mit recht ordentlichen Sanitärs, leider kaum Platz für Zelte (viele feststehende Wohnwagen). Schöner Blick auf A Coruña, direkt unterhalb der große Strand Playa de Bastiagueiro. Geöffnet Juni bis September sowie Karwoche, p.P. etwa 4,50 €, Auto und Zelt je ca. 4 €. ✆ 981 614878.

Essen/Nachtleben

• *Essen* Beliebte Restaurantgassen sind die Rúas Estrella, Real und besonders die Rúa Franja, die in die Praza María Pita mündet. Allesamt liegen sie im Viertel hinter der Avda. Marina. Große Ausnahme: Das „Playa Club" beim Fußballstadion. In A Coruña isst man vorwiegend Mariscos, den Preis der Mererfrüchte, der in manchen Lokalen nach Gewicht gerechnet wird, sollte man vorher erfragen, er kann exorbitant sein!

Rest. Playa Club (2), seit 2001 betreibt A Coruñas Fußballclub gegenüber dem Stadion Riazor mit herrlichem Blick auf die Bucht ein Restaurant mit angeschlossener Cafetería, das höchstes Niveau besitzt. Die Küche leitet ein Baske, der *donostiarra* (also der San Sebastiáner) Mikel Odriozola, der in den Gourmettempeln von Arzak und El Bullí (Ferran Adriá, 2007 als Künstler Gast der documenta 12 in Kassel) gelernt hat. Raffinierte, moderne spanische Küche, aber auch ein überdurchschnittliches Tagesmenü für – in diesem Rahmen spottbillige – 28 €, à la carte ab ca. 45 € p. P. Da kommen selbst fanatische Nicht-Fußballfans zum Stadion! Andén de Riazor s/n, ✆ 981 257128. So abds., Mo und 3 Wochen im Jan./Feb. geschlossen.

Rest. Casa Pardo (21), eine der ersten Adressen vor Ort, wie der Playa Club mit einem Michelinstern ausgezeichnet. Exquisite Küche zu entsprechenden Preisen, das Essen à la carte kommt leicht auf 45 € aufwärts. Rúa Novoa Santos 15, außerhalb des Zenrums in der Nähe des Busbahnhofs, ✆ 981 280021. So u. Mo abds. Ruhetag, im März geschlossen.

Rest. A la Brasa (18), ebenfalls eine recht gehobene Lokalität. Der Name ist kulinarisches Programm: „Vom Grill". Menü à la carte ab ca. 25 €, Hausmenü 28 €. Rúa Juan Florez 38, westlich etwas außerhalb des engeren Zentrums, ✆ 981 270727.

Rest. La Penela (17), in der Südostecke des Hauptplatzes. Gepflegte galicische Küche

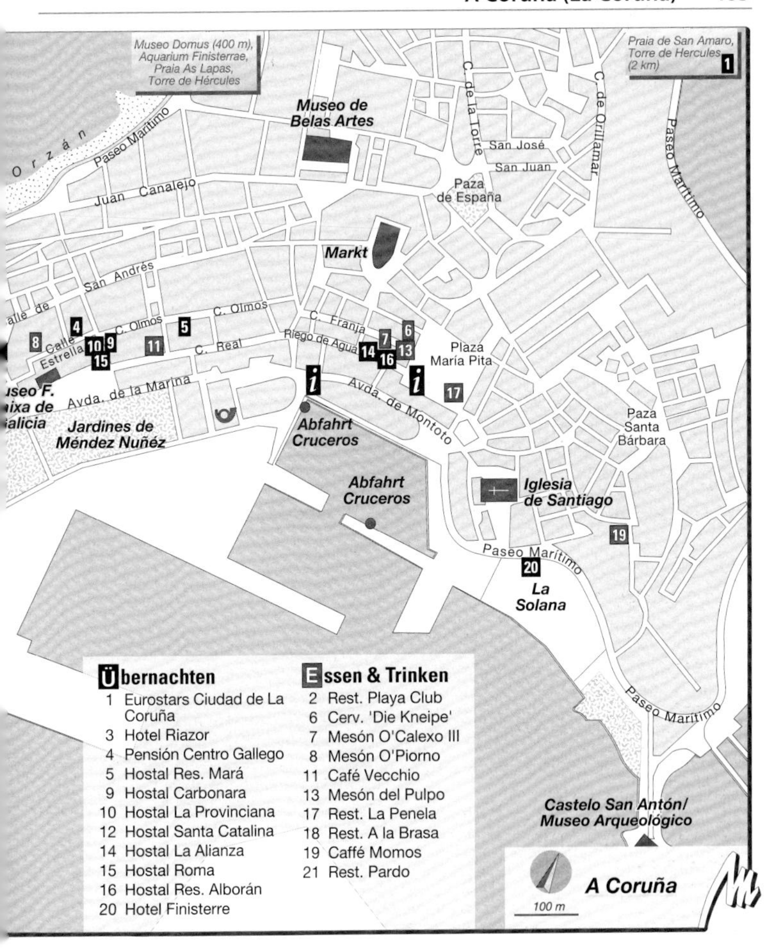

zu vergleichsweise günstigen Preisen: Esen à la carte ab etwa 25 €, Hauptgerichte ca. 8-15 €. Praza María Pita 12, ✆ 981 201969; sonntags geschlossen, abends erst ab 21.30 Uhr.

Mesón del Pulpo (13), ein kleiner, einfach eingerichteter Raum. Hiesige Spezialität ist namensgemäß Pulpo á Feira, es gibt aber auch anderes Meeresgetier. Ración Pulpo etwa 10 €, von manchen Gerichten gibt es auch halbe Portionen. Rúa Franja 9–11.

Mesón O'Calexo III (7), in derselben Straße. Gemütliche Atmosphäre, zur Tapazeit proppevoll. Raciones kosten hier etwa 3–9 €, Meeresfrüchteplatte für zwei Personen 35 €, es gibt auch günstige Menüs für etwa 8 €. Zu suchen in der Rúa Franja 19–21.

Meson O'Piorno (8), im vorderen Bereich hübsche Bar mit Schinken über der Theke, hinten der Speisesaal. Gut für Tapas und Empanadas, mehrere Tagesmenüs ab etwa 8 €. Rúa Estrella 18.

Caffé Momos (19), Bar mit Restaurantbetrieb mitten in der Altstadt nahe Sta. Barbara, fast nur Einheimische. Tapas, Mittagsmenü mit guter Auswahl für 8 €. Rúa Santo Domingo 16.

Cerveceria „Die Kneipe“ (6) – richtig gelesen: Eine „deutsche“ Bar, in der aber fast

Galicien Karte Seite 439

Steht seit Herkules Zeiten: Torre de Hércules

nur Spanier verkehren, viele mit langer Gastarbeiterzeit in Deutschland (wer zögernd vor der Tür steht, wird schon mal von Passanten auf Deutsch angesprochen). Gute Musik, viele – z. T. deutsche – Biersorten. Rúa Franja 2, fast direkt an der Praza María Pita. Nur spät nachmittags und abends geöffnet.

Caffé Vecchio (11), in der Einkaufszone. Groß, hässlich, aus unerfindlichen Gründen Schickeriatreff und immer belebt, eine Institution. Gute Getränkeauswahl. Rúa Real 74.

• *Nachtleben* Die spanienübliche Einteilung in Zonen. Zunächst die Gassen im Zentrum (Rúas Olmos, Estrella, Franja) für Tapas und Wein. Ab etwa zwei Uhr geht es dann einige Straßen nordwestlich in die „postmodernen" Bars in und um die Rúa Juan Canalejo und die Rúa del Orzán. Ein weiteres Nachtgebiet liegt um die Rúas San José und San Juan in der Altstadt, nahe der Praza España. Discos und Disco-Bars finden sich im Umfeld der Strände und an den Rúas Juan Florez und Sol.

Markt/Feste

• *Markt* Schöne Markthalle an der skurrilen Praza San Agustín, zwei Straßen nördlich der Rúa Franja; nur vormittags geöffnet.

• *Feste/Veranstaltungen* **Hogueras de San Juan**, in der Nacht des 23. auf den 24. Juni. Sonnwendfeuer auf der Promenade und an den Stränden, das größte am Riazor-Strand. Sardinengrillen, Umzug der Hexen, kulturelles Beiprogramm. Infos auf www.hoguerassanjuan.com.

Nuestra Señora del Carmen, 16. Juli, Bootsprozession zu Ehren der Schutzheiligen der Fischer und Seeleute.

Fiesta de María Pita, gesamter August, zu Ehren der Stadtheldin. Sport- und Kulturveranstaltungen, Gratiskonzerte am Strand, lange Nächte etc. Die „Große Woche" Semana Grande wechselt alljährlich, liegt aber in der Regel um den 15. August; dann unter anderem ein großes Fußballturnier und eine nachgestellte Seeschlacht in Erinnerung an den Angriff von Sir Francis Drake. Am letzten Sonntag „Concurso de Empanadas", Teigtaschenwettbewerb im Park Santa Margarita; Probieren ist umsonst. Ein komplettes Programm der Aktivitäten gibt es bei der Infostelle.

Virgen del Rosario, eine Woche um den 7. Oktober; Fest der Stadtheiligen in der Altstadt. Musikwettbewerb, Stierkämpfe etc.

Baden

Praia Orzán/Praia Riazor: A Coruñas ausgedehnte Stadtstrände erstrecken sich westlich der Halbinsel und sollen, glaubt man den Behörden, über gute Wasserqualität verfügen – 2004 wehte die blaue Flagge. Schöne Plätze zum Sonnen sind die beiden Strände allemal.

Praia As Lapas: Ein hübscher, familiärer kleiner Strand im Nordwesten der Landzunge, unterhalb der Torre de Hércules in Richtung des neuen Aquariums. Durch seine Lage ist er gut geschützt, und am Abend noch lange der Sonne ausgesetzt.

Praia de San Amaro: Dieser Strand an der Ostseite der Halbinsel bietet zwar eine schöne Aussicht über die Bucht, das Umfeld ist jedoch mit Wohnblocks ziemlich verbaut. Das nahe Schwimmbad ist nur für Mitglieder zugänglich.

La Solana: Wer nicht gerne an Stadtstränden badet, findet direkt am südlichen Altstadtrand ein großes Schwimmbad mit Meerblick. Es besitzt mehrere Becken, zwei davon beheizt, und liegt auf dem Sport- und Freizeitgelände „La Solana“ (Eintritt rund 10 €) ganz in der Nähe des Castillo San Antón und neben dem Hotel Finisterre, wo sich auch der Zugang befindet.

Sehenswertes

Sehenswürdigkeiten im klassischen Sinn sind eher rar: Die Kanonen des englischen „Hofpiraten“ Sir Francis Drake haben 1589 allzu gründliche Arbeit geleistet. Gleichwohl besitzt A Coruña mit dem interaktiven „Museo Domus“ und dem Meeresmuseum „Aquarium Finisterrae“ gleich zwei Attraktionen internationalen Formats.

Jardines de Méndez Nuñéz: Meerwärts parallel zum Paseo de los Cantones und seiner Verlängerung Avenida de la Marina erstreckt sich dieser Palmenboulevard mit seinen Denkmälern und Kinderspielplätzen.

Avenida de la Marina: Die „Hafenstraße“, die gar nicht direkt am Hafen entlangläuft, ist A Coruñas Aushängeschild. Hier stehen die schönsten der funkelnden Glaspaläste der Stadt, allesamt geziert von den berühmten „Galerias“.

Praza María Pita: Auch der in sich geschlossene Hauptplatz der Stadt ist von Häusern mit Glasbalkonen umgeben. Schön sitzt man hier besonders am frühen Abend, wenn sich die Arkadencafés mit Leben füllen. Fast in der Mitte des Platzes erhebt sich die Statue der Stadtheldin María Pita: den Speer schwingend, den toten Feind zu Füßen. Vor ihr lodert die „Flamme der Freiheit“.

Museo de Belas Artes: In der Rúa Panaderas, nicht weit vom Markt San Agustín, zeigt das von einem zeitgenössischen Architekten entworfene Museum der schönen Künste (Belas Artes, so die galicische Schreibweise) Werke spanischer Meister wie Goya, Veláquez, Ribera und Murillo, daneben aber auch ausländische Künstler wie Rubens, Breughel u. a.. Goyas schaurige Graphikzyklen „Los Caprichos“ und „Desperados“ mit ihren Horrorvisionen von Krieg, Vergewaltigung, Mord und sozialen Missständen sind unbedingt den Besuch wert (1. Stock rechts), ebenso die kostbaren Porzellane der ehemaligen Hof-Porzellanmanufaktur in Sargadelos (→ dort) mit schönen Tellern mit Stadtansichten u. a. (gleicher Museumsflügel).

Öffnungszeiten Di–Fr 10–20 Uhr, Sa 10–14, 16.30–20 Uhr, So 10–14 Uhr; an Fei geschl., Eintritt etwa 2,50 €, Sa-Abend und So frei.

Galicien
Karte Seite 439

Museo Fundación Caixa de Galicia, am Cantón Grande, dem Zentralteil des Boulevards gegenüber dem Hafen, hat die Caixa de Galicia 2003 einen architektonisch eindrucksvollen Ausstellungsbau hinstellen lassen. Mit geschwellter Glas-Brust unterbricht er die Reihe der Häuser der späten Gründerzeit. Die Galerie wird für eine feste Sammlung und für zeitlich begrenzte Ausstellungen genutzt (Eintritt frei).

Adresse/Infos Cantón Grande 21–24, ✆ 981 275350, fundacioncaixagalicia.org.

Ciudad Vieja

Die im Gegensatz zum geschäftigen Zentrum recht verschlafen wirkende Altstadt von A Coruña lädt mit manch reizvollem Eckchen zum Bummeln ein. Sehr malerisch zeigen sich die kleinen Plätze mit ihren alten Steinkreuzen.

Romantische Winkel: Ciudad Vieja

Praza Azcárraga: Hier, in der Nähe des alten Hafenbeckens, steht die älteste Kirche A Coruñas, die romanische *Iglesia de Santiago* (12./13. Jh.). Der Heilige Jakob, dem die Kirche geweiht wurde, ist über dem Hauptportal wie auch in zwei Kapellen des Inneren dargestellt.

Praza Santa Barbara: Dieser hübsche Platz wird gleich von einem ganzen Ensemble romanischer und gotischer Kirchen- und Klosterbauten umringt. Weiter westlich besetzt die Kirche *Santa María del Campo* (13./15. Jh.) mit ihren hübsch skulpturierten Portalen den höchsten Punkt der Altstadt. Das anschließende *Museo de Arte Sacra* (Museum für Sakralkunst) ist ein moderner Bau des galicischen Architekten Galego – schon für den Bau allein lohnt sich der Besuch.

Öffnungszeiten Di-Fr 9-13, 17-19 Uhr, Sa 10-13 Uhr, Eintritt frei.

Castelo de San Antón/Museo Arqueológico: An der äußersten südöstlichen Spitze der Halbinsel bietet sich von der früheren Festung des 16. Jh., die später auch als Gefängnis diente, ein schöner Blick auf A Coruña. Heute ist in dem Kastell das Archäologische Museum untergebracht, zu dessen Ausstellung insbesondere vor- und frühgeschichtliche Funde aus der Zeit der Kelten, Sweben und Westgoten zählen.

Öffnungszeiten Di–Sa 10–21 Uhr, So/Fei 10-15 Uhr, im Winter bis 19.30 Uhr, So/Fei10–14.30 Uhr; Eintrittsgebühr 2 €, erm. 1 €.

A Coruña günstig: Sammeltickets für die Sehenswürdigkeiten der Stadt

Zwei Sammelkarten ermäßigen den Eintritt für die wichtigsten Sehenswürdigkeiten und Museen der Stadt (Ausnahme: Museo de Bellas Artes) z. T. deutlich.

„A Coruña Card“: Freier Eintritt zum Aquarium, Museo Domus, Casa de las Ciencias inklusive Planetarium, Museo Arqueológico im Castillo San Anton, Ermäßigung Torre de Hércules sowie freie Fahrt mit der Tranvía. Kosten für die „Tarjeta Individual“ (ein Erwachsener, ein Kind bis 5 Jahre) etwa 7 €, für die „Tarjeta Familiar“ (zwei Erwachsene, zwei Kinder bis zwölf Jahre) etwa 15 €. Gültigkeit 48 Stunden, erhältlich in der Oficina Municipal de Turismo und in vielen Hotels.

„Bono“: Freier Eintritt zum Aquarium, zum Museo Domus und zur Casa de las Ciencias inklusive Planetarium, Kostenpunkt p. P. etwa 10 €, Direktverkauf an den Kassen aller drei Sehenswürdigkeiten.

Paseo Marítimo

A Coruñas wenige Jahre alte Meerespromenade beginnt am Hafen und führt rund um die Halbinsel bis vorbei an den Stränden Orzán und Riazor und weiter zum „Obelisco Millenium“ am Rand der Bucht, einem neuen Wahrzeichen der Stadt, das pünktlich zum Beginn des neuen Jahrtausends eingeweiht wurde und einen weiten Blick auf A Coruña bietet. Bis zum Obelisken sind es etwa zwölf Kilometer, weshalb sich die Stadt nun rühmt, die „längste Uferpromenade Europas“ zu besitzen. Mit feuerroten Ampeln und sogar einer Fahrradspur, der „Carril Bici“ (allerdings nur vom Hafen bis zur Torre de Hércules), ist sie in jedem Fall aufs Feinste herausgeputzt und eignet sich bei sonnigem Wetter bestens zu einem genüsslichen Spaziergang – für eine Umrundung der Stadt vom Hafen bis zu den großen Stränden braucht man etwa zwei Stunden. Wer nicht so gut zu Fuß ist, kann die Tour um die Halbinsel jetzt auch mit einer Art Straßenbahn unternehmen, der *Tranvía*, die von Juli bis September täglich, sonst allerdings nur am Wochenende (dann meist zur vollen Stunde) fährt. Das Wagenmaterial stammt aus Lissabon, die Schienen wurden aus Polen herangeschafft.

Infos zur Tranvía ✆ 981 250100.

Torre de Hércules: Im Norden der Halbinsel, knapp zwei Kilometer vom Zentrum und mit dem Bus oder auch über eine Abzweigung vom Paseo Marítimo zu erreichen, steht der „älteste noch betriebene Leuchtturm der Welt“ – so heißt es zumindest reklameträchtig. Tatsächlich stammt heute nur noch der Unterbau vom alten römischen Turm des 2. Jh.; der obere Teil wurde im 18. Jh. angefügt. Sowohl vom Turm selbst als auch von seinem Fuß genießt man eine weite Aussicht, die Umgebung wurde verkehrsberuhigt und mit modernen Skulpturen aufgepeppt.

Öffnungszeiten Im Juli/August täglich 10–20.45 Uhr, Fr/Sa bis 23.45 Uhr, in den übrigen Monaten je nach Jahreszeit bis 17.45 bzw. 18.45 Uhr; Eintrittsgebühr ca. 2, erm. 1 €

Museo Domus – Casa del Hombre

Schon kurz nach seiner Eröffnung im April 1995 zählte das „Haus des Menschen“, nur ein paar hundert Meter nördlich der Praia de Orzán gelegen, zu den meistbesuchten Ausstellungen des Landes. Tatsächlich wird man in ganz

Galicien Karte Seite 439

Europa wohl nur wenige vergleichbare Museen finden. Unterstützt von modernster interaktiver Technik dreht sich hier alles um das Abenteuer menschlicher Existenz. Als Ziel gibt die Museumsleitung an, „die Besucher zu amüsieren, ihre Neugier zu wecken und sie zum Nachdenken über die Natur der menschlichen Rasse anzuregen". Das gelingt dem Domus bestens.

Beeindruckend ist schon das Gebäude an sich, ein Werk des japanischen Star-Architekten Arata Isozaki. Verwendet wurden ausschließlich heimische Materialien: Schiefer aus Ourense und zweierlei Sorten galicischer Granit aus Mondariz und Porriño. Weithin sichtbar auf einer Klippe hoch über dem Meer, schwingt sich der Bau wie eine riesige Welle in den Himmel, beherrscht aus der Ferne betrachtet die gesamte Bucht. Der üppige römische Kämpfer vor dem Bau, so oft fotografiert, dass er fast schon zur Marke geworden ist, ist ein typisches Werk des Bildhauers Fernando Botero.

Innen erwartet den Besucher eine Überraschung nach der anderen. Die Besichtigungstour führt zu Themenbereichen wie „Ich", Wir", „Die Sinne" oder „Das Gehirn". Man sieht ein Bild der Mona Lisa, zusammengesetzt aus über 10.000 einzelnen Porträts, wandert durch ein sechs Meter hohes Herz, kann seinen Körper chemisch analysieren, sein Essverhalten testen, mit einem Skelett um die Wette radeln oder seinen Rucksack von Röntgenstrahlen durchleuchten lassen. Ein Computer bestätigt dem Neugierigen seine Einzigartigkeit als Person, ein anderer errechnet die Geschwindigkeit des Fußballs beim Elfmeterschuss und speichert die Rekorde der Besucher der letzten Stunde. Der etwas schräge Bau einer Küche stört das Gleichgewicht, ein Zählwerk gibt den jeweils aktuellen Stand der Erdbevölkerung wieder. Die Erläuterungen sind in Spanisch und Galicisch gehalten, englischsprachige Ergänzungen sind leider selten. Laut Pressetext gibt das Domus Antworten auf „alles, was Sie schon immer über den Menschen wissen wollten... von dem Sie bisher aber dachten, es wäre zu langweilig". Langweilig wird es einem hier bestimmt nicht, zumal an das Domus ein IMAX-Kino angeschlossen ist.

Öffnungszeiten Täglich 10–19 Uhr, im Juli/August 11–21 Uhr; Eintritt 2 €; IMAX 7 €. Internet-Info: www.casaciencias.org

Casa de las Ciencias/Planetario: Einige Jahre älter als das Museo Domus, stellt es sozusagen dessen Muttermuseum dar, wurde hier doch die Konzeption dafür erstellt – ein Umstand, der dem „Haus der Wissenschaften" durchaus anzumerken ist. Andererseits mag man den anmutigen kleinen Bau, der auf einem Hügel der Neustadt mitten im Parque de Santa María steht und sich auf reizvolle Weise vor allem der Technik und den Naturwissenschaften widmet, gar nicht als Museum bezeichnen: 80 Prozent der Ausstellungsstücke wechseln jährlich, ebenso das Programm des angeschlossenen Planetariums.

Öffnungszeiten Täglich 10–19 Uhr, im Juli/August 11–21 Uhr, Eintritt für Ausstellungen 2 €, Planetarium 1 €; www.casaciencias.org.

Aquarium Finisterrae – Casa de los Peces

Das „Haus der Fische" liegt an der Küste etwas nördlich des Museo Domus, ungefähr auf halbem Weg zum Torre de Hércules. Auch diese prachtvolle, topmodern konzipierte Anlage ist ein Kind der Casa de las Ciencias, und so wurde auch hier Wert auf die Interaktion mit dem Besucher gelegt. Schade deshalb, dass die Erläuterungen wieder nur auf Spanisch erfolgen.

Hafen in A Coruña

Schwerpunktthema des ebenso unterhaltsamen wie lehrreichen Aquariums ist das Ökosystem des Atlantiks und insbesondere der galicischen Küsten; die „Sala Humboldt“ widmet sich in wechselnden Ausstellungen jedoch auch anderen Meeren der Welt. Insgesamt beherbergt das Museums-Aquarium mehr als 300 verschiedene Arten von Meeresbewohnern, der Großteil gefangen von galicischen Fischern. In Außenbecken können Robben und hunderte von Kraken beobachtet werden, es gibt ein „Streichelaquarium“, in dem Besucher Rochen anfassen dürfen, und einen botanischen Garten, der Küstenpflanzen Spaniens ausstellt. Highlight ist jedoch das fast fünf Millionen Liter fassende „Nautilus“-Becken, das durch eine Rundumverglasung quasi von innen betrachtet werden kann. Das „Erste Aquarium des 21. Jahrhunderts“ (so die inzwischen eingestellte Zeitung Diario 16) engagiert sich auch in der Pflege kranker oder verletzter Meeresbewohner.

Öffnungszeiten Mo-Fr 10–19 Uhr, Sa/So/Fei bis 20 Uhr, im Juli/August tgl. 10–21 Uhr, Einlass jeweils bis eine Stunde vor Schließung. Eintrittsgebühr 10, erm. 4 €. Internet-Info: www.casaciencias.org.

Museo de Arte Contemporáneo Unión Fenosa (MACUF)

An neuen Museen für zeitgenössische Kunst ist in Nordspanien kein Mangel. Dieses architektonisch recht gelungene, allerdings etwas weit draußen gelegene Haus einer Stiftung bemüht sich, die letzten Trends zu präsentieren.

Lage, Öffnungszeiten Avda. de Arteixo 171, Stadtteil A Grela-Beus, Di-Fr 11-14, 18-10 Uhr, Sa/So/Fei 12-20 Uhr, Eintritt frei; Bus 11 ab Stadtmitte.

Westlich von A Coruña

Vor Malpica, einem lebendigen, kurz vor der Costa da Morte (siehe dort) gelegenen Städtchen, lohnt sich ein Halt höchstens zum Badestopp.

Praia Baldaio: Der kilometerlange Strand, der sich nördlich des wenig bemerkenswerten Inlandsstädtchens *Carballo* erstreckt, ist an Wochenenden beliebtes Ausflugsziel der Einwohner A Coruñas, bietet während der Woche jedoch Platz satt. Zu erreichen ist er über eine Ausfahrt der neuen Autobahn A 55 sowie über mehrere Abzweige der C 552, beispielsweise über das Dorf *Razo*.

• *Camping* **Baldayo** (2. Kat.), mittelgroßer Platz in Strandnähe. Ganzjährig geöffnet, p.P. und Auto je etwa 3,50 €, Zelt 4 €. Rebordelos, ✆ 981 739529.

Os Delfíns (3. Kat.), kleinerPlatz, ebenfalls in Strandnähe und auch ganzjährig geöffnet; etwas preisgünstiger Pedra do Sal-Badayo, ✆ 981 739696, www.osdelfins.com.

Weiterreise: Westlich der Praia Baldaio beginnt hinter Malpica die „Todesküste“ Costa da Morte – siehe hierzu das entsprechende Kapitel im Anschluss an den Text zum Jakobsweg und zu Santiago de Compostela.

Galicien Karte Seite 439

Den Jakobsweg mit dem Fahrrad zu bewältigen wird immer populärer

Der Jakobsweg durch Galicien

Die Jakobspilger, vom kastilischen Villafranca del Bierzo kommend, erreichen Galicien über den Pass Porto de Pedrafita (1109 m), der seit Jahrhunderten die Grenze der beiden Gemeinschaften bildet. Von hier führt der Jakobsweg weiter nach Westen ins Dorf O Cebreiro; Autofahrer, die ihm folgen wollen, zweigen in Pedrafita do Cebreiro von der N VI westwärts ab.

Echte Fußpilger werden es schnell merken: Ab Sarria nimmt die Zahl der Pilger plötzlich deutlich zu, und auch ihre Zusammensetzung verschiebt sich. Die hoch begehrte Pilgerurkunde „Compostela" gibt es in Santiago nämlich bereits für diejenigen, die nur die letzten hundert Kilometer des Wegs zu Fuß zurückgelegt haben. Sehr zum Verdruss jener Pilger, die den gesamten Camino gewandert sind, mischen sich in Galicien vor allem im Sommer lautstarke Jugendgruppen und fröhliche Vereine unter die bislang eher spirituell geprägte Pilgerschar.

O Cebreiro

In dem uralten kleinen Bauerndorf stehen noch einige *pallozas*, jene strohgedeckten, elliptischen Steinhütten, deren Bauweise auf die Kelten zurückgeführt wird. Zwei dieser Pallozas wurden als Museum (Mo geschlossen) hergerichtet, das völkerkundliche Exponate zeigt.

Die vorromanische ehemalige Klosterkirche *Santa María* stammt ursprünglich aus dem 9. Jh., musste nach mehreren Bränden späterer Jahrhunderte aber immer wieder restauriert werden. Im Mittelalter war das Gotteshaus Schauplatz eines Wunders: Als ein kleingläubiger Pater darüber murrte, für einen einzigen

Bauern die Messe vollziehen zu müssen, wurde die Hostie zu Fleisch, der Wein zu Blut. Der fromme Bauer und der mürrische Priester liegen, so will es die Legende, in der Capilla del Milagro (Kapelle des Wunders) begraben. Zu sehen sind auch der Kelch und die Schale, in denen die Verwandlung stattfand, zusammen mit zwei Kristallfläschchen, die die „Katholischen Könige“ stifteten. Die hochverehrte romanische Statue der Jungfrau Santa María la Real stammt aus dem 12. Jh. und ist alljährlich am 8. September Ziel einer großen Wallfahrt, an der bis zu 30.000 Menschen teilnehmen.

• *Übernachten* ** **Hostal San Giraldo de Aurrilac**, eine von der Ausstattung her eher einfache, aber sehr traditionsreiche Herberge in historischen Mauern. Das 2007 renovierte Haus bietet große DZ zu ca. 55 €. O Cebreiro s/n, ✆ 982 367125, ℻ 982 367015.

** **Hostal Rebollal**, Ausweichmöglichkeit für Motorisierte an der alten N VI in Pedrafita do Cebreiro. DZ nach Ausstattung (mit/ohne Bad) und Saison etwa 45–60 €. Carretera N VI, ✆ 982 367115, ℻ 982 367157.

Von Cebreiro bis Portomarín

Hinter Cebreiro erreichen Pilgerweg und Nebenstraße über den 1337 Meter hohen Pass Alto do Poio das Großdorf Triacastela.

Ehemals eine wichtige Station am Jakobsweg, verfügte Triacastela („Drei Burgen“) über die gesamte nötige Infrastruktur, sogar über einen Pilgerkarzer für die ganz Unbotmäßigen unter den Wallfahrern. Zehn landschaftlich ebenfalls sehr reizvolle Kilometer weiter liegt Samos.

Samos

Hauptsehenswürdigkeit des Dorfes ist das zum Nationalmonument erklärte Benediktinerkloster *San Julián*, das bereits im 7. Jh. von westgotischen Mönchen gegründet wurde. Vom Originalbau erhalten blieb nach mehreren Bränden nur die Capilla San Salvador. Sehenswert sind jedoch auch die im 18. Jh. entstandene Barockfassade der Klosterkirche und die beiden Kreuzgänge – einer gotisch, der andere barock.

• *Öffnungszeiten* Das Kloster ist nur um 12 Uhr und nur mit Führung zugänglich.

• *Übernachten* * **Hotel Res. A Veiga**, an der Landstraße Cebreiro-Samos gelegen, ein relativ preiswertes Quartier mit Restaurant. 15 Zimmer, das DZ/Bad kostet je nach Saison rund 30 bis 36 €. Carretera Sarria-Pedrafita, ✆ 982 546042, ℻ 982 546052.

Sarria

Obwohl das ehemalige Römerstädtchen (Bahnstation) auf eine lange Vergangenheit zurückblickt, zeigt es sich heute vorwiegend von der modernen Seite. An die großen Pilgerzeiten des Mittelalters erinnert nur noch die alte Oberstadt mit einer Kastellruine und der romanischen, bereits im 11. Jh. urkundlich erwähnten Kirche San Salvador, weiterhin der im 12. Jh. gegründete *Convento de las Magdalenas*, der auch ein Pilgerhospiz betreibt.

• *Übernachten* *** **Hotel NH Alfonso IX**, ruhiges Kettenhotel mit geräumigen Zimmern, für komfortbewusste Pilger sicher eine Erholung. Parkplätze und Garage, neue Sauna und Fitnessraum, ein relativ preiswertes Restaurant ist angeschlossen. DZ knapp 75 €. Rúa do Peregrino 19, ✆ 982 530005, ℻ 982 531261, nhalfonsoix@nh-hotels.es.

** **Hostal Londres**, eine von mehreren Möglichkeiten in der Hostal-Kategorie. Zwanzig Zimmer, Restaurant, DZ/Bad nach Saison knapp 35–40 €, ohne Bad etw. günstiger. Calle Calvo Sotelo 13, ✆ 982 532456, ℻ 982 53006.

Galicien Karte Seite 439

Portomarín

Etwa 30 Kilometer westlich von Sarría gelegen. Das alte Dorf Portomarín, ehemals eine wichtige Pilgerstation, versank 1960 in den dunklen Fluten des aufgestauten Río Minho. Ebenso erging es der einst so wichtigen Brücke über den Fluss; nur bei Niedrigwasser sieht man gelegentlich noch ihre Bögen aus dem Stausee ragen.

Einige der alten Gebäude wurden vor den Wassern gerettet, Stein für Stein nummeriert, abgebaut und im neuen Portomarín, dem man ein ebenfalls mittelalterliches Gepräge zu geben versucht hat, neu errichtet. Beachtenswert unter den wiederbelebten historischen Bauten ist insbesondere die *Iglesia de San Juán* (12. Jh.) im Zentrum, ein wehrhafter einschiffiger Bau mit schönen Portalen und schlichtem Inneren.

• *Übernachten* *** **Hotel Pousada de Portomarín**, ein ehemaliger Parador regionaltypischen Stils. Entsprechender Komfort, Schwimmbad, Garage. Auch der Preis liegt fast schon auf Parador-Niveau: DZ 65–125 €. Avenida de Sarría s/n, ✆ 982 545200, ℻ 982 545270, hpousada@galinor.com.

* **Hotel Villajardín**, in der etwas preisgünstigeren Klasse: DZ ca. 60 €. Rúa do Miño 14, ✆ 982 545252.

Von Portomarín nach Santiago

Abgesehen von den Schönheiten der grünen Landschaft hält heute kaum noch etwas den Pilger zurück, der Stadt des Apostels Jakobus zuzustreben.

Im Mittelalter war das ein wenig anders: Dem Pilgerführer zufolge lauerten am Weg nun nämlich zunehmend Nepper, Schlepper und käufliche Damen darauf, den Wanderer noch kurz vor dem Ziel seiner verbliebenen Barschaft zu berauben.

▸ **Vilar de Donas**: Obwohl ein nur kleines Dorf, lohnt es den Abstecher von der N 547 Lugo-Santiago. Die Kirche *Iglesia San Salvador* ist der verbliebene Rest eines im 12. Jh. gegründeten Klosters des Santiago-Ordens. Der einschiffige romanische Bau, der auch als Grabstätte gefallener Ritter diente, besitzt ein sehr reizvoll geschmücktes Portal. In der mittleren Apsis sind Reste schöner Fresken erkennbar, die leider allmählich verblassen.

Melide

Direkt an der N 547 und bereits in der Provinz A Coruña gelegen, bewahrt auch dieses Städtchen Erinnerungen an die hohe Zeit des Jakobsweges. Schon am östlichen Ortseingang grüßt den Jakobspilger die Kirche *San Pedro* (12. Jh.) mit schönem Portal, und die hübsche Altstadt bewahrt ebenso manch mittelalterliches Erbe wie die Kirche *Santa María* (12. Jh.) am westlichen Ortsausgang ihre reizvollen Fresken.

• *Übernachten/Essen* ** **Hotel San Marcus**, beim Kloster im kleinen Ort Sobrado des Monxes, siehe unten. Angenehmes, familiäres Quartier mit freundlich eingerichteten Zimmern, Schwimmbad und gutem Restaurant. DZ/Bad etwa 45 €, im Juli und August ca. 55 €, Nov. bis März geschlossen. Praza da Porta s/n, ✆ 981 787527.

** **Hostal Xaneiro II**, in Melide selbst, mit preiswertem Restaurant. DZ/Bad nach Saison knapp 30–45 €. Avenida de la Habana 43, ✆ 981 506140. Anständig auch das **Restaurant** im schlichten * **Hostal Xaneiro I**, Rúa Principal, direkt am Pilgerweg, mit

Vorsicht: querende Jakobspilger

Menü zu 6 €. Eine Institution ist die **Pulpería Ezequiel** an der Hauptstraße, hier gibt es mit Abstand den besten gegrillten Tintenfisch des Ortes und der Gegend; Avda. de Lugo 2.

Mosteiro de Sobrado dos Monxes: Ein reizvoller Abstecher führt von Melide zu diesem etwa 20 Kilometer nördlich beim gleichnamigen Dörfchen gelegenen Kloster, das auf Spanisch *Monasterio de Sobrado de los Monjes* heißt. Es wurde bereits im 10. Jh. gegründet, im 12. Jh. von den Zisterziensern übernommen und erlebte seine Blüte ab dem frühen 16. Jh. Die heutigen, allein schon durch ihre Ausmaße beachtlichen Bauten stammen überwiegend aus dem 18. Jh., interessant die Fassade der Kirche mit ihrem der italienischen Renaissance entnommenen „Diamant"-Dekor. Eine kleine Kapelle des 12. Jh. blieb aus der älteren Phase des Klosters erhalten, ebenso wie eine Küche des 13. Jahrhunderts.

Öffnungszeiten/Übernachten Tgl. 10–13 Uhr, Mo–Sa 16.30–19 Uhr, Eintritt 0,50 €; Im Kloster Nächtigungsmöglichkeit, Reservierung ✆ 650 246958 oder Kloster ✆ 981 787509.

▸ **Lavacolla**: Das Flüsschen beim gleichnamigen Ort, 9 km vor Santiago, bereits hinter dem heutigen, nach ihm benannten Flughafen, war den Pilgern des Mittelalters Stätte ritueller Reinigung: Schließlich wollte man nicht übel riechend und völlig verdreckt am heiß ersehnten Ziel der Wallfahrt eintreffen.

• *Übernachten* **Pazo Xan Xordo**, ein Tipp von Heidrun Stahl, bestätigt von Barbara Augspurger. Schönes traditionelles Bruchsteinhaus, 100 m entfernt ein gleichnamiges, gutes Restaurant. DZ ca. 70 €, Xan Xordo s/n, Lavacolla, ✆ 981 888259, ℻ 888293, www.pazoxanxordo.com.

▸ **Monte de Gozo/Monxoi**: Die allerletzte Etappe. Wer den kleinen Hügel bei San Marcos als erster seiner Pilgergesellschaft erklommen hatte, erblickte auch als erster die Türme der Kathedrale – und durfte sich „Pilgerkönig" nen-

Galicien Karte Seite 439

nen. Doch waren auch die Nachzügler sicher selig, endlich Santiago zu sehen: Nicht umsonst heißt der Hügel übersetzt „Berg der Freude“.

Übernachten siehe Santiago de Compostela.

Santiago de Compostela

(110.000 Einwohner)

Weder die größte noch die wirtschaftlich bedeutendste Stadt Galiciens, sicher aber die berühmteste, wohl auch die schönste. Santiago darf man sich nicht entgehen lassen.

Und das gilt nicht nur für Pilger auf dem Jakobsweg, deren heiß ersehntes Ziel Santiago seit über einem Jahrtausend ist. Auch andere Besucher lassen sich gern von den Reizen der altehrwürdigen Hauptstadt Galiciens betören. Verständlich: In Santiago ergänzen sich sakrale Architektur und lebendiger Alltag ganz vortrefflich. Nicht nur zu den „Fiestas del Apóstol“ im Juli sind die hiesigen Hotels deshalb gut gebucht.

Denn wer sich die deutlich über hunderttausend Einwohner zählende Stadt als museal, verschlafen oder provinziell vorstellt, der irrt gewaltig. Als Hauptstadt der Autonomen Region Galicien bekam Santiago eine ganze Reihe interessanter moderner Bauten verpasst, es gibt jede Menge Jobs in der Verwaltung. Santiago ist bereits seit 1495 Sitz einer berühmten Universität, deren über vierzigtausend Studenten während der Semesterzeit reichlich Betrieb in die zahlreichen Cáfes und Kellerbars der alten Stadt bringen. Für weitere Abwechslung sorgt, vor allem im Sommer, ein breites Kulturprogramm mit zahlreichen Konzerten, Ausstellungen und Theateraufführungen. Künftig möchte Santiago noch mehr Kultur auf die Beine stellen: Auf dem Monte Gaiás südlich der Altstadt und jenseits der Bahnlinie Vigo – A Coruña entsteht derzeit nach Plänen des amerikanischen Architekten Peter Eisenman eine auf hundert Millionen Euro geplante und bereits Mitte 2007 fast 400 Millionen teure „Ciudade da Cultura“ mit Museum, Theater, Auditorium und Bibliothek.

Dem Auge bietet Santiago ohnehin Erfreuliches, wurde von der Unesco mit dem stets verlässlichen Prädikat „Kulturerbe der Menschheit“ geadelt und erhielt 1998 von der EU den „Europäischen Städtepreis“ für die umfassende Restaurierung der Altstadt, die sich auf 2800 Gebäude erstreckte. Sein historisches Zentrum, in einem Guss aus grauem Granit errichtet und heute überwiegend Fußgängerzone, glänzt nicht nur mit der herrlichen Kathedrale, sondern mit mehreren Dutzend weiteren Kirchen und Klöstern, mit schönen Plätzen und lauschigen Arkadengängen. Letztere sind zum Schutz vor dem Regen auch dringend nötig: Er ist häufiger Begleiter beim Rundgang, denn Santiago de Compostela gilt als regenreichste Stadt ganz Spaniens. Gut vorstellbar, dass das beliebte Sprichwort, jeder Galicier werde „mit dem Regenschirm in der Hand geboren“, hier geprägt wurde... Das feuchte Klima gibt der Stadt aus Stein, in deren Altstadt kaum ein Baum oder Strauch sprießt, immerhin einen Hauch von Vegetation, überzieht die grauen Mauern mit einem Bewuchs bunter Flechten und Blümchen.

Als Ziel zahlreicher Pilger und Kulturtouristen sieht Santiago alljährlich zahlreiche Gäste. 2004 schwoll der Besucherstrom jedoch wieder einmal beson-

Der Heilige teilt seinen Mantel: Kloster San Martín

ders stark an. Es war nämlich eines jener Jahre, in denen der Namenstag des Heiligen Jakob, der 25. Juli, auf einen Sonntag fällt, und somit ein *Heiliges Jahr* (Ano Santo bzw. Año Santo), in dem der vollkommene Jubiläumsablass gewährt wird. Diese Jahre folgen einander in Zyklen von sechs, fünf, sechs und elf Jahren. Bis zum nächsten Heiligen Jahr 2010 ist es nicht mehr weit hin, aber doch noch eine Weile bis zum folgenden, das erst wieder 2021 stattfindet. Doch schon in normalen Jahren liegt die Besucherzahl bei gut über drei Millionen, davon bis zu 180.000 zu Fuß oder mit dem Rad (2007 geschätzt: 120.000, nach den Spaniern folgen die deutschsprachigen Pilger).

Orientierung: Das Bindeglied zwischen der als Fußgängerzone ausgewiesenen Altstadt und den neueren Stadtteilen ist die auch Plaza de Vigo genannte *Plaza de Galicia*, unterhalb der eine recht preisgünstige Tiefgarage liegt. Sie erstreckt sich am südlichen Rand des Straßenrings, der den historischen Kern begrenzt. Von hier direkt nach Süden verläuft die wichtigste Straße der Neustadt, die *Calle Hórreo*, manchmal noch als Calle General Franco bekannt. Den Hauptplatz des Gassengewirrs der Altstadt bildet die ausgedehnte *Plaza del Obradoiro* (auch: Plaza España) mit der Kathedrale.

Wie Sankt Jakob nach Compostela kam

Gleich mehrere Wunder waren es, die den Aufstieg Santiagos zu einem der drei wichtigsten Wallfahrtsorte der Christenheit einleiteten, an Bedeutung nur von Jerusalem und Rom übertroffen. Das wichtigste Datum im Stadtkalender ist der 25. Juli, der „Tag des Apostels".

Nach Legenden, die allerdings erst ab dem 7. Jh. nachweisbar sind, soll der Heilige Apostel Jakob (Span.: Santiago) in Spanien gewesen sein, um die heid-

Galicien
Karte Seite 439

nische Halbinsel zu christianisieren; ein Versuch, der, so er tatsächlich stattgefunden hat, weitgehend fehlschlug, worauf Jakob nach Jerusalem zurückkehrte. Dort wurde er, soviel ist wiederum gesichert, auf Befehl von Herodes Agrippa enthauptet. Folgt man der Legende weiter, so brachte eine Gruppe Christen den Leichnam in einem Marmorsarg auf ein Schiff ohne Mannschaft. Von einem Engel gesteuert, erreichte es binnen weniger Tage die galicische Küste und fuhr den Río Ulla aufwärts bis in die Nähe von Iria Flavia, der Hauptstadt des damals römischen Galicien, wo die Gebeine Jakobs beigesetzt wurden.

In der zweiten Hälfte des 8. Jh., fast ganz Spanien war von den Mauren besetzt, begann man sich am asturischen Königshof der Legende zu erinnern. Reliquien konnten der Reconquista, der christlichen Rückeroberung, sicher förderlich sein, doch wo war das Grab? Ein wundersamer Stern, der, begleitet von himmlischen Chören, dem Einsiedler Pelayo erschien, half schließlich zwischen 810 und 820 dem Wunsch auf die Sprünge. Man grub auf dem von Pelayo bezeichneten „Sternenfeld" (auf Latein Campus Stellae, die am weitesten verbreitete Erklärung für den Namen Compostela) und fand tatsächlich einen Marmorsarkophag – nicht allzu überraschend, suchte man doch höchstwahrscheinlich auf einem römischen Friedhof.

Nach der Entdeckung des Grabes wurde der Bischofssitz von Iria Flavia nach Compostela verlegt, Jakob zum Schutzheiligen des Königreichs ausgerufen. Als wenig später, im Jahr 844, der Heilige auf einem weißen Pferd in der Schlacht von Clavijo erschien, mit dem Schwert in der Hand den Sieg über die Mauren sicherte und sich so als „Matamoros", als Maurentöter empfahl, war der Aufstieg von Santiago zum hochrangigen Wallfahrtsziel nur mehr eine Frage der Zeit. Im Jahr 1119, der Jakobsweg erfreute sich schon längst großer Beliebtheit, gewährte Papst Calixtus II. für die Heiligen Jahre den vollkommenen Jubiläumsablass aller Sünden, ein Privileg, das von Papst Alexander III. schließlich für „immerwährend" erklärt wurde.

Umso erstaunlicher, dass die Existenz der Reliquien im 16. Jh. in Vergessenheit geriet: Nach mehreren Umbauten in der Kathedrale wusste kein Mensch mehr, wo sie zu finden waren. Erst im 19. Jh. förderten Grabungen in der Krypta Gebeine zutage, die in einer Untersuchung von Papst Leo XIII. auch prompt als diejenigen Jakobs anerkannt wurden.

Information/Verbindungen

• *Information* **Oficina de Turismo**, Rúa do Vilar 30, in der Altstadt, Tel 981 584081, ✆ 981 565178, www.turgalicia.es. Infostelle für Galicien, stresserprobt und geduldig; Öffnungszeiten (Sommer): Mo–Fr 10–20 Uhr, Sa 11–14, 17–19 Uhr, So/Fei 11–14 Uhr.

Información Turística Municipal, städtisches Büro in derselben Straße, im Angebot Hotel- und Pensionsverzeichnis, Buspläne etc.; Rúa do Vilar 63, ✆ 981 555129, www.santiagoturismo.com. Geöffnet Karwoche und Juni-Sept. täglich 9–21 Uhr, Rest des Jahres tgl. 9–14, 16–19 Uhr.

Zweigstellen im Flughafen (täglich zu den meisten Ankunftszeiten) und im Busbahnhof (nur Karwoche und Sommer Di–Sa 9–16 Uhr).

• *Verbindungen* **Flug**: Der Flughafen Labacolla-Santiago (Info: ✆ 981 547500) liegt etwa zwölf Kilometer östlich in Richtung Lugo, nahe der N 547. Gute Inlandsverbindungen, derzeit Direktflüge zu Städten im deutschen Sprachraum nur nach Frankfurt/Main (Ryanair), aber Umsteigeverbindungen (Madrid, Barcelona, Palma de Mallorca) z. B. mit Air Berlin und Ryanair (mit eigenem Flughafenbus zu den meist tagesrandlichen Abfahrtszeiten). IBERIA-Büro in der Calle General Pardiñas 21 (Neustadt), ✆ 981 572024. Am Busbahnhof startet die Busgesellschaft FREIRE bis zu 15-mal täglich zum Flughafen.

Zug: Bahnhof (Info-✆ der Renfe: 902 240202) in Fußentfernung am Ende der Calle Hórreo. Züge nach A Coruña fahren 16-mal täglich, nach Pontevedra und Vigo etwa stündlich, nach Ourense 6-mal, Madrid 2-mal und nach León, Burgos und Donostia (San Sebastián) je 1-mal täglich.

Bus: Busbahnhof Estación de Autobuses (Info: ✆ 981 542416) an der Avenida de Lugo, unkomfortable 1,5 Kilometer vom Altstadtrand entfernt. Bus Nr. 5 fährt von und zur Praza Galicia. Verbindungen mit CASTROMIL (und Monbus) nach A Coruña, Pontevedra/Vigo und Noia/Muros jeweils etwa stündlich, nach Villagarcía/Cambados und O Grove 6-mal, Fisterra 5-mal, Muros/Cee 6-mal, Ribeira etwa stündlich, Ourense 7-mal, Ferrol 6-mal, Betanzos 5-mal täglich. ARRIVA nach Camariñas (3-mal), FREIRE nach Lugo 5-mal, IASA nach Viveiro 1-mal täglich; HEFESL nach Muxia 2-mal und Negreira bis 15-mal tgl. ALSA/INTERCAR nach Gijón und Oviedo 3-mal, Santander und Donostia (San Sebastián) 1- bis 2-mal, nach Madrid 3-mal täglich, VIBASA tgl. nach Bilbao. ALSA fährt bis nach Aachen, Köln, Düsseldorf, Bremen und Hamburg, 3-mal wöchentl. nach Zürich (dort buchbar bei A. Leman/ALSA, Limmatstr. 103, ✆ 0041 43 3666430).

Leihwagen: Fast alle Vermieter haben ihre Büros in der Neustadt. AVIS, Hórreo s/n, ✆ 981 547831, Bahnhof ✆ 981 590409, am Flughafen ✆ 981 547830; BREA, Calle Gómez Ulla 10, ✆ 981 562670; Hertz, am Flughafen, ✆ 981 598893; EUROPCAR am Bahnhof ✆ 981 597476, am Flughafen ✆ 981 547740; ATESA, Plaza Obradorio (im Hotel Reyes Católicos), ✆ 981 581904, im Bahnhof ✆ 981 599007, am Flughafen ✆ 981 599877.

Parken: Günstig (5 Std. à 1 €) auf dem Campus der Universität an der Avda. de Rosalía de Castro, von dort ca. 15 Min. zu Fuß zur Altstadt.

Taxi: Verschiedene Standplätze, unter anderem am Bahnhof, ✆ 981 598488, am Busbahnhof, ✆ 981 582450; an der Plaza Galicia, Ecke Calle Montero de Ríos, ✆ 981 561028; in der Avenida de Figueroa am südwestlichen Altstadtrand, ✆ 981 585973.

• *Radtransport nach D/A/CH* Spezialisierter Anbieter dieses für Santiago-Radpilger wichtigen Service ist *Transporte Bpack*; Koste innerhalb Spaniens 38 €, nach D/A/I und Benelux 180 €, nach CH 250 € inklusive zweier Radtaschen. Service/Infos ✆ 636 328969 bzw. in Santiago ✆ 981 275222.

• *Post* Travesia Fonseca (Altstadt), Ecke Rúa Franco; Öffnungszeiten: Mo–Fr 8.30–20.30 Uhr, Sa 9.30–14 Uhr.

• *Telefon* Rúa Franco 50, ein Büro in der südwestlichen Altstadt.

• *Internet-Zugang* Café Terra Nova (→ Essen & Trinken), Avda. de Rodrigo del Padrón 3. Cybernova, Rúa Nova 50, gleichzeitig eine Telefonzentrale. Das Internetcafé in der Rúa Xelmirez 19, hat auch Schließfächer fürs Gepäck.

Übernachten (siehe Karte Seite 479)

Große Auswahl auf der Ebene der Hostals und hier meist „Hospedaje" genannten Pensionen und Fondas, besonders in der Rúa do Vilar (Infostellen), den westlichen Parallelgassen Calle Raiña und Rúa Franco sowie der Calle Entremurallas gleich hinter der Plaza Galicia. Zu den Fiestas del Apóstol im Juli ist Santiago dennoch sehr schnell ausgebucht, ebenso im August, ganz zu schweigen von Heiligen Jahren.

***** **Parador Hostal Los Reyes Católicos (7)**, eines der Flaggschiffe der spanischen Hotellerie. Die imposante Pilgerherberge des 15. Jh. liegt direkt am Hauptplatz der Altstadt und besitzt sogar eine Garage. Perfektes Ambiente, stilvolle Einrichtung, Zimmer mit fast allen denkbaren Annehmlichkeiten – schön für den, der es sich leisten kann, hier zu logieren: DZ 205 €. Reservierung ratsam. Praza do Obradoiro 1, ✆ 981 582200, ℻ 981 563094, santiago@parador.es.

**** **Gran Hotel Santiago (8)**, Glaskasten mit 143 Zimmern und Suiten auf dem Weg zum Monte de Gozo beim Stadion, schmaler, begrünter Lichthof mit Glasaufzug, komfortabel. DZ ab 110 €, zu Messezeiten 210 €. Rúa Mestre Mateo s/n, ✆ 981 534222, ℻ 981 534223, recepcionghs@gh-hoteles.es.

**** **Hotel Monumento San Francisco (1)**, ein Hotel am Nordrand des historischen Viertels, untergebracht in einem Teil des Klosters San Francisco; Parkplätze vorhanden. Die geräumigen Zimmer sind komplett renoviert und viersterntypisch komfortabel, das Ambiente, die Atmosphäre und die Lage sind herausragend und rechtfertigen

Galicien Karte Seite 439

einigermaßen den Preis. Beeindruckend der Kreuzgang und der Speisesaal im ehemaligen Refektorium der Mönche. DZ/Bad etwa 125–140 €. Campillo de San Francisco 3, ☎ 981 581634, ℻ 981 571916, reservas@sanfranciscohm.com.

*** **Hotel Res. Hesperia Gelmírez (36)**, großes, vor wenigen Jahren renoviertes Mittelklassehotel in zentraler Neustadtlage, etwa auf halbem Weg zwischen Bahnhof und Praza Galicia (Tiefgarage). DZ kosten zwischen 90 und 100 €. Rúa Hórreo 92, ☎ 981 561100, ℻ 981 563269, hotel@hesperia-gelmirez.com.

*** **Hotel Virxe da Cerca (14)**, 1999 eröffnet, ein Lesertipp von Verena Eickholt: „Das Hotel besitzt durchaus Paradorniveau. Wir hatten ein Zimmer nach hinten und waren von dem Verkehr auf der Hauptstraße völlig abgeschirmt. Leckeres Frühstück im Pavillon im Garten, bewachter Parkplatz direkt um die Ecke, sehr freundliches Personal." Diesem Urteil kann man sich nur anschließen. DZ nach Saison knapp 95–115 €. Rúa Virxe de la Cerca 27, ☎ 981 569350, ℻ 981 586925, www.pousadasdecompostela.com.

** **Hotel Husa Universal (33)**, absolut zentral gelegen, recht ordentliche, wenn auch etwas hellhörige Zimmer, die relativ preiswerte Tiefgarage direkt vor der Tür. Viele Zimmer gehen nach hinten, der Verkehr auf dem Platz stört deshalb nicht so sehr. DZ am Sonntag ab ca. 55 €, sonst nicht unter 80 €. Praza de Galicia 2, ☎ 981 585800, ℻ 981 585790.

** **Hotel Res. Costa Vella (2)**, sehr hübsches, erst 1999 eröffnetes Hotel in guter Lage am nördlichen Altstadtrand. Nur 14 Zimmer in einem restaurierten historischen Haus, allesamt geschmackvoll eingerichtet, z. T. Stilmöbel; reizvoller Garten, freundliche Atmosphäre. DZ nach Saison knapp 60–70 €, mit Salón 75–90 €. Porta da Pena 17, der (gebührenpflichtige) Parkplatz Juan XIII. liegt nicht weit entfernt. ☎ 981 569530, ℻ 569531, www.costavella.com.

** **Hotel Aires Nunes (18)**, hübsches kleines Hotel, erst 2002 eröffnet, unter den Arkaden der zentralen Rúa do Vilar mit Café im Erdgeschoss, geschmackvoll eingerichtete, wenn auch nicht unbedingt große Zimmer mit guter Ausstattung (Fön, Minibar, Sat-TV). DZ 75–90; Rúa do Vilar 17, ☎ 981 569350, ℻ 586925,
www.pousadasdecompostela.com.

** **Hotel Res. Rey Fernando (38)**, gepflegtes Haus am äußersten südwestlichen Zentrumsrand. Nicht weit vom Bahnhof, deshalb interessant für Spätankömmlinge. DZ/Bad nach Saison knapp 50–60 €. Rúa Fernando III O Santo 30, ☎ 981 593550, ℻ 981 590096.

* **Hotel Avenida (32)**, einfach, aber in Ordnung, karg möblierte, peinlich saubere und relativ große Zimmer mit TV, DZ inkl. Frühstück ca. 60 €; Fonte de Santo Antonio 5, ☎ 981 570051, ℻ 565817.

** **Hostal Pico Sacro (4)**, ebenfalls in diesem Gebiet. Freundliches, sehr sauberes Quartier, die 12 Zimmer vor einigen Jahren renoviert. Keine Parkplätze, aber mit dem Auto anfahrbar. Die Lage zahlt man mit: DZ/Bad nach Saison etwa 50 bis knapp 55 €. Rua San Francisco 22, ☎ 981 584466, ℻ 981 583328.

** **Hostal Res. Alameda (21)**, gut ausgestattetes, mit zwanzig gemütlichen, wenn auch eher kleinen Zimmern relativ großes Hostal im südwestlichen Altstadtbereich, in der Nähe des Stadtparks. DZ/Bad etwa 40–50 €, einfachere Zimmer ohne Bad etwas günstiger. Calle San Clemente 32, ☎ 981 588100, ℻ 981 588689.

** **Hostal Res. Mapoula (30)**, angenehmes und gepflegtes Hostal in einer winzigen Altstadtgasse unweit der Praza Galicia. Günstige Lage also, dabei vom Verkehrslärm einigermaßen abgeschirmt. Leser Robert Stark lobte auch die freundliche Aufnahme. DZ/Bad um die 40 €, auch einige günstigere Zimmer nur mit Dusche, alle recht beengt; Entremurallas 10, ☎ 981 580124, ℻ 981 584089, www.mapoula.com.

** **Hostal Res. Suso (27)**, in der oben erwähnten Arkadengasse der Altstadt, ganz in der Nähe der Infostelle. Eine beliebte Café-Bar ist angeschlossen. Nur wenige gute Zimmer mit neuen Bädern, zur Hochsaison oft belegt. DZ/Bad knapp 40 €. Rúa do Vilar 65, ☎ 981 586611.

* **Hostal Seminario Mayor (6)**, auch bekannt als Hostal San Martín, da direkt im gleichnamigen Kloster, nur ein paar Schritte von der Kathedrale. Nur von Juli bis September geöffnet, das betagte Gebäude ist sonst von Studenten und angehenden Priestern belegt. 126 (!) recht spartanische Zimmer, vom dritten Stock schöne Aussicht. DZ/Bad knapp 50 €, etwas viel fürs Gebotene, aber die Lage... Praza da Inmaculada 5, ☎ 981 583008.

*** **Pensión A Nosa Casa (29)**, in der Nähe des Hostals Mapoula. Zehn gut möblierte, teilweise leider etwas enge Zimmer, moderne Bäder. DZ/Bad ca. 35 €, auch Zimmer

Übernachten

1 Hotel Monumento San Francisco
2 Hotel Costa Vella
4 Hostal Pico Sacro
6 Hostal Seminario Mayor
7 Hotel Los Reyes Católicos
8 Gran Hotel Santiago
11 Ciudad de Vacaciones y Camping
14 Hotel Virxe Da Cerca
16 Hospedaje Ramos
18 Hotel Aires Nunes
21 Hostal Alameda
27 Hostal Suso
28 Albergue Turistico Meiga
29 Hostal A Nosa Casa
30 Hostal Mapoula
32 Hotel Avenida
33 Hotel Husa Universal
36 Hotel Gelmírez
37 Hostal Mexico
38 Hotel Rey Fernando

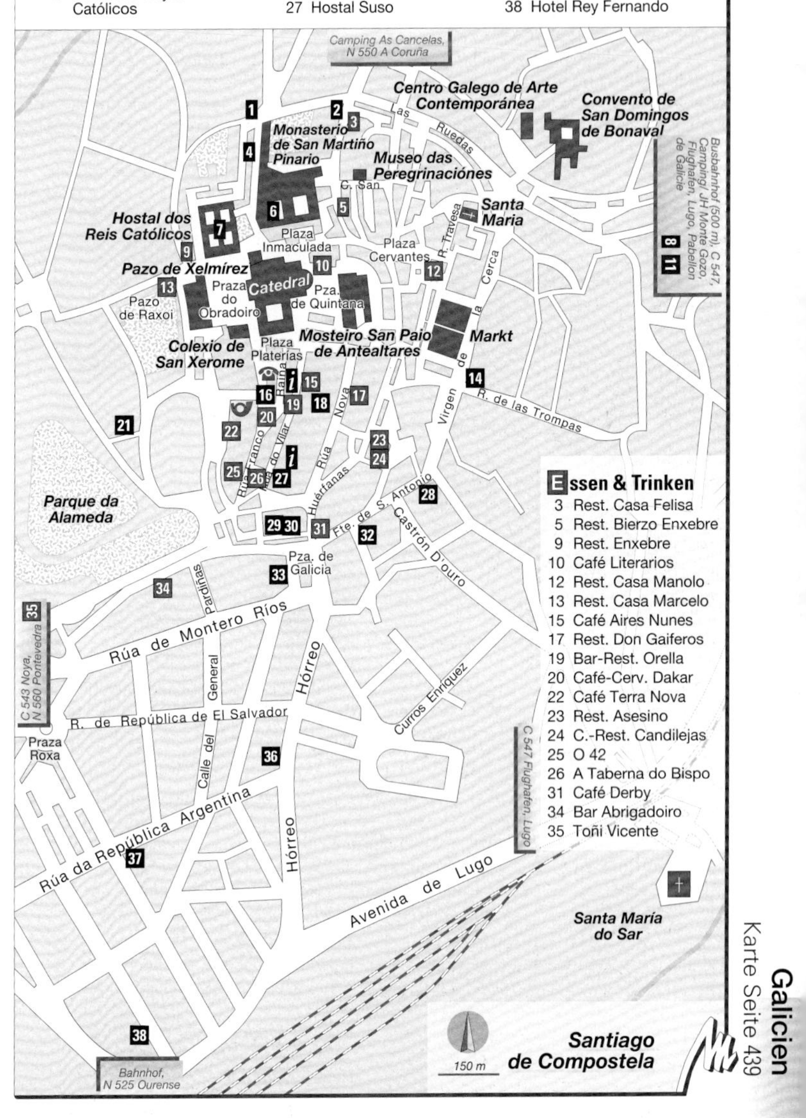

Essen & Trinken

3 Rest. Casa Felisa
5 Rest. Bierzo Enxebre
9 Rest. Enxebre
10 Café Literarios
12 Rest. Casa Manolo
13 Rest. Casa Marcelo
15 Café Aires Nunes
17 Rest. Don Gaiferos
19 Bar-Rest. Orella
20 Café-Cerv. Dakar
22 Café Terra Nova
23 Rest. Asesino
24 C.-Rest. Candilejas
25 O 42
26 A Taberna do Bispo
31 Café Derby
34 Bar Abrigadoiro
35 Toñi Vicente

Galicien Karte Seite 439

ohne Bad. Entremurallas 9, Vermieter in der Bar; ✆ 981 585926.

* **Hospedaje Ramos (16)**, in dieser Preisklasse eine gute Wahl – Zimmer relativ einfach, aber gepflegt; diejenigen mit Bad fallen deutlich besser aus. DZ/Bad knapp 30 €, die Zimmer ohne Bad sind nur eine Kleinigkeit günstiger. Rúa Raiña 18, eine westliche Parallelstraße der Rúa do Vilar, über einem Restaurant; ✆ 981 581859.

Hostal Mexico (37), 2007 renoviertes Traveller-Hostel in einem Hochhausblock, 103 Betten in EZ, DZ und Dreibettzimmern (keine Dorms), alle mit Bad, TV und AC. W-Lan ist gratis, es gibt ein Café fürs Frühstück aber keine Küche. Bett p. P. ab 22,50 €, im EZ ab 29 €; Rúa Republica Argentina 33, ✆ 981 598000, ℻ 981 598016, www.hostalmexico.com.

Albergue Turistico Meiga (28), wie schon die Internetadresse verrät: ein Backpacker, der erste in Santiago (war ja zu erwarten). Typ schlichtes Hostal in einem Wohnhaus (3. Etage), eher laut, da direkt an einer auch nachts verkehrsreichen Straße, aber nahe dem Zentrum, und darauf kommt es an. Betten in Dorms mit Balkon (4–8 Pers.) ab ca. 16 € p. P., im DZ ab 19 €, Rúa Fonte de San Antonio 25/3, ✆ 981 570846, www.meiga-backpackers.es.

Ciudad de Vacaciones y Camping (11) auf dem Monte de Gozo, dem „Berg der Freude" etwa vier Kilometer außerhalb in Richtung Flughafen, Bus C1 stündlich ab Busbahnhof und Bahnhof, Bus Nr. 7 an Wochenenden und Bus Nr. 6 ab der Calle Hórreo jedoch nur von/bis Hotel Santiago Apostól an der Staatsstraße ca. 0,5 km unterhalb. Hotelbetrieb, Pilgerherberge und Jugendherberge, allesamt in mehr oder weniger komfortabel ausgestatteten Containern, viele Gruppen. Im Gebiet auch Läden, Restaurant/Bar, Spielsalon mit Internet. Hotel-DZ ab ca. 45 €. San Marcos s/n, ✆ 981 5589 42, ℻ 981 562892. Angeschlossen die **Jugendherberge Monte do Gozo**, ganzjährig geöffnet, im Sommer häufig voll belegt, Reservierung sehr ratsam: ✆ 981 558942.

Camping

Zur Fiesta im Juli sollte man besser schon vormittags eintreffen, denn dann sind auch die hiesigen Campingplätze schnell voll belegt.

Monte do Gozo (1. Kat.), auf dem gleichnamigen „Berg der Freude", der letzten Landmarke des Jakobswegs, etwa vier Kilometer außerhalb der Stadt Richtung Flughafen. Sehr ausgedehnter, gut ausgestatteter Platz, allerdings kaum Schatten. Ganzjährig geöffnet, p.P. und Zelt je etwa 5 €, Auto 4,50 €. Ctra. Aeropuerto, km 2, ✆ 981 558942.

As Cancelas (2. Kat.), auf einem Hügel am Nordostrand der Stadt, relativ nahe am Busbahnhof. Gestreckte Fußentfernung ins Zentrum, Gratisplan an der Rezeption erhältlich. Terrassenartig angelegter Platz, etwas Schatten, erstklassige Sanitärs; Cafeteria/Restaurant, Swimmingpool (gratis). Ganzjährig geöffnet; Preise saisonbedingt p.P., Auto Zelt je gut 5,50 €, Bungalows 50–100 €. Anfahrt vom Zentrum über die N 550 Richtung A Coruña, am zweiten Kreisverkehr, der Plaza de España (Tankstelle), rechts, dann gleich wieder halblinks, beschildert. Busse Nr. 6 alle 20 Minuten ab Calle Hórreo 25, vor der Apotheke; letzter gegen 22.45 Uhr. ✆ 981 580266.

Essen/Nachtleben (siehe Karte Seite 479)

Wohl seiner großen Studentenkolonie verdankt Santiago die reichlich vorhandenen Tapa-Bars und einfachen Bar-Restaurants, die vornehmlich in den selben Altstadtgassen liegen wie die Hostals und Hospedajes. Berühmteste Spezialität der Stadt ist die „Tarta de Santiago", ein mit einem Kreuz geschmückter Mandelkuchen.

• *Restaurants* **Rest. Toñi Vicente (35)**, seit langem die erste Adresse Santiagos, mit einem Michelin-Stern ausgezeichnet und mit vielen anderen Kochpreisen bestückt. Vielseitige, phantasievolle Küche mit Schwerpunkt auf Fischgerichten und Mariscos. Menü ab etwa 45 €. Calle Rosalía de Castro 24, ✆ 981 594100. Sonntags geschlossen.

Rest. Don Gaiferos (17), ebenfalls eine viel gelobte Kathedrale der Kochkunst. Im Angebot internationale und regionale Speisen, wobei auch hier die Meeresküche dominiert. 3 Gänge ab ca. 30 €. Rúa Nova 23, ✆ 981 583894. So geschlossen.

Rest. Enxebre (9), Edelrestaurant des Parador, etwas unterhalb am Abgang zur Rúa

Prächtiges Pilgerziel:
die Kathedrale von Santiago de Compostela

▲▲ Schwungvoll: Surfer-Skulptur in La Coruña
▲ Stimmungsvoll: Muschelbänke vor O Grove

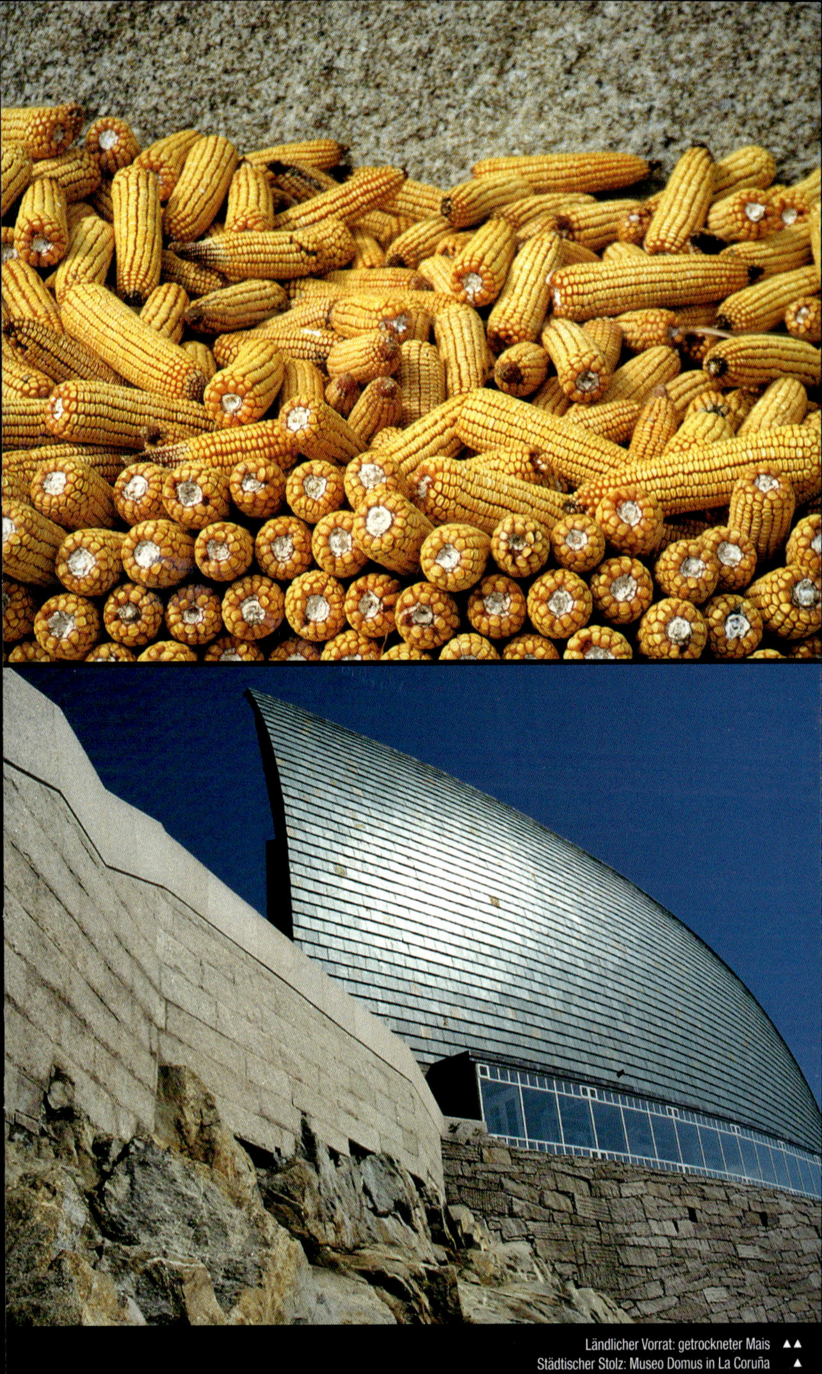

Ländlicher Vorrat: getrockneter Mais ▲▲
Städtischer Stolz: Museo Domus in La Coruña ▲

▲▲ Traditionell: Cruceiro aus Granit

▲▲ Traumhaft: Strand von O Grove

▲ Friedlich: Mosteiro de San Estevo

das Hortas. Feine Küche zu erträglichen Preisen: Ein Menü aus galicischen Jakobsmuscheln und einem gemischten Fischteller kostet ca. 30 €, Tagesmenü 20 €. Costa de Cristo s/n, ✆ 981 582200.

Rest. Casa Marcelo (13), ein Lesertipp von Rolf Müller und Susanne Halbach: „Keine Scheu vor anscheinend piekfeinen Restaurants – hier gibt´s eine ellenlange Weinkarte und ausschließlich ein täglich wechselndes Fünfgangmenü in lockerer Atmosphäre. Offene Küche, man schaut dem sehr freundlichen Chefkoch (Bocuse-Schüler, schwört aber eher auf Witzigmann) beim Handwerk zu." Menü 43 €, normale Getränkepreise, Abendessen nicht vor 22 Uhr. Rúa Hortas 1, Reservierung ratsam, da nur 12 Tische: ✆ 981 558580.

Rest. Bierzo Enxebre (5), rustikales Lokal mit galicischer und Bierzo-Küche, Tagesmenü 11 €, abends 30 € f. 2 Pers., sehr gut die Morcilla (Blutwurst) de León (o Burgos) 7,50 €, delikater Bacalao 13 €; Rúa Troía 10, im nördlichen Altstadtbereich, www.bierzoenxebre.com.

Rest. Asesino (23), eine Lokal-Berühmtheit seit den Sechzigern. Studentenkneipe, Prominententreff – der „Mörder" mit seiner kuriosen Atmosphäre hat sogar gnädige Aufnahme in so manchem Kulinarierführer gefunden. Galicisches Menü ab etwa 15 €. Praza de Marcelo 16 981 151568.

Bar-Rest. O 42 (25), in einer in punkto Restaurants eigentlich ziemlich touristischen Gegend. Die Küche ist jedoch ausgesprochen gut, die Atmosphäre angenehm und die Auswahl galicischer Weine vielfältig, weshalb das Restaurant auch von Einheimischen geschätzt wird. Menü à la carte ab 15 €, à la carte ab 22 €, man kann es jedoch auch bei den bekannt guten Raciones an der Bar belassen (3–11 €). Rúa Franco 42.

Rest. Casa Felisa (3), das Restaurant der Pension gegenüber dem Hotel Costa Vella hat einen hübschen Garten, sehr freundlichen Service und ausgezeichnete Küche zu für Santiago zurückhaltenden Preisen: 11 € für ein Menü der gehobenen Klasse (z. B. mit Bacalao in der Folie), Wein, Wasser und Kaffee. Rua Porta da Peña 5, ✆ 981 582602, www.casafelisa.es.

Cafetería-Rest. Candilejas (24), optisch unscheinbares Lokal an einem hübschen kleinen Altstadtplatz, Tische auch im Freien. Üppig portionierte Menüs der Marke „solide Hausmannskost" kommen hier schon für knapp 7,50 € auf den Tisch. Plaza Mazarelos 11.

Casa Manolo (12), seit Jahren ein Tipp nicht nur in Santiagos Studentengemeinde. Auch von einigen Lesern gelobt, während andere lieblos bereitetes Essen und ein Industriedessert bekamen und von „Geldschneiderei" sprechen. Die Menüs hier bieten sowohl mittags als auch abends üppige Portionen in großer Auswahl (etwa 15 Gerichte pro Gang!) und kosten dabei nur 6 € (allerdings im Gegensatz zum sonstigen Brauch ohne Wein). Kein Wunder, dass sich Warteschlangen bilden, die oft bis ins Freie reichen. Praza Cervantes, Ecke Rúa San Bieito.

• *Tapa-Bars und Cafés* **Bar Abrigadoiro (34)**, südlich des Parque de la Herradura. Herrlich rustikale Bodega, von deren Decke Schinken baumeln; eine beeindruckende Reihe alter Fässer dient als Tische. Gute Wurst-, Schinken- und Käseauswahl, nett auch nur für ein Glas Wein. Rúa da Carrera do Conde 5, nur abends.

Bar-Rest. Orella (19), nicht so ganz preisgünstige Bar, die in breiter Auswahl hauptsächlich Bocadillos und Raciones offeriert und vor allem ein junges Publikum anzieht, abends oft gesteckt voll. Rúa da Raíña 19, eine Parallelgasse zur Rúa do Vilar. Ganz ähnlich im gleichen Haus das rustikale **Rest. Maria Carteña** mit großer Auswahl vor allem an Pinchos und Raciones.

Café Aires Nunes (15), nahe den Infostellen. Hübsches, beliebtes Konditorei-Café mit kleinem Gärtchen nach hinten. Neben Snacks wie Sandwichs, Tortilla-Tapas etc. gibt es hier auch sehr feine Torten und Kuchen. Rúa do Vilar 17.

Café Literarios (10), direkt hinter der Kathedrale. Gemütliches Café in schöner Lage, ein gern besuchter Treffpunkt. Praza Literarios, von der Praza Quintana die Treppen hoch.

Café Derby (31), eines der ältesten Cafés der Stadt, schönes Jugendstildekor. Seit langem eine Institution in Santiago. Rúa do Orfas 29.

Café-Cervecería Dakar (20), eine herrlich nostalgische Mischung aus Bierstube und Café, in der es auch Bocadillos und andere Kleinigkeiten gibt. Nicht teuer. Rúa Franco 13.

Café Terra Nova (22), ruhiges Nichrauchercafé mit vorwiegend studentischer Klientel, viele mit Laptop, denn der Internetzugriff ist kostenlos, auch PCs zur Gratis-Bedienung. Sehr guter Kaffee, und ein sicherer Standort einen Steinwurf unterhalb der Kathedrale: links daneben und gegenüber stehen Polizeiwagen. Avda. de Rodrigo del Padon 3, www.cafeterranova.com.

A Taberna do Bispo (26), Tapas, Bier vom Fass und Wein zu fairen Preisen, eine Empfeh-

Galicien
Karte Seite 439

lung von Leser Wolfgang Schröder, Calle Franco 37 bajo, ✆ 981 586045, www.atabernadobispo.com.

• *Nachtleben* Während des Semesters ist am Donnerstag das meiste los, denn übers Wochenende fahren viele Studenten heim. Von Juli bis September zeigt sich Santiago eher von der ruhigen Seite.

In der Altstadt ist nur bis etwa Mitternacht Betrieb. Einen Besuch wert sind dort unter anderem folgende Bars und Cafés:

Modus Vivendi, eine der traditionsreichsten und immer noch beliebtesten Bars der Stadt. Gelegentlich Live-Konzerte; Praza de Feixóo 1.

Paraíso Perdido, das „Verlorene Paradies", nicht minder berühmt und belebt. Zu suchen in der Rúa de San Paio de Entre Altares, unweit der Plaza Quintana.

Café Azul, ähnlich legendär wie die beiden oben genannten Adressen, zu suchen in der Rúa do Vilar 85.

Casa das Crechas, mit traditioneller galicischer Musik, gelegentlich live. Via Sacra 3.

Rúa Nova in der Rúa Nova 36, ebenfalls eine sehr beliebte Anlaufstelle.

Später in der Nacht geht es in die Bars der „Zona Nueva" genannten Neustadt, besonders ins Gebiet um die Praza Roxa (Plaza Roja), z. B. in die Rúa Nova de Abaixo oder die Rúa Frei Rosendo Salvado.

Schwule treffen sich im Forum, Rúa Travesa 2 und im Man Ray, Hospitaliño 18, vor allem studentische Klientele.

Einkaufen/Feste

• *Einkaufen* An Pilgersouvenirs herrscht natürlich kein Mangel: Jakobsmuscheln, Wanderstöcke, mehr oder weniger gelungenes Kunsthandwerk ...

Markt: Lebendiger und erlebenswerter Mercado mit breitem Angebot an der Plaza del Abastos, östlicher Altstadtrand. Nur bis mittags geöffnet.

Südlich der Kathedrale: Praza das Platerías

Im **Käseladen** Casa de los Quesos in der Rúa dos Bautizados 10 gibt es die typische, wie ein Busen geformte Tetilla, den kegelförmigen San Simón de Cista und zum Käse galicischen Schinken und Albariño-Wein sowie eine gute Auswahl an Orujos.

Manxares de Galicia: Gute Auswahl galicischer Weine sowie anderer lokaler Köstlichkeiten. In der Altstadt, Rúa Franco 25.

Rúa Azabachería: Östlich der Plaza Inmaculada verläuft die Straße des schwarzen Gagatsteins Azabache, der hier von zahlreichen Juwelieren zu schönen Schmuckstücken und Amuletten verarbeitet wird.

• *Folklore und Feste* **La Tuna**, eine alte Tradition, geht auf das Mittelalter zurück. Damals pflegten Studenten in malerisch weiten Umhängen zur zwölfsaitigen „Banduira" ihrer Angebeteten ein Ständchen zu halten und bekamen, wenn erfolgreich, von der Dame als Zeichen der Gunst ein Band in den Farben ihrer Fakultät. In der Vergangenheit waren die Gesänge vornehmlich im Juli und August ab etwa 22 Uhr zu hören, vor allem in der Rúa Franco, manchmal auch am Kathedralenplatz. Mittlerweile allerdings scheint „La Tuna" zu einer studentischen Einkommensquelle ersten Ranges geworden zu sein, manchmal hört man sie den ganzen Tag und überall – mancher Leser fand das auf Dauer eher lästig. Kassetten mit „Tuna"-Liedern an der Plaza Obradoiro 12.

Fiestas de la Ascensión, um Christi Himmelfahrt, 40 Tage nach Ostern, ein etwa einwöchiges, volkstümliches Fest. Messe in der Kathedrale, bei der auch das Weihrauchfass Botafumeiro zum Einsatz kommt, Viehmarkt, kulturelle und sportliche Ereignisse.

Fiestas del Apóstol, vom 15.–31. Juli. Das Hauptfest der Stadt, Höhepunkt ist natürlich der 25. Juli, der Tag des Heiligen Santiago. In der Nacht vorher findet an der Plaza del Obradoiro das große Feuerwerk „Fogo do Apóstolo" statt, am Tag des Heiligen selbst eine große Prozession mit feierlicher Messe in der Kathedrale. Im Beiprogramm Konzerte, ein Folklore-Festival, Theateraufführungen etc.

Sehenswertes

Unmöglich, an dieser Stelle alle Sakralbauten der Stadt aufzuführen: Kirchen und Klöster zählen in die Dutzende. Hier deshalb nur die wichtigsten Monumente, Plätze und Museen – schließlich ist es in Santiago vor allem der harmonische Gesamtaufbau, der Streifzüge immer wieder zu einem Erlebnis werden lässt.

Praza do Obradoiro

Der weite, elegante Vorplatz der Kathedrale ist die gute Stube Santiagos. Atmosphäre verleihen ihm nicht nur die Besucher: An allen Seiten ziehen bemerkenswerte Bauten unterschiedlicher Herkunft und Stile den Blick an.

Hospital Real: Den Norden der Plaza besetzt das im Jahr 1492 nach der Eroberung Granadas, der letzten moslemischen Bastion in Spanien, von den „Reyes Católicos" Isabella und Ferdinand gegründete ehemalige Pilgerhospiz. Heute ist hier das stilvollste Hotel der Stadt untergebracht, eines der schönsten des Landes. Architektonisches Juwel des Gebäudes ist das zum Platz gewandte Portal in seinem prächtigen Plantereskschmuck.

Pazo de Rajoy: Im Westen des Platzes gelegen, beherbergt der klassizistische Palast des 18. Jh. heute das Rathaus und den Präsidentensitz der Xunta de Galicia, der galicischen Regionalregierung. Ein wahrhaft monumentaler Bau – die Fassade ist immerhin 87 Meter lang.

Colexio de San Xerome: Im Süden der Plaza. Der vergleichsweise schlichte Bau entstand Anfang des 16. Jh., wurde nach einem Brand des 17. Jh. neu errichtet und dient heute als Rektorat der Universität. Beachtenswert ist vor allem das schöne romanische Portal (13. Jh.), das ursprünglich das Alte Hospital schmückte und erst nach dem Brand hierher versetzt wurde.

Pazo de Xelmírez: Im Nordosten der Praza steht, von der Kathedrale weit überragt, der romanische Bischofspalast aus dem 12./13. Jh., der seinen Namen nach einem der bedeutendsten Erzbischöfe Santiagos trägt. Das nüchterne Äußere steht in deutlichem Kontrast zum aufwendig geschmückten Inneren des Baus. Besonders prachtvoll ausgefallen ist der über 30 Meter lange Festsaal Salón de Fiestas.

Öffnungszeiten → Kathedrale; Eintrittsgebühr knapp 5 € in Kombination mit den Museen der Kathedrale. Hier auch Verkauf und Reservierung der Führungen zum Dach der Kathedrale.

Catedral

„Sie zählt nicht zu jenen Sehenswürdigkeiten, die ihre Reize nur andeuten und uns erst nach längerer Bekanntschaft begeistern: Sie erobert einen im Sturm. Sie bleibt in den Gedanken als dauerhafter Besitz, und wer sich an sie erinnert, fühlt sich bereichert." (W. Somerset Maugham)

Galicien
Karte Seite 439

Die dem spanischen Nationalheiligen Santiago, dem Apostel Jakobus major (dem älteren) geweihte Kathedrale, Endpunkt zahlloser entbehrungsreicher Pilgerfahrten, war für die beteiligten Architekten und Künstler natürlich eine Herausforderung ersten Ranges. Das Ergebnis ist über die Maßen beeindruckend.

Baugeschichte: Die Kathedrale steht an Stelle einer Vorgängerin, die 899 auf den Grundmauern eines bescheidenen, noch älteren Baus errichtet und 997 durch die Mauren zerstört wurde – Fairness genug, die Reliquien Santiagos nicht anzutasten, zeigten die Moslems. Um 1075 begann im romanischen Stil der Neubau, der mit der Einweihung am 3. April 1211 abgeschlossen wurde. Im Lauf der Zeit kamen einige Elemente der Gotik und der Renaissance hinzu. Das 18. Jh. schließlich brachte eine weitgehende Barockisierung des Äußeren, die letztlich auch den erfreulichen Effekt hatte, das wunderbare Werk des Pórtico de la Gloria vor Wind und Wetter zu schützen. Der Innenraum jedoch ist weitgehend unverändert romanisch geblieben.

Westfassade: Nicht umsonst wird sie „El Obradoiro" („Goldenes Werk") genannt, leuchtet die wundervolle, churrigueresk angehauchte Barockfassade bei Abendsonne doch tatsächlich golden. Sie ist ein Entwurf des Architekten Fernando de Casas y Novoa und wurde 1747 fertig gestellt. Zwei Zwillingstürme von 74 Meter Höhe nutzen jeweils einen romanischen Vorgänger als Basis und umrahmen den Mittelgiebel, der einem Retabel (Altaraufsatz) nachempfunden wurde. Über dem oberen Fenster ist der Sarkophag dargestellt, in dem der Heilige nach Spanien gekommen sein soll. Darüber steht eine Statue des Heiligen Jakob als Pilger, flankiert von Königen.

Catedral Vieja: Unter der Freitreppe von 1606 liegt der Eingang zur sogenannten „Alten Kathedrale". In Wirklichkeit handelt es sich um einen Unterbau, der aus statischen Gründen notwendig wurde, da das Gelände zur Plaza Obradoiro hin abschüssig ist. Erst durch ihn wurde beim Neubau des 11./12. Jh. die Verlängerung gen Westen ermöglicht. Die von reizvoll kapitellgeschmückten Säulen gestützten Gewölbe sind zugänglich.

El Pórtico de la Gloria: Auch wenn man um die Baugeschichte weiß, erstaunt es doch, hinter der Barockfassade plötzlich auf ein romanisches Portal zu stoßen. Der Eingang der alten Westfassade, in einer zwei Jahrzehnte währenden Arbeit von etwa 1166 bis 1188 unter der Leitung von *Meister Mateo* geschaffen, ist eines der bedeutendsten Meisterwerke der gesamten Romanik und innerhalb Spaniens ohne Vergleich, ein dreibogiges Portal von unglaublich detailliert gearbeitetem Figurenschmuck. Über 200 Apostel, Heilige, Fabelwesen und Engel tummeln sich auf den Bögen. Die ursprüngliche Bemalung ist nur noch in Spuren erhalten, was den faszinierend lebendigen Eindruck der Personen jedoch nicht schmälert. Die galicische Dichterin Rosalía de Castro beschrieb ihre Empfindungen beim Anblick des Pórtico so: „Es scheint, als ob sich die Lippen bewegen, als ob die einen mit den anderen leise sprechen. Sind diese wirklichen Gesichter, diese lebendigen Augen überhaupt aus Stein?"

Im *Tympanon* über dem Hauptportal thront der gekrönte Christus, der seine Wundmale zeigt, umgeben von den vier Evangelisten mit ihren Symboltieren: links Johannes mit dem Adler, darunter Lukas mit dem geflügelten Stier; rechts oben Matthäus, darunter Markus mit dem Löwen. Umgeben sind sie

Meisterwerk der Romanik: Pórtico de la Gloria

von den Himmlischen Heerscharen und Engeln, die die Symbole der Passion Christi in Händen halten. In der *Archivolte* sind die 24 Ältesten der Apokalypse beim Stimmen ihrer Instrumente zu sehen. Die *Mittelsäule* unter Christus ist dem Heiligen Santiago gewidmet. Über seinem Kopf sind die Versuchungen dargestellt, unter seinen Füßen die Dreifaltigkeit, gefolgt von der Wurzel Jesse. Es ist einer der wichtigsten Momente der Wallfahrt, die Wurzel unter dem sitzenden Jakob zu berühren und sich dabei etwas zu wünschen: Millionen von Pilgerhänden haben so über die Jahrhunderte fünf Vertiefungen in den weißen Marmor gegraben. Hinter der Säule kniet eine Figur, die der Überlieferung zufolge Meister Mateo, den Schöpfer des Portals, darstellt. Gläubige und besonders Kinder stoßen ihre Köpfe dreimal gegen die Stirn des Meisters, um so symbolisch seine Weisheit anzunehmen.

An den Säulen des *linken Pfeilers*, auf gleicher Höhe mit Santiago, reihen sich von links nach rechts Jeremias, Daniel, Jesaias und Moses. Berühmt ist das versonnene Lächeln des Propheten Daniel: Nach der örtlichen Überlieferung lächelt er der ihm gegenüber stehenden, wohlgeformten Esther zu, die deshalb sanft errötet – wie man sagt, hätten die Kirchenoberen, als sie von dieser Deutung hörten, Esther per Meißel ihres Busens berauben lassen. Die Figuren des *rechten Pfeilers* stellen die Apostel Petrus, Paulus, Jakobus und Johannes dar, letzterer ebenfalls lächelnd.

Die Säulen des *linken Seitenportals* sind den Kleinen Propheten gewidmet, während die drei Archivolten zwischen Blattschmuck Christus als Erlöser, Adam und Eva, Personen des Alten Testaments sowie die Gefangenschaft der Stämme Israels zeigen. An den Säulen des *rechten Seitenportals* stehen vier Apostel, von denen nur die beiden rechten zweifelsfrei als Bartholomäus und

Galicien
Karte Seite 439

Thomas identifiziert werden können. Die Archivolten stellen das Jüngste Gericht dar: links die Gerechten als Kinder, rechts die Verdammten. In einer kuriosen Szene in der mittleren Archivolte sieht man über Bartholomäus und Thomas eine Figur, die eine Empanada verspeisen will, aber von einer um ihre Kehle gewundenen Schlange daran gehindert wird; eine weitere versucht, natürlich vergebens, kopfüber aus einer Flasche zu trinken. Schließlich lohnt sich noch ein Blick auf die Basen der Säulen, die neben Tieren auch symbolische Fantasiefiguren aufweisen.

Inneres der Kathedrale: Von stolzen Dimensionen – die drei auffallend hohen und breiten, von einem Kranz von Kapellen unterschiedlicher Stile umgebenen Schiffe sind 97 Meter lang, das imposante Querschiff 65 Meter; die zentrale Kuppel misst 32 Meter Höhe. Zu den Ausmaßen passt das riesige, 80 Kilogramm schwere Räucherfass *botafumeiro*, zu sehen in der Bibliothek, das an Festtagen von acht Männern, den sogenannten „Tiraboleiros", unter der Vierung geschwenkt wird und dabei mit einer Geschwindigkeit von knapp 70 Stundenkilometern einen Halbkreis von fast 50 Metern Durchmesser beschreibt. Wie es heißt, wurde der enorme Weihrauchkessel, der größte seiner Art weltweit, aus einem vorwiegend praktischen Grund eingeführt: Mit den zunehmenden Pilgerströmen sei eines Tages der Geruch der erschöpften, verschwitzten Menschenmenge in der Kathedrale kaum noch zu ertragen gewesen – offensichtlich nahm es seinerzeit nicht jeder Pilger so genau mit der rituellen Waschung im Flüsschen Labacolla.

Capilla Mayor: Ersehntes Ziel aller Wallfahrer ist die prachtvolle, im üppigen Barock des 17. Jh. neu gestaltete Kapelle über dem Grab des Heiligen. Zum Abschluss der Wallfahrt drängt es jeden echten Pilger, den Mantel der romanischen, mit Gold, Silber und Juwelen überreich geschmückten Jakobsfigur zu küssen. Der Andrang ist so groß, dass der Verkehr im Einbahnstraßenverfahren geregelt werden muss – Treppe hoch, Kuss, und bitte weiter. Für Besinnlichkeit und Erinnerungen an eine für Fußpilger doch recht entbehrungsreiche Wallfahrt bleibt hier leider nur wenig Zeit. Die *Krypta* unter dem Hauptaltar bewahrt in einem silbernen Sarkophag (1896) die Reliquien des Heiligen und seiner Schüler, der beiden Heiligen Theodor und Athanasius.

Älteste Kapelle der Kathedrale ist die *Capilla del Salvador* im Chorscheitel hinter dem Hauptaltar; sie stammt aus den Anfängen des romanischen Baus um 1075. Die barocke *Capilla del Pilar* rechts von der Capilla Mayor, geschaffen im frühen 18. Jh., gilt als schönste der vielen Kapellen. Die restlichen Kunstschätze in der vor solchen fast berstenden Kathedrale können nur gestreift werden. Beispiele unter vielen sind der Kirchenschatz *Tesoro* und die *Capilla de las Reliquias* (beide im rechten beziehungsweise südlichen Seitenschiff), in der neben neben den Gräbern von Königen des 12. und 13. Jh. auch der Reliquienschrein von Santiago el Menor besondere Beachtung verdient: Die Büste trägt das Halsband des ehrenvollen Ritters Don Suero de Quinones aus Hospital de Órbigo (siehe dort) in Kastilien, das dieser nach langen Jahren des Heldentums dem Apostel gestiftet hatte. Ebenfalls sehr sehenswert sind das Gitter des Chorumgangs und das Gewölbe der *Capilla de Mondragón* im rechten Chorumgang.

Kreuzgang: Durch den Museumseingang an der Praza do Obradoiro erreicht man den Kreuzgang, er, zählt zu den größten des ganzen Landes. Er wurde im 16. Jh. an der Stelle seines romanischen Vorgängers errichtet und weist spätgotische und plattereske Stilelemente auf.

Die *Bibliothek* ist heute ebenfalls Teil des Museums, sie ist im Westflügel untergebracht. Beachtenswert ist hier insbesondere ein Exemplar des Pilgerführers Codex Calixtinus sowie das Räucherfass Botafumeiro. Ein *Teppichmuseum*, unter anderem mit Entwürfen von Goya und Rubens, und ein *Archäologisches Museum* schließen sich an. Im Jahr 2004 eröffnete die Kathedrale ihre neue Bibliothek zum Jakobsweg, die zu diesem Zeitpunkt aus 6700 Publikationen bestand und ständig wächst. Sie ist auch dem Publikum zugänglich.

Das Dach der Kathedrale: Seit 2004 ist es möglich, im Rahmen einer Führung (Di–So 10–14, 16–20 Uhr, 10 €) das Dach der Kathedrale zu ersteigen. Ausgangspunkt und Verkaufsstelle ist der Pazo de Xelmírez (siehe oben) an der Praza do Obradoiro, die Gruppenstärke darf 25 Personen nicht übersteigen. Im 18. Jh. war das Dach, ursprünglich aus Granit, mit Ziegeln gedeckt worden, erst Mitte des 20. Jh. erhielt es seinen ursprünglichen Charakter zurück. Nicht nur der Blick über die Kathedrale selbst, auch die Aussicht auf die Stadt überwältigt. Vielleicht geht es einem ja wirklich wie Aymeric Picaud, der im Codex Calixtinus über den Besuch auf dem Dach der damals noch unfertigen Kathedrale schrieb: „Wer mit schwerem Herzen aufsteigt, geht als fröhlicher Mensch wieder nach unten."

• *Öffnungszeiten* Kathedrale, Kreuzgang und Museen im Winter (Okt. bis Mai) Mo–Sa 10–13.30, 16–18.30 Uhr, im Sommer tgl. 10–14, Mo–Sa 16–20 Uhr; Eintrittsgebühr zu den Museen inkl. Catedral Vieja und Kreuzgang sowie Pazo de Xelmírez 5 €. Dachführung Di–So 10–14, 16–20 Uhr, Eintritt 10 €, erm. 8 €, Eingang durch den Pazo de Xelmírez, Reservierung sinnvoll: ✆ 981 552985.

Plätze um die Kathedrale

Praza das Platerías: Der schmucke kleine Platz liegt an der Kathedralen-Südseite, die als einzige Fassade der Kirche noch romanischen Ursprungs ist und ein sehr schönes Doppel-Portal besitzt: Die *Puerta de las Platerías* (Tor der Silberschmiede) zeigt im linken Tympanon die Versuchung Christi in der Wüste und die Ehebrecherin, im rechten Geißelung und Dornenkrönung des Heilands. Berühmt ist auch die Darstellung König Davids mit der Harfe. Rechter Hand erhebt sich der mächtige, über 70 Meter hohe Uhrturm *Torre del Reloj*, der früher eine der größten

Glocken der Welt besaß. Sie soll mehr als zwanzig Kilometer weit zu hören gewesen sein und steht heute im Kreuzgang. Der hübsche Pferdebrunnen *Fonte dos Cabalos* stammt aus dem 19. Jh.

Praza da Quintana: Ein wunderhübscher Platz an der Ostseite der Kathedrale. Zwei ihrer Portale weisen auf die Plaza de la Quintana, die barocke Königspforte *Puerta Real* (1666) und, rechts davon, die Heilige Pforte *Puerta Santa*, auch *Puerta del Perdón* (Pforte der Vergebung) genannt. Letztere wird an jedem 31. Dezember, der einem Heiligen Jahr vorangeht, geöffnet, ein Ritual, das seit 1428 begangen wird. Ein Jahr lang bildet sie nun den Haupteingang

Galicien Karte Seite 439

zur Kathedrale, bis sie an dessen Ende wieder zugemauert wird. Die 24 Skulpturen in den Kassetten stammen aus der Werkstatt des Meister Mateo, des Schöpfers des Pórtico de la Gloria, und schmückten ursprünglich den romanischen Chor der Kathedrale. Auch an den übrigen Seiten wird die Praza da Quintana von historischen Bauten umringt, darunter im Osten das Kloster *Mosteiro de San Paio de Antealtares.* Zur Semesterzeit ist der Platz ein beliebter abendlicher Treffpunkt der Studenten.

Praza da Inmaculada: Im Norden der Kathedrale, ehemals der Platz der fliegenden Händler, denn im Mittelalter war hier die traditionelle Ankunft der Pilger. Die *Puerta de la Azabachería* entstand ursprünglich im 11. Jh., wurde aber bei Unruhen zerstört und im 18. Jh. neu gestaltet.

Mosteiro de San Martíño Pinario: Das ehemalige Benediktinerkloster flankiert den Norden der Praza da Inmaculada und war einst das mächtigste Kloster Santiagos. Zeitweilig waren ihm mehr als dreißig andere Klöster unterstellt. Gegründet wurde es bereits 912, die heutige Form des mit gleich drei Kreuzgängen und einer Fläche von 20.000 Quadratmetern sehr ausgedehnten Klosterkomplexes geht jedoch auf das 16.-18. Jh. zurück. San Martíño Pinario gilt als bedeutendster Barockbau Santiagos. Auf dem Giebel ist der heilige Martin dargestellt, über dem Eingangstor der Heilige Benedikt. Mit der schönen, dreigeteilten Fassade und dem riesigen Hochaltar besonders sehenswert ist die Klosterkirche des 16. Jahrhunderts an der Praza de San Martíño.

Öffnungszeiten variabel, Eintritt 2 €.

Weitere Sehenswürdigkeiten in Santiago

In dieser von Kirchen und Klöstern geprägten Stadt gilt es schon ein wenig aufzupassen, vor lauter Monumenten nicht das Gesamtbild aus den Augen zu verlieren... Empfehlenswerte Straßen zum Bummel sind z. B. die *Rúa Nova*, die *Rúa do Vilar* mit ihren traditionellen Häusern, die *Calle de la Reina* und die *Rúa Franco,* alle südlich der Kathedrale. Daneben lohnt auch das nördliche Gebiet einen oder mehrere Streifzüge. Dazu kommt, dass Santiago de Compostelas moderne Viertel ein wahres Freilichtmuseum zeitgenössischer Architektur darstellen, wie sie in Zukunft von der derzeit noch im Bau befindlichen Ciudade da Cultura auf dem Monte Gaiás (Entwurf Peter Eisenman) repräsentiert werden wird.

Museo das Peregrinacions: An der Rúa de San Miguel dos Agros, wenig östlich des Mosteiro de San Martíño Pinario, befasst sich das Museum der Pilgerfahrten mit dem Jakobsweg selbst, aber auch mit den Ursprüngen der Jakobsverehrung, dem Bild des Heiligen im Wandel der Zeit etc. Ein eigener Raum ist der Kathedrale und der Stadt Santiago gewidmet, Modelle veranschaulichen die drei Hauptstadien der Entwicklung der Kathedrale. Die Bilder, Texte und Skulpturen der sehenswerten Ausstellung sind auf Deutsch in einer Broschüre dokumentiert, die man beim Kauf der Eintrittskarten erhält. Das Museum soll in Zukunft in ein noch zu einzurichtendes Museo da Ciudade (Stadtmuseum) im heutigen Gebäude der Banco de España an der Praza das Platerías integriert werden.

Öffnungszeiten Di–Fr 10–20 Uhr, Sa 10.30–13.30, 17–20 Uhr, So/Fei 10.30–13.30 Uhr. Eintritt 2,50 €, Studenten die Hälfte.

Architektur pur: „Schneckentreppe" im Museo de Pobo Galego

Mercado de Abastos: Auch der Markt Santiagos ist in gewisser Weise eine Sehenswürdigkeit. Die aus grauem Granit errichteten Hallen wirken uralt, fast sakral, und stehen damit in deutlichem Gegensatz zum höchst lebendigen Treiben. Übrigens gibt es hier, dem Namen „Lebensmittelmarkt" zum Trotz, auch Blumen, Kleidung, Haushaltswaren und Ähnliches zu kaufen.

Convento de Santo Domingos de Bonaval: Ein kleines Stück nordöstlich der Altstadt am Ende der gleichnamigen Straße, die am Altstadtring bei der Puerta del Camino beginnt. Das bereits im 13. Jh. gegründete Kloster erhielt sein heutiges Aussehen überwiegend während einer Renovierung im frühen 18. Jh. Hier liegen die Grabstätten berühmter Galicier, weshalb das Kloster auch als „Panteón de Gallegos illustres" gerühmt wird: Die Dichterin Rosalía de Castro, Brañas und Castelao (beide Künstler und Kämpfer für den Regionalismus), der Bildhauer Asorey und andere.

Museo do Pobo Gallego: Ein Flügel des Klosters beherbergt das sehr sehenswerte und gut gegliederte Galicische Volkskundemuseum Museo do Pobo Gallego, das sich mit Kunsthandwerk, Trachten, Haushalts- und Arbeitsgeräten und anderen Aspekten des Alltags vergangener Zeiten beschäftigt. Das architektonische Glanzstück des Baus ist jedoch die in einen Treppenschacht eingelassene, dreifach gewundene *Wendeltreppe*, die den Kreuzgang mit den verschiedenen Etagen des Gebäudes verbindet.

Öffnungszeiten Di–Sa 10–14, 16–20 Uhr, So/Fei 11–14 Uhr; freier Eintritt. Am Eingang ist für wenig Geld ein interessantes deutschsprachiges Begleitheft erhältlich; www.museodopobo.es.

Centro Galego de Arte Contemporánea: Direkt neben dem Konvent eröffnete vor einigen Jahren das moderne Museum zeitgenössischer Kunst, ein Werk

Galicien
Karte Seite 439

des portugiesischen Architekten Alvaro Siza Vieira. Gewidmet ist es insbesondere galicischen Künstlern unserer Tage.

Öffnungszeiten Di–So 11–20 Uhr. Der Eintritt ist frei; www.cgac.org.

Parque da Alameda: Südwestlich der Altstadt lockt der ausgedehnte, auf mehreren Terrassen angelegte Stadtpark mit alten Bäumen, üppiger Blumenpracht, Denkmälern und Springbrunnen sowohl Studenten als auch Einheimische zu lauschigen Spaziergängen. Die auf einem kleinen Hügel gelegene, restaurierte Kirche *Santa Susana* stammt vom Beginn des 12. Jahrhunderts.

Moderne Architektur in den Vorstädten: Nicht nur die zukünftige Ciudade da Cultura, die auf einem Hügel südlich der Altstadt thront, stellt Santiago neben dem Centro Galego de Arte Contemporánea in die Vorderfront jener nordspanischen Städte, die sich mit sehenswerter moderner Architektur schmücken, wie Barcelona, Bilbao, Donostia und A Coruña. Ein in den Touristeninformationen erhältliches Faltblatt (Contemporary Architecture) nennt noch eine ganze Reihe anderer interessanter Bauten: Fakultät für Medienwissenschaft von Alvaro Siza, Raiña Fabiola Volksschule von Giorgio Grassi, Forschungsinstitute der Universität von Manuel Gallegoi, das Sar-Vielzweckstadium (Estadio Multiúsos Fontes do Sar) von J. Maria de Arenaza und Joaquín Pujol, das Auditorio de Galicia von Julio Cano Lasso, die Musikhochschule von Anton García Abril und viele mehr.

Einen Abstecher lohnt auch der **Pavillón (Pabellon) de Galicia**, das „Centro de Información Cultural de Galicia" an der Rúa San Lázaro (an der Straße in Richtung Monte de Gozo). Es handelt sich um den Pavillon Galiciens bei der EXPO 92 in Sevilla, der nach Abschluss der Weltausstellung hierher transferiert wurde. Im Erdgeschoss werden Santiago, seine Kathedrale und die Volkskunde Galiciens vorgestellt.

Öffnungszeiten Tgl. 10–20 Uhr, Eintritt frei.

Colexiata Santa María do Sar: Eine kuriose kleine Kirche etwa einen Kilometer südöstlich des Zentrums. Die Mauern und Pfeiler des romanischen Gotteshauses aus dem 12. Jh. stehen, wohl wegen des lehmigen Bodens, ziemlich schräg, weshalb im 16. Jh. Stützpfeiler angebracht wurden. Beachtenswert ist der erhalten gebliebene Flügel des Kreuzgangs mit Skulpturenschmuck des Meister Mateo; Fragmente sind in einem kleinen Museum ausgestellt.

Öffnungszeiten Mo–Sa 10–13, 16–19 Uhr; Eintritt 0,60 €. Vorheriger Anruf erwünscht: ✆ 981 562891.

Abstecher in die Umgebung

▸ **Pazo de Oca**: Etwa 25 Kilometer südöstlich von Santiago gelegen, nahe der N 525 nach Ourense. Ein besonders schönes Beispiel für ein typisch galicisches Herrschaftshaus (*pazo*); die weiträumige Anlage des 18. Jh. besitzt sogar eine eigene Kirche. Der Öffentlichkeit zugänglich ist nur der reizvolle Park mit Teichen, der dem Pazo das unbescheidene Prädikat eines „galicischen Versailles" eingetragen hat.

Öffnungszeiten Täglich 9–21.30 Uhr, im Winter bis zum Einbruch der Dunkelheit; Eintrittsgebühr 3 €, Mo (außer an Feiertagen) bis 12.30 Uhr gratis.

Costa da Morte

Mit dem Besuch der Kathedrale von Santiago hatte die Jakobspilgerschaft zwar ihren Höhepunkt erreicht, doch war sie damit noch nicht abgeschlossen: Ein Besuch am „Ende der Welt" zählte zum Pflichtprogramm.

Am *Cabo Fisterra,* auf Spanisch *Cabo Finisterre* genannt, vermutete man vor der Entdeckung Amerikas tatsächlich das Ende der Welt. Das Kap ist der markanteste Punkt der Costa da Morte, der „Küste des Todes".

Die Küstenlinie, die sich westlich von Malpica bis hinunter zum Kap Fisterra erstreckt, wird ihrem dunklen Namen bis heute gerecht: Costa da Morte heißt sie wegen der zahlreichen Schiffsunglücke, die sich an den felsigen Steilküsten und kleinen Inselchen ereigneten und immer noch ereignen – im letzten Jahrhundert waren es mehr als 140 große Havarien. Das bislang letzte Unglück war das dramatischste: der Untergang der „Prestige" vor dem Cabo Touriñan im November 2002.

Nunca máis – nie wieder: Der Untergang der „Prestige"

Als „Spaniens Tschernobyl" bezeichnete die Presse später das Desaster um den veralteten Tanker „Prestige", zahllose Demonstranten forderten, ein solches Unglück dürfe es „nunca máis" (Galicisch: nie wieder) geben. Der einwandige Tanker hatte 77.000 Tonnen Rohöl an Bord, fast doppelt soviel wie die 1989 vor Alaska gesunkene „Exxon Valdez", und war am 13. November 2002 in Seenot gekommen, als aus unbekannter Ursache ein leerer Steuerbordtank mit Öl volllief. Um die Schlagseite von 25 Grad auszugleichen, flutete die Besatzung den Backbordtank. Risse und Schäden der Wände des 26 Jahre alten Schiffes waren die Folge. Die Einfahrt in die Bucht von A Coruña wurde behördlich verweigert, statt dessen wurde der havarierte Tanker auf Regierungsbefehl auf die hohe See geschickt. Am 15.11. musste die Besatzung geborgen werden. Schlepper begannen, den Tanker in Richtung Südwesten in internationale Gewässer zu ziehen. Was Experten vorausgesagt hatten, geschah: Am 19.11. zerbrach der Tanker in zwei Teile und sank, mit ihm das Öl. Es gab erste Ölteppiche, die von der Regierung verschwiegen wurden. Noch im Dezember behauptete der damalige Vizepräsident Mariano Rajoy, es handle sich nur um „vereinzelte Ölflecken". Die Tanks waren offensichtlich geborsten oder zumindest von Rissen durchsetzt, das Öl trat aus und trieb in einer „schwarzen Flut" (marea negra) mit der herrschenden Meeresströmung auf Galicien zu, zunächst auf die Costa da Morte, dann nach Süden zum Nationalpark Islas Ciés und über die Nordküste in Richtung der asturischen, kantabrischen, baskischen und schließlich südwestfranzösischen Strände. Die Fischerei in den betroffenen Gewässern wurde verboten, wer hätte auch fischen können? Zehntausende Vögel kamen um, die Muschel- und Meeresfrüchteindustrie stand vor dem Nichts.

Galicien
Karte Seite 439

Die Säuberungsaktion an den betroffenen Stränden beschäftigte bis Herbst 2004, als sie früher als erwartet praktisch abgeschlossen war, insgesamt 1.372.812 Menschen. In Galicien waren an 505 Stränden 1218 Millionen Quadratmeter verseucht, in Asturien waren es 173 und 0,88, in Kantabrien 63 und 0,52, im Baskenland 45 Strände und 0,17 Millionen Quadratmeter. Bereits Ende Dezember 2002 hatte man 35.000 Tonnen Öl eingesammelt, bis Juni 2003 weitere 44.000, Ende 2003 nochmals 13.000 Tonnen. Im Herbst 2004 verblieben nur noch vier verseuchte Strände (drei in Galicien, einer im Baskenland), alle anderen waren wieder in einen naturnahen Zustand gebracht worden.

Das im Schiffsleib des auf 3800 m Tiefe gesunkenen Wracks eingesargte Öl trat gegen die Erwartung der Experten aus und musste in einer extrem kostspieligen, in ihrer Art einmaligen Aktion abgesaugt werden. Im Herbst 2004 gab die (neue) Regierung bekannt, dass die Bergungsarbeiten „praktisch beendet" und die Tanks (mit 13.704 Tonnen verbliebenen Öls) abgesaugt seien. Ein in die Tanks gepumptes Bakteriengemisch würde innerhalb von 15 Jahren die letzten Ölreste abbauen. Insgesamt sind die Schäden dieser Umweltkatastrophe – der größten, die Spanien je betroffen hat – auf 1 Milliarde Euro geschätzt worden.

Politisch war die Prestige-Katastrophe für die Regierung ebenfalls ein Tiefschlag. Die Fehlentscheidung, den havarierten Tanker auf hohe See zu schleppen, die verzögerte Reaktion (Ministerpräsident Aznar kam erst einen Monat später nach Galicien – für drei Stunden), die Nicht-Reaktion auf die Proteste der Bevölkerung (200.000 protestierten im Dezember 2002 gegen die Regierung) – all dies brachte den ersten großen Knick in der Popularität und vor allem der Glaubwürdigkeit des Ministerpräsidenten. Seine ohne Begründung abgegebene Entschuldigung dafür, erst spät reagiert zu haben, konnte letztlich nur Hohn hervorrufen. Vielleicht hätte er sich ja lieber einen Tag lang an die Seite der freiwilligen Helfer aus aller Welt stellen sollen.

Auch wer sich als unvorsichtiger Schwimmer ins Wasser wagt, kann ganz schnell zu den Opfern zählen: Die Strömungen hier sind unberechenbar. Dem Auge bietet die Todesküste ein Bild wilder, herber Schönheit, zerklüfteter Steilküsten, windgepeitschter Maisfelder und wundervoller Sonnenuntergänge. Ihre Ortschaften sind klein und überschaubar, ducken sich zum Schutz vor den schweren Winterstürmen in den Schatten von Bergen und Felsklippen. Der Tourismus hält sich bisher immer noch in engen Grenzen. Wo es ihn ansatzweise gibt, ist er vor allem auf einheimische Apartmenturlauber zugeschnitten, weshalb in manchen Orten kräftig gebaut wird. Hotels, Hostals und auch Campingplätze sind eher rar und im spanischen Urlaubsmonat August deshalb oft ausgebucht.

• *Verbindungen* Die Busverbindungen an die Costa da Morte sind mittlerweile recht gut geworden. Bester Ausgangspunkt für Tagestouren per Bus ist A Coruña, wo ARRIVA sein Hauptquartier hat, gefolgt von Santiago de Compostela. Die größeren Orte werden von Montag bis Freitag im Schnitt 5- bis 8-mal täglich angefahren; um am Wochenende mit seinen wenigen Verbindungen nicht dort hängenzubleiben, empfiehlt es sich, rechtzeitig die Rückfahrtszeiten abzuklären.

Malpica de Bergantiños

Am nördlichen Ende der Costa da Morte gelegen, zeigt sich Malpica als ein fast liebenswert chaotisch zusammengestückeltes Städtchen, mit einem Sandstrand in der Bucht und einem relativ großen Hafen, von dem aus die Fischer zu ihren gefährlichen Unternehmungen entlang der Todesküste starten. Der zum Meer hin abfallende Ort ist zwar keine Schönheit, da zu viele große Neubauten das Bild beeinträchtigen. Er besitzt aber Leben und Atmosphäre. Auf den vorgelagerten drei Inselchen *Islas Sisargas* leben ganze Kolonien von Seevögeln. Es besteht keine reguläre Bootsverbindung, aber vielleicht setzt ja ein freundlicher Fischer über.

Schutz vor den Wogen der „Todesküste": der Hafen von Malpica

• *Verbindungen* **Bus** ARRIVA ca. 8-mal tgl. nach A Coruña, mit Umsteigen in Caballo sogar bis 15-mal; 1-mal tgl. nach Santiago

• *Übernachten/Camping* ** **Hostal J.B.**, komfortables Quartier direkt am Strand, eines von wenigen Hostals im Ort. DZ/Bad kosten nach Saison etwa 40–55 €. Calle Playa 3, ✆ 981 721906.

* **Hostal Res. Panchito**, recht ordentlicher Neubau im Zentrum, DZ/Bad nach Saison etwa 30–50 €. Praza Villar Amigo 6, ✆ 981 720307. Auch einige Restaurants an der Hauptstraße vermieten Zimmer.

Camping Sisargas (1. Kat.), sehr gut ausgestatteter Platz etwa vier Kilometer landeinwärts von Malpica, Richtung Carballo. Wiese unter schattigen Bäumen, Swimmingpool (gratis), Tennis; Einkaufsmöglichkeit und Restaurant. Geöffnet von Juni bis Mitte September; Preise p.P. 4 €, Zelt etwa 5 €, Auto 3,50 €. ✆/📠 981 721702.

• *Essen* **Casa do Pescador**, ein Lesertipp von Petra Agnesens: „Bar direkt am alten Hafen, gute Stimmung, Hauswein aus dem Zapfhahn. Einfach schön und urig."

Umgebung von Malpica

▸ **Dolmen Pedra da Arca**: Das große Steingrab, eines der recht zahlreichen vorgeschichtlichen Relikte Galiciens, steht etwa vier Kilometer landeinwärts von Malpica (beschildert) in der Nähe des Campingplatzes.

▸ **Cabo de San Adrián**: Über eine Stichstraße zu erreichen, die westlich von Malpica abzweigt. Das windumtoste Kap, in dessen Nähe die gleichnamige Kapelle steht, liegt gegenüber der Inselgruppe Islas Sisargas. Das Kap wie auch die Kapelle bieten eine schöne Aussicht.

Galicien Karte Seite 439

Corme

Das Fischerstädtchen, das alljährlich Mitte Juni ein großes Sardinenfest feiert, liegt an einer Stichstraße zum kleinen Kap *Punta Roncudo*, ist also nur auf einem Umweg zu erreichen. Der Abstecher lohnt sich insbesondere für Gourmets mit gut gepolsterter Brieftasche: Corme ist berühmt für seine exquisiten *percebes* (Entenmuscheln), die allerdings eine recht teure Delikatesse sind. Südlich von Corme finden sich einige gute Strände, die über die Straße zum Holz verarbeitenden Städtchen Ponte-Ceso zu erreichen sind.

▶ **Dolmen de Dombate**: Das gut erhaltene Steinzeitgrab liegt in der Nähe des Dörfchens *Borneiro*, das auf manchen Karten als Briño eingezeichnet ist, etwa vier Kilometer abseits der Küste. Anfahrt auf der Straße Richtung Laxe, rund sechs Kilometer vor dem Ort dann nach Baio Grande an der AC 430 abzweigen.

Laxe

Der Ort liegt auf der anderen Seite der Ría und ist von Corme aus gut zu sehen, jedoch nur auf einem Umweg landeinwärts zu erreichen. Laxe glänzt mit einem reizvollen weißen Dünenstrand, doch obwohl schon recht viel gebaut wird, ist der Ort noch kaum für Touristen herausgeputzt – hinter der belebten Promenade besteht Laxe aus einem engen Netz kaum benutzter Gassen. Lebenselexier des Ortes ist der große Fischerhafen, theoretisch *off limits* für alle, die dort nichts zu suchen haben, tatsächlich sollte man sich den Besuch nicht entgehen lassen (Seemannskneipe an der Einfahrt – nichts für zarte Gemüter).

• *Übernachten* * **Hotel Casa do Arco**, eher ein edles und nicht ganz billiges Restaurant, das auch gerade mal vier hübsche und komfortable Zimmer vermietet; untergebracht in einem reizvollen, strandnah gelegenen Steinhaus des 15. Jh. DZ/Bad nach Saison angemessene 35–60 €. Praza Ramón Juego 1, ✆/📠 981 706904, casadoarco@finisterrae.com.

* **Hostal Res. Beiramar**, in der einfacheren Kategorie. 14 Zimmer, DZ/Bad kosten je nach Saison etwa 30 bis 45 €, das Frühstück ist im Preis inbegriffen. Calle Rosalía de Castro 62, ✆/📠 981 728109.

* **Hostal Bahia**, Betonkasten direkt über dem Hafen, vom Zimmer 208 mit Terrasse hat man den besten Blick – toll! Manolo, Besitzer und Mädchen für alles, kennt jede Sehenswürdigkeit (Leser Höhne und Zeilinger: „informationsgewaltig") und erklärt geduldig, wie man hinkommt. Lesenswertes Gästebuch. Zimmer klein aber auf Hotelniveau, sehr gute Betten. DZ 35–45 €, die beiden mittleren Terrassenzimmer (also auch 208) bis 60 €. Avda. Besugueira 24, ✆ 981 728304, 📠 728307, www.bahialaxe.com.

Camariñas

Das Städtchen ist weithin bekannt für die hier in Handarbeit angefertigten Klöppelspitzen *encajes de palillos*, eine Tradition, die bis auf keltische Zeiten zurückgehen soll. Die Arbeiten haben ihren Preis, verlangt die Herstellung der filigranen Ware trotz der flinken Finger der „Palilleiras" doch reichlich Zeit. Geld verdient Camariñas auch mit seinem großen und oft nachts sowie frühmorgens geschäftigen Fischerhafen und mit dem Tourismus. Letzteres erstaunt vielleicht, besitzt die Siedlung doch nur einen kleinen Strand. Am Ortsbild kann die Anziehungskraft eigentlich auch nicht mehr liegen, denn dafür wurde in den letzten Jahren schlicht zu viel gebaut. Die Umgebung allerdings

Adiós, Manfred!

Mehr als 40 Jahre lang lebte der Deutsche Manfred im abgeschiedenen Fischerdörfchen Camelle zwischen Laxe und Camariñas. „El Alemán de Camelle“ führte ein zurückgezogenes Einsiedlerdasein und verdiente seinen Lebensunterhalt mit den bescheidenen Eintrittsgeldern aus dem skurrilen, von Fernsehteams aus aller Welt besuchten Freilichtmuseum „Museu del Alemán“, das er an der Küste aus Fundstücken des Meeres errichtet hatte. Am 28. Dezember 2002 ist Manfred im Alter von 66 Jahren plötzlich verstorben. Über die Todesursache waren sich die Einwohner von Camelle absolut einig: „Man“, wie er am liebsten genannt werden wollte, starb am Kummer über den Schaden, den die Ölpest der Prestige an seinen Kunstwerken verursacht hatte. Wer das Foto des verzweifelten Einsiedlers beim Anblick der Zerstörung gesehen hat (es wurde auf zahlreichen Demonstrationen getragen), wird dem nicht widersprechen wollen. Begraben liegt Manfred auf einer erhöht liegenden Stelle des Friedhofs von Camelle, mit Sicht aufs Meer. „Sind wir nicht alle ein bisschen wie Man?“, schrieb ein Einwohner von Santiago ins Kondolenzbuch. Das Dorf Camelle hat zur Erinnerung an Manfred ein kleines Museum eingerichtet. Mehr über Man findet sich, leider nur auf Spanisch, auf der Site www.camelle.es.

hat sich ihren wildromantischen Reiz durchaus bewahrt. Bisher. Der Plan eines 18-Loch-Golfplatzes wurde von den höchsten Instanzen approbiert. Er würde sich ja wunderbar in eine schützenswerte – bei den Waldbränden von 2006 empfindlich getroffene – Landschaft einpassen. Welche Änderungen er wirklich bringen wird, das steht noch in den Sternen.

• *Verbindungen* **Bus** ARRIVA 3- bis 4-mal tgl. nach A Coruña, 3-mal tgl. nach Santiago.

• *Übernachten/Essen* Camariñas besitzt eine bemerkenswerte Anzahl von Hostales, die jedoch fast grundsätzlich nur von etwa Juli bis September geöffnet haben.

** **Hostal Triñanes II**, am Ortseingang beim kleinen Strand. 20 Zimmer, DZ/Bad kosten ca. 40 €. Area de Vila s/n, ✆ 981 736108.

* **Pensión La Gaviota**, mit Restaurant, ein Lesertipp von Eva Jauch-Kessler: „Das einzige Quartier, in dem Ende Mai ein Zimmer zu haben war. Sehr ordentlich mit Dusche und Toilette, gepflegt und sehr sauber. Das Haus liegt bei der neuen Markthalle. Der Mann der Padrona ist Fischer und deshalb ist das Angebot an Meeresfrüchten und Fisch gut und preiswert.“ Auch andere Leser waren mit dieser Pension und ihrem Restaurant zufrieden und lobten die freundliche Atmosphäre. DZ 30–40 €. Rúa do Río 18, ✆ 981 737032 oder 981 736522.

▶ **Cabo Vilán**: Etwa vier Kilometer nordwestlich von Camariñas. Am Kap steht ein Leuchtturm, von dem aus sich ein spektakulärer Blick über die zerklüftete Küste bietet. In der Nähe nutzen die gigantischen Rotoren eines Windparks (Parque eolico de Cabo Vilano) die heranbrausenden Sturmgewalten. Unter dem Kap breitet sich seit kurzem eine von kleinen, runden Glaskuppeln überwölbte Betonlandschaft aus, die das Kap insgesamt stark entstellt hat. Es handelt sich um eine riesige Fischfarm neuesten Stils, die von der internationalen Firma Stolt Sea Farms errichtet wurde. In etwa 500 Einzeltanks wird vor allem Steinbutt (*rodaballo*) gezogen, die Technik, teilweise in Galicien selbst entwickelt, ist völlig neu (so neu, dass zum Zeitpunkt der Recherche für diese Auflage ein Marktgang der ausgewachsenen „Produkte", also des Steinbutts, noch gar nicht erfolgt war). Weitere Experimente werden mit der Zucht der noch gesuchteren und teureren Seezunge (*lenguado*) gemacht.

Nahe dem Leuchtturm beginnt eine gelegentlich etwas ruppige Piste, die Richtung Nordosten und teils hoch über dem Meer bis zur Asphaltstraße in der Nähe des Dörfchens Camelle führt; an beziehungsweise unterhalb der landschaftlich höchst reizvollen Route liegt eine Reihe kaum besuchter Strände. Für Pkw mit kräftigem Unterbau (Allrad nicht nötig), Fahrrad (Trekkingrad oder MTB) und evtl. zu Fuß – die Strecke ist Teil des Wanderwegs „Ruta do Costa da Morte"!

Tour 8: Radtour auf der Ruta Costa da Morte zwischen Cabo Vilán und Ponte do Porto^GPS

Tourinfo: Radtour entlang der Costa da Morte, großteils auf Schotterpiste, im letzten Drittel auf Asphalt, einfach zu fahren, zwei steilere Anstiege. Großartige Ausblicke auf Meer, Felsküste und Strände, von denen man einige passiert, andere sind mit geringem Aufwand erreichbar. Auf dem Weg der Cemeterio inglés, er erinnert an die 172 Seeleute des Schulschiffs „The Serpent", die vor der Costa da Morte 1890 ertranken. *Dauer*: 2,5–3 Std., als Rundtour ca. 3,5–4 Std.; *Länge*: 22 km, dazu kommen bei einer Rundtour 4 km Straße zwischen Camariñas und dem Cabo Vilán und 10 km zwischen Ponte do Porto und Camariñas, insgesamt also 36 km; *Höhenunterschied*: 180 m; *Karte*: IGN 1:50.000 Blatt 3–5 (43) Lage; *Radtyp*: Mountainbike oder Trekkingbike, keine Verpflegung, kein Wasser!

Von **Camariñas** nimmt man die mit „Cabo Vilán" ausgeschilderte (asphaltierte) Straße, sie führt aus dem Ort hinauf in eine hügelige Zone, die zuerst bewaldet ist, später geht sie in Grasland über, das von den riesigen Rotoren des Windparks Cabo Vilán überragt wird. Das Kap mit dem Leuchtturm kommt in Sicht, links davon die neue, riesige Fischzuchtanstalt. Kurz bevor man das Halbinselchen erreicht hat, auf dem sich der Leuchtturm von **Cabo Vilán** befindet, zweigt rechts eine Schotterpiste ab **(1)**, sie ist mit dem blauen Wanderwegschild „**Ruta Costa da Morte**" gekennzeichnet.

Herrliche Fahrt hoch über dem Meer, meist etwas auf und ab, Rückblicke zum Cabo Vilán spektakulär! Eine von rechts mündende Asphaltstraße **(2)** (wie auch die nächste ist sie eine Erschließungsstraße des Windparks) wird nicht beachtet. Die Piste biegt nach links und führt abwärts, an einer Stelle ist eine wunderschöne kleine Bucht mit weißem Sandstrand, die **Praia Bolea (3)**, nur einen Steinwurf entfernt. Es geht knapp über dem Meer und meist in Sichtweite weiter, eine weitere Asphaltzufahrt bleibt rechts unbeachtet. Eine größere Bucht öffnet sich, wo links ein Weg in diese Bucht führt, die **Praia Beira**, sieht man ein halbrundes Denkmal, den **Cemeterio inglés**. Ab der Wegabzweigung **(4)** geht's rechts steil aufwärts, der Weg durch die Bucht endet nämlich blind, jenseits der Bucht kann man den hoch auf den Hang verblasenen Dünensand erkennen, der einen Weiterweg verhindert. Wo man wieder eine flache Zone erreicht **(5)**, zweigt rechts ein Erdweg ab, er ist mit dem Gelb-Weiß eines Rundweges markiert, der uns schon aufgefallen war und führt tatsächlich zum Cabo

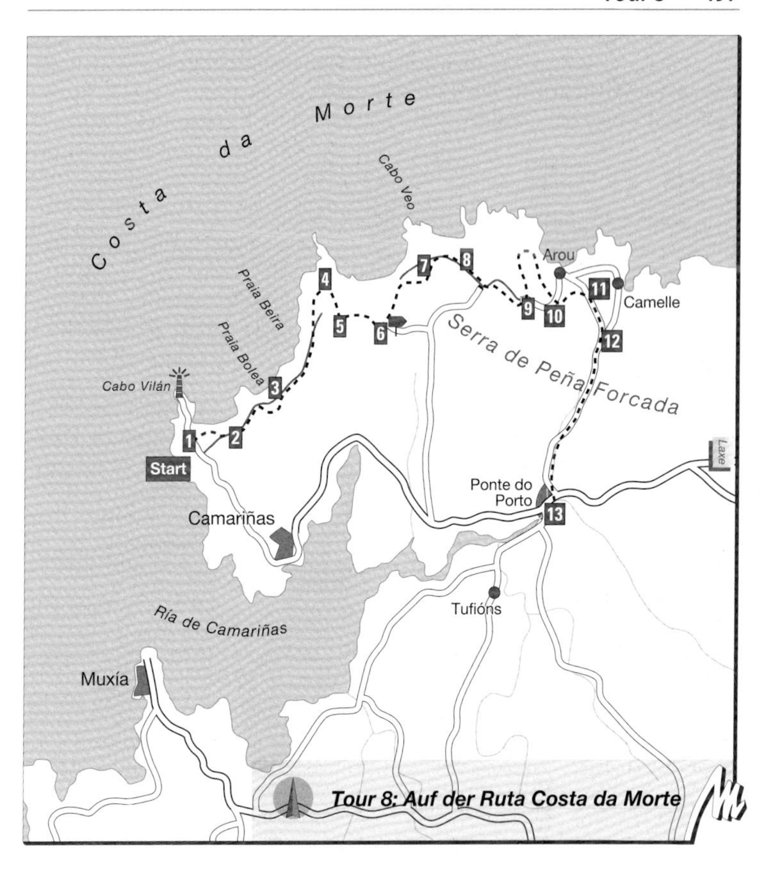

Vilán zurück. Wir fahren aber weiter auf der Piste, zunächst ziemlich flach, und lassen ihn rechts liegen. Die folgende Abzweigung nach rechts **(6)**, die mit dem Schild „Pescadoria" gekennzeichnet ist, lässt uns ebenfalls kalt.

Nach diesem flachen Stück geht es nochmals steiler auf einen kleinen Pass **(7)**, dann runter und wieder rauf, man sieht erstmals auf die Bucht von Traba und die Ría de Corme y Laxe, auf dem nächsten kleinen Pass **(8)** hat man wieder einen Windpark vor sich, den man in weiterem Auf und Ab passiert. Eine Kirche mit zugehörigem Friedhof bleibt rechts, bei der Einmündung in die asphaltierte Straße unmittelbar danach **(9)** halten wir uns links (ab hier durchgehend Asphalt). Bei einer Gabelung rechts weiter **(10)**, links käme man in den Flecken Santa Mariña (man sieht ihn links unter sich liegen – seltsamerweise finden sich Schilder, die auf diesen Ort hinweisen, während das viel größere Camelle bisher nicht erwähnt war). Im großen Linksbogen weiter (eine Straße nach rechts führt zu Windkraftwerken), bald mündet unsere Straße in eine größere **(11)**, der wir nach rechts folgen (nach links ginge es nach Arou und Camelle), um wieder

Galicien
Karte Seite 439

wenig später auf eine noch breitere Straße zu stoßen **(12)**, der wir wieder nach rechts folgen (links ginge es nach Camelle). Flott bergauf und dann noch flotter bergab, bald steht man an der Mündung der Straße in die AC 433 **(13)**, der wir nach links in den Ort **Ponte do Porto** und zurück nach **Camariñas** folgen.

Muxía

Das ruhige Städtchen liegt hübsch auf der Camariñas entgegengesetzten Seite der Ría, überragt von einem kahlen Hügel und umgeben von Heidekrautfeldern. Betrieb herrscht in Muxía nur zu den weithin bekannten Festen, doch finden sich abseits der etwas gesichtslosen Hafenstraße immerhin einige romantische Ecken. Vor dem Ort erstrecken sich zwei schöne Strandbuchten. Seit 2004 wird – als Kompensation für die Verluste, die der Ort nach dem Untergang der Prestige hatte – von der Errichtung eines Paradors an einer dieser Buchten geredet, Ende 2007 war der Startschuss immer noch nicht gefallen, ja noch nicht einmal ein Beschluss über den Flächennutzungsplan gefasst. Hiesiger Hauptanziehungspunkt ist jedoch die von Mythen umwobene Wallfahrtskirche etwas außerhalb.

• *Verbindungen* **Bus** HEFE und ARRIVA ja 2- bis 3-mal tgl. nach Santiago, ARRIVA 3- bis 4-mal tgl. nach A Coruña.

• *Übernachten/Camping* ** **Hostal La Cruz**, am Ortsanfang. Recht komfortables, erst Anfang der 90er erbautes Haus mit 25 Zimmern, Restaurant angeschlossen, das einzige im Ort selbst. DZ/Bad nach Saison etwa 45–55 €. La Cruz 126, ✆ 981 742084.

• *In Villarmide* **Casa de Trillo**, Turismo rural in einem historischen Steinhaus, 1558 erstmals erwähnt, dezent und komfortabel eingerichtet, sehr herzliche Atmosphäre (Empfehlung von E. und S. Ebenberger). DZ etwa 60–75 €, im Dez. geschl. Zu erreichen über einen Abzweig der Straße Muxía – Cée in Villarmide, Schild „Bardullas Frixe Viseo", von dort 1 km. Villarmide, Santa Mariña 1, ✆ 981 727778, Fax 742332, www.casadetrillo.com.

Camping Lago Mar (3. Kat.), etwa fünf Kilometer vor Muxía, bei Los Molinos an der noch sehr natürlichen Praia do Lago. Sehr kleiner Platz, z. T. schattiger Kiefernwald, nur von Mitte Juni bis Mitte September geöffnet, ✆ 981 750628; Zwei Restaurants und weiterer Campingplatz **El Paraíso** (3. Kat., ✆ 981 750790) ganz in der Nähe. Preise jeweils p.P., Zelt 5 €, Auto knapp 3 €.

• *Feste* **O Carme**, bunte Bootsprozession am letzten Juliwochenende.

A Virxe da Barca, am zweiten oder dritten Wochenende (Fr–Mo) im September. Berühmte Wallfahrt zur Marienkirche mit Messe, zeremoniellen Liedern und Tänzen.

▸ **A Virxe da Barca**: Die ursprünglich romanische, im 17. Jh. jedoch umgebaute Wallfahrtskirche am Kap, von Muxía aus über eine Stichstraße zu erreichen, scheint hoch über dem Meer zu schweben. Errichtet wurde sie an jener Stelle, an der der Legende zufolge einst die Muttergottes mit dem Schiff landete, um den Heiligen Jakob bei der Christianisierung Spaniens zu unterstützen. Selbst wenn das Kirchenschiff – wie üblich – verschlossen ist, kann man den Vorraum betreten und die Besonderheit dieses Heiligtums sehen: von der Decke hängen Dutzende Schiffsmodelle, Votivgaben dankbarer Seeleute, die von der Virxe da Barca („Unsere Liebe Frau vom Boot"!) aus Seenot gerettet wurden. Nahe der Kirche liegt der etwa 60 Tonnen schwere Stein *Piedra de abalar*, den Maria als Steg benutzt haben soll.

▸ **Cabo Touriñán**: Südlich von Muxía verläuft die Hauptstraße durchs Landesinnere stracks auf den Doppelort Cée/Corcubión zu. Die reizvollen Nebenstraßen, die durch einsame, windgepeitschte Landschaften zum Kap führen, sind deshalb kaum befahren. Das Kap selbst – und nicht etwa Fisterra – ist der westlichste Punkt Spaniens.

Waldbrände – die Geißel Galiciens

Immer wieder stößt man in Galicien auf die kohlschwarzen Reste schwerer Waldbrände. Im Sommer brennt es fast täglich irgendwo, vor einigen Jahren wurden sogar an einem einzigen Tag im August rund 400 Brände gezählt. In neun von zehn Fällen war laut Polizeiangaben Brandstiftung die Ursache, durfte man Bodenspekulanten oder Aufforstungsfirmen als Täter vermuten. Gefasst werden die Schuldigen, die ihr zerstörerisches Werk meist nachts und mittels Benzinkanister und langer Zündschnur verrichten, nur selten.

Die Ría de Pontevedra ist ein mahnendes Beispiel dafür. Schwere Waldbrände im Sommer 2006, die in Galicien wohl 175.000 Hektar bisher unverbauter Natur, 3,81 % des Waldbestandes der Region vernichteten, haben sicher nicht zufällig besonders die siedlungsnahen Zonen betroffen. Madrid schafft bis Sommer 2008 eine 4000 Mann starke Katastrophenschutztruppe als Einheit des Heeres, die in Galicien stationiert werden soll.

Cée und Corcubión

Die beiden Ortschaften sind zwar fast zusammengewachsen, unterscheiden sich jedoch in ihrem Charakter erheblich voneinander.

Cée ist Knotenpunkt verschiedener Buslinien, bietet also recht gute Verkehrsverbindungen. Sonst ist das Städtchen, das in erster Linie von einer großen Steinkohlefabrik, Industrie und Holzverarbeitung geprägt wird, allerdings wenig bemerkenswert. Wer hier hängenbleibt, findet immerhin eine gute Auswahl an Hostals und Hotels.

Corcubión wirkt gleich viel freundlicher als Cée. Hinter der Hafenstraße besitzt der fast ländliche Ort ein hübsches altes Viertel, beschildert „casco histórico", in dem es sich angenehm bummeln lässt.

• *Verbindungen* **Bus** ARRIVA fährt ca. 7-mal tgl. nach Santiago und 8-mal tgl. nach A Coruña.

• *Übernachten/Essen & Trinken* *** **Hotel El Hórreo**, großes Hotel auf noch größerem Grundstück mit Garage und Swimmingpool, aber auch mit zwei Hórreos und einem Cruceiro. DZ kosten je nach Saison etwa 60–80 €. Corcubión, Rúa Santa Isabel s/n, kurz hinter dem Ortseingang, ✆ 981 745500, ℻ 981 745563.

* **Hotel Las Hortensias**, neuerer Bau am Ortsausgang Richtung Finisterre. Eigener kleiner Strand, gemütlich eingerichtete Zimmer, z. T. mit Meerblick; ganz passables Restaurant angeschlossen. DZ/Bad mit Frühstück nach Saison gut 42–50 €. Corcubión, Praia de Quenxe, ✆ 981 746413, ℻ 981 746125.

** **Hotel La Marina**, in Cée. Eine gute Wahl in diesem Städtchen, geräumige und angenehme Zimmer – der dem Hotel jüngst zugestandene zweite Stern ist verdient, hat sich aber leider auch auf die Preise ausgewirkt. Restaurant mit regionaltypischer Küche angeschlossen. DZ/Bad nach Saison gut 40–75 €, Dreibett 55 €. Avenida Fernando Blanco 26, ✆ 981 747381, ℻ 981 746511, www.hotellamarina.com.

* **Hotel Praia de Quenxe**, „Aparthotel" mit vorwiegend Meerblickzimmern in einem Neubauviertel an der Quenxe-Bucht südlich des Ortes. Restaurant angeschlossen, auch dort schöner Meerblick, Spezialität Mariscos. Schöne „Studios" und Suiten bei Belegung

Galicien
Karte Seite 439

als DZ ab ca. 55 € bzw. 65 €, jeweils mit Frühstück. Rúa Quenxe 43, ✆ 981 747450, ✆ 981 747591.

Cafetería-Restaurant Carrumeiro, schlichtes Lokal in einem einzeln stehenden einstöckigen Bau am Hafen von Corcubión, viele Fischer und Hafenarbeiter unter den Gästen, im Speisesaal Tagesmenü 8 €.

Cervecería Nevio, preiswerte Cafetería, das Restaurant bietet Tagesmenü zu 7,50 € und Raciones ab 3,50 €, neben der Busstation von Cee im Gebäude von Carrefour (Supermarkt).

• *Camping/Ferienhäuser* **Rutas de Finisterre** (2. Kat.), strandnah und schattig gelegener, mit Bar-Restaurant etc. gut ausgestatteter Platz, einige Kilometer außerhalb von Corcubión Richtung Finisterre. Geöffnet über Ostern sowie Mitte Juni bis Mitte September. Preise p. P., Auto, Zelt je ca. 5 €. ✆/✆ 981 746302, www.rutasfisterra.com, über die selbe Internetseite Vermietung von Ferienhäusern, ✆ 981 740074.

• *Feste* **Nuestra Señora del Carmen**, am 16. Juli, ein Fest zu Ehren der Schutzheiligen der Fischer und Seeleute.

Fisterra (Finisterre)

Der bekannteste Ort im Küstenabschnitt profitiert vor allem vom gleichnamigen, etwa 3,5 Kilometer entfernten Kap und von den Stränden der Umgebung. Weil Finisterre aufgrund seines bekannten Namens nicht eben wenig besucht wird, finden sich in dem recht ausgedehnten Städtchen eine ganze Reihe von Bars und einfachen bis gehobenen Restaurants, die dank des großen und betriebsamen Hafens stets frisches Meeresgetier anbieten können. In Hafennähe steht das Monument eines Emigranten mit Koffer, das an die vielen ausgewanderten Galicier erinnern soll.

• *Verbindungen* **Bus** ARRIVA fährt 7-mal tgl. nach Santiago und 8-mal tgl. nach A Coruña.

• *Übernachten* ** **Hotel Hospedería O Semáforo**, ein Tipp in traumhafter Lage direkt am Kap. 2000 eröffnet und untergebracht in der ehemaligen meteorologischen Station. Nur fünf hübsche Zimmer, DZ etwa 80–110 €. Gleichzeitig auch ein netter Platz zum Essen, kann es hier bei Sonnenuntergang laut werden, wenn der Platz unterhalb schwarz ist von Menschen. Faro de Finisterre, ✆ 981 725869, ✆ 981 740807, www.osemaforo.com.

* **Hotel Finisterre**, im Ort, 200 Meter oberhalb der besagten Statue. Recht groß, mit Garage, Restaurant im Haus. Komfortable DZ mit TV nach Saison etwa 40 bis 45 €. Calle Federico Ávila 8, ✆ 981 740000, ✆ 981 740054. Im * **Hostal Finisterre**, schräg gegenüber und mit gutem Restaurant, unter gleicher Leitung saubere, wenn auch kleine Zimmer, tlw. mit Bad/WC, DZ 30–35 €.

* **Hotel A Langosteira**, am Ortseingang aus Richtung Corcubión. Hell, praktisch und mo dern möbliert, eine Leserin pries die nach hinten gelegenen Zimmer als „wirklich ruhig". DZ/Bad nach Saison etwa 25–55 €. Avenida da Coruña 61, ✆ 981 706830, ✆ 981 706831.

* **Hostal Mariquito**, zentrales Hostal an der alten Hauptstraße des Ortes im 4. Stock, mit Internetcafé-„Pub", im Dreibett p. P. ab 25 €, DZ/Bad 36–45 €, Rúa Santa Catalina 42–44, ✆ 981 740375.

Hostal Rivas, fast schon am Ortsausgang an der Straße zum Kap. Durchaus ordentliche, saubere und preisgünstige Zimmer, DZ/Bad etwa 35–45 €. Rúa Alcalde Fernández 53, ✆ 981 740027.

• *Essen* **Rest. O Centolo**, am Hafen bei der Statue des Emigranten. Klar, dass Fisch und Meeresfrüchte hier die erste Wahl sind. Menü à la carte ab etwa 18 € aufwärts, im Angebot aber auch preisgünstige Raciones und Tagesmenüs (8 €). Bajada del Puerto s/n.

Rest. Casa Velay, am unteren Ende der Straße Rúa Cerca, von der Terrasse Hafenblick, Tagesmenü 8 €, gute Fisch- und Fleischgerichte, die Parrillada de Mariscos wirklich mit allem Meeresgetier aber deshalb nicht billig: 62 € oder 96 € (für 2–3 Personen), je nachdem, was drauf ist. Rúa Cerca s/n.

Das **Rest. Nicola** zwischen Corcubión und Fisterra ist auf Fisch spezialisiert, der Besitzer ist Italiener, das Essen wird allgemein gelobt! 15155 Sardinero, Fisterra, ✆ 981 743741.

• *Feste* Am Gründonnerstag und Ostersonntag bekannte Laienspiele.

Baden: Zwischen Corcubión und Fisterra erstrecken sich mehrere Sandstrände wie beispielsweise die reizvolle *Praia Sardineira*. Mindestens ebenso schön, der abgeschiedenen Lage wegen aber nicht so häufig besucht, ist die ausgedehnte *Praia do Rostro* bei Buján, etwa zehn Kilometer nördlich von Finisterre, zu erreichen über eine Abzweigung von der Straße Corcubión-Fisterra.

▸ **Zum Cabo Fisterra (Finisterre)**: Der spanische Name Finisterre, und damit letztlich auch das galicische Fisterra, ist aus dem lateinischen *finis terrae* abgeleitet, was „Ende der Welt" bedeutet. Eben dies vermuteten hier schon die Römer, deren Legionäre der Überlieferung zufolge jeden Abend zum Kap kamen, um „die Sonne sterben zu sehen", später auch die zahlreichen Jakobspilger, die ihre Wallfahrt in Fisterra beschlossen. Ein geheimnisvoller, sagenumwobener Platz. Legenden berichten über eine in der Nähe versunkene Stadt, und wenn während des Sonnenuntergangsrituals beim Leuchtturm (der künftig ein Meeresmuseum beherbergen soll) am Kap nicht zuviel Betrieb herrscht, kann man angesichts der endlosen Weite im Westen auch heute noch den Eindruck haben, tatsächlich am Ende der Welt zu stehen. Mindestens ebenso beeindruckend ist der Blick vom Aussichtspunkt Monte do Facho, hoch über dem Leuchtturm gelegen und auf einem Serpentinensträßchen zu erreichen.

Richtung Muros

Südlich von Cée wird die Landschaft ruhiger und weniger dramatisch, kündigen sich schon die sanfteren Buchten der Rías Bajas an.

An der Straße liegen hübsche kleine Orte wie das Dörfchen Èzaro an der Mündung des Río Xalla, etwas abseits finden sich mehrere schöne Strände, die über Stichwege zu erreichen sind. Die lang gezogene *Praia de Carnota* ist der ausgedehnteste Strand der ganzen Umgebung.

Wettstreit der Hórreos – Carnota und Lira

Das Bauerndorf Carnota behauptet, den längsten *hórreo* Galiciens und damit wohl auch der Welt zu besitzen. Der in der Tat ungewöhnlich große Speicher steht in ländlicher Umgebung meerwärts der Durchgangsstraße. Aber auch in Lira, einem noch kleineren, wenige Kilometer weiter gelegenen Ort, glaubt man, Anspruch auf den Weltrekord zu haben. „Messen Sie selbst" forderten wir unsere Leser in der vorletzten Auflage spaßeshalber auf. Jörg Barth und Alexander Reuß haben uns beim Wort genommen: „Der Hórreo in Carnota ist mit 34,81 Metern Länge kürzer als der in Lira mit 38,42 Metern. Carnota hat dafür gegenüber Lira den breiteren Hórreo: 1,89 Meter gegen 1,60 Meter. Beide Hórreos sind ungefähr gleich hoch: Carnota 2,06 Meter, Lira 2,00 Meter. Beide besitzen je 44 Füße." Vielen Dank den beiden Lesern, die resümierend auch noch darauf hinweisen, dass der Hórreo von Carnota aufgrund seines größeren Volumens wohl den Sieg verdient habe. Beide Riesen-Hórreos sind übrigens nur über engste Sträßchen anzufahren, nichts für Wohnmobile.

Galicien
Karte Seite 439

Die „lebende Düne": Duna viva im Naturpark Corrubedo

Rías Bajas

Anders als die Rías Altas und die Costa da Morte sind die vier tiefen Fjorde der Rías Bajas für den Tourismus gut bis zu gut erschlossen. Ursachen sind sicher das mildere Klima, das ruhigere Meer, die höheren Wassertemperaturen, die sich im Sommer in den geschützten Buchten entwickeln können und die Nähe zu den großen Orten Vigo, Ponteverda und Santiago. Die Kehrseite ist die Zersiedelung einiger Gebiete, besonders in der Ría de Arousa.

Ría de Muros y Noia

Während der recht raue nördliche Teil der Ría noch der schroffen Costa da Morte ähnelt, so zeigt ihre weitaus sanftere Südseite schon ganz deutlich den Charakter der Rías Bajas.

Muros

Ein schmuckes Städtchen mit großem, betriebsamem Fischerhafen, einer lebendigen Promenade und einem denkmalgeschützten historischen Ortskern, der mit vielen engen Gassen und romantischen Arkadengängen zum Bummel einlädt. Muros selbst besitzt zwar keine Strände, doch finden sich genug Möglichkeiten in der Umgebung, z. B. beiderseits des wenige Kilometer südlich gelegenen Kaps *Punta Carreiro*. Die Praia de San Francisco bei San Francisco de Louro ist sogar mit der „Blauen Umweltflagge" ausgezeichnet.

• *Verbindungen* **Bus**: Haltestelle an der Uferstraße; Castromil-Busse fahren unter anderem nach Santiago via Noia 6- bis 8-mal täglich.

• *Übernachten/Essen* Gute Auswahl an Hostals sowohl im Ort als auch in der Strandsiedlung San Francisco de Louro, die einige Kilometer südwestlich liegt.

** **Hotel Rústico Punta Uía**, rund zwölf Kilometer außerhalb in Richtung Noia. Schöne Lage etwas oberhalb der Straße, reizvoller Blick über die Ría. Geräumige, sehr gut ausgestattete Zimmer, herzliche Gastgeber, wie Leserin Ursula Leistner berichtet. DZ inkl. Frühstücksbüffet nach Saison etwa 55–90 €, mit Terrasse etwas mehr. Voll- und Halbpension möglich, letztere 19 €. Punta Uía-Esteiro, ✆ 981 855005, ℻ 981 855065, www.hotelpuntauia.com.

** **Hotel La Muradana**, schmalbrüstiges hohes Haus an der Uferstraße in Muros, einziger Vertreter der Hotelkategorie im Ort selbst. Ordentliches Quartier, ruhige Zimmer zu den schmalen Seitengässchen, die meisten sorgfältig renoviert, neue Fenster. DZ/Bad nach Saison knapp 45–55 €. Avenida Castelao 99, ✆ 981 826885.

* **Hostal Ría de Muros**, ebenfalls an der Uferstraße gegenüber der Zufahrt zu Parkplatz und Busstop – nicht ganz leise, aber liebevoll eingerichtet, Zimmer recht geräumig, teilweise mit schöner Aussicht. DZ/Bad nach Saison etwa 35–75 €. Rúa Castelao 53, ✆ 981 826056.

Hospedaje La Vianda, einige Türen weiter, über der **Café-Bar-Pulpería** gleichen Namens. Manche Zimmer etwas eng, insgesamt aber durchaus brauchbar. Vor einigen Jahren renoviert, die Mehrzahl der Zimmer jetzt mit eigenem Bad. DZ, egal, ob mit oder ohne Bad, nach Lage und Saison etwa 35–40 €. Rúa Castelao 47, ✆ 981 826322. Die Pulpería serviert Meeresfrüchte-Raciones zu ca. 3–7 €, wofür man in den Restaurants gleich das Doppelte zahlt.

Bar-Restaurante Don Bodegon, gegenüber der Hafeneinfahrt, klar erkennbar an den zu Tischen umfunktionierten Fässern vor der Tür, im linken Teil schöner Speisesaal, Küche auf Basis von Fisch und Meeresfrüchten, fürs Menü nicht unter 20 €. Avendida de Castelao 26.

Restaurante O Castro, 100 m in Richtung Cée, im ersten Stock, Meeresfrüchte frisch vom Hafen, z. B. Cigalas (Kilo um die 55 €), Spezialität Lumbrigante für zwei zu 35 €. Auch Tagesmenü zu 10 €. Rúa Rosalía de Castro 1, für die Tische mit Meerblick besser reservieren: ✆ 981 826374.

Rest. Esmorga, ein Lesertipp von Heidemarie Ernsting: „Am Ausgang der Durchgangsstraße zur Küste gelegen. Gehobene Mittelklasse, gutes Preis-Leistungs-Verhältnis, aufmerksame und freundliche Bedienung und schöner Blick über den Hafen."

In San Francisco de Louro ** **Hostal Playa Atlantica**, das Haus liegt in zweiter Reihe oberhalb der Straße der etwa vier Kilometer entfernten Strandsiedlung San Francisco de Louro. Man spricht Deutsch, verspricht nicht nur das Werbeschild. Freundliche und bemühte Leitung, gute Zimmer, Frühstücksbüffet. DZ/F mit Bad 45–55 €, ohne 35–45 €. Rúa San Francisco s/n, ✆ 981 826451.

• *Camping* **San Francisco (1. Kat.)**, oberhalb von San Francisco de Louro. Schöner, gut ausgestatteter Platz innerhalb der Mauern des gleichnamigen, idyllisch gelegenen Franziskanerklosters. Geöffnet ungefähr vom 20. Juni bis Ende erste Septemberwoche; p.P., Auto, Zelt je etwa 5 €. ✆ 981 8161 48, www.campinglouro.com.

A Vouga (2. Kat.), Wiesengelände unterhalb der Hauptstraße, kurz vor San Francisco de Louro, nicht gerade ruhig gelegen. Preise p.P., Auto, Zelt je knapp 4 €. Offiziell ganzjährig geöffnet, zur NS aber unbedingt anrufen: ✆ 981 827607, avouga@hotmail.com.

Ancoradoiro (3. Kat.), etwa drei Kilometer westlich von Louro. Terrassenplatz mit Grasboden, wenig Schatten, dafür ein riesiger Strand vor der Tür. Deutschsprachige Leitung. Geöffnet 15. März bis 15. September; p.P. 3 €, Auto 2,50 €, Zelt knapp 3,50 €. ✆ 981 761730.

• *Feste* **Nuestra Señora do Carme**, 16. Juli; Fest zu Ehren der Schutzheiligen der Fischer und Seeleute.

• *Bootsfahrten* In der Saison (ca. Mitte Juni bis Mitte Sept.) kreuzen **Ausflugsschiffe** ab Muros in der Ría von Muros und Noia, allerdings nur ab 10 Passagieren! Abfahrten meist 12, 13 Uhr und 16 bis 20 Uhr stündlich. Preis um die 15 €. Cruceros Costa Viva, ✆ 981 827802.

Sehenswertes

Iglesia San Pedro: Im Ortszentrum lohnt sich ein Besuch der spätgotischen Kirche (15. Jh.), die auf den Grundmauern einer romanischen Vorgängerin

Galicien
Karte Seite 439

Der Kathedrale von Santiago nachempfunden: San Martín in Noia

steht. In ihrem schlichten Inneren beeindrucken besonders die elegant geschwungenen Spitzbogen.

Los Petroglifos: Rätselhaft ist die Bedeutung der vorgeschichtlichen „Steinbücher" in der Umgebung von Muros. Die spiralenartig in den Stein gehauenen Kreise und Vertiefungen stammen wahrscheinlich aus dem zweiten Jahrtausend vor Christus, sind jedoch ohne ortskundigen Führer kaum zu finden.

Noia

Den Beinamen „Schlüssel zu Galicien" trägt Noia, seit in dem ehemals bedeutenden, auf die Zeiten der Römer zurückgehenden Hafen Jakobspilger aus Holland und England landeten. Heute ist der Hafen versandet, doch bewahrt das Städtchen im Ortskern ein reiches mittelalterliches Erbe aus Adelspalästen, kaum einen Meter breiten Pflastergassen und einer Reihe bedeutender Kirchen wie der *Iglesia San Martín* aus dem 15. Jh., deren fein gearbeiteter Fassadenschmuck von der Kathedrale Santiagos beeinflusst ist. Besonders faszinierend ist der Friedhof der Kirche *Santa María* an der nördlichen Umfahrung des Zentrums (links neben Haus Nr. 13), der Hunderte von Grabplatten des 10.–16. Jh. birgt, die teilweise aufeinander gestapelt, teilweise an die Kirchenmauer gelehnt sind. Die geheimnisvollen Zeichen, die in den Stein geritzt sind, werden als Symbole der Werkzeuge der einzelnen Zünfte gedeutet.

• *Verbindungen* **Bus**: Castromil fährt von/nach Santiago bis zu 12-mal tägl.

• * **Hostal Elisardo**, nahe der Alameda. Die Zimmer sind recht neu, hell und sauber, das Haus allerdings nicht immer ganz ruhig. Das angeschlossene Restaurant wurde gelobt. DZ/Bad nach Saison gut 35–45 €. Rúa Costa do Ferrador bzw. Rúa General Franco 12, ✆ 981 820130.

* **Hostal Rest. Costiña,** eine Leserempfehlung von J. Gonzalez: „Neue Pension, etwas weiter weg, aber mit einem tollen

Preis-Leistungs-Verhältnis".DZ/F 35–45 €. Obre de Arriba 7, ✆ 981 820900."

* **Hostal Singapore**, in Boas, ein paar Kilometer in Richtung Porto do Son, an der Meerseite der Straße mit tollem Ausblick, sauber und freundlich, Okt.-April geschl., DZ ca. 40–55 €, Lugar Boas s/n, ✆ 981 823736, ✆ 825812.

• *Camping* **Camping Punta Batuda** (1. Kat.), schon im Gemeindegebiet von Porto do Son, etwa sechs Kilometer südlich von Noia. Gut ausgestattetes, strandnahes Wiesengelände in schöner Lage oberhalb der Felsküste; Swimmingpool. Preise saisonabhängig p.P., Auto, Zelt je knapp 5 €. Offiziell ganzjährig geöffnet, außerhalb der Saison (dann billiger) besser anrufen: ✆ 981 766542, www.puntabatuda.com.

Der Canyón des Tambre

Der Unterlauf des Tambre-Flusses wird zwar durch zwei Staudämme und die zugehörigen Seen genutzt, der schmale Mündungstrichter in den Atlantik nördlich Noia ist aber immer noch unangetastet und eine wunderbare Naturlandschaft, die man auf guten Wegen erkunden kann. Der Fluss hat einige sehr fotogene Stromschnellen, bevor er bei der mittelalterlichen Brücke von *Ponte Nafonso*, die heute noch von der alten Straße zwischen Noia und Muros benutzt wird, eher brav und ruhig wird.

• *Zufahrt* Bevor man auf der heutigen Straßenbrücke den Tambre quert, zweigen sowohl nördlich als auch südlich eher beschwerlich zu fahrende Sträßchen ab, die zum Ponte Nafonso führen, zu den Elektrizitätswerken Tambre I und Tambre II gelangt man über eine beschilderte Abzweigung von der AC 543 in Richtung Santiago. Beim Parkplatz am wie ein Schlösschen gestalteten Werk Tambre I beginnt die Wanderung durch das enge Tambre-Tal, die man zunächst mit normalen Schuhen, später mit Wanderschuhen zwei Stunden und länger fortsetzen kann. Dieser Weg ist Teil eines 28 km langen Wanderweges, der in Noia am Musikpavillon des Stadtparks beginnt und mit dem Zeichen 11 (für P.R.G. 11) gekennzeichnet ist.

Südwestlich von Noia – die Halbinsel von Barbanza

Das Gebiet der Halbinsel von Barbanza, die sich zwischen der Riá von Muros y Noia und der Ría de Arousa erstreckt, steigt im bergigen Inneren bis auf fast 700 Meter Höhe an, ist aber auch in den landwirtschaftlich geprägten Küstenzonen nur dünn besiedelt. Hinter Noia verläuft die C 550 Richtung Ribeira zunächst in Meeresnähe entlang einer ganzen Reihe von reizvollen Stränden, die allerdings den Gewalten des Atlantiks fast schutzlos ausgesetzt sind. Die Abstecher zu den historischen Monumenten und zur einzigen Wanderdüne Galiciens lohnen sich dagegen auch bei windigem Wetter.

▸ **Castro de Baroña**: Etwa 20 Kilometer hinter Noia und 3,6 Kilometer hinter dem Hafenstädtchen Porto do Son führt bei dem etwas versteckt gelegenen Gasthaus „Hospedaje O'Castro“, einem Restaurant mit Zimmervermietung (✆ 981 767430; Parkmöglichkeit), ein Fußweg durch den Wald hinab zur Küste. In beeindruckender Lage stehen hier auf einem felsigen Kap die Rundhütten eines Keltendorfes, das noch zur Römerzeit und bis zur Ankunft der Sweben im 5. Jh. bewohnt war. Wenn bei Nebel, wie er hier häufig vorkommt, nicht allzuviel Betrieb herrscht, geht von den uralten Befestigungsanlagen und Grundmauern eine fast mystische Stimmung aus. Bei Sonnenschein und ruhiger See hingegen zieht es viele Besucher an die feinsandigen, langen Strände, die sich fast ununterbrochen bis zum Kap *Cabo Corrubedo* hinziehen, z. T. über Pisten von der Hauptstraße aus erreichbar.

Galicien Karte Seite 439

Keltensiedlung am Felskap: Castro de Baroña

• *Übernachten* **Hospedaje Furnas**, an einem der besagten langen Strände, ein Lesertipp von Rolf Müller und Susanne Halbach: „Hübsches, verträumtes Häuschen mit Bar und Restaurant etwas abseits der Siedlung Xuño, in toller Lage direkt am Strand gelegen." Elf Zimmer, günstige Preise, sehr empfehlenswert. Playa de Furnas, ✆ 981 769272.

• *Camping* **Fraga Belarda,** auf dem Weg zum Hospedaje passiert man diesen empfehlenswerten Campinglatz.

▶ **Dolmen de Axeitos**: In ruhiger, ländlich geprägter Umgebung steht in einem Wald westlich des Dorfs Oleiros eines der bedeutendsten galicischen Monumente der Steinzeit. Das uralte, aus Granitfelsen aufgetürmte Grabmal ist rund zwei Meter hoch, die wuchtige Steinplatte, die als Dach fungiert, misst 3,5 mal 4,5 Meter. Anfahrt entweder ab Oleiros auf einem beschilderten, schmalen Sträßchen nach Westen, nach knapp zwei Kilometern dann rechts ab, oder über die Stichstraße zum Cabo Corrubedo.

▶ **Parque Natural de Corrubedo**: Südlich der Nebenstraße, die die C 550 mit dem Örtchen Corrubedo am gleichnamigen Kap verbindet, erstreckt sich ein ausgedehntes System von Dünen und Lagunen, das als Naturpark unter besonderen Schutz gestellt wurde. Fast alle Dünen des tausend Hektar großen, offiziell als „Parque Natural do complexo dunar de Corrubedo e lagoas de Carregal e Vixán" benannten Parks sind mittlerweile bewachsen und verändern ihre Lage deshalb nicht mehr. Die weitaus höchste, schön geschwungene Düne jedoch wandert weiterhin und ist deshalb als „Duna viva" (lebende Düne) bekannt. Vor allem an Wochenenden ist das Gebiet ein beliebtes Ausflugsziel der Einheimischen. Der bildschöne und fast schneeweiße Strand Praia de Ladeira hinter der Düne wird jedoch auch dann nie voll. Ein Parkplatz findet sich nahe der Straße zum Kap, zur Düne ist es noch etwa eine Viertelstunde zu

Fuß; unterwegs dürfen die Wege nicht verlassen werden. Für die drei großen Rundwege (die auch mit Rad benutzt werden dürfen – bei Regenwetter möglicherweise ein Problem) *camino del viento, camino de agua* und *camino del mar* gibt es in der Parkinformation ausführliche kostenlose Wegbeschreibungen mit vielen Infos zur Natur am Wege.

• *Information/Öffnungszeiten* **Centro de Recepción C.I.E.L.G.A.** mit Parkplatz und Cafetería, Hinweisschild an der CP 7302 Straße zwischen Carreira (3,5 km westlich von Ribeira) und Artes, die in etwa an der Ostgrenze des Parks entlang läuft (also *nicht* von der AC 303 zwischen Ribeira und Corrubedo bzw. der C 550 von Ribeira nach Noia!). Sehr genaue Auskünfte, Übersichtskarte, Wegbeschreibungen. Geöffnet tgl. (auch im Winter) 10–13.30, 16–19 Uhr. Stelltafeln mit Übersichtsplan und einigen Hinweisen am Ende dreier weiterer Stichstraßen in den Park, so bei Olveira, das man als Abzweigung der CP 7304 von der C 550 erreicht.

• *Übernachten* **Hotel As Dunas**, ein Lesertipp von Brigitte Sattlegger: „Entzückendes Hotel in der Nähe der Dünen von Corrubedo, am Ende einer Sackgasse, die noch nicht asphaltiert war. Von der Straße zwischen Porto do Son und Ribeira gibt es bei der Abzweigung nach Olveira Hinweisschilder. Die Besitzer haben lange in England gelebt, sprechen also perfekt Englisch. Sie waren sehr freundlich um ihre Gäste bemüht. Das Haus ist im englischen Cottage-Stil erbaut, die Zimmer sind großzügig und freundlich eingerichtet." Inzwischen ist die Zufahrt asphaltiert, die Aufnahme ist so herzlich, der Aufenthalt so angenehm wie im Lesertipp beschrieben, und man findet das Hotel, wenn man in Oleiros die AC 303 in Richtung Corrubedo nimmt und nach ca. 2,5 km den Schildern folgt. Das DZ/Bad kostet inkl. Frühstück ca. 45–60 €. Lugar Bretal-Olveira 138 (Ribeira), ✆ 981 865185, 📠 981 835903.

In Strandnähe nahe dem südlichsten Kap der Halbinsel liegt das von den Lesern Bernd und Heike Schuler empfohlene *** **Hotel-Restaurante Punta Couso**. Es handelt sich um eine umgebaute Finca mit großen Zimmern, die von einem spanisch-französischen Ehepaar geleitet wird, DZ/F ab ca. 70 €. La Ceraña 44, 15960 Ribeira,

Steinzeitmonument im Wald: Dolmen de Axeitos

Galicien Karte Seite 439

✆ 981 841554. Ab dem Kreisverkehr nördlich von Ribeira Schilder bis zum Hotel, Zufahrt (alte Bäume zur Straße) leicht zu übersehen.

• *Camping* **Las Dunas** (3. Kat.), noch recht junger Platz, nicht weit von der Zufahrt zum Schutzgebiet, ein paar hundert Meter landeinwärts der Straße Richtung Kap Corrubedo. Gepflegte Sanitärs. Mit Einkaufsmöglichkeit und Cafeteria, in diesem abgelegenen Gebiet nicht ganz unwichtig. Nur von Mitte Juni bis Mitte September geöffnet, Preise p.P., Auto, Zelt jeweils etwas über 4 €. ✆ 981 868009.

„Schnee" an der Schmuggelküste

Schon lange waren die galicischen Küsten, besonders aber die Rías Bajas, ein Dorado für Schmuggler. Mit hochgezüchteten Rennbooten ausgerüstet, machten sie der Küstenwache seit Jahrzehnten das Leben schwer und landeten im Schutz der Nacht unverzollte Zigaretten, Whisky und andere begehrte Güter. Bei der Bevölkerung waren die Abenteurer durchaus beliebt, hatten ihre illegalen Aktionen doch immer auch einen Hauch von wilder Romantik.

Die Sympathie ist verflogen, seit sich viele Schmuggler in den Achtzigerjahren lukrativerer Ware zuwandten: Galiciens Küste wurde zu einem der Hauptumschlagplätze für den Kokainschmuggel nach Europa. Die Droge wird in internationalen Gewässern von Bord meist kolumbianischer Frachtschiffe übernommen und wirklich tonnenweise heimlich an Land geschafft. Verwickelt in die gesetzwidrigen Aktivitäten sind auch nicht wenige Fischer. Angesichts der Summen, die im Spiel sind, ist die Versuchung groß: Umgerechnet rund 100.000 Euro im Monat habe er bei guter Geschäftslage verdient, berichtete der Schmuggler Ricardo Portabales nach seiner Verhaftung. Wenn man bedenkt, dass die meiste Schmuggelware unentdeckt bleibt, dann ist die Menge von 2.061.867 Gramm Heroin und mehr als 2 Mio. Gramm Kokain, die 2006 in Galicien beschlagnahmt wurde, Hinweis auf einen wahrhaft gewaltigen Drogenumschlag.

Noch mehr Geld als der Schmuggel verspricht natürlich die Organisation des Geschäfts. In Galicien hat sich deshalb eine regelrechte Drogenmafia etabliert, der die Behörden nur schwer beikommen. Dabei sind die Namen der Drahtzieher meist nicht einmal unbekannt: Die Bosse verstecken ihren Reichtum keineswegs, prunken vielmehr mit Nobelkarossen und feinen Villen. Dennoch fällt es der Polizei oft nicht leicht, stichhaltige Beweise beizubringen – viele der „Capos" haben ihr illegales Vermögen mit Immobiliengeschäften gewaschen oder unterhalten als Tarnung einen legalen Betrieb, etwa eine Spedition. Handys werden seit Jahren von den Schmuggelbanden nicht mehr für Gespräche genutzt, meist werden von öffentlichen Telefonzellen aus die Telefonkarten ausländischer Anbieter verwendet. Eigene Sicherheitsdienste dienen nur dazu, vor möglichen Infiltrierungen durch die Polizei zu schützen. Trotz einiger Verhaftungserfolge, die in den Zeitungen groß aufgemacht wurden, ist Spanien und besonders Galicien Europas Schmuggelzentrale für Drogen geblieben.

Ría de Arousa

Die größte und gleichzeitig touristisch am stärksten entwickelte Region der Rías Bajas ist leider in einigen Gebieten unschön zersiedelt.

„In dieser Ría haben sich landschaftliche Reize und Wirtschaftswachstum vermischt, nicht immer in harmonischem Einklang mit Kunst und Tradition", räumt ein Prospekt des Fremdenverkehrsamts mit erfreulicher Aufrichtigkeit ein. Es gibt jedoch auch Fleckchen, die vom Bauboom bislang weitgehend verschont geblieben sind, wie etwa die kleine Badeinsel *Illa de Arousa*. Touristische Hauptanziehungspunkte für die meist spanischen Gäste sind die reizvolle Halbinsel von *O Grove* und die nahe, durch eine Straße verbundene „Millionärsinsel" *La Toya*. Eines der schönsten Städtchen der Ría ist der alte Ort Cambados, Mittelpunkt der Weinregion von Albariño.

Ribeira

Das Städtchen, mit rund 25.000 Einwohnern die größte Siedlung der Halbinsel von Barbanza und auch als Santa Eugenia bekannt, will sich wohl langsam für den Tourismus rüsten, ist aber in erster Linie ein bedeutender Fischereihafen, immerhin der drittgrößte Galiciens. Die zahlreichen Apartmentkomplexe und vielen Bauruinen verschönen Ribeira nicht gerade.

Padrón

Das Städtchen liegt an der N 550, etwa 20 Kilometer südlich von Santiago de Compostela und direkt vor der Provinzgrenze: Südlich des Río Ulla beginnt die Provinz Pontevedra. Padrón war als *Iria Flavia* die Hauptstadt des römischen Galicien. Hier soll der Apostel Jakob auf seiner Missionsreise nach Spanien ebenso gelandet sein wie nach seinem Tod das Engelsschiff mit den Reliquien des Heiligen: Grund genug für viele Pilger, die Wallfahrt bis hierher zu verlängern. Heute, da der Hafen nicht mehr existiert, zieht es die Besucher von Padrón eher zum Wohnhaus der galicischen Dichterin Rosalía de Castro. Auf kulinarischem Gebiet ist Padrón vor allem durch seine Paprikaschoten *pementos* beziehungsweise *pimientos* bekannt, die bei der „Festa do Pemento" im August die Hauptrolle spielen.

• *Information* **Oficina de Turismo**, Kiosk an der Durchgangsstraße Avenida de Compostela. Nur Juli bis September geöffnet, dann meist täglich 9–13, 16–19 Uhr.

• *Verbindungen* **Zug**: Bahnhof der recht häufig bedienten Linie Santiago-Vigo östlich etwas außerhalb des Zentrums, nahe der Casa Museo von Rosalía de Castro.

Bus: Bushaltestelle etwas außerhalb in Richtung Iria Flavia; Castromil fährt nach Santiago, Pontevedra, Vigo und Ribeira tagsüber etwa stündlich, A Coruña 6-mal, Noia 4-mal, Cambados 5-mal täglich.

• *Übernachten/Essen & Trinken* ** **Hotel Res. Rivera**, vor einigen Jahren vom Hostal zum Hotel hochgestuft, mit Garage. DZ/Bad nach Saison etwa 45–80 €. Angeschlossen das sehr gute, aber nicht ganz billige Restaurant „**Chef Rivera**" (Essen à la carte ab ca. 30 €, Menú del día 17 €, So abds. und Mo zu, ausgenommen August). Enlace Parque 7, ✆ 981 810523, ℻ 981 811454.

** **Hostal Res. Casa Cuco**, an der Durchgangsstraße, direkt gegenüber der Infostelle. DZ/Bad etwa im Preisbereich von 30–45 €. Avenida de Compostela 16, ✆/℻ 981 810511.

* **Hostal Jardín**, ein hübsches Steinhaus, dem Namen entsprechend beim Stadtpark von Padrón. Nur wenige Zimmer, DZ/ Bad

Galicien Karte Seite 439

nach Saison knapp 35–45 €. Salgado Araujo 3, ✆ 981 810950.

• *Feste* **Semana Santa/Corpus Cristi**, Osterwoche und Fronleichnam, jeweils mit berühmten Feierlichkeiten.

Festa do Pemento, Fest der Pfefferschoten am ersten Samstag im August.

Sehenswertes

Casa Museo Rosalía de Castro: Das Wohnhaus der gefeierten galicischen Dichterin (1837–1885) wurde mit einer Reihe von Erinnerungsstücken als Museum hergerichtet. Es liegt in der Nähe des Bahnhofs, vom Zentrum aus jenseits der Schienen; die Abzweigung beim Stadtpark ist beschildert.

Öffnungszeiten Di–Sa 10–13,30, 16–19 Uhr, So/Fei 10–13.30 Uhr, im Winter etwas kürzere Öffnungszeiten; Eintrittsgebühr knapp 1,50 €. Vorheriger Anruf erbeten: ✆ 981 811204.

Fundación Camilo José Cela: Padrón ist auch die Heimat eines berühmten Schriftstellers unserer Tage. Hier wurde 1916 Camilo José Cela geboren, der Literatur-Nobelpreisträger von 1989, gestorben im Januar 2002. In seiner Stiftung im Dorf Iria Flavia, etwa einen Kilometer außerhalb der Stadtgrenze Richtung Santiago, sind Manuskripte, Gemälde, Bücher etc. aus dem Besitz Celas zu sehen. Nebenan gibt es ein kleines Eisenbahnmuseum, dessen Prunkstück die 1880 erbaute „Sar" ist, eine der ersten Lokomotiven Galiciens.

Öffnungszeiten der Fundación Juni-Sept. Di–Sa 10–14, 16–20 Uhr, So/Fei 10–14 Uhr, Rest des Jahres Mo-Fr 9–14, 16–19 Uhr, dann an Fei geschl. Eintrittsgebühr Fundación und Eisenbahnmuseum je etwa 3 €.

Santa María Adina: Gegenüber der Fundación erhebt sich das auch als Iglesia de Iria Flavia bekannte Gotteshaus, ein ursprünglich romanischer, im 12. Jh. errichteter Bau, der später jedoch mehrfach umgebaut wurde. Vom Original blieb nur das Portal erhalten.

Catoira

Das sonst eher unscheinbare Dorf an der hier noch sehr engen Mündung des Río Ulla ist vor allem durch ein großes Wikingerfest bekannt, das hier alljährlich im August stattfindet. Schauplatz ist das Gebiet der *Torres de Oeste* an der Ría etwas nördlich des Dorfes selbst. Die beiden malerischen Türme sind Reste des Castellum Honesti, einer Festung des 12. Jh., die erbaut wurde, um die Anlandung von Normannen und Wikingern zu verhindern. Weit überragt werden die Türme von der modernen Straßenbrücke, die im Hintergrund die Ría überspannt.

• *Feste* **Romería Vikinga**, in der Regel am ersten Sonntag im August. Wildes Fest, bei dem zunächst die Landung der Wikinger nachgespielt wird. Später verbrüdern sich Angreifer und Verteidiger bei Muscheln und (vor allem) Wein. Die Zuschauer wollen da natürlich nicht nachstehen ... Das Fest wird als „Veranstaltung von internationalem turistischem Interesse" entsprechend international beworben.

Südlich von Catoira folgt die Straße dem Ufer der Ría, eine landschaftlich sehr reizvolle Route, die Bahnreisende noch besser als Autofahrer genießen können: Die Linie Santiago-Pontevedra führt hier nämlich streckenweise fast direkt am Wasser entlang.

Vilagarcía de Arousa

Mit über 30.000 Einwohnern ist Vilagarcía de Arousa die größte Siedlung der Ría de Arousa. Ins Auge fällt vor allem der ausgedehnte Fischerei- und Handelsha-

Kulisse des Wikingerfests von Catoira: die Torres de Oeste

fen, der das Städtchen teilweise vom Meer abschneidet und zu den bedeutendsten Häfen Galiciens zählt, ein neuer Sporthafen, die *Marina Vilagarcía,* liegt direkt daneben. Außer mit einer schönen Promenade und einigen Adelspalästen beeindruckt der überwiegend neuzeitlich geprägte Ort selbst allerdings wenig.

• *Verbindungen* **Bus:** Castromil/Monbus fährt etwa stündlich von und nach Cambados, von/nach O Grove 5-mal, von und zur Illa de Arousa 5-mal täglich, von/nach Pontevedra etwa stündlich, von/nach Santiago 5-mal täglich.

• *Übernachten/Essen&Trinken* **** **Hotel Pazo O Rial**, nobles und stilvolles Quartier in einem umgebauten Palast des 17. Jh.; mit Swimmingpool. Das zugehörige Restaurant ist auch optisch ein Traum. DZ/Bad 100–125 €. O Rial 1, Villajuán, etwas außerhalb in Richtung Cambados; ✆ 986 507011, 986 501676, reservas@pazorial.com.

Restaurante El Rancho, beliebtes Steakrestaurant an der Durchgangsstraße mit üppigen Portionen; Tagesmenü 7 €, z. B. Fischsuppe, enorme Chuleta de ternera, Torta de Santiago, dazu sehr guter Rotwein (die Empfehlung kommt von einem Santiagoer Taxler, der das Restaurant als „schärfsten Gegensatz zu McDonald`s" empfiehlt).

• *Feste* **Fiesta de San Roque**, um den 16. August, das Hauptfest der Stadt.

▸ **Mirador de Lobeira**: Der Aussichtspunkt, im Inland etwa fünf Kilometer südlich von Vilagarcía gelegen, bietet einen fantastischen Blick auf die gesamte Ría de Arousa.

Illa de Arousa

Die Insel, die der Ría den Namen gab, ist erst seit einigen Jahren mit dem Festland durch eine gut zwei Kilometer lange Brücke verbunden. Zur spanischen Urlaubssaison und an Sommerwochenenden herrscht einiger Betrieb; wer jedoch nur ein wenig außerhalb der Saison kommt, hat die etwa sieben Quadratkilometer große Insel und ihre Strände fast für sich, von den paar Einwohnern des kleinen Fischerorts *Illa de Arousa* einmal abgesehen.

Galicien
Karte Seite 439

Parque Natural de Carreirón: Mit ihren vielen Buchten, Dünenformationen und einer großen Lagune ist die Halbinsel im äußersten Süden von Arousa ein Refugium für zahlreiche seltene Tierarten, insbesondere für Vögel, und deshalb vor einigen Jahren unter Naturschutz gestellt worden.

• *Übernachten/Camping* Wildcamping ist auf der Insel verboten!

Jugendherberge Albergue Juvenil As Sinas, nicht direkt auf der Insel, sondern bei Vilanova de Arousa. Am Strand Playa de Sinas, zum Wasser nur ein Katzensprung. Nur Juni bis September geöffnet, ✆ 986 554081 oder 986 554455.

Camping Salinas (2. Kat.), einfacher Platz in Strandnähe direkt auf der Insel, Anfahrt nach der Brücke links über einen Feldweg. Offiziell von Juni bis September geöffnet, schließt aber oft schon früher. Preise p. P., Auto ca. 5, Zelt ca. 4,50 €, ✆ 986 527444.

Camping El Terrón (2. Kat.), Ausweichplatz am Festland nahe der Brücke; auch hier ein schöner Strand. Geöffnet Mitte Juni bis Ende September, p.P. und Auto knapp 3,70 €, kleines Zelt 3 €. ✆/℻ 986 554394, www.campingelterron.com.

Camping El Edén, nahe dem Concerrado-Strand, tlw. schattig, keine Haustiere; geöffnet Mitte Juni bis Mitte September, p. P und Auto ca. 4,50 €, kleines Zelt etwa 4 €. ✆986 551520, ℻ 986 527515, www.eledencampingplaya.com.

Cambados

Cambados ist der Mittelpunkt der Albariñoregion, die den besten Wein Galiciens liefert: „La Capital de Albariño" nennt sich das Hafenstädtchen deshalb gern.

Außer mit seinem fruchtigen, frischen Weißwein und der entsprechenden Anzahl an Weinhandlungen glänzt Cambados auch durch sein hübsches Ortsbild. Auffallend ist die große Zahl an Palästen, die in Galicien *pazos* genannt werden. Nur Strände besitzt der recht ausgedehnte Ort in seiner unmittelbaren Umgebung nicht, weshalb sich der Tourismus, von sonntäglichen Tagesausflüglern abgesehen, auch halbwegs in Grenzen hält. Doch noch wichtiger als Wein und Tourismus ist für Cambados der traditionelle Wirtschaftszweig der Fischerei, heute stark auf die Zucht und die Ernte von Krusten- und Schalentieren, vor allem Muscheln konzentriert. Ein großer Fischereihafen entstand im Norden der Stadt, er bietet 180 neue Anlegestellen für die 240 Fischereiunternehmer des Ortes.

• *Information* **Oficina de Turismo**, Kiosk an der ufernahen, zentralen Praza do Concello s/n, ✆ 986 520786, www.concello-cambados.com (Gemeindeseite). Öffnungszeiten (Sommer) 10–14, 16.30–20.30 Uhr. Weinliebhaber können sich hier nach der Broschüre „Ruta del Vino de la D. O. Rías Baixas" erkundigen, die Bodegas mit Direktverkauf auflistet.

• *Verbindungen* Busstation zentral nahe der Infostelle; MONBUS-Verbindungen von/nach Pontevedra bis 20-mal, von/nach Santiago 4-mal täglich, von/nach Vilagarcía de Arousa etwa stündlich; CUIÑA fährt 9-mal tgl. über Pontevedra nach Mosteiro.

• *Übernachten* *** **Parador El Albariño**, im hübschen Palast „Pazo de Bazán" nahe der Praza do Concello, der bis ins 17. Jh. zurückgeht; mit Swimmingpool. DZ kosten nach Saison etwa 115–145 €. Po. Calzada s/n, ✆ 986 542250, ℻ 986 542068, www.parador.es.

* **Hotel Res. Carisán**, ordentliche Mittelklasse in recht zentraler Lage, mit Garage. Nur von Juni bis September geöffnet, DZ nach Saison knapp 35–55 €. Rúa Eduardo Pondál 3, ✆ 986 520108, ℻ 986 542470.

Hostal Res. Pazos Feijóo, in einer Parallelstraße zur Ufer-Avenida, fast direkt an der zentralen Praza do Concello (Infostelle). Angenehme Zimmer, DZ/Bad zur NS preisgünstige 25 €, von Juni bis September ca. 45 €. Rúa Curros Enriquez 1, ✆ 986 542810.

• *Essen* **Rest. María José**, im nördlichen Zentrumsbereich. Kleines Familienrestaurant mit feiner Küche zu akzeptablen Preisen. Das Tagesmenü mit Ribeiro-Wein kostet etwa 20 €, à la carte wird´s etwas mehr. Praza das

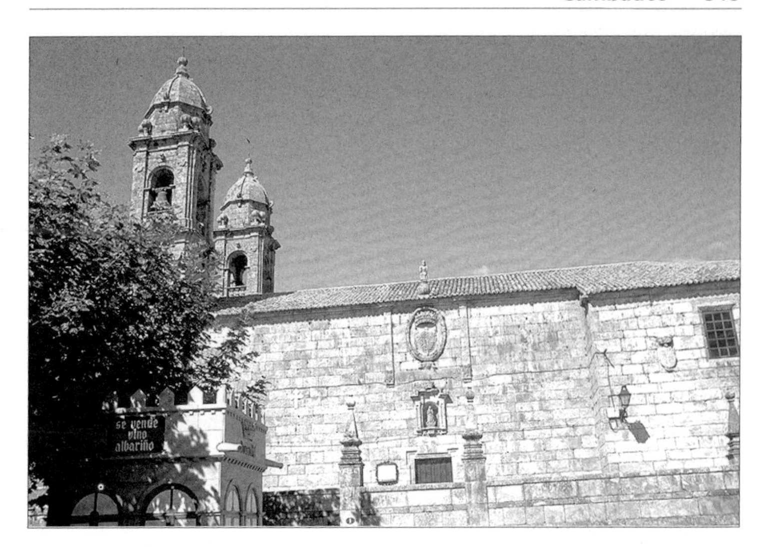

In der Hauptstadt des Albariñoweins: Praza de Fefiñáns

Rodas 6, von der Praza Fefiñáns über die Rúa Novedades. So abds. und Mo zu.

• *Feste* **Fiesta del Vino Albariño**, viel gerühmtes Weinfest am ersten Sonntag im August, bei dem die Erzeugnisse des Vorjahrs erstmals offiziell verkostet werden. Im Beiprogramm aufwändige Umzüge mit geschmückten Ochsenkarren.

Sehenswertes

Praza de Fefiñáns: Der hübscheste Platz des Städtchens, am nördlichen Rand gelegen, wäre noch wesentlich reizvoller, würde über ihn nicht der gesamte Verkehr zwischen Vilagarcía und O Grove brausen. Anscheinend haben dies auch die Stadtväter erkannt, denn es gibt Pläne, die Praza zur Fußgängerzone zurückzubauen. Begrenzt wird der Platz an gleich zwei Seiten von dem über Eck gebauten Pazo Fefiñáns, einem klassizistischen Gebäude des 17. Jahrhunderts. Auf der gegenüberliegenden Seite warten mehrere verkehrsgünstig gelegene Weinhandlungen auf eilige Käufer.

Centro Comarcal Expo Salnés: Gleich hinter der zentralen Praza do Concello und ganz in der Nähe des Paradors (Paseo da Calzada s/n) ist in einem modernen Gebäude diese Ausstellung untergebracht, die sich mit der Kultur und Lebensart des Gebiets von Salnés befasst. Die Comarca Salnés erstreckt sich etwa von Vilagarcía im Norden bis hinab nach Sanxenxo im Süden und umfasst auch die Insel Arousa und die Halbinsel O Grove. Vielleicht das interessanteste Exponat ist ein großes Modell des Gebiets, auf dem per Tastendruck und Leuchtpunkt die Lage einzelner Naturschutzgebiete, historischer Gebäude, Petroglifos (vorgeschichtliche Steinkreise), Pazos etc. abgerufen werden kann. Ähnliche Zentren wurden von der Regionalregierung auch in anderen Orten Galiciens eingerichtet.

Öffnungszeiten Mo–Fr 10–20 Uhr, Sa/So 11–20 Uhr; der Eintritt ist frei; ✆ 986 526013.

Galicien
Karte Seite 439

Iglesia Santa Mariña de Dozo: Von der im 15. Jh. errichteten Kirche stehen nur noch Reste, die allerdings immerhin zum Nationaldenkmal erklärt worden sind. Ein Friedhof, der immer noch benutzt wird, bildet die Kulisse für die romantischen Ruinen aus Gewölbebögen und den Resten der Apsis. Das Ensemble befindet sich südwestlich etwas außerhalb des Zentrums, zu erreichen über die Avenida da Pastora.

O Grove

Der Hauptort der kleinen Halbinsel ist eines der Touristenzentren Galiciens, mit der entsprechenden Auswahl an Hotels und Hostals.

Wichtigste Attraktion der Halbinsel von O Grove sind die ausgedehnten Strände an ihrer Südseite, deren Spitzenreiter die kilometerlange, mit der Blauen Umweltflagge ausgezeichnete *Praia da Lanzada* westlich der Landenge darstellt. Wer hier badet, sollte allerdings wissen, dass es an einigen Stellen gefährliche Strömungen gibt. Das Wasser gilt als fruchtbarkeitsfördernd, weshalb am letzten Augustwochenende manche Galicierinnen von weit her kommen, um nach einem rituellen Bad hoffentlich bald guter Hoffnung zu sein. Schauplatz dieser Wallfahrt ist die Kapelle *Nosa Señora da Lanzada*, die sich auf einem kleinen Kap etwas südlich der Praia selbst erhebt, sozusagen bereits auf dem „Festland" gelegen und von weiteren hübschen Stränden umrahmt.

O Grove selbst ist ein angenehmes Städtchen, trotz der Besucherscharen, die zur spanischen Saison hier einfallen. So völlig verbaut, wie man annehmen sollte, ist der auch bei deutschen Sprachschülern beliebte Ort nämlich gar nicht, besitzt er doch außer neuen Apartmenthäusern sogar einige ganz nette Ecken. Ohnehin bildet der Tourismus nur ein willkommenes sommerliches Zubrot zum eigentlichen Lebensunterhalt der rund zehntausend Einwohner, nämlich der Ernte von Meeresfrüchten. Gegenüber der kleinen Insel A Toja kann man sie bei Ebbe dabei beobachten.

Information/Verbindungen

• *Information* **Oficina de Turismo**, ein kleines Steinhaus am Hafen, Praza do Corgo 1; ✆ 986 731415. Geöffnet nur von Anfang Juli bis zum Ende der Festa do Marisco im Oktober, Mo–Sa 10–14, 17–21 Uhr, So 11–14 Uhr.

• *Verbindungen* **Bus**: Castromil-MONBUS fährt ab dem gemeinsamen Terminal von Bus und Ausflugsschiffen am Hafen nach Pontevedra, im Sommer mindestens stündlich (bis 20-mal tgl.), sonst eingeschränkter. Busse nach Villagarcía 5-mal, nach Vigo 4-mal, nach Santiago 5-mal täglich. Im Juli/August gibt es auch einen Busservice zu den Stränden.

Schiff: Katamarane mit Aussichtsfenstern, einige davon auch mit solchen unterhalb der Wasserlinie, Motorsegler und andere Boote starten im Sommer und an Wochenenden ab dem Hafen auf verschiedenen Routen u. a. zum Aquariumgalicia, in die Ría de Arousa und auf der „Ruta Xacobea" bis hinauf nach Padron. Besonders beliebt sind die Fahrten mit Besuch der Muschel- und Austernbänke und anschließender Verkostung mit Wein (90 Min. 12 €)! Sehr beliebt auch die Tour zur unbewohnten Isla Areosa (westlich der Isla de Arousa) mit Essen an Bord und Halt an einer Badebucht zu 28 €. Busterminal und Schiffsterminal sind zusammengefasst, östlicher Bereich des großen Hauptplatzes des Ortes am Hafen. Preis für Rundfahrt in der Ría de Arousa ca. 13 €, „Ruta Xacobea" (5 Std.) ca. 35 €, große Ría-Rundfahrt (10 Std.) ca. 32 €, Kreuzfahrt mit Motorsegler zum Nationalpark Islas Ciés ab ca. 40 €, Kinder bis 12 Jahre jeweils ca. die Hälfte.

Übernachten/Camping

• *Übernachten* Hotels der Oberklasse gibt es auf dem Inselchen A Toxa, einfache Hostals an der Hauptstraße Rúa Castelao, auch Avenida Besado genannt. Viele Restaurants vermieten ebenfalls Zimmer. Die Mehrzahl der Unterkünfte ist nur von Juni bis September geöffnet.

***** **Gran Hotel Hespería La Toja**, stilvoller Klassiker der Mini-Insel, mit allen Annehmlichkeiten, schön gelegenem Pool und angeschlossenem Thermalbad. Ganzjährig geöffnet, der Ausstattung entsprechendes Preisniveau: DZ rund 155 €, über Ostern sowie im Juli und August 260 €. A Toxa, ✆ 986 730025, ℻ 986 730026, hotel@granhotel hesperia-latoja.com.

*** **Hotel Puente de la Toja**, praktisch direkt gegenüber dem Inselchen A Toxa. Vor einigen Jahren renoviert; gute Zimmer mit teilweise hübscher Aussicht, zur Hochsaison könnte der Straßenverkehr jedoch etwas stören. Geöffnet März bis Mitte Dezember, DZ knapp 55–90 €. Avenida de Castelao 206, ✆ 986 730761, ℻ 986 732984, www.hotelpuentedelatoja.com.

*** **Hotel La Noyesa**, an einer kleinen, leider manchmal etwas verkehrsgeplagten Plaza im Zentrum; Parkgarage in der Nähe. Ganzjährig geöffnet, DZ mit obligatorischem Frühstück etwa 50–70 €. Praza de Arriba 5, ✆ 986 730923, h.noyesa@hotmail.com.

** **Hostal Otero**, ein Stück weiter. Geöffnet Juni bis September, in manchen Jahren bis in den Oktober. DZ/Bad ca. 55–70 €. Rúa Castelao 133, ✆ 986 730110.

* **Hostal Casa Campaña**, an der Hauptstraße im Ort. Kürzlich teilrenoviert; Die geräumigen DZ/Bad für etwa 40–55 € bieten guten Gegenwert fürs Geld. Ganzjährig geöffnet. Avenida de Castelao 60, ✆ 986 730919, ℻ 986 732277, info@hotelcampana.com.

• *Übernachten außerhalb* *** **Hotel Bosque Mar**, ein Lesertipp von Thomas Volz und Yvonne Fox: „Ein 3-Sterne Haus in Reboredo, schön gelegen, nah am Meer, hervorragende Küche (!) und sehr nettes Personal." DZ/F etwa 55–110 €. In Reboredo, etwa 3 km von O Grove, ✆ 986 731055; www.bosquemar.com.

* **Hotel Estrella del Mar**, südlich der Halbinsel im Bereich der Strandsiedlung Foxos, bereits im Gemeindegebiet von Sanxenxo gelegen und von dort kommend noch vor der Kapelle Nosa Señora da Lanzada. Ein Lesertipp von Ida Ehrbrecht und auch von anderen gelobt: „Auf der Meerseite der C 550; moderne, freundliche, geräumige Zimmer mit TV und Bad, teilweise Balkons mit Meerblick. Durch die Wiese geht es ca. hundert Meter direkt zum sauberen Strand herunter. Freundliche Führung. Perfekt zum Erholen!" Nur Mitte Juni bis Mitte September geöffnet, DZ/Bad knapp 35–45 €. Foxos-A Lanzada 6, ✆ 986 745776, hestrelladelmar@ hotmail.com.

• *Camping* Vom Festland kommend steht am Ende der Landenge ein Hinweisschild, auf dem alle Plätze von O Grove markiert sind. Es gibt eine ganze Reihe davon, insbesondere im Umfeld der Strände an der südlichen Seite der Halbinsel. Im Ortsbereich besteht allerdings keine Möglichkeit. Wildcamping ist verboten!

X **Moreiras** (2. Kat.), ortsnächster Platz, im Nordwesten der Halbinsel, etwa 3,5 Kilometer von O Grove und direkt neben dem Aquarium. Sehr ordentlicher, schattiger Platz, unterhalb ein Felsstrand mit kleinen Sandbuchten, ein größerer Sandstrand liegt nahebei. Berühmt für tolle Sonnenuntergänge, prima Aussicht von der Terrasse des Bar-Restaurants. Ganzjährig geöffnet; p.P., Auto, Zelt je ca. 5,50 €. Ctra. O Grove-San Vicente, ✆ 986 731691, ℻ 986 732026.

Muiñeira (2. Kat.), einer der zahlreichen Plätze an der Südseite der Halbinsel. Schöne Lage oberhalb der Praia da Lanzada, Schatten ist allerdings rar. Geöffnet April-Sept., p.P. 5,50 €, Zelt 7,50 €, Auto knapp 4,50 €. ✆ 986 738404, ℻ 986 738286.

Essen/Feste

• *Essen* Mariscos, mariscos, mariscos...

Rest. Finisterre, am Hauptplatz, Nähe Rathaus. Von außen ziemlich unscheinbar, aber berühmt für seine köstlichen Meeresfrüchte. Üppiges Essen à la carte ab etwa 25 €, Meeresfrüchteplatte für zwei mit wirklich allem, was dazugehört (auch *centolla*/ Meerspinne) samt gutem Weißwein ca. 40 €. Praza de Corgo 2-B.

Posada del Mar, traditionelle galicische Küche auf gehobenem Niveau, vor allem Meeresfrüchte und die Tarta de queso zum

Galicien Karte Seite 439

Dessert werden gelobt, à la carte ab 30 €, So abds. und Mo zu (nicht Juli/Aug.). Rúa Castelao 202.

Rest. Raxeira, ausgezeichnetes Restaurant für Fisch und Meeresfrüchte gegenüber dem Hotel Estrella del Mar, La Lanzada, Noalla.

Reiche Beute: Ernte von Meeresfrüchten gegenüber von A Toxa

Comidas el Alemán, in der Hauptstraße. Gegründet wurde das Lokal tatsächlich von einem schon vor langer Zeit hierher ausgewanderten Deutschen, heute ist es aber so galicisch wie es nur sein kann, das Publikum großteils aus der Nachbarschaft. Gutes Tagesmenü 12 €, Platos combinados etwa 8,50 €, Mariscada für 2 mit Wein ab 30 €, freundlicher Service. Rúa Castelao 70.

Taberna O'Pescador, in der von der Praza del Corgo stadtauswärts führenden Einbahnstraße. Altes Steinhaus, Holzbänke, urgemütlich. Raciónes Meeresfrüchte um die 3–7 €, die Riesenplatten mit Austern etc. kommen allerdings teuer (Meeresfrüchteplatte für zwei ca. 35 €). Rúa Pablo Iglesias 7.

Taberna Aranxo Vinos y Tapas, direckt daneben, einfacher, rustikaler, billiger, aber keineswegs schlechter, Pulpo 8 €, Mariscada für zwei zu 35 €, Rúa Pablo Iglesias 11.

Taberna Casa Abel, empfohlen von den Lesern Thomas Volz und Yvonne Fox: „Leckere Tapas und Raciones zu günstigen Preisen, für den kleinen Hunger zwischendurch. Rúa Platería 63." Tapas ab 3,50 €, Montag zu.

• *Feste* **Nuestra Señora do Carme**, 16. Juli, zu Ehren der maritimen Schutzheiligen. **Romería da Nosa Señora da Lanzada**, Wallfahrt zu der Kapelle südlich des Lanzadastrands, am letzten Augustsamstag. Um Mitternacht oder bei Morgengrauen nehmen die Frauen das fruchtbarkeitsfördernde „Baño de las nuevas olas" (Bad der neun Wellen).

Festa do Marisco, in der ersten Oktoberhälfte. Zum Fest der Meeresfrüchte, die in Riesenmengen verspeist werden, gehören auch Verkaufsstände, Folkloretänze, Gaita-Konzerte etc.

Sehenswertes

A Toxa (La Toja): Die kleine Insel, mit O Grove durch eine Brücke verbunden, ist so richtig eine Spielwiese für „Millionärs": zwei teure Hotels, Tennisplätze, Golfplatz, Casino, Kurbad... Normalbürger dürfen sie allerdings auch betreten und sich an den Parkanlagen, am Blumenschmuck und an der kuriosen, über und über mit Jakobsmuscheln dekorierten kleinen Kirche freuen. Viel mehr ist hier allerdings nicht geboten.

Acuariumgalicia: Im Nordwesten der Halbinsel, direkt neben dem Camping Moreiras, steht das 1997 eröffnete Aquarium. Damals war es das einzige innerhalb Galiciens, heute steht es trotz seiner gefällig konzipierten Anlage und seiner zwanzig Becken etwas im Schatten des superben Aquariums von A Coruña. Eine Reihe von Becken ist verschiedenen galicischen Küstenabschnitten wie der Costa do Morte oder den Islas Cies nachgebildet, zu sehen sind aber ebenso Wassertiere anderer Regionen, darunter auch Piranhas und Haie. Besucher können einen Blick in die Zuchttanks werfen und erfahren, wie die typischen Muschelbänke unterhalb der Wasserlinie aussehen. Leider sind die Erklärungen in Schautafeln und Ausstellungskästen jedoch nur in Spanisch und Galicisch gehalten.

Öffnungszeiten Juni–Okt. täglich 10–21 Uhr Rest des Jahres Fr-So/Fei 10–19 Uhr; Eintritt 9 €, erm. 7 €; www.acquariumgalicia.com.

Ría de Pontevedra

Den größten Anziehungspunkt dieser Ría bildet die alte Stadt Pontevedra selbst. Die nördliche Küste ist vor allem zwischen den Ferienorten Portonovo und Sanxenxo kräftig verbaut. Die schweren Waldbrände des Sommers 2006 haben gerade in der Umgebung von Pontevedra ihre Spuren hinterlassen – dass sie von Bodenspekulanten gestiftet wurden, ist doch sicher ein böses Gerücht?!

Stopps auf der Strecke von O Grove nach Pontevedra lohnen besonders an den zahlreichen hübschen Stränden noch vor der Siedlung Portonovo sowie im reizvollen Örtchen Combarro.

Sanxenxo

Bis ans Meer reichen die Hochhäuser der Hotels und Apartmentanlagen, in denen bislang vor allem spanische Familien ihre Sommerferien verbrachten. Sie haben Konkurrenz bekommen, denn die günstigen Preise der hiesigen Pauschalhotels locken mittlerweile auch zahlreiche portugiesische Urlauber in den nicht gerade pittoresk zu nennenden Ort. Gemessen an der Bettenkapazität ist Sanxenxo das bei weitem größte Touristenzentrum Galiciens, nennt sich auch stolz „Capital turística de Galicia" und scheint direkt von der Costa del Sol hierher versetzt worden zu sein. An Stränden, die in Ortsnähe zur Saison natürlich nicht gerade leer sind, ist in der Tat kein Mangel, ebensowenig an Discos, Restaurants und sommerlichem Trubel – Geschmackssache. Der neue Bootshafen des Ortes, Nauta San Xenxo, ist hervorragend ausgestattet, purer Luxus.

Information Porto Deportivo Juan Carlos I (am Bootshafen), ✆ 986 720285, ℻ 986 721293, oficinaturismo@sanxenxo.org.

Zur vorgelagerten **Isla de Ons** im Parque Nacional Islas Atlánticas de Galicia siehe S. 530.

Combarro ist zwar nur ein kleines Nest, sein alter Ortskern aber wurde zu Recht als Nationalmonument unter besonderen Schutz gestellt: Steinkreuze, Glasbalkone und malerische Hórreos am Meer entzücken nicht nur Fotografen. Klar, dass so nahe an dem Urlaubszentrum Sanxenxo zur Saison reichlich Betrieb in dem Dörfchen herrscht.

Pontevedra

(93.000 Einwohner)

Obwohl an Größe und wirtschaftlicher Bedeutung vom nahen, weit geschäftigeren Vigo deutlich überflügelt, ist Pontevedra die Hauptstadt der südwestlichen Provinz Galiciens.

Auf den ersten Blick scheint Pontevedra ein modernes, lebendiges, aber ziemlich belangloses Städtchen zu sein. Von einer ganz anderen Seite zeigt sich jedoch die Altstadt, die auf die Zeit der mittelalterlichen Blüte Pontevedras als Hafen

Galicien Karte Seite 439

zurückgeht. Hier ist alles aufs Feinste herausgeputzt, viele der grauen Granitfassaden wirken wie frisch geschrubbt. Steinhäuser, Torbögen, Arkadengänge, urige Kneipen und lauschige kleine Plätze mit den typischen Kreuzen *cruceiros* bilden ein malerisches Ensemble.

Orientierung: Der alte Ortskern erstreckt sich südlich einer Krümmung des breiten Flusses Río Lerez, kurz vor dessen Mündung in die Ría. Die Südgrenze der Innenstadt markieren die mit Grünanlagen geschmückte *Avenida Reina Victoria* und ihre östliche Verlängerung, die *Avenida Augusto*. Die beiden wichtigsten Plätze der Stadt, die gleichzeitig die Grenze zur Altstadt bilden, liegen weiter nördlich, Richtung Fluss: *Plaza de España* und *Plaza de la Peregrina*.

Geschichte

Glaubt man der Legende, so wurde Pontevedra von *Teukros*, einem griechischen Helden des trojanischen Kriegs gegründet. Geschichtlich erwiesen ist dagegen die Anwesenheit der Römer und die Blüte der damaligen Handels- und Hafenstadt Pontevedra (abgeleitet aus pontis veteris: „alte Brücke") im Mittelalter. Obwohl der Hafen im 19. Jh. versandete, konnte sich Pontevedra seinen Status als Provinzhauptstadt bis heute bewahren – trotz der Konkurrenz des aufstrebenden Vigo, das an Einwohnerzahl und wirtschaftlicher Potenz längst weit davongezogen ist.

Information/Verbindungen/Adressen

• *Information* **Oficina de Turismo**, Rúa General Gutiérrez Mellado 1, eine südliche Seitenstraße der Rúa Micheleña, die die beiden Hauptplätze verbindet, in einer Passage; ✆ 986 850814, ℻ 986 848123, oficina.turismo.pontevedra@xunta.es. Öffnungszeiten im Sommer täglich 9.30–14, 16–20 Uhr; im Winter Mo–Fr 9.30–14, 16–18.30 Uhr, Sa 10–14 Uhr.

• *Verbindungen* Bahnhof (Info-✆ der Renfe: 902 240202) und Busbahnhof (Info: ✆ 986 8524 08) unweit voneinander am Ende der Rúa Calvo Sotelo, etwa einen Kilometer südöstlich der Innenstadt. „Líneas Pontevedresas" fahren halbstündlich zur Plaza España. **Zug**: Nach Santiago, A Coruña und Vigo tagsüber jeweils etwa stündliche Verbindungen.

Bus: CASTROMIL nach Vigo stündlich, zu Stoßzeiten halbstündlich, Santiago etwa stündlich, A Coruña 9–10-mal täglich, Muros und Noia bis 8-mal tgl. MONBUS nach Villagarcía stündlich. Nach O Grove mit MONBUS im Sommer bis 20-mal tgl., teilweise über den Lanzada-Strand, außerhalb der Saison seltener.

• *Post* Rúa de la Oliva, Ecke Rúa Riestra; südlich der Plaza Peregrina. Öffnungszeiten: Mo–Fr 8.30–20.30, Sa 9–14 Uhr.

• *Internet-Zugang* Net & Game, Rúa Laranxo, Ecke Rúa Padre Luís María Fernandez, gleich östlich oberhalb der Plaza de la Leña; ✆ 986 866294, www.netandgame.es.

Übernachten

*** **Parador Casa del Barón (1)**, nobles Quartier in einem historischen Palast der Altstadt, errichtet im 16. Jh. und in regionaltypischem Stil möbliert. Parkplätze vorhanden. DZ nach Saison etwa 115–145 €. Rúa Barón 19, ✆ 986 855800, ℻ 986 852195, pontevedra@parador.es.

*** **Hotel Rías Bajas (8)**, moderner Ableger einer Hotelkette, in zentraler Lage, komfortabel und frei von jedem Charme. Garage. DZ etwa 70 €, im August und zu anderen Hochsaisonterminen bis 85 €. Rúa Daniel de la Sota 7, ✆ 986 855100, ℻ 986 855150, www.hotelriasbajas.com.

* **Hotel Madrid (10)**, komfortables, jüngeres Haus am Südostrand der Innenstadt; mit Garage. DZ/Bad nach Saison etwa 42–knapp 60 €. Rúa Andrés Mellado 5; ✆ 986 865180, ℻ 986 851006.

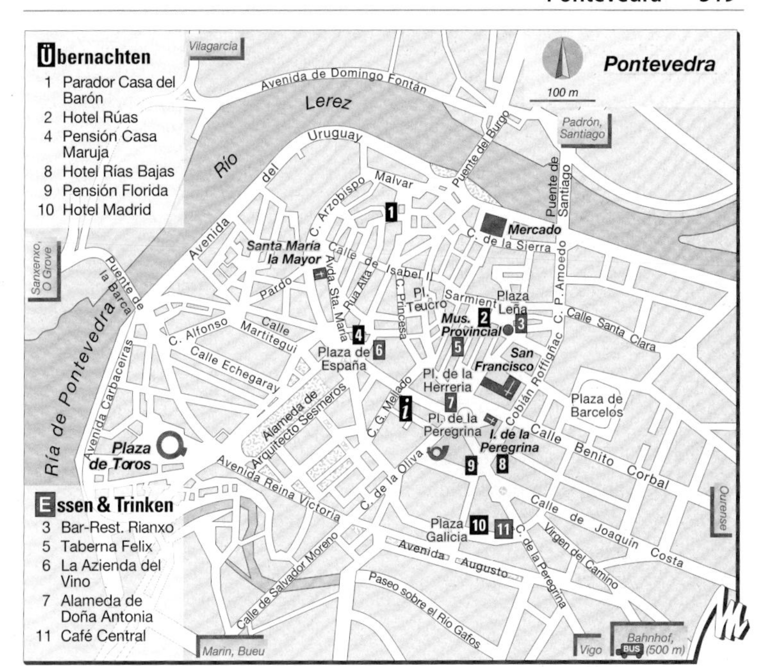

* **Hotel Res. Rúas (2)**, architektonisch angepasster Neubau, der an die hübsche Altstadt-Plaza Leña grenzt. In seiner Klasse ein sehr empfehlenswertes Quartier. DZ nach Saison knapp 45–60 €. Rúa Sarmiento 20, ✆ 986 846416, 📠 986 846411, hotelruas@terra.es.

* **Pensión Casa Maruja (4)**, fast direkt an der Plaza España. Zentrale Lage, aufmerksam geführt, renoviert, aber schon wieder nicht mehr taufrisch (im Bad schon mal Schimmel an der Decke). Zur Saison oft belegt, dann Reservierung ratsam. DZ/Bad je nach Saison etwa 25–40 €. Avenida Santa María 2, ✆ 986 854901. In der Umgebung noch weitere Pensionen, z. B. „Casa Alicia", Avenida Santa María 5 (✆ 986 857079), mit recht ordentlichen, preislich etwas günstigeren Zimmern.

* **Pensión Florida (9)**, südöstlich nahe der Altstadt. Neun angenehme Zimmer, drei Gemeinschaftsbäder; freundliche Leitung. DZ 25–35 €. Rúa de García Camba 11, bei „Habitaciónes" klingeln oder in der Konditorei fragen; ✆ 986 851979.

Essen/Markt/Feste

• *Essen* Zwischen der Plaza Peregrina und der Altstadtplaza Leña finden sich viele urige Tapabars, besonders in der Rúa Figueroa, teils sogar mit Tischen im Freien. In der kurzen Rúa San Nicolás acht Bars, Pubs und Pulperías.

Rest. Alameda de Doña Antonia (7), im südlichen Altstadtbereich. Eines der Top-Restaurants von Pontevedra, auch wenn der Michelinstern zwischenzeitlich abhanden kam. Menü 25 €, à la carte ab etwa 40 €. Rúa Soportales de la Herrería 4 an der Praza de Herrería, im 1. Stock, kein Schild, Eingang leicht zu übersehen! ✆ 986 847274; So ab 15.30 Uhr geschlossen.

Bar Rianxo (3), direkt an der Praza da Leña in einem kleinen Steinhaus. Gemütliches Lokal, Speisesaal im ersten Stock, Tische auch im Freien. Sehr gutes, lokaltypisches und dabei recht preiswertes Essen, Essen à la carte ab etwa 15 €, Raciones 3–10 €, nach Tages-Marisco fragen!.

Galicien
Karte Seite 439

Tapería Asador La Azienda del Vino (6), schicke neue Bar-Tapería mit gehobenem Menü (11 €), super Weinauswahl, Edler Raum in Blau, Schwarz und Granitgrau, Gäste *beautiful people*. Rúa da Alhondiga s/n (1).

Taberna Felix (5), in der westlichen Parallelstraße Rúa Figueroa 10, ein Lesertipp von Ernst Herold: „Nette Bar mit Flair, gute Fischgerichte". Tapas ca. 3 bis 10 €.

Café Central (11), schönes gründerzeitliches Kaffeehaus Ecke Rúa da Peregrina und Glorieta de Compostela (Springbrunnen), draußen sehr große Terrasse, drinnen Fin-de-Siècle-Kaffeehaus mit Original-Deckenstuck.

• *Markt* Großer **Mercado** in Flussnähe an der Altstadtgasse Rúa de la Sierra, renoviert und luftig, morgens ist sehr viel los.

• *Feste* **Romería San Benito**, eine Wallfahrt am 11. Juli.

Fiesta de la Peregrina, am zweiten Sonntag im August. Große Feier der Stadtpatronin, gefolgt von einem einwöchigen Fest.

Fiesta de San Roque, am 16. August.

Sehenswertes

Pontevedra erfreut eher mit seiner harmonisch aufgebauten Altstadt als mit besonders hochrangigen Einzelmonumenten. Ein Städtchen zum Bummeln. Keinesfalls auslassen sollte man den bildhübschen kleinen Platz Plaza de la Leña. Hier liegt auch das interessante und vielfältige Provinzmuseum.

Ruinas de Santo Domingos: Südlich außerhalb der Altstadt, in der Nähe der Infostelle. Die imposanten Ruinen der Kirche des 14. Jh. bilden einen merkwürdigen Kontrast zu den Parks und modernen Bauten der Umgebung. Zu sehen sind auch römische Stelen, romanische Architekturfragmente, gotische Grabmäler und andere steinerne Zeugen der Vergangenheit.

Öffnungszeiten Leider ist das Gelände nur unregelmäßig geöffnet und nur zwischen Juni und September von Dienstag bis Freitag. Die exakten Zeiten sind im Provinzmuseum zu erfragen (→ unten).

Praza da Peregrina: Hier fällt besonders die ungewöhnliche Form der schmalen, nach außen gewölbten Barockfassade der im 18. Jh. errichteten *Iglesia de la Peregrina* ins Auge. Die Kirche ist der Schutzpatronin Pontevedras geweiht, der Virgen Peregrina: Die „Muttergottes als Pilgerin", kenntlich an Pilgerstab und Jakobsmuschel, ist im Inneren zu sehen, ebenso eine riesige Muschel, die als Weihwasserbecken dient.

Praza da Ferrería: Der hübsche Platz schließt sich mit seinen zahlreichen Cafés direkt flusswärts an die Praza da Peregrina an und bildet mit dieser den Mittelpunkt der Stadt. Etwas abseits steht die große gotische Kirche *San Francisco*; sie stammt aus dem 14. Jh., das ältere Hauptportal noch von der Vorgängerin des 13. Jahrhunderts.

Praza da Leña: Die fotogene Visitenkarte Pontevedras – ein Bilderbuchplatz aus alten Zeiten, seit über zweihundert Jahren völlig unverändert geblieben. In der Mitte steht ein barocker *cruceiro*, umgeben von historischen Granithäusern des 18. Jahrhunderts. Öffnen sich in deren ersten Stockwerken noch gewöhnliche Fenster, so gestatten im zweiten Stock grün gestrichene Galerien auch bei schlechtem Wetter freie Sicht auf den Platz. Zu ebener Erde schützen Arkadengänge vor Regen. Bei näherer Betrachtung entdeckt man, wie unterschiedlich die einzelnen Säulen gestaltet sind, mal quadratisch, mal zylindrisch, dann wieder achteckig; auch die Kapitelle zeigen ganz verschiedene Formen.

Museo Provincial: Im Osten der Plaza La Leña, Eingang an der Rúa Pasantería. Ein ganzer Museumskomplex, der sich auf insgesamt fünf Gebäude verteilt:

Schönster Platz der Stadt: Plaza de la Leña

Zu den Höhepunkten dieses facettenreichen Museums zählen eine Ausstellung archäologischer Funde, darunter ein berühmter Keltenschatz, Gemälde spanischer Meister, eine Sammlung von Prozessionskreuzen und die Nachbildung der Kajüte von Méndez Núñez, dem Admiral der *Numancia*, des spanisches Flaggschiffs im Krieg gegen Chile und Peru.

Öffnungszeiten Juni bis Oktober Di–Sa 10–14, 17–20.45 Uhr, So 11–14 Uhr; in den übrigen Monaten Di–Sa 10–14, 16.–19 Uhr, So 11–14 Uhr; Eintritt für EU-Bürger frei, andere (CH) 1,20 €.

Basílika Santa María la Mayor: Im westlichen Altstadtbereich erhebt sich diese dreischiffige Kirche, die im 15. Jh. von Seeleuten gestiftet wurde. Vor allem die fast überreich geschmückte Fassade lohnt einen Blick, doch ist auch das Innere prächtig ausgestattet.

Península de Morrazo

Die Halbinsel von Morrazo schiebt sich zwischen die Rías von Pontevedra und Vigo. Ihr bis zu 624 m hohes Inneres besteht aus Granit und ist von Wald bedeckt, der neben den für Galicien typischen Eukalypten und ebenfalls eingeführten amerikanischen Ahornarten einige autochthone Arten beherbergt, wie den hier eher überraschenderweise vorkommenden Lorbeer. Waldlichtungen sind häufig von Edelkastanien eingenommen – auch wenn sie ohne Siedlung sind, die Bäume gehören der Bevölkerung und werden abgeerntet, auch am Boden liegende Kastanien lässt man liegen! Landschaftlich interessant zeigt sich die Halbinsel vor allem auch um das Kap Cabo de Home, die anderen Küstenabschnitte sind dagegen mehr oder weniger stark zersiedelt.

▸ **Mirador de Cotorredondo**: Ein schöner Blick auf die Halbinsel und die umgebenden Rías bietet sich von diesem beliebten Ausflugsplatz auf über 500 Meter

Galicien
Karte Seite 439

Höhe, der nur auf kleinen Nebenstraßen zu erreichen ist. Die beste Anfahrt erfolgt von Osten, auf einer Abzweigung von der N 550 südlich von Pontevedra (Figueirido/Balseiro), die unter der Autobahn hindurchführt. Über Marín ist der Mirador wesentlich schwieriger zu finden und anzufahren. Bei der Abzweigung zum Gipfel ein Info-Häuschen, ganz nahe liegt der von Kastanienhainen umgebene See *Lago de Castiñeiras* mit Naturinterpretationszentrum. Zur Wegbeschreibung siehe Tour 9 unten.

• *Information* Aula da Naturaleza de Cotorredondo, Naturinterpretationszentrum am See Lago de Castiñeiras. Vor allem die Vegetation – samt den dem See den Namen gebenden Edelkastanien – wird erklärt (auf Galicisch ...)

• *Öffnungszeiten* Juni–Mitte Sept. Sa/So 11–14, 15.30–20 Uhr. Eintritt frei.

Tour 9: Radtour über die Halbinsel Morrazo^{GPS}

Tourinfo: Mit dem Rad über die Halbinsel Morrazo, zwar immerhin reichlich Höhenmeter zu bewältigen, dies jedoch auf guten Asphaltstraßen. Höhepunkt ist der Aussichtsberg; wer will, fährt von dort ein kurzes Stück auf Forstweg durch Eukalyptuswald zur Fortsetzung der Route, die auch auf Asphalt erfolgen kann. Technisch leichte Tour, sehr schnelle Abfahrt an die Küste, Rückweg am besten auf gleicher Strecke oder mit dem Bus. Die Fortsetzung auf der Küstenstraße in Richtung Pontevedra ist nur bis Marín möglich, da von dort nur eine Schnellstraße weiter nach Pontevedra führt.

Dauer: 1,30 – 1,45 Std.; *Länge*: 22,1 km (einfach); *Höhenunterschied*: 500 m; *Karten*: IGN 1: 50.000 Blätter 4–10 (185) Pontevedra und 4–11 (223) Vigo; *Radtyp*: Rennrad (nur, wenn man das Stück Forstweg nicht macht!), Trekkingbike. Verpflegung/Wasser: Zwei Bars an der Abzweigung zum Aussichtsgipfel.

In **Pontevedra** nimmt man die N 550 in Richtung Süden (Vigo). Die Tour beginnt an der Ausfahrt „**Figueirido**“ **(1)** der CP 5102, einer schmalen Nebenstraße. Man wird unter der parallel zur N 550 verlaufenden Autobahn durchgeführt, dann geht es im großen Linksbogen hinauf in Waldgebiet. Die Abzweigung nach Sabaxans **(2)** bleibt rechts, bei der Abzweigung Pontevedra und Brilat hält man sich (ohne Schild) links bzw. eigentlich geradeaus **(3)**. Bei einer weiteren Abzweigung (nach Vilaboa) geht es rechts weiter **(4)**. Ein Weiler wird gequert, nach dem Ortsschild „**Postemiron**“ **(5)** wieder Wald.

Eine Bar zur Rechten und eine Sommerbar zur Linken locken bei der nächsten Abzweigung **(6)** mit Erfrischungen. Geradeaus geht es zum kleinen Lago de Castiñeiras und Park-Interpretationszentrum, unsere Straße führt nach links (im Zwickel zwischen den beiden Straßen ein kleines Info-Hüttchen, das nur im Sommer besetzt ist). Alter Kastanienhain, bei der nächsten Abzweigung **(7)** nach links und in großem Rechtsbogen um den Cotorredondo-Berg herum, vorbei an einem schönen Aussichtspunkt **(8)** und auf den Gipfel des **Cotorredondo** mit mehrstöckigem, immer offenem Aussichtsturm **(9)**. Anschließend auf der Straße zurück bis **(7)** und links halten, wer mit Trekkingbike oder gar Mountainbike unterwegs ist, fährt nur bis knapp vor den Aussichtspunkt **(8)** und schlägt sich dann nach rechts auf einen Wald-Erschließungsweg, der bald in eine Brandschutzschneise mündet. Genau dort mit dem Weg nach rechts und ihm folgend durch Eukalyptus-Jungwald zurück auf die asphaltierte Straße **(10)**.

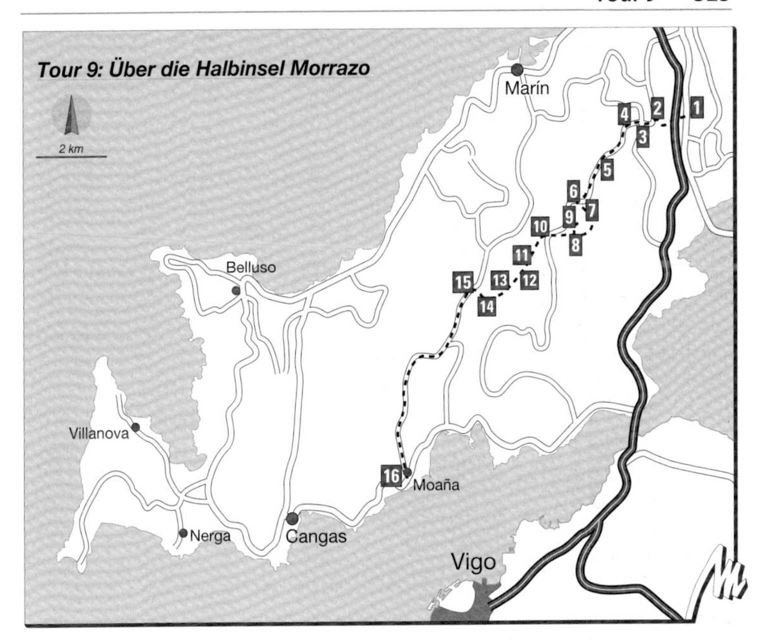

Nach links weiter, bei der folgenden Straßenquerung („Sobreira Adrian“) **(11)** geradeaus und bei der nächstfolgenden Einmündung nach rechts **(12)**. Auf der folgenden Strecke schöner Blick auf den zweiten Aussichtsgipfel der Morrazo-Halbinsel (man könnte ihn ebenfalls erreichen, in dem Fall bei Punkt **12** links). Ein Brunnen mit klarem, gutem Wasser bleibt rechts **(13)**, etwas später ein Picknickplatz unter jungen Edelkastanien, ebenfalls mit Brunnen **(14)**. Bei der Einmündung in eine breite Asphaltstraße **(15)** links und sehr flott hinunter zur Küste – die neue, derzeit noch im Bau befindliche Schnellstraße auf halber Höhe des Südteils der Halbinsel wird wohl über oder unter der jetzigen Straße verlaufen. Man erreicht ein Rondell der Küstenstraße und damit das Ziel, den Ort **Moaña (16)**.

▶ **Marín**, eine Stadt von immerhin fast 25.000 Einwohnern, fällt vor allem als großer Hafen auf, der nicht nur Handel und Fischerei dient, sondern mit einer Marineschule auch dem Militär. Entlang der Küste schließt sich südwestlich eine Reihe beliebter Strände an, die wegen der Nähe zu Pontevedra und Vigo meist mehr als gut besucht sind.

▶ **Bueu**, etwa zwölf Kilometer weiter und deutlich kleiner als Marin, besitzt ebenfalls einige Strände, ist aber auch Standort einer großen Fischkonservenfabrik, in der die hier gelandeten Fänge eingedost werden.

In Bueu startet die am häufigsten verkehrende Fähre zur Illa de Ons im Nationalpark Islas Atlanticas de Galicia (→ S. 530).

▶ **Cabo de Home**: Das Gebiet vor dem Kap, nur durch schmale Sträßchen erschlossen, ist dünner besiedelt und auch reizvoller als der Rest der Halbinsel.

Galicien
Karte Seite 439

Sehr hübsch zeigt sich beispielsweise der Dünenstrand bei der kleinen Streusiedlung *Nerga*, an der Südseite der Landzunge, die ähnlich einem Amboss geformt ist.

▸ **Hío**: In dem Dörfchen, nur ein kleines Stück westlich der C 550 gelegen, finden Kunstfreunde auf dem Vorplatz der dortigen Kirche den berühmtesten und schönsten Cruceiro (Steinkreuz) Galiciens. Er wurde im 19. Jh. in filigraner Manier aus einem einzigen Granitblock geschlagen und stellt die Kreuzabnahme Christi, die Jungfrau Maria sowie Seelen im Fegefeuer dar.

Jenseits des Cabo de Home gehen die Ortschaften dann fast ineinander über. Vor allem östlich von *Cangas* ist die Landschaft kräftig verbaut.

▸ **Arcade**: Zwischen Pontevedra und Vigo und ganz am Ostende der Ría de Vigo (→ unten) liegt Arcade. Das 5.500-Einwohner-Städtchen ist die selbsternannte „Hauptstadt der Austern", die es in jedem Lokal gibt. Am besten kommt man am ersten Aprilwochenende, wenn bei der örtlichen Fiesta gar nicht genügend Austernfässchen für Einwohner und Gäste beschafft werden können. Spezialität: Austern nicht nur roh, sondern in allen Zubereitungen (bis aufs Dessert). Wenn Sie schon da sind: Im nahen Soutomaior warten die Barockkirche San Salvador und die aufwändig ausgebaute Burg Castelo de Soutomaior mit schönen Gärten auf Besucher!

Feste Austern-Fiesta am ersten Aprilwochenende

Ría de Vigo

Die Autobahn Pontevedra-Vigo überquert auf einer gigantischen Brücke den östlichen Ausläufer der Ría. Spätestens hier sieht man die Aufbauten der typischen Muschelbänke „Viveros" (oder: „Bateas") aus dem Wasser ragen, die für Galicien von enormer wirtschaftlicher Bedeutung sind.

Fisch und Fang

Ein gutes Drittel des gesamten spanischen Fangs an Fisch und Meeresfrüchten wird an Galiciens Küsten gelandet. Über 100.000 Menschen leben hier direkt oder indirekt von der Fischerei. Die Großstadt Vigo ist Spaniens bedeutendster Fischereihafen.

Doch das Gewerbe steckt in der Krise. An mangelnder Nachfrage liegt das nicht, schließlich verzehren die Spanier mit 51 Kilogramm pro Kopf und Jahr weitaus mehr Meeresgetier als die meisten anderen Europäer. Der Fisch jedoch, der wird allmählich rar. Der Atlantik vor der Haustür ist ohnehin schon seit langem überfischt. Auf dem Weg zu anderen, ergiebigeren Fanggründen fahren galicische Kühlschiffe bis zur Ostküste Afrikas und bis nach Feuerland. Vier bis fünf Monate sind die Männer dabei auf See. Die harte, entbehrungsreiche Arbeit wird gut bezahlt, zumindest, solange die Fänge stimmen. Doch da sieht es immer düsterer aus. Bereits durch die Einführung der 200-Meilen-Zonen in den späten Siebzigerjahren waren die spanischen Fischer aus vielen ihrer ange stammten Fanggebiete vertrieben worden. Mit der Unabhängigkeitserklärung

Namibias entstand Anfang der Neunziger eine neue Verbotszone, die die Spanier besonders hart traf. Rund ein Drittel der Kühlschiff-Flotte von Vigo musste stillgelegt werden. Auf der Suche nach Ersatz für die verlorenen Fanggründe verfiel man auf das Gebiet vor der Küste Neufundlands, in dem in Tiefen von über tausend Metern der Schwarze Heilbutt schwimmt. Doch auch auf der nun einsetzenden Jagd nach dieser von der Fischerei bislang wenig beachteten Art gerieten die Spanier bald in ernste Konflikte, diesmal mit den kanadischen Behörden. Zwar hatten sich die spanischen Trawler außerhalb der kanadischen Hoheitszone gehalten, doch waren sie beim Fang nicht eben zimperlich vorgegangen, hatten weit mehr als die erlaubten Mengen gefischt und damit internationale Abmachungen übertreten. Der Streit eskalierte, als ein kanadisches Patrouillenboot in internationalen Gewässern den galicischen Trawler „Estai" enterte. Erst nach massiven Protesten aus der EU gaben die Kanadier das Schiff wieder frei. Es blieb nicht der einzige Vorfall dieser Art. Bald war vom „Fischereikrieg" die Rede, rückte gar ein Teil der spanischen Marine aus, um die Fangschiffe zu bewachen. Erst nach langen Verhandlungen entspannte sich die Lage, freilich auf Kosten der galicischen Fischer, wie diese meinen: Die neu ausgehandelte Fangquote, jährlich 10.000 Tonnen Schwarzer Heilbutt, sei schließlich gerade mal ein Viertel der Menge, die sie vorher aus dem Meer gezogen hätten. Eine gute Nachricht kam im Herbst 2004 aus Rabat: Nachdem Marokko 1999 die Verträge gekündigt hatte, die es 130 galicischen Booten erlaubten, innerhalb der marokkanischen Gewässer zu fischen, kam nun der Vorschlag des marokkanischen Fischereiministers, galicische Spezialisten mit einer Recherche vor der marokkanischen Küste zu beauftragen. Die Marokkaner haben Überfischungsprobleme, die Galicier sollen ihnen helfen. Auch mit Fischerbooten, nachdem sich die Bestände wieder saniert haben? Die Kuschelphase zwischen Spanien und Marokko, die seit dem Amtsantritt Zapateros herrscht, kann noch allerlei Überraschungen bringen.

Vigo

(293.000 Einwohner)

Mit an die 300.000 Einwohnern ist Vigo Galiciens größte Stadt, gleichzeitig der bedeutendste Fischereihafen Spaniens. Hochhausbezirke, Werften und ausgedehnte Anlagen vor allem der Konserven- und Autoindustrie: Vigo ist lebendig und aktiv, aber keine Schönheit.

Auf der positiven Seite stehen die hübsche Lage der Stadt, ihr vitales Nachtleben und die zahlreichen Restaurants im alten Fischerviertel *Berbés*. Seinen ganzen Urlaub wird wohl niemand in Vigo verbringen wollen, doch ein Abstecher oder eine Zwischenübernachtung können sich schon lohnen, zumal Vigo auch Ausgangspunkt für das Vogel- und Strandparadies der Inselgruppe *Islas Cíes* ist. Passionierte Kinogänger erinnern sich vielleicht an Vigo, wenn sie „Montags in der Sonne" gesehen haben, einen Film von Fernando León de Aranó. Der Hauptdarsteller war Javier Bardem, der für einen anderen spanischen

Karte Seite 439

Film zwei Jahre später (2004) die Coppa Volpi bei den Filmfestspielen in Venedig gewann. Der Film handelt von einer Gruppe von Menschen, die täglich mit der Fähre die Bucht von Vigo überqueren, zur Arbeit, von der Arbeit, für Erledigungen, oder wie der arbeitslose Werftarbeiter Santa aus Langeweile und um seine alten Kollegen zu treffen. Wenig, nichts geschieht, es gibt nichts zu tun. Der Film thematisierte auch den Niedergang der Werftindustrie. Ebenfalls zwei Jahre später kam beim Plan der spanischen Regierung, die Werftindustrie (weg-)zu rationalisieren (→ Ferrol) der Standort Vigo nicht mehr ins Spiel – dort war dieser Industriezweig trotz intensiver Arbeitskämpfe schon teilweise abgebaut worden. Inzwischen gibt es Zeichen der Erholung durch Spezialisierung: Die verbliebenen Werften haben sich auf eistaugliche Hochsee-Fischfabriken spezialisiert, wie das 2007 vom Stapel gelaufene Tiefkühl-Fangschiff „Intertuna tres", gebaut in der Barreras-Werft, das weltweit größte seiner Art.

Orientierung: Die Hauptstraße *Rúa Urzaiz* läuft von Süden kommend auf den Hafen zu, verwandelt sich dann in die Fußgänger- und Einkaufszone *Rúa Príncipe* und endet im Gassengewirr des Hafengebiets; schräg rechts dahinter liegt der große Fährhafen *Estación Marítima*, schräg links das Fischerviertel *Berbés*.

Information/Verbindungen/Adressen

• *Information* **Oficina de Turismo de la Xunta**, Rúa Canovas del Castillo 22, an der Hafenstraße vor der Estación Marítima; ✆ 986 430577. Öffnungszeiten: Mo–Fr 9.30–14, 16.30–18.30 Uhr, Sa 10–12 Uhr, an Wochenenden im Juli und August 10–14, 16.30–19.30 Uhr.

Oficina Municipal de Turismo, Praza Pedra s/n, ✆ 986 224757 oder ✆ 986 430577, oficina.turismo.vigo@xunta.es; zwei Blocks landeinwärts der Hafenstraße im Gebiet des Marktes La Piedra (A Pedra). Öffnungszeiten: Mo–Sa 10–14, 16–19.30 Uhr.

• *Verbindungen* **Auto**: Autofahrer sollten ihren Untersatz am besten in einer Tiefgarage abstellen, denn die Anzahl der Fahrzeugeinbrüche ist in Vigo für nordspanische Verhältnisse äußerst hoch. Ein Kuriosum für sich ist die vollautomatisierte („robotizado") und dabei gar nicht einmal teure Parkgarage „Aparcamento A Laxe" an der Hafenstraße nahe der Infostelle der Xunta: Hier werden die Fahrzeuge vollautomatisch in einen nicht zugänglichen Bereich verschoben und bei Abholung von dort wieder ausgespuckt – bei unserem Besuch hat´s geklappt...

Flug: Aeropuerto Peinador (de Vigo), Info: ✆ 986 268200, etwa zehn Kilometer östlich. Busverbindung mit Nummer R 9 ab der Rúa Urzaiz. Gute Inlandsverbindungen, auch tägliche Flüge nach Genf und Zürich. IBERIA-Büro in der Rúa Marqués de Valladares 13, ✆ 986 227004.

Zug: Bahnhof (Info-✆ der Renfe: 902 240202) an der Plaza Estación in der Neustadt, nahe der Rúa Urzaiz und in gestreckter Fußentfernung zum Hafen. Nach Pontevedra, Santiago und A Coruña tagsüber etwa stündlich, nach Ourense 7-mal täglich.

Bus: Neuer Busbahnhof weit im Süden; Stadtbus Nummer R 4 ins Zentrum. Verbindungen mit ATSA nach Baiona und Tui/A Guarda zur Saison jeweils etwa halbstündlich; CASTROMIL nach Pontevedra halbstündlich, Santiago stündlich, nach A Coruña 10-mal täglich; MONBUS nach Pontevedra halbstündlich, nach O Grove und Cambados stündlich, GOMEZ DE CASTRO nach Lugo 7-mal tgl., AUTO INDUSTRIAL nach Ourense 7-mal. Weitere Verbindungen, jeweils 1- bis 3-mal täglich: ALSA nach Bilbao und Irún, VIBASA nach Burgos, Vitoria, Bilbao und Donostia (San Sebastián), AUTO RES fährt 6-mal täglich nach Madrid. Info ✆ 986 373411.

Mietwagen: ATESA, am Bahnhof ✆ 986 229211, am Flughafen ✆ 981 48661; HERTZ, am Flughafen ✆ 986 598893; EUROPCAR, am Bahnhof ✆ 986 486878, am Flughafen ✆ 986 486878; AVIS, am Bahnhof ✆ 986 268276, am Flughafen ✆ 986 268276.

Taxi: ✆ 986 272829.

Schiff: NAVIERA MAR DE ONS unterhält Fährverbindungen zu den Islas Cíes (siehe unten) und den Hafenorten der Ría, veranstaltet daneben auch Ausflüge und nächtliche Tanzfahrten. Informationen in der kleinen Estación de Ría, ein paar hundert Meter südöstlich der Estación Marítima. Info ✆ 986 225272.

• *Adressen* **Honorarkonsulat der Bundesrepublik Deutschland**, Avenida Gran Vía 170, ✆/℻ 986 123149, hkvigo@mundo-r.com.

Post: Plaza de Compostela 3, in der Neustadt südöstlich des Hafenviertels, Öffnungszeiten: Mo–Fr 8.30–20.30 Uhr, Sa 9–14 Uhr.

Internet-Zugang: Ciber-Station, Praza Constitución 3.

Übernachten/Camping

• *Übernachten* Gute Auswahl in der Bahnhofsgegend um die Straßen Lepanto und Alfonso XIII, ebenso beim Hafen in der Rúa Carral, die vom Club Nautico östlich der Fährstation landeinwärts läuft. Einige Privatvermieter in der Rúa Real im Hafenviertel. Viele Hostals tragen die Namen der Länder oder Orte, in denen sich ihre Besitzer als Emigranten auf Zeit das Geld zum Kauf verdient haben.

**** **Hotel Ciudad de Vigo**, in Hafennähe. Komfortables Quartier, vor einigen Jahren renoviert, mit Garage – in dieser Gegend nicht ganz unwichtig. DZ rund 155 €, an Wochenenden oft Spezialtarife. Rúa Concepción Arenal 5, ✆ 986 227820, ℻ 986 439871, reservas@ciudaddevigo.com.

*** **Hotel Ipanema**, solide Mittelklasse in guter Lage im Einkaufsviertel, nicht weit vom Bahnhof, mit Garage und Parkplätzen. DZ nach Saison etwa 90–110 €. Rúa Vázquez Varela 31, ✆ 986 471344, ℻ 986 482080.

* **Hotel Solpor,** bahnhofsnahes Hotel mit einfacher Ausstattung, im Erdgeschoss Bar-Cervecería, Zimmer mit Bad und TV; Garage im Haus. DZ ab etwa 30 €, Vía Norte 9, ✆ 986 416036, ℻ 986 134441.

** **Hostal Res. Puerta del Sol**, in zentraler Lage, südlich unweit des Hafenviertels. Durchgehend renoviert, hotelähnlicher Komfort, Tiefgarage vor der Tür. DZ/Bad nach Saison etwa 60–70 €. Porta do Sol 14, ✆ 986 222364, ℻ 227153, www.alojamientosvigo.com.

** **Hostal Ría de Vigo**, nicht weit vom Bahnhof in ruhiger Nebenstraße. Einfache, aber geräumige Zimmer, dabei relativ preiswert: DZ/Bad knapp 20–36 €. Rúa Cervantes 14, zwischen Rúa Urzaiz und Rúa Alfonso XIII; ✆ 986 437240.

** **Hostal Atlántico**, saubere, brauchbare Zimmer (Bad, TV) in einem 60-Zimmer-Hostal nahe der Altstadt ohne die sonst altstadtübliche Lärmbelästigung am Wochenende, Zimmer im 5. und 6. Stock mit verglaster Front, Cafetería im Erdgeschoss. DZ mit Bad ca. 65–80 €, Garage ca. 7–10 €. Avda. García Barbón 35, ✆ 986 220530, ℻ 221654.

• *Camping* **Playa Samil** (2. Kat.), etwa sieben Kilometer südlich, bei der Praia de Samil, dem Hausstrand von Vigo; Busverbindung. Geöffnet April–September, p. P., Auto 4,50 €, kleines Zelt um 4 €. ✆ 986 240210. Eine Alternative, mit ebenfalls guter Busverbindung nach Vigo versehen, ist der Platz von Baiona, siehe dort.

Essen/Nachtleben

• *Essen* **Rest. El Castillo**, feines Lokal im Park auf dem Stadthügel Castro, mit schöner Aussicht über Vigo und die Ría. Zu den Spezialitäten zählen Grillgerichte, das Menü kommt auf etwa 30 € aufwärts. Paseo de Rosalía del Castro s/n, ✆ 986 421111; So-Abend, Mo und in der Osterwoche geschlossen.

Rúa de Pescadería: Die kleine Parallelgasse zum Hafen, direkt hinter dem Hotelklotz Bahia del Vigo, ist mit zahlreichen spezialisierten Lokalen die beste Adresse für Liebhaber von Fisch, Meeresfrüchten und Tapas. Mittags bis etwa gegen 15 Uhr verkaufen Fischerinnen an wuchtigen Granit-Tischen frische Austern zum Direktschlürfen, das Dutzend je nach Größe für etwa 4–6 €.

Marisquería Bahía, ebenfalls in der Rúa de Pescadería, Eigenwerbung: „Die größte Marisquería Spaniens, 1200 Sitzplätze" – der Hang zum Superlativ sei typisch für Vigo, meint eine Einwohnerin, die es wissen muss ... Die Ración Meeresfrüchte kostet hier etwa 5 €, Langusten etc. natürlich mehr.

• *Nachtleben* Das Viertel Arenal, hafennah östlich der Estación Marítima gelegen, beherbergt eine ganze Reihe Bars und Discos, ebenso die kurze Rúa Churruca im Gebiet

Galicien
Karte Seite 439

zwischen der Rúa Alfonso XIII. und der Rúa Urzaiz. Betrieb herrscht hier allerdings erst ab frühestens Mitternacht; vorher ist das Hafenviertel (Rúa de Pescadería, Berbés) die bessere Adresse. Im Sommer verlagert sich ein Teil des Nachtlebens in die Strandvororte im Süden, vor allem um die Playa Samil (→ Camping) mit Diskos wie Cachamba und Public Samil und Pubs wie El Maui und El Machin.

Reiches Angebot: Vigos Austerngasse Rúa de Pescadería

Sehenswertes

Mit alter Bausubstanz kann Vigo kaum prunken: Die Stadt erlangte erst in unserem Jahrhundert ihre heutige Bedeutung, besaß um 1840 gerade mal fünftausend Einwohner.

Castillo del Castro: In Fußentfernung vom Meer auf einem Hügel gelegen, bietet sich vom Park um das gleichnamige Kastell ein weiter Blick auf Stadt und Hafen. Meerwärts steht ein weiteres, kleineres Kastell, das *Castillo San Sebastián*. Beide Festungen wurden in der Vergangenheit häufig zerstört und stammen in ihrer heutigen Anlage aus dem 17. Jahrhundert.

Barrio del Berbés: Das alte Fischerviertel um die Rúa Real bewahrt noch seinen Charme der engen Pflastergassen und Steinhäuser und ist mit seinen Restaurants und Austernständen wohl die Hauptattraktion Vigos.

Museo do Mar de Galicia: Das 2002 eröffnete Meeresmuseum von Vigo steht, wie es wohl sein sollte, direkt am Meer und wirkt als Gesamtkomplex wie eine Gruppe von typischen Hafenlagerhäusern, die vor einer Mole mit Leuchtturm auf Handelswaren warten. Nichts davon stimmt, die beiden Architekten Saldo Rossi und César Portela zitieren in ihrer Architektur, rufen Assoziationen hervor (tatsächlich handelte es sich bei dem bereits vorher bestehenden Gebäude um einen Schlachthof). Die Meeresrouten von und nach Vigo, die Schifffahrt in den Rías, aber auch die Religiosität der Seeleute sind Themen der ständigen Ausstellungen. Immer wieder finden Sonderausstellungen statt, so gab es zur Eröffnung eine sehr interessante Dokumentation zur Seeschlacht von Rande, als im Jahr 1702 150 englische und holländische Schiffe vergeblich eine spanische Flotte zu kapern versuchten, die gerade mit einer Ladung Gold aus Amerika zurückgekommen war.

Öffnungszeiten/Lage Öffnungszeiten Sommer Di–So 10–14, 17–21/22 (Fr 23.30) Uhr, Winter Di-Do 11–20, Fr 11–23.30, So/Fei 10–21 Uhr, Eintritt 5 €; Infos ✆ 986 247750. Das Museum steht an der Avda. Atlantida 160 an der Praia de Alcabre westlich der Altstadt.

Concatedral Santa María: Im Norden des Fischerviertels erhebt sich die Nebenkathedrale von Vigo. Der klassizistische Bau des 19. Jh. steht an der Stelle romanischer und gotischer Vorgänger.

A' Pedra (La Piedra): „Der Stein" nennt sich dieser gemischte Markt westlich unweit der Nebenkathedrale und ganz in der Nähe der Austerngasse Rúa de Pescadería. Zu kaufen gibt es hier allerdings nichts besonderes, im Angebot sind außer geschmuggelten Zigaretten vor allem Elektronik, Werkzeuge, Haushaltswaren und Ähnliches.

Parque Qiñones de León: Weit im Süden der Neustadt erstreckt sich der ausgedehnte Stadtpark von Vigo. Er beherbergt unter anderem den aus dem 17. Jh. stammenden Palast *Pazo de Castrelo*, in dem heute ein Museum untergebracht ist. Es zeigt vor allem zeitgenössische galicische Kunst und archäologische Funde aus der Provinz.

Öffnungszeiten Di–Sa 9–20 Uhr, im Winter nur bis 19 Uhr, So 10–14 Uhr; Eintritt frei.

Umgebung von Vigo

Richtung Süden beginnt mit dem etwa sieben Kilometer entfernten „Hausstrand" Praia de Samil eine ganze Reihe von Stränden, die erst hinter dem hübschen Städtchen Baiona endet.

Der Nationalpark Islas Atlánticas de Galicia und die Islas Cíes

Die Inselgruppe Islas (galic. Illas) Cíes in der Ría de Vigo wurde aufgrund ihrer ökologischen Bedeutung bereits 1980 als Naturpark ausgewiesen und im Jahr 2002 zusammen mit den weiter nördlich gelegenen Inseln Illa de Ons und Illa de Sálvora sowie dem winzigen Cortegada-Archipel vor Villagarcía de Arousa unter dem Sammelnamen *Parque Nacional Islas Atlánticas de Galicia* zum Nationalpark hochgestuft, dem einzigen Galiciens.

Die **Cíes-Gruppe** besteht aus drei Inseln mit ihrem umgebenden Schwarm von Inselchen und Klippen, die kleinere Illa de San Martiño ist als Vogelreservat für den Publikumsverkehr gesperrt. Die beiden größeren, miteinander durch eine Sandbank verbundenen Inseln Illa do Monteagudo und Illa do Faro dürfen jedoch betreten werden – und belohnen die Überfahrt mit bildschönen Sand- und Felsstränden, mit Kormorankolonien und der Möglichkeit, so seltene Tiere zu sehen wie den endemischen Bedriaga-Skink oder den hier brütenden Wanderfalken. Das ebenfalls als Nationalpark geschützte Meer rund um die Inseln bietet Schnorchlern und Tauchern eine Wunderwelt von marinem Leben, das anderswo an Spaniens Küsten wegen der extremen Übernutzung

Galicien
Karte Seite 439

praktisch ausgestorben ist. In den Sommermonaten kann man die Illas Cíes von Vigo, Baiona und Cangas aus erreichen. Außer einem Campingplatz gibt es allerdings keinerlei Übernachtungsmöglichkeiten.

Die **Illa de Ons** liegt weiter nördlich in der Ría de Pontevedra und wird von Bueu, Aldán, Marín und – seltener – von Portonovo und Sanxenxo erreicht. Sie wird von wenigen Familien bewohnt, das Fischerhandwerk ist noch existent (nur traditionelle Fischerei und nur durch Inselansässige ist erlaubt), aber der Tourismus bietet mittlerweile mehr Einkommensmöglichkeiten. Große Bereiche der Insel sind wilde Natur, Sandstrände und Felsklippen, eine Lagune. Ein Netz von Wanderwegen durchquert die vorwiegend von niedrigem, windbeständigem Buschwerk bestandene Insel. Wie auf den Illas Ciés darf man nur die Wege benutzen, manche Gebiete sind für Besucher off limits, den Anordnungen des Parkpersonals ist unbedingt Folge zu leisten.

• *Information* Auf der Illa de Monteagudo und beim Landesteg auf der Illa de Ons gibt es im Sommer eine kleine Touristeninformation

• *Fähren* Betriebszeit nur von etwa Mitte Juni bis Mitte September, ab Ende August variabel je nach Wetterlage. **Islas Cíes**: Abfahrten bei der Estación de Ría in Vigo, südöstlich unweit der großen Estación Marítima. Weitere Fähren (alle nur für Fußgänger) von Cangas und Baiona. Es besteht Zugangsbeschränkung auf zuletzt 2000 Personen pro Tag, die über die Fährtickets kontrolliert wird; zur Saison (210.000 Besucher im Jahr 2006) also besser früh am Morgen kommen oder im Fährgebäude reservieren, ✆ 986 225272. Abfahrten mehrmals täglich (je nach Saison 4–8 Mal), hin und zurück ca. 16–17 €, Mitnahme von Fahrzeugen nicht möglich. **Illa de Ons**: Fähren der Naviera Illa de Ons ab Bueu, Portonovo und Aldán (nur an Wochenenden Juli/Aug.), von Bueu aus bis zu 8 Fahrten pro Tag (Dauer 1/2 Stunde, Preis ab 10 €), Infos und Reservierungen ✆ 902 995630 oder ✆ 986 320048.

• *Camping* **Islas Cíes** (3. Kat.), 800 Plätze, mit Restaurant und teurem Laden – es kann wohl nicht schaden, etwas Verpflegung mitzubringen. Geöffnet ist Juni bis Mitte September, grundsätzlich ist es ratsam, schon in der Estación de Ría am Schalter „Información Camping" zu reservieren. Zusammen mit dem Fährticket erhält man eine Art Wertmünze, die auf den Aufenthalt angerechnet wird. Preise p.P. ca. 7 €, Zelt 7,50 €; ✆ 986 438358, ℻ 986 225582.

Der **Campingplatz auf der Illa de Ons** hat Kaltwasserduschen und ist gratis zu nutzen. **Häuser und Appartements** auf der Insel vermietet Casa Acuña, ✆ 902 995630 und (nach 20 Uhr) ✆ 986 687699, www.isladeons.net.

Internettipp **www.mardeons.com** ist die einzige Internetseite, die über die Inseln informiert.

Baiona (Bayona)

Eine weit geschwungene Strandbucht, die zu einem malerischen Kastell ausläuft, jedoch durch eine Linie mehrstöckiger Apartmentblocks optisch beeinträchtigt wird: Auf den ersten Blick wirkt Baiona nicht allzu anziehend. Bei näherer Bekanntschaft ändert sich das.

Dass Baiona nicht erst vor zehn Jahren erbaut wurde, sondern aus dem Mittelalter stammt, merkt man eine Parallelstraße landeinwärts der Hafenfront: Die enge Hauptstraße *Rúa Ventura Misa* wird von soliden Steinhäusern gerahmt und besitzt, wie ihre Seitengassen auch, viel Atmosphäre. Das Kastell *Fortaleza de Bayona*, in dem heute ein Parador untergebracht ist, kann gegen geringe Gebühr besichtigt werden. Während des Sommers erweist sich Baiona als sympathisches Ferienstädtchen mit viel Betrieb; außerhalb der Saison, die hier recht lange dauert, geht es ruhig zu. Baiona war übrigens der erste Ort Europas,

Badeort mit Burg: Baiona

der von der Existenz des amerikanischen Kontinents erfuhr: Am 10. März 1493 legte hier die Karavelle „Pinta“ an, als erstes der Schiffe, die von Kolumbus' Expedition zurückkehrten. Seine Blütezeit erlebte Baiona jedoch erst im 16. und 17. Jahrhundert.

• *Information* **Centro Atención al Turista**, Rúa Ventura Misa 17, an der Hauptgasse, die sich hier zu einem kleinen Platz öffnet; ✆ 986 385055, ✆ 986 385931, www.baiona.org. Geöffnet Mo–Sa 10–15 Uhr, Mo auch 16.30–19.30 Uhr.

Zweigstelle am Paseo de Ribeira s/n, in einem Holzhäuschen am Parkplatz unterhalb der Burg, ✆ 986 687067. Nur von Mitte Juni bis Mitte November geöffnet, dann täglich 10–20 Uhr.

• *Verbindungen* **Bus**: ATSA-Busse fahren halbstündlich nach Vigo sowie 3-mal täglich nach A Guarda.

Schiff: Naviera Mar de Ons fährt im Sommer, je nach Wetterlage von etwa Anfang Juli bis Mitte September, 3- bis 4-mal täglich zu den Islas Cíes.

Taxi: ✆ 986 255389

• *Übernachten* Recht hohes Preisniveau, günstige Hostals sind leider Mangelware. Zur spanischen Feriensaison wird es eng.

**** **Parador Conde de Gondomar**, neuerer Bau innerhalb der Kastellmauern. Tolle Lage mit fantastischem Blick, parador-üblicher Komfort, das Personal wurde von Lesern allerdings als wenig zuvorkommend geschildert, Parkmöglichkeit und Garage. DZ 180 €. Monterreal, ✆ 986 355000, ✆ 986 355076, www.parador.es.

** **Hotel Res. Tres Carabelas**, hübsches historisches Haus im Zentrum, gemütliche Zimmer: in seiner Klasse ein sehr empfehlenswertes Quartier. Ganzjährig geöffnet; DZ kosten je nach Saison etwa 45 bis knapp 65 €. Rúa Ventura Misa 61, ✆ 986 355133, ✆ 986 355921, www.hoteltrescarabelas.com.

** **Hotel Anunciada**, schräg gegenüber und eine ordentliche Alternative, 1998 renoviert. Die Preise liegen ganz ähnlich wie oben. Rúa Ventura Misa 58, ✆ 986 356018, ✆ 986 356192.

* **Hostal Kin**, an der mittelalterlichen Hauptstraße, also relativ frei von Verkehrslärm. Schlichte DZ kosten je nach Ausstattung und Saison etwa 25–35 €. Rúa Ventura Misa 27, ✆ 986 355695. Falls geschlossen, in der Cafeteria Kin nachfragen, Rúa Ventura Misa 53.

* **Hostal El Mosquito**, ebenfalls recht einfach, aber akzeptabel ausgestattet und sauber, preislich noch etwas günstiger als

Galicien Karte Seite 439

das „Kin". Rúa Ventura Misa 32, ✆ 986 355036.

• *Camping* **Bayona Playa** (1. Kat.), sehr gut ausgestatteter, recht schattiger Platz in guter Lage am Strand vor dem Ort, gestreckte Fußentfernung ins Zentrum auf einem von der Straße getrennten Fuß- und Radweg, der z. T. durch Marschgebiet verläuft. Schade, dass die Reihe neuer Holzbungalows den früher bestechenden Ausblick nach Westen jetzt fast komplett verstellt. Swimmingpool (gratis), Einkauf, Bar-Restaurant nur zur Hochsaison in Betrieb. Ganzjährig geöffnet, Preise zur HS nicht gerade niedrig: p.P. ca. 6 €, Zelt 4 €, Auto 6,50 €. ✆ 986 350035, 986 352952, www.campingbayona.com. Alternative bei Oia, siehe unten.

• *Essen* Gute Auswahl an Restaurants entlang der Hauptstraße Rúa Ventura Misa. An der Uferstraße werden überall recht hohe Preise verlangt, auch das Restaurant des Paradors ist zwar sehr gut, aber nicht billig (Tagesmenü 28 €).

Rest. O Moscón, eines der besten Restaurants im Ort. Erste Wahl sind hier die Fischspezialitäten, für ein Essen à la carte sollte man ab etwa 30 € aufwärts rechnen, Tagesmenü 13 €. An der Uferstraße beim Sporthafen, Rúa Alférez Barreiro 2, neben der Plaza Pedro de Castro (Rathausplatz).

Mesón Casa Soto, im höher gelegenen Ortsbereich. Gemütlich-rustikal, Spezialität ist Churrasco (Fleisch vom Grill), Portion etwa 8–12 €. Es gibt aber auch Fisch und Meeresgetier. Rúa Laxe 9, von der Hauptstraße beim Hotel Tres Carabelas über die Rúa Diego Carmona hügelwärts.

Rest. Refugio, ein Lesertipp von Aike Jan Klein: „Wunderschön bäuerlich-rustikal eingerichtetes Restaurant, in der ersten Etage auch eine kleine Terrasse. Abends frühzeitig kommen, sonst rappelvoll. Rúa Ventura Misa 43." Nur im Sommer geöffnet, das Speisenangebot eher Durchschnitt.

Rest. O Mosquito, in der alten Dorf-Hauptstraße. Traditionsreiches Lokal, bereits 1923 gegründet. Etwas nüchternes Interieur, solide Küche zu günstigen Preisen: Menü schon ab etwa 9 €, Meeresfrüchteplatte für zwei um die 40 €. Rúa Ventura Misa 32.

Freiduría Jaqueyvi, in einer Seitengasse ganz in der Nähe. Mit niedrigen Holztischen und -stühlen gemütlich eingerichtet, Plätze auch im Freien. Menü etwa 12 €, man kann es auch bei Kleinigkeiten belassen. Rúa San Antonio 3.

Bodega Jaqueyvi, an der Hauptstraße, ebenfalls dem kleinen „Jaqueyvi-Imperium" zugehörig. Beliebte und sympathische Bar mit guter Auswahl an Schinken, Käse und Wein, normale Preise. Ein Restaurant gehört auch dazu. Rúa Ventura Misa 45.

Bar-Rest. Manhattan, ein Lesertipp von Regina Roth: „Die Einrichtung ist sehr einfach, aber man isst sehr gut und äußerst preisgünstig. Rúa Lorenzo de la Carrera 7, von der Uferpromenade zu finden, indem man in die Rúa Gondomar einbiegt."

Sehenswertes

Fortaleza de Baiona: Auf einem Vorgebirge gegenüber der Altstadt gelegen, geht die Festung von Baiona in ihren Grundzügen noch auf das 11. Jh. zurück; die meisten Tore, Bastionen und Wachttürme allerdings stammen erst aus dem 16. und 17. Jahrhundert. Insgesamt misst der Mauerring mit allen Ausbuchtungen rund drei Kilometer, er umfasst eine Fläche von 18 Hektar. Gegen geringe Eintrittsgebühr erhalten Besucher Zugang zur Festung und können sich auf einem Spaziergang entlang der Mauern am Blumenschmuck und der fantastischen Aussicht freuen. Der beste Blick bietet sich von der Terrasse des Parador-Cafés, das selbstverständlich jedermann zugänglich ist.

Réplica de la Carabela Pinta: Im Hafen von Baiona schwimmt seit 1993 ein Nachbau der berühmten Karavelle „Pinta". Das rund 22 Meter lange Holzschiff (Di geschlossen) kann gegen geringe Gebühr auch von innen besichtigt werden. Dort geht es reichlich eng zu; für die Mannschaft war die zweimalige Atlantiküberquerung sicher kein reines Vergnügen.

▶ **Südlich von Baiona**: Bis zu dem grenznahen Städtchen A Guarda präsentiert sich die Küste überwiegend felsig. Im hügeligen Hinterland leben halbwilde

Pferde, die bei den spektakulären „Curros" im Frühjahr und Sommer eingefangen werden; die Termine finden Sie im Einleitungskapitel „Galicische Feste – eine Auswahl".

Oia: Auf halbem Weg zwischen Baiona und A Guarda passiert man den Fischerort mit dem fotogenen Ex-Kloster gleichen Namens, das im 12. Jh. gegründet wurde. Die heutigen Gebäude allerdings stammen aus dem 16.–18. Jh.

O Muiño (1. Kat.), etwa 15 Kilometer von Baiona, von dort kommend der zweite Platz, zu erkennen an der weißen Windmühle. Von Lesern als kleinere und individuellere Alternative zu dem als „Ferienkolonie" empfundenen Camping von Baiona empfohlen. Nicht am Strand, jedoch prima Ausstattung und schön an Felsen gelegener Pool. Geöffnet März bis Dezember, p.P., Auto jeweils um 5 €, Zelt 4,50 €. Ctra. C 550, km 158, ✆ 986 361600.

A Guarda

Die südlichste Stadt Galiciens trägt ihre Aufgabe im Namen: A Guarda beziehungsweise auf Spanisch La Guardia bedeutet „Die Wache". Tatsächlich war das heute eher von der Moderne geprägte Städtchen Jahrhunderte lang ein Wachtposten, beschützte nämlich die nahe gelegene Mündung des Río Minho, die die Grenze zu Portugal bildet. Auf kulinarischem Gebiet ist A Guarda berühmt für Meeresgetier, insbesondere seine Langusten. Die Hauptsehenswürdigkeit allerdings liegt etwas außerhalb: der „Keltenberg" Monte Santa Trega.

• *Verbindungen* **Bus**: Abfahrten 3-mal täglich nach Baiona, nach Tui und Vigo etwa stündlich.

Fähre: In Camposancos, etwa drei Kilometer von A Guarda entfernt, wurde der lange eingestellte Fährservice zum portugiesischen Caminha wieder aufgenommen, Abfahrten etwa stündlich.

• *Übernachten/Camping* ** **Hotel Res. Convento de San Benito**, in einem alten Kloster, das noch in den 1980-ern von Benediktinern bewohnt wurde. Wunderbares Ambiente, schöne und geräumige Zimmer mit Internetzugang, für das Gebotene zudem geradezu preisgünstig: DZ nach Saison knapp 60–80 €. Praza de San Benito s/n, ✆ 986 611166, ℻ 986 611517, www.hotelsanbenito.com.

* **Hotel Pazo Santa Tecla**, eher einfaches Quartier mit schöner Aussicht, oben auf dem gleichnamigen Berg. Splendid isolation zum vergleichsweise günstigen Tarif: DZ/Bad etwa 40–50 €. ✆ 986 610002, ℻ 986 611072.

* **Hostal Res. Martirrey**, recht großes Hostal mit immerhin 44 Zimmern; DZ/Bad nach Saison rund 30–40 €. Rúa José Antonio 8, ✆ 986 610349.

Camping Santa Tecla (1. Kat.), bei Salcidos, etwa zwei Kilometer östlich. Großer, bestens ausgerüsteter Platz mit Swimmingpool. Offiziell ganzjährig geöffnet; Preise p.P., Auto je knapp 5 €, Zelt ab 4 €. ✆ 986 613011, ℻ 986 613063.

• *Feste* **Festa da Langosta**, am letzten Sonntag im Juni, im Mittelpunkt natürlich die köstlichen Schalentiere.

Festa de Santa Tecla, zweite Augustwoche, mit Umzügen und traditionellen Tänzen.

Monte Santa Trega: Der fast 350 Meter hohe Berg erhebt sich südlich von A Guarda über der Mündung des Río Miño. Wie sich bei Ausgrabungen herausstellte, war der Monte Santa Trega (span.: Tecla) bereits seit der Jungsteinzeit besiedelt. Ab dem 6. Jh. v. Chr. nutzten Kelten die isolierte, geschützte Lage zur Anlage eines Dorfes. Neben den teils rekonstruierten, teils nur noch im Grundriss erhaltenen Hütten und den Funden, die im hiesigen *Museum (Museo do Padroado Municipal do Monte Santa Trega)* ausgestellt sind, gibt es noch einen weiteren Grund, sich auf den etwa fünf Kilometer langen Weg hier herauf zu machen: Die Aussicht über die Küstenlinie und den Río Miño ist grandios.

Öffnungszeiten Karwoche – 9. Dez. Di–So, auch Fei, 10–20 Uhr, gratis; Straßenmaut während der Öffnungsphase, sonst Auffahrt gratis.

Galicien Karte Seite 439

Als Festung gebaut: Kathedrale von Tui

Galicisches Binnenland

Weniger besucht als das Küstengebiet, scheinen sich manche Regionen der Mittelgebirgslandschaft Innergaliciens in den letzten hundert Jahren kaum verändert zu haben. Statt Traktoren sieht man vielerorts noch immer die an der Küste selten gewordenen Ochsengespanne.

Zum Binnenland Galiciens zählen natürlich auch die kleinen Dörfer und reizvollen Städtchen entlang des Camino de Santiago, die bereits weiter vorne im Kapitel *„Der Jakobsweg durch Galicien"* beschrieben sind.

Von A Guarda Richtung Ourense

Von A Guarda folgt die C 550 zunächst dem Lauf des Río Miño, des längsten Flusses Galiciens. Wer nicht über sehr viel Zeit verfügt, wird auf dem Weg nach Ourense ab Tui auf die autobahnähnlich ausgebauten Nationalstraßen ausweichen. Mit einer guten Karte bewaffnet, lässt sich die Strecke zur Provinzhauptstadt aber auch auf kleinen und kleinsten Straßen entlang des Stroms zurücklegen, eine landschaftlich sehr interessante Alternative. Mindestens ebenso reizvoll ist auch die Zugfahrt flussaufwärts ab Tui.

Tui

Ein uralter Ort, von Iberern und Römern besiedelt, Residenz der Westgoten, im Mittelalter heftig umkämpfte Grenzfestung zwischen Kastilien und Portugal. Heute noch spiegelt sich im Ortsbild des hübsch auf einem Hügel gelegenen Grenzstädtchens seine lange Vergangenheit. Besonders malerisch zeigt sich das Gebiet um die Kathedrale. Von einigen Stellen blickt man hier hinüber nach Portugal, direkt auf die ebenso wehrhaft ausstaffierte Nachbarsiedlung Valença do Minho. Heute, da man einfach ohne Kontrolle ins Nachbarland hinüberspaziert, erscheinen die Festungsanlagen umso archaischer, dunkle Relikte blutiger Jahrhunderte.

• *Information* **Oficina de Turismo**, Rúa Colon 2; ☎/℻ 986 601789. Öffnungszeiten: Mo–Fr 9–13.30, 16.30–18.30 Uhr, Sa 10.30–12.30 Uhr; zur Hochsaison erweiterter Zeitplan.

• *Verbindungen* **Zug**: Anschluss an Fernzüge Richtung Ourense ab dem Bahnhof Guillarei, etwa drei Kilometer außerhalb in Richtung Vigo; Verbindungen von/nach Vigo 7-mal täglich.

Bus: Schneller als der Zug, Haltestelle zudem zentraler an der Hauptstraße Rúa Calvo Sotelo. Mit ATSA etwa stündliche Abfahrten nach A Guarda und Vigo, mit CASTROMIL mehrmals tgl. nach Santiago.

• *Übernachten* *** **Parador de Tui**, Neubau in traditioneller Architektur und schöner Lage; Swimmingpool. DZ 115–145 €. Avenida de Portugal s/n, in Grenznähe, ☎ 986 600309, ℻ 986 602163, www.parador.es.

* **Hostal Generosa**, zentral im Ort, unweit der Bushaltestelle. Herrlich altmodisch – lange Gänge, Holzböden, große Spiegel. Die Bäder sind erfreulicherweise relativ modern. Dank der nahen Grenze immer gut besucht, zur Saison besser anrufen oder früh am Tag kommen. DZ ohne Bad selbst zur HS kaum 25 €! Rúa Calvo Sotelo 37, ☎ 986 600055.

• *Essen* **Rest. Novo Cabalo Furado**, direkt bei Kathedrale und Diözesanmuseum. Von der Einrichtung her nicht besonders ausgefallen, die marktabhängige Regionalküche ist jedoch weithin berühmt. Spezialitäten sind Fisch und Meeresfrüchte, vor allem aber Aal aus dem Miño, eine lokale Besonderheit. Angesichts des Gebotenen nicht einmal teuer: Essen à la carte schon ab etwa 20 €. Praza do Concello s/n, So und in der zweiten Junihälfte geschlossen.

Jamonería Jaquegui, in der Nähe, ein Lesertipp von Thomas Volz und Yvonne Fox: „Hier haben wir hervorragend gegessen. Praza do Concello 4".

• *Feste* **Fiesta de la Angula del Miño**, am Sonntag nach Ostersonntag. Das kulinarische „Fest des Aals aus dem Río Miño" ist berühmter Bestandteil der einwöchigen Patronatsfeiern zu Ehren des Heiligen Telmo.

Sehenswertes

Kathedrale: Unübersehbar thront sie auf dem Altstadthügel. Dem wehrhaften Bau des 12./13. Jh. merkt man auf den ersten Blick an, dass er auch zur Verteidigung konstruiert wurde. Besonders beeindruckend ist die reich geschmückte Westfassade, die als eine der schönsten Fassaden der spanischen Gotik gerühmt wird. Im Inneren, das aus statischen Gründen zusätzliche Stützverstrebungen erhielt, fällt das ungewöhnliche dreischiffige Querhaus auf, das nach dem Vorbild der Kathedrale von Santiago gestaltet ist. Weitere Sehenswürdigkeiten im Umfeld der Kathedrale sind die *Capilla Santa Catalina* mit dem Kathedralmuseum, der *Kreuzgang* des 13./15. Jh. und das *Diözesanmuseum*, das eine archäologische Sammlung, Kunsthandwerk und eine Gemäldesammlung zeigt und im Bischofspalast untergebracht ist. Einen kleinen Bummel wert ist auch das Wohnviertel flusswärts unterhalb der Kathedrale. In manchen der winzigen Steinhäuser hier sind originelle Musikkneipen untergebracht.

• *Öffnungszeiten* Kathedrale und Kathedralmuseum sind täglich von 9.30–13, 16.30–18.30 Uhr geöffnet, im Sommer bis 19/20 Uhr, Eintritt 2 €; Diözesanmuseum Juni–Mitte Okt. täglich 10–13.30, 16–20 Uhr, Karwoche bis Mai Fr-So und Fei 10–13.30, 16–20 Uhr, Eintritt 3 €, das Ticket schließt den Besuch des Kathedralmuseums mit ein (nur im Sommer auch umgekehrt).

Capilla de San Telmo: Die flusswärts der Kathedrale gelegene Kapelle ist dem Schutzheiligen der Seefahrer geweiht, dem Heiligen Telmo, aus dessen Namen

Galicien Karte Seite 439

sich das Sankt-Elms-Feuer ableitet. Der verspielte Barock des aus dem 18. Jh. stammenden Baus zeigt schon deutlich den Einfluss des portugiesischen Nachbarn.

Umgebung von Tui

- **Iglesia de San Bartolomé**: In einem Viertel nordöstlich etwas außerhalb des Stadtkerns gelegen, zu erreichen über mehrere Abzweigungen rechter Hand der Straße Richtung Vigo. Bereits im 10. Jh. urkundlich erwähnt, gilt die Kirche als ältestes Gotteshaus Galiciens, weist an den Kapitellen des Inneren teilweise noch präromanische Stilelemente auf.
- **Parque Natural del Monte Alhoya**: Der kleine Naturpark umfasst die Hänge des 631 Meter hohen Monte Alhoya, etwa sechs Kilometer nordwestlich der Stadt, und war das erste Gebiet Galiciens, das als Parque Natural ausgewiesen wurde. Vom Gipfel des Parks, in dem halbwilde Pferde leben, bietet sich ein weiter Blick.
- **Valença do Minho**: Die portugiesische Festungsstadt ist von Tui nur einen kurzen Spaziergang entfernt. Den Río Miño (Port.: Rio Minho) überquert man dabei auf einer schmalen Eisenbrücke, die von Gustave Eiffel persönlich konstruiert wurde. Das historische Zentrum von Valença versteckt sich hinter den mächtigen Mauern einer im 17. Jh. errichteten Grenzfestung. Wer auf der Reise sein Handtuch verloren hat, kann sich hier neu eindecken: Fast jedes Geschäft scheint Handtücher aller nur denkbaren Größen zu verkaufen, die Auswahl lässt kaum Wünsche offen.

Ribadavia

Der Hauptort des berühmten Weinbaugebietes Ribeiro liegt malerisch an der Mündung des Río Avia in den Río Miño. Die Judería von Ribadavia ist das einzige bis heute erhaltene Judenviertel Galiciens.

Ribadavia, heute ein ausgesprochen ruhiges Städtchen, hat schon aufregendere Zeiten gesehen, war im 10. Jh. zeitweilig sogar Residenz des Königshofes von León und später Sitz einer der bedeutendsten jüdischen Gemeinden Spaniens. An die mittelalterliche Blüte erinnert heute die „Festa da Istoria", ein noch junges, aber sehr beliebtes Fest, zu dem sich die halbe Stadt in alte Trachten kleidet. Mittelalterlich wirken auch noch die Gassen des vollständig unter Denkmalschutz gestellten Ortskerns, der unterhalb einer Burgruine rund um die Praza Maior liegt. Schade, dass der hübsche Hauptplatz vor allem als Parkzone genutzt wird und einige der umstehenden Gebäude unübersehbar restaurierungsbedürftig sind.

• *Information* **Servicio Municipal de Turismo**, Praza Maior 7, ✆ 988 471275, www.ribadavia.com. Engagiertes Büro am Hauptplatz; Öffnungszeiten von Juni bis September Mo–Sa 9–14.30, 17–20 Uhr, So 10.30–14.30, 17–19 Uhr, im restlichen Jahr Mo–Sa 10.30–14.30, 16–18.30 Uhr, So 10.30–15 Uhr.

• *Verbindungen* **Zug**: Bahnhof der Linie Ourense-Vigo knapp außerhalb des Zentrums, Anschlüsse jeweils 5-mal täglich.

Bus: Busstation noch etwas zentraler als der Bahnhof an der Brücke Ponte San Francisco. AUTO INDUSTRIAL fährt mehrmals täglich nach Vigo und Ourense.

• *Übernachten/Essen* Quartiere sind rar.

** **Hostal Plaza**, zentrales und angenehmes Quartier direkt an der Hauptplaza, erst vor einigen Jahren eröffnet. DZ/Bad knapp 35 €, zur NS noch etwas günstiger. Das angeschlossene (bürgerliche) Restaurant genießt

Arg verfallen: die Burg von Ribadavia

ebenfalls guten Ruf und ist dabei alles andere als teuer – Tagesmenü 9 €. Praza Maior 15, ✆ 988 470576.

** **Hostal Evencio**, an einer Ausfallstraße, von Bahnhof oder Busbahnhof kommend Richtung über die Brücke Richtung Ortsmitte und an der ersten Kreuzung rechts. Mit (nicht immer gepflegtem) Schwimmbad; ein Restaurant ist auch angeschlossen. DZ/Bad knapp 35 €; Avda. Rodríguez Valcárcel 30, ✆ 988 471045, ℻ 988 471311.

Taberna Papuxa, höchst uriger Weinkeller in der Judería, ein guter Platz für ein Gläschen Ribeiro, herrlich nostalgische Dekoration. Porta Nova de Arriba, nahe der Praza Magdalena.

• *Camping* **Leiro** (1. Kat.), beim gleichnamigen Ort etwa zehn Kilometer nordwestlich von Ribadavia. Recht groß und gut ausgestattet, das zugehörige Restaurant gilt als eins der besten in der Umgebung. Offiziell ganzjährig geöffnet, Preise zuletzt p.P., Auto und Zelt je etwa 3,50–4 €. ✆ 988 488036.

• *Feste* **Feria de Exaltación del Vino Ribeiro**, berühmtes Weinfest an wechselnden Terminen Ende April/Anfang Mai.

Festa da Istoria, an wechselnden Terminen, in der Regel an einem Samstag Ende August oder Anfang September. Mehr als zehntausend Einwohner kleiden sich in Kostüme des 16. Jh., mittelalterliche Musikstücke werden vorgetragen, Reiterspiele aufgeführt. Stände offerieren Gerichte nach überlieferten Rezepten, die in „Maravedís" bezahlt werden müssen, einer Währung, die in der Bank am Hauptplatz eingetauscht wird.

Fiesta del Portal: Fest der Stadtpatronin, gleichzeitig auch der Weinernte; mehrere Tage ab dem 7. September.

Sehenswertes

Beachtenswert unter den zahlreichen Kirchen sind besonders die romanische *Iglesia de San Juan* (12. Jh.) im Zentrum und das präromanische, bis auf das 9. Jh. zurückgehende Kirchlein *San Xes de Francelos*, das im zwei Kilometer entfernten Ortsteil Francelos steht.

Barrio Judío: Schon im Mittelalter bildete Ribadavia ein Zentrum der Produktion und der Ausfuhr von Wein, dessen Anbau spätestens im 12. Jh. von Zisterziensermönchen hier eingeführt wurde. Maßgeblich beteiligt am Export der

Karte Seite 439

feinen Tröpfchen, die bis nach England, Flandern und Deutschland verschifft wurden, war dank ihrer guten Kontakte die jüdische Gemeinschaft von Ribadavia. Auch nachdem die „Katholischen Könige“ ab 1492 die Vertreibung der Juden aus Spanien angeordnet hatten, blieben viele weiterhin in der Region, konvertierten zum christlichen Glauben oder zogen, sobald sich die Repression verschärfte, über die nahe Grenze, um in Zeiten nachlassender Unterdrückung wieder zurückzukehren. Das Zentrum des ehemaligen, heute restaurierten Judenviertels liegt östlich des Hauptplatzes um die nahe Praza Magdalena, an der einst die im 12./13. Jh. errichtete Synagoge stand. Im Umfeld blieben, besonders Richtung Süden, mehrere der engen, durch Arkaden geschützten Straßenzüge der Judería erhalten, ebenso die sich anschließenden Türme der Stadtmauern des 14. und 15. Jahrhunderts.

Bestens erhalten: Stadttor am Rand der Judería

Museo Etnolóxico: Unweit nordwestlich der Praza Magdalena ist in einem Palast des 18. Jh. das Volkskundemuseum von Ribadavia untergebracht, das anhand traditioneller Trachten, Werkzeuge und Gerätschaften die Lebensbedingungen vergangener Zeiten dokumentiert.

Öffnungszeiten Di-Sa 9.30–14.30, 16–20 Uhr, So 10–14 Uhr, Eintritt ca. 2,50 €.

Umgebung von Ribadavia

Castillo del Sobroso: Das im 11. Jh. für Doña Urraca errichtete Kastell steht in der Nähe des Ortes Mondariz, an der N 120 Richtung Vigo, etwa 40 Kilometer westlich von Ribadavia. Die sehr aufwendigen Renovierungsarbeiten wurden 1994 beendet. Neben antiken Einrichtungsgegenständen beherbergt die Burg seitdem auch wechselnde Verkaufsausstellungen von Künstlern der Umgebung.

Ourense

(108.000 Einwohner)

Hochhausschluchten und ausgedehnte Geschäftsviertel prägen das Bild der Provinzhauptstadt. Das alte Ourense versteckt sich etwas.

Die modernen Straßenzüge der ausgedehnten neuen Viertel verbergen eine durchaus reizvolle kleine Altstadt, deren steil ansteigende Gässchen zum Herzen des historischen Viertels führen, der Kathedrale *San Martín*. Fremde sieht man in der Stadt nur wenig, was nicht ganz unverständlich ist: Wer sich für Kirchenbauten nicht sonderlich begeistern kann, wird Ourense wahrscheinlich eher langweilig finden – besonders viel Trubel ist hier nicht geboten.

Orientierung: Die Innenstadt liegt südlich des Río Miño. Ourenses Hauptstraße, erst in den Neunzigern von Rúa del General Franco in *Rúa do Progreso* umbenannt, beginnt an der im 13. Jh. errichteten „Römerbrücke" *Puente Romano* und führt vom Fluss in etwa südlicher Richtung, zunächst durch die neueren Viertel, dann am westlichen Rand der Altstadt entlang.

Geschichte: Das Stadtgebiet war bereits zu Römerzeiten besiedelt, trug damals den verheißungsvollen Namen Aurium (lat. aurum: Gold), der sich vermutlich auf die Edelmetallvorkommen im Río Miño gründete. Unter den Sueben sogar Königsresidenz, wurde Ourense später mehrfach von den Mauren zerstört, stieg aber nach dem Wiederaufbau erneut zur reichen Handelsstadt auf. Maßgeblichen Anteil daran hatten die jüdischen Händler. Deren Vertreibung durch die „Katholischen Könige" Anfang des 16. Jh. brachte dann auch einen rasanten Niedergang.

Information/Verbindungen

• *Information* **Oficina de Turismo**, Caseta do Legoeiro, Ponte Vella, Info der Xunta in einem kleinen Häuschen an der alten Flussbrücke, nur sehr allgemeine Infos zu Galicien, veralteter Stadtplan; ✆ 988 372020, oficina.turismo.ourense@xunta.es. Geöffnet Mo–Fr 9–14, 16.30–18.30 Uhr.

Padroado Provincial, Info der Provinz Ourense, auch Detailinfos, effizient, nur hier gab's zuletzt den neuen Stadtplan, Mo–Fr 8.30–14.30 Uhr, Rúa de Progreso 28, ✆ 988 391085, www.turismourense.com.

Oficinado Municipal Turismo, städtische Info, Mo-Fr 10–14, 17–19 Uhr, Sa/So/Fei 12–14 Uhr, Rúa Burgas 12, neben dem Brunnen As Burgas, ✆ 988 366064.

• *Verbindungen* **Zug**: Bahnhof (Info-✆ der Renfe: ✆ 902 240202) jenseits des Río Minho, in die Stadt über die „Römerbrücke" Puente Romano. Wichtiger Knotenpunkt für Fernzüge; innerhalb Galiciens nach Vigo 6-mal, Santiago 3–5-mal, A Coruña 2-mal täglich. Züge nach León ebenfalls 2-mal täglich.

Bus: Busbahnhof (✆ 988 21602) weit außerhalb des Zentrums an der Hauptstraße Vigo-Madrid; mit Stadtbussen zu erreichen. Gute Verbindungen, z. B. mit CASTROMIL nach Santiago bis zu 8-mal, AUTO INDUSTRIAL nach Vigo 15-mal, Pontevedra 7-mal, LA DIRECTA nach Lugo 5-mal, AUTO RES nach Madrid 6-mal täglich.

Taxi: ✆ 988 232716.

Parken: Rund um die Altstadt nur in der Rúa do Progreso und der Rúa Juan XXIII.

• *Post* Rúa do Progreso 53.

Übernachten/Essen/Nachtleben (siehe Karte Seite 541)

• *Übernachten* **** **Hotel Francisco II (2)**, eines der wenigen Spitzenhotels von Ourense. Zentrale Lage, angenehme Atmosphäre, komfortable Zimmer. DZ etwa 90–100 €. Rúa Bedoya 17, nordöstlich nahe der Altstadt, ✆ 988 242095, ℻ 988 242416.

** **Hotel Puente Romano (11),** komfortables Hotel mit für seine Kategorie überdurchschnittlicher Ausstattung, Internetanschluss in den Zimmern, an einer recht befahrenen Straße. DZ 70–80 €, Rúa Ramón Puga 56, ✆/℻ 988 231320, www.hotelpuenteromano.com.

* **Hotel Zarampallo (8)**, modernes und recht komfortables Haus in allerdings nicht ganz ruhiger Altstadtlage, gutes Restaurant angeschlossen, Tapas 3–7 € (Eingang Rúa San Miguél 9). DZ 50–55 €. Rúa Hermanos Villar 31, ✆ 988 220053, ℻ 230008.

* **Hotel Parque (1)**, beim Stadtpark. Mit 57 Zimmern recht groß, zentral gelegen, gut geführt und blitzsauber. Ordentliches Preis-Leistungsverhältnis: DZ etwa 45 €. Parque San Lazaro 24, ✆ 988 233611, ℻ 988 239636.

* **Hostal Res. Cándido (9)**, an einer hübschen kleinen Altstadtplaza, die Zimmer zum Platz sind leider nicht die leisesten. DZ/Bad etwa 25 €. Rúa Hermanos Vilar 25, ✆ 988 229607, ℻ 242197.

* **Hostal San Miguel II (6)**, dem gleichnamigen Restaurant nebenan angeschlossen, aber weit weniger exklusiv. DZ/Bad ca. 25–30 €. Rúa San Miguel 14, ✆ 988 239203.

Karte Seite 439

• *Essen* Restaurantgasse Nummer eins ist die Rúa San Miguel am nördlichen Altstadtrand. Solide, einfache Lokale und zahlreiche Tapabars finden sich im Gebiet gleich nördlich der Kathedrale.

Rest. San Miguel (5), in der gleichnamigen Gasse, gilt als bestes Lokal der Stadt. Regionale Küche, u. a. Fische aus dem Miño wie Aale (*angula*) und Neunaugen (*lamprea*), etwas steifes Ambiente. Essen à la carte ab etwa 35 €. Rúa San Miguel 12; Am Abend reservieren: ✆ 988 220795.

Rest. Casa María Andrea (7), ganz in der Nähe. Mit Holz und Naturstein sehr hübsch eingerichteter alter Stadtpalast des 16.–18. Jh., reizvoll auch die Tische auf der Empore im Freien und nach hinten auf dem Platz. Ein Tipp: Solide Preise, gute Küche, üppige Portionen. Tagesmenü etwa 11 €, à la carte kaum unter 20 € (Brot geht extra!). Rúa San Miguel, Ecke Rúa Hermanos Vilar.

Rest. Pingallo (4), nur ein paar Schritte weiter. Großer, nüchterner Speisesaal, nach hinten kleiner Garten, an der Bar gute Tapa-Auswahl. Seit der Eröffnung der oben genannten Konkurrenz allerdings nicht mehr ganz so populär. Das Preisniveau liegt etwas niedriger. Rúa San Miguel 6.

Café O Cruceiro (10), gleich neben der Städtischen Information am Burgas-Brunnen bietet das kleine Bar-Restaurant solide Hausmannskost zu ausgesprochen soliden Preisen: Tagesmenü 7,50 €, deftige galicische Küche. Praza das Burgas 26.

Confisería Caffè El Couto (3), hervorragendes Konditorei-Café mit eigener Confiserie, u. a. sehr guten Petits fours. Selbst der Kaffee hat überdurchschnittliche Qualität. Rúa de Santo Domingo 66.

• *Nachtleben* Die nächtliche Bargasse Nr. 1 ist die Rúa do Paxaro bei der Kathedrale, gefolgt von der einmündenden Rúa dos Fornos und ganz allgemein der Gegend um die Praza do Ferro.

Feste/Veranstaltungen/Wellness

Festa de os Maios, am 3. Mai feiert Ourense sein Frühlingsfest, ein aus vorchristlicher Zeit stammendes Spektakel mit Blumenkorso und Musik auf den Straßen.

Festa de Ourense, wechselnde Termine in der zweiten Junihälfte. „Blumenschlacht“, Bootsfahrten auf dem Miño etc.

Festas de Santiago Apostol, 24.–26. Juli, wichtigstes Fest im Viertel Barrio del Puente auf der anderen Flussseite.

Festas dos Remedios, 8. September; Wallfahrt, Kostproben galicischer Küche.

Festa do Magosto, 1. Sonntag im November, zu Ehren von San Martín. Kastanienfeuer, Schlachtfeste, erste Proben des jungen Weins. An der Alameda do Concello (Rúa do Progreso) und in den Bergen der Umgebung.

Thermalbäder: Nicht nur der Brunnen das Burgas mitten in der Stadt spendet kostenlos Thermalwasser, auch mehrere heiße Quellen rund um die Stadt sind gefasst und kostenlos zu nutzen. Einige sind sogar mit Badebecken ausgestattet: Chavasqueira, Tinteiro und Burgo do Muiño heißen drei besonders leicht zu erreichende Quellen, Infos gibt die städtische Information.

Sehenswertes

Die arkadengeschmückte Praza Maior markiert das Zentrum der charmanten kleinen Altstadt, die immer noch Mittelpunkt des Alltagslebens darstellt. Zur Kathedrale sind es von hier nur wenige Schritte. Lebensnerv der Stadt ist die „römische“, aber jedenfalls mittelalterliche Miño-Brücke.

Catedral San Martín: Im 12./13. Jh. erbaut, musste der ursprünglich rein romanische Bau nach mehreren Zerstörungen im 17. Jh. restauriert werden. Als besonders bemerkenswert unter den verschiedenen noch romanischen Portalen gilt das reich skulpturierte „Paradiestor“ *Pórtico del Paraíso*, das dem Pórtico de la Gloria der Kathedrale von Santiago nachempfunden wurde. Zu bewundern ist es in einer Vorhalle, die vom Kircheninneren aus zugänglich ist. Überwältigend die Vierungskuppel, für die anscheinend Burgos Pate gestanden hat, sehr eindrucksvoll der riesige Hochaltar. Ein Blick lohnt sich auch in die

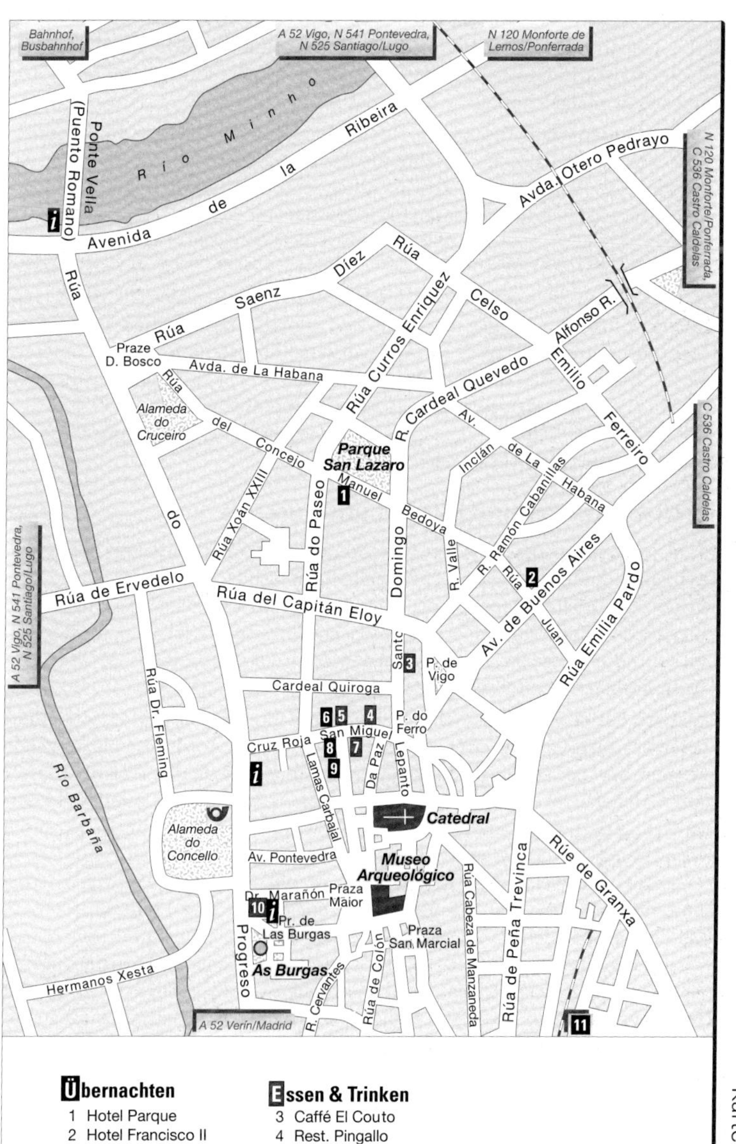

Übernachten

1 Hotel Parque
2 Hotel Francisco II
6 Hostal San Miguel II
8 Hotel Zarampallo
9 Hostal Cándido
11 Hotel Puente Romano

Essen & Trinken

3 Caffé El Couto
4 Rest. Pingallo
5 Rest. San Miguel
7 Rest. Casa María Andrea
10 Café o Cruceiro

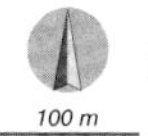

Ourense

Galicien Karte Seite 439

überreich geschmückte *Capilla del Santísimo Cristo*, die ein legendenumwittertes Kruzifix birgt. Das *Kathedralenmuseum* (Juli/Aug. Mo–Sa 10–13, 16–19 Uhr, sonst Mo-Sa 12–13, 16–19 Uhr, an Fei geschl.; Eintritt 1 €) im Kreuzgang stellt vor allem kirchliche Kunst des Mittelalters aus.

Museo Arqueolóxico Provincial: Das Archäologische Museum von Ourense ist in einem alten Palast an der Südseite der Praza Maior untergebracht. Zu sehen sind hier Funde aus der Provinz, deren chronologischer Rahmen von der Vorgeschichte über die Römerzeit bis ins Mittelalter reicht.

Öffnungszeiten Offiziell Di–Sa 9.30–20.30 Uhr, So 9.30–14 Uhr; Eintritt ca. 3 €. Das Museum war zuletzt jedoch geschlossen, ein Wiedereröffnungstermin wurde bisher nicht genannt.

As Burgas: Am Südwestrand der Altstadt, unterhalb der hier als Brücke verlaufenden Rúa do Progreso und nicht weit vom Archäologischen Museum, in einem der seitlichen Häuser ist die Städtische Touristeninformation untergebracht. Die auch als „Fuentes calientes“ bekannten heißen Schwefelquellen wurden schon von den Römern geschätzt und erreichen bis zu 65 Grad Celsius. Zuviel sollte man sich jedoch nicht erwarten: Vor Ort entpuppen sich die berühmten Quellen als eher schlichte Brunnen.

Kirchen, Klöster und Burgen um Ourense

In der weiteren Umgebung von Ourense, einem touristisch kaum berührten, auch landschaftlich ausgesprochen vielfältigen Gebiet, finden sich einige Perlen mittelalterlicher Architektur, die ohne eigenes Fahrzeug allerdings kaum zu erreichen sind. Die Beschreibung des ebenfalls sehr reizvollen, nordöstlich von Ourense gelegenen Klosters Mosteiro San Estevo de Ribas de Sil finden Sie im nächsten Kapitel „Garganta del Sil“.

▶ **Mosteiro Santa María de Oseira**: Dieses imposante Kloster liegt etwa 30 Kilometer nördlich von Ourense, zu erreichen über eine nordwärts abzweigende Nebenstraße der N 525 bei *Cea*. Santa María gilt als bedeutendstes Kloster ganz Galiciens, wird aufgrund seiner räumlichen Ausdehnung gar als „El Escorial Galiciens“ bezeichnet. 1137 gegründet, wurde das Kloster im 16. Jh. durch einen Brand teilweise zerstört, danach in erheblich vergrößertem Umfang neu aufgebaut. Die weitläufige Anlage, die nur mit Führung besichtigt werden kann, umfasst die romanisch-gotische Kirche des 12. und 13. Jh. mit Barockfassade, verschiedene Wirtschaftsgebäude, ein Gästehaus und gleich drei Kreuzgänge, die aus dem 16.–18. Jh. stammen. Besucher des Klosters sollten nicht vergessen, sich mit dem hier hergestellten Eukalyptuslikör einzudecken: Die hochprozentige Spezialität hilft, so sagen die Zisterzienser, ganz ausgezeichnet gegen Erkältungskrankheiten.

Öffnungszeiten 10–12, 15.30–18 Uhr bzw. 20 Uhr, je nach Jahreszeit, Infos ✆ 988 282004.

▶ **Monforte de Lemos**: Etwa 50 km nordöstlich von Ourense, zu erreichen über die N 120, liegt das 15.000-Einwohner-Städtchen Monforte de Lemos. Die den Namen gebende starke mittelalterliche Burg (mons forti = Berg der Burg) geht schon auf einen römischen Vorgänger zurück, der hohe *Torre del homenaje*, der die höchste Stelle markiert, ist ein hervorragender Aussichtsplatz über Stadt und Umgebung. Von den vor allem im 17. Jh. errichteten Bauten des Städtchens ist besonders das Colegio de Nosa Señora da Antiga besuchenswert,

Aus romanischer Zeit: „Römerbrücke" in Ourense

ein 1590 bis 1619 errichtetes Kloster im Herrera-Stil, wegen Stilmerkmalen und Größe oft auch „Galicischer Escorial" genannt. Die Pinakothek des Klosters gehört zu den besten Galiciens und zeigt u. a. die einzigen Gemälde El Grecos, die die Region besitzt: einen farbenfrohen San Lorenzo und einen mönchisch-farbarmen San Francisco (Info zu den wechselnden Öffnungszeiten unter ✆ 982 404715).

• *Übernachten* **** **Parador de Monforte de Lemos**, erst vor wenigen Jahren eröffneter Parador, untergebracht im Benediktinerkloster Vicente do Pino und einem angrenzenden Palast. Zeitgemäße Luxuszimmer und Suiten, Pool und Fitnessraum. DZ ca. 115–220 €; Praza Luis de Góngora y Argote s/n, ✆ 982 418414, ℻ 418495, www.parador.es.

Celanova: Die Attraktion des Städtchens an der N 540, knapp 30 Kilometer südlich von Ourense, ist das Benediktinerkloster *Mosteiro de San Salvador*. Bereits 936 gegründet, wurde es im 16./17. Jh. erneuert; die Barockkirche mit ihren churrigueresk geschmückten Altaraufsätzen stammt aus jener Zeit, der romantische Kreuzgang datiert noch ein Jahrhundert jünger. Seit der Gründung überdauert hat nur das kleine Kirchlein *Capilla de San Miguel* im Klostergarten, ein mozarabischer Bau aus dem Jahr 937.

Santa Comba de Bande: Nochmals 25 Kilometer südlich steht beim Stausee Embalse de las Conchas diese kleine Kirche, die auf das 7. Jh., also auf westgotische Zeit, zurückgehen soll und damit das älteste Gotteshaus Galiciens ist. Nach Zerstörungen durch die Mauren wurde sie im 9. Jh. restauriert.

Castelo de Monterrei: Eine beeindruckende Burganlage (Mo/Di geschlossen) im äußersten Süden Galiciens, etwa 80 Kilometer südwestlich von Ourense und unweit des recht modern geprägten Städtchens *Verín* nahe der A 52 hinüber nach Kastilien-León. Auf einem bereits von den Kelten besiedelten Hügel errichtet, geht die Festung bis ins 13. Jh. zurück. Gut erhalten sind insbesondere mehrere der wuchtigen Türme sowie eine Kirche mit schönem Portal und steinernem Retabel. Die weite Aussicht von hier oben reicht bis zur Grenze nach Portugal.

• *Übernachten* *** **Parador de Verín**, in reizvoller Lage und mit schöner Aussicht auf einem Hügel unweit der Burg Monterrei, etwa vier Kilometer nordwestlich von Verín. Palastähnlicher Bau älteren Datums, Schwimmbad. Nur 23 Zimmer, zur Saison oft belegt. DZ etwa 95–115 € – die Zimmer mit den Nummern 101 bis 107 haben Blick auf die Burg. ✆ 988 410075, ℻ 988 412017, www.parador.es.

*** **Hotel Gallego**, ebenfalls in diesem Gebiet, bei Albarellos de Monterrei an der N 525. Moderner Bau, Parkplätze und Schwimmbad; ein sehr gutes und nicht überteuertes Restaurant (gutes Tagesmenü 16 €) gehört dazu. DZ ca. 60–65 €. Carretera N 525, km 171,7; ✆/℻ 988 418202.

* **Hostal San Luis**, Beispiel für die recht zahlreichen Quartiere unterer Kategorien in und um Verín selbst. Solides Haus, DZ/Bad knapp 30 €, ohne Bad noch etwas günstiger; ein recht ordentliches Restaurant ist angeschlossen. Estrada N 525, Fonte do Sapo s/n, ✆/℻ 988 410900.

Garganta del Sil

Eine faszinierende Landschaft östlich von Ourense. Mehrere hundert Meter tief ist das breite Tal, das sich der Río Sil, ein Nebenfluss des Río Miño, in Jahrmillionen gegraben hat. Hoch oberhalb des aufgestauten Stroms thronen uralte Klöster und kleine Dörfer. Auf dem Fluss selbst verkehren im Sommer Ausflugs-Katamarane (Details dazu siehe unten).

Ein schmales, kurviges Sträßchen erschließt das Gebiet südlich der „Garganta del Sil“ (oder Cañón del Sil) genannten Schlucht. An vielen Stellen öffnen sich grandiose Ausblicke hinunter auf den gewundenen Flusslauf und hinüber zu den mal felsigen, mal dicht bewaldeten Hängen der anderen Seite, die schon zur Provinz Lugo gehört. Die zeitraubende, aber ungemein reizvolle Route trifft an ihrem Ende bei Castro Caldelas auf die C 536 und ermöglicht so die Weiterreise hinüber nach Ponferrada in Kastilien-León. Im Sommer bietet sich unterwegs auch Gelegenheit zu einer Minikreuzfahrt mit einem Katamaran, die den Río Sil einmal von einer ganz anderen Seite zeigt.

Der Fremdenverkehr steckt hier noch in den Anfängen, weshalb manche Monumente außerhalb der spanischen Urlaubszeit schon mal ohne Kommentar geschlossen sind und die Auswahl an Restaurants und vor allem Unterkünften sehr eng begrenzt ist. Die knapp hundert Kilometer lange Tour von Ourense bis nach A Pobra de Trives, einem Städtchen mit recht guter Infrastruktur östlich etwas außerhalb des Gebiets, ist jedoch durchaus auch an einem Tag zu schaffen.

La Ribeira Sacra, das „Heilige Ufer“, nennt sich die Region wegen der vielen überwiegend romanischen Klöster, die hier schon ab dem 6. Jh. errichtet wurden. Ein Grund dafür war sicher die Fruchtbarkeit des Gebiets, die sich als ideal für den Weinbau erwies. Für die Mönche bedeutete das steil zum Fluss abfallende Terrain freilich harte Arbeit – früher mussten die Trauben in manchen Zonen sogar „mit dem Boot geerntet“ werden, wie es hier heißt.

• *Anfahrt* Achtung, Tankstellen sind selten; eine gute, detaillierte Straßenkarte ist zudem sehr ratsam. Die beste Anfahrt nach Luintra (Nogueira de Ramuín), der ersten größeren Ortschaft entlang der Route, erfolgt von Ourense zunächst auf der C 536

Imposant: Blick über die Garganta del Sil

nach Osten Richtung Castro Caldelas, nach etwa sieben Kilometern bei Castadón dann links ab nach Pereiro de Aguiar und hinter diesem Ort wieder links. Eine mögliche Alternative insbesondere für diejenigen, die zunächst eine Flusskreuzfahrt machen wollen, führt auf der N 120 von Ourense nach Nordwesten bis zum Dorf O Peares, bei dem man auf das schöne, jedoch sehr enge und holprige Versorgungssträßchen entlang der südlichen Flussseite abbiegt, das direkt zur Anlegestelle „Embarcadero San Estevo" unterhalb des Dörfchens Loureiro führt; von hier besteht eine Verbindung hinauf zur schmalen Verbindungsstraße zwischen Luintra und Parada do Sil.

Mosteiro San Estevo de Ribas de Sil

Einige Kilometer östlich des Dorfs Nogueira de Ramuín führt eine Nebenstraße linker Hand zu dem bemerkenswerten, auf Spanisch *Monasterio de San Esteban de Ribas de Sil* genannten und in manchen Karten schlicht als „Ribas de Sil" bezeichneten Gebäude, dem bedeutendsten Kloster der Ribeira Sacra. Erst kürzlich wurde in der großen, über viele Jahre hinweg unübersehbar restaurierungsbedürftigen Anlage ein Parador eingerichtet.

San Estevo, traumhaft oberhalb des Río Sil gelegen, wurde bereits 909 als Priesterschule gegründet. Die heutigen Gebäude allerdings stammen aus späterer Zeit, weshalb sich die Anlage als Mischung verschiedener Stile von der Romanik über die Gotik bis zur Renaissance und dem Barock präsentiert. So datiert die dreischiffige Klosterkirche aus dem 12. Jh., der Hauptaltar aus dem 16. Jh. und die barocke Kirchenfassade vom Ende des 17. Jh. Die Fassade des Klosters selbst zeigt sich neoklassizistisch. Gleich drei Kreuzgänge besitzt das Gebäude, besonders schön der *Claustro del Obispo*. Reizvoll zeigt sich auch die Umgebung des Klosters, in der mehrere Wanderwege ausgeschildert sind.

Galicien
Karte Seite 439

• *Übernachten* **** **Parador de Nogueira de Ramuín**, erst 2004 eröffnetes Luxusquartier im Kloster. Die 74 Zimmer verteilen sich über die drei Kreuzgänge und fallen im Charakter ganz unterschiedlich aus; einige besitzen Ausblick über die Schlucht. DZ 135–155 €. Angeschlossen ein Terrassenrestaurant sowie eine Cafeteria im Claustro de la Portería. Zuletzt war der Parador vom 7. Januar bis inkl. dritte Februarwoche geschlossen. Monasterio de Santo Estevo, Nogueira de Ramuín; ✆ 988 010110, 📠 988 010111, www.parador.es.

Reizvolles Kloster, jetzt Luxushotel: Mosteiro San Estevo

Flusskreuzfahrten mit dem Katamaran: Etwa zwei Kilometer hinter der Kreuzung zum Kloster zweigt eine enge Straße links ab, führt durch einen kleinen Weiler und dann in zahlreichen Kurven hinab ins Tal des Río Sil. Nach etwa fünf Kilometern gabelt sich das Sträßchen: links geht es auf die parallel zum Fluss verlaufende, schmale Versorgungsstraße nach Os Peares an der N 120, rechts zum nahen Schiffsanleger *Embarcadero de San Estevo*, der kurz vor der Staumauer liegt. Hier starten die Katamarane zu ihrer knapp eineinhalbstündigen Fahrt, die den Río Sil aufwärts bis zum Anleger San Fiz und zurück führt; ein Alternativprogramm ist die eineinviertelstündige Fahrt flussaufwärts bis zum Anleger Abeleda bei Castro Caldelas (nur Hochsaison). Dank stetig wechselnder Panoramen gestaltet sich die Fahrt in jedem Fall höchst abwechslungsreich.

• *Abfahrten* im Prinzip 2-mal täglich außer Montag in jede Richtung. Garantiert wird der Betrieb von der Gesellschaft jedoch nur an Wochenenden im Sommer, ansonsten ist eine Mindestteilnehmerzahl von 15 Personen nötig. Zur Sommersaison und an langen Wochenenden („Puentes") dürften die Chancen gut stehen, an einem Wochentag im März oder Oktober kann man sich die Anfahrt dagegen wohl sparen. Sofern der Anleger Abeleda (zuletzt gab es diese Version – vorläufig? – nicht mehr) angefahren wird, erfolgt die Rückreise per Bus. Je nach Saison und Wochentag kostet die Fahrt ab etwa 9 €, der eventuell nötige Bus geht zur HS extra. An Wochenenden kann die Tour auch per Reisebus inklusive Besichtigungsprogramm ab Ourense und anderen großen Städten Galiciens unternommen werden, kostet dann aber deutlich mehr; Infos in Reisebüros.

• *Informationen und Reservierung* Viajes Hemisferios ✆ 982 254545 oder ✆ 902 100403 (Reservierung zur HS ratsam) oder www.hemisferios.es; Viajes Pardo ✆ 988 215100, www.riosil.com. Ein Merkblatt ist in den Touristeninformationen zu erhalten.

▶ **Mirador de Picouto**: Wieder oben an der Hauptstraße Richtung Osten. In der Nähe des Dörfchens Vilouxe und etwa auf halbem Weg zwischen der Kreuzung und Parada do Sil liegt dieser Aussichtspunkt, von dem sich ein spektakulärer Blick auf das tief unten liegende, gewundene Flusstal bietet.

Parada do Sil

Als eine der größeren Siedlungen in diesem Gebiet fungiert Parada do Sil als Gemeindezentrum und Versorgungsstation der umliegenden Weiler. Gut einen Kilometer nördlich des Dorfes, zu erreichen über einen holprigen Feldweg, liegen die einander benachbarten Aussichtspunkte *Os Balcones de Madrid*, von denen sich ein umfassender Blick über den Río Sil öffnet.

• *Information* **Oficina de Turismo**, Plaza Ayuntamiento s/n, ✆ 988 292104; von der Hauptstraße den Schildern zum Camping und nach Sta. Cristina folgen, dann rechts. Häufig wechselnde Öffnungszeiten.

• *Übernachten/Camping* **Casa dos Castiñeiros**, Unterkunft des ländlichen Fremdenverkehrs im Weiler Rabacallos, ein ganzes Stück außerhalb von Parada do Sil; Anfahrt über die Hauptstraße nach Osten, nach einigen Kilometern dann flusswärts (links) ab. Zimmer in mehreren Häusern, DZ/Bad um die 50–60 €. Rabacallos s/n, ✆ 988 208029, ☏ 988 208209.

Als besonders empfehlenswert empfanden die Leser Susanne Gierth und Dieter Jacobi das von einem deutsch-spanischen Paar geführte Haus **A Casa da Eira** in Alberguería, www.lacasadaeira.com.

Camping O Cañón del Sil (2. Kat.), etwa 2,5 Kilometer von der Hauptstraße am Sträßchen zum Kloster Santa Cristina, beschildert. Freundlicher Platz mit brauchbarer Ausstattung. Bar und Restaurant, Verleih einiger Mountainbikes; ganz in der Nähe ein Mirador mit schöner Aussicht. Preise p.P. 5 €, Parzelle 12 €. Offiziell ganzjährig geöffnet, ✆ 988 361099, www.galitur.com.

Mosteiro Santa Cristina: Die sehenswerte kleine Klosteranlage, deren Gründung bis ins 9. Jh. zurückgeht, versteckt sich in einem Kastanienwald einige Kilometer unterhalb von Parada do Sil, zu erreichen auf einem beschilderten schmalen Sträßchen. Die romanische Klosterkirche selbst stammt aus dem 12. Jh., der Kreuzgang aus dem 16. Jh. Auffälligster Teil der Anlage ist der Glockenturm, der sich als einziges Gebäude über die Kronen der Bäume ringsherum erhebt.

Castro Caldelas

Von Parada do Sil führt die Straße, vielleicht sogar noch etwas schmaler und kurviger als bisher, dabei jedoch landschaftlich ebenso reizvoll, weiter nach Osten und erreicht über das kleine Gemeinde- und Weinbauzentrum Teixeira schließlich Castro Caldelas an der C 536. Innerhalb des Städtchens erhebt sich die Festung *Castillo de Castro Caldelas*, erbaut im 12. Jh. Ihre Mauern und die drei Türme sind recht gut erhalten; das Innere, sofern geöffnet (Infos ✆ 988 203358; Eintritt frei), birgt eine archäologisch-ethnologische Ausstellung.

Richtung Kastilien: A Pobra de Trives

Ein freundliches, manchmal auch *Poboa de Trives* und auf Spanisch *Puebla de Trives* genanntes Provinzstädtchen an der C 536, schon ein gutes Stück außerhalb der Region der Ribeira Sacra selbst und noch knapp 30 Kilometer vor der N 120. A Pobra de Trives ist belebter als die Orte am Cañón del Sil und besitzt auch eine weitaus bessere Infrastruktur, bietet sich deshalb für einen

Galicien Karte Seite 439

Zwischenstopp besonders an. Südwestlich des Städtchens, etwa tausend Meter höher als die Siedlung selbst, liegt auf 1778 Metern die *Cabeza de Manzaneda*, Galiciens einzige Wintersportstation.

• *Information* **Oficina de Turismo**, Praza de Reloj 11, im Ortskern nahe der Durchgangsstraße; ✆ 988 330010. Öffnungszeiten: Mo–Fr 10–13, 16–19 oder 20 Uhr, Sa/So/Fei 11–14, 16–20 Uhr.

• *Übernachten* **Casa Grande de Trives**, in einem Palast des 17. Jh., an der Front die Wappen der verschiedenen Besitzerfamilien, sehr reizvolle Unterkunft des „Turismo rural". Freundlich geführt, hübsche Dekoration. Nur sieben angenehme Zimmer, DZ/Bad je nach Saison und Komfort 50–60 €. Rúa Marqués de Trives 17, an der Hauptstraße, ✆/℻ 988 332066, www.casagrandetrives.com.

** **Hotel Via Nova**, 1998 eröffnetes kleines Hotel nahe der Infostelle. Sieben hübsch eingerichtete Zimmer mit TV, DZ/ Bad etwa 35 €, zur HS 45 €. Rúa de Jacinto Alvarado 12, ✆/℻ 988 330849.

** **Hostal España**, recht einfach, aber eine der preisgünstigsten Möglichkeiten im Ort. DZ/Bad knapp 30 €, auch günstigere Zimmer ohne Bad zu 20 €. San Roque 39, ✆ 988 330015.

* **Hostal La Viuda**, mit 40 Zimmern das größte Quartier von A Pobra de Trives; das angeschlossene Restaurant gilt als das beste des Ortes. DZ/Bad ab 45 €. Rúa Rosalía de Castro 17, zentral nahe der Hauptstraße. ✆ 988 330101.

• *Camping* Beide Plätze sind offiziell ganzjährig geöffnet, zur NS steht man aber bei beiden schon mal vor verschlossenen Türen. Vorheriger Anruf ist ratsam.

A Masía (2. Kat.), am Ortseingang neben der Hauptstraße aus Richtung Ourense. Noch junger, brauchbar ausgestatteter Platz, gutes Restaurant angeschlossen. Im Oktober Betriebsferien; p.P., Auto je 3 €, Zelt ab 2,50 €. ✆ 988 330898.

Nieves (3. Kat.), zentrumsnaher Platz an der Avenida América, der Straße zum Wintersportgebiet Cabeza de Manzaneda. Klein und einfach ausgestattet, aber freundlich und mit Schattenplätzen. Preis p.P., Auto, Zelt je knapp 20 €. ✆ 988 330126.

• *Feste* **Fiesta de la Bica**, am letzten Sonntag im Juli, Wallfahrt zur Cabeza Grande, mit Dudelsackmusik, Pferderennen und ländlichem Picknick aus Empanadas, Pulpo und der regionalen Süßigkeit Bica.

Fiesta de San Bartolomé, am letzten Sonntag im August. Geschmückte Kutschen, Foto- und Gemäldeausstellungen.

Fiestas Patronales del Santo Cristo y la Dolorosa, vom 13.–15. September, das Hauptfest des Städtchens.

Hinter A Pobra de Trives kurvenreiche Fahrt durch Weinland und tiefe Schluchten. Kurz vor dem Weinstädtchen A Rúa trifft man wieder auf den Río Sil und bald darauf auf die gut ausgebaute Nationalstraße N 120.

▸ **O Barco de Valdeorras**: Die lebendige Kleinstadt unweit des Río Sil bildet das Zentrum des üppig grünen Weinbaugebiets D.O. Valdeorras, das neben Rotweinen auch einen feinen, fruchtigen Weißen aus der Godellotraube produziert.

• *Übernachten* *** **Hotel Espada 2**, etwas östlich des Ortes nahe der Nationalstraße, gute Etappenstation mit Parkplätzen und Garage. Das zugehörige Restaurant ist sonntags geschlossen. DZ/Bad etwa 75 €. O Castro, Carretera Nacional 120, ✆ 988 322686.

Pazo do Castro, etwas außerhalb gelegener, sehr komfortabler Pazo mit Hallenbad und großer Terrasse, eine Empfehlung von Jutta Grist; DZ mit Frühstücksbüffet ab ca. 90 €; O Castro, ✆ 988 347323, ℻ 988 347482, www.pazodocastro.com.

• *Feste* **Fiesta del Cristo**, während der Weinlese am ersten Sonntag im September.

▸ **Weiterreise**: Wenige Kilometer östlich von O Barco beginnt Kastilien. Um die faszinierende, als „Kulturerbe der Menschheit" ausgewiesene Landschaft des römischen Bergbaugebiets Las Medulas zu besuchen, muss man bei O Barco die N 120 verlassen, durch den Ort hindurch und auf der C 536 am Südufer des Río Sil entlang ostwärts. Details zu Las Medulas finden Sie im Kapitel „Der Jakobsweg durch Kastilien-León" weiter vorne im Buch.

Lugo

(93.000 Einwohner)

Als recht ruhig, aber keineswegs hinter dem Mond erweist sich die kleine Hauptstadt der nordöstlichen Provinz Galiciens. Lugo ist nicht unattraktiv, die lange Geschichte ist innerhalb der komplett erhaltenen römischen Stadtbefestigung immer wieder spürbar.

Entstanden ist Lugo aus einer Keltensiedlung, von der auch der Name „Lug“ stammen soll, „Heiliger Wald“. Als römische Siedlung an der Kreuzung bedeutender Verkehrswege nahm Lugo seinen Aufstieg, war schon zu Zeiten des Kaisers Augustus Hauptstadt des nördlichen Verwaltungsbezirks von Galicien. Die mächtigen Mauern, die die Römer errichteten, wurden im 14. Jh. ausgebessert und blieben bis heute komplett erhalten. Sie sind die bedeutendste Sehenswürdigkeit der an Monumenten eher armen, dabei auf ihre Weise durchaus reizvollen Stadt, und sind seit dem Jahr 2000 als „Kulturerbe der Menschheit“ ausgewiesen.

Vom Wildwuchs neuerer Wohnsiedlungen einmal abgesehen, ist Lugo recht ländlich geblieben, ein Marktzentrum der bäuerlich geprägten Umgebung. Allmählich scheint das Städtchen, das ein Hochplateau über dem Río Minho besetzt, jedoch aus seinem provinziellen Dornröschenschlaf zu erwachen. Rund um die Altstadt wird kräftig gebaut, ragen allerorten Kräne in den Himmel. Innerhalb des Mauerrings jedoch, im komplett unter Denkmalschutz gestellten Ortskern von Lugo, hat sich kaum etwas verändert.

Der Verkehrsknotenpunkt, der Lugo bereits zur Römerzeit war, ist das Städtchen bis heute geblieben. Lugo liegt an der Hauptroute von Madrid nach Santiago und vor allem A Coruña. Da sowohl die A 6 (ehem. N VI) autobahnmäßig ausgebaut ist und den Verkehr um die Stadt herumleitet, als auch die Autobahn A 6 zwischen Kastilien und A Coruña fertig gestellt wurde, sind die früher häufigen und zähen Staus nur noch Erinnerung.

Information/Verbindungen

• *Information* **Oficina de Turismo**, Praza da Constitución, städtische Info im Kiosk am Platz gegenüber dem Busbahnhof, sehr bemüht, guter Stadtplan; Öffnungszeiten täglich 11–14, 16.30–17 Uhr. ✆/℻ 982 231361, oficina.turismo.lugo@xunta.es.

Oficina de Turismo, Rúa Conde Pallares 2, Info der Xunta nahe der Praza Maior, nur allgemeine Auskünfte, Mo–Sa 10–14, 16–19 Uhr, im Sommer und in der Karwoche tgl. 10–20 Uhr.

• *Verbindungen* **Zug**: Bahnhof (Info-✆ der Renfe: 902 240202) nordöstlich unweit der Altstadt; Züge unter anderem nach A Coruña 4-mal täglich. Nach León 2- bis 3-mal täglich; bessere Verbindungen Richtung Osten bestehen ab dem südlich gelegenen Knotenpunkt Monforte de Lemos.

Bus: Busbahnhof (Info: ✆ 982 223985) an der Praza Constitución südöstlich nahe der Altstadt, in Blickentfernung von der Stadtmauer. Verbindungen unter anderem nach A Coruña 15-mal mit ARRIVA-IASA, Santiago de Compostela 7-mal mit FREIRE, Ourense 7-mal täglich mit LA DIRECTA; zur nördlichen Küste nach Ribadeo 6-mal, Viveiro 5-mal täglich, MONFORTE nach Sarria (am Jakobsweg) stündlich.

Internet: Fisterra, Rúa Villalba s/n.

Übernachten/Essen/Feste (siehe Karte Seite 551)

• *Übernachten* Eine Reihe recht günstiger Hostals findet sich im Gebiet des Busbahnhofs, knapp außerhalb der Mauern.

*** **Hotel Res. Méndez Núñez (6)**, solider, altbewährter und 2004 komplett renovierter Komfort (schöne Bäder!) in der Altstadt,

Galicien Karte Seite 439

nicht weit vom Hauptplatz, DZ ca 65 €. Rúa da Raiña 1, ✆ 982 230711. 📠 982 229738, hotel@hotelmendeznunez.com.

* **Hotel Res. España (11)**, preiswerte, aber durchaus ordentliche Mittelklasse knapp außerhalb der Altstadtmauern, Parkmöglichkeit. DZ/Bad je nach Saison gut 35–45 €. Avenida Villalba 2 bis, ✆ 982 231540.

** **Hostal Res. San Roque (5)**, empfehlenswerte Unterkunft in der Nähe des Busbahnhofs. Ordentliche DZ/Bad ca. 30–40 €. Eine Renovierung ist geplant. Praza Comandante Manso 11, ✆ 982 222700.

** **Hostal Buenos Aires (3)**, fast direkt neben San Roque und etwas preisgünstiger: DZ/Bad zur NS knapp 25 €, zur HS etwas über 35 €. Plaza Comandante Manso 17, ✆ 982 225468.

* **Hostal Res. Paramés (2)**, mitten in der Altstadt, vor wenigen Jahren renoviert. Preiswert: DZ/Bad 35–40 €. Ein ebenfalls preisgünstiges und recht ordentliches Restaurant ist angeschlossen: Tagesmenü unter 8 €, bürgerliche Küche mit vielen Fleischgerichten. Rúa do Progreso 28, ✆ 982 226251.

• *Camping* **Beira Río** (3. Kat.), in der Nähe eines ruhigen Wohnviertels keine halbe Stunde Fußweg unterhalb der Altstadt, Richtung Fluss; Anfahrt vom Zentrum Richtung Santiago, Abzweigung beschildert. Kleiner Platz; Wiesengelände mit jungen Bäumen, Bar, gute Sanitärs. Geöffnet von Juni bis September; p.P., Auto, Zelt je etwa 3 €. ✆ 982 211551.

• *Essen* Eine ganze Reihe einfacher Restaurants und Bars liegt in und um die Ruanova und die Rúa de la Cruz, die beide von der Praza do Campo abzweigen. Leider ist das etwas heruntergekommene Gebiet zur Tapa-Zeit nicht mehr so aktuell wie früher, die Jugend bevorzugt als Treffpunkt die allerdings weit außerhalb liegende Zona Universitaria. Einige empfehlenswerte Lokale gibt es aber auch in der Altstadt noch.

Rest. La Barra (4), im nördlichen Altstadtbereich. Eine der ersten Adressen Lugos; solide, marktabhängige Regionalküche mit traditionellem Anspruch und Schwerpunkt auf Meeresprodukten. Jahreszeitliche Spezialität ist gegrillter Flussaal (27 €). Menü mit gutem Fischgericht ab etwa 35 € aufwärts, mit Fleisch etwas billiger. Rúa San Marcos 27, So Ruhetag.

Rest. España (1), in der Altstadt nahe der östlichen Mauer, minimalistische Einrichtung, man vermutet kein gutes Restaurant, ist dann umso überraschter. Sehr gute galicische Küche, kleine aber feine Auswahl, für die hohe Qualität nicht arg teuer: Tagesmenü etwa 40 €, à la carte ab etwa 50 €. Rúa do Teatro 10.

Rest.-Marisquería Alberto (7), Restaurant mit „Tapería" im unteren Stockwerk mit großer Tapas-Karte: 50–60 kalte und heiße Tapas zu ca. 2–9 €, auch Tapas-Menü möglich mit fünf Tapas, Dessert und Wein zu 13 €. Rúa da Cruz 4, www.mesondealberto.com.

Mesón de Rúa (8), in der ehemaligen „Fressgasse" der Altstadt. Vorne liegt die Bar, der Speisesaal im hinteren Bereich. Einfaches, aber ordentliches Tagesmenü schon für 9 €, auch à la carte nicht teuer, Raciones ab ca. 2,50 €. Rúanova 13.

Jamonería-Cervecería La Romana (9), nur zwei Schritte weiter. Eine erstklassige Adresse für ein Bier und einen Happen zwischendurch, Stehlokal, gute Auswahl an Schinken und Wurst, Raciones ab ca. 3.50 €, Tablas (gemischte Platten) ab 9 €, Tapas zum Bier 0,50 €. Ruanova 9.

Taberna Daniel (10), Casa de la Tortilla, Tortillas in 13 Varianten zu 4–7 €, aber auch Tapas und ein Menú del día zu 10 € bekommt man in dieser Taverne gleich bei der Kathedrale; Rúa Obispo Basulto 4.

• *Feste* **Fiesta de San Froilán**, etwa in der ersten Oktoberhälfte. Hauptfest der Stadt mit Verkaufsständen, Kultur- und Sporterеignissen etc.

Sehenswertes

Lugo, das römische *lucus augusti*, besitzt, von seiner Stadtmauer und vielleicht noch der Kathedrale abgesehen, keine besonders hochrangigen Sehenswürdigkeiten. Dafür lockt die gesamte kleine Altstadt mit Gassen und lauschigen Plätzen.

Las Murallas: Die an der Basis fast fünf Meter dicken und zwischen acht und zwölf Meter hohen Mauern widerstanden den Angriffen der Mauren und normannischer Piraten. Erst den Truppen Napoleons gelang es, diesen Wall zu

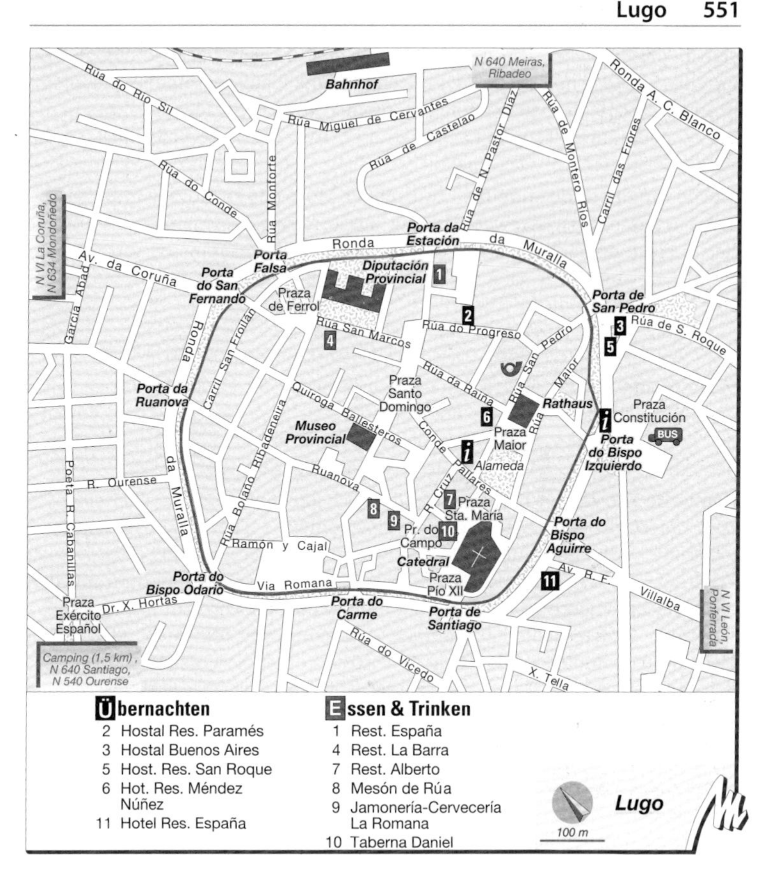

stürmen. Der Mauerring ist mit weit über hundert massiven, in der Mehrzahl halbrunden Türmen bewehrt und umrundet die gesamte Altstadt auf einer Länge von über zwei Kilometern. An sechs der insgesamt zehn Stadttore, unter anderem an der *Puerta de Santiago* im Südwesten nahe der Kathedrale, kann man die Mauern besteigen und so einen Rundgang um das historische Ortszentrum unternehmen. Dort oben trifft man natürlich auch Touristen, vor allem am Wochenende aber auch viele Einheimische – der Spaziergang auf der Mauer gehört zum festen Ritual. Der 2157 Meter lange Mauerkranz steht auf der Liste des Weltkulturerbes der UNESCO.

Catedral Santa María: Unweit der Puerta de Santiago, im Süden der Altstadt. Die lange Bauzeit, die vom 12. bis ins 18. Jh. währte, bescherte der ursprünglich als Konkurrentin zur Kathedrale von Santiago geplanten Kirche ein Gemisch verschiedener Stile, das von der Romanik bis zum Barock reicht. Das Innere ist überwiegend in Barock gehalten; romanischen Ursprungs ist noch das schöne Nordportal. Dieses zeigt auf die hübsche *Plaza de Santa María* mit

Galicien
Karte Seite 439

dem Erzbischöflichen Palast. Von hier aus erreicht man über die Rúa Obispo Basulta die *Praza do Campo*. Der reizende kleine Platz, geschmückt mit einem Brunnen des 18. Jh., war einst das Forum der Römer. Geradeaus geht es in die Ruanova, die ihrem Namen („Neue Straße") zum Trotz ebenfalls noch auf die römische Stadtanlage zurückgeht.

Museo Provincial de Lugoiña: Etwa auf der Mitte der Rúanova, vor der Kirche San Francisco. Das ungewöhnlich gut ausgestattete Provinzmuseum präsentiert neben archäologischen Funden, die unter anderem im zugehörigen Kreuzgang ausgestellt sind, auch zeitgenössische galicische Kunst, außerdem eine komplette ländliche Küche.

Öffnungszeiten Mo–Fr 10.30–14, 16.30–20.30 Uhr, Sa 10.30–14, 16.30–20 Uhr So/Fei 11–14 Uhr. Juli und August: Mo–Fr 11–14, 17–20 Uhr, Sa 10–14 Uhr, an Fei geschl. Eintritt für EU-Bürger frei.

Praza Maior: Unweit östlich der Kathedrale bildet der ehedem Praza de España genannte (und auch heute noch oft so bezeichnete) Platz vor dem Rathaus die gute Stube der Stadt. Vor allem nachmittags und am frühen Abend herrscht in den Geschäften und den Arkadencafés lebhafter Betrieb.

Römische Thermen: Unter der Stadt hat sich am Ufer des Miño über einer armen Quelle (in der Gegenwart 43 °) eine römische Thermenanlage erhalten, die heute in den Bau einer modernen Thermenanlage mit Hotel integriert ist. Eindrucksvoll ist besonders das teilweise rekonstruierte Tepidarium mit den Nischen, in denen man die Kleidung aufbewahrte, bevor man ins eigentliche Bad ging. Andere Teile der Thermen sind ganzjährig überflutet oder nur in kleinen Ausschnitten zu sehen, wie die Palaestra unter der Cafetería des Hotels.

Die Thermenanlage ist in das Hotel integriert, Eintritt gratis nach Anmeldung an der Rezeption.

Lugo/Umgebung

▸ **Santa Eulalia de Bóveda**: Ein uralter, sehr ungewöhnlicher und geheimnisvoller Bau, der den etwas komplizierten Weg auf jeden Fall wert ist. Direkt unterhalb einer unscheinbaren, etwa fünfzehn Kilometer südwestlich von Lugo gelegenen Pfarrkirche entdeckte man erst um 1920 eine Art Krypta, die wohl auf die Zeiten der Römer zurückgeht. Die Wände und das von Säulen getragene Tonnengewölbe des kleinen Raums, in dem eine Quelle entspringt, sind mit verschiedenen Motiven wie Blattwerk, Vögeln und Girlanden bemalt, von denen nicht geklärt ist, ob sie bereits christlicher Natur sind. Auch die Entstehungszeit ist noch umstritten. Neuere Vermutungen gehen dahin, dass der Bau zwei Entstehungsphasen aufweist, die in das 3.–4. und das 7.–9. Jh. datieren. Manche Archäologen allerdings tippen gar auf ein vorchristliches Quellheiligtum.

• *Anfahrt/Öffnungszeiten* Von Lugo zunächst auf die N 540 Richtung Santiago de Compostela. Nach etwa fünf Kilometern hinter einer Tankstelle rechts ab Richtung Friol, nach etwa 800 Metern an der Gabelung links halten, dann wieder rechts über ein Flüsschen zur Kirche. Öffnungszeiten: Juni bis September Mo–Sa 8–15, 16–20 Uhr, So/Fei 11–20 Uhr; restliche Monate Mo–Fr 8.30–14.30, 16–20 Uhr, Sa/So/Fei 11–20 Uhr.

▸ **Castro de Viladonga**: Nordöstlich von Lugo liegt bei Castro de Rei nahe dem Ort Viladonga an der Straße nach Ribadeo eines der am besten dokumentierten

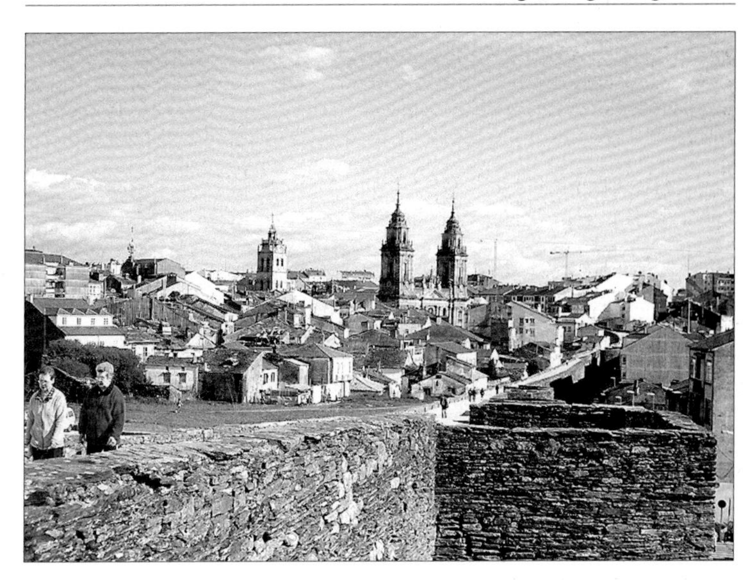

Spaziergang auf uralten Steinen: Stadtmauer von Lugo

Castros Nordwestspaniens, dessen Besuch sich unbedingt lohnt. Mehrere deutlich erkennbare Mauerringe und zugehörige Gräben umgaben die etwa quadratische Siedlung mit mehreren Dutzend eng aneinander gebauter Häuser, deren Grundmauern deutlich zu sehen sind. Der Besuch lohnt vor allem auch wegen des sehr informativen Museums, das einen umfassenden Einblick in das Leben im eisenzeitlichen, vor allem aber im römerzeitlichen Castro gibt. Gerade diese Phase der Vermischung gallischer Tradition mit römischen Einflüssen im 3. bis 5. Jh. n. Chr. – dem Höhepunkt der Siedlung! – hat die Archäologen dazu bewogen, sich für das heutige, 1983 erstmals eingerichtete und mehrfach aktualisierte Museum einzusetzen.

Öffnungszeiten Museum März-Juni u. Sept./Okt. tgl. 10–20 Uhr, Nov.-Feb. tgl. 10–19 Uhr, Juli/Aug. tgl. 10–21 Uhr, Eintritt ca. 3 €, das Castro ist täglich und frei betretbar, jedoch nur bei Tageslicht; www.aaviladonga.es.

▶ **Weiterreise ab Lugo**: Richtung Ribadeo und Asturien lockt noch ein Stopp im hübschen Ort Meira an der N 640: Der ehemalige Kreuzgang eines 1143 (oder 1151) gegründeten Zisterzienserklosters bildet heute den Hauptplatz des Städtchens.

Richtung Santiago de Compostela dagegen trifft man nach etwa 20 Kilometern auf den letzten Abschnitt des Jakobswegs. Näheres dazu siehe im Kapitel „Der Jakobsweg durch Galicien".

Galicien Karte Seite 439

Etwas Spanisch

In Spanien wird nicht etwa nur eine, es werden gleich vier Sprachen gesprochen: Neben dem Kastilischen (*castellano*) sind in den entsprechenden Regionen auch Katalanisch, Baskisch und Galicisch offizielle Sprachen. *Castellano*, das Hochspanische, ist seit dem 15. Jh. Amtssprache des Landes und in ganz Spanien gebräuchlich; es wird der Einfachheit halber als español (Spanisch) bezeichnet.

In Europa beherrschen es über 40 Millionen Menschen, weltweit fast 400 Millionen. Castellano gehört zu den romanischen Sprachen und hat seinen Ursprung in dem auch auf der Iberischen Halbinsel gesprochenen „Vulgärlatein". Wer also Latein, Italienisch oder Französisch kennt, hat es wegen der Ähnlichlichkeit vieler Vokabeln weitaus leichter, Spanisch zu lernen. Die wichtigsten Unterschiede zu den übrigen romanischen Sprachen ergeben sich aus der Landesgeschichte: Es gibt rund 1500 Wörter, die aus dem Arabischen entlehnt sind, etliche germanische Ableitungen aus der Westgotenzeit sowie solche aus dem Baskischen und Französischen.

Für Ihren Urlaub müssen Sie nicht unbedingt Spanisch lernen. Deutsch, Englisch und die Gebärdensprache reichen meist völlig aus, um einzukaufen, ein Auto oder Zimmer zu mieten. Wer aber näher mit den Menschen im Lande in Kontakt kommen möchte, wird schnell merken, wie erfreut und geduldig Spanier reagieren, wenn man sich ein bisschen Mühe gibt. Der folgende kleine Spanisch-Sprachführer soll Ihnen helfen, sich in Standardsituationen besser zurechtzufinden. Scheuen Sie sich nicht, am Anfang auch einmal Sätze zu formulieren, die nicht gerade durch grammatikalischen Feinschliff glänzen – wer einfach drauflosredet, lernt am schnellsten.

Betonung und Aussprache

Endet das Wort auf einen Vokal oder auf n oder s, so wird die vorletzte Silbe betont, andernfalls die letzte Silbe. Ausnahmen werden mit einem Akzent gekennzeichnet.

c: vor a, o, u und Konsonanten wie k (caldo = kaldo), vor e und i wie engl. „th" (cero = thero)
ch: wie tsch (mucho = mutscho)
h: ist stumm (helado = elado)
j: wie ch (rojo = rocho)
ll: wie j (calle = caje)
ñ: wie nj (año = anjo)
qu: wie k (queso = keso)
v: wie leichtes b (vaso = baso), manchmal wie leichtes süddeutsches „w" (vino = wino)
y: wie j (yo = jo)
z: wie engl. „th" (zona = thona)

Elementares

Grüße

Guten Morgen	buenos días
Guten Tag (bis zum Abend)	buenas tardes
Guten Abend/ gute Nacht	buenas noches
Hallo	Hola (sehr gebräuchlich)
Auf Wiedersehen	adiós
Tschüss	hasta luego (= *bis später*)
Gute Reise	buen viaje

Small Talk

Woher kommst du?	de dónde eres?
Ich komme aus ...	soy de ...
... Deutschland	Alemania
... Österreich	Austria
... Schweiz	Suiza
Sprechen Sie deutsch?	habla usted alemán?
englisch/französisch/italienisch	inglés/francés/ italiano
Ich spreche nicht spanisch	yo no hablo español
Ich verstehe (nicht)	yo (no) comprendo/ entieno
Verstehst du?	comprendes/ entiendes?
Ist das schön!	qué bonito!
Das gefällt mir	me gusta
Ein bisschen langsamer, bitte	un poco más despacio, por favor
In Ordnung/ passt so / o.k. *(auch als Frage sehr gebräuchlich)*	vale? – vale!

Minimal-Wortschatz

Ja	sí
Nein	no
Bitte	por favor
Vielen Dank	muchas gracias
Entschuldigung	perdón
Verzeihung	disculpe
groß/klein	grande/pequeño
gut/schlecht	bueno/malo
viel/wenig	mucho/poco
heiß/kalt	caliente/frío
oben/unten	arriba/abajo
ich	yo
du	tú
Sie	usted
Können Sie mir sagen, wo ... ?	podría decirme dónde está ... ?
verboten	prohibido
Mädchen	chica
Junge	chico
Frau	señora
junge Frau	señorita
Herr	señor

Wie geht's?	**qué tal?** (bei Freunden)
Wie geht es Ihnen?	**cómo está?**
(Sehr) gut	**(muy) bien**
und Dir?	**y tú?**
Wie heißt Du?	**cómo te llamas?**
ich heiße ...	**me llamo ...**

Fragen & Antworten

Gibt es ... ?	hay?
Was kostet das?	cuánto cuesta esto?
Wie/wie bitte?	cómo?
Wissen Sie?	sabe usted ... ?
ich weiß nicht ...	yo no sé
Wo?	dónde?
Von wo?	de dónde?
Wo ist ... ?	dónde está ... ?
Haben Sie ... ?	tiene usted ... ?
Ich möchte ...	quisiera ...
Um wieviel Uhr?	a qué hora?
Ist es möglich/ kann ich?	es posible?
Warum?	por qué?
Weil	porque

Orientierung

nach ...	hacia
links	izquierda
rechts	derecha
geradeaus	todo derecho
die nächste Straße	la próxima calle
hier	aquí
dort	allí, ahí
Adresse	dirección
Stadtplan	plano de la ciudad
Ist es weit?	está lejos?

Zeit

vormittag(s)	(por la) mañana
nachmittag(s)	(por la) tarde
abend(s)	(por la) noche
heute	hoy
morgen	mañana
übermorgen	pasado mañana
gestern	ayer
vorgestern	anteayer
Tag	el día
jeden Tag	todos los días
Woche	semana
Monat	mes
Jahr	año
stündlich	cada hora
wann?	cuándo?

Wochentage

Montag	lunes
Dienstag	martes
Mittwoch	miércoles
Donnerstag	jueves
Freitag	viernes
Samstag	sábado
Sonntag	domingo

Jahreszeiten

Frühling	primavera
Sommer	verano
Herbst	otoño
Winter	invierno

Monate

Januar	enero
Februar	febrero
März	marzo
April	abril
Mai	mayo
Juni	junio
Juli	julio
August	agosto
September	septiembre
Oktober	octubre
November	noviembre
Dezember	diciembre

Uhrzeit

Stunde	hora
Um wieviel Uhr?	a qué hora?
Wieviel Uhr ist es?	Qué hora es?

Unterwegs

Wann kommt ... an?
cuándo llega ... ?

Wieviel Kilometer sind es bis ... ?
cuántos kilómetros hay de aquí a ... ?

Ich möchte bitte aussteigen!
quisiera salir, por favor!

Hafen	puerto
Haltestelle (Bus)	parada
Fahrkarte	tiquete
Hin und zurück	ida y vuelta
Abfahrt	salida
Ankunft	llegada
Information	información
Kilometer	kilómetro
Straße	calle
Telefon	teléfono
Reservierung	reservación
Weg	camino, fuera
Autobus	autobús
Bahnhof	estación
Flughafen	aeropuerto
das (nächste) Flugzeug	el (próximo) avión
Hafen	puerto
Schiff	barco
Deck	cubierta
Fährschiff	transbordador/ferry
Reisebüro	agencia de viajes
(der nächste) Bus	(el próximo) autobús

Auto/Zweirad

ich möchte ...	quisiera ...
wo ist ... ?	dónde está ... ?
... die nächste Tankstelle	... la próxima gasolinera
Bitte prüfen Sie, ob ...	por favor, compruébe usted si ...
Ich möchte mieten (für 1 Tag)	quisiera alquilar (por un día)
(die Bremse) ist kaputt	(los frenos) no funcionan
wieviel kostet es (am Tag)?	cuánto cuesta (un día)
Benzin	gasolina
bleifrei	sin plomo
Diesel	gasóleo/gasoil
(1/20) Liter	(un/veinte) litro(s)
Auto	coche
Motorrad	moto
Moped	ciclomotor
Anlasser	starter
Auspuff	escape
Batterie	batería
Bremse	frenos
Ersatzteil	pieza de recambio
Keilriemen	correa
Kühler	radiador
Kupplung	embrague
Licht	luces
Motor	motor
Öl	aceite
Reifen	rueda
Reparatur	reparación
Stoßdämpfer	amortiguator
Werkstatt	taller
Autobahn	autopista
Baustelle	obras
Kreuzung	cruce
Einbahnstraße	sentido único
Straße gesperrt	carretera cortada
Umleitung	desvío
parken	aparcar
kann ich hier parken?	puedo aparcar aquí?

Bank/Post/Telefon

In Postämtern gibt es keine öffentlichen Telefone - zuständig sind die Telefonzentralen telefónica (locutorio). Münzfernsprecher finden sich auch in vielen Bars und Hotels.

Wo ist ...	**dónde está ...**
Ich möchte ...	**quisiera ...**
... ein Tel.-Gespräch	**... una llamada**
Wieviel kostet das?	**cuánto cuesta?**

Bank	banco
Postamt	correos
Brief	carta
Karte	tarjeta
Briefkasten	buzón
Briefmarke	sello
eingeschrieben	por certificado
Euroscheck/ Reiseschecks	eurocheque/ cheques de viaje
Geld	dinero
mit Luftpost	por avión
Päckchen	pequeño paquete
Paket	paquete
postlagernd	por lista de correos
Telefon	teléfono
Telegramm	telegrama
Schweizer Franken	francos suizos

Übernachten

Haben Sie ... ?	tiene usted. .. ?
Gibt es ... ?	hay ... ?
Wieviel kostet es (das Zimmer)?	cuánto cuesta (la habitación)
Ich möchte mieten (...)	quisiera alquilar (...)
für 5 Tage	para cinco días
Kann ich sehen... ?	puedo ver... ?
Kann ich haben... ?	puedo tener... ?
ein (billiges/gutes) Hotel	un hotel (barato/ bueno)
Haben Sie nichts billigeres?	no tiene algo más barato?
Zimmer	habitación
ein Doppelzimmer	habitación doble
Einzelzimmer	habitación individual
Bett	cama
Pension (Voll/Halb)	pensión (completa/media)
Haus	casa
Küche	cocina
Toilette	servicios
mit ...	con ...
ohne ...	sin ...
... Dusche/Bad	... ducha/baño
... Frühstück	... desayuno
Reservierung	reserva
Wasser (heiß/kalt)	agua (caliente/fría)
Hoch/Nebensaison	temporada alta/baja
Campingplatz	el camping
zelten („wild")	acampar (libre)
Zelt (klein)	tienda individual
Hauszelt	tienda familiar
Schlafsack	saco de dormir
Wohnmobil	coche cama
Wohnwagen	caravana
Stellplatz	parcella

Im Restaurant/in der Bar

Speisekarte und Spezialitäten: Siehe im ausführlichen Kapitel „Essen und Trinken" vorne im Buch.

Haben Sie ... ?	tiene usted ... ?
Ich möchte ...	quisiera ...
Eine Tapa hiervon	una tapa de esto
Wieviel kostet ... ?	cuánto cuesta ... ?
Herr Ober!	oiga, camerero!
Die Rechnung (bitte)	la cuenta (por favor) *höflicher*: la cuenta, cuando pueda!
Speisekarte	menú
zum Mitnehmen	para llevar
Glas/Flasche	vaso/botella
(Glas) Bier	(caña) cerveza
Wasser	agua
Mineralwasser (sprudelnd/still)	agua con/sin gas
Hauswein	vino del país/de la casa
Rotwein	vino tinto
Weißwein	vino blanco
süß/herb	dulce/seco
Saft	zumo
Kaffee	café
Milchkaffee	café con leche
Zucker	azúcar
Tee	té
Milch	leche

Einkaufen

Was kostet ...	cuánto cuesta ... ?
Haben Sie ... ?	tiene usted ... ?
geben Sie mir bitte	déme... por favor
klein/groß	pequeño/grande
1 Pfund (= 1/2 Kilo)	medio kilo
1 Kilo/Liter	un kilo/litro
100 Gramm	cien gramos
geöffnet	abierto
geschlossen	cerrado
Geschäft	tienda
Supermarkt	supermercado
Einkaufszentrum	hipermercado
Bäckerei	panadería
Konditorei	pastelería
Metzgerei	carnicería
Friseur	peluquería
Buchhandlung	librería
Apfel	manzana
Brot	pan
Butter	mantequilla
Ei(er)	huevo(s)
Essig	vinagre
Gurke	pepino
Honig	míel
Joghurt	yogurt
Käse	queso
Klopapier	papel higiénico
Knoblauch	ajo
Kuchen	pastel
Marmelade	mermelada
Milch	leche
Öl	aceite
Orange	naranja
Pfeffer	pimienta
Salz	sal
Seife	jabón
Shampoo	champú
Sonnenöl	bronceador
Streichhölzer	caja de cerillas
Tomaten	tomates
Wurst	embutido
Zeitung	periódico
Zeitschrift	revista
Zucker	azúcar
Kleidung	vestidos
Bluse	blusa
Hemd	camisa
Hose	pantalones
Pullover	jersey
Rock	falda
Schuhe	zapatas
Kann ich probieren?	puedo probar?
Es gefällt mir	me gusta
Ich nehme es	me lo llevo

Hilfe & Krankheit

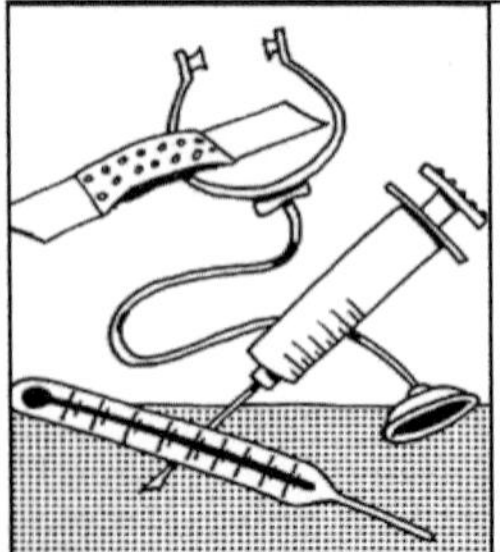

Hilfe!	**socorro!**
Helfen Sie mir bitte	**ayudeme por favor**
Ich habe Schmerzen (hier)	**me duele (aquí)**
Gibt es hier ... ?	**hay aquí ... ?**
Ich habe verloren ...	**he perdido ...**
Haben Sie ... ?	**tiene usted ... ?**
Wo ist (eine Apotheke)?	**dónde hay (una farmácia)**
Wann hat der Arzt Sprechstunde?	**cuándo pasa el médico la consulta**
Ich bin allergisch gegen ...	**yo soy alérgico a ...**

Deutsche Botschaft	embajada alemana
Polizei	policía
Tourist-Information	oficina de turismo
Arzt	médico
Krankenhaus	hospital
Unfall	accidente
Zahnarzt	dentista
Ich möchte (ein) ...	quisiera (un/una) ...
... Abführmittel	laxante
... Aspirin	aspirina
... die „Pille“	la píldora
... Kondome	preservativos
... Penicillin	penicilina
... Salbe	pomada
... Tabletten	pastillas
... Watte	algodón
Ich habe ...	yo tengo ...
Ich möchte ein Medikament gegen	quiero una medicina contra ...
... Durchfall	diarrea
... Fieber	fiebre
... Grippe	gripe
... Halsschmerzen	dolor de garganta
... Kopf ...	dolor de cabeza
... Magen ...	dolor de estómago
... Zahn ...	dolor de muelas
... Schnupfen	catarro, resfriado
... Sonnenbrand	quemadura del sol
... Verstopfung	estreñimiento

Zahlen

¼	un cuarto	*13*	trece	*50*	cincuenta
½	un medio	*14*	catorce	*60*	sesenta
0	cero	*15*	quince	*70*	setenta
1	un/una	*16*	dieciséis	*80*	ochenta
2	dos	*17*	diecisiete	*90*	noventa
3	tres	*18*	dieciocho	*100*	ciento, cien
4	cuatro	*19*	diecinueve	*200*	doscientos
5	cinco	*20*	veinte	*300*	trescientos
6	seis	*21*	veintiuno (-ún)	*500*	quinientos
7	siete	*22*	veintidós	*1000*	mil
8	ocho	*23*	veintitrés	*2000*	dos mil
9	nueve	*30*	treinta	*5000*	cinco mil
10	diez	*31*	treinta y uno	*10.000*	diez mil
11	once	*32*	treinta y dos	*100.000*	cien mil
12	doce	*40*	cuarenta	*1.000.000*	un millón

Verlagsprogramm

Ägypten
- Ägypten
- Sinai & Rotes Meer

Baltische Länder
- Baltische Länder

Belgien
- *MM-City* Brüssel

Bulgarien
- Schwarzmeerküste

Cuba
- Cuba

Dänemark
- *MM-City* Kopenhagen

Dominikanische Republik
- Dominikanische Republik

Deutschland
- Allgäu
- Altmühltal & Fränkisches Seenland
- Berlin & Umgebung
- *MM-City* Berlin
- Bodensee
- *MM-City* Dresden
- Franken
- Fränkische Schweiz
- *MM-City* Hamburg
- Mainfranken
- Mecklenburgische Seenplatte
- *MM-City* München
- Nürnberg, Fürth, Erlangen
- Oberbayerische Seen
- Ostfriesland und Ostfriesische Inseln
- Ostseeküste – von Lübeck bis Kiel
- Ostseeküste – Mecklenburg-Vorpommern
- Pfalz
- Südschwarzwald
- Rügen, Stralsund, Hiddensee
- Schwäbische Alb
- Usedom

Ecuador
- Ecuador

Frankreich
- Bretagne
- Côte d'Azur
- Elsass
- Haute-Provence
- Korsika
- Languedoc-Roussillon
- *MM-City* Paris
- Provence & Côte d'Azur
- Südfrankreich
- Südwestfrankreich

Griechenland
- Athen & Attika
- Chalkidiki
- Griechenland
- Griechische Inseln
- Karpathos
- Kefalonia & Ithaka
- Korfu
- Kos
- Kreta
- Kykladen
- Lesbos
- Naxos
- Nördl. Sporaden – Skiathos, Skopelos, Alonnisos, Skyros
- Nord- u. Mittelgriechenland
- Peloponnes
- Rhodos
- Samos
- Santorini
- Thassos, Samothraki
- Zakynthos

Großbritannien
- Cornwall & Devon
- England
- *MM-City* London
- Südengland
- Schottland

Irland
- Irland

Island
- Island

Italien
- Abruzzen
- Apulien
- Adriaküste
- Chianti – Florenz, Siena, San Gimignano
- Dolomiten – Südtirol Ost
- Elba
- Friaul-Julisch Venetien
- Gardasee
- Golf von Neapel
- Italien
- Kalabrien & Basilikata
- Lago Maggiore
- Ligurien – Italienische Riviera, Genua, Cinque Terre
- Liparische Inseln
- Marken
- Mittelitalien
- Oberitalien
- Oberitalienische Seen
- Piemont & Aostatal
- *MM-City* Rom
- Rom & Latium
- Sardinien

- Sizilien
- Südtirol
- Südtoscana
- Toscana
- Umbrien
- *MM-City* Venedig
- Venetien

Kanada

- Kanada – der Westen

Kroatien

- Istrien
- Kroatische Inseln & Küste
- Mittel- und Süddalmatien
- Nordkroatien – Kvarner Bucht

Malta

- Malta, Gozo, Comino

Marokko

- Südmarokko

Neuseeland

- Neuseeland

Niederlande

- *MM-City* Amsterdam
- Niederlande

Norwegen

- Norwegen
- Südnorwegen

Österreich

- *MM-City* Wien
- Wachau, Wald- u. Weinviertel
- Salzburg & Salzkammergut

Polen

- *MM-City* Krakau
- Polen
- Polnische Ostseeküste

Portugal

- Algarve
- Azoren
- *MM-City* Lissabon
- Lissabon & Umgebung
- Madeira
- Nordportugal
- Portugal

Schweden

- Südschweden

Schweiz

- Genferseeregion
- Graubünden
- Tessin

Serbien und Montenegro

- Montenegro

Slowakei

- Slowakei

Slowenien

- Slowenien

Spanien

- Andalusien
- *MM-City* Barcelona
- Costa Brava
- Costa de la Luz
- Gomera
- Gran Canaria
- *MM-Touring* Gran Canaria
- Ibiza
- Katalonien
- Lanzarote
- La Palma
- *MM-Touring* La Palma
- Madrid & Umgebung
- Mallorca
- Nordspanien
- Spanien – gesamt
- Teneriffa
- *MM-Touring* Teneriffa

Tschechien

- *MM-City* Prag
- Südböhmen
- Tschechien
- Westböhmen & Bäderdreieck

Tunesien

- Tunesien

Türkei

- *MM-City* Istanbul
- Türkei
- Türkei – Lykische Küste
- Türkei – Mittelmeerküste
- Türkei – Südägäis von İzmir bis Dalyan
- Türkische Riviera – Kappadokien

Ungarn

- *MM-City* Budapest
- Westungarn, Budapest, Pécs, Plattensee

Zypern

- Zypern

Aktuelle Informationen zu allen Reiseführern finden Sie im Internet unter
www.michael-mueller-verlag.de

Michael Müller Verlag GmbH, Gerberei 19, 91054 Erlangen

Tel. 0 91 31 / 81 28 08-0; Fax 0 91 31 / 20 75 41; E-Mail: info@michael-mueller-verlag.de

Register

A

B

C

D

E

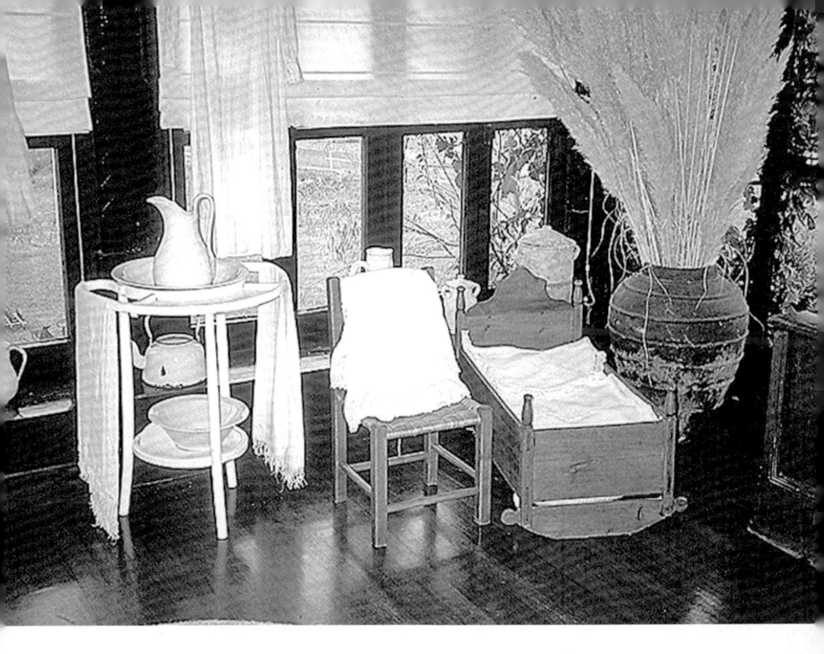

N

S

T

U

V

W

X/Z